PSICOLOGIA DA SAÚDE

S912p Straub, Richard O.
         Psicologia da saúde : uma abordagem biopsicossocial / Richard O. Straub ; tradução: Ronaldo Cataldo Costa ; revisão técnica: Beatriz Shayer. – 3. ed. – Porto Alegre : Artmed, 2014.
         xviii, 509 p. : il. ; 28 cm.

     ISBN 978-85-8271-053-1

     1. Psicologia. 2. Perspectiva biopsicossocial. I. Título.

CDU 159.9

Catalogação na publicação: Ana Paula M. Magnus – CRB 10/2052

3ª EDIÇÃO

PSICOLOGIA DA SAÚDE
Uma Abordagem Biopsicossocial

Richard O. Straub
University of Michigan, Dearborn

Tradução:
Ronaldo Cataldo Costa

Revisão técnica desta edição:
Beatriz Shayer
Psicóloga. Especialista em Neuropsicologia.
Doutora em Psicologia pela Universidade de Brasília.

2014

Obra originalmente publicada sob o título *Health Psychology: A Biopsychosocial Approach*, 3rd Edition
ISBN 9781429216326

First published in the United States by Worth Publishers, New York.

Copyright © 2012 by Worth Publishers.
All rights reserved.

Gerente editorial
Letícia Bispo de Lima

Colaboraram nesta edição

Editora
Cláudia Bittencourt

Capa sobre arte original
Márcio Monticelli

Preparação de original
Juçã Neves da Silva

Leitura final
Lisandra Pedruzzi Picon

Editoração eletrônica
Armazém Digital® Editoração Eletrônica – Roberto Carlos Moreira Vieira

Reservados todos os direitos de publicação, em língua portuguesa, à
ARTMED EDITORA LTDA., uma empresa do GRUPO A EDUCAÇÃO S.A.
Av. Jerônimo de Ornelas, 670 – Santana
90040-340 – Porto Alegre – RS
Fone: (51) 3027-7000 Fax: (51) 3027-7070

É proibida a duplicação ou reprodução deste volume, no todo ou em parte,
sob quaisquer formas ou por quaisquer meios (eletrônico, mecânico, gravação,
fotocópia, distribuição na Web e outros), sem permissão expressa da Editora.

SÃO PAULO
Av. Embaixador Macedo Soares, 10.735 – Pavilhão 5
Cond. Espace Center – Vila Anastácio
05095-035 – São Paulo – SP
Fone: (11) 3665-1100 – Fax: (11) 3667-1333

SAC 0800 703-3444 – www.grupoa.com.br

IMPRESSO NO BRASIL
PRINTED IN BRAZIL

Sobre o autor

Richard O. Straub é professor de Psicologia e fundador do Programa de Pós-graduação em Psicologia da Saúde da Universidade de Michigan. Após concluir o Ph.D. em Psicologia Experimental na Universidade de Columbia e atuar como membro do Instituto Nacional de Saúde Mental na Universidade da Califórnia, em Irvine, entrou para o corpo docente da Universidade de Michigan em 1979. Desde então, tem concentrado sua pesquisa na Psicologia da Saúde, especialmente a influência da relação entre mente e corpo sobre o estresse, a reatividade cardiovascular e os efeitos da prática de exercícios para a saúde física e psicológica. As pesquisas do professor Straub já foram publicadas em periódicos como *Health Psychology*, *Journal of Applied Social Psychology* e *Journal of the Experimental Analysis of Behavior*.

Tendo recebido o Distinguished Teaching Award e o prêmio de docente do ano da associação de alunos da Universidade de Michigan, Straub está profundamente envolvido na formação médica nos níveis de graduação e pós-graduação. Além de atuar na diretoria do Southeast Michigan Consortium for Medical Education e palestrar regularmente em hospitais-escola da região, criou um sistema virtual de gestão do ensino para programas de residência médica e uma série de módulos virtuais para o ensino de competências básicas em medicina comportamental.

Seu interesse em aumentar a capacidade de aprender dos estudantes está refletido também nos guias de estudo, manuais do instrutor e materiais de pensamento crítico que desenvolveu para acompanhar diversos textos referenciais em Psicologia.

A devoção profissional de Straub à Psicologia da Saúde combina com sua devoção pessoal à boa forma e à saúde. Ele já participou de centenas de corridas e maratonas (incluindo várias maratonas de Boston, triatlos Ironman e Ironman-Hawaii World Champshionship 2010) e é um dos *USAT All-American* triatletas nacionalmente reconhecidos. Neste livro, ele combina sua vocação para ensinar com uma paixão verdadeira pela Psicologia da Saúde.

Para Pam... sempre!

Prefácio

"Seu câncer avançou e não há como operá-lo. Tente manter o pouco da qualidade de vida que ainda tem. Você tem 11 semanas para viver." Irv Kingston negou-se a crer quando ouviu esse prognóstico e mobilizou cada recurso psicológico, social e ambiental que pôde imaginar para lutar contra a doença. Com sua atitude positiva e otimista, ele insistiu em submeter-se a um exaustivo (e inútil, segundo seu médico) regime de tratamento para o câncer. E sua bravura teve êxito: 12 meses depois, recebeu um atestado comprovando sua saúde e retomou sua vida normal.

É claro, algumas doenças são fatais, não importam as intervenções biológicas, psicológicas ou sociais que possamos oferecer. Entretanto, estudo após estudo têm mostrado que a atitude e o ambiente são importantes – que a saúde é mais que um estado fisiológico. Há apenas 30 anos, saúde e psicologia eram disciplinas separadas, cada uma ciente da outra, mas incapazes de conectarem-se de forma significativa. Então, em 1978, nasceu o campo da *psicologia da saúde*, que tem se desenvolvido constantemente desde então. A partir das primeiras pesquisas que relacionaram o comportamento tipo A com um risco maior de doenças cardiovasculares até as descobertas mais recentes com relação às influências psicossociais sobre os processos inflamatórios envolvidos em doenças cardiovasculares, câncer e outras doenças crônicas, a psicologia da saúde teve muitas conquistas.

Mais importante que os resultados de pesquisas específicas, foi o refinamento contínuo do *modelo biopsicossocial (mente-corpo)* como um modelo interdisciplinar para o estudo de questões ligadas à saúde (cuja importância reflete no novo subtítulo deste livro). Cada vez mais, pesquisadores conseguem identificar os mecanismos fisiológicos pelos quais a raiva, a solidão e outros fatores psicossociais afetam a saúde de maneira negativa e pelos quais o otimismo, as conexões sociais e um forte sentido de autopoder exercem seus efeitos benéficos.

A experiência com esses instigantes e produtivos primeiros anos da psicologia da saúde me inspirou a escrever este livro, a compartilhar com estudantes aspirantes esse campo de importância vital. Meus objetivos aqui são apresentar sínteses atuais, relevantes e bem-fundamentadas das principais ideias do campo, e modelar um modo científico de pensar sobre tais ideias no decorrer desse processo. Compreender o comportamento humano e ensinar são minhas duas paixões profissionais e, em nenhum outro momento, essas duas paixões se unem de forma mais direta para mim do que ao escrever este livro sobre como a psicologia e a saúde estão interconectadas.

O que há de novo na 3ª edição?

Nesta 3ª edição minuciosamente revisada, meu objetivo continua sendo apresentar a ciência da psicologia da saúde de maneira clara, precisa e com uma voz acessível que ajude os estudantes a estabelecerem conexões significativas com suas próprias vidas. Contudo, introduzi diversas mudanças importantes.

- Mais de **500 citações de pesquisas** proporcionam um quadro completo e atualizado do campo.
- Novas pesquisas expandem a cobertura da **diversidade cultural e de gênero** na saúde e no cuidado de saúde.

Prefácio

- Uma cobertura adicional da **psiconeuroimunologia** e da mudança associada na formação médica enfatiza a importância cada vez maior de questões de mente-corpo na saúde (e boas práticas no cuidado de saúde).
- Uma nova seção ao final de cada capítulo, **Revisão de saúde**, foi projetada para ajudar os estudantes a avaliarem sua compreensão do material e a fazerem novas conexões significativas entre a disciplina e suas experiências de vida.

Aspectos importantes

Na tentativa de comunicar a animação e o valor desse campo, mantive meu foco em garantir que os estudantes possam compreender, em vez de apenas memorizar, os conceitos que formam a psicologia da saúde. Desse modo, mantive os seguintes componentes básicos.

- **Abordagem biopsicossocial.** O livro segue o modelo biopsicossocial (mente-corpo) como parâmetro organizacional básico. Ao longo da obra, busco transmitir as maneiras como os componentes desse modelo interagem de forma dinâmica para influenciar o bem-estar da pessoa *inteira*. Cada capítulo, que trata de um problema de saúde específico – a aids, as doenças cardiovasculares, o câncer e o abuso de substâncias, por exemplo –, apresenta uma análise crítica dos fatores biológicos, psicológicos e sociais subjacentes ao princípio do problema de saúde em questão, assim como a maneira como tais fatores afetam o curso da doença e seu resultado. Meu compromisso com essa perspectiva *sistêmica* interdisciplinar sobre o comportamento advém de minha formação eclética de pós-graduação (alguns diriam, incapacidade de decidir a carreira a seguir!) como aluno do teórico da aprendizagem Herbert Terrace, do psicólogo fisiológico Richard Thompson e do psicólogo social (e pioneiro da psicologia da saúde) Stanley Schachter.
- **Cobertura atualizada.** Poucas disciplinas psicológicas geram mais pesquisas a cada ano, e de uma variedade tão ampla de campos afins, do que a psicologia da saúde. Mantive os estudos e conceitos clássicos do campo, mas também apresentei os avanços recentes mais importantes. Mais de 25% das referências são de pesquisas publicadas desde 2005.
- **Cobertura totalmente integrada das questões de gênero e diversidade cultural.** Um de meus maiores objetivos foi promover o entendimento e o respeito por diferenças entre grupos de pessoas e pela maneira como essas diferenças afetam a saúde e a doença. Esse esforço vai além de simplesmente catalogar diferenças étnicas, culturais e de gênero em doenças, crenças com relação a saúde e comportamentos. Fiz um esforço profundo para estimular o pensamento crítico dos estudantes no que diz respeito às origens dessas diferenças. Por exemplo, muitas diferenças em comportamentos relacionados com a saúde são produto de normas e estereótipos sociais restritivos, de forças econômicas e de outros processos ecológicos abrangentes. Sempre que possível, o texto aprofunda questões relacionadas com a diversidade, considerando as origens desses comportamentos e suas implicações para tratamentos e intervenções visando a promover a saúde. Exemplos dessa visão integrada são apresentados nas Tabelas 1, 3 e 4 nas páginas viii a ix. Os quadros Diversidade e vida saudável encontrados ao longo do texto ampliam a cobertura integrada de questões de gênero e multiculturalismo, enfatizando questões específicas ligadas à saúde. Por exemplo, os estudantes podem investigar a respeito das diferenças na maneira como as mulheres e os homens lidam com uma grave crise nacional, por que a hipertensão prevalece em afro-americanos e o papel dos fatores socioculturais na prevenção da aids.
- **A perspectiva do curso de vida.** Na cobertura integrada ao longo do texto, os estudantes irão aprender sobre as necessidades e os desafios especiais à saúde das

pessoas em cada fase da vida. Assim como ocorre com as questões de gênero e diversidade, minha abordagem é ensinar os estudantes a pensar de forma crítica sobre o envelhecimento e a saúde. Cada vez mais, os pesquisadores compreendem que grande parte do que antes era considerado envelhecimento normal é, na verdade, doença. Muitas pessoas idosas que optaram por estilos de vida saudáveis estão reescrevendo o livro sobre como envelhecer bem. As escolhas que as pessoas fazem quando são crianças e adolescentes determinam seus destinos nos anos posteriores. A Tabela 2, a seguir, apresenta exemplos da cobertura de questões ligadas ao curso de vida.

Tabela 1

Cobertura da cultura e de experiências multiculturais

A cobertura dos temas da cultura e das experiências multiculturais pode ser encontrada nas seguintes páginas:

Aculturação e estresse em imigrantes, p. 103-104
Afro-americanos e hipertensão, p. 40-41, 263-264
Adolescentes afro-americanos e controle pessoal, p. 122
Uso de álcool, p. 225-226
Campanhas antitabagismo, p. 242
Massa corporal e hipertensão entre afro-americanos, p. 31
Câncer
  e idade, p. 289-290
  e dieta, p. 292
  intervenções de triagem, p. 300
  taxas de sobrevivência, p. 299
Doenças cardiovasculares
  diferenças raciais e étnicas em, p. 124, 262-263
Dores do parto, p. 366-367
Taxas de mortalidade entre grupos raciais/étnicos, p. 3-4, 17-18

Diabetes, p. 278-279
Transtornos da alimentação, p. 205, 207-208
Estresse ambiental, p. 97-99
Uso do sistema de saúde, p. 347-348
Seguro de saúde, p. 161-162
Barreiras ao sistema de saúde, p. 161-162
HIV
  medicamentos anti-HIV, p. 320-321
  aconselhamento e educação, p. 330
  intervenção, p. 327-328
  transmissão e aids, p. 316
Imigrantes
  e estresse, p. 103-104
Obesidade, p. 194-197
Otimismo e hispano-americanos, p. 119-120
Dor, p. 384-385
Controle pessoal, p. 124-125
Discriminação racial e reatividade cardiovascular, p. 261-264
Programas para cessação do tabagismo, p. 244-245

Perspectivas socioculturais na psicologia da saúde, p. 17-18
Status socioeconômico
  e câncer, p. 290-291
  e doenças cardiovasculares, p. 261-262, 264-265, 270
  e uso de cuidados de saúde, p. 348-349
  e provedores de cuidados de saúde, p. 357-358
  e expectativa de vida, p. 437-438
  e obesidade, p. 194-197
  e problemas de comunicação com o paciente, p. 357-358
  e problemas de comunicação com o profissional, p. 357
  e estresse, p. 86-87, 102-103, 114-115
Abuso de substâncias, p. 226
Interpretação de sintomas, p. 347-348
Uso de tabaco, p. 236-237

Tabela 2

Cobertura de questões relacionadas com o curso de vida

Questões relacionadas com o curso de vida são discutidas nas seguintes páginas:

Adolescência e
  exercício, p. 131-132
  hipertensão, p. 263-264
  percepção de vulnerabilidade a comportamentos de risco, p. 149-151
  uso de tabaco, p. 239-241
Idade e *hardiness*, p. 116-117
Diferenças relacionadas com a idade no comportamento do "papel de doente", p. 345-348
Condições relacionadas com a idade e cortisol, p. 80-81
Etarismo e adesão, p. 347
Relação entre idade e dor, p. 381, 383
Álcool, p. 152, 160-161, 164, 224-226
Asma e infância, p. 60
Câncer
  e idade, p. 289-290

e crianças, p. 300, 307
Doenças cardiovasculares, homens idosos e emoções negativas, p. 269-270
Crianças lidando com dor e procedimentos médicos, p. 387
Hostilidade infantil e distúrbios metabólicos, p. 267-269
Anúncios de cigarros e crianças, p. 239-240
Campanha antitabagismo e crianças, p. 242-243
Comunidade e bem-estar, p. 161-163
Diabetes e idade, p. 278-279
Transtornos da alimentação, demografia e gêneros, p. 202-203
  tratamento de, p. 207-211
Sistema de saúde, p. 160-165
HIV/aids e aconselhamento apropriado para a idade, p. 327-329

Perspectiva do curso de vida, p. 14-15
Longevidade e estilo de vida, p. 154-156
Relação entre obesidade e saúde
  e idade, p. 191-193
  e gênero, p. 194-195
Otimismo e crianças, p. 119
Reatividade e hipertensão em crianças, p. 90-91
Métodos de pesquisa, p. 33-36
Resiliência em crianças, p. 117-119
Procurando serviços de saúde, p. 345-346
Moldando o comportamento de dor em crianças, p. 387
Sono e saúde, p. 158-160
Tabagismo e envelhecimento, p. 160-161, 238-239
Estresse e apoio social, p. 126-127
Local de trabalho, p. 166-169

Tabela 3

Cobertura da psicologia de mulheres e homens

A cobertura da psicologia de mulheres e homens pode ser encontrada nas seguintes páginas:

Aids e HIV
  e barreiras psicossociais a intervenção, p. 332-334
  e transmissão, p. 314-316
Álcool
  e comportamento e traços de personalidade, p. 20-22
  o comportamento ao namorar, p. 227-228
  gênero e contextos de alcoolismo, p. 224-226, 231-233
Câncer, p. 290-291
Doenças cardiovasculares, p. 260-262
Reatividade cardiovascular em afro--americanos, p. 263-265
Estilos de enfrentamento, p. 110-113

Dieta, p. 181-182
Viés de gênero na medicina, p. 18-19
Gênero e uso de serviços de saúde, p. 347-348
Perspectiva de gênero, p. 18-19
Gênero, estresse e paladar, p. 193-195
Gênero e obesidade, p. 194-195
Hostilidade e raiva, p. 265-270
Obesidade, padrão masculino e padrão feminino, p. 190-191
Dor, p. 381, 383-384
Reatividade e hipertensão em homens, p. 90-91
Sistema reprodutivo, p. 68-69
Sobrecarga e conflito de papéis, p. 99-101

Sexismo no cuidado de saúde, p. 357
Práticas sexuais, p. 329-331
Doenças sexualmente transmissíveis, p. 317-318
Comportamento do papel de doente, p. 347-348
Programas de cessação do tabagismo, p. 244-245
Apoio social e efeitos sobre o PSA, p. 128
Resposta de estresse, p. 91, 103-104, 110-113
Abuso de substâncias, p. 225-226
Uso de tabaco e doenças cardiovasculares, p. 265-266
Uso dos serviços de saúde, p. 347-348

Tabela 4

Cobertura da saúde da mulher

A cobertura da saúde da mulher pode ser encontrada nas seguintes páginas:

Aids, p. 314-316
Álcool e gravidez, p. 227
Imagem corporal e a mídia, p. 206-208
Imagem corporal e insatisfação, p. 204-206, 208
Câncer de mama
  e a relação com álcool, p. 39-42, 293-294
  enfrentando o, p. 303-304
  e dieta, p. 292-294
  e expressão emocional, p. 305-307
  e diferenças étnicas, p. 290-291
  e exercício, p. 293-294
  e hereditariedade, p. 294-296

e mulheres sino-americanas e dieta, p. 292
e o Nurses' Health Study, p. 293-294
e obesidade, p. 294-295
e apoio social, p. 306-307
Papel de cuidador e estresse, p. 105
Transtornos da alimentação, p. 201-208
  tratamento dos, p. 207-211
Emprego e saúde, p. 99-104
Hipertensão, em mulheres afro-americanas, p. 263-264
Fertilização, p. 69-70
Diabetes gestacional, p. 279-280
Transmissão do HIV

durante a gestação, p. 317
  lavagens vaginais para recém-nascidas, p. 317
  com amamentação, p. 317
Câncer de pulmão, p. 291
Tratamento médico, em comparação com homens, p. 18-19
Reatividade com *bullying*, p. 90-91
Autoeficácia e comportamentos sexuais de alto risco, p. 326-327, 329-331, 332-333
Tabagismo e aborto espontâneo, p. 238-239
Women's Health Initiative (WHI), p. 437-438

Tabela 5

Cobertura da psicologia da saúde positiva

A cobertura da psicologia da saúde positiva pode ser encontrada nas seguintes páginas:

Programas de prevenção de abuso de álcool, p. 232-236
Controle comportamental, p. 366-367
Alimentos que combatem o câncer, p. 292-294
Motivadores cotidianos e estresse, p. 95-97
Programas educacionais, p. 197-201
Estilo explanatório, p. 118-121
Terapia familiar, p. 207-208
Hardiness, estresse e saúde, p. 115-118
Comportamentos relacionados com a saúde, p. 144-147
Intervenções em psicologia da saúde, definição, p. 21-23

Coração e dietas saudáveis, p. 174-176
Hospitalização, maior percepção de controle antes de, p. 361-364
Hostilidade e raiva, controle de, p. 277-279
Hipertensão, controle da, p. 274-275
Nutrição, p. 179-183
Otimismo
  e enfrentamento do câncer, p. 303-304
  e saúde do sistema imune, p. 119-121
Controle pessoal e autoeficácia, p. 121-122
Reduzindo o colesterol, p. 275-276
Crenças da autoeficácia em comportamentos sexuais seguros, p. 325-327, 327-330

Relaxamento, p. 133-135
Resiliência, p. 117-119
Autorregulação, p. 122-125
Tabagismo
  e efeitos do, p. 32-33
  programas de inoculação, p. 243-244
Apoio social
  e câncer, p. 306-307
  e doenças cardiovasculares, p. 271-272
  e saúde e mortalidade, p. 126-128
  e fisiologia, p. 126-128
Programas de bem-estar no local de trabalho, p. 168-169

- **Cobertura da medicina complementar e alternativa.** Segundo um relatório recente do *Journal of the American Medical Association*, 4 em cada 10 norte-americanos usam acupuntura, massoterapia, naturopatia ou alguma outra forma de medicina não tradicional. O Capítulo 14 explora cuidadosamente a validade dessas interessantes intervenções alternativas.
- **Materiais de apoio didático.** Este livro visa dar vida à psicologia da saúde e a reforçar a aprendizagem a cada etapa. Seu apelo visual básico e acessível para o estudante advém de inúmeros gráficos claros sobre resultados de pesquisas, fotografias úteis e interessantes e ilustrações instigantes que apresentam estruturas anatômicas, bem como conceitos e processos importantes. Além disso, cada capítulo contém os seguintes componentes didáticos:

    a) Um envolvente **estudo de caso ou vinheta** no começo de cada capítulo conecta o mundo da psicologia da saúde com alguma experiência concreta e traça uma linha de interesse humano ao longo do capítulo. Todos descrevem situações verdadeiras. Por exemplo, o Capítulo 10 relata a batalha de minha própria família, que mudou nossas vidas, contra o câncer que ameaçou a vida de meu filho pequeno.

    b) Todos os **termos** importantes, apresentados em negrito no corpo do texto, são definidos de forma clara e concisa nas margens para auxiliar nos esforços de estudo do aluno. Eles também estão listados, com o número da página em que aparecem, ao final de cada capítulo.

    c) **Sumários ao final de cada capítulo** que abarcam os pontos, os conceitos, as teorias e os termos importantes discutidos.

Conteúdo online (em inglês)

Um *website* completo (bcs.worthpublishers.com/straub3e)

O *website* que complementa este livro oferece uma variedade de simulações, tutoriais e ferramentas de estudo (em inglês) organizados por capítulo, incluindo:

- **Testes *on-line*.** Esse elemento valioso oferece testes de múltipla escolha ligados a cada um dos capítulos do livro.
- **Verifique sua saúde.** Essas autoavaliações permitem que os estudantes analisem suas próprias crenças e seus comportamentos com relação a sua saúde. Por exemplo, os estudantes irão aprender sobre seu estilo de controle do estresse, sua capacidade de controlar a raiva, os comportamentos de alto risco potencial para a saúde e a reestruturação cognitiva de dores de cabeça. Cada exercício também oferece dicas específicas que incentivam os estudantes a administrar sua saúde de forma mais ativa.
- **Exercícios de pensamento crítico.** O texto possui dois objetivos principais:

    1. Ajudar os estudantes a compreender detalhadamente a base de conhecimentos da psicologia da saúde.
    2. Auxiliar os estudantes a pensarem como psicólogos da saúde.

Prefácio

O segundo objetivo – pensar como psicólogos da saúde – envolve o pensamento crítico. A fim de contribuir diretamente para essa meta, o *website* possui um exercício completo para cada capítulo, preparado para estimular as capacidades de pensamento crítico dos estudantes, as quais envolvem fazer perguntas, observar de maneira cuidadosa, enxergar conexões entre ideias e analisar os argumentos e as evidências em que se baseiam. Cada exercício enfatiza uma das seis categorias de pensamento crítico: *resolução de problemas de forma científica, raciocínio psicológico, adoção de perspectivas, reconhecimento de padrões, resolução de problemas de forma criativa e resolução de problemas de forma prática*.

- *Flashcards*. Os estudantes podem usar essas fichas para orientá-los em todos os capítulos e em relação à terminologia empregada no texto e para se testarem com relação aos termos.
- **PsychSim 5.0 e PsychQuest: Interactive Exercises for Psychology.** Módulos especiais dessas séries (de Thomas Ludwig, do Hope College) permitem que os estudantes explorem temas de pesquisa, participem em experimentos e simulações e apliquem a psicologia a questões do mundo real.
- *Links* **comentados da internet.** Os *links* direcionam os estudantes para outras fontes relacionadas com o estudo de psicologia da saúde.

Área do professor

Cadastre-se como professor no site www.grupoa.com.br. Acesse a página do livro por meio do campo de busca e clique no *link* Material para o Professor para fazer *download* de material (em inglês) exclusivo deste livro:

- **Apresentações de PowerPoint®.** Criadas para minha disciplina de psicologia da saúde, essas apresentações enfocam termos e temas fundamentais do livro, incluindo tabelas, gráficos e figuras.
- **Resumo dos capítulos.** Os resumos, em PowerPoint®, reforçam pontos fundamentais de cada capítulo.

Agradecimentos

Embora, como autor, meu nome esteja na capa deste livro, certamente não o escrevi sozinho. Escrever um livro é uma tarefa complexa que envolve os esforços conjuntos de um grande número de pessoas muito talentosas.

Muitos dos meus colegas também desempenharam o importante papel de me ajudar a desenvolver esta obra. Sou grato às dúzias de revisores acadêmicos que leram uma parte ou todo o livro, apresentando críticas construtivas, sugestões ou apenas uma palavra de incentivo. Sua opinião fez deste um livro melhor, e espero que me desculpem pelas poucas sugestões que não segui. Agradeço aos seguintes revisores por seus excelentes conselhos e orientações durante o processo da **1ª e da 2ª edições:**

David Abwender
State University of New York – Brockport

Christopher Agnew
Purdue University

Jean Ayers
Towson University

Joy Berrenberg
University of Colorado

Marion Cohn
Ohio Dominican College

Karen J. Coleman
University of Texas – El Paso

Mark E. Christians
Dordt College

Dale V. Doty
Monroe Community College

Dennis G. Fisher
California State University – Long Beach

Phyllis R. Freeman
State University of New York – New Paltz

Eliot Friedman
Williams College

Sharon Gillespie
Andrews University

Arthur J. Gonchar
University of La Verne

Bonnie A. Gray
Mesa College

Linda R. Guthrie
Tennessee State University

Carol A. Hayes
Delta State University

Rob Hoff
Mercyhurst College

Marc Kiviniemi
University of Nebraska – Lincoln

Robin Kowalski
Western Carolina University

Kristi Lane
Winona State University

Sherri B. Lantinga
Dordt College

Leslie Martin
La Sierra University

Julie Ann McIntyre
Russell Sage College

Matthias R. Mehl
University of Arizona

James P. Motiff
Hope College

Virginia Norris
South Dakota State University

Amy Posey
Benedictine College

Kathleen M. Schiaffino
Fordham University

Elisabeth Sherwin
University of Arkansas – Little Rock

Eve Sledjeski
Kent State University

Margaret K. Snooks
University of Houston – Clear Lake

Gabriee B. Sweidel
Kutztown University

Richard J. Tafalla
University of Wisconsin – Stout

Christy Teranishi
Texas A&M International University

Diane C. Tucker
University of Alabama – Birmingham

Rebecca Warner
University of New Hampshire

Eric P. Wiertelak
Macalester College

Nancy L. Worsham
Gonzaga University

David M. Young
Indiana University – Purdue University at Fort Wayne

Diane Zelman
California School of Professional Psychology – Alameda

Prefácio

Gostaria também de agradecer aos seguintes revisores por seus excelentes conselhos e palavras de incentivo na criação desta **3ª edição** detalhadamente revisada:

Christine Abbott
Johnson County Community College

David Abwender
State University of New York – Brockport

Amy Badura Brack
Creighton University

Deborah Flynn
Nipissing University

Tim Freson
Washington State University

Donna Henderson-King
Grand Valley State University

April Kindrick
South Puget Sound Community College

Mee-Gaik Lim
Southeastern Oklahoma State University

Angelina Mackewn
University of Tennessee at Martin

Jon Macy
Indiana University

Mary Jill Mallin Blackwell
DePaul University

Charlotte Markey
Rutgers University

David Nelson
Sam Houston State University

Mary Pritchard
Boise State University

Alexandra Stillman
Saint Paul College

Benjamin Toll
Yale University School of Medicine

Rebecca Spencer
University of Massachusetts – Amherst

Na Worth Publishers – uma empresa que permite que nada atrapalhe a produção dos melhores livros didáticos possíveis – inúmeras pessoas desempenharam papéis fundamentais para o desenvolvimento deste livro. Entre elas, a mais importante foi a editora sênior Catherine Woods, cujos interesse, visão e apoio incansáveis desde o início deram o empurrão necessário para começar o projeto e me conduzir durante sua realização; o editor-executivo Kevin Feyen, cujos incentivo, pensamento firme e amizade foram fundamentos em me ajudar a construir e executar o plano para esta edição; a editora-gerente associada Tracey Kuehn, a editora de projeto Dana Kasowitz e a gerente de produção Sarah Segal, que fizeram maravilhas durante a produção para nos manter no rumo certo; a diretora de arte Babs Reingold, a *designer* Lissi Sigillo e os artistas Matthew Holt e Todd Buck, cuja visão criativa resultou no *design* característico e na linda arte que excederam as minhas expectativas; o editor de mídia Peter Twickler, que coordenou a produção de um pacote de suplementos sem paralelo, e Christine Buese, que supervisionou a pesquisa fotográfica e ajudou a dar ao livro seu incrível apelo visual. Finalizando, ninguém merece mais crédito do que a editora de desenvolvimento Elaine Epstein, cuja influência pode ser encontrada em praticamente cada página.

Como sempre, meus agradecimentos sinceros a Pam, por seus conselhos sábios e sua confiança firme; a Jeremy, Rebecca e Melissa, por me ajudarem a manter as coisas em perspectiva; e aos tantos alunos que estudaram psicologia da saúde comigo e me auxiliaram testando este livro em sala de aula. Eles são uma lembrança constante dos enormes privilégios e responsabilidades que tenho como professor; é por eles que tenho feito o máximo para dar vida ao campo da psicologia da saúde neste livro.

Para aqueles de vocês que irão começar a lecionar usando este livro, espero sinceramente que compartilhem suas experiências comigo. Escreva para mim e conte-me o que funciona, o que não funciona, e o que você faria de maneira diferente. Essas opiniões serão vitais para determinar o sucesso do livro e sua forma no futuro.

Richard O. Straub
University of Michigan, Dearborn
Dearborn, Michigan 48128
rostraub@umich.edu

Sumário

Prefácio vi

Parte 1

Fundamentos da psicologia da saúde 1

1 Introdução à psicologia da saúde 2

Saúde e doença: lições do passado 5
    Visões antigas 5
    A Idade Média e a Renascença 8
    O racionalismo pós-Renascença 10
    Descobertas do século XIX 10
    O século XX e a aurora de uma nova era 11

Perspectiva biopsicossocial (mente-corpo) 13
    O contexto biológico 13
    O contexto psicológico 15
    O contexto social 16
    "Sistemas" biopsicossociais 19
    Aplicando o modelo biopsicossocial 20

Perguntas frequentes sobre a carreira
em psicologia da saúde 21
    O que fazem os psicólogos da saúde? 21
    Onde trabalham os psicólogos da saúde? 22
    Como se tornar um psicólogo da saúde? 23

2 Pesquisa em psicologia da saúde 26

Pensamento crítico: a base da pesquisa 27
    Os perigos do pensamento "não científico" 27

Métodos em psicologia da saúde 28
    Estudos descritivos 29
    Estudos experimentais 32
    Estudos semiexperimentais 33
    Estudos do desenvolvimento 33

Pesquisa epidemiológica: rastreando a doença 36
    Objetivos na pesquisa epidemiológica 38
    Métodos de pesquisa em epidemiologia 39

Diversidade e vida saudável: Hipertensão em afro-americanos:
um "de quem é a culpa" epidemiológico 40
    Inferindo causalidade 43

3 As bases biológicas da saúde e da doença 48

O sistema nervoso 49
    Divisões do sistema nervoso 50
    O cérebro 52

O sistema endócrino 55
    As glândulas hipófise e adrenal 55
    A glândula tireoide e o pâncreas 56

O sistema cardiovascular 57
    Sangue e circulação 57
    O coração 57

O sistema respiratório 58
    Os pulmões 59

Diversidade e vida saudável: Asma 60

O sistema digestório 61
    Como os alimentos são digeridos 61

O sistema imune 62
    Estrutura do sistema imune 63
    A resposta imunológica 63

O sistema reprodutivo e a genética comportamental 68
    O sistema reprodutivo feminino 68
    O sistema reprodutivo masculino 69
    Fertilização e mecanismos de hereditariedade 69

Parte 2

Estresse e saúde 75

4 Estresse 76

A fisiologia do estresse 78
    O papel do cérebro e do sistema nervoso 78
    O papel do sistema endócrino: eixos SAM e HAA 79
    Como o estresse deixa você doente? 81

Outros modelos do estresse e da doença 86
    A síndrome de adaptação geral de Selye 86
    Avaliação cognitiva e estresse 88
    O modelo da diátese ao estresse 90
    Teoria do buscar apoio 91

Fontes biopsicossociais de estresse 92
    Eventos importantes da vida 92
    Catástrofes 95
    Problemas cotidianos 95
    Estresse ambiental 97
    Trabalho 99

Diversidade e vida saudável: Fatores
socioculturais no estresse 104
    Interações sociais 105

5 Enfrentando o estresse 108

Respondendo ao estresse 109
    Estratégias de enfrentamento
    focalizadas na emoção e no problema 109
    Enfrentamento, gênero e *status* socioeconômico 111

Diversidade e vida saudável: Compreendendo
diferenças de gênero nos estilos de enfrentamento ... 112

Fatores que afetam a capacidade
de enfrentar o estresse 116
    Hardiness 116
    Estilo explanatório 118
    Controle pessoal e escolha 121

Apoio social 126
Outros fatores 129
Manejo do estresse 131
Exercícios 131
Terapias de relaxamento 134
Biofeedback 135
Terapias cognitivas 137

Parte 3

Comportamento e saúde 143

6 Permanecendo saudável: prevenção primária e psicologia positiva 144

Saúde e comportamento 145
Teorias sobre o comportamento de saúde 147
Prevenção 153
Vida saudável 154
Exercícios 155
Sono saudável 158
Promovendo famílias e comunidades saudáveis 160
Educação para a saúde comunitária 163
Estruturação de mensagens 165
Promovendo locais de trabalho saudáveis 167
Psicologia positiva e florescimento 169
Alostasia e saúde neuroendócrina 170
Fatores psicossociais e florescimento fisiológico 171
Aspectos do florescimento psicológico 173

7 Nutrição, obesidade e transtornos da alimentação 178

Nutrição: comendo os alimentos certos 180
Alimentação saudável e adesão a uma dieta saudável 180
Dieta e doenças 182
Determinação do peso: comendo a quantidade certa 185
Taxa metabólica basal e consumo de calorias 185
A hipótese do *set-point* 185
As bases biológicas da regulação do peso 187
Obesidade: fatos básicos 189
Os riscos da obesidade 191
O modelo biopsicossocial da obesidade 192
Fatores biológicos 193
Fatores psicossociais 193
Tratamento e prevenção da obesidade 196
Dietas 197
Terapia cognitivo-comportamental (TCC) 198
Estratégias comunitárias 200
Transtornos da alimentação 201
História e demografia 202
Aplicando o modelo biopsicossocial 203
Imagem corporal e a mídia 206
Diversidade e vida saudável: Transtornos da alimentação e identidade etnocultural 207
Tratamentos para transtornos da alimentação 208

8 Abuso de substâncias 214

Uso e abuso de substâncias: fatos básicos 215
Mecanismos de ação das substâncias 215
Substâncias psicoativas 218
Modelos de dependência 220
Modelos biomédicos: a dependência como doença 220
Modelos de recompensa: a dependência como busca de prazer 221
Modelos de aprendizagem social: a dependência como comportamento 223
Uso e abuso de álcool 224
O perfil dos alcoolistas 224
Efeitos físicos do uso de álcool 226
Consequências psicossociais do uso de álcool 227
Fatores que contribuem para dependência de álcool 228
Tratamento e prevenção da dependência de álcool 232
Abuso de tabaco 236
Prevalência do tabagismo 237
Efeitos físicos do cigarro 237
Por que as pessoas fumam? 239
Programas de prevenção 242
Programas de cessação 244

Parte 4

Doenças crônicas e fatais 253

9 Doenças cardiovasculares e diabetes 254

O coração saudável 255
Doenças cardiovasculares 255
As causas: aterosclerose e arteriosclerose 256
As doenças: angina de peito, infarto do miocárdio e AVE 256
Diagnóstico e tratamento 257
Fatores de risco de Framingham para doenças cardiovasculares 259
Fatores de risco incontroláveis 260
Fatores de risco controláveis 262
Fatores psicossociais em doenças cardiovasculares: a personalidade tipo A 266
Competitividade, hostilidade e pressa 266
Raiva e depressão 268
Por que a hostilidade, a raiva e a depressão promovem doenças cardiovasculares? 270
Reduzindo o risco de doenças cardiovasculares 274
Controlando a hipertensão 274
Reduzindo o colesterol 275
Após a doença cardiovascular: prevenindo recaídas 276
Manejando o estresse após um episódio cardíaco 277
Controlando a hostilidade e a raiva 277
Diabetes 278
Tipos de diabetes 278
Causas de diabetes 279
Tratamento do diabetes 280
Psicologia da saúde e diabetes 281

10 Câncer 288

O que é o câncer? 289
Tipos de câncer 289
Suscetibilidade ao câncer 290
Fatores de risco para câncer 291
Uso de tabaco 291
Dieta e uso de álcool 291

Sumário

Atividade física 293
Sobrepeso e obesidade 294
História familiar 295
Riscos ambientais e ocupacionais 296
Estresse e imunocompetência 298

Tratamento do câncer 299
Diagnóstico precoce 299
Opções de tratamento 300

Enfrentando o câncer 302
Emoções, etnia e enfrentamento 303
Conhecimento, controle e apoio social 305
Intervenções cognitivo-comportamentais 307

11 HIV e aids 312

A epidemia de aids 313
Uma breve história da aids 313
A epidemiologia da aids 314
Como o HIV é transmitido 317
Doenças sexualmente transmissíveis e HIV 317

Sintomas e estágios: do HIV à aids 318
Como o HIV avança 319
Fatores fisiológicos no avanço da aids 320
Fatores psicossociais no avanço da aids 321

Intervenções médicas 323
O regime HAART 323
Uma vacina preventiva 324

Intervenções psicossociais 325
A base para intervenções psicossociais 326
Programas educativos 327
Testes em massa e aconselhamento para o HIV 328
Promovendo a revelação do *status* HIV-positivo 330
Manejo cognitivo-comportamental do estresse 331
Intervenções no âmbito da comunidade 332
Barreiras psicossociais às intervenções para aids 333

Enfrentando o HIV e a aids 334
O impacto sobre o indivíduo 334
O impacto sobre familiares, parceiros e cuidadores 335

Parte 5

Procurando tratamento 339

12 O papel da psicologia da saúde nos cenários de atendimento à saúde 340

Reconhecendo e interpretando sintomas 341
Foco atencional, neuroticismo e saúde autoavaliada 341
Representações da doença 342
Estilo explanatório e transtornos psicológicos 344
Experiência prévia 344

Procurando tratamento 345
Idade e gênero 345
Status socioeconômico e fatores culturais 348
Comportamento de demora na busca de tratamento 349
Usando os serviços de saúde de forma excessiva 350

Diversidade e vida saudável: A síndrome de fadiga crônica 351

Adesão do paciente ao tratamento 352
Quão comum é a falta de adesão ao tratamento? 353
Que fatores preveem a adesão ao tratamento? 353

O relacionamento entre paciente e profissional da saúde 355
Fatores que afetam o relacionamento paciente-profissional ...355
Modelos de relacionamento entre paciente e profissional 358
Melhorando a comunicação entre paciente e profissional 359
A internet e o relacionamento entre paciente e profissional ...360

Hospitalização 361
O sistema de saúde e os hospitais 361
Perda de controle e despersonalização 362
Fatores que afetam a adaptação à hospitalização 362
Preparando para a hospitalização 364

13 Controlando a dor 370

O que é dor? 371
A epidemiologia e os componentes da dor 371
Importância e tipos de dor 372

Mensurando a dor 373
Medidas físicas 373
Medidas comportamentais 373
Medidas de autoavaliação 374

A fisiologia da dor 376
As vias da dor 376
A bioquímica da dor 378
A teoria da comporta 380

Fatores psicossociais na experiência de dor 381
Idade e gênero 381

Diversidade e vida saudável: A dor do membro fantasma 382
Existe uma personalidade propensa à dor? 384
Fatores socioculturais 385

Tratando a dor 387
Tratamentos farmacológicos 387
Cirurgia, estimulação elétrica e terapias físicas 389
Terapia cognitivo-comportamental 390
Avaliando a eficácia dos tratamentos para dor 394

14 Medicina complementar e alternativa 398

O que é medicina complementar e alternativa? 399
Estabelecendo uma categoria para a medicina não tradicional 399
Os três ideais da medicina complementar e alternativa ...400
Qual é o grau de disseminação da medicina complementar e alternativa? 402

Medicina ou charlatanismo? 403
O que constitui uma evidência? 404

Será que a medicina complementar e alternativa funciona? 407
Acupuntura 408
Terapias de mente e corpo 411
Quiropraxia 417
Medicina naturopática 419

Olhando em frente: a medicina complementar e alternativa no século XXI 425
O melhor dos dois mundos 425
A política da medicina 426

15 A psicologia da saúde hoje e amanhã 430

As lições mais importantes da psicologia da saúde 431
Lição 1: Fatores psicológicos e sociais interagem com a biologia na saúde 431
Lição 2: Promover e manter a saúde é nossa responsabilidade 433

Lição 3: Estilos de vida insalubres são
mais difíceis de mudar do que de prevenir.............................434
Lição 4: A avaliação e o manejo adequados
do estresse são essenciais para a boa saúde........................435

Os desafios futuros da psicologia da saúde...................... 435
Desafio 1: Aumentar o tempo de vida
saudável para todas as pessoas 435
Desafio 2: Reduzir as discrepâncias de saúde e aumentar
a compreensão a respeito dos efeitos do gênero, da cultura
e do *status* socioeconômico sobre a saúde............................436
Desafio 3: Atingir o mesmo nível de acesso a serviços
de saúde preventiva para todas as pessoas...........................438
Desafio 4: Ajustar o foco de pesquisa e intervenção
para maximizar a promoção da saúde
com abordagens baseadas em evidências 439
Desafio 5: Ajudar na reforma do atendimento de saúde 440
Conclusão... 443

Glossário 445

Referências 455

Índice onomástico... 491

Índice remissivo.. 498

Parte 1 | Fundamentos da psicologia da saúde

Capítulo 1

Saúde e doença: lições do passado
  Visões antigas
  A Idade Média e a Renascença
  O racionalismo pós-Renascença
  Descobertas do século XIX
  O século XX e a aurora de uma nova era

Perspectiva biopsicossocial (mente-corpo)
  O contexto biológico
  O contexto psicológico
  O contexto social
  "Sistemas" biopsicossociais
  Aplicando o modelo biopsicossocial

Perguntas frequentes sobre a carreira em psicologia da saúde
  O que fazem os psicólogos da saúde?
  Onde trabalham os psicólogos da saúde?
  Como se tornar um psicólogo da saúde?

Introdução à psicologia da saúde

Caroline Flynn subiu a bordo do vapor de 32 toneladas, o Mauritânia, naquela que deve ter sido uma manhã incerta no começo dos anos de 1880. A caminho da América, sua jornada de esperança começava em Liverpool, na Inglaterra, em uma tentativa desesperada de escapar da penúria econômica e da perseguição religiosa que ela e sua família sofriam na Irlanda. Os problemas do país haviam começado décadas antes, com "an Gorta Mór" (a Grande Fome) – uma fome causada pelo fungo da batata, que destruiu o principal, e muitas vezes único, alimento da maioria das famílias irlandesas.

A jornada de Caroline não era nada incomum. Entre 1861 e 1926, quatro milhões de irlandeses deixaram o país por razões semelhantes, e jovens como Caroline eram levados para "exportação" em países estrangeiros. Depois de difíceis 5 a 6 semanas de viagem pelo Atlântico, comprimidos com outros emigrantes em um compartimento de carga que raramente era limpo, eles sofriam o humilhante processamento de imigrantes na Ellis Island. Muitos dos que estavam doentes ou não tinham meios ou patrocinadores financeiros eram forçados a retornar à sua pátria.

Conforme avançava persistentemente pelo país adotado, primeiro ao norte, no Estado de Nova York, e depois a oeste, até Chicago, Caroline observou que as coisas estavam melhores, mas a vida ainda era difícil. Os médicos eram caros (e poucos em número), e ela sempre precisava se proteger contra beber água impura, comer alimentos contaminados ou se infectar com febre tifoide, difteria ou uma das muitas outras doenças prevalentes naqueles dias. Apesar de estar vigilante, sua sobrevivência (e, mais adiante, a de seu marido e do bebê recém-nascido) permanecia incerta. A expectativa de vida era de menos de 50 anos, e um em cada seis bebês morria antes do primeiro aniversário. "Você se mantinha pobre, e enterrando seus bebês", escreveu uma mulher para sua família na Irlanda (Miller e Miller, 2001). Igualmente problemática era a atitude de muitos norte-americanos, que consideravam os irlandeses inferiores, violentos e bêbados. A maioria dos novos imigrantes trabalhava nas ocupações com pior remuneração e perigosas e era banida em guetos de irlandeses, que brotavam na periferia de cidades como Nova York e Chicago.

Mais de um século depois, sorrio quando minha mãe me conta a saga da emigração de minha bisavó para os Estados Unidos. Sua avó teve uma vida longa e produtiva e deixou um legado de otimismo e do "indomável caráter irlandês" que a fortalecera contra as dificuldades de sua vida – e foi transmitido ao longo das gerações. "Como as coisas são diferentes agora", penso, depois que desligamos o telefone, "mas quanto do espírito de Caroline ainda está vivo em meus próprios filhos!".

As coisas estão muito diferentes. Os avanços na higiene, nas medidas de saúde pública e na microbiologia praticamente erradicaram as doenças infecciosas que Caroline temia *tanto. As mulheres nascidas hoje, nos Estados Unidos, têm uma expectativa de vida de mais de 80 anos, e os homens muitas vezes alcançam os 73. Essa dádiva de tempo nos ajudou a entender que a saúde é muito mais que estar livre da doença. Mais do que nunca, podemos ir além do modo de sobrevivência e trabalhar para ter vitalidade para a vida inteira, modificando nossas dietas, fazendo exercícios com regularidade e mantendo-nos socialmente conectados e emocionalmente centrados.*

A história de minha bisavó deixa claro que muitos fatores interagem para determinar a saúde. Esse é um tema fundamental da **psicologia da saúde**, um subcampo da psicologia que aplica princípios e pesquisas psicológicos para a melhoria da saúde e o tratamento e a prevenção de doenças. Seus interesses incluem condições sociais (como a disponibilidade de cuidados de saúde e apoio da família e de amigos), fatores biológicos (como a longevidade familiar e vulnerabilidades hereditárias a certas doenças) e até mesmo traços de personalidade (como o otimismo).

O termo saúde vem de uma antiga palavra da língua alemã que é representada, em inglês, pelos vocábulos *hale* e *whole*, os quais se referem a um estado de "integridade do corpo". Os linguistas observam que essas palavras derivam dos campos de batalha medievais, em que a perda de *haleness*, ou saúde, em geral resultava de um grave ferimento corporal. Atualmente, somos mais propensos a pensar na saúde como a ausência de doenças, em vez da ausência de um ferimento debilitante contraído no campo de batalha. Todavia, como se concentra apenas na ausência de um estado negativo, tal definição é incompleta. Embora seja verdade que as pessoas saudáveis estão livres de doenças, a saúde completa envolve muito mais. Uma pessoa pode estar livre de doenças, mas ainda não desfrutar de uma vida vigorosa e satisfatória. **Saúde** envolve o bem-estar físico, assim como o psicológico e o social.

Temos sorte de viver em uma época em que a maioria dos cidadãos do mundo tem a promessa de uma vida mais longa e melhor do que seus bisavós, com muito menos deficiências e doenças do que em qualquer outra época. Entretanto, esses benefícios à saúde não são desfrutados universalmente. Considere:

- O número de anos de vida saudável que podem ser esperados é de pelo menos 70 em 25 países do mundo (a maioria deles desenvolvidos), mas estima-se que seja menos de 40 anos em outros 32 países (a maioria em desenvolvimento) (World Health Association, 2009).
- As mortes e os ferimentos relacionados com violência, drogas e álcool e riscos relacionados com sexo, como o HIV, cada vez mais marcam a transição da adolescência para a idade adulta, particularmente entre minorias étnicas (Castro, Stein e Bentler, 2009).
- Em cada faixa etária, as taxas de mortalidade variam de acordo com o grupo étnico. Por exemplo, entre homens e mulheres norte-americanos, indivíduos de ascendência europeia têm maior expectativa de vida do que afro-americanos, mas os dois grupos apresentam expectativas menores do que pessoas no Japão, no Canadá, na Austrália, no Reino Unido, na Itália, na França e em muitos outros países (U.S. Census Bureau, 2009).
- Embora os homens tenham duas vezes mais probabilidade de morrer devido a qualquer causa, a partir da meia-idade, as mulheres apresentam taxas mais elevadas de doenças e deficiências (U.S. Census Bureau, 2009).
- Os Estados Unidos gastam uma porção maior de seu produto interno bruto em serviços de saúde do que qualquer outro país, mas é avaliado pela Organização Mundial da Saúde apenas como o trigésimo sétimo em 191 países em relação ao

■ **psicologia da saúde** aplicação de princípios e pesquisas psicológicos para a melhoria da saúde e a prevenção e o tratamento de doenças.

■ **saúde** estado de completo bem-estar físico, mental e social.

A saúde da mulher está indissociavelmente ligada a seu status na sociedade. Ela se beneficia com a igualdade e sofre com a discriminação.

– Organização Mundial da Saúde

desempenho geral de seu sistema de saúde, conforme fatores como capacidade de resposta, imparcialidade na distribuição de recursos e acessibilidade para todos os indivíduos (World Health Organization, 2000). Ainda que essa classificação tenha sido desafiada por críticos, os quais observam que ela aumenta ou diminui dependendo do peso relativo dos diversos fatores, ninguém questiona o fato de que a expectativa média de vida daqueles nascidos nos Estados Unidos é menor que na maioria dos outros países afluentes (Tierney, 2009).

Essas estatísticas revelam alguns dos desafios na busca pelo bem-estar global. Os profissionais da saúde estão trabalhando para reduzir a discrepância de 30 anos em expectativa de vida entre os países desenvolvidos e aqueles em desenvolvimento; ajudar os adolescentes a fazerem uma transição segura e saudável para a idade adulta; e alcançar um entendimento mais profundo das relações entre gênero, etnicidade, *status* sociocultural e saúde.

Nos Estados Unidos, o relatório *Healthy People 2010*, do Department of Health and Human Services, concentra-se em aumentar o acesso aos serviços de saúde, eliminar as disparidades de saúde entre homens e mulheres, bem como entre os grupos etários e socioculturais, e, de um modo geral, em aprimorar substancialmente a saúde, a qualidade de vida e o bem-estar de todos os norte-americanos. Observa também que quase um milhão das mortes que ocorrem por ano nos Estados Unidos poderia ser evitado (ver Tab. 1.1). O relatório *Health People 2020* amplia essas metas em ações e metas específicas para reduzir doenças crônicas como o câncer e o diabetes, melhorar a saúde na adolescência, prevenir ferimentos e a violência e tomar medidas em outras 32 áreas.

Este capítulo apresenta o campo da psicologia da saúde, que desempenha um papel fundamental no enfrentamento dos desafios para a saúde do mundo. Considere algumas das questões mais específicas que os psicólogos da saúde buscam responder: De que maneira suas atitudes, crenças, autoconfiança e personalidade afetam sua saúde em geral? Por que tantas pessoas têm se voltado para a acupuntura, a ioga, os tratamentos com ervas (e outras formas de medicina alternativa), assim como cuidados preventivos autoadministrados? Será que essas intervenções de fato funcionam? Por que tantas pessoas ignoram conselhos inquestionavelmente sólidos para melhorar a saúde, como parar de fumar, moderar o consumo de alimentos e fazer mais exercícios? Por que certos problemas de saúde têm mais probabilidade de ocorrer entre pessoas de determinada idade, de um gênero ou grupo étnico específicos? Por que a pobreza é uma ameaça potencial para a saúde? Em contrapartida, por que aqueles que são mais afluentes, bem-educados e socialmente ativos apresentam melhor saúde?

Tabela 1.1

Ferimentos e mortes evitáveis

Os relatórios *Healthy People 2010* e *2020* informam que, anualmente:

- O controle do uso de álcool por menores de idade e em excesso poderia prevenir 100 mil mortes em acidentes automobilísticos e outros ferimentos relacionados com o consumo de álcool.
- A eliminação do porte de armas de fogo pelo público poderia prevenir 35 mil mortes.
- A eliminação de todas as formas de uso de tabaco poderia prevenir 400 mil mortes por câncer, acidente vascular encefálico (AVE) e doenças cardíacas.
- Melhor nutrição e programas de exercícios poderiam prevenir 300 mil mortes por doenças cardíacas, diabetes, câncer e AVE.
- A redução em comportamentos sexuais de risco poderia prevenir 30 mil mortes por doenças sexualmente transmissíveis.
- O acesso pleno a imunizações para doenças infecciosas poderia prevenir 100 mil mortes.

Fonte: U.S. Department of Health and Human Services (2007). *Healthy People 2010 midcourse review*. Disponível em www.healthypeople.gov/Data/midcourse/, acesso em 10 de janeiro de 2010.

A psicologia da saúde é a ciência que busca responder a essas e a muitas outras questões a respeito da maneira como nosso bem-estar interage com o que pensamos, sentimos e fazemos. Começaremos dando uma olhada mais de perto no conceito de saúde e nas mudanças que sofreu no decorrer da história. A seguir, analisaremos a perspectiva biopsicossocial na psicologia da saúde, incluindo como ela se baseia e sustenta outros campos relacionados com a saúde. Por fim, trataremos sobre o que é necessário para a formação de um psicólogo da saúde e o que você pode fazer após obtê-la.

Saúde e doença: lições do passado

Embora todas as civilizações tenham sido afetadas por doenças, cada uma delas compreendia e tratava a doença de formas diferentes. Em certa época, as pessoas pensavam que a doença fosse causada por demônios. Em outra, diziam que era uma forma de punição pela fraqueza moral. Atualmente, lutamos com questões como: "Será que a doença pode ser causada por uma personalidade doentia?". Vamos considerar como nossas visões sobre saúde e doença mudaram no decorrer da história por meio de Mariana, que, em 2011, está no segundo ano da faculdade. Mariana procura o médico da família devido a dor de cabeça forte, falta de ar, insônia, coração acelerado e expressão de descontrole e pavor no rosto. Como será tratada? É provável que a visão atual desses sintomas levasse a maioria dos psicólogos da saúde a sugerir que ela está sofrendo de ansiedade. Seu tratamento hoje poderia ser uma combinação de psicoterapia, técnicas de relaxamento e possivelmente farmacoterapia dirigida. Porém, como veremos, seu tratamento ao longo do tempo sofre ampla variação. (Talvez você queira utilizar a Fig. 1.1 durante a discussão a seguir para ter uma noção da cronologia da mudança nas visões sobre saúde e doença.)

Visões antigas

Medicina pré-histórica

Nossos esforços para curar doenças podem ser traçados até 20 mil anos atrás. Uma pintura feita em uma caverna no sul da França, por exemplo, que se acredita ter 17 mil anos de idade, mostra um xamã da era do gelo vestindo a máscara animal de um antigo curandeiro. Em religiões que se baseiam na crença em espíritos bons e maus, somente o xamã (sacerdote ou pajé) pode influenciar esses espíritos.

Para homens e mulheres da era pré-industrial, que enfrentavam as forças com frequência hostis de seu ambiente, a sobrevivência baseava-se na vigilância constante contra essas misteriosas forças do mal. Quando uma pessoa ficava doente, não havia uma razão física óbvia para tal fato. Pelo contrário, a condição do indivíduo acometido era erroneamente atribuída a uma fraqueza frente a uma força mais forte, feitiçaria ou possessão por um espírito do mal (Amundsen, 1996).

Durante essa época, os sintomas de Mariana talvez fossem tratados com rituais de feitiçaria, exorcismo ou mesmo uma forma primitiva de cirurgia chamada de **trepanação**. Arqueólogos já desenterraram crânios humanos pré-históricos contendo buracos irregulares, que pareciam ter sido perfurados por antigos curandeiros para permitir que os demônios que causavam a doença deixassem o corpo do paciente. Registros históricos indicam que a trepanação era uma forma de tratamento amplamente praticada na Europa, no Egito, na Índia e nas Américas Central e do Sul.

Cerca de quatro mil anos atrás, alguns povos compreenderam que a higiene também desempenhava um papel na saúde e na doença e fizeram tentativas de melhorar a higiene pública. Os antigos egípcios, por exemplo, realizavam rituais de limpeza para

■ **trepanação** intervenção médica antiga na qual se fazia um furo no crânio humano para supostamente permitir que os "espíritos malignos" saíssem.

impedir que vermes causadores de doenças infestassem o corpo. Na Mesopotâmia (parte da qual se localizava onde hoje é o Iraque), fabricava-se sabão, projetavam-se instalações sanitárias e construíam-se sistemas públicos para o tratamento de esgotos (Stone, Cohen e Adler, 1979).

Figura 1.1

Linha do tempo de variações históricas e culturais relacionadas com doença e cura. Desde o antigo uso da trepanação para remover espíritos do mal até o emprego atual de tomografias não invasivas do cérebro para diagnosticar doenças, o tratamento de problemas de saúde sofreu a importantes avanços no decorrer dos séculos. Uma coletânea de tratamentos ao longo das eras é apresentada a seguir (da esquerda para a direita): trepanação (em um crânio peruano antigo); acupuntura da China; as primeiras cirurgias no século XVII; e vacinação por um vacinador distrital na Londres do século XIX.

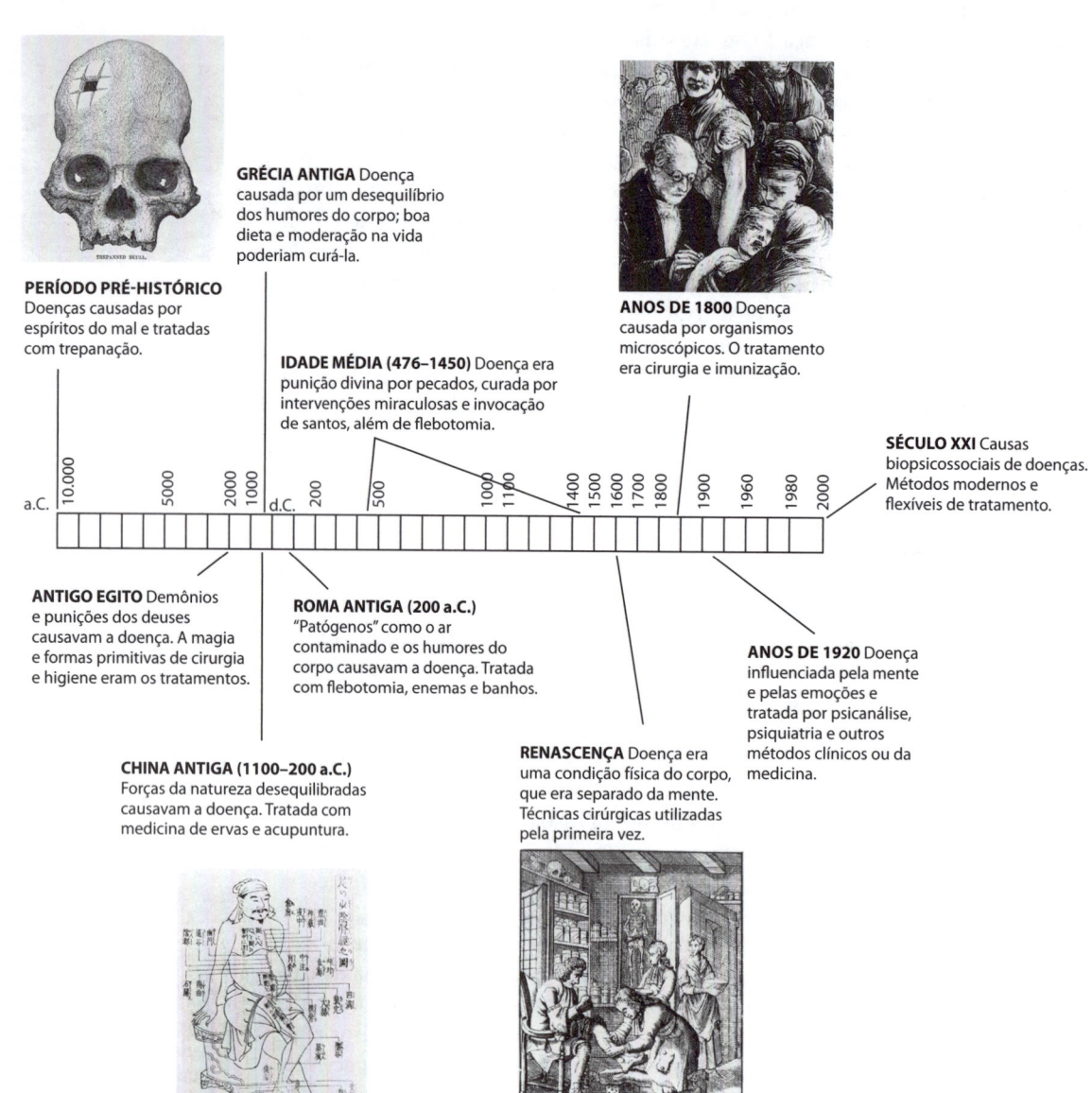

Créditos (da esquerda para a direita): Gravura de crânio trepanado pela Escola Inglesa (séc. XIX), publicado em 1878 em *Incidentes de viagens e explorações na terra dos incas*, de George Squier: coleção privada/Bridgeman Art Library; ilustração exibindo acupuntura: © Corbis; "O Cirurgião", gravura da Escola Alemã (séc. XVII): coleção privada/Bridgeman Art Library; gravura de "Vacinação", 1871: Hulton Getty/Liaison Agency; CT scan: © Premium Stock/Corbis.

Medicina grega e romana

Os avanços mais expressivos em saúde pública e saneamento foram feitos na Grécia e em Roma durante os séculos VI e V a.C. Em Roma, um grande sistema de drenagem, a *Cloaca Maxima*, foi construído para drenar um pântano, que mais tarde se tornaria o local do Fórum Romano. Com o tempo, a *Cloaca* assumiu as funções de um sistema moderno de esgotamento sanitário. Banheiros públicos, para os quais havia uma pequena taxa de admissão, eram comuns em Roma por volta do século I d.C. (Cartwright, 1972).

O primeiro aqueduto trouxe água pura para Roma já em 312 a.C., e a limpeza das vias públicas era supervisionada por um grupo de oficiais indicados que também controlava o suprimento de alimentos. Esse grupo criava normas para garantir que a carne e outros alimentos perecíveis estivessem frescos e organizavam o armazenamento de grandes quantidades de grãos, por exemplo, na tentativa de prevenir a fome (Cartwright, 1972).

Na Grécia antiga, o filósofo grego Hipócrates (cerca de 460-377 a.C.) estabeleceu as raízes da medicina ocidental quando se rebelou contra o antigo foco no misticismo e na superstição. Hipócrates, frequentemente chamado de "o pai da medicina moderna", foi o primeiro a afirmar que a doença era um fenômeno natural e que suas causas (e, portanto, seu tratamento e sua prevenção) podem ser conhecidas e merecem estudos sérios. Dessa forma, construiu as primeiras bases para uma abordagem científica da cura. Historicamente, os médicos fazem o *juramento de Hipócrates*, pelo qual se comprometem a praticar medicina conforme padrões éticos. Com o passar dos séculos, o juramento foi reescrito para adaptar-se aos valores de diversas culturas influenciadas pela medicina grega. Uma versão com ampla utilização nas faculdades de medicina norte-americanas foi escrita em 1964 pelo doutor Louis Lasagna, da Tufts University.

Hipócrates propôs a primeira explicação racional para o fato de as pessoas adoecerem, e os curandeiros desse período da história talvez fossem influenciados por suas ideias ao abordarem os problemas de Mariana. Segundo a **teoria humoral** de Hipócrates, um corpo e uma mente saudáveis resultavam do equilíbrio entre quatro fluidos corporais denominados humores: sangue, bile amarela, bile negra e fleuma. Para manter o balanço adequado, o indivíduo deveria seguir um estilo de vida saudável, incluindo exercícios, descanso suficiente, boa dieta, e evitar excessos. Quando os humores estivessem desequilibrados, contudo, o corpo e a mente seriam afetados de maneiras previsíveis, dependendo de qual dos quatro humores apresentasse excesso. Mariana, por exemplo, talvez fosse considerada colérica, com um excesso de bile amarela e um comportamento impetuoso. Talvez fosse tratada com flebotomia (a abertura de uma veia para retirar sangue), dietas líquidas, enemas e banhos frios.

Ainda que a teoria humoral tenha sido descartada à medida que houve avanços na anatomia, fisiologia e microbiologia, a noção sobre os traços da personalidade estarem ligados aos fluidos corporais ainda persiste nas medicinas popular e alternativa de muitas culturas, incluindo as de culturas nativas americanas e orientais tradicionais. Além disso, como veremos no próximo capítulo, atualmente sabemos que muitas doenças envolvem um desequilíbrio (de certa forma) entre os neurotransmissores do cérebro, de modo que Hipócrates não estava tão errado.

Hipócrates fez muitas outras contribuições notáveis para uma abordagem científica à medicina. Por exemplo, para aprender quais eram os hábitos pessoais que contribuíam para a gota, uma doença causada por perturbações no metabolismo corporal do ácido úrico, conduziu uma das primeiras pesquisas de saúde pública a respeito dos hábitos daqueles que sofriam da doença, bem como de sua temperatura corporal, frequência cardíaca, respiração e outros sintomas físicos. Ele também estava interessado nas emoções e nos pensamentos dos pacientes com relação a sua saúde e ao tratamento e, assim, chamou atenção para os aspectos psicológicos da saúde e da

---

... prevenirei a doença sempre que puder, pois a prevenção é preferível à cura.

Lembrarei que permaneço como um membro da sociedade, com obrigações especiais com todos os seres humanos, meus semelhantes, aqueles são de mente e corpo e também os enfermos.

Se não violar este juramento, que possa desfrutar da vida e da arte, ser respeitado enquanto viver e lembrado com afeição depois. Que eu sempre aja de modo a preservar as melhores tradições da minha vocação e possa experimentar por muito tempo a felicidade de curar aqueles que procurarem minha ajuda.

— Escrito, em 1964, por Louis Lasagna, pró-reitor da Escola de Medicina da Tufts University, e usado atualmente em muitas faculdades de medicina.

■ **teoria humoral** conceito de saúde proposto por Hipócrates, considerava o bem-estar um estado de perfeito equilíbrio entre quatro fluidos corporais básicos, chamados de humores. Acreditava-se que a doença fosse resultado de perturbações no equilíbrio dos humores.

doença. "É melhor conhecer o paciente que tem a doença", dizia Hipócrates, "do que conhecer a doença que o paciente tem" (citado em Wesley, 2003).

A próxima grande figura na história da medicina ocidental foi o médico Claudius Galeno (129-200 d.C.). Galeno nasceu na Grécia, mas passou muitos anos em Roma, conduzindo estudos de dissecação de animais e tratando os ferimentos graves dos gladiadores romanos. Desse modo, aprendeu grande parte do que anteriormente não se sabia a respeito da saúde e da doença. Escreveu volumes a respeito de anatomia, higiene e dieta, que foram construídos sobre as bases hipocráticas da explicação racional e da descrição cuidadosa dos sintomas físicos de cada paciente.

Galeno também expandiu a teoria humoral da doença, desenvolvendo um sistema elaborado de farmacologia que os médicos seguiram por quase 1.500 anos. Seu sistema era fundamentado na noção de que cada um dos quatro humores do corpo tinha sua própria qualidade elementar que determinava o caráter de doenças específicas. O sangue, por exemplo, era quente e úmido. Ele acreditava que as substâncias também tinham qualidades elementares; assim, uma doença causada pelo excesso de humor quente e úmido somente poderia ser curada com substâncias que fossem frias e secas. Embora essas visões possam parecer arcaicas, a farmacologia de Galeno era lógica, baseada em observações cuidadosas e semelhante aos antigos sistemas de medicina que surgiram na China, na Índia e em outras culturas não ocidentais. Muitas formas de medicina alternativa ainda hoje usam ideias semelhantes.

Medicina não ocidental

Ao mesmo tempo em que a medicina ocidental estava emergindo, diferentes tradições de cura eram formadas em outras culturas. Por exemplo, há mais de 2 mil anos, os chineses desenvolveram um sistema integrado de cura, que conhecemos atualmente como *medicina oriental tradicional*. Essa medicina está fundamentada no princípio de que a harmonia interna é essencial para a boa saúde. Fundamental para essa harmonia é o conceito de *qi* (às vezes escrito como *chi*), uma energia vital, ou força de vida, que oscila com as mudanças no bem-estar mental, físico e emocional de cada pessoa. A acupuntura, a terapia com ervas, o *tai-chi*, a meditação e outras intervenções, supostamente, restauram a saúde corrigindo bloqueios e desequilíbrios no *qi*.

A *ayurveda* é o mais antigo sistema médico conhecido no mundo. Tem sua origem na Índia em torno do século VI a.C., coincidindo aproximadamente com a vida de Buda. A palavra *ayurveda* vem das raízes em sânscrito *ayuh*, que significa "longevidade", e *veda*, "conhecimento". Muito praticada na Índia, a *ayurveda* se baseia na crença de que o corpo humano representa o universo inteiro em um microcosmo e que a chave para a saúde é manter um equilíbrio entre o corpo microcósmico e o mundo macrocósmico. A chave para essa relação está no equilíbrio entre três humores corporais, ou *doshas*: *vata*, *pitta* e *kapha*, ou coletivamente, o *tridosha* (Fugh-Berman, 1997). Iremos explorar a história, as tradições e a eficácia dessas e de outras formas não ocidentais de medicina no Capítulo 14.

A Idade Média e a Renascença

A queda do Império Romano no século V d.C. abriu as portas para a Idade Média (476-cerca de 1450), uma época situada entre tempos antigos e modernos, caracterizada pelo retorno às explicações sobrenaturais para a saúde e a doença na Europa. A Igreja exercia uma influência poderosa sobre todas as áreas da vida. Interpretações religiosas coloriam as ideias dos cientistas medievais a respeito da saúde e da doença. Aos olhos da igreja cristã medieval, os seres humanos eram criaturas com livre arbítrio, que não estavam sujeitas às leis da natureza. Visto que possuíam alma, os humanos e os animais não eram considerados objetos apropriados para o escrutí-

---

A Idade Média começou com um surto de peste que teve origem no Egito em 540 d.C. e espalhou-se rapidamente por todo o Império Romano, chegando a matar 10 mil pessoas em um único dia. Havia tantos cadáveres que os coveiros não conseguiam dar conta, e a solução foi carregar navios com os mortos, conduzi-los para o mar e abandoná-los.

nio científico, e sua dissecação era estritamente proibida. A doença era vista como punição de Deus por algum mal realizado, e acreditava-se que as doenças **epidêmicas**, como os dois grandes surtos de *peste* (uma doença bacteriana conduzida por ratos e outros roedores), que ocorreram durante a Idade Média, eram um sinal da ira de Deus. O "tratamento" de Mariana nessa época certamente teria envolvido tentativas de expulsar os espíritos do mal de seu corpo. Houve poucos avanços científicos na medicina europeia durante esse milênio.

No final do século XV, nascia uma nova era, a Renascença. Começando com o ressurgimento da investigação científica, esse período presenciou a revitalização do estudo da anatomia e da prática médica. O tabu envolvendo a dissecação humana foi suficientemente removido, a ponto de o anatomista e artista flandrense Andreas Vesalius (1514-1564) conseguir publicar um estudo composto por sete volumes sobre os órgãos internos, a musculatura e o sistema esquelético do corpo humano. Filho de um farmacêutico, Vesalius era fascinado pela natureza, em especial pela anatomia dos seres humanos e dos animais. Em sua busca pelo conhecimento, nenhum cachorro vadio, gato ou rato estava livre de seu bisturi.

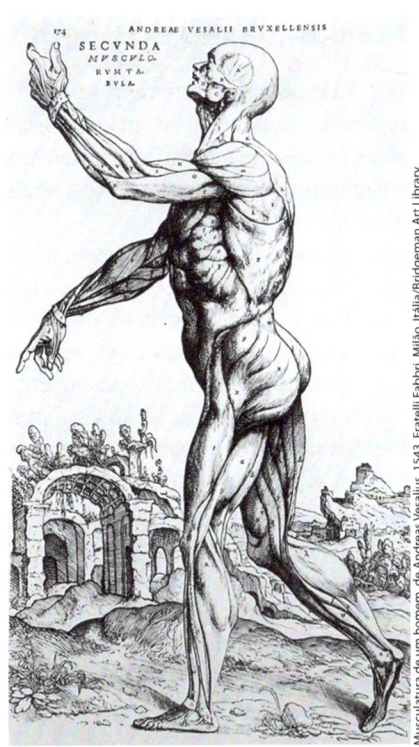

Primeiros desenhos anatômicos
Por volta do século XVI, o tabu que envolvia a dissecação humana já havia sido contornado há tanto tempo que o anatomista e artista flandrense Andreas Vesalius (1514-1564) conseguiu publicar um estudo completo dos órgãos internos, da musculatura e do sistema esquelético do corpo humano.

■ **epidêmico** literalmente, *entre as pessoas*; uma doença epidêmica se espalha com rapidez entre muitos indivíduos de uma comunidade ao mesmo tempo. Uma doença *pandêmica* afeta pessoas ao longo de uma grande área geográfica.

Na escola de medicina, Vesalius passou a dissecar cadáveres humanos. Suas descobertas provaram que algumas das teorias de Galeno e dos médicos antigos estavam claramente incorretas. Como pôde, pensou ele, uma autoridade inquestionável como Galeno ter cometido tantos erros ao descrever o corpo? Então compreendeu o porquê: Galeno nunca havia dissecado um corpo humano! Os volumes de Vesalius tornaram-se os alicerces de uma nova medicina científica, fundamentada na anatomia (Sigerist, 1958, 1971).

Um dos mais influentes pensadores da Renascença foi o filósofo e matemático francês René Descartes (1596-1650), cuja primeira inovação foi o conceito do corpo humano como uma máquina. Ele descreveu todos os reflexos básicos do corpo, construindo, nesse processo, modelos mecânicos elaborados para demonstrar seus princípios. Acreditava que a doença ocorria quando a máquina estragava, e a tarefa do médico era consertá-la.

Descartes é conhecido por acreditar que a mente e o corpo são processos separados e autônomos, que interagem de forma mínima, e que cada um deles está sujeito a diferentes leis de causalidade. Esse ponto de vista, chamado de **dualismo mente-corpo** (ou *dualismo cartesiano*), baseia-se na doutrina de que os seres humanos possuem duas naturezas, a mental e a física. Descartes e outros grandes pensadores da Renascença, em um esforço para romper com o misticismo e as superstições do passado, rejeitavam vigorosamente a noção de que a mente influencia o corpo. A condição de Mariana e a conexão com seu bem-estar emocional teriam ainda menos probabilidade de serem compreendidas de maneira adequada. Embora tenha aberto caminho para uma nova era de pesquisas médicas baseadas na confiança na ciência e no pensamento racional, esse ponto de vista criou um preconceito duradouro na medicina ocidental em relação à importância dos processos psicológicos na saúde. Como veremos, esse preconceito tem sido desfeito desde a década de 1970.

■ **dualismo mente-corpo** ponto de vista filosófico segundo o qual a mente e o corpo são entidades separadas que não interagem.

O racionalismo pós-Renascença

Após a Renascença, esperava-se que os médicos se concentrassem apenas nas causas biológicas da doença. A antiga teoria humoral de Hipócrates foi finalmente descartada, em favor da nova **teoria anatômica** da doença. Os médicos da época teriam considerado causas internas para os sintomas de Mariana, como disfunções cardíacas ou cerebrais.

A ciência e a medicina mudaram rapidamente durante os séculos XVII e XVIII, motivadas por numerosos avanços na tecnologia. Talvez a mais importante invenção na medicina nesse período tenha sido o microscópio. Embora o uso de uma lente para aumento já fosse conhecido em épocas antigas, foi um mercador de tecidos dinamarquês, chamado Anton van Leeuwenhoek (1632-1723), quem construiu o primeiro microscópio prático. Usando esse microscópio, ele foi o primeiro a observar células sanguíneas e a estrutura dos músculos esqueléticos.

- **teoria anatômica** teoria segundo a qual as origens de certas doenças são encontradas nos órgãos internos, na musculatura e no sistema esquelético do corpo humano.

Descobertas do século XIX

Uma vez que as células individuais se tornaram visíveis, o cenário estava pronto para a **teoria celular** da doença – a ideia de que a doença resulta do funcionamento incorreto ou da morte das células corporais. Todavia, foi o cientista francês Louis Pasteur (1822-1895) que realmente abalou o mundo da medicina com uma série de experimentos meticulosos, que demonstravam que só é possível existir vida a partir da vida já existente. Até o século XIX, os estudiosos acreditavam na *geração espontânea* – a ideia de que os organismos vivos podem ser formados a partir de matéria não viva. Por exemplo, pensava-se que as larvas e as moscas surgiam automaticamente de carne podre. Para testar essa hipótese, Pasteur encheu dois frascos com um líquido semelhante a mingau, aquecendo-os até o ponto de ebulição para matar qualquer organismo presente. Um dos frascos tinha a boca larga, por onde o ar poderia fluir com facilidade. O outro também ficava aberto, mas tinha um pescoço curvo, impedindo que as bactérias presentes no ar caíssem no líquido. Para surpresa dos céticos, nenhum crescimento ocorreu no frasco curvo. Entretanto, naquele com o bico comum, microrganismos contaminaram o líquido e multiplicaram-se com rapidez.

- **teoria celular** teoria formulada no século XIX, diz que a doença é o resultado de anormalidades nas células do corpo.

- **teoria dos germes** diz que a doença é causada por vírus, bactérias e outros microrganismos que invadem as células do corpo.

Mostrando que uma solução genuinamente esterilizada permaneceria sem vida, Pasteur abriu caminho para o desenvolvimento posterior de procedimentos cirúrgicos *assépticos* (livre de germes). Ainda mais relevante, o desafio de Pasteur contra uma crença com 2 mil anos de idade é uma poderosa demonstração da importância de manter a mente aberta na investigação científica.

As descobertas de Pasteur também ajudaram a moldar a **teoria dos germes** da doença – a ideia de que bactérias, vírus e outros microrganismos que invadem as células do corpo fazem com que elas funcionem de maneira inadequada. A teoria dos germes, que é um aperfeiçoamento da teoria celular, forma a base teórica da medicina moderna.

Após Pasteur, o conhecimento e os procedimentos médicos apresentaram desenvolvimento rápido. Em 1846, William Morton (1819-1868), um dentista norte-americano, introduziu o gás éter como anestésico. Esse grande avanço possibilitou a operação em pacientes, os quais não sentiam dor e assim permaneciam completamente relaxados. Cinquenta anos mais tarde, o médico alemão Wilhelm Roentgen (1845-1943) descobriu o raio X, e, pela primeira vez, os médicos puderam observar de forma direta os órgãos internos em uma pessoa viva. Antes do final do século, os pesquisadores haviam identificado os microrganismos

Louis Pasteur em seu laboratório O meticuloso trabalho de Pasteur, de isolar bactérias no laboratório e mostrar que a vida apenas ocorre a partir da vida existente, abriu caminho para procedimentos cirúrgicos livres de germes.

que causavam malária, pneumonia, difteria, hanseníase, sífilis, peste bubônica e febre tifoide, bem como outras doenças que a geração de minha bisavó temia. De posse dessas informações, a medicina começou a controlar doenças que haviam acossado o mundo desde a antiguidade.

O século XX e a aurora de uma nova era

À medida que o campo da medicina continuava a avançar, durante a primeira parte do século XX, apoiava-se cada vez mais na fisiologia e na anatomia, em vez de no estudo de pensamentos e emoções, na busca por uma compreensão mais profunda da saúde e da doença. Assim, nascia o **modelo biomédico** de saúde, o qual sustenta que a doença sempre tem causas biológicas. Motivado pelo ímpeto das *teorias celular* e *dos germes*, esse modelo tornou-se aceito de forma ampla durante o século XIX e hoje continua a representar a visão dominante na medicina.

O modelo biomédico apresenta três características distintas. Em primeiro lugar, pressupõe que a doença seja o resultado de um **patógeno** – um vírus, uma bactéria ou outro microrganismo que invade o corpo. O modelo não faz menção às variáveis psicológicas, sociais ou comportamentais na doença. Nesse sentido, o modelo biomédico é *reducionista*, considerando que fenômenos complexos (como a saúde e a doença) são essencialmente derivados de um único fator primário. Em segundo, esse modelo tem como base a doutrina cartesiana do *dualismo mente-corpo*, que, como vimos, considera-os entidades separadas e autônomas que interagem de forma mínima. Por fim, de acordo com ele, a saúde nada mais é que a ausência de doenças. Dessa forma, aqueles que trabalham apoiados nessa perspectiva se concentram em investigar as causas das doenças físicas, em vez daqueles fatores que promovem a vitalidade física, psicológica e social. Médicos que trabalhassem unicamente segundo a perspectiva biomédica enfocariam as causas fisiológicas das dores de cabeça, do coração acelerado e da falta de ar de Mariana, em vez de considerarem se algum problema psicológico poderia estar contribuindo para esses sintomas.

■ **modelo biomédico** visão dominante no século XX, segundo a qual a doença sempre tem uma causa física.

■ **patógeno** vírus, bactéria ou algum outro microrganismo que causam determinada doença.

Medicina psicossomática

O modelo biomédico, por intermédio de seu foco nos patógenos, avançou o tratamento de saúde de maneira significativa. Entretanto, foi incapaz de explicar transtornos que não apresentavam uma causa física observável, como aqueles descobertos por Sigmund Freud (1856-1939), que inicialmente obteve formação como médico. As pacientes de Freud exibiam sintomas como perda da fala, surdez e até paralisia. Ele acreditava que esses males eram causados por conflitos emocionais inconscientes "convertidos" em forma física. Rotulou essas condições de *transtorno conversivo*, e a comunidade médica viu-se forçada a aceitar uma nova categoria de doença.

Na década de 1940, Franz Alexander desenvolveu a ideia de que os conflitos psicológicos do indivíduo poderiam causar determinadas doenças. Quando os médicos não conseguiam encontrar agentes infecciosos ou outras causas diretas para a artrite reumática, Alexander ficava intrigado pela possibilidade de que fatores psicológicos pudessem estar envolvidos. Segundo seu modelo do *conflito nuclear*, cada doença física é resultado de um conflito psicológico fundamental ou nuclear (Alexander, 1950). Por exemplo, indivíduos com "personalidade reumática", que tendem a reprimir a raiva e são incapazes de expressar as emoções, seriam propensos a desenvolver artrite. Alexander ajudou a estabelecer a **medicina psicossomática**, um movimento reformista na medicina, denominado em decorrência das raízes *psico*, que significa "mente", e *soma*, que significa "corpo". Essa medicina diz respeito ao diagnóstico e ao tratamento de doenças físicas supostamente causadas por processos mentais deficientes. Esse novo campo floresceu e, logo, o periódico *Psychosomatic Medicine* publicava explicações psicanalíticas para uma variedade de problemas de saúde, incluindo

■ **medicina psicossomática** ramo da medicina que se concentra no diagnóstico e tratamento de doenças físicas causadas por processos mentais deficientes.

hipertensão, enxaquecas, úlceras, hipertireoidismo e asma brônquica. Nessa época, talvez Mariana tivesse sido tratada com a *psicanálise* de Freud – a terapia por meio da fala que mergulha na infância do indivíduo e tenta revelar conflitos não resolvidos.

A medicina psicossomática era intrigante e parecia explicar o inexplicável. Entretanto, apresentava diversas inconsistências que a levaram a ser desfavorecida. A mais significativa delas é o fato de que se fundamentava na teoria freudiana. À medida que a ênfase de Freud em motivações inconscientes e irracionais na formação da personalidade perdeu popularidade, o campo da medicina psicossomática começou a declinar. Essa medicina, como o modelo biomédico, apoiava-se no reducionismo – nesse caso, a ideia obsoleta de que um único problema psicológico ou falha de personalidade seria suficiente para desencadear a doença. Atualmente, sabemos que a doença, assim como a boa saúde, baseiam-se na interação combinada de diversos fatores, incluindo a hereditariedade, o ambiente e a formação psicológica do indivíduo.

Embora estivessem comprometidas, as teorias de Freud e a medicina psicossomática formaram as bases para a nova apreciação das conexões entre a medicina e a psicologia. Elas deram início à tendência contemporânea de ver doença e saúde como *multifatorial*. Isso significa que muitas doenças são causadas pela interação entre diversos fatores, em vez de uma única bactéria ou um só agente viral invasor. Entre estes, estão *fatores do hospedeiro* (como vulnerabilidade ou resiliência genéticas), *fatores ambientais* (como exposição a poluentes ou químicos perigosos), *fatores comportamentais* (como dieta, exercícios, hábito de fumar) e *fatores psicológicos* (como otimismo e *hardiness*[*] geral).

Medicina comportamental

Durante a primeira metade do século XX, o movimento behaviorista dominou a psicologia norte-americana. Os behavioristas definiam a *psicologia* como o estudo científico do comportamento observável e enfatizavam o papel da aprendizagem na aquisição da maioria dos comportamentos humanos.

No início da década de 1970, a **medicina comportamental** começou a explorar o papel de comportamentos aprendidos na saúde e na doença. Um de seus primeiros sucessos foi a pesquisa de Neal Miller (1909-2002), que utilizou técnicas de condicionamento operante para ensinar cobaias (e depois seres humanos) a adquirir controle sobre certas funções corporais. Miller demonstrou, por exemplo, que as pessoas podem adquirir algum nível de controle sobre sua pressão arterial e relaxar a frequência cardíaca quando se tornam cientes desses estados. A técnica de Miller, denominada *biofeedback*, é discutida de forma mais detalhada no Capítulo 4. Neste ponto da história, nossa paciente ansiosa, Mariana, provavelmente teria sido diagnosticada de maneira correta e tratada de um modo que obtivesse um certo grau de alívio de seus sintomas – talvez com uma combinação de *biofeedback* e outras técnicas de relaxamento.

Embora a fonte da medicina comportamental tenha sido o movimento behaviorista na psicologia, uma característica distinta desse campo é sua natureza interdisciplinar. A medicina comportamental atrai membros de campos tão diversos quanto a antropologia, a sociologia, a biologia molecular, a genética, a bioquímica e a psicologia, além de profissões ligadas à área da saúde, como enfermagem, medicina e odontologia.

O surgimento da psicologia da saúde

Em 1973, a American Psychological Association (APA) indicou uma força-tarefa para explorar o papel da psicologia no campo da medicina comportamental e, em 1978,

> ■ **medicina comportamental**
> um campo interdisciplinar que integra as ciências comportamentais e biomédicas para promover a saúde e tratar doenças.

---

[*] N. de R.T.: Termo de difícil tradução, quer dizer vigor, robustez, persistência, audácia, força. *Hardy* significa resistente, forte, robusto, ousado, audaz, audacioso. Os estudos brasileiros que usam o termo tendem a mantê-lo no original. Quando traduzido, aparece como "personalidade", ver, por exemplo, De Oliveira, F.F. (2007). *Hardiness* (personalidade resistente): repercussões na qualidade de vida profissional em colaboradores de uma cooperativa de crédito do estado de Mato Grosso do Sul. Retirado da World Wide Web em 10/03/2013 de ucdb.br.

criou a divisão de psicologia da saúde (Divisão 38). Quatro anos depois, foi publicado o primeiro volume de seu periódico oficial, *Health Psychology*. Nessa edição, Joseph Matarazzo, o primeiro presidente da divisão, estabeleceu os quatro objetivos do novo campo:

1. *Estudar de forma científica as causas e origens de determinadas doenças*, ou seja, sua **etiologia**. Os psicólogos da saúde estão principalmente interessados nas origens psicológicas, comportamentais e sociais da doença. Eles investigam por que as pessoas se envolvem em *comportamentos que comprometem a saúde*, como o hábito de fumar e o sexo inseguro.
2. *Promover a saúde*. Os psicólogos da saúde consideram maneiras de fazer as pessoas adotarem *comportamentos que promovam a saúde*, como praticar exercícios regularmente e comer alimentos nutritivos.
3. *Prevenir e tratar doenças*. Os psicólogos da saúde projetam programas para ajudar as pessoas a parar de fumar, perder peso, administrar o estresse e minimizar outros fatores de risco para uma saúde fraca. Eles também auxiliam aquelas que já estão doentes em seus esforços para se adaptarem a suas doenças ou aderirem a regimes de tratamento difíceis.
4. *Promover políticas de saúde pública e o aprimoramento do sistema de saúde pública*. Os psicólogos da saúde são bastante ativos em todos os aspectos da educação para a saúde e mantêm reuniões frequentes com líderes governamentais que formulam políticas públicas na tentativa de melhorar os serviços de saúde para todos os indivíduos.

■ **etiologia** estudo científico das causas ou origens de doenças específicas.

Conforme observado na Tabela 1.2, várias tendências do século XX ajudaram as pessoas a moldar o novo campo da psicologia da saúde, direcionando-o para a perspectiva biopsicossocial mais ampla, que é o foco deste texto.

Perspectiva biopsicossocial (mente-corpo)

Segundo nos conta a história, procurar apenas um fator causal produz uma imagem incompleta da saúde e da doença de uma pessoa. Portanto, os psicólogos da saúde trabalham a partir da **perspectiva biopsicossocial (mente-corpo)**. Conforme mostrado na Figura 1.2, essa perspectiva reconhece que forças *biológicas*, *psicológicas* e *socioculturais* agem em conjunto para determinar a saúde e a vulnerabilidade do indivíduo à doença; ou seja, a saúde e a doença devem ser explicadas em relação a contextos múltiplos.

■ **perspectiva biopsicossocial (mente-corpo)** ponto de vista segundo o qual a saúde e outros comportamentos são determinados pela interação entre mecanismos biológicos, processos psicológicos e influências sociais.

Tabela 1.2

Tendências do século XX que moldaram a psicologia da saúde

Tendência	Resultado
1. Aumento na expectativa de vida	Reconhecer a necessidade de cuidar melhor de nós mesmos para promover a vitalidade no decorrer de uma vida mais longa.
2. O surgimento de transtornos relacionados com o estilo de vida (p. ex., câncer, AVE, doenças cardíacas)	Educar as pessoas para evitar comportamentos que contribuam para essas doenças (p. ex., fumar e ter uma dieta com teores elevados de gordura).
3. Aumento nos custos da assistência à saúde	Concentrar esforços em maneiras de prevenir a doença e manter uma boa saúde para evitar esses custos.
4. Reformulação do modelo biomédico	Desenvolver um modelo mais abrangente da saúde e da doença – a abordagem biopsicossocial.

O contexto biológico

Todos os comportamentos, incluindo estados de saúde e doença, ocorrem no contexto biológico. Cada pensamento, estado de espírito e ânsia é um evento biológico possibilitado pela estrutura anatômica e pela função biológica característica do corpo da pessoa. A psicologia da saúde chama atenção para aqueles aspectos de nosso corpo que influenciam a saúde e a doença: nossa conformação genética e nossos sistemas nervoso, imune e endócrino (ver Cap. 3).

Os genes proporcionam o projeto de nossa biologia e predispõem nossos comportamentos – saudável e doentio, normal e anormal. Por exemplo, sabe-se há muito tempo que a tendência a abusar do consumo de álcool é hereditária (ver Cap. 8). Uma razão para isso é que a dependência do álcool é, pelo menos em parte, genética, embora não pareça estar ligada a um único gene específico. Em vez disso, certas pessoas podem herdar uma sensibilidade maior aos efeitos físicos do álcool, experimentando a intoxicação como algo prazeroso e uma ressaca como algo de pouca importância. Essas pessoas têm mais probabilidade de beber, especialmente em certos contextos psicológicos e sociais.

Um elemento fundamental do contexto biológico é a história evolutiva da nossa espécie, e a *perspectiva evolutiva* orienta o trabalho de muitos psicólogos da saúde. Nossos traços e comportamentos humanos característicos existem na forma como são porque ajudaram nossos ancestrais distantes a sobreviver tempo suficiente para se reproduzirem e enviar seus genes para o futuro. Por exemplo, a seleção natural favoreceu a tendência das pessoas a sentir fome na presença de um aroma agradável (ver Cap. 7). Essa sensibilidade para pistas relacionadas com comida faz sentido evolucionário, pois comer é necessário para a sobrevivência – particularmente no passado distante, quando os suprimentos de comida eram imprevisíveis e era vantajoso ter um apetite saudável quando havia alimento disponível.

Ao mesmo tempo, a biologia e o comportamento interagem de forma constante. Por exemplo, alguns indivíduos são mais vulneráveis a doenças relacionadas com o estresse porque reagem com raiva a perturbações cotidianas e a outros "gatilhos" ambientais (ver Cap. 4). Entre os homens, esses gatilhos apresentam correlação com a reação agressiva relacionada com quantidades maiores do hormônio testosterona. Porém, essa relação é recíproca: ataques de raiva também podem levar a níveis elevados

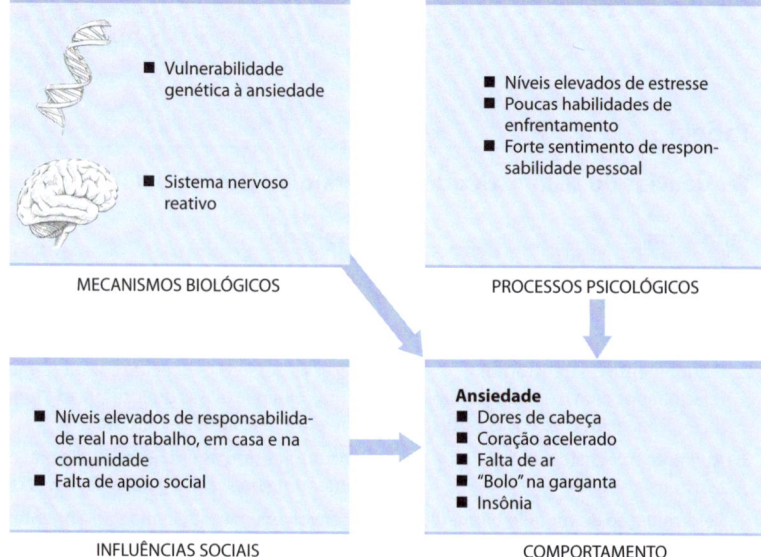

Figura 1.2

O modelo psicossocial da ansiedade de Mariana Segundo a perspectiva biopsicossocial, todos os comportamentos relacionados com a saúde podem ser explicados de acordo com três contextos: processos biológicos, processos psicológicos e influências sociais. Esse diagrama ilustra como os três processos poderiam influenciar a ansiedade de Mariana, no estudo de caso usado como exemplo (p. 5).

de testosterona. Uma das tarefas da psicologia da saúde é explicar como (e por que) essa influência mútua entre biologia e comportamento ocorre.

A perspectiva do curso de vida

No contexto biológico, a **perspectiva do curso de vida** na psicologia da saúde concentra-se em importantes aspectos da saúde e da doença relacionados com a idade (Jackson, 1996). Essa perspectiva considera, por exemplo, a maneira como a má nutrição, o tabagismo e o uso de substâncias psicoativas por uma mulher grávida afetaria o desenvolvimento de seu bebê ao longo da vida. Talvez seu filho nasça prematuramente e sofra de *baixo peso neonatal* (menos de 2.500 gramas), um dos problemas mais comuns e evitáveis no desenvolvimento pré-natal. Entre as consequências disso, estão o desenvolvimento motor, social e de linguagem lento; maior risco de paralisia cerebral; dificuldades de aprendizagem a longo prazo; e mesmo a morte (Jalil et al., 2008).

A perspectiva do curso de vida também considera as principais causas de morte que acometem certos grupos etários. As doenças crônicas que são as principais causas de morte na população em geral afetam, mais provavelmente, adultos de meia-idade e idosos. Os jovens têm uma probabilidade muito maior de morrer devido a acidentes.

■ **perspectiva do curso de vida** perspectiva teórica concentrada em aspectos da saúde e da doença relacionados com a idade.

O contexto psicológico

A mensagem central da psicologia da saúde, obviamente, é que a saúde e a doença estão sujeitas a influências psicológicas. Por exemplo, um fator fundamental para determinar o quanto uma pessoa consegue lidar com uma experiência de vida estressante é a forma como o evento é avaliado e interpretado (ver Cap. 5). Eventos avaliados como avassaladores, invasivos e fora do controle custam mais do ponto de vista físico e psicológico do que os que são encarados como desafios menores, temporários e superáveis. De fato, algumas evidências sugerem que, independentemente de um evento ser de fato vivenciado ou apenas imaginado, a resposta do corpo ao estresse é, de modo aproximado, a mesma. Os psicólogos da saúde pensam que certas pessoas podem ser cronicamente depressivas e mais suscetíveis a determinados problemas de saúde porque revivem eventos difíceis muitas vezes em suas mentes, o que pode ser de modo funcional equivalente a experienciar repetidas vezes o evento real. No decorrer deste livro, iremos examinar as implicações de pensamento, percepção, motivação, emoção, aprendizagem, atenção, memória e outros aspectos de alta relevância para a saúde.

Os fatores psicológicos também desempenham um papel importante no tratamento de condições crônicas. A efetividade de todas as intervenções – incluindo medicação e cirurgia, bem como acupuntura e outros tratamentos alternativos – é poderosamente influenciada pela postura do paciente. Um indivíduo que acredita que um medicamento ou outro tratamento irá lhe causar apenas efeitos colaterais desconfortáveis é capaz de experimentar uma tensão considerável, que pode, na verdade, piorar sua reação física à intervenção, desencadeando um círculo vicioso, no qual a crescente ansiedade antes do tratamento é seguida por reações físicas progressivamente piores, à medida que o regime terapêutico continua. No entanto, um paciente com confiança na efetividade de certo tratamento pode, na verdade, apresentar uma resposta terapêutica melhor. As intervenções psicológicas ajudam os pacientes a administrar a tensão, diminuindo, assim, as reações negativas ao tratamento. Os pacientes mais tranquilos em geral são mais capazes e mais motivados para seguir as instruções de seus médicos.

As intervenções psicológicas também auxiliam os pacientes a administrar o estresse da vida cotidiana, que parece exercer um efeito cumulativo sobre o sistema imune. Acontecimentos negativos na vida, como perda de um ente querido, divórcio, desemprego ou mudança, podem estar ligados a diminuição do funcionamento imunológico e maior suscetibilidade a doenças. Ensinando aos pacientes formas mais efetivas de administrar tensões inevitáveis, os psicólogos da saúde podem ajudar o sistema imune do paciente a combater as doenças.

O contexto social

Os imigrantes irlandeses da virada do século, como minha bisavó, venceram a pobreza e o preconceito nos Estados Unidos, estabelecendo associações de irlandeses americanos que refletiam uma ética de apoio familiar e comunitário. "Cada um por si, mas todos pelos outros", escreveu Patric O'Callaghan a sua irmã em sua terra natal para descrever esse sistema de proteção. Ao colocarem o comportamento saudável em seu contexto social, os psicólogos da saúde estão preocupados com a maneira como pensamos, influenciamos e nos relacionamos uns com os outros e com nosso ambiente. Seu gênero, por exemplo, implica determinado papel socialmente prescrito, que representa seu senso de ser mulher ou homem. Além disso, você é membro de determinada família, comunidade e nação; você também tem uma certa identidade racial, cultural e étnica, e vive em uma classe socioeconômica específica. Você é influenciado pelos mesmos fatores históricos e sociais que outras pessoas em sua **coorte de nascimento** – um grupo de indivíduos que nasceram com alguns anos de diferença uns dos outros. Por exemplo, aqueles que viveram 100 anos atrás tinham mais probabilidade de morrer de doenças que nós, nos países desenvolvidos, hoje consideramos evitáveis, como a tuberculose e a difteria (Tab. 1.3), e a mortalidade infantil nos Estados Unidos caiu significativamente (Fig. 1.3). Cada um desses elementos de seu contexto social único afeta suas experiências e influencia suas crenças e seus comportamentos – incluindo aqueles relacionados com a saúde.

Considere o contexto social em que uma doença crônica, como o câncer, ocorre. Um cônjuge, outra pessoa afetivamente significativa ou um amigo íntimo proporcionam uma fonte importante de apoio social para muitos pacientes de câncer. Mulheres e homens que se sentem socialmente conectados a uma rede de amigos afetuosos têm menor probabilidade de morrer de qualquer forma de câncer do que seus correlatos socialmente isolados (ver Cap. 10). O fato de sentir-se apoiado por outras pessoas serve como proteção que mitiga o resultado de hormônios que causam estresse e mantêm as defesas do corpo fortes durante situações traumáticas. Pode também promover

■ **coorte de nascimento** grupo de pessoas que, por terem nascido aproximadamente na mesma época, experimentam condições históricas e sociais semelhantes.

Tabela 1.3

As principais causas de mortes nos Estados Unidos em 1900 e 2005

1900	Porcentagem	2005*	Porcentagem
Pneumonia	11,8%	Doenças cardíacas	26,6%
Tuberculose	11,3%	Câncer	22,8%
Diarreia e enterite	8,3%	AVE	5,9%
Doenças cardíacas	5,2%	Doenças crônicas do aparelho respiratório inferior	5,3%
Doenças renais	5,2%	Acidentes	4,8%
Acidentes	4,2%	Diabetes melito	3,1%
Câncer	3,7%	*Influenza* e pneumonia	2,9%
Senilidade	2,9%	Doença de Alzheimer	2,6%
Difteria	2,3%	Doenças hepáticas	1,8%
		Septicemia	1,4%

Fontes: *Healthy People 2010*, U.S. Department of Health and Human Services, Washington, DC: U.S. Government Printing Office. Deaths: Final Data for 2005, H. C. Kung, D. L. Hoyert, J. J. Xu e S. L. Murphy (2008). *National Vital Statistics Report*, 56(10), Table B.
* Observe que as principais causas de morte em 2005 não eram doenças novas; elas já estavam presentes em outras épocas, mas, ou tinham outro nome, ou menos pessoas morriam delas.

melhores hábitos de saúde, *check-ups* regulares e exames para sintomas preocupantes – tudo isso tende a melhorar as chances de sobrevivência de uma vítima do câncer.

Perspectiva sociocultural

No contexto social, a **perspectiva sociocultural** considera como fatores sociais e culturais contribuem para a saúde e a doença. Quando os psicólogos usam o termo *cultura*, estão se referindo a comportamentos, valores e costumes persistentes que um grupo de pessoas desenvolveu ao longo dos anos e transmitiu para a próxima geração. Em uma cultura, pode haver um, dois ou mais *grupos étnicos*, isto é, grandes grupos de pessoas que tendem a ter valores e experiências semelhantes porque compartilham certas características.

Em culturas multiétnicas, como a dos Estados Unidos e da maioria das grandes nações, ainda existem amplas disparidades em expectativa de vida e nível de saúde, tanto entre os grupos de minorias étnicas quanto na maior parte da população. Algumas dessas diferenças, sem dúvida, refletem uma variação em *status socioeconômico*, uma medida de diversas variáveis, incluindo renda, educação e ocupação. Por exemplo, as taxas mais elevadas de doenças crônicas ocorrem entre pessoas que possuem os níveis mais baixos de *status* socioeconômico (Mackenbach et al., 2008). Evidências também sugerem que os vieses, preconceitos e estereótipos por parte de profissionais da saúde também podem constituir fatores nesse sentido. As minorias tendem a receber cuidados de menor qualidade do que os brancos, mesmo com níveis comparáveis de seguro, renda, idade e gravidade de condições (Devi, 2008; Smedley, Stith e Nelson, 2003).

Os aspectos socioculturais também desempenham um papel importante na variação em crenças e comportamentos relacionados com a saúde. Por exemplo, as práticas tradicionais de cuidado à saúde dos nativos norte-americanos são holísticas e não distinguem modelos separados para doenças físicas e mentais. Em outro exemplo, os adeptos da ciência cristã tradicionalmente rejeitam o uso da medicina, pois acreditam que os doentes podem ser curados apenas por meio da oração, e a lei judaica prescreve que Deus dá a saúde, sendo responsabilidade de cada indivíduo protegê-la.

De modo geral, os psicólogos da saúde que trabalham nessa perspectiva sociocultural encontram grandes discrepâncias, não apenas entre os grupos étnicos, mas também dentro deles. Os latinos, por exemplo, não são homogêneos. Os três maiores grupos de nacionalidade – mexicanos, porto-riquenhos e cubanos – diferem em

■ **perspectiva sociocultural**
perspectiva teórica que aborda a maneira como os fatores sociais e culturais contribuem para a saúde e a doença.

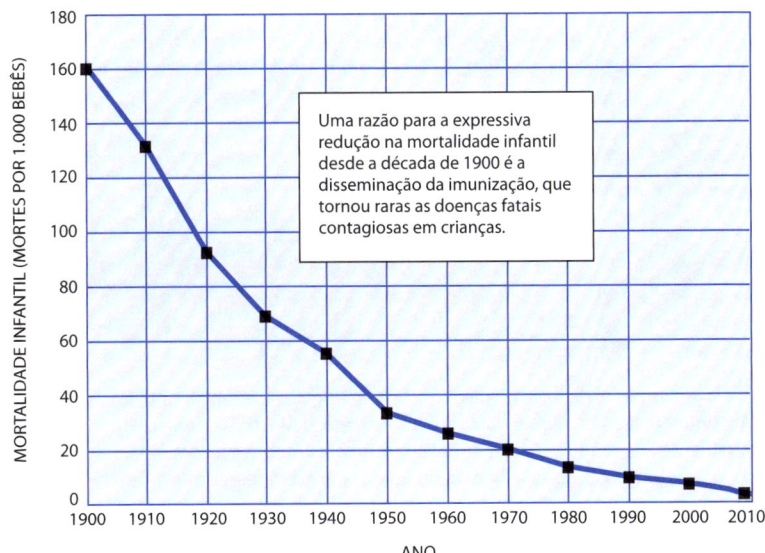

Figura 1.3

Mortalidade infantil nos Estados Unidos Há menos de 100 anos, 15% dos bebês que nasciam nos Estados Unidos morriam antes de seu primeiro aniversário. Para aqueles que sobreviviam, a expectativa de vida era de pouco mais de 50 anos. Com a melhoria dos serviços de saúde, atualmente mais de 90% dos recém-nascidos sobrevivem até pelo menos 1 ano de idade.

Fontes: *Historical Statistics of the United States: Colonial Times to 1970*, U.S. Bureau of the Census, 1975, Washington, DC: U.S. Government Printing Office p. 60; Infant Mortality Rates by Race – States, *The 2010 Statistical Abstract*, U. S. Census Bureau, Washington, DC: U. S. Government Printing Office, Table 113.

educação, renda, saúde geral e risco de doenças e de morte (Angel, Angel e Hill, 2008; Bagley et al., 1995). Os padrões socioeconômicos, religiosos e outros culturais também podem explicar por que existem variações na saúde não apenas entre os grupos étnicos, mas também de região para região, estado para estado e até mesmo de um bairro para outro. Por exemplo, em cada mil nascimentos vivos, o número de bebês que morrem antes de chegar ao primeiro aniversário é muito maior no Distrito de Columbia (7,04%), Mississippi (6,60%) e Louisiana (6,12%) do que em Montana (2,64%), Washington (2,99%) e Iowa (3,25%) (Heron et al., 2009). Conforme colocou um pesquisador, em termos de sua saúde geral, "a maneira como você envelhece depende de onde você mora" (Cruikshank, 2003).

A perspectiva de gênero

■ **perspectiva de gênero**
perspectiva teórica que aborda problemas de saúde específicos dos gêneros e suas barreiras aos serviços de saúde.

Também no contexto social, a **perspectiva de gênero** em psicologia da saúde se concentra no estudo de problemas de saúde específicos dos gêneros e em barreiras que tal condição encontra nos serviços de saúde. Com exceção de problemas no sistema reprodutivo e subnutrição, os homens são mais vulneráveis do que as mulheres a quase todas as outras condições de saúde. Além disso, muitos homens consideram o cuidado preventivo em saúde algo que não é masculino, mas as mulheres tendem a responder de forma mais ativa do que eles a sintomas de doenças e a procurarem tratamento mais cedo (Williams, 2003). O efeito é cumulativo e, aos 80 anos de idade, as mulheres são mais numerosas que os homens, em uma proporção de 2 para 1 (U.S. Census Bureau, 2010).

A profissão médica tem longa história de tratar homens e mulheres de maneira diversa. Por exemplo, pesquisas já mostraram que as mulheres tratadas para doenças cardíacas têm maior probabilidade de receber diagnósticos incorretos (Chiaramonte e Friend, 2006); em comparação aos homens, é menos provável que elas recebam aconselhamento sobre os benefícios para o coração da prática de exercícios, nutrição e redução de peso (Stewart et al., 2004) ou que recebam e tomem medicamentos prescritos para o tratamento de sua condição cardíaca (Vittinghoff et al., 2003). Em um

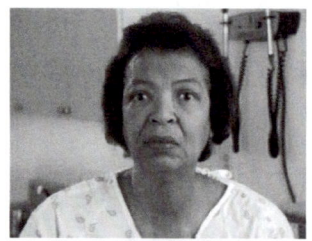 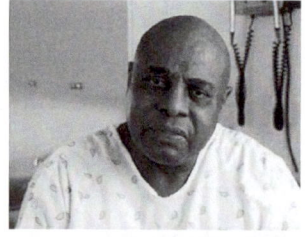 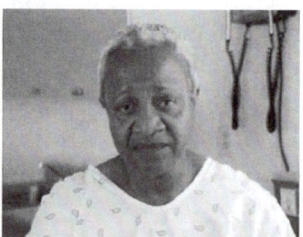 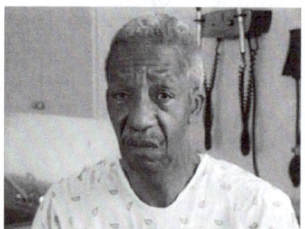
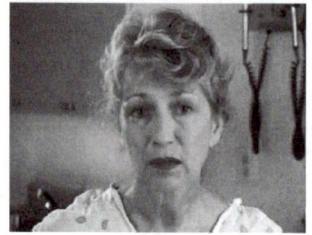   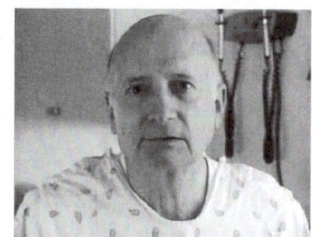

Viés sociocultural no diagnóstico Foi dito aos médicos que estes supostos "pacientes cardíacos" eram idênticos em ocupação, sintomas e em qualquer outro aspecto, exceto idade, raça e gênero. Embora o cateterismo fosse o tratamento adequado para os sintomas descritos, os médicos recomendaram-no mais para os pacientes mais jovens, brancos e do sexo masculino do que para pacientes do sexo feminino, mais velhos e negros.

Fonte: Schulman, K. A. e colaboradores. (1999). The effect of race and sex on physician's recommendations for cardiac catherization". *New England Journal of Medicine, 340,* p. 618–625.

estudo clássico, 700 médicos deviam prescrever tratamento para oito pacientes cardíacos com sintomas idênticos (Schulman et al., 1999). Os "pacientes" eram atores que diferiam apenas em gênero, raça e idade informada (55 ou 70). Embora o diagnóstico seja questão de julgamento, a maioria dos especialistas em coração concordaria que um cateterismo diagnóstico fosse o tratamento apropriado para os sintomas descritos por cada paciente hipotético. Todavia, as recomendações revelaram um pequeno, mas ainda significativo, viés em relação às mulheres e aos negros. Para os pacientes mais jovens, brancos e do sexo masculino, o cateterismo foi recomendado em 90, 91 e 91% das vezes, respectivamente; para pacientes mais idosos, negros e do sexo feminino, 86, 85 e 85% das vezes, respectivamente.

Problemas como esses, aliados à sub-representação das mulheres como participantes de testes de pesquisas médicas, levaram à crítica do viés de gênero na pesquisa e no cuidado de saúde. Em resposta, os National Institutes of Health (NIH) publicaram diretrizes detalhadas sobre a inclusão de mulheres e grupos minoritários em pesquisas médicas (USDHHS, 2001). Além disso, em 1991, o NIH lançou a Women's Health Initiative (WHI), um estudo de longa duração com mais de 161 mil mulheres pós-menopausa, concentrado nos determinantes e na prevenção de deficiências e morte em idosas. Entre as metas de investigação nesse grande estudo, figuravam a osteoporose, o câncer de mama e a doença cardíaca coronariana. Os testes clínicos que formaram a base para a WHI testaram os efeitos da terapia hormonal, da modificação da dieta e de suplementos de cálcio e vitamina D sobre doenças cardíacas, fraturas ósseas e câncer de mama (WHI, 2010).

Apesar da importância dessas influências socioculturais e ligadas aos gêneros, lembre que seria um erro focalizar exclusivamente esse, ou qualquer contexto, de forma isolada. O comportamento relacionado com a saúde não é uma consequência automática de determinado contexto social, cultural ou de gênero. Por exemplo: embora, como um grupo, pacientes de câncer casados tendam a sobreviver mais tempo que os não casados, os casamentos infelizes e destrutivos não trazem benefícios nesse sentido, podendo estarem ligados, inclusive, a resultados negativos para a saúde.

"Sistemas" biopsicossociais

Conforme indicam esses exemplos, a perspectiva biopsicossocial enfatiza as influências mútuas entre os contextos biológicos, psicológicos e sociais da saúde. Ela também está fundamentada na **teoria sistêmica** do comportamento. De acordo com essa teoria, a saúde – de fato, toda a natureza – é mais bem compreendida como uma hierarquia de sistemas, na qual cada um deles é composto de modo simultâneo por subsistemas e por uma parte de sistemas maiores e mais abrangentes (Fig. 1.4).

Uma maneira de entender a relação entre sistemas é imaginar um alvo, com a "mosca" no centro e anéis concêntricos crescendo a partir dela. Assim, considere cada um de nós um sistema formado por sistemas em interação, como o sistema endócrino, o cardiovascular, o nervoso e o imune. (Tenha em mente que, em cada um de nossos sistemas biológicos, existem subsistemas menores, que consistem em tecidos, fibras nervosas, fluidos, células e material genético). Se você partir da mosca no centro e em direção aos anéis externos, verá sistemas maiores que interagem conosco – e esses anéis incluem nossa família, nosso bairro, nossa sociedade e nossas culturas.

Aplicada à saúde, a abordagem sistêmica enfatiza uma questão fundamental: o sistema, em determinado nível, é afetado por sistemas em outros níveis e também os afeta. Por exemplo, o sistema imune enfraquecido afeta órgãos específicos no corpo de uma pessoa, o que, por sua vez, afeta sua saúde biológica geral, atingindo os relacionamentos dessa pessoa com sua família e seus amigos. Conceituar a saúde e a doença conforme a abordagem sistêmica permite que compreendamos o indivíduo de forma integral.

■ **teoria sistêmica** ponto de vista segundo o qual a natureza é mais bem compreendida como uma hierarquia de sistemas, na qual cada sistema é composto simultaneamente por subsistemas menores e sistemas maiores inter-relacionados.

Aplicando o modelo biopsicossocial

Para ter uma ideia melhor da utilidade de explicações biopsicossociais sobre comportamentos saudáveis, considere o exemplo do *abuso de álcool*, que é um padrão mal-adaptativo de beber, no qual pelo menos um dos seguintes fatores ocorre: beber de forma repetida apesar da interferência com obrigações dos papéis sociais; continuar a beber apesar de problemas legais, sociais ou interpessoais relacionados com o uso de álcool; e beber repetidamente em situações em que a intoxicação é perigosa. Como a maioria dos transtornos psicológicos, o abuso de álcool é mais bem explicado por diversos mecanismos, podendo incluir componentes genéticos e ambientais (Ball, 2008) (Fig. 1.5). Pesquisas realizadas com famílias, gêmeos idênticos ou fraternos e crianças adotadas demonstram claramente que pessoas (sobretudo homens) com um parente biológico dependente de álcool têm mais probabilidade de abusar de álcool (NIAAA, 2010). Além disso, pessoas que herdam uma variação gênica que resulte em deficiência de uma enzima fundamental para metabolizar o álcool são mais sensíveis a seus efeitos, sendo muito menos provável que tenham problemas com a bebida (Zakhari, 2006).

Do ponto de vista psicológico, ainda que não tentem mais identificar uma única "personalidade alcoolista", os pesquisadores se concentram em traços específicos da personalidade e comportamentos que estão ligados à dependência e ao abuso de álcool. Um desses traços é a baixa *autorregulação*, caracterizada por uma incapacidade de exercer controle sobre a bebida (Hustad, Carey, Carey e Maisto, 2009). Outro é a *emotividade negativa*, marcada por irritabilidade e agitação. Com vários outros, esses traços compreendem a *síndrome de dependência de álcool*, que é a base para o diagnóstico de abuso de álcool (Li, Hewitt e Grant, 2007).

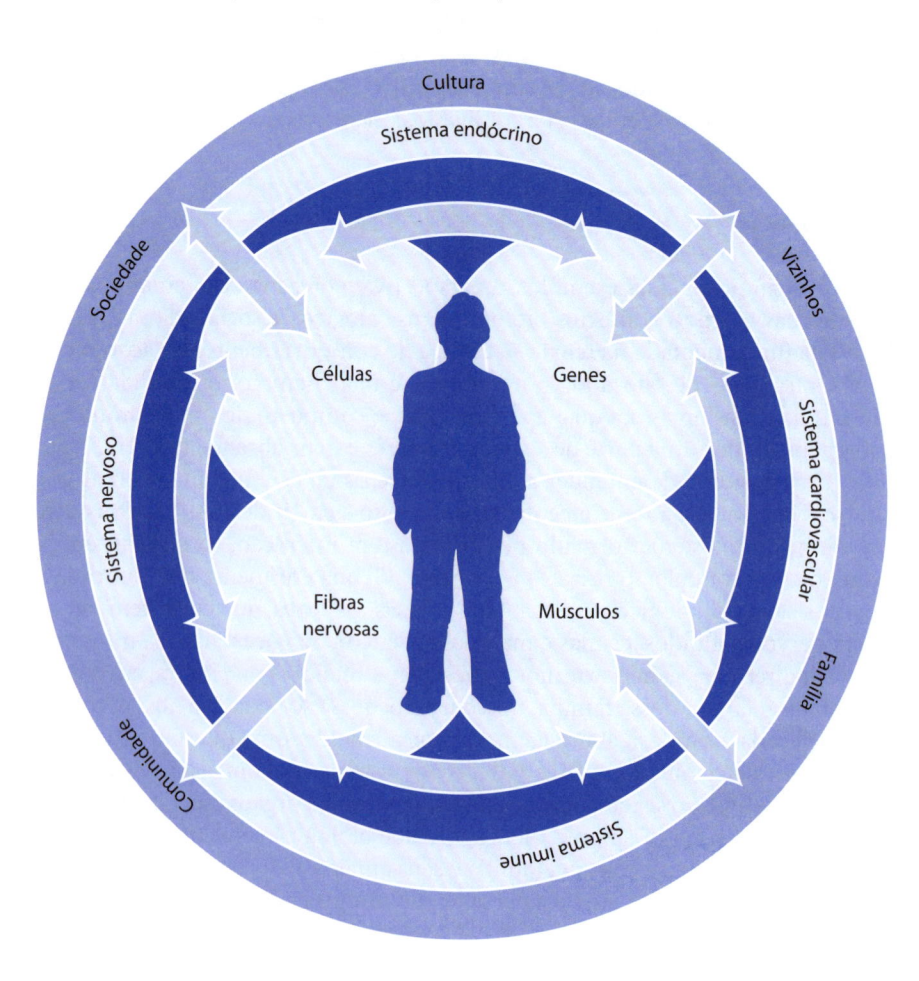

Figura 1.4

Teoria sistêmica e saúde Os sistemas que potencialmente influenciam a dor de cabeça, a falta de ar, a insônia e o coração acelerado de Mariana (revise o estudo de caso, p. 5) são os sistemas biológicos internos de seu corpo (imune, endócrino, cardiovascular e nervoso), assim como sua família, seu bairro, sua cultura e outros sistemas externos do qual ela faz parte.

No aspecto social, o abuso de álcool às vezes decorre de uma história de beber para enfrentar fatos da vida ou demandas sociais avassaladoras. A pressão dos outros, ambientes difíceis em casa e no trabalho e a tentativa de reduzir a tensão também podem contribuir para problemas com a bebida. E, de maneira mais geral, como muitos universitários sabem, certos contextos sociais promovem a bebida. Pesquisas mostram que universitários que dão preferência a grandes contextos sociais envolvendo homens e mulheres tendem a beber mais do que aqueles que preferem contextos menores com ambos os sexos. Além disso, homens que costumam beber em grupos do mesmo sexo (sejam grandes ou pequenos) dizem que se embebedam com mais frequência do que aqueles que bebem em geral em grupos pequenos de ambos os sexos. Isso sugere que os estudantes do sexo masculino que bebem muito podem procurar contextos sociais nos quais esse comportamento seja tolerado (LaBrie, Hummer e Pedersen, 2007; Senchak, Leonard e Greene, 1998). Felizmente, os pesquisadores também observaram que o hábito de beber muito na faculdade não prevê que comportamento semelhante obrigatoriamente se mantenha após a faculdade. Os estudantes tendem a parar de beber muito mais cedo do que indivíduos que não estudam – *amadurecendo* e abandonando o abuso perigoso de álcool antes que se torne um problema a longo prazo (NIAAA, 2006; White, Labouvie e Papadaratsakis, 2005).

Perguntas frequentes sobre a carreira em psicologia da saúde

Já abordamos como as visões sobre a natureza da doença e da saúde mudaram no decorrer da história, examinamos tendências que ajudaram a moldar o novo campo da psicologia da saúde e discutimos as várias perspectivas teóricas a partir das quais os psicólogos da saúde trabalham. Porém, talvez você ainda tenha questões a respeito da profissão da psicologia da saúde. A seguir, algumas respostas para as perguntas mais frequentes.

O que fazem os psicólogos da saúde?

Como todos os psicólogos, os psicólogos da saúde podem trabalhar como *professores*, *cientistas pesquisadores* e/ou *clínicos*. Como professores, treinam estudantes em campos

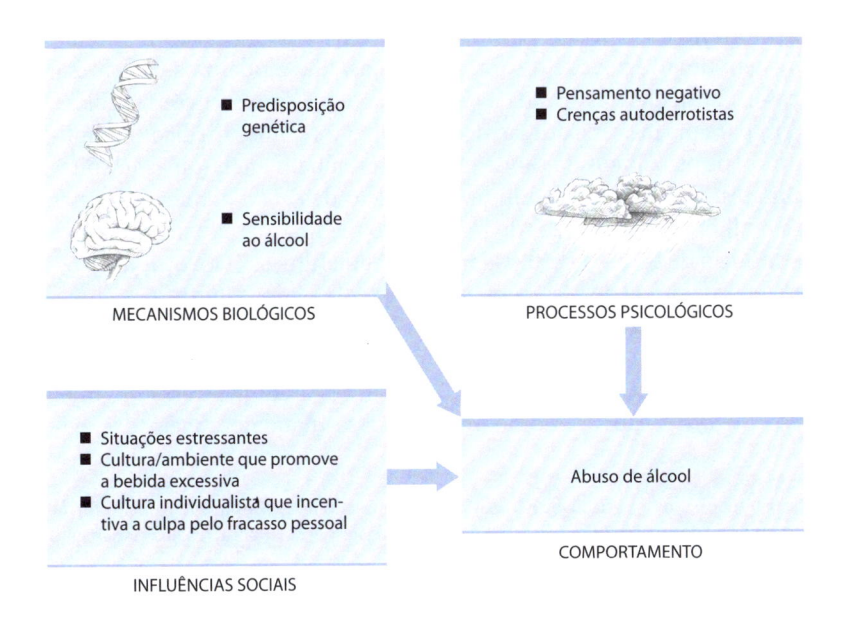

Figura 1.5

Modelo biopsicossocial do abuso de álcool O abuso de álcool deve ser compreendido em três contextos: biológico, psicológico e social.

relacionados com a saúde, como a psicologia, a fisioterapia e a medicina. Como pesquisadores, identificam os processos psicológicos que contribuem para a saúde e a doença, investigam questões relacionadas com o porquê de as pessoas adotarem práticas que não são saudáveis e avaliam a efetividade de determinadas intervenções terapêuticas.

Os psicólogos da saúde estão na vanguarda da pesquisa, testando o modelo biopsicossocial em inúmeras áreas, incluindo doença de Alzheimer, HIV/aids, adesão a regimes de tratamento médico e funcionamento imunológico e processos patológicos diversos. Visto que o modelo biopsicossocial foi desenvolvido primeiro para explicar problemas de saúde, até pouco tempo a maioria das pesquisas se concentrava nas doenças e em comportamentos que comprometessem a saúde. Entretanto, um movimento surgido na psicologia no final do século XX, chamado de *psicologia positiva*, está incentivando os psicólogos a dedicarem mais atenção ao funcionamento humano saudável e adequado (APA, 2010). O âmbito dessas pesquisas – cobrindo tópicos tão diversos quanto a felicidade, a rigidez psicológica e as características das pessoas que vivem até uma idade avançada – mostra claramente que o modelo biopsicossocial orienta a maior parte delas (ver Cap. 6).

Os *psicólogos da saúde clínicos*,* que em geral focalizam intervenções visando à promoção da saúde, são licenciados para a prática independente em áreas como psicologia clínica e orientação. Como clínicos, utilizam a ampla variedade de técnicas terapêuticas, educacionais e de avaliação diagnóstica existentes na psicologia para promover a saúde e auxiliar os doentes físicos. As abordagens de avaliação com frequência envolvem medidas do funcionamento cognitivo, avaliação psicofisiológica, pesquisas demográficas e análises do estilo de vida ou da personalidade. As intervenções podem envolver manejo do estresse, terapias de relaxamento, *biofeedback*, educação sobre o papel dos processos psicológicos na doença e intervenções cognitivo-comportamentais. As intervenções não se limitam àqueles que já estão sofrendo de um problema de saúde. Indivíduos saudáveis ou em risco podem aprender comportamentos saudáveis preventivos.

Onde trabalham os psicólogos da saúde?

Tradicionalmente, nos Estados Unidos, a maioria dos psicólogos aceitava posições de ensino ou pesquisa em universidades e faculdades. As oportunidades de emprego para psicólogos da saúde com habilidades de pesquisa ou aplicadas também incluem trabalhar em agências governamentais que fazem pesquisa, como os NIH e os Centers for Disease Control and Prevention.**

Em cenários médicos, os psicólogos da saúde ensinam os profissionais da saúde, fazem pesquisa, envolvem-se no desenvolvimento de políticas públicas sobre o cuidado de saúde e prestam uma variedade de outros serviços. Eles ajudam os pacientes a lidar com doenças e a ansiedade associada a cirurgias e outras intervenções médicas, além de intervirem para promover a adesão dos pacientes a regimes médicos complicados. Nesse sentido, os psicólogos da saúde clínicos trabalham em equipes hospitalares interdisciplinares. Como parte de um novo modelo de *cuidado integrado*, essas equipes ajudam a melhorar os resultados do tratamento médico e a reduzir os custos e representam um modelo de sucesso para sistemas de saúde futuros (Novotney, 2010).

Além disso, os programas de residência médica nos Estados Unidos têm, hoje, um mandato claro para melhorar a formação médica em áreas como a sensibilidade e a resposta à cultura, à idade, ao gênero e às deficiências dos pacientes. Cada vez mais, os psicólogos da saúde estão ajudando os médicos a se tornarem melhores ouvintes e comunicadores (Novotney, 2010). Como veremos, esse mandato advém das evi-

---

* N. de R.T.: Psicologia da saúde é uma especialidade não existente no Brasil. Os psicólogos que trabalham com as questões relacionadas à saúde e à doença são os psicólogos clínicos ou os hospitalares, embora não necessariamente dentro do arcabouço teórico apresentado neste livro.
** N. de R.T.: No Brasil, a associação é com as Secretarias da Saúde e o Ministério da Saúde.

dências crescentes de que esse tipo de cuidado resulta em melhores resultados para a saúde e ajuda a controlar os custos do tratamento (Novotney, 2010).

Os psicólogos da saúde também podem ser encontrados trabalhando em organizações de saúde, faculdades de medicina, clínicas de reabilitação e consultórios particulares (ver Fig. 1.6). Um número crescente de psicólogos da saúde também pode ser encontrado no mundo corporativo, no qual orientam empregadores e trabalhadores em diversas questões relacionadas com a saúde. Também ajudam a estabelecer intervenções no local de trabalho para auxiliar os empregados a perder peso, parar de fumar e aprender formas mais adaptativas de administrar o estresse.

Como se tornar um psicólogo da saúde?*

A preparação para uma carreira em psicologia da saúde normalmente requer um diploma superior em algum dos inúmeros programas educacionais disponíveis. Certos estudantes matriculam-se em escolas de enfermagem ou medicina e se tornam enfermeiros ou médicos. Outros recebem treinamento para as demais profissões da área da saúde, como nutrição, fisioterapia, serviço social, terapia ocupacional ou saúde pública. Um número crescente de graduados interessados continua na pós-graduação em psicologia e adquire as habilidades em pesquisa, ensino e intervenção que já mencionamos. Aqueles que esperam prestar serviços diretos aos pacientes em geral obtêm sua formação em programas de psicologia clínica ou de aconselhamento.

Muitos estudantes que desejam uma carreira em psicologia da saúde começam com a formação geral em psicologia no nível de graduação e recebem treinamento especializado nos níveis de doutorado. Devido à orientação biopsicossocial da psicologia da saúde, os estudantes também são incentivados a cursar disciplinas em anatomia e fisiologia, psicopatologia e psicologia social, processos de aprendizagem e terapias comportamentais, psicologia comunitária e saúde pública.

A maioria dos psicólogos da saúde acaba obtendo o grau de doutor (ph.D.) em psicologia. Para chegar ao doutorado em psicologia, os estudantes completam um programa de 4 a 6 anos, ao final do qual realizam um projeto de pesquisa original. Os programas de doutorado em psicologia geralmente proporcionam um pouco mais de experiência clínica e disciplinas clínicas, mas menos treinamento e experiência em pesquisa do que os outros programas de doutorado.

A pós-graduação em psicologia da saúde costuma ter por base um currículo que cobre os três domínios básicos do modelo biopsicossocial. O treinamento no domínio biológico inclui disciplinas em neuropsicologia, anatomia, fisiologia e psicofarmacologia. O treinamento no domínio psicológico inclui disciplinas em cada um dos principais subcampos (biológico, evolutivo, personalidade, etc.) e perspectivas teóricas (sociocultural, cognitiva, comportamental, neurociência, etc.). E o treinamento no domínio social concentra-se em processos de grupo e maneiras pelas quais grupos diversos (família, étnico, etc.) influenciam a saúde de seus membros.

Após a formação no nível de pós-graduação, muitos psicólogos da saúde cursam dois ou mais anos de formação especializada, na forma de um estágio em um hospital, uma clínica ou outro ambiente médico. Alguns defendem que esse treinamento deveria culminar em uma certificação de psicólogos da saúde como profissionais da atenção primária em saúde (Tovian, 2004, 2010).

Figura 1.6

Onde trabalham os psicólogos da saúde? Além de trabalharem em faculdades, universidades e hospitais, os psicólogos da saúde atuam em muitos outros locais, incluindo organizações de saúde, escolas de medicina, clínicas de reabilitação e consultórios independentes. Um número crescente desses psicólogos pode ser encontrado em locais de trabalho, onde orientam empregadores e trabalhadores em uma variedade de questões relacionadas com o trabalho.
Fonte: *2009 Doctoral Psychology Workforce Fast Facts.* Washington, DC: American Psychological Association.

- Consultórios particulares 46%
- Educação 22%
- Hospitais 12%
- Outros serviços 10%
- Empresas/governo 7%
- Outros 3%

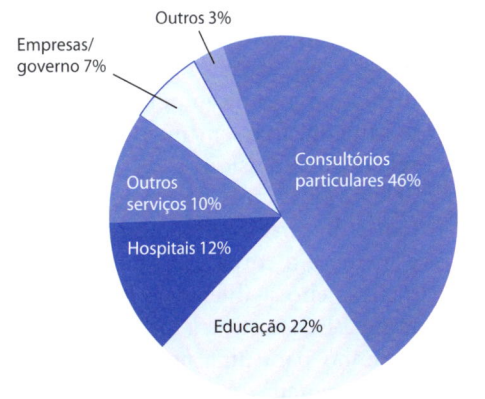

* N. de R.T.: No Brasil, a formação do psicólogo, no nível da graduação, é generalista e tem cinco anos de duração. Seu término permite o ingresso do profissional no mercado de trabalho. Muitas faculdades oferecem disciplinas nas áreas de saúde, embora a mais comum seja a psicologia hospitalar. Há cursos de pós-graduação *lato* e *stricto senso* em psicologia hospitalar, saúde pública, saúde coletiva, psicologia da saúde, entre outros. O conselho Federal de Psicologia confere o título de Especialista em Psicologia Hospitalar, segundo critérios definidos pelo CFP, acessáveis pelo *website* http://www.pol.org.br.

Revisão sobre saúde

Responda a cada pergunta a seguir com base no que aprendeu no capítulo. (DICA: Use os itens da Síntese para considerar questões biológicas, psicológicas e sociais).

1. Considerando como as visões da saúde mudaram ao longo do tempo, qual seria uma boa descrição da saúde para um indivíduo hoje? Como o gênero, a cultura e a prática da saúde influenciam sua descrição?
2. Como a saúde geral da população em sua escola se beneficia quando diferentes contextos, sistemas, modelos e teorias sobre a saúde são considerados?
3. Seu amigo Tran está pensando em seguir carreira em psicologia da saúde. Que conselhos gerais você daria e como sugeriria que escolhesse uma carreira específica no campo?

Síntese

1. A saúde é um estado de completo bem-estar físico, mental e social. Os objetivos específicos da psicologia da saúde são promover a saúde; prevenir e tratar doenças; investigar o papel de fatores comportamentais e sociais na doença; e avaliar e aperfeiçoar a formulação de políticas e serviços de saúde para todas as pessoas.

Saúde e doença: lições do passado

2. Nas mais antigas culturas conhecidas, acreditava-se que a doença era resultado de forças místicas e espíritos malignos que invadiam o corpo. Hipócrates, Galeno e outros estudiosos gregos desenvolveram a primeira abordagem racional ao estudo da saúde e da doença. As formas não ocidentais de cura, incluindo a medicina oriental tradicional e a *ayurveda*, desenvolveram-se de forma simultânea.
3. Na Europa, durante a Idade Média, os estudos científicos do corpo (sobretudo a dissecação) eram proibidos, e as ideias a respeito da saúde e da doença tinham implicações religiosas. A doença era considerada uma punição por algum mal cometido, e o tratamento frequentemente envolvia algo que acarretava tortura física.
4. O filósofo francês René Descartes desenvolveu sua teoria do dualismo mente-corpo – a crença de que a mente e o corpo são processos autônomos, cada qual sujeito a diferentes leis de causalidade. Durante a Renascença, a influência de Descartes abriu caminho para uma nova era na pesquisa médica, fundamentada no estudo científico do corpo. Essas pesquisas levaram às teorias anatômica, celular e dos germes da doença.
5. A visão dominante na medicina moderna é o modelo biomédico, o qual supõe que a doença seja o resultado de um vírus, bactéria ou outro patógeno que invade o corpo. Uma vez que não faz qualquer menção a fatores psicológicos, sociais ou comportamentais na doença, o modelo adota o reducionismo e o dualismo mente-corpo.
6. Sigmund Freud e Franz Alexander promoveram a ideia de que determinadas doenças poderiam ser causadas por conflitos inconscientes. Essa visão foi expandida para o campo da medicina psicossomática, que diz respeito ao tratamento e diagnóstico de transtornos causados por processos mentais deficientes. A medicina psicossomática deixou de ser favorecida porque se baseava na teoria psicanalítica e postulava a ideia obsoleta de que um único problema é suficiente para desencadear uma doença.
7. A medicina comportamental foi um subproduto do movimento behaviorista na psicologia norte-americana. Essa medicina explora o papel do comportamento aprendido na saúde e na doença.

Perspectiva biopsicossocial (mente-corpo)

8. Os psicólogos da saúde abordam o estudo da saúde e da doença partindo de quatro perspectivas principais, as quais se sobrepõem. A perspectiva do curso de vida concentra sua atenção na maneira como alguns aspectos da saúde e da doença variam com a idade, assim como as experiências de uma mesma coorte de nascimento (como mudanças em políticas públicas de saúde) influenciam a saúde.
9. A perspectiva sociocultural chama atenção para a maneira como fatores sociais e culturais, como variações étnicas em práticas alimentares e crenças sobre as causas da doença, afetam a saúde.

CAPÍTULO 1 | Introdução à psicologia da saúde

10. A perspectiva de gênero chama atenção para diferenças entre homens e mulheres no risco de determinadas doenças e condições, assim como em vários comportamentos que possam comprometer ou contribuir para a saúde.
11. A perspectiva biopsicossocial combina essas modalidades, reconhecendo que forças biológicas, psicológicas e sociais agem em conjunto para determinar a saúde e a vulnerabilidade de um indivíduo à doença.
12. Segundo a teoria sistêmica, a saúde deve ser compreendida como uma hierarquia de sistemas, na qual cada sistema é composto simultaneamente de subsistemas menores e parte de sistemas maiores e mais abrangentes.

Perguntas frequentes sobre a carreira em psicologia da saúde

13. Os psicólogos da saúde estão envolvidos sobretudo em três atividades: ensino, pesquisa e intervenção clínica. Eles trabalham em diversos cenários, incluindo hospitais, universidades e escolas médicas, organizações que visam a manutenção da saúde, clínicas de reabilitação, consultórios particulares e, cada vez mais, no local de trabalho.
14. A preparação para uma carreira em psicologia da saúde normalmente requer o grau de doutor. Alguns estudantes entram para a psicologia da saúde a partir da medicina, da enfermagem ou de alguma profissão da área da saúde. Um número cada vez maior de alunos matricula-se em programas de pós-graduação em psicologia da saúde.

Termos e conceitos fundamentais

psicologia da saúde, p. 3
saúde, p. 3
trepanação, p. 5
teoria humoral, p. 7
epidêmico, p. 9
dualismo mente-corpo, p. 9
teoria anatômica, p. 10
teoria celular, p. 10
teoria dos germes, p. 10
modelo biomédico, p. 11
patógeno, p. 11
medicina psicossomática, p. 11
medicina comportamental, p. 12
etiologia, p. 13
perspectiva biopsicossocial (mente-corpo), p. 13
perspectiva do curso de vida, p. 15
coorte de nascimento, p. 16
perspectiva sociocultural, p. 17
perspectiva de gênero, p. 18
teoria sistêmica, p. 19

Capítulo 2

Pensamento crítico: a base da pesquisa
Os perigos do pensamento "não científico"

Métodos em psicologia da saúde
Estudos descritivos
Estudos experimentais
Estudos semiexperimentais
Estudos do desenvolvimento

Pesquisa epidemiológica: rastreando a doença
Objetivos na pesquisa epidemiológica
Métodos de pesquisa em epidemiologia
Diversidade e vida saudável: Hipertensão em afro-americanos: um "de quem é a culpa" epidemiológico
Inferindo causalidade

Pesquisa em psicologia da saúde

Darryl Andrew Kile, o principal lançador do St. Louis Cardinals, morreu de doença coronariana no dia 22 de junho de 2002. Quando a notícia de sua morte súbita se espalhou, a reação coletiva foi de descrença. Como pode um atleta de elite morrer de repente com tão pouca idade? A morte de Kile, infelizmente, foi vista por muitos como prova de que fazer exercícios não traz qualquer proteção contra doenças cardiovasculares. Depois de várias semanas de especulação pública em relação a uso de drogas ou outras causas, o legista atribuiu sua morte a um infarto fulminante, causado por uma grave história familiar de doenças cardíacas (seu pai morreu de infarto aos 44 anos) e um bloqueio de 90% em duas artérias coronárias.

Uma década antes, o mundo viu-se igualmente chocado com a morte súbita de outro guru do esporte, Jim Fixx, que ajudou a dar início à explosão do atletismo nos Estados Unidos. Assim como no caso de Kile, a morte súbita de Fixx, enquanto corria, foi infelizmente considerada por muitos como uma prova de que fazer exercícios não oferecia proteção alguma contra doenças cardiovasculares. Todavia, essa explicação rápida também estava errada. Na maior parte de sua vida, Fixx apresentou sobrepeso e consumia uma dieta com altos teores de gordura e colesterol. Além disso, era um fumante compulsivo, chegando a fumar 3 a 4 carteiras de cigarros por dia, e um workaholic, que trabalhava 16 horas ou mais todos os dias e dormia apenas algumas horas por noite. Fixx também tinha um risco elevado de doenças cardíacas, e seu pai havia morrido de ataque cardíaco com apenas 43 anos.

Fixx ignorou os sinais precoces de aviso. Sua namorada disse que ele reclamava de dor no peito quando fazia exercícios e planejava viajar para Vermont esperando que o ar puro aliviasse seus sintomas, os quais acreditava deverem-se a alergias. A mudança de ar não ajudou, e Fixx morreu enquanto corria no primeiro dia em Vermont.

A necropsia de Fixx mostrou uma doença coronariana grave, com bloqueio quase total em uma artéria coronária e 80% em outra. Também havia evidências de um ataque cardíaco recente. No dia em que ele morreu, mais de mil outros homens e mulheres norte-americanos sucumbiram a ataques do coração. Existem evidências avassaladoras de que os ataques cardíacos ocorrem principalmente em homens que têm pressão arterial elevada, fumam muito, apresentam níveis altos de colesterol e levam um estilo de vida sedentário. Talvez a mudança de Fixx para um estilo de vida saudável na meia-idade seja o que lhe permitiu viver nove anos a mais que seu pai.

Cientes da armadilha de acreditar em explicações fáceis e não testadas para as causas de doenças ou fatos fisiológicos aparentemente inesperados, pesquisadores médicos e psicólogos da saúde investigam essas causas, comparando situações e considerando todos os fatores relevantes. Os pesquisadores devem adotar uma abordagem formal e sistemática, *que tenha a capacidade comprovada de encontrar explicações confiáveis. Essa abordagem é chamada de método científico. Neste capítulo, consideramos como o método científico é aplicado para responder a perguntas sobre a psicologia da saúde.*

Pensamento crítico: a base da pesquisa

A psicologia da saúde lida com algumas das questões mais intrigantes, pessoais e práticas da vida. Será que minha história familiar me coloca em risco de desenvolver câncer de mama? Quais das escolhas em meu estilo de vida são saudáveis e quais não são? Por que não consigo parar de fumar? As respostas a essas e a outras incontáveis questões não são óbvias. Todos os dias, somos bombardeados com novas respostas "definitivas" para essas e outras questões vitais relacionadas com a saúde. Por exemplo, na década de 1980, os pesquisadores relataram que a cafeína aumentava o risco de doença cardíaca e câncer de pâncreas. No começo da década de 1990, novas pesquisas afirmaram que quantidades limitadas de cafeína eram seguras, mesmo durante a gravidez. Em 1996, alarmaram todas as futuras mães com relatos de que mulheres grávidas que tomassem três ou mais xícaras de café por dia corriam risco maior de sofrerem abortos espontâneos, enquanto aquelas que consumiam cafeína e tentavam engravidar tinham duas vezes mais probabilidades que as que não consumiam de retardarem a concepção por um ano ou mais. Menos de dois anos depois, outras pesquisas concluíram que as mulheres que bebem mais de meia xícara de chá com cafeína todos os dias podem, na verdade, *aumentar* a fertilidade. Os pesquisadores também anunciaram que a cafeína oferece proteção contra a doença de Parkinson, reduzindo a destruição das células nervosas do cérebro (Hughes et al., 2000). Mais recentemente, um estudo mostrou um aumento nos sintomas de depressão entre adolescentes que consumiam grandes quantidades de cafeína (Luebbe e Bell, 2009). Além disso, os resultados do estudo de longa duração Health Professionals Follow-Up demonstram que o café reduz o risco de morte precoce por ataque cardíaco ou AVE e oferece proteção contra diabetes tipo II, cálculo biliar e doença de Parkinson (Zhang et al., 2009). Então, será que o café é uma bebida segura? Em qual conclusão devemos acreditar?

No centro de toda a investigação científica, há uma atitude de descrença que nos encoraja a avaliar evidências e analisar conclusões. Essa atitude é chamada de *pensamento crítico* e envolve uma abordagem de questionamento a todas as informações e todos os argumentos. Seja assistindo às notícias da noite, lendo um artigo no jornal ou tentando convencer uma amiga a mudar de opinião sobre determinada questão, os pensadores críticos questionam. Como ela chegou a essa conclusão? Que evidências formam a base para as conclusões dessa pessoa? Existe algum motivo ulterior? Podem os resultados de certo estudo serem explicados de outra forma? Até saber as respostas a essas e a outras questões, você deve ter cautela – de fato, ser completamente cético – com todos os argumentos persuasivos, incluindo relatórios de saúde que aparecem em jornais e revistas e na televisão. Saber quais perguntas fazer o tornará um consumidor muito mais informado em relação aos dados disponíveis sobre saúde.

Os perigos do pensamento "não científico"

Em nossa busca por maior entendimento do comportamento saudável, temos como base as informações disponíveis para formular *relações de causa e efeito* sobre nosso comportamento e o de outras pessoas. Se essas informações derivarem unicamente de nossas experiências, crenças e atitudes pessoais, podemos ser como aqueles que reagiram de forma rápida na tentativa de compreender as mortes de Darryl Kile e

James Fixx, fazendo um julgamento precipitado com pouca atenção para sua precisão. É perigoso fundamentar nossas explicações em boatos, conjecturas, evidências superficiais ou fontes de informação não verificadas. Por exemplo, ao vermos uma ginasta ou dançarina magra e bela, admiramos os hábitos obviamente saudáveis de comer e se exercitar daquela pessoa, desejando que também possuíssemos tal força de vontade e bem-estar. Porém, quando descobrimos mais tarde que ela, na verdade, é anoréxica e sofre de uma fratura relacionada com sua dieta pobre e de diversos traumas ósseos causados por seus exercícios ficamos chocados.

Exemplos de raciocínio errôneo infelizmente abundam em todos os campos da ciência. No começo do século XX, por exemplo, milhares de norte-americanos morreram de *pelagra*, uma doença marcada por dermatite (feridas na pele), distúrbios gastrintestinais e perda de memória. Uma vez que as casas daqueles que morriam dessa doença possuíam formas não sanitárias de remoção do esgoto, muitos especialistas em saúde acreditavam que ela fosse conduzida por um microrganismo e transmitida por meio do contato direto com excrementos humanos infectados. Embora o saneamento higiênico certamente fosse um objetivo louvável, na hora de identificar as causas da pelagra, os "especialistas" caíam em uma das armadilhas do raciocínio errôneo – o fato de não considerarem explicações alternativas para suas observações. Esse tipo de conclusão precipitada ou não garantida (não testada) é um exemplo de **crença tendenciosa**, que explica por que duas pessoas podem olhar para a mesma situação (ou dados) e tirar conclusões radicalmente diferentes.

Graças às suas observações mais precisas, o ministro da saúde, Joseph Goldberger, pôde ver que muitas vítimas de pelagra também estavam subnutridas. Para identificar a causa da doença, Goldberger conduziu um teste empírico simples e até repugnante: misturou pequenas quantidades de fezes e urina de duas vítimas de pelagra com um pouco de farinha, fez pequenas bolas de massa com a mistura, que ele, sua esposa e vários auxiliares comeram! Após nenhum deles haver contraído a doença, Goldberger alimentou um grupo de prisioneiros do Mississippi com uma dieta pobre em niacina e proteína (uma deficiência que ele suspeitava causar a doença), enquanto outro grupo recebeu a dieta normal e equilibrada da prisão. Confirmando sua hipótese, em poucos meses, o primeiro grupo desenvolveu os sintomas de pelagra, enquanto o segundo permaneceu livre da doença (Stanovich e West, 1998). Conforme ilustra esse exemplo, procurar informações que confirmem crenças preexistentes leva os pesquisadores a não considerarem explicações alternativas para o fenômeno observado.

■ **crença tendenciosa** forma de raciocínio errôneo em que as expectativas nos impedem de buscar explicações alternativas para nossas observações.

Todas as culturas desenvolvem crenças incorretas sobre o comportamento humano. Algumas pessoas acreditam falsamente que casais que adotam um bebê têm maior probabilidade de ter um bebê próprio mais tarde e que mais bebês nascem quando é lua cheia. Fique em alerta contra exemplos de psicologia não científica em seu próprio pensamento.

Métodos em psicologia da saúde

Os psicólogos da saúde utilizam vários métodos de pesquisa para aprender como os fatores psicológicos afetam a saúde. Os métodos dependem amplamente de quais questões o pesquisador está tentando responder. Para dar respostas a questões sobre como as pessoas lidam com procedimentos médicos ou com o câncer, por exemplo, um psicólogo pode observar ou fazer perguntas para uma grande amostra de pacientes de câncer. Entretanto, pesquisadores que investigam se fatores relacionados com o estilo de vida contribuem para o início do câncer podem fazer estudos em laboratório, sob condições controladas.

Existem duas categorias principais de métodos de pesquisa em psicologia – descritivos e experimentais (Tab. 2.1). Os psicólogos da saúde também utilizam métodos emprestados do campo da **epidemiologia**, que buscam determinar a frequência, a distribuição e as causas de determinada doença ou outro problema de saúde em uma população. Esta seção descreve os métodos de pesquisa empregados por psicólogos e as ferramentas que utilizam para reunir, sintetizar e explicar seus dados. A próxima seção explora os métodos de pesquisa dos epidemiologistas.

■ **epidemiologia** estudo científico da frequência, da distribuição e das causas de determinada forma de doença ou outra consequência para a saúde em uma população.

Estudos descritivos

Pense sobre como um psicólogo da saúde pode responder às seguintes questões: Quais são as consequências para a saúde psicológica e fisiológica das vítimas de uma grave crise nacional, como o catastrófico terremoto de 12 de janeiro de 2010, que atingiu a capital do Haiti, Porto Príncipe? De que maneira a equipe do hospital pode reduzir a ansiedade de familiares que esperam um ente querido sair de uma cirurgia? As bebedeiras são mais comuns entre certos tipos de universitários? De maneira clara, as respostas para cada uma dessas questões interessantes não serão encontradas nos laboratórios de pesquisa das universidades. Em vez disso, os pesquisadores procuram respostas a respeito do comportamento de indivíduos ou grupo de pessoas na forma como ele ocorre em casa, no trabalho ou onde as pessoas passam o tempo livre. Em estudo como esse, chamado de **estudo descritivo**, o pesquisador observa e registra o comportamento do participante em um cenário natural, muitas vezes formando hipóteses que mais adiante são submetidas a pesquisas mais sistemáticas.

Diversos tipos de estudos descritivos são utilizados: estudos de caso, entrevistas, inquéritos e estudos observacionais.

■ **estudo descritivo** método de pesquisa em que os pesquisadores observam e registram os comportamentos dos participantes, frequentemente formando hipóteses que são testadas mais tarde de forma sistemática; inclui estudos de caso, entrevistas e inquéritos, além de estudos de observação.

Estudos de caso

Conforme mencionamos no Capítulo 1, entre os métodos descritivos mais antigos e conhecidos está o **estudo de caso**, no qual os psicólogos estudam um ou mais indivíduos de forma extensiva durante um período de tempo considerável para descobrir princípios que sejam verdadeiros para as pessoas em geral. A principal vantagem desse estudo é que ele permite ao pesquisador fazer uma análise muito mais complexa do indivíduo do que aquela que seria normalmente obtida em pesquisas envolvendo grupos maiores.

Embora sejam úteis para sugerir hipóteses a outras pesquisas, os estudos de caso apresentam uma desvantagem considerável: qualquer pessoa pode ser atípica, limitando a capacidade de "generalização" dos resultados. De fato, esses estudos podem ser bastante enganosos. Temos que ter cuidado para não saltar de estudos de caso es-

■ **estudo de caso** estudo descritivo em que uma pessoa é estudada profundamente, na expectativa de revelar princípios gerais.

Tabela 2.1

Comparando métodos de pesquisa

Método de pesquisa	Cenário de pesquisa	Método de coleta de dados	Vantagens	Desvantagens
Estudos descritivos	Campo ou laboratório	Estudos de caso, inquéritos e entrevistas, observações naturalísticas	Informações aprofundadas sobre uma pessoa; frequentemente leva a novas hipóteses; detecta relações de ocorrência natural entre variáveis	Não há controle direto sobre as variáveis; sujeito a tendências do observador; casos únicos podem ser enganosos; não determina causalidade; correlação pode mascarar variáveis estranhas
Estudos experimentais	Normalmente laboratório	Comparação estatística de grupos experimentais e controles	Alto grau de controle sobre variáveis dependentes e independentes; atribuição aleatória elimina diferenças preexistentes entre grupos	A artificialidade do laboratório limita a generalização dos resultados; certas variáveis não podem ser investigadas por razões práticas e éticas
Estudos epidemiológicos	Normalmente conduzidos no campo	Comparações estatísticas entre grupos expostos a diferentes fatores de risco	Úteis para determinar a etiologia da doença; fácil replicação, boa generalização	Certas variáveis devem ser controladas por seleção em vez de manipulação direta; demorado, caro
Metanálise	Não são coletados dados novos	Combinação estatística dos resultados de vários estudos	Ajuda a compreender relatos conflitantes, replicável	Tendências potenciais decorrentes da seleção dos estudos incluídos

pecialmente memoráveis (embora nada representativos) para conclusões amplas. Por exemplo, mesmo que uma vasta quantidade de pesquisas sustente a longevidade dos corredores, muitas pessoas descartaram logo essa visão quando souberam da morte de Darryl Kile, o grande atleta do beisebol. ("Darryl Kile era um atleta profissional, não era? Ele não viveu tanto quanto meu avô, que nunca fez exercícios e fumou charutos a vida toda".) A experiência pessoal e casos vívidos de modo especial podem muitas vezes obscurecer evidências científicas muito mais substanciais.

A questão que deve ser lembrada: os estudos de caso podem proporcionar pistas fecundas e direcionar os pesquisadores para outros modelos de pesquisa a fim de desencobrir verdades gerais, mas também podem ser bastante enganosos.

Inquéritos

■ **inquérito** questionário utilizado para averiguar as atitudes e os comportamentos autorrelatados por um grupo de pessoas.

Os **inquéritos** examinam atitudes e crenças individuais, mas em números maiores e de forma muito menos aprofundada do que o estudo de caso. Nessas *medidas de autoavaliação*, os participantes da pesquisa avaliam ou descrevem determinados aspectos de seu próprio comportamento, de suas atitudes ou crenças, como o que pensam sobre um novo produto para a saúde ou a frequência com que fazem exercícios. Os inquéritos estão entre os instrumentos de pesquisa mais utilizados na psicologia da saúde, pois são fáceis de administrar, exigem pequeno investimento de tempo dos participantes e rapidamente produzem uma grande quantidade de dados.

Os psicólogos que trabalham com saúde clínica também usam a entrevista para desenvolver uma relação eficaz de apoio com o paciente. Essa prática também é bastante utilizada por psicólogos em saúde clínica para fazer avaliação diagnóstica como um primeiro passo no desenvolvimento de programas de intervenção. Por exemplo, pode-se solicitar que indivíduos com dores crônicas preencham um questionário relacionado com o problema que esclareça tratamentos anteriores e o impacto de sua condição sobre seu funcionamento cotidiano.

Estudos observacionais

■ **estudo observacional** método de pesquisa não experimental em que o pesquisador observa e registra o comportamento do participante da pesquisa.

Nos **estudos observacionais**, o pesquisador registra os dados relevantes em relação ao comportamento dos participantes. Por exemplo, o pesquisador interessado nos efeitos psicológicos das tensões cotidianas pode providenciar para que os participantes usem um monitor de frequência cardíaca enquanto vão para a escola ou para o trabalho e na volta para casa durante a hora do *rush*.

Os estudos observacionais podem ser estruturados ou não. Os estruturados costumam ocorrer no laboratório e envolvem tarefas como *role-playing* ou responder a um estímulo muito frio. Nas observações não estruturadas, chamadas de *observações naturalísticas*, o pesquisador tenta ser o menos intrusivo possível ao observar e registrar os comportamentos dos sujeitos. Por exemplo, um psicólogo da saúde observa familiares visitando um parente em uma clínica para idosos na tentativa de obter conhecimento sobre a maneira como as pessoas lidam com o declínio de um parente. Essas observações podem ser filmadas ou gravadas e depois quantificadas por métodos de avaliação ou escores de frequência.

Correlação

■ **coeficiente de correlação** medida estatística da intensidade e direção da relação entre duas variáveis e, dessa forma, do quanto uma prevê a outra.

Os estudos descritivos revelam informações sobre duas variáveis que podem estar relacionadas, como o consumo de cafeína e a pressão arterial elevada, ou hipertensão. Para determinar o nível de uma possível relação entre duas variáveis, os pesquisadores calculam o **coeficiente de correlação**, usando uma fórmula que gera um número, ou *valor r*, que varia de −1,00 a +1,00. O sinal (+ ou −) do coeficiente indica a direção da correlação (positiva ou negativa). A *correlação positiva* é aquela em que a variável aumenta em proporção direta a aumentos na outra variável. Ao contrário disso, quando duas variáveis estão *correlacionadas de forma negativa*, à medida que uma aumenta, a outra tende a diminuir. Veja que o fato de uma correlação ser negativa não está relacionado com força ou fraqueza da relação entre as duas variáveis; a correlação negativa apenas significa que as variáveis se relacionam de forma inversa. A capacidade do pesquisador de prever não é menor com a correlação negativa do que com a positiva.

O valor absoluto do coeficiente de correlação (de 0 a 1,00, independentemente de o número ser positivo ou negativo) indica a intensidade da correlação – quanto mais próximo de 1,00, mais forte a relação e mais precisa será a previsão de uma variável a partir de um valor conhecido de outra.

Suponhamos, por exemplo, que você esteja interessado na relação entre o peso corporal e a pressão arterial. Talvez você esteja testando sua teoria de que o corpo magro diminui o risco de alguém ter doenças cardiovasculares, reduzindo a hipertensão, que é um fator de risco documentado. Testar sua teoria com um experimento exigiria manipular a variável do peso corporal e registrar a pressão arterial. Embora seja possível medir a pressão arterial, manipular o peso corporal seria antiético. Assim, em vez disso, é calculado um coeficiente de correlação. Richard Cooper, Charles Rotimi e Ryk Ward (1999) fizeram exatamente isso, medindo índices de massa corporal (medida da razão entre o peso e a altura de uma pessoa) e a prevalência de hipertensão em grande amostra de participantes de descendência africana em diversos países. A Figura 2.1 apresenta um **diagrama de dispersão** dos resultados de cada estudo. Cada ponto do gráfico representa dois números para a amostra de sujeitos de determinado país: o índice de massa corporal médio e a prevalência de hipertensão.

■ **diagrama de dispersão**
gráfico que agrupa pontos representando os dados, cada um exprimindo os valores de duas variáveis em estudos descritivos.

A *intensidade* da relação é revelada pela proximidade em que os pontos estão agrupados ao longo de uma linha imaginária. Em uma *correlação perfeita*, os pontos no diagrama de dispersão estão dispostos em linha reta. A *direção* – "positiva" ou "negativa" – é mostrada pelo ângulo da linha. Em uma correlação positiva, os pontos no diagrama de dispersão correm para cima, do canto inferior esquerdo para o superior direito. Na correlação negativa ou inversa, os pontos correm para baixo, do canto superior esquerdo para o inferior direito. Veja, na Figura 2.1, que as relações parecem bastante intensas (os pontos caem aproximadamente ao longo de uma linha reta) e positivas (os pontos correm para cima a partir do canto inferior esquerdo para o superior direito).

Sentimos a tentação de tirar conclusões de causa e efeito a partir dos resultados do estudo de Cooper, Rotimi e Ward. Entretanto, mesmo quando duas variáveis estão correlacionadas, uma não precisa necessariamente causar a outra. Talvez a pressão

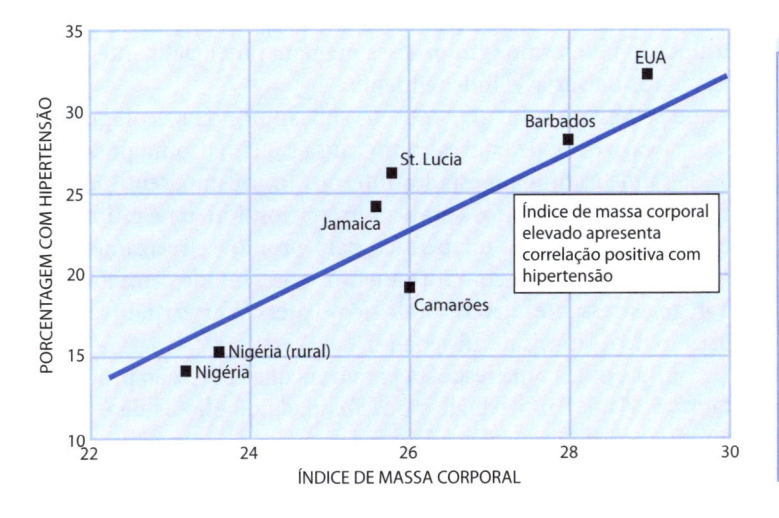

Figura 2.1

Relação entre índice de massa corporal e hipertensão em pessoas de descendência africana. O índice de massa corporal mede a relação entre o peso e a altura de um indivíduo; índices mais elevados do que 25 são considerados sinal de sobrepeso. Em estudo comparando os principais locais de migração da África no sentido oeste, os pesquisadores verificaram que, à medida que o índice de massa corporal aumenta, também cresce a prevalência de hipertensão. O diagrama de dispersão revela uma correlação positiva forte entre o índice de massa corporal e a hipertensão. A linha sólida confirma isso, apresentando inclinação para cima e agrupamento bastante próximo entre os pontos dos dados.
Fonte: Baseada em dados de Cooper, R. S., Rotimi, C. N. e Ward, R. (1999). The Puzzle of Hypertension in African-Americans, *Scientific American*, 280(2), p. 59.

arterial elevada e um alto índice de massa corporal sejam ambos causados por um terceiro fator, como não fazer exercício suficiente. As correlações não excluem as possíveis contribuições de outras variáveis ocultas. Mesmo que duas variáveis *estejam* relacionadas casualmente, as correlações não indicam a direcionalidade, nesse caso, se um índice de massa corporal elevado aumentar a pressão arterial ou vice-versa. Todavia, os estudos correlacionais são um primeiro passo importante. Em psicologia da saúde, as correlações identificam relações, muitas vezes entre diversas variáveis, que mais tarde podem ser submetidas a pesquisas realizadas de forma mais aprofundada com experimentos.

Estudos experimentais

Embora sejam úteis, os estudos descritivos não nos falam das *causas* dos comportamentos observados. Para identificar relações causais, os pesquisadores conduzem experimentos. Considerados o pináculo dos métodos de pesquisa, são comumente utilizados na psicologia da saúde para investigar os efeitos de comportamentos relacionados com a saúde (p. ex., exercícios, dietas, entre outros) sobre uma doença (p. ex., cardiopatias).

Ao contrário dos estudos descritivos, os experimentos testam hipóteses, manipulando (variando) de forma sistemática uma ou mais **variáveis independentes** (as "causas"), enquanto são buscadas mudanças em uma ou mais **variáveis dependentes** (os "efeitos") e *controladas* (mantidas constantes) todas as outras variáveis. Controlando todas as variáveis, exceto a variável independente, os pesquisadores garantem que qualquer mudança na variável dependente seja *causada* pela variável independente, em vez de outra variável externa.

Os experimentos envolvem com frequência testar os efeitos de diversos *níveis* da variável independente em grupos diferentes. Por exemplo, em um experimento para testar o nível em que o ruído (uma variável independente) começa a causar estresse (a variável dependente), pode-se solicitar que participantes de três grupos diferentes façam uma lista de sintomas comportamentais e psicológicos do estresse (*definição operacional* da variável dependente) enquanto escutam ruídos com 10, 25 ou 50 decibéis em fones de ouvido (diferentes níveis da variável independente *ruído*).

Normalmente, o pesquisador atribui de forma aleatória uma amostra de participantes a dois ou mais grupos de estudo e administra a condição ou o tratamento de interesse (a variável independente) a um grupo, o *grupo experimental*, e um tratamento diferente ou nenhum ao outro grupo, o *grupo de controle*. A **seleção randômica** é essencial, pois o fato de distribuir os participantes a grupos ao acaso garante que os membros de todos os grupos de pesquisa sejam semelhantes em todos os aspectos importantes, com exceção de sua exposição à variável independente. Por exemplo, a seleção randômica ajuda a prevenir que um grande número de participantes muito sensíveis ao ruído seja alocado no mesmo grupo, dessa maneira potencialmente mascarando os efeitos verdadeiros da variável independente.

A psicologia da saúde é bastante singular entre os subcampos da psicologia, no sentido de que estuda uma variedade de fatores como causa e efeito. Como possíveis "causas", os psicólogos da saúde examinam estados internos (otimismo, sentimentos de autoeficácia), comportamentos explícitos (praticar exercícios, fumar) e estímulos externos (emprego estressante, programa terapêutico para promover relaxamento). Como possíveis "efeitos", eles investigam comportamentos apresentados (reações de enfrentamento ao emprego estressante), traços biológicos (pressão arterial, níveis de colesterol) e estados psicológicos (níveis de ansiedade).

O propósito da pesquisa é obter uma resposta para uma questão, e não procurar apoio para um resultado previsto. Para reduzir a possibilidade de **efeitos de expectativas** em experimentos, a pessoa que coleta dados dos sujeitos muitas vezes está "cega", ou seja, não sabe o propósito da pesquisa ou quais participantes estão em cada

---

■ **variável independente**
fator em um experimento que o pesquisador manipula; variável cujos efeitos estão sendo estudados.

■ **variável dependente**
comportamento ou processo mental que pode mudar em resposta a manipulações da variável independente; a variável que está sendo medida.

■ **seleção randômica** trata-se de distribuir os participantes da pesquisa a grupos ao acaso, minimizando assim diferenças preexistentes entre os grupos.

■ **efeitos de expectativas**
forma de viés em que o resultado de um estudo é influenciado pelas expectativas do pesquisador ou pelo estudo das expectativas dos participantes.

condição. Esse é um *estudo único cego*. Para garantir que os efeitos de expectativas não contaminem o estudo, pode-se usar um **estudo duplo-cego**. Nesse caso, a pessoa que coleta os dados e os participantes não sabem o propósito real do estudo ou qual participante está em qual condição. Desse modo, os pesquisadores e os participantes não enviesarão os resultados com base no que esperam que aconteça. Ver a Figura 2.2 para um exemplo de como podemos usar métodos psicológicos para avaliar uma questão de interesse dos psicólogos da saúde.

■ **estudo duplo-cego** técnica projetada para prevenir efeitos de expectativas do observador e do participante, na qual o pesquisador e os sujeitos não conhecem o verdadeiro propósito do estudo ou em que condição cada sujeito se encontra.

Estudos semiexperimentais

Quando não podem manipular a variável de interesse ou distribuir os participantes aleatoriamente a grupos experimentais e de controle, os psicólogos da saúde têm outras opções: semiexperimentos, pesquisa animal ou pesquisa qualitativa. Um semiexperimento (*semi* significa "parecido") é semelhante a um experimento, no sentido de que envolve dois ou mais *grupos de comparação*. Contudo, um **semiexperimento** não é um experimento verdadeiro, pois usa grupos que diferem desde o começo em relação à variável em estudo (a *variável do sujeito*). Portanto, não é possível tirar conclusões de causa e efeito. (Observe que nos referimos a um grupo de comparação, em vez de grupo de controle, pois o grupo difere naturalmente do grupo experimental e nenhuma variável está sendo controlada).

Por exemplo, suponhamos que os pesquisadores queiram investigar o efeito da prática de exercícios sobre o desempenho acadêmico. Em um semiexperimento, a variável do sujeito seria um estilo de vida sedentário, e o grupo consistiria em estudantes que admitissem fazer pouco ou nenhum exercício. O grupo de comparação seria formado por estudantes que se exercitassem com regularidade. Os psicólogos da saúde coletariam dados sobre os níveis basais de atividade física diária dos participantes durante um período definido de tempo e identificariam grupos "ativos" e "sedentários" separados. Os pesquisadores acompanhariam esses grupos de comparação por alguns anos, reavaliando regularmente os níveis de atividade e o desempenho acadêmico dos grupos.

As variáveis do sujeito que costumam ser usadas em semiexperimentos incluem a idade, o gênero, a etnicidade e o *status* socioeconômico – variáveis cuja manipulação é impossível ou antiética. Os pesquisadores também não podem manipular variáveis para produzir estresse ambiental extremo, abuso físico ou desastres naturais. Nesses casos, o pesquisador encontra eventos que já ocorreram e estuda as variáveis de interesse.

■ **semiexperimento** estudo que compara dois grupos que diferem naturalmente em determinada variável de interesse.

Em um estudo clássico sobre efeitos de expectativas (Roethlisberger e Dickson, 1939), pesquisadores tentaram aumentar a produtividade de empregados em uma usina elétrica reduzindo ou aumentando os intervalos para café, alterando condições de iluminação e proporcionando ou retirando bônus. De maneira notável, independentemente de como as condições variavam, a produtividade aumentava, indicando que os trabalhadores estavam apenas respondendo ao conhecimento de que estavam sendo estudados.

Estudos do desenvolvimento

Os psicólogos da saúde que trabalham com a perspectiva do curso de vida estão preocupados com a maneira como as pessoas mudam ou permanecem as mesmas ao longo do tempo. Para responder a questões sobre o processo de mudança, os pesquisadores utilizam duas técnicas básicas de pesquisa: *estudos transversais* e *longitudinais*.

No **estudo transversal**, o pesquisador compara grupos de pessoas de várias idades para verificar os possíveis efeitos da idade sobre determinada variável dependente. Suponha-se que estejamos interessados em estabelecer se diferentes grupos etários diferem nas estratégias que usam para lidar com o estresse. Na pesquisa transversal, os vários grupos etários devem ser semelhantes em outras formas que possam afetar a característica sendo investigada. Enquanto os grupos forem semelhantes, quaisquer diferenças em padrões entre eles podem ser atribuídas a processos relacionados com a idade.

■ **estudo transversal** compara grupos representativos de pessoas de várias idades em relação a uma variável dependente.

Combinar grupos etários em todas as outras variáveis que não a idade é difícil. Apesar de seus maiores esforços, os pesquisadores que utilizam o modelo transversal

estudo longitudinal estudo em que um único grupo de pessoas é observado durante um longo período de tempo.

têm consciência de que os resultados desses estudos frequentemente produzem *diferenças de coorte*, que refletem o impacto dos participantes terem nascido e crescido em determinado momento na história. Uma coorte (ver Cap. 10) é um grupo de pessoas que compartilha pelo menos uma característica demográfica, como a idade e o *status* socioeconômico. Uma coorte assemelha-se a uma geração, mas o número de anos que separa duas coortes costuma ser menor do que o número de anos que separa duas gerações adjacentes.

Se quiserem garantir que a idade, em vez de alguma outra variável, seja a razão para diferenças nas características dos grupos etários distintos, os pesquisadores podem conduzir um **estudo longitudinal**, no qual um único grupo de indivíduos é observado durante longo período de tempo. Isso permite que informações sobre

Figura 2.2

Métodos de pesquisa psicológica. Um psicólogo interessado em estudar a relação entre a prática de exercícios e depressão seguiria os seguintes passos.

1. Usando resultados de observações, inquéritos, entrevistas e estudos de caso, determinar se existe uma *correlação negativa* entre a quantidade de exercício e os níveis de depressão.
2. Usar um *experimento* para testar a *hipótese* de que fazer mais exercícios reduzirá os níveis de depressão em indivíduos levemente deprimidos.

Variável independente: exercício
Variável dependente: níveis de depressão

Resultados do estudo de McCann e Holmes (1984)

Administrar inquéritos a participantes voluntários para avaliar níveis de depressão. → Designar de modo aleatório participantes levemente deprimidos à condição experimental ou controle por 10 semanas. →
a) Condição experimental: fazer exercícios aeróbicos por 20 minutos, três vezes por semana.
b) Condição de controle: não fazer qualquer exercício aeróbio.

3. Readministrar inquéritos para avaliar níveis de depressão. Comparar níveis de depressão antes e depois, para cada participante, e calcular possíveis diferenças entre as condições experimental e de controle.

Um *corpus* crescente de pesquisas demonstra que os sintomas da depressão costumam melhorar com a prática de exercícios (Harvard Medical School, 2010).

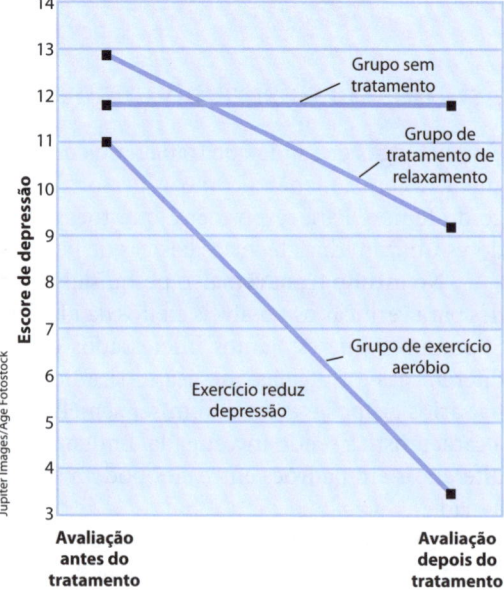

pessoas em determinada idade sejam comparadas com as mesmas informações sobre indivíduos em outra idade, revelando como elas mudaram com o passar do tempo.

Imagine que você esteja interessado em estudar mudanças na maneira como as pessoas lidam com o estresse. Se você escolher a abordagem transversal, pode entrevistar uma amostra de, digamos, 25 adultos de cinco idades diferentes – por exemplo, 20, 30, 40, 50 e 60 anos – e reunir informações sobre a maneira como lidam com tensões no emprego, brigas familiares, problemas financeiros, e assim por diante. Em contrapartida, se escolher o estudo longitudinal para explorar o mesmo número de anos, você (ou os pesquisadores que irão continuar seu estudo daqui a 40 anos) entrevistaria um grupo de indivíduos na faixa dos 20 anos hoje e novamente quando estivessem com 30, 40, 50 e 60 anos de idade. O estudo longitudinal, portanto, elimina fatores de confusão, como diferenças nos tipos de estresse encontrados.

Os estudos longitudinais são o "modelo de escolha" da perspectiva do curso de vida, ainda que possuam diversas limitações. Esses estudos são, por definição, muito demorados e caros. Mais importante ainda, durante os anos dos estudos longitudinais, é comum que alguns participantes os abandonem porque se mudam para cidades distantes, morrem ou simplesmente não aparecem na entrevista seguinte ou na observação agendada. Quando o número de desistências é grande, os resultados do estudo podem ficar distorcidos. Outro problema potencial é que as pessoas que permanecem podem mudar as características de interesse, mas por razões que tenham pouco a ver com a idade. Por exemplo, nosso estudo de respostas de enfrentamento ao estresse relacionadas com a idade pode mostrar que as pessoas mais velhas enfrentam o estresse de maneira mais adaptativa, sem permitir que as tensões cotidianas as afetem. Porém, supondo que grande número dos participantes desista na metade do estudo (ou talvez morra de doenças relacionadas com o estresse!) e aqueles que permaneçam sejam os que trabalhavam em ocupações com níveis reduzidos de estresse, será que o pesquisador poderá concluir que a idade produziu os resultados observados? Apesar dessas limitações, os estudos longitudinais são bastante comuns na psicologia da saúde, pois proporcionam uma oportunidade única para os pesquisadores observarem mudanças na saúde que ocorrem gradualmente no decorrer de períodos prolongados de tempo.

Técnicas de pesquisa em genética do comportamento

Uma questão fundamental na pesquisa do curso de vida é: Até que ponto nossa saúde – incluindo nossos comportamentos e atitudes relacionados a ela – são moldados pela hereditariedade (nossa natureza) e pela história de vida (nosso ambiente)? Em um esforço para responder a questões sobre interações entre hereditariedade e ambiente, pesquisadores estimam a **hereditariedade** de um traço, ou seja, a quantidade de variação em um traço entre um grupo de indivíduos que pode ser atribuída aos genes. Dessa forma, empregam dois métodos principais: estudos de gêmeos e estudos de adoção.

■ **hereditariedade**
quantidade de variação em um traço entre os indivíduos que pode ser atribuída aos genes.

Os estudos de gêmeos comparam gêmeos idênticos com gêmeos fraternos. As diferenças observadas entre gêmeos geneticamente idênticos em geral são atribuídas a fatores ambientais. Em contrapartida, qualquer diferença observada entre gêmeos fraternos pode ser atribuída a uma combinação de fatores ambientais e genéticos. Por exemplo, o comprometimento cognitivo parece apresentar alta influência hereditária. Uma pessoa cujo gêmeo idêntico apresenta doença de Alzheimer tem de 60 a 75% de chance de também desenvolvê-la. Quando um gêmeo fraterno apresenta a doença, o risco cai para 30 a 45% (Plomin et al., 2000; Whitfield et al., 2009). Essa diferença indica que os genes desempenham um papel relevante em predispor indivíduos à doença de Alzheimer.

Entretanto, devemos ser muito cuidadosos ao interpretar os estudos de gêmeos. Pode-se argumentar que os gêmeos idênticos também compartilham um ambien-

Gêmeos idênticos Os gêmeos idênticos desenvolvem-se a partir de um único óvulo fertilizado e, portanto, são geneticamente iguais. Logo, qualquer diferença observada entre eles deve ser atribuída a fatores ambientais. Gerald Levey e Mark Newman, que aparecem na foto enquanto eram questionados a respeito de similaridades físicas e fisiológicas, foram separados ao nascer e não se reencontraram até a idade de 31 anos. Embora tenham crescido em lares diferentes, apresentam muitas características semelhantes – por exemplo, ambos haviam escolhido a mesma profissão: bombeiro.

te que é mais semelhante do que o dos gêmeos fraternos. Eles têm o mesmo sexo, com frequência se vestem da mesma forma e são confundidos um com o outro. Portanto, os pesquisadores preferem comparar as características de gêmeos idênticos que cresceram juntos com as de gêmeos idênticos que cresceram separados. Infelizmente, devido ao tempo, aos custos e à ocorrência bastante rara desse tipo de arranjo, apenas um pequeno número de estudos desse tipo foi relatado.

Os estudos de adoção proporcionam uma maneira de os pesquisadores eliminarem o problema gerado por ambientes semelhantes. Quando uma criança é entregue para adoção, dois grupos de parentesco são criados: parentes genéticos (pais e irmãos biológicos) e parentes ambientais (pais e irmãos adotivos). A determinação de se a criança adotada lembra mais seus pais biológicos ou adotivos em relação a determinada característica ou certo comportamento ajuda a estabelecer os efeitos relativos dos genes e do ambiente sobre essas características.

As evidências mais fortes de influência genética vêm da convergência de estudos de família, de gêmeos e de adoção. Por exemplo, se os geneticistas comportamentais descobrirem que a hipertensão ocorre em famílias com frequência maior do que seria esperado ao acaso, que os gêmeos idênticos são significativamente mais semelhantes do que os gêmeos fraternos em sua suscetibilidade à doença e que as crianças adotadas lembram seus pais biológicos mais do que os pais adotivos em seus níveis de hipertensão, existe um argumento forte em favor da influência genética na hipertensão.

Pesquisa epidemiológica: rastreando a doença

Quando os pesquisadores consideram o papel de fatores psicológicos e comportamentais na saúde, entre as principais questões a serem perguntadas estão: Quem contrai que tipo de doenças, e que fatores determinam se uma pessoa contrai determinada doença? Essas questões são abordadas pelo campo da epidemiologia.

Embora o ato de manter registros sobre a saúde tenha iniciado na antiguidade (ver Cap. 1), a epidemiologia só foi formalizada como uma ciência moderna no século XIX, quando surtos epidêmicos de cólera, varíola e outras doenças infecciosas criaram grandes ameaças à saúde pública. Do mesmo modo que nos esforços para identificar a causa de condições mais recentes, como o aumento de infecções bacterianas resistentes, essas doenças foram dominadas sobretudo como resultado do trabalho de epidemiologistas cuja pesquisa gradualmente identificou suas causas.

A era moderna da epidemiologia começou com o trabalho de John Snow, durante o surto de cólera de 1848, em Londres (Frerichs, 2000). Snow registrou diligentemente cada morte ocorrida, notando que as taxas de mortalidade eram quase 10 vezes maiores em determinado distrito da cidade do que em qualquer outro lugar. Em certos casos, os residentes de um lado de uma rua eram acometidos pela doença mais do que seus vizinhos do outro lado da rua. Como um bom detetive que soluciona um mistério, ele continuou procurando por pistas até que encontrou algo diferente nas histórias dos grupos de alto risco: água de beber poluída. Embora duas companhias fornecessem água para a maioria dos residentes do sul de Londres, seus limites eram dispostos de forma que alguns residentes da mesma rua recebiam água de fontes diferentes. Comparando as taxas de mortalidade com a distribuição dos clientes que recebiam água poluída e não poluída, Snow inferiu que a cólera vinha de um "veneno" ainda não identificado que se encontrava na água poluída e, assim, começava a era moderna da epidemiologia.

Um incidente, durante essa epidemia, tornou-se legendário. Em torno da interseção das ruas Cambridge e Broad, a incidência de casos de cólera era tão grande que o número de mortes chegou a 500 em 10 dias. Após investigar o local, Snow concluiu que a causa estava centrada na bomba d'água da rua Broad. Após os oficiais da cidade, que estavam desconfiados, mas em pânico, ordenarem que a manivela da bomba fosse removida, o número de novos casos de cólera caiu de forma impressionante. Ainda que a bactéria responsável pela transmissão da doença não tenha sido descoberta nos 30 anos seguintes, Snow fez uma intervenção óbvia que interrompeu a epidemia que já tomava conta da cidade. Ele simplesmente forçou a cidade a fechar a fonte de água poluída.

Desde a época de Snow, os epidemiologistas têm descrito em detalhes a distribuição de muitas doenças infecciosas diferentes. Além disso, identificaram muitos dos *fatores de risco* ligados a efeitos favoráveis e desfavoráveis para a saúde. Em um estudo típico, os epidemiologistas medem a ocorrência de certo efeito para a saúde de uma população e buscam descobrir por que ele se distribui daquela forma, relacionando-o com determinadas características dos indivíduos e dos ambientes em que vivem. Por exemplo, algumas formas de câncer ocorrem mais em certas partes do país do que em outras. Investigando essas áreas geográficas, epidemiologistas conseguiram ligar certos tipos de câncer a substâncias químicas tóxicas encontradas nesses ambientes.

Os epidemiologistas registram a **morbidade**, que é o número de casos de problemas de saúde em determinado grupo em certa época. Também acompanham a **mortalidade**, que se refere ao número de mortes em decorrência de determinada causa, como doenças cardíacas, em certo grupo em determinada época. A morbidade e a mortalidade são medidas de efeitos que normalmente são relatados em termos de sua *incidência* ou *prevalência*. A **incidência** refere-se ao número de novos casos de doença, infecção ou deficiência, como uma tosse forte, que ocorre em uma população específica em intervalo de tempo definido. A **prevalência** é definida como o número *total* de casos diagnosticados de uma doença ou condição que ocorre em dado momento, incluindo os casos relatados anteriormente e novos casos em determinado momento. Assim, se um epidemiologista quisesse saber quantas pessoas têm hipertensão, analisaria as taxas de prevalência. Se, contudo, quisesse determinar a frequência do diagnóstico de hipertensão, olharia as taxas de incidência.

Para esclarecer a distinção entre incidência e prevalência, considere a Figura 2.3, que compara a incidência e a prevalência das principais causas de morte nos Estados Unidos entre 1980 e 2007. No decorrer desse período, as mortes decorrentes de acidentes e câncer tiveram uma prevalência elevada e uma incidência estável, enquanto aquelas resultantes de doenças do coração e AVE diminuíram.

- **morbidade** como medida de saúde, número de casos de determinada doença, ferimento ou incapacidade em um grupo específico de pessoas em certa época.

- **mortalidade** como medida de saúde, número de mortes decorrentes de uma causa específica em determinado grupo em certo momento.

- **incidência** número de novos casos de uma doença ou condição que ocorre em determinada população em um intervalo de tempo definido.

- **prevalência** número total de casos diagnosticados de uma doença ou condição que existe em certo momento.

A manivela da bomba d'água – o símbolo da epidemiologia eficaz Desde os esforços pioneiros de John Snow para erradicar a cólera na Londres do século XIX, a manivela da bomba d'água permaneceu como um símbolo da epidemiologia eficaz. Atualmente, o Pub John Snow, localizado próximo ao local onde ficava a bomba, orgulha-se de ter a manivela original. Esta charge foi publicada em 1866 no periódico *Fun*, de Londres, com a legenda "Dispensário da morte, aberto aos pobres, grátis, com permissão da paróquia".

Figura 2.3

Taxas de mortalidade ajustadas para a idade para as principais causas de morte. Entre 1980 e 2007, as mortes decorrentes de neoplasias malignas (câncer) e acidentes tiveram uma prevalência elevada e uma incidência estável, enquanto aquelas decorrentes de doenças do coração e cerebrovasculares (AVE) tiveram prevalência elevada, mas uma incidência decrescente. Em contrapartida, as mortes atribuídas a hipertensão, doença de Parkinson e doença de Alzheimer tiveram uma prevalência menor, mas incidência crescente.

Fonte: Xu, J.Q., Kochanek, K.D., Murphy, S.L., Tejada-Vera, B. (2007). National vital statistics reports web release 58(19). Hyattsville, MD: National Center for Health Statistics. Publicado em maio de 2010.

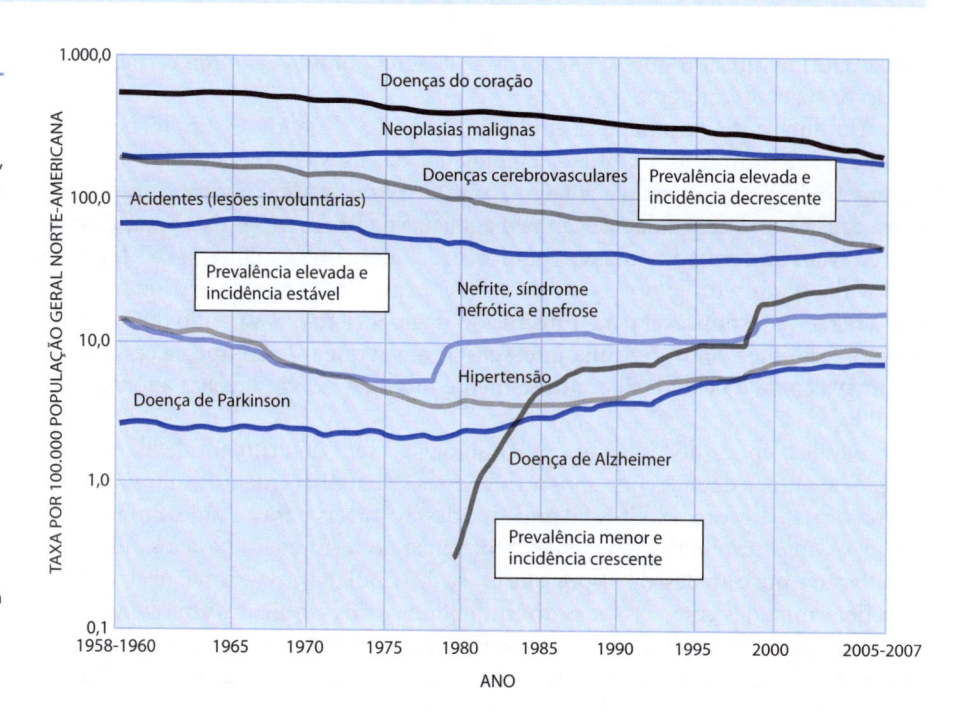

■ **etiologia** estudo científico das causas ou origens de doenças específicas.

Objetivos na pesquisa epidemiológica

Epidemiologistas utilizam diversos métodos de pesquisa para obter dados sobre a incidência, a prevalência e a **etiologia** (origem) de uma doença. Assim como os métodos de pesquisa em psicologia, a pesquisa epidemiológica segue a progressão lógica, da descrição para a explicação e para o prognóstico e controle. Os epidemiologistas têm três objetivos fundamentais:

1. Identificar a etiologia de determinada doença para gerar hipóteses.
2. Avaliar as hipóteses.
3. Testar a efetividade de certas intervenções preventivas.

Os epidemiologistas começam por contar casos atuais de uma doença (prevalência) ou medir a frequência em que novos casos aparecem (incidência) para descrever o *status* geral de uma população. Então, analisam as informações para gerar hipóteses sobre as diferenças entre os subgrupos da população que são responsáveis pela doença, assim como John Snow encontrou distinções na fonte de água que afetavam a prevalência de cólera em grupos diferentes. Um exemplo mais recente é o esforço dos epidemiologistas para discernir a etiologia da hipertensão em indivíduos afro-americanos (ver Diversidade e vida saudável, nas páginas seguintes).

Uma vez que identificam as origens de uma doença ou problema de saúde e geram hipóteses sobre suas causas, os epidemiologistas avaliam as hipóteses. Por exemplo, alguns médicos verificaram que mulheres fumantes são mais propensas do que homens fumantes a desenvolver câncer no pulmão. Será que diferenças hormonais ou algum outro fator ligado ao gênero permitem que o dano celular causado pelo fumo ocorra com mais rapidez em mulheres do que em homens? Estudos epidemiológicos relataram exatamente esse achado (Iarmarcovai et al., 2008; Prescott et al., 1998).

Os epidemiologistas testam novas hipóteses buscando prever a incidência e a prevalência de doenças. Se as previsões são produzidas com base em dados epidemiológicos, os pesquisadores ficam confiantes de que seu entendimento da etiologia da doença está aumentando. A ciência emergente da *epidemiologia molecular*, que relaciona fatores genéticos, metabólicos e bioquímicos com dados epidemiológicos sobre a incidência e a prevalência de doenças, também promete melhorar a capacidade dos pesquisadores de identificar as causas de doenças humanas.

O último objetivo da pesquisa epidemiológica é determinar a efetividade dos programas de intervenção criados como resultado dessas pesquisas. Por exemplo, programas de intervenção contra a aids, como a não reutilização de seringas e iniciativas de sexo seguro, testados em um grupo grande de sujeitos de alto risco, foram considerados efetivos para reduzir a incidência de novos casos da doença nos grupos visados (ver Cap. 11).

Métodos de pesquisa em epidemiologia

Para alcançar seus propósitos, os epidemiologistas utilizam uma variedade de métodos de pesquisa, incluindo *estudos retrospectivos*, *estudos prospectivos* e *estudos experimentais*. Assim como os métodos de pesquisa em psicologia, cada método epidemiológico possui suas vantagens e desvantagens.

Estudos retrospectivos e prospectivos

Do mesmo modo que os estudos transversais já descritos, os **estudos retrospectivos** (também chamados de *estudos de caso-controle*) comparam um grupo de pessoas que apresentam uma doença ou condição com outro grupo de pessoas que não apresentam; aqueles que têm a condição de interesse são considerados "casos" e aqueles não têm são os "controles". Os estudos transversais comparam características que estão presentes nos casos e nos controles no momento do estudo, enquanto os retrospectivos tentam determinar se as características estiveram presentes nos casos no passado, normalmente por meio de uma revisão dos registros das pessoas.

Os estudos retrospectivos, olhando para o passado, tentam reconstruir as características ou situações que levaram ao atual estado de saúde das pessoas que possuem determinada doença ou condição. Por exemplo, a pesquisa retrospectiva desempenha o importante papel de identificar fatores de risco que levam à aids. Inicialmente, os pesquisadores observaram um aumento rápido na incidência de uma forma fatal de câncer, chamada de sarcoma de Kaposi, entre homossexuais do sexo masculino e usuários de drogas intravenosas. Verificando as histórias médicas dos homens que desenvolveram esse tipo de câncer, os epidemiologistas conseguiram identificar o sexo anal desprotegido como fator básico comum entre os primeiros homens a morrer dessa forma maligna de câncer. Isso ocorreu anos antes que o vírus da aids, o vírus da imunodeficiência humana (HIV), fosse isolado (ver Cap. 11).

Em comparação, os **estudos prospectivos** olham à frente no tempo para determinar como um grupo de indivíduos muda ou como a relação entre duas ou mais variáveis modifica-se ao longo do tempo. Isso soa como a pesquisa longitudinal em estudos do desenvolvimento? Os métodos são idênticos. Um estudo epidemiológico prospectivo identifica um grupo de participantes saudáveis e os testa e retesta durante um período de tempo para estabelecer se determinada condição, como vida sedentária ou dieta com teor elevado de gordura, está relacionada com uma consequência posterior para a saúde, como o câncer ou doenças cardiovasculares. Os psicólogos da saúde com frequência conduzem estudos prospectivos para identificar os fatores de risco que se relacionam com vários problemas de saúde.

Por exemplo, existem algumas evidências de que o consumo de álcool contribui para o câncer de mama. Em um grande estudo prospectivo que acompanhou uma coorte multiétnica de 70.033 mulheres saudáveis na área de São Francisco por mais de 20 anos, os pesquisadores observaram que mulheres que consumiam um ou dois drinques por dia (um drinque equivale a 350 mL de cerveja comum, 150 mL de vinho ou 50 mL de um destilado 80ºGL) eram 1,21 vez mais prováveis de serem diagnosti-

■ **estudo retrospectivo** estudo que "olha para o passado", no qual um grupo de pessoas que apresentam determinada doença ou condição é comparado com outro grupo de pessoas que não apresentam, com o propósito de identificar a história de fatores de risco que possam ter contribuído para a doença ou condição.

■ **estudo prospectivo** estudo longitudinal que começa com um grupo saudável de sujeitos e acompanha o desenvolvimento de determinada doença nessa amostra.

Diversidade e vida saudável

Hipertensão em afro-americanos: um "de quem é a culpa" epidemiológico

Embora quase 25% de todos os norte-americanos apresentem aumento na pressão arterial com o avanço da idade, para os negros não hispânicos a situação é muito mais grave: 42,5% sofrem de hipertensão, o que contribui para doenças cardíacas, AVEs e falência renal (Fryar et al., 2010). A hipertensão é responsável por 20% das mortes entre os negros nos Estados Unidos – duas vezes o número verificado para os brancos.

Em seu esforço para compreender e controlar a doença, os epidemiologistas buscam determinar se a disparidade entre negros e brancos se dá em decorrência de diferenças em suscetibilidade genética, fatores ambientais ou uma combinação dos dois. Conforme discutido no Capítulo 1, a teoria evolucionária oferece uma perspectiva para explicar por que certo grupo étnico ou racial corre risco maior de determinado efeito para a saúde. O argumento é o seguinte: como resultado da seleção natural, alguns membros do grupo em questão (e seus genes) sobreviveram, enquanto outros não. Se os sobreviventes se acasalam principalmente com membros da mesma população, seus genes não são misturados com os de outros grupos, e os traços genéticos resultantes começam a aparecer com frequência crescente entre os membros do grupo.

Alguns pesquisadores sugerem que as viagens em navios negreiros propiciavam o tipo exato de pressão ambiental necessária para predisposição à pressão arterial alta. Durante as viagens, muitos morreram, com frequência de "problemas ligados à liberação do sal", como a diarreia, a desidratação e as infecções. Assim, a capacidade de reter sal pode ter tido valor para a sobrevivência dos africanos que foram transportados para as Américas contra sua vontade. Atualmente, é claro, a retenção de sal *não* é adaptativa e está relacionada com hipertensão.

Em 1991, Richard Cooper e seus colaboradores iniciaram um projeto de pesquisa que se concentrava na migração forçada de habitantes da África Ocidental dos séculos XVI e XIX, causada pelo tráfico de escravos. Com o conhecimento de que a incidência e a prevalência de hipertensão na zona rural da África Ocidental estão entre as mais baixas do mundo, os pesquisadores compararam a prevalência da hipertensão dessa região com a das pessoas descendentes de africanos em outras partes do mundo. Verificaram que os descendentes de africanos que vivem em outras partes do mundo, especialmente nos Estados Unidos e no Reino Unido, apresentam incidência de hipertensão muito maiores. Isso sugere que talvez os genes que predispõem à hipertensão tenham desaparecido da população da África Ocidental, onde não eram adaptativos. Porém, é mais provável que haja algo a respeito do modo de vida dos negros europeus e norte-americanos que esteja contribuindo para sua suscetibilidade à pressão arterial elevada.

Os pesquisadores conduziram amplos testes de descendentes de africanos na Nigéria, em Camarões, no Zimbábue, em Santa Lúcia, em Barbados, na Jamaica e nos Estados Unidos. Além de monitorar a pressão arterial, concentraram-se em dietas com altos teores de sal, obesidade, níveis de atividade e outros fatores de risco comuns para hipertensão. Após vários anos de investigação, focalizaram africanos na Nigéria, na Jamaica e em Chicago como representativos de três pontos fundamentais no movimento que os africanos fizeram de sua terra natal para o oeste. Os resultados foram alarmantes: apenas 7% daqueles que vivem na zona rural da Nigéria apresentavam pressão arterial elevada, comparados com 26% dos negros jamaicanos e 33% dos negros norte-americanos. Além disso, vários fatores de risco para pressão arterial elevada se tornavam cada vez mais comuns à medida que os testes avançavam para o oeste ao longo do Atlântico. Como vimos anteriormente (ver Fig. 2.1, p. 31), o índice de massa corporal, uma medida do peso em relação à altura, cresceu de maneira estável da África para a Jamaica e para os Estados Unidos, com a hipertensão. O fato de ser obeso, associado à falta de exercícios e a uma dieta pobre, explicava cerca de 50% do aumento no risco de hipertensão

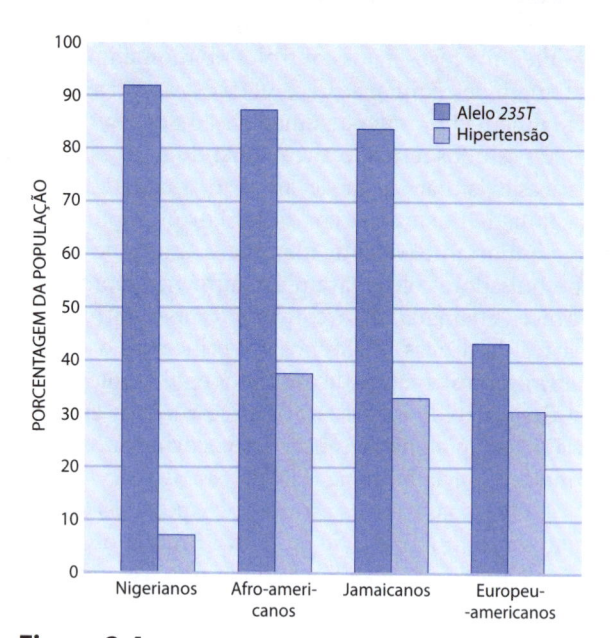

Figura 2.4

Incidência do gene *235T* e hipertensão entre diferentes grupos étnicos. Os epidemiologistas esperavam que as pessoas que portassem o gene *235T* tivessem uma incidência maior de hipertensão. De maneira surpreendente, o *235T* é comum em certos grupos (como os nigerianos), nos quais a hipertensão é muito rara. Isso sugere que tanto a hereditariedade quanto o ambiente desempenhem papéis no desenvolvimento da pressão arterial elevada.

Fonte: Redesenhada a partir de dados de Cooper, R. S., Rotimi, C. N. e Ward, R. (1999). The puzzle of hypertension in African-Americans. *Scientific American, 280*(2), 62.

que enfrentam os afro-americanos em comparação com os nigerianos.

Os dados dos pesquisadores sugerem que o aumento na pressão arterial não seja um problema inevitável da vida moderna para pessoas de todas as cores de pele. O sistema cardiovascular humano evoluiu em um cenário rural da África, no qual a obesidade não era típica, o consumo de sal era moderado, a dieta tinha baixos teores de gordura e níveis elevados de atividade física eram comuns. Visto que a vida de subsistência dos fazendeiros da Nigéria não mudou muito, sua pressão arterial aumenta pouco com a idade, e doenças cardiovasculares são praticamente desconhecidas. Esse grupo funciona como um grupo de comparação epidemiológica, com o qual os pesquisadores podem testar hipóteses a respeito do que causa a elevação na pressão arterial dos descendentes de africanos.

Por exemplo, a pressão arterial é maior na cidade de Ibadan, na Nigéria, do que em áreas rurais vizinhas, apesar de diferenças muito pequenas entre o nível de obesidade e o consumo de sal. Os pesquisadores suspeitam que outras variáveis, como o estresse psicológico e social e a falta de atividade física, podem ajudar a explicar o aumento. Na América do Norte e na Europa, os descendentes de africanos enfrentam um tipo único de estresse – a discriminação racial. O efeito do racismo sobre essa doença é difícil de ser estabelecido, é claro, mas é importante observar que a pressão arterial média dos negros que habitam algumas partes do Caribe, incluindo Cuba e zonas rurais de Porto Rico, é aproximadamente a mesma de outros grupos raciais. Será que as relações entre as raças nessas sociedades impõem menos estresse ao sistema cardiovascular do que as verificadas na região continental dos Estados Unidos?

Novas pesquisas considerando fatores fisiológicos parecem dar suporte à teoria genética do navio negreiro (Fryar et al., 2010). Pesquisadores têm verificado que muitas pessoas hipertensas de descendência africana têm níveis elevados de angiotensina II, um hormônio que aumenta a pressão arterial, causando contração excessiva dos vasos sanguíneos e aumentando, assim, o risco de hipertensão (Whitfield et al., 2009). Todavia, descobriram que o nível médio de angiotensina para cada amostra estudada aumentava significativamente da Nigéria para a Jamaica e para os Estados Unidos, acompanhando aumentos na taxa de hipertensão. Os níveis do hormônio e o gene que o produz deviam ser iguais nas três populações se ele tivesse sido selecionado nos navios negreiros.

Nenhum gene ou fator ambiental único pode explicar por que a hipertensão ocorre e por que ela é tão comum em afro-americanos, embora os psicólogos da saúde continuem a avançar rumo a uma compreensão maior.

---

cadas com câncer de mama do que aquelas que não bebiam. Entre aquelas que consumiam três ou mais drinques por dia, a probabilidade relativa do risco subia para 1,38, ao passo que aquelas que consumiam um drinque ou menos por dia tinham uma probabilidade relativa de risco de apenas 1,08 (Li e cols., 2009).

Os estudos prospectivos podem produzir informações mais específicas do que os estudos retrospectivos sobre as relações causais potenciais entre comportamentos relacionados com a saúde (ou fatores de risco) e os resultados para a saúde. Suponhamos que descobríssemos, por meio de uma pesquisa retrospectiva, que homens que tiveram ataques cardíacos tendem a apresentar escores elevados em medidas de hostilidade. Embora fosse tentador pressupor que a sua hostilidade contribuíra para os problemas cardíacos, talvez o fato de ter o ataque cardíaco aumente os sentimentos de hostilidade do indivíduo. Um estudo prospectivo permitiria que os pesquisadores acompanhassem homens hostis com corações saudáveis ao longo do tempo, para verificar se desenvolvem doenças cardiovasculares.

Estudos experimentais em epidemiologia

Embora os estudos retrospectivos e prospectivos sejam úteis para identificar os diversos fatores de risco para doenças, como os métodos descritivos na psicologia, nenhum estudo consegue demonstrar causalidade em efeitos para a saúde de maneira conclusiva. Para identificar causa e efeito, os psicólogos da saúde em geral contam com experimentos naturais, experimentos de laboratório e testes clínicos. Em um experimento natural, o pesquisador tenta estudar uma variável independente sob condições naturais que se aproximam do estudo controlado. Os experimentos naturais são mais comuns em psicologia da saúde quando os pesquisadores comparam dois grupos semelhantes; os membros de um grupo já estão se expondo a um risco para a saúde (como nicotina, ruído ocupacional ou comportamento sexual de risco), e os integrantes do outro grupo não estão.

Em um experimento de laboratório, o pesquisador manipula diretamente uma variável independente em vez de comparar grupos de indivíduos que autosselecionam sua própria exposição a uma variável independente. Assim como os experimentos em psicologia, os experimentos de laboratório epidemiológicos utilizam a atribuição aleatória para garantir que os grupos experimentais e controles sejam semelhantes em cada aspecto importante, exceto no nível da variável independente ao qual estão expostos.

Testes clínicos

O chamado padrão-ouro da pesquisa biomédica é o **teste clínico aleatório**. Esse tipo de estudo é um experimento verdadeiro, de modo que os pesquisadores podem tirar conclusões com segurança a respeito de relações de causa e efeito. Os testes clínicos examinam os efeitos de uma ou mais variáveis independentes sobre indivíduos ou grupos de indivíduos.

> **teste clínico aleatório**
> experimento verdadeiro que testa os efeitos de uma variável independente sobre indivíduos (modelo de sujeito único) ou sobre grupos de indivíduos (experimentos de campo em comunidades).

Embora muitas variações sejam possíveis, o teste clínico mais comum para indivíduos envolve a mensuração de uma *linha de base* (ponto de partida) da condição, seguida por uma medida da eficácia do tratamento. Por exemplo, ao testar a eficácia de uma substância analgésica sobre enxaquecas, o pesquisador registra uma medida inicial do nível de enxaqueca que o sujeito apresenta antes do teste, talvez usando uma escala de dor de autoavaliação. Quando a medida inicial estabelece o valor de referência pré-tratamento para a variável dependente (a dor do sujeito), o tratamento (a substância), que é a variável independente, é administrado, e a medida dependente é reavaliada. Se os dados do tratamento mostrarem melhoria a partir dos dados iniciais, o pesquisador conclui que existe probabilidade de o tratamento ser eficaz no futuro. Para certificar-se de que o tratamento em si, e não algum fator externo (como a simples passagem do tempo), produziu a melhora, o pesquisador remove o medicamento e observa o retorno da condição inicial e dos sintomas. Caso voltem, o pesquisador pode ter ainda mais confiança para aceitar a hipótese de que a substância produz melhora (clínica) significativa.

No tipo mais comum de teste clínico envolvendo grupos, são registradas medidas de linha de base, e os sujeitos são, então, distribuídos de forma aleatória ao grupo experimental que recebe o tratamento de interesse, como uma nova medicação para dores de cabeça, ou a um grupo de controle que recebe placebo (ver Cap. 1). Se as variáveis externas foram controladas adequadamente, as diferenças nos grupos podem ser atribuídas a diferenças no tratamento.

No procedimento final, um *experimento de campo em comunidade*, os pesquisadores comparam pessoas de uma comunidade com as de outra. Por exemplo, crianças de uma escola recebem informações educativas detalhadas sobre os benefícios de sempre usar capacete quando andarem de bicicleta, *skate* ou patins. Um grupo de controle de crianças, de outra escola, não participa da campanha educacional. Os pesquisadores podem comparar os níveis de alguma medida, como lesões na cabeça, obtidos antes e depois do teste para os dois grupos.

Metanálise

Tradicionalmente, quando um pesquisador começava a investigar um fenômeno, como a relação entre o consumo de álcool e o câncer de mama, o primeiro passo era uma revisão detalhada da literatura de pesquisa relevante. Embora a *revisão bibliográfica* tenha uma longa e nobre história nos anais da ciência, essas revisões são qualitativas em natureza e, portanto, estão sujeitas a tendências na maneira como são interpretadas. Sem levar em consideração o quão habilidosa em revisar a literatura a pessoa possa ser, o modo como os diversos resultados são interpretados em essência permanece um processo subjetivo, no qual as tendências, as crenças e o excesso de confiança do revisor, entre outros, influenciam o resultado.

Para auxiliar os epidemiologistas (e psicólogos da saúde) a vasculhar os estudos de pesquisas que dizem respeito a determinada hipótese, os estatísticos desenvolveram um procedimento observacional denominado **metanálise**, uma técnica quantitativa que combina os resultados de estudos que examinam o mesmo efeito ou fenômeno. Assim como um experimento examina a consistência das respostas de participantes individuais, a metanálise determina a consistência geral de estudos individuais que abordam os mesmos tópicos. Uma metanálise não substitui os estudos individuais; em vez disso, ela proporciona um procedimento sistemático para sintetizar evidências existentes sobre hipóteses de pesquisa concentradas que já aparecem na literatura da psicologia da saúde.

■ **metanálise** técnica quantitativa que combina os resultados de muitos estudos que examinam o mesmo efeito ou fenômeno.

Existem várias etapas na metanálise. Primeiramente, estudos individuais são combinados em categorias específicas, como o tamanho e a composição da amostra, a presença de um grupo de controle, o uso de randomização e a metodologia de pesquisa. Os resultados de cada estudo são traduzidos em uma unidade comum, chamada de *tamanho de efeito*, para permitir que possam ser comparados.

A metanálise apresenta inúmeras vantagens. Em primeiro lugar, reunindo os resultados de muitos estudos, com frequência, ela revela descobertas significativas apenas porque os estudos combinados reúnem mais participantes. Em segundo, o fato de demonstrar que um achado se mantém ao longo de estudos conduzidos por vários pesquisadores em diversos momentos e locais e com diversos participantes proporciona muito mais confiança em sua validade. Finalmente, como os bons experimentos, a metanálise está sujeita à replicação, ou seja, outros pesquisadores podem repetir a série de etapas estatísticas e devem chegar às mesmas conclusões. Uma metanálise de 98 estudos separados envolvendo 75.728 mulheres que usam álcool e 60.653 que não usam concluiu que a associação entre beber e o câncer de mama *pode* ser causal (Hodgson et al., 2006).

Inferindo causalidade

Independentemente do método de pesquisa utilizado (ver Fig. 2.5), certas condições devem ser satisfeitas antes que os epidemiologistas possam inferir uma relação de causa e efeito entre determinado fator de risco e uma doença ou outro efeito adverso (Bonita, Beaglehole e Kjellstrom, 2006).

- *As evidências de pesquisas devem ser consistentes*. Os estudos que relatam associação entre um fator de risco e um efeito para a saúde devem ser replicados. Quando as evidências não são totalmente conclusivas (como ocorre com frequência na pesquisa da saúde), uma maioria convincente das evidências deve sustentar a associação proposta. Do contrário, não se pode inferir causalidade.
- *A causa sugerida já deve estar ocorrendo antes de a doença aparecer*. Embora pareça óbvio, a importância desse critério não pode ser ignorada. Por exemplo, se uma mulher aumenta de repente seu consumo de álcool após seu câncer de mama ser diagnosticado, o ato de beber obviamente não pode ter causado a doença. Você ficaria surpreso se soubesse quantas vezes esse critério é ignorado.
- *A relação deve fazer sentido*. Isso significa que a explicação deve ser congruente com achados fisiológicos conhecidos. No caso da relação entre álcool e câncer de mama, por exemplo, uma grande quantidade de outras evidências sugere várias ligações biológicas plausíveis entre álcool e outras formas de câncer, incluindo que o álcool aumenta os níveis de hormônio ou torna as células mais vulneráveis a outros compostos causadores de câncer pela maneira como é metabolizado no corpo.
- *Deve haver uma relação entre dose e resposta, verificada entre o fator de risco e o efeito para a saúde*. *Relações entre dose e resposta* são associações sistemáticas entre determinada variável independente, como beber álcool, e determinada

Figura 2.5

Métodos de pesquisa epidemiológica. Os epidemiologistas trabalham para ajudar a reduzir a incidência e a prevalência de infecções sexualmente transmissíveis (ISTs) e seguem os seguintes passos.

1. Mensurar a *prevalência* e a *incidência* das ISTs na população em geral. Determinar se certos subgrupos da população têm níveis mais elevados de ISTs.
2. Usar estudos *retrospectivos* para determinar quais comportamentos ou outros fatores relacionados com a saúde afetaram os níveis de ISTs nos subgrupos com as taxas mais elevadas de prevalência.
3. Gerar hipóteses sobre o que causa ISTs e como elas se espalham.
4. Testar as hipóteses usando *estudos prospectivos, experimentos naturais* e *testes clínicos*. Empregar *metanálise* para examinar os resultados.
5. Desenvolver programas de intervenção para conter a disseminação de ISTs. Continuar os esforços para entender a etiologia da doença e desenvolver tratamentos efetivos.

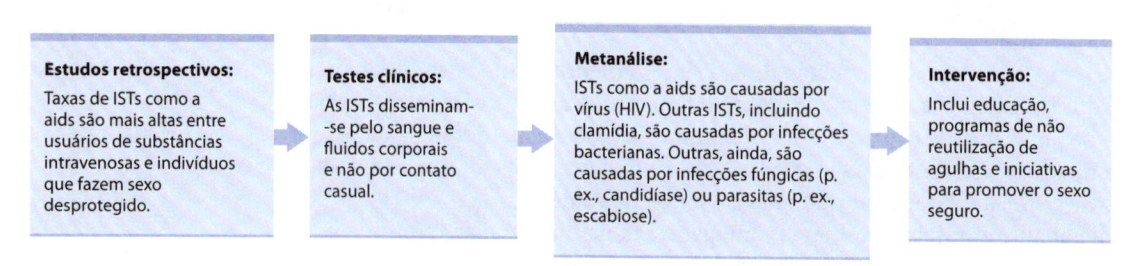

Estudos retrospectivos: Taxas de ISTs como a aids são mais altas entre usuários de substâncias intravenosas e indivíduos que fazem sexo desprotegido. → **Testes clínicos:** As ISTs disseminam-se pelo sangue e fluidos corporais e não por contato casual. → **Metanálise:** ISTs como a aids são causadas por vírus (HIV). Outras ISTs, incluindo clamídia, são causadas por infecções bacterianas. Outras, ainda, são causadas por infecções fúngicas (p. ex., candidíase) ou parasitas (p. ex., escabiose). → **Intervenção:** Inclui educação, programas de não reutilização de agulhas e iniciativas para promover o sexo seguro.

■ **risco relativo** indicador estatístico da probabilidade de uma relação causal entre determinado fator de risco à saúde e um problema de saúde; calculado como a razão entre a incidência (ou prevalência) de um problema de saúde em um grupo exposto ao fator de risco e sua incidência (ou prevalência) em outro grupo não exposto a esse fator.

variável dependente, como câncer de mama. Essas relações identificam o risco relativo associado a níveis específicos de uma variável independente. Assim, a taxa de morbidade do câncer de mama é mais elevada entre mulheres que bebem muito, um pouco mais baixa entre as que bebem moderadamente, ainda menor para aquelas que bebem pouco, e a mais baixa de todas entre as mulheres que não bebem.

■ *A intensidade da associação entre a causa sugerida e o efeito para a saúde (risco relativo) deve indicar causalidade.* O **risco relativo** é definido estatisticamente como a razão entre a incidência ou a prevalência de um problema de saúde em um grupo exposto a determinado fator de risco e a incidência ou a prevalência desse problema em um grupo que não está exposto ao fator de risco. Qualquer risco relativo acima de 1,0 indica que o grupo exposto tem um risco relativo maior do que o que não é exposto. Por exemplo, um risco relativo de 2,0 indica que o grupo exposto tem duas vezes mais probabilidade de desenvolver um problema de saúde do que o que não é exposto. Da mesma forma, um risco relativo de 0,5 significa que a taxa de incidência ou prevalência da condição no grupo exposto é apenas a metade da verificada no que não é exposto.

■ *A incidência ou a prevalência da doença ou de outro efeito adverso para a saúde deve cair quando o suposto fator causal for removido.* Embora sejam necessárias para inferir causalidade, as relações entre dose e resposta e risco relativo não são suficientes. Antes que possamos inferir que o ato de beber causa câncer de mama, devemos ter evidências de que as mulheres que reduzem ou eliminam o consumo de álcool apresentam risco reduzido dessa doença. Pesquisas recentes de fato demonstraram que isso é verdade, cumprindo assim com o quinto critério (NCI, 2010). Quando todas as condições são cumpridas, os epidemiologistas podem concluir que a relação causal foi estabelecida, mesmo quando nenhum experimento verdadeiro tenha sido conduzido.

Enquanto trabalham para cumprir essas condições, os psicólogos da saúde devem avaliar as pesquisas com muito cuidado. Fichas de avaliação da qualidade, como a apresentada na Figura 2.6, são muito úteis para chegar a esse padrão. Na medicina, também, existe uma nova ênfase na importância de fundamentar o cuidado do paciente nas "melhores evidências disponíveis" para determinada condição de saúde. Os programas atuais de residência médica devem capacitar os novos médicos em *medicina baseada em evidências*, que envolve praticamente todos os princípios que discu-

Figura 2.6

Colocando a psicologia da saúde em prática: avaliando evidências científicas.

Os psicólogos da saúde usam fichas de avaliação da qualidade semelhantes a esta para avaliar estudos. Para cada critério, avaliam o estudo atribuindo um número de 0 (sem evidências de que o critério foi cumprido) a 3 (fortes evidências de que o critério foi cumprido). Os escores gerais no sistema de avaliação podem variar de 0 a 21, com critérios mais altos justificando maior confiança nas conclusões do estudo.

3 = Bom, 2 = Regular, 1 = Fraco, 0 = Sem evidências de que o critério tenha sido cumprido

Critério	Evidência	Escore
1. Problema ou questão estudada: *(hipótese formulada de forma clara, questão significativa ou relevante, definições operacionais incluídas)*		
2. Amostragem: *(representativa da população, seleção e atribuição aleatórias, características da amostra identificadas, diferenças entre grupos controladas, baixa taxa de desistência)*		
3. Medição: *(metodologia explicada de forma clara)*		
4. Fidedignidade: *(teste gera resultados consistentes, mesmo entre avaliadores múltiplos; questões medem construto único, como ansiedade ou grau de deficiência)*		
5. Validade: *(construtos explicados de forma clara, níveis de variáveis independentes e dependentes claros, generalizada para populações apropriadas)*		
6. Significância estatística: *(relações inferidas, significância precisa e apropriada com amparo dos dados)*		
7. Justificação para conclusões: *(justificadas por dados e desenho da pesquisa)*		
Total		

Fonte: Adaptada de Ramons, K.D., Schafer, S. e Tracz, S.M. (2003). Learning in practice: Validation of the Fresno test of competence in evidence based medicine. *British Medical Journal, 326,* 319–321; e Bergstrom, N. (1994). Treating pressure ulcers: Methodology for guideline development. U.S. Department of Health and Human Services, Publication No. 96-N014.

timos neste capítulo, incluindo aprender a avaliar pesquisas de forma crítica, por sua validade, fidedignidade e utilidade na prática clínica (CEBM, 2010).

Neste capítulo, apresentamos uma variedade de métodos de pesquisa para estudar fatores biológicos, psicológicos e sociais. É natural que você se pergunte qual seria o melhor. Alguns pesquisadores podem responder rapidamente que o experimento de laboratório é o mais desejável, porque apenas nesse tipo de estudo as variáveis de interesse são manipuladas de forma direta, enquanto outras variáveis são controladas. Também vimos que algumas questões de interesse vital para os psicólogos da saúde não servem para a experimentação por razões éticas e/ou práticas. Além disso, os experimentos costumam ser criticados por mostrarem-se artificiais e terem pouca relevância para o comportamento no mundo real.

Cada vez mais, pesquisadores estão combinando métodos experimentais e não experimentais para aumentar a abrangência de suas investigações. Por exemplo, suponhamos que o pesquisador estivesse interessado em determinar se uma campanha educacional sobre sexo seguro induziria estudantes universitários a modificarem seu comportamento. Seria concebível que ele delineasse um experimento em que um grupo de estudantes dividido de modo aleatório recebesse materiais educativos sobre a questão e fosse comparado a um grupo de controle que recebesse material sem relação com o tema. Os estudantes seriam comparados em relação a suas intenções declaradas de praticar sexo seguro. Entretanto, o pesquisador certamente iria querer saber se a campanha educativa também é eficaz com mulheres, homens, membros de minorias étnicas, e assim por diante. Variáveis do sujeito como essas não podem ser manipuladas de forma experimental. Porém, juntos, os métodos experimentais e não experimentais se complementam e, ainda mais importante, proporcionam um arsenal maior para os psicólogos da saúde estudarem seu objeto.

Este capítulo apresentou as ferramentas básicas da psicologia da saúde – o pensamento crítico que protege contra o raciocínio errôneo cotidiano e os métodos científicos que orientam os pesquisadores em sua busca por respostas válidas e confiáveis para questões relacionadas com a saúde. Fundamentado nessas informações, agora você está pronto para começar a fazer tais perguntas.

Revisão sobre saúde

Responda a cada pergunta a seguir com base no que aprendeu no capítulo. (DICA: Use os itens da Síntese para considerar questões biológicas, psicológicas e sociais).

1. Recentemente, você leu sobre um estudo que indicou uma relação entre tomar um suplemento vitamínico e reduzir a chance de desenvolver a doença de Alzheimer na idade adulta avançada. Como um cientista da saúde, que tipos de perguntas você faria para determinar os méritos desse estudo? Que tipos de pensamento não científico deve cuidar enquanto revisa o estudo?
2. Para cada um dos métodos de pesquisa seguintes em psicologia da saúde, crie uma pergunta que forneça um foco para um estudo: um estudo descritivo, um estudo experimental, um semiexperimento e um estudo do desenvolvimento. Por que o método de pesquisa que você escolheu é adequado para cada pergunta que criou?
3. No passado, vários professores de psicologia da saúde em sua escola se envolveram em pesquisas epidemiológicas para ajudar a resolver a crise da saúde representada pela aids. Eles participaram de estudos retrospectivos, testes clínicos, metanálises e intervenções. De que modo cada um desses métodos de pesquisa epidemiológica poderia ter ajudado a resolver a crise da aids?

Síntese

Pensamento crítico: a base da pesquisa

1. Nossa forma cotidiana de pensar está propensa à tendência, incluindo tirar conclusões imediatas e inferir causa e efeito de forma inadequada. O uso de métodos de pesquisa científica para procurar evidências ajudará você a se tornar um consumidor mais cuidadoso de artigos sobre psicologia da saúde.

Métodos em psicologia da saúde

2. Os estudos descritivos, que observam e registram o comportamento dos participantes, envolvem estudos de caso, entrevistas e inquéritos, e observação.
3. A intensidade e a direção da relação entre dois conjuntos de escores são reveladas visualmente por diagramas de dispersão e estatisticamente pelo coeficiente de correlação. Uma correlação não implica causalidade.
4. Em um experimento, o pesquisador manipula uma ou mais variáveis independentes enquanto procura mudanças em uma ou mais variáveis dependentes. Os experimentos normalmente comparam um grupo experimental, que recebe um tratamento de interesse, com um grupo de controle, que não recebe. Para reduzir a possibilidade de efeitos de expectativas, os pesquisadores usam controles duplos-cegos.
5. Quando estudam variáveis que não podem ser manipuladas, os psicólogos da saúde podem usar um semiexperimento. Nesse modelo, os sujeitos são selecionados para grupos de comparação com base em idade, gênero, etnia ou alguma outra variável do sujeito.
6. Os estudos do desenvolvimento concentram-se nas maneiras como as pessoas mudam ou permanecem iguais ao longo do tempo. Em um estudo transversal, pesquisadores comparam grupos representativos de pessoas de várias idades para determinar os

possíveis efeitos da idade sobre determinada variável dependente.

7. No estudo longitudinal, um grupo único de indivíduos é acompanhado durante longo período de tempo. Para corrigir o problema dos sujeitos que abandonam o estudo no decorrer dos anos, os pesquisadores desenvolveram um estudo transversal, em que diferentes grupos de idade são testados inicialmente e depois retestados em idades variadas.

8. A genética do comportamento utiliza métodos como estudos de gêmeos e de adoção para identificar a hereditariedade de determinadas características e transtornos. Os gêmeos idênticos desenvolvem-se a partir de um único óvulo, que se divide em dois; os gêmeos fraternos, a partir de óvulos diferentes. As diferenças verificadas entre gêmeos idênticos e fraternos que crescem no mesmo ambiente sugerem uma influência genética.

Pesquisa epidemiológica: rastreando a doença

9. Os estudos de pesquisas epidemiológicas medem a distribuição de problemas de saúde, buscam descobrir a etiologia (causas) desses problemas e testam a eficácia de intervenções de saúde preventiva. Entre as estatísticas epidemiológicas utilizadas, estão a morbidade, a mortalidade, a incidência e a prevalência.

10. Os epidemiologistas utilizam diversos modelos de pesquisa básicos. No estudo retrospectivo, são feitas comparações entre um grupo de pessoas que apresenta certa doença ou condição e um grupo que não apresenta. Em comparação, os estudos prospectivos olham à frente no tempo para determinar como um grupo de pessoas muda ou como a relação entre duas ou mais variáveis modifica-se ao longo do tempo. Também existem diversos tipos de experimentos em epidemiologia, incluindo experimentos de laboratório, experimentos naturais e testes clínicos aleatórios.

11. A metanálise examina os dados de estudos já publicados, combinando estatisticamente o tamanho da diferença entre os grupos experimental e de controle para permitir que os pesquisadores avaliem a consistência de seus resultados.

12. Para inferir causalidade na pesquisa epidemiológica, as evidências de pesquisas devem ser consistentes e logicamente sensatas, exibindo a relação entre dose e resposta. Além disso, a causa sugerida deve estar ocorrendo antes do problema de saúde em questão ter sido observado e resultar em uma redução na prevalência da condição quando for removida.

Termos e conceitos fundamentais

crença tendenciosa, p. 28
epidemiologia, p. 28
estudo descritivo, p. 29
estudo de caso, p. 29
inquérito, p. 30
estudo observacional, p. 30
coeficiente de correlação, p. 30
diagrama de dispersão, p. 31
variável independente, p. 32

variável dependente, p. 32
seleção randômica, p. 32
efeitos de expectativas, p. 32
estudo duplo-cego, p. 33
semiexperimento, p. 33
estudo transversal, p. 33
estudo longitudinal, p. 34
hereditariedade, p. 35
morbidade, p. 37

mortalidade, p. 37
incidência, p. 37
prevalência, p. 37
etiologia, p. 38
estudo retrospectivo, p. 39
estudo prospectivo, p. 39
teste clínico aleatório, p. 42
metanálise, p. 43
risco relativo, p. 44

Capítulo 3

O sistema nervoso
  Divisões do sistema nervoso
  O cérebro

O sistema endócrino
  As glândulas hipófise e adrenal
  A glândula tireoide e o pâncreas

O sistema cardiovascular
  Sangue e circulação
  O coração

O sistema respiratório
  Os pulmões
  Diversidade e vida saudável: asma

O sistema digestório
  Como os alimentos são digeridos
  O sistema imune
  Estrutura do sistema imune
  A resposta imunológica

O sistema reprodutivo e a genética comportamental
  O sistema reprodutivo feminino
  O sistema reprodutivo masculino
  Fertilização e mecanismos de hereditariedade

As bases biológicas da saúde e da doença

A história de vida de Lakeesha começa com um parto lento e difícil, que exigiu o uso excessivo de anestésicos e fórceps para trazê-la de forma violenta ao mundo. Juntos, esses procedimentos médicos interromperam o suprimento de oxigênio para seu cérebro. Embora tenha sobrevivido, o parto complicado de Lakeesha, além de seu baixo peso neonatal e o intenso consumo de álcool da mãe durante a gravidez, significava que seus problemas estavam apenas começando. Ela nasceu com paralisia cerebral espástica moderada, um transtorno do movimento que resulta de lesões nos centros motores do cérebro.

Essa condição biológica marcaria a saúde de Lakeesha para o resto de sua vida, afetando não apenas seu desenvolvimento físico, mas também o psicológico e o social. Entre os primeiros problemas que seus pais e o pediatra notaram, estavam o leve retardo mental, as limitações visuais e auditivas, as deformações sutis em seus dedos e articulações e a escoliose (curvatura da coluna). Mais tarde, quando outras crianças estavam aprendendo a falar, Lakeesha apresentava dificuldades causadas por seus problemas musculares.

Assim como muitas crianças com problemas físicos, tudo era mais difícil para Lakeesha. Desde o início, ela parecia necessitar de autoconfiança e persistência extras para aprender tarefas comuns para outras crianças. Durante a primeira infância, quando queria desesperadamente ser como os outros, Lakeesha percebia que não podia fazer as mesmas coisas, ter a mesma aparência ou acompanhar as demais crianças. A compreensão de que sua deficiência era permanente a deixava deprimida e zangada.

A condição de Lakeesha também desafiava os membros de sua família. Seus pais sentiam tristeza, culpa e decepção. Eles viram que precisariam de mais tempo e esforço para criar a filha mais nova do que haviam dispendido com a mais velha e que algumas pessoas eram ofensivas em seus comentários e comportamentos em relação a Lakeesha.

Felizmente, havia disponibilidade de intervenções para Lakeesha e sua família. Tratamentos dentários e cirurgias ortopédicas corrigiram a maioria dos problemas faciais e de postura. As terapias fonoaudiológica e comportamental ajudaram a melhorar o controle muscular, o equilíbrio e a fala.

Aos 8 anos, o desenvolvimento de Lakeesha havia progredido tanto que ela conseguiu frequentar uma escola "regular" pela primeira vez. Em algumas áreas, suas habilidades ainda estavam fracas. Escrever com um lápis era extremamente difícil, e os problemas de visão continuavam a atrapalhar seus esforços para aprender a ler. Em outras áreas, contudo, suas habilidades estavam na média, ou até acima. Ela foi a primeira da turma, por exemplo, a entender multiplicação e divisão.

Durante a infância, suas necessidades emocionais e psicológicas permaneceram grandes, mas foram supridas. A raiva, a autoestima baixa e a percepção de si mesma como *deficiente, ou diferente, foram corrigidas com terapia. De maneira semelhante, a participação em um grupo de apoio e o trabalho com um terapeuta cognitivo-comportamental ajudou seus pais a reconhecer e aceitar seus sentimentos.*

Atualmente, Lakeesha vive de maneira independente, trabalhando em uma loja de produtos eletrônicos e frequentando aulas em uma faculdade local. Ela mantém relação próxima e afetuosa com seus pais, que moram perto de sua casa, e possui um pequeno, mas íntimo, círculo de amigos. Mais importante de tudo, ela se sente bem consigo mesma e tem confiança em sua capacidade de superar os obstáculos da vida. Em comparação com o que já conseguiu conquistar, o caminho a sua frente parece fácil.

A história de Lakeesha ilustra a perspectiva biopsicossocial. Fatores biológicos (parto difícil, exposição ao álcool), psicológicos (lidar com o fato de ser diferente) e sociais (dificuldade para se conectar com outras pessoas) contribuíram para seus problemas de saúde, e todos eles foram abordados com cirurgia e terapia, como parte de sua sobrevivência triunfante. A perspectiva biopsicossocial é efetiva porque defende a ideia de que o corpo humano é um sistema formado por muitos subsistemas interconectados (incluindo, para Lakeesha, as capacidades de caminhar e falar) e externamente relacionados com diversos sistemas maiores, como a sociedade e a cultura.

Sua história também esclarece um dos temas fundamentais da psicologia da saúde: o fato de que a mente e o corpo estão ligados de modo indissociável. Enfocando a promoção da saúde ou tratando doenças, os psicólogos da saúde preocupam-se com as várias maneiras como nossos comportamentos, pensamentos e sentimentos afetam e são afetados pelo funcionamento do corpo.

Embora nem toda a psicologia da saúde tenha relação direta com a atividade biológica, a saúde e a doença são eventos essencialmente biológicos. Então, a compreensão dos sistemas físicos do corpo se faz necessária para entendermos o quanto os bons hábitos ajudam a prevenir doenças e promover o bem-estar, enquanto os maus hábitos fazem exatamente o contrário.

Este capítulo estabelece as bases para nossa investigação da psicologia da saúde, revisando os processos biológicos básicos que afetam a saúde. Esses processos são regulados pelos sistemas nervoso, endócrino, cardiovascular, respiratório, digestório, imune e reprodutivo. Para cada sistema, descrevemos sua estrutura básica e seu funcionamento saudável. Em capítulos posteriores, descreveremos as principais doenças e os distúrbios e/ou transtornos aos quais cada sistema é vulnerável.

O capítulo é concluído com a discussão dos mecanismos da hereditariedade e técnicas utilizadas pelos geneticistas comportamentais para avaliar as contribuições genéticas e ambientais para saúde, doenças e traços diversos.

Uma vez que cada pensamento, sentimento e ação também é um evento biológico, o material contido neste capítulo é fundamental para a compreensão dos aspectos específicos da saúde e da doença discutidos em capítulos posteriores. E também é um princípio fundamental do modelo biopsicossocial. Portanto, estude este capítulo com cuidado e esteja preparado para voltar a ele muitas vezes.

O sistema nervoso

Grande parte do controle sobre a operação dos sistemas de nosso corpo pertence ao sistema nervoso, formado pelo cérebro, pela medula e por todos os nervos periféricos que recebem e enviam mensagens para o corpo. Sem o sistema nervoso, nossos músculos não se expandiriam ou contrairiam, nosso coração não bateria, nosso pâncreas não produziria insulina e não seria possível apresentar consciência.

Divisões do sistema nervoso

O sistema nervoso humano contém bilhões de *neurônios* (células nervosas) e trilhões de *sinapses* (conexões de comunicação entre neurônios), cuja maioria está localizada no cérebro (Fig. 3.1). Tradicionalmente, esses neurônios formam duas divisões principais: o *sistema nervoso central* (SNC), que consiste no cérebro e na medula espinal, e o *sistema nervoso periférico* (SNP), que contém os nervos restantes do corpo.

O SNP ainda é subdividido em duas partes: o *sistema nervoso somático*, que inclui os nervos que carregam mensagens dos olhos, dos ouvidos e de outros órgãos sensoriais para o SNC, e daí para os músculos e as glândulas; e o *sistema nervoso autônomo*, os nervos que ligam o SNC ao coração, aos intestinos e a outros órgãos internos. Visto que os músculos esqueléticos que os nervos somáticos ativam estão sob controle voluntário, o sistema nervoso somático é com frequência chamado de sistema nervoso voluntário. Em comparação, o sistema nervoso autônomo, ou involuntário, comanda os órgãos sobre os quais normalmente não temos controle. Como veremos no próximo capítulo, as respostas involuntárias desempenham um papel crítico na maneira como reagimos a desafios e situações estressantes em nosso meio.

O sistema nervoso autônomo é composto por duas divisões (Fig. 3.2). O *sistema nervoso simpático* é formado por agrupamentos de corpos de células neuronais, chamados de *gânglios*, distribuídos ao longo da medula espinal e conectados com os órgãos internos do corpo. A divisão simpática prepara o corpo para "lutar ou fugir", uma resposta gerada quando uma pessoa experimenta estresse ou percebe uma

Figura 3.1

O neurônio. (a) Um neurônio pode receber mensagens de outros neurônios em qualquer dos dendritos e transmitir cada mensagem mediante o longo axônio para outros neurônios. Os impulsos nervosos viajam apenas em uma direção – pelo axônio de um neurônio até seu terminal. Quando o impulso nervoso atinge o terminal axônico, mensageiros químicos denominados neurotransmissores cruzam a sinapse e se unem a sítios receptores no dendrito do neurônio receptor – como uma chave se encaixa em uma fechadura. **(b)** Micrografia eletrônica de três neurônios do cérebro humano.

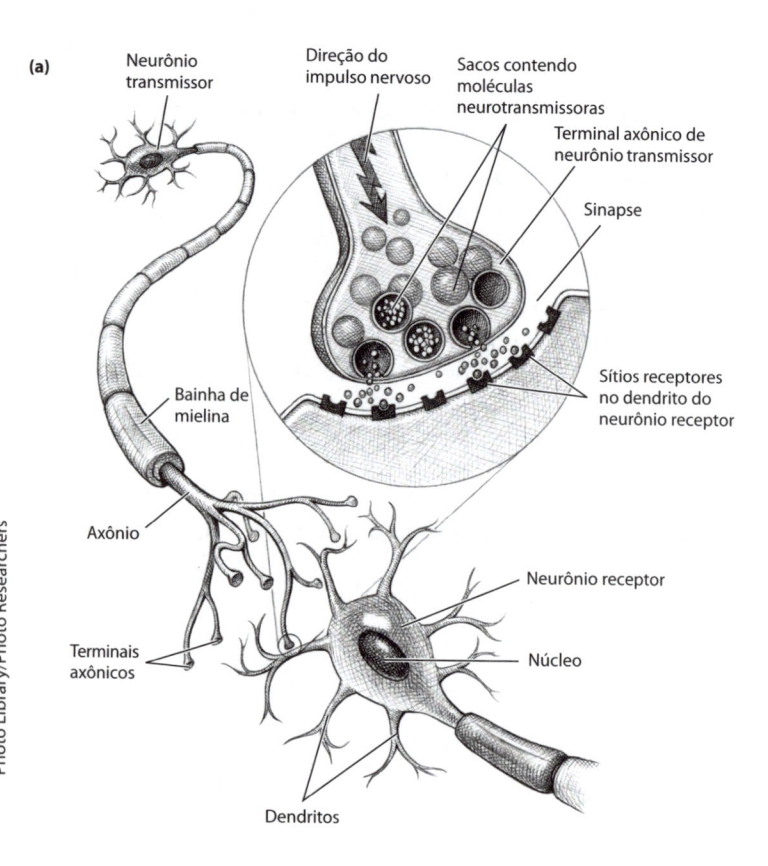

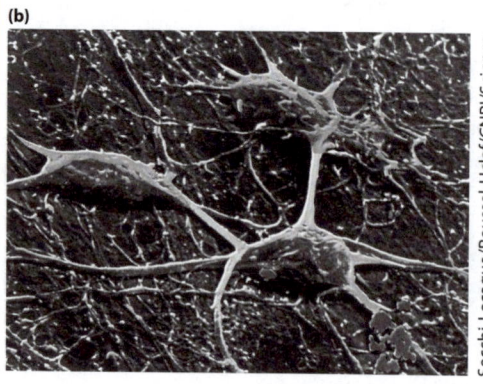

CAPÍTULO 3 | As bases biológicas da saúde e da doença

ameaça (ver Cap. 4). Ela produz tal resposta aumentando a frequência cardíaca e a velocidade da respiração, diminuindo a atividade digestória (é por isso que comer enquanto sob estresse pode causar dor de estômago), aumentando o fluxo sanguíneo para os músculos esqueléticos e liberando açúcares e gorduras energizantes armazenados. Uma vez que estão todos intimamente ligados, os gânglios simpáticos tendem a agir como um sistema único, ou "em simpatia" entre si.

Ao contrário dos gânglios da divisão simpática, os gânglios do *sistema nervoso parassimpático* não se relacionam de forma estreita e, portanto, tendem a agir de ma-

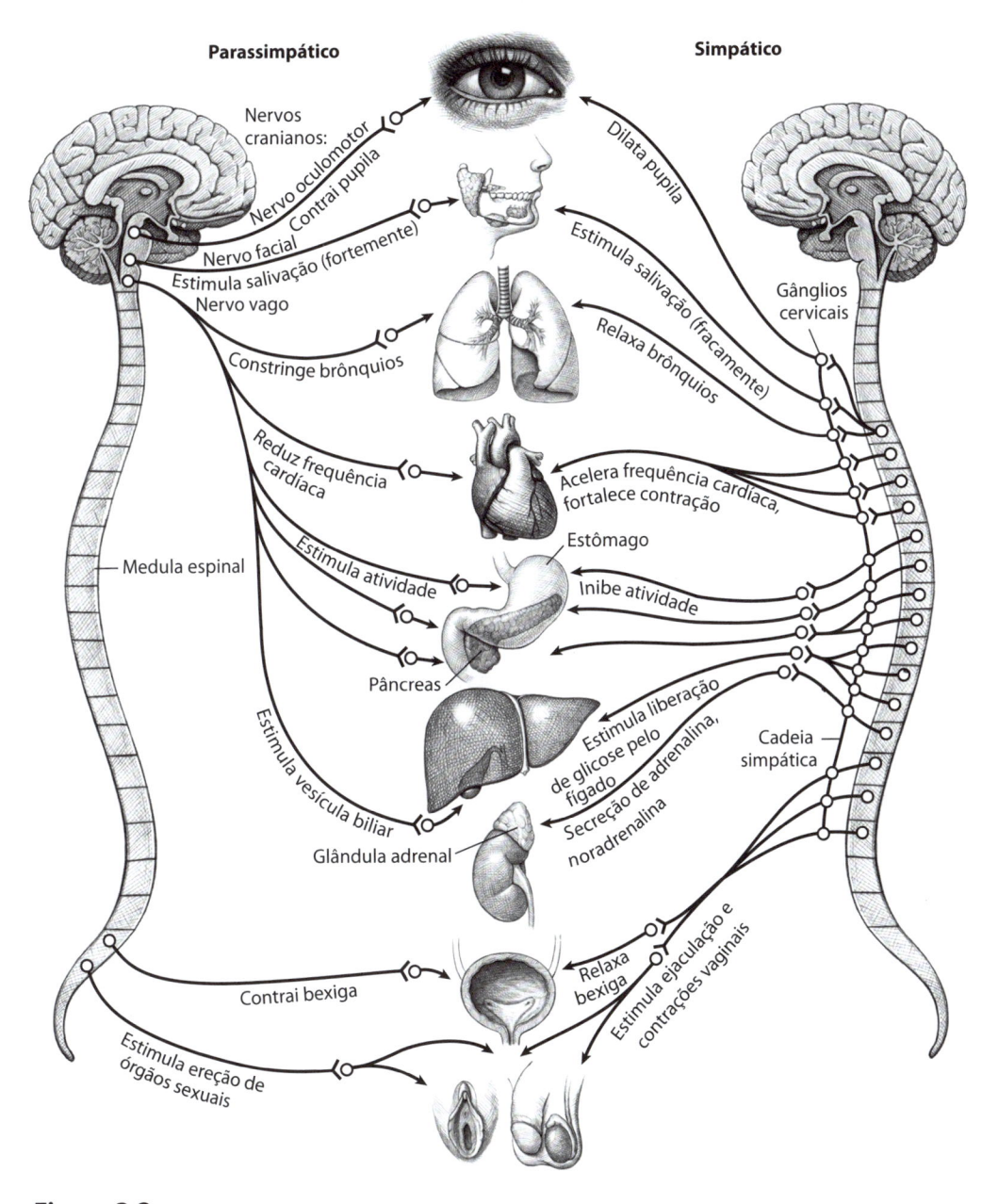

Figura 3.2

O sistema nervoso autônomo. O sistema nervoso autônomo é subdividido nos sistemas nervosos simpático e parassimpático. A divisão simpática prepara o corpo para a ação, acelerando os batimentos cardíacos, estimulando a secreção de adrenalina e desencadeando outros elementos da resposta de "luta ou fuga". A divisão parassimpática acalma o corpo, reduzindo os batimentos cardíacos, estimulando a digestão e desencadeando outras atividades corporais restauradoras.

neira mais independente. Esse sistema possui efeitos opostos aos dos gânglios simpáticos; para ajudar o corpo a se recuperar após uma excitação, ele diminui a frequência cardíaca, aumenta a atividade digestória e conserva energia.

O cérebro

O cérebro humano pesa aproximadamente 1.400 gramas, e supõe-se que seja formado por 40 bilhões de neurônios individuais, possuindo a consistência de um queijo macio. Ainda assim, acredita-se que essa massa seja o centro de controle do nosso sistema nervoso e a câmara de armazenamento para nossas memórias. Sem ele, não poderíamos pensar, andar, falar ou respirar. Vamos considerar a estrutura e as funções do cérebro para que possamos entender melhor seu papel na saúde. Abordaremos as três regiões principais do cérebro: o tronco encefálico, o cerebelo e o telencéfalo (Fig. 3.3)

Estruturas secundárias

Localizado no ponto em que a medula espinal aumenta de tamanho ao entrar no crânio, o **tronco encefálico** foi a primeira região a evoluir no cérebro dos vertebrados. Notavelmente semelhante entre peixes e humanos, ele contém a medula, os pomos e a formação reticular. Juntas, essas estruturas controlam funções básicas e involuntárias de apoio à vida por meio do sistema nervoso autônomo. (Por isso, um golpe na base do crânio é tão perigoso). O tronco encefálico também é o ponto de cruzamento da maioria dos nervos que passam entre a medula espinal e o cérebro, de maneira que o lado esquerdo do cérebro envia e recebe mensagens do lado *direito* do corpo e vice-versa.

A **medula** controla diversos reflexos vitais, incluindo respiração, frequência cardíaca, salivação, tosse e espirros. Ela também recebe informações sensoriais a respeito da pressão arterial e, com base nessas informações, altera a constrição ou a dilatação dos vasos sanguíneos para manter um estado adequado. Danos à medula costumam ser fatais. Uma superdose de substância narcótica, como morfina ou heroína, pode perturbar (ou mesmo suprimir) a respiração devido aos efeitos sobre a medula.

Localizados logo acima da medula, os *pomos* consistem em dois pares de talos espessos que se conectam com o cerebelo. Os pomos contêm núcleos que ajudam a regular o sono, a respiração, a deglutição, a bexiga, o equilíbrio, o paladar, os movimentos dos olhos, as expressões faciais e a postura.

À medida que o impulso sensorial viaja pelo cérebro, fibras ramificadas estimulam a **formação reticular**, um circuito do tronco encefálico que governa o estado de atenção e o sono. A formação reticular também é responsável por alertar o cérebro durante momentos de perigo e priorizar todas as informações que chegam. Quando essa região é danificada, o indivíduo pode entrar em coma e nunca mais acordar.

Acima do tronco encefálico, encontra-se o **tálamo**. Consistindo em dois grupos de núcleos com a forma de ovos, ele separa informações sensoriais recebidas do tronco encefálico e as direciona para as regiões mais elevadas do cérebro que lidam com a visão, a audição, o paladar e o tato.

- **tronco encefálico** região mais central e mais antiga do cérebro; inclui a medula, os pomos e a formação reticular.

- **medula** região do tronco encefálico que controla os batimentos cardíacos e a respiração.

- **formação reticular** rede de neurônios que corre pelo tronco encefálico, envolvida no estado de alerta e de excitação.

- **tálamo** painel de controle sensorial do cérebro. Localizado na parte superior do tronco encefálico, transmite mensagens para o córtex cerebral.

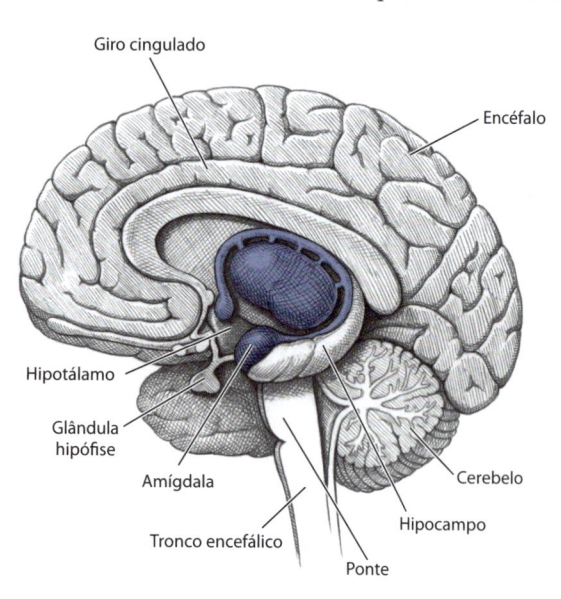

Figura 3.3

O cérebro. Esta secção transversal do cérebro humano mostra suas três regiões principais: o tronco encefálico, que controla os batimentos cardíacos e a respiração; o cerebelo, que regula a coordenação muscular; e o telencéfalo, que é o centro de processamento de informações. Em torno do núcleo central do cérebro, está o sistema límbico, que inclui a amígdala, o hipocampo e o hipotálamo. Esse sistema desempenha papel importante nas emoções, especialmente naquelas relacionadas a excitação sexual, agressividade e dor.

CAPÍTULO 3 | As bases biológicas da saúde e da doença

Na parte de trás do cérebro, o **cerebelo**, ou "pequeno cérebro", tem a forma do cérebro maior. Sua principal função é manter o equilíbrio do corpo e coordenar os movimentos voluntários dos músculos. Danos ao cerebelo produzem perda do tônus muscular, tremores e postura anormal. Além disso, alguns estudos sugerem que partes especializadas do cerebelo contribuam para a memória, a fala e a cognição. Crianças com *dislexia* ou *transtorno de déficit de atenção/hiperatividade* (TDAH), por exemplo, com frequência têm o cerebelo menor ou menos atividade nessa região (Kibby et al., 2009; McAlonan et al., 2007).

■ **cerebelo** localizado na parte de trás do cérebro, essa estrutura cerebral coordena os movimentos voluntários e o equilíbrio.

O sistema límbico

Em torno da parte central do cérebro, localiza-se o **sistema límbico**, que inclui a amígdala, o hipocampo, o hipotálamo e a área septal. Acredita-se que o sistema límbico desempenhe um papel importante nas emoções, sobretudo naquelas relacionadas com a excitação sexual, a agressão e a dor.

Em 1939, os neurocirurgiões Heinrich Kluver e Paul Bucy lesionaram (destruíram) de forma cirúrgica a **amígdala** do cérebro de um macaco *rhesus* que era especialmente agressivo. A operação transformou a violenta criatura em um ser dócil. Outros pesquisadores descobriram que a estimulação elétrica dessa área desencadeia respostas de raiva ou medo em uma variedade de animais.[*]

Alguns cientistas acreditam que vários comportamentos associados ao *autismo*, como a relutância em fazer contato visual e outros déficits no funcionamento social, possam estar relacionados com o tamanho e funcionamento anormais da amígdala (Arehart-Treichel, 2010).

Outro circuito límbico envolve áreas dentro do **hipocampo**, as quais parecem estar relacionadas com a orientação espacial, a aprendizagem e a memória. Quando o hipocampo é lesionado, as pessoas em geral desenvolvem *amnésia anterógrada*, uma forma de amnésia na qual são incapazes de formar novas memórias, mas retêm a memória de habilidades aprendidas anteriormente. Em um caso famoso, um compositor e maestro talentoso, Clive Wearing, sofreu uma lesão no hipocampo. Ele agora vive o momento imediato, sentindo-se sempre como se tivesse acordado há pouco e sem lembrar o momento anterior, porém manteve suas habilidades musicais.

Logo abaixo (hipo) do tálamo, o **hipotálamo** interconecta-se a numerosas regiões do cérebro. Os neurocientistas identificaram núcleos do hipotálamo que influenciam a fome e regulam a sede, a temperatura corporal e o comportamento sexual. Uma intrigante função do hipotálamo é seu papel no sistema de recompensas do cérebro, uma descoberta feita em 1954 pelos neurocientistas James Olds e Peter Milner. Eles estavam tentando implantar eletrodos nos troncos encefálicos de ratos de laboratório quando acidentalmente estimularam uma área do hipotálamo. Para surpresa dos pesquisadores, os ratos continuaram retornando à mesma posição em suas gaiolas onde haviam sido estimulados pelo eletrodo errante. Reconhecendo que os animais estavam se comportando como se buscassem mais estimulação, Olds e Milner continuaram a conduzir uma série de experimentos que validaram a descoberta do circuito de recompensas do cérebro. De fato, sabe-se que os ratos "autoestimulam" seus centros de recompensa hipotalâmicos até 7 mil vezes por hora. Como você verá no Capítulo 8, alguns pesquisadores acreditam que certos vícios – talvez em comida, álcool e outras substâncias – podem advir de uma *síndrome de deficiência de recompensas* genética, na qual os circuitos de recompensa do cérebro funcionam de maneira deficiente e levam a fortes desejos.

■ **sistema límbico** rede de neurônios em torno do núcleo central do cérebro; está associado a emoções como o medo e a agressividade; inclui o hipotálamo, a amígdala e o hipocampo.

■ **amígdala** dois grupos de neurônios do sistema límbico que estão ligados às emoções, especialmente à agressividade.

■ **hipocampo** estrutura no sistema límbico cerebral ligada à memória.

■ **hipotálamo** logo abaixo do tálamo, a região do cérebro que influencia a fome, a sede, a temperatura corporal e o comportamento sexual; ajuda a governar o sistema endócrino por meio da glândula hipófise.

---

[*] Visto que as lesões na amígdala transformam animais violentos em dóceis, será que o mesmo procedimento funcionaria com seres humanos violentos? Embora esse tipo de psicocirurgia tenha sido tentado em alguns casos que envolviam pacientes com anormalidades cerebrais graves, os resultados foram confusos.

O córtex cerebral

O *telencéfalo*, que representa cerca de 80% do peso total do cérebro, forma dois hemisférios (esquerdo e direito), compostos principalmente por conexões sinápticas que ligam a superfície do cérebro a suas outras regiões. A fina camada superficial do cérebro, chamada de **córtex cerebral**, é o que faz dos seres humanos o que eles são. Dentro dessa camada com 3 milímetros de espessura, composta por aproximadamente 20 bilhões de células nervosas, são encontrados centros neurais que proporcionam nossas capacidades sensoriais, respostas motoras hábeis, habilidades linguísticas e capacidade de raciocínio.

O córtex, em cada hemisfério, pode ser dividido em quatro regiões principais ou lobos; cada lobo conduz muitas funções e, em alguns casos, vários lobos funcionam em conjunto para realizar uma função (Fig. 3.4). O *lobo occipital*, localizado na parte de trás do córtex, recebe informações visuais da retina de cada olho. O *lobo parietal*, no centro do córtex, recebe informações da pele e do corpo. As informações auditivas são projetadas para os *lobos temporais*. Os *lobos frontais*, situados logo atrás da testa, estão envolvidos no raciocínio, no planejamento e no controle do movimento corporal.

No lobo parietal, à beira do lobo frontal, encontra-se o **córtex sensorial**, que processa sensações corporais, como o tato. O **córtex motor**, atrás dos lobos frontais, está logo à frente do córtex sensorial. Lembra de Lakeesha, da introdução deste capítulo? Uma lesão no córtex motor causou sua paralisia cerebral.

Em 1870, os médicos alemães Gustav Fritsch e Eduard Hitzig descobriram que a estimulação elétrica do córtex motor desencadeava o movimento dos membros de cobaias de laboratório. Pouco mais de meio século depois, o neurocirurgião Wilder Penfield mapeou o córtex motor em pacientes conscientes durante cirurgias para remover tumores cerebrais. Além de mapear o córtex de acordo com as partes do corpo que controla, Penfield fez a descoberta notável de que a quantidade do córtex motor que se dedica a uma parte específica do corpo é proporcional ao grau de controle que temos sobre aquela parte. Os músculos do rosto e dos dedos, por exemplo, são muito mais representados no córtex do que a coxa. Penfield também mapeou o córtex sen-

■ **córtex cerebral** camada fina de células que cobre o cérebro; local da sensação consciente e do processamento de informações.

■ **córtex sensorial** localizado à frente dos lobos parietais, é a região do córtex cerebral que processa sensações corporais, como o tato.

■ **córtex motor** localizado atrás dos lobos frontais, é a região do córtex cerebral que controla os movimentos voluntários.

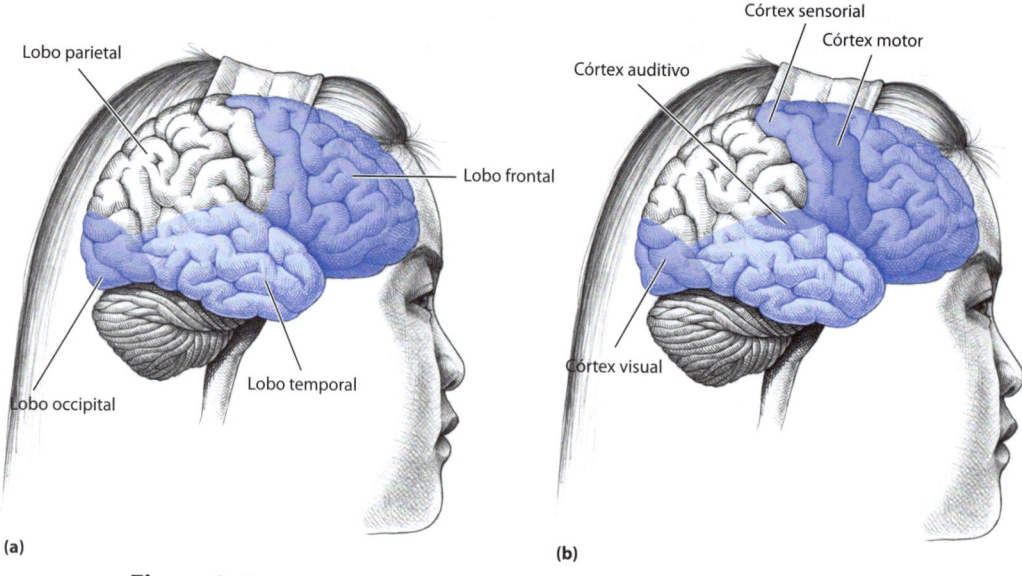

Figura 3.4

O córtex cerebral. (a) Cada um dos quatro lobos, ou regiões, realiza várias funções, às vezes separadamente e, com mais frequência, em conjunto com outra região. **(b)** Nessas regiões, encontram-se os centros neurais que propiciaram o surgimento de nossas capacidades sensoriais, respostas motoras hábeis e capacidade de usar a fala e de raciocinar.

sorial e verificou, de maneira semelhante, que a quantidade de representação cortical era proporcional à sensibilidade daquela parte do corpo.

A organização funcional básica das principais áreas sensoriais e motoras do córtex cerebral é praticamente idêntica em todos os mamíferos, desde o rato até o ser humano (Thompson, 2000). Entretanto, as áreas sensoriais e motoras representam apenas um quarto da área total do córtex cerebral humano. Os pesquisadores estão apenas começando a entender as funções das áreas restantes, chamadas de **córtex de associação**. Essas áreas são responsáveis por funções mentais superiores, como o pensamento e a fala. O interessante é que os seres humanos não têm os maiores cérebros em proporção ao tamanho. Toninhas, baleias e elefantes possuem cérebros muito maiores. Ainda assim, à medida que sobe a escala evolutiva, é óbvio que os animais mais inteligentes apresentam quantidades muito maiores de áreas de associação "livres".

■ **córtex de associação** áreas do córtex cerebral que não estão diretamente envolvidas em funções sensoriais e motoras; em vez disso, integram informações multissensoriais e funções mentais superiores, como o pensamento e a fala.

O sistema endócrino

O segundo dos sistemas de comunicação do corpo, o sistema endócrino (ver Fig. 3.5), está intimamente conectado ao sistema nervoso na regulação das principais funções corporais. Enquanto o sistema nervoso se comunica por meio de neurotransmissores, o sistema endócrino faz sua comunicação utilizando mensageiros químicos chamados **hormônios**. Ao contrário do sistema nervoso, que é muito mais veloz e responsável sobretudo por respostas rápidas e de curta duração, o sistema endócrino governa, em particular, as respostas lentas e de duração mais longa. Como veremos em capítulos posteriores, essas respostas desempenham papéis fundamentais em nossa saúde, incluindo por que, para certas pessoas, as situações estressantes podem promover ganho de peso e obesidade.

As glândulas endócrinas secretam hormônios diretamente na corrente sanguínea, pela qual viajam até vários órgãos e se ligam a sítios receptores. Quando a ligação é realizada, o órgão é estimulado ou inibido, dependendo do tipo de receptor e de hormônio. Nesta seção, descreveremos a atividade de quatro importantes glândulas endócrinas: hipófise, adrenal,* tireoide e pâncreas.

■ **hormônios** mensageiros químicos liberados na corrente sanguínea pelas glândulas endócrinas, exercem efeitos em órgãos distantes.

As glândulas hipófise e adrenal

A **glândula hipófise** secreta diversos hormônios que influenciam outras glândulas. Entre eles, estão os hormônios que regulam o crescimento, o desenvolvimento sexual, a reprodução, o funcionamento dos rins e o envelhecimento.

Embora a hipófise seja com frequência chamada de *glândula mestra* do sistema endócrino, o hipotálamo cerebral merece tal título mais do que ela, pois é ele que controla diretamente (e de forma rígida) o funcionamento da hipófise. Juntos, o hipotálamo e a hipófise agem como um sistema de controle. Por exemplo, durante um momento estressante, o hipotálamo secreta o *hormônio liberador de corticotropina* (CRH), que viaja na corrente sanguínea para a hipófise anterior, a qual é estimulada para secretar *hormônio adrenocorticotrópico* (ACTH). O ACTH liga-se a células receptoras do córtex adrenal, estimulando a glândula a liberar cortisol para a corrente sanguínea. O aumento no nível de cortisol no sangue age novamente sobre o hipotálamo e a hipófise, inibindo a liberação de mais CRH e ACTH (ver Fig. 3.12 p. 68). Esse exemplo de controle por *feedback* é semelhante ao mecanismo em que um termostato doméstico regula a temperatura, ligando e desligando o aquecedor ou condicionador de ar quando necessário.

■ **glândula hipófise** glândula endócrina mestra, controlada pelo hipotálamo; libera uma variedade de hormônios que agem sobre outras glândulas espalhadas pelo corpo.

---

* N. de R.T.: Também são conhecidas como suprarrenais, supra (em cima).

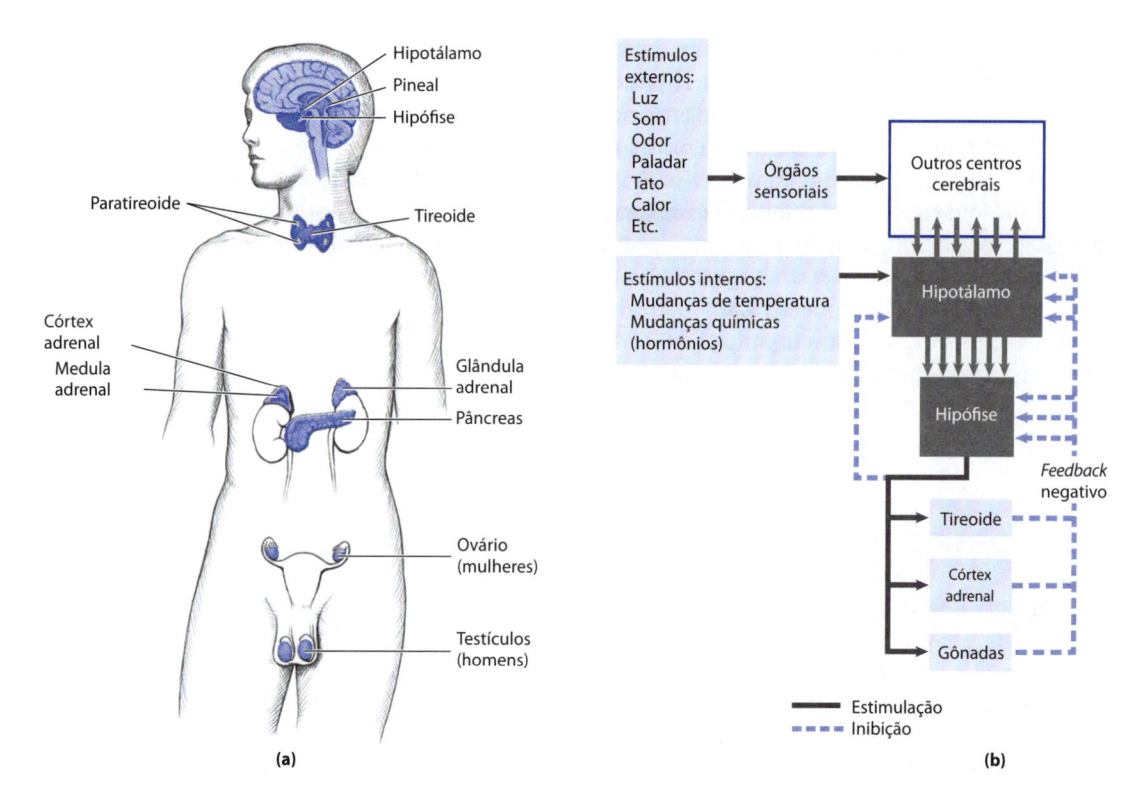

Figura 3.5

As glândulas endócrinas e o controle por *feedback*. **(a)** Sob direção do hipotálamo cerebral, a hipófise libera hormônios, que, por sua vez, regulam as secreções da tireoide, das glândulas adrenais e dos órgãos reprodutivos. **(b)** Um complexo sistema de *feedback* regula a produção de muitos hormônios. À medida que os níveis de hormônios produzidos nas glândulas-alvo aumentam no sangue, o hipotálamo e a hipófise reduzem sua produção, e a secreção de hormônios por essas glândulas também diminui.

■ **glândulas adrenais**
também chamadas de suprarrenais, estão localizadas logo acima dos rins; o par de glândulas endócrinas que secreta adrenalina, noradrenalina e cortisol, hormônios que estimulam o corpo em momentos de estresse.

Localizadas logo acima dos rins, as **glândulas adrenais** secretam vários hormônios importantes, que desempenham um papel essencial na resposta do corpo ao estresse e às emergências. Em um momento de perigo, por exemplo, a região mais interna da glândula (a medula adrenal) libera adrenalina e noradrenalina para a corrente sanguínea, na qual viajam até os sítios receptores localizados no coração. Esses hormônios aumentam a frequência cardíaca, a pressão arterial e o teor de açúcar no sangue, proporcionando aumento rápido de energia para o corpo. A região mais externa da glândula (o córtex adrenal) consiste em três regiões diferentes, cada uma produzindo um grupo distinto de hormônios esteroides. Os *gonadocorticoides* incluem os andrógenos masculinos e os estrógenos femininos. O principal *glucocorticoide* é o cortisol, que ajuda a reduzir inchaços e inflamações após ferimentos. Os *mineralocorticoides* incluem a aldosterona, que ajuda a manter a pressão arterial normal. Conforme mostra o modelo biopsicossocial, cada um desses hormônios representa um modo como nosso corpo reage biologicamente aos eventos sociais e psicológicos.

A glândula tireoide e o pâncreas

Localizada na frente do pescoço, a *glândula tireoide* apresenta a forma de uma borboleta, com as duas asas representando os lobos esquerdo e direito da tireoide, que ficam enrolados em torno da traqueia. Essa glândula produz o hormônio tiroxina, que ajuda a regular o crescimento e o metabolismo do corpo (utilização de energia). Logo atrás da tireoide, estão quatro glândulas paratireoides. Os hormônios secretados por essas glândulas regulam o nível de cálcio do corpo.

Outra glândula endócrina, o *pâncreas*, produz glucagon e insulina, dois hormônios que agem em oposição para regular o nível de glicose. O glucagon aumenta a concentração de glicose, enquanto a insulina controla a conversão de açúcar e carboidratos em energia, promovendo a assimilação de glicose pelas células do corpo (ver Cap. 7).

O sistema cardiovascular

O coração tem o tamanho aproximado de um punho fechado e pesa apenas 312 gramas, mas bombeia uma média de 5 litros de sangue por minuto por meio de seu sistema circulatório. No decorrer da vida, seu coração baterá mais de 2,5 *bilhões* de vezes. O trato cardiovascular – o coração, os vasos sanguíneos e o sangue – serve como sistema de transporte do corpo. Por intermédio da ação bombeadora do coração, os vasos sanguíneos carregam sangue rico em nutrientes e oxigênio para nossas células e tecidos e removem resíduos metabólicos por meio do pulmão, do fígado e dos rins.

Sangue e circulação

O sangue humano é um tecido vivo; ele contém três tipos de células que realizam diferentes funções. As células vermelhas, ou *eritrócitos*, carregam oxigênio dos pulmões para as células do corpo. Formadas na medula óssea, as células vermelhas contêm *hemoglobina*, substância rica em ferro que dá ao sangue sua coloração avermelhada. A hemoglobina é o meio pelo qual o sangue consegue captar oxigênio nos pulmões enquanto libera o gás carbônico que trouxe das células. O sangue também carrega nutrientes do sistema digestório para as células e transporta restos celulares para os rins a fim de que sejam excretados na urina.

As células brancas (*leucócitos*) carregadas pelo sangue fazem parte do sistema imune, e as *plaquetas* são pequenos fragmentos de células que se unem (coagulam), quando necessário, para formar coágulos ao longo das paredes de vasos sanguíneos danificados. Sem os leucócitos, não teríamos defesas contra infecções. Sem as plaquetas, sangraríamos até a morte devido a ferimentos, mesmo um pequeno corte.

O sangue é transportado no corpo pelo sistema circulatório, composto por vários tipos de vasos sanguíneos. As **artérias** carregam o sangue do coração para os outros órgãos e tecidos. Elas ramificam-se em vasos sanguíneos cada vez mais finos chamados de *arteríolas*, que acabam se conectando aos *capilares*, os menores de todos os vasos sanguíneos, que carregam o sangue diretamente para as células individuais. As **veias** devolvem o sangue dos capilares para o coração.

Os vasos do sistema circulatório movimentam o sangue pelo corpo, dilatando-se e contraindo-se, conforme necessário. Quando as artérias afinam (constringem-se), a resistência ao fluxo sanguíneo aumenta. A pressão arterial é a medida da força exercida pelo sangue contra as paredes dos vasos sanguíneos. Essa força é maior durante a *sístole*, quando o coração se contrai para forçar o sangue a sair. Durante a *diástole*, o coração relaxa enquanto o sangue flui para ele e a pressão arterial cai. Assim, a pressão arterial diastólica é mais baixa do que a sistólica.

O coração

Em pássaros e mamíferos, o coração é dividido em quatro partes ou câmaras: as *aurículas* direita e esquerda, localizadas na seção superior do coração; e os *ventrículos*

> O nível de pressão arterial de 120/80 ("12 por 8") mmHg (milímetros de mercúrio) é considerado normal. A pressão sistólica acima de 140 mmHg e/ou uma pressão diastólica acima de 90 mmHg indica hipertensão.

- **artérias** vasos sanguíneos que conduzem o sangue do coração para os órgãos e tecidos. Uma artéria pequena é chamada de arteríola.

- **veias** vasos sanguíneos que conduzem o sangue dos capilares de volta para o coração.

direito e esquerdo, em sua seção inferior. Essas câmaras funcionam de maneira coordenada para trazer o sangue para o coração e bombeá-lo pelo corpo (Fig. 3.6). O sangue que retorna do corpo entra na *aurícula direita* por duas veias grandes. Após se expandir para receber o sangue, a aurícula direita se contrai, forçando o sangue "usado" a entrar no *ventrículo direito*. Sem oxigênio, esse sangue "usado" é enviado para a artéria pulmonar por meio dos capilares dos pulmões, onde capta oxigênio para distribuir posteriormente para as células, liberando o gás carbônico (CO_2) restante (que será exalado). O sangue, agora rico em oxigênio, flui para a veia pulmonar, e a ação bombeadora dos músculos cardíacos força esse sangue para a aurícula e o ventrículo esquerdos. O ventrículo esquerdo propulsiona o sangue rico em oxigênio para a aorta, de onde flui para o sistema arterial, carregando nutrientes para todas as partes do corpo. Se você escutar os batimentos de seu coração, o som "tum-tum, tum-tum" representa o fechamento das válvulas entre aurículas e ventrículos (o primeiro "tum"), seguido pelo fechamento das válvulas entre ventrículos e artérias (o segundo "tum"). Quando uma das válvulas do coração está lesionada, como ocorre na febre reumática, o sangue vaza pela válvula e produz o som "pssst" de um "murmúrio cardíaco".

O sistema respiratório

A respiração possui dois significados. No nível da célula individual, ela refere-se a reações químicas que produzem energia e que requerem oxigênio. No nível do organismo como um todo, faz referência ao processo de inspirar oxigênio do ambiente e livrar o organismo do CO_2.

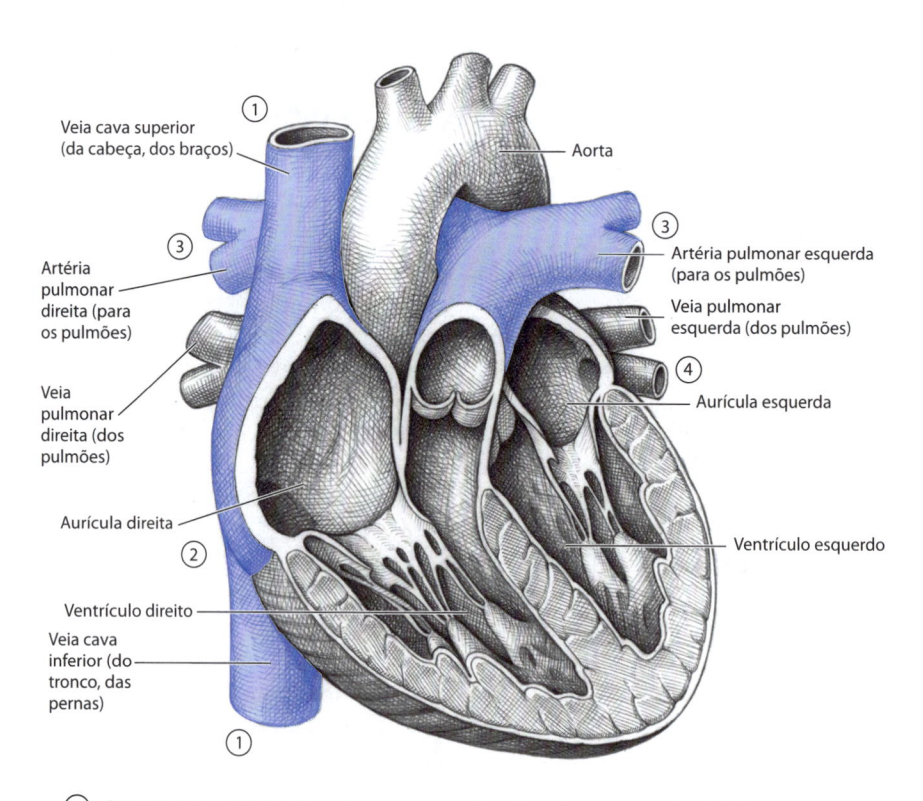

Figura 3.6

O sistema cardiovascular. O coração é dividido em quatro partes ou câmaras: as aurículas direita e esquerda, na seção superior do coração, e os ventrículos direito e esquerdo, em sua seção inferior.

① O sangue sem oxigênio retorna do corpo ao coração pelas veias cavas superior e inferior.
② Esse sangue é bombeado da aurícula direita para o ventrículo direito...
③ E daí pelos capilares dos pulmões, onde capta oxigênio novo e libera CO_2.
④ O sangue recém-oxigenado é bombeado pela veia pulmonar para a aurícula esquerda e daí para o ventrículo esquerdo, de onde flui para o sistema arterial.

Os pulmões

O órgão mais importante do sistema respiratório sem dúvida é o pulmão (ver Fig. 3.7). Após entrar no corpo pela boca ou pelo nariz, o ar vai para os pulmões pela *faringe* e pela *traqueia*, passando para os **brônquios**, que se ramificam em tubos menores chamados de *bronquíolos*. Cada bronquíolo termina em um grupo de pequenos sacos, parecidos com bolhas, chamados de *alvéolos*. A parede membranosa de cada alvéolo é suficientemente fina para permitir a troca de gases, possibilitando que o oxigênio seja substituído por CO_2. Os alvéolos são cercados por milhões de capilares, de maneira que os gases possam ser transferidos de modo eficiente para dentro e para fora da corrente sanguínea.

Como os músculos que controlam a expansão do pulmão "sabem" quando devem respirar? Sensores nos capilares monitoram a composição química do sangue. À medida que o nível de CO_2 aumenta, essa informação é transmitida para a medula cerebral, que avisa os músculos do *diafragma* para que se contraiam e façam com que você inale. Sentindo que o nível de CO_2 está baixo, a medula avisa os músculos para reduzirem a velocidade da respiração até que retorne ao normal.

O sistema respiratório também apresenta mecanismos de proteção que eliminam partículas de poeira do ar e outros materiais estranhos ao corpo. Os dois mecanismos de reflexo são o espirro, quando as vias nasais estão irritadas, e a tosse, quando as vias aéreas maiores da garganta estão irritadas. Além disso, as vias aéreas do nariz, da boca e da traqueia são recobertas por pequenos pelos chamados de **cílios**, que aprisionam os germes. Movimentando-se como uma onda, os cílios empurram o muco que os recobre gradualmente para a boca, onde é expelido por meio de uma tossida ou é engolido.

O quadro Diversidade e vida saudável (na p. 60) discute a asma como um exemplo do que pode acontecer quando o sistema respiratório funciona de forma deficiente e como a psicologia da saúde pode contribuir para o cuidado e o bem-estar daqueles que sofrem dessa doença.

■ **brônquios** par de tubos respiratórios que se ramificam em vias progressivamente menores, os bronquíolos, culminando em sacos aéreos dentro dos pulmões (os alvéolos).

■ **cílios** pequenos pelos que recobrem as vias aéreas no nariz, na boca e na traqueia; movimentando-se como uma onda, os cílios aprisionam os germes e os expulsam do sistema respiratório.

Figura 3.7

O sistema respiratório. O ar entra pelo nariz e pela boca, passa pela faringe, pela laringe, pela traqueia, pelos brônquios e pelos bronquíolos, e destes para os alvéolos. É nos alvéolos que ocorre a troca entre oxigênio e gás carbônico.

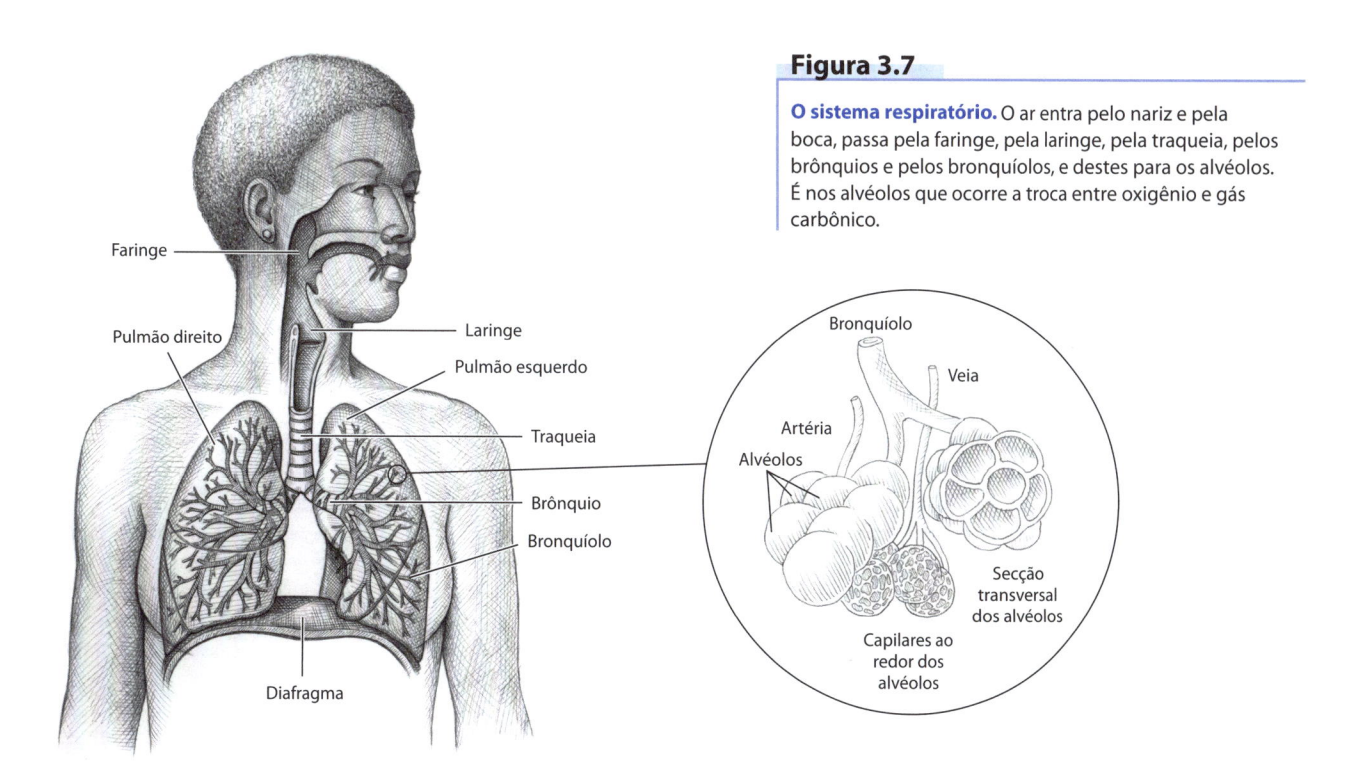

Diversidade e vida saudável

Asma

O rápido aumento nas doenças crônicas não infecciosas representa um dos maiores desafios globais à saúde. Estima-se que, até 2020, mais de 70% do ônus global de patologias será causado por doenças crônicas não infecciosas – especialmente o câncer, diabetes, doenças cardiovasculares e doenças respiratórias crônicas, como a asma (WHO, 2010).

Dentre os casos de asma infantil, 90% são reações alérgicas desencadeadas por irritações causadas pelo contato com animais, pólen, poeira ou condições úmidas em casas e prédios (National Center for Environmental Health, 2006). Na forma não alérgica da asma (que tem mais probabilidade de afetar adultos), o ar frio, as infecções virais, a fumaça do cigarro e os produtos químicos de uso doméstico também podem desencadear uma crise. Existem 6 milhões de substâncias químicas no ambiente, das quais 2.800 possuem propriedades alergênicas. Muitas pessoas que sofrem de asma verificam que emoções fortes, estresse ou ansiedade podem piorar os sintomas da doença, em especial durante uma crise grave.

Uma crise de asma ocorre quando o sistema imune produz um anticorpo que ativa os mastócitos defensivos do corpo, provocando constrição dos músculos em torno dos brônquios nos pulmões, que obstrui o fluxo de ar. Além disso, os brônquios ficam inflamados e cheios de muco, reduzindo ainda mais o suprimento de oxigênio. Os principais sintomas de uma crise de asma são: chiado, um assobio que pode surgir no peito ou em uma área na qual uma via aérea tenha sido bloqueada; tosse, à medida que o corpo tenta se livrar de substâncias estranhas (muco) ou irritantes (fumaça); e falta de ar, causada por respiração rápida e fraca, conforme o corpo tenta inalar ar suficiente pelas vias reduzidas.

Ainda que possa se desenvolver em qualquer idade, a asma em geral começa na infância – atualmente, ela é a doença crônica infantil mais comum nos Estados Unidos – e afeta mais meninos (17%) do que meninas (11%), mais crianças em famílias pobres (18%) do que em famílias que não sejam pobres (13%), e mais crianças negras não hispânicas (21%) do que crianças hispânicas (11%) ou brancas não hispânicas (13%) (Bloom, Cohen e Freeman, 2009). A asma era rara em 1900, mas se transformou em uma epidemia. Existem mais de 20 milhões de pessoas com asma nos Estados Unidos (73 por 1.000) e 10 vezes esse número ao redor do mundo (World Health Assembly, 2008). A prevalência da asma é maior nos países ocidentais, particularmente nos de língua inglesa; a doença é rara em zonas rurais da América do Sul e da África. A cada ano, nos Estados Unidos, ocorrem cerca de 2 milhões de visitas ao pronto-socorro, 10 milhões de consultas em consultórios particulares, 500 mil hospitalizações e quase 5 mil mortes relacionadas com a asma, sobretudo em idosos. Ao redor do mundo, mais de 180 mil mortes por asma ocorrem a cada ano (WHO, 2010).

Embora ter um dos genitores com asma – ou, pior, os dois – aumente o risco de uma criança ser portadora da doença, variações geográficas na prevalência de asma provavelmente sejam decorrentes de fatores ambientais e relacionados com o estilo de vida, em vez de aspectos genéticos. Entre os candidatos a fatores de risco, está a tendência das crianças a passar mais tempo dentro de casa do que as das gerações anteriores, aumentando, assim, sua exposição a alergênicos domésticos, incluindo ácaros da poeira, pelos de animais e pragas, como baratas. Segundo uma teoria, o sistema imune das crianças ocidentais, ao contrário daquelas que vivem em países em desenvolvimento, é mais fraco, porque elas não estão condicionadas a viver com parasitas, o que as torna mais vulneráveis à asma e a outras doenças alérgicas, como a rinite.

Nos Estados Unidos, a prevalência e a morbidade da asma estão relacionadas com a etnicidade e o *status* socioeconômico; a doença é prevalente sobretudo entre afro-americanos, hispano-americanos e indivíduos com baixo *status* socioeconômico (Bloom, Cohen e Freeman, 2009). No maior estudo desse tipo já realizado, pesquisadores do National Institute of Allergy and Infectious Diseases estudaram mais de 1.500 crianças entre as idades de 4 e 11 anos, moradoras de periferias urbanas. Em uma poderosa validação do modelo biopsicossocial, verificaram que uma ampla variedade de fatores, em vez de uma causa única, era responsável pelo aumento recente na morbidade da asma. Entre esses fatores, estavam toxinas ambientais, como os alergênicos domésticos e a fumaça do cigarro de outras pessoas; os transtornos psicológicos das crianças e de seus cuidadores e problemas relacionados com o acesso aos serviços de saúde.

A educação dos pacientes é a intervenção comportamental mais proeminente para a asma, começando com instrução sobre fatos básicos a ela relacionados e medicamentos para a doença. A maioria dos programas instrui os pacientes sobre como evitar os fatores que desencadeiam a crise e como preparar um plano de automanejo. Alguns também se concentram no controle do estresse; em técnicas de relaxamento para melhorar a respiração; e em relação ao serviço de saúde, incluindo como encontrar um médico, preparar-se para consultas médicas e pagar pelo atendimento médico. As intervenções ambientais envolvem remover carpetes, cortinas e móveis estofados; cobrir colchões e travesseiros com capas à prova de poeira; encontrar novos lares para animais de estimação; e instalar filtros retentores de partículas de alta eficiência. O objetivo desses programas é eliminar ou reduzir os sintomas, diminuir a necessidade de intervenções de emergência e aumentar a qualidade geral da vida do indivíduo que sofre de asma. As intervenções comportamentais muitas vezes resultam em reduções significativas dos sintomas e da necessidade de tratamento médico (Clark, Mitchell e Rand, 2009).

O sistema digestório

A digestão é a quebra do alimento em moléculas que possam ser absorvidas pelo sangue e distribuídas para células individuais como nutrientes para energia, crescimento e reparo de tecidos. O **sistema gastrintestinal** ou digestório consiste principalmente no trato *digestório* – um tubo longo e enrolado que se estende da boca ao ânus (Fig. 3.8). Esse sistema também envolve as glândulas salivares, o pâncreas, o fígado e a vesícula biliar.

■ **sistema gastrintestinal** sistema do corpo para digerir o alimento; inclui o trato digestório, as glândulas salivares, o pâncreas, o fígado e a vesícula biliar.

Como os alimentos são digeridos

A digestão inicia na boca, onde a mastigação e a ação química das enzimas salivares começam a decompor o alimento. A maioria dos mamíferos possui dentes que ajudam a cortar e moer a comida. À medida que é mastigada, ela é umedecida pela saliva de maneira que possa ser engolida com mais facilidade. A saliva contém uma enzima digestiva chamada *amilase*, que promove a decomposição inicial dos amidos.

Uma vez engolido, o alimento passa para o *esôfago*, um tubo muscular de aproximadamente 25 centímetros de comprimento em um adulto normal. Os músculos do esôfago contraem-se de maneira ritmada, impulsionando a comida para baixo em um movimento reflexivo e involuntário denominado *peristalse*. Esse reflexo é tão eficiente que é possível engolir alimento e água mesmo que se esteja plantando bananeira.

No estômago, o alimento é misturado com uma variedade de sucos gástricos, incluindo o ácido hidroclórico e a *pepsina*, uma enzima que quebra as proteínas. Nes-

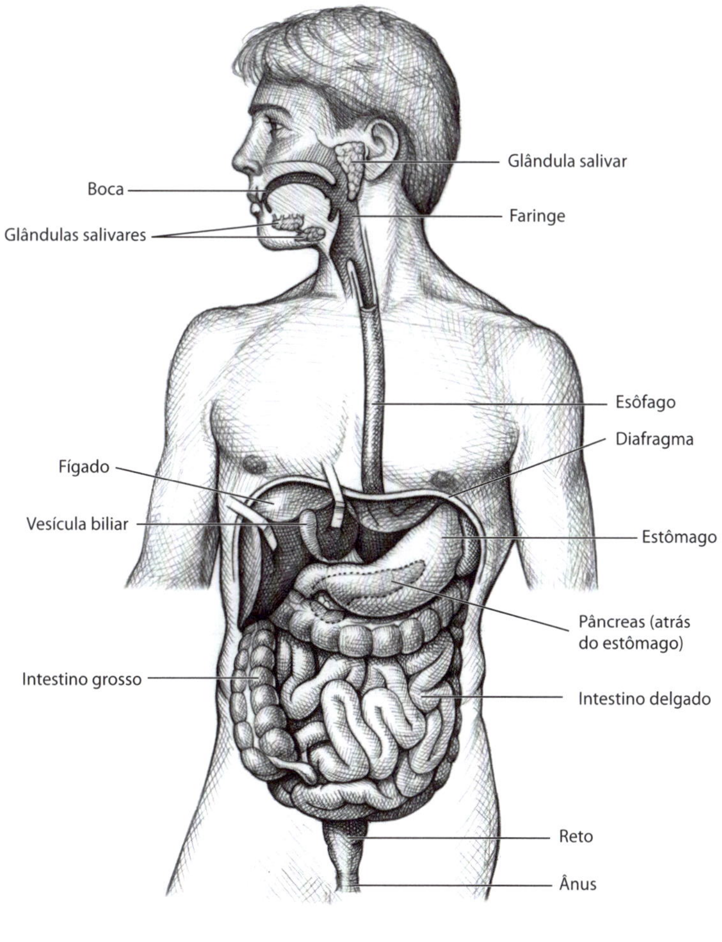

Figura 3.8

O sistema digestório. A digestão é o processo de decompor o alimento em compostos químicos mais simples para que possa ser absorvido no trato digestório. O processo começa na boca, onde o alimento é mastigado e moído pelos dentes. Da boca, passa pelo esôfago e vai para o estômago, onde é misturado e as proteínas sofrem digestão química. A partir daí, passa pelos intestinos grosso e delgado, onde a digestão química dos carboidratos e das proteínas é concluída. Os resíduos metabólicos do alimento são armazenados no reto na forma de fezes e eliminados do corpo pelo ânus.

se ponto, a comida já foi convertida em uma massa semilíquida. A secreção dos sucos gástricos (incluindo a saliva) é controlada pelo sistema nervoso autônomo. O alimento na boca ou mesmo a visão, o cheiro ou a ideia de comida já é o suficiente para liberar o fluxo de sucos gástricos. Entretanto, o medo inibe a atividade digestiva. Quando você está em perigo ou sob estresse, sua boca fica bastante seca e a comida fica parada, como algo desconfortável e não digerido em seu estômago.

Os estômagos variam em capacidade. Dependendo de seu sucesso em caçar, carnívoros como as hienas podem comer apenas uma vez em alguns dias. Felizmente, seus grandes estômagos podem conter o equivalente a cerca de 30 a 35% de seu peso corporal. Em comparação, os mamíferos que comem refeições menores com mais frequência em geral possuem estômagos muito menores. A capacidade do estômago do universitário médio é de 2 a 4 litros de comida – de 2 a 3% do peso da pessoa média – quase o mesmo que comer um hambúrguer e batatas fritas e beber uma coca-cola.

Em aproximadamente quatro horas após comer, o estômago terá esvaziado seu conteúdo para os intestinos grosso e delgado. Os líquidos digestivos do pâncreas, do fígado e da vesícula biliar são secretados no *intestino delgado* por uma série de dutos. Esses líquidos contêm enzimas que quebram as proteínas, as gorduras e os carboidratos. Por exemplo, o *fígado* produz uma substância salgada, chamada de bile, que emulsifica as gorduras de maneira quase tão eficaz quanto um detergente líquido, e o pâncreas desenvolve o hormônio insulina, que auxilia no transporte de glicose do intestino para as células do corpo.

A decomposição do alimento, que começa na boca e no estômago, é concluída no intestino delgado. A cobertura interior desse intestino é composta por dobras circulares unidas, que aumentam sua área superficial. De fato, se fosse totalmente estendido, o intestino delgado de um adulto médio teria quase 6 metros de comprimento, com área total de 300 metros quadrados – algo em torno do tamanho de uma quadra de basquete. Essa vasta área é recoberta por minúsculas projeções de muco, chamadas de *vilosidades*, pelas quais moléculas de água e nutrientes passam para a corrente sanguínea. Uma vez na corrente sanguínea, os nutrientes viajam para as células.

As partículas de alimento que não foram absorvidas pela corrente sanguínea passam para o *intestino grosso*, ou *cólon*, onde continua a absorção, principalmente de água. No decorrer da digestão, um grande volume de água – cerca de 7 litros a cada dia – é absorvido. Quando esse processo é perturbado, como ocorre na diarreia e em outros distúrbios gástricos, a desidratação se torna um perigo. De fato, a desidratação é a razão pela qual a diarreia continua sendo uma das principais causas de morte infantil em muitos países em desenvolvimento.

Completando o processo de digestão, as partículas que não foram absorvidas são convertidas em fezes por bactérias do cólon, como a *Escherichia coli*. O bolo fecal é composto principalmente por água, bactérias, fibras de celulose e outras substâncias não digeríveis.

O sistema imune

Neste momento, números incontáveis de microrganismos cercam você. A maioria deles não é perigosa. Realmente, muitos deles, como aqueles que auxiliam na digestão e na decomposição de matéria residual, desempenham um papel importante na saúde. Entretanto, os **antígenos** – bactérias, vírus, fungos, parasitas e qualquer microrganismo estranho – são perigosos para a saúde e até mortais. Defender o corpo contra tais invasores é tarefa do sistema imune.

Você pode ser exposto a antígenos por contato corporal direto (apertos de mão, beijos ou relações sexuais) ou por meio de alimento, água, insetos e micróbios trans-

■ **antígeno** agente estranho que estimula a resposta imune.

portados pelo ar. Os antígenos podem penetrar nos tecidos do corpo por várias rotas, incluindo a pele, o trato digestório, o trato respiratório ou o sistema geniturinário. Seu impacto depende do número e da virulência dos microrganismos e da força das defesas do corpo.

Estrutura do sistema imune

Ao contrário da maioria dos outros sistemas, o imune está distribuído pelo corpo na forma de uma rede de capilares, nódulos linfáticos (glândulas) e dutos que compõem o *sistema linfático*, junto à medula óssea, ao timo e às tonsilas (ver Fig. 3.9). Os capilares linfáticos carregam a *linfa*, um líquido corporal incolor, formado por água, proteínas, micróbios e outras substâncias estranhas ao corpo que são removidas dos espaços entre as células corporais. A linfa tem esse nome devido aos bilhões de células sanguíneas brancas que carrega, chamadas de **linfócitos**. Essas células, produzidas na medula óssea, patrulham o corpo todo, procurando bactérias, vírus, células cancerosas e outros antígenos.

Os nódulos linfáticos contêm filtros que capturam substâncias infecciosas e resíduos; à medida que a linfa passa pelos nódulos linfáticos, os linfócitos destroem as partículas estranhas que ali ficam retidas. Durante uma resposta imunológica, os linfócitos expandem-se, o que produz edema e inflamação. Talvez você já tenha notado como seus nódulos linfáticos incham quando você está combatendo uma infecção.

Duas estruturas desempenham um papel na atividade dos linfócitos: o timo e as tonsilas. O *timo*, que também funciona como parte do sistema endócrino, secreta *timosina*, o hormônio que ajuda a controlar a maturação e o desenvolvimento dos linfócitos. Curiosamente, o timo é maior durante a infância e diminui de forma lenta no decorrer da idade adulta, o que pode explicar, em parte, por que as respostas imunológicas são mais eficientes durante a infância e o envelhecimento está associado a uma redução na eficiência do sistema imune. Por fim, as *tonsilas* são massas de tecido linfático que parecem funcionar como depósito para os linfócitos e "lata de lixo" para células sanguíneas desgastadas.

A resposta imunológica

As reações imunológicas do corpo podem ser divididas em duas categorias amplas: *imunidade não específica* e *imunidade específica*. As defesas imunológicas não específicas defendem contra qualquer antígeno, mesmo algum que nunca tenha sido encontrado. As defesas imunológicas específicas ocorrem apenas quando o antígeno já foi encontrado em alguma situação anterior, criando um tipo de *memória* imunológica para o intruso.

■ **linfócitos** células sanguíneas brancas, produzidas na medula óssea, que combatem antígenos.

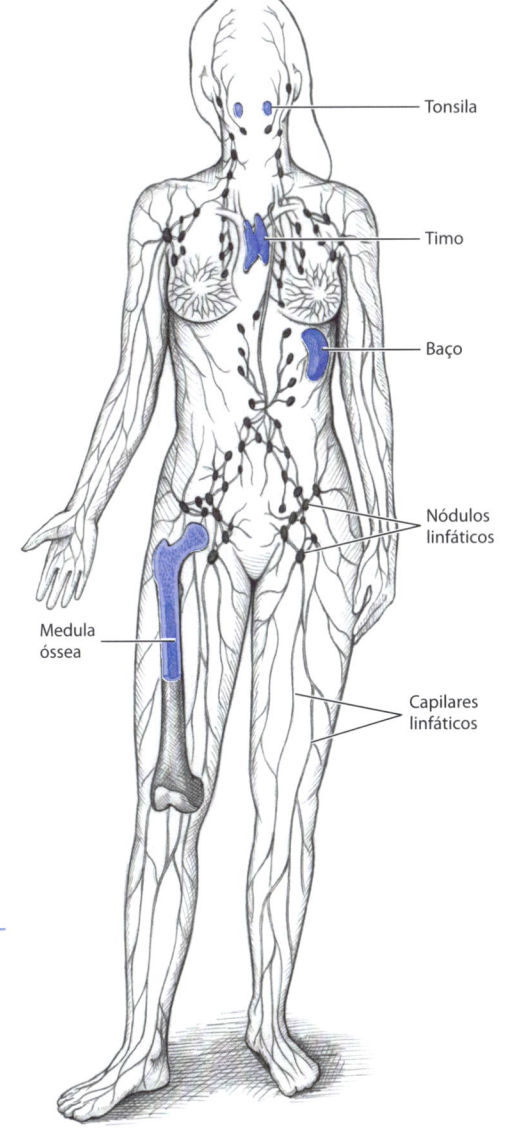

Figura 3.9

O sistema imune. Espalhados pelo corpo, os órgãos do sistema imune contêm linfócitos, células sanguíneas brancas que são a base da defesa imunológica contra agentes estranhos ou antígenos. Outros componentes do sistema são a medula óssea, onde os linfócitos são produzidos; os nódulos linfáticos, que são as glândulas que ajudam o corpo a combater infecções; e o timo, o baço e as tonsilas. Os nódulos linfáticos produzem a linfa, que viaja pelo corpo pelos capilares linfáticos e filtra impurezas.

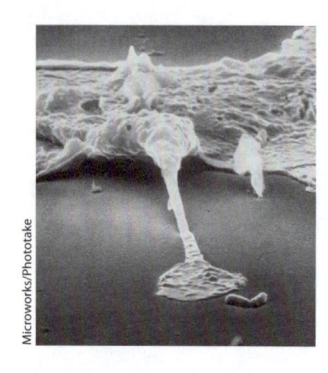

Respostas imunológicas não específicas

A primeira linha de defesa do corpo contra a maioria dos antígenos consiste nas várias camadas de células intimamente unidas que formam a pele. Substâncias químicas encontradas na perspiração, como o *sebo* oleoso que é secretado por glândulas localizadas sob a pele, impedem que a maioria das bactérias e dos fungos cresça sobre a pele.

O nariz, os olhos e o trato respiratório – apesar de não possuírem a forte barreira protetora da pele – também proporcionam uma primeira linha de defesa. As mucosas do nariz e do trato respiratório são revestidas com cílios, os quais, conforme já mencionado, prendem a poeira, os micróbios e outras partículas estranhas. Uma poderosa enzima encontrada nas lágrimas e na saliva destrói as paredes celulares de muitas bactérias. De maneira semelhante, os ácidos gástricos destroem a maioria dos antígenos que entram no sistema digestório.

Quando um antígeno penetra nas células da pele, encontra uma segunda linha de defesa, chamada de *fagocitose*, em que dois linfócitos especializados – fagócitos e macrófagos – atacam partículas estranhas. Os *fagócitos* são grandes células varredoras que vasculham o sangue e os tecidos do corpo em busca de antígenos. Eles os destroem engolfando-os e digerindo-os. Os *macrófagos* ("grandes devoradores") são fagócitos encontrados no local de uma infecção e nos nódulos linfáticos, no baço e nos pulmões. Esses glóbulos brancos especializados como "sentinelas" penetram nos tecidos corporais, onde caçam antígenos e células desgastadas. Um único fagócito pode digerir de 5 a 25 bactérias antes de morrer devido ao acúmulo de resíduos tóxicos.

Suponhamos, por exemplo, que sua pele fosse perfurada por um estilhaço. As células vizinhas da área ferida imediatamente liberariam diversas substâncias químicas, em particular *histamina*, que aumenta o fluxo de sangue para a área. Os fagócitos e macrócitos que circulam ao redor, atraídos por essas substâncias, correm ao local da ferida, onde começam a engolfar as bactérias e partículas que entram no corpo pelo ferimento. Ao mesmo tempo, formam-se coágulos sanguíneos, que fecham a ferida, e mais histamina é liberada, criando um ambiente quente e desfavorável para as bactérias.

Como resultado dessa sequência de reações imunológicas não específicas, coletivamente chamada de *resposta inflamatória*, a área ferida fica edemaciada, vermelha e suave ao toque. Além disso, alguns linfócitos liberam proteínas que produzem *efeitos sistêmicos* (i. e., efeitos por todo o corpo), um dos quais é a febre, nos casos mais graves de invasão (p. ex., intoxicação alimentar). Além de destruir microrganismos invasores, a inflamação ajuda a restaurar tecidos corporais danificados (Fig. 3.10).

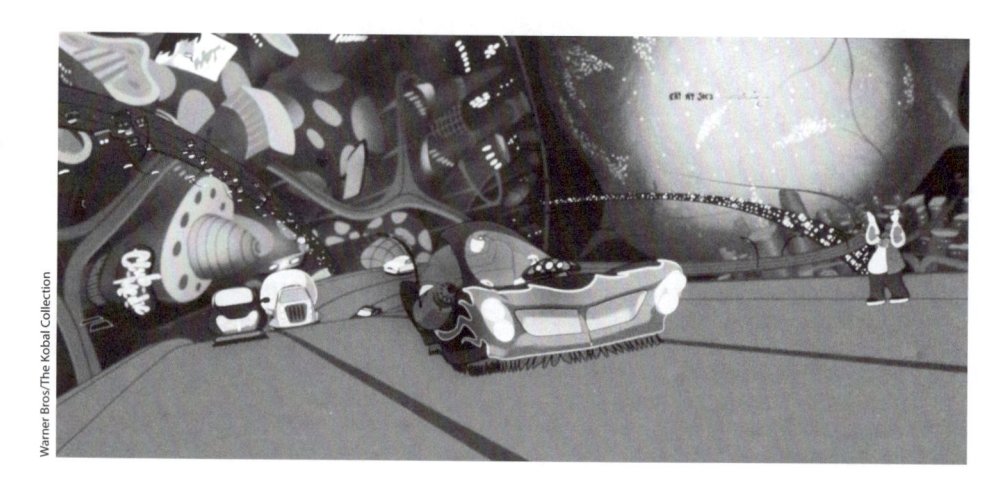

O sistema imune em ação: um macrófago ataca Os macrófagos ("grandes devoradores") são células sanguíneas especializadas como "sentinelas" que penetram nos tecidos corporais, onde caçam antígenos e células desgastadas. Um único macrófago consegue digerir de 5 a 25 bactérias antes de morrer devido ao acúmulo de resíduos tóxicos.

Aventura pelo corpo O inteligente filme *Osmose Jones*, que ocorre dentro e fora de Frank, mostra o sistema imune de um modo divertido. O astro é o glóbulo branco que dá nome ao filme e que corajosamente combate um vírus intruso ameaçador para salvar Frank.

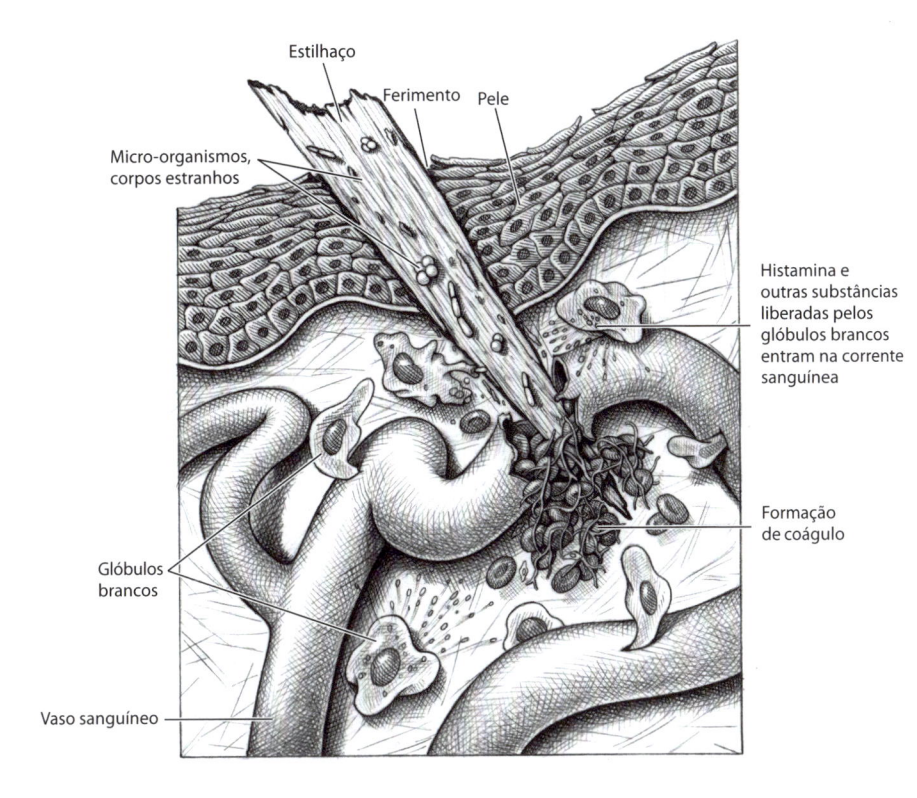

CAPÍTULO 3 | As bases biológicas da saúde e da doença

Figura 3.10

A resposta inflamatória.
Quando uma infecção ou, como neste caso, um corte atinge a primeira linha de defesa do corpo, a histamina e outras substâncias são liberadas no local do ferimento. Tais substâncias aumentam o fluxo de sangue para a área, atraem glóbulos brancos e levam à formação de um coágulo, fechando o local do ferimento. Alguns dos glóbulos brancos engolfam as partículas estranhas, enquanto outros liberam uma proteína que causa febre.

Além dos fagócitos e macrófagos, as defesas não específicas do sistema imune incluem linfócitos menores chamados de *natural killer*, ou NK,* células que patrulham o corpo em busca de células doentes descontroladas. Os pesquisadores observaram que essas células distinguem as células corporais normais, ou o que faz parte do *self*, de células infectadas por vírus e células cancerosas, que são o *não self*. As células NK destroem seus alvos injetando neles substâncias químicas letais. Elas também secretam várias formas de *interferon*, proteína antimicrobiana que inibe a disseminação de infecções virais para células saudáveis. Os interferons, que diferem de espécie para espécie, funcionam impedindo que os vírus se repliquem. Tema de intensas pesquisas médicas, os interferons têm o potencial de tratar gripes, resfriados e outras doenças.

Embora 95% das crianças do jardim de infância nos Estados Unidos sejam imunizadas (é lei na maioria dos estados), somente 40 a 60% das pré-escolares são – taxa mais baixa do que a verificada em muitos países em desenvolvimento. Em cinco dessas crianças, uma não possui plano de saúde.

Respostas imunológicas específicas

Alguns antígenos escapam das defesas não específicas do corpo ou são muito fortes para os fagócitos, macrófagos ou as células NK sozinhos. Em casos como esse, o sistema imune utiliza sua linha de defesa mais forte: as respostas imunológicas específicas. Essas reações ocorrem quando aparece um antígeno que já havia sido encontrado anteriormente. Algumas imunidades específicas são adquiridas quando a mãe, ao amamentar, passa imunidade para seu filho pelo leite materno. Outras desenvolvem-se quando o indivíduo é exposto a uma doença, como o sarampo, ou é *imunizado*. Quando criança, é provável que você tenha sido vacinado contra caxumba, catapora, coqueluche, poliomielite e outras doenças, fornecendo a seu corpo uma resistência artificial a essas doenças, se um dia vier a ser exposto a elas. Mais recentemente, talvez você tenha sido escolhido para ser imunizado contra o vírus H1N1 durante a temporada de gripe de 2009 a 2010. A capacidade de seu corpo de desenvolver uma "memó-

---

* N. de R.T.: Linfócito T citotóxico.

ria" para certos antígenos é a base da imunidade adquirida. Quando uma criança é vacinada, uma forma morta ou não virulenta de determinado vírus é injetada, permitindo que o corpo crie uma memória para ela.

As respostas imunológicas específicas envolvem dois linfócitos especiais, chamados de *células B* e *células T*, que reconhecem e atacam determinados antígenos invasores. As células B atacam substâncias estranhas produzindo anticorpos específicos, as *imunoglobulinas*, proteínas que suprimem quimicamente os efeitos tóxicos dos antígenos, sobretudo os de vírus e bactérias. Uma molécula do anticorpo encaixa-se nos receptores de um antígeno invasor de maneira tão precisa quanto a forma como a chave encaixa-se na fechadura. Quando ativada por um antígeno, uma célula B é dividida em dois tipos: uma célula plasmática capaz de produzir de 3 mil a 30 mil moléculas de anticorpo por segundo e uma célula de memória que também desenvolve anticorpos (ver Fig. 3.11). A resposta rápida das células de memória, chamada de *resposta primária*, é a base da imunidade para muitas doenças infecciosas, incluindo a poliomielite, o sarampo, a varíola e a caxumba. Ao contrário das células plasmáticas, que vivem apenas alguns dias, as de memória podem durar toda a vida do indivíduo, produzindo uma reação mais forte e mais rápida se o antígeno específico for encontrado uma segunda vez. Quando uma célula de memória encontra o mesmo antígeno durante uma infecção subsequente, é desencadeada a *resposta imunológica secundária*.

Por muitos anos, cientistas acreditaram que os anticorpos circulantes produzidos pelas células B fossem a única base da imunidade. Hoje, sabem que o sistema imune possui uma segunda linha de defesa, denominada *imunidade mediada por células*, na qual as células T atacam e matam os antígenos diretamente, sem a ajuda de anticorpos.

Existem três variedades principais de células T: células citotóxicas, *células helper*[*] e células supressoras. As citotóxicas, conhecidas como NK, são equipadas com receptores que correspondem a um antígeno específico. Quando um antígeno é encontrado, a célula NK receptora encaixa-se nele e injeta uma toxina letal. Estimativas atuais dizem que todas as pessoas nascem com células T NK, as quais reconhecem pelo menos 1 milhão de tipos diferentes de antígenos.

As células T *helper* e as células T supressoras são os principais mecanismos para regular a resposta geral do sistema imune a uma infecção. Elas agem secretando mensageiros químicos chamados linfocinas, que estimulam ou inibem a atividade em outras células imunológicas. As células *helper* são sentinelas que viajam pela corrente sanguínea caçando antígenos. Quando os encontram, secretam mensageiros químicos que alertam as células B, os fagócitos, os macrófagos e as células T citotóxicas para atacarem. As células T supressoras possuem uma função contrarreguladora. Produzindo substâncias químicas que suprimem a resposta imunológica, garantem que uma resposta imunológica exagerada não agrida células saudáveis. As supressoras também alertam as células T e as B quando um invasor é eliminado.

Um circuito bidirecional do sistema imune ao cérebro

A resposta imunológica do corpo, que é desencadeada por sinais oriundos do hipotálamo, é denominada *resposta de fase aguda* ou, de forma mais simples, resposta de "doença", em razão das grandes mudanças fisiológicas e comportamentais que ocorrem. Além da febre e da inflamação, essa resposta é acompanhada por redução na atividade e no consumo de água e alimento, maior sensibilidade à dor, consolidação da perturbação da memória e aumento na ansiedade. A resposta de fase aguda, que ocorre uma ou duas horas após a infecção, representa um esforço orquestrado para mobilizar os recursos do corpo no combate à infecção, preservando energia por meio de mudanças comportamentais.

---

[*] N. de R.T.: Linfócito T auxiliar.

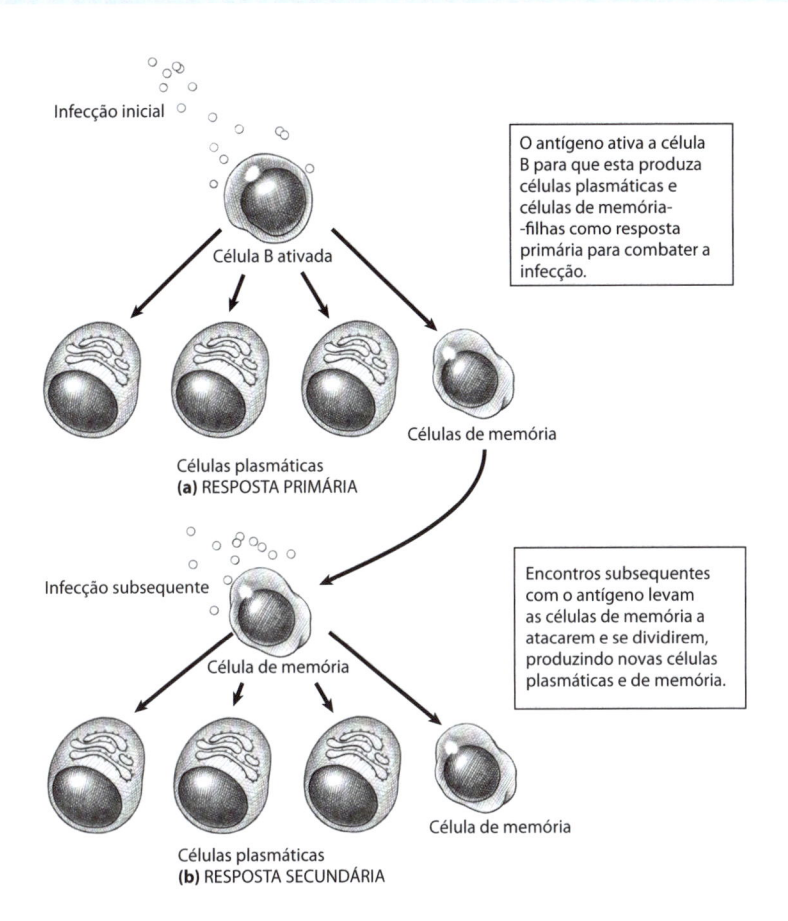

Figura 3.11

Respostas primárias e secundárias do sistema imune. **(a)** Quando ativada por um antígeno, uma célula B se divide em células plasmáticas, que fabricam anticorpos, e células de memória. **(b)** Quando as células de memória encontram o mesmo antígeno durante uma infecção subsequente, ocorre a resposta imunológica secundária. As células de memória liberam anticorpos que atacam o antígeno e também se dividem, produzindo uma nova geração de células plasmáticas e de memória.

Infecção inicial → Célula B ativada

O antígeno ativa a célula B para que esta produza células plasmáticas e células de memória-filhas como resposta primária para combater a infecção.

Células plasmáticas / Células de memória
(a) RESPOSTA PRIMÁRIA

Infecção subsequente → Célula de memória

Encontros subsequentes com o antígeno levam as células de memória a atacarem e se dividirem, produzindo novas células plasmáticas e de memória.

Células plasmáticas / Célula de memória
(b) RESPOSTA SECUNDÁRIA

Como o cérebro sabe que existe uma infecção? Essa informação é transmitida por mensageiros químicos, chamados **citocinas** (do prefixo grego *cyto*, que significa "célula", e da raiz *kinos*, que significa "movimento"). Um grupo de citocinas, chamadas citocinas *proinflamatórias* – pois aceleram a inflamação – inclui o *fator de necrose tumoral* (TNF) e a interleucina-1 e interleucina-6 (dos prefixos latinos *inter*, que significa "entre", e leucina, que significa célula sanguínea branca – portanto, moléculas que sinalizam "entre glóbulos brancos") (Sternberg, 2001). As citocinas são produzidas no sangue por macrófagos, que, como você deve lembrar, são as primeiras células imunológicas a chegar ao local da infecção. Quando a produção de citocinas é bloqueada com antagonistas químicos para seus sítios receptores, não existe sinal da resposta de doença, *apesar* da infecção. No entanto, quando são administradas citocinas a animais saudáveis, a resposta de doença ocorre na ausência de infecção (Maier, 2003). Em seres humanos, alterações em citocinas proinflamatórias foram relacionadas com condições associadas a insônia persistente, fadiga e depressão (Irwin, 2008).

As moléculas de citocinas, porém, são grandes demais para atravessar a barreira hematoencefálica. Portanto, elas se conectam a sítios receptores ao longo do *nervo vago*, que é um dos 12 nervos cranianos. O nervo vago enerva regiões do corpo nas quais ocorrem respostas imunológicas, incluindo o baço, o timo e os nódulos linfáticos. Ao captar o sinal, esse nervo avisa o cérebro para que produza sua própria interleucina-1, que ativa células imunológicas e desencadeia a resposta de fase aguda. Conforme explica Steven Maier, "seu macrófago mastiga a bactéria e libera interleucina-1 no espaço adjacente, a interleucina-1 conecta-se a receptores nos paragânglios, que enviam neurotransmissores para ativar o nervo vago" (citado em Azar, 2001). Cortar o nervo vago (vagotomia) impede que ocorra a resposta de doença (Maier, 2003).

Conforme mostra a Figura 3.12, o cérebro e o sistema imune formam uma rede de comunicação bidirecional pela qual as citocinas produzidas por células imunoló-

■ **citocinas** moléculas proteicas produzidas por células imunológicas que agem sobre outras células para regular a imunidade (interferons, interleukins e fatores de necrose tumoral).

Figura 3.12

Circuito bidirecional do sistema imune ao cérebro.
Hoje, sabemos que o cérebro e o sistema imune, antes considerados sistemas independentes, comunicam-se entre si por intermédio das citocinas, que são produzidas por células imunológicas, e dos neurotransmissores, que são produzidos por células nervosas no cérebro (Sternberg, 2001, p. 89).

gicas comunicam-se com o cérebro e os neurotransmissores produzidos no cérebro comunicam-se com as células imunológicas (Sternberg, 2001). Visto dessa forma, o sistema imune funciona como um *órgão sensorial difuso* que alerta o cérebro para infecções e ferimentos. Como veremos no próximo capítulo, psicólogos da saúde que trabalham no subcampo da *psiconeuroimunologia* se interessam muito por esse circuito, pois o estresse também o afeta, sugerindo que as vias neurais e os sinais químicos que estão subjacentes a alguns processos psicológicos e doenças inflamatórias são os mesmos.

O sistema reprodutivo e a genética comportamental

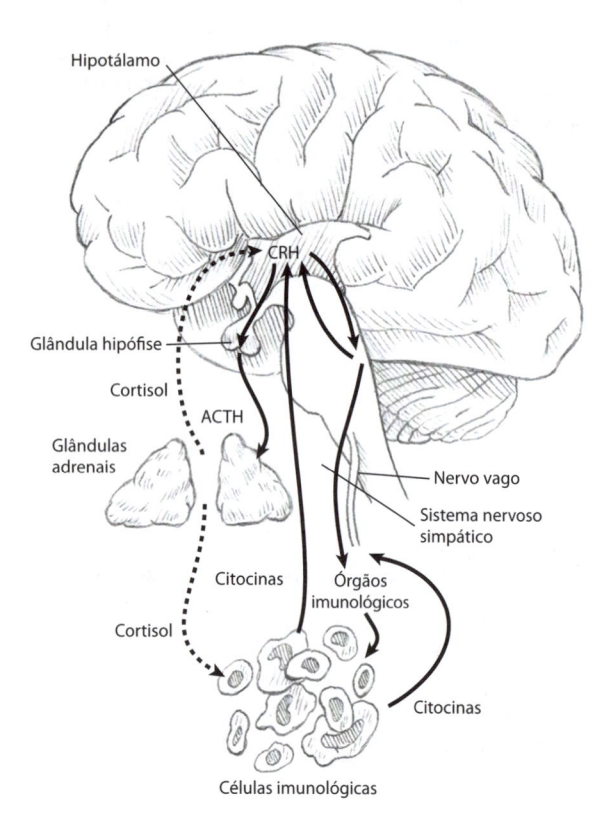

O sistema reprodutivo humano é onde a vida e a saúde começam. O desenvolvimento separado dos sistemas reprodutivos masculino e feminino começa durante o desenvolvimento pré-natal, quando um sinal hormonal do hipotálamo estimula a hipófise para que produza *hormônios gonadotróficos*, que direcionam o desenvolvimento das *gônadas*, ou glândulas sexuais – os ovários nas mulheres e os testículos nos homens. Um desses hormônios em particular, o *hormônio liberador de gonadotrofina* (GnRH), comanda os ovários e os testículos para que aumentem consideravelmente a produção de hormônios sexuais, em especial o *estrógeno* nas meninas e a *testosterona* nos meninos.

O sistema reprodutivo feminino

Nos dois lados do útero feminino, estão localizados os *ovários*, que possuem a forma de amêndoas e produzem os hormônios sexuais femininos: o estrógeno e a progesterona. A camada externa de cada ovário contém os *ovócitos*, a partir dos quais os *óvulos* se desenvolvem. Os ovócitos começam a ser formados durante o terceiro mês do desenvolvimento pré-natal. Ao nascer, os dois ovários da menina contêm cerca de 2 milhões de ovócitos – todos que ela terá durante sua vida. Destes, cerca de 400 mil sobrevivem até a puberdade, e de 300 a 400 atingem a maturidade, em geral um de cada vez, aproximadamente a cada 28 dias, desde o começo da puberdade até a menopausa, que costuma ocorrer em torno dos 50 anos de idade. Cada óvulo fica contido no ovário dentro de um *folículo* ou cápsula.

O ciclo menstrual divide-se em quatro fases, cuja duração é determinada e controlada pelo hipotálamo em um complexo sistema de *feedback*. Durante a primeira, a *fase proliferativa*, que dura de 9 a 10 dias, os níveis de estrógeno e de progesterona são muito baixos. Sentindo esses níveis baixos, o hipotálamo instrui a hipófise para liberar o *hormônio estimulador de folículo* (FSH) e o *hormônio luteinizante* (LH). Quando atinge os ovários, o FSH estimula alguns folículos para que amadureçam e comecem a produzir estrógeno, o que faz engrossar ou "proliferar" a camada interna do útero, chamada de *endométrio*, em preparação para uma possível gravidez.

Durante a segunda fase, a *fase ovulatória*, níveis máximos de estrógeno fazem um dos ovários liberar um óvulo maduro próximo das trompas de falópio, ou *ovidutos*, onde inicia seu trajeto até o útero. Quando o hipotálamo detecta os níveis elevados de estrógeno, instrui a hipófise a liberar mais FSH e LH. Os níveis altos de LH desencadeiam a ovulação em 12 a 24 horas.

A terceira etapa do ciclo menstrual, chamada de *fase secretora* ou *lútea*, começa logo após a ovulação e continua até o começo da próxima fase. Com a continuação da produção de LH, as células do folículo vazio alargam-se, formando o *corpo lúteo* ("amarelo"). O LH também estimula o corpo lúteo a começar a produção de grandes quantidades de estrógeno e progesterona. À medida que os níveis hormonais aumentam, o estrógeno e a progesterona inibem a produção de GnRH pelo hipotálamo e, assim, de LH e FSH pela hipófise.

Se não for fertilizado por um espermatozoide, o óvulo liberado permanece no útero por aproximadamente 14 dias, quando os níveis de hormônios caem e o corpo lúteo é reabsorvido e expelido para fora do corpo com o endométrio durante a etapa final do ciclo, a *fase menstrual*.

O sistema reprodutivo masculino

Desde a puberdade até a idade avançada, os testículos dos homens produzem uma média de diversos milhões de espermatozoides a cada dia. Os testículos são formados durante as fases embrionárias do desenvolvimento pré-natal e subdividem-se em aproximadamente 250 compartimentos, cada um deles revestido por *túbulos seminíferos* ("que contêm sementes"), nos quais se formam os espermatozoides. Juntos, os dois testículos contêm cerca de 500 metros de túbulos.

Ao contrário das mudanças cíclicas nos níveis hormonais da mulher, os homens mantêm níveis de hormônios razoavelmente constantes no sangue. Entretanto, os mesmos hormônios da hipófise que regulam os ovários – o LH e o FSH – controlam os testículos. O FSH estimula a produção de espermatozoides, enquanto o LH incita os testículos para que produzam testosterona.

Assim como nas mulheres, nos homens, o hipotálamo monitora os níveis de hormônios sexuais no sangue por meio de um *feedback loop* bastante regulado. Os níveis baixos de testosterona fazem o hipotálamo secretar um hormônio que avisa a hipófise para liberar o LH, que, por sua vez, faz os testículos secretarem testosterona. Quando os níveis de testosterona atingem o nível adequado, o hipotálamo ordena que a hipófise pare de produzir LH.

Fertilização e mecanismos de hereditariedade

No momento da concepção, o *espermatozoide* começa seu caminho para as *trompas de falópio*, onde fertiliza um óvulo da mulher. Após a fertilização, a célula resultante, chamada de **zigoto**, viaja pelas trompas, onde ocorrem as primeiras divisões celulares. Após 36 horas da fertilização, o zigoto divide-se em dois; em 60 horas, as duas células dividem-se novamente, formando quatro células. Essas quatro células logo se tornam oito, então, 16 e assim por diante.

■ **zigoto** célula-ovo fertilizada.

Cinco dias após a fertilização, o zigoto consiste em aproximadamente 120 células e incrusta-se na parede uterina, em um processo conhecido como *implantação*. A implantação desencadeia as alterações hormonais que interrompem o ciclo menstrual normal da mulher e leva a rede conectiva da placenta a se desenvolver e nutrir o organismo pelos próximos nove meses.

O zigoto contém as informações herdadas dos pais que determinam as características da criança. Cada óvulo e cada espermatozoide contêm 23 *cromossomos*, as longas estruturas filiformes que carregam nossa herança genética. No momento da concepção, os 23 cromossomos do óvulo unem-se aos 23 do espermatozoide, transmitindo ao zigoto recém-formado um conjunto completo de 46 cromossomos. À medida que as células do novo indivíduo se dividem, esse material genético é replicado continuamente, de maneira que o núcleo de cada célula do corpo da pessoa contenha as mesmas instruções que foram determinadas no momento da concepção.

cromossomo X cromossomo sexual encontrado em homens e mulheres. As mulheres têm dois desses cromossomos; os homens, apenas um.

cromossomo Y cromossomo sexual que somente é encontrado nos homens; contém o gene que estimula os testículos a começarem a produção de testosterona.

O vigésimo terceiro par de cromossomos determina o sexo do zigoto. A mãe sempre contribui com um **cromossomo X**; o pai pode contribuir com um cromossomo X ou um **cromossomo Y**. Se o espermatozoide do pai também contiver um cromossomo X, a criança será uma menina; um cromossomo Y produzirá um menino. Os cromossomos Y contêm um único gene que estimula os *testículos* a começarem a produção de testosterona, que, por sua vez, inicia a diferenciação sexual na aparência e a diferenciação neural durante o quarto e o quinto meses do desenvolvimento pré-natal.

Cada cromossomo é composto de uma série de *genes* – as unidades básicas da hereditariedade, responsáveis por nosso crescimento e nossas características. Os genes são partículas discretas de ácido desoxirribonucleico, o DNA. Cada célula do corpo contém aproximadamente 50 a 80 mil genes, que determinam desde o comprimento das unhas até a tendência à esquizofrenia, um transtorno psicológico grave.

Antes da última década, os cientistas sabiam relativamente pouco a respeito dos efeitos específicos de cada gene. Hoje, com o Projeto Genoma Humano, conseguiram localizar e determinar o papel de muitos de nossos genes. Mesmo assim, o campo da genética é muito dinâmico, e o conhecimento existente está sujeito a mudanças à medida que os cientistas continuam seu trabalho.

Genes e ambiente

A maioria das características humanas não é determinada apenas pelos genes, pois é *multifatorial* – ou seja, muitas são influenciadas por fatores diferentes, incluindo os ambientais. Os traços humanos também tendem a ser *poligênicos* – influenciados por muitos genes diferentes.

A soma total dos genes herdados é o **genótipo** do indivíduo. Os traços físicos e não físicos observáveis que acabam por ser expressos constituem o **fenótipo** da pessoa.

genótipo soma de todos os genes presentes no indivíduo.

fenótipo características observáveis de uma pessoa, determinadas pela interação do genótipo do indivíduo com o ambiente.

Essa distinção é importante, pois cada um de nós herda muitos genes em nosso genótipo que não são expressos em nosso fenótipo. Na terminologia genética, somos *portadores* desses pedaços não expressos de DNA; embora possamos não manifestá-los em nosso fenótipo, eles podem ser transmitidos para nossos filhos, que os terão em seu genótipo e podem ou não expressá-los em seu fenótipo. A hereditariedade da cor dos olhos é um dos exemplos mais claros e, portanto, costuma ser usada para nos ajudar a entender essa distinção. Para a maioria dos traços, o fenótipo da pessoa é determinado por dois padrões de interação genética: gene-gene e gene-ambiente.

Interações gene-gene Um padrão comum de interação gene-gene é chamado de *aditivo*, pois o fenótipo resultante simplesmente reflete a soma das contribuições de genes individuais. Os genes que determinam a altura e a cor da pele, por exemplo, em geral interagem de forma aditiva. Para formar outros traços, os genes interagem de maneira *não aditiva*. Com esses traços, o fenótipo resultante depende da influência de um gene mais do que da de outro. Um exemplo familiar de interação não aditiva é o *padrão dominante-recessivo*. Alguns traços ocorrem na presença de um único gene dominante, com pouca ou nenhuma contribuição do gene recessivo com o qual é pareado. Muitas características físicas, incluindo a cor dos olhos, seguem o padrão dominante-recessivo.

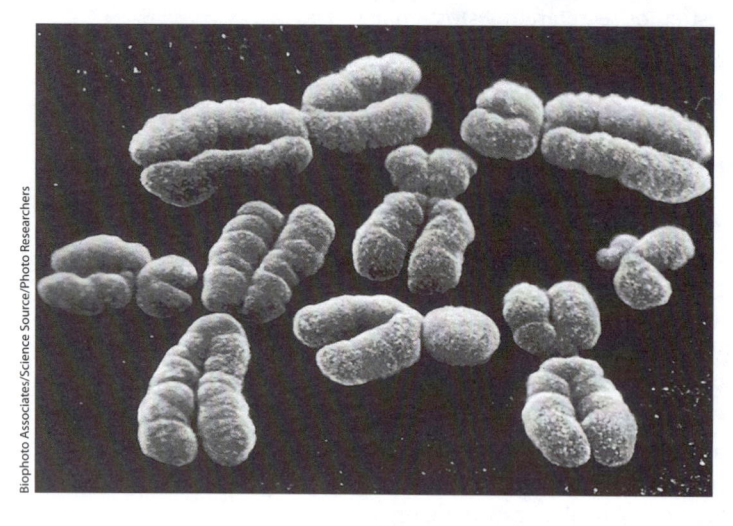

Cromossomos humanos No momento da concepção, os 23 cromossomos de cada um dos genitores, que contêm genes, unem-se para formar um zigoto, com um conjunto completo de 46 cromossomos e todas as informações necessárias para criar um novo ser complexo nove meses depois.

CAPÍTULO 3 | As bases biológicas da saúde e da doença

Interações gene-ambiente Ao redor do mundo, os genes interagem com o ambiente em que a pessoa vive para determinar o fenótipo. Quando os geneticistas comportamentais referem-se a ambiente, estão falando de tudo aquilo que pode influenciar a formação genética de um indivíduo, do desenvolvimento pré-natal até o momento da morte. As influências ambientais incluem efeitos diretos produzidos por nutrição, clima e cuidados médicos, assim como efeitos indiretos, gerados pelo contexto histórico, econômico e cultural específico em que o indivíduo se desenvolve.

Os psicólogos da saúde agora reconhecem que a maioria dos comportamentos relacionados com a saúde é influenciada por predisposições genéticas e estados fisiológicos. Conforme a perspectiva mente-corpo, contudo, os comportamentos para com a saúde também são influenciados por personalidade e estilos de pensamento, além de circunstâncias sociais e culturais. Em capítulos subsequentes, você verá como os sistemas físicos se combinam e interagem com fatores psicológicos e socioculturais para determinar os comportamentos relacionados com a saúde, além de estados gerais de bem-estar ou de doença.

Revisão sobre saúde

Responda a cada pergunta a seguir com base no que aprendeu no capítulo. (DICA: Use os itens da Síntese para considerar questões biológicas, psicológicas e sociais).

1. O que você diria para ajudar um membro de um grupo de estudo a distinguir neurotransmissores e hormônios? Em sua explicação, inclua onde e/ou como essas substâncias são produzidas, assim como suas funções e o papel que desempenham em questões relacionadas aos psicólogos da saúde.
2. Cite uma questão que os psicólogos da saúde gostariam de responder sobre a função de cada um dos seguintes sistemas humanos: cardiovascular, digestório e respiratório. Explique como essas questões e resultados de pesquisas potenciais poderiam contribuir para o modelo biopsicossocial atual da psicologia da saúde.
3. Desde sua infância, quais são as três maneiras diferentes utilizadas por seu sistema imune para vencer patógenos que poderiam prejudicar sua saúde? Como universitário, quais três ações (físicas, psicológicas e/ou sociais) que você poderia fazer para manter seu sistema imune o mais forte possível?
4. Se um amigo lhe perguntasse por que é importante estudar sistema reprodutivo humano e a genética comportamental em uma disciplina de psicologia da saúde, o que você responderia?

Síntese

O sistema nervoso

1. O sistema nervoso central consiste no cérebro e na medula espinal. Os neurônios restantes compõem o sistema nervoso periférico, que apresenta duas divisões principais: o sistema nervoso somático, que controla os movimentos voluntários, e o sistema nervoso autônomo, que controla os músculos involuntários e as glândulas endócrinas por meio dos sistemas simpático e parassimpático.
2. Como a região mais antiga e mais central do cérebro, o tronco encefálico, incluindo a formação reticular, o tálamo e o cerebelo, controla funções vitais básicas por meio do sistema nervoso autônomo. O sistema límbico inclui a medula, que controla a frequência cardíaca e a respiração; a amígdala, que desempenha papel importante na agressividade e em outras emoções; o hipocampo, que está envolvido na aprendizagem e na memória; e o hipotálamo, que regula a fome, a sede, a temperatura corporal e o comportamento sexual.
3. O córtex cerebral é a camada fina de células que recobre o cérebro. O córtex é o local da consciência e inclui áreas especializadas para desencadear o movimento (córtex motor), a sensação do tato (córtex sensorial), a fala e a tomada de decisões (lobo frontal), para a visão (lobo occipital), para a audição (lobo temporal) e para o tato (lobo parietal). O córtex de associação inclui áreas que não estão envolvidas diretamente em funções sensoriais e motoras. Essas áreas integram informações e estão envolvidas em funções mentais superiores, como o pensamento e a fala.

O sistema endócrino

4. Operando sob o controle do hipotálamo, a glândula hipófise secreta hormônios que influenciam o crescimento, o desenvolvimento sexual, a reprodução, o funcionamento renal e o envelhecimento. Outras glândulas auxiliam o sistema nervoso na regulação do funcionamento da frequência cardíaca e da pressão arterial (medula adrenal), na redução de inflamações (córtex adrenal), na regulação do crescimento e do metabolismo (tireoide) e no controle dos níveis de glicose no sangue (pâncreas).

O sistema cardiovascular

5. O coração é dividido em quatro câmaras. O sangue pobre em oxigênio que retorna do corpo é bombeado da aurícula direita para o ventrículo direito e, daí, para os capilares dos pulmões, onde capta oxigênio e libera CO_2. O sangue recém-oxigenado é bombeado pela veia pulmonar para a aurícula esquerda do coração e, daí, para o ventrículo esquerdo, de onde flui para o sistema arterial.

O sistema respiratório

6. Após entrar no corpo pela boca ou pelo nariz, o ar vai para os pulmões pelos tubos bronquiais, que se ramificam em bronquíolos e sacos aéreos (os alvéolos). As paredes finas dos alvéolos permitem as trocas de oxigênio e CO_2.

O sistema digestório

7. A digestão inicia na boca, onde a mastigação e as enzimas salivares começam a decompor a comida. Quando o alimento é engolido, os movimentos ritmados dos músculos do esôfago o propulsionam para o estômago, onde é misturado com uma variedade de enzimas gástricas sob controle do sistema nervoso autônomo. Líquidos digestivos do pâncreas, do fígado e da vesícula biliar são secretados nos intestinos grosso e delgado, onde – algumas horas após comer – a decomposição do alimento é concluída.

O sistema imune

8. A primeira linha de defesa do corpo contra patógenos que ameaçam a saúde inclui a barreira de proteção proporcionada pela pele, pelas mucosas do nariz e do trato respiratório e pelas enzimas gástricas do sistema digestório. Um patógeno que penetra essas defesas encontra um exército de linfócitos que filtram substâncias infecciosas e resíduos metabólicos com a passagem de fluidos pelo sistema linfático. Outras defesas imunológicas não específicas incluem a ação dos fagócitos e macrófagos, que engolfam antígenos, e das células NK. Essas células também secretam proteínas antimicrobianas, chamadas de interferons, e desempenham papel importante na resposta inflamatória do corpo.

9. O cérebro e o sistema imune formam uma rede de comunicação bidirecional completa, pela qual mensageiros químicos produzidos por células imunológicas (citocinas) comunicam-se com o cérebro e mensageiros químicos produzidos no sistema nervoso comunicam-se com as células imunológicas.

10. As reações imunológicas específicas ocorrem quando células B e T atacam antígenos específicos. As células B fazem isso quando as células de memória produzem anticorpos específicos que matam os antígenos já encontrados. Na imunidade mediada por células, as células T atacam diretamente e matam os antígenos, injetando toxinas letais. O funcionamento imunológico melhora durante a infância e a adolescência e começa a decair quando as pessoas se aproximam da velhice.

O sistema reprodutivo e a genética comportamental

11. O sistema reprodutivo, sob controle do hipotálamo e do sistema endócrino, dirige o desenvolvimento das características sexuais primárias e secundárias. Iniciado e controlado pelo hipotálamo, o ciclo menstrual apresenta as fases proliferativa, ovulatória, secretora (lútea) e menstrual. Essas fases envolvem três categorias de mudanças biológicas: nos níveis sanguíneos de hormônios, alterações foliculares e no desenvolvimento do revestimento uterino. Ao contrário das mulheres, os homens mantêm níveis razoavelmente constantes de hormônios. Como ocorre nas mulheres, o hipotálamo monitora esses níveis.

12. A soma total dos genes que um indivíduo herda é seu genótipo. A maneira como os genes são expressos em seus traços é o fenótipo. O desenvolvimento humano começa quando um espermatozoide fertiliza um óvulo, resultando em um zigoto que contém a informação dos 23 cromossomos herdados do pai e os 23 da mãe. O vigésimo terceiro par de cromossomos determina o sexo do zigoto. Os genes são segmentos de DNA que proporcionam o modelo genético para o desenvolvimento físico e comportamental. Para qualquer traço, os padrões de interações gene-gene e gene-ambiente determinam o fenótipo observável. Os dois padrões comuns de interações gene-gene são: o aditivo e o dominante-recessivo.

Termos e conceitos fundamentais

tronco encefálico, p. 52
medula, p. 52
formação reticular, p. 52
tálamo, p. 52
cerebelo, p. 53
sistema límbico, p. 53
amígdala, p. 53
hipocampo, p. 53
hipotálamo, p. 53
córtex cerebral, p. 54

córtex sensorial, p. 54
córtex motor, p. 54
córtex de associação, p. 55
hormônios, p. 55
glândula hipófise, p. 55
glândulas adrenais, p. 56
artérias, p. 57
veias, p. 57
brônquios, p. 59
cílios, p. 59

sistema gastrintestinal, p. 61
antígeno, p. 62
linfócitos, p. 63
citocinas, p. 67
zigoto, p. 69
cromossomo X, p. 70
cromossomo Y, p. 70
genótipo, p. 70
fenótipo, p. 70

Parte 2 | Estresse e saúde

Capítulo 4

A fisiologia do estresse
  O papel do cérebro e do sistema nervoso
  O papel do sistema endócrino: eixos SAM e HAA
  Como o estresse deixa você doente?

Outros modelos do estresse e da doença
  A síndrome de adaptação geral de Selye
  Avaliação cognitiva e estresse
  O modelo da diátese ao estresse
  A teoria do buscar apoio

Fontes biopsicossociais de estresse
  Eventos importantes da vida
  Catástrofes
  Problemas cotidianos
  Estresse ambiental
  Trabalho
  Diversidade e vida saudável:
  Fatores socioculturais no estresse
  Interações sociais

Estresse

Em 1934, o húngaro Hans Selye (1907-1982) era um jovem e proeminente endocrinologista que começava a ficar famoso na McGill University, em Montreal, pela identificação de um novo hormônio. Trabalhando com um extrato de ovário, Selye criou um plano simples: administrar injeções diárias do extrato a uma amostra de ratos de laboratório e observar mudanças em seu comportamento e sua saúde. Porém, isso era mais fácil falar do que fazer! Selye logo aprendeu que os ratos, assim como as pessoas, não gostam de receber injeções. Com frequência, quando estava para inserir a agulha, o rato se mexia, levando-o a errar o local da injeção. Segurar o rato com mais força muitas vezes o fazia morder o jovem pesquisador, que derrubava o animal no chão e precisava correr atrás dele pelo laboratório antes de conseguir concluir a injeção.

Depois de vários meses dessas sessões diárias, Selye fez uma descoberta extraordinária: a maioria dos ratos havia desenvolvido úlceras hemorrágicas, atrofias do timo (que produz os linfócitos que combatem doenças) e aumento das glândulas adrenais. Sua resposta imediata foi de júbilo, pois acreditava haver descoberto os efeitos fisiológicos do ainda desconhecido extrato de ovário. Contudo, por ser um cientista cuidadoso, Selye compreendeu que, sem um grupo de controle, sua conclusão era prematura. Portanto, outros grupos de ratos de laboratório receberam injeções diárias de extratos de rins, baço ou uma solução salina, em vez do extrato ovariano. Com exceção disso, esses animais de controle foram tratados de maneira igual: eram segurados, derrubados e perseguidos pelo laboratório antes de receberem suas injeções! Para surpresa de Selye, ao final do experimento, os ratos de controle apresentavam aumento das mesmas glândulas adrenais, timos atrofiados e úlceras hemorrágicas. Uma vez que as mesmas mudanças ocorreram nos dois grupos de ratos, elas não poderiam ter sido causadas pelo extrato ovariano. O que, então, poderia ter desencadeado as mudanças? O que mais os dois grupos tinham em comum? Em um momento de visão (e humildade), Selye raciocinou corretamente que essa manipulação descuidada dos animais havia desencadeado algum tipo de resposta não específica. Os ratos estavam estressados!

Hoje, sabemos que Selye havia descoberto a *resposta de estresse* – um achado que ajudou a criar um novo campo médico: a *fisiologia do estresse*. Embora não tenha sido o primeiro a usar o termo *estresse*, Selye tem o crédito de duas novas ideias importantes:

■ O corpo tem uma resposta notavelmente semelhante a muitos estressores diferentes.
■ Os estressores, às vezes, podem deixar as pessoas doentes.

Essa segunda ideia é de especial importância – de que o estresse crônico e persistente influencia a vulnerabilidade da pessoa a doenças – e se tornou um dos grandes temas na psicologia da saúde. Nenhum tópico individual gerou mais pesquisas do que ele. Como veremos neste e em outros capítulos, pesquisadores estabeleceram conexões entre o estresse e muitas doenças físicas e psicológicas, incluindo câncer, cardiopatias, diabetes, artrite, cefaleias, asma, distúrbios digestivos, depressão e ansiedade. Ao mesmo tempo, experiências estressantes que conseguimos suportar podem ser experiências positivas em nossas vidas e nos deixar com mais recursos de enfrentamento para o futuro.

Então, o que é o estresse? O estresse é uma parte da vida. De fato, sem um pouco de estresse nossas vidas seriam entediantes. Porém, quando sobrecarrega nossos recursos de enfrentamento, o estresse pode prejudicar nossa saúde. Todos sentimos estresse em nosso dia a dia. Ele pode vir de muitas direções, incluindo escola, família e amigos, interações com terceiros e trabalho. O estresse geralmente ocorre em tempo real, como quando você é forçado a lidar com as demandas da escola, do trabalho, da família e dos amigos. Às vezes, ele persiste por um longo período, como quando a pessoa perde um ente querido ou é forçada a se aposentar.

Apesar da universalidade do estresse, os psicólogos não encontram facilidade em produzir uma definição adequada para a palavra. O termo *estresse* é usado, às vezes, para descrever uma situação ou um *estímulo* ameaçador e, em outras ocasiões, para definir uma *resposta* a uma situação. Os psicólogos da saúde determinaram que os **estressores** são eventos ou situações difíceis que desencadeiam adaptações de enfrentamento na pessoa, e o **estresse** é um *processo* pelo qual a pessoa percebe e responde a eventos que considera desafiadores ou ameaçadores. É importante reconhecer que devemos julgar se um evento é desafiador ou mesmo além de nossa capacidade de enfrentamento antes de nos estressarmos com ele. Um estressor significativo para uma pessoa pode não ser nada de mais para outra. Você verá muito mais sobre esse processo de avaliação tão individual mais adiante neste capítulo. No Capítulo 5, consideraremos maneiras efetivas de lidar com o estresse e usaremos uma abordagem *biopsicossocial* para entender o estresse e seu impacto no corpo, conforme a seguir:

- Os processos *biológicos* que ocorrem quando sentimos estresse podem diferir um pouco conforme a fisiologia singular e os níveis de reatividade fisiológica de cada indivíduo, mas os mesmos processos básicos afetam todos nós.
- As influências *psicológicas* afetam a maneira como *avaliamos* situações desafiadoras – seja como controláveis (não estressantes) ou incontroláveis (estressantes) – com base em nossas personalidades e experiências de vida. O gênero, como veremos, também desempenha um papel em relação a se lutamos ou fugimos, ou se buscamos apoio (ver a seção Teoria do buscar apoio,* p. 91).
- Nossas influências *socioculturais* singulares afetam a maneira como avaliamos o estresse oriundo de muitas fontes diferentes, incluindo acontecimentos importantes da vida, catástrofes, problemas cotidianos, estresse ambiental, trabalho e família.

■ **estressor** qualquer evento ou situação que desencadeie adaptações nos modos de enfrentamento.

■ **estresse** processo pelo qual percebemos e respondemos a eventos, chamados de estressores, que são percebidos como prejudiciais, ameaçadores ou desafiadores.

Estresse significativo Eventos catastróficos, como o terremoto de magnitude 8,8 que atingiu a região central do Chile, em 2010, são exemplos trágicos e reais de estresse, como estímulo e resposta. O evento que desencadeia o comportamento de enfrentamento é o estressor (o estímulo), e a pessoa que tenta escapar do evento ou tenta compensar pela destruição que ele causa é exemplo de resposta.

---

* N. de R.T.: Do original "tend-and-befriend", é uma reação ao estresse descrita em 2000 por Taylor e colaboradores. É uma reação tipicamente feminina e está em oposição à reação de lutar ou fugir, mais comumente masculina. As mulheres seriam menos propensas a lutar ou fugir, apresentando outro tipo de reação: chamada de "busca de apoio" (*tend-and-befriend*), que se caracteriza pelo cuidado com a prole por meio da busca de apoio, proteção e amizade em grupos. Essa reação ao estresse seria mediada por neurotransmissores diferentes dos que atuam nos homens. Taylor, S.E., Klein, L.C., Lewis, B.P., Gruenewald, T.L., Gurung, R.A.R., & Updegraff, J.A. (2000). "Biobehavioral responses to stress in females: Tend-and-befriend, not fight-or-flight". *Psychological Review, 107*, 411-429.

Abordaremos primeiro a perspectiva biológica, com uma análise da resposta fisiológica do corpo ao estresse.

A fisiologia do estresse

Uma década antes da descoberta de Selye, o fisiologista Walter Cannon introduziu o termo estresse à medicina (Cannon, 1932). Cannon observou que valores extremos de temperatura, falta de oxigênio e incidentes que produzem excitação emocional provocavam um efeito excitante semelhante no corpo. Ele foi o primeiro a chamar esse efeito de *estresse* e acreditava que fosse uma causa comum de problemas médicos.

Em um dos estudos de Cannon, gatos ficavam apavorados com o som de um cachorro latindo. Ele descobriu que grandes quantidades do hormônio adrenalina podiam ser detectadas em seguida no sangue dos gatos. O pesquisador chamou essa resposta do corpo a eventos estressantes de *reação de luta ou fuga*. Uma efusão de adrenalina, com cortisol e outros hormônios, ajuda a preparar o organismo para defender-se de uma ameaça, seja atacando ou fugindo.

A partir de uma perspectiva evolucionista, tal sistema de resposta emergencial parece muito funcional e adaptativo e, sem dúvida, foi essencial para a sobrevivência de nossos antepassados em épocas em que os seres humanos enfrentavam inúmeras ameaças físicas e tinham de lutar ou fugir. Atualmente, em nossas sociedades modernas e bastante desenvolvidas, nossos estressores podem ser psicológicos e físicos, mas ainda reagimos como se estivéssemos enfrentando um impasse com um animal selvagem (Sapolsky, 2004). É importante observar, contudo, que quando os estressores são efêmeros e são percebidos como desafios em vez de ameaças, eles podem ter efeitos positivos. Estressores momentâneos mobilizam o sistema imune para combater infecções e curar ferimentos (Segerstrom, 2007). Além disso, muitos especialistas – desde atletas campeões a profissionais do entretenimento – precisam de desafios e observam que seus desempenhos melhoram (Blascovich et al., 2004). O próprio Selye reconheceu isso em seu conceito de *eustress* (do prefixo grego *eu*, que significa "bom" ou "bem"), com o qual quis dizer que os eventos difíceis podem levar a crescimento se promoverem nosso funcionamento, como quando levantar pesos acaba por aumentar a força muscular da pessoa.

O papel do cérebro e do sistema nervoso

A reação geral do corpo ao estresse é regulada pelo sistema nervoso central. Lembre-se do Capítulo 3: o sistema nervoso consiste em duas partes, o *sistema nervoso central* (o cérebro e a medula espinal) e o *sistema nervoso periférico*. O sistema nervoso periférico também é dividido em duas ramificações principais: o *sistema nervoso autônomo* (SNA) e o *sistema nervoso somático*. Finalmente, o SNA é ainda dividido em duas partes: o *sistema nervoso simpático* (SNS) e o *sistema nervoso parassimpático* (SNP).

Quando um potencial evento externo é percebido por nossos órgãos dos sentidos, neurônios sensoriais do sistema nervoso somático transmitem impulsos nervosos para regiões cerebrais secundárias, anunciando a ameaça iminente. Disposta como uma corda no meio do tronco encefálico, a *formação reticular* desempenha um papel central em alertar o cérebro para a ameaça ou o desafio iminente.

A formação reticular coordena dois caminhos neurais de comunicação entre o corpo e o cérebro. Pelo primeiro, são enviadas informações a respeito da existência de um estressor potencial para o *tálamo*, que classifica essa informação sensorial e a transmite para o *hipotálamo*, para o *sistema límbico* e para regiões superiores no córtex cerebral, os quais interpretam o significado do estressor em potencial. Pelo segundo caminho, a formação reticular carrega as instruções neurais de volta das regiões

---

Pesquisas conduzidas em meados da década de 1990 demonstraram que a bactéria *Helicobacter pylori* – e não o estresse – é a principal causa da maioria das úlceras. Entretanto, 60% dos norte-americanos continuam a acreditar que o estresse cause úlceras. Mesmo alguns médicos continuam a recomendar que seus pacientes com úlcera tomem antiácidos em vez dos antibióticos recomendados. O estresse prejudica o sistema imune, tornando as pessoas mais suscetíveis a infecções bacterianas.

superiores do cérebro para os diversos órgãos, músculos e glândulas controlados pelo SNS; como resultado dessas instruções, o corpo é mobilizado para a ação defensiva.

Seguindo instruções do SNS, as glândulas adrenais liberam hormônios que desencadeiam respostas de luta ou fuga, nas quais a frequência cardíaca aumenta, as pupilas dilatam, os hormônios do estresse são secretados e a digestão é reduzida. Além disso, a ativação do SNS aumenta o fluxo de sangue para os músculos e propicia que a energia acumulada seja convertida em uma forma diretamente utilizável pelos músculos. A região do cérebro que controla a resposta de estresse de maneira mais direta é o hipotálamo. Quase todas as regiões do cérebro interagem de algum modo com o hipotálamo. Por isso, ele reage a diversos estímulos, variando desde a ameaça real até memórias de momentos estressantes e estressores imaginários. O hipotálamo coordena a atividade do sistema endócrino, e, como veremos, os hormônios do sistema endócrino desempenham papel fundamental na maneira como respondemos ao estresse.

O papel do sistema endócrino: eixos SAM e HAA

Conforme vimos no Capítulo 3, o sistema endócrino é o sistema de comunicação do corpo, de ação relativamente lenta, que consiste em uma rede de glândulas que secretam hormônios direto na corrente sanguínea. Esse sistema de comunicação está envolvido em nossas respostas de estresse de duas maneiras básicas. Primeiro, em situações de estresse, o hipotálamo ordena à hipófise que secrete *hormônio adrenocorticotrópico* (ACTH), que é assimilado pelos receptores das *glândulas adrenais*, um par de pequenas glândulas endócrinas localizadas logo acima dos rins. Cada uma dessas estruturas notáveis consiste em duas glândulas quase independentes: uma região central chamada de *medula adrenal** e uma cobertura externa chamada de *córtex adrenal*.** Como soldados que recebem as ordens do general para lançar um contra-ataque defensivo, quando recebe a ordem do hipotálamo, por meio da hipófise, a medula adrenal secreta adrenalina (também chamada *epinefrina*) e noradrenalina (também chamada *norepinefrina*) no sangue. Essas reações endócrinas, que ajudam a desencadear a resposta de luta ou fuga, duram muito mais do que aquelas geradas de forma direta pelo SNS. De forma conjunta, a interação entre o SNS e a medula adrenal é chamada de **eixo simpato-adreno-medular (SAM)** (Fig. 4.1) (também denominado *eixo adrenomedular*) (Kemeny, 2003).

O sistema endócrino é envolvido no estresse de outro modo igualmente importante. Ele envolve o hipotálamo, a hipófise e o córtex adrenal, ou que é chamado de **eixo hipotálamo-hipófise-adrenal (HAA)**. Enquanto o eixo SAM é a resposta rápida inicial do corpo, o eixo HPAC é a resposta retardada que funciona para restaurar o corpo a seu estado de linha de base, um processo conhecido como **homeostase**. O eixo HAA é ativado por mensagens enviadas do sistema nervoso central para o hipotálamo, que, por sua vez, secreta *hormônio liberador de corticotropina* (CRH). O CRH estimula a produção de ACTH pela hipófise, que então ativa o córtex adrenal para secretar **corticosteroides**, hormônios esteroides que combatem inflamações, promovem a cura e ajudam a mobilizar os recursos energéticos do corpo.

Os estressores normalmente são eventos de curta duração. Assim como dá início à resposta de estresse, o hipotálamo também a interrompe – em geral, antes que o corpo seja prejudicado. O mecanismo envolve o cortisol, hormônio corticosteroide que tem um efeito potente sobre todos os tecidos do corpo, aumentando o nível de glicose no sangue, estimulando a quebra de proteínas em aminoácidos e inibindo a assimilação de glicose pelos tecidos corporais, mas não pelo cérebro (Kemeny, 2003). Em um mecanismo preciso de *feedback*, o cortisol age sobre o hipocampo, que tem uma densidade elevada de receptores desse hormônio e neurônios que se projetam

- **eixo simpato-adreno-medular (SAM)** a resposta inicial de ação rápida do corpo ao estresse, envolvendo a liberação de adrenalina e noradrenalina da medula adrenal, sob ordens do sistema nervoso simpático.

- **eixo hipotálamo-hipófise-adrenal (HAA)** a resposta retardada do corpo ao estresse, envolvendo a secreção de hormônios corticosteroides do córtex adrenal.

- **homeostase** a tendência de manter um estado interno constante e equilibrado; regulação de qualquer aspecto da química corporal, como o nível de glicose no sangue, em torno de determinado ponto fixo.

- **corticosteroides** hormônios produzidos pelo córtex adrenal que combatem inflamações, promovem a cura e desencadeiam a liberação de energia armazenada.

---
* N. de R.T.: Também conhecida como medula suprarrenal.
** Também conhecido como córtex suprarrenal.

SAM e HAA: O hipotálamo secreta hormônio liberador de corticotropina (CRH).

SAM e HAA: O CRH faz a hipófise secretar hormônio adrenocorticotrópico (ACTH).

SAM: O ACTH faz os gânglios simpáticos estimularem a medula adrenal para liberar uma mistura de adrenalina e noradrenalina, que desencadeia as respostas fisiológicas de lutar ou fugir: aumento da frequência cardíaca, respiração, pressão arterial, etc.

HPAC: O ACTH faz o córtex adrenal secretar corticosteroides, incluindo cortisol, que combatem inflamações, promovem a cura e mobilizam os recursos energéticos do corpo.

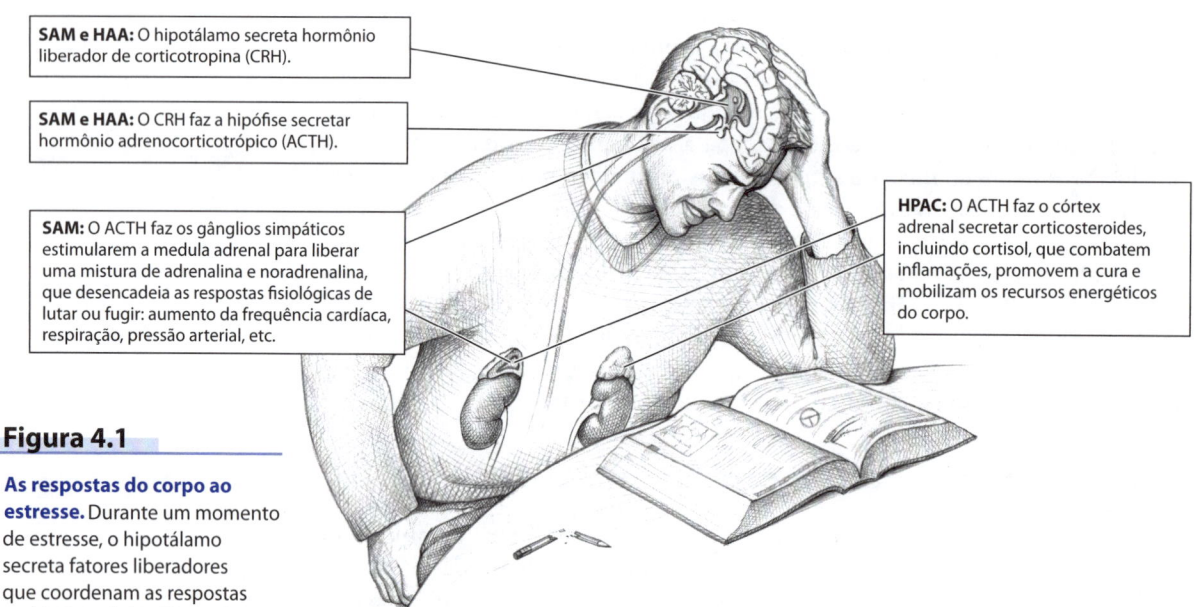

Figura 4.1

As respostas do corpo ao estresse. Durante um momento de estresse, o hipotálamo secreta fatores liberadores que coordenam as respostas endócrinas da hipófise e das glândulas adrenais. Como parte do eixo simpato-adreno-medular (SAM), a medula adrenal libera os hormônios adrenalina e noradrenalina como resposta inicial rápida do corpo ao estresse. A adrenalina e a noradrenalina aumentam a frequência cardíaca, a respiração e a pressão arterial, reduzem a digestão e dilatam as pupilas. Uma segunda resposta retardada envolve o eixo hipotálamo-hipófise-adrenal (HAA), que desencadeia a secreção de corticosteroides do córtex adrenal. Esses hormônios esteroides combatem inflamações, promovem a cura e desencadeiam a liberação das reservas armazenadas de energia.

para o hipotálamo, sinalizando à hipófise para suprimir a liberação de CRH e ACTH. Quando a quantidade de ACTH no sangue diminui, o córtex suprarrenal interrompe a produção de cortisol.

A taxa de secreção de cortisol, que é notavelmente sensível a fatores psicológicos e atinge o máximo cerca de 30 minutos após a ocorrência do estressor, está tão relacionada com o estresse que o nível desse hormônio circulando no sangue ou na saliva costuma ser usado pelos psicólogos da saúde como um índice fisiológico de estresse. Para algumas pessoas, mesmo um evento aparentemente comum, como embarcar em um avião, pode desencadear um grande aumento no nível de cortisol, o que significa, é claro, que já houve liberação de CRH do hipotálamo e de ACTH da hipófise (Thompson, 2000).

Todas essas ações do sistema endócrino ajudam o organismo a lidar com o estresse. Ao confrontar uma ameaça, o cérebro necessita de energia na forma de glicose, que o cortisol ajuda a fornecer. Porém, cortisol demais pode ter consequências negativas, levando à hipertensão, à diminuição na capacidade do corpo de combater infecções e até a transtornos psicológicos. Quando estudou macacos vervet[*] selvagens que fazendeiros haviam capturado e enjaulado em grupos para proteger suas plantações, Robert Sapolsky observou que alguns animais ficaram doentes e morreram, sobretudo aqueles que foram enjaulados com outros macacos agressivos. As necropsias dos animais apresentaram taxas elevadas de úlceras hemorrágicas, glândulas adrenais aumentadas, e mais: uma lesão pronunciada nas regiões hipocampais de seus cérebros, talvez como resultado de níveis elevados prolongados de cortisol desencadeados pelo longo período de estresse (Sapolsky, 2004a). Em geral regulados pelo hipocampo, os níveis de cortisol podem aumentar quando, em resposta a estresse crônico, cada vez mais cortisol for secretado e o hipocampo for prejudicado, tornando-o incapaz de sinalizar ao hipotálamo para interromper a resposta de estresse (Morgan et al., 2001). Essa condição de *hipercortisolismo*, assim como a ativação mais prolongada do eixo HAA, foi relacionada com a taxa de declínio cognitivo em indivíduos com doença de Alzheimer (Suhr, Demireva e Heffner, 2008). Ela é associada a um distúrbio na produção cerebral de novos neurônios (Mirescu e Gould, 2006), observada em pacientes com anorexia nervosa (Haas et al.,

---

[*] N. de R.T.: *Cercopi thecus Aethiops*, macacos estudados por pesquisadores como Dorothy Cheney, Robert Seyfarth e Peter Mailer em suas investigações sobre a comunicação em animais.

2009) e descrita como evidência de envelhecimento prematuro (Sapolsky, 1990). Níveis elevados de cortisol na saliva também estão associados a timidez aos 10 anos de idade (Schmidt et al., 2007). Em um fenômeno menos compreendido, em alguns indivíduos, o eixo HAA pode se tornar hipoativo frente ao estresse crônico, criando um estado de exaustão adrenal e níveis cronicamente baixos de cortisol (*hipocortisolismo*) (Heim et al., 2000). Doenças imunológicas, como fibromialgia, artrite reumatoide e asma, foram vinculadas a esse estado de produção reduzida de cortisol.

Como o estresse deixa você doente?

Pesquisadores biomédicos que estudam as conexões entre o corpo e a mente em doenças outrora foram condenados ao ostracismo na comunidade científica. Herbert Benson, da Harvard University, observa que, quando começou a fazer suas pesquisas 30 anos atrás, disseram-lhe que estava colocando sua carreira médica em risco (Sternberg, 2000). As coisas começaram a se modificar com duas descobertas notáveis, que mudariam para sempre a face da medicina. A primeira foi um acidente. Enquanto trabalhava no laboratório na Rochester University, o psicólogo Robert Ader vinha conduzindo um experimento pavloviano clássico, tentando condicionar ratos de laboratório a evitarem água com gosto de sacarina. O desenho do estudo era simples. Após receberem água adoçada artificialmente (um estímulo neutro), os ratos recebiam uma injeção de uma substância (estímulo não condicionado) que os deixava doentes (resposta não condicionada) – doentes o suficiente para que uma única combinação dos dois estímulos bastasse para estabelecer uma *aversão condicionada* à água.

Porém, Ader logo encontrou um problema. No decorrer das várias semanas de treinamento e testes, muitos ratos adoeceram e morreram. Confuso com esse acontecimento, ele descobriu que o número de linfócitos T, que combatem vírus e infecções, havia sido bastante reduzido nos corpos das cobaias. A substância, que deveria induzir náusea, aparentemente teve um impacto mais grave nos ratos – ela suprimiu suas respostas imunológicas (Fig. 4.2).

O mais notável no experimento de Ader foi que, quando os mesmos ratos receberam, mais tarde, água apenas com sabor de sacarina, sem a substância, seus sistemas imunes responderam como se a substância estivesse realmente circulando em sua corrente sanguínea. O condicionamento clássico havia criado uma associação aprendida entre o sabor da água como um estímulo condicionado e a supressão das células T como uma resposta condicionada. Com o passar do tempo, a resposta condicionada tornou os animais cada vez mais suscetíveis a doenças, pois suas reservas imunológicas eram enfraquecidas a cada gole da água adoçada.

Antes do estudo de Ader, a maioria dos pesquisadores biomédicos acreditava que a mente e o corpo, na maior parte, fossem sistemas independentes, que não tivessem influência um sobre o outro. Essa crença estava tão arraigada que mesmo Ader teve dificuldade em aceitar os resultados de sua própria pesquisa. A boa ciência exige

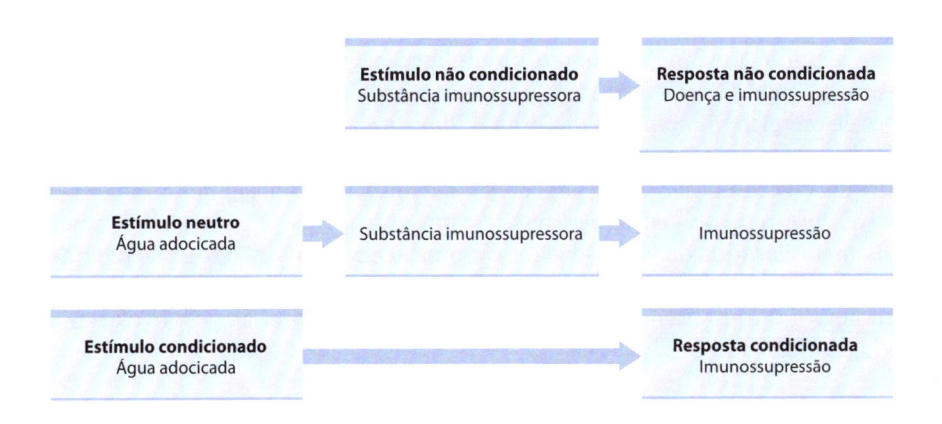

Figura 4.2

Condicionando o sistema imune. Após Robert Ader e Nicholas Cohen juntarem água com sabor de sacarina a uma substância supressora da imunidade, apenas o sabor da água adocicada já produzia a resposta condicionada (imunossupressão) em ratos de laboratório.

a replicação dos resultados de pesquisas, e, assim, Ader juntou-se ao imunologista Nicholas Cohen para verificar se seus resultados iniciais eram falsos. Não eram. Em uma série subsequente de experimentos, Ader e Cohen (1985) demonstraram que o sistema imune poderia ser condicionado, assim como Ivan Pavlov havia demonstrado que a resposta salivar poderia ser condicionada em cães famintos.

A segunda descoberta crucial que mudou a medicina foi a demonstração, pela neurocientista Candace Pert, de que o cérebro possui receptores para moléculas imunológicas que lhe permite monitorar e, portanto, influenciar, a atividade do sistema imune (Pert, 2003). Como exemplo dessa rede de comunicação (ver Fig. 3.12, p. 68), considere que, quando os antígenos induzem uma resposta imunológica, as células do hipotálamo ficam mais ativas. Isso pode ocorrer quando as células T foram ativadas por antígenos que liberam citocinas proinflamatórias. Conforme o Capítulo 3, as citocinas são moléculas proteicas, produzidas por células imunológicas, que têm diversos efeitos biológicos, incluindo o de atuar como um meio de comunicação intercelular. Esses químicos, que atraem macrófagos e estimulam a fagocitose em locais de ferimentos e infecções, são semelhantes em estrutura aos neurotransmissores (os mensageiros químicos do processo de comunicação neural). As citocinas se parecem com os neurotransmissores o suficiente para se conectarem aos sítios receptores das células cerebrais e desencadear impulsos nervosos. A aparente permutabilidade entre os neurotransmissores e as citocinas sugere que os linfócitos do sistema imune podem de fato atuar como "tradutores" circulantes, convertendo informações obtidas em seu contato direto com patógenos para a linguagem do sistema nervoso central de modo que o cérebro possa monitorar e regular a resposta imunológica.

As pesquisas de Ader, Cohen e Pert deram credibilidade ao artigo seminal de George Solomon, publicado uma década antes, no qual cunhou o termo **psiconeuroimunologia**, referindo-se a uma "integração teórica especulativa" das relações entre emoções, imunidade e doença (Solomon e Moss, 1964). O nome desse campo fala muito sobre seu foco: *psico* para processos psicológicos, *neuro* para o sistema neuroendócrino (os sistemas nervoso e hormonal) e *imunologia* para o sistema imune. Concentrada em três áreas de funcionamento que já foram consideradas relativamente independentes, os pesquisadores da psiconeuroimunologia investigam interações entre os sistemas nervoso e imune e a relação entre o comportamento e a saúde (Fig. 4.3). Um objetivo importante da psiconeuroimunologia é fazer pesquisa básica que possa ser aplicada aos cuidados de saúde (PNIRS, 2010).

Desde esses estudos pioneiros, acumularam-se rapidamente evidências de interações coordenadas entre o cérebro e os sistemas neuroendócrino e imune. Existem centenas de artigos publicados analisando a relação entre o estresse e o funcionamento imunológico em seres humanos (Segerstrom e Miller, 2004). Vistos como um todo, esses estudos mostram que os estressores de curto prazo, como sons ruidosos e choques elétricos no laboratório ou, no mundo real, ter a atenção chamada pelo professor na sala de aula, podem ter um efeito positivo, desencadeando um aumento, ou uma *up-regulation*, da imunidade natural. Todavia, estressores crônicos e duradouros podem ter efeitos prejudiciais, suprimindo a imunidade.

A redução no funcionamento imunológico (*imunossupressão*) foi observada em situações de divórcio, perda de um ente querido, desemprego e eventos estressantes de exercício ou treinamento militar; durante períodos de exames; e quando o indivíduo sente estresse ocupacional. Entre as alterações observadas, estão números reduzidos de células *natural killer*, células T e linfócitos totais. E parece haver uma relação "dose-resposta" entre o estresse e a imunossupressão. Universitários com os níveis mais elevados de estresse geral ou uma tendência a reagir exageradamente a situações estressantes, por exemplo, apresentam o maior déficit em sua resposta imunológica durante semanas de exames (Kiecolt-Glaser et al., 1984; Workman e La Via, 1987).

■ **psiconeuroimunologia**
campo de pesquisa que enfatiza a interação entre processos psicológicos, neurais e imunológicos no estresse e na doença.

O estresse também está ligado à redução na resistência imunológica a infecções virais. Em um estudo, 47% dos participantes que tinham vidas estressantes desenvolveram resfriado após serem inoculados com um rinovírus, em comparação com apenas 27% dos indivíduos inoculados que diziam ter vidas livres de estresse (Cohen et al., 2006). Outros estudos mostram que crianças e adultos, quando submetidos a estresse crônico, sofrem mais crises de gripes, infecções com o vírus do herpes (lesões labiais e genitais), varíola, mononucleose e vírus de Epstein-Barr (Cohen e Herbert, 1996; Cohen et al., 2003). O estresse psicológico foi relacionado com doenças autoimunes, como a atrite reumatoide (Rabin, 1999; Straub e Kalden, 2009), assim como doença coronariana com progresso acelerado. Essa conexão ocorre quando o sistema imune reage a eventos estressantes liberando citocinas que promovem inflamação (Rozanski et al., 1999; Steptoe, Hamer e Chida, 2007).

Além disso, o estresse retarda a cura de feridas (Walburn et al., 2009). Em um estudo, casais casados, que foram submetidos a lesões perfurantes pouco antes de uma discussão de 30 minutos, levaram um dia ou dois a mais para se curarem do que casais não estressados (Kiecolt-Glaser et al., 2005). Em outro estudo, 47 adultos responderam a um questionário padronizado para avaliar o estresse psicológico antes de se submeterem a uma cirurgia de hérnia. Os pacientes que indicaram ter níveis maiores de estresse pré-operatório apresentaram taxas significativamente mais lentas de cura e uma recuperação mais demorada e mais dolorosa (Broadbent et al., 2003).

Ferimentos semelhantes em ratos submetidos ao estresse de serem presos em um arreio imobilizador curaram de forma mais lenta do que ferimentos em ratos que não foram submetidos a estresse (Kiecolt-Glaser et al., 1998). Nesse estudo, os pesquisadores também testaram a hipótese de que a taxa mais lenta de cura dos ferimentos refletia a ativação do eixo HAA. Isso foi feito de duas maneiras: avaliando os níveis séricos de corticosteroides e bloqueando a atividade de hormônios do estresse de circulação natural em animais estressados por meio de imobilização com um químico que se conecta a sítios receptores de corticosteroides. Em ambos os casos, os resultados corroboram a hipótese: os níveis de corticosteroides nos ratos estressados eram seis vezes maiores do que nos ratos sem estresse. Quando seus receptores de corticosteroides foram bloqueados, os ratos estressados se curaram tão bem quanto os animais de controle.

Caminhos do estresse para a doença

A maneira exata como o estresse influencia o sistema imune é tema de grande quantidade de pesquisas atuais. Duas hipóteses foram sugeridas. Segundo a hipótese do *efeito direto*, o estresse influencia diretamente os sistemas nervoso, endócrino e imune, os quais podem levar a doenças. De maneira alternativa, a *hipótese do efeito indireto* sugere que a imunossupressão seja uma ação tardia da resposta de estresse (Segerstroom e Miller, 2004).

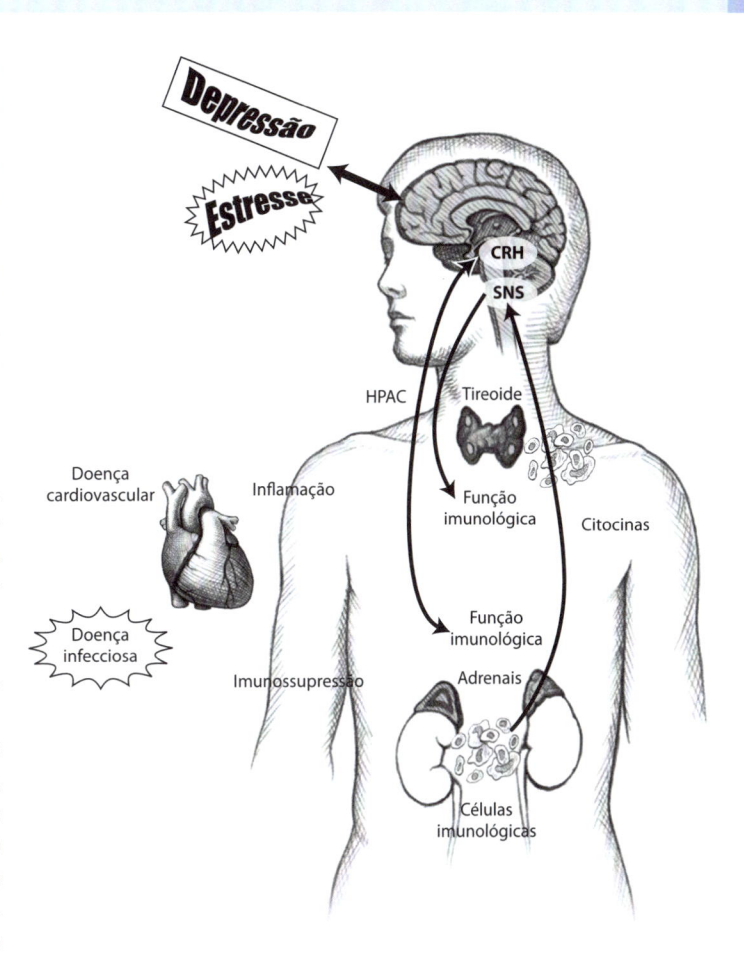

Figura 4.3

Temas de pesquisa em psiconeuroimunologia.
O objetivo da pesquisa em psiconeuroimunologia é revelar as muitas maneiras em que os comportamentos e a saúde estão inter-relacionados, com foco nos mecanismos imunológicos subjacentes a essas interações.
Fonte: Irwin, M. R (2008). Human psychoneuroimmunology: 20 years of discovery. *Brain, Behavior, and Immunity, 22*, 129–139.

A hipótese do efeito direto O estresse pode afetar diretamente o sistema imune por meio da ativação dos eixos HAA e SAM. As células T e as células B possuem receptores para hormônios corticosteroides "do estresse" (que produzem imunossupressão), e os linfócitos apresentam receptores de catecolamina (adrenalina e noradrenalina). O estresse ativa esses sistemas; os hormônios liberados conectam-se aos receptores das células T, células B e linfócitos, suprimindo a resposta imunológica.

Evidências sustentando um efeito direto do estresse também foram relatadas.

A hipótese do efeito indireto Segundo essa hipótese, retardos na cura e outros problemas de saúde induzidos pelo estresse podem ocorrer porque os processos imunológicos são alterados *indiretamente*, encorajando comportamentos mal-adaptativos. Entre os fatores de risco comportamental que poderiam retardar a cura por meio de seus efeitos sobre o sistema imune estão o hábito de fumar, o consumo de álcool e outras substâncias, o sono fragmentado, a pouca prática de exercícios e a nutrição fraca, cada um associado ao aumento do estresse (Kruger e Chang, 2008; Steptoe et al., 1996). Fumar, por exemplo, retarda o processo de cura enfraquecendo a proliferação normal de macrófagos nos locais machucados e reduzindo o fluxo de sangue pela vasoconstrição (McMaster et al., 2008; Silverstein, 1992). Além de se curarem mais lentamente, os fumantes têm mais probabilidade de desenvolver infecções após procedimentos cirúrgicos, talvez porque a nicotina e outras toxinas encontradas na fumaça do cigarro suprimam as respostas imunológicas primárias e secundárias, diminuindo as atividades dos glóbulos brancos.

Como mais um exemplo da maneira como o estresse altera indiretamente os processos imunológicos, considere que o sono profundo está associado à secreção de hormônio do crescimento (GH), substância que facilita a cura de ferimentos ativando os macrófagos para matar bactérias no local da ferida (ver Cap. 3). A falta de sono ou o sono fragmentado resultam na redução da secreção de GH e causam retardo na cura (Leproult et al., 1997; Sander, 2009).

A duração do estresse

Estressores agudos que durem meia-hora ou menos (p. ex., em estudos de laboratório sobre o estresse) produzem alterações imunológicas transitórias, e a maioria dos parâmetros das células imunológicas retorna aos níveis pré-teste em aproximadamente uma hora. Estressores de maior duração, mas agudos, como o estresse associado a exames iminentes, também produzem mudanças temporárias na resposta imunológica celular. Por exemplo, uma série de estudos de 10 anos sobre as respostas de estudantes de medicina aos exames mostrou que os corpos dos estudantes estressados apresentavam respostas mais fracas de seus anticorpos a vacinas de hepatite B do que durante períodos de férias (Glaser et al., 1992). Outros estudos confirmaram esse efeito do estresse acadêmico; mesmo crianças de 5 anos do jardim de infância apresentam níveis elevados de cortisol no primeiro dia de escola (Boyce et al., 1995; Cohen et al., 2000). O fato de que um estressor tão previsível, benigno e transiente quanto um exame iminente produza imunossupressão seguramente sugere a probabilidade de que outros estressores da vida cotidiana também o façam.

A capacidade de recuperação depois de uma experiência estressante influencia muito o ônus total que a experiência exerce sobre o indivíduo. O sistema neuroendócrino desempenha um papel importante no conceito de **carga alostática** (ou **alostase**), que se refere aos efeitos cumulativos a longo prazo da resposta fisiológica do corpo ao estresse (McEwen, 1998, 2011). Estressores que são imprevisíveis, incontroláveis ou de maior duração e difíceis de enfrentar podem causar um acúmulo na carga alostática, que se manifesta de muitas maneiras, incluindo redução na imunidade, níveis elevados de adrenalina, aumento na gordura abdominal, menor tamanho e funcionamento do hipocampo (levando a distúrbios no raciocínio e na memória) e

■ **carga alostática (ou alostase)** os efeitos cumulativos de longa duração da resposta fisiológica do corpo ao estresse.

superprodução de interleucina-6 e outras citocinas proinflamatórias. De maneira interessante, muitas dessas mudanças também ocorrem com o envelhecimento, levando alguns pesquisadores a caracterizarem uma carga alostática alta como uma forma de envelhecimento acelerado em resposta ao estresse. Se descontrolada, a carga alostática é associada a um risco maior de doenças e mesmo de morte (Karlamangla, Singer e Seeman, 2006). Essas respostas adversas foram observadas, por exemplo, entre indivíduos com *status* socioeconômico baixo (Dowd, Simanek e Aiello, 2009), prisioneiros de guerra (Dekaris et al., 1993), trabalhadores imigrantes (Kaestner, Pearson, Keene e Geronimus, 2009), adultos desempregados (Arnetz et al., 1991) e sobreviventes de terremotos e furacões (Solomon et al., 1997). Analisaremos essas e outras fontes de estresse mais adiante neste capítulo.

Estresse, inflamação e doença

Investigações sobre as hipóteses direta e indireta deram vazão a um modelo de imunossupressão para as relações entre o estresse, a imunidade e a doença, que sintetiza o que discutimos até aqui. Segundo esse modelo, o estresse suprime o sistema imune, o que deixa o indivíduo vulnerável a infecções e doenças oportunistas (Miller et al., 2002) (Fig. 4.4).

O modelo da imunossupressão propõe uma explicação plausível para a maneira como o estresse influencia a cura de ferimentos, doenças infecciosas e algumas formas de câncer (ver Cap. 10). Contudo, ele não explica como o estresse pode influenciar doenças cuja característica central seja inflamação excessiva. Entre elas, estão muitas doenças alérgicas, autoimunes, reumáticas, neurológicas e cardiovasculares – que são exacerbadas pelo estresse (Rozanski et al., 1999). A doença de Parkinson, por exemplo – uma condição neurodegenerativa que afeta mais de 1 milhão de norte-americanos – envolve a perda de neurônios cerebrais que produzem dopamina e serotonina (Parkinson's Disease Foundation, 2010). Os portadores da doença de Parkinson apresentam tremores musculares, rigidez de movimentos e deterioração lenta de 10 a 20 anos em sua saúde geral. A inflamação acelera o desenvolvimento da doença de

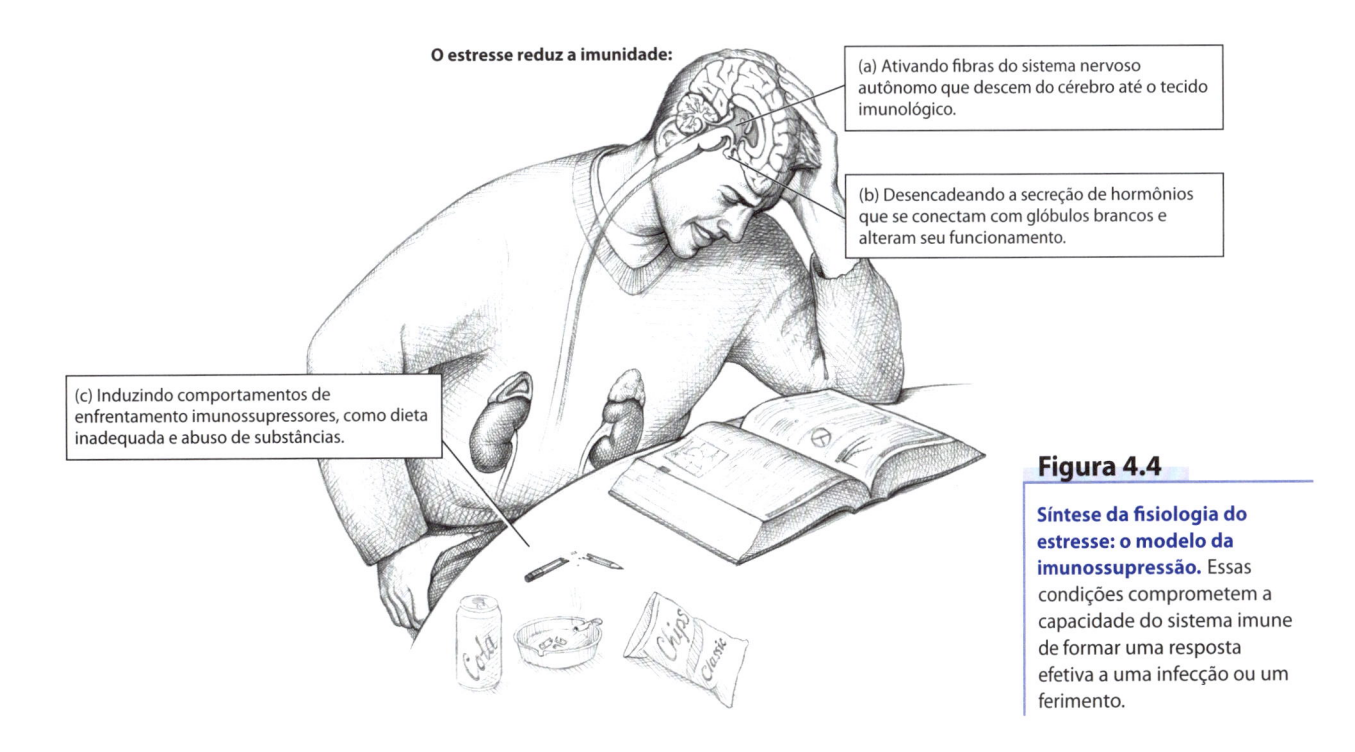

O estresse reduz a imunidade:

(a) Ativando fibras do sistema nervoso autônomo que descem do cérebro até o tecido imunológico.

(b) Desencadeando a secreção de hormônios que se conectam com glóbulos brancos e alteram seu funcionamento.

(c) Induzindo comportamentos de enfrentamento imunossupressores, como dieta inadequada e abuso de substâncias.

Figura 4.4

Síntese da fisiologia do estresse: o modelo da imunossupressão. Essas condições comprometem a capacidade do sistema imune de formar uma resposta efetiva a uma infecção ou um ferimento.

Parkinson, que é a razão por que o ibuprofeno e outros agentes anti-inflamatórios vendidos sem prescrição podem reduzir o risco de desenvolvimento da doença.

Tomando como base o modelo da imunossupressão, se poderia esperar que o estresse na verdade *melhorasse* o curso dessas doenças, suprimindo a inflamação! Todavia, esse infelizmente não é o caso, e o estresse emocional foi indicado como um fator de risco importante para a doença de Parkinson (Agid et al., 2003; Smith et al., 2008). Robert Iacono, um pesquisador e neurologista pioneiro no estudo dessa doença, observa que a maioria de seus pacientes cujos corpos se tornam rígidos – a pior forma de Parkinson – teve três ou mais crises emocionais significativas alguns anos antes do começo de seus sintomas (Schwartz, 2004).

Para explicar o impacto do estresse sobre as doenças inflamatórias, pesquisadores propuseram um *modelo da resistência a glicocorticoides*, cuja premissa básica é que o estresse crônico interfere na sensibilidade do sistema imune a hormônios glicocorticoides, como o cortisol, que normalmente encerra a resposta inflamatória. Em um teste do modelo, Gregory Miller e colaboradores mediram o estresse percebido e a responsividade imunológica de 25 pais saudáveis de crianças submetidas a tratamento ativo para câncer, em comparação com 25 pais saudáveis de crianças clinicamente saudáveis. Os pais de pacientes de câncer diziam ter níveis mais elevados de estresse psicológico do que os de crianças saudáveis *e* apresentavam menor sensibilidade a um hormônio glicocorticoide sintético, conforme revelado por níveis maiores de produção de citocinas. Lembre que os hormônios glicocorticoides funcionam como sinais *anti-inflamatórios*, suprimindo a produção de *citocinas proinflamatórias* por células imunológicas. Os pais de pacientes com câncer apresentavam bem *menos supressão* da produção de citocinas em resposta a um glicocorticoide administrado, em comparação com os de crianças saudáveis (Miller et al., 2002). Essas observações são significativas, porque a superprodução de citocinas foi relacionada com um espectro de doenças inflamatórias crônicas e condições adversas, incluindo condições cardiovasculares (discutidas no Cap. 9), osteoporose, artrite, diabetes tipo II, doença de Alzheimer, doença periodontal e fragilidade relacionada com a idade (Kiecolt-Glaser et al., 2003).

Para resumir, um corpo crescente de pesquisas psiconeuroimunológicas demonstra que o sistema imune não atua em isolamento. Ao contrário, ele funciona como parte de um sistema coordenado, envolvendo o cérebro e o sistema endócrino excretor de hormônios. O cérebro regula a produção de hormônios do estresse, que, por sua vez, influenciam as defesas imunológicas do corpo de forma direta e indireta.

Outros modelos do estresse e da doença

Os modelos da supressão imunológica e da resistência a corticoides do estresse e da doença desenvolveram-se com base em muitos anos de pesquisa e a partir de outros modelos importantes, incluindo a síndrome de adaptação geral de Selye, o modelo transacional, o modelo da diátese ao estresse e a teoria de zelar e agrupar de Taylor. Vamos considerar primeiro o trabalho e Selye.

A síndrome de adaptação geral de Selye

Certamente, a contribuição mais significativa para o entendimento da relação entre o estresse e a doença vem das pesquisas de Hans Selye, que conhecemos na história que abre o capítulo. Selye criou o conceito de "resposta não específica do corpo a qualquer demanda" (1974, p. 27). A reação do corpo ao estresse era tão previsível que Selye a chamou de **síndrome de adaptação geral**.

■ **síndrome de adaptação geral** o termo de Selye para a reação do corpo ao estresse, que consiste em três estágios: alarme, resistência e exaustão.

Conforme mostra a Figura 4.5, a síndrome de adaptação geral possui três estágios. O estágio 1, a *reação de alarme*, em essência é a mesma da resposta de *luta ou fuga* de Cannon, que já consideramos. A intensidade da reação de alarme depende do grau em que o evento é percebido como uma ameaça.

Quando uma situação estressante persiste, a reação do corpo progride ao estágio 2, o *estágio de resistência*. Neste, a excitação fisiológica permanece alta (mas não tão alta quanto durante a reação de alarme), à medida que o corpo tenta se adaptar à emergência reabastecendo hormônios adrenais. Ao mesmo tempo, há um decréscimo na capacidade do indivíduo de enfrentar eventos e problemas cotidianos. Nesse estágio, as pessoas ficam irritadas, impacientes e cada vez mais vulneráveis a problemas de saúde.

Quando a situação estressante persiste, e a resistência não é mais possível, o corpo entra na etapa final da síndrome de adaptação geral – o *estágio de exaustão*. Neste ponto, as reservas de energia do corpo são exauridas. O hipocortisolismo (depleção de cortisol), por exemplo, condiz com essa fase final da síndrome. Se o estresse continuar, podem ocorrer doenças e deterioração física ou até mesmo a morte. Por exemplo, um resultado da exaustão é a maior suscetibilidade àquilo que Selye chamou de *doenças da adaptação*. Entre elas, estão reações alérgicas, hipertensão e resfriados comuns, além de patologias mais graves causadas por deficiências imunológicas.

Numerosos estudos reforçaram a ideia básica de Selye de que o estresse prolongado causa problemas para o corpo. Pessoas que passaram por estresse prolongado devido a combates, abuso infantil ou alguma doença crônica podem apresentar aumento das glândulas adrenais, úlceras hemorrágicas, lesões no hipocampo cerebral e anormalidades em várias outras áreas do cérebro. De forma mais geral, o estresse perturba a *neurogênese*, a produção de novos neurônios pelo cérebro (Mirescu e Gould, 2006) e o processo pelo qual as células se dividem. Em um estudo, mulheres que tinham níveis elevados de estresse como cuidadoras de crianças com doenças crônicas graves também apresentaram um sintoma notável de envelhecimento prematuro – segmentos de ácido desoxirribonucleico (DNA) mais curtos, chamados *telômeros*, nas extremidades dos cromossomos. As cuidadoras que apresentaram os níveis mais elevados de estresse tinham células que pareciam 10 anos mais velhas do que sua idade verdadeira (Epel et al., 2004). O encurtamento dos telômeros, que faz as células morrerem porque não podem mais se reproduzir, é associado a uma ampla variedade de doenças relacionadas com a idade (Starr et al., 2008).

A crença de Selye de que todos os estressores produzem as mesmas reações fisiológicas foi revista diante de evidências mais recentes (McEwen, 2005). Pesquisas mais atuais demonstram que as respostas ao estresse são mais específicas; ou seja, apresentam padrões conforme situações e comportamentos de enfrentamento individuais encontrados. Em uma das primeiras demonstrações de especificidade fisiológica, John Mason (1975) encontrou padrões diferentes de secreção de adrenalina,

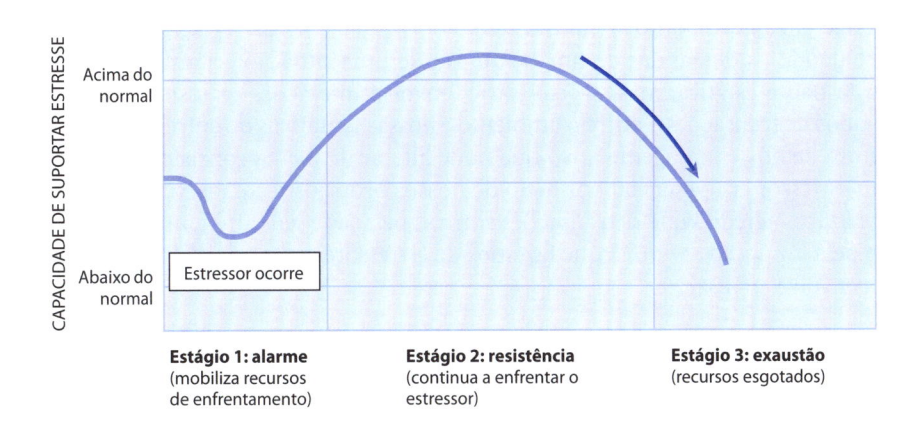

Figura 4.5

A síndrome de adaptação geral. Sob estresse, o corpo entra em uma estágio de alarme durante a qual a resistência ao estresse é temporariamente suprimida. A partir daí, ele se recupera, passando a uma fase de maior resistência ao estresse. A resistência do corpo dura um tempo determinado. Frente ao estresse prolongado, o estágio de exaustão pode ser atingido. Ao longo dessa etapa final, as pessoas se tornam mais vulneráveis a uma variedade de problemas de saúde.

noradrenalina e corticosteroides quando os estressores diferiam em sua previsibilidade. Alguns estressores levaram a aumentos nos níveis de adrenalina, noradrenalina e cortisol, enquanto outros aumentaram apenas um ou dois desses hormônios do estresse. Outros estudos confirmaram que nem todos os estressores produzem as mesmas respostas endócrinas (Kemeny, 2003).

O modelo de Selye foi criticado por ignorar como os fatores situacionais e psicológicos contribuem para o estresse. Atualmente, existem evidências claras de que a *maneira* como o indivíduo avalia, ou percebe, estressores potenciais influencia muito seu impacto para ele. Em um estudo clássico do papel da avaliação, Mason (1975) comparou as respostas adrenais de dois grupos de pacientes terminais a um estressor físico moderado (aplicação de calor). Um grupo consistia em pacientes que permaneceram em coma até o momento de sua morte; o outro era formado por pacientes que haviam permanecido conscientes até a hora da morte. Exames póstumos revelaram que o grupo consciente apresentou sintomas de estresse em resposta à aplicação de calor, como aumento nas glândulas adrenais, enquanto os pacientes que haviam entrado em coma não demonstraram tais sintomas. Resultados como esse indicam que o estresse requer a avaliação consciente do potencial de perigo.

Avaliação cognitiva e estresse

■ **modelo transacional**
teoria de Lazarus de que a experiência de estresse depende tanto da avaliação cognitiva do indivíduo sobre o impacto de um estressor potencial quanto do próprio evento ou da situação.

O modelo mais influente que descreve o estresse como processo é o **modelo transacional** (também chamado de modelo relacional), proposto por Richard Lazarus e Suzan Folkman (1984). A ideia fundamental subjacente a esse modelo é que não podemos compreender completamente o estresse examinando eventos ambientais (estímulos) e pessoas (respostas) como entidades separadas; em vez disso, devemos considerá-los em conjunto como uma transação, na qual cada indivíduo deve se ajustar de forma contínua aos desafios cotidianos.

Segundo o modelo transacional, o *processo* do estresse é desencadeado sempre que os estressores excedem os recursos pessoais e sociais que o indivíduo é capaz de mobilizar para enfrentá-los. Se os recursos de enfrentamento forem suficientemente fortes, não haverá estresse, mesmo que – para outra pessoa – a situação pareça insuportável. No entanto, se os recursos de enfrentamento forem fracos e ineficazes, haverá estresse, mesmo que – para outro indivíduo – as demandas da situação possam ser cumpridas com facilidade.

Conforme mostra a Figura 4.6, avaliar um evento como estressante significa considerá-lo um desafio em potencial, uma fonte de perigo ou uma ameaça ao bem-estar futuro. Um *desafio* é percebido quando a situação é difícil, mas, em última análise, pode ser superada, e a pessoa pode se beneficiar dela. As avaliações de perigo-perda ou ameaça referem-se a resultados menos positivos. O *perigo-perda* é a avaliação de que algum tipo de dano já ocorreu como resultado da situação. Um fato pode ser avaliado como uma *ameaça* quando a pessoa prevê que a situação possa causar perda ou perigo em algum ponto *do futuro*.

Quando as demandas de um evento ou de uma situação criam estresse, nossa resposta não é estática, mas, ao contrário, envolve interações e ajustes contínuos – chamados de transações – entre o ambiente e nossas tentativas de enfrentar o estresse. Cada um de nós é um agente ativo que pode alterar de forma consistente o impacto de um estressor em potencial por meio de nossos próprios recursos.

Lazarus acredita que as transações entre as pessoas e seus ambientes sejam motivadas pela *avaliação cognitiva* que fazemos de estressores potenciais. A avaliação cognitiva envolve analisar:

1. se uma situação ou um evento ameaça o bem-estar do indivíduo;
2. se existem recursos pessoais suficientes disponíveis para lidar com a demanda; e
3. se a estratégia da pessoa para lidar com a situação ou o evento está funcionando.

Quando alguém confronta um fato potencialmente estressante, como o som barulhento da buzina de um carro, realiza uma **avaliação primária** para determinar o significado do evento. De fato, perguntamos: "Será que essa situação irá me causar problemas?".

Na avaliação primária, interpretamos o acontecido de três maneiras: como *irrelevante*, como *benigno-positivo* ou como desafiador ou perigoso, que é a terceira possibilidade, considerado-o *ameaçador* (Fig. 4.6). Se o acontecimento for avaliado como irrelevante ou benigno-positivo, não ocorrerá excitação fisiológica e não haverá estresse.

Uma vez que um evento tenha sido avaliado como desafio ou ameaça, a **avaliação secundária** responde à questão: "O que posso fazer para lidar com esta situação?". Nesse sentido, a pessoa avalia suas capacidades de enfrentamento para determinar se serão adequadas para encarar o desafio ou evitar o perigo, a perda ou a ameaça em potencial. Se os recursos forem considerados adequados, haverá pouco ou nenhum estresse. Quando uma ameaça ou desafio é grande e os recursos de enfrentamento são baixos, é provável que haja estresse.

Por fim, o modelo transacional enfatiza a natureza contínua do processo de avaliação à medida que a nova informação se torna disponível. Com a **reavaliação cognitiva**, atualizamos constantemente nossa percepção de sucesso ou fracasso ante um desafio ou uma ameaça. Novas informações podem nos permitir transformar uma avaliação que a princípio era estressante em benigna-positiva, como quando adquirimos confiança em nossa capacidade de ir bem em um teste inesperado depois de responder de forma correta às primeiras questões.

Todavia, a avaliação cognitiva nem sempre resulta em menos estresse; às vezes, ela aumenta o estresse. Um evento que originalmente era avaliado como benigno ou irrelevante pode assumir com rapidez um caráter ameaçador se a resposta de enfrentamento fracassar ou começarmos a ver o evento de maneira diferente. Por exemplo, uma entrevista para um emprego que pareça estar indo muito bem pode se tornar muito estressante quando o entrevistador menciona de modo casual o grande número de indivíduos bem-qualificados que estão tentando a vaga.

O modelo transacional de Lazarus tem três implicações importantes. Em primeiro lugar, as situações ou os eventos não são inerentemente estressantes ou não estressantes; quaisquer situação ou evento podem ser avaliados (e experimentados) como estressantes por uma pessoa, mas não por outra. Em segundo, as avaliações cognitivas são muito suscetíveis a alterações em humor, saúde e estado motivacional. Pode-se interpretar o mesmo evento ou a mesma situação de maneiras muito diferentes em ocasiões distintas. É possível que ser forçado a ficar no trânsito seja um incômodo pequeno na maioria dos dias; no dia em que você está atrasado para um exame, pode parecer um obstáculo insuperável.

■ **avaliação primária**
determinação inicial que alguém faz do significado de um evento como irrelevante, benigno-positivo ou ameaçador.

■ **avaliação secundária**
determinação que alguém faz de seus próprios recursos e capacidades, verificando se são suficientes para cumprir com as demandas de um evento avaliado como potencialmente ameaçador ou desafiador.

■ **reavaliação cognitiva**
processo pelo qual os eventos potencialmente estressantes são reavaliados de forma constante.

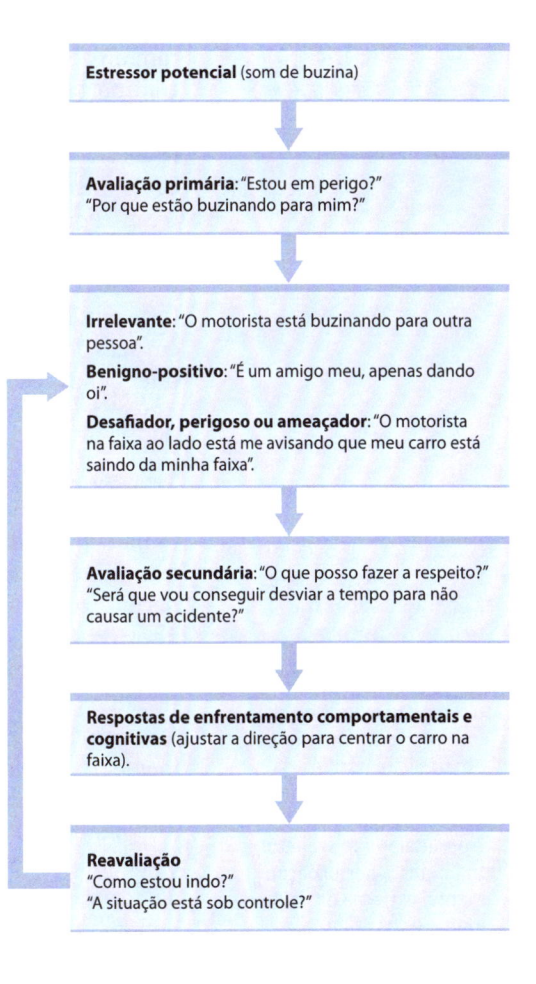

Figura 4.6

O modelo transacional de estresse. O impacto de um estressor potencial, como o som barulhento de uma buzina, depende de um processo de três etapas de avaliação cognitiva. Durante a avaliação primária, os eventos que são percebidos como neutros ou benignos não representam ameaça ou fonte de estresse. Os percebidos como desafiadores, perigosos ou ameaçadores são submetidos a uma avaliação secundária, em que o indivíduo determina se seus recursos de enfrentamento são suficientes para encarar o desafio apresentado pelo estressor. Finalmente, no processo de reavaliação, o *feedback* de novas informações ou esforços contínuos de enfrentamento são utilizados para confirmar a precisão das avaliações primárias e secundárias.

Estressor potencial (som de buzina)

↓

Avaliação primária: "Estou em perigo?" "Por que estão buzinando para mim?"

↓

Irrelevante: "O motorista está buzinando para outra pessoa".
Benigno-positivo: "É um amigo meu, apenas dando oi".
Desafiador, perigoso ou ameaçador: "O motorista na faixa ao lado está me avisando que meu carro está saindo da minha faixa."

↓

Avaliação secundária: "O que posso fazer a respeito?" "Será que vou conseguir desviar a tempo para não causar um acidente?"

↓

Respostas de enfrentamento comportamentais e cognitivas (ajustar a direção para centrar o carro na faixa).

↓

Reavaliação
"Como estou indo?"
"A situação está sob controle?"

Em terceiro lugar, algumas evidências sugerem que a resposta de estresse do corpo seja aproximadamente a mesma, mesmo que a situação seja experimentada de fato ou apenas imaginada. Isso significa que até avaliações lembradas ou imaginadas de uma situação podem produzir uma resposta de estresse.

O modelo da diátese ao estresse

Saber que a resposta ao estresse varia conforme determinado estressor é percebido levou os pesquisadores a propor vários outros modelos que ressaltam a interação entre fatores biológicos e psicossociais na saúde e na doença. O **modelo da diátese ao estresse** propõe que dois fatores que interagem continuamente determinem uma suscetibilidade do indivíduo a estresse e doença: *fatores de predisposição*, que estabelecem a vulnerabilidade de uma pessoa, e *fatores de precipitação* do ambiente (Steptoe e Ayers, 2004). A predisposição pode resultar de fatores genéticos ou de fatores ambientais anteriores, como a exposição crônica à fumaça do cigarro de outras pessoas. Na maioria dos casos, não se acredita que os fatores ambientais precipitantes (estresse) sejam específicos para determinada condição de saúde, enquanto os fatores genéticos predisponentes (diátese) são.

Por exemplo, alguns indivíduos são mais vulneráveis a doenças porque seus sistemas biológicos apresentam maior **reatividade** – reagem com mais intensidade a determinados gatilhos ambientais. Como exemplo, Jennifer McGrath (2003) encontrou diferenças individuais estáveis (diátese) na pressão arterial e frequência cardíaca de crianças durante um teste estressante de desenhar imagens no espelho. De modo interessante, as crianças com maior reatividade cardiovascular apresentaram mais probabilidade de ter uma história familiar de hipertensão e doenças cardiovasculares do que crianças menos reativas. Outro exemplo envolve garotas adolescentes que herdaram uma variação específica de um gene relacionado à depressão, denominado gene transportador de serotonina 5-HTTLPR (diátese). Os resultados indicam que essas garotas são mais vulneráveis à depressão quando estão sofrendo *bullying* (estresse) (Benet, Thompson e Gotlib, 2010). Outros estudos mostram que a reatividade cardíaca ao estresse está ligada ao risco de ataque cardíaco e acidente vascular encefálico (AVE). Por exemplo, pesquisadores estudaram as respostas de 901 homens finlandeses em um teste de memória simples, projetado para produzir um estado moderado de estresse mental. Os com mais de 55 anos de idade que apresentaram a reação mais forte em pressão arterial durante o teste também tiveram os bloqueios mais graves em suas artérias carótidas. Os pesquisadores especulam que, como o colesterol, com o tempo as reações na pressão arterial ao estresse podem prejudicar as coronárias e causar doença coronariana (Kamarck e Lichtenstein, 1998).

Transtorno de estresse pós-traumático

O modelo da diátese ao estresse ressalta o fato de que pessoas diferentes apresentam vulnerabilidades distintas, resultando em muitos efeitos possíveis para a saúde devido ao estresse combinado com a diátese. Um exemplo extremo é o **transtorno de estresse pós-traumático (TEPT)**, que historicamente era diagnosticado quando a pessoa havia experimentado um evento avassalador, tão temerário a ponto de ser considerado *fora dos limites da experiência humana normal*. Em tempo mais recente, esse transtorno foi expandido, passando a incluir a "exposição a um estressor extremamente traumático, abrangendo a experiência pessoal direta de um evento que envolva a morte real ou uma ameaça de morte ou ferimentos graves" (APA, 2000).

Embora o evento traumático mais estudado seja o combate militar, atualmente, os pesquisadores também estão se concentrando em agressões físicas, diagnósticos de doenças que ameacem a vida ou um evento ambiental catastrófico, como um terremoto, uma enchente ou um ato de terrorismo (Klein e Alexander, 2007). Os aci-

---

■ **modelo da diátese ao estresse** propõe que dois fatores que interagem determinam a suscetibilidade do indivíduo ao estresse e à doença: fatores predisponentes na pessoa (como vulnerabilidade genética) e fatores precipitantes do ambiente (como experiências traumáticas).

■ **reatividade** nossa reação fisiológica ao estresse, que varia com o indivíduo e afeta a nossa vulnerabilidade a doenças.

■ **transtorno de estresse pós-traumático (TEPT)** transtorno psicológico desencadeado pela exposição a um estressor traumático extremo, como o combate em guerras ou um desastre natural. Os sintomas do TEPT incluem memórias assombrosas e pesadelos sobre o fato traumático, perturbação mental extrema e *flashbacks* indesejados.

dentes de carro são a causa mais frequente de traumas em homens, e ataques sexuais são a causa mais frequente de trauma em mulheres. Crianças que vivem em bairros violentos ou em alguma das zonas de guerra do mundo também podem apresentar sintomas de TEPT (Garbarino, 1991). No mês após os ataques terroristas de 11 de setembro, estima-se que 8,5% dos residentes de Manhattan tenham apresentado sintomas de TEPT (Galea et al., 2005).

Entre os sintomas do TEPT, estão lembranças assombrosas e pesadelos sobre o evento traumático, perturbações do sono, excesso de culpa e limitações de memória, além de problemas físicos e mentais extremos. As vítimas também podem sofrer de lembranças repentinas indesejáveis, nas quais voltam a vivenciar os sentimentos e as memórias associados ao evento original. Outras queixas envolvem dores musculares, sensibilidade a substâncias químicas e luz solar e distúrbios gastrintestinais. Indivíduos que sofrem de TEPT também apresentam um aumento em processos inflamatórios que podem promover doenças (Shirom et al., 2008). Seus corpos produzem mais adrenalina e noradrenalina, testosterona e tiroxina, que duram por períodos prolongados e respondem aos lembretes audiovisuais de seu trauma com aumentos na frequência cardíaca, na pressão arterial e na tensão muscular. Todavia, com relação à secreção de glicocorticoides, o TEPT costuma ser associado ao hipocortisolismo (níveis artificialmente baixos de cortisol) (Yehuda, 2000).

É importante mantermos em mente o conceito de vulnerabilidade, ou diátese, para o TEPT. Diversos estudos importantes mostram que, em média, a prevalência do TEPT varia de aproximadamente 10% entre soldados que serviram o exército, mas não combateram no Vietnã, Iraque ou Afeganistão, a mais de 30% entre aqueles que experimentaram o combate pesado (Dohrenwend et al., 2006; Hoge et al., 2007). Taxas semelhantes de prevalência foram encontradas entre as vítimas de desastres naturais, tortura e agressões sexuais (Stone, 2005).

Os fatores de risco biológicos e familiares também foram implicados no transtorno. Por exemplo, o TEPT foi relacionado com uma sensibilidade excessiva do sistema límbico, que causa perturbações no eixo HAA, levando à desregulação dos níveis de cortisol e à atrofia do hipocampo à medida que o evento traumático é "revivido" repetidamente (Gill et al., 2009). Além disso, existe uma maior prevalência de TEPT entre filhos adultos de indivíduos com TEPT do que entre sujeitos de famílias sem história do transtorno, mesmo que esses filhos adultos, como grupo, não apresentem uma exposição maior a eventos traumáticos (Yehuda, 1999). É difícil saber, é claro, até que nível isso se deve a fenômenos biológicos, genéticos ou da experiência do indivíduo devido ao elevado grau de ambiente compartilhado encontrado nas famílias.

Teoria do buscar apoio

Embora a noção de *lutar ou fugir* caracterize a principal resposta fisiológica ao estresse em homens e mulheres, Shelley Taylor e colaboradores usaram a perspectiva evolutiva para propor que as mulheres têm mais probabilidade do que os homens de responder aos mesmos estressores com comportamentos de **buscar apoio** que:

1. acalmam, estimulam e cuidam dos filhos para protegê-los do perigo (zelar) e
2. estabelecem e mantêm redes sociais para protegê-los do perigo (ajudar).

■ **buscar apoio** resposta comportamental ao estresse que se concentra em proteger os filhos (zelar) e procurar outros indivíduos para defesa mútua (agrupar).

Como ocorre com outros comportamentos relacionados com o estresse, a teoria do buscar apoio "faz sentido" segundo a perspectiva evolutiva. Durante o período em que a resposta de estresse evoluiu, as mulheres e os homens supostamente foram selecionados para apresentar comportamentos diferentes – os homens para caçar o alimento e defender a família do perigo, e as mulheres para coletar alimento e cuidar dos filhos. Assim como a resposta de lutar e fugir, a de buscar apoio depende de mecanismos fisiológicos subjacentes, em particular, o hormônio *oxitocina*, que é liberado rapidamente em resposta a situações estressantes, com uma forte influência do hormônio estrógeno (Taylor et al., 2006). O padrão de buscar apoio parece envolver o abrandamento de respostas do SNS voltadas para lutar ou fugir. Os seres humanos e outros animais com níveis elevados de oxitocina apresentam comportamentos mais calmos, mais sociáveis e mais maternais. A pesquisa de Taylor sugere que essa resposta de oxitocina seja mais adaptativa em mulheres, promovendo sua própria sobrevivência, junto a dos filhos (Taylor et al., 2000). Estudos envolvendo humanos e primatas não humanos proporcionam uma base para essa hipótese. Em situações estressantes, as fêmeas, em comparação com os machos, apresentam uma forte preferência por se agruparem e mobilizarem amparo social, sobretudo de outras fêmeas (Bell, 1987; Tamres, Janicki e Helgeson, 2002).

Em suma, os seis modelos principais do estresse e da doença que discutimos nos ajudaram a entender vários pontos fundamentais:

1. O estresse prolongado tem efeitos prejudiciais para o corpo.
2. O estresse suprime o sistema imune, deixando o indivíduo vulnerável a infecções e doenças oportunistas (*modelo da imunossupressão*).
3. O estresse interfere na sensibilidade do sistema imune aos hormônios glicocorticoides que normalmente ajudam a controlar inflamações, o que auxilia a explicar o papel do estresse em patologias como a asma e a artrite (*modelo da resistência a glicocorticoides*).
4. As mulheres e os homens respondem de um modo diferente a estressores, com as mulheres apresentando mais comportamentos associados a cuidar de outros e a formação de relacionamentos (*teoria de busca de apoio*) e os homens apresentando mais comportamentos associados a lutar ou fugir.
5. Nossa avaliação cognitiva de desafios determina se sentimos estresse. Interagimos constantemente com nosso meio e nos adaptamos a ele (*modelo transacional*).
6. Fatores genéticos e ambientais afetam nossa suscetibilidade a estresse e doenças (*modelo da diátese ao estresse*).

Você lembra nossa abordagem biopsicossocial neste capítulo? Bem, agora, já deve ter uma boa compreensão da biologia do estresse e também de alguns modelos que têm sido usados para entender os fatores *biológicos e psicológicos* envolvidos na relação entre o estresse e a doença. A seguir, vamos considerar algumas fontes *psicológicas* e *socioculturais* de estresse em nossas vidas.

Fontes biopsicossociais de estresse

Todas as pessoas experimentam estresse. O modo e o porquê de o experimentarmos podem mudar à medida que avançamos em nossa jornada pela vida, mas nenhum de nós escapa. Cada pessoa experimenta os eventos da vida de um modo único. Aquilo que é estressante para você pode não ser para seu colega. De maneira semelhante, algumas das atividades de lazer que você considera relaxantes podem ser estressantes demais para outras pessoas. As pesquisas têm-se concentrado em diversas fontes de estresse: eventos importantes da vida, problemas cotidianos, fatores ambientais, catástrofes, estresse relacionado ao trabalho e aspectos socioculturais. Lembre, com base no modelo transacional do estresse, que não é apenas o evento, mas nossa avaliação sobre ele que nos leva a experimentar estresse.

Eventos importantes da vida

Que impacto os eventos importantes da vida, como mudar de emprego, ter um filho ou perder um ente querido, têm sobre a qualidade de sua saúde? No final da década

O estresse também pode trazer problemas para o bebê antes de nascer. Mulheres que relataram níveis elevados de estresse em uma escala de eventos da vida tiveram mais probabilidade de ter um aborto espontâneo a partir de 11 semanas de gravidez (Boyles et al., 2000).

de 1950, os psiquiatras Thomas Holmes e Richard Rahe, da Universidade de Washington, aumentaram substancialmente nosso entendimento de como os eventos de nossas vidas afetam nossa saúde. Eles entrevistaram mais de 5 mil pessoas para identificar quais fatos as forçavam a realizar as maiores mudanças em suas vidas. A seguir, atribuíram a cada acontecimento um valor em *unidades de mudança de vida* para refletir a quantidade de mudança necessária. Por exemplo, um divórcio perturba muito mais aspectos da vida de um indivíduo do que tirar férias e, assim, receberia um número maior de unidades de mudança de vida. Os eventos que Holmes e Rahe investigaram abrangiam uma ampla variedade, incluindo até ocasiões que mereciam uma comemoração, como um casamento ou uma promoção. Eles avaliaram essas situações e criaram a Social Readjustment Rating Scale (SRRS),[*]

Tabela 4.1

Escala de estresse em universitários

Copie o valor de "estresse" na última coluna para qualquer item que tenha acontecido a você no último ano e some os números.

Evento	Estresse	Você	Evento	Estresse	Você
Ser estuprado	100		Mudança de situação de moradia (problemas, mudanças)	69	
Descobrir que você é HIV-positivo	100		Competir ou apresentar-se em público	69	
Ser acusado de estupro	98		Envolver-se em brigas físicas	66	
Morte de um amigo íntimo	97		Dificuldades com colega de quarto	66	
Morte de um familiar	96		Mudanças no emprego (novo emprego, dificuldades no emprego)	69	
Contrair uma doença sexualmente transmissível (que não a aids)	94		Escolher uma profissão ou preocupações com planos futuros	65	
Preocupação com ficar grávida	91				
Semana de provas	90		Uma aula que você detesta	62	
Preocupação com sua parceira ficar grávida	90		Beber ou usar drogas	61	
Perder a hora de um exame	89		Confronto com professores	60	
Ter de repetir uma disciplina	89		Iniciar um novo semestre	58	
Ser traído(a) pela(o) namorada(o)	85		Sair em um primeiro encontro	57	
Terminar um relacionamento firme	85		Matrículas	55	
Amigo íntimo ou familiar com doença grave	85		Manter um relacionamento amoroso estável	55	
Dificuldades financeiras	84		Deslocamento para o *campus* ou trabalho, ou ambos	54	
Escrever um trabalho final importante	83		Pressões dos amigos	53	
Ser pego "colando" em uma prova	83		Morar longe de casa pela primeira vez	53	
Dirigir bêbado	82		Ficar doente	52	
Sensação de estar sobrecarregado na escola ou no trabalho	85		Preocupações com a aparência	52	
Ter dois exames em um único dia	80		Tirar nota A	51	
Trair a(o) namorada(o)	77		Uma aula difícil que você adora	48	
Casar	76		Fazer novos amigos; dar-se bem com os amigos	47	
Consequências negativas de consumo de álcool ou outras substâncias	75		Seleção de candidatos a vagas na fraternidade/moradia de estudantes	47	
Melhor amigo com depressão ou em crise	73		Pegar no sono em aula	40	
Dificuldades com os pais	73		Ir a um evento esportivo (p. ex., jogo de futebol)	20	
Falar em frente à turma	72		**Total**		
Falta de sono	69				

Nota: Dos 12 mil universitários norte-americanos que completaram essa escala, os escores variaram entre 182 e 2.571, com uma média de 1.247. As mulheres relataram escores significativamente mais altos do que os homens, talvez porque a maioria dos estudantes utilizados nos itens pré-teste fosse mulheres. Se isso for verdade, os itens que são estressantes para as mulheres podem ser representados de forma exagerada na escala.
Fonte: Renner, M. J. e R. S. Mackin, R. S. (1998). A life stress instrument for classroom use, *Teaching of Psychology*, 25, 47.

---

[*] N. de R.T.: A escala de Holmes e Rahe, de 1967, aparece em português como Escala de Readaptação Social, traduzida e adaptada para o Brasil por Lipp, M. (1989). Stress e suas implicações. *Estudos de Psicologia*, Campinas, 5-19.

que foi a primeira tentativa sistemática de quantificar o impacto de mudanças de vida sobre a saúde. (A Tab. 4.1 é a College Undergraduate Stress Scale [Escala de Estresse em Universitários]), uma variação da SRRS original, dirigida especificamente a essa população.)

Holmes e Rahe teorizaram que o número total de unidades de mudança de vida que uma pessoa houvesse acumulado durante o ano anterior poderia prever a probabilidade de que ela ficasse doente nos próximos meses. Em um estudo (Rahe et al., 1970), os pesquisadores obtiveram escores na SRRS de marinheiros que estavam para partir em uma viagem de seis meses. No decorrer da viagem, verificaram uma correlação positiva entre a quantidade de unidades de mudança de vida e a ocorrência de doenças. Os marinheiros que relataram a maior quantidade de unidades de mudança de vida tinham mais probabilidade de adoecer do que aqueles que relataram menor quantidade. A mensagem: quando a vida traz muitas mudanças de uma vez, o estresse que resulta nos torna mais vulneráveis a problemas de saúde.

Foram desenvolvidos muitos outros instrumentos de avaliação de eventos da vida e estresse, incluindo o Undergraduate Stress Questionnaire (USG) (Crandall, Preisler e Aussprung, 1992), a Perceived Stress Scale (PSS) (Cohen, Kamarck e Mermelstein, 1983), o Weekly Stress Inventory (Brantley et al., 2007), o Life Events Inventory (Sharpley et al., 2004), e a Stress Symptom Checklist (Schlebusch, 2004). Alguns são *checklists* e outros são inventários de autoavaliação.

Embora as pesquisas de Holmes e Rahe sejam revolucionárias e influentes (Scully, Tosi e Banning, 2000), o valor da SRRS e de outras escalas para prever o estresse e doenças foi criticado por diversas razões:

- Muitos dos itens da SRRS são vagos e abertos a interpretações subjetivas. "Mudanças em condições de moradia" ou "revisão de hábitos pessoais", por exemplo, podem significar praticamente qualquer coisa.
- Atribuir valores específicos a eventos não leva em consideração diferenças individuais na maneira como os eventos são avaliados (e, portanto, experimentados). Um divórcio, por exemplo, pode significar uma liberdade bem-vinda para uma pessoa e uma perda devastadora para outra.
- A SRRS agrupa todos os eventos – sejam eles considerados positivos, negativos, ao acaso ou decididos voluntariamente. Muitos estudos verificaram que acontecimentos negativos inesperados ou incontroláveis, como a morte prematura de um familiar, são muito mais estressantes do que os positivos, esperados ou que estão sob o controle do indivíduo, como mudar o ramo de trabalho ou tirar férias (Bandura et al., 1988).
- Muitos inventários não diferenciam eventos estressantes resolvidos de não resolvidos. Existem evidências de que os estressores resolvidos causam efeitos adversos substancialmente mais fracos sobre a saúde da pessoa do que fatos que permanecem sem resolução (Turner e Avison, 1992).
- Os inventários de autoavaliação não representam as experiências com exatidão. Algumas pessoas podem omitir ou sub-representar certas situações de suas vidas, enquanto outras – em especial as doentes – podem exagerar os fatos da vida, como um modo de "justificar" sua condição (Turner e Wheaton, 1995).
- As escalas de eventos da vida tendem a subestimar o estresse que os afro-americanos e outras minorias experimentam (Turner e Avison, 2003).

Apesar disso, uma boa teoria é aquela que gera pesquisas que levam a uma nova compreensão, mesmo que também promovam seu próprio ocaso. No mínimo, o grande número de estudos realizados com o uso da SRRS revelou que não existe uma conexão simples e direta entre o estresse da vida e a doença: quando submetidas aos mesmos estressores, uma pessoa ficará doente, enquanto outra não. As consequências do estresse para a saúde dependem de nossa avaliação dos estressores.

Pesquisas verificaram que universitários perfeccionistas eram mais propensos do que os outros estudantes a reagir a eventos estressantes da vida com sintomas de depressão (Flett et al., 1995).

Catástrofes

No dia 28 de março de 1979, aconteceu o pior acidente nuclear comercial da história dos Estados Unidos em Three Mile Island, uma usina nuclear localizada em Middleton, na Pennsylvania. Uma bomba do sistema de refrigeração do reator estragou, causando aumento na pressão e na temperatura. Por duas horas, a válvula trancada permitiu que a água radioativa contaminada que resfriava o núcleo do reator evaporasse para a atmosfera. Logo após o incidente, Andrew Baum e seus colaboradores começaram um dos primeiros estudos sistemáticos realizados em psicologia da saúde com poluição. Por mais de um ano após o acidente, os residentes enfrentaram um nível elevado crônico de estresse, temendo que tivessem sido expostos à radiação (Baum e Fleming, 1993). Esse temor manifestou-se na pressão arterial verificada, que foi excessivamente alta, além de níveis elevados de cortisol, adrenalina e noradrenalina. As respostas ao incidente de Three Mile Island não foram singulares a esse evento. Os pesquisadores descobriram inúmeras respostas semelhantes em situações envolvendo erros humanos e fenômenos naturais. Por exemplo:

- Os resultados de uma pesquisa sobre saúde mental realizada após os ataques terroristas de 11 de setembro mostram que 40% dos 4.739 funcionários do Pentágono apresentaram um nível elevado de TEPT, ataques de pânico, depressão, ansiedade generalizada ou abuso de álcool (Jordan et al., 2004). Um estudo observa que a prevalência de asma após 11 de setembro entre crianças com menos de 5 anos estava bem maior que as estimativas nacionais (Thomas, Brackbill e Thalji, 2008). Outro estudo cita aumentos estatisticamente significativos na pressão arterial em quatro amostras grandes de pacientes hospitalizados em Chicago, Washington, DC, Mississippi e Nova York na época dos ataques de 11 de setembro (Chaplin et al., 2003). Essa elevação persistiu por dois meses após a catástrofe. Não houve diferenças na pressão arterial nos meses que antecederam e seguiram 11 de setembro de 2000 – o mesmo período de tempo, um ano antes.
- Verificou-se um aumento substancial nos sintomas de TEPT entre os sobreviventes do *tsunami* cataclísmico que atingiu o Sri Lanka em dezembro de 2004 (Dewaraja e Kawamura, 2006) e entre aqueles que sobreviveram ao furacão Katrina, que destruiu New Orleans em agosto de 2005 (Weems et al., 2007).
- Durante a Intifada (levante) de al-Aqsa pelos palestinos na faixa de Gaza, psicólogos observaram aumentos súbitos nos níveis de ansiedade, transtorno de estresse agudo, TEPT, depressão e ataques de pânico entre a população (Elbedour et al., 2007). Entre as crianças que vivem na Faixa de Gaza, houve um grande aumento em casos de enurese, pesadelos e transtornos do comportamento (Crawford, 2002).

Os psicólogos da saúde continuam a aprender com o monitoramento dos efeitos fisiológicos e psicológicos desses desastres.

Problemas cotidianos

Mudanças importantes na vida e catástrofes acontecem com baixa frequência; as perturbações do cotidiano ocorrem o tempo todo e, assim, são fontes mais significativas de estresse. Esses problemas menores variam de perder o transporte para o trabalho, não ter o livro de respostas adequado para um exame, perder a carteira, discutir com um professor a morar com um colega irritante.

Richard Lazarus (lembra seu modelo transacional do estresse?) acredita que o impacto desses problemas sobre a saúde dependa de sua frequência, duração e intensidade. Além disso, nossas reações a pequenos problemas são influenciadas por nossa personalidade, nosso estilo individual de lidar com eles e como foi o resto de nosso dia.

A contrapartida dos aborrecimentos cotidianos são as experiências motivadoras ou alegrias: experiências que elevam o humor, como receber um sinal de aprovação do chefe, ouvir uma canção preferida no momento certo ou até mesmo ter uma boa noite de sono. Assim como as perturbações podem causar estresse físico e emocional com possibilidade de resultar em doenças, as alegrias podem servir como uma proteção contra os efeitos do estresse.

Lazarus e colaboradores criaram uma escala para aferir as experiências das pessoas com problemas e motivações no dia a dia (Kanner et al., 1981). A Hassles and Uplifts Scale* consiste em 117 eventos que variam de pequenos prazeres a grandes problemas. Uma escala revisada, publicada alguns anos depois, pede para os sujeitos concentrarem-se no impacto que certas situações positivas e negativas tiveram sobre seu bem-estar (DeLongis, Folkman e Lazarus, 1988). A Tabela 4.2, a seguir, mostra os 10 problemas e motivações emocionais mais frequentes, conforme informou essa amostra de adultos, bem como a porcentagem de vezes em que cada evento foi identificado.

Até que ponto os aborrecimentos e as alegrias de um indivíduo preveem seu bem-estar psicológico? Os problemas cotidianos mostraram ser um prognóstico melhor de doenças do que os grandes eventos da vida e a frequência de motivações emocionais cotidianas. Os problemas cotidianos ou irritações e estressores afetam negativamente a saúde física e mental até um grau que excede as consequências adversas de grandes eventos da vida. Estudos mostram, por exemplo, que a escala revisada não é melhor que a SRRS para prever a ocorrência de dor de cabeça, episódios de doença intestinal inflamatória e outras condições (Searle e Bennet, 2001). Outros estudos mostram que os problemas cotidianos estão associados a uma piora nos sintomas em pessoas que já sofrem de doenças como *lúpus* (Peralta-Ramirez et al., 2004).

Todavia, críticos argumentam que alguns dos itens listados como problemas podem, na verdade, ser *sintomas* de estresse, em vez de estressores. Os itens relacionados com a aparência, por exemplo, podem identificar uma autoestima mais baixa que *resulta* do estresse, em vez de contribuir para ele. Ademais, alguns itens referem-se ao consumo de álcool e outras substâncias, dificuldades sexuais, doenças físicas e temores pessoais – todos possíveis consequências do estresse.

Tabela 4.2

Problemas e motivações emocionais comuns

Problemas	Porcentagem de vezes durante nove meses	Motivações	Porcentagem de vezes durante nove meses
1. Preocupação com o peso	52,4	1. Relacionar-se bem com o cônjuge	76,3
2. Saúde de membro da família	48,1	2. Relacionar-se bem com os amigos	74,4
3. Aumento no preço de mercadorias	43,7	3. Completar uma tarefa	73,3
4. Manutenção do lar	42,8	4. Sentir-se saudável	72,7
5. Coisas demais para fazer	38,6	5. Dormir o suficiente	69,7
6. Perder coisas	38,1	6. Jantar fora	68,4
7. Manutenção externa da casa ou do quintal	38,1	7. Cumprir com as responsabilidades	68,8
8. Propriedade, investimento ou impostos	37,6	8. Visitar, telefonar ou escrever para alguém	67,7
9. Crimes	37,1	9. Passar tempo com a família	66,7
10. Aparência física	35,9	10. Satisfação com o lar	65,5

Fonte: Adaptada de "Comparison of Two Modes of Stress Management: Daily Hassles and Uplifts *versus* Major Life Events", de A. D. Kanner, C. Coyne, C. Schaefer e R. S. Lazarus, 1981, *Journal of Behavioral Medicine, 4*, p. 14.

---

* N. de R.T.: A Hassles and Uplifts Scale de DeLongis, Folkman e Lazarus (1988) foi traduzida e adaptada para o português como Escala de Aborrecimentos e Alegrias por Silva, M.T.A.; Franceschini, A.C.T.; Manrique-Saade, E.A.; Carvalhal, L.G.; e Kameyama, M. (2008). Escala hassles & uplifts: versão em português. *Estudos de Psicologia*, Campinas, 25(1), 91-100.

Além disso, outros pesquisadores sugeriram que indivíduos já apresentando níveis altos de ansiedade (Kohn et al., 1990), aqueles que têm dificuldade para "abrir mão" de objetivos inatingíveis (Miller e Wrosch, 2007), bem como pessoas que percebem níveis baixos de apoio social (Fiksenbaum, Greenglass e Eaton, 2006), consideraram os problemas cotidianos mais estressantes. Lisa Fiksenbaum e colaboradores observaram que, entre os idosos, a falta de apoio social desencadeia estresse com tanta frequência quanto os problemas do dia a dia. Isso sugere que uma pessoa ansiosa demais ou isolada socialmente possa reagir de maneira exagerada a problemas cotidianos, amplificando seu impacto. Em congruência com o modelo da diátese ao estresse, indivíduos predispostos a não reagir exageradamente podem ser menos vulneráveis ao impacto físico e psicológico desses problemas.

Também já foi demonstrado que os problemas cotidianos interagem com estressores de *background* duradouros, como a insatisfação com o trabalho (Wang et al., 2008), o deslocamento para o trabalho e para casa (Gottholmseder, Nowotny, Pruckner e Theurl, 2009) e o fato de morar em condições de pouco espaço ou com superlotação (Regoeczi, 2003). Para populações de minorias, os problemas diários envolvem o racismo, que está ligado, por exemplo, à hipertensão em afro-americanos (Mays, Cochran e Barnes, 2007). A discriminação também é experimentada regularmente por outros grupos étnicos (Edwards e Romero, 2008) e por homens e mulheres bissexuais e homossexuais (Huebner e Davis, 2007). Um exemplo impactante da interação entre os problemas cotidianos e o estresse crônico são as taxas alarmantes de divórcio, suicídio, assassinato e doenças relacionadas com o estresse que ocorreram na Rússia durante os quatro anos logo após o fim da União Soviética (Holden, 1996). Suspeita-se que o estresse social e econômico de *background* persistente verificado durante esse período tenha impulsionado muitas pessoas a reagirem de forma exagerada a estressores cotidianos que normalmente teriam sido ignorados. Chama atenção que, durante esse mesmo período de tempo, a expectativa de vida para homens russos tenha caído de 64 para 59 anos de idade.

Estresse ambiental

Metrôs lotados, esquinas barulhentas e poluição são fatos cotidianos para muitos de nós. A menos que sejamos capazes de fugir, mudando para uma região remota do mundo, esses estressores potenciais, que são bastante incontroláveis, podem nos afetar por muitos anos. Com o passar do tempo, será que eles afetam nossa saúde e nosso bem-estar? Vejamos.

Ruído

Como estudante em Nova York, morei por dois anos em um apartamento no quinto andar, sem ar condicionado, com uma linha elevada do metrô a menos de 30 metros de minha janela. Com a janela aberta no verão, qualquer trem que passasse literalmente sacudia o prédio, e eu era forçado a gritar para ser ouvido por um amigo que estivesse na mesma sala. Ainda assim, o apartamento barato era tudo o que eu podia pagar, e de forma inadvertida, tornei-me um estudo de caso do impacto físico e psicológico de ruídos crônicos.

Utilizando estudos de campo e de laboratório, os psicólogos da saúde descobriram inúmeras consequências negativas para a saúde decorrentes de viver em ambientes ruidosos. Em um estudo, verificou-se que crianças vivendo perto do aeroporto de Munique, na Alemanha, comparadas com um grupo de controle, apresentavam níveis mais elevados de pressão arterial sistólica e diastólica e de cortisol e outros hormônios do estresse (Evans et al., 1995).

Os pesquisadores também se concentraram no impacto do ruído crônico sobre o desempenho acadêmico. No estudo de Evans citado anteriormente, a motivação, a memória de longa duração e as habilidades de leitura e linguísticas das crianças vivendo perto de aeroportos barulhentos foram perturbadas. De maneira semelhante, Sheldon Cohen, David Glass e Jerome Singer (1973) verificaram que crianças vivendo em apartamentos ruidosos tinham maior dificuldade para detectar diferenças sutis em sons e apresentavam mais problemas de leitura do que as que viviam em apartamentos silenciosos. Quanto mais tempo as crianças haviam morado no apartamento atual, maior a discrepância. Outro estudo observou que as crianças frequentando a escola em salas voltadas para trilhos de trem ruidosos tinham notas mais baixas em leitura do que as que assistiam às aulas em salas no lado mais silencioso do prédio (Bronzaft e McCarthy, 1975).

Assim como fiz em meu apartamento barulhento, a maioria das pessoas tenta enfrentar ruídos crônicos se desligando de sons externos e concentrando sua atenção apenas em pistas relevantes (como a voz da pessoa com quem está falando). Como são jovens, contudo, as crianças têm menos probabilidade do que os adultos de diferenciar as pistas apropriadas das inapropriadas. Isso explica por que o ruído crônico é mais perturbador para elas. Crianças podem ter mais dificuldade com habilidades verbais porque têm mais probabilidade de "desligar" os elementos verbais (com o ruído) de seu ambiente. Para testar essa ideia, os psicólogos da saúde também investigaram o impacto do ruído sobre a saúde no cenário mais controlado do laboratório. Nesses estudos, demonstraram que níveis bastante altos de ruído (80 a 90 decibéis em surtos aleatórios) perturbam a capacidade de prestar atenção até mesmo em tarefas cognitivas simples, assim como a memória de curta duração (Ljungberg e Neely, 2007).

O ruído isolado não causa necessariamente estresse. A avaliação cognitiva do indivíduo desempenha um papel importante, conforme demonstrado por um estudo que questionava pessoas que viviam em uma rua movimentada sobre sua saúde, seu sono, seus níveis de ansiedade e sua atitude em relação ao ambiente barulhento (Nivision e Endresen, 1993). Embora os níveis de ruído não estivessem correlacionados de modo significativo com falta de saúde, perda de sono ou maior ansiedade, as atitudes subjetivas dos residentes para com o ruído estavam bastante ligadas ao número de suas queixas de problemas de saúde. Em outro estudo, trabalhadores mais sensíveis ao ruído apresentaram níveis mais elevados de cortisol do que os que consideravam o mesmo nível de ruído menos perturbador (Waye et al., 2002).

Um fator fundamental na maneira como uma pessoa avalia o ruído é seu potencial para controlar o nível de ruído. Em um estudo, David Glass e Jerome Singer (1972) demonstraram que universitários aos quais foi oferecida a possibilidade de controlar um ruído alto e perturbador relataram menos estresse do que os que não tiveram a oportunidade de controlá-lo. Isso pode explicar por que o ruído "autoadministrado" – como o experimentado em concertos de *rock* – é, em geral, avaliado como benigno e até agradável.

Lotação

Em um estudo clássico dos efeitos da superlotação no comportamento de animais, o pesquisador John Calhoun (1970) proporcionou condições de vida ideais para um grupo de ratos, permitindo que comessem, bebessem e se reproduzissem livremente. Quando o espaço era grande, os ratos se comportaram de maneira normal, formando grupos sociais estáveis, reproduzindo-se de forma bem-sucedida e criando seus filhos até a maturidade com saúde.

À medida que a população aumentou, contudo, a anteriormente boa "comunidade" de ratos começou a se deteriorar. Brigas frequentes ocorriam, já que os machos começavam a demarcar e tentar defender um território cada vez mais lotado. Além disso, a mortalidade infantil aumentou de repente, a receptividade sexual das fêmeas decaiu e alguns ratos se tornaram canibais.

Assim, quais são os efeitos da superlotação sobre os seres humanos? Em outro exemplo da importância da avaliação cognitiva no processo de estresse, alguns pesquisadores dizem que devemos fazer distinção entre a superlotação e a **densidade populacional**, que se refere ao número de pessoas que vivem em certa área. A lotação

■ **densidade populacional**
medida da lotação com base no número total de pessoas vivendo em uma área de tamanho limitado.

CAPÍTULO 4 | Estresse

é um estado *psicológico* em que as pessoas acreditam que não possuem espaço suficiente para agir como desejam.

A densidade é necessária para produzir lotação, mas a lotação não é uma consequência inevitável da densidade. Estar em uma celebração de Ano-Novo lotada, por exemplo, pode não ser percebido como superlotação, apesar da densidade populacional extrema. Da mesma forma, a presença de uma ou outra família de campistas em um local ao ar livre pode representar uma multidão intolerável para alguém que busca ficar sozinho em suas férias.

Outros estudos demonstraram que o projeto de espaços residenciais pode ter efeito bastante amplo sobre a saúde física e o bem-estar subjetivo. Estudos de dormitórios estudantis, por exemplo, revelam que os dormitórios com suítes agrupadas são preferenciais, em vez dos arranjos mais tradicionais de quartos distribuídos em corredores longos. Os residentes desses quartos sentem-se mais comprimidos, relatam menos sentimentos de controle, são mais competitivos e reagem de maneira mais negativa a pequenas perturbações.

A superlotação, o ruído, a poluição, a discriminação, o desemprego, o crime, a ameaça de violência e outros estressores costumam ocorrer juntos, naquilo que foi denominado *ambiente de pobreza* (Ulrich, 2002). Vários estudos sugerem que esse tipo de estresse comunitário – especialmente quando envolve violência – seja o que cobra o preço mais alto do bem-estar psicológico e físico de crianças e adolescentes (Ozer, 2005; Rosario, 2008). Outras pesquisas revelam que o *status* socioeconômico *está* ligado ao estresse cotidiano: as pessoas mais ricas relatam ter menos problemas diários do que as que não são afluentes (Grzywacz et al., 2004).

O estresse ambiental é um fato da vida. O ruído e a superlotação podem nos deixar ansiosos e irritáveis e mais vulneráveis a distúrbios físicos. Para algumas pessoas, essas reações, e os estressores que as desencadeiam, tornam-se um foco nítido no local de trabalho.

Lotação O Japão é notório por seu longo dia de trabalho e pela falta de tempo de férias. Os trabalhadores começam seu dia carregado de estresse com uma viagem de metrô igualmente repleta de estresse para seus trabalhos. O número de pessoas que lotam o metrô se torna tão perigoso que o sistema teve de contratar funcionários para administrar a superlotação.

Trabalho

Nos últimos anos, grande quantidade de pesquisas examinou as causas e as consequências do estresse relacionado com o trabalho. Tais estudos são importantes por duas razões: em primeiro lugar, quase todas as pessoas experimentam, em algum momento, estresse relacionado com seu trabalho. Em segundo, esse estresse talvez seja um dos problemas de saúde mais evitáveis e, assim, proporciona inúmeras possibilidades para intervenção.

Para a maioria das pessoas, o estresse no trabalho é breve e não representa uma ameaça grave à saúde. Para outras, contudo, ele pode ser crônico, continuando por anos. Vejamos alguns fatores que podem tornar certos trabalhos mais estressantes do que outros.

O trabalho tornou-se uma ética tão profundamente arraigada na cultura dos japoneses que eles criaram um termo, *karoshi*, para descrever a morte que resulta da sobrecarga de trabalho. De acordo com a lei japonesa, os familiares, desolados com a perda de seus entes queridos, têm direito a uma compensação financeira especial se conseguirem provar que a causa da morte de seu parente foi *karoshi*.

Sobrecarga de trabalho

Uma fonte de estresse ocupacional é a *sobrecarga de trabalho*. As pessoas que trabalham muito em inúmeras tarefas sentem-se mais estressadas (Caplan e Jones, 1975). Elas também apresentam hábitos piores de saúde (Sorensen, 1985), sofrem mais acidentes (Quick e Quick, 1984) e têm mais problemas de saúde do que os outros trabalhadores (Repetti, 1993). Como exemplo, a ativação crônica do eixo HAA, que foi relacionada com comprometimento excessivo, aumenta o risco de doenças cardiovasculares (Steptoe, Siegrist, Kirschbaum e Marmot, 2004), assim como o repouso incompleto durante os finais de semana e as férias (Kivimaki et al., 2006). A preocupação com as consequências adversas da sobrecarga de trabalho para a saúde no Japão – onde *karoshi* (trabalhar até morrer) foi relacionado com dias e semanas de trabalho excessivamente longos, horários de sono fragmentados e pouco tempo de folga – foi seguida por uma redução nas horas de trabalho no país no decorrer da última década (Kanai, 2009).

Uma forma relacionada de estresse no trabalho ocorre quando as pessoas tentam equilibrar várias atividades diferentes ao mesmo tempo e experimentam uma *sobrecarga de papéis*.

Os problemas associados a lidar com múltiplos papéis simultâneos são particularmente grandes para as mulheres. Na época atual, a maioria das mães, mesmo as que têm filhos menores, participa da força de trabalho (DPE, 2009). Estudos já realizados sustentam duas hipóteses opostas. Uma delas, a *hipótese da escassez*, afirma que, como possuem quantidade limitada de tempo e energia, as mulheres com múltiplas demandas sofrem com a sobrecarga de papéis. A outra, a *hipótese da melhoria*, afirma que os benefícios do trabalho significativo em aumentar a autoestima de uma trabalhadora superam os custos.

Para estudar essa questão ainda mais, Ulf Lundberg, da Universidade de Estocolmo, desenvolveu uma "escala de carga de trabalho total" para quantificar o número de demandas existentes na vida das mulheres (Lundberg et al., 1994). Usando essa escala, verificou que a idade e o nível ocupacional não fazem muita diferença na carga total de trabalho feminino. A presença de filhos, contudo, faz uma diferença enorme. Em famílias sem crianças, os homens e as mulheres trabalham uma média de 60 horas por semana. Em famílias com três ou mais crianças, as mulheres trabalham a média de 90 horas por semana em atividades remuneradas e não remuneradas, enquanto os homens ainda trabalham uma média de apenas 60 horas. "O estresse das mulheres é determinado pela interação de condições no lar e no trabalho", observa Lundberg, "enquanto o dos homens é determinado mais por situações do trabalho".

Em outro estudo de respostas psicológicas e fisiológicas relacionadas com o trabalho e a família, Lundberg e Marianne Frankenhaeuser (1999) investigaram gerentes do sexo feminino e masculino em posições superiores. Enquanto homens e mulheres experimentavam seus trabalhos como algo desafiador e estimulante, as mulheres eram mais estressadas devido a sua maior carga de trabalho não remunerado e sua maior responsabilidade por obrigações relacionadas com o lar e a família. Do ponto de vista fisiológico, as mulheres tinham níveis mais elevados de noradrenalina do que os homens, durante e após o trabalho, o que refletia sua maior carga. Mulheres com filhos para criar apresentaram níveis significativamente maiores de noradrenalina e cortisol após o trabalho do que os outros participantes.

Embora observações como as de Lundberg pareçam amparar a hipótese da escassez, outros pesquisadores verificaram que, de modo geral, os múltiplos papéis de trabalhadora, esposa e mãe trazem benefícios à saúde feminina (LaCroix e Haynes, 1987; Schnittker, 2007). Além disso, para muitas mães que trabalham, o emprego é uma importante fonte de autoestima e de satisfação na vida. Se os papéis múltiplos estão associados a efeitos adversos ou benéficos para a saúde depende muito dos recursos que as pessoas possuem a sua disposição. Mulheres que estão criando filhos sem um parceiro têm especialmente probabilidade de se sentirem estressadas (Livermore e Powers, 2006); também podem apresentar risco de desenvolver problemas de saúde (Hughes e Waite, 2002). De fato, os pesquisadores verificaram que aqueles adultos – homens e mulheres – que percebem que têm apoio e são capazes de equilibrar papéis vocacionais, conjugais e parentais em geral são mais saudáveis e mais felizes do que os que lidam apenas com um ou dois desses papéis (Hochschild, 1997; Milkie e Peltola, 1999).

Sobrecarga de papéis A tarefa de administrar papéis múltiplos afeta homens e mulheres, mas o aumento no nível de emprego para elas desencadeou mais pesquisas a respeito da sobrecarga de papéis e do estresse relacionado com o trabalho feminino. Alguns achados de pesquisas com relação ao estresse da sobrecarga de papéis são contraditórios; contudo, a conclusão geral parece que o importante é a qualidade das experiências de uma mãe trabalhadora em seus diversos papéis.

A partir de pesquisas como essas, os pesquisadores concluíram que o mais importante não é o número de papéis que uma mulher ocupa, mas a qualidade de sua experiência nesses papéis. Ter controle sobre o próprio trabalho, boa renda, cuidado infantil adequado e família solidária ajudam a reduzir a probabilidade de que as demandas de papéis múltiplos sejam estressantes. De maneira semelhante, ainda que as pessoas reclamem que trabalhar muito gere estresse, os estudiosos observam ser mais provável que os sintomas do estresse, o número de dias perdidos de trabalho por problemas de saúde e a satisfação geral na vida sofram influência de outras características do local de trabalho, como a autonomia, as oportunidades de aprender, o apoio de supervisores e a flexibilidade de horários (Schwartz, 2003).

■ **esgotamento** estado de exaustão física e psicológica relacionada com o trabalho.

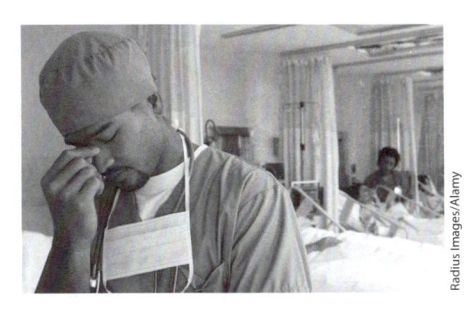

Esgotamento

O **esgotamento** foi definido como o estado de exaustão física e psicológica relacionada com o trabalho que pode ocorrer entre indivíduos que lidam de alguma forma com outras pessoas (Maslach, 2003). Os empregos que envolvem responsabilidade com outras pessoas, em vez de responsabilidade com produtos, parecem causar níveis elevados de esgotamento (Sears et al., 2000). Os trabalhadores da área da saúde, dentistas, paramédicos, controladores de voo e bombeiros são especialmente suscetíveis a esse tipo de estresse ocupacional. Diversos estudos demonstram que até um terço dos enfermeiros relata sintomas relacionados com o estresse grave o suficiente para serem considerados sinais de risco para transtornos psiquiátricos (Fasoli, 2010; Tyler e Cushway, 1992). Ainda que o esgotamento em geral se desenvolva ao longo de anos, seus sinais de aviso e sintomas podem aparecer muito cedo. Entre eles, estão sensações de exaustão mental e física; absenteísmo e uma rotatividade elevada no trabalho (Schernhammer, 2005); níveis anormais de hormônio do estresse (Mommersteeg et al., 2006); mudanças no funcionamento dos sistemas imune e simpático; um aumento em doenças relacionadas com o estresse, como cefaleias, dores nas costas e depressão; e temperamento irritadiço (Zanstra et al., 2006).

Todavia, o esgotamento não é uma consequência inevitável de estar empregado em determinadas áreas profissionais. Segundo o modelo biopsicossocial, a suscetibilidade à maioria das condições de saúde é o produto de fatores sobrepostos em todos os domínios da saúde. Por exemplo, os enfermeiros que têm autoestima elevada, um forte sentimento de controle pessoal e que mantêm uma visão esperançosa e otimista da vida apresentam menos probabilidade de experimentar esgotamento do que os mais pessimistas, ressaltando, assim, a função protetora de certos estilos de personalidade (Browning, Ryan, Greenberg e Rolniak, 2006; Sherwin et al., 1992).

Esgotamento Trabalhos que envolvem responsabilidade por outras pessoas, em vez de responsabilidade por produtos, parecem causar níveis elevados de esgotamento. Os trabalhadores da área da saúde, como esse jovem médico, são especialmente suscetíveis a tal tipo de estresse ocupacional. Os bombeiros têm trabalhos estressantes, em parte em razão de sua responsabilidade pelas vidas de outras pessoas, o que os torna muito suscetíveis ao esgotamento.

Controle: excessivo ou insuficiente

Os trabalhadores sentem mais estresse quando têm pouco ou nenhum controle sobre os procedimentos, o ritmo e outros aspectos de seu trabalho (Steptoe et al., 1993). A relação entre a falta de controle e a doença foi claramente revelada no estudo clássico de Marianne Frankenhaeuser (1975) com trabalhadores de serrarias escandinavos. Comparados com trabalhadores que tinham mais voz em relação a diversos aspectos de seu trabalho, aqueles que trabalhavam em empregos entediantes, repetitivos e com pouco controle apresentavam níveis significativamente mais altos de hormônios do estresse, pressão arterial elevada, mais dores de cabeça e mais distúrbios gastrintestinais, incluindo úlceras. Mesmo uma quantidade pequena de controle já ajuda bastante a produzir efeitos benéficos para a saúde (Montpetit e Bergeman, 2007).

Outros estudos confirmaram a relação entre o controle percebido e o estresse relacionado com o trabalho, sobretudo em culturas ocidentais que enfatizam a autonomia e a responsabilidade do indivíduo. Um estudo feito com servidores públicos britânicos, por exemplo, verificou que os trabalhadores de ocupações inferiores e de baixo nível de controle tinham pior saúde, mesmo após serem feitos ajustes para o hábito de fumar, fazer dietas e praticar exercícios (Hewison e Dowswell, 1994). Todavia, uma comparação transcultural mais recente entre populações britânicas e japonesas observou que um senso inferior de controle estava associado ao estresse em britânicos, mas *não* em japoneses (O'Connor e Shimizu, 2002).

A falta de controle também foi relacionada à raiva e ao desenvolvimento de doença coronariana (Bosma et al., 1997; Fitzgerald et al., 2003), assim como um risco geral maior de morrer (Amick et al., 2002).

Secretárias, garçonetes, operários e gerentes intermediários estão entre as ocupações mais estressantes, marcadas por tarefas repetitivas e pouco controle sobre os eventos. Pontos comuns a essas ocupações são queixas de exigências demais, com pouca autoridade para influenciar as práticas de trabalho. O senso de impotência resultante com frequência cria um estresse avassalador (Daniels, 2006). As questões relacionadas com o controle contribuem para a experiência de estresse em outros segmentos da sociedade que se sentem impotentes, incluindo indivíduos pobres, imigrantes e mulheres. (Ver o quadro Diversidade e vida saudável: fatores socioculturais no estresse, na p. 103).

O paradoxo da escolha Recentemente, o psicólogo Barry Schwartz (2004) afirmou que ter um nível excessivo de escolha, tanto no local de trabalho quanto em outras situações, pode ser prejudicial para nosso bem-estar. Muitos trabalhadores, nos dias atuais, enfrentam mais escolhas do que nunca antes. A revolução das telecomunicações, por exemplo, aumentou de forma marcante a flexibilidade de local e o tempo em que muitas pessoas trabalham. O correio eletrônico, os computadores portáteis e os telefones celulares permitem que, para muitas pessoas, não haja obstáculos que impeçam de trabalhar o tempo todo. Como outro exemplo, hoje as pessoas trocam de emprego com muito mais frequência do que os trabalhadores de gerações anteriores. Aos 30 anos de idade, o norte-americano médio já terá trabalhado em nove empregos diferentes. E, a cada ano, estima-se que 17 milhões de norte-americanos troquem de emprego *voluntariamente*, na esperança de progredir (Clark, 1999). Schwartz acredita que, à medida que aumenta de maneira vertiginosa o número de opções que as pessoas têm em suas vidas, atinja-se um ponto em que a escolha não liberta mais, mas começa a debilitar.

Outras fontes de estresse relacionado com o trabalho

Diversos outros aspectos verificados em empregos aumentam o estresse entre os trabalhadores, incluindo os seguintes:

- *Ambiguidade ou conflito de papéis.* A ambiguidade de papéis ocorre quando os trabalhadores não têm certeza de seu trabalho ou dos padrões utilizados para avaliar seu desempenho. O conflito de papéis ocorre quando um trabalhador recebe mensagens confusas sobre essas questões de diferentes supervisores ou de colegas de trabalho.
- *Revezamento de turnos.* O trabalho em revezamento de turnos envolve a mudança contínua da equipe de trabalho, com grupos que trabalham em horários diferentes. Os turneiros enfrentam perturbações na vida familiar e doméstica, além de sofrerem alterações em seus *ritmos biológicos*. A maioria das funções humanas

Diversidade e vida saudável

Fatores socioculturais no estresse

Muitos pesquisadores argumentam que os fatores socioculturais podem ter impacto maior sobre a saúde do que eventos discretos da vida cotidiana. Diversos estudos demonstraram que o fato de ser afro-americano, pobre, imigrante ou mulher pode ser uma fonte de estresse crônico na vida.

Os afro-americanos, os nativos norte-americanos e os hispano-americanos, por exemplo, relatam significativamente mais estresse em suas vidas diárias do que indivíduos que não fazem parte de minorias. Talvez isso advenha do racismo e da opressão sutil que as pessoas marginalizadas sentem porque suas necessidades costumam parecer periféricas aos interesses da maioria dos norte-americanos.

Pobreza Pessoas com *status socioeconômico* mais baixo têm mais probabilidade de sofrer os efeitos negativos do estresse por pelo menos duas razões. Em primeiro lugar, elas invariavelmente experimentam um número maior de fontes de estresse, como moradias superlotadas, criminalidade no bairro onde residem e o fato de criarem filhos sozinhas. Em segundo, têm menos probabilidade de obter os recursos financeiros necessários para ajudá-las a lidar com o estresse (Adler e Matthews, 1994).

A falta de moradia é um problema que muitas pessoas pobres enfrentam. Pelo menos 2,3 milhões de adultos e crianças nos Estados Unidos dormem nas ruas a cada noite (Gladwell, 2006). As crianças sem-teto têm mais medos, mais brigas, menos amigos, mais doenças crônicas e mais mudanças de escola do que seus pares e, do ponto de vista acadêmico, estão aproximadamente 14 meses atrás. As famílias sem-teto, como unidade, também não possuem uma rede de apoio social para ajudá-las a enfrentar a vida. Por fim, muitas dessas famílias são encabeçadas por mães solteiras que ainda lutam para enfrentar os efeitos de um relacionamento abusivo.

Estresse em imigrantes Os imigrantes são pressionados para se tornarem aculturados – ou seja, adotar valores culturais e comportamentos do grupo dominante em um país. Em um país multicultural como os Estados Unidos, a **aculturação** é uma preocupação crescente para os psicólogos da saúde. Em 2000, 28,4 milhões de estrangeiros moravam nos Estados Unidos, representando 10,4% da população total. Entre esses, 51% nasceram na América Latina, 25,5% na Ásia, 15,3% na Europa, e os restantes 8,2% em outras regiões do mundo (U.S. Bureau of the Census, 2000). Como o estresse da aculturação afeta a saúde?

Existem duas visões principais do estresse causado pela aculturação (Griffith, 1983). O *modelo do* melting pot sustenta que os imigrantes que lutam rapidamente para se tornarem como as pessoas que formam a cultura dominante experimentam menos estresse por aculturação. Segundo essa teoria, eles minimizariam seu estresse da adaptação aprendendo e falando inglês e adotando os costumes da sociedade norte-americana vigente.

Segundo a *teoria bicultural*, os imigrantes experimentam menos estresse quando mantêm seus valores e costumes tradicionais enquanto também se adaptam à cultura em voga. Segundo essa perspectiva, uma combinação flexível de identidade étnica e esforços para se adaptar à cultura vigente promove o bem-estar.

Embora alguns problemas de saúde estejam ligados ao fracasso em se tornar aculturado, o oposto ocorre com mais frequência. Adaptar-se a uma nova cultura quase sempre é estressante, em especial quando se faz parte de uma minoria marginalizada. Considere:

- Indivíduos norte-americanos de famílias mexicanas que já estão bastante aculturados apresentam taxas mais elevadas de depressão e uso de substâncias do que aqueles que vivem nos Estados Unidos, mas nasceram no México (Hartung, 1987).
- Mulheres hispano-americanas bastante aculturadas têm mais probabilidade de serem alcoolistas do que mulheres hispano-americanas pouco aculturadas (Caetano, 1987). Os papéis de gênero menos rígidos dos Estados Unidos e um relaxamento dos limites tradicionais sobre o hábito de beber em mulheres latinas pode explicar tal achado.
- Meninas hispano-americanas do ensino médio muito aculturadas são mais suscetíveis do que garotas menos aculturadas a transtornos da alimentação, como a anorexia. A aculturação talvez deixe essas jovens mais vulneráveis a estereótipos de beleza feminina na cultura norte-americana (Pumariega, 1986).

O estresse para pessoas que estão em processo de aculturação é normalmente mais baixo quando a migração é voluntária, em vez de forçada (i.e., para migrantes, em vez de refugiados); quando existe um grupo social de apoio em funcionamento (quando há uma comunidade étnica disposta a ajudar durante o processo de fixação); quando há tolerância para com a diversidade na cultura principal; e quando a renda, o nível educacional e outros fatores relacionados com a origem do indivíduo facilitam a transição de uma país para outro (Berry, 1997). Com relação a essa última questão, os dados não são muito animadores. Considere:

- **aculturação** processo em que um membro de determinado grupo étnico ou racial adota valores, costumes e comportamentos de outro grupo.

- Em 1999, 16,8% dos residentes dos Estados Unidos que nasceram no exterior viviam abaixo da linha da pobreza, comparados com 11,2% dos residentes nascidos no país (U.S. Bureau of the Census, 2000).
- Os imigrantes têm menos probabilidade de concluir o ensino médio do que os residentes nativos, (67% e 86,6%, nessa

ordem). Em 1999, mais de um quinto dos nascidos no exterior estava abaixo da educação média (22,2%), comparados com cerca de um vigésimo dos residentes nativos (4,7%). Curiosamente, as proporções dos que apresentavam nível superior não eram muito diferentes para residentes nativos e nascidos no exterior (25,8% e 25,6%, nessa ordem).

Gênero Também parece haver diferenças no nível de estresse experimentado por homens e mulheres. Em um estudo em grande escala (Silverman et al., 1987), 23% das mulheres e 18% dos homens disseram experimentar níveis significativos de estresse durante duas semanas. Com base nesses números, em torno de 20 milhões de mulheres e 14 milhões de homens regularmente sentem "muito" estresse. Estudos mais recentes confirmaram essa diferença de gênero (Greenglass e Noguchi, 1996).

Marianne Frankenhaeuser (1991) observa que muitas mulheres hoje enfrentam uma carga de trabalho bastante pesada porque devem lidar não apenas com um emprego fora de casa, mas também com a maioria das tarefas domésticas. À medida que as pessoas envelhecem, essa discrepância aumenta ainda mais. As mulheres com mais de 65 anos têm duas vezes mais probabilidade do que os homens de relatar muito estresse em suas vidas. Além disso, um número bem maior de mulheres (49%) do que de homens (38%) acredita que o estresse teve "muito" ou "algum" impacto em sua saúde.

Todos esses fatores socioculturais causam estresse de maneira direta, mas também aumentam a vulnerabilidade do indivíduo aos efeitos negativos de estressores específicos. É importante reconhecer, contudo, que o nível em que as situações são estressantes é amplamente determinado pela maneira como o indivíduo compreende, interpreta e sente-se a respeito de uma situação. O impacto de um estressor sobre a pessoa também depende do número total de estressores que ela está experimentando e do grau em que eles afetam os padrões gerais da vida cotidiana. Um estudo clássico relatou que crianças enfrentando apenas um estressor importante, como a pobreza, *não tinham mais probabilidade* de desenvolver transtornos psicológicos graves do que aquelas que vivem sem esse estressor específico. À medida que o número de estressores significativos com os quais as crianças deveriam lidar aumentava, porém, também crescia a porcentagem de crianças diagnosticadas com transtornos psicológicos graves (Rutter, 1979).

possui um ritmo com picos e vales que ocorre durante um ciclo regular de 24 a 25 horas. O trabalho em revezamento de turnos dessincroniza esse ritmo e pode levar a inúmeras queixas relacionadas com saúde, incluindo dor de cabeça, perda do apetite, fadiga, perturbações do sono, distúrbios gastrintestinais e cardiopatias (Taylor, 1997; Waterhouse, 1993).

- *Perda do emprego.* A redução no número de empregados (*downsizing*), demissões, fusão de empresas e falências custam o emprego de milhares de trabalhadores todos os anos. A perda do emprego pode ter impacto considerável sobre o bem-estar do trabalhador, colocando desempregados em risco de doenças físicas, ansiedade, depressão e até mesmo suicídio (Vinokur et al., 2000). A insegurança no trabalho e a ameaça de desemprego estão ligadas a redução na imunidade (Cohen et al., 2007) e níveis mais elevados de vários fatores que comprometem a saúde. Um estudo relatou níveis elevados de pressão arterial e colesterol no soro em operários da indústria automobilística de Michigan que enfrentaram o fechamento da fábrica (Kasl, 1997). Outros estudos relataram maior consumo de tabaco, álcool e medicamentos, obesidade e internações hospitalares entre os trabalhadores demitidos (Hammarstrom, 1994). No entanto, ter segurança no trabalho parece proteger a saúde, e um novo emprego pode reverter os efeitos da demissão (Cohen et al., 2007).
- *Progresso inadequado na carreira.* Pessoas que sentem que foram promovidas de forma muito lenta ou que não estão recebendo o reconhecimento que merecem no emprego experimentam mais estresse e apresentam taxas mais altas de doenças (Catalano et al., 1986).

Embora seja difícil evitar o estresse relacionado com o trabalho, existem formas de minimizar seu impacto negativo. Entre as melhores maneiras de responder estão saber o que esperar de certos aspectos do trabalho (e dos colegas), expressar seus sentimentos para aumentar sua percepção de controle, manter as coisas em perspectiva e evitar pensamentos e reações autodestrutivos. Abordaremos o tema do enfrentamento do estresse em mais detalhes no Capítulo 5.

Interações sociais

Os benefícios do apoio social para a saúde aplicam-se no decorrer de toda a vida, incluindo os anos da faculdade (Hale, Hannun e Espelage, 2005). No trabalho e em outras esferas, as relações sociais são um fator importante na maneira como lidamos com o estresse, muitas vezes atuando como uma proteção contra a falta de controle e outros estresses relacionados com o trabalho (Fitzgerald et al., 2003). Entre os mecanismos para esse efeito, encontra-se uma melhoria no funcionamento imunológico (Cohen e Herbert, 1996). A solidão, por exemplo, parece afetar o funcionamento imunológico de forma adversa, assim como o estresse nos relacionamentos (Glaser et al., 1985). A imunossupressão foi relacionada com conflitos interpessoais em casais (Kiecolt-Glaser et al., 1997; Kiecolt-Glaser e Newton, 2001), mulheres que se separaram há pouco de seus maridos (Kiecolt-Glaser et al., 1987) e homens cujas esposas morreram recentemente (Schleifer et al., 1983). Estudos mais atuais demonstraram que o comprometimento imunológico associado à perda de um ente querido ocorre sobretudo em pessoas que ficam deprimidas em resposta ao luto (Zisook et al., 1994).

O papel de cuidador, no qual uma pessoa presta a maior parte do cuidado a um ente querido com uma doença crônica, também pode ser estressante e afetar negativamente o funcionamento imunológico. Em uma série de estudos, Janice Kiecolt-Glaser e colaboradores demonstraram que os familiares que cuidavam de um parente com doença de Alzheimer relataram mais depressão e menos satisfação com a vida do que indivíduos do grupo de controle (familiares correspondentes sem a responsabilidade de cuidar de outra pessoa). Os cuidadores também apresentam porcentagens menores de células T e outras medidas de imunossupressão e *superprodução* concomitante de citocinas proinflamatórias (Kiecolt-Glaser et al., 1996, 2003). A superprodução de citocinas foi associada a uma ampla variedade de condições adversas à saúde, incluindo doença cardiovascular, artrite, diabetes tipo II e certos tipos de câncer. As minorias étnicas, os imigrantes, indivíduos pobres e mulheres costumam sentir o estresse social mais intenso (ver o quadro Diversidade e vida saudável).

Para concluir este capítulo, cabe lembrar que, mesmo sendo inevitável, o estresse traz certos benefícios. Alguns tipos de estresse nos animam e motivam e, no processo, externalizam nossas melhores qualidades e estimulam o crescimento pessoal. Uma vida sem forma alguma de estresse seria entediante e nos deixaria insatisfeitos. O preço que pagamos, contudo, é o impacto que o estresse pode ter sobre nossa saúde física e psicológica. Estresse demais sobrecarrega nossas capacidades de enfrentamento e nos deixa vulneráveis a problemas de saúde relacionados a ele. Felizmente, existem muitas coisas que podemos fazer para mantê-lo em um nível controlável. No próximo capítulo, voltamos nossa atenção para esse tópico.

Apoio social. As relações sociais são um fator importante na maneira como lidamos com o estresse, muitas vezes atuando como uma proteção contra a falta de controle e outros estresses relacionados com o trabalho.

Revisão sobre saúde

Responda a cada pergunta a seguir com base no que aprendeu no capítulo. (DICA: Use os itens da Síntese para considerar questões biológicas, psicológicas e sociais).

1. Descreva uma situação ou um evento em seu *campus* que tenha causado estresse nos estudantes. Quais são as influências biológicas, psicológicas e socioculturais nessa situação que ajudaram a criar o estresse?
2. Descreva uma situação hipotética para explicar cada um dos modelos do estresse e da doença: síndrome de adaptação geral, o modelo transacional, o modelo da diátese ao estresse e a teoria de zelar e agrupar. Em cada situação, quais são

algumas das influências biológicas, psicológicas e sociais ou culturais?

3. Reconsidere a situação ou o evento que você identificou em resposta à primeira questão.

O que aprendeu em sua leitura sobre as fontes psicossociais de estresse que poderia ajudar a entender melhor essa situação e orientar aqueles que sentem estresse?

Síntese

A fisiologia do estresse

1. O estresse foi definido como um estímulo e uma resposta. Pesquisadores identificam como estímulos os eventos que são estressantes (estressores), as respostas físicas e emocionais a um estressor (tensão) e o processo geral pelo qual o indivíduo percebe e responde a eventos ameaçadores ou desafiadores (estresse).

2. A pesquisa moderna sobre o estresse começou com a descrição de Walter Cannon sobre a reação de lutar ou fugir. A resposta do corpo ao estresse envolve o cérebro e o sistema nervoso, as glândulas endócrinas e os hormônios, além do sistema imune. Durante o momento de estresse, o hipotálamo secreta fatores liberadores que coordenam a resposta endócrina das glândulas hipófise e adrenal. O eixo simpato-adreno-medular (SAM) é a primeira resposta ao estresse. A ativação do SAM produz aumento no fluxo sanguíneo para os músculos, maior energia e prontidão mental.

3. O eixo hipotálamo-hipófise-adrenal (HAA) é uma resposta lenta ao estresse ativada por mensagens do sistema nervoso central. A ativação do HAA funciona de maneira a restaurar a homeostase do corpo. A produção excessiva de cortisol das glândulas adrenais, contudo, pode enfraquecer a eficiência imunológica.

4. A descoberta de Ader e Cohen de que o sistema imune pode ser condicionado e a demonstração de Candace Pert de que o cérebro tem receptores para moléculas imunológicas abriram espaço para o subcampo conhecido como psiconeuroimunologia, que é um modelo biopsicossocial. A psiconeuroimunologia concentra-se nas interações entre comportamento, o sistema nervoso, o sistema endócrino e o sistema imune.

5. Segundo a hipótese do efeito direto, a imunossupressão faz parte da resposta natural do corpo ao estresse. A hipótese do efeito indireto sustenta que a imunossupressão é um efeito posterior da resposta de estresse. Estudos realizados com animais e seres humanos demonstram que o cérebro regula a produção de hormônios do estresse, que, por sua vez, influenciam as defesas imunológicas do corpo.

6. O estresse exacerba muitas patologias cuja característica central é a inflamação excessiva, incluindo doenças alérgicas, autoimunes, reumatológicas, neurológicas e cardiovasculares. O modelo da resistência a glicocorticoides sugere que isso se deva ao fato de o estresse interferir na sensibilidade do sistema imune aos hormônios glicocorticoides, como o cortisol, que normalmente encerram a resposta inflamatória.

Outros modelos do estresse e da doença

7. Hans Selye delineou a síndrome de adaptação geral para descrever os efeitos do estresse crônico. Essa síndrome consiste em uma reação de alarme, um estágio de resistência e um estágio de exaustão. O estresse persistente pode aumentar a suscetibilidade da pessoa a uma doença de adaptação.

8. Segundo o modelo transacional, um fator fundamental no estresse é a avaliação cognitiva. Na avaliação primária, a pessoa considera se um evento é benigno-positivo, irrelevante, uma ameaça ou um desafio potencial. Na avaliação secundária, são estimados os recursos de enfrentamento disponíveis para enfrentar o desafio. Por meio da reavaliação, atualizamos constantemente nossas percepções de sucesso ou fracasso.

9. O modelo da diátese ao estresse sugere que certas pessoas sejam mais vulneráveis a doenças relacionadas com o estresse porque determinados fatores as predispõem, como a fragilidade genética. Um bom exemplo de como isso funciona é visto no transtorno de estresse pós-traumático (TEPT).

10. Comparadas com os homens, as mulheres talvez tenham mais probabilidade de apresentar um padrão de resposta de zelar e agrupar durante situações estressantes.

Fontes biopsicossociais de estresse

11. Entre as fontes de estresse que foram investigadas, estão os eventos importantes da vida, problemas cotidianos, estresse ambiental e o estresse relacionado com o trabalho. Os eventos importantes da vida e

os problemas cotidianos são estudados em relação à prevalência de doenças. Os problemas cotidianos podem interagir com a ansiedade e os estressores de *background* para influenciar a vulnerabilidade da pessoa a doenças. As pesquisas que investigam o estresse ambiental concentram-se na influência do ruído, da superlotação, da poluição e de acontecimentos catastróficos sobre a saúde.

12. Entre os fatores que tornam o trabalho estressante, estão a sobrecarga de atividade, o esgotamento, o conflito e a ambiguidade de papéis, a progressão inadequada na carreira e a falta de controle sobre o trabalho.

Termos e conceitos fundamentais

estressor, p. 77
estresse, p. 77
eixo simpato-adreno-medular (SAM), p. 79
eixo hipotálamo-hipófise-adrenal (HAA), p. 79
homeostase, p. 79
corticosteroides, p. 79

psiconeuroimunologia, p. 82
carga alostática (ou alostase), p. 84
síndrome de adaptação geral, p. 86
modelo transacional, p. 88
avaliação primária, p. 89
avaliação secundária, p. 89
reavaliação cognitiva, p. 89
modelo da diátese ao estresse, p. 90

reatividade, p. 90
transtorno de estresse pós-traumático (TEPT), p. 90
buscar apoio, p. 91
densidade populacional, p. 98
esgotamento, p. 101
aculturação, p. 103

Capítulo 5

Respondendo ao estresse
  Estratégias de enfrentamento focalizadas na emoção e no problema
  Enfrentamento, gênero e *status* socioeconômico
  Diversidade e vida saudável:
  Compreendendo diferenças de gênero nos estilos de enfrentamento

Fatores que afetam a capacidade de enfrentar o estresse
  Hardiness
  Estilo explanatório
  Controle pessoal e escolha
  Apoio social
  Outros fatores

Manejo do estresse
  Exercícios
  Terapias de relaxamento
  Biofeedback
  Terapias cognitivas

Enfrentando o estresse

Tão logo se formou no ensino médio, Kris Goldsmith realizou seu sonho de infância de servir o país, alistando-se no exército. Depois de concluir a formação básica em 2005, ele e o resto da sua divisão foram enviados ao Iraque. Treinado como observador avançado encarregado de detectar artilharia, o soldado Goldsmith foi realocado para documentar a violência entre iraquianos durante a ocupação do exército na cidade de Sadr. "Eu era um garoto de 19 anos tirando fotos de pessoas mutiladas, homens, mulheres, meninos e meninas", lembrou. "Essas são o tipo de imagens que jamais desaparece" (Gajilan, 2008).

Ao retornar do Iraque quando terminou seu tempo de serviço, Goldsmith era um homem mudado. Começou a beber muito todos os dias, dormindo pouco ou nada e apresentando um temperamento incontrolável e violento com a família e os amigos. Apesar de ter ganho uma promoção para sargento e recebido uma medalha por seus serviços, Kris somente queria concluir seu contrato com o exército e voltar à vida normal. "Eu só queria sair do exército", disse Kris, "e achava que todos os meus problemas desapareceriam quando eu terminasse o serviço militar".

Seu colapso ocorreu na semana exata em que deveria sair do exército. Ele e a unidade receberam ordens para um plano de estender a permanência no serviço militar além de seu compromisso voluntário, na tentativa de acabar com as perdas de soldados. As ordens previam um retorno imediato ao Iraque. Todavia, antes que isso ocorresse, Kris Goldsmith teve sintomas do que acreditava ser um ataque cardíaco.

Depois de longos testes, os médicos do Hospital do Exército em Fort Stewart disseram que Kris provavelmente havia tido um ataque de pânico e ordenaram que retornasse à clínica de saúde comportamental da base. Lá, disseram-lhe que tinha um "transtorno da adaptação com perturbação das emoções e da conduta". Ele começou a consultar um psiquiatra, que diagnosticou depressão grave crônica, prescreveu terapia em grupo e um antidepressivo e o liberou para o serviço militar.

Sentindo-se impotente e sem opções, Kris tentou se matar na noite antes de ir para o Iraque. "... Então, peguei um pincel atômico e escrevi nos meus braços: 'O plano de permanência me matou. Parem com o plano de permanência, agora.' Peguei minha garrafa de vodca, misturei com Percocet e bebi até não aguentar mais".

Surpreendentemente, Goldsmith sobreviveu à tentativa de suicídio e foi liberado do exército. Hoje, aos 23 anos, mora com os pais em Long Island, Nova York, e começou a receber 700 dólares por mês por invalidez, depois que o diagnóstico foi mudado para transtorno de estresse pós-traumático.

CAPÍTULO 5 | Enfrentando o estresse

Por que a resposta de Kris Goldsmith ao serviço militar foi tão perturbadora para sua vida e quase fatal? Conforme você viu no Capítulo 4, a avaliação de uma situação ou um evento como estressante não leva automaticamente a uma resposta fisiológica ou psicológica adversa. De fato, a maneira como as pessoas lidam com eventos estressantes é, no mínimo, tão importante quanto os próprios estressores para determinar a saúde ou a doença.

Neste capítulo, usaremos uma abordagem biopsicossocial para considerar os fatores que afetam a maneira como as pessoas lidam com o estresse. Esses fatores compreendem influências biológicas, como traços de personalidade hereditários e nosso nível de reatividade fisiológica, assim como influências psicológicas e sociais, como estratégias de enfrentamento, perspectiva de vida, percepção de controle e quantidade de apoio social. No decorrer de nossa jornada pela biologia e psicologia da resposta ao estresse, veremos evidências que dão suporte à conexão entre mente e corpo. Notaremos que, em cada momento, forças biológicas, psicológicas e sociais interagem para determinar nossa resposta ao estresse. Concluímos com a discussão de técnicas de administração do estresse que ajudam a minimizar seus efeitos nocivos: exercícios, relaxamento, *biofeedback* e terapia em grupo.

Respondendo ao estresse

Quando falamos sobre a forma como as pessoas respondem ao estresse, normalmente utilizamos a palavra *enfrentamento*. **Enfrentamento** refere-se às formas cognitivas, comportamentais e emocionais pelas quais as pessoas administram situações estressantes e inclui qualquer tentativa de preservar a saúde mental e física – mesmo que tenha valor limitado (Moss-Morris e Petrie, 1997; Taylor e Stanton, 2007).

■ **enfrentamento**
formas cognitivas, comportamentais e emocionais pelas quais as pessoas administram situações estressantes.

O enfrentamento é um processo dinâmico e não uma reação única – é uma série de respostas que envolvem nossas interações com o ambiente (Folkman e Moskovitz, 2004). Por exemplo, ao romper com o(a) namorado(a), você pode ter diversas reações físicas e emocionais, como tristeza generalizada, incapacidade de dormir ou comer e até náusea. Não é apenas o incidente inicial, mas as interações continuadas com o ambiente que afetam suas respostas. Por exemplo, os comentários solidários dos amigos e revisitar os locais especiais são situações que podem desencadear uma resposta maior. Juntas, essas respostas formam o estilo de uma pessoa enfrentar o estresse.

Estratégias de enfrentamento focalizadas na emoção e no problema

As estratégias de enfrentamento – as maneiras como as pessoas lidam com situações estressantes – visam a moderar ou a minimizar os efeitos de estressores sobre nosso bem-estar físico e emocional. Todavia, nem todas as estratégias de enfrentamento são igualmente eficazes. Algumas proporcionam alívio temporário, mas tendem a ser mal-adaptativas a longo prazo. Por exemplo, embora as defesas psicológicas (como a crença de Kris de que seus problemas desapareceriam quando saísse do serviço militar) permitam às pessoas se distanciarem da situação estressante ao negar sua existência, não eliminam a fonte de estresse. De maneira semelhante, o álcool ou outras substâncias escondem o estresse, mas fazem nada para acabar com ele. Esses comportamentos são mal-adaptativos, pois não confrontam diretamente o estressor e é provável que piorem a situação.

Vários pesquisadores tentaram classificar as estratégias de enfrentamento. Neste capítulo, consideramos alguns deles, a começar pela abordagem de Richard

■ **enfrentamento focalizado na emoção** estratégia de enfrentamento em que a pessoa tenta controlar a resposta emocional a um estressor.

■ **enfrentamento focalizado no problema** estratégia de enfrentamento para lidar diretamente com um estressor, na qual são reduzidas as demandas do estressor ou aumentados os recursos para atender a essas demandas.

Lazarus (1984), que categoriza essas estratégias como focalizadas na emoção ou no problema.*

Quando empregamos técnicas de **enfrentamento focalizado na emoção**, tentamos lidar com nossas reações emocionais ao estresse. Podemos usar estratégias comportamentais, buscando pessoas que ofereçam encorajamento ou nos mantendo ocupados para desviar a atenção do problema. Ou podemos usar estratégias cognitivas, como mudar a maneira pela qual o estressor é avaliado ou negar informações desagradáveis. As pessoas tendem a utilizar a forma de enfrentamento focalizado na emoção quando acreditam que pouco ou nada possa ser feito para alterar a situação estressante ou quando acreditam que seus recursos ou suas capacidades de enfrentamento são insuficientes para atender às demandas da situação estressante.

Usamos o **enfrentamento focalizado no problema** para lidar de forma direta com a situação estressante, seja reduzindo as demandas ou aumentando a capacidade de lidar com o estressor. Por exemplo, um estudante que lide com uma carga acadêmica aparentemente excessiva decompondo suas tarefas em uma série de tarefas menores e administráveis está usando uma dessas estratégias, assim como uma pessoa que esteja se recuperando de um problema com o álcool e entra para um grupo de ajuda mútua para compartilhar experiências. Usamos o enfrentamento focalizado no problema quando acreditamos que nossos recursos e situações são inconstantes, como Kris fez para trabalhar seu luto.

Qual dos dois é mais saudável, o enfrentamento focalizado no problema ou o focalizado na emoção? As pessoas têm mais probabilidade de usar um tipo de enfrentamento do que o outro? Duas metanálises recentes de estudos que investigaram essas questões verificaram que certas pessoas tendem a responder mais com o enfrentamento focalizado no problema do que na emoção, e outras o contrário; de fato, as estratégicas focalizadas no problema costumam estar mais ligadas a melhores resultados para a saúde do que o distanciamento, o pensamento positivo e outras estratégias focalizadas na emoção (Connor-Smith e Flachsbart, 2007; Pensley et al., 2002). Todavia, nesses estudos, as relações variaram com a *duração* do estressor, tendo o enfrentamento focalizado no problema se mostrado mais eficaz para estressores crônicos do que para os agudos.

A estratégia com mais probabilidade de funcionar também depende de o estressor ser ou não controlável. Por exemplo, pessoas que cuidam de doentes terminais têm possibilidade de contar com estratégias focalizadas no problema durante o período do tratamento antes da morte de seu ente querido. Após a morte, contudo, é provável que considerem a situação fora de seu controle e inclinem-se para uma forma de enfrentamento focalizado na emoção. Como outro exemplo, com estressores relacionados com a escola ou o trabalho, temos maior probabilidade de aplicar o enfrentamento focalizado no problema – como criar (e seguir) um protocolo de estudo para um exame iminente – no qual é possível que a ação direta seja construtiva. Entretanto, para alguns problemas relacionados com a saúde – como ter que fazer um teste ou

Enfrentando o estresse, de maneira saudável As pessoas podem escolher maneiras saudáveis de lidar com o estresse. Isso aplica-se em particular a adolescentes e adultos emergentes, que, apesar de seu senso de invencibilidade, ainda não desenvolveram maus hábitos profundamente arraigados.

---

*N. de R.T.: As expressões *emotion focused coping* e *problem focused coping* foram traduzidas como enfrentamento focalizado na emoção e enfrentamento focalizado no problema, respectivamente, conforme adotado por autores brasileiros, a saber: GIMENES, M. G. G. (1997) A teoria do enfrentamento e suas implicações para sucessos e insucessos em psico-oncologia. In: GIMENES, M. G. G. e FÁVERO, M. H. (Orgs.). A mulher e o câncer. Campinas: Ed. Psy, p. 111-147. GIMENES, M. G. G. e QUEIRÓZ, E. (1997) As diferentes fases de enfrentamento durante o primeiro ano após a mastectomia. In: GIMENES, M. G. G. e FÁVERO, M. H. (Orgs.). A mulher e o câncer. Campinas: Ed. Psy. SEIDL, E. M. F. (2001) Pessoas que vivem com HIV/aids: Configurando relações entre enfrentamento, suporte social e qualidade de vida. Tese de doutorado. Instituto de Psicologia. Universidade de Brasília. Brasília.

procedimento desconfortável – distanciar-se por meio do enfrentamento emocional talvez seja a melhor opção. É claro, muitos problemas relacionados com a saúde se *beneficiam* da ação direta do enfrentamento focalizado no problema, como quando, por exemplo, uma mudança na dieta ou um regime regular de exercícios aumentam a capacidade de controlar o diabetes. Por essas razões, muitas vezes usamos o enfrentamento focalizado no problema e o enfrentamento focalizado na emoção juntos.

Enfrentamento, gênero e *status* socioeconômico

Nossas estratégias de enfrentamento variam segundo a situação, mas, além disso, conforme os pesquisadores observaram, também se alteram de acordo com diferenças individuais no gênero e no *status* socioeconômico.

O enfrentamento começa com a resposta do corpo. Os homens e as mulheres apresentam diversas reações fisiológicas ao estresse, dependendo, em parte, da natureza do estressor (Bloor et al, 2004). Por exemplo, ao experimentar estressores agudos no laboratório, mulheres exibem menor reatividade da pressão arterial do que homens (Arthur et al., 2004). Ademais, embora homens apresentem mais secreção de *catecolaminas* (os neurotransmissores noradrenalina e adrenalina, que ativam o sistema nervoso autônomo) induzida pelo estresse, mulheres têm uma resposta de *glicocorticoides* mais forte (resposta final do sistema imune) (Gallucci et al., 1993). Quanto ao estresse relacionado com trabalho, algumas pesquisas não mostram diferenças entre homens e mulheres nos níveis de cortisol, catecolaminas, aumento da frequência cardíaca, dor ou estresse percebido (Persson et al., 2009).

Diversos pesquisadores observaram que os homens têm mais probabilidade de usar estratégias de enfrentamento focalizadas no problema para lidar com o estresse; e as mulheres de utilizar estratégias focalizadas na emoção (Marco, 2004). Todavia, talvez as diferenças em estilos de enfrentamento entre os gêneros tenham menos a ver com o fato de ser homem ou mulher do que com a variedade de recursos de enfrentamento disponíveis (ver Diversidade e vida saudável, adiante). Quando os pesquisadores comparam mulheres e homens de ocupação, educação e renda semelhantes, as diferenças de gênero em respostas fisiológicas ao estresse e estratégias de enfrentamento costumam desaparecer (Greenglass e Noguchi, 1996; Persson et al., 2009).

O *status* socioeconômico também afeta a maneira como lidamos com o estresse. As experiências estressantes são especialmente comuns entre muitas famílias de minorias étnicas, que tendem a ser representadas em grupos com baixo *status* socioeconômico. Em 2008, por exemplo, 34,7% das crianças afro-americanas viviam abaixo da linha da pobreza (ACS, 2008). As taxas de pobreza para crianças hispânicas eram quase tão elevadas (30,6%), sendo que essas taxas para ambos os grupos eram quase três vezes maiores do que a taxa para crianças brancas (10,6%). Como vimos no Capítulo 4, famílias empobrecidas experimentam mais poluição, habitação abaixo dos padrões e superlotada, crimes e trânsito perigoso do que as mais afluentes. Elas também sofrem de desnutrição, educação limitada, trabalhos mal-remunerados e falta de seguro de saúde e de acesso a tratamento de saúde (Johnson et al., 1995). Além disso, crianças de moradias com baixo *status* socioeconômico têm mais probabilidade de vivenciar divórcio, mudanças frequentes de escola, criação mais severa e punitiva – eventos esses que foram relacionados a uma variedade de dificuldades comportamentais e emocionais (Taylor et al., 1997).

Independentemente da etnicidade, pessoas com baixo *status* socioeconômico tendem a contar menos com o enfrentamento focalizado no problema do que aquelas com nível educacional mais elevado e renda maior (Billings e Moos, 1981). Suas experiências sociais depreciativas podem levá-las a desenvolver uma sensação de impotência e acreditar que tenham pouco ou nenhum **controle psicológico** sobre os acontecimentos em suas vidas. Assim, com exposição repetida ao estresse e sem um modo de romper o ciclo, seu único recurso é tentar controlar sua resposta emocional

■ **controle psicológico** a percepção do indivíduo de que pode determinar o próprio comportamento e influenciar o ambiente para obter os resultados desejados.

Diversidade e vida saudável

Compreendendo diferenças de gênero nos estilos de enfrentamento

Tente lembrar de um momento de grande estresse em sua família quando você estava crescendo, talvez uma doença fatal ou a perda do emprego de algum familiar, uma tempestade ou um furacão, um acidente de trânsito grave ou alguma outra crise. Havia diferenças na maneira como os homens e as mulheres a seu redor enfrentaram a situação estressante?

Duas hipóteses conflitantes foram propostas para explicar diferenças na maneira como mulheres e homens enfrentam o estresse: a socialização e a limitação de papéis. A *hipótese da socialização* sugere que, devido a estereótipos tradicionais, mulheres e homens são criados para enfrentar o estresse de formas muito diferentes. Em termos tradicionais, os homens são encorajados a agir e permanecer estoicamente independentes, enquanto as mulheres são socializadas para buscar apoio de outras pessoas e expressar suas emoções de forma livre. Como resultado, eles tendem a enfrentar o estresse de um modo *focalizado no problema*, enquanto a maioria delas encara de um modo *focalizado na emoção*.

Embora muitas pesquisas tenham apresentado evidências consistentes sobre a hipótese da socialização (Brems e Johnson, 1989; Carver et al., 1989), outras não conseguiram encontrar diferenças relacionadas ao gênero na utilização de enfrentamento focalizado na emoção ou no problema (Stern et al., 1993). Em alguns estudos, os resultados previstos foram invertidos, com homens apresentando maior uso de certas estratégias focalizadas na emoção (como a negação) e mulheres, emprego maior de estratégias focalizadas no problema (Rosario et al., 1988).

Resultados ambíguos como esses foram o ímpeto para a *hipótese da limitação de papéis*, a qual afirma que, quando os estressores são os mesmos para homens e mulheres, o gênero é irrelevante para prever reações de enfrentamento (Ptacek et al., 1992). Segundo essa visão, mulheres e homens possuem diferentes papéis sociais, que, por sua vez, tornam ambos propensos a experimentar diferentes tipos de estressores. Quaisquer diferenças no modo de enfrentamento se devem, portanto, a distinções nos tipos de estressores encontrados.

Em um fascinante teste das duas hipóteses, Hasida Ben-Zur e Moshe Zeidner, da Universidade de Haifa, em Israel (1996), compararam as reações de enfrentamento de mulheres e homens israelenses durante uma crise nacional estressante com suas reações durante um período de estresse cotidiano mais comum. Durante os 10 dias da Guerra do Golfo, em 1991, 39 mísseis iraquianos foram lançados contra as cidades de Haifa e Tel Aviv, causando uma morte, 290 feridos e danos inestimáveis a casas, prédios e lojas. Para os israelenses, a Guerra do Golfo foi um evento nacional grave, que expôs todos os cidadãos a um estressor ambiental semelhante.

Os pesquisadores entrevistaram homens e mulheres em relação a seu comportamento de enfrentamento durante essa guerra e novamente três meses após a crise haver terminado. Os participantes em ambas as pesquisas preencheram o *COPE Inventory* – um teste de personalidade que consiste em 15 subescalas separadas que medem vários aspectos do enfrentamento focalizado no problema e na emoção, incluindo a negação, o desligamento, o humor, a religião, o desabafo de emoções e a busca de apoio social. Cada participante indicou o quanto utilizava cada uma das estratégias de enfrentamento, usando uma escala que variava de 0 (nunca) a 3 (bastante).

Quando o estudo foi concluído, várias das subescalas mostraram uma interação entre o gênero e o tipo de estresse (ver Fig. 5.1). Durante a guerra, por exemplo, as mulheres apresentaram escores mais altos do que os homens nas subescalas ativa e de planejamento (enfrentamento focalizado no problema), enquanto, no período pós-guerra, revelaram escores mais baixos do que os homens nessas subescalas. Os homens apresentaram escores mais baixos do que as mulheres na busca de apoio social emocional durante o estresse da guerra do que durante o período pós-guerra, mas relataram mais aceitação e tipos de comportamento de evitação, incluindo negação, desligamento comportamental, consumo de álcool e outras substâncias, e estado de espírito, durante a guerra do que quando submetidos ao estresse cotidiano.

As mulheres também relataram que utilizavam uma variedade maior de estratégias de enfrentamento, apresentando escores mais altos em 12 das 15 subescalas durante o período de guerra e em 10 das 15 no período pós-guerra. As diferenças entre homens e mulheres foram pequenas no período subsequente, tanto no enfrentamento total relatado quanto no tipo de estratégia de enfrentamento, sendo que os homens relataram utilizar um pouco mais estratégias focalizadas na emoção em suas vidas cotidianas.

Assim, os dados não condizem totalmente com qualquer das hipóteses. Segundo a da socialização, as mulheres deveriam ter apresentado mais enfrentamento focalizado na emoção, e os homens, uma forma de enfrentamento focalizado no problema, ao lidar com eventos cotidianos, mas sobretudo durante períodos de estresse causado pela guerra. Conforme a hipótese da limitação de papéis, os homens e as mulheres deveriam ter exibido reações semelhantes durante a guerra, pois ela constituía um estressor parecido para ambos os sexos, mas não necessariamente após a guerra, quando se presume que homens e mulheres encontrem diferentes estressores.

Pesquisadores sugerem possíveis razões para a inconsistência entre os dados e as hipóteses. A hipótese da socialização não está correta em sua totalidade, pois se baseia nos estereótipos tradicionais de gênero que estão desaparecendo em muitas culturas modernas. Muitas mulheres atuais têm uma carreira própria e, assim, há mais probabilidade de socialização dirigida a maior assertividade, independência e enfrentamento ativo.

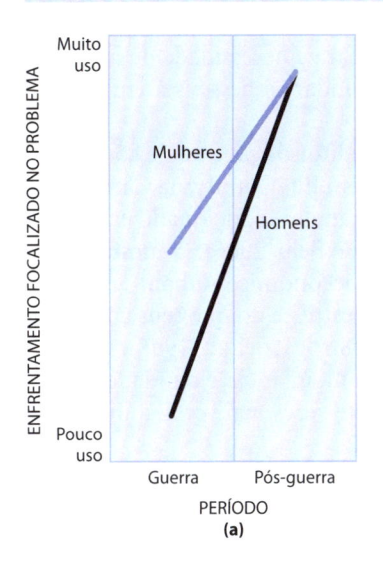

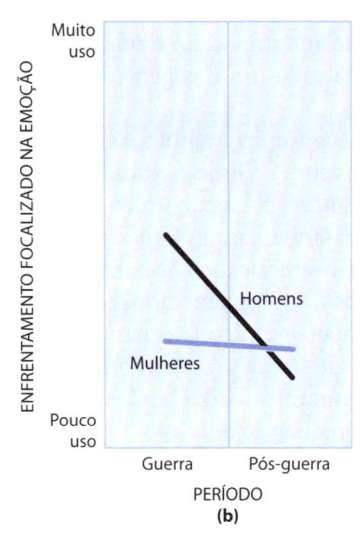

Figura 5.1

Diferenças de gênero em estratégias de enfrentamento. (a) Durante uma crise nacional, as mulheres apresentaram maior probabilidade do que os homens de relatar o uso de enfrentamento focalizado no problema, enquanto eles tiveram maior probabilidade de relatar enfrentamento focalizado na emoção. **(b)** As diferenças entre mulheres e homens foram menores após a guerra, tendo as mulheres relatado usar um pouco mais estratégias de enfrentamento focalizadas na emoção ao lidar com estressores cotidianos.

Fonte: Adaptada de Ben-Zur, H. e Zeidner, M. (1996). Gender differences in coping reactions under community crisis and daily routine conditions, *Journal of Personality and Individual Differences*, *20*(3), p. 331–340.

A hipótese da limitação de papéis também não acertou, possivelmente porque, ainda que a ameaça fosse a mesma para todos, homens e mulheres podem tê-la percebido de forma diferente. Por exemplo, muitas das opções de enfrentamento que poderiam ajudar a proteger os indivíduos se relacionavam com a criação de um ambiente doméstico seguro. Sob a ameaça de serem bombardeadas por mísseis com compostos químicos venenosos, as famílias precisavam ficar em casa, em ambiente confinado, armazenar alimentos e assim por diante. Embora os papéis tradicionais dos gêneros indubitavelmente estejam sendo amalgamados, as demandas específicas da situação de guerra podem ter encorajado as mulheres a assumir o controle. Os homens israelenses, cuja resposta em geral envolve o serviço militar, em vez disso, podem ter percebido que havia menos tarefas a serem realizadas, o que pode explicar seu nível relativamente mais alto de enfrentamento focalizado na emoção.

Pense novamente em sua crise familiar. Existe alguma hipótese que seja congruente com os homens e as mulheres que você presenciou enfrentando o estresse? E você? Seu próprio estilo de enfrentamento é mais o produto da socialização ou da limitação de papéis? Essas hipóteses fazem algum sentido para mulheres e homens de sua geração?

a ele – pois aprenderam que não podem controlar a situação em si. Isso é importante porque pessoas que acreditam poderem determinar seu comportamento e influenciar o ambiente para levar a resultados desejados lidam de maneira mais efetiva com situações estressantes (Wrosch et al., 2007). Uma forte percepção de controle também foi associada a um estilo de vida mais saudável, uma resposta imunológica mais forte a alergênicos (Chen et al., 2003) e um menor risco geral de morte (Surtees et al., 2006). Desse modo, não admira que o controle psicológico seja especialmente importante para pessoas vulneráveis a problemas de saúde, incluindo crianças, idosos e indivíduos que já estão em tratamento para condições médicas (Wrosch et al., 2007).

Judith Stein e Adeline Nyamathi (1999) demonstram não apenas que as pessoas pobres têm mais dificuldade para enfrentar o estresse, mas também que as mulheres nessa situação apresentam mais problemas do que os homens. Pesquisadores analisaram uma amostra de 486 homens e mulheres pobres de origem afro-americana, latina e europeia, recrutados para participar de um programa comunitário de prevenção à aids. Comparadas com seus correlatos do sexo masculino, as mulheres pobres relataram mais estresse e maior probabilidade de recorrer a estratégias de *enfrentamento evitativo*. Essas estratégias dividem-se em três categorias: *comportamentos passivos* como evitar as pessoas e não pensar em seus problemas; *comportamentos antissociais*, como usar substâncias escapistas, comportamentos sexuais de risco e descontar seus problemas nos outros; e *fantasiar*, como desejar que seus problemas desapareçam ou esperar uma intervenção milagrosa. As posições subordinadas das mulheres pobres podem torná-las ainda mais vulneráveis do que os homens a desenvolver sentimentos de impotência frente ao estresse. Esse achado aponta para a necessidade de intervenções específicas para cada um dos gêneros a fim de ajudar as pessoas a enfrentar o estresse crônico.

O *status* socioeconômico também é um forte preditor da saúde e de comportamentos relacionados com a saúde. O estudo realizado em Pitt County, na Carolina do Norte, relata que o *status* socioeconômico estava inversamente relacionado entre mulheres e homens afro-americanos (James, Van Hoewyk e Belli, 2006). O mesmo estudo mostra que os afro-americanos de baixo *status* socioeconômico tinham percepção de níveis mais fracos de apoio emocional quando sob estresse do que seus correlatos de maior *status* socioeconômico (Keenan et al., 1992; Strogatz et al., 1997). Comparados com homens de *status* socioeconômico elevado na infância e na idade adulta, os de *status* socioeconômico baixo também tinham sete vezes mais probabilidade de sofrer de hipertensão quando adultos.

De maneira interessante, os indicadores socioeconômicos no nível do bairro preveem a saúde de residentes em relação ao tabagismo e outros comportamentos prejudiciais à saúde, mesmo depois de serem consideradas diferenças individuais em *status* socioeconômico, estilo de vida e outros fatores de risco (Diez Roux, 2001; Kendzor et al., 2009; Paul, Boutain, Manhart e Hitti, 2008). Pamela Feldman e Andrew Steptoe (2004) acreditam que o *status* socioeconômico do bairro está relacionado com a saúde, pois influencia muito as experiências sociais e psicológicas de residentes de determinado bairro. Os pesquisadores compararam 19 bairros de baixo *status* socioeconômico e 18 de *status* elevado em Londres em quatro medidas: *coesão social* (confiança e solidariedade com os vizinhos); *controle social* (confiança de que os vizinhos agiriam para manter o bem-estar do bairro); *problemas do bairro* (estressores do âmbito da comunidade, como lixo e ruído do trânsito); e *vigilância do bairro* (uma medida da sensação de ameaça e vulnerabilidade no bairro). Os londrinos que moravam em bairros com *status* socioeconômico inferior perceberam maior *tensão no bairro* (menos coesão social, mais problemas e maior vigilância) do que pessoas que moravam em bairros mais afluentes, a qual estava associada à saúde individual inferior, relacionamentos sociais inferiores e níveis inferiores de percepção de controle entre os residentes. Em outros estudos, a violência na comunidade foi relacionada com mais sintomas de estresse, depressão e ansiedade entre adolescentes afro-americanos da periferia e com o uso de estratégias de enfrentamento negativas, como evitação e agressividade (Dempsey, 2002).

Enfrentamento e etnicidade

Ainda que o *status* socioeconômico seja um forte prognóstico de estresse, enfrentamento e comportamentos relacionados com a saúde em mulheres e homens em praticamente cada grupo que foi estudado, a relação varia com a etnicidade. Por exemplo, embora o *status* socioeconômico esteja relacionado de forma inversa com níveis autorrelatados de estresse na maioria dos grupos, incluindo mulheres afro-americanas, o estudo de Pitt County mostra que esse *status* apresenta relação positiva com estresse em homens afro-americanos.

David Williams identificou três fatores que ajudam a explicar as interações entre *status* socioeconômico, gênero e etnicidade entre afro-americanos. Em primeiro lugar, os homens afro-americanos de classe média relatam níveis maiores de discriminação racial do que mulheres afro-americanas (Forman, 2002). A discriminação racial é um estressor importante que pode afetar a saúde física e mental de maneira adversa (Ong, Fuller-Rowell e Burrow, 2009; Williams, 2000). De maneira significativa, quanto mais anos de educação formal um homem afro-americano concluiu, maior sua percepção de discriminação racial.

Em segundo, o alcance do *status* de classe média pode ser tênue e marginal para alguns afro-americanos (Anderson, 1999). Por exemplo, afro-americanos com formação universitária têm mais probabilidade do que indivíduos de origem europeia de experimentar desemprego e insegurança profissional, que estão associados a níveis mais elevados de estresse, doença, deficiência e mortalidade (U.S. Bureau of the Census, 2004). Também é menos provável que os afro-americanos convertam suas realizações socioeconômicas em condições habitacionais e comunitárias mais desejáveis (Alba et al., 2000). E, mesmo quando o fazem, o resultado não é necessariamente bom. Um estudo chegou a mostrar que, embora o fato de morar em subúrbios tenha previsto um risco menor de mortalidade para homens norte-americanos de origem europeia, a previsão foi de risco *maior* de mortalidade para homens afro-americanos (House et al., 2000).

Em terceiro lugar, os homens afro-americanos podem ter uma fonte singular de estresse, pois o nível de realização educacional associado a seu *status* socioeconômico mais elevado não é recompensado com aumentos equivalentes em renda. Em cada nível de educação, esses homens têm rendas menores do que os norte-americanos de origem europeia. Além disso, a disparidade salarial entre afro-americanos e norte-americanos de origem europeia é maior para homens do que para mulheres (Yang, 2010).

O nível elevado de estresse entre homens afro-americanos de classe média pode contribuir para seu risco maior de uma variedade de doenças crônicas, incluindo hipertensão. Duas décadas atrás, Sherman James sugeriu que o estresse psicossocial, gerado por ambientes em que muitos afro-americanos moram e trabalham, desencadeia o **john henryismo** (JH), assim chamado em razão da lenda de John Henry, um trabalhador de estrada de ferro conhecido na cultura popular norte-americana. Os afro-americanos que apresentam um escore elevado na JH Scale for Active Coping (Escala JH para Enfrentamento Ativo) demonstram um enfrentamento com níveis elevados de esforço para lidar com demandas e estressores psicossociais, incluindo obstáculos à mobilidade social ascendente. Esse padrão de comportamentos de enfrentamento entre afro-americanos pode ajudar a explicar por que eles têm 2 a 3 vezes mais probabilidade do que os norte-americanos de origem europeia de desenvolver hipertensão até os 50 anos (James et al., 1983). A figura folclórica de John Henry, conforme escreveu James, "é uma metáfora da experiência afro-americana. Ela nos fala da luta dos negros norte-americanos para fazerem parte da sociedade norte-americana em voga. É uma luta que ocorreu contra grandes probabilidades e contra forças muito poderosas de marginalização, que continuam a depreciar os corpos e as mentes dos afro-americanos" (*Washington University Magazine*, 2003, p. 4).

Embora o JH costume ser visto como um estilo de enfrentamento perigoso, estudos mais recentes indicam que essa hipótese não se aplica a todos os subgrupos afro-americanos, em particular àqueles cujas realizações financeiras e educacionais proporcionam maior variedade de recursos sociais para enfrentar o estresse. Um estudo demonstrou que a combinação de JH elevado e baixo *status* socioeconômico estava associada à maior reatividade da pressão arterial a uma variedade de estressores sociais, bem como a uma recuperação mais lenta diante desses estressores (Merritt et al., 2004). Em contrapartida, outro estudo transversal de homens afro-americanos relatou uma associação *positiva* entre a predisposição a confrontar diretamente os obstáculos à ascensão social e melhor saúde física geral (Bonham et al., 2004). De maneira interessante, o JH parece ter um componente genético substancial (Wang et al., 2005).

■ **john henryismo (JH)**
padrão de enfrentamento prolongado e trabalhoso com demandas e estressores psicossociais, incluindo obstáculos à mobilidade social ascendente.

Fatores que afetam a capacidade de enfrentar o estresse

Todos sabemos que certos estresses da vida (como exames de fim de ano) tendem a causar cefaleia, dor de estômago e outras doenças, enquanto experiências estimulantes e motivadoras, como esquiar ou um novo relacionamento amoroso, fazem as pessoas sentirem-se como se estivessem no topo do mundo. Nesta seção, exploraremos diversos fatores psicossociais que afetam o quanto conseguimos enfrentar os estressores potenciais e também a maneira como isso interfere em nossa saúde. Tenha em mente que nenhum fator isolado determina seu bem-estar. A saúde sempre é o resultado de fatores biopsicossociais que interagem de diversas maneiras.

Hardiness

Você conhece pessoas que encaram a vida com entusiasmo, que sempre parecem estar assumindo novos desafios, que permanecem saudáveis diante de adversidade? Salvatore Maddi e Suzanne Kobasa (1991) identificaram três traços minimizadores do estresse – *comprometimento, desafios* e *controle* – que parecem influenciar a maneira como as pessoas reagem a estressores em potencial. Juntos, esses traços formam um estilo de personalidade chamado **hardiness**.

■ **hardiness** grupo de traços minimizadores do estresse que consiste em comprometimento, desafios e controle.

Pessoas com essa característica tendem a ver as demandas da vida cotidiana como desafios, em vez de ameaças. Elas também são comprometidas com suas famílias, seus empregos, suas comunidades ou com outros grupos e atividades que tragam significado às suas vidas. E, mais importante, possuem uma sensação de controle sobre suas vidas, de ter acesso a informações necessárias e de serem capazes de tomar decisões corretas em relação às exigências da vida.

As pessoas com *hardiness* são mais saudáveis porque têm menor probabilidade de se sentirem provocadas em situações estressantes. Como resultado, evitam processos físicos e psicológicos relacionados ao estresse que levam a doenças. Um estudo coletou dados da personalidade de 670 gerentes de nível médio e superior e sobre suas autoavaliações do estresse e de doenças que tiveram durante dois anos (Kobasa et al., 1982). Conforme mostra a Figura 5.2, os gerentes que experimentavam níveis elevados de estresse também relataram mais doenças; entretanto, aqueles que faziam parte desse grupo e que possuíam níveis altos de *hardiness* demonstraram níveis significativamente mais baixos de doenças do que aqueles em que essa característica não era tão evidente.

Pesquisadores verificaram que a *hardiness* era um indicador eficaz de adaptação ou ajuste a diversos problemas de saúde, incluindo câncer, doenças pulmonares crônicas, doenças cardiovasculares, diabetes, epilepsia, infecções causadas pelo vírus da imunodeficiência humana (HIV), hipertensão, transplante de rim e acidente vascular encefálico (AVE) (Pollock, 1986). A *hardiness* também foi ligada a níveis mais baixos de ansiedade, estilos ativos de enfrentamento, menos tensão para cuidadores, redução a longo prazo na vulnerabilidade à depressão em idosos internados em instituições médicas, melhor adaptação de mulheres profissionais ao estresse causado por múltiplos papéis, bem-estar espiritual em idosos e menos problemas de saúde durante períodos de estresse prolongado (Drory et al., 1991; Florian et al., 1995).

Avaliando a hipótese da *hardiness*

Apesar do grande número de estudos favoráveis à ideia de que pessoas psicologicamente saudáveis são protegidas contra o estresse, o conceito de *hardiness* tem recebido sua carga de críticas. Alguns pesquisadores sugeriram que a relação entre *hardiness* e saúde seja mais aplicável a homens do que a mulheres (Klag e Bradley, 2004). Outros questionaram se a *hardiness* consiste em construtos centrais específicos. Com relação a esta última questão, Lois Benishek (1996) utilizou a *análise fatorial* – procedimento estatístico que identifica agrupamentos de itens em testes de autoavaliação que medem um traço comum, como a *hardiness* – para mostrar que esta, na verdade, compreende de 1 a 4 fatores, em vez dos três propostos por Kobasa e Maddi. O número de fatores parece depender das medidas utilizadas e da população estudada.

Os céticos também relatam que indivíduos com *hardiness* são mais saudáveis porque têm mais recursos pessoais, como renda, educação, apoio social, capacidade de enfrentar o estresse, e tendem a ser mais jovens do que as com menos *hardiness*. Para determinar se isso é verdade, Kobasa entrevistou executivos estressados que haviam permanecido com boa saúde ou adoecido durante períodos de muito estresse relatado. Aqueles que permaneceram saudáveis não eram mais jovens, mais ricos ou mais bem educados do que seus colegas doentes. Entretanto, experimentavam mais comprometimento com suas vidas, sentiam-se mais no controle e tinham um interesse maior por desafios (Kobasa et al., 1982). Em outro estudo, verificou-se que a *hardiness* tinha um efeito protetor mais forte contra doenças do que a prática de exercícios ou o apoio social (Kobasa et al., 1985). Esses e outros estudos em que a *hardiness* e os comportamentos que favoreciam a saúde foram medidos separadamente indicam que a primeira é um traço independente não causado por outras variáveis.

Em síntese, os resultados de pesquisas parecem demonstrar que certas pessoas lidam com o estresse de forma mais eficaz porque consideram ter escolhido vidas cheias de desafios. Esses indivíduos também avaliam eventos potencialmente estressantes de maneira mais favorável, vendo-os como enriquecimento para suas vidas, e não algo que intensifica a pressão. Quando enfrentam situações estressantes, têm mais probabilidade de reavaliar condições negativas como positivas (Maddi, 2005; Williams et al., 1992). Essa reavaliação permite que se sintam com controle sobre os estressores que encontram, em vez de se perceberem sujeitos a eles. Igualmente importante, pessoas com *hardiness* lutam para resolver seus problemas com estratégias de enfrentamento ativas – como focalizar os problemas e buscar apoio social – no lugar de tentar evitá-los (Lundman et al., 2010).

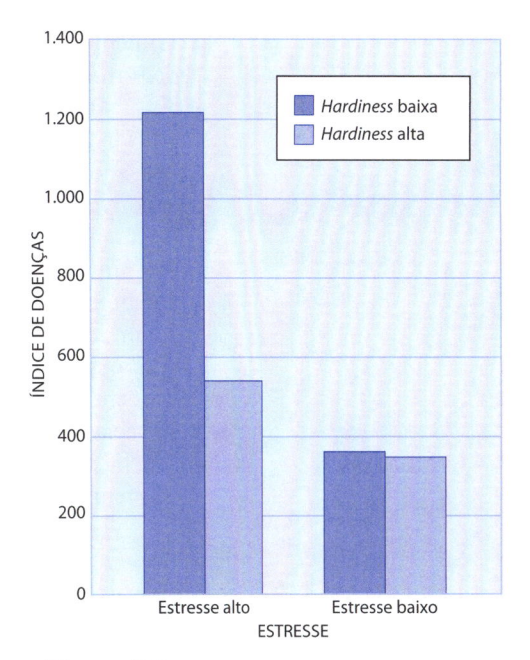

Figura 5.2

Estresse, *hardiness* e doenças. Está claro que níveis elevados de estresse têm mais probabilidade de causar doenças do que os baixos. Entretanto, a *hardiness* pode minimizar os efeitos do estresse. Gerentes com altos níveis de *hardiness* que relataram estresse elevado experimentaram níveis significativamente mais baixos de doenças do que os que demonstravam *hardiness* baixa. A medida de estresse foi uma adaptação da conhecida Social Readjustment Rating Scale (SRRS), que quantifica de forma subjetiva o nível de estresse de vários eventos (ver Cap. 4). O índice de doenças é uma medida composta da frequência e da gravidade de 126 patologias e sintomas físicos e mentais em geral reconhecidos.

Fonte: Baseada em dados de Kobasa, S. C., e colaboradores (1982). "Hardiness and Health: A Prospective Study. *Journal of Personality and Social Psychology, 42*(1), p. 168-177. Copyright 1982 by American Psychological Association. Adaptada com permissão.

Resiliência

A *hardiness* é considerada um caminho para a **resiliência**, um termo que já foi aplicado a crianças que demonstram capacidade notável de se transformarem em pessoas bem-ajustadas e competentes apesar de terem crescido em ambientes extremamente desfavoráveis (Garmezy, 1983; Maddi, 2005). De maneira mais geral, a resiliência é a capacidade de recuperação de experiências estressantes e de adaptação de maneira flexível a demandas ambientais variáveis. Depois dos ataques terroristas de 11 de setembro nos Estados Unidos, por exemplo, Barbara Fredrickson e colaboradores (2003) identificaram como resilientes aqueles indivíduos que foram capazes de expe-

■ **resiliência** qualidade do indivíduo de se recuperar ou escapar de estressores ambientais que possam, de alguma forma, perturbar seu ambiente.

rimentar emoções positivas, como gratidão, e, desse modo, apresentaram *crescimento pós-traumático* à medida que o tempo passava.

O psiquiatra Steven Wolin (1993) descreve o caso de Jacqueline, que, aos 2 anos de idade, foi colocada em um lar adotivo por seus pais. Dezoito meses mais tarde, o pai adotivo de Jacqueline assassinou sua esposa, e a menina mudou para outra família adotiva. Após dois anos relativamente estáveis, a mãe biológica de Jacqueline apareceu sem qualquer explicação, levando sua filha para viver com ela pelos quatro anos seguintes. Durante esses anos, a mãe de Jacqueline teve uma variedade de relacionamentos disfuncionais com homens que surgiam e iam embora, alguns dos quais agrediam fisicamente a criança. Com 10 anos de idade, voltou a se mudar, dessa vez para um orfanato, onde permaneceu até os 17 anos. Embora muitas teorias de desenvolvimento psicossocial fossem prever que Jacqueline se tornaria uma mulher antissocial e cheia de problemas, isso não ocorreu. Durante sua infância, distinguiu-se na escola, era líder entre suas colegas e permaneceu otimista com relação ao futuro. Agora adulta, ela tem um casamento estável e alegra-se em ser, para os filhos, "a mãe que nunca tive".

De onde vem tanta resiliência? Pesquisas apontam para dois grupos de fatores. O primeiro está relacionado com traços individuais, e o segundo, com o apoio social. Crianças resilientes possuem aptidões sociais, acadêmicas ou criativas bem-desenvolvidas, temperamentos calmos, autoestima elevada, autodisciplina e sentimentos fortes de controle pessoal (Werner, 1997). Esses elementos da *cognição social* parecem promover relacionamentos saudáveis com outras pessoas, as quais ajudam as crianças a se ajustarem a condições adversas. Os relacionamentos saudáveis parecem ajudar essas crianças a se protegerem de muitos dos problemas que enfrentam em casa (Ackerman et al., 1999).

Estudos de crianças resilientes também indicam a importância de pelo menos uma pessoa consistentemente apoiadora na vida de uma criança em situação de risco. Pode ser um tio ou uma tia, irmã ou irmão mais velhos, avós, um amigo da família, um professor. Essa pessoa apoiadora, em geral pai ou mãe preocupados, é modelo de resiliência que desempenha um papel significativo de convencer crianças em situação de risco de que podem e irão vencer na vida.

Embora estudos iniciais sobre resiliência indicassem que havia algo de notável a respeito dessas crianças, pesquisas recentes sugerem que a resiliência seja um fenômeno mais comum, com origem nos recursos normais das crianças, de seus relacionamentos e de suas comunidades (Masten, 2001; Ong et al., 2006). Repetindo o tema do movimento da psicologia positiva (ver Cap. 1), a pesquisa da resiliência agora se concentra em compreender como esses processos adaptativos se desenvolvem, como operam sob condições adversas e como podem ser protegidos (ou restaurados).

Estilo explanatório

Seu **estilo explanatório** – se você tem a tendência a atribuir os resultados a causas positivas ou negativas – também afeta sua capacidade de lidar com o estresse. Pessoas que sempre enxergam o lado favorável da vida – que veem uma luz no fim do túnel – possuem um estilo explanatório positivo e tendem a lidar bem com o estresse (Peterson e Steen, 2002). Aqueles que têm um estilo explanatório negativo não lidam bem com o estresse. Eles esperam fracassar porque acreditam que as condições que levam ao insucesso estão sempre a seu redor ou mesmo dentro deles.

Por que algumas pessoas são mais propensas a um estilo do que a outro? Os estilos atributivos individuais – quem ou o que culpamos por nossos fracassos – fazem parte da resposta. Martin Seligman e colaboradores (1995) acreditam que a negatividade e a "desesperança epidêmica" sejam amplamente responsáveis pela prevalência da depressão entre pessoas ocidentais. Quando o fracasso e a rejeição são (de modo inevitável) encontrados na vida, sustenta Seligman, o ocidental autocentrado tem mais probabilidade de assumir responsabilidade pessoal. Em culturas não ocidentais,

■ **estilo explanatório** nossa propensão geral a atribuir os resultados sempre a causas positivas ou sempre a causas negativas, como personalidade, sorte ou atos de outras pessoas.

nas quais o individualismo está subordinado à cooperação e a um sentido de comunidade, a depressão é menos comum, talvez porque seja menos provável que esteja ligada à autoculpa pelo fracasso.

"Uma receita para depressão profunda é o encontro do pessimismo preexistente com o fracasso."

– Martin Seligman (1995)

Pessimismo

Aquelas pessoas que apresentam estilo explanatório negativo tendem a explicar fracassos em termos globais ("Tudo está horrível."), estáveis ("Sempre será assim.") e internos ("A culpa é minha, como sempre."). Raiva, hostilidade, emoções reprimidas, ansiedade, depressão e pessimismo estão todos associados ao estilo explanatório negativo e são considerados a causa de comportamentos prejudiciais à saúde (p. ex., o hábito de fumar, de beber e usar substâncias) e de doenças (Scheier e Bridges, 1995).

O pessimismo também foi relacionado com mortalidade precoce. Em um estudo de dados de personalidade obtidos de pacientes de clínicos gerais na Clínica Mayo entre 1962 e 1965, Toshihiko Maruta e colaboradores (2000) observaram que pacientes mais pessimistas tinham uma taxa significativamente maior (19%) de mortalidade do que os mais otimistas. Existem pelo menos quatro mecanismos pelos quais o pessimismo pode encurtar a vida:

1. Pessimistas experimentam mais eventos desagradáveis, o que foi relacionado com vidas mais curtas.
2. Pessimistas acreditam que "nada do que faço é importante", de modo que têm menos probabilidade de seguir regimes médicos e/ou de tomar atitudes preventivas (como fazer exercícios) do que os otimistas.
3. Pessimistas têm mais probabilidade de serem diagnosticados com transtornos depressivos profundos, o que é associado com mortalidade.
4. Pessimistas possuem sistemas imunes mais fracos do que os otimistas.

Otimismo

Pessoas com um estilo explanatório otimista e positivo, por sua vez, tendem a desfrutar de mais saúde, viver vidas mais longas e mais saudáveis do que indivíduos pessimistas e negativistas (Segerstrom, 2006). Elas também ficam menos tempo no hospital, recuperam-se mais rapidamente de cirurgias de ponte de safena e apresentam maior expectativa de vida quando lutam contra a aids. Os otimistas também respondem ao estresse com aumentos menores na pressão arterial e têm muito menos probabilidade de morrer de ataques cardíacos (Everson et al., 1996). Entre universitários, os otimistas – aqueles que concordam com afirmações como "Em tempos difíceis, normalmente espero que o melhor aconteça" e "Sempre vejo o lado bom das coisas" – relatam ter menos fadiga e dores, além de sofrerem de doenças de menor importância (Carver e Scheier, 2002).

Por que o otimismo é benéfico para a saúde? Segundo a *broaden-and-build theory*,* as emoções positivas aumentam os recursos físicos, cognitivos e sociais das pessoas, o que as ajuda a lidar de forma mais eficaz com experiências estressantes e viver vidas mais saudáveis (Frederickson, 2001). Por exemplo, reduzindo a duração da excitação emocional negativa, as emoções positivas podem interromper o aumento da pressão arterial, inflamações, imunossupressão e outros processos relacionados com o estresse que promovem doenças. Entre as crianças, as emoções positivas experimentadas durante suas brincadeiras ajudam a construir habilidades sociais, o que promove elos sociais duradouros (Aron et al., 2000). Em favor dessa teoria, um estudo recente verificou que pessoas que experimentaram de forma consistente emoções positivas

---

* N. de T.: Em português, ainda não há uma tradução para essa teoria, mas pode ser referida como "teoria do ampliar-e-construir".

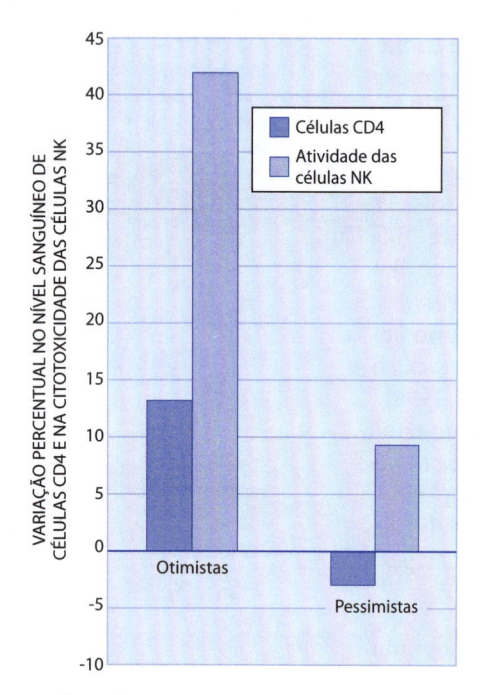

Figura 5.3

Otimismo e função imunológica. Dois meses após começarem a faculdade de direito, estudantes otimistas apresentaram um aumento de 13% no nível (número total estimado) de células CD4 na corrente sanguínea, em comparação com a queda de 3% no número dessas células na dos pessimistas. De maneira semelhante, a citotoxicidade (medida do nível de atividade celular) das células *natural killer* (NK) aumentou 42% nos otimistas e apenas 9% nos pessimistas.

Fonte: Baseada em dados de Segerstrom, S. C. e colaboradores (1998). Optimism is associated with mood, coping and immune change in response to stress, *Journal of Personality and Social Psychology, 74*(6), p. 1646–1655. Copyright 1998 by American Psychological Association. Adaptada com permissão.

■ **ruminação** concentração repetitiva nas causas, nos significados e nas consequências de experiências estressantes.

com suas famílias quando crianças, e novamente como adultos com suas próprias famílias, tinham a metade da probabilidade de apresentar níveis elevados de fadiga e cansaço cumulativo (Ryff et al., 2001). Outro estudo com hispano-americanos mais velhos mostrou que aqueles que costumavam relatar emoções positivas apresentavam a metade da probabilidade dos que eram pessimistas e céticos de se tornarem deficientes ou de morrer durante os dois anos de duração do estudo (Ostir et al., 2000).

O otimismo também ajuda a manter o funcionamento imunológico quando submetido ao estresse. Um estudo recente demonstrou que a pressão no primeiro semestre da faculdade de direito teve efeito menos negativo na atividade imunológica em estudantes otimistas sobre seu sucesso acadêmico, em comparação com os que eram pessimistas (Segerstrom et al., 1998). Conforme mostra a Figura 5.3, o número de células CD4 na corrente sanguínea dos otimistas aumentou em 13%, em comparação com a queda de 3% no número de células dos pessimistas. De maneira semelhante, a atividade das células natural killer (NK) aumentou 42% nos otimistas, mas apenas 9% nos pessimistas. (Como vimos no Cap. 3, as células CD4 e a atividade das células NK são fatores do sistema imune que ajudam a combater infecções.) Estados afetivos positivos, de modo geral, estão associados a níveis reduzidos de hormônios do estresse, como o cortisol, e – especialmente em mulheres – níveis reduzidos de marcadores biológicos de inflamação, como a *proteína C-reativa* (CRP) (Steptoe, O'Donnell e Badrick, 2008).

Voltando a nossos estudantes: Por que o otimismo aumenta a função imunológica quando sob estresse? Segerstrom e Taylor acreditam que os estudantes otimistas tenham atitudes mais saudáveis e melhores hábitos de saúde do que os pessimistas. Os estudantes de direito otimistas provavelmente avaliam o trabalho em suas disciplinas como um desafio (e, assim, percebem menos estresse), fazem mais exercícios, evitam fumar, beber e praticar outros comportamentos prejudiciais à saúde. Esses comportamentos favoráveis à saúde contribuíram para sistemas imunes mais fortes e para o melhor funcionamento sob estresse.

Os otimistas e os pessimistas têm reações físicas diferentes ao estresse, mas também diferem na maneira como lidam com ele. Enquanto é mais provável que os otimistas alterem situações estressantes ou se *envolvam de maneira ativa* em atitudes diretas focalizadas no problema, os pessimistas têm mais probabilidade de *desconectarem-se passivamente* e de **ruminarem**, ou seja, ficarem obcecados e serem subjugados por pensamentos persistentes a respeito dos estressores (Carver e Connor-Smith, 2010; Nolen-Hoeksema et al., 1994). Essa tendência foi relacionada com autocrítica, história de depressão e dependência excessiva de terceiros (Spasojevic e Alloy, 2001). Os otimistas também percebem que possuem mais controle sobre os estressores, o que os leva a ter respostas de enfrentamento mais eficazes, incluindo a procura de tratamento quando ficam doentes (Segerstrom, 2006; Trom et al., 2005). Em vez disso, os pessimistas têm mais probabilidade de perceber o mundo – e sua saúde – como algo incontrolável (Keltner et al., 1993).

Felizmente, o pessimismo pode ser identificado cedo na vida e ser transformado em *otimismo aprendido* (Seligman e Csikszentmihalyi, 2000). Seligman recomenda aprender o "ABC"[*] do otimismo. Consideremos como isso pode funcionar para ajudar Kris a desenvolver um estilo explanatório mais positivo.

■ Adversidade: Kris deve aprender a interpretar dificuldades em termos *externos* ("Foram as políticas do exército, e não minhas atitudes, que causaram meus pro-

---

[*] N. de R.T.: "ABC" do otimismo refere-se as iniciais, em inglês, dos três seguintes fatores: Adversity, Beliefs, Consequences. Em português, o sentido de ABC é perdido.

blemas"), *temporários* ("Vai ser um ano difícil, mas vou conseguir superar") e *específicos* ("Minha carreira e meus planos familiares ainda estão suspensos, mas existem outras partes de minha vida que são positivas e vou continuar a me sair bem").
- Crenças: praticar essas explicações otimistas com concentração levará Kris a crenças mais saudáveis e mais animadas.
- Consequências: crenças mais saudáveis e mais otimistas trarão consequências mais positivas para sua saúde.

Martin Bolt (2004, p. 176) explica que "aprender a contra-argumentar, a propor causas alternativas para a decepção, a reconhecer que está reagindo demais e até mostrar que a crença não condiz com os fatos enfraquece a explicação pessimista e possibilita que você enfrente as derrotas de maneira mais eficaz".

Controle pessoal e escolha

Considere o seguinte cenário. Após um exame físico de rotina, seu médico diz que sua pressão arterial está muito alta. Como você não tem qualquer outro sintoma ou história familiar de hipertensão ou de doença coronariana, ele suspeita que seu estilo de vida seja o culpado. Adverte que você deve ter controle sobre quaisquer comportamentos prejudiciais à saúde que possam estar causando essa elevação.

Como responderia à advertência de seu médico? De maneira ideal, você consideraria um modo de alterar sua dieta, seu nível de atividade e de estresse, e outros aspectos de sua rotina, pois acredita que possa exercer um grau significativo de controle sobre sua pressão arterial. Da mesma forma, se acreditar que não possa influenciar sua saúde ou que não haja algo a fazer para melhorar a situação, você fará nada.

O **controle pessoal** é a crença de que tomamos nossas próprias decisões e determinamos o que fazemos ou o que os outros fazem conosco (Rodin, 1986). Crianças saudáveis gradualmente desenvolvem a sensação de controle sobre aquilo que as rodeia. Albert Bandura e outros pesquisadores chamaram essa atitude de controle de *autoeficácia* (Bandura, 1977). O controle pessoal e a autoeficácia ajudam as pessoas a lidar de maneira mais eficaz com eventos estressantes (Wrosch et al., 2007).

- **controle pessoal** crença de que tomamos nossas próprias decisões e determinamos o que fazemos e o que os outros fazem conosco.

Quando enfrentam estresse repetido e incontrolável, as pessoas, às vezes, aprendem que não podem afetar o que acontece a elas. Em situações extremas, podem até desenvolver os comportamentos passivos resignados do *desamparo aprendido* (Seligman e Maier, 1967). Em campos de concentração e prisões, e mesmo em fábricas e casas de repouso, indivíduos que não conseguem repetidas vezes alcançar um objetivo com frequência acabam desistindo de tentar. É importante notar ainda que também não costumam responder em outros ambientes nos quais o sucesso seja mais provável. Idosos vivendo em asilos ou clínicas especializadas por muito tempo, assim como aqueles que sofrem de doenças crônicas, são particularmente vulneráveis ao desamparo aprendido. De maneira involuntária, a equipe bem-intencionada de muitos asilos (assim como aqueles que proporcionam tratamento e cuidado no lar) encoraja comportamentos passivos e desamparados nos idosos e doentes crônicos, negando a eles a responsabilidade até mesmo pelos aspectos mais fundamentais de seu tratamento.

Seligman (1975) demonstra que, quando experimentam resultados sobre os quais não têm controle, as pessoas perdem a motivação para reagir, apresentam comprometimento da aprendizagem e sentem estresse, ansiedade e depressão. Aquelas que se sentem desamparadas não têm comportamentos saudáveis ou os abandonam antes que consigam exercer um efeito positivo sobre sua saúde. Devido à ligação entre desamparo e depressão e à ligação entre depressão e comportamentos prejudiciais à saúde, como o uso de substâncias tóxicas, existe razão até para crer que os sentimentos de abandono possam ameaçar a vida das pessoas (Wallston et al., 1997).

Talvez a baixa percepção de controle seja uma das razões para as minorias raciais e étnicas serem grupos de alto risco em relação à saúde. Entre homens de minorias, por exemplo, a palavra *crise* tem sido usada para descrever a prevalência elevada de doenças, deficiências e morte prematura (Williams, 2003). Em particular nas culturas ocidentais, nas quais os homens são socializados sob normas que enfatizam realizações e competência, a ausência de oportunidades de emprego, a discriminação e a marginalização econômica podem ter um impacto devastador na autoeficácia e na maneira como os homens avaliam e respondem a situações potencialmente estressantes.

O racismo, por exemplo, pode afetar de forma marcante as avaliações cognitivas de afro-americanos. Quando isso acontece, a resposta de estresse pode se intensificar. Em um estudo recente, quando universitários afro-americanos escutaram colegas brancos avaliando negativamente seu desempenho em uma tarefa, aqueles que atribuíram sua má avaliação ao racismo e à discriminação apresentaram reações de estresse mais fortes (King, 2005).

Controle pessoal e estratégias de enfrentamento

Ao contrário de pessoas com desamparo aprendido, as que possuem forte sensação de controle pessoal tendem a utilizar formas adaptativas e focalizadas nos problemas para lidar com eles. Em um estudo, trabalhadores da saúde que enfrentavam demissões preencheram questionários avaliando seus níveis de estresse, recursos pessoais, estilos de enfrentamento e doenças no começo do estudo e novamente alguns anos mais tarde (Ingledew et al., 1977). Os resultados revelaram que aumentos na percepção de estresse estavam em geral acompanhados por aumentos no enfrentamento focalizado na emoção, mas em um grau menor em pessoas que percebiam ter bastante controle pessoal sobre suas vidas – para esses trabalhadores, os sentimentos de controle e autoeficácia levavam a uma forma de enfrentar o estresse mais focalizada no problema. De maneira semelhante, adolescentes afro-americanos que percebiam ter pouco ou nenhum controle pessoal sobre o estresse relacionado com o racismo usavam mais evitação e enfrentamento focalizado na emoção do que no problema. Em contrapartida, adolescentes de minorias que percebem níveis elevados de controle pessoal sobre estressores raciais têm mais probabilidade de usar estratégias focalizadas no problema (Scott, 2001).

Aqueles que apresentam forte sensação de controle psicológico são mais passíveis de exercer controle direto sobre comportamentos relacionados à saúde. Niall Pender e colaboradores (1990) estudaram uma amostra de 589 empregados inscritos em seis programas de promoção da saúde patrocinados por seus empregadores. Os funcionários que acreditavam exercer mais controle sobre sua saúde tinham muito mais probabilidade de permanecer nos programas do que os que se sentiam menos responsáveis pelo próprio bem-estar. Resultados como esses indicam que se sentir no controle de eventos adversos desempenha um papel fundamental em determinar nossa resposta a uma situação estressante.

Reflita sobre a história que abre este capítulo: o que aconteceu com os sentimentos de controle pessoal de Kris Goldsmith quando seu tempo de serviço militar foi estendido? Que impacto isso teve sobre sua capacidade de lidar com o estresse do serviço no Iraque?

Controle regulatório

■ **controle regulatório**
as várias maneiras pelas quais modulamos o pensamento, as emoções e o comportamento ao longo do tempo e em circunstâncias inconstantes.

Alguma vez você já ficou tão bravo com alguém que sentiu que ia explodir, mas não explodiu? Ou quem sabe em uma cerimônia religiosa, achou algo histericamente engraçado, mas precisou segurar sua risada? Nessas situações, você luta para controlar quais emoções são experimentadas e quais são expressas. O **controle regulatório**, que se refere a nossa capacidade de modular pensamentos, emoções e comportamentos, é uma ocorrência cotidiana. De fato, 9 em cada 10 universitários relatam se esforçarem para controlar emoções pelo menos uma vez por dia (Gross, 1998).

O controle sobre nossas respostas e emoções tem implicações amplas para a saúde (de Ridder, Bertha e de Wit, 2006). A autorregulação está associada ao sucesso em fazer uma dieta, parar de fumar e manter bons relacionamentos interpessoais. Além disso, crianças que possuem autocontrole são mais calmas, mais resistentes à frustração, mais capazes de retardar gratificações (um fator importante na resistência ao uso de substâncias mais adiante na vida) e menos agressivas (Muraven et al., 1998). Da mesma forma, pessoas com pouco controle têm mais probabilidade de ficar agressivas (Brookings, DeRoo e Grimone, 2008) e sentir depressão quando têm pensamentos autodestrutivos obsessivos (Verstraeten et al., 2009).

As diferenças individuais no controle regulatório estão relacionadas com a maneira como as pessoas lidam com eventos e experiências estressantes. Indivíduos com bom autocontrole têm menos probabilidade de recorrer a respostas mal-adaptativas, como descarregar as emoções com raiva ou usar enfrentamento evitativo (Aronoff et al., 1994). De maneira semelhante, é provável que crianças e adultos com bom autocontrole usem respostas de enfrentamento construtivas e focalizadas no problema e improvável que empreguem respostas evitativas e agressivas em situações estressantes (Fabes et al., 1994; Mann e Ward, 2007). Curiosamente, alguns dados sugerem que os homens possam se esforçar menos que as mulheres quando tentam controlar as emoções negativas. Essa diferença de gênero é refletida em padrões distintos de atividade neural na amígdala e no córtex pré-frontal do cérebro (McRae et al., 2008).

Reatividade cardiovascular Em decorrência da relação entre o autocontrole e a excitação física, pesquisadores estão explorando o uso da frequência cardíaca e outros marcadores fisiológicos para identificar diferenças individuais na maneira como as pessoas lidam com o estresse (Quigley et al., 2002; Schneiderman et al., 2000). Do ponto de vista fisiológico, nossa reatividade ao estresse psicológico parece ser bastante estável. Em um estudo recente, pesquisadores mensuraram a pressão arterial dos participantes enquanto faziam tarefas estressantes. Anos depois, estudos de seguimentos demonstraram que indivíduos cuja pressão havia aumentado mais durante a fase inicial do estudo tinham mais probabilidade de ter hipertensão crônica (Matthews et al., 2004).

Diversos estudos relataram que situações avaliadas como ameaçadoras são associadas a um padrão diferente de **reatividade cardiovascular** das que são analisadas como desafiadoras. As avaliações de ameaça foram relacionadas com maiores respostas *vasculares*, refletidas por aumentos na pressão diastólica e *resistência periférica total* (a resistência cumulativa de todos os vasos sanguíneos do corpo), enquanto as avaliações de desafio foram vinculadas à maior reatividade do *miocárdio*, refletida por aumentos na frequência e *output* cardíaco (Maier et al., 2003; Tomaka et al., 1993).

A maioria das mudanças na frequência cardíaca, como aquelas que ocorrem em resposta a demandas físicas e emocionais desafiadoras, é controlada pelo décimo nervo craniano, que é o mais longo do corpo, estendendo-se a cada membro desde o cérebro. Esse é o nervo *vago* (*vago* significa "perambulante" em latim). O nervo vago desempenha um papel importante na resposta de acalmar do sistema nervoso parassimpático (SNP); sua principal função é reduzir a pressão arterial e a frequência cardíaca. Quando uma pessoa saudável inspira, esse nervo se torna menos ativo, aumentando a frequência cardíaca; quando ela expira, a atividade vagal aumenta e a frequência cardíaca diminui. Em resposta ao estresse, por exemplo, SNA aumenta a frequência cardíaca (para cumprir com as exigências metabólicas do sistema de resposta emergencial do corpo) diminuindo a ação vagal sobre o coração.

O tônus vagal (a variabilidade na frequência cardíaca), assim, é uma medida da relação entre aumentos e decréscimos rítmicos na frequência cardíaca associados com inspiração e expiração. O tônus vagal alto, medido como uma variabilidade maior na frequência cardíaca conforme a pessoa inspira e expira, reflete maior controle regulatório pelo nervo vago. Em comparação, o tônus vagal baixo, medido como um padrão mais estável de frequência cardíaca, evidencia controle regulatório mais fraco.

■ **reatividade cardiovascular**
a reação característica de um indivíduo ao estresse, incluindo alterações na frequência cardíaca, na pressão arterial e nos hormônios.

Richard Fabes e Nancy Eisenberg (1997) investigaram a relação entre a variabilidade da frequência cardíaca, o estresse cotidiano e as respostas de enfrentamento em universitários (Fig. 5.4). Estudantes que apresentavam tônus vagal alto evidenciaram menos probabilidade do que os com tônus vagal baixo de experimentar níveis elevados de excitação emocional negativa em resposta a dificuldades e estresse cotidianos, assim como tiveram mais probabilidade de utilizar medidas de enfrentamento construtivas (enfrentamento ativo, busca de apoio social, reinterpretação positiva, enfrentamento focalizado na emoção), em vez de estratégias mal-adaptativas (distanciamento psicológico e físico, desabafo de emoções, uso de álcool/drogas).

A reatividade cardiovascular e o controle regulatório também podem explicar, em parte, as diferenças individuais e grupais nas taxas de morbidade e mortalidade por doença coronariana. Indivíduos que enfrentam ameaças e desafios repetidos em suas vidas cotidianas e têm menos controle autônomo cardíaco podem sofrer um risco bem maior de doença coronariana do que aqueles que possuem maior controle regulatório (Sloan et al., 1999). Pesquisadores da Escola de Saúde Pública da Universidade de Harvard recentemente relataram que indivíduos norte-americanos de origem caribenha e africana, dois dos maiores grupos étnicos negros dos Estados Unidos, apresentam padrões diferentes de reatividade cardiovascular a estressores no laboratório do que norte-americanos brancos (Arthur et al., 2004). Em resposta a um teste de aritmética mental, por exemplo, os afro-americanos apresentaram reduções maiores na *variabilidade do período cardíaco* (tônus vagal mais baixo) do que os brancos, mas reduções menores que seus correlatos de origem caribenha. Outros pesquisadores sugerem que uma maior reatividade cardiovascular e uma recuperação mais lenta de situações associadas com percepção de racismo representem o mecanismo biológico que conecta o JH a risco maior de hipertensão (Merritt et al., 2006).

Escolha, cultura e controle

Os psicólogos há muito argumentam que ter opções de escolha aumenta a sensação de controle pessoal (Rotter, 1966). Os resultados de muitos estudos sugerem que as consequências positivas da escolha sejam visíveis mesmo quando ela é trivial ou ilusória. O simples fato de ser capaz de escolher a ordem em que um teste é realizado parece reduzir a ansiedade (Glass e Singer, 1972). Em um estudo conhecido, Ellen Langer e Judy Rodin (1976) observaram que a saúde de pacientes idosos em uma casa de repouso melhorava significativamente quando era permitido a eles escolher suas atividades recreativas e a disposição da mobília em seus quatros.

Figura 5.4

Tônus vagal e enfrentamento do estresse (a) Estudantes com tônus vagal alto tiveram menos probabilidade do que os com tônus vagal baixo de experimentar níveis elevados de excitação emocional negativa em resposta a dificuldades e estresse cotidianos. **(b)** Eles também apresentaram maior probabilidade de utilizar medidas de enfrentamento construtivas.
Fonte: Fabes, R. A. e Eisenberg, N. (1997). Regulatory control and adults' stress-related responses to daily life events. *Journal of Personality and Social Psychology, 73*(5), p. 1107–1117. Copyright 1997 by American Psychological Association. Adaptada com permissão.

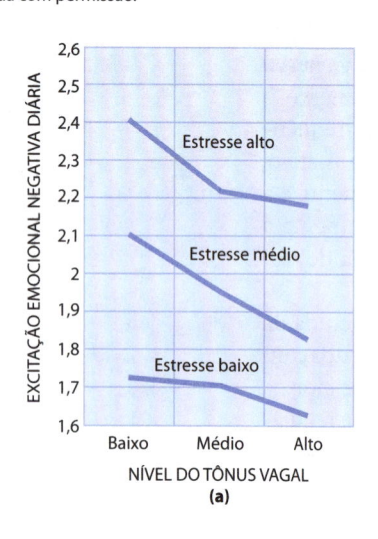

O tônus vagal alto está relacionado de modo inverso com a excitação emocional negativa e de modo positivo com o enfrentamento construtivo.

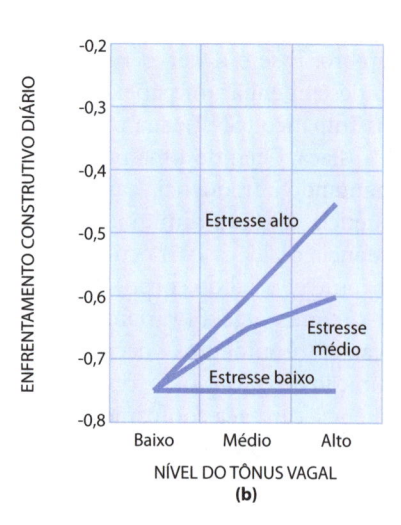

Em contrapartida, situações em que não existe opção ou em que a opção foi removida estão ligadas a efeitos prejudiciais sobre a motivação, o desempenho e a saúde. Todavia, é interessante que vários estudos recentes demonstrem que chances demais de escolher, seja no local de trabalho ou em outras situações, podem ser prejudiciais à motivação e ao bem-estar (Iyengar e Lepper, 2000; Schwartz, 2004) e apontam para diferenças culturais no nível em que a percepção de escolha é associada com bem-estar. Em culturas individualistas, pressupõe-se que a percepção de ter pouca chance de escolha – como parece o caso para os asiáticos e latino-americanos – terá efeitos negativos sobre o bem-estar (Langer e Rodin, 1976). Porém, Sastry e Ross (1998), que analisaram o impacto das percepções de escolha e controle das pessoas sobre o estresse psicológico em sujeitos de 33 países diferentes, verificaram uma relação muito mais variável. Entre os norte-americanos brancos, indivíduos com um sentido forte de liberdade de escolha e controle tiveram níveis menores de depressão e ansiedade do que aqueles que percebiam menos escolha e controle em suas vidas. Porém, essa relação não foi observada para norte-americanos de origem asiática e asiáticos. Assim como indivíduos de origem asiática, os norte-americanos de origem hispânica também apresentaram associação negativa entre essas percepções e o estresse – mesmo depois de variáveis como o *status* socioeconômico serem consideradas.

Revelação emocional

Às vezes, não estamos cientes de que controlamos nossas emoções. Em estudos sobre estresse realizados em laboratório, alguns indivíduos relatam que se sentem relaxados enquanto realizam tarefas difíceis, mas, do ponto de vista fisiológico e comportamental, apresentam sinais de estresse significativo, como tempo de reação mais longo, maior tensão muscular e frequência cardíaca rápida. Essa forma extrema de controle regulatório, na qual há uma discrepância entre as medidas fisiológicas e verbais do estresse, é chamada de **enfrentamento repressivo** (Weinberger et al., 1979). Usando esse estilo de enfrentamento focalizado na emoção, indivíduos *repressores* tentam inibir suas respostas emocionais de modo que possam se ver como imperturbáveis do ponto de vista emocional. Newton e Contrada (1992) verificaram que os repressores apresentavam a maior discrepância entre medidas de autoavaliação e fisiológicas de ansiedade quando seu comportamento estava sendo observado. Isso sugere que a repressão seja mais provável em contextos sociais.

Será que a repressão é saudável? Evidências acumulam-se sugerindo que não. A supressão emocional ativa a divisão simpática do SNA, atuando como um estressor para elevar a pressão arterial e desencadear a resposta de luta ou fuga (Butler et al., 2003; Myers, 2010). Na década de 1980, o psicólogo James Pennebaker iniciou uma série fascinante de estudos com universitários, cuja maioria seguia um protocolo simples: os estudantes deviam escrever sobre determinado tópico durante 15 minutos por dia, ao longo de quatro dias. A metade dos sujeitos escreveu sobre experiências comuns do cotidiano – descrevendo seu quarto no dormitório, por exemplo. Os outros deveriam escrever sobre seus pensamentos e sentimentos mais profundos relacionados com uma experiência estressante ou traumática. Estudantes no grupo de revelação emocional entregaram-se imediatamente à tarefa e escreveram histórias íntimas e fascinantes, às vezes chorando e apresentando outras reações emocionais extremas. Ao final do estudo, a maioria deles relatou que a experiência havia ajudado a encontrar um novo significado na experiência traumática. Todavia, o resultado mais surpreendente veio seis meses depois, ao final do ano acadêmico, quando Pennebaker descobriu que aqueles que tinham escrito sobre experiências estressantes haviam procurado o centro de saúde da universidade com menos frequência do que os que escreveram sobre situações cotidianas.

Nos últimos 25 anos, a descoberta de Pennebaker foi repetida em dezenas de cenários, com inúmeras pessoas de várias esferas da vida, etnias e culturas. As pessoas

■ **enfrentamento repressivo**
estilo de enfrentamento focalizado na emoção, em que as pessoas tentam inibir suas respostas emocionais, especialmente em situações sociais, para que possam se ver como imperturbáveis.

que escreveram ou, de maneira alternativa, falaram com um confidente eram detentos, vítimas de crimes, portadores de dores crônicas, sobreviventes do Holocausto, universitários, viúvas e viúvos enlutados, executivos e trabalhadores demitidos, entre outros. Em quase todos os casos, a revelação emocional está relacionada com algum tipo de benefício para a saúde.

Quando as pessoas escrevem ou falam sobre situações traumáticas, por exemplo, a condutividade cutânea, a frequência cardíaca e a pressão sistólica e diastólica diminuem (Pennebaker, Hughes e O'Heeron, 1997). Com o passar do tempo, foi observada uma associação entre manter um diário de pensamentos e sentimentos e uma diminuição no absenteísmo, menos consultas médicas e melhoras no funcionamento imunológico (Pennebaker e Francis, 1996; Petrie et al., 1995). Em um estudo, alunos de medicina foram designados de forma aleatória para escrever sobre situações traumáticas ou tópicos de controle por quatro sessões diárias. No quinto dia, cada um recebeu uma vacina para hepatite B, com reforços 1 e 4 meses depois. Antes de cada vacina, e novamente seis meses depois, amostras de sangue indicaram que os sujeitos do grupo de revelação emocional tinham níveis bem maiores de anticorpos contra o vírus.

Existem muitas razões por que a revelação emocional nos ajuda a enfrentar o estresse. Confidenciar com outras pessoas nos permite receber conselhos úteis, podendo também ser uma fonte de reforço e apoio social. Além disso, escrever ou falar sobre uma experiência estressante pode encorajar uma reavaliação cognitiva à medida que adquirimos uma nova perspectiva sobre o evento ou desenvolvemos um plano para lidar com uma situação estressante (Lestideau e Navallee, 2007). Em favor dessa última ideia, Pennebaker observou que pessoas que escrevem histórias mais coerentes, persuasivas e organizadas tendem a obter o maior benefício para a saúde (Niederhoffer e Pennebaker, 2002). De maneira semelhante, mulheres que sofreram recente perda de uma parente próxima devido ao câncer de mama e que escreveram diariamente sobre a morte, tiveram mais probabilidade de apresentar uma resposta imunológica maior (maior citotoxicidade das células NK) quando a revelação emocional escrita diária permitiu que encontrassem um significado positivo na perda (Bower et al., 2003). Uma metanálise de estudos indica que a revelação emocional pode ser mais efetiva para ajudar as pessoas a lidar com desafios físicos do que psicológicos (Frisina, Borod e Lepore, 2004).

Apoio social

Até aqui, enfocamos os recursos internos que o indivíduo tem para enfrentar o estresse. Esses recursos – *hardiness* psicológica, otimismo, controle pessoal e revelação emocional – certamente desempenham papéis importantes na resposta ao estresse. Ainda assim, os fatores externos também são importantes, sobretudo o grau de apoio social recebido. Laços sociais e relacionamentos com outras pessoas nos influenciam de forma poderosa, de maneiras negativas e positivas.

O **apoio social** é o companheirismo de outras pessoas que transmite preocupação emocional, auxílio material ou retorno honesto a respeito de uma situação. Em circunstâncias estressantes, aqueles que percebem um nível elevado de apoio social podem experimentar menos estresse e enfrentá-lo de forma mais eficaz. Considere as evidências:

■ **apoio social**
companheirismo de outras pessoas que transmite preocupação emocional, auxílio material ou comentários honestos a respeito de uma situação.

1. *Recuperação rápida e menos complicações médicas.* O apoio social já foi associado a um melhor ajuste e/ou à recuperação mais rápida em casos de cirurgia da coronária, artrite reumatoide, leucemia infantil e AVE (Magni et al., 1988; Martin e Brantley, 2004). Além disso, mulheres com fortes laços sociais apresentam menos complicações durante o parto (Collins et al., 1993), e mulheres e homens com níveis altos de apoio social têm menos probabilidade de sofrer ataques cardíacos (Holahan et al., 1997).

2. *Taxas de mortalidade mais baixas.* O fato de ter diversos relacionamentos sociais íntimos está ligado a um risco menor de morrer, em todas as idades. O exemplo clássico dessa associação é uma pesquisa com 7 mil adultos em Alameda County, Califórnia (Berkman e Syme, 1994). Os pesquisadores observaram que ter um grande número de contatos sociais possibilita às mulheres viverem uma média de 2,8 anos a mais, e aos homens, uma média de 2,3 anos a mais (Fig. 5.5). Esses benefícios à longevidade permanecem mesmo quando foram considerados hábitos relacionados com a saúde, como tabagismo, uso de álcool, atividades físicas, obesidade e diferenças em *status* socioeconômico e saúde no começo do estudo. De maneira semelhante, um estudo prospectivo de 15 anos sobre as taxas de mortalidade entre homens suecos com mais de 50 anos no começo do estudo revelou que o apoio social estava relacionado de forma inversa à mortalidade. Homens com um grande círculo de amigos a quem encontravam regularmente tinham metade da probabilidade de desenvolver doenças cardíacas ou de morrer, em comparação com aqueles que possuíam pouco contato ou apoio social. O impacto de níveis baixos de apoio social sobre a mortalidade foi comparável em magnitude ao do tabagismo (Rosengren et al., 2004). Outro estudo mostrou que portadores de câncer com menos contatos diários com outras pessoas tinham 2,2 vezes mais probabilidade de morrer durante um período de 17 anos do que aqueles com maior apoio social (Spiegel, 1996).
3. *Menos perturbação ao enfrentar doenças terminais.* Pacientes com percepção de possuírem uma forte rede de apoio social parecem experimentar menos depressão e impotência durante tratamento para aids, diabetes e uma variedade de outras doenças crônicas do que os que carecem desse apoio (Kiviruusu, Huurre e Aro, 2007; Varni et al., 1992).

Como o apoio social faz a diferença

De maneira clara, o apoio de outras pessoas pode beneficiar nossa saúde, mas de que modo? Conforme a **hipótese da proteção**, o apoio social mitiga o estresse de forma indireta, ajudando o indivíduo a lidar com ele de modo mais eficaz (Cohen e McKay, 1984; Cohen e Wills, 1985). Por exemplo, as pessoas que percebem ter forte apoio social têm menos probabilidade de ruminar na tentativa de enfrentar experiências estressantes. A ruminação tende a ser contraproducente, pois leva a interpretações mais negativas dos fatos, desencadeia lembranças de eventos desagradáveis, interfere na resolução de problemas e reduz o interesse em participar de atividades prazerosas (Lyubomirsky et al., 1998; Spasojevic e Alloy, 2001). Como outro exemplo, pessoas em casamentos felizes vivem vidas mais longas e mais saudáveis do que aquelas que não são casadas (Kaplan e Kronick, 2006). Os benefícios à saúde de ter um parceiro solidário, em geral o cônjuge, são especialmente fortes para os homens (Janicki et al., 2005).

■ **hipótese da proteção**
teoria segundo a qual o apoio social produz efeitos indiretos de proteção contra o estresse, ajudando o indivíduo a enfrentá-lo de forma mais eficaz.

Figura 5.5

Isolamento social e mortalidade. O Alameda County Study foi o primeiro a estabelecer uma conexão forte entre o apoio social e uma vida longa. Durante um período de nove anos, homens e mulheres com menos laços sociais apresentaram 2 a 4 vezes mais probabilidade de morrer do que aqueles que não eram socialmente isolados.
Fonte: Berkman, L. F. e Syme, S. L. (1979). Social networks, host resistance, and mortality: A nine-year follow-up of Alameda County residents. *American Journal of Epidemiology, 109*, p. 190.

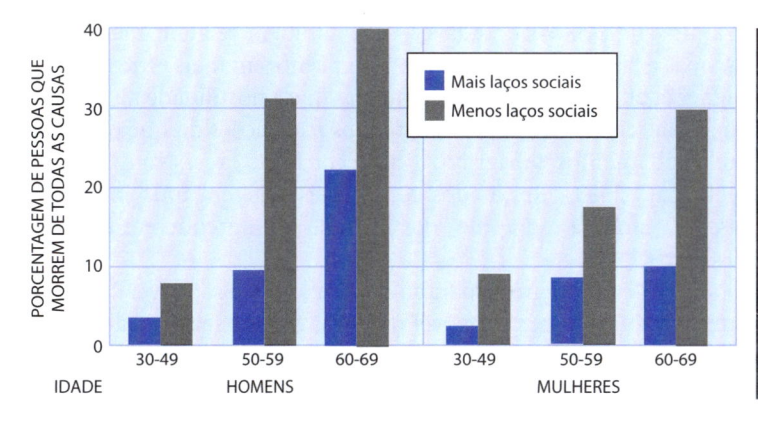

■ **hipótese do efeito direto**
teoria segundo a qual o apoio social produz efeitos benéficos durante momentos estressantes e não estressantes, aumentando as respostas físicas do corpo a situações difíceis.

Segundo a **hipótese do efeito direto**, o apoio social aumenta as respostas físicas do corpo a situações difíceis (Pilisuk et al., 1987). Por exemplo, em tempos de estresse, a presença de pessoas percebidas como solidárias pode impedir a excitação do sistema nervoso simpático (SNS), talvez reduzindo a liberação do *hormônio liberador de corticotropina* (CRH) pelo hipotálamo.

Essa hipótese é defendida por uma pesquisa sobre as relações entre níveis autorrelatados de estresse, a disponibilidade de apoio social e os níveis circulantes do antígeno próstata-específico (PSA) em homens que participaram de um programa de triagem para câncer da próstata (Stone et al., 1999). Os que relataram os níveis mais elevados de estresse também tiveram níveis significativamente altos de PSA, um indicador biológico do caráter maligno do câncer, do que seus correlatos menos estressados. Embora o estresse tenha sido associado de forma positiva aos níveis de PSA, houve uma correlação inversa entre os níveis de PSA e o nível percebido pelos participantes de apoio social, conforme demonstrado por seus escores na escala de satisfação com contatos sociais (ver Fig. 5.6). Essa escala contém questões como: "De que maneira o número de pessoas das quais você se sente próximo mudou nos últimos seis meses?" e "Qual é seu grau de satisfação com a quantidade de contato social que você tem?". Aqueles que apresentaram pouco contato social tiveram níveis bem mais elevados de PSA do que seus colegas mais conectados do ponto de vista social.

Essa questão de como o contato social beneficia a saúde continua a ser debatida com entusiasmo. É possível que o apoio social torne eventos potencialmente estressantes mais benignos difundindo ou minimizando seu impacto inicial. Por exemplo, um amigo que apoie você pode tornar menos provável a interpretação de uma nota baixa em um exame como evidência de pouca inteligência. Ou, talvez, a crença de que outras pessoas se importam com você aumente sua autoestima e propicie uma perspectiva mais otimista para sua vida. O resultado: maior resistência a doenças e maior chance de adotar hábitos que favoreçam a saúde.

Quem recebe apoio social?

Por que certas pessoas têm mais probabilidade do que outras de obter benefícios do apoio social? A resposta é previsível: indivíduos com mais habilidades sociais, que se relacionam bem e preocupam-se com os outros e que se doam para os outros, criam redes sociais mais fortes e assim recebem mais apoio social. Algumas evidências partem de um estudo de calouros universitários (Cohen, Sherrod e Clark, 1986), no qual os pesquisadores categorizaram estudantes novos de acordo com sua competência social, ansiedade social e capacidade de autorrevelação. No decorrer do estudo, descobriram que os com mais habilidades sociais formavam redes sociais fortes.

Outros pesquisadores observaram que indivíduos bravos ou hostis recebem menos apoio social do que pessoas agradáveis. Eles também relatam mais eventos negativos em suas vidas e fazem os que vivem ao redor sentirem mais estresse (Hardy e Smith, 1988; Wagner et al., 2003). Um estudo mostra que a hostilidade na faculdade previu baixo apoio social, risco para depressão, menos realizações do que o esperado na carreira e em relacionamentos, tabagismo atual e consumo excessivo de álcool na meia-idade (Siegler et al., 2003). Resultados como esses sugerem uma intervenção óbvia: auxiliar pessoas aumenta seu apoio social, ajuda-as a aprenderem a ser mais amigáveis e menos hostis.

Desse modo, parece que o segredo para uma vida longa e saudável é construir uma rede social ampla. Contudo, será possível que uma pessoa seja socialmente conectada demais? Será que certas conexões sociais podem afetar nossa saúde de maneira adversa?

Figura 5.6

Estresse, apoio social e antígeno próstata-específico (PSA). O nível do PSA foi associado de forma positiva ao estresse e inversamente relacionado à satisfação com contatos sociais. Os participantes que perceberam níveis baixos de estresse e altos de satisfação com seus contatos sociais apresentaram níveis muito mais baixos de PSA, um indicador biológico do caráter maligno do câncer.
Fonte: Stone, A. A. e colaboradores (1999) Psychosocial stress and social support are associated with prostate-specific antigen levels in men: Results from a community screening program. *Health Psychology, 18*(5), p. 485.

Quando o apoio social não ajuda

Às vezes, o apoio social não reduz o estresse nem beneficia a saúde. Na realidade, ele pode produzir o resultado oposto. Existem diversas razões para esse fato surpreendente. Em primeiro lugar, embora havendo apoio, as pessoas podem não *percebê-lo* como algo benéfico (Wilcox et al., 1994). É possível que isso ocorra porque a pessoa não deseje ajuda, pense que o auxílio oferecido seja inadequado ou esteja distraída demais para notar que estão oferecendo apoio. Por exemplo, nas primeiras horas do enfrentamento da perda de um ente querido, talvez a pessoa deseje ficar sozinha com sua dor.

Em segundo, talvez o tipo de apoio oferecido não seja o necessário naquele momento, como, por exemplo, uma mãe solteira que esteja lutando para se formar na faculdade pode sentir estresse durante a semana de exames e, ainda que necessite de *apoio social instrumental*, como auxílio para cuidar do filho, talvez só seja oferecido *apoio emocional*, como encorajamento para estudar mais. O apoio social instrumental é especialmente valioso no caso de estressores controláveis, enquanto o emocional é mais útil para estressores incontroláveis, como um evento cataclísmico ou a perda de um ente querido. Em um estudo com viúvas jovens, por exemplo, o estresse de perder o marido foi mais bem minimizado com o apoio emocional, sobretudo dos pais. Entretanto, entre mulheres que trabalham e têm filhos pequenos, o único auxílio eficaz com os filhos foi o apoio instrumental dos maridos (Lieberman, 1982). O papel do apoio social em promover a saúde, então, é bastante específico, estando também sujeito a normas sociais e culturais relacionadas com os tipos de apoio que ajudam (Abraido-Lanza, 2004).

Em terceiro lugar, apoio social em excesso pode, na verdade, aumentar o estresse. Talvez você conheça alguém que seja membro de muitas organizações ou esteja saturado com relacionamentos sociais ou familiares intrusivos. Durante períodos de estresse, essa pessoa pode se sentir acossada por todo e qualquer conselho e "apoio" oferecidos (Shumaker e Hill, 1991). O ponto crítico parece o fato de ter pelo menos um amigo íntimo para confidenciar e compartilhar os problemas. Talvez ter cinco, seis, ou mesmo uma dúzia não ajude mais, havendo a possibilidade de causar menos benefícios do que ter um ou dois (Langner e Michael, 1960).

Outros fatores

Outros fatores que afetam nossa capacidade de enfrentar o estresse incluem praticar a gratidão, manter um bom senso de humor e interagir com animais de estimação.

Gratidão

Pessoas que mantêm uma perspectiva de gratidão na vida também lidam melhor com o estresse e, portanto, experimentam maior bem-estar psicológico e físico. Em um

Os amigos podem prevenir ou eliminar o estresse No decorrer de nossas vidas, os amigos podem ser um importante recurso para combater o estresse. Se percebermos um nível elevado de apoio social de nossos amigos, seremos mais capazes de enfrentar o estresse. O apoio social também está associado a uma recuperação mais rápida e a menos complicações médicas após cirurgias, taxas menores de mortalidade e menos perturbação no caso de doença terminal.

estudo recente, jovens adultos saudáveis e pessoas com doenças neuromusculares deviam manter registros semanais de seu humor, seus comportamentos de enfrentamento, os relacionados com a saúde, sintomas físicos e avaliações gerais sobre a vida. Os participantes foram divididos aleatoriamente em grupos concentrados em problemas cotidianos, coisas pelas quais devemos ser gratos ou situações neutras. Aqueles que mantiveram diários de gratidão exercitaram-se com maior regularidade, relataram menos sintomas físicos e se sentiram melhor com suas vidas como um todo, em comparação com indivíduos que registraram problemas ou situações neutras (Emmons e McCullough, 2003).

Humor

O riso e o senso de humor ajudam muitas pessoas a lidar com o estresse (Wanzer, Sparls e Frymier, 2009). Em uma das mais conhecidas narrativas pessoais de como enfrentar uma doença crônica, Norman Cousins (1979) descreve de que modo uma dose diária de comédias o ajudou a aliviar a dor. Ele creditou ao riso a recuperação da saúde, referindo-se ao processo de cura do riso como "exercício interno".

Embora sejam cativantes, narrativas pessoais como a de Cousins são apenas evidências informais dos efeitos do humor para aumentar a saúde. Por enquanto, poucos estudos investigaram sistematicamente o humor e o estresse. Apesar disso, acumulam-se evidências de que, além de melhorar o humor, o riso contribui para o bom funcionamento do sistema imune, medido pelo aumento na atividade das células NK e menor secreção de adrenalina e cortisol (Bennett et al, 2003); reduz o risco de doença coronariana (Clark et al., 2001); dimunui a pressão arterial (Hassed, 2001) e promove a saúde vascular geral (Miller e Fry, 2009); e proporciona uma sensação geral de bem-estar. Ao reduzir a secreção de adrenalina e cortisol, o riso também pode permitir que enfrentemos de forma mais eficaz as tensões cotidianas (Lefcourt, 2002; Martin, 1988). O riso é até um exercício aeróbico, proporcionando atividade para o coração, o diafragma e os pulmões, assim como para os músculos do abdome, os ombros, o rosto e ocasionalmente os braços, as pernas e as costas.

Animais de estimação

Por três décadas, Edward Creagan, um oncologista da Clínica Mayo, escreveu prescrições instruindo pacientes de câncer a ter animais de estimação. Possuir um animal de estimação pode reduzir as respostas da pressão arterial ao estresse, diminuir o número de consultas médicas e aumentar as chances de sobrevivência a um ataque cardíaco. "Se possuir um animal de estimação fosse um medicamento", diz Creagan, "seria patenteado imediatamente" (Pets and Aging 2001, p. 5). Em um estudo recente, corretores de ações hipertensos receberam o agente hipertensivo lisinopril. A metade deles também recebeu um animal de estimação. Aqueles que tinham o animal apresentaram a metade de aumento na pressão arterial em resposta a um estressor no laboratório do que os que não possuíam (Allen et al., 2001). Em outros estudos, quando os pesquisadores analisaram respostas endócrinas em pessoas antes e depois de uma interação calma de 30 minutos com seus animais, observaram menor secreção de cortisol e maior secreção de dopamina, oxitocina e serotonina – três hormônios associados a sensações de bem-estar (Johnson e Meadows, 2002; Odendaal, 2000). Reconhecendo que os animais de estimação podem ser uma fonte importante de apoio social para idosos, algumas casas de repouso estão começando a permitir que os residentes tenham animais. Mesmo a exposição a um animal uma vez por semana já pode produzir uma redução significativa na solidão do idoso (Banks e Banks, 2002).

Terapia com animais de estimação "Terapia com animais de estimação" e "terapia assistida por animais" são alguns dos nomes que descrevem programas em que animais ajudam pessoas apenas por passarem tempo com eles. Esses animais podem ajudar a reduzir as respostas da pressão arterial ao estresse, o número de consultas médicas e a aumentar a sobrevivência em casos de ataque cardíaco.

Manejo do estresse

Cada um de nós tem habilidades de enfrentamento que adquiriu ao longo dos anos. Entre elas, estão estratégias que funcionaram no passado, técnicas sobre as quais lemos e comportamentos que observamos em outras pessoas. Na maioria das situações, essas habilidades provavelmente sejam adequadas para nos impedir de experimentar estresse indevido. Às vezes, contudo, as demandas de uma situação podem exceder nossos recursos para enfrentá-la.

O **manejo do estresse** descreve uma variedade de métodos psicológicos projetados para reduzir o impacto de experiências potencialmente estressantes. Introduzidas a princípio em cenários clínicos para ajudar pacientes a se adaptarem a doenças crônicas e procedimentos médicos estressantes, essas técnicas são utilizadas de forma ampla nos dias atuais. Por exemplo, grupos ocupacionais (sobretudo provedores de cuidado de saúde, pessoal dos serviços de emergência, estudantes e professores) e pessoas em circunstâncias pessoais difíceis (como aquelas que cuidam de um parente doente, mães e pais solteiros, desempregados e vítimas de ataques ou abuso), todos se beneficiam dos métodos de manejo do estresse.

■ **manejo do estresse**
diversos métodos psicológicos projetados para reduzir o impacto de experiências potencialmente estressantes.

Existem muitas técnicas disponíveis para ajudar no manejo do estresse de forma mais eficaz. Nesta seção, consideramos prática de exercícios, relaxamento, *biofeedback*, hipnose e terapia cognitiva.

Exercícios

Um estilo de vida sedentário está relacionado a doenças cardiovasculares, obesidade, osteoporose e problemas de coluna, assim como a redução na capacidade de enfrentar o estresse, maior risco de depressão, menor produtividade no trabalho e maior absenteísmo (Long e van Stavel, 1995).

Em comparação, muitos estudos demonstram que fazer exercícios moderados com regularidade pode trazer benefícios significativos para a saúde (Owen e Vita, 1997). Como, exatamente, o hábito de fazer exercícios nos ajuda a enfrentar o estresse? Foram oferecidos dois tipos de explicações: fisiológicas e psicológicas.

Segundo Gump e Matthews, pessoas que tiram férias regulares têm menos probabilidade de morrer de forma prematura, especialmente de doenças cardíacas. Levando seu *bip* ou celular, contudo, não terão todos os efeitos que o tempo livre proporciona contra o estresse – estarão esperando algum estresse potencial.

Os efeitos fisiológicos da prática de exercícios

Inúmeros pesquisadores consideram a atividade física regular a estratégia *mais eficaz* para minimizar o impacto de eventos estressantes sobre a saúde psicológica (Thayer et al., 1994). Os exercícios têm um profundo efeito sobre a fisiologia, pois aumentam o fluxo sanguíneo para o cérebro, estimulam o SNA e desencadeiam a liberação de vários hormônios. Por essas razões, sua prática pode promover uma "embriaguez" neurofisiológica, que produz um efeito antidepressivo em algumas pessoas, uma ação antiansiedade em outras e, no mínimo, uma maior sensação de bem-estar na maioria delas (Stathopoulos et al., 2006).

Pesquisadores observaram que os exercícios podem moderar os efeitos do estresse e ajudar a proteger contra doenças (especialmente aquelas relacionadas com o estresse):

■ Universitários em boa forma física apresentam menos problemas de saúde relacionados com o estresse do que os menos ativos.
■ A prática de exercícios pode reduzir o efeito do estresse no laboratório – causado por tentar resolver anagramas e problemas matemáticos, por exemplo – sobre a reatividade cardíaca em sujeitos hipertensos (Perkins et al., 1986). Indivíduos ae-

robicamente preparados também apresentam recuperação fisiológica mais rápida após o estresse (Moya-Albiol et al., 2001)

- Adolescentes que praticam exercícios regularmente são menos vulneráveis aos efeitos prejudiciais dos eventos estressantes da vida (Brown, 1991; Brown e Siegel, 1988). Uma equipe de pesquisadores mensurou eventos estressantes, a quantidade de exercícios diários e os sintomas de doenças em adolescentes do sexo feminino entre 12 e 16 anos de idade. A análise revelou que o nível de estresse na vida previa doenças apenas nos sujeitos fisicamente inativos. Entre as garotas com preparo físico, o estresse cotidiano tinha pouca relação com a ocorrência de doenças.
- A prática de exercícios protege contra doenças cardiovasculares, reduzindo a pressão arterial, a frequência cardíaca em descanso e a reatividade cardiovascular, as quais tendem a aumentar em situações estressantes (Dimsdale et al., 1986; Murphy et al., 2007). A atividade física também pode prevenir a supressão do sistema imune induzida pelo estresse (Fleshner, 2005)

Efeitos psicológicos da prática de exercícios

Segundo a visão psicológica, a prática de exercícios, assim como outras atividades, como ir ao cinema, ler um livro, relaxar ou praticar exercícios, aliviam o estresse simplesmente por oferecerem uma mudança de ritmo. Isso, por si só, já pode aliviá-lo. A prática de exercícios ajuda as pessoas a se sentirem melhor em relação a sua aparência, atenuando, assim, um pouco da ansiedade estressante. Nancy Norvell e Dale Belles (1993) dividiram um grupo de policiais entre um programa de treinamento com pesos e um grupo de controle que não praticava exercícios. No decorrer dos quatro meses do estudo, os participantes do programa de treinamento relataram níveis de ansiedade significativamente mais baixos. A pesquisa concluiu que a melhor aparência do corpo, além do tempo livre do trabalho estressante, explicava os resultados de seu estudo.

A depressão, o mais comum entre os transtornos psicológicos, responde de modo particular à prática de exercícios. Uma quantidade crescente de pesquisas sugere que pessoas fisicamente ativas apresentem taxas menores de ansiedade e depressão do que sedentárias. Considere um estudo clássico em que Lisa McCann e David Holmes (1984) dividiram de forma aleatória um terço de um grupo de universitárias que apresentavam depressão moderada a um programa de exercícios aeróbicos, um terço a um programa de exercícios de relaxamento e o outro terço a uma condição sem tratamento (o grupo de controle). Dez semanas depois, os sujeitos no grupo de exercícios relataram a maior diminuição nos níveis de depressão.

Pessoas deprimidas apresentam níveis baixos de noradrenalina e serotonina, dois neurotransmissores que aumentam a excitação e contribuem para o humor. A prática de exercícios aeróbicos pode combater a depressão, aumentando a atividade de serotonina no cérebro e, assim, substituindo o estado de pouca excitação da depressão. Dessa forma, a prática de exercícios faz, de forma natural, aquilo que medicamentos como Prozac, Zoloft e Paxil foram criados para fazer (Jacobs, 1994; Stathopoulou et al., 2006).

Exercícios aeróbicos também podem ser um complemento eficaz ao aconselhamento ou a outras formas de psicoterapia na redução da ansiedade, aumentando a autoestima e minimizando a depressão (Manger e Motta, 2005). Em um estudo, sujeitos deprimidos foram divididos aleatoriamente em um grupo de terapia por meio de corrida, um grupo de psicoterapia tradicional ou um grupo de treinamento em relaxamento. Aqueles que ficaram no grupo de corrida não receberam qualquer outra forma de treinamento (foram até proibidos de discutir sua depressão ao longo do estudo). Du-

Praticar exercícios protege contra o estresse e doenças A prática regular de exercícios, como jogar basquete, tem efeito profundo sobre a fisiologia, aumentando o fluxo sanguíneo para o cérebro, estimulando o SNA e desencadeando a liberação de vários hormônios. Todos esses efeitos fisiológicos tendem a proteger o indivíduo contra doenças, especialmente problemas de saúde relacionados com o estresse. A forma física, mais que a idade, determina o tipo de exercício que podemos fazer. Por exemplo, poucas pessoas de qualquer idade conseguem acompanhar Ed Whitlock, que tem feito tempos recordes na maratona aos 73 anos de idade.

rante os testes clínicos, os pacientes da terapia de corrida corriam com um líder em pequenos grupos, por uma hora, de 3 a 4 vezes por semana. Após 12 semanas, todos os sujeitos relataram níveis mais baixos de depressão. Entretanto, três meses depois, apenas os grupos de corrida e relaxamento continuaram a apresentar melhoras em seu bem-estar psicológico. Os pacientes que participaram de psicoterapia tradicional apresentaram regressão a níveis mais altos de depressão.

De maneira interessante, o tipo de exercício parece determinar em parte seus benefícios. Em um estudo, pesquisadores induziram um estado de redução no nível de atividade e interesse sexual semelhante à depressão em ratos administrando clomipramina (Dunn et al., 1996). Então, permitiram acesso voluntário de um grupo dos ratos medicados a uma roda de correr por 12 semanas. Um segundo grupo de animais medicados foi forçado a correr em uma esteira por uma hora ao dia, durante seis dias por semana, por 12 semanas. Um terceiro grupo recebeu o antidepressivo imipramina pelos últimos seis dias do experimento de 12 semanas. Um quarto grupo, o de controle, não recebeu intervenção alguma – qualquer tipo de medicamento ou exercício – durante o tratamento. Os ratos que receberam imipramina mostraram um aumento nas concentrações cerebrais de noradrenalina e serotonina – sinais clássicos de que o antidepressivo estava combatendo o estado de depressão induzido pelo outro medicamento. Os dois grupos que fizeram exercícios também apresentaram aumentos nos dois neurotransmissores, mas apenas os ratos no grupo de exercícios voluntários manifestaram aumento em atividade comportamental e sexual, as medidas *comportamentais* que os pesquisadores usam para avaliar a depressão.

Outros estudos com humanos verificaram que reduções significativas em tensão, ansiedade e estresse têm mais probabilidade de ocorrer após exercícios em que os sujeitos chegaram de 60 a 80% de seu VO_2 *máx* – a medida da taxa máxima em que o oxigênio pode ser utilizado pelo corpo de um indivíduo (Farrell et al., 1982). Esse achado é intrigante, pois atletas, *personal trainers* e fisiologistas que estudam os exercícios sabem que, para receber benefícios dos exercícios aeróbicos, é necessário que o participante se exercite em tal intensidade. De outra forma, pouco ou nenhum benefício cardiorrespiratório será atingido.

Como você sabe que está se exercitando a 60 a 80% do seu VO_2 máx? Fora dos sofisticados testes laboratoriais que mensuram os gases respiratórios, o VO_2 máx costuma ser determinado a partir da *frequência cardíaca máxima*. Você pode estimar sua frequência cardíaca máxima com base em sua idade: 100% de frequência cardíaca máxima são estimados como 220 menos a idade da pessoa. Para calcular 60% da frequência cardíaca máxima para uma pessoa de 20 anos, por exemplo, subtrai-se 20 de 220 e multiplica-se o resultado por 0,6:

220 – 20 = 200

200 X 0,60 = 120 batimentos por minuto

Para descobrir se você está se exercitando nesse nível, conte a pulsação por 10 segundos e multiplique o número por 6, para determinar a quantidade de batimentos por minuto. É interessante que, quando fazem exercícios, pessoas sedentárias tendam a superestimar o quanto estão fazendo (Duncan, 2001).

Pesquisas como essas indicam que apenas "receitar" exercícios pode não garantir melhorias na saúde psicológica. Embora os ratos que participaram dos exercícios forçados na esteira, no estudo descrito anteriormente, tenham se exercitado mais do que os ratos que utilizaram as rodas de forma voluntária, estes apresentaram os maiores benefícios comportamentais, indicando que a boa forma pode ser apenas parte da razão pela qual o exercício melhora a saúde mental das pessoas. É provável que os benefícios finais sejam resultado de uma combinação de fatores biológicos, psicológicos e sociais. E ainda que *alguma* atividade física seja melhor do que nenhuma, para obter os maiores benefícios, física e psicologicamente, é necessário se esforçar um pouco, e você precisa querer fazer o que está fazendo. Comece de maneira lenta e aumente a intensidade dos exercícios. Por exemplo, se quer correr, comece com caminhadas diárias rápidas, depois passe a alternar caminhadas e corridas. Escolha uma atividade de que goste e possa dividir com os amigos, e se dedique a ela!

Terapias de relaxamento

Embora as técnicas de relaxamento tenham sido empregadas desde a Antiguidade, o começo de seu uso moderno é normalmente identificado com Edmond Jacobson (1938), cuja técnica de **relaxamento muscular progressivo** forma a base de muitos procedimentos atuais de relaxamento. No relaxamento progressivo, os indivíduos são instruídos a primeiro tensionar determinado músculo (como a testa) e segurar essa tensão por cerca de 10 segundos. Depois disso, são orientados a liberar a tensão lentamente, focalizando o sentimento de alívio à medida que a tensão se vai. Por fim, tensionam e relaxam outros músculos importantes, incluindo boca, olhos, pescoço, braços, ombros, coxas, estômago, panturrilhas, pés e dedos. Após praticar a técnica de relaxamento por diversas semanas, os indivíduos identificam os locais específicos em seus corpos que ficam tensos durante momentos de estresse, como os maxilares ou os punhos. À proporção que se tornam mais conscientes dessas reações, aprendem a relaxar esses músculos de forma voluntária.

Em outra técnica de treinamento, a **resposta de relaxamento**, os sujeitos adotam o estado meditativo, conforme descrito a seguir, em que o metabolismo e a pressão arterial são reduzidos. O cardiologista Herbert Benson intrigou-se com a possibilidade de que a meditação pudesse ser um antídoto para o estresse quando verificou que meditadores experientes conseguiam reduzir a frequência cardíaca, o nível de lactato no sangue (subproduto do exercício físico que produz a "queima" pelo esforço muscular), a pressão arterial e o consumo de oxigênio (Benson, 1996). Benson identificou quatro requisitos para alcançar a resposta de relaxamento:

- Um local silencioso em que as distrações e os estímulos externos sejam minimizados.
- Uma posição confortável, como sentado em uma cadeira reclinável.
- Algum dispositivo mental, como concentrar a atenção em uma única palavra ou um pensamento e repeti-los cadenciadamente.
- Uma atitude passiva.

Existem evidências consideráveis de que o treinamento de relaxamento pode ajudar os pacientes a enfrentar uma variedade de problemas relacionados com o estresse, incluindo hipertensão, cefaleia, depressão, dores nas costas, adaptação à quimioterapia e ansiedade (Smith, 2005). Subjacente à eficácia dessas técnicas, está sua capacidade de reduzir a frequência cardíaca, a tensão muscular e a pressão arterial, além de tensão e ansiedade autorrelatadas. Ademais, de um modo geral, essas técnicas são consideradas mais eficazes do que os placebos para reduzir a dor e aliviar o estresse.

Respiração profunda e visualização

Quando estamos estressados, nossa respiração costuma ser curta e apressada. Apenas desacelerá-la, fazendo respirações longas e lentas, já pode induzir o relaxamento. Você pode experimentar isso por conta própria. Inspire lentamente e depois expire lentamente. Conte de modo lento até cinco enquanto inspira e depois conte também lentamente até cinco enquanto expira. Ao expirar, observe como seu corpo relaxa. As chaves para a *respiração profunda* são respirar com o diafragma, ou o abdome, em vez do peito, e demorar para expirar pelo menos o mesmo tempo que levou para inspirar.

■ **relaxamento muscular progressivo** forma de treinamento para relaxamento que reduz a tensão muscular por meio de uma série de exercícios de tensionamento e relaxamento que envolvem os principais grupos musculares do corpo.

■ **resposta de relaxamento** estado meditativo de relaxamento em que o metabolismo e a pressão arterial são reduzidos.

Meditação Muitas pessoas consideram a meditação uma técnica eficaz para administrar o estresse. Segundo pesquisas realizadas por Herbert Benson, meditadores experientes conseguem reduzir a frequência cardíaca, o nível de lactato no sangue, a pressão arterial e o consumo de oxigênio e, assim, minimizar ou mesmo eliminar os efeitos do estresse. Entretanto, outros estudos mostram que a meditação não alcança tais resultados de forma mais confiável que outras formas de relaxamento.

Imagine um ponto logo abaixo do umbigo. Respire para esse ponto, expandindo o abdome à medida que enche de ar. Deixe o ar encher seu corpo do abdome para cima, e depois deixe-o sair, como um balão que esvazia. Cada expiração longa e lenta deve fazer você se sentir mais relaxado.

As técnicas de respiração costumam ser combinadas com *visualização* (imagem mental orientada) – uma forma de relaxamento concentrado que é usada para criar imagens de paz em sua mente – uma "paisagem mental". Na *imaginação orientada*, guia-se o participante para recordar ou criar uma imagem prazerosa e relaxante, concentrando a atenção em detalhes sensoriais, como sensações de cor, som e tato. A visualização é suficientemente potente para reduzir, ou mesmo desencadear, reações de estresse no laboratório. Em um estudo, os participantes passaram cinco minutos imaginando cenas típicas de seu relacionamento com um parceiro amoroso. Aqueles que haviam informado estar em um relacionamento infeliz tiveram aumentos bem maiores no nível de cortisol salivar após a imaginação (indicando mais estresse) do que indivíduos em relacionamentos mais felizes (Berry e Worthington, 2001).

Para experimentar, encontre um lugar confortável onde possa fechar os olhos e comece a respirar de maneira rítmica. Respire fundo, mas se certifique de fazê-lo em um ritmo natural. Então, visualize o relaxamento entrando em seu corpo à medida que inspira, e a tensão saindo de seu corpo à medida que expira. Enquanto respira, visualize o ar entrando pelas narinas, indo para os pulmões e expandindo seu peito e abdome. Depois, visualize o ar saindo do mesmo modo. Continue respirando, mas, cada vez que inspirar, imagine que está respirando de forma mais relaxada. Cada vez que expirar, imagine que está se livrando de um pouco mais de tensão.

Finalmente, as técnicas de respiração e relaxamento podem ser combinadas com *autoafirmações* positivas, ou autofala, enquanto você relaxa. O objetivo é identificar a autofala negativa e convertê-la em uma autofala mais saudável e positiva. Eis algumas afirmações positivas que você pode praticar.

- Sou saudável e forte.
- Não existe algo que eu não consiga fazer.
- Estou seguro.

Biofeedback

Descrito a princípio por Neal Miller no final da década de 1960, o **biofeedback** é uma técnica para converter certas respostas fisiológicas supostamente involuntárias – como temperatura da pele, atividade muscular, frequência cardíaca e pressão arterial – em sinais elétricos e proporcionar um retorno visual ou auditivo a seu respeito (Miller, 1969). Ele apoia-se no princípio de que aprendemos a apresentar determinada resposta quando recebemos informações (*feedback*) sobre as consequências dessa resposta e, assim, fazemos os ajustes necessários.

Usando um dispositivo de monitoramento eletrônico que detecta e amplifica respostas internas, o treinamento do *biofeedback* começa ajudando a pessoa a adquirir consciência da resposta mal-adaptativa. A seguir, ela concentra a atenção em um som, uma luz ou em algum outro sinal que identifique mudanças desejáveis na resposta interna. Ao tentar controlar esse sinal de *biofeedback*, o paciente aprende a dominar seu estado fisiológico. Finalmente, o indivíduo aprende a transferir o controle do cenário de laboratório para a vida cotidiana. David Shapiro e colaboradores (1969) foram os primeiros a mostrar que os humanos conseguiam controlar a pressão arterial por meio do *biofeedback*. Contudo, seus sujeitos conseguiam reduzir pouco a pressão arterial sistólica em uma média de apenas 5 mmHg.

A técnica de *biofeedback* mais comum em uso clínico é o *feedback por eletromiografia*, que detecta a atividade muscular esquelética medindo a tensão muscular por meio da descarga elétrica das fibras musculares. Conectam-se eletrodos à pele, sobre

- ***biofeedback*** sistema que fornece informações auditivas ou visíveis com relação a estados fisiológicos involuntários.

Biofeedback O *biofeedback* foi estabelecido como uma forma viável para tratar diversas condições relacionadas com o estresse e a ansiedade em alguns indivíduos. Utilizando imagens computadorizadas, a pessoa influencia as funções fisiológicas usando *feedback* auditivo ou visual. Embora esse método pareça capaz de proporcionar o controle de funções internas, as evidências acumuladas até aqui sugerem que ele não possua vantagens sobre outras técnicas de relaxamento menos dispendiosas.

■ **efeito placebo** a tendência de um medicamento ou tratamento, mesmo que seja inerte, de funcionar simplesmente porque o indivíduo acredita que funcionará.

os músculos a serem monitorados. A máquina de *biofeedback* responde com um sinal auditivo que reflete a atividade elétrica (tensão) do músculo que está sendo medido. O *feedback* por eletromiografia para diminuir a tensão muscular já foi utilizado para reduzir tiques faciais, movimentos espasmódicos e outros distúrbios musculares, assim como para tratar dores de cabeça e na porção inferior das costas.

Outra técnica comum, o *biofeedback térmico*, baseia-se no princípio de que a temperatura da pele tende a variar em relação ao nível de estresse. O raciocínio por trás da técnica é que pode haver conexão entre o estresse alto, que provoca constrição dos vasos sanguíneos na pele, e temperaturas mais baixas na pele superficial. Dessa forma, colocando um instrumento sensível à temperatura na superfície da pele (normalmente a ponta dos dedos), as pessoas às vezes conseguem aumentar a temperatura de sua pele monitorando um sinal auditivo ou visual de *feedback* (Sedlacek e Taub, 1996). O *biofeedback* térmico é usado com frequência para ajudar as pessoas a lidar com o estresse e a dor, como os associados com a *doença de Raynaud*, um distúrbio cardiovascular em que os dedos das mãos e dos pés ficam frios e insensíveis devido a uma grave redução na circulação. Também é bastante utilizado em pacientes com enxaquecas e cefaleias causadas por tensão (Compas et al., 1998).

Quão eficaz é o *biofeedback*?

O *biofeedback* mostrou-se bastante benéfico no tratamento de problemas de saúde relacionados com o estresse em algumas pessoas. Por exemplo, as pesquisas trazem evidências relativamente fortes em favor do alívio de dores de cabeça causadas por tensão (que se supõe envolvam tensão muscular crônica no pescoço e na cabeça) e enxaquecas (Nestoriuc e Martin, 2007). Outras condições para as quais existe pelo menos um pouco de amparo na pesquisa para justificar o uso terapêutico do *biofeedback* são asma, dor crônica, síndrome do intestino irritável, tinido, convulsões epiléticas e tontura causada por movimento (Moss e Gunkelman, 2002).

Apesar de alguns resultados promissores, restam diversas questões importantes com relação ao quão eficaz a técnica é do ponto de vista médico. Até hoje, foram realizados relativamente poucos testes clínicos controlados usando um número grande de pacientes com condições médicas confirmadas. Duas limitações surgiram nas avaliações clínicas do *biofeedback* (Steptoe, 1997). Em primeiro lugar, as pessoas com frequência não conseguem generalizar o treinamento que recebem em cenários clínicos para as situações cotidianas. Em segundo, as pesquisas não conseguiram confirmar que o próprio *biofeedback* leve as pessoas a controlarem suas respostas involuntárias e internas. Mesmo quando a técnica é eficaz, o porquê disso não fica claro, o que levanta a possibilidade de que o relaxamento, a sugestão, uma maior sensação de controle ou mesmo um **efeito placebo** possa estar em operação (Gatchel, 1997).

Os poucos estudos publicados sobre o uso do *biofeedback* para problemas de saúde como dor lombar e hipertensão tiveram resultados ambíguos. Por exemplo, embora o *biofeedback* talvez não seja mais eficaz do que o treinamento simples em relaxamento (Roelofs et al., 2002) ou um placebo para tratar dores lombares (Bush et al., 1985), quando é combinado com terapia cognitivo-comportamental, pode trazer algumas vantagens (Flor e Birbaumer, 1993). E ainda que psicólogos tenham relatado um certo grau de sucesso em usar o *biofeedback* para tratar pacientes com hipertensão moderada (Nakao et al., 1997; Paran et al., 1996), o efeito é curto, desaparecendo após alguns meses (McGrady, 1994). Todavia, uma vez que o estresse costuma estar ligado a aumentos momentâneos ou duradouros na pressão sistólica e diastólica, o *biofeedback* também mostrou ser uma terapia *complementar* eficaz – combinado com modificações na dieta, no peso e na prática de exercícios – para reduzir a dependência dos pacientes de medicamentos para controlar a hipertensão (Goebel et al., 1993).

Também problemático para os defensores da terapia com *biofeedback* é o achado de que pacientes com dores lombares ou enxaqueca e cefaleias normalmente relatam menos dor com o passar do tempo, *mesmo sem qualquer forma de tratamento*. Esse achado diminui de modo drástico a credibilidade dessa técnica (e de qualquer outro tratamento) e pode ajudar a explicar em parte por que existe abundância de testemunhos de sua eficácia. Visto que as pessoas que sentem dores moderadas têm a probabilidade de melhorar de qualquer maneira com o passar do tempo, o tratamento escolhido, seja ele qual for, pode, como resultado de uma coincidência, parecer eficaz. Exploraremos essa questão novamente no Capítulo 14, no qual abordamos o tema da medicina alternativa.

Após revisarem numerosos estudos, Paul Lehrer e colaboradores (1994) concluíram que, embora possa ajudar a reduzir a excitação autônoma, a ansiedade e outras condições relacionadas com o estresse em *algumas* pessoas, o *biofeedback* não traz vantagem alguma sobre as demais técnicas comportamentais (como o simples treinamento de relaxamento) que são mais fáceis e menos caras de utilizar. Os efeitos positivos do *biofeedback* são mais gerais do que seus pioneiros acreditavam originalmente e podem ser o resultado de maior relaxamento, efeito placebo, passagem do tempo ou sugestão, e não do controle direto de fatores específicos ou das bases físicas do estresse (Gilbert e Moss, 2003).

Terapias cognitivas

A **terapia cognitiva** compartilha aspectos comuns com a terapia de relaxamento e o *biofeedback*. Apoia-se na visão de que nossa forma de pensar a respeito do ambiente, em vez do ambiente em si, determina nosso nível de estresse. Se o pensamento pode ser mudado, o estresse pode ser reduzido. Existe uma variedade de intervenções clínicas que utilizam estratégias cognitivas, incluindo distração, autoafirmações calmantes e reestruturação cognitiva. Nos procedimentos de distração, as pessoas aprendem a afastar a atenção de eventos desagradáveis ou estressantes. O uso de imagens agradáveis (também chamado de *visualização*), contar em voz alta e concentrar a atenção em estímulos relaxantes (como um desenho, uma fotografia ou música favorita) são exemplos de distração.

■ **terapia cognitiva** categoria de intervenções terapêuticas que ensinam às pessoas maneiras mais saudáveis de pensar.

Os indivíduos também podem ser ensinados a, silenciosa ou suavemente, proferir autoafirmações para se acalmarem, relaxarem ou reassegurarem-se, enfatizando a natureza temporária de um estressor ("Deixa para lá, esse motorista rude não vai me atingir"), para reduzir a excitação autônoma ("Acalme-se, respire fundo e conte até 10") ou preservar um senso de controle pessoal ("Vou conseguir dar conta disso"). Em nosso caso de abertura, o terapeuta de Kris Goldsmith poderia tê-lo ajudado a aprender técnicas calmantes e a manter o sentido de autocontrole.

A *reestruturação cognitiva* é um termo genérico que descreve uma variedade de intervenções psicológicas direcionadas a substituir pensamentos mal-adaptativos e autodestrutivos por pensamentos adaptativos mais saudáveis. Essas intervenções objetivam quebrar o círculo vicioso de pensamento negativo (o ciclo negativo de estresse descrito anteriormente neste capítulo), que distorce a percepção dos eventos cotidianos de um modo pessimista e impede comportamentos adaptativos de enfrentamento (Belar e Deardorff, 1996) (Fig. 5.7). Os terapeutas ensinam os pacientes a reinterpretar seus pensamentos de forma menos negativa e a aumentar sua percepção do pensamento distorcido e mal-adaptativo.

Essa relação recíproca entre pensamentos mal-adaptativos e comportamentos prejudiciais à saúde está bastante documentada. Por exemplo, concentrar-se em uma experiência negativa no trabalho pode afetar seu humor e levar a uma dor de cabeça, a qual pode alterar seu humor, o que, por sua vez, pode tornar seus sentimentos mais pessimistas.

Manejo cognitivo-comportamental do estresse

O *manejo cognitivo-comportamental do estresse* combina o treinamento de relaxamento, visualização, reestruturação cognitiva, reforço e outras técnicas em uma intervenção multimodal que ajuda pessoas que sofrem de inúmeras condições (Lau et al., 2003). Inicia-se o manejo em geral ensinando as pessoas a confrontar eventos estressantes com uma variedade de estratégias de enfrentamento que podem ser usadas antes que os eventos se tornem avassaladores. Desse modo, os indivíduos conseguem se "inocular" contra os efeitos potencialmente prejudiciais do estresse (Meichenbaum, 1985). Muitos programas de inoculação do estresse oferecem uma variedade de técnicas, de modo que o paciente possa escolher as estratégias que melhor funcionam para ele.

■ **treinamento de inoculação do estresse** terapia cognitivo-comportamental em que as pessoas identificam estressores em suas vidas e aprendem habilidades para lidar com eles, de modo que, quando esses estressores ocorrem, conseguem colocar as habilidades em prática.

O **treinamento de inoculação do estresse** é um processo em três estágios, no qual o terapeuta utiliza uma dose enfraquecida de um estressor na tentativa de construir imunidade contra o estressor total.

- Estágio 1: *Reconceituação*. Os pacientes reconceituam a fonte de seu estresse. Imagine que você esteja agonizado devido a um procedimento dentário iminente, como um tratamento de canal. Durante o primeiro estágio do treinamento de inoculação, você aprenderia que seu desconforto é, pelo menos em parte, resultado de fatores psicológicos. Depois que se convencer de que uma parte de sua dor é de natureza psicológica, você terá mais probabilidade de aceitar que a terapia cognitivo-comportamental traga um pouco de alívio.
- Estágio 2: *Aquisição de habilidades*. Depois disso, você aprenderá técnicas de relaxamento e respiração controlada. A lógica é inescapável: estar relaxado é incompatível com estar tenso e fisicamente excitado. Portanto, aprender a relaxar é um instrumento valioso para administrar a dor. Outras técnicas que você pode aprender são o uso de imagens mentais agradáveis, dissociação ou humor.
- Estágio 3: *Manutenção*. Você agora aprenderá a usar as técnicas de enfrentamento na vida cotidiana. Será encorajado a aumentar sua atividade física e a tomar medicamento para dor seguindo um horário diário definido, em vez de quando a sentir. Seus familiares podem aprender formas de reforçar seus novos comportamentos mais saudáveis.

O manejo cognitivo-comportamental do estresse mostrou-se eficaz para ajudar pessoas a enfrentar uma variedade de problemas relacionados com o estresse, incluindo estresse no trabalho (Kawaharada et al., 2009), hipertensão (Amigo et al., 1991), transtorno de estresse pós-traumático (TEPT) (Ponniah e Hollon, 2009), depressão associada a câncer de mama (Antoni et al., 2001), câncer de próstata (Penedo et al., 2004) e aids (Antoni et al., 2001). O manejo cognitivo-comportamental do estresse também reduz os hormônios do eixo hipotálamo-hipófise-adrenal (HAA) (ver Cap. 4) em homens infectados com o vírus da imunodeficiência humana (HIV) e sintomáticos (Antoni et al., 2001) e reduz a dor pós-cirúrgica, a reabilitação e o número de visitas aos serviços de saúde em atletas de competição (Perna et al., 2003).

Todos sentimos estresse, mas nem todos lidamos com ele de maneira eficaz. Nossos recursos de enfrentamento podem ser mais bem compreendidos por meio da perspectiva biopsicossocial. Não podemos controlar todos os fatores. Por exemplo, somos afetados pelo tipo de personalidade que herdamos e por nosso nível de reatividade cardiovascular, e as personalidades mais rígidas e menos reativas são mais capazes de enfrentar o estresse. Todavia, os muitos fatores psicológicos e sociais que afetam nossa capacidade de enfrentar e manejar o estresse estão em demasia sob nos-

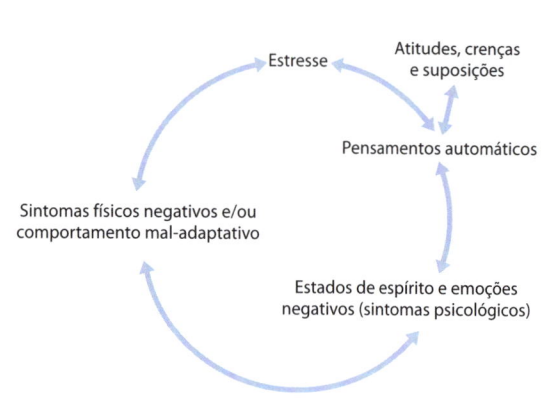

Figura 5.7

O ciclo negativo do estresse. Eventos estressantes interpretados por meio de um estilo pessimista e autodestrutivo criam um estado de espírito negativo, que leva a sintomas físicos relacionados com o estresse e alimenta mais o estresse. Felizmente, esse círculo vicioso pode ser interrompido a qualquer ponto.

so controle, como mostra a Figura 5.8. Use essas técnicas ativamente e observe sua saúde melhorar.

Revisão sobre saúde

Responda a cada pergunta a seguir com base no que aprendeu no capítulo. (DICA: Use os itens da Síntese para considerar questões biológicas, psicológicas e sociais).

1. Imagine que seu colega de quarto – um homem de uma família de classe média e de minoria – descobre que rodou em disciplinas na faculdade, o que o colocará em risco acadêmico. Se ele pedisse conselhos sobre como enfrentar o estresse que está sentindo, que estratégias você sugeriria, e por quê? Você teria algum dado cautelar para compartilhar com ele tendo por base o que já leu sobre o estresse em relação ao gênero, *status* socioeconômico e etnicidade?

2. Como você se descreveria em termos de *hardiness*, estilo explanatório e outros fatores discutidos neste capítulo? Com base no que leu, liste algumas maneiras pelas quais você poderia melhorar sua resposta ao estresse e possivelmente o modo como enfrenta situações estressantes?

3. Com base em sua descrição de si mesmo em resposta à questão 2, quais das técnicas de manejo do estresse descritas neste capítulo o ajudariam mais a melhorar sua resposta ao estresse? Que técnicas você já usou para lidar com o estresse, e como você experimentou seus efeitos positivos?

Síntese

Respondendo ao estresse

1. Enfrentamento refere-se às várias maneiras – algumas saudáveis, outras doentias – por meio das quais as pessoas tentam prevenir, eliminar, enfraquecer ou apenas tolerar o estresse. O enfrentamento focalizado na emoção refere-se a esforços para controlar a resposta emocional a um estressor, seja distanciando-se dele ou mudando a maneira como o avalia. O enfrentamento focalizado no problema refere-se a esforços para lidar de forma direta com um estressor, aplicando habilidades de resolução de problemas para prever e prevenir estressores potenciais ou confrontando diretamente a fonte do estressor.

2. Em comparação com as mulheres, os homens reagem ao estresse com aumentos maiores na pressão arterial, nas lipoproteínas de baixa densidade (colesterol LDL) e em certos hormônios do estresse. De modo geral, as mulheres relatam mais sintomas de estresse e são emocionalmente mais responsivas a situações estressantes. Quando mulheres e homens de *status* socioeconômico semelhante são comparados, as diferenças de gênero em estilos de enfrentamento desaparecem. Pessoas de *status* socioeconômico mais elevado têm mais probabilidade do que aque-

Influências biológicas
- Maior controle regulatório
- Personalidade rígida

Influências psicológicas:
- Usar mecanismos de enfrentamento ativo
- Desenvolver um estilo explanatório otimista
- Sentir gratidão
- Manter o senso de humor
- Estabelecer uma sensação de controle pessoal
- Exercitar-se
- Usar técnicas de relaxamento
- Utilizar técnicas de terapia cognitiva

- Enfrentar e manejar o estresse de forma eficaz

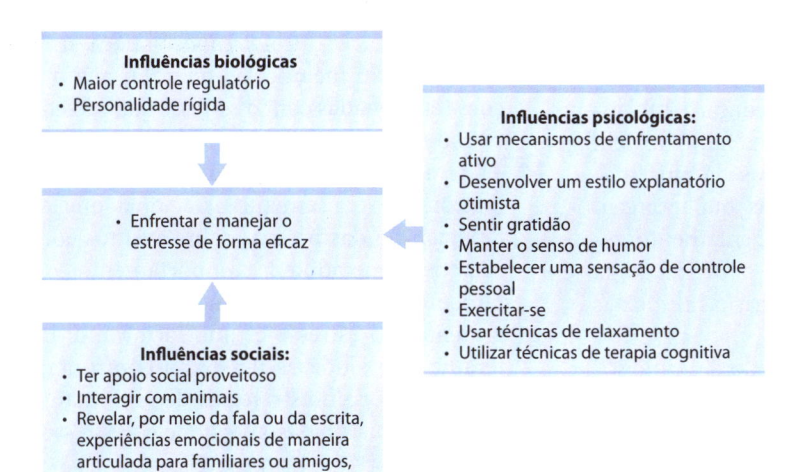

Influências sociais:
- Ter apoio social proveitoso
- Interagir com animais
- Revelar, por meio da fala ou da escrita, experiências emocionais de maneira articulada para familiares ou amigos, ou na forma escrita

Figura 5.8

Visão biopsicossocial do enfrentamento e manejo do estresse.

las cujo *status* é mais baixo de utilizar estratégias de enfrentamento focalizado no problema ao lidarem com o estresse. A posição socioeconômica baixa frequentemente é acompanhada por um estilo de vida estressante, que limita as opções para enfrentar o estresse.

Fatores que afetam a capacidade de enfrentar o estresse

3. Pessoas mais fortes podem ser mais saudáveis porque têm menos probabilidade de serem subjugadas por situações estressantes. Com a *hardiness*, a resiliência correlaciona-se positivamente com a saúde física e mental.
4. Pessoas com um estilo explanatório negativo tendem a explicar fracassos em termos globais, estáveis e internos. Isso pode aumentar a sensibilidade a eventos difíceis e promover a autoculpa, o pessimismo e a depressão. Em comparação, os otimistas podem ser mais saudáveis e mais resistentes ao estresse. O otimismo também está relacionado com maior controle percebido e autoeficácia, os quais implicam respostas de enfrentamento mais efetivas.
5. A oportunidade de controlar eventos adversos desempenha papel essencial em determinar a resposta a uma situação estressante. Do ponto de vista biológico, a exposição a estressores sem a percepção de controle ativa o SNA. Essa percepção minimiza a excitação relacionada com o estresse e aumenta a atividade imunológica.
6. A exposição repetida a estressores incontroláveis pode levar ao comportamento resignado e passivo do desamparo aprendido. Estudos em idosos e residentes de asilos e clínicas mostraram que o desamparo pode levar à depressão, a uma vida mais curta e a uma variedade de comportamentos que comprometem a saúde.
7. A reatividade cardiovascular é um indicador biológico de diferenças individuais no controle regulatório durante momentos de estresse. Pessoas com tônus vagal alto experimentam menos excitação emocional negativa em resposta ao estresse. Também têm mais propensão a utilizar estratégias de enfrentamento construtivas do que aquelas que exercem menos controle regulatório. O enfrentamento repressivo é um estilo de enfrentamento focalizado na emoção em que a pessoa tenta inibir suas respostas emocionais.
8. Pessoas que percebem um nível elevado de apoio social enfrentam o estresse de maneira mais eficaz do que as que se sentem alienadas. Com o companheirismo, os laços sociais podem proporcionar apoios emocional, instrumental e informacional. O apoio social produz efeitos benéficos de forma indireta, ajudando as pessoas a enfrentar o estresse de modo mais eficaz (hipótese da proteção) ou diretamente, aumentando as respostas do corpo a eventos difíceis (hipótese do efeito direto).
9. Pessoas com melhores aptidões sociais, que se relacionam bem com os outros e que são dedicadas e voluntariosas, criam redes sociais mais fortes e, assim, recebem mais apoio social. Esse apoio nem sempre reduz o estresse e beneficia a saúde. Às vezes, é percebido como algo intrusivo; outras vezes, o tipo de apoio oferecido não é o necessário.
10. Outros fatores que afetam de maneira positiva a nossa capacidade de enfrentar o estresse incluem manter uma perspectiva de gratidão na vida, ter um bom senso de humor e rir com frequência e interagir regularmente com animais.

Manejo do estresse

11. A prática regular de atividades físicas pode aumentar as capacidades fisiológica e psicológica para enfrentar o estresse. O exercício produz um efeito antidepressivo e antiansiedade em muitas pessoas, aumenta a eficácia do sistema imune e reduz a pressão arterial e a reatividade cardiovascular.
12. Técnicas de relaxamento, como o relaxamento muscular progressivo e a resposta de relaxamento (meditação), podem ajudar as pessoas a lidar com uma variedade de problemas relacionados com o estresse, incluindo hipertensão, cefaleias, dores crônicas e ansiedade.
13. O *biofeedback* é uma técnica para converter certas respostas fisiológicas supostamente involuntárias, como a temperatura da pele, a atividade muscular, a frequência cardíaca e a pressão arterial, em sinais elétricos e proporcionar um *feedback* visual ou auditivo a seu respeito. Embora os resultados de estudos sobre a eficácia do *biofeedback* sejam ambíguos, o método é um meio viável de tratar algumas condições relacionadas com o estresse quando combinado com outros tratamentos mais convencionais.
14. As terapias cognitivas visam a quebrar o ciclo de padrões de pensamento irracional que distorcem a percepção das pessoas sobre eventos cotidianos e impedem que adotem comportamentos de enfrentamento apropriados. O manejo cognitivo-comportamental do estresse é uma forma multimodal de terapia que ajuda as pessoas a confrontar eventos estressantes com estratégias de enfrentamento que possam ser adotadas antes que os estressores assumam proporções insuperáveis.

Termos e conceitos fundamentais

enfrentamento, p. 109
enfrentamento focalizado na emoção, p. 110
enfrentamento focalizado no problema, p. 110
controle psicológico, p. 111
john henryismo (JH), p. 115
hardiness, p. 116
resiliência, p. 117
estilo explanatório, p. 118
ruminação, p. 120
controle pessoal, p. 121
controle regulatório, p. 122
reatividade cardiovascular, p. 123
enfrentamento repressivo, p. 125
apoio social, p. 126
hipótese de proteção, p. 127
hipótese do efeito direto, p. 128
manejo do estresse, p. 131
relaxamento muscular progressivo, p. 134
resposta de relaxamento, p. 134
biofeedback, p. 135
efeito placebo, p. 136
terapia cognitiva, p. 137
treinamento de inoculação do estresse, p. 138

Parte 3 | Comportamento e saúde

Capítulo 6

Saúde e comportamento
  Teorias sobre o comportamento de saúde

Prevenção
  Vida saudável
  Exercícios
  Sono saudável
  Promovendo famílias e comunidades saudáveis
  Educação para a saúde comunitária
  Estruturação de mensagens
  Promovendo locais de trabalho saudáveis

Psicologia positiva e florescimento
  Alostasia e saúde neuroendócrina
  Fatores psicossociais e florescimento fisiológico
  Aspectos do florescimento psicológico

Permanecendo saudável: prevenção primária e psicologia positiva

Quando Sara Snodgrass encontrou um nódulo em seu seio, seus primeiros pensamentos foram a tia e a mãe, que morreram após lutar contra o câncer de mama. Depois de ser diagnosticada com câncer, sua tia "foi para casa, fechou todas as cortinas, recusou-se a sair exceto para as quimioterapias e recebia pouquíssimas visitas. Ela esperou pela morte" (Snodgrass, 1998, p. 3). A biópsia de Sara foi seguida por uma lumpectomia (remoção do tumor maligno) e dois meses de radioterapia. Embora o médico e ela tivessem esperança de que tivesse se curado, menos de um ano depois, foram encontradas metástases em seu abdome. Em suas palavras, ela havia "submergido no câncer" desde então, tendo passado por três cirurgias, cinco ciclos diferentes de quimioterapia, dois tipos de terapia hormonal, três meses de radioterapia, um transplante de medula e um transplante de células-tronco. No decorrer do tratamento, ela também sofria dores imprevisíveis e debilitantes de 10 a 14 dias por mês.

Todavia, ao contrário de sua tia, Sara continuou seu trabalho como professora universitária, enquanto fazia cirurgias, radioterapia e quimioterapia. Determinada a não deixar o câncer interferir em sua vida, também continuou a mergulhar, esquiar e fazer outras atividades que surgiam de seu otimismo, seu senso de domínio pessoal e sua confiança naturais. E ela assumiu o controle de seu tratamento, aprendendo tudo o que pudesse sobre ele, tomando suas próprias decisões e recusando-se a trabalhar com médicos que não a tratassem com respeito e aceitassem seu desejo de manter um sentido de controle sobre a vida.

Talvez o mais notável de tudo seja a convicção de Sara de que seu câncer levou a uma reorganização de sua autopercepção, seus relacionamentos e sua filosofia de vida. Essa convicção a ensinou a viver mais no presente e a não ter preocupação com o futuro. Ela parou de se preocupar se encontraria o homem certo, se seus alunos lhe dariam boas avaliações e se teria dinheiro suficiente para viver de forma confortável durante a aposentadoria. Aprendeu também que os relacionamentos com amigos e familiares são a parte mais importante de sua vida. Quando pensa sobre morrer, ela diz: "Não vou dizer que queria ter escrito mais artigos. Porém, posso dizer que queria ter visto ou falado com mais amigos ou conhecidos com quem perdi contato." E é isso que ela está fazendo – se correspondendo, telefonando e viajando para renovar velhos relacionamentos e se divertindo em novas relações que ampliaram sua rede de apoio social por todo o país.

De uma perspectiva estatística, apenas 15% das pacientes com metástase do câncer de mama vivem cinco anos. Ainda assim, em oito anos, o câncer de Sara não se espalhou e cresceu de forma imperceptível. Igualmente importante, Sara acredita que está evoluindo *como pessoa e experimentando a vida de um modo mais positivo do que antes. Conforme sua própria descrição, sua experiência da adversidade trouxe benefícios inesperados que permitiram florescer psicologicamente.*

A relação entre o estilo de vida e a saúde desencadeou grande esforço de pesquisa, visando a prevenir doenças e ferimentos. Às vezes, a doença não pode ser prevenida, como no caso de Sara. Ainda assim, mesmo nesses casos extremos, desenvolver nossas potencialidades humanas pode nos dar a capacidade de florescer. Iniciamos este capítulo considerando a conexão entre o comportamento e a saúde. Depois disso, exploramos de que maneira o foco biopsicossocial da psicologia da saúde em abordagens baseadas em potencialidades para a prevenção, primeiro, e a psicologia positiva, em segundo lugar, podem ajudar a formar indivíduos, famílias e comunidades saudáveis.

Saúde e comportamento

É difícil imaginar uma atividade ou um comportamento que não influenciem a saúde de alguma forma – para melhor ou pior, direta ou indiretamente, de imediato ou a longo prazo. Os **comportamentos de saúde** são comportamentos das pessoas para melhorar ou manter sua saúde. Exercitar-se com regularidade, usar protetor solar, seguir uma dieta com baixo teor de gordura, dormir bem, praticar sexo seguro e usar o cinto de segurança são comportamentos que ajudam a "imunizar" você contra doenças e ferimentos. Exemplos menos óbvios incluem passatempos prazerosos, meditação, rir, férias regulares e até ter um animal de estimação. Essas atividades ajudam muitas pessoas a lidar com o estresse e manter uma perspectiva otimista sobre a vida.

■ **comportamento de saúde**
um comportamento, ou hábito, que promove a saúde; também chamado *imunógeno comportamental.*

Visto que os comportamentos de saúde ocorrem em um *continuum*, alguns deles podem ter tanto um impacto positivo quanto negativo sobre a saúde (Schoenborn et al., 2004). Por exemplo, praticar exercícios e fazer dieta podem ocasionar uma perda de peso benéfica; se levados ao extremo, contudo, pode ser desencadeado um "efeito sanfona" de perda e ganho de peso que pode ser prejudicial à saúde. De maneira semelhante, a classificação de uso "saudável" de álcool é problemática, pois, ainda que abundem estudos sobre os benefícios à saúde do uso leve ou moderado do álcool, exatamente o que constitui esse "leve" ou "moderado" parece depender do gênero e de outras características da pessoa (Green et al., 2004).

O abuso de álcool é exemplo de comportamento de risco para a saúde que tem impacto negativo direto sobre a saúde física. Outras atitudes influenciam a saúde diretamente por meio de sua associação com comportamentos que tenham impacto direto sobre a saúde. Beber muito café, por exemplo, pode aumentar o risco de doenças cardíacas, pois muitas pessoas que tomam café em excesso também fumam e praticam outros comportamentos de risco que podem aumentar a ameaça de cardiopatia (Cornelis et al., 2006).

Como parte de seu projeto Youth Risk Behavior Surveillance,* o Centers for Disease Control and Prevention (2010) identificou os seguintes comportamentos de risco à saúde – em geral com início na juventude – que colocam as pessoas em situação de risco de morte prematura, deficiência e doenças crônicas:

---

* N. de R.T.: Em português, Observatório de Comportamento Juvenil de Risco.

1. Fumar e outras formas de uso de tabaco.
2. Comer alimentos com alto teor de gordura e baixo de fibras.
3. Não fazer atividades físicas suficientes.
4. Abusar de álcool ou outras substâncias (incluindo as de prescrição).
5. Não usar métodos médicos comprovados para prevenir ou diagnosticar doenças precocemente (p. ex., vacinas para gripe, decisões saudáveis relacionadas com o sexo, papanicolau, colonoscopias, mamogramas).
6. Participar de comportamento violento ou que possa causar lesões involuntárias (p. ex., dirigir intoxicado).

Alguns comportamentos afetam imediatamente a saúde – por exemplo, envolver-se em um acidente automobilístico sem usar cinto de segurança. Outros, como comer uma dieta com alto teor de gordura, têm efeito a longo prazo. E alguns comportamentos, como fazer exercícios ou fumar cigarro, apresentam um efeito imediato e a longo prazo sobre a saúde. Os comportamentos relacionados com a saúde interagem e frequentemente são inter-relacionados. Uma pessoa que fuma, por exemplo, também pode ingerir álcool e quantidades excessivas de café. O efeito combinado desses comportamentos sobre a saúde é mais forte do que se a pessoa realizasse apenas um deles. De modo semelhante, praticar exercícios, comer alimentos saudáveis e beber bastante água também tendem a ocorrer juntos, mas de modo positivo. Às vezes, a pessoa pode ter comportamentos saudáveis e insalubres – por exemplo, beber álcool e praticar exercícios. Nesses casos, um pode minimizar o efeito do outro. Finalmente, um comportamento de saúde pode substituir um insalubre. Por exemplo, muitos ex-fumantes verificam que a prática regular de exercícios aeróbicos proporciona um substituto saudável (e eficaz) para a nicotina.

Qual é o impacto potencial de adotar um estilo de vida mais saudável? Em um estudo epidemiológico clássico iniciado em 1965, Lester Breslow e Norman Breslow começaram a acompanhar a saúde e os hábitos do estilo de vida de homens residentes em Alameda County, na Califórnia. Durante os muitos anos desse estudo notável, os efeitos salutares de sete hábitos de saúde – dormir de 7 a 8 horas diariamente, nunca fumar, estar próximo de seu peso ideal, beber álcool com moderação, fazer exercícios físicos com regularidade, comer desjejum e evitar comer entre as refeições – mostraram-se surpreendentes (Fig. 6.1).

Figura 6.1

Imunógenos comportamentais e taxa de mortalidade. Nove anos e meio depois do famoso Alameda Health Study começar, a mortalidade dos homens que praticavam todos os sete hábitos saudáveis regularmente (dormir de 7 a 8 horas por dia, nunca fumar, estar perto do peso ideal, beber com moderação, exercitar-se com regularidade, comer desjejum e evitar comer entre as refeições) era de 28% da mortalidade daqueles que haviam praticado três ou menos dos comportamentos saudáveis.
Fonte: Breslow, L. e Breslow, N. (1993). Health practices and disability: Some evidence from Alameda County, *Preventive Medicine*, 22, p. 86–95.

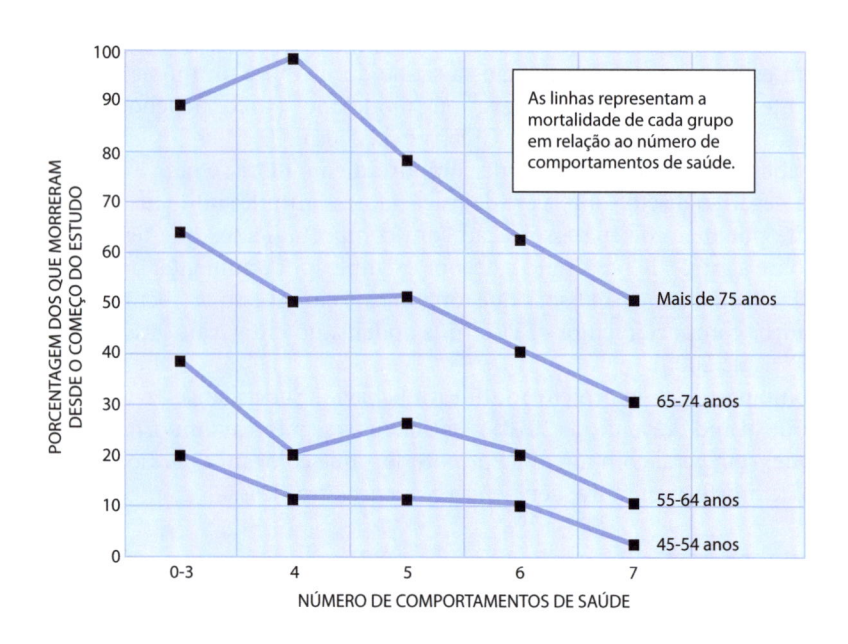

Teorias sobre o comportamento de saúde

Os psicólogos da saúde desenvolveram diversas teorias para explicar por que as pessoas praticam ou não determinados comportamentos de saúde. Nesta seção, discutiremos algumas das teorias mais influentes.

O modelo de crença de saúde

Segundo o **modelo de crença de saúde**, as decisões relacionadas com o comportamento de saúde se baseiam em quatro fatores que interagem e influenciam nossas percepções a respeito de ameaças à saúde (Fig. 6.2 [Strecher e Rosenstock, 1997]):

- *Suscetibilidade percebida.* Algumas pessoas preocupam-se constantemente com sua vulnerabilidade a ameaças à saúde, como o vírus da imunodeficiência humana (HIV); outras acreditam que não estejam em perigo. Quanto maior a suscetibilidade percebida, maior a motivação para praticar comportamentos que promovam a saúde. Os adolescentes, especialmente, parecem viver suas vidas seguindo uma *fábula da invencibilidade*. Eles têm um falso senso de "invulnerabilidade" que fornece pouca motivação para mudar seus comportamentos de risco.
- *Gravidade percebida de ameaça à saúde.* Entre os aspectos considerados estão o fato de se dor, deficiência ou morte podem ocorrer, assim como se a doença terá impacto para a família, os amigos e os colegas de trabalho. Sara Snodrass (da introdução do capítulo) reconheceu a gravidade de sua condição e dedicou-se a ter comportamentos e modos de pensar saudáveis.
- *Benefícios e barreiras percebidos ao tratamento.* Ao avaliar os prós e os contras de determinado comportamento de saúde, a pessoa decide se seus benefícios percebidos – como evitar uma doença potencialmente fatal – excedem as barreiras – como causar efeitos colaterais desagradáveis ou desencadear uma reação negativa de seus amigos. Por exemplo, alguém pode ignorar as enormes vantagens de parar de fumar por preocupação com engordar e perder a beleza.
- *Dicas para ação.* Conselhos de amigos, campanhas de saúde nos meios de comunicação e fatores como idade, *status* socioeconômico e gênero também influenciam a probabilidade de que o indivíduo venha a agir de determinada maneira.

Em resumo, o modelo de crença de saúde é uma teoria lógica a qual propõe que as pessoas irão agir para afastar ou controlar condições que induzem doenças:

■ **modelo de crença de saúde** teoria em estágios que identifica quatro crenças que influenciam as tomadas de decisão relacionadas a comportamentos de saúde: a suscetibilidade percebida a uma ameaça à saúde; a gravidade percebida de doença ou condição; e os benefícios e barreiras ao tratamento.

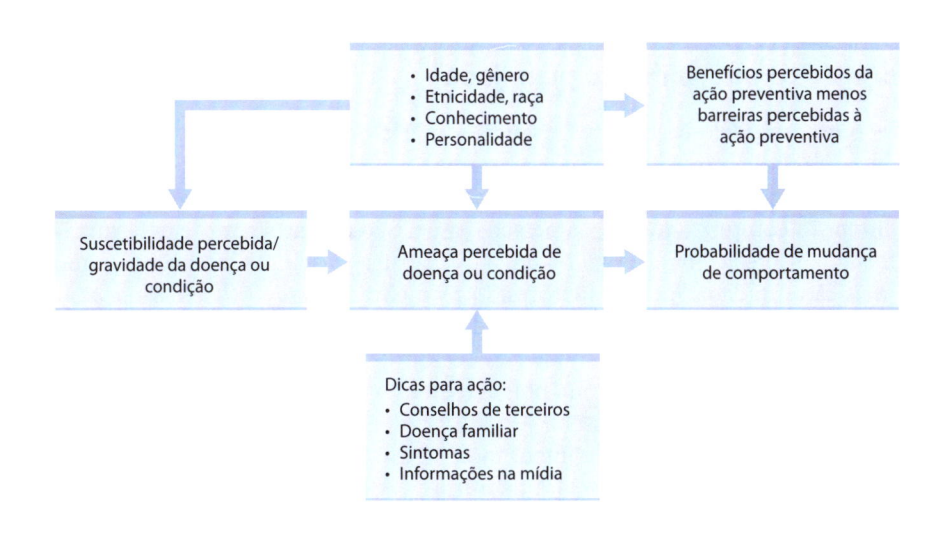

Figura 6.2

O modelo de crença de saúde. Essa teoria em estágios enfatiza os fatores que influenciam as tomadas de decisão relacionadas com o comportamento de saúde. Se acreditarmos que uma linha de ação disponível irá reduzir nossa suscetibilidade ou a gravidade da condição, adotaremos esse comportamento de saúde.

Fonte: Strecher, V. J. e Rosenstock I. W. (1997). The health belief model. Em A. Baum, S. Newman, J. Weinman, R. West e C. McManus (Eds.), *Cambridge handbook of psychology health and medicine*, (p. 115). Cambridge, UK: Cambridge University Press.

1. se considerarem que são suscetíveis à condição;
2. se acreditarem que a condição possa trazer consequências pessoais sérias;
3. se acreditarem que uma linha de ação disponível irá reduzir sua suscetibilidade ou a gravidade da condição;
4. se acreditarem que os custos de agir dessa forma serão superados pelos benefícios ocasionados por fazê-lo; e
5. se as influências ambientais incentivarem a mudança (Strecher e Rosenstock, 1997).

O modelo de crença de saúde foi o primeiro modelo de saúde submetido a pesquisas extensivas. Aprendemos que as pessoas têm mais probabilidade de fazer exames dentais regulares, praticar sexo seguro, comer de maneira saudável, fazer exames para câncer colorretal e outras formas de câncer e participar de outros comportamentos protetores da saúde se sentirem-se suscetíveis aos diversos problemas de saúde que poderiam advir de não fazê-lo (Deshpande, Basil e Basil, 2009; Manne et al., 2002). Estudos também mostram que intervenções educacionais visando a mudar as crenças de saúde aumentam os comportamentos de proteção à saúde. Por exemplo, mulheres que recebem mensagens educativas objetivando aumentar seu conhecimento dos benefícios de fazer mamografia têm quase quatro vezes mais probabilidade de realizar o exame do que mulheres de um grupo de controle (Champion, 1994).

Apesar desses sucessos, alguns estudos verificaram que as crenças de saúde apenas conseguem prever comportamentos relacionados com a saúde de forma modesta e que outros fatores, como a percepção de barreiras contra a prática de comportamentos saudáveis, são determinantes mais importantes (Janz et al., 1997). Por exemplo, em um importante estudo prospectivo, Ruth Hyman e colaboradores (1994) verificaram que a percepção de suscetibilidade ao câncer de mama *não* conseguiu prever o uso de serviços de mamografia pelas participantes do estudo, embora houvesse a percepção de benefícios e de barreiras (como o fato de ter uma clínica acessível e um médico que recomendasse o exame). O mesmo estudo verificou que a etnia de uma mulher era o melhor prognóstico de todos, havendo significativamente mais probabilidade de as afro-americanas obterem mamografias com regularidade do que as norte-americanas de origem europeia.

Outros críticos afirmam que o modelo de crença de saúde concentre-se demais em atitudes sobre o risco percebido, em vez de respostas emocionais, que podem prever o comportamento de forma mais precisa (Lawton, Conner e Parker, 2007). O modelo de crença de saúde representa uma perspectiva relevante, mas é incompleto. Vamos ampliar nosso pensamento com outra teoria que focaliza o importante papel que as intenções e a autoeficácia das pessoas desempenham em seus comportamentos de saúde.

A teoria do comportamento planejado

Assim como o modelo de crença de saúde, a **teoria do comportamento planejado** especifica relações entre atitudes e comportamentos (Ajzen, 1985) (Fig. 6.3). A teoria sustenta que a melhor maneira de prever se um comportamento irá ocorrer é medir a **intenção comportamental** da pessoa – a decisão de participar de determinado comportamento relacionado com a saúde ou de abster-se dele. As intenções comportamentais são moldadas por três fatores. O primeiro é nossa *atitude em relação ao comportamento*, que é determinada por nossa crença de que o comportamento levará a certos resultados. Por exemplo, podemos decidir que reduzir a quantidade de gordura saturada em nossa dieta é bom, pois acreditamos que diminuir a gordura levará a perda de peso e mais beleza pessoal.

O segundo determinante da intenção de agir é a **norma subjetiva**, que reflete nossa motivação para aderir às visões de outras pessoas com relação ao comporta-

■ **teoria do comportamento planejado** teoria que prevê o comportamento saudável com base em três fatores: a atitude pessoal para com o comportamento; a norma subjetiva em relação ao comportamento; e o grau de percepção de controle sobre o comportamento.

■ **intenção comportamental** em teorias do comportamento de saúde, a decisão racional de realizar um comportamento relacionado à saúde ou de abster-se de participar de tal comportamento.

■ **norma subjetiva** interpretação de um indivíduo das visões de outras pessoas no que diz respeito a determinado comportamento relacionado com a saúde.

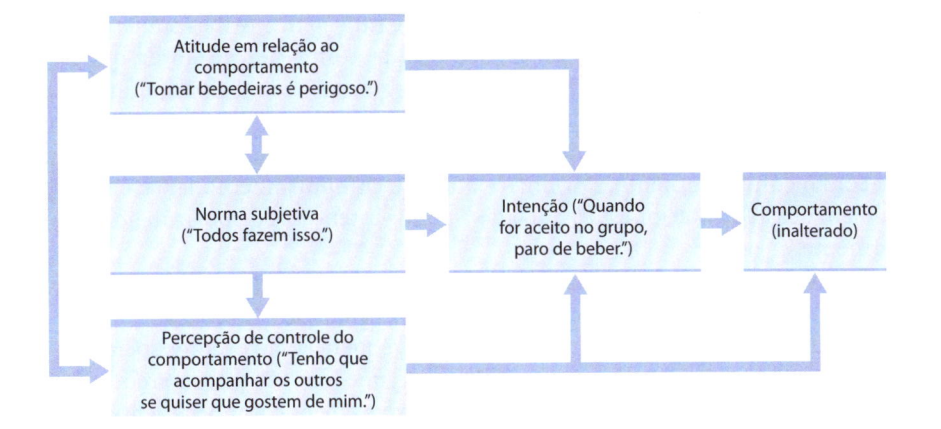

Figura 6.3

Teoria do comportamento planejado.

Essa teoria prevê que a decisão de um indivíduo de realizar determinado comportamento saudável baseia-se em três fatores: a atitude pessoal para com o comportamento; a norma subjetiva em relação ao comportamento; e o grau de percepção de controle sobre ele.

Fonte: Sutton, S. (1997). The theory of planned behavior. Em A. Baum, S. Newman, J. Weinman, R. West e C. McManus (Eds.), *Cambridge handbook of psychology, health, and medicine* (p. 178). Cambridge, UK: Cambridge University Press.

mento em questão. Por exemplo, podemos ter dificuldade de mudar para uma dieta com pouca gordura se essa modificação não estiver de acordo com o comportamento de nossos amigos e parentes. Temos fortes intenções para agir quando nossas atitudes em relação ao comportamento em questão são positivas e acreditamos que as pessoas também o consideram apropriado.

O terceiro componente das intenções comportamentais é a *percepção de controle do comportamento*, que se refere a nossa expectativa de sucesso em realizar o comportamento de saúde esperado. Quanto mais recursos e oportunidades para efetuar uma mudança comportamental acreditarmos ter, maior nossa crença de que possamos de fato mudar o comportamento. Se, ao mudar para uma dieta com baixo teor de gordura, tivermos confiança de que seremos capazes de encontrar receitas saudáveis, comprar os ingredientes, ter tempo para preparar as refeições e ainda gostar do sabor mesmo com uma dieta mais restrita, teremos uma intenção comportamental mais forte do que alguém que esteja em dúvida.

As atitudes e intenções autorrelatadas pelas pessoas preveem uma variedade de ações que promovem a saúde, incluindo fazer testes genéticos para doenças, tomar medicamento (Golndring et al., 2002), perder peso (Schifter e Ajzen, 1985), fazer exercícios (Godin et al., 1993), comer alimentos saudáveis (Conner et al., 2002), usar preservativo (Bogart e Delahanty, 2004), não fumar (Fishbein, 1982), fazer autoexame dos seios ou dos testículos (Lierman et al., 1991), realizar mamografias (Brubaker e Wickersham, 1990), fazer acompanhamento pré-natal (Michie et al., 1992), exames de câncer (Conner e Sparks, 1996), consultas de acompanhamento para resultados anormais em exames de saúde (Orbell e Hagger, 2006) e dispor-se a doar sangue (Bagozzi, 1981).

Devido a sua ênfase no planejamento, não é de surpreender que o modelo do comportamento planejado seja mais preciso para prever comportamentos intencionais orientados para objetivos e encaixe-se em um modelo racional (Gibbons et al., 1998). Em alguns casos, como no consumo de substâncias tóxicas (Morojele e Stephenson, 1994), no comportamento sexual pré-conjugal (Cha et al., 2007) e ao dirigir alcoolizado (Stacy et al., 1994), o modelo obteve menos sucesso. Talvez isso se deva em parte ao fato de que, para muitas pessoas, especialmente adolescentes e adultos jovens, esses comportamentos de saúde costumam ser reações a situações sociais. Por exemplo, jovens indo a festas em que outras pessoas fumem maconha ou bebam em excesso ou cedam às demandas de um(a) namorado(a) que queira sexo. Conforme observou Frederick Gibbons (1998), em tais cenários, a pergunta: "O que você está disposto a fazer?" provavelmente descreva o apuro em que se encontra o jovem (e prevê seu comportamento subsequente) de forma mais precisa do que: "O que você planeja fazer?".

Disposição comportamental refere-se à motivação de uma pessoa em dado momento para envolver-se em comportamento de risco. Assim como a *intenção*

■ **disposição comportamental** em teorias de comportamento de saúde, é a motivação reativa e não planejada envolvida na decisão de realizar um comportamento de risco.

comportamental, a disposição comportamental é função de normas subjetivas. Uma maior disposição comportamental está associada a uma percepção de que outras pessoas afetivamente significativas, em especial amigos, participam e aprovam o comportamento em questão. Além disso, assim como a intenção comportamental, a maior disposição comportamental também está ligada às nossas atitudes positivas para com o comportamento. Por fim, o fato de o comportamento já haver sido realizado em ocasião anterior está associado à maior intenção e disposição de realizá-lo novamente.

Disposição comportamental difere de intenção comportamental no sentido de que ela é reativa, em vez de deliberativa (Gibbons et al., 1998). Os comportamentos de risco e aqueles que comprometem a saúde com frequência são eventos sociais espontâneos, nos quais as pessoas seguem o líder do grupo, em vez de tomarem a decisão pessoal de seguir aquele comportamento. Por essa razão, os comportamentos de risco possuem imagens sociais claras que influenciam a disposição momentânea de uma pessoa de se comportar de certa forma. Uma quantidade substancial de pesquisas recentes corrobora o conceito de disposição comportamental em comportamentos relacionados com a saúde. Pesquisas realizadas com adolescentes sexualmente ativos, por exemplo, demonstram que a atividade sexual costuma ser reativa, em vez de planejada (Ingham et al., 1991). Parece que o mesmo ocorre com o ato de dirigir alcoolizado (Gerrard et al., 1996).

O modelo transteórico

Um tio obeso que tenho continuava a fumar e seguir uma dieta com alto conteúdo de gordura apesar da recomendação de seu médico para modificar esses comportamentos que comprometem a saúde. Quando o pressionaram para explicar por que não estava mudando seus maus hábitos de saúde, respondeu que estava ciente dos riscos e acreditava que devia melhorar seu estilo de vida – mas que não estava "pronto". Alguns meses mais tarde, depois de um ataque cardíaco quase fatal, ele declarou que estava pronto para largar o cigarro. E assim o fez. Infelizmente, também "desistiu" seis meses depois. Ele lutou para alcançar esse objetivo até o final de sua vida. Será que meu tio não lembra alguém que você conheça?

As teorias do comportamento de saúde que consideramos até aqui tentam identificar variáveis que influenciem atitudes e comportamentos relacionados com a saúde e combiná-los em uma fórmula que preveja a probabilidade de que determinado indivíduo aja de certa maneira em determinada situação. Por exemplo, a teoria do comportamento planejado poderia prever que meu tio continuaria a fumar porque tinha uma atitude positiva em relação ao cigarro, já que fumar era esperado entre seus amigos e dava um sentimento de controle sobre a vida. O **modelo transteórico** (também denominado *modelo de estágios da mudança*), entretanto, sustenta que o comportamento muda sistematicamente ao longo de cinco estágios distintos (Prochaska, 1994; Prochaska et al., 1992).

Esse modelo afirma que as pessoas progridem por meio de cinco estágios ao alterar comportamentos relacionados com a saúde. Os estágios são definidos em termos de comportamentos passados e intenções de ações futuras.

Estágio 1: Pré-contemplação. Durante este estágio, as pessoas não estão pensando seriamente sobre mudar seu comportamento; podem até evitar reconhecer que o comportamento deva ser mudado.

Estágio 2: Contemplação. Neste estágio, as pessoas reconhecem a existência de um problema (como o hábito de fumar) e estão considerando seriamente a possibilidade de mudarem seu comportamento (parar de fumar) em um futuro próximo (em geral, em seis meses).

■ **modelo transteórico** teoria de estágios muito utilizada que afirma a passagem das pessoas por cinco estágios quando tentam mudar comportamentos relacionados com a saúde: pré-contemplação; contemplação; preparação; ação; e manutenção.

Estágio 3: Preparação. Este estágio envolve pensamentos e ações. Ao prepararem-se para parar de fumar, por exemplo, as pessoas obtêm uma receita para um adesivo de nicotina, entram para um grupo de apoio, buscam suporte familiar e fazem outros planos específicos.

Estágio 4: Ação. No decorrer deste estágio, as pessoas já mudaram o comportamento e estão tentando manter os esforços.

Estágio 5: Manutenção. As pessoas nesta etapa continuam a obter sucesso em seus esforços para alcançar seu objetivo final. Embora este estágio possa manter-se indefinidamente, sua duração em geral é definida de forma arbitrária em seis meses.

O modelo de estágios da mudança reconhece que as pessoas mudam entre os estágios de maneira não linear, como em uma espiral (Velicer e Prochaska, 2008). A Figura 6.4 ilustra a progressão de um fumante pelos cinco estágios da mudança para parar de fumar. Como meu tio, muitos ex-fumantes recentes têm recaída entre a *manutenção* e a *preparação*, seguindo um ciclo dos estágios 2 a 5 uma ou mais vezes até que concluam sua mudança comportamental.

Embora o modelo transteórico tenha mais êxito para prever certos comportamentos do que outros (Bogart e Delahanty, 2004; Rosen, 2000), a pesquisa costuma confirmar que pessoas em estágios mais elevados têm mais sucesso ao tentar melhorar seus comportamentos relacionados com a saúde, como adotar uma dieta saudável (Armitage et al., 2004), testagem domiciliar para nível de radônio (Weinstein e Sandman, 1992), prevenção da osteoporose (Blalock et al., 1996), vacinas contra hepatite B (Hammer, 1997), tabagismo (DiClemente, 1991), exames para câncer de mama e colorretal (Champion et al., 2007; Lauver et al., 2003; Manne et al., 2002), comportamentos sexuais seguros (Bowen e Trotter, 1995), prevenção do HIV (Prochaska et al., 1994) e dieta (Glanz et al., 1994).

Outras pesquisas mostram que as teorias de estágios, como o modelo transteórico, têm uma vantagem bastante prática: promovem o desenvolvimento de intervenções de saúde mais efetivas, proporcionando uma "receita" para a mudança comportamental ideal (Sutton, 1996). Isso possibilita aos psicólogos da saúde e a outros profissionais combinarem a intervenção com as necessidades específicas de

Figura 6.4

O modelo transteórico.
O modelo transteórico, ou dos estágios da mudança, avalia a prontidão da pessoa para agir com um novo comportamento mais saudável. Também identifica estratégias e processos para orientar o indivíduo pelos estágios da mudança até a ação e manutenção bem-sucedidas. Os críticos observam que os estágios não são mutuamente excludentes e que as pessoas nem sempre avançam em sequência por etapas distintas à medida que lutam para mudar seus comportamentos relacionados com a saúde.

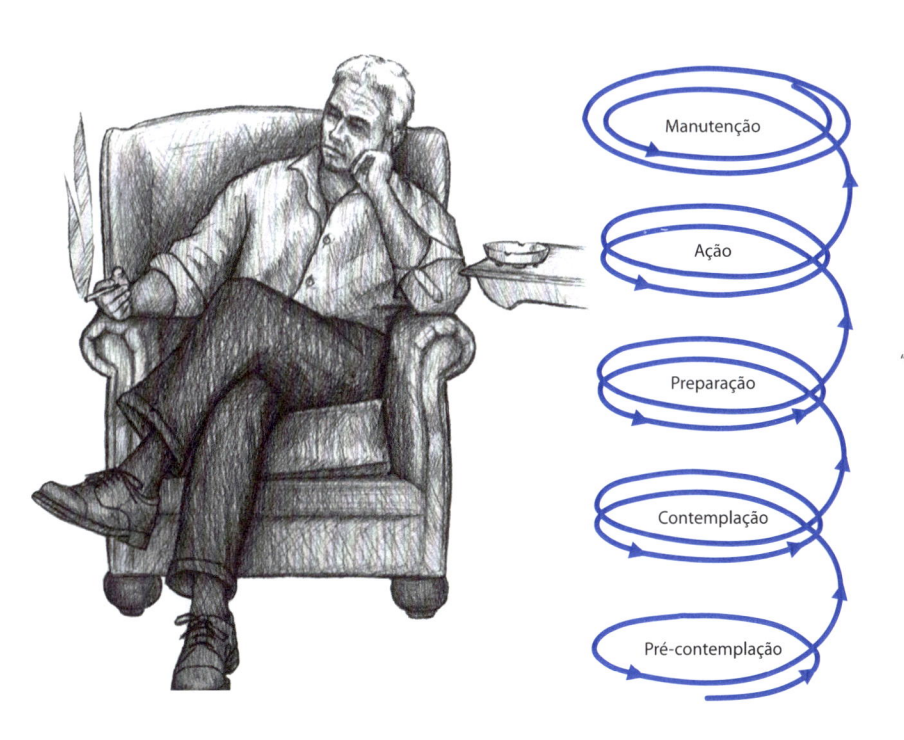

Manutenção — "Estou livre do cigarro faz três meses."

Ação — "Parei de fumar de repente, e já faz duas semanas."

Preparação — "Consultei minha médica, falei que ia parar de fumar. Ela me deu uma receita para ajudar a reduzir o desejo por nicotina."

Contemplação — "Preciso parar de fumar."

Pré-contemplação — "Tenho planos de parar de fumar."

uma pessoa que esteja "presa" em determinado estágio (Perz et al., 1996). O modelo também reconhece que diferentes processos comportamentais, cognitivos e sociais podem assumir a dianteira quando tentamos alcançar nossos objetivos básicos de saúde. Entre eles, estão a conscientização (p. ex., procurar mais informações sobre um comportamento que compromete a saúde), contracondicionamento (substituir comportamentos alternativos pelo comportamento-alvo) e uso de reforço (recompensar-se ou ser recompensado pelo sucesso).

Vejamos um exemplo. É provável que tentar convencer uma pessoa obesa que esteja no estágio de pré-contemplação a perder peso fracasse, pois as pessoas que se encontram nesse estágio não acreditam que estejam com um problema de saúde. A intervenção mais efetiva nesse momento seria incentivá-la a *considerar* mudar seu comportamento, talvez fornecendo informações sobre os riscos da obesidade para a saúde. No entanto, uma pessoa no estágio de preparação ou ação não precisa de mais persuasão para mudar seu comportamento. Todavia, ela pode precisar de dicas específicas sobre como implementar um plano de ação efetivo.

Abordando os benefícios percebidos de comportamentos de risco elevado

Ainda que o modelo de crença de saúde, a teoria do comportamento planejado e o modelo transteórico incluam benefícios e riscos percebidos, a intenção desses modelos era, a princípio, explicar comportamentos preventivos motivados pelo desejo de evitar doenças e lesões. Consequentemente, esses modelos tendem a enfocar os riscos de comportamentos insalubres, em vez de quaisquer *benefícios* percebidos de comportamentos de alto risco para o indivíduo. Os pesquisadores observaram, contudo, que os benefícios percebidos são importantes preditores de certos comportamentos, como o ato de beber em adolescentes (Katz et al., 2000), o uso de tabaco (Pollay, 2000) e sexo desprotegido (Parsons et al., 2000).

Em uma pesquisa com estudantes do quinto, sétimo e nono anos, Julie Goldberg e colaboradores (2002) apresentaram aos participantes o seguinte cenário:

> Imagine, agora, que você esteja em uma festa. Durante a festa, você toma algumas doses de bebidas alcoólicas (como duas taças de vinho, dois copos de cerveja ou duas doses de destilados). Mesmo que isso seja algo que você jamais faria, tente imaginar.

Depois de ler o cenário, os estudantes devem responder várias perguntas abertas sobre as coisas boas e ruins que poderiam ocorrer se bebessem em uma festa. Eles também devem falar de sua experiência verdadeira com o álcool e as consequência de beber. Seis meses depois, são questionados mais uma vez sobre seu comportamento com a bebida.

Os pesquisadores descobriram muito sobre os benefícios percebidos da bebida. Mais que os alunos do quinto e sétimo anos, os do nono ano perceberam que os benefícios físicos e sociais do álcool (p. ex., "Gosto do barato que dá quando bebo"; "Vou me divertir mais na festa") são mais prováveis, e os riscos físicos e sociais (p. ex., "Vou passar mal"; "Vou fazer algo de que depois vou me arrepender"), menos prováveis de acontecer.

Esses resultados têm uma implicação profunda para campanhas de educação em saúde voltadas para adolescentes. Embora os pesquisadores muitas vezes concluam que os adolescentes são irracionais em suas decisões, pois se envolvem em comportamentos de risco mesmo conhecendo os riscos,

O poder da situação social
Para muitos adolescentes (assim como adultos jovens), os comportamentos de saúde costumam ser reações a situações sociais, em vez de situações planejadas racionalmente. Eles bebem porque seus amigos bebem, não porque tenham tomado uma decisão consciente de que gostam de álcool. As situações sociais também podem desencadear comportamentos adultos, como dançar, fazer exercícios ou alguma outra forma de recreação.

esses resultados sugerem que os jovens, de fato, ponderam os prós e contras de seus comportamentos. Mensagens mais efetivas sobre a saúde poderiam se concentrar em como os adolescentes podem obter os benefícios percebidos de comportamentos de risco à saúde de formas mais seguras. Por exemplo, as mensagens poderiam identificar outras maneiras de se sentir mais maduro e ser mais sociável em festas do que por meio da bebida.

Prevenção

Geralmente, pensamos na prevenção apenas em relação aos esforços para modificar o risco da pessoa *antes* que a doença a atinja. De fato, pesquisadores diferenciaram três tipos de prevenção, que são realizados antes, durante e depois de uma doença atacar.

Prevenção primária refere-se a ações que promovem a saúde, que são realizadas para prevenir que uma doença ou lesão ocorra. Exemplos de prevenção primária são usar cinto de segurança, seguir uma boa nutrição, fazer exercícios, não fumar, manter padrões saudáveis de sono e fazer exames de saúde regularmente.

Prevenção secundária envolve ações para identificar e tratar uma doença no começo de seu curso. No caso de uma pessoa com pressão alta, por exemplo, a prevenção secundária envolveria exames regulares para monitorar sintomas, o uso de medicamentos para a pressão e alterações na dieta.

Prevenção terciária envolve ações para conter ou retardar danos uma vez que a doença já tenha avançado além de seus estágios iniciais. Um exemplo de prevenção terciária é o uso de radioterapia ou quimioterapia para destruir um tumor. A prevenção terciária também busca reabilitar as pessoas ao maior nível possível.

Embora menos efetiva em termos de custos e menos benéfica do que as prevenções primária ou secundária, a prevenção terciária é, de longe, a forma mais comum de cuidado de saúde. O cuidado terciário é muito mais fácil de implementar, pois os grupos-alvo adequados (pessoas com doenças ou lesões) são facilmente identificados. Além disso, pacientes em tratamento terciário em geral têm mais motivação para aderir ao tratamento e a outros comportamentos que promovam a saúde.

Apesar disso, neste capítulo, enfocaremos as iniciativas de prevenção primária dos psicólogos da saúde. Esses profissionais incentivam os médicos e outros trabalhadores na área da saúde a aconselharem seus pacientes. Por mais que essa atenção personalizada possa parecer efetiva, muitos médicos têm dificuldade em usar medidas preventivas. Uma razão para essa dificuldade é que as faculdades de medicina tradicionalmente colocam pouca ênfase em medidas preventivas. Outra é a falta de tempo, devido ao número de pessoas que os médicos precisam atender a cada dia.

Os psicólogos também promovem a saúde incentivando a ação legislativa e realizando campanhas educativas na mídia. Esses esforços focalizam muitos níveis, do indivíduo à comunidade e à sociedade como um todo. A Tabela 6.1 ilustra um programa amplo de prevenção primária, secundária e terciária para aids com base nos objetivos de saúde nacionais estabelecidos pelo U.S. Department of Health, Education and Welfare como parte da sua Healthy People Campaign. Conforme discutido no Capítulo 1, esses objetivos devem aumentar o tempo de vida saudável, diminuir as disparidades em saúde entre diferentes segmentos da população e proporcionar acesso universal a serviços preventivos.

Às vezes, somos nossos piores inimigos na batalha pela saúde. Na adolescência e no começo da idade adulta, quando estamos desenvolvendo hábitos relacionados com a saúde, normalmente somos bastante saudáveis. Fumar cigarros, comer muita gordura e não fazer exercícios nessa época são coisas que não parecem ter efeito algum sobre a saúde. Desse modo, os jovens têm poucos incentivos imediatos para praticar bons comportamentos e corrigir mais hábitos relacionados com a saúde.

■ **prevenção primária**
esforços para melhorar a saúde, prevenindo que ocorram doenças ou lesões.

■ **prevenção secundária**
ações para identificar e tratar uma doença ou deficiência no começo de seu curso.

■ **prevenção terciária**
ações para conter danos depois que uma doença ou deficiência avançaram além de seus estágios iniciais.

Pesquisas mostram que muitas das doenças mais fatais do mundo são baratas para prevenir. Por exemplo (Neergaard, 1999):

- Medicamentos que tratam a aids podem ser caros demais para muitos países em desenvolvimento, mas, em princípio, apenas 14 dólares por um ano de preservativos já poderiam prevenir a infecção.
- Um mosquiteiro banhado em inseticida para proteger pessoas de mosquitos portadores de malária custa 10 dólares.
- Uma dose de vacina para sarampo custa 26 centavos de dólar.
- Cinco dias de antibióticos para pneumonia custam 27 centavos de dólar.

Muitos comportamentos que promovem a saúde, como fazer exercícios vigorosos e seguir uma dieta com baixo teor de gordura, são menos prazerosos ou mais difíceis do que alternativas menos saudáveis. Se um comportamento (como comer quando está deprimido) causar alívio ou gratificação imediata, ou se não apresentá-lo proporciona desconforto imediato, será difícil eliminar tal comportamento.

Os comportamentos sexuais de alto risco que podem resultar em infecção por HIV e aids são um exemplo trágico desse princípio. No período de 3 a 6 semana após a primeira exposição, algumas pessoas soropositivas desenvolvem irritação na garganta, febre e um *rash* parecido com sarampo. Essa forma precoce de infecção por HIV geralmente desaparece e às vezes é tão leve que nem sequer é lembrada. Podem passar meses ou anos sem outros sintomas explícitos. No decorrer desse período, o HIV está sendo produzido ativamente e enfraquecendo o sistema imune. Não se sabe o tempo exato necessário antes que a aids se desenvolva em determinado indivíduo. Alguns pesquisadores acreditam que o *período de incubação* – o tempo entre a exposição ao vírus e a primeira aparição de sintomas da doença – pode ser de até 20 anos. Quando a aids completa aparece, a morte (se não prevenida por novos tratamentos) costuma ocorrer nos próximos dois anos. As consequências negativas remotas e *potenciais* do comportamento de risco muitas vezes são diminuídas pelos prazeres imediatos do momento.

Vida saudável

O mito da "fonte da juventude" está presente nas histórias de quase todas as culturas e encontra sua expressão atual nos elixires, cremes e dispositivos supostamente rejuvenescedores que são alardeados em comerciais, em *websites* de medicina alternativa e em vitrines de farmácias. Afirmações de que as pessoas logo chegarão a viver 200 anos devido a megadoses de antioxidantes, vitaminas, ervas ou alguma outra "bala mágica" resultam em confusão a respeito da *longevidade*. Por décadas, os cientistas investigaram de forma sistemática as alegações de pessoas que excederam muito o tempo de vida normal e, em cada caso, essas explicações não puderam ser verificadas.

Tabela 6.1

Níveis e momento da prevenção para HIV/aids

Nível	Primária	Secundária	Terciária
Individual	Guia de autoinstrução sobre prevenção ao HIV para pessoas não infectadas com baixo risco	Designar uma dieta imunossaudável	Exames e intervenção precoce para uma pessoa HIV-positivo
Grupo	Pais reúnem-se a fim de desenvolver habilidades para se comunicarem melhor com adolescentes sobre comportamentos de risco	Programa de não reutilização de agulhas para usuários de drogas IV de alto risco e baixo *status* socioeconômico	Programas de reabilitação para grupos de pacientes com aids
Local de trabalho	Campanha educativa no local de trabalho concentrada em como o HIV é transmitido	Programa no local de trabalho de incentivo ao sexo seguro (p. ex., preservativos grátis, exames confidenciais)	Licenças maiores para que empregados possam cuidar de parentes HIV-positivo
Comunidade	Campanha na mídia para promover comportamentos sexuais seguros	Estabelecer rede de apoio para pessoas HIV-positivo	Proporcionar maior acesso a instalações recreacionais para indivíduos com aids
Sociedade	Fiscalizar cumprimento de leis por infectar outra pessoa com HIV conscientemente	Criar políticas antidiscriminatórias para pessoas HIV-positivo	Tornar obrigatória a disponibilidade de medicamentos para HIV a pacientes com aids e sem seguro de saúde

Fonte: Adaptada de Winett, R.A. (1995). A framework for health promotion and disease prevention programs. *American Psychologist, 50*(5), 341–350.

Mesmo sem uma "bala mágica", as pessoas na atualidade podem esperar viver muito mais do que coortes anteriores. As principais doenças dos nossos ancestrais, como a pólio, a catapora, o tétano, a difteria e a febre reumática, foram quase totalmente erradicadas.

Quando se concentram na expectativa de vida saudável, os psicólogos da saúde buscam reduzir a quantidade de tempo que os idosos passam em *morbidade* (deficientes, doentes ou com dor). Para ilustrar isso, considere dois irmãos gêmeos que, mesmo geneticamente idênticos e expostos aos mesmos riscos de saúde enquanto cresciam, tiveram experiências muito diferentes em relação à saúde desde a adolescência. O primeiro irmão fuma duas carteiras de cigarros por dia, é obeso, jamais faz exercício, tem uma visão exasperada e pessimista em relação à vida e come alimentos com quantidades excessivas de gordura animal e açúcar. O outro irmão busca um estilo de vida muito mais saudável, evitando o tabaco e o estresse excessivo, fazendo exercícios regularmente, observando sua dieta e desfrutando do apoio social de um círculo íntimo de familiares e amigos. Conforme mostra a Figura 6.5, embora os dois irmãos tenham as mesmas vulnerabilidades genéticas a doenças pulmonares, circulatórias e cardiovasculares, o estilo de vida insalubre do primeiro o condena a um longo período de morbidade na vida adulta, começando por volta dos 45 anos de idade. Em comparação, o estilo de vida mais saudável do segundo irmão posterga a doença até muito mais adiante em sua vida. Se ele contrair alguma das doenças, é provável que seja menos grave, e a recuperação será mais rápida. Em alguns casos, como o câncer de pulmão, pode ser "postergado" para além do fim de sua vida.

Exercícios

Praticar exercícios é o mais perto que podemos chegar de uma fonte da juventude. Isso torna-se ainda mais importante à medida que as pessoas envelhecem, pois promove o bem-estar físico e psicológico e pode ajudar a desacelerar ou até reverter muitos dos efeitos do envelhecimento. A prática regular de exercícios pode reduzir o risco de doenças cardiovasculares, diabetes, muitos tipos de câncer e outras condições relacionadas com o estresse. Pessoas fisicamente ativas também têm níveis mais baixos de ansiedade e menos depressão. O mais importante para manter a vitalidade é o *exercício aeróbico*, no qual o coração acelera para bombear quantidades maiores de sangue, a respiração é mais profunda e mais frequente, e as células do corpo desenvolvem a capacidade de extrair quantidades crescentes de oxigênio do sangue. Além disso, exercícios aeróbicos com uso de pesos, como caminhar, correr e jogar com raquetes, ajudam a preservar a flexibilidade dos músculos, bem como manter a densidade óssea.

Foi demonstrado que fazer exercícios protege contra a *osteoporose*, uma doença caracterizada por um declínio na densidade óssea devido à perda de cálcio. Isso é especialmente verdadeiro em indivíduos que foram ativos durante a juventude, quando os minerais dos ossos estavam se acumulando (Hind e Burrows, 2007). Embora a osteoporose seja mais comum em mulheres na pós-menopausa, também ocorre em homens, assim como o efeito protetor dos exercícios. Por volta de 1 em cada 4 mulheres com mais de 60 anos tem osteoporose, sendo que mulheres brancas e asiáticas estão em maior risco do que as afro-americanas. A osteoporose resulta em mais de 1 milhão de fraturas ósseas por ano apenas nos Estados Unidos, entre as quais as mais debilitantes são as nos quadris. Em um estudo retrospectivo, mulheres e homens idosos descreveram seu nível de exercício na adolescência, novamente aos 30 anos e mais

Figura 6.5

Compressão da morbidade
Ao focalizarem os anos de vida dos indivíduos ajustados pela qualidade, os psicólogos da saúde buscam limitar o tempo que a pessoa passa doente ou enferma, conforme ilustra este diagrama das doenças e mortes de irmãos gêmeos idênticos. Embora os irmãos tivessem as mesmas vulnerabilidades a doenças e relógios genéticos que limitassem seu tempo de vida, o estilo de vida saudável de um **(b)** mantém a doença e a deficiência sob controle até que o envelhecimento primário se encontre bastante avançado. Em comparação, o estilo de vida insalubre de seu irmão **(a)** cobra seu preço muito antes na vida.
Fonte: Fries, J. F. (2001). *Living well: Taking care of your health in the middle and later years.* New York: Perseus Publishing.

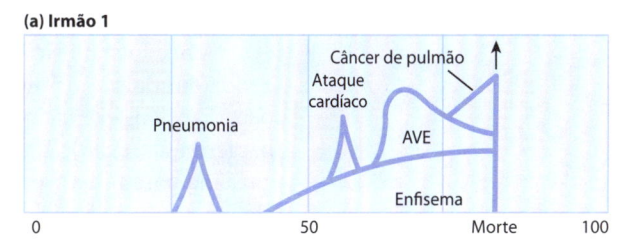

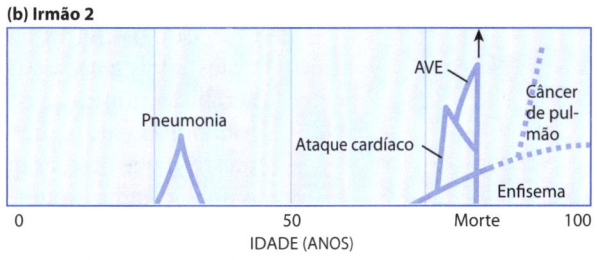

AVE = acidente vascular encefálico.

uma vez aos 50 (Greendale et al., 1995). Tanto homens quanto mulheres com níveis maiores de atividade apresentaram densidade bem maior de minerais ósseos do que seus correlatos sedentários.

Além de aumentar a força física e manter a densidade óssea, a prática regular de exercícios reduz o risco da pessoa idosa de duas das condições crônicas mais comuns na idade adulta: doença cardiovascular e câncer. Em um estudo, pesquisadores investigaram fatores de risco coronariano em homens idosos, de 65 a 84 anos (Caspersen et al., 1991). Mesmo exercícios moderados, como jardinagem e caminhadas, resultaram em aumentos significativos nas lipoproteínas de alta densidade (colesterol HDL) – o chamado "bom colesterol" – e reduziram o colesterol sérico total. A prática regular de exercícios está ligada a níveis mais baixos de triglicerídeos, que foram implicados na formação de placas ateroscleróticas (Lakka e Salonen, 1992), assim como em níveis mais baixos de lipoproteínas de baixa densidade (colesterol LDL), o colesterol "ruim", e níveis maiores de HDL (Szapary, Bloedon e Foster, 2003). Como veremos no Capítulo 9, os exercícios também são uma arma valiosa no controle do diabetes tipo I (Conn et al., 2008).

Vários estudos amplos relatam que a atividade física também oferece proteção contra cânceres de colo e reto, mama, endométrio, próstata e pulmão (Miles, 2008; Thune e Furberg, 2001). Enfocando as práticas de caminhar, andar de bicicleta, correr, nadar, jogar tênis e golfe, Goya Wannamethee e colaboradores (1993) encontraram uma relação inversa entre o nível de atividade física e mortes por todos os tipos de câncer. A atividade física regular pode reduzir o risco de câncer, influenciando citocinas proinflamatórias (Stewart et al., 2007), que, por sua vez, têm efeitos benéficos sobre o desenvolvimento e crescimento de células tumorais (Rogers et al., 2008). Além disso, a atividade física promove o funcionamento das células imunológicas, retardando alguns declínios relacionados com a idade nos glóbulos brancos do sangue. Por exemplo, atletas que fazem treinamento de resistência preservam o cumprimento dos telômeros em seus glóbulos brancos – que, de outro modo, diminui sistematicamente em adultos sedentários que envelhecem (LaRocca, Seals e Pierce, 2010).

Os benefícios de fazer exercícios estendem-se ao nosso bem-estar psicológico, embora as evidências científicas sobre isso sejam menos conclusivas (Larun et al., 2006). Mesmo assim, parece claro que a prática regular de exercícios está associada a melhoras no humor e no bem-estar após a mesma (Moti et al., 2005). Estudos mostram que, com o tempo, os exercícios atuam como uma proteção efetiva contra o estresse (Trivedi et al., 2006), aumentam a autoestima e a autoeficácia (McAuley et al., 2003) e oferecem proteção contra depressão (Daley, 2008) e ansiedade (Wipfli, Rethorst e Landers, 2008).

A boa forma física em homens e mulheres retarda a mortalidade e pode estender a vida em dois anos ou mais. Em última análise, as pessoas podem "lucrar" com os benefícios dos exercícios, com uma maior longevidade como seus dividendos (Paffenbarger et al., 1986). Todavia, durante a velhice, a intensidade dos exercícios deve ser ajustada para refletir declínios no funcionamento cardiovascular e respiratório. Para alguns adultos, isso significa que uma caminhada substitui a corrida; para outros, como o ex-maratonista Bill Rodgers, agora com mais de 60 anos, isso significa treinar uma corrida de seis minutos por milha, em vez de cinco.

Como diretriz, o relatório *Healthy People 2000* recomenda 150 minutos de exercícios totais a cada semana, dos quais pelo menos 60 minutos envolvem atividades aeróbicas rítmicas e contínuas. Para muitos adultos, desligar a televisão serve como trampolim para a prática de exercícios e uma saúde melhor. O Family Heart Study mostrou que pessoas que assistiam uma hora de televisão por dia se exercitavam mais e tinham índices de massa corporal (e outros fatores de risco coronariano) significativamente menores do que pessoas que assistiam três horas de televisão por dia (Kronenberg et al., 2000).

Pode ser tarde demais para começar a fazer exercícios?

Não. Em um estudo, indivíduos frágeis que residiam em lares para idosos, com idades entre 72 e 98 anos, participaram de um programa de 10 semanas de treinamento em resistência e fortalecimento muscular, três vezes por semana (Raloff, 1996). Depois de 10 semanas, os sujeitos do grupo que fez exercícios mais que dobraram sua força muscular e aumentaram sua capacidade de subir escadas em 28%. Em outro estudo, Maria Fiatarone e colaboradores (1993) dividiram aleatoriamente 100 sujeitos com idade média de 87 anos em quatro grupos. Os sujeitos do primeiro grupo fizeram exercícios regulares para treinamento de resistência. Os do segundo grupo tomaram um suplemento multivitamínico diário. Os do terceiro grupo tomaram o suplemento e fizeram o treinamento de resistência. Os do quarto grupo poderiam fazer três atividades físicas de sua escolha (incluindo exercícios aeróbicos), mas não poderiam fazer o treinamento de resistência. No decorrer do estudo, a força muscular mais que dobrou nos grupos da resistência, com um aumento médio de 113%, comparado com um aumento minúsculo, de 3%, nos sujeitos do segundo grupo. Curiosamente, o grupo que fez exercícios e tomou o suplemento não apresentou melhora maior do que os grupos que fizeram exercícios, mas não tomaram suplementos.

Outras evidências de que nunca é tarde para começar a se exercitar advêm de estudos demonstrando que exercícios, mesmo em um ponto avançado da vida, ainda podem ajudar a prevenir ou reduzir a taxa de perda na densidade óssea. Em comparação com um grupo de controle de mulheres sedentárias, mulheres de 50 a 70 anos que foram colocadas em um grupo de exercícios, apresentaram uma perda bastante reduzida no conteúdo de minerais ósseos (Nelson et al., 1994). Como um benefício adicional, as mulheres do grupo de exercícios aumentaram sua massa e força musculares. Juntos, esses benefícios são associados a menor morbidade e mortalidade entre idosos fisicamente ativos (Everett, Kinser e Ramsey, 2007).

Por que mais idosos não fazem exercícios?

Apesar dos documentados benefícios físicos e psicológicos da prática de exercícios por toda a vida, a porcentagem de pessoas que se exercitam regularmente diminui com a idade (Phillips et al., 2001). Porcentagens estimadas de 32% dos homens e 42% das mulheres nos Estados Unidos descrevem-se como sedentários (USCB, 2009). Por quê? Uma razão é que alguns adultos mais velhos relutam e até temem fazer exercícios demais devido aos mitos associados à prática de exercícios. Esses mitos envolvem a ideia de que os exercícios podem acelerar a perda de densidade óssea, causar artrite e até aumentar o risco de morrer de ataque cardíaco. De fato, é muito mais provável que o corpo enferruje do que se desgaste. Como diz o ditado: "Use ou perca!"

O comportamento de fazer exercícios também está relacionado com as crenças do indivíduo sobre os benefícios para a saúde, a confiança em sua capacidade de desempenhar certas habilidades físicas corretamente (*autoeficácia para o exercício*) e a automotivação. Acreditar que os exercícios possam ajudar a pessoa a viver uma vida mais longa e mais saudável é um forte estímulo para iniciar a fazê-los. Muitas pessoas idosas podem não ter informações básicas sobre os benefícios de atividades físicas apropriadas e podem considerar os exercícios difíceis, inúteis ou perigosos (Lee, 1993). Ou podem sentir que é tarde demais para melhorar sua saúde com exercícios, pois acreditam que os declínios na saúde são inevitáveis e irreversíveis com o aumento da idade (O'Brien e Vertinsky, 1991).

Existem várias razões para os idosos não possuírem autoeficácia para os exercícios. Por um lado, geralmente têm menos experiência com a prática de exercícios e menos modelos que os inspiram a praticá-los do que pessoas mais jovens. Por outro, os idosos também enfrentam estereótipos etaristas sobre o que constitui o comportamento apropriado; a prática de exercícios vigorosos, sobretudo para as mulheres, é contrária aos estereótipos da velhice. Por fim, muitos idosos consideram que a velhice é uma época de repouso e relaxamento e têm menos probabilidade de começar e manter a realização de exercícios regulares.

Para explorar por que alguns adultos decidem fazer exercícios e outros não, Sara Wilcox e Martha Storandt, da Washington University (1996), estudaram uma amostra aleatória de 121 mulheres entre as idades de 20 e 85, concentrando-se em três variáveis psicológicas: autoeficácia para exercícios, automotivação e atitudes para com a prática de exercícios. A amostra consistia em dois grupos: *indivíduos que faziam exercícios* e *indivíduos que não faziam exercícios*. As mulheres no grupo dos exercícios vinham fazendo atividades aeróbicas por pelo menos 20 minutos, três vezes ou mais por semana, por pelo menos quatro meses antes do estudo. As que não faziam exercícios relataram fazer pouco ou nenhum (menos de duas vezes por mês) nos quatro meses antecedentes ao estudo.

Os resultados revelaram que o desejo de fazer exercícios e a disposição para tal têm menos a ver com a idade do que com as atitudes em relação à prática de atividades físicas. A crença de que exercícios seriam prazerosos e benéficos diminuiu com a idade, mas apenas entre indivíduos que não os faziam. Aquelas que fizeram exercícios durante a idade adulta foram significativamente mais automotivadas, tinham mais autoeficácia em relação a eles e atitudes mais positivas a respeito deles do que as que não faziam exercícios. Esses resultados sugerem que a educação que enfatiza os benefícios e a frequência, duração e intensidade necessárias para que os exercícios alcancem esses benefícios deve ser um componente fundamental em intervenções com exercícios para idosos. Além disso, os estereótipos sobre a velhice como um tempo de declínio inevitável devem ser questionados. Os idosos terão menos probabilidade de começar um regime de exercícios se acreditarem que são incapazes de fazer mesmo atividades básicas, de modo que a intervenção deve incluir instruções fundamentais. Finalizando, os programas apropriados para a idade, como o *tai chi*, reduzem temores em relação a problemas que são comuns em idosos, especialmente o medo de cair (Zijlstra et al., 2007).

Sono saudável

Se o exercício é a "fonte da juventude", os hábitos saudáveis relacionados com o sono podem ser o "elixir da saúde" (Grayling, 2009). Infelizmente, por volta de 1 em cada 5 adultos não dorme o suficiente e experimenta *privação do sono* (AASM, 2010) (Tab. 6.2; ver também dicas de especialistas para *higiene do sono*, p. 159). Para cerca de 70 milhões de norte-americanos, um transtorno do sono, como a insônia, a narcolepsia, o sonambulismo ou a apneia, é a causa. Para outros, o estresse ou um horário pesado de trabalho ou estudo contribuem para seus maus hábitos de sono. Os adolescentes, que precisam de 8,5 a 9,5 horas de sono por noite, hoje dormem uma média abaixo de sete horas – duas horas a menos do que seus avós quando eram adolescentes. Quase um terço dos estudantes do ensino médio que responderam a uma pesquisa recente admitiu pegar no sono rotineiramente na classe (Sleep Foundation, 2010).

O sono deficiente cobra um preço do bem-estar físico e psicológico. Considere alguns dos resultados de estudos sobre a privação crônica do sono:

- A dívida crônica de sono promove um aumento no peso corporal. Crianças e adultos que dormem menos têm uma porcentagem maior de gordura corporal do que aqueles que dormem mais (Taheri, 2004). O sono deficiente estimula um aumento no hormônio da fome, a *grelina*, e uma redução no hormônio supressor do apetite, a *leptina*. A perda do sono também eleva os níveis do hormônio do estresse, o cortisol, que promove o armazenamento de calorias na gordura corporal (Chen, Beydoun e Wang, 2008). Esse efeito pode ajudar a explicar por que universitários com privação crônica do sono costumam adquirir peso.

- A privação do sono suprime o funcionamento imunológico. As moléculas de sinalização imunológica, como o fator de necrose tumoral, a interleucina-1 e a interleucina-6, desempenham um papel importante na regulação do sono. Níveis elevados dessas citocinas, que podem ocorrer com o sono inadequado, também são associados a diabetes, doenças cardiovasculares e diversas outras condições crônicas (Motivala e Irwin, 2007). Idosos que *não* apresentam privação do sono podem, na verdade, viver mais tempo que pessoas que têm dificuldade para pegar no sono ou permanecer adormecidas (Dew et al., 2003).
- A perda do sono tem um efeito adverso sobre o funcionamento metabólico, neural e endócrino de nosso corpo de maneira semelhante ao envelhecimento acelerado (Pawlyck et al., 2007). Outros efeitos do sono inadequado são dificuldades de concentração, memória e criatividade, bem como maior tempo de reação, erros e acidentes (Stickgold, 2009). Estudos sugerem que o cérebro usa o sono para reparar lesões, repor os estoques de energia e promover a *neurogênese*, ou seja, a formação de novas células nervosas (Winerman, 2006).

Especialistas têm algumas dicas para promover hábitos saudáveis para o sono, muitas vezes chamados de *higiene do sono*:

- Evite qualquer forma de cafeína antes de dormir. (Isso inclui café, chá, refrigerantes, chocolate e nicotina.)
- Evite o álcool, que pode perturbar o sono.
- Faça exercícios regularmente, mas termine sua ginástica no mínimo três horas antes de deitar.
- Estabeleça um horário consistente e uma rotina relaxante para deitar (p. ex., tomar um banho ou ler um bom livro).
- Crie um ambiente que conduza ao sono, que seja escuro, silencioso e preferencialmente fresco e confortável.

Se você tiver problemas com sono ou sonolência durante o dia, considere manter um diário do sono, como o publicado pela National Sleep Foundation. Nesse diário, registre seus padrões de sono e o quanto dorme. O diário ajudará a examinar

Tabela 6.2

Você tem privação do sono?

Marque verdadeiro ou falso para as seguintes afirmações:

Verdadeiro Falso

1. Preciso de um despertador para acordar na hora certa.
2. Tenho dificuldade para levantar pela manhã.
3. Nos dias de semana, aperto o botão "soneca" várias vezes para dormir um pouco mais.
4. Fico cansado, irritável e estressado durante a semana.
5. Tenho dificuldade de me concentrar e lembrar.
6. Sinto-me lento com o pensamento crítico, a resolução de problemas e para ser criativo.
7. Costumo pegar no sono assistindo à televisão.
8. Costumo pegar no sono em reuniões ou palestras chatas ou em salas quentes.
9. Costumo pegar no sono depois de refeições pesadas ou depois de uma dose pequena de álcool.
10. Costumo pegar no sono quando relaxo depois do jantar.
11. Costumo pegar no sono em cinco minutos depois de deitar.
12. Costumo me sentir sonolento ao dirigir.
13. Costumo dormir até mais tarde nos finais de semana.
14. Costumo tirar uma sesta para conseguir vencer o dia.
15. Tenho olheiras pretas.

Fonte: Maas, J. B. PowerSleep: Preparing your mind and body for peak performance. http://www.powersleep.org/Self%20Test%20B.html

alguns de seus hábitos de saúde e sono para que você e seu médico possam identificar possíveis causas de problemas com o sono (Sleep Foundation, 2010).

Promovendo famílias e comunidades saudáveis

O modelo biopsicossocial da saúde não se limita a indivíduos. A pesquisa sobre a psicologia da saúde preventiva tem-se concentrado cada vez mais nos diversos sistemas externos que influenciam a saúde do indivíduo. O principal entre esses sistemas é a família. Em uma pesquisa nacional com mais de 100 mil adolescentes do 7º ao 12º anos,[*] Resnick e colaboradores (1997) observaram que o contexto social da família tinha uma forte influência sobre os comportamentos de risco. Nas palavras dos pesquisadores, as "conexões com pais-família" previram o nível de perturbação emocional de adolescentes na família, sua probabilidade de usar drogas e álcool e, até certo ponto, o quanto se envolviam em violência. Outros fatores importantes que afetaram os comportamentos desses adolescentes eram se seus pais estavam presentes em períodos cruciais do dia e se eles tinham poucas ou muitas expectativas em relação ao desempenho acadêmico de seus filhos.

Mais recentemente, Rena Repetti e colaboradores (2002) verificaram que certas características familiares produzem uma "cascata de riscos" que começa cedo na vida ao "criar vulnerabilidades (e exacerbar vulnerabilidades biológicas preexistentes) que formam a base para problemas de saúde física e mental a longo prazo" (p. 336). Essas características de risco familiares dividem-se em duas: *conflitos familiares explícitos*, manifestados em episódios frequentes de raiva e agressividade, e *criação deficiente*, incluindo relacionamentos de pouco apoio, distantes e até negligentes.

À maneira da teoria sistêmica, *a psicologia da saúde comunitária* concentra-se na comunidade como unidade de intervenção, reconhecendo que os indivíduos fazem parte de famílias, assim como de contextos culturais, econômicos e comunitários. Os psicólogos da saúde comunitários costumam defender políticas públicas que promovam a justiça social, os direitos humanos e a igualdade no acesso a tratamento de saúde e outros serviços humanos de qualidade (de La Cancela et al., 2004).

Barreiras familiares

Os hábitos de saúde costumam ser adquiridos dos pais e de outras pessoas que funcionam como modelos para comportamentos de saúde. Pais que fumam, por exemplo, têm uma probabilidade significativamente maior de ter filhos que fumam (Schulenberg et al., 1994). De maneira semelhante, pais obesos têm mais chance de ter filhos obesos, e os filhos de alcoolistas apresentam um risco maior de abusar do álcool (Schuckit e Smith, 1996).

Embora possa haver uma base genética para esses comportamentos, as crianças também podem adquirir expectativas sobre comportamentos de risco observando seus familiares. Em um estudo, Elizabeth D'Amico e Kim Fromme (1997) demonstraram, de maneira convincente, o impacto de irmãos maiores sobre o comportamento e as atitudes de irmãos adolescentes mais jovens. Seus resultados sugerem que a aprendizagem vicária com um irmão mais velho seja um dos mecanismos pelos quais os adolescentes podem formar expectativas sobre comportamentos de risco à saúde. Outras variáveis familiares relacionadas com esses comportamentos entre adolescentes são conflitos parentais, inconsistências e rejeição, ausência de supervisão parental, ausência do pai, falta de moradia, relacionamentos familiares difusos, relacionamen-

---

[*] N. de R.T.: No sistema de ensino norte-americano, os 7º ao 12º anos correspondem aos 7º ao 9º do ensino fundamental e aos três anos do ensino médio no Brasil.

tos coercitivos entre pais e filhos e uso de álcool e outras substâncias pelos pais (Bracizewski, 2010; Metzler et al., 1994).

Barreiras do sistema de saúde

Visto que a medicina tende a focalizar o tratamento de condições que já se desenvolveram (cuidados secundário e terciário), os sinais precoces e fatores de risco para doenças muitas vezes passam despercebidos. As pessoas que não estão apresentando sintomas de doenças veem pouca razão para procurar orientação sobre fatores de risco potenciais, e os médicos são orientados a corrigir condições, em vez de prevenir problemas futuros.

Ainda que o cuidado de saúde tenha começado a mudar – os médicos atualmente recebem muito mais treinamento na promoção da saúde –, forças econômicas com frequência sabotam os esforços de trabalhadores da saúde para promover medidas preventivas. Alguns planos de saúde, por exemplo, ainda não cobrem serviços preventivos, como exames de colesterol. Sem a implementação de novas políticas federais, como aquelas aprovadas nos primeiros anos do governo Obama, prevê-se que o número de norte-americanos sem seguro de saúde aumentará de cerca de 45 milhões em 2010 para em torno de 54 milhões em 2019 (CBO, 2010). Os indivíduos sem seguro recebem aproximadamente metade dos cuidados médicos de pessoas seguradas, o que os torna mais doentes e com maior probabilidade de morrer com menos idade. Por deixarem de fazer consultas e exames regulares que poderiam identificar doenças graves de maneira precoce, como câncer e cardiopatias, muitos pacientes sem seguro são diagnosticados tarde demais para influenciar o resultado.

Estima-se que os Estados Unidos percam de 65 a 130 bilhões de dólares por ano em razão da má saúde e das mortes prematuras de norte-americanos sem seguro. Mais de 8 em cada 10 indivíduos sem seguro vêm de famílias operárias, e apenas 27% vêm de famílias com renda abaixo da linha federal de pobreza (por volta de 22.050 dólares para uma família de quatro pessoas em 2010). Embora alguns grupos étnicos tenham um risco muito maior de não terem seguro, indivíduos que não o possuem não se encaixam em qualquer estereótipo. Eles vêm de todos os grupos raciais e étnicos, todas as comunidades e todos os setores da sociedade (Kaiser Foundation, 2004).

Em relação à razão para as pessoas não terem cobertura de saúde (sem impedimentos legais), cerca de 10% dizem que não são cobertos porque não sentem que necessitam de seguro de saúde. Mais de dois terços dos indivíduos sem seguro, incluindo muitos adultos solteiros com renda baixa, historicamente citam o seu custo elevado como a principal razão. Por exemplo, os custos dos seguros de saúde subiram de forma excessiva entre 1990 e 2010, ocasionando que os patrões transferissem uma proporção maior dos custos para seus empregados. Os prêmios subiram em uma média de 13 a 16% em 2004 – mais de seis vezes mais rápido que o crescimento do Índice de Preços ao Consumidor e cinco vezes mais rápido que a inflação geral (Kaiser Foundation, 2004).

O fato de não ter seguro pode causar um impacto devastador na saúde e na segurança financeira da pessoa. Os indivíduos sem seguro têm menos probabilidade de atendimento médico regular e mais probabilidade de problemas crônicos de saúde (Pauly e Pagan, 2007). As contas médicas podem limpar a poupança da família rapidamente, e o medo das contas altas é uma barreira que impede muitos indivíduos que não têm seguro de procurarem tratamento de saúde. Os adultos sem seguro têm uma probabilidade quatro vezes maior que os segurados de postergarem ou não procurarem serviços de saúde necessários. Por exemplo, apenas 16% das mulheres sem seguro recebem recomendação para fazer mamografia a cada ano, comparadas com 42% das seguradas (Kaiser Foundation,

Barreiras do sistema de saúde
O fato de não ter seguro de saúde pode causar um impacto devastador sobre a saúde e a segurança financeira da pessoa. Os indivíduos que não têm seguro apresentam menor probabilidade de consultar um médico regularmente e maior probabilidade de depender de um pronto-socorro e de ter problemas crônicos de saúde.

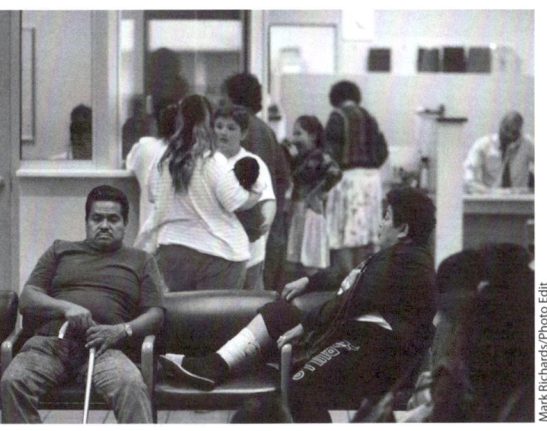

2000). Não é de admirar que as mulheres serem seguro tenham uma probabilidade 40% maior de ser diagnosticadas com câncer de mama em estágios iniciais e 40 a 50% maior de morrer de câncer de mama que as mulheres que têm seguro?

Para piorar, as empresas de seguro de saúde, ao longo da história, têm usado a gestão de saúde para reduzir os benefícios à saúde comportamental em um nível substancialmente maior que outros benefícios. De modo geral, o cuidado de saúde comportamental como uma porcentagem dos benefícios totais – com sua ênfase na prevenção primária – tem caído de modo gradual desde 1990 (Kaiser Foundation, 2000). Chama atenção que um estudo patrocinado pela Kaiser Foundation (2004) tenha estimado que os Estados Unidos poderiam proporcionar cuidado médico para cada norte-americano sem seguro com cerca de 48 bilhões de dólares em 2005 – um aumento de apenas 3% nos gastos nacionais com saúde.

Barreiras da comunidade

A comunidade é uma força poderosa para promover ou desencorajar uma vida saudável. As pessoas têm mais probabilidade de adotar comportamentos que promovam a saúde quando eles são defendidos por organizações comunitárias, como escolas, agências governamentais e o sistema de saúde. Como exemplo, várias escolas em Minnesota mudaram o horário de início para mais tarde em resposta a estudos que demonstram que os adolescentes precisam dormir mais. Citando evidências de que a privação do sono em adolescentes está associada a deficiências no processamento cognitivo, ansiedade, depressão e acidentes de trânsito, os novos horários de início das aulas entraram em vigor durante o ano escolar de 1997 a 1998. Três anos de dados mostraram que os novos horários de início resultaram em maior possibilidade de que os estudantes fazerem o desjejum, melhoraram a frequência, reduziram os atrasos, aumentaram a atenção na classe, levaram a uma atmosfera escolar mais calma e demonstraram menos encaminhamentos ao diretor por indisciplina e menos idas dos alunos à orientação educacional e à enfermaria da escola por problemas relacionados com o estresse e outros problemas de saúde (National Sleep Foundation, 2010). Nos últimos anos, também tivemos um progresso significativo em mudar atitudes em relação a prática de exercícios e nutrição correta. Estamos muito mais informados sobre a importância de reduzir fatores de risco para o câncer, doenças cardiovasculares e outras condições crônicas graves. Todavia, ainda existem fortes pressões sociais que levam as pessoas a se envolverem em comportamentos que comprometem a saúde.

Considere o uso de álcool. Pesquisas nacionais indicam que o uso de álcool é mais prevalente entre universitários norte-americanos do que entre seus pares que não frequentam a faculdade (Adelson, 2006; Quigley e Marlatt, 1996). Outras pesquisas revelam que tomar bebedeiras entre universitários está associado a vários fatores de risco sociais, incluindo morar em certos dormitórios "festeiros". Para alguns estudantes, a empolgação por estarem juntos em um ambiente pouco supervisionado pode desencadear esses comportamentos de risco (Dreer et al., 2004).

Felizmente, a maior parte dos comportamentos de risco inspirados pelos colegas representa um experimento efêmero que é abandonado antes de haver consequências irreversíveis e a longo prazo. Embora a frequência do consumo de álcool aumente significativamente na transição do ensino médio para o primeiro ano da faculdade, o consumo pesado diminui à medida que os estudantes ficam mais velhos, assumem mais responsabilidades e apresentam um padrão chamado de *maturing out* (Bartholow et al., 2003).

Psicologia da saúde comunitária e controle de lesões

Todos os anos, nos Estados Unidos, quase 120 mil pessoas morrem de ferimentos, incluindo 45 mil em acidentes automobilísticos e outros acidentes relacionados com o transporte; 33 mil devido a suicídios; 71 mil mortes em incêndios, afogamento, quedas, envenenamentos e outros acidentes sem relação com o transporte; e 17 mil em decorrência de homicídios (Xu, Kochanek e Tejada-Vera, 2009). Quando todas as pessoas entre 1 e 44 anos são consideradas como um grupo, os ferimentos representam a *principal* causa de morte, à frente das doenças cardiovasculares e do câncer. Adicionados a esse custo em mortalidade, existem 3,3 milhões de anos potenciais de vida perdida prematuramente a cada ano como resultado de lesões. Os termos lesões e *trauma* substituem o uso da palavra *acidente* para enfatizar o fato de que a maior parte dos ferimentos não advêm de eventos aleatórios e inevitáveis – eles são previsíveis e evitáveis (Sleet et al., 2004).

A adoção de uma abordagem de prevenção primária no controle de ferimentos é um fenômeno recente. Ainda na década de 1980, a prevenção de lesões não era tratada na maioria dos livros didáticos sobre psicologia comunitária. Os psicólogos da saúde comunitários geralmente se concentram em três estratégias aceitas em programas de prevenção de lesões: *educação e mudança de comportamento, legislação e fiscalização* e *engenharia e tecnologia*. As estratégias de educação e mudança de comportamento costumam visar à redução dos comportamentos de risco (qualquer aspecto que aumente a probabilidade de a pessoa se ferir) e ao aumento dos comportamentos de proteção (qualquer aspecto que minimize o perigo potencial em um comportamento de risco).

Educação para a saúde comunitária

É provável que haja maior ênfase na promoção da saúde atualmente do que em qualquer outra época da história. Novas leis federais relacionadas com o cuidado de saúde foram aprovadas em março de 2010, esforços substanciais são dedicados para moldar a opinião pública a respeito de questões de saúde por meio de campanhas educativas em anúncios, nos meios de transporte público, em revistas e jornais, na televisão, no rádio e em *websites*. A importância dessas campanhas é revelada em controvérsias nas pesquisas sobre a maneira como as informações devem ser apresentadas. (p. ex., será que as campanhas de prevenção ao HIV devem se concentrar em formas mais seguras de sexo ou em abstinência?)

Educação para a saúde refere-se a qualquer intervenção planejada envolvendo a comunicação que promova o aprendizado de comportamentos mais saudáveis. O modelo mais usado em educação para a saúde é o de *preceder/proceder* (Green e Kreuter, 1990; Yeo, Berzins e Addington, 2007). Segundo esse modelo, o planejamento da educação para a saúde começa com a identificação de problemas de saúde específicos em determinado grupo. A seguir, são identificados elementos do estilo de vida e do ambiente que contribuam para o problema visado (assim como aqueles que protegem contra ele). Então, fatores da história que predisponham, causem ou reforcem esses fatores relacionados com o estilo de vida e o ambiente são analisados para determinar a possível utilidade da educação para a saúde e de outras intervenções. Durante a fase final de implementação, os programas de educação para a saúde são projetados, iniciados e avaliados.

Vamos examinar como o modelo de preceder/proceder se aplicaria a uma campanha de educação para a saúde sobre o câncer de pulmão. Em primeiro lugar, os psicólogos da saúde identificam o grupo-alvo para a intervenção. A seguir, investigam fatores ambientais que possam afetar o grupo-alvo, pois a doença pode resultar de condições de vida ou trabalho insalubres, em que as pessoas estejam expostas a poluentes perigosos. Além disso, esses psicólogos consideram fatores psicológicos e sociais. Eles começam determinando quem fuma. Quando começou a fumar? Por quê? Pesquisadores verificaram que o hábito de fumar inicia normalmente durante a adolescência, sobretudo em resposta a pressões sociais (Rodriguez, Romer e Audrain-McGovern, 2007), que incluem a imitação de familiares, amigos e modelos, como

■ **educação para a saúde**
qualquer intervenção planejada envolvendo comunicações que promovam o aprendizado de comportamentos mais saudáveis.

atores e atletas conhecidos. Muitos adolescentes consideram difícil resistir às pressões sociais, pois ser aceito pelos amigos é fonte de reforço extremamente importante. Também existem fatores causais relevantes: os cigarros costumam ser muito fáceis de obter, e as sanções contra o hábito de fumar são mínimas.

Havendo determinado quais são os fatores que contribuem para o problema, os psicólogos preparam um programa de educação para a saúde contrabalançando esses fatores. Por exemplo, se for verificado que a pressão social é fator importante, eles podem projetar um programa de educação para a saúde que se concentre em aumentar a capacidade dos adolescentes de resistir à pressão social. Esse tipo de programa envolve modelos de comportamento que estimulem os adolescentes a não fumar, políticas antitabagismo em prédios públicos, sanções mais firmes contra a comercialização de cigarros e/ou impostos mais altos sobre a venda.

Qual é o nível de eficácia das campanhas de educação para a saúde? Pesquisadores verificaram que campanhas educacionais simplesmente informando as pessoas dos perigos de comportamentos que comprometem a saúde em geral são ineficazes para motivá-las a mudar hábitos de saúde antigos (Kaiser Foundation, 2010). Por exemplo, isolados, mensagens antitabagistas e outros programas de educação contra as drogas apresentam poucos efeitos – ou até mesmo efeito negativo. Em um estudo, adolescentes que haviam participado de um programa de educação contra as drogas patrocinado por uma escola, na verdade, tiveram *mais propensão* a consumir álcool, de maconha e dietilamida do ácido lisérgico (LSD) do que um grupo de controle de estudantes que não haviam participado do curso (Stuart, 1974). O simples fato de verificar que o próprio estilo de vida não é tão saudável quanto poderia ser é insuficiente para provocar mudanças, pois muitas pessoas acreditam estarem protegidas ou serem invulneráveis às consequências negativas de seu comportamento de risco.

De modo geral, campanhas comunitárias multifacetadas que apresentam informações de diversas frentes funcionam melhor do que campanhas em "dose única". Por exemplo, duas décadas de campanhas antitabagismo combinando programas de intervenção escolar com mensagens nos meios de comunicação de massa no âmbito da comunidade resultaram em uma redução significativa no tabagismo experimental e regular e em uma mudança de visão entre estudantes do 7º ao 11º ano no sistema escolar no condado de Midwestern entre 1980 e 2001, que passaram a considerar o tabagismo mais viciante e com mais consequências sociais negativas (Chassin et al., 2003). Como outro exemplo, um programa recente de prevenção ao câncer de pele se concentrou no uso de protetor solar, chapéus, óculos de sol e outros hábitos de proteção contra o sol por crianças em aulas de natação em 15 piscinas no Havaí e em Massachusetts. Além de visar às crianças, o programa *Pool Cool*, que combinou educação, atividades interativas e mudanças no ambiente (fornecendo protetor solar gratuito, estruturas de sombra portáteis e pôsteres sobre a segurança contra o sol), foi uma intervenção controlada e randomizada voltada para pais, salva-vidas e instrutores de natação. Comparadas com crianças em um grupo de controle em 13 outras piscinas que receberam uma intervenção de segurança no uso de patins e bicicletas, as crianças do grupo de intervenção apresentaram mudanças positivas relevantes no uso de protetor solar e sombra, hábitos gerais de proteção contra o sol e no número de queimaduras (Glanz et al., 2002). De maneira semelhante, outros pesquisadores observaram que as intervenções com multicomponentes para proteção contra o sol são particularmente efetivas com adultos frequentadores de praias (Pagoto et al., 2003).

Os programas comunitários estão em voga porque uma grande quantidade de evidências de pesquisas indica que as taxas de morbidade e mortalidade estão ligadas a

Campanha antitabagismo na China Embora o número de fumantes nos Estados Unidos tenha diminuído recentemente, o inverso também parece ocorrer em outros países, como a China. *Outdoors* como este podem ser compreendidos por qualquer um, não importa sua língua nativa.

condições sociais como pobreza, condições de vida instáveis, desorganização da comunidade, educação deficiente, isolamento social e desemprego. O objetivo da intervenção comunitária é criar uma infraestrutura social que apoie os esforços de cada membro da comunidade para aumentar a qualidade em sua vida (Heller et al., 1997).

Esses programas apresentam diversas vantagens importantes. Em primeiro lugar, são capazes de promover mudanças difíceis de serem realizadas pelos próprios indivíduos, como criar ciclovias e outras instalações públicas de exercícios ou banir o tabaco em repartições públicas. Em segundo, ao contrário de intervenções focalizadas em indivíduos sob situação de risco elevado, os programas comunitários atingem setores mais amplos do público, potencialmente alcançando aqueles que se encontram nas primeiras categorias de risco mais baixo e moderado do processo da doença. Em terceiro, combinam as informações com o apoio social de amigos, vizinhos e familiares.

Uma das primeiras campanhas comunitárias foi criada para residentes de uma zona rural na Finlândia com incidência muito alta de doença coronariana (Puska, 1999). Lançado em 1972 pelo governo finlandês, o objetivo do *North Karelia Project* era reduzir o hábito de fumar, o colesterol e os níveis de pressão arterial por meio de campanhas de informação. Quando o programa começou, os finlandeses tinham as taxas mais elevadas de mortalidade coronariana do mundo. O estudo de acompanhamento inicial, realizado nos primeiros cinco anos, demonstrou uma redução de 17,4% nesses fatores de risco para doença coronariana entre os homens e uma diminuição de 11,5% entre as mulheres. Além disso, os pagamentos por invalidez coronariana caíram aproximadamente 10%, muito mais que o suficiente para pagar todo o programa comunitário. Ainda mais significativo, nas últimas três décadas, as mortes por doenças cardíacas entre a população em idade produtiva caíram 82% (Templeton, 2004)

Estruturação de mensagens

Um fator importante na eficácia da educação para a saúde é a forma como as informações são transmitidas ou *estruturadas*. As mensagens relacionadas com a saúde costumam ser estruturadas em termos dos benefícios associados à determinada ação preventiva ou aos custos de não realizar essa ação (Salovey, 2011).

A **mensagem estruturada na forma de ganhos** concentra-se no resultado positivo obtido ao se adotar um comportamento favorável à saúde ("Se você fizer exercícios regularmente, é provável que venha a parecer e se sentir melhor") ou evitar um resultado indesejável ("Se você fizer exercícios regularmente, diminuirão o risco de obesidade e diversas doenças crônicas"). Já a **mensagem estruturada na forma de perdas** enfatiza o resultado negativo de não adotar uma ação preventiva ("Se você não fizer exercícios com regularidade, aumentará o risco de uma doença potencialmente fatal não detectada"). Esta mensagem também destaca a falta de um resultado desejável ("Se você não fizer exercícios regularmente, não terá a energia extra que a boa forma física traz").

- **mensagem estruturada na forma de ganhos** mensagem relacionada com a saúde concentrada em obter resultados positivos ou evitar resultados indesejáveis, adotando um comportamento que promova a saúde.

- **mensagem estruturada na forma de perdas** mensagem relacionada com a saúde concentrada no resultado negativo causado por não ser adotado um comportamento que promova a saúde.

Mensagens sob medida

Um crescente corpo de literatura atesta a importância de preparar as mensagens e intervenções sob medida para as características individuais dos participantes, em vez de dar informações estruturadas de maneira idêntica a todos. Por exemplo, a efetividade das mensagens estruturadas na forma de ganho ou de perda parece variar com o fato de se a pessoa tende a ser *orientada para evitação* ou *orientada para aproximação*. Os indivíduos orientados para aproximação são bastante responsivos a recompensas e incentivos, enquanto os orientados para evitação são bastante responsivos a punições ou ameaças. Em um estudo recente, Traci Mann e colaboradores, na UCLA

(2004), observaram que, quando universitários receberam mensagens estruturadas na forma de perdas para promover o ato de passar fio dental, os orientados para evitação afirmaram que cuidaram melhor de seus dentes, e quando receberam uma mensagem estruturada na forma de ganhos, os orientados para aproximação afirmaram usar mais o fio dental do que aqueles orientados para evitação. Esses resultados sugerem que preparar mensagens sob medida para indivíduos com base em suas motivações disposicionais é uma estratégia efetiva para promover a mudança comportamental.

Mensagens amedrontadoras estruturadas na forma de perdas

Será que as mensagens que provocam medo são eficazes para promover a mudança de atitude e de comportamento? Para descobrir, Irving Janis e Seymour Feshbach (1953) compararam a eficácia de mensagens que excitavam vários níveis de medo na tentativa de promover mudanças em higiene dental. As mensagens que provocavam níveis moderados de medo eram mais eficazes do que as mais extremas para fazer estudantes do ensino médio mudarem seus hábitos de higiene dental. Para explicar os resultados, os pesquisadores concluíram que os indivíduos e as circunstâncias diferem em seu nível apropriado de medo necessário para desencadear uma mudança de atitude e comportamento. Quando esse nível é ultrapassado, as pessoas podem recorrer à negação ou a medidas de enfrentamento evitativo.

Um fator fundamental na determinação da eficácia de mensagens de saúde ameaçadoras é a percepção de controle comportamental daquele que a recebe. Antes que possam ser persuadidas, as pessoas devem acreditar que possuem a capacidade de seguir as recomendações. Em um estudo, Carol Self e Ronald Rogers (1990) apresentaram mensagens extremamente ameaçadoras em relação aos perigos da vida sedentária com ou sem informações que indicassem se os sujeitos conseguiriam realizar o comportamento favorável à saúde (como praticar exercícios) e melhorar sua saúde. O que eles descobriram? Mensagens ameaçadoras funcionariam apenas se os participantes estivessem convencidos de que eram capazes de enfrentar a ameaça a sua saúde; já as tentativas de assustar os participantes sem assegurá-los disso foram ineficazes.

Heike Mahler e colaboradores (2003) observaram que frequentadores de praia com idade universitária eram particularmente responsivos a uma campanha educacional para promover o uso de protetor solar e outros comportamentos de proteção contra o sol quando ela se concentrava nos perigos da exposição ao sol para a aparência de cada indivíduo. A intervenção começou com uma apresentação de *slides* de 12 minutos contendo fotos de casos extremos de rugas e marcas de envelhecimento. Depois disso, o rosto de cada sujeito foi fotografado com a câmera com filtro ultravioleta que acentuava as manchas marrons, as sardas e outras lesões cutâneas existentes causadas pela exposição ao ultravioleta. Um mês de seguimento indicou que a exposição resultara em um aumento significativo em comportamentos de proteção contra o sol e uma redução substancial da prática de tomar banho de sol.

Todavia, as táticas de susto que provocam muito medo, como fotografias de gengivas totalmente deterioradas ou doentes, tendem a perturbar as pessoas. Como resultado, essas mensagens podem ter o efeito contrário e *diminuir* a probabilidade de que uma pessoa mude suas crenças e, assim, seu comportamento (Beck e Frankel, 1981). Esse tipo de mensagem aumenta a ansiedade de tal forma que o único recurso de enfrentamento que percebem é a recusa em encarar o problema.

Concluindo, pesquisas sobre a estruturação de mensagens relacionadas com a saúde revelam um padrão básico: as mensagens estruturadas na forma de ganhos são eficazes para promover comportamentos de prevenção,

O texto de uma mensagem pode fazer a diferença As campanhas educativas podem usar mensagens estruturadas na forma de ganhos ou de perdas, conforme mostrado aqui. Uma mensagem estruturada na forma de ganhos sobre decisões relacionadas com a saúde sexual poderia dizer: "Seguro é *sexy*!"

enquanto as estruturadas na forma de perdas são eficazes para promover comportamentos que impulsionem a detecção de doenças (exames) (Salovey, 2011).

Promovendo locais de trabalho saudáveis

Os psicólogos da saúde ocupacionais são pioneiros em projetar locais de trabalho saudáveis. Quatro dimensões do trabalho saudável foram identificadas: o *estresse, relações entre trabalho e família, prevenção à violência* e *relações no trabalho* (Quick et al., 2004). Uma vez que o estresse no trabalho é uma epidemia nos Estados Unidos, a pesquisa e as intervenções psicológicas são vitais para a saúde dos trabalhadores. Cada vez mais, as seguradoras estão reconhecendo que as causas de deficiências no local de trabalho estão mudando, de ferimentos para o estresse.

O local de trabalho tem um efeito psicológico profundo em todos os aspectos de nossas vidas e das vidas de nossos familiares. Por exemplo, os estressores encontrados no trabalho podem resultar em interações sociais menos sensíveis e menos solidárias e mais negativas e conflituosas na família, que podem afetar negativamente as respostas biológicas das crianças ao estresse, bem como sua regulação emocional e competência social (p. ex., Perry-Jenkins et al., 2000). Foram observados dois *efeitos cruzados* comportamentais entre as experiências de estresse no trabalho por um trabalhador e o bem-estar de outros membros da família. O *transbordamento de emoções negativas* ocorre quando frustrações relacionadas com o trabalho contribuem para um aumento na irritabilidade, na impaciência ou em outros comportamentos negativos em casa. O *retraimento social* ocorre quando um ou mais pais ou cuidadores adultos que trabalham retraem-se comportamental ou emocionalmente da vida familiar depois de dias muito estressantes no emprego.

Nos últimos 20 anos, houve uma mudança significativa na maneira como pensamos sobre a relação entre o trabalho e a vida familiar. À medida que mais e mais famílias consistem em dois adultos que trabalham em horário integral, os patrões e agências governamentais começam a reconhecer que todos os empregados enfrentam desafios complexos para equilibrar os papéis profissionais e familiares. Essas novas visões desencadearam uma explosão de pesquisas sobre a relação entre o trabalho e a família. Entre os resultados mais consistentes, está o fato de que, nos Estados Unidos, a maioria dos empregados encontra pouco apoio e tem pouca voz nas políticas trabalhistas que os afetam e atingem suas famílias (Quick et al., 2004). Consequentemente, eles ficam a sua própria sorte para organizar os cuidados dos filhos, equilibrar horários de trabalho, prevenir o estresse no trabalho e coisas do gênero. A *Family and Medical Leave Act*, de 1993, ajuda alguns trabalhadores protegendo seus empregos enquanto cuidam de bebês e familiares doentes, mas muitos profissionais não são cobertos por essa legislação.

A violência no local de trabalho e nos *campi* universitários tem recebido considerável atenção nos últimos anos. Conforme algumas estimativas, o homicídio se tornou a segunda causa principal de morte por ferimentos ocupacionais, perdendo apenas para óbitos decorrentes de acidentes automobilísticos. A maioria dessas mortes ocorre durante assaltos, mas por volta de 10% podem ser atribuídos a colegas de trabalho ou ex-empregados. Outros 2 milhões de pessoas são agredidas todos os anos no trabalho (Bureau of Labor Statistics, 2006). Diversos fatores aumentam o risco de um trabalhador ser vítima de violência (Quick et al., 2004):

- Contato com o público
- Transação em dinheiro
- Entrega de passageiros e mercadorias ou prestação de serviços
- Local de trabalho móvel
- Trabalho com pessoas instáveis ou voláteis (p. ex., em ambientes médicos ou de assistência social)
- Trabalho realizado só, tarde da noite e em áreas com alta criminalidade

Na área das relações trabalhistas, construir uma cultura de trabalho saudável exige que os empregados aceitem a responsabilidade por sua própria saúde e segurança e pela segurança e saúde de seus colegas. De maneira mais geral, conforme observaram Dorothy Cantor e colaboradores (2004), construir uma cultura de trabalho saudável exige atenção a três fatores: a pessoa (diferenças individuais, educação, personalidade), o ambiente (condições de trabalho, equipamento, sistemas de gestão) e comportamento (comportamentos de risco, procedimentos, desempenho do grupo).

Em uma cultura de trabalho saudável, as políticas baseadas na *tríade de segurança* motivam os empregados a *agirem* de maneiras que deem um exemplo saudável e tornem o *ambiente* de trabalho seguro, prestando também atenção a fatores individuais da *pessoa* (Fig. 6.6).

Programas de bem-estar no local de trabalho

Por várias razões, o local de trabalho é um lugar ideal para promover a saúde. Primeiro, os trabalhadores consideram conveniente participar desses programas. Alguns patrões até mesmo permitem que seus empregados participem de programas de prevenção durante o dia de trabalho. Além disso, o local de trabalho oferece a maior oportunidade para contato continuado, acompanhamento e *feedback*. Finalmente, os colegas de trabalho estão disponíveis para proporcionar apoio social e ajudam a motivar as pessoas nos momentos difíceis. O mesmo se aplica a programas de bem-estar em universidades e faculdades.

Os programas de bem-estar no local de trabalho começaram a surgir em um ritmo acelerado com o advento do movimento do bem-estar durante a década de 1980. Hoje, nos Estados Unidos, mais de 80% das organizações com 50 ou mais funcionários oferecem algum tipo de programa de promoção da saúde. Os programas de bem-estar no local de trabalho oferecem uma variedade de atividades, incluindo controle do peso, orientação nutricional, cessação do tabagismo, exames preventivos de saúde, seminários educacionais, controle do estresse, cuidados com a coluna lombar, academias de ginástica, programas de imunização e programas pré-natais.

No centro do movimento do bem-estar, está a compreensão de que prevenir doenças é mais fácil, mais barato e muito mais desejável do que curá-las. Um exemplo: a campanha de vacinação para o H1N1 em *campi* universitários na temporada de 2009 a 2010. Ao redor do mundo, os custos com tratamento de saúde aumentaram de cerca de 3% do produto interno bruto (PIB) em 1948 para aproximadamente 8% nos dias atuais. Os Estados Unidos gastam 16% de seu PIB em tratamento de saúde (Smith et al., 2006). Conforme já foi observado, uma proporção cada vez maior desses

Figura 6.6

A tríade da segurança. Uma cultura de trabalho saudável exige atenção a três fatores: a pessoa, o ambiente e o comportamento.
Fonte: Cantor, D. W., Boyce, T. E. e Repetti, R. L. (2004). Ensuring healthy working lives. Em R. H. Rozensky, N. G. Jonhson, C. D. Goodheart e W. R. Hammond (Eds.), *Psychology builds a healthy world* (p. 277). Washington, DC: American Psychology Association.

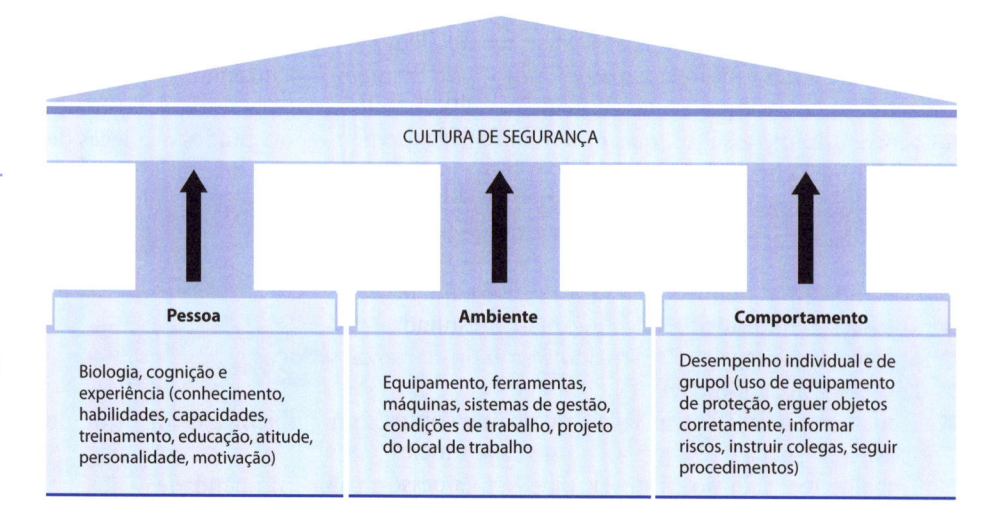

CULTURA DE SEGURANÇA

Pessoa	Ambiente	Comportamento
Biologia, cognição e experiência (conhecimento, habilidades, capacidades, treinamento, educação, atitude, personalidade, motivação)	Equipamento, ferramentas, máquinas, sistemas de gestão, condições de trabalho, projeto do local de trabalho	Desempenho individual e de grupo| (uso de equipamento de proteção, erguer objetos corretamente, informar riscos, instruir colegas, seguir procedimentos)

custos tem sido transferida para os patrões que pagam os prêmios do seguro de saúde de seus empregados. Segundo um estudo realizado em 2006 por William B. Mercer, 97% dos custos de benefícios de saúde cooperativos são gastos para tratar condições evitáveis, como doenças cardiovasculares, problemas com a coluna lombar, hipertensão, acidente vascular encefálico (AVE), câncer de bexiga e abuso de álcool. Os patrões compreenderam que mesmo programas com resultados modestos em melhorar a saúde dos empregados podem resultar em economias substanciais.

Esses programas são eficazes? Vários estudos minuciosos revelam que sim. O custo dos programas é mais que compensado pelas reduções em ferimentos relacionados com trabalho, absenteísmo e rotatividade de funcionários. Por exemplo, empregados da Union Pacific Railroad que participavam de um programa de bem-estar reduziram o risco de pressão alta (45%) e colesterol alto (34%), saíram da faixa de risco para obesidade (30%) e pararam de fumar (21%), gerando uma economia líquida para a empresa de 1,26 milhão de dólares (Scott, 1999).

Estudos demonstraram que, para ter sucesso, os programas de bem-estar no local de trabalho devem:

- Ser voluntários.
- Incluir exames de triagem de saúde, que têm o maior impacto sobre os custos de saúde no local de trabalho.
- Estar relacionados com comportamentos de saúde de interesse para os empregados.
- Garantir a confidencialidade das informações de saúde.
- Ser convenientes e ter apoio da empresa.
- Oferecer outros incentivos, como descontos em planos de saúde, bônus monetários ou outros prêmios pelo sucesso.

Psicologia positiva e florescimento

Em 2001, a American Psychological Association (APA) modificou sua declaração de missão, que já durava 60 anos, para incluir a palavra *saúde* pela primeira vez. Mais de 95% dos membros da organização endossaram a mudança no regimento, enfatizando sua percepção de que, embora existam elementos físicos e psicológicos que contribuem para doença e deficiência em cada pessoa, existem outros que cooperam para saúde, bem-estar e florescimento. A mudança no regimento foi parte da Healthy World Initiative da APA, que se alinhou com o novo movimento da **psicologia positiva**, descrito no Capítulo 1, para promover uma *abordagem preventiva baseada em potencialidades* para pesquisa e intervenções, em vez do tratamento mais tradicional da psicologia de atacar problemas depois que ocorreram (Seligman, 2002). Conforme afirmou a presidente da APA, Norine Johnson (2004), "Devemos trazer a construção de potencialidades para o primeiro plano no tratamento e na prevenção de doenças, para a promoção do bem-estar e da saúde" (p. 317).

- **psicologia positiva** o estudo do funcionamento humano adequado e da inter-relação saudável entre as pessoas e seus ambientes.

Um tema central do movimento da psicologia positiva é que a experiência da adversidade, seja de natureza física ou psicológica, às vezes pode trazer benefícios, como fez para Sara Snodgrass, que conhecemos no começo do capítulo. Conforme observou Charles Carver (Carver et al., 2005), quando temos uma adversidade física ou psicológica, ocorrem pelo menos quatro resultados possíveis:

- Uma piora continuada
- Sobrevivência com capacidade reduzida ou comprometimento
- Um retorno gradual ou rápido ao nível de funcionamento anterior à adversidade
- A emergência de uma qualidade que deixa a pessoa melhor do que antes

Florescimento refere-se a esse quarto resultado paradoxal, no qual a adversidade leva as pessoas a maior bem-estar psicológico e/ou físico (O'Leary e Ickovics, 1995). Como pode ser isso? Segundo o neurocientista Bruce McEwen (1994, 2011), que introduziu o conceito de *carga alostática*, "Em condições de estresse, devemos esperar um enfraquecimento físico do sistema, mas pode haver mudanças psicológicas positivas – muitas vezes no contexto do florescimento psicológico. Em termos fisiológicos, isso se traduz em mais processos restauradores do que destrutivos em ação" (p. 195). Usando a analogia de atletas que fortalecem seus músculos decompondo-os por meio de exercícios, permitindo que se recuperem, e depois repetindo esse padrão para produzir músculos mais fortes e capazes de fazer mais trabalho, os psicólogos positivos apontam para evidências de que a adversidade pode desencadear uma "musculação psicológica" (Pearsall, 2004).

Alostasia e saúde neuroendócrina

Conforme vimos no Capítulo 4, em resposta a um estressor, a ativação do eixo hipotálamo-hipófise-adrenal (HAA) causa uma mudança no estado metabólico geral do corpo. Na maior parte do tempo, as células do corpo estão ocupadas com atividades que constroem o corpo (*anabolismo*). Quando o cérebro percebe uma ameaça ou um desafio iminentes, contudo, o metabolismo anabólico é convertido em seu oposto, o *catabolismo*, que decompõe os tecidos para fornecer energia. O metabolismo catabólico caracteriza-se pela liberação de catecolaminas, cortisol e outros hormônios responsáveis pelas reações de "luta ou fuga" que ajudam o corpo a mobilizar energia rapidamente. Para combater essas reações neuroendócrinas, o sistema nervoso parassimpático (SNP) desencadeia a liberação de hormônios anabólicos, incluindo o hormônio do crescimento (GH), o fator do crescimento semelhante à insulina (IGF-1) e os esteroides sexuais. O metabolismo anabólico combate a excitação e promove o relaxamento, o armazenamento de energia e processos de cura, como a síntese de proteínas.

Lembre, do Capítulo 4, que alostasia refere-se à capacidade do corpo de se adaptar ao estresse e a outros elementos de ambientes que sofrem mudanças rápidas (McEwen, 2011). Uma medida do *florescimento físico* é um sistema alostático fluido, que muda flexivelmente de níveis altos para níveis baixos de excitação do sistema nervoso simpático (SNS), dependendo das demandas do ambiente. Os hormônios catabólicos, por exemplo, são essenciais à saúde no curto prazo. Todavia, quando as pessoas encontram-se em um estado constante de excitação, elevações prolongadas desses hormônios podem prejudicar o corpo e promover doenças crônicas. Como exemplo, o estresse repetido pode afetar muito o funcionamento cerebral, em especial no hipocampo, que tem grandes concentrações de receptores de cortisol (McEwen, 1998, 2011). As consequências de elevações de longo prazo em hormônios catabólicos, quando vistos em conjunto, parecem-se muito com o envelhecimento. Hipertensão, músculos desgastados, úlceras, fadiga e um risco maior de doenças crônicas são sinais comuns de envelhecimento e estresse crônico. Esse estado, que tem sido chamado de *carga alostática*, é indicado pela predominância da atividade catabólica em repouso. Um nível elevado de cortisol salivar ou sérico em repouso é um indicador biológico de carga alostática e do funcionamento geral do eixo HAA. Em contrapartida, a predominância de hormônios anabólicos em repouso reflete melhora na saúde e uma carga alostática baixa.

Uma série de estudos clássicos de Jay Weiss e colaboradores (1975) demonstraram que a excitação do estresse pode levar a uma melhor saúde física, condicionando o corpo a ser resistente a estressores futuros. Você aprendeu que, quando experimentam estresse crônico, cobaias de laboratório sofrem de desamparo aprendido e depleção de catecolamina. Paradoxalmente, Weiss observou que a exposição de cobaias a estressores *intermitentes* seguida por períodos de recuperação pode levar a um "endurecimento fisiológico", incluindo resistência a depleção de catecolamina e supressão de cortisol, e maior resiliência a estressores subsequentes. Outros estudos revelaram que a exposição a estressores precoces na vida às vezes pode resultar no desenvolvimento de resiliência em macacos-de-cheiro (Lyons e Parker, 2007).

Fatores psicossociais e florescimento fisiológico

Em outra parte do livro, vimos como o sistema imune reage ao encontrar patógenos e como seu funcionamento é influenciado por citocinas e sinais de outros sistemas corporais, incluindo o cérebro. Grande parte dessa discussão enfatizou como os fatores psicossociais podem modificar o funcionamento imunológico e outros sistemas do corpo.

Diversas variáveis psicológicas foram relacionadas com reduções nos níveis de hormônios do estresse ou maior imunidade em resposta ao estresse, incluindo autoestima e percepções de competência e controle pessoal sobre os resultados (Seeman et al., 1995), autoeficácia (Bandura, 1985) e uma sensação de coerência na vida (Myrin e Lagerstrom, 2006). No local de trabalho, uma sensação de controle e autonomia vem acompanhado por níveis basais mais baixos de catecolaminas, mesmo quando as demandas do teste e os níveis de estresse são muito elevados (Karasek et al., 1982). A empresa Google, por exemplo, tem uma área de lazer onde os funcionários podem jogar basquete, pingue-pongue e outros jogos quando estão se sentindo cansados.

Autoengrandecimento

Um corpo crescente de pesquisas relaciona estados mentais positivos, mesmo estados irrealistas envolvendo ilusões positivas, com um funcionamento fisiológico mais saudável (p. ex., Taylor et al., 2003). Pessoas que tendem ao *autoengrandecimento*, por exemplo, têm a tendência desproporcional a recordar informações positivas sobre suas personalidades e seus comportamentos, de se enxergarem de maneira mais positiva do que os outros as veem e de aceitar o crédito por bons resultados (Taylor e Brown, 1988). Ao contrário de visões anteriores em psicologia, que consideravam esse tipo de autopercepção inflada evidência de narcisismo, autocentrismo e má saúde mental, estudos recentes sugerem que, em vez de ser associado ao desajuste, o autoengrandecimento é indicativo de saúde, bem-estar e da capacidade de se sentir bem a respeito de si mesmo. O autoengrandecimento também foi relacionado com a capacidade de desenvolver e manter relacionamentos, de ser feliz e de prosperar em ambientes inconstantes ou mesmo ameaçadores (Taylor et al., 2003).

Visões errôneas, mas positivas, de nossa condição médica e da percepção de nosso controle sobre ela parecem promover a saúde e a longevidade. Por exemplo, indivíduos HIV-positivo e aqueles diagnosticados com aids que mantêm visões positivas irreais sobre seus prognósticos apresentam uma deterioração menos rápida – e mesmo um tempo mais longo até a morte (Reed et al., 1999). Embora esses resultados correlacionais não provem uma relação de causalidade, pesquisadores especulam que as *cognições de autoengrandecimento* podem abrandar as respostas fisiológicas e neuroendócrinas ao estresse e, assim, reduzir as respostas do eixo HAA a esta condição (Taylor et al., 2000).

Em um estudo, Shelley Taylor e colaboradores (2003) pediram a 92 universitários que preenchessem o How I See Myself Questionnaire,[*] uma medida do autoen-

---
[*] N. de T.: Em português, a tradução seria "Inventário como vejo a mim mesmo".

grandecimento na qual os participantes se avaliam em comparação com indivíduos correspondentes em capacidade acadêmica, autorrespeito e 19 outras qualidades positivas, assim como egoísmo, pretensiosidade e 19 outras características negativas. Eles também responderam a escalas de personalidade que avaliavam recursos psicológicos como otimismo, extroversão e felicidade. Uma semana depois, os participantes compareceram a um laboratório da UCLA onde forneceram uma amostra de saliva para análise de cortisol e fizeram diversos testes padronizados de aritmética mental que induziam o estresse de maneira confiável. Enquanto respondiam aos testes, suas frequências cardíacas e pressões sistólica e diastólica eram monitoradas. Depois de concluírem os testes de estresse, uma segunda medida do nível de cortisol foi colhida.

Os resultados mostraram que os indivíduos que tendiam ao autoengrandecimento apresentavam níveis basais mais baixos de cortisol no começo do estudo e respostas mais baixas de frequência cardíaca e pressão arterial durante os testes de estresse. Os resultados para os níveis basais de cortisol sugerem que o autoengrandecimento esteja associado a níveis mais baixos do eixo HAA em repouso, indicando um estado neuroendócrino cronicamente mais saudável. As respostas reduzidas em frequência cardíaca e pressão arterial sugerem que autopercepções positivas ajudem as pessoas a lidar com estressores agudos. Com o tempo, os autoengrandecedores podem ter menos desgaste relacionado com o estresse em seus corpos. Interessantes de igual modo foram as respostas dos participantes ao questionário de recursos psicológicos, as quais indicaram que a relação entre o autoengrandecimento e a resposta neuroendócrina era medida por maior autoestima, otimismo, extroversão e apoio social mais forte, bem como um maior envolvimento ocupacional e comunitário do que o observado em sujeitos com escores baixos em medidas do autoengrandecimento.

Envolvimento social

Sara Snodgrass (a nossa introdução) acredita que um aspecto fundamental de seu florescimento psicológico seja o nível em que reorganizou as prioridades de sua vida em torno de seus relacionamentos com amigos e familiares. De fato, a importância do envolvimento social foi demonstrada por estudos epidemiológicos, os quais evidenciaram que pessoas cujos laços sociais são fortes têm mais probabilidade de manter a saúde e de viver mais tempo (Berkman et al., 2000). O envolvimento social também parece estar diretamente relacionado com a saúde neuroendócrina. Estudos revelaram, por exemplo, um aumento na contagem de linfócitos em resposta ao apoio social. Intervenções que incluem alguma forma de apoio social têm efeitos maiores sobre a citotoxicidade das células *natural killer* (NK), a proliferação de linfócitos e a imunidade mediada pelas células (Miller e Cohen, 2001). Os proponentes de tratamentos médicos alternativos (ver Cap. 14) também são encorajados por evidências de que a massagem, que exige contato físico entre pelo menos dois indivíduos, tem efeitos promotores de imunidade, como maior atividade das células NK (Ironson et al., 1996).

Envolvimento social Pessoas que mantêm laços sociais fortes têm mais probabilidade de assegurar a saúde e viver mais tempo.

Os indivíduos costumam procurar o apoio de outras pessoas para revelar seus sentimentos durante momentos de adversidade. Pesquisas realizadas, pelo menos nos últimos 15 anos, documentaram que esse tipo de *revelação emocional* altera a atividade autonômica e o funcionamento imunológico de maneiras que promovem a saúde. O trabalho de James Pennebaker e colaboradores (1995, 1988) mostrou que, quando discutem situações que geram estados emocionais negativos, os indivíduos apresentam elevações na atividade das células NK e na proliferação de linfócitos.

Relaxamento

Conforme discutimos no Capítulo 5, o relaxamento desperto atingido por meio da meditação, da música, de simples exercícios de respiração, da ioga e uma variedade de outros meios simples também está associado a reduções em emoções negativas e alterações nas funções neuroendócrinas (Daruna, 2004). Por exemplo, estudos mostraram que o relaxamento promove decréscimo na contagem de leucócitos, maior atividade das células NK e, no caso de estudantes que praticam relaxamento regularmente, melhor funcionamento imunológico durante períodos de exames estressantes (Davidson et al., 2003; Kiecolt-Glaser et al., 1985, 1986). O resultado mais consistente associado ao relaxamento é um aumento na secreção de imunoglobulina A (IgA), um dos hormônios anabólicos já discutidos no capítulo. De maneira interessante, a hipnose, que também parece induzir relaxamento, produz ainda aumentos na secreção de IgA (Johnson et al., 1996).

Aspectos do florescimento psicológico

Um corpo crescente de pesquisas revela que a curiosidade e uma sensação de controle sobre a vida contribuem muito para o florescimento psicológico. Vamos examinar cada um desses fatores.

Curiosidade

Curiosidade refere-se à orientação ou à atração de uma pessoa em relação a estímulos novos. Pesquisas sugerem que a curiosidade em pessoas idosas esteja associada com manutenção da saúde do sistema nervoso central (SNC) em envelhecimento. Ao analisarem a relação entre a curiosidade em mulheres e homens idosos e as taxas de sobrevivência, pesquisadores verificaram que, depois de cinco anos, indivíduos com os níveis mais altos de curiosidade sobreviveram mais tempo do que aqueles que tinham níveis mais baixos (Swan e Carmelli, 1996). É importante observar, porém, que essa evidência correlacional não indica que a curiosidade aumentará automaticamente as chances de sobrevivência de uma pessoa idosa. Ela pode apenas ser um sinal de que seu SNC esteja operando de maneira adequada. Em alguns indivíduos, os declínios na curiosidade relacionados com a idade refletem a queda no funcionamento mental. Em sustentação parcial a essa hipótese, um estudo mostrou menor curiosidade (medida como uma redução nos movimentos exploratórios dos olhos em resposta a estímulos visuais novos) em indivíduos com doenças graves do SNC, em comparação com controles normais de idade correspondente (Daffner et al., 1994). Visto que certas estruturas cerebrais reconhecidamente envolvidas na doença de Alzheimer também estão implicadas na atenção dirigida e no comportamento de busca de novidades, a redução na curiosidade pode ser um dos primeiros sinais do envelhecimento anormal do SNC.

Pressupondo que a pessoa seja um adulto normal e saudável, a curiosidade pode promover o envelhecimento sadio, pois possibilita aos idosos enfrentarem com sucesso os desafios físicos e ambientais do cotidiano. Desse modo, o idoso curioso usa estratégias ativas de enfrentamento (ver Cap. 5) para abordar problemas e obstáculos potenciais e, desse modo, consegue reduzir a pressão sobre seus recursos físicos e mentais. Parece que esses indivíduos têm uma chance maior de ser física e mentalmente saudáveis nos anos mais avançados (Ory e Cox, 1994).

Percepção de controle e autoeficácia

Em um importante estudo prospectivo sobre traços da personalidade e saúde, pesquisadores entrevistaram 8.723 pessoas idosas e no final da meia-idade que viviam de forma independente ou em residências adaptadas para idosos na Holanda (Kempen et al., 1997). Três medidas da personalidade foram investigadas: domínio ou controle pessoal, autoeficácia geral e neurose (instabilidade emocional). O *domínio* diz respeito ao nível em que o indivíduo considera que as mudanças ocorridas em sua vida estejam sob seu controle, em vez de serem fatalísticas. A *autoeficácia* refere-se à crença de conseguir realizar determinados comportamentos. A *neurose* está relacionada com a preocupação constante de que as coisas possam dar errado e a forte reação emocional de ansiedade a esses pensamentos. Os sujeitos que tinham níveis baixos de neurose e níveis elevados de domínio e autoeficácia perceberam taxas significativamente mais elevadas de funcionamento e bem-estar.

Por que uma sensação de controle e domínio deveria melhorar a saúde? As explicações comportamentais e fisiológicas são viáveis. Aqueles que têm uma sensação maior de controle apresentam maior probabilidade de agir, de apresentar comportamentos que promovam a saúde e de evitar comportamentos que a prejudiquem (Rodin, 1986). Como acreditam que seus atos façam alguma diferença, os indivíduos que têm uma sensação elevada de controle agem de maneira mais saudável (Lachman et al., 1994). Em contrapartida, aqueles que se sentem desamparados e não percebem qualquer relação entre seus atos e os resultados são mais propensos a doenças (Peterson e Stunkard, 1989), talvez porque não se envolvam em práticas promotoras da saúde ou porque tendam a comportamentos que a comprometam ("Posso ter câncer de pulmão não importa o que fizer, portanto vou fumar").

O fato de ter uma sensação de controle também parece apresentar efeitos fisiológicos. Pesquisas mostraram que pessoas com uma sensação elevada de controle têm níveis mais baixos de cortisol e retornam mais rapidamente aos níveis basais após uma situação de estresse (Seeman e Lewis, 1995). Elas também possuem sistemas imunes mais fortes, conforme evidenciado por sua capacidade de combater doenças (Rodin, 1986).

Outras evidências da relação entre uma forte sensação de controle e boa saúde advêm de pesquisas envolvendo pessoas de diferentes níveis socioeconômicos. Margie Lachman e Suzanne Weaver, da Brandeis University (1998), analisaram três grandes amostras nacionais de homens e mulheres com idades de 25 a 75 anos, de classes sociais variadas, e verificaram que, para todos os grupos de renda, o maior controle percebido estava relacionado com melhor saúde, mais satisfação na vida e menos emoções negativas. Embora os resultados mostrassem que, em média, aqueles com renda mais baixa tinham menos percepção de controle, assim como pior saúde, as crenças de controle desempenharam um papel moderador, e os participantes no nível de renda mais baixo com uma sensação elevada de controle apresentaram níveis comparáveis de saúde e bem-estar aos dos grupos de maior renda. Os resultados proporcionam evidências de que variáveis psicossociais, como a sensação de controle, podem ajudar a compreender as diferenças na saúde relacionadas com a classe social.

Neste capítulo, exploramos a conexão entre o comportamento e a saúde. Vimos como o foco biopsicossocial da psicologia da saúde em abordagens à prevenção baseadas em potencialidades promove indivíduos, famílias, locais de trabalho e comunidades mais saudáveis. Esse foco é um afastamento da abordagem mais tradicional da psicologia de atacar os problemas depois de sua ocorrência. À medida que esse modelo mais saudável e mais positivo se firma, poderemos alcançar um ponto em que o cuidado de saúde simplesmente passe de sua ênfase tradicional na prevenção terciária para um sistema de prestação de serviço mais equilibrado que favoreça a prevenção primária.

Revisão sobre saúde

Responda a cada pergunta a seguir com base no que aprendeu no capítulo. (DICA: Use os itens da Síntese para considerar questões biológicas, psicológicas e sociais).

1. Quando Sônia – uma estudante em sua disciplina de psicologia da saúde – mudou-se para um dormitório, descobriu que muitas das residentes fumavam cigarros. Como ela explicaria esse comportamento segundo o modelo de crença de saúde, a teoria do comportamento planejado e o modelo transteórico sobre o comportamento de saúde?
2. Sônia, da questão 1, queria ajudar as estudantes em seu dormitório (incluindo ela mesma) a viver vidas mais saudáveis. Ela organizou uma reunião, da qual participaram muitas das residentes. Quando abordou o que podiam fazer para prevenir problemas de saúde (p. ex., fumar e beber demais), quais esforços de prevenção primária ou ações ela poderia ter recomendado, com base na leitura deste capítulo? Cite os resultados de pesquisas que corroborem todas essas recomendações.
3. Cite um problema de saúde que você e outros estudantes de sua faculdade enfrentam que poderia se beneficiar de uma consciência maior da psicologia positiva. Como a psicologia positiva ajudaria a tornar sua população estudantil mais saudável? Cite pesquisas que corroborem sua resposta.

Síntese

Saúde e comportamento

1. A maioria dos comportamentos afeta a saúde de alguma forma: para melhor (comportamentos saudáveis) ou para pior (comportamentos de risco à saúde), de forma direta ou indireta, imediatamente ou a longo prazo.
2. O modelo de crença de saúde pressupõe que as decisões relacionadas com o comportamento de saúde tenham por base quatro fatores que interagem: percepção de suscetibilidade a uma ameaça à saúde; percepção de gravidade da ameaça; percepção de benefícios e barreiras do tratamento; e dicas de ação.
3. A teoria do comportamento planejado sustenta que a melhor maneira de prever se um comportamento de saúde irá ocorrer é medir a decisão de uma pessoa de se envolver nesse comportamento (intenção comportamental). A decisão de envolver-se em um comportamento de saúde é moldada por nossa atitude para com ele, nossa motivação para aderir às visões de outras pessoas sobre ele (norma subjetiva) e nossa expectativa de sucesso em realizá-lo (percepção de controle comportamental).
4. O modelo transteórico propõe cinco estágios pelos quais as pessoas avançam na mudança de seus comportamentos relacionados com a saúde: pré-contemplação; contemplação; preparação; ação; e manutenção.

Prevenção

5. A prevenção primária refere-se a ações para prevenir a ocorrência de uma doença ou uma lesão. A prevenção secundária envolve ações para tratar uma doença no começo. A prevenção terciária inclui ações adotadas para conter os danos depois que a doença já progrediu além de seus estágios iniciais.
6. Ao concentrarem-se na expectativa de vida saudável, os psicólogos da saúde buscam reduzir a quantidade de tempo que os idosos passam em situação de deficiência, doença ou dor (morbidade). A prática regular de exercícios, especialmente de atividades aeróbicas, aumenta a força física, ajuda a manter a densidade óssea e reduz o risco de doenças cardiovasculares e câncer. Embora nunca seja tarde demais para começar a fazer exercícios, alguns idosos enfrentam diversas barreiras para começar, incluindo estereótipos etaristas, falta de confiança (autoeficácia para a prática de exercícios) e de motivação, bem como mitos de que os exercícios podem piorar sua saúde.
7. O sono deficiente cobra um preço do bem-estar físico e psicológico. A dívida crônica de sono promove aumento no peso corporal, suprime o funcionamento imunológico e tem um efeito adverso sobre o funcionamento metabólico, neural e endócrino do corpo, de maneira semelhante ao envelhecimento acelerado. O cérebro usa o sono para reparar lesões, repor os estoques de energia e promover a neurogênese, ou seja, a formação de novas células nervosas.
8. As conexões, os conflitos e os estímulos familiares são influências poderosas sobre o comportamento de saúde do indivíduo, assim como os hábitos de saúde de outros membros da família. No sistema de saúde, a prevenção continua sendo um foco relativamente menor na medicina tradicional, e muitas pessoas não podem pagar pela cobertura de sua saúde. No nível da comunidade, as pessoas têm mais probabilidade de adotar comportamentos que favoreçam a saúde quando eles são promovidos por organizações comunitárias, como escolas, agências governamentais, e o sistema de saúde.
9. Campanhas cuidadosamente planejadas de educação para a saúde, que apresentem informações em diversas frentes e sejam baseadas na comunidade, podem promover mudanças que os indivíduos, por conta própria, têm dificuldade de realizar.
10. A estruturação de mensagens é um fator crucial na eficácia da educação para a saúde. As mensagens podem ser estruturadas para enfatizar os resultados positivos de adotar um comportamento promotor da saúde (mensagens estruturadas na forma de ganhos) ou os resultados negativos de não o fazer (mensagens estruturadas na forma de perdas). Adaptar as mensagens de saúde para os indivíduos é uma estratégia eficaz para promover a mudança comportamental. As mensagens que causam medo podem ter o efeito oposto e, na verdade, diminuir a probabilidade de que a pessoa adote determinado comportamento de saúde.
11. A maioria das organizações com 50 ou mais funcionários oferece alguma forma de programa de bem-estar no local de trabalho. O custo desses programas é mais que compensado por reduções em lesões relacionadas com o trabalho, absenteísmo e rotatividade de funcionários.

Psicologia positiva e florescimento

12. Um tema central do novo movimento da psicologia positiva – que promove uma abordagem preventiva e baseada em potencialidades para pesquisa e intervenções – é que a adversidade às vezes leva as pessoas a maior bem-estar psicológico e/ou físico.
13. Embora os hormônios catabólicos sejam essenciais para nossa saúde no curto prazo, quando estamos em um estado constante de excitação (carga alostática), elevações prolongadas desses hormônios enfraquecem nossa imunidade e desencadeiam doenças.
14. Diversos fatores psicossociais foram relacionados com o aumento da imunidade em resposta ao estresse. Entre eles, estão autoestima, percepções de competência e controle pessoal, autoeficácia e tendência a recordar informações positivas sobre nós mesmos (autoengrandecimento), em vez de negativas.
15. Outros aspectos básicos do florescimento psicológico incluem a curiosidade, o relaxamento desperto, o envolvimento social e a revelação emocional. O relaxamento e o ato de compartilhar sentimentos com familiares e amigos durante momentos de adversidade alteram a atividade autonômica e o funcionamento imunológico de modo que promovem a saúde. A curiosidade pode promover o envelhecimento saudável, pois ajuda os idosos a usar estratégias ativas de enfrentamento para lidar com desafios cotidianos.

CAPÍTULO 6 | Permanecendo saudável: prevenção primária e psicologia positiva

Termos e conceitos fundamentais

comportamento de saúde, p. 145
modelo de crença de saúde, p. 147
teoria do comportamento
  planejado, p. 148
intenção comportamental, p. 148
norma subjetiva, p. 148

disposição comportamental, p. 149
modelo transteórico, p. 150
prevenção primária, p. 153
prevenção secundária, p. 153
prevenção terciária, p. 153
educação para a saúde, p. 163

mensagem estruturada na forma de
  ganhos, p. 165
mensagem estruturada na forma de
  perdas, p. 165
psicologia positiva, p. 169

Capítulo 7

Nutrição: comendo os alimentos certos
   Alimentação saudável e adesão a uma dieta saudável
   Dieta e doenças

Determinação do peso: comendo a quantidade certa
   Taxa metabólica basal e consumo de calorias
   A hipótese do *set-point*
   As bases biológicas da regulação do peso

Obesidade: fatos básicos
   Os riscos da obesidade

O modelo biopsicossocial da obesidade
   Fatores biológicos
   Fatores psicossociais

Tratamento e prevenção da obesidade
   Dietas
   Terapia cognitivo--comportamental (TCC)
   Estratégias comunitárias

Transtornos da alimentação
   História e demografia
   Aplicando o modelo biopsicossocial
   Imagem corporal e a mídia
   Diversidade e vida saudável
   Transtornos da alimentação e identidade etnocultural
   Tratamento para transtornos da alimentação

Nutrição, obesidade e transtornos da alimentação

Uma de minhas ex-alunas (vamos chamá-la de Jodi) tem 26 anos e pesa 35 quilos. Ela já foi uma atleta forte e musculosa e campeã universitária da prova dos 800 metros. Antes disso, foi oradora de sua turma na escola e eleita a aluna "com maior probabilidade de obter sucesso". Atualmente, está hospitalizada com complicações coronarianas graves que resultaram da batalha de 12 anos contra o hábito de comer de forma desregrada. Porém, mesmo agora, ela não se considera magra e desnutrida, mas inchada e obesa.

Enquanto crescia em um lar de classe média alta, Jodi teve pais carinhosos e uma ótima irmã mais velha. Ainda assim, desde criança, sentia pressão para cumprir as expectativas de sua família. Considerava particularmente difícil seguir os passos de sua irmã talentosa e popular. Quando entrou para a faculdade, Jodi achou que deveria ser perfeita em tudo.

Infelizmente, acreditava que sua principal imperfeição era não se parecer com as modelos de biquíni e as atrizes que ela e suas amigas admiravam. E seus instrutores de atletismo não ajudavam. Jodi tinha um corpo baixo e forte, que era bastante apropriado para correr com rapidez. Embora fosse a principal corredora nas equipes de sua escola e da faculdade, seus treinadores e instrutores acreditavam que correria ainda melhor se perdesse alguns quilos.

Jodi fez o possível para perder peso, mas seu corpo simplesmente não cooperava por muito tempo. Tentou vários planos de dieta, mas ficava tão cansada e com fome que era incapaz de se concentrar em seus trabalhos escolares e nunca permanecia em uma dieta por muito tempo. Seu peso subia e descia como um ioiô.

Então, um dia, Jodi encontrou a resposta para seu "problema" com o peso: comeria sempre que quisesse e tudo o que desejasse e vomitaria ou tomaria uma dose alta de laxantes. Ela também dobrou seus esforços no treinamento, aumentou a quilometragem de corrida diária e acrescentou práticas de natação ou bicicleta ergométrica. Ainda ficava cansada, mas pelo menos estava adquirindo um certo nível de controle sobre seu peso.

Como mantinha um peso razoavelmente estável, Jodi conseguiu esconder o fato de que comia e vomitava por todo o tempo em que esteve na escola e na faculdade. Quando passou a morar sozinha, contudo, começou a comer cada vez menos, e sua perda de peso logo se tornou óbvia. Em uma ocasião nas férias, visitando a família, ela desmaiou enquanto jogava basquete com seu pai. Ao pegá-la no colo, ele notou que ela pesava pouco mais que uma criança.

Seus pais insistiram que ela fosse consultar um médico, que logo a colocou em um programa de tratamento no qual foi alimentada à força por uma semana. Ainda que seu *peso estivesse aumentando, os anos de alimentação desregulada já haviam causado um dano grave a seu corpo, e suas perspectivas de recuperar a saúde não são promissoras.*

No decorrer da maior parte da história, e em alguns países em desenvolvimento hoje – onde as refeições raramente são garantidas – um corpo grande era considerado sinal de prosperidade e saúde. Agora que se tornou tão fácil chegar ao tamanho GG em nossas culturas ocidentais, admiramos a aparência magra. Somos bombardeados nos meios de comunicação por imagens de artistas de cinema, esportistas e outras celebridades que moldam nossos padrões de beleza. A atual ênfase na magreza influencia muito a maneira como nos sentimos em relação a nossos corpos. A maioria das mulheres norte-americanas, por exemplo, acredita que pesa um pouco mais do que os homens preferem e muito mais que seu peso corporal ideal. Diversos estudos têm mostrado que crianças de apenas 5 anos já têm uma imagem corporal negativa e já começaram a fazer dieta ou a apresentar outros comportamentos relacionados com a perda de peso (McCabe e Ricciardelli, 2003). Conforme a comovente história de Jodi deixa claro, nem todos podem ter um corpo magro. O objetivo da psicologia da saúde é ajudar as pessoas a alcançar e manter um peso saudável, não necessariamente o ideal cultural. Ainda assim, a facilidade com que engordamos levou mais pessoas a sofrer riscos graves à saúde por estarem acima do peso e obesas (ver Fig. 7.1 a seguir). Essa epidemia espalhou-se ao redor do mundo, incluindo países como Espanha, França, Austrália, Brasil, México, Dinamarca, Itália e Rússia – onde mais de metade das populações é obesa – e Japão, que, nos dias atuais, tem uma lei nacional que obriga as pessoas a medir a cintura como parte dos exames físicos anuais de todos os adultos com idades de 40 a 74 anos (Onishi, 2008). Pela primeira vez na história, o número global de pessoas acima do peso (1,1 bilhão) compete com a quantidade de indivíduos desnutridos e com pouco peso (Global Issues, 2010). Não é de admirar que a Organização Mundial da Saúde reconheça a **obesidade** como um dos 10 principais problemas de saúde no mundo e um dos cinco principais em nações desenvolvidas?

Mais pessoas são tratadas para obesidade nos Estados Unidos do que para todos os outros problemas de saúde combinados. Esses quilos a mais podem contribuir para diabetes, acidente vascular encefálico (AVE), hipertensão, doença coronariana e outras condições crônicas que custam ao sistema de saúde uma proporção estimada de 12% do orçamento nacional de saúde a cada ano – chegando a 118 bilhões de dólares, mais de duas vezes os 47 bilhões atribuídos ao tabagismo (Global Issues, 2010). Adicione a isso os custos indiretos por dias perdidos de trabalho e você começará a entender o escopo do problema – um problema que condena aproximadamente 300 mil mulheres e homens norte-americanos a túmulos precoces todos os anos (DeAngelis, 2004). A cada ano, surgem dezenas de novas "soluções" para o peso, desde dietas líquidas a "palitos aromáticos" supressores do apetite, cuja maioria não consegue reduzir o peso (em testes clínicos controlados) mesmo de poucos sujeitos obesos por qualquer período de tempo. O problema tornou-se tão agudo que a primeira dama Michelle Obama anunciou uma campanha de âmbito nacional para eliminar a obesidade infantil no espaço de uma geração (Ferran, 2010). Os quatro pilares de seu programa "Let's Move"* refletem uma solução biopsicossocial:

- Levar aos pais informações sobre nutrição e exercícios.
- Melhorar a qualidade dos alimentos nas escolas.
- Tornar os alimentos saudáveis mais baratos e acessíveis para as famílias.
- Dar mais atenção à educação física.

Nem todas as culturas antigas valorizavam o corpo grande. A obesidade virou um estigma no Japão medieval, pois o Budismo a considerava a consequência cármica de um deslize moral. Em algumas partes da Europa, era mal-vista por ser o sinal do pecado cristão da gula.

- **obesidade** acúmulo excessivo de gordura corporal.

---

* N. de R.T.: "Vamos nos mexer".

Figura 7.1

Prevalência de norte-americanos acima do peso e obesos. Dados da National Health and Nutrition Examination Survey (NHANES) revelam que, há 25 anos, 47% dos norte-americanos eram classificados como com sobrepeso ou obesos (IMC* > 25,0); atualmente, 65% dos adultos norte-americanos entre as idades de 20 e 74 anos estão acima do peso ou são obesos. Os norte-americanos estão mais gordos hoje do que seus pais e avós eram e estão ficando mais gordos a cada ano.
Fonte: Centers for Disease Control and Prevention, National Center for Health Statistics, National Health and Nutrition Examination Survey, 2010, http://www.cdc.gov/nchs/products/pubs/pubd/hestats/obese/obse99.htm).
*IMC = Índice de massa corporal

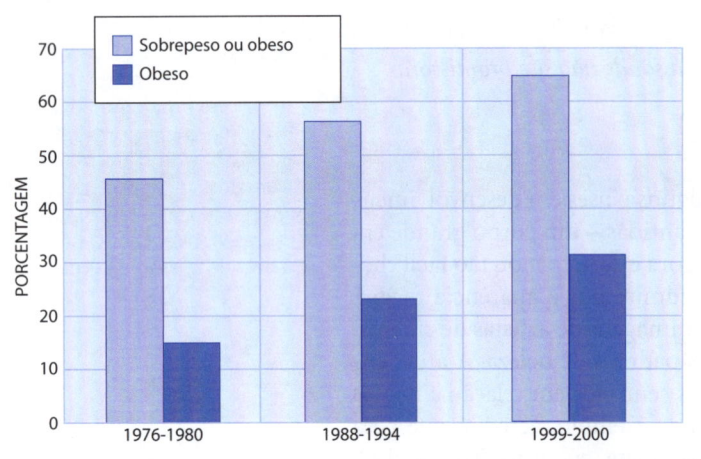

Os psicólogos juntaram forças com biólogos moleculares, engenheiros genéticos, nutricionistas e outros profissionais da saúde na busca por respostas para algumas das questões mais enigmáticas relacionadas com o comportamento alimentar: Por que a obesidade está se tornando mais prevalente? Por que é relativamente simples perder um pouco de peso, mas quase impossível manter a perda? Por que algumas pessoas podem comer tudo o que quiserem sem ganhar peso, enquanto outras permanecem acima do peso mesmo fazendo dietas constantes? Por que alguns dos adolescentes mais capazes e mais brilhantes literalmente se forçam a morrer de fome? Quais alimentos são mais saudáveis para consumir, e como podemos manter um peso saudável com segurança? Abordaremos essas e outras questões importantes em nossa exploração do comportamento alimentar e da regulação do peso. Começamos examinando os componentes dos alimentos e seu papel em manter a saúde.

Nutrição: comendo os alimentos certos

Na cidade de Framingham, Massachusetts, em 1948, um desjejum "saudável" consistia em um prato de ovos fritos, uma tira de bacon e várias fatias de pão torrado com margarina. As pessoas colocavam em seu café o açúcar e a nata gordurosa acumulada na camada superior do leite. Nessa cidade, 1 em cada 4 homens com mais de 55 anos desenvolvia doenças cardíacas, mas os médicos ainda não tinham feito a conexão com a dieta e não entendiam o que estava matando seus pacientes. Eles frequentemente apontavam uma "indigestão aguda" como a causa da morte.

Pesquisadores foram até a cidade e, após 50 anos e mais de mil artigos de especialistas, o Framingham Heart Study mostrou que a nutrição deficiente é fator de risco para o desenvolvimento de doenças cardíacas. Aprendemos que a dieta saudável, concentrada em frutas e legumes, enquanto limita o consumo de gordura total e gordura saturada e evita completamente a gordura trans, fornece os nutrientes de que o corpo necessita para proteção e reparo. De fato, somos o que comemos.

Alimentação saudável e adesão a uma dieta saudável

Além da energia calórica diária, nosso corpo necessita de 46 *nutrientes* (substâncias essenciais encontradas nos alimentos) para permanecer saudável. A água é uma importante fonte de nutrição, que ajuda a transportar os nutrientes pela corrente sanguínea, removendo resíduos e regulando a temperatura do corpo. Os demais nutrientes são agrupados em cinco categorias: proteínas, gorduras, carboidratos, minerais e vitaminas. Cada um desses grupos oferece contribuições singulares para as funções corporais e a saúde e, no caso das proteínas, das gorduras e dos carboidratos, a energia calórica que nosso corpo necessita para suprir as exigências da vida cotidiana.

O Departamento de Agricultura dos Estados Unidos recomenda uma dieta equilibrada, com 170 a 198, 45 g de pão integral, cereais, arroz e massas; 2 a 3 xícaras de legumes; duas xícaras de frutas; três xícaras de laticínios; e por volta de 170 g de carne, peixe, frango, nozes e feijões (Fig. 7.2). A quantidade exata que você deve comer de cada grupo alimentar depende de sua idade, seu gênero e seu nível de atividade física. (Para uma estimativa rápida de suas necessidades, ver a calculadora virtual no endereço www.mypyramid.gov).

O *índice glicêmico* (IG) avalia os carboidratos com base na rapidez com que o corpo os converte em glicose. O índice varia de 0 a 100, com valores maiores atribuídos a alimentos que causam o aumento mais rápido do açúcar no sangue (Tab. 7.1 a seguir). Como ponto de referência, a glicose pura tem um IG de 100. É importante prestar atenção ao IG dos alimentos que você come, pois seu corpo tem melhor desempenho quando seu nível de açúcar é relativamente constante. Quando cai demais, você se sente letárgico e com fome. E quando está alto demais, o cérebro indica ao pâncreas para produzir mais insulina, o que reduz o açúcar no sangue convertendo o excesso em gordura armazenada. Quando come alimentos com um IG elevado (doces, grãos processados, certos tubérculos), você pode sentir um surto de energia quando o açúcar em seu sangue aumenta, mas isso é logo seguido por um aumento no estoque de gordura, letargia e mais fome!

Infelizmente, a orientação nutricional costuma ser ignorada. Em vários estudos, Jane Wardle e colaboradores (2004, 2009) analisaram os hábitos alimentares de milhares de adultos jovens de 23 países, incluindo seus esforços para evitar gordura animal, sal, açúcar e suplementos alimentares; para enfatizar o consumo de fibras e frutas em sua nutrição; e para jamais deixar de fazer o desjejum. Os decepcionantes resultados revelaram um nível apenas modesto de adesão, e apenas por indivíduos que valorizavam muito a saúde, que acreditavam na importância da dieta para determiná-la e que se sentiam responsáveis por defini-la. Isso ocorreu com todas as práticas alimentares, proporcionando evidências convincentes para modelos cognitivos de comportamentos de saúde, como a teoria do comportamento planejado (ver Cap. 6). Em parte porque tinham mais probabilidade do que os homens de estar em dieta, as mulheres tendiam a consumir alimentos mais saudáveis. Todavia, igualmente relevante foi o fato de as mulheres professerem crenças mais fortes do que os homens em relação à importância de escolhas alimentares saudáveis.

Diversos estudos demonstraram que as normas sociais e a percepção de controle comportamental também influenciam os comportamentos em relação aos alimentos (Leone, Pliner e Herman, 2007; Louis, Davies e Smith, 2007). Em um estudo longitudinal de duas semanas, Christina Wood Baker e colaboradores (2003) observaram que estudantes que confessavam as atitudes e intenções mais positivas em relação à alimentação saudável

a) percebiam que seus amigos e pais se sentiam do mesmo modo e também eram saudáveis em sua alimentação; e
b) acreditavam que sua própria autodisciplina, seu esforço e outros recursos internos determinavam comportamentos alimentares saudáveis.

Esses resultados sugerem que, para serem eficazes em promover uma alimentação saudável, campanhas educacionais e na mídia também devem se concentrar em normas sociais e promover a percepção de controle e de autoconfiança, e a capacidade de superar as barreiras percebidas na alimentação saudável.

Os achados de que a adesão a recomendações para uma alimentação saudável não seja universal talvez não surpreenda os estudantes, que muitas vezes têm o hábito de comerem lanches rápidos para matarem a fome no curto espaço de tempo que seu estilo de vida corrido permite. Considere o desjejum – uma refeição que pode ser uma mistura dos alimentos mais e menos nutritivos – 1 em cada 5 pessoas omite essa refeição importante, incluindo um terço dos adolescentes e dos indivíduos na faixa dos 20 anos (Raloff, 2006). Nutricionistas verificaram duas tendências insalubres nos desjejuns de *fast-food*: "sobremesa como desjejum" e "tamanho-família" (Nutrition Action

Figura 7.2

Uma dieta equilibrada. Essas quantidades são apropriadas para uma mulher de 19 anos, que faz de 30 a 60 minutos de atividade moderada ou intensa (como correr, fazer aeróbica, andar de bicicleta ou nadar) na maioria dos dias, além de sua rotina cotidiana normal.

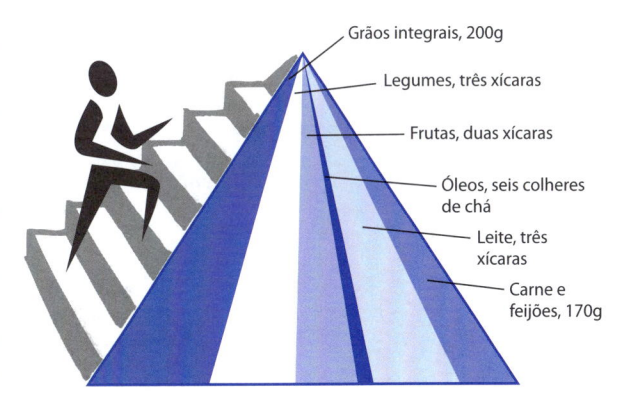

Grãos integrais, 200g
Legumes, três xícaras
Frutas, duas xícaras
Óleos, seis colheres de chá
Leite, três xícaras
Carne e feijões, 170g

caloria medida de energia alimentar equivalente à quantidade de energia necessária para elevar a temperatura de 1 grama de água em 1°C.

Newsletter, 2001). Os estudantes conscientes de sua saúde e das **calorias** ingeridas que raramente tomam sorvete após as refeições se surpreenderiam de saber que um *croissant* de amêndoas ou um bolinho de canela de uma rede popular de cafés contém 630 calorias, cinco colheres de chá de açúcar e 16 a 18 gramas de gordura saturada – o equivalente a mais de dois picolés.

Igualmente perigosas são as porções "tamanho-família". Desde a década de 1970, os tamanhos das porções – de refeições em restaurantes, produtos de supermercado e até de porções sugeridas em livros de receitas – cresceram drasticamente (Brownell, 2003; Pomeranz e Brownell, 2008). Isso é importante, pois as pessoas comem mais quando têm porções maiores. Em um estudo, cujos sujeitos recebiam quatro porções diferentes de macarrão com queijo em dias distintos, as pessoas comeram 30% mais calorias quando receberam a maior porção, em relação à menor (Rolls et al., 2002). Em outro estudo de frequentadores de cinema, os indivíduos que foram designados de forma aleatória para receber uma porção grande de pipoca comeram 61% mais do que aqueles que receberam uma porção menor (Wansink e Park, 2001). Curiosamente, porções tamanho-família não são um fenômeno universal. Quando Paul Rozin e colaboradores (2003) compararam 11 pares de cadeias de *fast-food* e restaurantes étnicos em Paris e na Filadélfia, observaram que os tamanhos médios das porções em Paris eram 25% menores do que na Filadélfia.

Dieta e doenças

Os primeiros hábitos alimentares do indivíduo podem estabelecer um padrão vitalício, e esse padrão pode levar a problemas mais tarde na vida. De fato, os alimentos que comemos estão relacionados com 5 das 10 causas principais de morte: doenças cardíacas, câncer, AVE, diabetes e aterosclerose (World Health Organization, 2003).

O excesso de gordura na dieta tem sido amplamente reconhecido como um risco alto à saúde. Uma vez dentro do corpo, a gordura alimentar torna-se gordura corporal de um modo bastante eficaz. O corpo gasta apenas três calorias para transformar 100 calorias de gordura em gordura corporal. Em comparação, queima cerca de 25 calorias para transformar a mesma quantidade de carboidratos em gordura corporal. Para piorar as coisas, e conforme a perspectiva evolutiva, sentimos desejo por gordura – um legado de nossos ancestrais pré-históricos, os quais viveram em uma época em

Tabela 7.1

Índice glicêmico (IG) de alguns alimentos comuns

Alimentos com índice glicêmico baixo (IG = 55 ou menos)

Leite desnatado	Ameixa	Aveia cozida lentamente
Bebidas de soja	Laranja	Lentilha, feijão comum e outros legumes
Maçã	Batata-doce	

Alimentos com índice glicêmico moderado (IG = 56 a 69)

Banana	Arroz integral	Pão integral
Abacaxi	Arroz basmati	Pão de centeio
Passas		

Alimentos com índice glicêmico alto (IG = 70 ou mais)

Melancia	Arroz instantâneo	Batata frita
Tâmaras secas	Cereais açucarados	Açúcar (sacarose)
Batata-inglesa e pão branco	*Bagels*	

Nem todos os carboidratos são iguais! Alimentos que elevam o nível de açúcar no sangue rapidamente têm um IG mais alto do que os que o fazem de forma mais lenta. Escolher alimentos com IG baixo e moderado – que em geral têm poucas calorias e gordura, mas são ricos em fibras, nutrientes e antioxidantes – ajuda a manter os níveis de energia e colesterol equilibrados, reduzir inflamações e diminuir o risco de doença cardíaca e diabetes tipo II.

que as refeições regulares e a sobrevivência eram incertas. Como resultado desse desejo, uma proporção insalubre de 40 a 45% das calorias totais na dieta ocidental média vem da gordura.

Existem quatro tipos principais de gordura: *gordura trans, gordura saturada, gordura monoinsaturada* e *gordura poli-insaturada*. A *gordura trans* e os *ácidos graxos trans*, que são tóxicos, formam-se quando hidrogênio é adicionado ao óleo vegetal em um produto alimentar para garantir uma vida útil maior e sabor e textura desejados. As *gorduras hidrogenadas* e *parcialmente hidrogenadas* são abundantes em margarina, bolachas, biscoitos empacotados e salgadinhos, frituras, rosquinhas e muitos outros alimentos processados. A gordura saturada é encontrada sobretudo em alimentos derivados de fontes animais, incluindo carne de gado, vitela, ovelha, porco, frango, manteiga, queijo e outros laticínios feitos com leite integral. As gorduras monoinsaturadas são encontradas em óleos, como os de canola, oliva e amendoim, e em abacates. Existem dois tipos de gorduras poli-insaturadas: *ácidos graxos ômega-6*, que são encontrados nos óleos de milho, soja, gergelim e cártamo; e os *ácidos graxos ômega-3*, disponíveis principalmente nos óleos de peixes de água fria, como o salmão, e em sementes de linho e alguns outros alimentos que costumam ser difíceis de obter.

Os pesquisadores acreditavam que toda a gordura fosse má, mas, hoje, sabemos que estavam errados. A gordura é uma fonte importante de energia e também ajuda o corpo a absorver vitaminas essenciais. A trans, de fato, é prejudicial à saúde e deve ser evitada. As gorduras saturadas devem ser consumidas com extrema moderação, mas as monoinsaturadas e poli-insaturadas (em especial os ácidos graxos ômega-3) são saudáveis, pois reduzem os níveis de colesterol no sangue e têm efeito anti-inflamatório salutar no corpo (Brownlee, 2006). Como você verá em outros capítulos, as inflamações descontroladas são as causas de muitas doenças crônicas. Para ajudar os consumidores a compreender a complexidade de escolher produtos alimentícios com base em seus teores de gordura, a partir de 2006, a Food and Drug Administration dos Estados Unidos (FDA) passou a exigir que as empresas de alimentos listassem a quantidade total de gordura trans, gordura saturada e colesterol em seus rótulos.

Doença coronariana

O consumo de gordura saturada e especialmente de gordura trans, que se tornam colesterol alimentar no corpo, é um fator que contribui para muitos problemas de saúde, incluindo a doença coronariana. O colesterol é uma substância oleosa essencial para a formação de paredes celulares fortes, a mielinização das células nervosas e a produção de hormônios. Entretanto, o colesterol que recebemos das gorduras em nossos alimentos não é essencial, pois o fígado fabrica todo o colesterol de que o corpo necessita. O colesterol alimentar, que provém de gorduras e óleos animais, e não de produtos vegetais, circula no sangue e, portanto, é chamado de *colesterol sérico* (de soro, o soro é a parte líquida do sangue).

O colesterol é encontrado no soro em diversas formas de proteínas chamadas de *lipoproteínas*. Existem três tipos de lipoproteínas, diferenciadas por sua densidade. As *lipoproteínas de baixa densidade* (LDL, que carregam o colesterol pelo corpo para ser usado pelas células) e os *triglicerídeos* (a forma química em que a maior parte da gordura ocorre nos alimentos) foram relacionados com o desenvolvimento de doenças cardíacas, enquanto as *lipoproteínas de alta densidade* (HDL) podem oferecer proteção contra cardiopatias. O colesterol carregado pelas LDL é então chamado de "colesterol ruim", enquanto o HDL é o "colesterol bom", pois ajuda a limpar depósitos de colesterol das paredes celulares e os carrega para o fígado, onde são decompostos e removidos do corpo. A gordura saturada alimentar e sobretudo a trans elevam os níveis de colesterol LDL no sangue, reduzem os níveis de HDL e promovem inflamações.

Gordura trans Ao contrário de outras gorduras alimentares, a gordura trans não é essencial e não promove a saúde. O consumo dessa gordura eleva os níveis do colesterol "ruim", o LDL, e reduz os níveis do colesterol "bom", o HDL. Em 1º de julho de 2007, Nova York tornou-se a primeira cidade a banir a gordura trans de seus restaurantes.

Se aprovada, uma proposta defendida de forma unânime pelo Conselho de Saúde de Nova York estabeleceria um limite de meio grama de gordura trans por porção para cada item nos menus de todos os 20 mil restaurantes da cidade – desde lancherias de *fast-food* aos mais chiques bistrôs. Os psicólogos da saúde esperam que essa atitude promissora possa encorajar outras metrópoles a fazer o mesmo.

Nutricionistas recomendam que se mantenha o colesterol sérico abaixo de 200 miligramas (mg) de colesterol por decilitro (dL) de sangue, com os níveis de LDL e triglicerídeos abaixo de 100 mg/dL e os de HDL acima de 40 mg/dL. Para ajudar, o consumo de alimentos que contenham gordura saturada e colesterol deve permanecer o mais baixo possível (mas preservando uma dieta saudável). Segundo um painel da Academia Nacional de Ciência, o único nível seguro de gordura trans em um alimento é "zero". Nutricionistas sugerem que todas as pessoas, começando aos 20 anos de idade, obtenham um perfil completo do colesterol sérico (colesterol total, colesterol LDL, colesterol HDL e triglicerídeos) a cada cinco anos (NCEP, 2006).

Existem evidências claras que relacionam os níveis de lipoproteínas ao risco de doença coronariana (Leon e Bronas, 2009). Um longo estudo prospectivo de homens brancos verificou que os níveis de colesterol no soro aos 22 anos conseguiam prever com precisão a sua saúde cardiovascular nas próximas décadas (Klag et al., 1993). No começo do estudo, os participantes foram separados em três grupos com base em seu nível de colesterol sérico. Aqueles que foram colocados no grupo de alto risco aos 22 anos (colesterol sérico entre 209 e 315 mg) tiveram 70% mais probabilidade de desenvolver doenças cardíacas do que os do grupo de baixo risco (níveis de colesterol sérico entre 118 e 172 mg).

Embora os níveis de colesterol apresentem uma tendência a aumentar com a idade, diminuir o colesterol do sangue pode não ser bom para pessoas com mais de 70 anos. Dados do estudo de Framingham demonstram uma relação positiva entre os níveis de colesterol sérico e mortes por doença coronariana apenas até a idade de 60 anos (ver Cap. 9). Em adultos mais velhos, o colesterol sérico pode proporcionar uma certa proteção contra doenças cardíacas, particularmente nas mulheres (Kronmal et al., 1993).

O estudo de Framingham também revelou uma questão importante: o melhor prognóstico de doenças cardíacas não é o nível total de colesterol sérico; em vez disso, o culpado é o nível de "colesterol ruim" (LDL e triglicerídeos) no corpo. Mesmo pessoas com níveis baixos de colesterol total no soro apresentam risco maior de desenvolver aterosclerose se os níveis de HDL forem muito baixos. Níveis de HDL abaixo de 35 mg/dL são considerados prejudiciais à saúde. O hábito de fumar, a falta de atividade física e dieta com consumo alto de colesterol e gorduras saturadas estão relacionados com níveis mais elevados de LDL e níveis menores de HDL. Certos tipos de gorduras poli-insaturadas e monoinsaturadas, a vitamina E e uma dieta com baixos teores de gordura e muita fibra protegem contra doenças cardíacas, elevando os níveis de HDL.

O nível de colesterol sérico é determinado, em parte, pela hereditariedade. Algumas pessoas parecem ser capazes de consumir uma dieta rica em gordura sem elevá-lo; outras podem ter níveis elevados de colesterol, mesmo que sua dieta seja baixa em gordura saturada. Para a maioria das pessoas, contudo, a dieta e o estilo de vida desempenham um papel fundamental na quantidade de colesterol sérico circulante no organismo.

Câncer

Como você verá no Capítulo 10, a dieta está envolvida em um terço de todas as mortes que ocorrem devido ao câncer nos Estados Unidos (American Cancer Society, 2009). A maior culpada pelo câncer em relação à dieta é a gordura saturada, em especial aquela encontrada na carne vermelha e em outros produtos de origem animal. Essa gordura já foi relacionada com vários tipos de câncer, incluindo o de mama, o da próstata e os de colo e reto.

Felizmente, também existem evidências de que alguns alimentos podem nos proteger contra o câncer. As frutas e outros vegetais são ricos em *betacaroteno*, que o corpo transforma em vitamina A, um nutriente que ajuda a garantir o funcionamento saudável do sistema imune. Com o betacaroteno, pequenas quantidades do mineral selênio, encontrado em peixes, grãos integrais e alguns vegetais, podem ajudar a prevenir determinadas formas de câncer (Glauert et al., 1990). A dieta rica em vitaminas C e E também auxilia na prevenção da doença, protegendo as células corporais dos efeitos prejudiciais dos *radicais livres*. Esse tipo de dieta também protege contra *nitrosaminas* carcinogênicas, que são produzidas no estômago quando comemos alimentos com nitratos, nitritos e outros conservantes.

Determinação do peso: comendo a quantidade certa

Naturalmente, não apenas o que você come, mas também o quanto ingere em relação às necessidades calóricas de seu corpo determina seu peso e sua saúde. Antes de discutirmos a obesidade, suas causas e seu tratamento, os mecanismos básicos por meio dos quais o corpo determina o tipo e a quantidade necessários de calorias devem ser entendidos.

Taxa metabólica basal e consumo de calorias

O peso corporal permanece estável quando as calorias que o corpo absorve dos alimentos ingeridos equivalem àquelas que ele gasta para as funções metabólicas básicas e suas atividades físicas. De quantas calorias seu corpo necessita? Esse número, chamado de **taxa metabólica basal**, não é determinado com facilidade, pois depende de diversas variáveis, incluindo idade, gênero, peso atual e nível de atividade.

Diferenças individuais na taxa metabólica basal ajudam a explicar por que é possível para duas pessoas de mesma idade, altura e nível aparente de atividade apresentarem o mesmo peso, mesmo que uma tenha apetite voraz e a outra simplesmente prove a comida. Vários fatores determinam a taxa metabólica basal, incluindo, primeiro, a hereditariedade. Alguns indivíduos possuem uma taxa metabólica naturalmente mais alta do que outros, mesmo quando estão dormindo. Outras pessoas necessitam de menos calorias para o mesmo nível e a mesma quantidade de atividade física. Em segundo lugar, as pessoas mais jovens e aquelas que são, em geral, mais ativas possuem taxa metabólica basal mais elevada do que adultos mais velhos e indivíduos sedentários. Em terceiro, o tecido adiposo possui taxa metabólica basal mais baixa (queima menos calorias) do que os músculos. Quando acrescenta gorduras a seu corpo, você necessita de menos comida para manter o peso do que precisou para ganhá-lo. Finalmente, como os homens têm mais músculos, seus corpos queimam de 10 a 20% mais calorias em situação de repouso do que os corpos das mulheres.

■ **taxa metabólica basal**
número mínimo de calorias de que o corpo necessita para manter as funções corporais quando em situação de repouso.

A hipótese do *set-point**

Muitas pessoas acreditam que o peso do corpo oscile de forma aleatória, mas, na verdade, ele equilibra o consumo e os gastos de energia de forma bastante rigorosa. Um adulto normal consome aproximadamente 900 mil a 1 milhão de calorias por ano. Subtraindo desse número os custos energéticos da taxa metabólica basal, iremos descobrir que menos de 1% das calorias que comemos são armazenadas como gorduras, um grau notável de precisão no balanço de energia (Gibbs, 1996). Em razão dessa regulação precisa, especialistas usaram dados de pesquisas nacionais para estimar que

---

* N. de R.T.: Termo consagrado em inglês nos textos de medicina. Em português, é considerado "ponto de equilíbrio" ou "ponto de acomodação".

> **hipótese do *set-point*** ideia de que o peso corporal de cada pessoa é determinado geneticamente de acordo com um limite, ou *set-point*, que o corpo tenta manter.

alterar o balanço de energia em apenas 100 calorias por dia (somente 15 minutos de caminhada ou comer um pouco menos em cada refeição) poderia evitar o ganho de peso na maioria das pessoas (Hill et al., 2003).

Evidências dessa precisão corroboram a **hipótese do *set-point***, a ideia de que cada um de nós tem um "termostato" de peso corporal que ajusta de forma contínua o metabolismo e a alimentação para manter o peso em um patamar, ou *set-point*, que é determinado geneticamente (Keesey e Corbett, 1983) As primeiras evidências para essa hipótese partiram de estudos com voluntários com inanição ou que tinham episódios de comer excessivamente. Durante a Segunda Guerra Mundial, Ancel Keys estudou 36 homens que foram voluntários para um estudo sobre semi-inanição como alternativa ao serviço militar (Keys et al., 1950). Nos primeiros três meses do estudo, os participantes comeram de modo habitual. A seguir, por seis meses, receberam metade de seu consumo calórico normal, com o objetivo de reduzir o peso em 25%. Inicialmente, os homens perderam peso de forma rápida. À medida que o tempo passava, contudo, a velocidade da perda diminuía, forçando-os a consumir ainda menos calorias para atingir seu objetivo. Um resultado ainda mais surpreendente desse estudo foi sobre os efeitos psicológicos da semi-inanição. Os sujeitos faziam nada além de pensar e falar sobre comida, e até colecionavam receitas.

O conceito do *set-point* (hoje considerado por muitos pesquisadores como uma amplitude de peso, em vez de um número fixo de quilos) explica em parte por que é difícil reduzir o peso. Conforme mostrou um estudo de George Bray (1969), com uma dieta prolongada, o corpo defende suas preciosas reservas de gordura diminuindo sua taxa metabólica. Quando pessoas obesas em dieta reduziram seu consumo diário de 3.500 para 450 calorias por 24 dias, seus corpos rapidamente começaram a queimar menos calorias, até que suas taxas metabólicas basais diminuíssem em 15%. O resultado: embora o peso corporal tivesse diminuído de início em 6%, com a taxa metabólica basal mais baixa, ficou difícil perder mais. Esses achados sem dúvida soarão familiares para aqueles que já passaram pela experiência frustrante de perder alguns quilos de forma bastante rápida e depois ter dificuldade para perder mais peso à medida que continuavam a dieta (e seu metabolismo reduzido).

Se a inanição tem esse efeito sobre o metabolismo, que ação terá episódios bulímicos ou comer compulsivamente?[*] Para descobrir, pesquisadores persuadiram um grupo de voluntários de peso normal a comer de forma excessiva até que seus pesos aumentassem em 10% (Leibel et al., 1995). Os resultados foram semelhantes aos dos estudos de semi-inanição. Após um período inicial de ganho rápido, outros aumentos de peso vieram lentamente e com muita dificuldade, mesmo que os participantes tivessem acesso a uma abundância de alimentos deliciosos e realizassem o mínimo possível de atividades físicas que queimassem calorias. Assim como os homens no estudo de semi-inanição, os voluntários superalimentados consideraram o experimento desagradável. A comida ficou repulsiva, e eles tiveram de fazer força para comer. Alguns nem conseguiram alcançar seu objetivo de ganhar peso, ainda que tenham dobrado o número de calorias consumidas a cada dia. Ao final do experimento, contudo, a maioria deles perdeu peso com rapidez.

Esses estudos indicam claramente que, a curto prazo, em geral é muito difícil alterar o peso de forma substancial e que, mesmo que possamos fazê-lo, é difícil manter a diferença de peso. O corpo defende seu *set-point* ajustando a taxa metabólica basal quando necessário. A longo prazo, porém, mesmo indivíduos com peso normal conseguem vencer sua propensão genética. Por exemplo, comer demais – ignorando os sinais de "cheio" do nosso cérebro – com uma redução correspondente no nível de

---

[*] N. de R.T.: Do original *binge eating*, que se refere a episódios recorrentes de consumo alimentar compulsivo, os chamados episódios bulímicos. Ver uma descrição detalhada em Segal, A; Cardeal, M.V. & Cordás, T.A. Aspectos psicossociais e psiquiátricos da obesidade. *Revista de Psiquiatria Clínica*, extraído de http:\\www.hcnet.usp.br/ipq/revista/vol29/n2/8.

atividade pode levar a ganhos anuais modestos, que se acumulam ao longo dos anos. Pesquisas mostraram que mudanças lentas e sustentadas no peso corporal – em resposta, por exemplo, ao acesso ilimitado a alimentos muito saborosos – *podem* mudar o *set-point* (Raynor e Epstein, 2001).

Por que nossos corpos são tão bons em manter o peso? Segundo a perspectiva evolutiva, a capacidade de armazenar excessos de calorias como gorduras foi um importante mecanismo de sobrevivência para nossos ancestrais. Os animais que hibernam e aqueles que devem aguentar períodos de escassez nutricional, como fez a espécie humana durante grande parte de nossa história, acumulam reservas energéticas internas quando há abundância de alimentos, e vivem dessas reservas quando a comida está escassa. A seleção natural favoreceu os antepassados humanos, que desenvolveram "genes econômicos", o que aumentou a capacidade de armazenar gorduras em cada refeição para mantê-las até a próxima. Embora aquelas pessoas que vivem em países desenvolvidos e com grandes estoques de alimentos não mais precisem acumular tanta gordura, muitas ainda continuam a fazê-lo. Por exemplo, a obesidade é característica dos índios pima que vivem ao estilo "ocidental", enquanto os índios pima que vivem segundo um estilo de vida mais tradicional permanecem magros e têm níveis baixos do hormônio da gordura **leptina** (Friedman et al., 2003). De maneira semelhante, mulheres hispano-americanas têm taxas maiores de obesidade do que suas correlatas brancas não hispânicas. Isso ocorre especialmente com as latinas cujas famílias são mais *aculturadas* às normas alimentares ocidentais (Yeh et al., 2009).

■ **leptina** hormônio sinalizador de peso que é monitorado pelo hipotálamo como índice de gordura corporal.

As bases biológicas da regulação do peso

Nossa taxa metabólica basal determina quantas calorias necessitamos para manter o funcionamento corporal, mas o que desencadeia os ataques de fome que todos nós temos? Nenhuma questão gerou mais pesquisas em psicologia da saúde do que a seguinte: O que, exatamente, desencadeia a fome e seu oposto – a *saciedade*? Embora já tenha parecido óbvio que a fome e a saciedade ocorrem no estômago, essa noção simplista foi logo rejeitada frente às evidências de que a fome persiste em seres humanos e cobaias de laboratório que tiveram seus estômagos removidos.

Pesquisadores já abordaram o problema, questionando onde os sinais de fome e de saciedade são processados no cérebro. Durante a década de 1960, pesquisadores localizaram os centros do apetite em duas áreas do hipotálamo: uma região lateral denominada *hipotálamo lateral*, que parecia desencadear a fome, e uma área inferior, no meio, chamada de *hipotálamo ventromedial*, que parecia suscitar a saciedade. Experimentos conduzidos com animais ao longo dessa década demonstraram que a estimulação elétrica do hipotálamo lateral faz um animal que tenha comido até o ponto de satisfação começar a comer novamente; quando essa área está lesionada, mesmo um animal que não tenha comido em alguns dias não apresenta sinais de fome. Da mesma forma, quando o hipotálamo ventromedial é estimulado, os animais param de comer; quando essa área é destruída, eles comem excessivamente até atingir obesidade extrema (Hoebel e Teitelbaum, 1966). Do mesmo modo, tumores cerebrais no hipotálamo foram relacionados com obesidade em alguns pacientes humanos (Miller et al., 1995). Hoje sabemos que o hipotálamo lateral secreta *orexina*, o hormônio desencadeador da fome, à medida que aumenta o tempo desde a última refeição e os níveis de açúcar no sangue diminuem (Sakurai et al., 1998).

Sensações maiores de fome também são relacionadas a um aumento no número de células adiposas, ou **adipócitos**, no corpo. Quando alcançam sua capacidade máxima de armazenamento, os adipócitos se dividem – uma condição chamada de *hiperplasia das células adiposas*. Quando o número de células adiposas aumenta no corpo da pessoa, como resultado de uma predisposição genética ou ingestão excessiva de alimentos, não diminui mais, mesmo quando as pessoas fazem dieta (Spalding, 2008). Indivíduos não obesos têm 25 a 30 bilhões de células adiposas. Aqueles que são grave-

■ **adipócitos** células corporais que armazenam gordura.

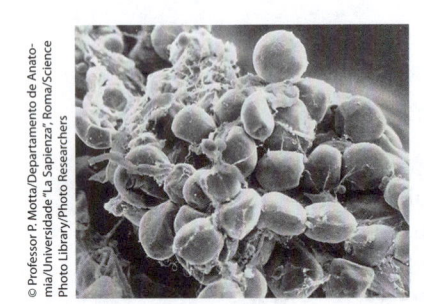

Adipócitos. Normalmente, os seres humanos possuem em torno de 30 bilhões de células adiposas ou adipócitos. Elas são como pequenos tanques de armazenamento. Em uma pessoa magra, essas células estão relativamente vazias; à medida que a pessoa ganha peso, as células começam a encher. Cada uma das células nesta fotomicrografia eletrônica está preenchida com uma única gota de lipídeo, formada sobretudo por triglicerídeos. Fibras do tecido conectivo, no canto superior esquerdo, proporcionam suporte para as células adiposas.

mente obesos podem ter 200 bilhões ou mais (Hirsch, 2003). Estudos recentes com animais mostram que períodos de inatividade também podem aumentar os estoques de gordura e o número de células adiposas (Roberts, 2007).

Supondo que os hipotálamos lateral e ventromedial integrem os diversos sinais de fome e saciedade, *como* o cérebro mantém o peso do corpo próximo de seu *set-point*? Uma teoria propõe que o hipotálamo regule diretamente o número de células adiposas. Até pouco tempo atrás, a maioria dos pesquisadores acreditava que essas células fossem um sistema de armazenamento passivo. Hoje, eles consideram que a gordura seja uma forma de tecido endócrino, que produz hormônios como a leptina e *cytokines* como a fatores de necrose tumoral-alfa (TNF-alfa) (Kershaw e Flier, 2004). Pesquisadores descobriram um hormônio produzido pelas células adiposas que pode desencadear a formação de novas células, sobretudo em crianças (Saez et al., 1998). A formação de tecido adiposo também é controlada por vias genéticas – em parte, pelo *gene adiposo* WDTC1 (*Science Daily*, 2007).

Pesquisadores têm discutido vários outros mecanismos específicos para regular a frequência com que comemos e a quantidade do que ingerimos em determinado dia e para regular nosso peso corporal ao longo de meses e anos.

A regulação rápida do apetite

O pâncreas produz o hormônio insulina e auxilia o corpo a converter glicose em gordura. Quando os níveis de glicose caem, a produção de insulina aumenta, e sentimos fome. Em contrapartida, quando os níveis de glicose aumentam, a fome e os níveis de insulina diminuem. À medida que o tempo passa desde a última refeição, cai o nível de glicose no sangue. Além da redução na insulina, a baixa glicose no sangue desencadeia a liberação da gordura armazenada nas células do corpo. Quando há depleção de gordura, o hipotálamo também gera fome, motivando-nos a reabastecer nossos estoques de gordura e glicose por meio da alimentação.

Os pesquisadores também identificaram a colecistocinina (CCK), um hormônio da saciedade liberado pelo intestino na corrente sanguínea que indica quando já comemos o suficiente. A CCK suprime o apetite mesmo quando injetada em animais em inanição (Thompson, 2000). Dois outros hormônios reguladores rápidos do apetite que foram identificados são a *grelina*, um estimulante do apetite, e a PYY, um supressor do apetite. O estômago produz grelina, que faz a glândula hipófise liberar hormônio do crescimento (GH), e estimula o apetite. Essa descoberta ajudou a esclarecer um mistério na pesquisa do apetite: por que as pessoas querem comer em momentos específicos de cada dia. David Cummings e colaboradores (2005) descobriram que os níveis de grelina aumentam 1 ou 2 horas antes das refeições e diminuem depois delas, estimulando o apetite por meio da ativação de neurônios no *núcleo arqueado* (ARC) do hipotálamo. A grelina também estimula os receptores das células nervosas do hipocampo, uma área cerebral envolvida na aprendizagem e na memória (Diano et al., 2006). Esse achado faz sentido evolutivo, pois os animais famintos precisam lembrar onde encontraram uma fonte de alimento. A maioria das pessoas obesas tem níveis mais baixos de grelina do que indivíduos mais magros, e a produção desse hormônio aumenta em sujeitos que fazem dieta – explicando, em parte, por que pessoas em dieta podem ter mais dificuldade para aderir a seu regime.

A regulação lenta do apetite

Por que certas pessoas parecem ter mais potencial para engordar? Os biólogos moleculares especulam que condições genéticas possam interferir na capacidade do corpo para regular o número de células adiposas, fazendo as pessoas ganharem peso. Em 1994, pesquisadores descobriram que ratos de laboratório com um gene deficiente para regular o hormônio leptina não conseguiam controlar a fome e ficavam obesos. A leptina, produzida pelas células adiposas, é encontrada em níveis maiores em pessoas com mais gordura corporal e em níveis menores em indivíduos com menos. Uma vez que em geral apresentam mais gordura corporal, as mulheres costumam ter níveis mais elevados de leptina do que os homens.

À medida que aumenta a gordura corporal, níveis maiores de leptina sinalizam ao cérebro normal para suprimir a fome. Animais com genes deficientes para leptina produzem tal hormônio em quantidade insuficiente e comem demais. Eles ficam muito obesos e diabéticos e apresentam uma taxa metabólica basal inferior à de seus correlatos geneticamente normais (Zhang et al., 1994). Quando recebem injeções diárias de leptina, comem menos, tornam-se mais ativos e seus pesos corporais retornam ao normal (Halaas et al., 1995).

A descoberta da leptina renovou o apoio à teoria do *set-point*. Segundo essa linha de raciocínio, se o *set-point* do corpo for como um termostato, a leptina atua como o termômetro (Gibbs, 1996). Conforme a pessoa ganha peso, mais leptina é produzida. Isso acaba com o apetite, aumenta o gasto energético e desencadeia outros mecanismos para restaurar o peso corporal ao *set-point*. Entretanto, quando uma pessoa perde peso (como ao fazer dieta), os níveis de leptina diminuem, a fome aumenta e o metabolismo cai até que o peso retorne a seu nível normal.

A capacidade de sinalização da leptina também pode explicar por que a maioria das pessoas que fazem dieta recupera o peso perdido. Depois da dieta, existe menos leptina disponível para sinalizar ao cérebro, possivelmente aumentando a fome e reduzindo o metabolismo. Em ratos normais, os níveis de leptina caíram 40% depois de um jejum de três dias e 80% depois de um jejum de seis dias (Nakamura et al., 2000). Embora os efeitos desse hormônio tenham deixado os pesquisadores entusiasmados com seu possível uso como medicamento para redução do peso, por enquanto seus esforços não tiveram êxito (Morton et al., 2006).

Estudos recentes têm apontado para uma função diferente do hormônio em animais e em pessoas. Ainda que alguns casos raros de obesidade humana sejam causados por defeitos na produção de leptina, a maioria dos humanos obesos tem níveis acima do normal do hormônio no sangue (Marx, 2003). Alguns acreditam que os receptores de leptina de pessoas obesas sejam simplesmente menos sensíveis à substância. Seguindo essa linha de raciocínio, talvez o principal papel da leptina seja proteger contra a perda de peso em tempos de privação, em vez de contra o ganho de peso em tempos de abundância. As pessoas obesas produzem o hormônio em uma taxa maior apenas para compensar um processo deficiente de sinalização (Nakamura et al., 2000).

Ainda que injeções de leptina não sejam eficazes para tratar a maioria dos casos de obesidade em seres humanos, a descoberta do hormônio ajudou a identificar as vias neurais envolvidas na regulação do peso. Em particular, a via ARC que vimos estar envolvida na regulação rápida do apetite, contém grandes números de receptores para leptina e outros hormônios implicados no controle do peso a longo prazo. O ARC também contém dois tipos principais de neurônios, com ações opostas. A ativação de um tipo, que produz um neurotransmissor chamado *neuropeptídeo Y* (NPY), estimula o apetite e reduz o metabolismo. A ativação do outro tipo causa a liberação do *hormônio estimulante de melanócitos*, que reduz o apetite. Por essas razões, o ARC é considerado o "centro mestre" para a regulação rápida e lenta do peso (Marx, 2003).

Obesidade: fatos básicos

As pessoas preocupam-se com o que e o quanto comem devido aos efeitos fisiológicos e psicológicos negativos da obesidade. O fato de ser obeso carrega um estigma social em muitas partes do mundo de hoje, o que indica a importância que muitas sociedades dão à aparência física. Crianças obesas com frequência são importunadas e, quando adultas, consideradas "feias", "descuidadas" (Hayden-Wade et al., 2005) e sem força de vontade (Friedman e Brownell, 1995; Larkin, 2007).

A maneira como o peso afeta o bem-estar depende do gênero. Por exemplo, mulheres obesas têm mais probabilidade de serem depressivas, até mesmo suicidas, do que seus correlatos mais magros (Carpenter et al., 2000). Curiosamente, homens *abaixo do peso* têm mais probabilidade de serem diagnosticados com depressão clínica do que suas correlatas mais pesadas.

Como definimos a obesidade? Nos últimos anos, a definição de obesidade foi refinada, passando a significar a presença de gordura corporal em excesso. A pessoa com peso e forma corporal aceitáveis, mas que tenha muita gordura, pode ser considerada obesa e sua saúde pode estar em risco. Assim, você pode ser saudável ou não com o mesmo peso – tudo depende de sua relação individual de gordura e músculo.

O método utilizado com mais frequência para mensurar a obesidade atualmente é o **índice de massa corporal (IMC)**, que tem forte correlação com a porcentagem de gordura corporal. Eis como determinar seu IMC:* multiplique seu peso (sem sapatos ou roupas) por 705. Divida o produto por sua altura. Depois, divida novamente por sua altura. De maneira alternativa, você pode usar a calculadora do IMC no *website* do National Institutes of Health (www.nhlbisupport.com/bmi). Por exemplo, se você pesa 63,5 kg e mede 1,68 m, seu IMC seria de 22,49, que está na faixa normal (ver Tab. 7.2). Uma pessoa com IMC de 40 ou mais é considerada *morbidamente obesa* – tendo chegado ao ponto em que a gordura corporal em excesso começa a interferir na atividade cotidiana e até na respiração. A obesidade mórbida equivale a 133,36 kg para um homem de 1,83 m ou 112,04 kg para uma mulher de 1,68 m.

Não existe um nível ideal de gordura corporal para todas as pessoas, pois essa quantidade muda com a idade. Em adultos saudáveis, níveis aceitáveis de gordura corporal variam de 25 a 30% em mulheres e de 18 a 23% em homens.

Embora a quantidade geral de gordura corporal seja importante, as evidências indicam que *onde* a gordura corporal está distribuída pode ser ainda mais significativo. O excesso de gordura no tronco e no abdome associado ao **padrão masculino de obesidade** (também chamado de *obesidade abdominal*) foi ligado a aterosclerose, hipertensão e diabetes (Canoy et al., 2004), e – quilo por quilo – é considerado um risco geral maior à saúde do que a gordura concentrada no quadril e nas coxas (**padrão feminino de obesidade**). Entretanto, os perigos para a saúde de uma relação cintura/quadril alta se aplicam a mulheres e homens (Sjostrom, 1992) e podem ser um prognóstico ainda mais preciso de mortalidade por todas as causas do que o IMC. Para medir a relação cintura/quadril:

1. Meça sua cintura no ponto mais fino.
2. Meça seu quadril no ponto mais largo.
3. Divida a medida de sua cintura pela de seu quadril: _____
   (cintura)/(quadril) = _____

Assim, uma mulher com cintura de 74 cm e quadril de 94 cm teria a relação de 0,79; enquanto um homem com cintura de 86 cm e quadril de 102 cm, teria a relação de 0,84, ambas as relações correspondem a valores saudáveis. Como regra, a relação cintura/quadril desejável é menos de 0,8 para mulheres e menos de 0,95 para homens.

■ **índice de massa corporal (IMC)** medida da obesidade calculada dividindo-se o peso corporal pelo quadrado da altura da pessoa.

■ **padrão masculino de obesidade** corpo "em formato de maçã" de homens que possuem peso em excesso na porção superior de seu corpo e abdome.

■ **padrão feminino de obesidade** corpo "em formato de pera" de mulheres que possuem peso em excesso nas coxas e no quadril.

Tabela 7.2

Índice de massa corporal (IMC) e peso

Categorias de IMC

Abaixo do peso = <18,5
Peso normal = 18,5–24,9
Acima do peso = 25–29,9
Obeso = 30–39,9
Morbidamente obeso = 40+

Fonte: Department of Health and Human Services. Centers for Disease Control and Prevention. Disponível em http://www.cdc.gov/nccdphpdnpa/bmi/index.htm. Acesso em 28 de outubro de 2010.

Dois extremos de peso Este jogador profissional de futebol americano tem um IMC acima de 30, o que o coloca na categoria obeso. No outro lado da escala, a modelo Esther Canadas mede 1,78 cm e pesa 46 kg, com um IMC insalubre de 14,4.

---

* N. de R.T.: Cálculo de massa corporal (IMC) – *site* em kg:www.pt.wikipedia.org/wiki/índice_de_massa_corporal; www.calculoimc.com.br. Associação Brasileira para o Estudo da Obesidade e da Síndrome Metabólica (ABESO): www.abeso.org.br/calcule-seu-imc.shtml.

Um estudo de uma grande amostra de mulheres do Estado de Iowa relatou que, quanto maior a relação cintura/quadril, maior a taxa de mortalidade (Folsom et al., 1993). Essa relação permaneceu significativa mesmo após o IMC, o hábito de fumar, o nível educacional, o estado civil, o consumo de álcool e outras variáveis haverem sido descontados. Mais recentemente, o Nurses' Health Study mostrou que mulheres com uma relação cintura/quadril de 0,88 ou maior tinham três vezes mais probabilidade de desenvolver doenças coronarianas do que aquelas com uma relação cintura/quadril abaixo de 0,72 (Rexrode et al., 1998).

Os riscos da obesidade

Os Institutos Nacionais de Saúde (NIH) declaram que a obesidade fica atrás apenas do hábito de fumar como fator comportamental com influência nas taxas de mortalidade. Embora o fato de estar com **sobrepeso** aparentemente não cause riscos à saúde (Fig. 7.3; McGee, 2005), a obesidade representa um grande risco: conforme a gordura corporal acumula, preenche o espaço ocupado por órgãos internos e contribui para muitos problemas crônicos de saúde. Considere:

■ **sobrepeso** peso corporal que excede o peso desejável para uma pessoa de determinada altura, idade e forma corporal.

- A incidência de hipertensão em pessoas que estão 50% ou mais acima do peso é de 3 a 5 vezes a de indivíduos com peso normal.
- A obesidade promove *hiperinsulinemia,* um distúrbio endócrino em que a insulina perde progressivamente sua eficácia para remover a glicose da corrente sanguínea em 60 trilhões de células de nosso corpo. Por essa razão, a obesidade é a principal causa de diabetes tipo II.
- O fígado fabrica mais triglicerídeos (a forma mais comum de gordura na corrente sanguínea) e colesterol em pessoas com excesso de peso corporal, aumentando o risco de artrite, gota e problemas na vesícula.
- Complicações após cirurgias, incluindo infecções, ocorrem com mais frequência em pessoas obesas.

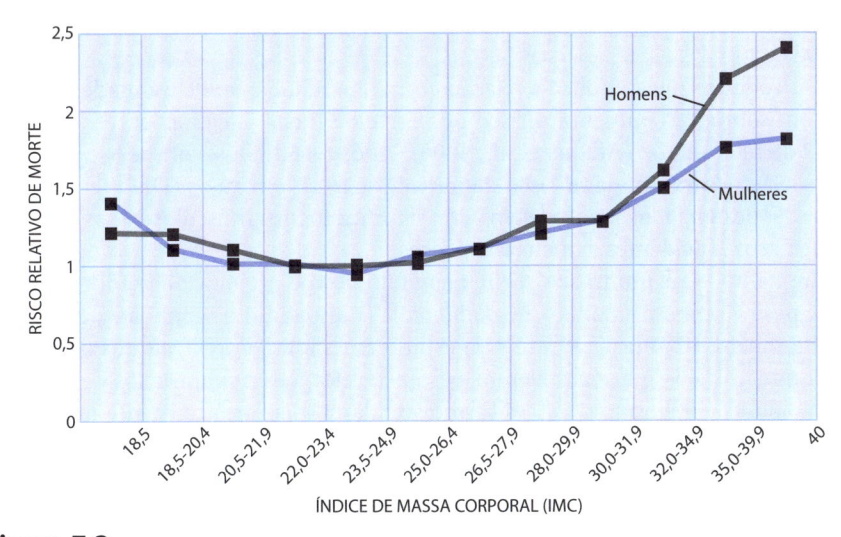

Figura 7.3

Taxas de mortalidade como resultado do índice de massa corporal (IMC). De modo geral, mulheres e homens mais magros vivem mais tempo. Com um IMC de 40, o risco de uma mulher morrer é aproximadamente 50% mais alto do que o de uma pessoa com IMC de 24; para os homens com um IMC acima de 40, o risco de morte é em torno de 2,5 vezes mais alto. Entretanto, pessoas muito magras não apresentam as taxas de mortalidade mais baixas, indicando que a relação entre peso e má saúde, na verdade, tem a forma de um U, se o gráfico fosse estendido para IMCs abaixo de 18.
Fonte: Calle, E. E., Thun, M. J., Petrelli, J. M., Rodriguez, C. e Heath, C. W. (1999). Body-mass index and mortality in a prospective cohort of U.S. adults. *New England Journal of Medicine,* 341, p. 1097–1105.

- Existe uma forte correlação entre obesidade e doenças cardiovasculares em homens e mulheres, mesmo após ajustes estatísticos serem feitos para pressão, colesterol, hábito de fumar, idade e diabetes.
- A obesidade aumenta o risco de certos tipos de câncer.

Dentre os indivíduos com sobrepeso, 1 em 4 adultos e quase 30% dos adolescentes têm uma constelação de fatores de risco que resultam em uma condição chamada *síndrome metabólica* (Cook et al., 2003). Esses fatores de risco compreendem obesidade abdominal, níveis elevados de triglicerídeos e pressão arterial, e hiperinsulinemia.

Devido aos perigos que a obesidade causa à saúde, não é de surpreender que o fato de estar significativamente com sobrepeso possa encurtar a vida (Adams et al., 2006). Um grande estudo recente que acompanhou mais de 1 milhão de norte-americanos por um período de 14 anos relatou que homens e mulheres brancos com o IMC mais alto (40 ou acima) tinham de 2 a 6 vezes o risco relativo de morte de pessoas mais magras com um IMC de 24 (Calle et al., 1999). Outro grande estudo prospectivo verificou que adultos com sobrepeso têm mais probabilidade de morrer três anos antes que seus correlatos mais magros (Peeters et al., 2003).

Embora, de modo geral, as pessoas mais magras vivam mais tempo, a Figura 7.3 também demonstra que pessoas muito magras não apresentam as taxas de mortalidade mais baixas, indicando que a relação entre peso corporal e problemas de saúde provavelmente tenha a forma de U (Flegel et al., 2005). Essa relação foi encontrada em estudo recente que acompanhou uma grande amostra de mulheres durante um período de 26 anos (Lindsted e Singh, 1997). As taxas de mortalidade foram mais altas entre as pessoas muito magras e as muito gordas.

Todavia, pesquisadores ainda estão debatendo se ter um IMC entre 25 e 30 é realmente perigoso. Alguns especialistas sugerem que indivíduos baixos, idosos e norte-americanos de origem africana, latina ou asiática não sofram efeitos negativos a menos que fiquem realmente obesos (Strawbridge et al., 2000). Por exemplo, ainda que as taxas de mortalidade mais baixas entre mulheres e homens euro-americanos ocorram entre aqueles que apresentam um IMC de 24 a 25, as mais baixas entre afro-americanos ocorrem em indivíduos com IMC de 27 (Durazo-Arvizu et al., 1998).

Outro fator que complica a relação entre obesidade e saúde é a idade. O fato de estar com sobrepeso aumenta o risco de morte de todas as causas entre os jovens e adultos de meia-idade (Adams et al., 2006). Após os 65 anos, contudo, perder peso está associado com um maior risco de morrer de todas as causas (Diehr et al., 1998), pois perder peso na terceira idade em geral significa menos músculos, ossos mais finos e maior risco de acidentes e doenças crônicas.

- **ciclagem de peso** ganhos e perdas repetidos de peso por meio de dietas repetidas.

Enquanto estar muito abaixo ou acima do peso é prejudicial à saúde, ter **ciclagem de peso** (também chamada de *dieta ioiô*) – um padrão de ganhos e perdas repetidos – também prejudica a saúde. Um estudo em andamento de alunos de Harvard relatou que homens que mantiveram peso estável apresentaram taxas de morte de todas as causas (incluindo doenças cardiovasculares) significativamente menores do que os alunos que haviam adquirido ou perdido uma quantidade substancial de peso com o passar dos anos (Lee et al., 1993). Todavia, ganhos e perdas de peso rápidos não estão ligados a taxas maiores de mortalidade (Maru et al., 2004).

O modelo biopsicossocial da obesidade

Embora seja tentador adotar a visão de que a obesidade seja apenas resultado de comer demais, pesquisas mostram que essa é uma simplificação exagerada. Aqueles que estão com sobrepeso muitas vezes *não* comem mais que seus correlatos magros. Ao contrário, a obesidade é um fenômeno complexo, que envolve fatores biológicos, sociais e psicológicos em suas causas e consequências (Pi-Sunyer, 2003).

Fatores biológicos

Pesquisas sobre os fatores biológicos que contribuem para a obesidade concentram-se nos papéis da hereditariedade, do cérebro e dos hormônios na regulação do apetite.

Hereditariedade

Estudos de gêmeos e de adoção confirmam que os genes contribuem em aproximadamente 50% da probabilidade de ser obeso. Essa hereditariedade é igual à da altura do corpo e maior que a de muitos distúrbios para os quais, em geral, aceita-se uma base genética. (Para uma revisão, ver Friedman, 2003.) A hereditariedade influencia diferentes fatores que contribuem para a obesidade. Por exemplo, a determinação da taxa metabólica basal pelos genes. Pessoas com taxa metabólica basal naturalmente mais baixa queimam menos calorias do que indivíduos mais magros.

O papel da hereditariedade na obesidade é ilustrado por um amplo estudo, no qual os pesquisadores analisaram o peso de mais de 3.500 crianças dinamarquesas adotadas e o de seus pais biológicos e adotivos (Meyer e Stunkard, 1994). O estudo verificou forte relação entre os pesos corporais de adotados e de seus pais biológicos, mas pouca ou nenhuma relação entre os pesos das crianças e os de seus pais adotivos. Outras evidências vêm da correlação forte (0,74) entre os pesos corporais e os IMCs de gêmeos idênticos, mesmo quando são criados em lares diferentes (Plomin et al., 1997; Schousboe et al., 2004). A correlação muito mais baixa entre os pesos corporais e os IMCs de gêmeos fraternos (0,32) sugere que os genes expliquem cerca de dois terços das diferenças individuais em IMC (Maes et al., 1997). Portanto, não é surpresa que os pesos corporais de irmãos adotados (que compartilham da mesma dieta familiar, mas não dos mesmos genes) não se correlacionem.

Visto que a maioria dos estudos até hoje usou amostras de euro-americanos para investigar a genética do IMC, é justo que se pergunte se essas estimativas de hereditariedade aplicam-se igualmente a todas as raças e todos os grupos étnicos. Existem, de fato, pequenas diferenças étnicas na composição corporal (Wagner e Heyward, 2000). Entretanto, uma investigação recente do IMC entre crianças escolares afro-americanas e brancas da Filadélfia não encontrou diferenças em estimativas de hereditariedade entre os dois grupos (Katzmarzyk et al., 1999).

Destino? Fatores genéticos *versus* fatores ambientais

Apesar das evidências do papel de fatores biológicos na obesidade, é importante reconhecer que certos defeitos genéticos estão envolvidos em apenas aproximadamente 4% dos casos de obesidade humana (Clement et al., 2002). O papel dos fatores genéticos na obesidade é complexo, determinado pela interação entre vários genes (poligênico), cada um podendo exercer um efeito relativamente pequeno. Além disso, a hereditariedade isolada não destina a pessoa a ser gorda. A obesidade é produto de vulnerabilidade genética e fatores ambientais ou comportamentos mal-adaptativos (Morrison, 2008). O que parece herdado é uma tendência a ser gordo; o quanto uma pessoa passa do peso é afetado pela dieta e pelo nível de atividade. A atividade regular e uma dieta moderada com baixos teores de gordura podem limitar as tendências genéticas para a obesidade.

Fatores psicossociais

A fome e o comportamento alimentar não são controlados apenas por fatores fisiológicos. Os fatores psicossociais também desempenham um papel. Desde muito cedo, somos condicionados a associar a comida a festas, realizações pessoais e à maioria dos eventos sociais. E o ato de alimentar é um dos principais símbolos de amor entre pais e filhos. Deveríamos, então, ficar surpresos pelo fato de as pessoas procurarem a comida quando ficam perturbadas, nervosas ou estressadas? A ideia de associações entre estresse e alimentação está incorporada ao conceito familiar de *comfort food*. Um grande estudo recente com universitários demonstrou que receber esse tipo de alimentação durante a infância era um prognóstico importante de comer por estresse no futuro (Brown, Schiraldi e Wrobleski, 2009).

Neil Grunberg e eu (Grunberg e Straub, 1992) pedimos a grupos de homens e mulheres, sentados em uma sala de estar confortável, que assistissem a um filme estressante sobre cirurgia nos olhos ou a um filme agradável sobre viagem. Ao alcance dos sujeitos, havia tigelas com amendoins, bolinhos de arroz sem sal e chocolates M & M. As tigelas foram pesadas antes e depois de cada sessão para determinar quanto de cada petisco eles haviam comido. Todos os homens e aquelas mulheres que relataram ter pouca preocupação com dietas e peso corporal comeram menos doces quando assistiram ao filme estressante do que quando assistiram ao filme que não era estressante. Contudo, as mulheres que relataram ser especialmente conscientes de seu peso e que tinham história de dietas frequentes consumiram mais doces quando estavam estressadas.

Um corpo crescente de evidências indica que o estresse agudo e crônico está associado a comer na ausência de fome (Rutters et al., 2009). Um estudo baseou-se em dados do Health and Behavior in Teenagers Study (HABITS) para determinar se o estresse de longo prazo está associado com alimentação prejudicial à saúde, em particular alimentos gordurosos e salgadinhos (Cartwright et al., 2003). A amostra do estudo HABITS é grande apresenta a diversidade socioeconômica e étnica de 4.320 crianças escolares (idade média = 12 anos) que preencheram questionários sobre estresse e práticas alimentares. As garotas e os garotos que relataram os níveis mais elevados de estresse comeram alimentos mais gordurosos e salgadinhos do que seus correlatos menos estressados e tiveram menos probabilidade de consumir diariamente as cinco ou mais variedades de frutas e legumes recomendados ou de fazer o desjejum. Esses dados indicam que o estresse pode contribuir para o risco de doenças de longo prazo ao desencadear padrões alimentares insalubres.

Cultura, *status* socioeconômico e gênero

Os genes não podem explicar por que estar com sobrepeso ou obeso é mais comum atualmente do que no passado. Hoje, a média da mulher nos Estados Unidos é ter 1,62 m de altura, pesar entre 63,5 e 68 kg, apresentar cintura de 86,36 a 88,9 cm e usar roupas tamanho 42 a 44. Há 50 anos, as mulheres tinham cerca da mesma altura, mas pesavam apenas por volta de 54,43 kg, apresentavam cintura de aproximadamente 60,96 a 63,5 cm e vestiam o tamanho entre 38 e 40 (Peeke, 2010). Vinte e cinco anos atrás, 47% dos norte-americanos eram classificados como acima do peso ou obesos; agora, esse número aumentou para 65% (Freking, 2006). Nos dias atuais, norte-americanos estão mais gordos do que seus pais e avós eram e estão ficando mais gordos a cada ano.

Os genes também não podem explicar por que o aumento no peso de nossa população não se distribui de modo regular; existe um aumento desproporcional no número de pessoas massivamente obesas nos últimos anos, sobretudo em certos grupos étnicos. Nos Estados Unidos, a obesidade é mais prevalente entre os afro-americanos, hispano-americanos, nativos americanos e outros grupos de minorias (Fig. 7.4). É interessante observar que os adolescentes afro-americanos estão menos preocupados com aderir ao ideal de magreza para as mulheres do que os euro-americanos, talvez porque, para muitos, uma identidade racial forte e positiva promova a autoestima e reduza o risco de insatisfação com a imagem corporal (Biener e Heaton, 1995; Hesse--Biber et al., 2004). Os fatores socioeconômicos também podem ajudar a explicar essa relação. Particularmente entre as mulheres, em países desenvolvidos existe uma relação inversa entre a obesidade e o *status* socioeconômico, e as pessoas com *status* inferior têm mais probabilidade de estar com sobrepeso do que aquelas que são mais afluentes. O fato de os membros de grupos de minorias serem representados em níveis desproporcionais entre os grupos com menor *status* socioeconômico explica por que as mulheres têm mais probabilidade de apresentar sobrepeso (Sanchez-Vaznaugh et al., 2009).

Todavia, a relação entre a renda, a etnicidade e o peso também varia com o gênero. Existe um gradiente claro de renda na prevalência do sobrepeso entre as mulheres: mulheres pobres têm 1,4 vez mais probabilidade de estar acima do peso do que as com rendas médias e 1,6 vez mais probabilidade do que as com rendas altas. Para homens de todas as raças, contudo, existe pouca evidência de um gradiente relacionado com a renda na prevalência do sobrepeso.

Estar com sobrepeso ou obeso também está inversamente relacionado com o nível de educacional e ocupacional. Entre todos os jovens com idades de 16 a 24 anos, aqueles que estão acima do peso tendem não apenas a possuir rendas pessoais mais baixas, como a ter completado menos anos de educação e a trabalhar em categorias ocupacionais inferiores do que pessoas de peso normal (Gortmaker et al., 1993; Martin et al., 2008). Mais uma vez, essas variáveis socioeconômicas têm maior valor prognóstico em mulheres do que em homens. Homens e mulheres de todas as raças com diplomas universitários têm menor probabilidade de apresentar sobrepeso do que homens e mulheres com menos de 12 anos de formação educacional. Porém, desde a metade da década de 1970, a prevalência de sobrepeso ou obesidade entre homens e mulheres tem aumentado constantemente em todos os níveis educacionais (MMWR, 2008).

Por que pessoas com menos educação formal e *status* socioeconômico mais baixo têm um risco maior de obesidade? Seus fatores de risco incluem um acesso mais limitado aos serviços de saúde, menos conhecimento sobre a importância de uma dieta saudável e os perigos da obesidade, menor percepção de autoeficácia em aumentar seu consumo de frutas e vegetais, e menos exercícios (Steptoe et al., 2003). Dados do grande estudo *Monitoring the Future** também sugerem que as disparidades sociais no peso corporal possam ocorrer porque mulheres afro-americanas, mulheres hispânicas e homens com *status* socioeconômico inferior apresentam menor probabilidade de praticar regularmente seis comportamentos importantes para a saúde: fazer o desjejum, comer vegetais verdes, comer frutas, fazer exercícios, assistir à televisão com moderação e dormir sete horas por noite (Clarke, O'Malley e Johnston, 2009). Também foi sugerido que o maior estresse cotidiano associado à pobreza – que resulta do preconceito, da lotação e da criminalidade, por exemplo – pode fazer o indivíduo comer como um mecanismo de enfrentamento defensivo. Desse modo, não surpreende que a obesidade seja menos prevalente entre norte-americanos de minorias que vivem em bairros mais afluentes do que entre aqueles que moram em bairros de *status* socioeconômico inferior (Hazuda et al., 1991). Os adolescentes de maior *status* socioeconômico também apresentam maior consciência dos ideais sociais de magreza e têm mais probabilidade de possuir familiares e amigos que estejam tentando perder peso (Wardle et al., 2004).

Parece que a acessibilidade a alimentos saudáveis pode compensar os riscos alimentares da baixa renda. Um estudo comparou a composição da dieta e as atitudes para com os alimentos em uma grande amostra de estudantes culturalmente diversos, de baixa e média rendas, do ensino médio. Os estudantes que frequentavam uma

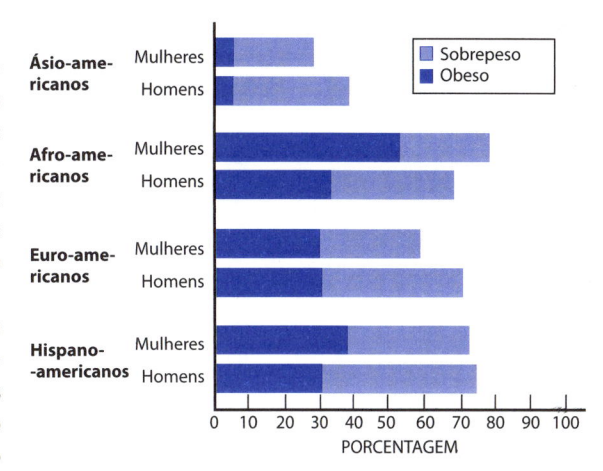

Figura 7.4

Porcentagem de mulheres e homens norte-americanos com sobrepeso e obesos. Entre os adultos nos Estados Unidos, a prevalência da obesidade (IMC ≥30) e de sobrepeso e obesidade combinados (IMC ≥25) apresenta variação significativa por grupos raciais e étnicos.

Fonte: Statistical Abstract of the United States, 2008 by U.S. Census Bureau, 2008, Washington, DC: U.S. Government Printing Office, Tabela 199, p. 132.

---

* N. de T.: Monitorando o futuro.

escola privada na qual havia opções nutritivas de almoço e lanche tinham teores bem menores de gordura em suas dietas gerais e maior consciência dos benefícios de uma alimentação saudável do que os estudantes de uma escola pública na qual as escolhas alimentares eram mais limitadas e menos nutritivas (Frenn e Malin, 2003).

A questão do acesso a alimentos saudáveis e outros obstáculos para adesão a um estilo de vida salutar em relação ao peso fica nítida quando se considera a sina de residentes de cidades como Detroit e Chicago, onde há uma porcentagem bastante acima da média de cidadãos obesos. Existem centenas de lanchonetes de *fast-food* e lojas de conveniência que vendem lanches com alto teor de gordura nos limites da cidade de Chicago, mas apenas oito supermercados que comercializam frutas, legumes e outros alimentos nutritivos. Para piorar as coisas, nessa vasta cidade, quase 22% da população não possui carro, e a cidade tem um sistema muito fraco de transporte público (Freking, 2006). Isso torna quase impossível para muitos residentes de Detroit e Chicago escapar dos **desertos alimentares** de seus bairros para comprar alimentos saudáveis (Wehunt, 2009).

Frente a resultados como esses, psicólogos da saúde e legisladores estão clamando por intervenções de ampla escala em saúde e políticas públicas. Entre as que estão sendo consideradas, existem leis que estenderiam os rótulos além dos alimentos empacotados, de maneira a incluir alimentos em lanchonetes de *fast-food* e o banimento da venda de refrigerantes e salgadinhos em máquinas nas escolas. Alguns psicólogos da saúde e planejadores urbanos também estão clamando pelo afastamento do modelo de cidades construídas em torno do automóvel, para cidades mais "caminháveis", que devolvam a atividade física às rotinas cotidianas. Em favor dessa ideia, pesquisadores observaram que as pessoas vivendo em cidades muito grandes, como Detroit, e que, portanto, devem usar seus carros para se deslocarem de seus lares distantes a lojas e seus locais de trabalho, pesam mais que indivíduos que moram em cidades mais compactas (Saelens et al., 2003). Além disso, também têm mais probabilidade de sofrer de hipertensão, outro fator de risco para obesidade.

■ **desertos alimentares** áreas geográficas com pouco ou nenhum acesso a alimentos necessários para manter uma dieta saudável.

Tratamento e prevenção da obesidade

A obesidade é bastante estigmatizada. Já no maternal, as crianças demonstram certa aversão à obesidade, uma vez que as crianças gordas têm menos amigos, são menos amadas por seus pais, saem-se mal na escola e são mais preguiçosas, menos felizes e menos bonitas do que crianças mais magras (Latner e Stunkard, 2003; Teachman et al., 2003). E isso continua até a idade adulta, havendo discriminação contra indivíduos obesos em dormitórios, nas matrículas na fadulade e no emprego (Puhl e Brownell, 2001). Em um estudo inteligente, Regina Pingitore e colaboradores (1994) filmaram entrevistas de seleção de empregos nas quais os candidatos pareciam ter peso normal ou usavam maquiagem para parecerem 15 quilos mais gordos. Quando maquiados para parecerem obesos, os mesmos candidatos a empregos, usando a mesma apresentação ensaiada, receberam uma "avaliação de empregabilidade" bem mais baixa de um grupo de universitários que representaram empregadores potenciais. O preconceito discriminatório foi especialmente pronunciado quando quem se candidatava ao emprego era mulher.

Uma vez que o preconceito contra a gordura é tão forte e as pessoas gordas são em geral responsabilizadas por sua condição, alguns psicólogos sustentam que a discriminação contra o peso é ainda maior do que a discriminação de raça e de gênero e que ela afeta todos os aspectos do trabalho, incluindo a contratação, as promoções e o salário (Roehling e Winters, 2000). Mesmo profissionais da saúde especializados em obesidade apresentam preconceito oculto contra seus pacientes obesos, usando palavras como *preguiçoso, estúpido* e *inútil* para descrever pessoas obesas com quem têm contato (Schwartz et al., 2003).

Esse preconceito contra a obesidade levou a uma proliferação de diferentes dietas para redução do peso.

Dietas

Uma volta em qualquer livraria dará a você uma rápida ideia da ampla variedade de estratégias de dieta – tudo, desde refeições pré-planejadas com limites rígidos de calorias, passando por regimes com um único alimento, até hipnose. É fácil ser cético quanto ao número de escolhas. É desnecessário dizer que, se alguma dessas estratégias fosse realmente eficaz, não haveria mercado para tal variedade. Os principais beneficiários da maioria dos livros são seus autores.

A perda de peso exitosa costuma ser definida como uma redução de no mínimo 10% do peso inicial, mantida por um ano (Rich, 2004). Perdas de peso dessa magnitude em geral produzem melhoras significativas na saúde na maioria dos adultos com sobrepeso. Contudo, muitas pessoas (especialmente mulheres que não estão acima do peso) tentam perder quilos por razões que têm pouco ou nada a ver com a saúde. O aumento na popularidade das dietas foi atribuído à crescente pressão cultural para ser magro.

Qual é o grau de eficácia das dietas?

Dietas isoladas não costumam funcionar para perder peso e manter essa perda (Mann et al., 2007). A melhor maneira de perder peso e manter a perda é desenvolver hábitos alimentares sólidos *e* fazer exercícios físicos regularmente para aumentar a taxa metabólica basal. Para quem está com sobrepeso ou obeso, isso não apenas aumenta as chances de perder peso, mas também a percepção de qualidade de vida do indivíduo, que é uma das principais razões por que as pessoas procuram atenção médica para a obesidade (Kushner e Foster, 2000; Rejeski et al., 2002)

Embora a maioria das dietas fracasse, os norte-americanos gastam bilhões de dólares todos os anos com elas. Quase dois terços dos adultos consideram que estão acima de seu peso ideal; 55% confessam que gostariam de perder peso, mas apenas 27% dizem que estão "tentando seriamente" perdê-lo (Jones, 2009). A disparidade entre a porcentagem de adultos que gostariam de pesar menos e que estão de fato tentando existe há muitos anos. De modo geral, 17% dos adolescentes de 12 a 19 anos relatam que estão tentando ativamente perder peso. Isso inclui apenas a metade daqueles que estão com sobrepeso (48% dos quais relatam que estão tentando perder peso) (Saad, 2006).

Por que as dietas não dão certo?

Uma razão pela qual as dietas não dão certo é que muitas pessoas não são tão boas em calcular o número de calorias de que seus corpos necessitam ou o tamanho das porções que comem nas refeições. A subavaliação do consumo de calorias é um problema comum em muitas dietas fracassadas. Em um estudo, por exemplo, pessoas obesas em dieta relataram comer uma média de 1.028 kcal por dia, mas seu consumo verdadeiro era de 2.081 kcal, mais de duas vezes a quantidade de calorias revelada. Para piorar as coisas, o nível de atividade diária relatado por esses indivíduos também estava substancialmente errado (Lichtman et al., 1992).

As dietas também fracassam porque muitos indivíduos têm expectativas irreais e consideram quase impossível seguir as restrições alimentares por muito tempo (Wadden et al., 2007). A inconveniência e a sensação de privação costumam ser citadas como fatores que atrapalham a adesão (Jeffery et al., 2004). Conforme já foi observado, muitas pessoas em dieta praticam a chamada *dieta "ioiô"* – atingindo um sucesso temporário, depois interrompendo a dieta e voltando a fazê-la novamente. Um teste clínico aleatório avaliou a eficácia e as taxas de adesão de quatro dietas populares (Atkins, Zone, Weight Watchers e Ornish). Todas resultaram em "perda de peso modesta mas estatisticamente significativa", sem diferenças de eficácia entre elas. Todavia, apenas 1 em cada 4 participantes conseguiu manter a perda de peso um ano depois (Dansinger et al., 2005).

As dietas de maior sucesso são intervenções clínicas que incluem alguma forma de pós-tratamento depois da perda de peso, como apoio social, programas de exercício ou continuação do contato com o terapeuta. Um estudo verificou que 18 meses após terminar um programa de dieta, aqueles que não haviam participado de uma fase de pós-tratamento recuperaram 67% de seu peso, comparados com 17% dos que seguiram de um programa pós-tratamento que combinava exercícios e apoio social (Perri, 1998).

Para muitas pessoas, os tratamentos em grupo produzem resultados melhores do que intervenções de autoajuda individuais (Perri et al., 2008). Os programas de grupo comerciais, como os Vigilantes do Peso, promovem o apoio social, o automonitoramento na forma de diários da alimentação e discussões sobre a prática de exercícios e a nutrição como componentes fundamentais. Em um estudo, dois terços dos participantes que se matricularam em programas de perda de peso com amigos mantiveram a perda seis meses após o programa terminar, em comparação com apenas um quarto daqueles que fizeram o programa sozinhos (Wing e Jeffery, 1999).

Terapia cognitivo-comportamental (TCC)

A modificação do comportamento, particularmente se for praticada com técnicas de intervenção cognitiva, tornou-se um dos pilares de muitos programas contemporâneos para perder peso. Os programas de modificação do comportamento incluem os seguintes componentes:

- *Procedimentos de controle de estímulos* para identificar e limitar o número de estímulos que façam com que o indivíduo comece a comer (p. ex., restringir-se a comer em um único local).
- *Técnicas de autocontrole* para tornar o ato de comer mais lento (p. ex., mastigar cada porção várias vezes, largando os talheres entre cada uma).
- *Adição de exercícios aeróbicos*, para aumentar o metabolismo, queimar calorias e ajudar a controlar o apetite.
- *Contratos de contingência*, nos quais o reforço proporcionado pelo terapeuta ou por meio de autocontrole é tornado dependente de se atingir objetivos de perda de peso (p. ex., o paciente deposita uma quantidade de dinheiro, que será recuperada quando os objetivos forem alcançados).
- *Apoio social* de familiares e amigos, que são convocados para proporcionar reforço adicional pelo sucesso obtido e pela adesão ao tratamento.
- *Automonitoramento cuidadoso* e anotações para aumentar a consciência de quais alimentos são consumidos e as circunstâncias em que isso ocorre.
- *Terapia de prevenção de recaídas* para ensinar às pessoas que estão tentando manter as mudanças em seu comportamento como prever e lidar com desejos, impulsos e situações de alto risco.

O automonitoramento muitas vezes é insuficiente, por si só, para promover a redução do peso. De fato, vários estudos mostraram que cerca de 25% do sucesso no controle do peso se deve a automonitoramento consistente (Elfhag e Rossner, 2005). Raymond Baker e Daniel Kirschenbaum (1998) examinaram o automonitoramento de comportamentos alimentares durante três períodos festivos (Ação de Graças, Natal/Hanukkah e Ano-Novo). Em comparação com os controles que ganharam peso, os participantes que foram mais detalhados em tomar notas perderam peso durante as semanas das festas. Outros pesquisadores apontaram para a eficácia de outro aspecto do automonitoramento na perda do peso: a memória para ter comido recentemente. Um estudo analisou o efeito de ser lembrado de um episódio alimentar recente sobre a ingestão subsequente de alimentos (Higgs, 2002). Os participantes comeram menos após a exposição a uma "pista do almoço", no qual deviam apenas pensar no que haviam almoçado naquele dia.

Em época recente, defensores de tratamentos comportamentais ampliaram seu foco para incluir uma preocupação maior com os tipos de alimentos consumidos, a necessidade de fazer exercícios e as técnicas de enfrentamento para ajudar a superar situações de recaída com alto risco, respostas a violações da dieta ou surtos e prevenção primária da obesidade durante a infância. O consumo de alimentos prejudiciais à saúde pode ser reduzido aumentando os custos comportamentais associados a sua obtenção – com menor acesso, por exemplo – e proporcionando alternativas saudáveis de alimentos e atividades prazerosas (Goldfield e Epstein, 2002).

Os métodos comportamentais têm mais sucesso quando são combinados com técnicas cognitivas, reconhecendo que as pessoas obesas frequentemente começam o tratamento com expectativas irrealistas e pensamentos autodestrutivos. As *terapias cognitivo-comportamentais* (TCCs) concentram-se na interdependência recíproca de sentimentos, pensamentos, comportamentos, consequências, contexto social e processos fisiológicos. A premissa subjacente a essas terapias é que os hábitos e as atitudes alimentares devem ser modificados de forma permanente para que ocorra perda de peso e sua manutenção.

Em vez de forçar perdas de peso rápidas e radicais, a terapia TCC detém-se na perda gradual de 500 g a 1 kg por semana, usando a combinação de técnicas de condicionamento, autocontrole e reestruturação cognitiva, nas quais a pessoa aprende a controlar pensamentos autodestrutivos a respeito do peso corporal e da dieta. No que tange à perda e ao controle do peso em crianças, a TCC geralmente se concentra na prevenção, incluindo o estabelecimento de comportamentos alimentares saudáveis no indivíduo e na família, em reduzir o tempo de televisão, internet e jogos no computador e em promover posturas positivas em relação à comida. Mensagens positivas sobre a comida são essenciais, pois alguns estudos mostram que fazer dieta durante a infância pode na verdade promover ganho de peso e comportamentos alimentares prejudiciais à saúde mais adiante na vida. Participantes de estudos que relatam que seus pais usavam a comida para controlar seu comportamento têm mais probabilidade de ter dificuldade com ciclagem de peso, períodos de compulsão alimentar (episódios bulímicos) e outros padrões prejudiciais à saúde quando adultos (Schwartz e Puhl, 2003).

Qualquer intervenção terapêutica para obesidade terá mais êxito quando psicólogos da saúde reconhecem que os pacientes diferem no tipo de tratamento que será mais eficaz. Kelly Brownell e Thomas Wadden (1991) propuseram o processo de *tratamento por passos* para determinar qual intervenção é mais apropriada para cada pessoa (ver Fig. 7.5). Está claro que alguém muito obeso pode necessitar de um tratamento mais agressivo e intensivo do que alguém moderadamente obeso. Após considerar fatores relevantes sobre o paciente, incluindo o grau de obesidade, os padrões alimentares e a história médica, o psicólogo da saúde estrutura a intervenção mais segura e menos intensiva que possa satisfazer às necessidades da pessoa. Apenas se esse tratamento for ineficaz, uma intervenção mais intensiva é permitida.

Marlene Schwartz e Kelly Brownell (1995) solicitaram a 33 especialistas em perda de peso de diversos campos (psicologia, nutrição, medicina interna, cirurgia e neuroendocrinologia) que comparassem 11 abordagens populares de perda de peso, incluindo dietas autoconduzidas, Vigilantes do Peso, programas comportamentais, medicamento e cirurgia. Entre os achados, estão:

- As dietas autoconduzidas foram recomendadas para indivíduos com obesidade discreta ou moderada, exceto para pessoas com história de ciclagem de peso.

- Os programas comerciais com apoio de grupo foram recomendados para uma tentativa inicial de perder peso ou para pessoas que não consigam fazer dieta sozinhas.
- As dietas com poucas calorias e cirurgias foram recomendadas apenas para aquelas pessoas com algum problema médico complicado por sua obesidade.
- A supervisão médica foi considerada necessária para pessoas com diabetes e outras com condições clínicas que tenham probabilidade de mudar durante a dieta.
- A orientação individual e os programas comportamentais visando à perda de peso foram considerados adequados para indivíduos portadores de transtornos da alimentação.

A ideia de encontrar o tratamento adequado para cada indivíduo é interessante, pois pessoas com diferentes estilos de personalidade, níveis de obesidade, histórias médicas e práticas alimentares respondem de maneira distinta às várias intervenções (Carels et al., 2005).

Estratégias comunitárias

Fazer escolhas alimentares saudáveis, automonitorar-se e prevenir a obesidade com outras medidas que as pessoas utilizam por conta própria para manter o peso pode ser especialmente difícil nos dias atuais, pois muitos indivíduos vivem, trabalham e frequentam a escola no que foi descrito como um *ambiente obesigênico* (promotor da obesidade) (Lowe, 2003). Alimentos prejudiciais à saúde estão em toda parte, e

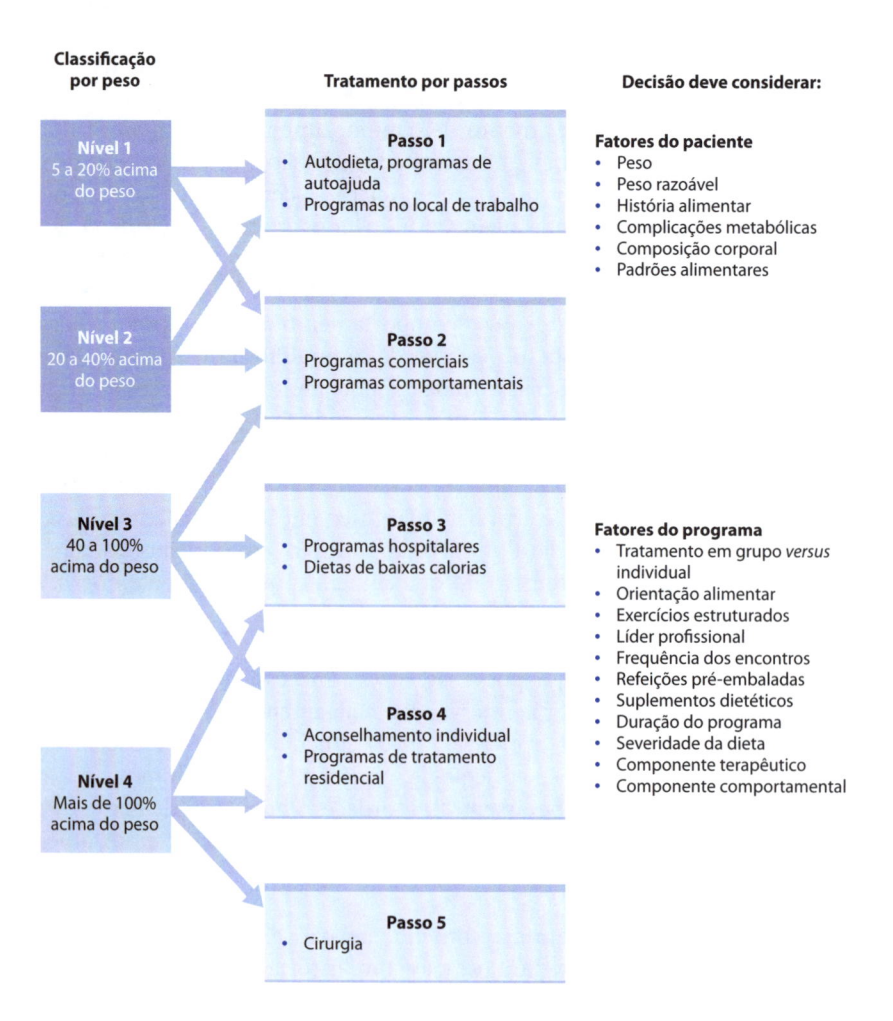

Figura 7.5

Tratamento por passos para a obesidade.
De modo geral, as pessoas nos níveis 1 e 2 deveriam ser capazes de perder peso por meio dos passos 1 e 2. No nível 3, o tratamento deve começar com o passo 2 e estender-se até o 4. As pessoas no nível 4 que apresentem problemas médicos podem necessitar de cirurgias para resolver sua obesidade. Contudo, antes de estabelecer o programa, um psicólogo da saúde considera todos os fatores relacionados com o paciente e os programas (listados à direita).
Fonte: Brownell, K. D. e Wadden, T. A. (1991). The heterogeneity of obesity: Fitting individuals to treatments. *Behavior Therapy*, 22, p. 153–177.

Classificação por peso
- Nível 1: 5 a 20% acima do peso
- Nível 2: 20 a 40% acima do peso
- Nível 3: 40 a 100% acima do peso
- Nível 4: Mais de 100% acima do peso

Tratamento por passos
- Passo 1
  - Autodieta, programas de autoajuda
  - Programas no local de trabalho
- Passo 2
  - Programas comerciais
  - Programas comportamentais
- Passo 3
  - Programas hospitalares
  - Dietas de baixas calorias
- Passo 4
  - Aconselhamento individual
  - Programas de tratamento residencial
- Passo 5
  - Cirurgia

Decisão deve considerar:

Fatores do paciente
- Peso
- Peso razoável
- História alimentar
- Complicações metabólicas
- Composição corporal
- Padrões alimentares

Fatores do programa
- Tratamento em grupo *versus* individual
- Orientação alimentar
- Exercícios estruturados
- Líder profissional
- Frequência dos encontros
- Refeições pré-embaladas
- Suplementos dietéticos
- Duração do programa
- Severidade da dieta
- Componente terapêutico
- Componente comportamental

nossos corpos são geneticamente programados para comer quando temos comida disponível. Por consequência, especialistas sugerem a criação de estratégias comunitárias mais amplas e políticas de saúde pública na guerra contra a obesidade (Khan et al., 2009). Essas estratégias comunitárias dividem-se em seis categorias:

- *Promover a disponibilidade e o acesso de alimentos e bebidas saudáveis.* Compreende aumentar a disponibilidade e o acesso a opções mais saudáveis de alimentos e bebidas em escolas, creches e prédios públicos, oferecer incentivos aos supermercados para que se estabeleçam em áreas pouco atendidas e ofereçam opções de alimentos mais saudáveis. Dar incentivos também para a produção, distribuição e compra de alimentos diretamente dos agricultores.
- *Apoiar opções saudáveis de alimentos e bebidas.* Compreende oferecer porções de menor tamanho em espaços públicos, limitar a publicidade de alimentos e bebidas menos saudáveis e desencorajar o consumo de bebidas adoçadas com açúcar.
- *Incentivar a amamentação* (que está ligada a uma incidência menor de sobrepeso e obesidade pediátricos). Envolve proporcionar intervenções educacionais, programas de apoio ao aleitamento materno e maior disponibilidade de cuidado materno em hospitais e locais de trabalho e de atendimento ao público.
- *Incentivar atividades físicas ou limitar atividades sedentárias entre crianças e jovens.* Compreende estabelecer tempo para educação física nas escolas, aumentar as oportunidades para recreação física extracurricular na comunidade e reduzir o tempo de televisão e outras telas em áreas de atendimento ao público.
- *Criar comunidades seguras que apoiem atividades físicas.* Compreende aumentar o acesso a instalações recreativas ao ar livre, melhorar a infraestrutura para ciclismo e caminhada, criando ciclovias, calçadas, trilhas e vias seguras e bem-iluminadas e aprimorar o acesso ao transporte público.
- *Incentivar as comunidades a se organizarem para mudar.* Compreende criar parcerias para abordar a questão da obesidade com profissionais da saúde, instituições educacionais, governo, indústria e meios de comunicação.

Transtornos da alimentação

Para algumas pessoas que fazem dieta, especialmente mulheres jovens e bem-sucedidas como Jodi – a jovem que conhecemos no começo deste capítulo – a obsessão com o controle do peso pode se transformar em um grave transtorno da alimentação.

A **anorexia nervosa** é um transtorno da alimentação caracterizado por recusa em manter o peso corporal acima de um IMC de 18, grande medo de ganhar peso, distorção da imagem corporal e amenorreia (cessação da menstruação) durante pelo menos três meses (APA, 1997). Visto que uma porcentagem saudável de gordura corporal é necessária para a menstruação, mulheres após a puberdade desenvolvem amenorreia se perderem muito peso.

A anorexia pode levar a muitas outras complicações médicas graves:

- Redução da função da tireoide
- Respiração e ritmo cardíaco irregulares
- Pressão arterial baixa
- Pele ressecada e amarelada
- Ossos frágeis
- Anemia, tontura e desidratação
- Articulações inchadas e massa muscular reduzida
- Intolerância a temperaturas frias
- Inanição

O segundo transtorno da alimentação importante é a **bulimia nervosa**. A bulimia envolve a ingestão de alimentos de forma compulsiva, seguida de purgação por

■ **anorexia nervosa**
transtorno da alimentação caracterizado por autoinanição, imagem corporal distorcida e, nas mulheres, amenorreia.

■ **bulimia nervosa**
transtorno da alimentação caracterizado por ciclos alternados de comer e purgar por meio de vômitos ou laxantes.

meio de vômitos autoinduzidos ou grandes doses de laxantes. Algumas pessoas purgam-se regularmente, outras apenas após comer. Por exemplo, elas podem consumir de 5 mil a 10 mil calorias de uma só vez, comendo até ficarem exaustas e com dor, ou não comer. Pacientes com bulimia também fazem exercícios de forma compulsiva para controlar o peso. E, ao contrário dos anoréxicos, os bulímicos em geral mantêm um peso relativamente normal (Wonderlich et al., 2007) – como Jodi no começo, até que foi morar sozinha e começou a reduzir seu consumo de alimentos. As pessoas que têm episódios frequentes de comer de forma compulsiva, seguidos por sensação de perturbação ou culpa, mas sem os comportamentos compensatórios de purga, jejum ou exercícios excessivos que marcam a bulimia nervosa, apresentam o **transtorno de compulsão alimentar**.

> **transtorno de compulsão alimentar** transtorno da alimentação em que a pessoa consome grandes quantidades de comida com frequência.

Embora metade de todas as universitárias relate já ter comido e vomitado alguma vez (Fairburn e Wilson, 1993), a maioria não se considera bulímica. Os critérios para o diagnóstico clínico incluem pelo menos dois episódios bulímicos por semana durante no mínimo três meses; falta de controle sobre a alimentação; comportamentos para evitar ganhar peso e preocupação persistente e exagerada com o peso (APA, 1997).

Ao contrário da anorexia, que tem uma taxa de mortalidade de 2 a 15%, a bulimia raramente é fatal. Porém, coloca seus portadores em risco de muitos problemas graves de saúde, incluindo:

- Dependência de laxantes.
- Hipoglicemia (pouco açúcar no sangue) e letargia causadas pela ingestão de uma dieta desequilibrada (com muitos doces, mas poucos ácidos graxos).
- Dentes danificados pelo vômito, já que o ácido clorídrico do estômago erode o esmalte dos dentes. (Os dentistas com frequência são os primeiros profissionais da saúde a suspeitarem de bulimia.)
- Sangramento e rompimento do esôfago causados pela purgação.
- Anemia (uma condição que envolve falta de hemoglobina no sangue) e desequilíbrio de eletrólitos causados pela perda de sódio, potássio, magnésio e outros minerais do corpo.

Entre os anoréxicos 40 a 50% relatam episódios bulímicos. Um indivíduo pode cumprir os critérios para os dois transtornos se estiver abaixo do peso e comer de forma descontrolada.

> **Anorexia** Meninas jovens e um número crescente de meninos com anorexia olham-se no espelho e veem não aquela pessoa muito magra que nós vemos, mas alguém que está acima do peso e ainda precisa perder alguns quilos. Se essa garota e esse garoto continuarem a perder peso, seus sistemas começarão a ser sobrecarregados pelo trabalho de tentar manter um organismo funcionando com o mínimo consumo de calorias. No extremo, o coração pode parar de bater.

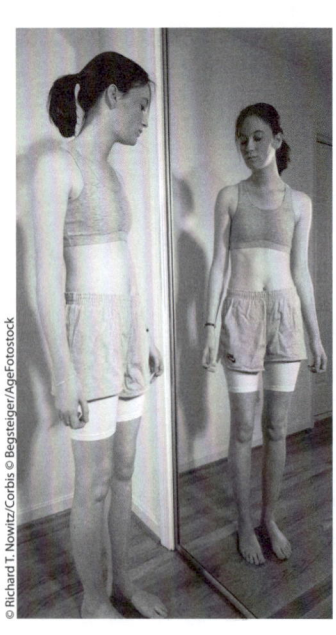

História e demografia

Richard Morton relatou o primeiro caso documentado de anorexia nervosa em 1689. Durante os dois séculos seguintes, apenas uns poucos casos adicionais foram referidos. Em Londres, Sir William Gull estudou vários casos de autoinanição durante a década de 1860, concluindo que o transtorno tinha origem psicológica e, mais tarde, dando-lhe nome, que significa "perda nervosa de apetite". A bulimia nervosa somente foi reconhecida como um transtorno evidente nos últimos 30 anos (Russell, 1979).

A anorexia e a bulimia são singulares entre os transtornos psicológicos por terem uma forte tendência de gênero (3 em cada 4 são mulheres) e por seu aumento substancial durante o século XX. Antes da década de 1970, os transtornos da alimentação eram muito mais comuns entre mulheres de classe alta e média-alta das culturas ocidentais (Garfinkel e Garner, 1984). Desde então, o ato de comer de forma desordenada tem se tornado mais comum entre outras populações, levando os pesquisadores a concluir que o *status* socioeconômico e a identidade etnocultural não são mais prognósticos confiáveis (Dolan e Ford, 1991; Whitaker, 1989).

Estima-se que, em algum ponto durante suas vidas, 0,6% das pessoas nos Estados Unidos satisfaça os critérios para anorexia, 1% para bulimia e 2,8% para transtorno de compulsão alimentar (Hudson et al., 2007). As universitárias estão particularmente em risco, assim como jovens entre 15 e 19 anos que frequentam aulas de balé e academias. Os atletas também têm risco maior dos transtornos, mesmo aqueles que participam de esportes que não enfatizem a aparência ou um corpo magro demais. Até pouco tempo atrás, acreditava-se que apenas cerca de 10% dos casos diagnosticados desses transtornos envolviam homens. Hoje, estima-se que em torno de 1 em cada 4 dos 8 milhões estimados de norte-americanos com transtornos da alimentação seja homem. Desse grupo, os homens atletas – sobretudo nadadores, remadores e lutadores – são especialmente vulneráveis (Weinberg e Gould, 1995).

Aplicando o modelo biopsicossocial

Até o final da década de 1930, muitos médicos ligavam a anorexia a um distúrbio da glândula hipófise, mas essa visão logo foi desfavorecida. Durante as décadas de 1940 e 1950, psiquiatras levantaram a hipótese de que a anorexia envolvesse a negação da feminilidade e o medo da maternidade, mas essa visão também foi descartada diante de evidências crescentes de que o transtorno é uma condição aprendida. As pesquisas atuais concentram-se nos componentes múltiplos dos transtornos da alimentação, refletindo influências biológicas, psicológicas e socioculturais.

Fatores biológicos

A imagem corporal de uma pessoa jovem no começo da puberdade pode prever se ela terá comportamentos alimentares saudáveis ou desregulados. Garotas que consideram seu desenvolvimento tardio tendem a se sentir menos positivas em relação a seus corpos, enquanto as que consideram seu desenvolvimento correto se sentem mais atraentes e apresentam imagens corporais mais positivas (McLaren et al., 2003; Striegel-Moore et al., 2001). Garotas que amadurecem precocemente podem se sentir menos confortáveis com seus corpos porque, em uma época na qual a aceitação das amigas é crucial para a autoestima, seus corpos são diferentes dos da maioria de seus pares. O desenvolvimento que ocorre no momento adequado representa menor desafio psicológico para as adolescentes.

Anormalidades bioquímicas em todos os níveis do eixo hipotálamo-hipófise-adrenal (HAA) são associadas tanto com anorexia quanto bulimia (Gluck et al., 2004). Tais distúrbios incluem níveis anormais de noradrenalina e outros neurotransmissores que promovem depressão clínica (Fava et al., 1989). Também existem evidências de que a bulimia possa ser causada em parte por perturbações no suprimento cerebral de *endorfinas*, os neurotransmissores opioides ligados ao controle da dor e do prazer. Pesquisadores verificaram que *antagonistas de opioides*, que bloqueiam a ação de endorfinas, podem ser o tratamento eficaz para reduzir a frequência de episódios de compulsão alimentar e purgação. Pesquisadores também descobriram que os níveis de leptina no soro são significativamente reduzidos em pessoas anoréxicas (Calandra et al., 2003).

Todavia, as teorias bioquímicas não são conclusivas. Embora seja possível que uma bioquímica cerebral anormal causada por algum fator não relacionado possa alterar o humor e levar a pessoa a comer desordenadamente, pesquisadores observaram que os níveis de neurotransmissores costumam voltar ao normal quando a alimentação desregulada termina. Assim, as anormalidades biológicas podem ser consequências, em vez de causas, dos transtornos da alimentação (Wardle, 1997).

Será que as pessoas podem herdar uma predisposição a ter transtornos da alimentação? Estudos desses transtornos em famílias e em gêmeos revelam uma possível influência genética na anorexia e na bulimia. Considere:

- Estudos de gêmeos e de adoção indicam influências genéticas significativas em transtornos da alimentação (Klump et al., 2009). Quando um gêmeo tem bulimia, as chances de que o outro apresente o transtorno são substancialmente maiores se eles forem idênticos do que se forem fraternos (Culbert et al., 2008; Walters e Kendler, 1995).
- Geneticistas comportamentais estão procurando genes específicos que possam influenciar a suscetibilidade a transtornos da alimentação. Por enquanto, os resultados indicam que exista algum papel para o sistema de serotonina no desenvolvimento da anorexia nervosa (Klump et al., 2009).

Fatores psicológicos

Outros teóricos afirmam que as raízes dos transtornos da alimentação podem ser encontradas em certas situações psicológicas, como ambientes sociais semifechados e competitivos de algumas famílias, equipes atléticas e grupos universitários (Lester e Petrie, 1998).

As famílias de pacientes com anorexia tendem a ser bem-sucedidas, competitivas, superprotetoras e caracterizadas por interações intensas e má resolução de conflitos (Pate et al., 1992). As famílias de pacientes com bulimia apresentam incidência acima da média de alcoolismo, adicção de substâncias, obesidade e depressão (Miller et al., 1993). Entretanto, pesquisadores advertem contra a suposão de que todos os filhos dessas famílias sejam iguais. Os transtornos da alimentação *não* são, por exemplo, sinal do ambiente doméstico de um alcoolista (Mintz et al., 1995). Mulheres jovens com anorexia e bulimia avaliam seu relacionamento com os pais como sem envolvimento, pouco amigável e até hostil (Wonderlich et al., 1996). Elas também se sentem menos aceitas por seus pais, que são considerados muito críticos, negligentes e pessoas que se comunicam mal (Calam et al., 1990). Dito de forma mais ampla, os transtornos da alimentação foram relacionados com apego inseguro em relacionamentos sociais (Troisi et al., 2006).

Há até pouco tempo, os pesquisadores concentravam-se quase inteiramente no papel da mãe sobre o comportamento de comer de maneira desordenada da filha, seguindo as raízes de tal comportamento até o relacionamento entre o bebê e o primeiro cuidador (Bruch, 1982). Conforme esse modelo, a mãe da garota com anorexia era descrita como supercuidadosa, superprotetora e exigente, enquanto a mãe da adolescente com bulimia era vista como negligente, rejeitadora e pouco carinhosa. Embora as pesquisas desse modelo sejam bastante limitadas, existem evidências de que as mães de filhas com um transtorno da alimentação apresentem tendência a ser mais controladoras e exigentes (Humphrey, 1987) e críticas em relação ao peso e à aparência de suas filhas (Pike e Rodin, 1991).

Pesquisas mais recentes encorajam um afastamento da visão, que já foi popular, de que "a culpa é da mãe" em relação a transtornos da alimentação nas adolescentes. Aparentemente, os *dois* genitores têm papéis importantes em influenciar o desenvolvimento de comportamentos alimentares saudáveis em seus filhos. Por exemplo, Amy Swarr e Maryse Richards da Universidade de Loyola (1996), que investigaram relacionamentos familiares e comportamentos alimentares desordenados em meninas adolescentes, observaram que os relacionamentos positivos com *ambos* os genitores previu escores relacionados com comportamentos alimentares mais saudáveis no momento e no futuro. As meninas que passavam mais tempo com os pais relataram menos problemas alimentares dois anos depois.

Apesar de viverem em uma sociedade que estigmatiza a obesidade e idealiza a magreza, existem muito mais norte-americanos com sobrepeso ou obesos (65%) do

Quanto da culpa pela imagem corporal arredondada das garotas deve ser colocada nas dimensões irrealistas da Barbie e de outras bonecas populares? De acordo com uma estimativa, para alcançar as "proporções da Barbie", uma mulher de altura média deveria ganhar 30,5 cm de altura, perder 13 cm na cintura e ganhar 10 cm de busto!

que com transtornos da alimentação (0,5-3%). Como resultado dessa disparidade entre ideal e realidade, a insatisfação com a imagem corporal é tão comum nos Estados Unidos que representa um "descontentamento normativo" entre mulheres de todas as formas e tamanhos (Striegel-Moore et al., 1993). Judy Rodin afirmou que as mulheres em geral são levadas a crer que sua aparência não é apenas da sua conta. A aparência das filhas, por exemplo, é um tema aberto de conversas em muitas famílias, fazendo-as sentir que seus corpos são material para escrutínio público. Infelizmente, devido à disparidade comum entre seus *selves reais* e seus *selves ideais*, muitas se sentem expostas e envergonhadas. A prevalência crescente dos transtornos da alimentação durante os últimos 50 anos coincidiu com essa epidemia de insatisfação com a imagem corporal (Feingold e Mazzella, 1996). Aqueles que são mais vulneráveis a esses transtornos também são os que têm a maior insatisfação com a imagem corporal e que idealizam a magreza (Striegel-Moore e Bulik, 2007). Qualquer pessoa que fizer o teste apresentado na Figura 7.6, a seguir, irá explorar a *discrepância entre imagem corporal ideal e real* que tem sido amplamente utilizada na pesquisa sobre a insatisfação com a imagem corporal.

Fatores socioculturais

Os fatores socioculturais podem explicar por que a anorexia e a bulimia ocorrem mais em mulheres do que em homens e com mais frequência em culturas ocidentais, que se preocupam com o peso, e por que a prevalência dos transtornos da alimentação tem

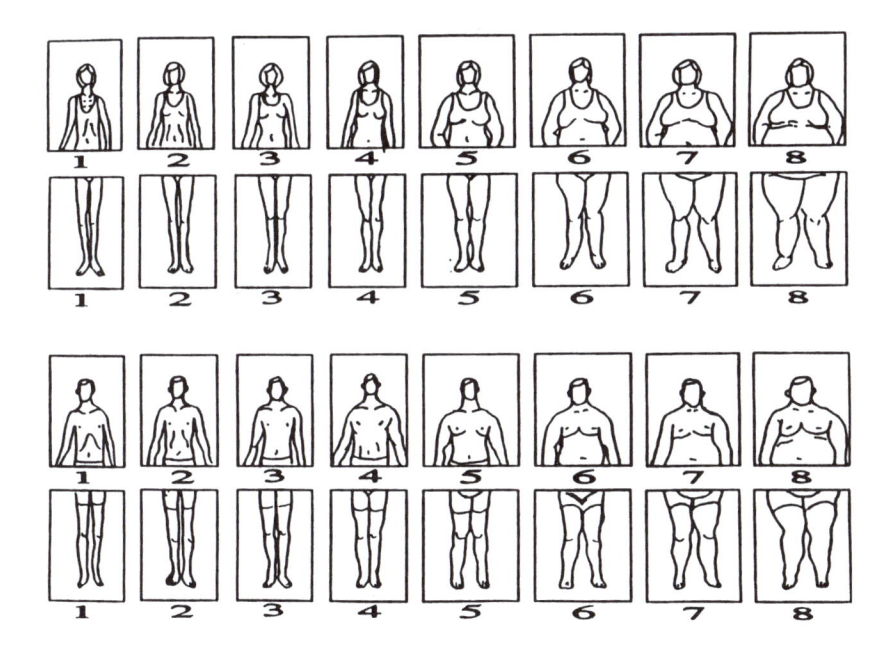

Figura 7.6

Discrepância entre imagem corporal ideal e real. Utilizando primeiramente a porção superior (da cabeça à cintura) dos desenhos de seu gênero, escolha o número abaixo da figura que melhor ilustra (A) a maneira como você acha que está atualmente (i.e., a figura que melhor represente seu tamanho real). A seguir, escolha o número que ilustra (B) a maneira como você gostaria de estar (sua forma ideal). Cada figura tem um número associado a ela, para que você possa calcular seu escore de discrepância corporal. A diferença numérica entre as visões de como você pensa que parece e como você gostaria de parecer (A – B) representa a discrepância entre seu *self* real e seu *self* ideal. Repita o mesmo procedimento para as figuras da cintura aos pés. Finalizando, avalie o quanto você se envergonha da discrepância na imagem corporal de 0 (nada) a 5 (extremamente). Se tiver um escore de vergonha de 3 ou mais, você deve pensar em falar com um amigo próximo ou um orientador a respeito desses sentimentos.
Fonte: Rodin, J. (1992). *Body Traps* (p. 76–77). New York: William Morrow. Reimpressa, com permissão, de HarperCollins Publishers, Inc.

aumentado nos últimos anos (ver o quadro Diversidade e vida saudável, a seguir). Segundo a visão sociocultural, as dietas e o comportamento alimentar desordenado são as respostas compreensíveis das mulheres a seus papéis sociais e aos ideais culturais de beleza (Seid, 1994). Assim, o ato de comer de forma compulsiva, a autoinanição e os padrões magros de beleza feminina caracterizaram os grupos femininos que alcançaram a adolescência em períodos em que as oportunidades educacionais para as mulheres aumentaram, mas não caracterizaram os grupos que atingiram a adolescência quando as oportunidades educacionais permaneceram estáveis ou diminuíram (Perlick e Silverstein, 1994).

De maneira curiosa, o padrão "magro é bonito" não existe em muitos países em desenvolvimento. Na República do Níger, no oeste da África, por exemplo, a gordura é o ideal de beleza para as mulheres, que frequentemente competem para serem coroadas as mais gordas (Onishi, 2001). Entre os calabari do sudeste da Nigéria, as noivas são enviadas para "fazendas de engordamento" antes do casamento, onde se entopem de comida e tomam esteroides para ganhar corpo e outras pílulas para aumentar o apetite. Ao final de sua estada, elas desfilam na praça da aldeia, onde sua corpulência possa ser admirada.

Nos últimos anos, as culturas ocidentais têm cada vez mais enfatizado os atributos positivos de corpos esbeltos, em particular para mulheres. Conforme observou Roberta Seid, "nossa cultura transformou a busca por um corpo magro e livre de gordura em uma nova religião. Ela tem um credo: 'Como corretamente, controlo meu peso e faço exercícios'. De fato, a anorexia nervosa pode ser chamada de o paradigma de nossa era, pois nossa crença nos encoraja a adotar os comportamentos e as visões de um anoréxico" (Seid, 1994, p. 4). Em nenhum outro lugar, essa "religião" é mais aparente do que na maneira como os corpos das mulheres são representados na mídia.

Imagem corporal e a mídia

O peso ideal da mulher – representado por atrizes, supermodelos e misses – diminuiu de forma progressiva até o das 5 a 10% das mulheres norte-americanas mais magras. Em consequência, mais de três quartos das mulheres com peso normal julgam que pesam demais, e mais de metade faz dieta em algum momento (Jones, 2009). Ao verem imagens de modelos artificialmente magras, as mulheres costumam dizer que se sentem deprimidas, envergonhadas e insatisfeitas com seus corpos – emoções e posturas ligadas ao risco crescente de transtornos da alimentação (Grabe, Ward e Hyde, 2008).

Uma pesquisa com 15 mil mulheres norte-americanas entre as idades de 17 e 60 anos revelou um objetivo médio de perda de peso de 15 quilos, o que, se alcançado, deixaria a maioria delas abaixo do peso (Williamson et al., 1992). Outra pesquisa com norte-americanos que fazem dieta observou que os mais propensos a fazer dieta são jovens, bem-educados, empregados e os que provavelmente precisariam menos de uma dieta. De fato, a metade dessas pessoas apresentava um IMC abaixo de 25 (Biener e Heaton, 1995). O mais surpreendente de tudo é que até mesmo garotas muito jovens já estão preocupadas com o peso corporal.

A atual ênfase da sociedade na magreza pode ser o exemplo mais claro do poder da propaganda de influenciar as normas culturais e o comportamento individual. Assim como os estilos de roupas, os tipos de corpo entram e saem da moda e são promovidos pela publicidade. As imagens reforçam de forma constante o último ideal, e o impacto da mídia em estabelecer modelos é inegável. Nos Estados Unidos, as mulheres de origem europeia são particularmente vulneráveis a esses modelos (Cash e Henry, 1995). Com a crescente americanização e a globalização, a insatisfação com a imagem corporal está se tornando mais comum entre mulheres jovens ao redor do mundo, assim como entre homens jovens. Em um tom mais animador, a exposição de longo prazo a celebridades e modelos ultramagros não leva de maneira automática à

O ideal de magreza Ao longo dos anos, os juízes passaram a cada vez mais selecionar mulheres magras como misses, demonstrando a atual idealização ocidental da mulher "magra".

Diversidade e vida saudável

Transtornos da alimentação e identidade etnocultural

Os padrões norte-americanos tradicionais de beleza são opressivos para muitas mulheres, especialmente para aquelas cujos ideais corporais não se baseiam na cultura norte-americana de origem europeia.

As culturas diferem na flexibilidade da imagem de corpo ideal. Colleen Rand e John Kuldau (1990) compararam a satisfação com a imagem corporal de indivíduos afro-americanos e euro-americanos, encontrando maior tolerância pela diversidade do tipo e da forma corporal no primeiro grupo. Foram relatadas diferenças semelhantes entre universitários. Um estudo verificou que universitárias afro-americanas possuíam uma definição menos restrita do peso ideal e tinham menos probabilidade de ficar deprimidas após comerem demais (Gray et al., 1987).

A maior parte das pesquisas sobre transtornos da alimentação concentra-se em mulheres brancas, excluindo os homens e outros grupos raciais e étnicos. Maria Root (1990) identificou os estereótipos, o racismo e o etnocentrismo como razões subjacentes a essa falta de atenção. Ela sugeriu que muitos adotaram como estereótipo do indivíduo com transtorno da alimentação uma mulher branca de classe alta, apesar das evidências de que mulheres de minorias étnicas também sofrem de tal condição. Em um estudo recente com 884 calouros de uma faculdade urbana em situação de desvantagem econômica e etnicamente diversos, 12,2% das mulheres e 7,3% dos homens foram diagnosticados com transtornos da alimentação. A maioria desses estudantes era latino-americana ou "outro" em sua designação de raça/etnicidade (Gentile et al., 2007).

Também foi sugerido que muitos especialistas acreditam que certos fatores nas culturas de minoria, como a apreciação de um tamanho corporal mais saudável (e maior) e menos ênfase na aparência física, tornam as mulheres dessa categoria invulneráveis a transtornos da alimentação. Embora pesquisas tenham demonstrado que mulheres afro-americanas em geral têm atitudes mais positivas em relação a seus corpos, comida e peso do que as mulheres brancas (Abood e Chandler, 1997), elas certamente *não* são imunes a desenvolver padrões prejudiciais de alimentação.

Estudos mais recentes revelam que as relações entre a identidade etnocultural, os comportamentos alimentares e as expectativas culturais são complexas e que os transtornos da alimentação podem ter mais probabilidade de ocorrer quando uma pessoa jovem experimenta demandas culturais conflitantes. Em uma amostra com 115 universitárias hispano-americanas, as dificuldades na socialização com os colegas e a rigidez familiar foram fortes indicadores de preocupação com o peso e tamanho do corpo, assim como de sintomas de bulimia nervosa (Kuba e Harris, 2001). Para o adolescente que está tentando assimilar uma cultura diferente, os modos de comportamento aprendidos podem entrar em conflito com as mensagens da comunidade da maioria e resultar em uma crise. Assim, se a cultura latino-americana aceita uma figura grande, mas a cultura euro-americana valoriza a magreza, as jovens latinas podem entrar em conflito sobre a imagem corporal e os comportamentos alimentares adequados para elas. De maneira semelhante, Toshiaki Furukawa (1994) relatou que os estudantes japoneses que participam de intercâmbios desenvolvem padrões alimentares mal-adaptativos (e experimentam mudanças de peso) durante sua estada nos Estados Unidos.

A identidade etnocultural desenvolve-se à medida que as crianças aprendem a respeito de si mesmas em relação às normas e expectativas dos outros em seu grupo. A maioria dos modelos de formação de identidade entre as pessoas negras identifica quatro ou cinco estados psicológicos distintos (Helms, 1995).

Despertar pré-cultural. Aqueles que estão neste estágio seguidamente experimentam baixa autoestima à medida que lutam para se identificar com uma referência da maioria. As raízes do comportamento alimentar desregrado muitas vezes é encontrada nessa luta. Por exemplo, uma jovem afro-americana pode decidir parar de comer certos alimentos porque fica preocupada com o tamanho de seu quadril ou de suas coxas quando se compara com as atrizes brancas.

Estágio da dissonância. Neste estágio, a pessoa conscientiza-se de seu conflito interno e vacila entre o desejo de ser magra e de aceitar seu corpo como ele é. Ela pode desenvolver sintomas bulímicos que representam o vaivém de duas culturas diferentes.

Imersão-emersão. O terceiro estágio caracteriza-se por maior autoapreciação à proporção que a pessoa jovem é imergida em sua cultura de origem. Embora possa parecer que formou uma identidade saudável, ela pode exagerar seu estereótipo etnocultural, até mesmo rejeitando qualquer tentativa de parecer fisicamente atraente. A raiva e as variações de humor são um tema emocional predominante neste estágio. O comportamento alimentar compulsivo pode refletir este estágio de pensamento.

Estágio da internalização. O estágio final é marcado por um aumento em autoestima e uma integração de atitudes positivas para com o *self* e a cultura, com menos raiva e maior apreciação por diferenças no conceito de beleza em culturas distintas.

Uma implicação desses modelos é a necessidade de intervenções preventivas que sejam sensíveis ao estágio de desenvolvimento da identidade de cada indivíduo. Quando o paciente está no estágio de despertar pré-cultural, uma estratégia apropriada é aumentar a consciência do jovem de seu legado etnocultural, bem como do preconceito inerente em culturas de maioria. A intervenção durante o estágio de dissonância deve se concentrar no luto causado pelo senso de perda que o indivíduo tem para com sua cultura. O desenvolvimento além desse estágio pode ser acelerado pelo encorajamento do contato com outras pessoas de identidade etnocultural semelhante.

dieta excessiva e a outros comportamentos prejudiciais à saúde. Eric Stice e colaboradores (2001) fizeram uma divisão aleatória com garotas de 13 a 17 anos entre um grupo que recebeu uma assinatura de 15 meses da revista *Seventeen* e um grupo de controle que não recebeu a revista. Nos 20 meses seguintes, apenas aquelas que expressaram insatisfação com o corpo no início tiveram aumentos significativos em dietas, depressão e sintomas de bulimia. Pesquisadores sugerem que os estudos anteriores provavelmente tenham observado que a exposição breve a anúncios mostrando modelos magras e esguias resultou em uma redução súbita na satisfação com a aparência pessoal, pois quase sempre eram realizados em ambientes laboratoriais. Com um período mais longo nos ambientes mais naturais de suas casas, o apoio de pais, amigos e parceiros amorosos pode superar a influência da mídia. Pesquisadores advertem, porém, que seus resultados não significam que as influências da mídia devam ser desconsideradas, pois os adolescentes que têm imagens corporais negativas podem ter mais probabilidade de ler revistas de moda para aprender mais sobre técnicas para perder peso.

Tratamento para transtornos da alimentação

Diversas terapias são utilizadas para tratar anorexia, bulimia e transtorno de compulsão alimentar. Entre elas, estão a alimentação forçada, a terapia familiar, a terapia interpessoal, a terapia comportamental dialética, a hipnose e as abordagens psicodinâmicas (Wilson, Grilo e Vitousek, 2007). Especialistas concordam que o tratamento deve abordar o comportamento e as posturas que perpetuam a alimentação desregrada.

É claro que a prioridade no tratamento da anorexia é restaurar o peso corporal. Em casos extremos, o tratamento de pacientes internados inclui a alimentação forçada, que gradualmente aumenta de 1.500 a 3 mil calorias por dia. Em muitos casos, diversas perturbações biológicas e psicológicas secundárias diminuem assim que o peso corporal é restabelecido. A **terapia familiar** é o tratamento mais estudado para anorexia nervosa e, de modo geral, os resultados de uma dúzia ou mais de testes clínicos foram animadores (Wilson, Grilo e Vitousek, 2007). A mais conhecida é uma forma de terapia familiar denominada *modelo de Maudsley*, uma intervenção aplicada a pacientes adolescentes envolvendo 10 a 20 sessões familiares espaçadas em 6 a 12 meses. Todos os familiares são atendidos juntos, e inicialmente os pais são instruídos sobre como encontrar maneiras eficazes de controlar o comportamento alimentar de seus filhos. Nas fases seguintes, esse controle externo diminui de forma gradual e – sobretudo com adolescentes maiores – o comportamento alimentar autônomo é explicitamente relacionado com a resolução do comportamento alimentar a longo prazo. Visto que as questões motivacionais que envolvem a imagem corporal e o comportamento alimentar devem ser abordadas, as intervenções podem ser mantidas por longos períodos de tempo – 1 a 2 anos de terapia individual não é algo incomum para tratar indivíduos com peso corporal muito baixo (Wilson, Grilo e Vitousek, 2007).

Desde a década de 1970, a TCC tornou-se o método mais utilizado para tratar bulimia nervosa e transtorno de compulsão alimentar (Wilson, Grilo e Vitousek, 2007). O tratamento envolve procedimentos criados para:

a) aumentar a motivação para mudar;
b) substituir dietas prejudiciais à saúde por padrões regulares e flexíveis de alimentação;
c) reduzir a preocupação insalubre com o peso e forma do corpo; e
d) prevenir recaídas.

Em primeiro lugar, os terapeutas monitoram o consumo de alimentos, os episódios compulsivos e os estímulos que desencadeiam tais episódios. A seguir, utilizam essas informações para moldar, de forma gradual, o comportamento alimentar do pa-

■ **terapia familiar** tipo de psicoterapia em que os indivíduos de uma família aprendem maneiras mais saudáveis de interagir uns com os outros e resolver conflitos.

ciente, transformando-o em um padrão de três ou mais refeições por dia; introduzem na dieta os alimentos temidos; e mudam ideias errôneas e posturas distorcidas relacionadas com consumo de alimentos, peso e imagem corporal. O tratamento costuma ser realizado em 16 a 20 sessões de terapia individual, por 4 a 5 meses.

Qual é o grau de eficácia dos tratamentos para transtornos da alimentação?

A anorexia permanece sendo um dos transtornos do comportamento mais difíceis de tratar, porque muitas vítimas não veem algo errado em seu comportamento alimentar e resistem a qualquer tentativa de mudança (Agras et al., 2004). Christopher Fairburn, um importante pesquisador da bulimia, relatou que a taxa de sucesso de longo prazo de todas as intervenções para transtornos da alimentação é função de duas variáveis: autoestima e imagem corporal. Independentemente do tipo de tratamento utilizado, pacientes com autoestima mais baixa e distorções persistentes sobre a imagem corporal tendem a apresentar menos sucesso em sua recuperação a longo prazo (Fairburn, 2005; Fairburn e Wilson, 1993).

Embora existam poucos estudos controlados comparando os resultados de tratamentos para anorexia, a maioria das terapias resulta em restauração de parte do peso a curto prazo, mas em uma taxa elevada de recaída (normalmente mais de 50%) e resultados fracos a longo prazo (Wardle, 1997). Estudos de acompanhamento de longo prazo mostram que a maioria dos pacientes de anorexia persiste em sua preocupação com a comida e o peso e que muitos continuam a apresentar sinais psicológicos do transtorno, peso baixo e perturbações sociais ou de humor. De modo geral, esses estudos de acompanhamento indicam que quase 50% dos indivíduos tratados têm recuperação completa, 20 a 30% continuam a apresentar alguns sintomas residuais, 10 a 20% permanecem gravemente doentes e 5 a 15% acabam por morrer (Steinhausen, 2002).

Não existem muitas pesquisas controladas sobre a eficácia de diversas formas de psicoterapia para tratar bulimia nervosa. Todavia, a TCC também se mostrou bastante eficaz como forma de prevenção primária para compulsão alimentar em mulheres de alto risco (Kaminski e McNamara, 1996). Os pesquisadores recrutaram universitárias com sinais de risco para transtornos da alimentação: baixa autoestima, imagem corporal negativa, perfeccionismo e história de dietas repetidas. As estudantes foram divididas de forma aleatória em um grupo de tratamento e um grupo de controle. O grupo de tratamento recebeu treinamento em estratégias cognitivas para aumentar a autoestima, desafiar pensamentos autodestrutivos, melhorar a imagem corporal e combater a pressão social em favor da magreza. Após sete semanas, as estudantes do grupo de tratamento apresentavam maiores ganhos na autoestima e imagem corporal do que as do grupo de controle e também relataram significativamente menos episódios de comer de forma desregrada. De modo geral, a TCC costuma eliminar a compulsão alimentar e a purgação em cerca de 30 a 50% dos casos (Wilson, Grilo e Vitousek, 2007).

Estudos controlados de tratamentos para hábitos alimentares desajustados apresentam taxas de desistência de 0 a 34% e uma abstinência do comportamento alimentar desregrado a longo prazo de 20 a 76%. Conforme observaram Stewart Agras e colaboradores (1993, 2004), em um grupo de 100 pessoas com comportamento alimentar compulsivo que foram tratadas com TCC (em geral a intervenção mais eficaz), 16 provavelmente abandonarão o tratamento e 40 estarão em abstinência ao final dele. A taxa de fracasso de 60% sugere que os pesquisadores ainda não encontraram o tratamento ideal para os transtornos da alimentação.

Alguns programas fracassam porque tentam fazer muitas coisas de uma só vez. Traci Mann e colaboradores (1997) avaliaram intervenções para o comportamento desajustado que visavam tanto à prevenção primária quanto à secundária. Devido a seus diferentes objetivos, as estratégias ideais da prevenção primária e da secundária muitas vezes são opostas. Conforme sugeriu Mann, para prevenir o comportamento alimentar desajustado em mulheres jovens e saudáveis (prevenção primária), a estratégia ideal pode ser enfatizar a natureza anormal e prejudicial dos comportamentos anoréxicos e bulímicos. Pelo contrário, para encorajar aqueles que já têm problemas a buscar ajuda (prevenção secundária), pode ser aconselhável sugerir o oposto – que os transtornos da alimentação são comuns e fáceis de tratar. As intervenções para esses transtornos podem ser mais eficazes se não tentarem atingir simultaneamente a prevenção primária e a secundária.

Apesar da taxa de sucesso bastante baixa dos programas formais de tratamento e intervenção preventiva para transtornos da alimentação, existem evidências de que algumas pessoas com esses transtornos respondem a abordagens simples, como a instrução guiada (*guided instructions*) em técnicas de autoajuda. Pesquisadores verificaram que a autoajuda pura e a autoajuda guiada (Banasiak, Paxton e Hay, 2005), e mesmo as intervenções de autoajuda baseadas na TCC por computador, são eficazes para certos pacientes com bulimia nervosa e transtorno de compulsão alimentar (Schmidt e Grover, 2007).

Também há boas novas no achado de que alguns portadores de transtornos da alimentação podem se recuperar sozinhos com o passar do tempo. Um recente estudo longitudinal acompanhou uma coorte de 509 mulheres e 206 homens que eram adolescentes no final da década de 1970 e começo da de 1980. Os pesquisadores investigaram as posturas e os comportamentos alimentares dos participantes quando estavam na faculdade e novamente depois de 10 anos (Heatherton et al., 1997). Os resultados mostraram que a insatisfação com o corpo, as dietas crônicas e os sintomas de comportamento alimentar desregrado geralmente diminuíram entre muitas das mulheres nos 10 anos após a faculdade, com as taxas de transtornos da alimentação aparentes caindo em mais da metade. Entretanto, um número substancial delas, em particular as que estavam insatisfeitas com seu peso ou sua forma corporal na faculdade, continuavam a ter problemas 10 anos depois. Mais de 1 em cada 5 mulheres que satisfaziam os critérios clínicos para um transtorno da alimentação na faculdade também os preenchiam 10 anos depois.

Esses resultados sugerem que algum grau de comportamento alimentar desajustado possa ser normativo para universitárias e que a diminuição desses problemas após a formatura também seja normativa. Porém, a insatisfação com o corpo e as dietas crônicas permanecem problema para um número substancial de mulheres. Mudanças em maturação e no *status* do papel de gênero podem explicar em parte por que os problemas alimentares diminuem após a faculdade.

Também é possível que esses achados reflitam uma tendência mais geral da sociedade. Todd Heatherton e colaboradores (1995) compararam o comportamento alimentar de universitários em 1982 e 1992. Verificaram que os sintomas de transtornos da alimentação, as dietas e a insatisfação com o corpo diminuíram durante essa década. Heatherton atribui o declínio em transtornos da alimentação a uma maior consciência pública. O foco maior dos meios de comunicação pode ter elevado a consciência das consequências potenciais de jejuar ou comer de forma compulsiva e vomitar.

Junto à maior consciência sobre o comportamento alimentar desregrado, hoje, existe maior ênfase em comer de forma saudável e seguir dietas nutritivas com baixos teores de gordura, em vez de baixas calorias. As mensagens socioculturais sobre a magreza também mudaram um pouco, novamente com maior ênfase na saúde e menos no peso em si.

Psicólogos da saúde esperam dar continuidade a esse foco maior na saúde geral, em vez de em tentar alcançar físicos perfeitos inatingíveis. Isso ajudaria muitas pessoas a evitar os perigos da obesidade ou dos transtornos da alimentação, assim como a ansiedade e a insatisfação causadas pela disparidade entre a imagem corporal real e desejada.

Revisão sobre saúde

Responda a cada pergunta a seguir com base no que aprendeu no capítulo. (DICA: Use os itens da Síntese para considerar questões biológicas, psicológicas e sociais).

1. Pense sobre você mesmo ou alguém que conheça bem. Com base nas informações apresentadas neste capítulo, como você se avaliaria ou essa pessoa com relação à noção de alimentação saudável e peso? Quais melhorias, se há alguma, acha que você ou a pessoa que tem em mente poderia fazer para se tornar ainda mais saudável a respeito desse tema?
2. Em uma conferência sobre obesidade nos Estados Unidos – com participantes variando em idade (de crianças a adultos mais velhos) e experiência (daqueles que lutam contra a obesidade, pessoas com peso normal e peso baixo e especialistas do campo) –, você foi escolhido como representante discente para participar de um painel de discussão sobre os riscos, fatores e tratamentos para obesidade. Quais são os cinco pontos que gostaria de apresentar ao painel sobre obesidade e a vida universitária?
3. Seu amigo Tony tornou-se um "rato" de academia – tanto que faz quase nada mais e pensa constantemente em perder peso e aumentar seus músculos. Você suspeita que ele possa ter um transtorno da alimentação, assim como um problema com a imagem corporal e, um dia, ele confidencia a você que isso é verdade. O que você o aconselharia a fazer? Com base no que leu neste capítulo, quais são algumas das influências biológicas, psicológicas e sociais ou culturais que poderiam estar afetando Tony?

Síntese

Nutrição: comendo os alimentos certos

1. Além da água e da energia calórica diária, o corpo requer 46 nutrientes, que são agrupados em cinco categorias: proteínas, gorduras, carboidratos, vitaminas e minerais.
2. A nutrição pobre está relacionada com 5 das 10 principais causas de morte: doenças cardíacas, câncer, AVEs, diabetes e aterosclerose. Existem três tipos de lipoproteínas: as de baixa densidade (LDL) estão relacionadas com doenças cardíacas, enquanto as de alta densidade (HDL) podem proteger contra placas ateroscleróticas. A gordura saturada e especialmente a gordura trans foram relacionadas como fator alimentar em algumas formas de câncer. Nutricionistas recomendam um equilíbrio saudável de alimentos não processados, sobretudo aqueles que têm um índice glicêmico (IG) baixo.

Determinação do peso: comendo a quantidade certa

3. A taxa metabólica basal depende de diversas variáveis, incluindo idade, gênero, peso atual e nível de atividade. Muitas pessoas acreditam que o peso corporal oscile de maneira aleatória, mas, na verdade, seus corpos equilibram o consumo e o gasto de energia de forma bastante rígida. Isso sustenta o conceito de um *set-point* de peso corporal. Uma vez que o número de células adiposas no corpo de uma pessoa aumente, ele nunca diminui.
4. Pesquisadores localizaram centros de apetite em duas áreas do hipotálamo: uma região lateral chamada de hipotálamo lateral, que desencadeia a fome; e uma área inferior, no meio, denominada hipotálamo ventromedial, que pode desencadear a saciedade. Uma região do hipotálamo, o núcleo arqueado (ARC), parece ser o centro da regulação de curto prazo do apetite e da regulação de longo prazo do peso corporal.
5. Dois hormônios produzidos pelo trato gastrintestinal, conhecidos como grelina e PYY, foram relacionados com comportamentos alimentares de curto prazo, enquanto a leptina e, em um nível menor, a insulina, são fundamentais para a manutenção do peso ao longo de meses e anos.

Obesidade: fatos básicos

6. A obesidade é fator de risco para muitas doenças. Adicionalmente, os obesos também têm problemas sociais porque são alvo de discriminação. A medida da obesidade usada com mais frequência é o índice de massa corporal (IMC), que está bastante correlacionado com a porcentagem de gordura no corpo. A distribuição da gordura também é importante, sendo a abdominal (padrão masculino) muito menos saudável do que a localizada na porção inferior do corpo (padrão feminino). Além disso, a ciclagem de peso pode ser mais prejudicial à saúde do que um peso alto, mas estável.

O modelo biopsicossocial da obesidade

7. A obesidade é parcialmente hereditária. Pesquisadores descobriram que ratos de laboratório com um gene deficiente não conseguem controlar sua fome e tendem a ficar obesos. O gene parece regular a produção de leptina, hormônio produzido pela gordura, que o hipotálamo monitora como índice de obesidade. A quantidade de leptina em geral apresenta correlação com a quantidade de gordura armazenada no corpo.

8. A fome e o comportamento alimentar não são controlados apenas por fatores fisiológicos. Fatores psicossociais, como o estresse, o *status* socioeconômico e a cultura também interferem nesses aspectos.

9. Estar com sobrepeso ou ser obeso está inversamente relacionado com a renda, a educação e o nível ocupacional. Aqueles que apresentam maior risco de obesidade muitas vezes têm acesso mais limitado a serviços de saúde, menos conhecimento sobre a importância de uma dieta saudável e os riscos da obesidade, menor percepção de autoeficácia em seguir uma dieta saudável e fazem menos exercícios.

Tratamento e prevenção da obesidade

10. Em todas as idades, as mulheres têm duas vezes mais probabilidade do que os homens de fazer dieta, embora haja apenas uma diferença pequena de gênero na prevalência da obesidade. Fazer dieta está cada vez mais comum entre os adolescentes, o que causa preocupação devido aos riscos potenciais para o crescimento e o desenvolvimento.

11. Atualmente, psicólogos da saúde reconhecem que os pacientes diferem em qual tratamento será mais eficaz. O processo de tratamento por passos pode ser usado para determinar qual a intervenção mais apropriada para cada pessoa.

12. Muitas pessoas vivem, trabalham e estudam em um ambiente que promove a obesidade (ambientes obesigênicos). Os alimentos prejudiciais à saúde estão em toda parte, e nossos corpos são geneticamente programados para comer quando existe alimento disponível. Em consequência, especialistas sugerem estratégias comunitárias e medidas de saúde pública mais amplas na guerra contra a obesidade.

Transtornos da alimentação

13. Os transtornos da alimentação são multifatoriais – determinados pela interação entre fatores biológicos, psicológicos, sociais e culturais. As mudanças na distribuição da gordura em garotas adolescentes, particularmente aquelas que amadurecem cedo, podem proporcionar as bases para a insatisfação com a imagem corporal. Um ambiente social e familiar em que haja ênfase na magreza pode estimular a frustração com a imagem corporal. No nível individual, a competitividade e o perfeccionismo, combinados com os estresses da pressão dos grupos adolescentes, podem promover a alimentação desregrada.

14. Anorexia nervosa é um transtorno da alimentação caracterizado por recusa em manter o peso corporal acima de um IMC de 18, medo intenso de ganhar peso, perturbação com a imagem corporal e amenorreia durante pelo menos três meses. A bulimia nervosa envolve comer de forma compulsiva, seguido de purgas por meio de vômitos autoinduzidos ou doses fortes de laxantes. As mulheres que possuem baixa autoestima apresentam mais probabilidade de ter imagem corporal negativa e de ser vulneráveis aos transtornos da alimentação. As famílias de pacientes de bulimia apresentam incidência maior do que o normal de alcoolismo, obesidade e depressão. Pacientes com anorexia costumam vir de famílias são competitivas, bem-sucedidas e protetoras. Os transtornos da alimentação são parcialmente genéticos e estão ligados a níveis anormais de determinados neurotransmissores.

15. Certos fatores culturais podem explicar por que a anorexia e a bulimia ocorrem mais em mulheres do que em homens, e com mais frequência em culturas ocidentais que enfatizam o peso, e por que a prevalência de transtornos da alimentação aumentou nos últimos anos. Embora sejam mais comuns entre mulheres – especialmente em ocupações que enfatizam a aparência (p. ex., dança) – esses transtornos também ocorrem em homens, sobretudo atletas que praticam esportes como natação.

16. Uma variedade de terapias é utilizada para tratar anorexia e bulimia, da alimentação forçada à terapia familiar. Especialistas concordam que o tratamento deve abordar o comportamento e as posturas que perpetuam a compulsão alimentar. O mais utilizado para ambos os transtornos, a terapia cognitivo-comportamental (TCC), intervém no pensamento distorcido em relação a consumo de alimentos, peso e imagem corporal e gradualmente modela os hábitos alimentares do paciente, transformando-os em um padrão mais saudável.

CAPÍTULO 7 | Nutrição, obesidade e transtornos da alimentação

Termos e conceitos fundamentais

obesidade, p. 179
caloria, p. 181
taxa metabólica basal, p. 185
hipótese do *set-point*, p. 186
leptina, p.187
adipócitos, p. 187
índice de massa corporal (IMC), p. 190

padrão masculino de obesidade, p. 190
padrão feminino de obesidade, p. 190
sobrepeso, p. 191
ciclagem de peso, p. 192

desertos alimentares, p. 196
anorexia nervosa, p. 201
bulimia nervosa, p. 201
transtorno de compulsão alimentar, p. 202
terapia familiar, p. 208

Capítulo 8

Uso e abuso de substâncias: fatos básicos
   Mecanismos de ação das substâncias
   Substâncias psicoativas

Modelos de dependência
   Modelos biomédicos: a dependência como doença
   Modelos de recompensa: a dependência como busca de prazer
   Modelos de aprendizagem social: a dependência como comportamento

Uso e abuso de álcool
   O perfil dos alcoolistas
   Efeitos físicos do uso de álcool
   Consequências psicossociais do uso de álcool
   Fatores que contribuem para dependência de álcool
   Tratamento e prevenção da dependência de álcool

Abuso de tabaco
   Prevalência do tabagismo
   Efeitos físicos do cigarro
   Por que as pessoas fumam?
   Programas de prevenção
   Programas de cessação

Abuso de substâncias

Jack foi um dos primeiros estudantes que conheci quando entrei para o programa de pós-graduação da Universidade de Columbia, no outono de 1975. Como todos nós, ele era um indivíduo muito bem-sucedido e bastante motivado, que estava ansioso para se tornar um psicólogo pesquisador.

Mas Jack também era diferente. Ele parecia mais velho e mais seguro de si e sabia o que era necessário para o sucesso. E era esperto. Eu admirava sua capacidade de "pensar com os pés no chão" durante algum curso particularmente estressante, como aqueles apresentados no estilo socrático. Confiante de sua preparação para cada aula, e como era um excelente orador, Jack não se intimidava quando era questionado por algum professor mal-humorado ávido por reduzir um novo aluno a uma massa trêmula de gelatina.

Todos admirávamos Jack, mas também nos preocupávamos com ele. Enquanto o resto de nós passava as noites estudando na biblioteca, ele trabalhava como taxista em Nova York. Embora cada um de nós recebesse uma bolsa de estudo ou pesquisa que cobria a matrícula e proporcionava uma renda modesta para os custos diários, Jack aparentemente não conseguia se virar apenas com esse valor. Alguns de nós suspeitávamos que ele enviasse dinheiro para algum parente carente que não podia trabalhar. Ou talvez não quisesse admitir, como todos nós, simples mortais, que o primeiro ano da pós-graduação exigia sua completa e total atenção.

Por alguns meses, Jack parecia não se incomodar com a carga de trabalho dobrada. Não sei quando dormia ou estudava, mas ele parecia completamente funcional em classe e, exceto por um bocejo ocasional durante uma aula muito chata, apresentava um rendimento acadêmico igual ao nosso.

Porém, a perda de sono e a pressão acadêmica que se acumulavam causaram um impacto em Jack. Alguma coisa iria ceder, e notamos quando nosso colega parou de frequentar as sessões de grupo, festas ao final dos exames e outras reuniões sociais. Em seguida, ele começou a se atrasar para as aulas e a faltar a seminários ocasionais – e o pior de tudo – aparecer para discutir a leitura sem estar preparado.

Quando Jack vinha à aula, sua aparência entregava seu estilo de vida. Ele parecia fatigado e exausto, com grandes bolsas ao redor dos olhos. Parecia ter 50 ou 60 anos de idade, em vez de 22. Havia rumores de que ele andava bebendo demais e usando uma variedade de pílulas – principalmente estimulantes e sedativos – para manter um "estado funcional". Quando alguns de nós confrontamos seu colega de quarto, ele desmereceu nossa preocupação com o fato de Jack usar drogas, dizendo: "Não se preocupem com Jack, ele sabe o que está fazendo. Todas as pílulas têm receita médica, e ele nunca toma mais do que a dose receitada".

Bem, você pode imaginar o que aconteceu. Algumas semanas depois, o chefe do departamento interrompeu nosso seminário sobre psicologia fisiológica para informar que o corpo de Jack havia sido encontrado naquela manhã. Ele morrera de uma aparente overdose de álcool e tranquilizantes barbitúricos.

Desde a Antiguidade, os seres humanos têm procurado formas de alterar o humor, os processos de pensamento e o comportamento – normalmente com efeitos bastante negativos para a saúde. Este capítulo examina os diferentes aspectos do abuso de substâncias – suas causas, seus efeitos e a prevenção, incluindo pesquisas que apontam para uma base comum psicossocial nas origens da dependência de muitas substâncias. Vamos nos concentrar sobretudo nas duas substâncias mais suscetíveis de abuso: o tabaco e o álcool.

Uso e abuso de substâncias: fatos básicos

O uso de substâncias significa a simples ingestão de qualquer substância, independentemente da quantidade ou de seu efeito. O **abuso de substâncias**, contudo, é o uso de qualquer agente químico em um nível que atrapalhe o bem-estar do usuário em qualquer domínio da saúde: biológico, psicológico ou social. Por definição, as substâncias legais – como os medicamentos vendidos sob prescrição médica – também podem ser consumidas de forma abusiva. A substância mais utilizada é o tabaco. Embora seu uso esteja diminuindo em países afluentes, está aumentando em países de renda baixa e média. Com o tabaco, o álcool é a substância mais usada e abusada, e só não está disponível nas áreas mais isoladas do mundo e em alguns poucos países com proibições religiosas rígidas (WHO, 2004). Ainda que o consumo de álcool tenha diminuído recentemente em muitos países desenvolvidos, seu uso tem aumentado nos países em desenvolvimento. Além disso, problemas relacionados com o álcool ocorrem em muitos países da Ásia e do Pacífico Ocidental, onde não existiam antes.

■ **abuso de substâncias** uso de uma droga em nível que atrapalhe o bem-estar biológico, psicológico ou social do usuário.

Os riscos para a saúde e os custos do abuso de substâncias são incalculáveis. O abuso de substâncias ilegais, álcool e tabaco causa mais mortes, doenças e incapacidades do que qualquer outro problema de saúde evitável (Robert Wood Johnson Foundation, 2001). O álcool, por exemplo, está envolvido em 40% de todas as mortes no trânsito. Entre pessoas de 16 a 20 anos, a porcentagem é de 36% (NIH, 2010). Metade de todos os assassinatos que ocorrem nos Estados Unidos envolve o álcool ou alguma outra substância, e 80% de todas as tentativas de suicídio acontecem após o consumo de álcool. E a cada ano, o uso do tabaco, a principal causa evitável de morte nos Estados Unidos, causa mais de 5 milhões de óbitos ao redor do mundo (com uma estimativa de 8 milhões até o ano 2030) e resulta na perda líquida de 200 bilhões de dólares com custos médicos e tempo perdido de trabalho (WHO, 2008).

Por que, apesar desses custos financeiros de saúde e sociais enormes, as pessoas continuam a usar e abusar de substâncias? Para responder a essa questão, primeiro você precisa saber como as substâncias circulam pelo corpo e como o afetam.

Mecanismos de ação das substâncias

Como um primeiro passo, a substância deve ser ingerida ou administrada. As substâncias são administradas de seis maneiras: de forma oral, retal, por injeção, por inalação e por absorção através da pele ou das mucosas. O modo como são administradas

- **barreira hematencefálica** rede de células capilares compactadas que separa o sangue e o cérebro.

- **teratogênico** substâncias químicas e agentes ambientais que podem prejudicar o desenvolvimento fetal.

- **agonista** substância que se conecta a um receptor e produz ações neurais que imitam ou potencializam a dinâmica natural de neurotransmissores.

Figura 8.1

A barreira hematencefálica. Ao contrário dos capilares sanguíneos porosos encontrados na maioria das outras partes do corpo, aqueles que se localizam no cérebro são compactos, formando uma bainha glial adiposa que proporciona um ambiente protegido para o cérebro. A bainha glial desenvolve-se a partir de células astrócitas próximas. Para alcançar o cérebro, a substância deve primeiro ser absorvida pela parede capilar e depois atravessar o revestimento adiposo.

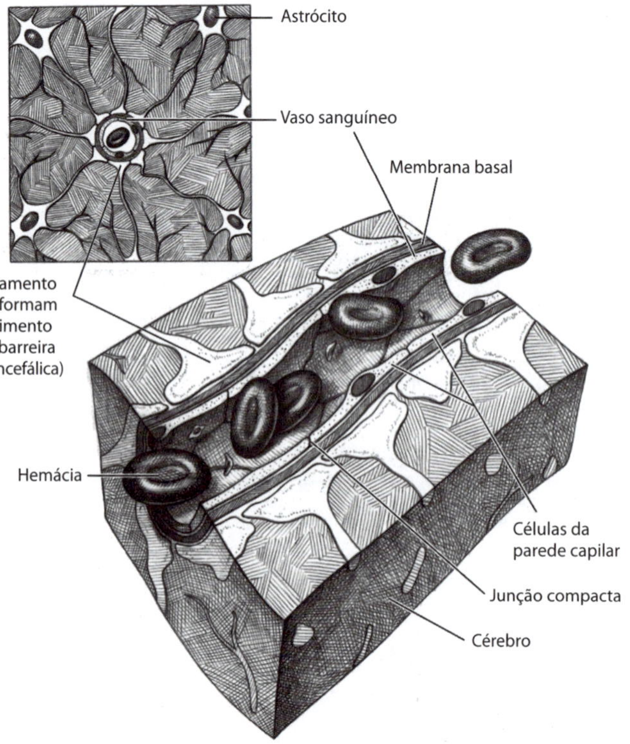

altera seus efeitos fisiológicos. Uma vez que entram de forma mais rápida na corrente sanguínea, as substâncias que são injetadas ou inaladas, por exemplo, normalmente têm efeitos mais fortes e mais imediatos do que as que são engolidas.

Alguns minutos após ter sido absorvida de seu ponto de entrada, uma substância é distribuída pela corrente sanguínea para seu local de ação (receptores). A velocidade com que uma substância atinge seus receptores-alvo depende da velocidade do fluxo sanguíneo até o alvo e da facilidade com que a substância passa pelas membranas celulares e por outras barreiras protetoras do corpo. O fluxo sanguíneo para o cérebro é maior do que para qualquer outra parte do corpo. Portanto, substâncias que conseguem passar pela rede de células que separam o sangue do cérebro – a **barreira hematencefálica** (Fig. 8.1) – chegam rapidamente ao sistema nervoso central (SNC). A facilidade com que uma substância passa através dessa barreira depende de sua solubilidade em lipídeos (gorduras). A maioria das substâncias recreacionais, assim como as que são consumidas de forma mais abusiva, é solúvel em lipídeos, significando que passam com facilidade pela barreira até seus sítios receptores no cérebro.

As substâncias solúveis em gorduras que cruzam a barreira hematencefálica normalmente também são capazes de permear a *barreira placentária*, que separa o sangue de uma mulher grávida do de seu feto em desenvolvimento. Por essa razão, o álcool, a nicotina ou outras substâncias, assim como agentes químicos em cosméticos, alimentos e em qualquer parte do ambiente que são absorvidos pela mãe podem afetar o bebê que está por nascer. Os cientistas agora sabem muito sobre os **teratogênicos** – substâncias e poluentes que cruzam a barreira placentária e prejudicam o bebê em desenvolvimento. O álcool, o tabaco, a heroína e a maconha, por exemplo, podem impedir o crescimento fetal e lesões de maneira permanente o cérebro do bebê. O nível de seu efeito prejudicial, contudo, depende de quando a exposição ocorre; a exposição a determinados teratogênicos causa mais danos durante períodos essenciais do desenvolvimento, quando certos órgãos e sistemas estão se desenvolvendo com mais rapidez.

Substâncias e sinapses

Uma vez no cérebro, as substâncias afetam o comportamento, influenciando a atividade dos neurônios em suas sinapses. As substâncias podem produzir seus efeitos de três maneiras: imitando ou aumentando a ação de um neurotransmissor de ocorrência natural, bloqueando sua ação ou afetando sua reabsorção (ver Fig. 8.2a).

As substâncias que produzem ações neurais para imitar ou potencializar a dinâmica de um neurotransmissor de ocorrência natural são chamadas de **agonistas** (ver Fig. 8.2b). Lembre-se de que os receptores sinápticos são "fechaduras" celulares que esperam por neurotransmissores que possuam uma forma determinada para agir como uma chave, desencadeando a atividade dentro da célula. Por exemplo, a nicotina é um agonista da acetilcolina, significando que ela se encaixa na fechadura destinada à acetilcolina e liga-se a receptores pós-sinápticos do mesmo neurônio, aumentando assim a ativação do neurônio receptor e fazendo com que o usuário de tabaco fique mais alerta. Recentemente, pesquisadores descobriram a existência de *agonistas parciais* –

neurotransmissores que se conectam e ativam receptores, mas produzem uma resposta menor do que agonistas verdadeiros ou plenos (Lape et al., 2008) (ver Fig. 8.2c).

As substâncias que produzem seus efeitos bloqueando a ação de neurotransmissores ou de agentes agonistas são as **antagonistas** (ver Fig. 8.2d). A cafeína, por exemplo, é um antagonista que bloqueia o efeito da *adenosina*, um neurotransmissor que em geral inibe a liberação de outros transmissores que estimulam (fazem disparar) as células pós-sinápticas. Assim, as células estimulantes continuam a disparar, resultando na estimulação sentida quando se ingere cafeína.

Finalmente, as substâncias podem alterar a transmissão neural, aumentando ou inibindo a reabsorção de neurotransmissores na sinapse, ou seja, a decomposição ou reabsorção natural do neurotransmissor pelo neurônio pré-sináptico. A cocaína, por exemplo, produz seus efeitos estimulantes bloqueando a reabsorção da noradrenalina e da dopamina. Visto que não são reabsorvidos pelo neurônio emissor, esses neurotransmissores permanecem na sinapse e continuam a estimular (ou inibir) o neurônio receptor.

■ **antagonista** substância que bloqueia a ação de um neurotransmissor de ocorrência natural ou agonista.

Figura 8.2

Agonistas, agonistas parciais e antagonistas.

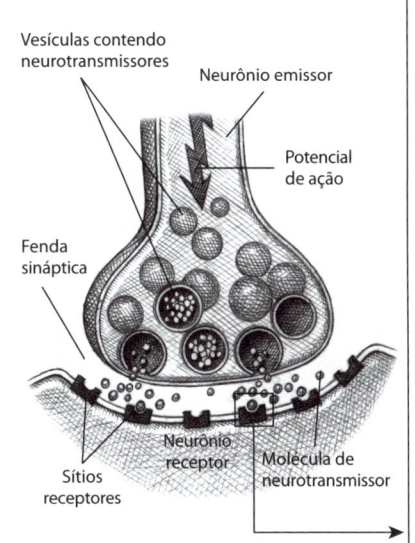

Os neurotransmissores levam uma mensagem de um neurônio emissor para um neurônio receptor, por meio da sinapse.

(a) Esta molécula de neurotransmissor tem estrutura que se encaixa precisamente no sítio receptor do neurônio receptor, como uma chave se encaixa em um cadeado.

(b) Esta molécula de agonista estimula. Ela é muito semelhante em estrutura à molécula de neurotransmissor, a ponto de imitar seus efeitos sobre o neurônio receptor. A morfina, por exemplo, imita a ação de endorfinas estimulando os receptores em áreas cerebrais envolvidas no humor e nas sensações de dor.

(c) Esta molécula de agonista parcial também estimula, mas produz uma resposta mais fraca do que a de um agonista verdadeiro ou pleno. A buprenorfina, por exemplo, é um agonista parcial do receptor ativado pela morfina. Por essa razão, a substância é usada clinicamente como analgésico no controle da dor e como tratamento para adicção em morfina.

(d) Esta molécula de antagonista inibe. Ela tem uma estrutura suficientemente semelhante ao neurotransmissor para ocupar seu sítio receptor, bloqueando sua ação, mas não o suficiente para estimular o receptor. O envenenamento com botulina paralisa suas vítimas, bloqueando os receptores de acetilcolina (ACh) envolvidos no movimento muscular.

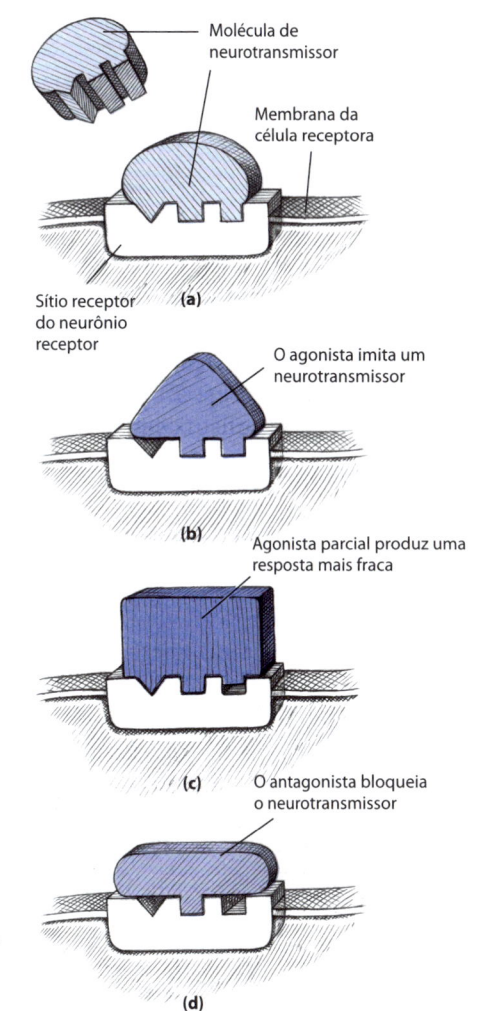

Adicção, dependência e tolerância

- **adicção** padrão de comportamento caracterizado por dependência física e possivelmente psicológica, bem como pelo desenvolvimento de tolerância.

- **dependência** estado em que o uso de uma substância é necessário para que a pessoa funcione normalmente.

- **abstinência** sintomas físicos e psicológicos desagradáveis que ocorrem quando a pessoa para de usar determinada substância de forma abrupta.

Nem todas as pessoas que começam a usar uma substância tornam-se adictas. Como podemos saber se uma pessoa tornou-se adicta? Especialistas da saúde atualmente definem o termo **adicção** como um padrão comportamental caracterizado pelo envolvimento irresistível no uso de uma substância, uma preocupação com seu fornecimento e uma grande probabilidade de recaída se a ela for interrompida, bem como o desenvolvimento de dependência física e psicológica da substância.

A **dependência** é um estado em que o corpo e a mente se ajustaram ao uso repetido de uma substância e necessitam de sua presença para manter o funcionamento "normal". Nesse contexto, a palavra *normal* refere-se à ausência dos sintomas de abstinência que aparecem quando o uso de uma substância é descontinuado. A **abstinência** refere-se aos sintomas físicos e psicológicos desagradáveis que ocorrem quando a pessoa para de usar uma substância de forma súbita. Os sintomas da abstinência, que variam bastante conforme a substância, normalmente são o oposto direto dos efeitos principais de uma substância. As anfetaminas e outros estimulantes, por exemplo, produzem uma sensação inicial de euforia. A abstinência da anfetamina desencadeia o estado oposto: depressão. Outros sintomas incluem náuseas e vômitos, perturbações do sono, ansiedade e até morte.

De maneira condizente com o modelo biopsicossocial, a maioria das substâncias, incluindo o álcool e a nicotina, dão origem à dependência física e psicológica. Por exemplo, o álcool, que parece produzir alterações bioquímicas no cérebro (ver p. 226), também parece melhorar o estado de espírito e permitir que a pessoa esqueça seus problemas. Para muitos ex-usuários de estimulantes, as memórias das "viagens", depois de ocorrerem, desaparecem lentamente e são estímulos constantes para recaídas.

- **uso de substâncias** ingestão de uma substância, independentemente da quantidade ou do efeito da ingestão.

Os efeitos complementares do **uso de substâncias** e da abstinência delas podem levar a uma teoria geral da abstinência – a *teoria da hipersensibilidade* – que propõe ser a adicção o resultado dos esforços do corpo e do cérebro para contrabalançar os efeitos de uma substância de maneira a manter um estado interno adequado. Por exemplo, entre seus muitos efeitos físicos, a nicotina acelera a frequência cardíaca. Para compensar e manter um estado interno constante, o cérebro e o sistema nervoso respondem à nicotina estimulando o nervo vago, que reduz a frequência cardíaca. Com o passar do tempo, o uso regular da nicotina e a estimulação associada do nervo vago parecem criar um novo "ponto de ajuste" superior para a atividade desse nervo. Se a pessoa para de fumar, o tônus vagal permanece elevado (significando que a frequência cardíaca permanece lenta) – mais alto do que o habitual, já que não há nicotina no sistema para aumentar a frequência cardíaca.

Um dos sinais de dependência física é o desenvolvimento de *tolerância*, um estado de responsividade comportamental e/ou fisiológica cada vez menor a uma substância utilizada com frequência. À medida que o corpo da pessoa se ajusta a uma substância, são necessárias dosagens maiores para produzir o efeito que antes era alcançado com uma dose menor. Existem pelo menos duas razões para a ocorrência da tolerância. Com o uso repetido, algumas substâncias são metabolizadas em uma taxa mais rápida pelo fígado, de modo que uma quantidade maior da substância deve ser administrada para simplesmente manter um nível constante no corpo. Em segundo lugar, os receptores cerebrais adaptam-se à presença constante de determinada substância aumentando o número de sítios receptores ou reduzindo a responsividade à substância. Nos dois casos, uma quantidade maior da substância é necessária para produzir o mesmo efeito bioquímico.

- **substâncias psicoativas** substâncias que afetam o humor, o comportamento e os processos de pensamento, alterando o funcionamento dos neurônios no cérebro; incluem estimulantes, tranquilizantes e alucinógenos.

Substâncias psicoativas

Os agentes químicos que atuam sobre o cérebro para alterar o humor, o comportamento e os processos de pensamento são conhecidos como **substâncias psicoativas**.

As substâncias psicoativas são agrupadas em três categorias principais: alucinógenos, estimulantes e tranquilizantes.

Também chamadas de substâncias psicodélicas, os *alucinógenos* como a maconha e a dietilamida do ácido lisérgico (LSD) alteram a percepção sensorial e induzem alucinações visuais e auditivas à medida que afastam o usuário da realidade e perturbam os processos de pensamento. Os *estimulantes*, incluindo nicotina, cafeína, cocaína e anfetaminas, fazem as pessoas ficarem mais alertas e enérgicas pelo aumento da atividade do SNC. Em doses baixas, os estimulantes moderados (nicotina e cafeína) reduzem a fadiga, melhoram o humor e diminuem o apetite. Em doses mais altas, e com substâncias mais pesadas, contudo, podem causar irritabilidade, insônia e ansiedade. Como todas as substâncias psicoativas, os estimulantes produzem seus efeitos alterando a ação dos neurotransmissores nas sinapses. Os estimulantes têm um grande impacto sobre a acetilcolina (ACh) as catecolaminas, a dopamina e, em menor grau, a noradrenalina. Por exemplo, anfetaminas como a nicotina são agonistas, estimulando a liberação de dopamina dos sítios de armazenamento pré-sinápticos. A cocaína bloqueia a reabsorção de dopamina e noradrenalina. O estado de alerta que vem após essa liberação deriva da superestimulação resultante dos receptores dopaminérgicos e/ou noradrenérgicos nos neurônios pós-sinápticos.

Devido a seus poderosos efeitos como recompensa, os estimulantes são usados de forma abusiva. A dependência ocorre com rapidez, junto a uma tolerância que força os adictos a tomarem doses progressivamente maiores. Os sintomas da abstinência associados às anfetaminas incluem aumento do apetite, ganho de peso, fadiga, sonolência e, em certas pessoas, paranoia.

Os *tranquilizantes* diminuem a atividade do SNC. Essas substâncias incluem os barbitúricos, os opiáceos, o álcool, os anestésicos em geral e os agentes antiepiléticos. Doses pequenas reduzem a responsividade à estimulação sensorial, desaceleram os processos de pensamento e diminuem a atividade física. Doses mais altas resultam em sonolência, letargia e amnésia; os tranquilizantes também podem levar à morte interrompendo funções físicas vitais, como a respiração.

Um grupo de tranquilizantes, os *barbitúricos*, é utilizado para bloquear a dor durante cirurgias e regular a pressão arterial elevada. Eles também são substâncias populares vendidas nas ruas, pois produzem uma sensação de euforia que pode durar horas. Até a década de 1960, os barbitúricos também eram os medicamentos receitados com mais frequência para tratar ansiedade e insônia. Entretanto, como causam muita dependência e foram implicados em milhares de suicídios e mortes acidentais por *overdose*, não são mais receitados para essas condições. Para substituí-los, pesquisadores desenvolveram tranquilizantes sintéticos, os benzodiazepínicos, como o *Librium* e o *Valium*.

Os barbitúricos são considerados particularmente perigosos porque, quando utilizados em combinação com outra substância, seus efeitos aumentam a ação dessa outra substância, em uma reação conhecida como **potencialização de substâncias**. Em combinação com o álcool, por exemplo, um barbitúrico pode suprimir os centros respiratórios do cérebro e causar a morte. Outro exemplo desse tipo de interação medicamentosa envolve o uso conjunto de álcool e maconha. A capacidade de dirigir de uma pessoa sob essa influência diminui drasticamente em virtude da interação entre as duas substâncias. A potencialização de substâncias pode ter causado a morte de Jack, que conhecemos no começo do capítulo.

■ **potencialização de substâncias** efeito de uma substância em aumentar os efeitos de outra.

Outro grupo de tranquilizantes, os *opiáceos*, como morfina, heroína e codeína, deriva do ópio. A morfina tem sido utilizada há mais de um século como analgésico. Em uma das principais ironias históricas da medicina, a heroína foi desenvolvida após a Guerra Civil para ser uma alternativa à morfina que não causasse dependência. Tantos veteranos de guerra voltaram do campo de batalha adictos em morfina (a "doença dos soldados") que os médicos tentaram sintetizar um analgésico que não causasse adicção. Ironicamente, a heroína induz dependência física de forma ainda mais rápida do que a morfina. Em todo o mundo, estima-se que entre 15 e 21 milhões de pessoas tenham usado opioides pelo menos uma vez em 2007, incluindo 9,2 milhões de usuários de heroína (UNODC, 2009).

Os opiáceos produzem seus efeitos imitando os opiáceos naturais do corpo, as *endorfinas*. Estas são neurotransmissores que ajudam a regular experiência normal de dor e prazer. Quando o cérebro está inundado por opiáceos artificiais, como a heroína, as moléculas dessas substâncias sintéticas ligam-se aos sítios receptores próprios para endorfinas, e o cérebro para de produzir os opiáceos naturais. Se a substância for descontinuada, os sintomas da abstinência logo ocorrem, incluindo respiração rápida, elevação da pressão arterial, fortes cãibras musculares, náusea e vômito, pânico e fissura (um desejo intenso pela substância).

Modelos de dependência

As teorias a respeito da maneira como as pessoas ficam dependentes de substâncias podem ser agrupadas em três categorias gerais: modelos biomédicos, modelos de recompensa e modelos de aprendizagem social.

Modelos biomédicos: a dependência como doença

Os modelos biomédicos de adicção consideram a dependência física como uma doença cerebral crônica causada pelos efeitos biológicos das substâncias psicoativas (Leshner, 2001). O modelo mais simples sustenta que os adictos herdam uma vulnerabilidade biológica à dependência física. Pesquisadores indicam evidências de estudos que comparam a **taxa de concordância**, ou taxa de conformidade, da dependência física entre gêmeos idênticos e fraternos. Um par de gêmeos é concordante para o traço – nesse caso, a dependência de uma substância – se ambos tiverem ou nenhum deles tiver.

Embora estudos de concordância sugiram que os genes desempenhem um papel na dependência física de muitas substâncias psicoativas, os pesquisadores são cautelosos em interpretar os resultados desses estudos. Mesmo nos raros estudos em que gêmeos idênticos que cresceram em ambientes diferentes são comparados e apresentam taxa de concordância alta, é impossível excluir completamente os efeitos confusos que podem ocorrer devido a outras variáveis. Além disso, os estudos de gêmeos não identificam o gene ou os genes específicos que podem produzir a dependência física.

Outro modelo biomédico aponta para alterações na neuroquímica como a base para a dependência física e psicológica. Segundo a *hipótese do alívio da abstinência*, o uso de substâncias serve para restaurar níveis baixos anormais de dopamina, serotonina e outros neurotransmissores fundamentais (Robinson e Berridge, 2003). Depressão, ansiedade, baixa autoestima e outros estados emocionais desagradáveis estão associados a deficiências em neurotransmissores e uso de substâncias tóxicas (Kim et al., 2003). Elevando a liberação da dopamina pré-sináptica, substâncias como a cocaína e as anfetaminas restauram o funcionamento neural *e* produzem uma sensação de bem-estar psicológico.

Na maior parte do século XX, o modelo de alívio da abstinência baseou-se principalmente em evidências da dependência de opiáceos. Suprimindo a produção natural de endorfinas no cérebro, a heroína e outros opiáceos desencadeiam a dependência. Sendo a primeira teoria da dependência apoiada em receptores, esse modelo foi logo adotado como o modelo biomédico básico relativo a todas as substâncias que induzem dependência física. A nicotina age sobre receptores de ACh; a anfetamina e a cocaína, sobre receptores de catecolamina; e os barbitúricos, supostamente sobre receptores do ácido gama-aminobutírico. Em cada um dos casos, a adicção pode envolver a mesma sequência de adaptação do receptor a uma fonte artificial, como

■ **taxa de concordância** taxa de conformidade entre um par de gêmeos para determinado traço; o par de gêmeos é concordante para o traço se ambos tiverem ou nenhum deles o possuir.

ocorre com a adicção em opiáceos. Uma exceção marcante à teoria dos receptores de opiáceos como modelo geral, contudo, é o álcool, que parece não agir sobre receptores específicos.

O modelo do alívio da abstinência era interessante porque a ideia de que os dependentes necessitavam de mais substância para aliviar suas perturbações físicas torna compreensível a intensa determinação que eles demonstram para obter substâncias, uma resposta racional a sua síndrome de abstinência. Entretanto, o modelo não explica por que os dependentes começam a usar uma substância em doses suficientes e com frequência para desenvolver dependência física. Um segundo problema com esse modelo é sua incapacidade de explicar o motivo de tantos usuários sofrerem recaídas, mesmo muito tempo após a redução dos sintomas da abstinência.

Modelos de recompensa: a dependência como busca de prazer

Pesquisadores que buscam explicação sobre a motivação inicial para o uso repetido de substâncias concentram-se nos efeitos prazerosos dos agentes psicoativos. O ímpeto para essa mudança de pensamento parte de várias pesquisas, incluindo estudos realizados com animais sobre os circuitos de recompensas do cérebro e a epidemia de abuso de cocaína na década de 1990 (Lyvers, 1998).

O sistema de recompensa do cérebro

Enquanto tentava localizar o sistema de controle do sono nos troncos encefálicos de ratos de laboratório, James Olds e Peter Milner (1954) estimularam acidentalmente a área septal do hipotálamo. Para sua surpresa, os ratos recusaram-se a sair da área de suas gaiolas nas quais haviam sido estimulados.

Todas as principais substâncias que levam à dependência, incluindo a nicotina e outros estimulantes, superestimulam o sistema de recompensa do cérebro, que também fica ativo quando o indivíduo realiza comportamentos prazerosos que promovem a sobrevivência, como se alimentar ou fazer sexo. Se puderem escolher entre substâncias psicoativas que coloquem esse circuito de recompensa em *overdrive* – ativando repetidamente os neurônios até que a substância deixe o corpo – e outros prazeres mais mundanos, animais e seres humanos com dependência física com frequência escolhem a primeira opção. Foi observado que, ao permitir aos ratos que pressionassem uma alavanca para estimular seus sistemas de recompensa com eletricidade, eles o fizeram até 7 mil vezes por hora (Fig. 8.3).

Evidências de modelos de recompensas

Segundo o raciocínio dos modelos de recompensas, a dependência pode ser mais bem compreendida tendo como motivação a busca do prazer. A cocaína, o álcool, a nicotina e outras substâncias psicoativas podem induzir dependência física, pois aumentam a disponibilidade de dopamina no cérebro, colocando o sistema de recompensa em *overdrive* (Thompson, 2000).

Outras evidências para a relação do sistema de recompensas com a adicção originam-se no fato de que as pessoas com dependência física de uma substância têm mais probabilidade de também serem dependentes de outras. Os fumantes, por exemplo, consomem duas vezes mais álcool do que os não fumantes, têm de 10 a 14 vezes mais probabilidade de consumir álcool de forma abusiva e quatro vezes mais de usar substâncias ilícitas (Leutwyler, 1995).

Figura 8.3

Autoestimulação intracraniana. Sempre que a pequena lâmpada acende, o ato de pressionar a alavanca produz um estímulo elétrico no sistema de recompensas do cérebro do rato. Com esse arranjo experimental, alguns ratos foram observados pressionando a alavanca em velocidades superiores a uma resposta por segundo.

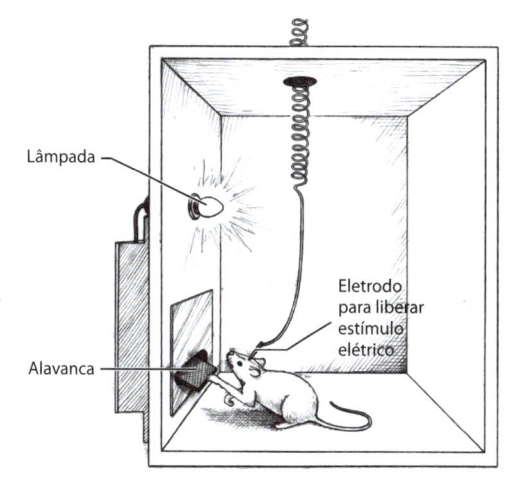

■ **droga de entrada**
substância que serve como trampolim para o uso de outras substâncias, normalmente mais perigosas.

O uso de tabaco, assim como o de álcool e de maconha, desempenha um papel importante no desenvolvimento de dependência de outras substâncias e comportamentos de alto risco. Por isso, frequentemente são chamadas de **drogas de entrada**, pois "abrem a porta" para a experimentação de outras substâncias (Annual Editions, 2010).

Limitações do modelo de recompensa

Apesar de sua lógica aparente, o modelo de recompensa não apresenta resposta final. Embora seja verdade que cocaína, heroína e outras substâncias com maior potencial para a adicção provoquem mais euforia, a maconha e vários outros agentes psicoativos que não são considerados causadores de dependência do ponto de vista físico também produzem sentimentos de bem-estar (Jones, 1992). Em contraste, o tabaco, que hoje é considerado um importante causador de dependência e tão difícil de evitar quanto a cocaína e a heroína (Kozlowski et al., 1982), induz uma euforia que dificilmente estaria na mesma escala daquela causada pela cocaína (Jarvis, 1994).

Outra limitação do modelo de recompensa diz respeito à *hipótese da entrada*. O uso de tabaco e álcool, por exemplo, é considerado historicamente como prognóstico importante do uso de maconha, que é ligado ao uso posterior de outras substâncias ilícitas. Todavia, pesquisas mais recentes indicam que certos fatores ambientais podem ter maior influência no uso subsequente de determinadas substâncias ilícitas. Um estudo de 12 anos realizado pela Universidade de Pittsburgh acompanhou 214 garotos desde a idade de 10 anos, que acabaram usando substâncias legais ou ilegais. Aos 22 anos, os participantes foram categorizados em três grupos: aqueles que somente haviam usado tabaco ou álcool, aqueles que usaram álcool ou tabaco e depois maconha (uso de droga de entrada) e aqueles que usaram maconha antes de álcool ou tabaco. Quase 25% dos participantes disseram ter usado primeiro maconha. Três fatores ambientais diferenciaram esse padrão inverso de usuários de maconha: eles apresentavam mais probabilidade de terem vivido em bairros com privações econômicas, tiveram mais exposição a substâncias nesses bairros e experienciaram menor envolvimento parental quando eram pequenos (Tarter et al., 2006). Esses dados corroboram o que se conhece como *modelo do risco comum*, o qual afirma que a probabilidade de uma pessoa começar a usar substâncias ilegais é determinada não pelo uso antecedente de outras substâncias legais (hipótese da entrada), mas pelas tendências e circunstâncias ambientais do usuário da substância.

Os modelos de recompensa também são incapazes de explicar por que o uso de substâncias continua mesmo quando ocorrem efeitos colaterais desagradáveis. Por que aqueles que abusam do álcool não se abstêm apesar da náusea e dos vômitos que experimentam? E as mudanças observadas no comportamento de beber ao longo do tempo não têm muita relação com modificações no comportamento de fumar (Murray et al., 2002). A teoria de dois estágios, de Terry Robinson e Kent Berridge (2000), conhecida como *Teoria da sensibilização do incentivo* da dependência, proporciona base racional para esse comportamento. No primeiro estágio, prevalecem os sentimentos bons originais do uso da substância; no segundo, o uso da substância torna-se comportamento automático. O uso repetido sensibiliza os sistemas de recompensa de dopamina e serotonina do cérebro a estímulos relacionados com as substâncias (Lyvers, 1998). Assim, mesmo que o prazer não aumente, os sistemas continuam respondendo aos estímulos, pois se tornaram estímulos condicionados que provocam a liberação de dopamina e a fissura pela substância. Em apoio a sua teoria, Robinson e Berridge lembram que a sensibilização dos sistemas de dopamina e serotonina, que medeiam as respostas a outros incentivos, como o dinheiro, pode explicar a tendência de ex-dependentes a comportamentos compulsivos substitutos, como o ato de jogar.

Modelos de aprendizagem social: a dependência como comportamento

Embora as substâncias psicoativas de fato produzam alterações neuroquímicas, e a pesquisa mostre os fatores de risco hereditários na dependência, existem boas razões para considerar a dependência um comportamento moldado pela aprendizagem, assim como por fatores sociais e cognitivos. Por exemplo, os fumantes "aprendem" a fumar em uma variedade de situações, como socializar com amigos ou após uma refeição. Por meio do condicionamento, os efeitos fisiológicos prazerosos da nicotina, junto a outros aspectos gratificantes das situações sociais, transformam essas situações em poderosos estímulos para o ato de fumar. Além disso, o resultado do tratamento para o uso de substâncias é bastante influenciado pela presença de apoio social, do tipo de trabalho do usuário e da existência de habilidades eficazes para enfrentar o estresse causado pela abstinência (Westmaas et al., 2002).

A identificação de uma pessoa com determinada substância também pode desempenhar papel fundamental na iniciação e na manutenção de uma adicção. Os adolescentes preocupam-se com sua imagem pública e, assim, são muito sensíveis às implicações sociais de seus comportamentos. Aqueles que trazem risco à saúde muitas vezes não são voluntários ou planejados, mas reações a circunstâncias que conduzem a tais comportamentos. Considerar-se um usuário pesado de álcool ou tabaco, por exemplo, pode levar à adoção de um certo estilo de vida que torna a abstinência uma tarefa monumental, que envolve um novo sentido de *self*. Indivíduos que bebem cujas redes sociais giram inteiramente em torno do bar do bairro têm especial dificuldade para parar de beber. Entretanto, Meg Gerrard e colaboradores (2002) observaram que adolescentes incentivados a pensar sobre as consequências sociais positivas de se abstrem do uso de álcool apresentam níveis inferiores de disposição para beber quando surge a oportunidade.

Como outro exemplo da influência social no uso de substâncias, as pessoas – sobretudo os jovens – podem ser protegidas pela família, escola, religião e por outras instituições sociais. Segundo a *teoria do controle social*, quanto mais fortes os vínculos do jovem com essas instituições, menor a probabilidade de começar a usar substâncias (ou romper *qualquer* norma social). O *Monitoring the Future Study*,* da Universidade de Michigan, é uma pesquisa anual – realizada desde 1975 – com mais de 50 mil estudantes da 8ª, 10ª e 12ª séries. Seus dados mostram que os adolescentes que se saem bem na escola apresentam muito mais probabilidade de nunca ter usado álcool, tabaco, maconha ou outras substâncias do que estudantes que se saem mal (Bachman et al., 2007).

A *teoria do envolvimento grupal*,** que está bastante relacionada, sustenta que os grupos de amigos são suficientemente fortes para superar a influência controladora da família, da escola ou dos valores religiosos. Estudos mostram semelhança no uso de substâncias em grupos de adolescentes e adultos jovens (Andrews et al., 2002). Talvez isso se deva, em parte, ao fato de que certos ambientes de grupo, como o *campus* universitário, induzem falsas crenças sobre normas sociais relacionadas ao uso de substâncias. Em dois grandes estudos, Jerry Suls e Peter Green (2003) mostraram que estudantes em uma grande universidade do Meio-oeste acreditavam erroneamente que suas dúvidas pessoais em relação ao uso de álcool não eram compartilhadas por

---
* N. de T. Estudo Monitorando o Futuro.
** N. de R.T.: "Peer cluster theory", estudo da influência da família e dos amigos sobre a aprendizagem social dos adolescentes. A teoria propõe que ideias e informações são trocadas por grupos de pares sociais (como em díades de melhores amigas[os], ou de namorados) e que são formadas atitudes e crenças sobre como se comportar em sociedade. Alguns estudos demonstraram que o maior preditor de uso de substâncias é a associação do adolescente com pares que sejam usuários. Para saber mais: Adolescent Health: A Multidisciplinary Approach to Theory, Research and Intervention Sage Publication, Lyn Rew, 2005. Schenker, M.; Minayo, M.C.S. Fatores de risco e proteção para o uso de drogas na adolescência. *Ciência e saúde coletiva*, 10(3), 707-713 Acesso em out/2013 http://www.scielo.br/.

grandes segmentos da população universitária. Outro estudo revelou que a percepção de universitários sobre a norma para uso de álcool no *campus*, ainda que incorreta, era o melhor prognóstico de seu comportamento relacionado com bebida, entre todas as variáveis sociodemográficas estudadas (Perkins, 2005).

Agora que entendemos mais sobre a dependência, passemos às duas formas mais comuns: álcool e nicotina.

Uso e abuso de álcool

O álcool é um calmante que reduz o funcionamento do SNC de maneira semelhante a tranquilizantes como o Valium. Quando você ingere uma bebida alcoólica, cerca de 20% do álcool é absorvido do estômago diretamente para a corrente sanguínea. Os 80% restantes passam para o intestino, onde são absorvidos a uma velocidade que depende do estômago estar cheio ou vazio. Beber de estômago cheio retarda a absorção em até 90 minutos.

Uma vez que tenha sido absorvido, o álcool é distribuído igualmente pelos tecidos e fluidos corporais. Um homem de 85 kg leva em torno de uma hora para metabolizar a quantidade de álcool contida em uma taça de 25 mL de um destilado com 40% de etanol, uma taça de vinho de 100 mL ou uma garrafa de cerveja de 300 mL (Julien, 2008). Beber de forma mais rápida resulta em embriaguez, pois uma quantidade maior de álcool permanece na corrente sanguínea. As mulheres metabolizam o álcool de forma mais lenta, pois produzem quantidades menores da enzima *álcool desidrogenase*, que decompõe o álcool no estômago. Elas também tendem a pesar menos que os homens. Como resultado desses dois fatores, apresentam um conteúdo maior de álcool no sangue do que os homens após consumir a mesma quantidade da substância.

■ **nível de álcool no sangue**
a quantidade de álcool no sangue, medida em gramas por 100 mililitros.

A quantidade de álcool na corrente sanguínea é seu **nível de álcool no sangue**. Na maioria dos estados, um nível de álcool no sangue de 0,08 gramas por 100 mililitros de sangue (g%) constitui intoxicação legal. É ilegal dirigir um automóvel com esse nível de álcool no sangue ou mais. Um universitário típico do sexo masculino alcançaria um nível ilegal de álcool no sangue depois de consumir um drinque normal por hora para cada 15 a 17 quilos de peso corporal. As mulheres alcançariam esse índice antes. Certas pessoas desenvolvem uma tolerância maior e conseguem beber grandes quantidades de álcool antes de terem comprometimento da visão. Para outras, porém, a intoxicação explícita pode ocorrer com níveis de álcool no sangue de apenas 0,03 ou 0,04 g%. Independentemente dos efeitos visíveis, as ações fisiológicas e internas prejudiciais são comparáveis para todos os indivíduos que bebem.

Os efeitos do álcool a curto prazo dependem da dose consumida. Com níveis de álcool no sangue de 0,01 a 0,05 g%, a pessoa costuma se sentir relaxada e levemente eufórica. À medida que o nível aumenta para 0,10 g%, a memória e a concentração são prejudicadas, e o tempo de reação e funcionamento motor encontram-se bastante debilitados. De 0,10 a 0,15 g%, caminhar e utilizar habilidades motoras finas torna-se muito difícil. De 0,20 a 0,25 g%, a visão torna-se obscura, a fala é confusa, é praticamente impossível caminhar sem cambalear e a pessoa pode perder a consciência. A morte pode ocorrer com um teor de álcool no sangue de 0,35 g% ou maior.

O perfil dos alcoolistas

Conforme mostra a Figura 8.4, cerca de 50% dos norte-americanos a partir de 12 anos de idade relataram ser usuários de álcool em 2008 (definido como quem tomou pelo menos um drinque durante o último mês), sendo que 14% deles bebiam, mas com pouca frequência. Daqueles que disseram ser ex-usuários, 6% eram ex-usuários regulares; 9%, ex-usuários infrequentes; e 21%, abstinentes por toda vida (Schoenborn e Adams, 2010). Desses ex-usuários, pouco menos de 5% relataram ser usuários pesados (14 ou mais drinques por semana para os homens e sete por semana para as mulheres); cerca de 20% relataram ter tomado uma bebedeira no último mês. A embriaguez é definida como tomar cinco ou mais doses para os homens e quatro ou mais doses para as mulheres, em uma mesma ocasião ou em um período curto de tempo. O Institute of Medicine considera "situação de risco por bebida" dois ou mais episódios de embriaguez no último mês ou consumir uma média de dois drinques alcoólicos por dia no último mês. Essa situação de risco pela bebida é uma preocupação de saúde pública importante, pois está ligada a problemas de saúde, morte prematura e uma variedade de consequências sociais, como ferimentos, sexo sem planejar e desprotegido e confrontos com a polícia.

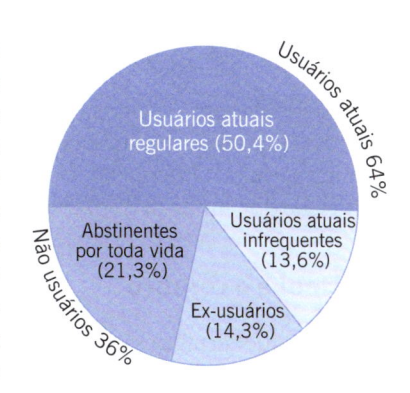

A prevalência das diversas categorias de comportamento em relação à bebida varia por idade, gênero, nível educacional, etnicidade e cultura. Adultos entre 25 e 44 anos têm as taxas gerais mais elevadas de uso de álcool, mas o grupo de 18 a 24 anos apresenta as taxas mais elevadas de bebedeiras e consumo pesado de álcool (NCHS, 2009). O uso de álcool entre adolescentes de 12 a 17 anos caiu substancialmente depois que a idade legal para comprar álcool aumentou para 21 anos na maioria dos estados. Em 1979, antes da criação dessas leis, 50% dos indivíduos em tal grupo etário usavam álcool; em 1992, porém, apenas 1 em cada 5 relatou usar álcool (USDHHS, 1998). Da década de 1980 a 2008, as bebedeiras entre estudantes do ensino médio caíram em 24% (Eaton et al., 2008). As taxas de consumo de álcool são mais baixas entre adultos mais velhos (SAMHSA, 2009).

Comparados com as mulheres, significativamente mais homens são usuários atuais, tomam bebedeiras e fazem uso pesado de álcool (NCHS, 2009). Cerca de 30 a 50% dos usuários satisfazem os critérios para transtorno depressivo maior (comparados com 17,1% na população em geral); 33% têm um transtorno de ansiedade concomitante (comparados com 5,1% na população em geral); 14% possuem personalidades antissociais (comparados com 1 a 3% na população em geral); e 36% são adictos em outras substâncias (Julien, 2008).

A prevalência do uso de álcool também varia por origem étnica e cultural (NCHS, 2009). Os euro-americanos têm taxas mais elevadas de uso de álcool do que os afro-americanos, os ásio-americanos e os hispano-americanos. Os afro-americanos têm menos probabilidade de ser usuários pesados do que os euro-americanos e os hispano-americanos. Ao contrário dos estereótipos populares, estudantes afro-americanos do ensino médio têm as taxas mais baixas de uso para praticamente *todas* as substâncias psicoativas (Wallace et al., 2003).

Embora as causas específicas das diferenças entre grupos étnicos e culturais no risco não sejam conhecidas, pesquisadores apontam para várias possibilidades. A religião é um fator de proteção poderoso contra o uso de substâncias para grupos étnicos e culturais (Wallace et al., 2003). Pessoas em certos grupos também podem ter um risco maior ou menor devido à maneira como metabolizam o álcool. Um estudo sobre nativos norte-americanos, por exemplo, mostrou que eles são menos sensíveis aos efeitos intoxicantes do álcool (Wall et al., 1997). Pessoas que "recebem álcool" desse modo talvez não tenham (ou possam ignorar com mais facilidade) os sinais de aviso que normalmente as fazem parar de beber. Os ásio-americanos, no entanto, podem ser menos propensos ao abuso de álcool por terem níveis geneticamente mais baixos de *aldeído desidrogenase*, uma enzima que o corpo usa para metabolizar o álcool (Asakage et al., 2007). Sem essa enzima, as substâncias tóxicas se acumulam com mais rapidez depois que a pessoa toma álcool e causam rubor, tontura e náusea.

Figura 8.4

Uso de álcool nos Estados Unidos.

Nos Estados Unidos, 64% dos adultos são classificados como usuários atuais de álcool e 36% não são usuários. Entre aqueles que bebem, 50,4% são avaliados como usuários regulares e 13,6% são usuários infrequentes.

Fonte: Schoenborn, C. A. e Adams, P. F. (2010). *Health behaviors of adults, United States, 2005–2007*. National Center for Health Statistics. Vital Stat, 10(245).

Diversos estudos recentes sugerem que beber na adolescência seja especialmente prejudicial ao cérebro. Embora os pesquisadores antes pensassem que o cérebro se desenvolvesse por completo até os 16 ou 17 anos, o desenvolvimento neurológico continua pelo menos até 21 anos. Beber demais com pouca idade pode limitar esse desenvolvimento.

Efeitos físicos do uso de álcool

O álcool afeta todas as partes do corpo. Em nível mais elementar, uma vez que as membranas celulares são permeáveis ao álcool, este penetra na célula e perturba a comunicação intracelular. O álcool também afeta os genes que regulam funções celulares, como a síntese de dopamina, noradrenalina e outros neurotransmissores importantes.

O álcool e o cérebro

O desejo que certas pessoas desenvolvem por álcool, as reações adversas que ocorrem durante a abstinência e as taxas elevadas de recaída, tudo isso se deve a mudanças bioquímicas no cérebro causadas pelo consumo de álcool a longo prazo. O consumo prolongado de álcool em níveis elevados pode fazer o cérebro encolher, sobretudo em mulheres, que naturalmente produzem menos álcool desidrogenase, uma enzima digestora de álcool (Mayo Clinic, 2006). Essa diferença de gênero também acarreta que as mulheres tenham um risco maior do que os homens de desenvolver dependência de álcool e de lesões no fígado e nos pulmões em níveis inferiores de consumo.

Pesquisas com animais mostraram que tomar bebedeiras inibe a *neurogênese*, o processo pelo qual os neurônios são gerados, assim como a formação de novas conexões sinápticas (Crews et al., 2007). O alcoolismo também afeta outras partes do cérebro de forma indireta. Por exemplo, ele pode interferir na absorção de tiamina pelo corpo, uma das vitaminas do complexo B. A ausência de tiamina pode contribuir para a **síndrome de Korsakoff**, uma condição neurológica caracterizada por dificuldade extrema de memória, incluindo incapacidade de armazenar memórias novas.

O álcool tem fortes efeitos sobre o hipocampo, uma área do cérebro associada a aprendizagem, memória, regulação emocional, processamento sensorial, apetite e estresse (ver Cap. 3). Isso ocorre por meio da inibição de neurotransmissores que têm uma forte associação com o comportamento emocional e os desejos. A transmissão de dopamina, em particular, está fortemente associada às propriedades de recompensa do álcool, da nicotina, dos opiáceos e da cocaína.

■ **síndrome de Korsakoff** condição neurológica induzida pelo álcool, caracterizada pela incapacidade de armazenar memórias novas.

Síndrome de Korsakoff. Estes PET *scans* mostram a atividade cerebral em um paciente normal (esquerda) e um paciente que sofre da síndrome de Korsakoff (detalhe). Os lobos frontais são vistos na parte central inferior dos dois *scans*; as áreas mais escuras representam baixa atividade metabólica. Em um PET *scan*, uma atividade metabólica baixa em resposta a questões que provocam o pensamento indica problemas de memória e funcionamento cognitivo.

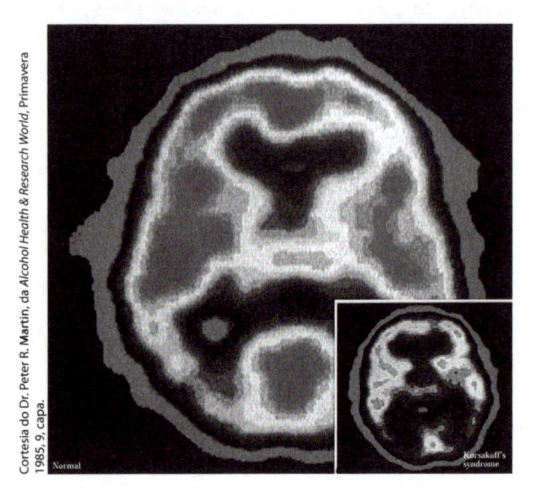

O álcool e os sistemas imune e endócrino

O uso crônico de álcool enfraquece o sistema imune, danifica o ácido desoxirribonucleico (DNA) celular, interfere no desenvolvimento do sistema endócrino e perturba a secreção do hormônio do crescimento (GH), o que pode causar uma variedade de outras alterações endócrinas. O alcoolismo foi relacionado com níveis mais baixos de testosterona em homens, levando a impotência e menor fertilidade. Nas mulheres, perturbações menstruais e abortos espontâneos aumentam com o nível de consumo de álcool. Também pode diminuir os níveis de estrogênio, podendo explicar em parte a associação entre uso de álcool e um risco maior de câncer de mama (Allen, 2009).

O álcool e o sistema cardiovascular

O álcool promove a formação de depósitos de gordura no músculo cardíaco, o que reduz a eficiência do coração e contribui para ocorrência de doenças cardiovasculares. Também aumenta a frequência cardíaca e faz os vasos sanguíneos da pele dilatarem, resultando na perda de calor corporal. O abuso crônico pode aumentar a pressão arterial e o colesterol sérico e acelerar o desenvolvimento de lesões nas artérias coronarianas. Embora as mulheres sejam suscetíveis a problemas cardíacos relacionados com o álcool em níveis mais baixos de consumo do que os homens, o consumo abusivo de álcool têm a mesma probabilidade para ambos de sofrer um ataque cardíaco antes de atingirem 55 anos de idade (MMWR, 2004).

O álcool e o trato gastrintestinal

O uso excessivo de álcool contribui para inflamação do estômago e formação de úlceras gastrintestinais. A inflamação grave do fígado (hepatite) e a substituição de células normais hepáticas por tecido fibroso (cirrose) são duas doenças crônicas comuns causadas pelo alcoolismo. A cirrose hepática é uma doença irreversível que causa em torno de 26 mil mortes por ano nos Estados Unidos.

O álcool e a gravidez

O álcool atravessa livremente a placenta de grávidas, fazendo dele um potente teratogênico. Os níveis de álcool no feto em desenvolvimento logo se igualam aos da mãe que bebe. Gestantes que bebem durante estágios críticos do desenvolvimento fetal colocam seus filhos em risco de apresentar a **síndrome alcoólica fetal**, que causa malformações congênitas graves, incluindo baixa inteligência, microcefalia (cérebro pequeno), retardo mental, atraso no crescimento corporal, anormalidades faciais, como olhos, ouvidos, nariz e bochechas malformados, e defeitos cardíacos congênitos.

Os efeitos comportamentais, psicológicos e sociais do álcool são tão perigosos quanto suas ações físicas, conforme explica a próxima seção.

■ **síndrome alcoólica fetal** malformações congênitas, que incluem anormalidades faciais, baixa inteligência e crescimento corporal retardado, causadas pelo consumo de álcool pela gestante.

Consequências psicossociais do uso de álcool

À medida que o nível de álcool no sangue aumenta, muitas pessoas ficam alegres, confiantes e mais ativas do ponto de vista sexual. À proporção que os níveis continuam a subir, contudo, as funções cognitivas superiores são desorganizadas, incluindo o planejamento, a resolução de problemas e a autoconsciência. Além disso, ao concentrar a atenção da pessoa na situação imediata e longe das possíveis consequências, o álcool atrapalha o julgamento e facilita a satisfação de impulsos aos quais, de outra forma, o indivíduo poderia resistir (ver Cap. 6). Essa sensação de confiança e liberdade dos limites sociais induzida pelo álcool é conhecida como **desinibição comportamental**. Frequentemente, o resultado dessa condição é maior agressividade, riscos ou comportamentos que seriam evitados em outras circunstâncias.

O álcool também dificulta a interpretação de estímulos complexos ou ambíguos, em parte porque aqueles que bebem têm um campo de percepção mais limitado; ou seja, para eles é mais difícil prestar atenção em estímulos múltiplos e mais fácil se concentrar nos mais importantes (Chermack e Giancola, 1997). Essa **miopia do álcool** foi demonstrada por Antonia Abbey, Tina Zawacki e Pam McAuslan (2000), as quais convidaram universitários que não se conheciam (88 pares de homens e mulheres) para conversar por 15 minutos depois de terem consumido bebidas com e sem álcool.

Os homens e as mulheres que beberam álcool perceberam o comportamento de seus parceiros e o seu como mais sexual e mais desinibido do que aqueles que não haviam bebido. Os efeitos foram mais fortes nos homens, talvez confirmando que os estereótipos sociais sobre os comportamentos de pessoas bêbadas são mais aceitáveis para eles. Entretanto, os efeitos dependeram do tipo de pista avaliada. Os participantes que beberam exageraram o significado da disponibilidade de pistas para namoro e *ignoraram* o significado de pistas de atenção ambíguas (sinais mais ambíguos possivelmente indicando simpatia ou sociabilidade, em vez de interesse sexual). Assim, o álcool permite às pessoas se concentrarem em pistas salientes que se encaixem em suas crenças (ou esperanças) e desconsiderarem pistas mais ambíguas que indiquem o contrário. Alguns pesquisadores acreditam que essas mudanças cognitivas e perceptivas sejam a base da capacidade de adicção do álcool.

■ **desinibição comportamental** falsa sensação de confiança e liberdade dos limites sociais resultantes do consumo de álcool.

■ **miopia do álcool** tendência do álcool a aumentar a concentração da pessoa em situações imediatas e de reduzir a consciência a respeito de situações distantes.

Síndrome alcoólica fetal Se beber muito durante períodos críticos do desenvolvimento fetal, uma mulher colocará seu filho ainda por nascer em risco de ter síndrome alcoólica fetal. Além das estruturas faciais malformadas vistas aqui, também é provável que a criança seja deficiente intelectual. Estes pais adotivos assumiram a tarefa de criar esta criança com síndrome alcoólica fetal, apesar dos problemas conhecidos.

Esses resultados têm implicações para programas universitários de prevenção. A maioria dos estudantes entende que o álcool é perigoso, embora isso não seja determinante para que deixem de beber de forma exagerada (Norris et al., 1996). Conforme observam os pesquisadores, "duas doses são suficientes para afetar as percepções de desinibição e sexualidade. Estudantes que se sentem sexualmente atraentes e desinibidos estão em risco de ter relações sexuais, sem proteção, com alguém que não conhecem bem, de se sentirem confortáveis forçando alguém a ter relações, ou de ser vítimas de sexo forçado" (p. 137). O desafio da psicologia da saúde é fazer os estudantes encarar tais riscos com seriedade, em vez de sentirem que são invulneráveis. Uma sugestão oferecida pelos pesquisadores é que os estudantes assistam a videoteipes simulando situações de risco e os discutam em grupos formados por pessoas de ambos os sexos. "Ouvir as percepções do outro sexo sobre os atores pode ajudá-los a compreender que nem sempre entendem os motivos e as intenções da pessoa do outro sexo que os está acompanhando" (p. 137).

As dificuldades cognitivas causadas pelo álcool são especialmente destrutivas durante a adolescência, talvez porque mesmo doses pequenas prejudiquem o julgamento dos adolescentes, que já estão distraídos pelos desafios psicológicos, fisiológicos e sociais da puberdade. Centenas de estudos revelaram a relação entre o álcool e as relações sexuais de risco – em particular, que os estudantes que usam álcool, comparados com seus colegas que não bebem, são propensos a ter mais parceiros sexuais, menos probabilidade de usar preservativos e mais doenças sexualmente transmissíveis e gestações indesejadas (Cooper, 2006). Aqueles que bebiam com mais frequência estiveram ausentes da escola quase quatro vezes mais do que os outros, apresentaram probabilidade quatro vezes maior de estar em um carro cujo motorista estivesse bêbado e quase três vezes mais probabilidade de participar de comportamentos antissociais, como roubos ou vandalismo (Lammers et al., 2000).

O consumo excessivo de álcool está associado a uma variedade de outros problemas sociais, incluindo dificuldades em relacionamentos interpessoais e diversos tipos de violência, como homicídios, agressões, roubos, suicídios e assédio doméstico (Davis et al., 2006). Metade das pessoas condenadas por estupro ou assédio sexual estava bebendo antes de cometer seus crimes. A bebida também aumenta as chances de alguém ser vítima de crimes. Aproximadamente 72% dos estupros cometidos em *campi* universitários ocorrem quando as vítimas estão tão embriagadas que não conseguem consentir ou negar (Wechsler e Nelson, 2008).

O álcool contribui para a violência, não apenas por relaxar os limites devido à desinibição comportamental, mas também aumentando a sensibilidade da pessoa à dor e à frustração. Sob influência do álcool, as pessoas ficam mais sensíveis a choques elétricos e reagem de forma mais agressiva à frustração do que quando estão sóbrias. Além disso, estudos com imagens cerebrais mostram que o uso exagerado e repetido de álcool, estimulantes e outras substâncias perturba a atividade dos lobos frontais, o que prejudica as tomadas de decisão e o planejamento e diminui o limiar do indivíduo para a violência. Em estudo recente, Antoine Bechara e colaboradores (2001) organizaram a participação de alcoolistas em um teste de laboratório envolvendo jogo de cartas. Um quarto dos participantes apresentou desempenho exatamente igual ao de pacientes com lesões nos lobos frontais no mesmo teste (Grant et al., 2000), optando de modo invariável por um benefício pequeno e imediato no jogo, mesmo quando essa estratégia se mostrava desfavorável mais adiante.

Fatores que contribuem para dependência de álcool

No final da década de 1950, a Associação Americana de Medicina (American Medical Association) descreveu pela primeira vez os sintomas do *alcoolismo*. Embora o termo ainda seja bastante usado, sua ambiguidade levou os especialistas a preferirem os termos mais descritivos *dependência de álcool* e *abuso de álcool*. Assim como qualquer forma de dependência de substâncias, a **dependência de álcool** envolve o uso do álcool para que o indivíduo funcione normalmente. Por volta de 4% dos norte-americanos são dependentes de álcool (SAMHSA News, 2006), definidos como tendo apresentado três ou mais dos seguintes sintomas no ano anterior (DSM-IV-TR, 2000):

- Tolerância.
- Abstinência. A *síndrome de abstinência de álcool* consiste em sintomas que incluem náusea, suor, tremores, hipertensão e ansiedade. Em casos extremos, esses sintomas coalescem, formando o estado neurológico denominado **delirium tremens**.
- Uso por períodos mais longos do que o pretendido.
- Esforços malsucedidos para reduzir ou controlar o uso.
- Tempo considerável gasto obtido, usando ou recuperando-se do álcool.
- Desistência de atividades sociais, ocupacionais ou recreativas importantes devido ao uso.
- Continuação do uso apesar de conhecer os problemas.

A dependência de álcool frequentemente está relacionada com o **abuso de álcool**, definido como um padrão mal-adaptativo em que pelo menos uma das possibilidades seguintes ocorre: o indivíduo bebe apesar da interferência que a bebida tem sobre as obrigações relacionadas a seus papéis sociais; continua a beber apesar de problemas legais, sociais ou interpessoais relacionados com a bebida; e bebe em situações em que seja perigoso ficar bêbado (DSM-IV-TR, 2000).

Diversos fatores foram citados para explicar por que certas pessoas têm maior probabilidade do que outras de consumir álcool de forma abusiva. Não existe qualquer fator ou influência únicos, contudo, que expliquem completamente as origens da dependência ou do abuso de álcool.

Os genes e a dependência de álcool

A dependência de álcool é, pelo menos em parte, genética, embora isso não signifique que um único gene cause essa condição. Ao contrário, influências genéticas e ambientais definem o abuso de álcool (Ball, 2008). Algumas pessoas herdam maior tolerância aos efeitos adversos do álcool, assim como maior sensibilidade a suas ações agradáveis. Ambas as tendências podem ser fatores envolvidos no ato de beber de forma excessiva desde cedo na vida, levando à dependência. Considere as evidências:

- Pesquisadores localizaram um gene em alguns alcoolistas que altera a função do receptor de dopamina chamado de DRD2. A variação genética em DRD2 pode influenciar concentrações e respostas à dopamina sináptica. Esse gene também é encontrado em pessoas com transtornos de déficit de atenção, que apresentam maior risco de dependência de álcool (Cook et al., 1995). Pesquisadores concentraram-se no gene DRD4, o qual expressa diferenças em receptores de dopamina que moderam o desejo por álcool (Hutchison et al., 2002).
- Quando a mãe ou o pai de uma criança do sexo masculino são dependentes de álcool, essa criança tem significativamente mais probabilidade de também abusar do álcool mais tarde (Ball, 2008). De fato, para os homens, o alcoolismo em um parente em primeiro grau é o maior prognóstico da dependência de álcool (Plomin et al., 2001).
- Crianças adotadas são mais suscetíveis à dependência de álcool se um ou os dois genitores biológicos tiverem sido dependentes (Ball, 2008).
- Gêmeos idênticos têm duas vezes a taxa de concordância (76%) de gêmeos fraternos para abuso e dependência de álcool. Isso ocorre tanto se os gêmeos foram

- **dependência de álcool** estado em que o indivíduo precisa consumir álcool para funcionar normalmente.

- *delirium tremens* estado neurológico induzido pelo consumo excessivo e prolongado de álcool e caracterizado por suor, tremedeiras, ansiedade e alucinações; sintoma da abstinência de álcool.

- **abuso de álcool** padrão mal-adaptativo do uso de álcool no qual a bebida interfere em obrigações relacionadas com os papéis sociais do indivíduo.

Como vimos no Capítulo 2, hereditariedade refere-se à variação em um traço, em uma população em particular, em determinado ambiente, que pode ser atribuída a diferenças genéticas entre os membros daquele grupo. Diz respeito a diferenças *grupais* em vez de *individuais* em um traço. Ela não indica o grau em que os genes determinam a probabilidade de um traço ocorrer em certa pessoa.

criados juntos quanto separados e se cresceram nas casas de seus pais biológicos ou dos adotivos (Ball, 2008).

- Os efeitos do álcool de aliviar a ansiedade também podem ser aumentados em filhos de pessoas que o consomem de forma abusiva. As pessoas que têm maior risco de dependência de álcool também parecem não possuir os mecanismos de *feedback* que indicam o consumo exagerado. Um deles baseia-se na enzima álcool desidrogenase, que metaboliza o álcool. Quando herdam determinada variação genética que resulta em deficiência dessa enzima, os indivíduos sentem uma reação excessiva de "rubor" quando bebem. Na ausência dessa variação genética (e da reação de rubor), o consumo exagerado torna-se mais provável (Zakhari, 2006).
- As personalidades daqueles que têm mais probabilidade de abusar de álcool têm diversos traços em comum; cada um deles, pelo menos em parte, é determinado geneticamente: temperamento agitado, impulsividade, intolerância à frustração, vulnerabilidade à depressão e atração geral pela excitação (Brook et al., 2001).

Com base nessas evidências, pesquisadores estimaram a *hereditariedade* da dependência de álcool como cerca de 0,357 para homens e 0,262 para mulheres.

Mesmo que sejam identificados outros fatores genéticos envolvidos na dependência de álcool, é improvável que a hereditariedade explique todos os casos. De fato, outra visão diz que a *falta* de proteção genética pode desempenhar um papel. Assim como a gordura e o açúcar, o álcool não é encontrado facilmente na natureza e, portanto, os mecanismos genéticos para proteger contra a dependência de álcool podem não ter evoluído nos seres humanos, como muitas vezes evoluem para a proteção contra ameaças naturais, como as bactérias, os vírus e outros patógenos (Potter, 1997).

Interações entre os genes e o ambiente

Os atuais modelos das origens da dependência de álcool enfatizam a interação entre fatores ambientais e genéticos (p. ex., Milby et al., 2004; Zakhari, 2006). Algumas interações entre o ambiente e as pessoas podem ser reforçadas mutuamente e levar ao uso de substâncias ou interagir de forma a restringir seu uso (Hawkins et al., 1992). Em um estudo, estudantes entre 12 e 15 anos foram testados durante três anos, com seus pais e irmãos (Bates e Labouvie, 1995). Os participantes receberam uma lista de 53 problemas relacionados com o álcool (p. ex., envolver-se em brigas, negligenciar responsabilidades, perda de memória e não conseguir fazer as tarefas de casa por estar embriagado) e deveriam indicar quantas vezes cada um havia acontecido. Cada participante também completou uma variedade de escalas avaliando a procura de sensações, a impulsividade, a necessidade de realizações e a qualidade de seus relacionamentos interpessoais. As interações entre a pessoa e o ambiente que incluíam impulsividade, desinibição, associações com grupos de amigos disfuncionais e pouco controle parental agiram como catalisadores para o uso de álcool. No entanto, objetivos educacionais e controle parental elevados foram fatores protetores para prevenir a experimentação de álcool e outras substâncias.

Outros estudos verificaram que os pais de pessoas dependentes de álcool têm maior probabilidade de ter *status* socioeconômico mais baixo do que aqueles de indivíduos que não bebem. Segundo seus filhos, esses pais também tendiam a proporcionar menos apoio e se envolver em casamentos que não chegavam a ser do tipo ideal (Hunt, 1997). Lynne Cooper, Robert Pierce e Marie Tidwell (1995) também verificaram que, embora os problemas paternos ou maternos com a bebida não tenham conseguido prever o uso de substâncias de forma consistente entre os filhos adolescentes, condições familiares caóticas e desinteressadas foram fortes prognósticos do consumo de álcool com pouca idade.

Álcool, temperamento e personalidade

Pesquisas que conectam o temperamento e a personalidade com a dependência de álcool proporcionam outra indicação clara da interação entre o ambiente e a hereditariedade. Nossa personalidade é determinada em parte pela hereditariedade e em parte pela criação. A idade também desempenha papel importante, sendo os adolescentes e os jovens adultos mais vulneráveis aos aspectos do temperamento relacionados com o abuso de álcool do que pessoas que estão em outras fases da vida.

Pesquisadores não tentam mais identificar uma "personalidade alcoolista" única, concentrando-se então em traços específicos da personalidade que parecem relacionados com a dependência de álcool. Um desses traços é o temperamento que inclui atração pela aventura e intolerância à frustração (Brook et al., 1992; Kaplan e Johnson, 1992). Outro traço é o **subcontrole comportamental** (também chamado de *propensão à transgressão*), caracterizado por agressividade, falta de convencionalidade, hiperatividade e comportamento impulsivo. O terceiro traço é a **emotividade negativa**, que se caracteriza por depressão e ansiedade (Sayette e Hufford, 1997). Marcados por esses traços, adolescentes delinquentes apresentam níveis consistentemente elevados de problemas relacionados com o uso de álcool (Stice et al., 1998).

- **subcontrole comportamental** transtorno da personalidade geral ligado à dependência de álcool e caracterizada por agressividade, falta de convencionalidade e impulsividade; também chamado de *propensão à transgressão*.

- **emotividade negativa** estado de abuso de álcool caracterizado por depressão e ansiedade.

Álcool e redução da tensão

Uma das explicações comportamentais mais importantes para o comportamento de beber demais é a **hipótese da redução da tensão**. Segundo esse modelo, o álcool e outras substâncias que causam dependência são reforçadores porque aliviam a tensão, em parte por estimularem o SNC para liberar neurotransmissores que acalmam a ansiedade e reduzem a sensibilidade à dor (Parrott, 1999). Muita gente, incluindo aquelas pessoas que tratam de pacientes dependentes de álcool e as que são dependentes, acreditam que seja possível enfrentar o estresse bebendo, mas as evidências em favor da hipótese da redução da tensão são confusas. Um problema com essa hipótese é que, embora o nível de ansiedade possa diminuir quando se começa a beber, tanto o nível de ansiedade quanto o de depressão muitas vezes aumentam em seguida (Nathan e O'Brien, 1971). (Lembre: o álcool é um tranquilizante.) Assim, o modelo pode explicar por que a ingestão de álcool começa, mas não esclarece por que ela continua.

- **hipótese da redução da tensão** explicação para o comportamento de beber cuja proposta é que o álcool seja reforçador porque reduz o estresse e a tensão.

Fatores cognitivos sociais

Para algumas pessoas, o abuso de álcool pode partir de uma história de beber para enfrentar uma variedade de eventos da vida ou demandas situacionais difíceis. O álcool pode ajudar algumas pessoas a enfrentar ambientes difíceis de forma defensiva, alterando seus processos de pensamento. O *modelo da autoconsciência*, de Jay Hull (1987), propõe que o álcool distorce o processamento de informações, tornando o pensamento mais superficial e menos autocrítico. Afastando a atenção de pensamentos como: "Eu não sou bom em nada", o álcool permite a certas pessoas se sentirem melhor a respeito de si mesmas. Em outras palavras, como no caso da teoria da miopia do álcool, esse modelo propõe que as pessoas talvez bebam para evitar a autoconsciência. Um modelo semelhante, o *modelo da autodepreciação*, propõe que algumas pessoas que bebem utilizam o álcool como desculpa para fracassos pessoais e outros resultados negativos em suas vidas ("Eu estava bêbado"). Um terceiro modelo defende que o comportamento sob efeito do álcool representa um *descanso* bem-vindo das regras da vida cotidiana. Cada um desses modelos enfatiza a importância do contexto social em que o ato de beber ocorre, assim como as expectativas individuais em relação aos efeitos da substância.

Álcool e contexto Marilyn Senchak, Kenneth Leonard e Brian Greene (1998) questionaram universitários para determinar com que frequência bebiam em diferentes contextos sociais. Eles perguntaram aos participantes: "Com quem você normalmente bebe?". O contexto social típico endossado pelos estudantes estava bastante relacionado com seu nível de consumo de álcool e suas personalidades individuais. O contexto de maior risco para a bebida, em particular para os homens, foram os grupos grandes com os dois sexos ou os grupos pequenos do mesmo sexo, mas talvez por razões muito diferentes. O ato de beber em grupo grande com os dois sexos estava associado a baixa depressão e uma personalidade socialmente extrovertida. O segundo estilo, beber em grupos pequenos do mesmo sexo, parecia indicar indivíduos mais introvertidos (sobretudo homens) bebendo em resposta a estados internos negativos. Outros pesquisadores fizeram uma distinção semelhante entre dois tipos de pessoas que bebem muito, um influenciado pela busca de sensações e outro influenciado por problemas pessoais (Brennan et al., 1986; Fondacaro e Heller, 1983). A interação de características individuais com os contextos sociais em que o ato de beber ocorre é importante para prever o comportamento de beber de forma exagerada.

Entre universitários, os residentes de irmandades[*] bebem mais do que os outros, mas os padrões de bebida na universidade não preveem necessariamente o comportamento com a bebida mais adiante na idade adulta (DeSimone, 2007). Pesquisadores que avaliaram estudantes três anos após a graduação observaram que o *efeito grego* havia desaparecido; as pessoas bebiam de forma mais moderada após a faculdade – talvez por serem removidas do ambiente social que as apoiava a beber em excesso (Sher et al., 2001).

Álcool e expectativas Assim como ocorre com todas as substâncias psicoativas, o impacto do álcool depende não apenas da dose, mas também das circunstâncias em que ele é usado, da personalidade e do estado de espírito do usuário e das **expectativas em relação ao álcool**, no que se refere aos efeitos da substância. As pessoas que acreditam estar sob a influência do álcool se comportam da mesma forma que aquelas que beberam, mesmo que não tenham bebido (Leigh, 1989). Em um estudo, indivíduos dirigiram com menos cuidado em um simulador de direção quando foram levadas a crer que haviam consumido álcool há pouco (McMillen et al., 1989).

As crenças e expectativas pessoais a respeito do uso de álcool também influenciam o comportamento em relação à bebida de outra forma. Em um estudo de cinco anos de duração, conduzido em 56 escolas públicas no Estado de Nova York, Lawrence Scheier e Gilbert Botvin (1997) verificaram que as crenças dos adolescentes sobre o uso de álcool e das atitudes de seus colegas em relação a ele previam seu próprio uso da substância. Aqueles que tinham certeza de que muitos de seus colegas bebiam regularmente – e gostavam de fazê-lo – tinham mais probabilidade de começar a usar álcool. Como outro exemplo, as pessoas que creem que o álcool promova a excitação sexual respondem mais a estímulos sexuais se acreditarem que beberam (Abrams e Wilson, 1983).

Tratamento e prevenção da dependência de álcool

Mais de 1,5 milhão de pessoas recebe tratamento para dependência de álcool a cada ano, e os homens ultrapassam as mulheres a uma razão de 2 para 1 (SAMHSA, 2009). A maioria das pessoas consegue parar de beber sem qualquer intervenção formal (Scarscelli, 2006). Aquelas que buscam tratamento geralmente recebem intervenção

---

O impacto das expectativas em relação ao álcool sobre o comportamento com a bebida é explorado no *website* que acompanha este texto, http://www.worthpublishers.com/straub.

■ **expectativas em relação ao álcool** crenças dos indivíduos a respeito dos efeitos do consumo de álcool sobre seu próprio comportamento e o de outras pessoas.

---

[*] N. de R.T.: A maioria dos universitários norte-americanos reside em dormitórios nas universidades. Alguns deles, porém, residem em espécies de repúblicas, chamadas de irmandades masculinas (*fraternity*) e femininas (*sorority*), cuja adesão depende de um sistema rígido de seleção e resistência a rituais de passagem. A maior parte dessas irmandades recebe o nome de letras do alfabeto grego, de onde vem a alcunha "efeito grego".

externa em vez de serem internadas. Os tratamentos costumam envolver o uso de fármacos, terapia ou alguma combinação dos dois.

Os fatores que parecem influenciar a disposição de uma pessoa para começar o tratamento para dependência de álcool incluem gênero, idade, situação conjugal e etnia. Entre as mulheres, os fatores que preveem o início de tratamento incluem ser mais velha e solteira e ter nível baixo de escolaridade, de emprego e de renda. Para os homens, incluem ter sofrido consequências sociais relacionadas com o álcool, ser mais velho e pertencer a uma minoria étnica. Embora as avaliações da eficácia dos grupos de autoajuda sejam limitadas, as crenças relacionadas com a bebida, a prontidão e a motivação para mudar e o apoio social para a abstinência são importantes prognósticos do sucesso ou fracasso do tratamento.

Apoio social Reuniões de grupos de autoajuda proporcionam vários tipos de ajuda a seus membros para superarem a dependência e o abuso de substâncias.
Fonte: Eaton et al., (2008). Youth behavior risk surveillance – United States, 2007. *Morbidity and Mortality Weekly Report, 57*, p. 63.

O tratamento medicamentoso

Pesquisadores que trabalham para compreender os mecanismos psicológicos pelos quais o álcool afeta o cérebro descobriram diversos tratamentos farmacológicos para a dependência de álcool. Os medicamentos incluem agentes de desintoxicação para administrar a abstinência, agentes sensibilizadores ao álcool para impedir que o indivíduo beba no futuro e agentes antidesejo para reduzir o risco de recaída.

Conforme observado, muitas pessoas dependentes ou que abusam de álcool também sofrem de depressão clínica. Antidepressivos que aumentam os níveis de serotonina, inibindo sua absorção nas sinapses, às vezes, são utilizados, para tratar indivíduos que estão nos primeiros estágios de abstinência de álcool. O mais conhecido entre eles é a *fluoxetina* (Prozac). Alguns pesquisadores acreditam que a deficiência em serotonina possa causar desejo por álcool (Polina et al., 2009). Outros adotaram uma abordagem diferente, concentrando-se no papel da dopamina na dependência de álcool. Tratando essa dependência com fármacos que bloqueiem a liberação de dopamina, há diminuição dos aspectos de reforço do álcool (Thompson, 2000).

Uma abordagem promissora envolve o medicamento *naltrexona*, que se liga a receptores de opioides no cérebro e previne sua ativação, diminuindo o efeito de gratificação que vem do consumo de álcool. Diversos estudos verificaram que pacientes em uso de naltrexona como parte de seu tratamento para dependência de álcool sentem menos desejo do que os que utilizam um placebo e são mais capazes de manter a abstinência (Snyder e Bowers, 2008). Patrocinado pelo National Institute of Alcohol Abuse and Alcoholism, com mais de 1.383 voluntários abstinentes de álcool, o projeto COMBINE avaliou a eficácia da naltrexona, em comparação com um placebo, como terapia para prevenção de recaídas. Durante as 16 semanas do estudo, diferentes grupos receberam naltrexona ou placebo, individualmente, ou em combinação com terapia cognitivo-comportamental (TCC). Os participantes que receberam naltrexona combinada com TCC permaneceram abstinentes por mais tempo do que aqueles que receberam placebo com ou sem TCC (Anton et al., 2006).

Terapia de aversão

Pesquisadores em geral concordam que o tratamento para dependência de álcool tem mais sucesso quando os fármacos são combinados com terapia comportamental e psicológica. Um desses métodos, a **terapia de aversão**, associa um medicamento nauseante, como o *dissulfiram* (Antabuse), ao álcool, com o objetivo de fazer o paciente evitar bebidas alcoólicas. Embora o medicamento não reduza o desejo pelo álcool, se o paciente tomar uma única dose de álcool vários dias após ingerir o remédio, uma

■ **terapia de aversão**
terapia comportamental que conecta um estímulo desagradável (como um medicamento nauseante) a um comportamento indesejável (como beber ou fumar), fazendo com que o paciente evite o comportamento.

variedade de efeitos desagradáveis irá ocorrer, incluindo náusea, suores, frequência cardíaca acelerada, dores de cabeça fortes e tonturas.

A lógica subjacente ao uso de dissulfiram parte da teoria da aprendizagem. Medicamentos como esse, que produzem mal-estar quando a pessoa bebe, são projetados para produzir uma *aversão condicionada* ao álcool. Quando tomado todos os dias, o medicamento pode resultar em abstinência total. Um problema importante, contudo, é a adesão do paciente ao tratamento. Muitas pessoas simplesmente param de tomar o fármaco com regularidade, o que reduz sua eficácia (Mann, 2004).

Devido aos problemas de adesão ao tratamento relacionados com o dissulfiram, alguns terapeutas preferem conduzir testes de terapia de aversão em um cenário clínico controlado. O paciente bebe álcool e depois toma um *medicamento emético*, que induz vômito. Preparando-se de forma cuidadosa o intervalo entre a bebida e o agente emético, este funciona como estímulo incondicionado e é associado ao sabor, ao cheiro e ao ato de ingerir bebida alcoólica. Esses estímulos, assim, tornam-se condicionados e desencadeiam a reação desagradável de náusea.

Programas de prevenção de recaídas

Devido à taxa extraordinariamente elevada de recaída verificada na dependência de álcool (em torno de 60%, um ano após o fim do tratamento), muitas intervenções, apesar de ajudarem a pessoa a permanecer sem beber, concentram-se em capacitá-la a lidar com situações que sejam tentadoras e causem recaídas. Quando confrontam uma situação, como um coquetel, em que outras pessoas estiverem bebendo despreocupadas, muitos ex-alcoolistas podem ficar fisicamente excitados e desejar ingerir álcool. Muitos programas de prevenção de recaídas, portanto, enfatizam como adquirir controle sobre os impulsos em ocasiões que possam precipitar a volta à bebida.

Uma forma de prevenção de recaídas baseia-se na *extinção* gradual dos estímulos para a bebida. Foram desenvolvidos tratamentos nos quais a pessoa é exposta repetidas vezes a estímulos relacionados com o álcool, como o aroma da bebida preferida, mas não pode beber. As respostas dos pacientes, que no início estavam física e psicologicamente condicionados, diminuem com a exposição repetida em numerosas sessões (Monti et al., 1993).

Muitos programas de prevenção de recaídas também incorporam o *treinamento de enfrentamento e de habilidades sociais*, que ajuda a "inocular" os indivíduos, ensinando estratégias para enfrentar situações de alto risco sem a ajuda do álcool. Essas situações em geral envolvem pressões sociais, emoções negativas como a raiva e a frustração e dificuldades de comunicação. A inoculação focaliza aumentar a assertividade do indivíduo, sua capacidade de escutar e a capacidade de dar e receber cumprimentos e críticas e de aperfeiçoar relacionamentos íntimos (Foxhall, 2001). Além disso, o alcoolista recuperado aprende habilidades que permitem permanecer abstêmio em oportunidades nas quais beber seja comum. O *treinamento para recusar a bebida* envolve modelar e ensaiar as habilidades necessárias para recusar ofertas de bebida.

Controle da bebida Antes de 1970, praticamente todas as intervenções para dependência de álcool concentravam-se na abstinência total. Vários estudos relataram que uma pequena porcentagem de alcoolistas recuperados conseguiu passar a beber de maneira moderada sem recair e voltar a beber demais. Isso causou muitas queixas entre programas de autoajuda, como os Alcoólicos Anônimos (AA), os quais sustentam que o alcoolista sempre beberá e deve manter-se completamente livre do álcool. Desde aquela época, os pesquisadores têm debatido de forma intensa sobre a controversa questão de se as pessoas que têm problemas com a bebida podem aprender a beber com moderação.

Parece que uma pequena porcentagem de indivíduos que têm problemas com a bebida podem beber moderadamente, sobretudo aqueles que são jovens, estão empregados e vivem em ambientes apoiadores e estáveis (Dawson et al., 2005). Embora muitos programas de intervenção continuem a insistir na abstinência total, em especial aqueles fundamentados em um modelo de doença, esses programas costumam ter taxas muito elevadas de evasão. Para um pequeno contingente desses indivíduos, beber com moderação pode ser um objetivo social mais realista do que a abstinência total.

Grupos de autoajuda

Um dos esforços não médicos mais aceitos para lidar com a dependência de álcool é o grupo AA. Fundada em 1935, a abordagem de 12 passos do AA reconhece o modelo bioquímico do abuso de álcool e sugere a crença em uma força superior para combater aquilo que é visto como uma doença incurável. Sua teoria diz que "uma vez alcoólatra, sempre alcoólatra" e discorda completamente da crença de que os alcoolistas possam ser transformados em pessoas que bebem de forma moderada e responsável. O AA conta com mais de 2 milhões de membros no mundo todo.

Os grupos de autoajuda como o AA normalmente envolvem discussões em grupo sobre as experiências dos membros na recuperação do abuso de álcool. Os membros se beneficiam conectando-se com uma nova rede de pessoas que não bebem e compartilhando seus temores e preocupações com a recaída. Outro grupo de autoajuda, o Rational Recovery, oferece uma alternativa não espiritual ao tratamento da dependência de álcool.

Prevenindo problemas com o álcool

Pesquisadores que estudam a prevenção do alcoolismo têm como objetivo os indivíduos e os ambientes nos quais eles bebem. Assim, os programas de tratamento buscam mudar a postura das pessoas em relação à bebida, fortalecer habilidades de enfrentamento e reestruturar os ambientes para reduzir o risco de problemas relacionados com o álcool.

A maioria dos programas de prevenção baseia-se em duas perspectivas teóricas: a *teoria do bem-estar* e a *teoria do comportamento-problema*. A teoria do bem-estar propõe que o comportamento saudável seja a "abordagem consciente e deliberada para um estado evoluído de saúde psicológica e espiritual" (Ardell, 1985, p. 2). Os jovens que têm o senso de que seu mundo é coerente e compreensível, que sentem confiança de possuir as habilidades necessárias para lidar com as exigências da vida e que se percebem comprometidos consigo mesmos e com suas vidas geralmente adotam um estilo de vida benéfico para a saúde (Clapp et al., 2007). Em comparação, a teoria do comportamento-problema sugere que o uso de substâncias, a atividade sexual precoce, a ociosidade e outros comportamentos de risco muitas vezes ocorrem em conjunto, como uma síndrome, e desencadeiem outras dificuldades mais adiante na vida (Jessor, 1987; Steinberg e Morris, 2001).

Eleanor Kim e colaboradores (1997) questionaram uma amostra aleatória de calouros universitários para determinar se a bebida fazia parte de um grupo isolado de comportamentos sociais não convencionais (como sugere a teoria do comportamento-problema) ou era compreendida de forma mais precisa como parte de uma orientação mais geral para com a saúde ou o bem-estar. Os resultados confirmam a teoria do comportamento-problema. As diferentes escolhas de comportamentos saudáveis feitas por aqueles que se abstêm do álcool, por pessoas que bebem pouco ou de forma moderada e pelos que bebem exageradamente apresentam tendências claras.

Os programas de prevenção são mais eficazes quando voltados para crianças e adolescentes antes de haverem sucumbido ao hábito. Com essa finalidade, muitas estratégias de prevenção primária foram estabelecidas. Entre as que se mostraram eficazes, pelo menos em parte, estão a fiscalização rígida de leis contra a bebida no trânsito, preços mais elevados para álcool e cigarros, punições mais severas para aqueles que vendem (ou disponibilizam) álcool e cigarros para menores e aulas educativas que informem os pais sobre os perigos de diversas drogas, melhorem a comunicação entre pais e filhos e/ou delineiem de maneira realista os riscos potenciais do uso de substâncias.

Conforme já foi mencionado, a cultura dos amigos é uma importante influência social sobre o uso de substâncias. Vários programas de prevenção primária, incluindo o Alcohol Misuse Prevention Study (AMPS), têm como fundamento corrigir o raciocínio errôneo sobre o uso de substâncias pelos amigos e melhorar as habilidades sociais nos grupos visados. O AMPS foi projetado para ajudar estudantes pré-adolescentes a resistirem às pressões sociais que levam ao consumo de álcool. Por exemplo, exercícios de simulação permitem que os estudantes pratiquem recusar ofertas de álcool, maconha e outras substâncias em várias situações sociais. Se os estudantes encontrarem essas situações na vida real, terão roteiros comportamentais e cognitivos para recusar a oferta da substância. Os efeitos benéficos do programa persistem até o final do ensino médio (Shope et al., 2001).

Desde a lei denominada Drug-Free Schools and Communities Act, de 1986, reeditada com o nome No Child Left Behind Act, em 2002, a maioria das escolas de ensino fundamental e médio incluiu algum tipo de atividade de sala de aula com o objetivo de prevenir o uso de substâncias. Será que isso funciona? Por enquanto, os resultados têm sido ambíguos. Um recente estudo longitudinal avaliou a eficácia de programas nas séries finais do ensino fundamental para ensinar às crianças como resistir à pressão dos amigos e tentar mudar suas percepções de que o uso de substâncias pelos adolescentes é grande. Infelizmente, os pesquisadores não encontraram diferenças no uso de substâncias nessas séries, em comparação com as séries de controle (Peterson et al., 2000). Resultados como esses sugerem que a compreensão dos psicólogos sobre a prevenção do abuso de substâncias ainda esteja longe de ser completa e que são necessárias muito mais pesquisas. As novas pesquisas, mais promissoras, adotam uma abordagem sistêmica (ver Cap. 2), reconhecendo que a escolha de um indivíduo de usar substâncias é resultado da inter-relação entre muitos fatores ambientais e contextuais.

De maneira realista, contudo, psicólogos da saúde reconhecem que, se as substâncias estiverem disponíveis e não forem reconhecidas como ameaça grave para a saúde, muitos jovens irão experimentá-las e muitos irão consumi-las em níveis abusivos. Seguindo essa linha de raciocínio, uma estratégia é retardar a experimentação do jovem ao máximo possível. Isso aumenta a probabilidade de que ele seja informado de modo realista sobre os riscos da substância e tenha a maturidade cognitiva para evitar o raciocínio errôneo que frequentemente leva ao abuso. Por exemplo, quanto mais jovem a pessoa for quando começar a beber, mais probabilidade terá de abusar ou ficar dependente de álcool. Um estudo patrocinado pelos Institutos Nacionais de Saúde (NIH) verificou que pessoas que começam a beber antes dos 15 anos têm quatro vezes mais probabilidade de se tornarem alcoolistas do que aquelas que começam a beber com a idade legal de 21 anos. Para cada ano de atraso no começo da bebida, o risco de ficar dependente de álcool diminui em 14%.

Abuso de tabaco

Junto à cafeína e ao álcool, a nicotina é uma das três drogas psicoativas mais usadas. Oriunda do Novo Mundo, a planta do tabaco é representada na história pela primeira vez em uma escultura maia em pedra datando de 600 a 900 a.C., e o ato de fumar tabaco é mencionado pela primeira vez nos diários de bordo de Cristóvão Colombo em sua legendária viagem de 1492.

Prevalência do tabagismo

O tabagismo teve seu pico nos Estados Unidos no começo da década de 1960, quando aproximadamente metade de todos os homens e um terço das mulheres entre os adultos norte-americanos fumavam. Desde o final da década de 1960 até meados da de 1990, o número total de fumantes diminuiu de forma estável – até por volta de 25% de todos os adultos norte-americanos (Grunberg et al., 1997). Entretanto, o declínio não foi distribuído de forma igual, ocorrendo a maior diminuição entre grupos de *status* socioeconômico mais alto e entre os homens. Os indivíduos com *status* socioeconômico mais baixo continuaram a fumar, e a prevalência do hábito de fumar entre as mulheres aumentou bastante. Atualmente, 19,8% dos adultos fumam nos Estados Unidos. O tabagismo é mais comum entre os nativos norte-americanos e os do Alaska (36,4%), seguidos por adultos brancos de 18 a 24 anos (24,1%), adultos afro-americanos (19,8%), adultos hispano-americanos (13,3%) e adultos ásio-americanos (9,6%) (CDC, 2008).

A Figura 8.5 mostra que o *status* socioeconômico também prevê as taxas de tabagismo (CDC, 2008), que são mais altas entre adultos com o diploma de General Education Development (GED) (44%) e aqueles com 9 a 11 anos de educação formal (33,3%). O tabagismo é menos prevalente entre indivíduos com graduação (11,4%) ou pós-graduação (6,2%). A prevalência do tabagismo entre adultos cujas rendas ficam abaixo da linha federal de pobreza é significativamente maior (28,8%) do que entre indivíduos com renda acima desse nível (20,3%).

O hábito de fumar também tem crescido em países asiáticos, como a China, onde 70% dos homens (mas apenas 10% das mulheres) fumam; e no Japão, onde 40% dos homens e 11% das mulheres fumam (Global Tobacco Control, 2006). Nos países desenvolvidos, como um todo, estima-se que o tabaco seja responsável por 24% de todas as mortes de homens e 7% das mortes de mulheres (Peto et al., 1996). Um fato perturbador é que o número de pessoas que fumam está aumentando muito em países em desenvolvimento, como o Quênia e o Zimbábue, fazendo a Organização Mundial da Saúde estimar que, por volta do ano 2025, 7 entre cada 10 mortes relacionadas com o tabaco ocorram em países em desenvolvimento, onde as pessoas são mal-informadas a respeito dos riscos do tabagismo (WHO, 2000).

Ainda assim, nem todas as notícias são más. Dados da Youth Risk Behavior Survey indicam que, embora o hábito de fumar tenha aumentado em estudantes do ensino médio entre 1991 e 1999 (12,7 a 16,8%), as taxas de tabagismo entre alunos do 8º, 10º e 12º anos caíram a cada ano desde então (CDC, 2008). A Figura 8.6 mostra que, no último ano, cerca de 13% dos garotos e 11% das garotas são fumantes frequentes (MMWR, 2008).

Efeitos físicos do cigarro

O hábito de fumar é a causa mais evitável de doenças, invalidez e morte prematura nos Estados Unidos e em grande parte do mundo. Ao redor do mundo, o uso de tabaco causa mais de 5 milhões de mortes por ano. Nos Estados Unidos, o cigarro é responsável por 1 em cada 5 mortes – mais do que o número total de óbitos por assassinatos, suicídios, aids, acidentes automobilísticos, uso excessivo de álcool e outras substâncias e incêndios (WHO, 2008). Uma vez que cada cigarro fumado reduz a expectativa de vida em 14 minutos, um adulto que fumou duas carteiras

Figura 8.5

Quem fuma? O hábito de fumar é mais comum entre os homens e pessoas com educação inferior ao ensino médio. Em geral, 50 milhões de adultos nos Estados Unidos, cerca de 1 em cada 4, fuma atualmente. De forma clara, a nação não conseguiu cumprir o objetivo nacional de saúde, estabelecido pelo projeto *Healthy People 2000*, de limitar o fumo a 15% da população até o ano de 2000.
Fonte: Schoenborn, C. A. e Adams, P. F. (2010). *Health behaviors of adults, United States, 2005–2007*. National Center for Health Statistics. Vital Stat, 10(245).

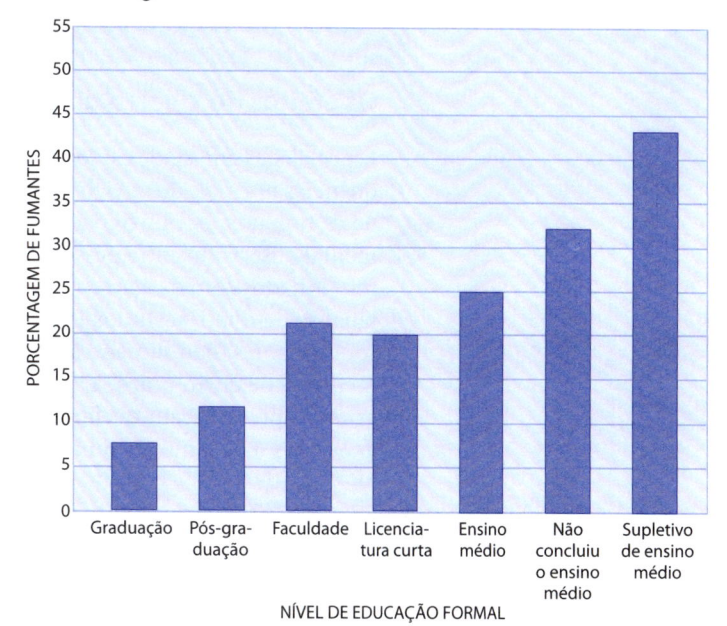

Figura 8.6

Tabagismo entre estudantes do ensino médio nos Estados Unidos. Muitos adolescentes começam a experimentar o cigarro durante o ensino médio. No último ano, por volta de 13% dos garotos e 11% das garotas serão fumantes frequentes (definidos como indivíduos que fumaram cigarros em 20 ou mais dos últimos 30 dias).

Em 2006, um juiz distrital norte-americano declarou que as principais fábricas de cigarros continuavam a enganar o público, "recrutando novos fumantes (a maioria com menos de 18 anos), impedindo que fumantes parassem de fumar sustentando, desse modo, a indústria".

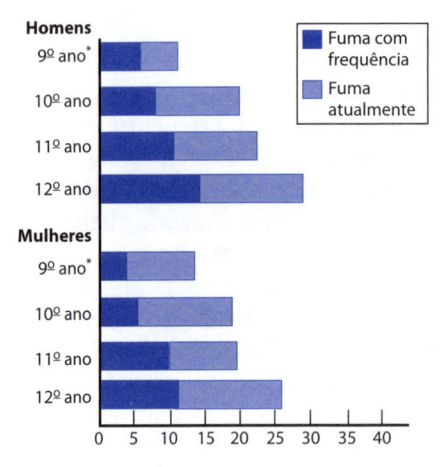

de cigarro por dia (40 cigarros) por 20 anos pode esperar perder cerca de oito anos de sua vida.

Cada vez que alguém acende um cigarro, 4 mil compostos químicos diferentes são liberados. São esses químicos que causam doenças e, por fim, a morte. Por exemplo, a nicotina da fumaça do cigarro ativa determinados receptores neurais que causam aumento na frequência cardíaca e na pressão arterial e a constrição das artérias, os quais contribuem para o desenvolvimento de doenças cardiovasculares. A presença de nicotina também produz aumento dos níveis de colesterol sérico, acentuando a formação de lesões que bloqueiam as artérias.

O tabagismo leva à congestão brônquica, aumentando a produção de muco na garganta e nos pulmões, enquanto prejudica os *cílios* que recobrem o trato respiratório. Isso conduz a uma incidência acima do normal de bronquite, enfisema e infecções respiratórias.

A relação entre o hábito de fumar e o câncer já não é mais questão para debates. O benzo(*a*)pireno, agente químico encontrado na fumaça do cigarro, foi identificado como causador do câncer de pulmão (Denissenko et al., 1996). Ele prejudica um gene supressor do câncer, causando mutação no tecido pulmonar. O cigarro também é um fator significativo para o câncer na boca, na laringe, no estômago, no pâncreas, no esôfago, nos rins, na bexiga e no colo do útero (CDC, 2008).

Com a mesma exposição à fumaça do cigarro durante a vida, o risco de desenvolver câncer de pulmão é de 20 a 70% maior em mulheres do que em homens em todos os níveis de exposição, indicando que elas são mais suscetíveis aos carcinogênicos encontrados no tabaco. Mulheres que fumam durante a gestação têm mais probabilidade de aborto natural ou de ter bebês com baixo peso neonatal, além daqueles que morrem da síndrome de morte súbita (CDC, 2008). Visto que a fumaça do cigarro reduz a oferta de oxigênio para o cérebro em desenvolvimento, a *hipoxia fetal* resultante pode causar lesões intelectuais irreversíveis. Crianças em idade escolar cujas mães fumaram durante a gravidez apresentam quocientes de inteligência (QIs) mais baixos e maior prevalência de transtorno de déficit de atenção/hiperatividade (TDAH) (Milberger et al., 1996).

Os efeitos do cigarro disfarçados como envelhecimento

Especialistas em saúde estão descobrindo que diversas alterações consideradas consequências normais do envelhecimento são, na verdade, causados pelo hábito prolongado de fumar e por outros patógenos comportamentais. Por exemplo, parte do declínio mental observado entre pessoas idosas pode ser causada por sangramentos no cérebro relacionados com o cigarro ("AVEs silenciosos") que passam despercebidos. Uma metanálise de quatro estudos europeus com 9.223 pessoas de 65 anos ou mais comparou fumantes, não fumantes e ex-fumantes uma vez e dois anos depois em relação à memória de curto prazo, à atenção e aos cálculos matemáticos simples. Todos os três grupos apresentaram declínio no desempenho cognitivo durante o período de dois anos, mas o declínio foi muito maior entre os fumantes (Launer e Kalmijn, 1998).

---

*N. de R.T.: O 9º, que no Brasil faz parte do ensino fundamental, nos Estados Unidos, faz parte do ensino médio.

A fumaça de segunda mão

Os riscos do cigarro estendem-se além daqueles diretos ao fumante. A fumaça de segunda mão contém uma concentração ainda maior de muitos carcinogênicos do que a fumaça inalada diretamente de um cigarro. Segundo o Centers for Disease Control and Prevention (CDC), cerca de 9 em cada 10 norte-americanos não fumantes são expostos à *fumaça de cigarro no ambiente*. O estudo relatou níveis mensuráveis de *conicotina* (uma substância química metabolizada a partir da nicotina) no sangue de 88% dos não fumantes. A presença de conicotina é a prova de que uma pessoa foi exposta a fumaça de um cigarro e a absorveu (Domino, 1996).

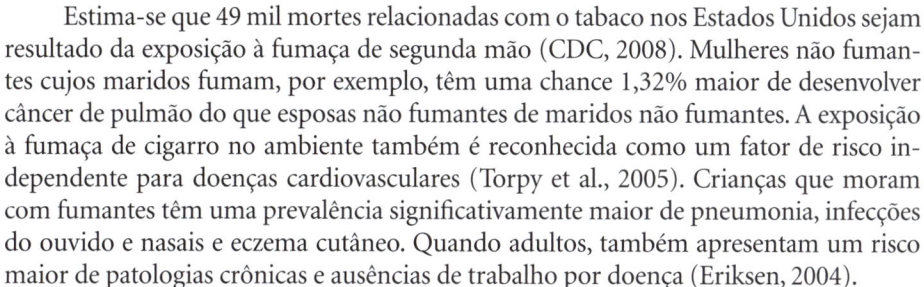

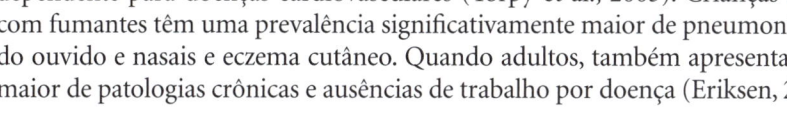

Estima-se que 49 mil mortes relacionadas com o tabaco nos Estados Unidos sejam resultado da exposição à fumaça de segunda mão (CDC, 2008). Mulheres não fumantes cujos maridos fumam, por exemplo, têm uma chance 1,32% maior de desenvolver câncer de pulmão do que esposas não fumantes de maridos não fumantes. A exposição à fumaça de cigarro no ambiente também é reconhecida como um fator de risco independente para doenças cardiovasculares (Torpy et al., 2005). Crianças que moram com fumantes têm uma prevalência significativamente maior de pneumonia, infecções do ouvido e nasais e eczema cutâneo. Quando adultos, também apresentam um risco maior de patologias crônicas e ausências de trabalho por doença (Eriksen, 2004).

Os efeitos a longo prazo do hábito de fumar Estas fotografias de gêmeas idênticas tornam os efeitos do tabagismo – e do bronzeamento – óbvios e tangíveis – talvez até para indivíduos que lutam contra as influências sociais para começarem a fumar. Gay Black (esquerda), 60, era fumante e gostava de se bronzear. Sua irmã gêmea, Gwen Sirota (direita), não fazia qualquer dos dois.

Por que as pessoas fumam?

Para compreender por que as pessoas fumam, precisamos considerar cada um dos estágios principais do comportamento de fumar: iniciação, manutenção, cessação e recaída (Grunberg et al., 1997).

Iniciação

A iniciação no uso de substâncias muitas vezes ocorre por meio de contatos sociais. Com exceção da cocaína e das anfetaminas, o uso inicial de muitas substâncias psicoativas costuma ser desagradável. Como resultado, um período de experimentação normalmente precede o desenvolvimento do uso regular da substância, sugerindo, assim, que outros fatores além dos efeitos físicos sejam importantes na iniciação e na manutenção do uso até que a dependência se desenvolva.

A publicidade é uma influência poderosa. Atualmente, a indústria do tabaco gasta mais de 13 bilhões de dólares por ano – 36 milhões por dia! – com a publicidade de seus produtos apenas nos Estados Unidos. De 1987 a 1997, a R.J. Reynolds usou um personagem chamado de *Joe Camel* em anúncios do cigarro Camel em painéis publicitários e revistas. Em 1991, o *Journal of the American Medical Association* publicou um estudo mostrando que, entre crianças de 5 e 6 anos, o Joe Camel perdeu apenas para o Mickey Mouse em reconhecimento por aquelas em idade escolar (Campaign for Tobacco-Free Kids, 2006).

Em uma inteligente variação dessa bem-sucedida campanha publicitária, Sonia Duffy e Dee Burton apresentaram a estudantes da cidade de Chicago, desde o jardim de infância até o último ano do ensino médio, duas mensagens antitabagismo: "Fumar mata" e "Fumar causa câncer de pulmão, doenças cardíacas, enfisema e pode trazer problemas para a gravidez". As mensagens eram impressões simples ou traziam um personagem de desenho animado semelhante ao Joe Camel encostado de forma desinteressada em uma placa contendo a mensagem. Todas as mensagens com o personagem receberam avaliações mais altas de importância e credibilidade do que as simples (citado em Azar, 1999).

> Um estudo do *American Journal of Public Health* mostrou que adolescentes possuidores de um objeto promocional de uma marca de cigarro e que identificavam uma marca de cigarro cuja propaganda atraía sua atenção tinham duas vezes mais probabilidade de se tornarem fumantes estabelecidos do que indivíduos que não cumpriam qualquer desses requisitos.

Os modelos e a influência dos amigos também podem levar muitos adolescentes a fumar. Celebridades que fumam criam a imagem de que o cigarro está ligado ao sucesso, à beleza e até ao interesse sexual. A imagem, fumar entre amigos, o relaxamento e o prazer foram as razões mais citadas entre adolescentes como razão para começar a fumar (Soldz e Cui, 2002). Ter pais, irmãos mais velhos e amigos fumantes também é prognóstico de tabagismo entre adolescentes, talvez porque sua companhia diminua a percepção de que fumar é perigoso (Rodriguez et al., 2007). Além disso, baixa autoestima, isolamento social e sentimentos de raiva e depressão aumentam a probabilidade de fumar (Repetto et al., 2005). A influência social dos amigos e familiares que fumam é acentuada em adolescentes que passaram por um estressor importante, como divórcio ou perda do emprego dos pais (Unger et al., 2004). Entre adolescentes cujos pais e amigos próximos não fumam, o tabagismo é raro.

Os anos da faculdade são um período de transição no comportamento relacionado com o cigarro: quando muitos adultos jovens começam a fumar regularmente. Um estudo nacional de quatro anos que acompanhou quase 1.500 estudantes do ensino médio à faculdade identificou vários fatores pessoais e ambientais como prognósticos importantes para o tabagismo na faculdade (Choi et al., 2003). Os estudantes que tinham maior probabilidade de começar a fumar eram aqueles que não gostavam da escola e eram mais rebeldes. Os que provaram o cigarro no ensino médio tinham maior probabilidade de se tornarem fumantes regulares se pensassem que seus amigos aprovavam o cigarro e se acreditassem que experimentar cigarro não era perigoso. Finalmente, quanto mais tempo um estudante evita o cigarro, menor a probabilidade de que venha a experimentar na faculdade. Portanto, não causou surpresa que os estudantes moradores em dormitórios nos quais era proibido fumar tivessem menos probabilidade de fumar do que aqueles que moravam em dormitórios nos quais o cigarro era permitido. Os resultados desse estudo sugerem que intervenções reforçando a mensagem de que não fumar é a norma entre estudantes e aumentando o acesso maior a ambientes onde o fumo é proibido desestimulam a iniciação do tabagismo entre universitários e previnem que fumantes ocasionais progridam para fumantes estabelecidos.

À luz das evidências que relacionam as influências sociais à iniciação no hábito de fumar, o ministro da Saúde dos Estados Unidos concluiu que fatores situacionais são mais importantes do que fatores relacionados com a personalidade para explicar por que as pessoas começam a fumar. Entretanto, diversos *fatores de vulnerabilidade* diferenciam os adolescentes que têm mais probabilidade de se tornarem dependentes da nicotina e de outras substâncias psicoativas. O hábito de fumar é especialmente comum entre aqueles que se sentem menos competentes e com menos controle sobre seu futuro e que percebem uma falta de apoio social (Camp et al., 1993). Isso é verdadeiro sobretudo entre pessoas com menor *status* socioeconômico, que, segundo estudos recentes, continuam fumando porque acreditam que sua vida pessoal e saúde são apenas levemente controladas por seu próprio comportamento (Droomers et al., 2002). Além disso, a rebeldia, uma forte necessidade de independência e percepções de benefícios, como o controle do peso e maior atenção e administração do estresse, também estão relacionados com a iniciação no hábito de fumar. Os adolescentes que fumam também são mais propensos a se sentirem alienados da escola, a participar de comportamentos antissociais, a ter saúde física fraca e a sentir depressão (Kandel e Davies, 1996). Também tendem a passar mais tempo em atividades passivas, como assistir à televisão, e têm maior probabilidade de morar com pais solteiros (Soldz e Cui, 2002).

Manutenção

Uma vez que a pessoa comece a fumar, uma gama de variáveis psicológicas, comportamentais, sociais e biológicas contribui para dificultar a abstinência.

Indivíduos que fumam muito têm dependência física da nicotina. As evidências disso vêm de estudos mostrando que animais de laboratório aprenderão novos comportamentos difíceis com o objetivo de autoadministrar nicotina, indicando que a substância tem fortes propriedades de reforço. A nicotina estimula o sistema nervoso simpático e causa a liberação de catecolaminas, serotonina, corticosteroides e hormônios hipofisários (Grunberg et al., 2001). Além disso, induz relaxamento nos músculos esqueléticos e estimula a liberação de dopamina no sistema de recompensa do cérebro (Nowak, 1994).

Stanley Schachter e colaboradores (1977) propuseram a ideia do **modelo de titulação da nicotina**, sugerindo que fumantes de longo prazo tentem manter um nível constante de nicotina na corrente sanguínea. Schachter descobriu que os fumantes fumam em torno da mesma quantidade todos os dias. Quando são involuntariamente forçados a mudar para marcas com menos nicotina, eles compensam fumando mais cigarros, inalando de forma mais profunda e dando mais tragadas (Schachter, 1978).

Evidências de um componente genético na razão pela qual os fumantes continuam a fumar vêm de estudos de gêmeos e de adoção, que estimam uma taxa de herdabilidade de 60% para o hábito de fumar (Heath e Madden, 1995; Munafo e Johnstone, 2008). Fumantes e não fumantes também parecem diferir em um gene para um *transportador de dopamina* – uma proteína que "aspira" a dopamina depois que ela é liberada por um neurônio. Caryn Lerman e colaboradores (1999) verificaram que pessoas com uma forma do gene (o "alelo 9 repetido") tinham menos probabilidade de serem fumantes do que indivíduos com outras formas do gene transportador de dopamina. Outros estudos conectaram o alelo 9 repetido a níveis maiores de dopamina, indicando uma eficiência reduzida em remover excessos da substância, em comparação com pessoas que herdaram outras formas do gene. Além disso, ex-fumantes têm mais probabilidade do que fumantes de ter o alelo 9 repetido e o mesmo gene para o receptor de dopamina DRD2, implicado na dependência de álcool, indicando que esses genes podem aumentar a capacidade das pessoas de parar de fumar (Lerman et al., 2003).

Fatores psicossociais também contribuem para a manutenção. Adolescentes que fumam costumam crer que seu comportamento seja apenas temporário. Quando questionados, em geral dizem que não estarão fumando em cinco anos e que as consequências do cigarro a longo prazo não irão afetá-los. Os adolescentes também são orientados para o presente, de maneira que as advertências dos riscos à saúde de longo prazo em geral não são suficientes para impedi-los de fumar, especialmente frente às pressões sociais para que fumem.

Para muitos fumantes, lidar com o estresse é um fator psicológico importante na manutenção do hábito. Schachter (1978) descobriu que o metabolismo da nicotina varia com o nível de estresse do fumante, proporcionando uma explicação fisiológica para a razão pela qual os fumantes tendem a fumar mais quando estão ansiosos. Quando o fumante se sente estressado, mais nicotina é retirada do corpo *sem ser metabolizada*, forçando o fumante a fumar mais para ter sua quantidade habitual de nicotina.

Bastante relacionado com a ideia do modelo da titulação de nicotina, o *modelo de manejo do afeto* propõe que os fumantes lutem para regular seus estados emocionais. Dessa forma, os *fumantes com afeto positivo* tentam aumentar a estimulação, sentir-se relaxados ou criar algum outro estado emocional positivo. Em comparação, os *fumantes com afeto negativo* tentam reduzir a ansiedade, a culpa, o medo ou outros estados emocionais negativos. Evidências para esse modelo vêm de pesquisas mostrando que a nicotina também afeta os níveis de vários neurorreguladores, incluindo dopamina, ACh, noradrenalina, vasopressina e opioides endógenos. Em razão desses efeitos, os fumantes podem usar o cigarro para melhorar temporariamente seu estado de espírito, reduzir a ansiedade e a tensão e aumentar a concentração, a atenção e a memória. Outras evidências vêm de fumantes que participam de programas de cessação do tabagismo, os quais revelam sentir prazer e alívio do estresse e do tédio como suas principais razões para fumar (McEwen et al., 2008).

Em apoio ao modelo do manejo do afeto, pesquisadores descobriram um elo entre o uso de nicotina e a depressão, levando naturalmente a questões sobre se um

■ **modelo de titulação da nicotina** teoria segundo a qual fumantes que são fisicamente dependentes de nicotina regulam o quanto fumam para manter um nível constante da substância no organismo.

causa o outro ou se algum terceiro fator contribui para ambos (Nauert, 2008). Um estudo longitudinal com estudantes do ensino médio sugere que o hábito de fumar e a depressão possuam efeito recíproco, desencadeando um círculo vicioso, que envolve o ato de fumar e um estado de espírito negativo (Windle e Windle, 2001). A cada seis meses, os estudantes preencheram questionários avaliando seus níveis de depressão, o quanto fumavam, a dinâmica familiar e o uso de álcool e outras substâncias entre seus amigos. Os adolescentes que fumavam muito no começo do estudo de 18 meses foram mais propensos a relatar sintomas de depressão do que os que fumavam menos. Além disso, aqueles que apresentavam sintomas persistentes de depressão no começo do estudo tiveram mais probabilidade do que os demais estudantes de aumentar o número de cigarros que fumavam, mesmo quando outros fatores foram considerados.

Programas de prevenção

Por causa da dificuldade encontrada por ex-fumantes em ficar sem a nicotina, os psicólogos da saúde têm concentrado grande parte de sua energia em esforços de prevenção primária contra o cigarro. Seus esforços incluem programas educacionais em escolas, mensagens de saúde pública, proibições contra anúncios de cigarros, maiores impostos sobre o tabaco e campanhas para banir o fumo em locais públicos. Nas últimas três décadas, essas campanhas sofreram modificações para refletir as mudanças sociais mais amplas nas visões sobre o hábito de fumar. Na década de 1970, por exemplo, os programas de prevenção escolares focavam o fornecimento de informações sobre os riscos de fumar. Na de 1980, os programas começaram a se basear cada vez mais em modelos sociais influentes que retratavam o tabagismo como indesejável e ensinavam habilidades para resistir às pressões sociais para fumar. Mais recentemente, o hábito de fumar tem sido retratado como um transtorno de dependência e um comportamento problemático. Como resultado, as intervenções para o tabagismo cada vez mais incorporam alguma forma de terapia de substituição de nicotina (ver Chassin et al., 2003, para uma revisão).

Campanhas de informação

As campanhas antitabagismo mais bem-sucedidas proporcionam aos não fumantes modelos que mudam a ideia a respeito dos comportamentos que são aceitáveis e valorizados (Azar, 1999). Kim Worden e Brian Flynn (1999) acompanharam mais de 5 mil crianças em Vermont, Nova York e Montana. Metade das crianças participou de um programa de intervenção antitabagismo na escola e foi exposta a uma variedade de comerciais de rádio e televisão apresentando modelos não fumantes. A outra metade participou apenas do programa escolar. Em vez de focalizar os riscos que o cigarro traz para a saúde, os comerciais apresentavam adolescentes que desfrutavam a vida sem fumar, que demonstravam como recusar um cigarro e que enfatizavam que a maioria dos jovens de hoje não fuma e não aprova o cigarro. Quatro anos depois, as crianças do grupo de intervenção apresentaram menos probabilidade de fumar do que as que participaram apenas do programa escolar.

Em outro estudo, Cornelia Pechmann e Chuan-Fong Shih (1999) testaram a eficácia de 196 anúncios antitabagismo com estudantes da 7ª e 10ª séries na Califórnia. De sete tipos diferentes de anúncios antitabagistas, apenas três eram eficazes para reduzir o desejo dos adolescentes de fumar. Dois dos anúncios bem-sucedidos mostrando colegas discordando dos fumantes e jovens optando por não fumar; o terceiro anúncio ilustrava como os fumantes causavam riscos para seus familiares por meio da inalação da fumaça de segunda mão.

Campanhas antitabagismo e as minorias étnicas

Os estereótipos culturais ajudam a explicar por que o tabagismo é mais prevalente entre certos grupos do que outros (Johnsen et al., 2002). As campanhas antitabagismo têm obtido menos sucesso entre as minorias étnicas, talvez em parte porque as companhias de cigarros tenham produzido uma quantidade desproporcional de publicidade voltada para as comunidades de minorias, especialmente as comunidades afro-americana e hispano-americana. Os homens afro-americanos apresentam as taxas mais altas de tabagismo entre os grupos raciais/étnicos dos Estados Unidos (Schoenborn et al., 2004). Eles também têm as taxas mais elevadas de mortalidade devido a câncer de pulmão – seis vezes a de homens euro-americanos (ver Cap. 10).

De modo geral, os homens hispânicos fumam a mesma quantidade que os não hispânicos, enquanto as mulheres hispânicas fumam um pouco menos do que as não hispânicas e os homens hispânicos (Schoenborn et al., 2004). A aculturação pode explicar, em parte, esses padrões de tabagismo. A cultura hispânica tradicional reprova as mulheres que fumam, mas não os homens. Em uma virada insalubre, os papéis de gênero norte-americanos, que normalmente são menos rígidos, tornaram as taxas de tabagismo entre as mulheres hispano-americanas mais aculturadas nos Estados Unidos serem mais altas do que entre as menos aculturadas. Mulheres e homens ásio-americanos apresentaram menos probabilidade de ser fumantes do que qualquer outro grupo racial estudado (Schoenborn et al., 2004).

Aumentando as consequências aversivas

Os programas de prevenção primária bem-sucedidos também tentam aumentar as consequências aversivas do hábito de fumar. Por exemplo, aumentar o imposto pago pelo cigarro é bastante eficaz. Considere a experiência dos fumantes canadenses, cujo imposto sobre o cigarro aumentou mais de 700% desde 1980. Quando uma carteira de cigarros custa mais de cinco dólares, muitos adolescentes pensam duas vezes antes de fumar. O impacto do imposto é maior entre os adolescentes, que têm menos renda para gastar e estão na faixa etária mais vulnerável ao comportamento de fumar. Segundo uma pesquisa da Health Canada, a taxa de fumantes entre indivíduos de 15 a 19 anos caiu de 28% em 1999 para 18% em 2003 depois que o imposto sobre o tabaco aumentou em 2,50 dólares por carteira (CTUMS, 2004).

O preço de uma carteira de cigarros nos Estados Unidos aumentou 90% entre 1997 e 2003, o que pode ser parte da razão por que o CDC relata que a porcentagem de estudantes do ensino médio que fumam diminuiu de 36 para 22% durante o mesmo período. Para combater os argumentos daqueles que levantam objeções ao aumento de impostos, cabe mencionar que os custos do tabaco para o sistema de saúde aumentam o total de impostos federais da família norte-americana média em cerca de 320 dólares por ano (Campaign for Tobacco-Free Kids, 2006).

Como outro exemplo, adolescentes pegos fumando, portando ou comprando produtos de tabaco em Broward County, na Flórida, devem comparecer ao tribunal com seus pais ou responsáveis e assistir a um vídeo sobre os riscos do cigarro. O juiz também ordena que eles paguem uma multa de 25 dólares ou prestem um dia de serviços comunitários recolhendo pontas de cigarro ao redor de prédios públicos. Os menores de idade que não cumprem a sentença também podem perder a carteira de motorista. Por enquanto, a tática parece estar funcionando. Uma pesquisa com 402 fumantes e seus pais ou responsáveis mostrou que aproximadamente um terço dos adolescentes relatou fumar menos do que antes de sua multa, e 15% não fumaram mais (Chamberlin, 2001).

Outra forma de aumentar as consequências aversivas imediatas é criar normas legais que levem a mudanças no local de trabalho, como impor proibições quanto a fumar em locais públicos. Um número crescente de universidades norte-americanas proíbe fumar em áreas públicas e nos dormitórios. O sucesso desse tipo de programa é controverso. Proibir o cigarro no ambiente de trabalho parece ser mais proveitoso para aqueles cujo hábito não é tão forte, que têm vontade de parar e que possuem apoio social para seus esforços.

Prevenção eficaz No passado, muitas campanhas antitabagistas eram representações repulsivas de pulmões doentes e outras partes do corpo deterioradas, para gerar medo. Nos últimos anos, esses anúncios adotaram diversas abordagens diferentes, voltadas para uma variedade mais ampla de razões para parar de fumar.

Inoculação

A estratégia que tem sido mais eficaz para impedir o hábito de fumar entre os adolescentes são os programas de "inoculação", que ensinam técnicas práticas para resistir a pressões sociais para fumar. Uma vez que o hábito de fumar normalmente começa durante os anos do ensino médio, os programas de prevenção primária costumam ser conduzidos nas escolas antes que as crianças cheguem à adolescência.

Os programas de inoculação mais bem-sucedidos baseiam-se no *modelo de aprendizagem social*, que se concentra em três variáveis: pressões sociais para começar a fumar; informações da mídia; e ansiedade. Um programa criado por Richard Evans (2003) utilizava filmes, dramatização e simulações para ajudar os adolescentes a melhorarem suas habilidades sociais e a capacidade de recusa. Nos filmes, modelos com a mesma idade eram apresentados encontrando e resistindo à pressão para fumar. Os estudantes também representaram situações, como quando alguém é chamado de medroso por recusar um cigarro. Eles eram instruídos a dar respostas como: "Eu seria realmente medroso se fumasse apenas para impressionar você". Após diversas sessões de "inoculação do fumo" durante a 7ª e a 8ª séries, esses estudantes apresentavam apenas metade da probabilidade de começar a fumar, em comparação aos do grupo de controle em outra escola, embora os pais dos dois grupos tivessem o mesmo nível de tabagismo.

Conforme observado no Capítulo 6, campanhas públicas multifacetadas que intervêm em várias frentes funcionam melhor do que campanhas de foco único. Em um sistema escolar do Meio-oeste, duas décadas de campanhas antitabagistas combinaram programas de intervenção escolar com mensagens para o público nos meios de comunicação de massa. Os resultados foram gratificantes. Entre 1980 e 2001, em estudantes da 7ª a 11ª série, houve uma redução significativa no tabagismo experimental e no regular e uma mudança na visão do tabagismo para algo mais viciante e com consequências sociais mais negativas (Chassin et al., 2003).

Programas de cessação

Desde 1977, a American Cancer Society tem patrocinado um evento anual, o Great American Smokeout, no qual fumantes prometem se abster de fumar por 24 horas. Para muitos fumantes, o Smokeout foi o primeiro passo para conseguir parar de fumar de vez. Existindo já há mais de 12 anos, o "Kick Butts"[*] é um programa semelhante, patrocinado pela Campaign for Tobacco-Free Kids, que incentiva crianças e adolescentes a evitarem o tabaco e ataca a imagem de que fumar é legal (http://kickbuttsday.org/).

Campanhas como essas, junto a anúncios impressos e na televisão, campanhas com promessa de não fumar, proibições e outros programas – muitos dos quais foram financiados pelo acordo de 226 bilhões de dólares de 1998 – parecem estar funcionando (Pierce e Gilpin, 2004). O acordo era originalmente entre as quatro maiores empresas de tabaco dos Estados Unidos e os procuradores-gerais de 46 estados. Em troca pelo cancelamento de novos processos judiciais privados, a indústria do tabaco concordou em reduzir certas práticas publicitárias e fazer pagamentos anuais aos estados para compensá-los por alguns dos custos médicos de cuidar de pessoas com doenças relacionadas com o tabagismo.

Estima-se que mais de 3 milhões de mortes tenham sido prevenidas como resultado de as pessoas pararem de fumar ou nem chegarem a começar. Ainda assim, devemos continuar com esses esforços. Todos os dias, mais de 4 mil jovens nos Estados Unidos experimentam seu primeiro cigarro, e outros 2 mil jovens com menos de 28 anos tornam-se novos fumantes (SAMHSA, 2009).

---

[*] N. de T.: Expressão comum norte-americana, "*kick butt*" significa "chute no traseiro". Aqui é feito um trocadilho, já que a guimba do cigarro também é chamada de *butt*.

Os programas de cessação do hábito de fumar geralmente se dividem em duas categorias: aqueles com base no modelo de dependência e os que têm abordagens cognitivo-comportamentais. Os que se baseiam no modelo de dependência enfatizam os efeitos fisiológicos e o comportamento de dependência causados pela nicotina (Henningfield et al., 1993). Os modelos cognitivo-comportamentais concentram-se em ajudar os fumantes a entenderem melhor a motivação, o condicionamento e outros processos psicológicos que levam ao tabagismo (Lando, 1986). A intervenção visa a ajudar o fumante a desenvolver habilidades de enfrentamento para adquirir controle sobre os estímulos que o fazem fumar e contornar a ansiedade, o estresse e outras emoções sem fumar.

Tratamentos fundamentados no modelo de dependência

Uma variedade de programas de terapia de substituição farmacológica foi desenvolvida para fumantes, incluindo adesivos e chicletes de nicotina e inaladores. Esses *programas de substituição da nicotina* ajudam milhões de fumantes em seus esforços para parar de fumar. Antes disponíveis apenas na forma de medicamentos controlados e caros, a maioria deles já pode ser comprada sem receita médica.

Pessoas que fumam todos os dias são bons candidatos para *adesivos de nicotina*, que se tornaram os tratamentos farmacológicos mais comuns para o tabagismo. Usados durante o dia, esses adesivos, semelhantes a um curativo, liberam nicotina através da pele para a corrente sanguínea. Os usuários conseguem reduzir a dose diária gradualmente em várias etapas, minimizando os sintomas da abstinência e ajudando a garantir o sucesso em permanecer sem fumar (Fiore et al., 1994; Wetter et al., 1995).

Entretanto, os adesivos de nicotina apresentam um sucesso apenas moderado como tratamento único contra o cigarro. Depois de 10 anos de pesquisa, as taxas de abstinência de pacientes que usam esse adesivo são apenas 1,9 vez superior às observadas em indivíduos que utilizam um placebo (Corelli e Hudmon, 2002). A eficácia do adesivo varia com o genótipo do usuário relacionado ao hoje conhecido gene receptor de dopamina D2. Pesquisadores da Universidade de Oxford genotiparam mais de 750 pessoas em 1999 e 2000. Todas haviam tentado parar de fumar durante um teste clínico anterior. Na marca de oito anos, 12% das mulheres com um alelo específico do gene receptor de dopamina D2 que haviam recebido um adesivo se mantiveram abstinentes. Apenas 5% das mulheres sem esse gene mantiveram seu *status* de não fumantes. Embora as mesmas variações genéticas sejam encontradas em homens, não foram observadas diferenças na abstinência baseadas em genótipos (Yudkin et al., 2003).

Como ocorre em todos os tratamentos farmacológicos, a eficácia do chiclete de nicotina varia com o nível de dependência da substância apresentado pelos fumantes e com seus hábitos em relação ao cigarro. O chiclete de nicotina parece ser mais proveitoso para fumantes que tendem a fumar muitos cigarros em um período de tempo curto – digamos, após o trabalho. O chiclete pode ser mais eficaz quando utilizado como parte de um programa de tratamento comportamental abrangente. Alguns pesquisadores acreditam que o alívio dos sintomas da abstinência e dos desejos é mais um *efeito placebo* do que um efeito farmacológico da nicotina do chiclete. Embora menos eficaz que o adesivo de nicotina, o chiclete aumenta as taxas de cessação em cerca de 50%, em comparação a intervenções de controle (Davies et al., 2004).

Outra intervenção recente é o inalador nasal, um tubo plástico com 4 mg de nicotina que os fumantes podem "pitar" de 2 a 10 vezes por dia. Pacientes que utilizam o inalador têm 1,7 a 3,6 mais probabilidade de permanecer abstinentes do que aqueles que usam um inalador placebo. Os fumantes geralmente gostam dos inaladores porque o ritual de levar a mão à boca associado a seu uso é semelhante ao que fazem ao fumar (Fiore, 2000).

Reconhecendo a possível base bioquímica comum para a adicção em nicotina e em álcool, pesquisadores estão experimentando novos medicamentos para tratar tal dependência.

Pressão dos amigos Fatores psicossociais, como a pressão dos amigos, podem contribuir para o tabagismo e a experimentação de outras substâncias. As pesquisas mais proeminentes adotam uma abordagem sistêmica, reconhecendo que a opção do indivíduo pelo uso de substâncias é resultado de muitos fatores inter-relacionados.

■ **saciedade** forma de terapia de aversão em que se força o fumante a aumentar a quantidade que fuma até atingir um estado desagradável de "empanturramento".

A *bupropiona* (Zyban), um poderoso antidepressivo, diminui o desejo por nicotina, imitando a capacidade do tabaco de aumentar os níveis cerebrais de dopamina (Lerman et al., 2003). Assim como outras descobertas farmacológicas, a eficácia do Zyban para tratar a adicção em nicotina foi descoberta por acidente. Os pesquisadores sabiam que a depressão era um sintoma comum da abstinência de nicotina e, assim, começaram a testar antidepressivos para aliviar a adicção em vez da depressão. As taxas de cessação em pacientes que usam bupropiona de liberação prolongada geralmente são 2,1 vezes maiores que as observadas em indivíduos que tomam um placebo (Fiore, 2000). Como agonista parcial para os receptores de nicotina, um novo medicamento controlado, a *vareniclina* (Chantix), é ainda mais eficaz do que a bupropiona para reduzir o desejo por nicotina e os efeitos prazerosos do uso de tabaco. Um estudo recente de ex-fumantes mostrou que, depois de um ano, a taxa de abstinência era 10% para participantes que tomaram um placebo, 15% para aqueles que receberam bupropiona e 23% para os que utilizaram vareniclina (Jorenby et al., 2006). Mais eficaz ainda é a *terapia de combinação*, na qual uma intervenção (como o adesivo de nicotina) fornece níveis constantes de nicotina no corpo e uma segunda abordagem terapêutica (como bupropiona ou vareniclina) é usada conforme o necessário para controlar o desejo e suprimir os sintomas da abstinência de nicotina (Corelli e Hudmon, 2002; Piper et al., 2009).

Terapias cognitivo-comportamentais para o tabagismo

Devido à importância da modelagem, do reforço e dos princípios da aprendizagem para o desenvolvimento do abuso de substâncias, faz sentido que os especialistas em saúde utilizem diversas técnicas cognitivas e comportamentais para ajudar as pessoas a pararem de fumar. Conforme usada para tratar a dependência de álcool, a *terapia de aversão* implica ligar consequências desagradáveis ao ato de fumar para condicionar a aversão ao cigarro. Em uma das técnicas mais usadas, os fumantes aumentam sua taxa habitual até o ponto da **saciedade**, um estado desagradável de "empanturramento". Uma variação envolve *fumar rapidamente*, na qual um fumante deve fumar um cigarro de modo periódico, da forma mais rápida que conseguir. Essas duas técnicas são projetadas para associar a náusea ao ato de fumar. As estratégias de aversão também utilizam choques elétricos e medicamentos que induzem náusea. Para muitos fumantes, a terapia de aversão é uma forma eficaz de começar a parar de fumar.

A reestruturação cognitiva de crenças de saúde e atitudes em relação ao cigarro também é importante para conseguir parar e evitar recaídas. Estudos demonstram que os indivíduos que conseguem parar de fumar em geral mudam suas crenças, passando a enxergar menos benefícios psicológicos e mais ameaças à saúde no cigarro, enquanto aqueles que têm recaídas podem passar a considerar que o cigarro traga *mais* benefícios psicológicos e seja uma ameaça pessoal menor ao longo do tempo (Chassin et al., 2003).

Quais programas de cessação do tabagismo são eficazes?

Foram realizados relativamente poucos estudos controlados de forma aleatória para examinar a eficácia de programas de cessação do hábito de fumar para adolescentes. A noção convencional tem sido de que os adolescentes não vão parar de fumar até ficarem mais velhos, então, para que se preocupar? De modo geral, os estudos corroboram essa visão: os fumantes mais jovens, em especial aqueles que fumam muito, têm mais probabilidade de continuar a fumar do que fumantes mais velhos (Ferguson et al., 2005). Uma metanálise recente sobre programas de cessação do tabagismo para adolescentes revelou que os programas mais eficazes são intervenções de baixo custo e curto prazo que tenham um componente motivacional, TCCs e educação para influência social (Sussman et al., 2006). De maneira mais específica, esses programas:

- Aumentavam a motivação intrínseca e extrínseca para parar de fumar por meio de recompensas e educação, buscando reduzir sua ambivalência em relação à cessação do tabagismo.
- Foram projetados especificamente para as necessidades evolutivas dos adolescentes (ao contrário dos que fazem mudanças superficiais em programas para adultos) e tornaram a intervenção divertida.
- Proporcionaram apoio social para ajudar os adolescentes a ter perseverança e evitar recaídas.
- Mostraram aos adolescentes como usar recursos da comunidade para evitar o tabagismo.

Em comparação, existe uma abundância de pesquisas sobre iniciativas de cessação do tabagismo para adultos. Pesquisas envolvendo fumantes adultos verificaram que os programas de tratamento contra o tabagismo são mais proveitosos quando dois ou mais métodos são usados em conjunto. Por exemplo, aqueles que combinam métodos comportamentais com substituição da nicotina são mais eficazes do que qualquer das abordagens utilizadas de forma isolada (Stead et al., 2008). Uma metanálise recente de mais de 100 estudos sobre terapias de combinação concluiu que os programas de tratamento para o tabagismo que incluem substituição de nicotina têm taxas significativamente maiores de sucesso do que aqueles que preveem o uso de placebo ou não empregam terapia de substituição da substância (Silagy et al., 2005).

Seja qual for a combinação de técnicas usada, Edward Lichtenstein e Russell Glasgow (1997), do Oregon Research Institute, afirmam que o ato de parar de fumar é determinado por três fatores que interagem: a motivação para parar (incluindo persistência, apesar de sintomas de abstinência e estresse); o nível de dependência física da nicotina; e as barreiras ou o apoio para permanecer sem fumar (Fig. 8.7). O nível de dependência física de um fumante, por exemplo, certamente influencia a prontidão para parar de fumar e a motivação para a persistência. A presença de um cônjuge fumante, proibições de fumar no local de trabalho, um filho pressionando o pai para parar de fumar e outras barreiras ou apoios também podem influenciar a motivação (Hammond et al., 2004).

James Prochaska (1996, 2006) relata que muitos programas de cessação do hábito de fumar diluem sua eficácia ao enfocar comportamentos múltiplos e não reconhecer que fumantes diferentes possuem necessidades distintas. Prochaska propõe, ao contrário, que as intervenções planejadas sejam organizadas conforme o estágio em que cada fumante se encontra no processo de parar de fumar. Seu modelo transteórico apresenta seis estágios de mudança comportamental a saber:

1. Pré-contemplação,
2. Contemplação,
3. Preparação,
4. Ação,
5. Manutenção e
6. Término

(Você pode retornar à história sobre meu tio e sua tentativa de parar de fumar na Fig. 6.4, p. 151). Os fumantes que se encontram no estágio de pré-contemplação,

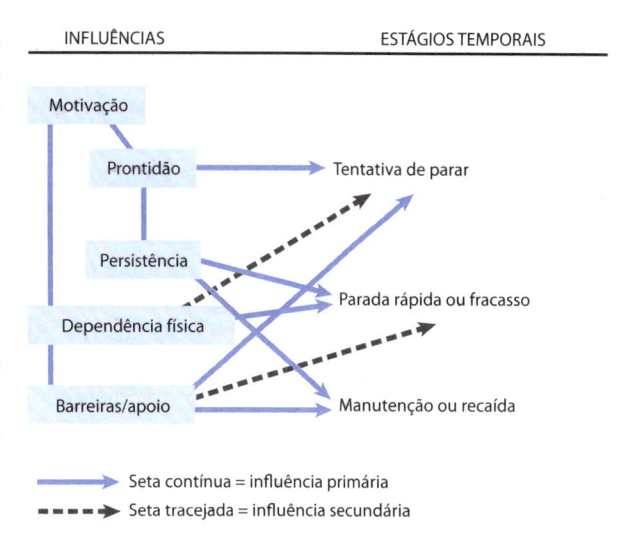

Figura 8.7

Fatores envolvidos na cessação do hábito de fumar.
Segundo este modelo, a motivação para a prontidão é o principal fator causal proximal que determina se alguém está tentando parar de fumar com seriedade. Apoios ou elementos sociais e ambientais, como políticas antitabagistas no local de trabalho, aumentos no preço do cigarro, lembretes persistentes do próprio filho para parar de fumar ou conselho de um médico também influenciam a motivação para a prontidão.
Fonte: Lichtenstein, E. e Glasgow, R. E. (1997). A pragmatic framework for smoking cessation. *Psychology of Addictive Behaviors*, 1997, *11*(2), p. 142–151 (Figure 1).

por exemplo, muitas vezes são defensivos e resistentes a programas orientados para a ação. Costumam estar desmoralizados devido a fracassos anteriores e, em consequência, são desestimulados por campanhas de informação que condenem seu comportamento insalubre. Historicamente, os especialistas em saúde consideram que essas pessoas são desmotivadas ou ainda não estão prontas para a terapia. Todavia, Prochaska sugere que o tratamento nesse estágio deva reassegurar que se tornar não fumante – assim como se tornar fumante, em primeiro lugar – não é algo que ocorra da noite para o dia. Em vez disso, existem estágios em seu desenvolvimento, e muitos fumantes que tentam parar de fumar não obtêm sucesso na primeira vez.

O enfoque de estágios parece ter diversas vantagens sobre intervenções tradicionais sem estágios. Primeiro, ele gera uma taxa de participação muito mais alta. Quando organizações de manutenção da saúde proporcionam cursos para parar de fumar, apenas cerca de 1% de seus pacientes participam. Em duas intervenções domésticas, Prochaska e colaboradores recrutaram 5 mil fumantes em cada uma para intervenções específicas de acordo com os estágios em que se encontravam. Usando essa abordagem, os pesquisadores geraram taxas de participação notavelmente altas, de 82 a 85% (Prochaska et al., 1995, 2006). Uma segunda vantagem de intervenções baseadas nos estágios é o aumento expressivo no número de participantes que completam o tratamento (a taxa de retenção dos participantes). De forma surpreendente, Prochaska e colaboradores relataram taxas de retenção de quase 100% quando o tratamento é individualizado segundo o enfoque de estágios.

A terceira vantagem das abordagens baseadas nos estágios é a mais importante: a quantidade de progresso que os participantes fazem permanecendo sem fumar está diretamente relacionada com o estágio em que se encontravam no começo da intervenção. Esse *efeito do estágio* é ilustrado na Figura 8.8 (ver também Fig. 6.4, p. 151). Ela mostra que os fumantes no estágio de pré-contemplação apresentam a menor quantidade de abstinência do cigarro durante 18 meses, enquanto aqueles que estão no estágio de preparação mostram mais progresso em avaliações realizadas em 6, 12 e 18 meses. Conforme discutido no Capítulo 2, as intervenções baseadas em estágios avançam em uma série gradual de passos, com o objetivo razoável de ajudar os fumantes a avançar um estágio de cada vez.

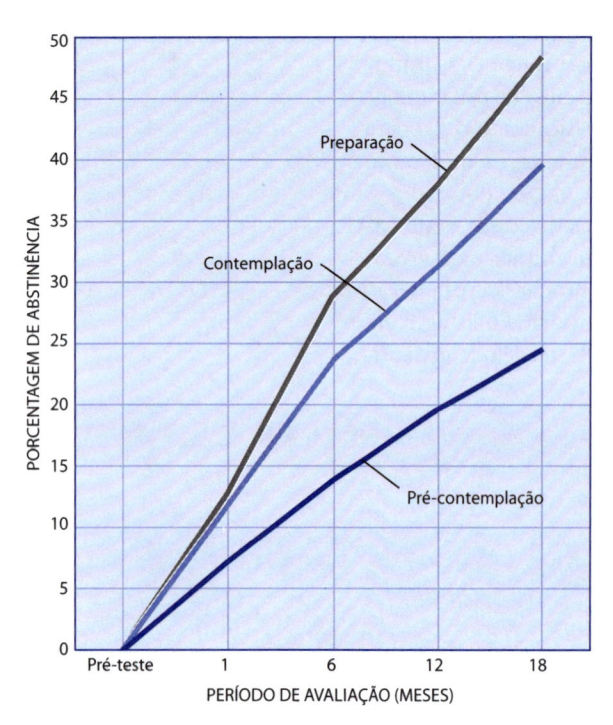

Recaída: de volta ao hábito

Infelizmente, apenas uma pequena porcentagem de pessoas que param de fumar permanece assim por muito tempo. Embora 70% dos fumantes adultos digam que querem parar de fumar, menos de 1 em cada 10 consegue fazê-lo, e até 80% dos fumantes que param voltam a fumar em um ano (Shiffman, 2006; Yong et al., 2008).

Muitos fatores estão envolvidos na recaída, e os mais significativos são a gravidade dos sintomas da abstinência e o desejo pelo cigarro. Em um estudo de 72 fumantes de longo prazo (38 homens e 34 mulheres), 48% tiveram recaída na primeira semana após pararem. Os participantes que tiveram recaída sentiram mais perturbação e sintomas de abstinência durante as primeiras 24 horas sem nicotina (al'Absi et al., 2004). É interessante que os pesquisadores tenham observado que as experiências estressantes afetam homens e mulheres que estão tentando parar de fumar de maneira diferente. Por exemplo, as respostas de cortisol antes e depois de um teste de falar em público foram mais fortes em homens do que em mulheres. Os ex-fumantes também podem ter outros efeitos colaterais, os quais são eliminados assim que o indivíduo vol-

Figura 8.8

Porcentagem de ex-fumantes em abstinência, por estágio do processo de parar de fumar. A quantidade de progresso que ex-fumantes fazem permanecendo em abstinência está diretamente relacionada com o estágio em que estavam no começo da intervenção. Os fumantes que se encontram na fase de pré-contemplação apresentam a menor quantidade de abstinência do cigarro durante 18 meses, enquanto aqueles que estão no estágio de preparação mostram a maior quantidade de progresso em avaliações em 6, 12 e 18 meses.
Fonte: Prochaska, J. O. (1996). Revolution in health promotion: smoking cessation as a case study. Em R. J. Resnick e R. H. Rozensky (Eds.), *Health psychology through the life span: practice and research opportunities* (p. 361-375), Washington, DC: American Psychological Association.

ta a fumar. Por exemplo, alguns ganham peso (talvez em razão do metabolismo mais lento, pela preferência por alimentos doces ou pela substituição da alimentação pelo cigarro). Infelizmente, o cigarro é usado até como estratégia para controlar o peso – sobretudo por adolescentes que também apresentam propensão a usar outras estratégias prejudiciais à saúde, como pílulas dietéticas e laxantes (Jenks e Higgs, 2007).

Outro fator envolvido na recaída é a força de associações previamente condicionadas ao ato de fumar. Os comportamentos relacionados com o hábito de fumar, assim como os efeitos fisiológicos da nicotina, tornam-se condicionados para uma variedade de estímulos ambientais. Muitos ex-fumantes têm recaídas diante de uma vontade irresistível (resposta condicionada) de fumar em certas situações ou ambientes – por exemplo, com aquela primeira xícara de café na manhã ou após uma refeição.

Devido a esse prognóstico desanimador para os ex-fumantes, a recaída ao hábito de fumar tem recebido considerável atenção nas pesquisas dos últimos anos. Uma conferência patrocinada pelo NIHs deu o primeiro passo para abordar a questão da recaída, encorajando os especialistas em saúde a adotar o modelo de "estágios da mudança" (ver Fig. 6.4, p. 151) no desenvolvimento de programas para prevenir a volta ao tabagismo. Por exemplo, em vez de encorajar ex-fumantes a frequentarem uma sessão ocasional para lembrá-los dos riscos do cigarro, o grupo dos NIHs incentivou o treinamento em estratégias de prevenção de recaídas em estágios anteriores no processo de parar de fumar.

Os pesquisadores continuarão a estudar todos os aspectos do abuso de substâncias na tentativa de ajudar muitas pessoas a se tornarem "ex-usuários" ou, melhor ainda, evitarem completamente as perturbações da vida causadas pelo abuso de substâncias.

Revisão sobre saúde

Responda a cada pergunta a seguir com base no que aprendeu no capítulo. (DICA: Use os itens da Síntese para considerar questões biológicas, psicológicas e sociais).

1. Um colega pergunta se um amigo mútuo é dependente do medicamento ansiolítica Xanax. O que você poderia dizer a seu colega sobre a adicção e como uma substância psicoativa como o Xanax pode afetá-lo?
2. Vamos continuar a discussão sobre a drogadição que você e seu colega estão tendo sobre um amigo que pode estar dependente de Xanax. Quais são os três modelos possíveis que poderiam explicar a adicção do amigo em uma substância? Como funciona e quais são as limitações de cada modelo, se houver?
3. Ao ler este capítulo, qual o fato surpreendente ou interessante que você aprendeu sobre o consumo de álcool? Contextualize esse fato na vida de alguém e identifique algumas das ramificações biológicas, psicológicas e sociais ou culturais para essa pessoa.
4. Você acaba de descobrir que sua prima, uma formanda do ensino médio, começou a fumar cigarro quando estava no segundo ano. Hoje, ela está viciada no cigarro, mas quer largar antes de começar a faculdade. Com base no que leu neste capítulo, como você a aconselharia?

Síntese

Uso e abuso de substâncias: fatos básicos

1. Os riscos para a saúde combinados com os custos do uso e abuso de substâncias são incalculáveis. Durante a gravidez, muitas substâncias atravessam a placenta e agem como teratogênicos, afetando o desenvolvimento fetal de forma negativa.

2. As substâncias afetam o comportamento, influenciando a atividade dos neurônios em suas sinapses. Algumas (as agonistas e, em um nível menor, as agonistas parciais) fazem isso imitando os neurotransmissores naturais; outras (as antagonistas), bloqueando sua ação; e há aquelas que aumentam ou inibem a reabsorção de neurotransmissores na sinapse.

3. A drogadição é um padrão de comportamento caracterizado pela dependência, pelo desenvolvimento de tolerância e pela presença de síndrome de abstinência quando a substância não é disponibilizada no organismo.
4. As substâncias psicoativas agem sobre o SNC alterando o funcionamento emocional e cognitivo. Os estimulantes, como a cafeína e a cocaína, aumentam a atividade do SNC e produzem sensações de euforia. Os tranquilizantes, como o álcool e os opiáceos, reduzem a atividade do SNC e produzem sensações de relaxamento. As substâncias alucinógenas, como a maconha e o LSD, alteram a percepção e distorcem a realidade.

Modelos de dependência

5. Os modelos biomédicos propõem que a dependência seja uma doença crônica que produz funcionamento físico anormal. Um aspecto desses modelos baseia-se em evidências de que certas pessoas herdam a vulnerabilidade biológica para a dependência. A hipótese do alívio da abstinência sugere que as substâncias acabem com a dopamina e outros neurotransmissores fundamentais. Outro modelo propõe que as substâncias psicoativas sejam formadoras de hábitos, pois superestimulam o sistema de recompensa de dopamina do cérebro.
6. Os modelos de recompensa sugerem que os efeitos prazerosos das substâncias psicoativas proporcionem a motivação inicial para o uso repetido. Todas as substâncias de abuso importantes, incluindo a nicotina e os outros estimulantes, superestimulam o sistema de recompensa do cérebro.
7. As limitações dos modelos biomédico e de recompensa da adicção foram o ímpeto para os modelos de aprendizagem, os quais consideram que a adicção seja moldada por fatores de aprendizagem e outros aspectos sociais e cognitivos.

Uso e abuso de álcool

8. O álcool diminui a atividade do SNC, obscurece o julgamento do indivíduo e está relacionado com uma variedade de doenças. Também está envolvido em metade dos acidentes de trânsito. Os genes desempenham um papel na dependência de álcool, sobretudo nos homens. Fatores psicossociais como a pressão dos amigos, ambientes domésticos difíceis e a redução de tensões podem contribuir para problemas com a bebida.
9. Indivíduos caracterizados por subcontrole comportamental e emotividade negativa são especialmente propensos à dependência de álcool. Assim como ocorre com todas as substâncias psicoativas, o impacto do álcool depende em parte da personalidade do usuário, de seu estado de espírito, de experiências passadas com a substância e de expectativas em relação a seus efeitos. Abuso de álcool significa o hábito de beber que se relaciona com problemas de saúde e perturbações no funcionamento do indivíduo. Dependência de álcool é um estado anormal de dependência física, caracterizado pela perda de controle sobre o comportamento de beber, que normalmente vem acompanhado pela tolerância.
10. O tratamento para o alcoolismo começa com a desintoxicação do álcool sob supervisão médica. A orientação, a psicoterapia e os grupos de apoio, como o AA, também são úteis. Entre os tratamentos farmacológicos para dependência de álcool, está a terapia de aversão, que desencadeia náuseas se o indivíduo consumir bebidas alcoólicas. Os antidepressivos, como o Prozac, ajudam a reduzir o desejo por álcool.

Abuso de tabaco

11. O hábito de fumar é hoje a causa mais evitável de morte no mundo ocidental. Estimulante que afeta praticamente todos os sistemas físicos do corpo, a nicotina induz uma forte dependência física e síndrome de abstinência. As pressões sociais muitas vezes influenciam a iniciação ao tabagismo.
12. A maioria das pessoas começa a fumar durante a adolescência. Quando alguém começa a fumar, uma gama de variáveis psicológicas, comportamentais, sociais e biológicas contribui para dificultar a abstinência da nicotina. Pesquisadores encontraram uma conexão entre o hábito de fumar e um gene transportador de dopamina – uma proteína que "aspira" a dopamina após ela ser liberada por um neurônio.
13. Segundo o modelo da titulação de nicotina, os fumantes de longo prazo fumam para manter um nível constante de nicotina em seus organismos. Os programas de prevenção do tabagismo que se concentram em técnicas de recusa e outras estratégias de inoculação antes da 8ª série podem ser a melhor solução para os problemas de saúde pública associados ao hábito de fumar.
14. Os anúncios antitabagismo mais bem-sucedidos mostram modelos não fumantes que são culturalmente influentes, os quais mudam a imagem geral que as pessoas fazem de quais comportamentos são "normais" e valorizados no grupo de amigos.
15. Nenhum tratamento único se mostrou eficaz para ajudar os fumantes a pararem de fumar. A maioria dos programas apresenta taxas de recaídas extremamente altas. Os tratamentos modernos para o

tabagismo lidam com os fatores psicológicos por meio da prevenção de recaídas e com os aspectos fisiológicos mediante a substituição da nicotina. Como agonista parcial para receptores de nicotina, o medicamento controlado *vareniclina* (Chantix) é eficaz para reduzir o desejo pela substância e diminuir os efeitos prazerosos do uso de tabaco.

Termos e conceitos fundamentais

abuso de substâncias, p. 215
barreira hematencefálica, p. 216
teratogênico, p. 216
agonista, p. 216
antagonista, p. 217
drogadição, p. 218
dependência, p. 218
abstinência, p. 218
uso de substâncias, p. 218
substâncias psicoativas, p. 218

potencialização de substâncias, p. 219
taxa de concordância, p. 220
droga de entrada, p. 222
nível de álcool no sangue, p. 224
síndrome de Korsakoff, p. 226
síndrome alcoólica fetal, p. 227
desinibição comportamental, p. 227
miopia do álcool, p. 227
dependência de álcool, p. 229
delirium tremens, p. 229

abuso de álcool, p. 229
subcontrole comportamental, p. 231
emotividade negativa, p. 231
hipótese da redução da tensão, p. 231
expectativas em relação ao álcool, p. 232
terapia de aversão, p. 233
modelo de titulação da nicotina, p. 241
saciedade, p. 246

Parte 4

Doenças crônicas e fatais

Capítulo 9

O coração saudável

Doenças cardiovasculares
  As causas: aterosclerose e arteriosclerose
  As doenças: angina de peito, infarto do miocárdio e AVE
  Diagnóstico e tratamento

Fatores de risco de Framingham para doenças cardiovasculares
  Fatores de risco incontroláveis
  Fatores de risco controláveis

Fatores psicossociais em doenças cardiovasculares: a personalidade tipo A
  Competitividade, hostilidade e pressa
  Raiva e depressão
  Por que a hostilidade, a raiva e a depressão promovem doenças cardiovasculares?

Reduzindo o risco de doenças cardiovasculares
  Controlando a hipertensão
  Reduzindo o colesterol

Após a doença cardiovascular: prevenindo recaídas
  Manejando o estresse após um episódio cardíaco
  Controlando a hostilidade e a raiva

Diabetes
  Tipos de diabetes
  Causas de diabetes
  Tratamento do diabetes
  Psicologia da saúde e diabetes

Doenças cardiovasculares e diabetes

Bryan McIver, MD, um dedicado jovem endocrinologista da Clínica Mayo, ia em seu carro para o laboratório a fim de verificar um experimento que estava realizando. Ele não ligou para uma pequena indigestão que sentia desde um jantar apimentado com amigos. Costumava sentir uma pequena acidez no estômago, de modo que esta parecia ser uma noite normal.

Quando chegou ao hospital, ele voltou a sentir um certo desconforto no peito, mas o ignorou. Ao passar pela sala de emergência, três minutos depois, as coisas mudaram de forma dramática. Em suas palavras, "...o mundo ficou branco e... eu morri".

O que aconteceu foi um repentino bloqueio de uma das principais coronárias de seu coração. Em segundos, o coração do doutor McIver mergulhou em um ritmo caótico, sua pressão caiu a zero, o suprimento de oxigênio para o cérebro foi cortado, e ele perdeu a consciência.

Quando não tem oxigênio, o cérebro começa a morrer em cerca de três minutos. Após seis minutos, ocorre a morte cerebral, e quase não há chance de recuperação. Possivelmente, isso teria acontecido com o doutor McIver, se ele tivesse sofrido o ataque cardíaco um minuto antes, no estacionamento escuro, ou um minuto depois, após estar sozinho em seu laboratório. Como por milagre, seu colapso ocorreu no corredor do hospital, a apenas alguns passos da sala de emergência.

Sendo um não fumante de 37 anos, sem história de pressão alta, doenças vasculares ou diabetes, o doutor McIver não se encaixa no perfil do paciente cardíaco típico. Ainda que uma de suas avós tenha morrido de acidente vascular encefálico (AVE) (mas aos 80 anos de idade), sua família sempre viveu muito. É claro, ele tinha alguns fatores de risco. Mesmo não estando acima do peso (1,83 m e 89 kg), raramente fazia exercícios, tinha um trabalho estressante e apresentava níveis insalubres de colesterol. Ainda assim, menos de um mês antes de seu ataque cardíaco, havia recebido um atestado de boa saúde durante um exame físico completo. Ele apenas deveria tentar fazer um pouco mais de exercícios e perder um quilo ou dois. Contudo, lá estava ele, sendo ressuscitado da experiência quase fatal de um ataque cardíaco fulminante.

Embora continue seu estressante trabalho como pesquisador médico, ele deu alguns passos para melhorar o perfil de seus fatores de risco coronariano para garantir uma vida longa e saudável. Muitos outros, todavia, têm menos sorte. E é por isso que a doença coronariana continua sendo a causa número um de morte nos Estados Unidos e em muitos outros países desenvolvidos.

CAPÍTULO 9 | Doenças cardiovasculares e diabetes

Neste capítulo, examinaremos os fatores de risco biológicos, psicológicos e sociais para duas importantes condições crônicas: a doença cardiovascular (incluindo hipertensão, AVE e doença do coração) e o diabetes. Embora alguns dos fatores de risco para essas doenças estejam além de nosso controle, muitos refletem opções de estilo de vida que são modificáveis. Visto que todos esses transtornos envolvem o sistema circulatório, vamos primeiro revisar a maneira como o coração e o sistema circulatório devem funcionar, e então dar uma olhada no que está errado quando cada uma dessas doenças ocorre.

O coração saudável

Conforme visto no Capítulo 3, o sistema cardiovascular compreende o sangue, os vasos sanguíneos do sistema circulatório e o coração. Aproximadamente do tamanho de um punho fechado e pesando cerca de 300 gramas, o coração consiste em três camadas de tecido: uma fina camada exterior, chamada de *epicárdio*; uma fina camada interior, chamada de *endocárdio*; e uma grossa camada intermediária, chamada de *miocárdio* [derivado do grego *myo* (músculo) e *kardia* (coração)]. O miocárdio é dividido em quatro câmaras que trabalham de maneira coordenada para trazer o sangue para o coração e depois bombeá-lo pelo corpo. Como todos os músculos do corpo, o miocárdio precisa de um suprimento constante de oxigênio e nutrientes para permanecer saudável. E quanto mais o coração é forçado a trabalhar para cumprir as exigências dos outros músculos do corpo, mais precisa de nutrientes e oxigênio.

Em uma das maiores ironias da natureza, o suprimento de sangue do coração não provém dos cinco ou mais quartos de galão de sangue bombeados a cada minuto por suas câmaras internas, mas de duas ramificações da aorta (a principal artéria do coração) localizadas na superfície do epicárdio. As artérias coronárias esquerda e direita ramificam-se em vasos sanguíneos menores, denominados arteríolas, até se tornarem os capilares que suprem o miocárdio com o sangue do qual necessita para funcionar. (Ver a p. 58 para um diagrama do coração e do fluxo de sangue através dele.)

Doenças cardiovasculares

Quando o suprimento de sangue das artérias coronárias é impedido além de um ponto crítico, o risco de o indivíduo desenvolver doenças cardiovasculares aumenta de forma substancial. Por volta de 60 milhões de norte-americanos sofrem de alguma forma de doenças do coração e do sistema de vasos sanguíneos, coletivamente chamadas de **doenças cardiovasculares**. A primeira de todas as doenças, que mata 1 em cada 2,9 pessoas (34% de todos os óbitos) a cada ano nos Estados Unidos, a doença cardiovascular aparece disfarçada de muitas formas, incluindo AVEs e **doença arterial coronariana**, uma doença crônica em que as artérias que suprem o coração são restringidas ou entupidas e não conseguem transportar sangue suficiente para o órgão (American Heart Association, 2010). Antes de discutirmos os fatores biológicos, sociais e psicológicos que contribuem para o aparecimento dessas doenças, é preciso descrever suas causas físicas subjacentes: a aterosclerose e a arteriosclerose.

■ **doenças cardiovasculares** distúrbios do coração e do sistema de vasos sanguíneos, incluindo AVEs e doença arterial coronariana.

■ **doença arterial coronariana** doença crônica na qual as artérias que suprem o coração são restringidas ou entupidas; resulta da aterosclerose ou da arteriosclerose.

- **aterosclerose** doença crônica em que o colesterol e outras gorduras se depositam nas paredes internas das artérias coronárias, reduzindo a circulação para o tecido cardíaco.

- **placas ateromatosas** acúmulos de depósitos de gordura na parede de uma artéria que ocorrem na aterosclerose.

- **aterogênese** processo de formação de placas ateromatosas no revestimento interno das artérias.

- **arteriosclerose** também chamada de "endurecimento das artérias", uma doença em que os vasos sanguíneos perdem a elasticidade.

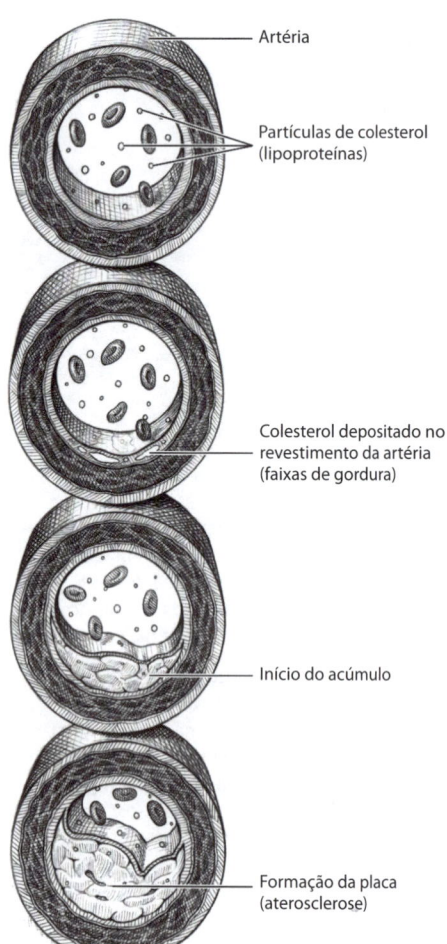

As causas: aterosclerose e arteriosclerose

A maioria dos casos de doenças cardiovasculares resulta da **aterosclerose**, uma condição em que o revestimento das artérias engrossa com o acúmulo de colesterol e outras gorduras. À medida que essas **placas ateromatosas** se formam, as artérias coronárias são restringidas ou ocluídas, impedindo o fluxo de sangue (Kharbanda e MacAllister, 2005) (Fig. 9.1). Embora tendam a se desenvolver em muitas pessoas com mais de 30 e 40 anos, as placas não ameaçam a saúde – pelo menos não até a idade de 70 anos ou mais. Aqueles que não têm tanta sorte, como Bryan McIver, podem desenvolver placas prejudiciais desde os 20 ou 30 anos, ou até antes.

A inflamação no sangue que circula (*inflamação sistêmica*) pode contribuir para a **aterogênese** – o desenvolvimento de aterosclerose que pode desencadear ataques cardíacos e AVEs. Embora o mecanismo pelo qual a aterogênese é desencadeada não esteja claro, o processo começa com uma lesão na parede do vaso sanguíneo, que resulta na formação de *faixas de gordura*, as quais agem como um "pedido de ajuda" do sistema imune do corpo. Como vimos no Capítulo 3, a inflamação é a resposta do corpo ao ferimento, e a coagulação sanguínea também costuma fazer parte dessa resposta. Ainda que os pesquisadores não tenham certeza do que motiva a inflamação inicial que parece colocar pessoas saudáveis em um risco maior de aterosclerose, muitos acreditam que uma infecção bacteriana ou viral crônica possa ser a causa subjacente. Uma das proteínas que aumenta durante a resposta inflamatória, a *proteína C-reativa* (CRP), tem sido cada vez mais usada para avaliar o risco que a pessoa tem de doença cardiovascular. O risco de ataque cardíaco em pessoas com níveis maiores de CRP é duas vezes superior ao daquelas com os menores níveis dessa proteína (Abi--Saleh et al., 2008).

Intimamente relacionada com a aterosclerose, existe também a **arteriosclerose**, ou "endurecimento das artérias" (Fig. 9.2). Nessa condição, as artérias coronárias perdem sua elasticidade, tornando difícil sua expansão e contração (imagine tentar esticar um elástico seco). Isso torna ainda mais complicado o transporte dos grandes volumes de sangue necessários durante o esforço físico. Além disso, é muito mais provável que um coágulo sanguíneo se forme e bloqueie uma artéria coronária que tenha perdido sua elasticidade devido à arteriosclerose.

As doenças: angina de peito, infarto do miocárdio e AVE

Se não forem examinadas, a aterosclerose e a arteriosclerose podem avançar por muitos anos antes que a pessoa experimente quaisquer sintomas. Isso foi o que ocorreu com o doutor McIver. Uma vez que o processo comece, contudo, é provável que alguma dessas três doenças ocorra.

A primeira começa com a redução gradual dos vasos sanguíneos. Qualquer parte do corpo que dependa do fluxo de sangue de uma artéria obstruída está sujeita a uma lesão. Por exemplo, se a redução afeta as

Figura 9.1

Aterosclerose. A aterosclerose é uma doença comum na qual o colesterol e outras gorduras são depositados sobre as paredes das artérias coronárias. À medida que as paredes engrossam e endurecem, os vasos se restringem, reduzindo a circulação para áreas que normalmente são supridas pela artéria. As placas ateroscleróticas causam muitos distúrbios no sistema circulatório. A maneira como a aterosclerose começa não está clara; é possível que um ferimento na artéria faça os macrófagos limpadores atacarem os depósitos de colesterol.

artérias das pernas, a pessoa pode sentir dor nas pernas quando caminha. Quando as artérias que suprem o coração são restringidas com placas, diminuindo o fluxo de sangue para o coração – condição chamada de *isquemia* – a pessoa sente uma dor aguda no peito, chamada de **angina de peito**. Embora a maioria dos ataques de angina passe em poucos minutos sem causar danos permanentes, a isquemia é um importante prognóstico de incidentes coronarianos futuros.

Ainda que os ataques de angina possam ocorrer a qualquer momento – incluindo quando a pessoa está dormindo – em geral acontecem durante momentos de esforço incomum, pois o corpo exige que o coração bombeie mais sangue oxigenado do que está acostumado – por exemplo, quando um atleta casual tenta completar uma maratona de 42 quilômetros. A angina também pode ocorrer durante forte excitação emocional ou exposição a calor ou frio extremos. O estresse mental na vida cotidiana, incluindo sentimentos de tensão, frustração e depressão, mais do que dobra o risco de isquemia (Rosenfeldt et al., 2004).

O segundo distúrbio cardíaco, que é muito mais grave, ocorre quando uma placa se rompe dentro de um vaso sanguíneo, liberando uma massa pegajosa que pode reduzir ainda mais o fluxo sanguíneo ou obstruí-lo por completo. Segundos após a obstrução completa de uma artéria coronária, um ataque cardíaco, ou **infarto do miocárdio**, ocorre, e uma porção do miocárdio começa a morrer (*infarto* é uma área de tecido morto). Diferentemente da angina, que dura apenas um momento, o infarto do miocárdio envolve a deficiência crônica no suprimento de sangue e, assim, causa lesão permanente no coração.

A terceira manifestação possível do mau funcionamento cardiovascular é o **acidente vascular encefálico (AVE)**. Os AVEs afetam 795 mil norte-americanos anualmente, tirando 137 mil vidas a cada ano (1 em cada 18 mortes). Eles são a terceira principal causa de morte, depois dos infartos do miocárdio e do câncer (American Heart Association, 2010). O tipo mais comum de AVE – *AVE isquêmico* – ocorre quando placas ou coágulos obstruem uma artéria, bloqueando o fluxo de sangue para uma área do cérebro (Fig. 9.3). O *AVE hemorrágico* acontece quando um vaso sanguíneo estoura dentro do cérebro, aumentando a pressão sobre o cérebro e lesionando-o ao pressioná-lo contra o crânio. O AVE hemorrágico é associado à pressão alta, que tensiona as paredes das artérias até romperem ou expõe um local fraco na parede de uma artéria (*aneurisma*) que explode em virtude da pressão do sangue que circula dentro dela.

Os efeitos do AVE podem incluir perda da fala ou dificuldade para compreendê-la, dormência, fraqueza ou paralisia de um membro ou do rosto, dores de cabeça, visão obscurecida e tontura. Os AVEs normalmente lesionam o tecido neural em um lado do cérebro, com perda resultante na sensação no lado oposto do corpo. Estima-se que 11 milhões de adultos norte-americanos (4% da população) a cada ano sofram "AVEs silenciosos", que causam lesões em pequenos grupos de células do cérebro, mas não produzem sintomas óbvios imediatos. Esses AVEs tendem a não ser detectados até que, com o passar do tempo, perdas de memória, tontura, fala confusa e outros sintomas clássicos de tal condição comecem a aparecer.

Diagnóstico e tratamento

A medicina fez grandes progressos no diagnóstico e no tratamento de doenças cardiovasculares nos últimos anos. Embora essas doenças já tenham sido chamadas de "assassinos silenciosos" por não terem sinais aparentes de advertência, hoje existe uma variedade de técnicas para detectar seus precursores – a aterosclerose e a arteriosclerose – no começo de seu desenvolvimento. Apesar de, no passado, o ataque cardíaco ser uma sentença de morte quase certa, em muitos casos nos dias atuais, os pacientes podem ser tratados com sucesso por meio de medicamentos ou técnicas como a angioplastia, a cirurgia de ponte de safena ou até mesmo um transplante de coração.

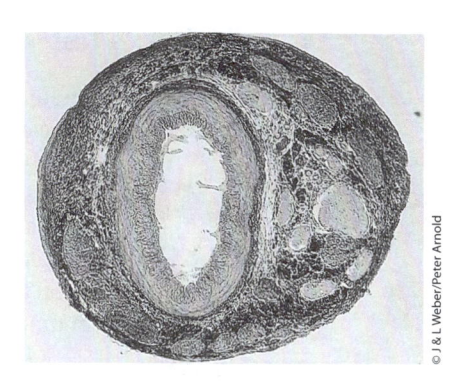

Figura 9.2

Arteriosclerose. Na arteriosclerose, as artérias coronárias perdem a elasticidade e são incapazes de expandir e contrair quando o sangue flui por elas.

- **angina de peito** condição de dor extrema no peito causada por restrição no suprimento de sangue para o coração.

- **infarto do miocárdio** ataque cardíaco; morte permanente de tecido cardíaco em resposta a uma interrupção do suprimento de sangue para o miocárdio.

- **acidente vascular encefálico (AVE)** acidente que resulta em lesão no cérebro devido à falta de oxigênio; normalmente causado por aterosclerose ou arteriosclerose.

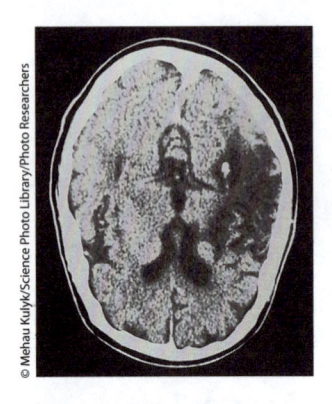

Figura 9.3

AVEs causam lesões no cérebro. Este TC *scan* do cérebro de uma vítima de AVE com 70 anos de idade mostra que, quando o fluxo de sangue para o cérebro é bloqueado, as células cerebrais podem ser destruídas. A área escura à direita mostra onde o tecido cerebral morreu devido a um suprimento de sangue inadequado. A falta de sangue pode decorrer da obstrução de uma artéria cerebral ou do sangramento de uma parede arterial enfraquecida. O resultado é paralisia ou fraqueza no lado esquerdo do corpo (já que o tecido destruído está no lado direito do cérebro).

- **eletrocardiograma (ECG ou EKG)** medida das descargas elétricas que emanam do coração.

- **angiografia coronariana** teste diagnóstico para doença coronariana no qual se injeta corante para que raios X possam revelar obstruções nas artérias coronárias.

- **transplante de ponte da artéria coronária** cirurgia cardíaca em que um pequeno pedaço de veia saudável, removida de outra parte do corpo, é transplantado para a região da artéria coronária bloqueada, permitindo que o sangue flua de forma mais livre para uma parte do coração.

- **angioplastia coronariana** cirurgia cardíaca em que um cateter inflável é usado para abrir uma artéria coronária bloqueada.

Testes diagnósticos

O teste mais utilizado para a saúde cardíaca é o **eletrocardiograma (ECG ou EKG)**, no qual eletrodos conectados a determinados pontos do corpo medem as descargas elétricas produzidas pelo coração enquanto bate. A representação gráfica das descargas pode revelar padrões de ritmos cardíacos anormais (*arritmia*), embora, em muitos casos, as anormalidades não sejam aparentes a menos que o coração esteja estressado. Quando há suspeita disso, os médicos administram um *eletrocardiograma em exercício*, ou teste de esforço, o qual essencialmente é um ECG feito enquanto a pessoa corre em uma esteira.

Outra técnica de varredura, o *ecocardiograma*, usa o eco de ondas sonoras lançadas contra o peito para criar uma imagem do coração. Este exame revela lesões no miocárdio, tumores ou coágulos sanguíneos, problemas nas válvulas e mesmo regiões arteriais enfraquecidas nas quais podem haver bolsões de sangue, chamados de aneurismas.

A **angiografia coronariana** é o meio mais preciso de diagnosticar a doença coronariana. Um pequeno cateter (um tubo fino e flexível) é inserido em uma artéria (em geral na virilha) até a aorta, e daí para uma artéria coronária suspeita de estar bloqueada por uma placa. Injeta-se um corante pelo cateter para que a artéria se torne visível em raio X, revelando a extensão do bloqueio. Os pacientes, que estão apenas parcialmente sedados, permanecem acordados durante o procedimento.

Tratamentos

Dependendo da gravidade do problema, o paciente de uma doença coronariana pode receber medicamentos para tratar ou prevenir o mau funcionamento cardíaco ou fazer uma cirurgia.

Medicamentos cardíacos Vários tipos de medicamentos podem ser usados para tratar a doença coronariana. Entre eles, estão a *nitroglicerina*, que aumenta o suprimento de sangue para o coração e estabiliza-o eletricamente; os *betabloqueadores* e os *bloqueadores dos canais de cálcio*, que reduzem a pressão arterial e as demandas de bombeamento sobre o coração; os *vasodilatadores*, que expandem os vasos sanguíneos restringidos; e os *anticoagulantes*, que ajudam a prevenir a formação de coágulos sanguíneos. Se o ataque cardíaco for diagnosticado nas primeiras horas de ocorrência, os médicos geralmente administram uma infusão intravenosa de um *agente trombolítico* para dissolver com rapidez possíveis coágulos sanguíneos.

Cirurgia cardíaca Se a angiografia revelar bloqueio substancial em uma ou mais artérias coronarianas, diversos tratamentos cirúrgicos podem ser recomendados. Na cirurgia de **transplante de ponte da artéria coronária**, é feita uma incisão no esterno do paciente e um pequeno pedaço de veia é removido de outro local do corpo (normalmente da perna, mas também do braço ou do peito) e transplantado para a região da artéria bloqueada ou restringida. A ponte permite que o sangue contorne o bloqueio e flua de forma mais livre para a seção subnutrida do miocárdio. Essa cirurgia é recomendada quando há bloqueios graves e o paciente não responde a outras formas de tratamento.

Outra intervenção cirúrgica comum é a **angioplastia coronariana**. Nesse procedimento, um cateter é introduzido em uma artéria da perna até a artéria coronária bloqueada, com um balão que é inflado para "esmagar" a placa contra a parede do vaso sanguíneo. O balão é, então, esvaziado; e o cateter, removido. Na maioria dos casos, um tubo metálico fino, chamado de *stent*, é inserido na artéria para reduzir a probabilidade de que ela restrinja-se novamente. Em outros casos, uma *aterecotomia* é realizada, e possíveis bloqueios são removidos ou destruídos por laser, lâmina giratória ou broca com ponta de diamante.

Embora medicamentos e procedimentos cirúrgicos tenham apresentado níveis razoáveis de sucesso em prolongar a vida de pacientes cardíacos, algumas pesquisas médicas têm adotado abordagens totalmente diferentes, buscando lidar com o fato de que o coração, ao contrário de outros músculos, não se regenera após ser lesionado. Entre as novas técnicas promissoras, está transplantar células musculares embrionárias para as porções doentes do miocárdio. Ainda nos primeiros estágios de desenvolvimento, esse tratamento experimental pode um dia vir a restaurar o funcionamento de corações humanos que sofreram lesões devido a infartos do miocárdio.

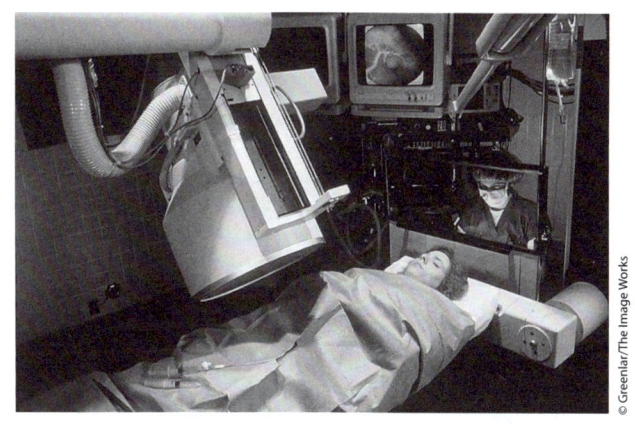

Angiografia coronariana. Neste método de diagnóstico, um pequeno cateter cardíaco é introduzido por uma artéria até a aorta, e daí para a artéria coronária suspeita de estar bloqueada. O corante injetado pelo cateter possibilita ao cirurgião localizar o bloqueio por meio de raio X (ver monitor de vídeo).

Fatores de risco de Framingham para doenças cardiovasculares

O que causa a formação de placas nas artérias coronárias? Por que as artérias coronárias de certas pessoas não acumulam tecido cicatrizado, enquanto as de outras se tornam obstruídas já com pouca idade? Pesquisas identificaram diversos fatores de risco relacionados com doenças cardiovasculares. Grande parte desse conhecimento provém do Framingham Heart Study, um dos estudos epidemiológicos mais famosos da história da medicina. Quando o estudo começou, em 1948, a taxa de mortalidade devido a doenças cardiovasculares nos Estados Unidos era de quase 500 casos por 100 mil pessoas. Essa taxa aumentou até 586,8 casos por 100 mil em 1950 e tem diminuído de modo estável desde então (Fig. 9.4). Grande parte do crédito por essa melhoria substancial nas taxas de mortalidade deve-se a iniciativas de "coração saudável" que surgiram com o estudo de Framingham. Os resultados desse notável estudo, sem dúvida, aumentaram o tempo de vida de milhões de pessoas.

Antes de Framingham, os epidemiologistas estudavam as doenças examinando registros médicos e atestados de óbito. O estudo de Framingham estabeleceu um novo padrão para a pesquisa epidemiológica, inaugurando o conceito do estudo da saúde de pessoas vivas ao longo do tempo. Esse estudo, que é uma referência, usou o *modelo prospectivo*, envolvendo 5.209 pessoas saudáveis na pequena cidade de Framingham, em Massachusetts.

O plano original dos pesquisadores era acompanhar os sujeitos por 20 anos para verificar quais fatores – demográficos, biológicos e/ou psicológicos – poderiam prever o desenvolvimento de doenças cardiovasculares. Embora mais de metade do grupo de estudo original tenha morrido, o estudo continuou com pesquisadores que agora coletam também dados dos filhos dos participantes originais.

A cada dois anos, os participantes originais fazem um exame físico completo que inclui ECG, exame da pressão arterial e mais de 80 análises clínicas (seus filhos são examinados a cada quatro anos). Além disso, cada participante faz uma bateria de testes psicológicos e responde a questionários de saúde. Os pesquisadores questionam os participantes sobre seu nível de ansiedade, hábitos de sono, nervosismo, uso de álcool e tabaco, nível de educação e resposta típica à raiva.

O estudo de Framingham identificou duas categorias básicas de *fatores de risco* para doenças cardiovasculares: os incontroláveis, como história familiar, idade e gênero; e aqueles controláveis, como obesidade, hipertensão, nível de colesterol e uso de tabaco. É claro que há sobreposição entre essas dimensões, pois existem elementos controláveis e incontroláveis em quase qualquer fator de risco. Ainda assim, para fins de organização, seguiremos a classificação do estudo de Framingham.

Fatores de risco incontroláveis

Alguns fatores de risco resultam de condições genéticas ou biológicas que estão fora do controle do indivíduo.

História familiar e idade

A história familiar é um forte prognóstico de ocorrência de doenças cardiovasculares. Isso acontece em especial com aqueles que têm um parente próximo do sexo masculino que sofreu ataque cardíaco antes de 55 anos ou parente do sexo feminino que teve ataque cardíaco antes de 65 anos. A idade avançada também é fator de risco para essas doenças. De fato, aproximadamente metade de todas as vítimas de doenças cardiovasculares tem mais de 65 anos.

Gênero

O risco de doenças cardiovasculares também aumenta de forma rápida em homens após os 40 anos. Com exceção de mulheres que fumam, o risco dessas doenças permanece baixo até a menopausa, quando, conforme iremos explicar, começa a aumentar. Entretanto, ele ainda é muito maior entre os homens até a idade de 65 anos. De fato, eles apresentam quase a mesma taxa de doenças cardiovasculares de mulheres 10 anos mais velhas (American Heart Association, 2010). Ainda que a disparidade diminua com a idade, essa diferença de gênero explica em parte por que as mulheres vivem mais do que os homens. Em todos os países desenvolvidos e na maioria dos países em desenvolvimento, as mulheres vivem até 10 anos mais que os homens. Nos Estados Unidos, a expectativa de vida ao nascer atualmente é de 80 anos para mulheres e 74 anos para homens.

Alguns especialistas acreditam que as diferenças de gênero em mortalidade devido a doenças cardiovasculares possam ser decorrentes de distinções nos hormônios sexuais testosterona e estrógeno. A testosterona foi relacionada com agressividade, competitividade e outros comportamentos que parecem contribuir para as doenças do coração (Sapolsky, 1998). De maneira coincidente, os níveis de testosterona aumentam durante o começo da idade adulta, logo quando a diferença em mortalidade entre homens e mulheres atinge o máximo. Alguns pesquisadores, portanto, atribuem o ápice da mortalidade à "toxicidade da testosterona" (NG, 2007; Perls e Fretts, 1998). Todavia, se o gênero realmente é um fator de risco de doenças cardiovasculares, as diferenças entre homens e mulheres deviam ser semelhantes em todo o mundo ao longo da história. Isso não parece ser verdade. As diferenças de gênero na mortalidade por doenças cardiovasculares são muito maiores em alguns países do que em outros, sobretudo no Leste Europeu (Weidner e Cain, 2003). Nos Estados Unidos, a disparidade entre os gêneros nessas doenças era modesta até meados da década de 1960, quando a prevalência em homens de meia-idade começou a aumentar, enquanto as taxas em mulheres de meia-idade diminuíram (Lawlor et al., 2002). Esses resultados sugerem a atuação de algo além da biologia.

Figura 9.4

Mortalidade anual por doenças cardiovasculares.
Embora tenha diminuído nos Estados Unidos e em outros países desenvolvidos, a taxa de mortalidade decorrente de doenças cardiovasculares aumentou no Leste Europeu e nos países em desenvolvimento. Na Europa, por exemplo, as taxas de mortalidade por essas doenças variam entre 981 e 1.841 por 100 mil pessoas. No Sudeste Asiático e no Pacífico Ocidental, chegam a 3.527 e 3.752 por 100 mil pessoas, respectivamente (WHO, 2000).
Fonte: National Center for Health Statistics (2005). *Health, United States*. Washington, DC: U.S. Government Printing Office, Tabela 36, p. 193–195; World Health Organization. (2000). *The world health report, 2000*. Geneva: World Health Organization, Annex Table 3, p. 164–169.

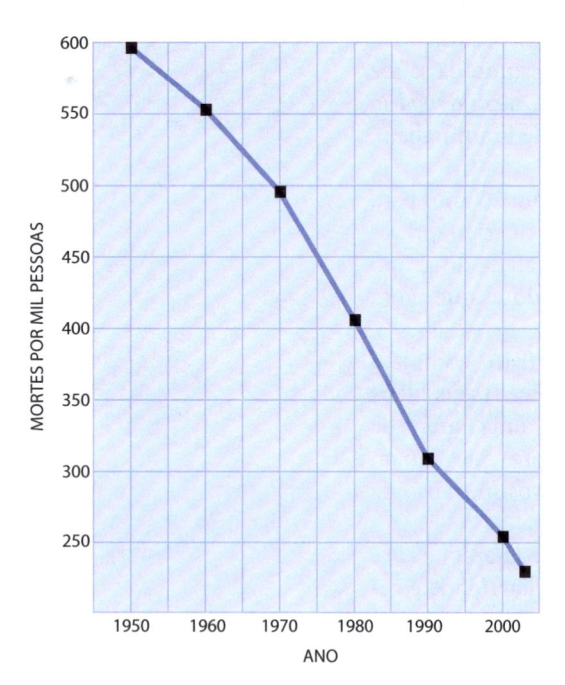

Embora as mulheres possam ter risco mais baixo de doenças cardiovasculares do que os homens, as cardiopatias tiram a vida de mais mulheres norte-americanas do que qualquer outra causa, afetando 1 em cada 3 mulheres (em oposição a 1 em cada 8 para câncer de mama). Ainda assim, muitas mulheres – e seus médicos – acreditam que o câncer de mama seja a maior ameaça para a saúde feminina, mesmo que as doenças cardiovasculares tirem a vida de cinco vezes mais mulheres do que o câncer de mama (Fig. 9.5). Isso pode explicar por que homens que reclamam de dores no peito têm mais probabilidade de serem indicados para exames do coração do que mulheres, e por que elas têm menos probabilidade de receber medicamentos redutores do colesterol do que eles, apesar de apresentarem níveis semelhantes de colesterol no sangue.

Homens e mulheres também diferem em seu prognóstico de recuperação após um ataque do coração. Em comparação com os homens, as mulheres têm duas vezes mais probabilidade de morrer após um ataque cardíaco. Entre os sobreviventes, elas têm mais probabilidade de ter um segundo ataque cardíaco e de morrer após cirurgia de ponte de safena do que eles.

Vários fatores podem explicar essas diferenças. Por exemplo, as mulheres com doenças cardiovasculares tendem a ser mais velhas do que os homens. Além disso, essas condições tendem a ser reconhecidas mais rapidamente em homens do que em mulheres, talvez refletindo o preconceito médico de que doenças cardiovasculares são um problema masculino. Até pouco tempo atrás, as mulheres eram sub-representadas em estudos clínicos sobre essas doenças. Como resultado, o padrão para o diagnóstico e o tratamento de doenças cardiovasculares baseia-se na fisiologia masculina.

Estudos demonstraram que os homens recebem procedimentos de diagnóstico e tratamento mais agressivos do que as mulheres (Ayanian e Epstein, 1997; Mehilli et al., 2002). Os homens, por exemplo, têm duas vezes mais probabilidade de serem indicados para angiografia coronariana e cirurgia de ponte de safena. Esse viés de gênero é particularmente forte para pacientes que apresentem sintomas de doenças cardíacas no contexto de situações estressantes em suas vidas (Chiaramonte e Friend, 2006).

Raça e etnia

A prevalência de doenças cardiovasculares também varia entre os grupos raciais e étnicos. Em comparação com indivíduos brancos norte-americanos, por exemplo, os afro-americanos têm risco maior; e os ásio-americanos e hispano-americanos, risco menor (American Heart Association, 2010). Fatores econômicos podem contribuir para essas diferenças. Pessoas com baixo *status* socioeconômico tendem a apresentar mais fatores de risco para doenças cardiovasculares, incluindo dietas com alto teor de gordura, tabagismo e experiências estressantes de vida, como a discriminação racial (Huisman et al., 2005), e os afro-americanos são representados de forma desproporcional entre os grupos socioeconômicos mais baixos.

A não realização de exercícios também pode ser um fator. Como grupo, as pessoas mais ricas tendem a fazer mais exercícios, talvez porque tenham mais tempo livre e mais acesso a áreas públicas bem-equipadas, como parques e

Figura 9.5

Taxas de mortalidade por doenças cardiovasculares e câncer de mama em mulheres, segundo a idade. Ainda que mulheres tenham um risco menor de desenvolver doenças cardiovasculares do que homens, as cardiopatias tiram a vida de mais mulheres norte-americanas do que qualquer outra causa, afetando 1 em cada 3 mulheres.

Fonte: National Center for Health Statistics (1999). *Health, United States, 1997.* Washington, DC: U.S. Government Printing Office.

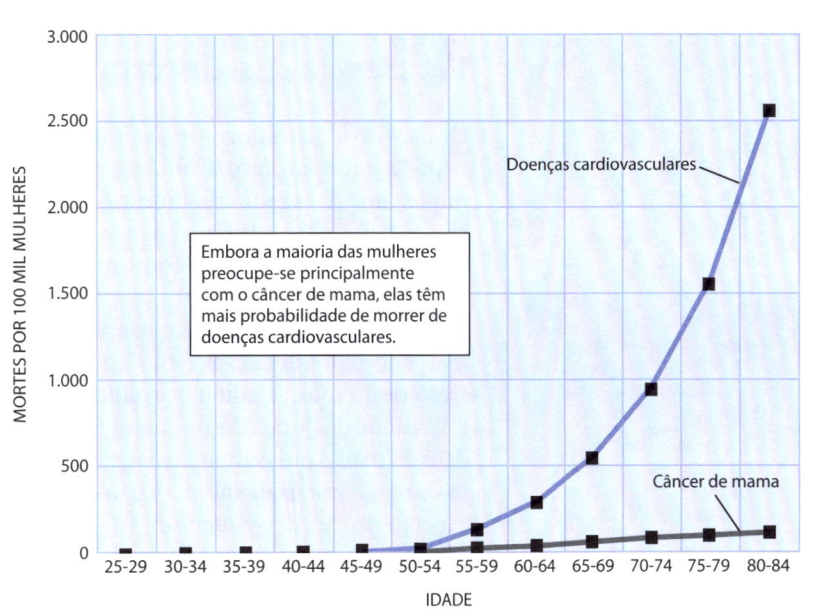

ciclovias, e possam comprar equipamentos com mais facilidade ou sejam mais bem informadas sobre os riscos da vida sedentária (Onge e Krueger, 2008). As mulheres norte-americanas de origem europeia, por exemplo, são de 2 a 3 vezes mais ativas do que as afro-americanas, em seu tempo de lazer (Nevid et al., 1998).

É natural questionar se as diferenças raciais e étnicas encontradas no risco de doenças cardiovasculares existiriam se não houvesse disparidades em educação, renda familiar e fatores de risco para essas patologias. Para descobrir, Marilyn Winkleby e colaboradores (1998) compararam fatores de risco de doenças cardiovasculares entre grupos de mulheres afro-americanas, hispano-americanas e euro-americanas. Independentemente de sua origem étnica, as de baixo *status* socioeconômico tinham fatores de risco elevados, comparadas com aquelas cujo *status* socioeconômico era alto. Entretanto, após a educação e a renda familiar serem controladas, as afro-americanas e as hispano-americanas ainda tinham mais fatores de risco do que as euro-americanas. Esses achados indicam que fatores relacionados com a etnia e o *status* socioeconômico estão envolvidos na determinação do risco de um indivíduo desenvolver doenças cardiovasculares.

As diferenças em estressores psicossociais, como ser pai ou mãe solteiros, também podem explicar as disparidades raciais e étnicas em doenças cardiovasculares (Macera et al., 2001). Muitos bairros afro-americanos são segregados da população em geral e possuem famílias de baixo *status* socioeconômico, encabeçadas por mulheres (Jargowsky, 1997). Por exemplo, um estudo realizado em 1990, em bairros urbanos em que pelo menos 40% dos domicílios estavam abaixo da linha de pobreza, verificou que cerca de 75% das famílias afro-americanas eram chefiadas por mulheres. Essas mulheres têm mais probabilidade de morrer de doença coronariana, talvez como resultado dos altos níveis de estresse associados a criar uma família sem um parceiro (Leclere et al., 1998).

Outro fator nas diferenças étnicas e raciais em taxas de mortalidade por doenças cardiovasculares envolve o acesso e o uso limitado dos serviços de saúde, assim como de tratamentos médicos preferenciais. Conforme observado no Capítulo 6, existem grandes diferenças entre os grupos étnicos na disponibilidade de tratamento de saúde acessível. Além disso, os afro-americanos – homens ou mulheres – têm menos probabilidade do que os homens brancos de receber tratamentos intensivos como cirurgia de ponte de safena e angioplastia. Esse padrão duplo de cuidado pode ser devido a muitos fatores, incluindo, é claro, a discriminação, que leva alguns pacientes das minorias a não confiarem no sistema de saúde em geral.

Fatores de risco incontroláveis

Os fatores de risco incontroláveis não condenam uma pessoa necessariamente à morte por ataque cardíaco. Conhecer o perfil de risco inerente ao indivíduo é um passo importante para reduzir a ameaça de doenças cardiovasculares, pois permite que pessoas de alto risco minimizem seu perfil de risco total, mudando aspectos que *conseguem* controlar. Mesmo com história familiar de doenças cardíacas, por exemplo, uma pessoa pode controlar o risco geral dedicando-se a diminuir a pressão arterial, ter uma dieta saudável, fazer exercícios regularmente e manter o peso corporal normal. Isso representa benefícios enormes. Por exemplo, o Chicago Heart Association Detection Project avaliou os resultados para a saúde de homens entre as idades de 18 e 39 anos e de homens e mulheres entre 40 e 59 anos. Homens mais jovens com estilos de vida mais saudáveis apresentaram expectativa de vida 9,5 anos mais longa do que os outros homens da mesma faixa etária. Para homens saudáveis entre 40 e 59 anos, a expectativa de vida aumentou em seis anos. Para mulheres com os estilos de vida mais saudáveis, a vida foi estendida em 5,8 anos (Stamler et al., 1999).

Hipertensão

A pressão arterial é a força exercida pelo sangue à medida que pressiona as paredes das artérias. Quando está muito alta, a pressão pode lesionar os vasos e causar aterosclerose. Antes do estudo de Framingham, os médicos acreditavam que a pressão arterial aumentasse como consequência natural do envelhecimento. Uma regra prática dizia que a pressão de um indivíduo era igual a sua idade mais 100. Assim, uma pessoa com 65 anos seria considerada normal se a pressão sistólica fosse de 165. Hoje, sabemos que o risco de doenças cardiovasculares, começando em 115/75 mmHg, duplica a cada incremento de 20/10 mmHg (Chobanian et al., 2003).

Sob novas diretrizes emitidas em 2003, a pressão arterial é considerada normal se estiver abaixo de 120/80 mmHg (Chobanian et al., 2003). Embora a condição não seja chamada **hipertensão** até que exceda de forma consistente 140/90 mmHg com a maior incidência de mortalidade relacionada com a hipertensão, o Centers for Disease Control and Prevention (CDC) recentemente introduziu uma categoria de *pré-hipertensão* (pressão de 120-139/80-89 mmHg) associada a um risco maior de progressão para hipertensão total (Chobanian et al., 2003).

■ **hipertensão** elevação prolongada da pressão arterial diastólica e sistólica (excedendo 140/90 mmHg).

A maioria dos casos de pressão alta é classificada como *hipertensão primária*, ou *essencial*, significando que não se conhece sua causa exata. A hipertensão é resultado da interação entre fatores biológicos, psicológicos e sociais. A obesidade, o sedentarismo, o excesso de sal na dieta e o estresse demasiado podem produzir hipertensão em pessoas que tenham predisposição biológica. A hipertensão também está relacionada com a ansiedade e a raiva, especialmente em homens de meia-idade. Em um grande estudo longitudinal, pesquisadores mediram a ansiedade, a raiva e a pressão arterial em homens de meia-idade e mais velhos. O estudo de avaliação realizado 18 e 20 anos depois revelou que homens de 45 a 59 anos que apresentaram valores altos em uma medida padronizada do traço ansiedade tinham duas vezes mais probabilidade de desenvolver hipertensão (Markovitz et al., 1993).

O estresse também está ligado à hipertensão, sobretudo em pessoas que possuem poucos mecanismos ou recursos limitados de enfrentamento. A exposição a estressores ambientais com pouca idade pode ser bastante prejudicial. Adolescentes que relatam grande número de estressores familiares negativos crônicos e incontroláveis apresentam maior pressão sistólica no decorrer do dia, independentemente de seu gênero, etnia, índice de massa corporal (IMC) e nível de atividade (Brady e Matthews, 2006). Essas experiências podem aumentar o risco de desenvolver hipertensão mais adiante na vida nesses adolescentes.

A hereditariedade também tem um papel na hipertensão, evidenciado pelo fato de que a prevalência dessa condição varia muito entre os grupos étnicos e raciais. Por exemplo, a prevalência de hipertensão entre mulheres e homens afro-americanos está entre as mais altas no mundo. Comparados com euro-americanos, os afro-americanos desenvolvem hipertensão com menos idade, e sua pressão arterial média é muito maior (Flack et al., 2010).

Embora os genes possam criar predisposição biológica, apenas a hereditariedade não explica a ampla variação na prevalência da hipertensão entre diferentes grupos étnicos e culturais. Na comunidade afro-americana, por exemplo, as taxas de hipertensão apresentam variação substancial. Os indivíduos com as taxas maiores têm mais probabilidade de ser de meia-idade ou mais velhos, gordos ou obesos, fisicamente inativos, ter menos formação educacional e sofrer de diabetes (NHANES III, 2002). Diversos pesquisadores propuseram que a maior exposição a estressores sociais e ambientais entre afro-americanos de *status* socioeconômico inferior, em vez de diferenças genéticas, possa promover a retenção de sódio nos rins, causando vasoconstrição e um aumento correspondente na pressão arterial (Anderson et al., 1992). Outros sugeriram que a prevalência de hipertensão entre os afro-americanos pode refletir

■ **reatividade cardiovascular**
reação característica de um indivíduo ao estresse, incluindo alterações na frequência cardíaca, na pressão arterial e nos hormônios.

maior **reatividade cardiovascular** ao estresse social – especialmente ao estresse da discriminação racial – na forma de maiores aumentos em frequência cardíaca e pressão arterial e maior efusão de adrenalina, cortisol e outros hormônios relacionados com o estresse. Pesquisadores verificaram que a exposição aguda a estressores, como testes de aritmética mental (Arthur et al., 2004), discursos com provocações raciais (Merritt et al., 2006) e cenários de simulação, como ser acusado de furto (Lepore et al., 2006), estão associadas a aumentos na ativação cardiovascular (ver Brondolo et al., 2003, para uma revisão). De maneira interessante, homens afro-americanos de baixo *status* socioeconômico tendem a apresentar maior reatividade cardiovascular a estressores raciais do que homens *ou mulheres* afro-americanos de *status* socioeconômico elevado. Eles também relataram ter experiência direta com o preconceito racial em níveis significativamente maiores (Krieger et al., 1998). Conforme observado no Capítulo 5, contudo, o impacto de um estressor como o racismo pode depender da experiência e dos recursos de enfrentamento do indivíduo. A presença de outros fatores, incluindo a raiva, uma postura defensiva, habilidades interpessoais e o estilo de enfrentamento, são mediadores e moderadores potenciais da reatividade cardiovascular (Rutledge e Linden, 2003).

Obesidade

O excesso de peso corporal aumenta o risco de hipertensão e de qualquer doença cardiovascular, em parte devido a sua associação com o colesterol alto. O risco da gordura em excesso depende um pouco do modo como ela é distribuída. A *obesidade abdominal* associada ao excesso de gordura na parte média do corpo (a "barriguinha de cerveja") promove o maior risco de doenças cardiovasculares, talvez porque costume estar associada a níveis mais baixos de colesterol HDL e níveis maiores de triglicerídeos. Pessoas que têm excesso de peso nas porções médias do corpo também possuem artérias com paredes mais espessas, aumentando a pressão arterial e o risco de AVE (De Michele et al., 2002). De fato, a circunferência da cintura pode ser um prognóstico mais preciso de hipertensão do que o IMC (Gus et al., 2004). Diferenças no local onde a gordura está distribuída também ajudam a explicar por que os homens apresentam taxas mais altas de doenças cardiovasculares do que as mulheres, pelo menos até a menopausa. A obesidade abdominal é mais comum em homens do que em mulheres.

Lembre-se, do Capítulo 3, que a lipoproteína de alta densidade, ou HDL, é o chamado colesterol bom, e a de baixa densidade, ou LDL, é o colesterol ruim. Os triglicerídeos, também chamados de lipoproteínas de muito baixa densidade (VLDL), são especialmente ruins.

Nível de colesterol

Os médicos sabem há anos que as pessoas que apresentam nível geneticamente alto de colesterol também têm taxa mais alta de doenças cardiovasculares, começando já com pouca idade. Antes do estudo de Framingham, contudo, não havia evidências prospectivas de que o excesso de colesterol na dieta fosse um fator de risco coronariano. Esse estudo descobriu que as pessoas que apresentavam nível de colesterol sérico baixo raras vezes desenvolviam doenças cardiovasculares, enquanto aquelas com níveis altos tinham risco maior.

Quanto é demais? O nível de colesterol no sangue inferior a 200 miligramas por decilitro (mg/dL) está associado a risco reduzido de doenças cardiovasculares. O nível de 240 mg/dL ou superior duplica o risco.

Entretanto, o colesterol total é apenas parte da história. Conforme observado no Capítulo 3, uma imagem mais completa é obtida comparando-se as quantidades relativas de *lipoproteínas de alta densidade* (HDL), *lipoproteínas de baixa densidade* (LDL) e *triglicerídeos*. Entretanto, mesmo as pessoas que apresentam níveis baixos de colesterol total estão em maior risco se essas proporções não estiverem adequadas. Quando maior o nível de colesterol HDL da pessoa, melhor, mas um nível abaixo de 40 mg/dL em adultos é considerado fator de risco para doenças cardiovasculares (AHA, 2004).

Alguns estudos sugerem que o consumo regular de nutrientes antioxidantes (agentes considerados benéficos para a saúde por reduzirem o acúmulo de restos metabólicos que prejudicam as células), como a vitamina E, o betacaroteno, o selênio e a riboflavina (que são comuns em frutas e vegetais), possa ajudar a prevenir doenças cardiovasculares. Os antioxidantes neutralizam os radicais livres de oxigênio e impedem que causem a oxidação do colesterol LDL. A oxidação leva a ferimentos, escoriações e acúmulo de placas de gordura nas paredes dos vasos sanguíneos. Em um estudo longitudinal, pesquisadores verificaram que homens com os níveis mais elevados de antioxidantes tinham risco dois terços menor de doenças cardiovasculares do que aqueles que possuíam os níveis mais baixos (Morris et al., 1994).

A pesquisa também sugere que o consumo moderado de álcool possa reduzir o colesterol total e aumentar os níveis de HDL. Considere o *paradoxo francês*: as taxas de mortalidade por doenças cardiovasculares são notavelmente mais baixas na França do que em outros países industrializados, apesar de os franceses comerem alimentos mais ricos e gordurosos, fazerem menos exercícios e fumarem mais (Ferrieres, 2004). Estudos propõem que os franceses possam sofrer menos de doenças cardiovasculares em razão de seu consumo regular de vinho tinto, que contém compostos químicos naturais chamados *flavonoides*. Cientistas pensam que os flavonoides biologicamente ativos diminuem o risco de doenças cardiovasculares de três formas: reduzindo o colesterol LDL, aumentando o colesterol HDL e minimizando a agregação das plaquetas, o que reduz as chances de formação de coágulos (Hackman, 1998). Apesar dessa interessante relação possível entre o consumo moderado de vinho e um coração saudável, a questão permanece controversa. *Sabemos* que o consumo excessivo de álcool aumenta o risco de o indivíduo sofrer um infarto do miocárdio.

Síndrome metabólica

Para um número estimado de 47 milhões de norte-americanos, a obesidade, a hipertensão e um perfil desfavorável de colesterol combinam-se formando a **síndrome metabólica**, definida como três ou mais dos seguintes critérios:

- Circunferência da cintura maior que 100 cm em homens e 89 cm em mulheres
- Nível elevado de triglicerídeos séricos
- Nível de colesterol HDL abaixo de 40 mg/dL em homens e 50 mg/dL em mulheres
- Pressão arterial de 130/85 mmHg ou acima
- Intolerância à glicose (encontrada normalmente em indivíduos que sofrem de diabetes, como veremos)

Pessoas com síndrome metabólica têm um risco bem maior de desenvolver doenças cardiovasculares e diabetes (American Heart Association, 2010). A prevalência da síndrome metabólica ajustada para a idade varia substancialmente entre grupos étnicos e raciais nos Estados Unidos, sendo maior entre indivíduos de origem mexicana (31,9%), seguidos por brancos (24,3%) e afro-americanos (21,6%) (American Heart Association, 2010).

■ **síndrome metabólica**
grupo de problemas de saúde concomitantes – incluindo pressão arterial e níveis de insulina elevados, excesso de gordura corporal e razões de colesterol prejudiciais à saúde – que aumentam o risco de uma pessoa ter doenças cardíacas, AVE e diabetes.

Uso de tabaco

O hábito de fumar mais que duplica as chances de ataque cardíaco e está ligado a 1 em cada 5 mortes decorrentes de doença coronariana. Os fumantes têm duas vezes o risco de um AVE e menos probabilidade de sobreviver a um infarto do miocárdio do que os não fumantes. Em média, homens que fumam morrem 13,2 anos antes que os não fumantes, e as mulheres fumantes morrem 14,5 anos antes que as não fumantes (American Heart Association, 2010).

Positivamente, um ano após uma pessoa ter parado de fumar, o risco de morrer de doenças cardiovasculares diminui para quase o mesmo nível de pessoas que nunca fumaram (American Heart Association, 2004). Desde 1965, o hábito de fumar diminuiu nos Estados Unidos em mais de 40% entre pessoas com idade a partir dos 18 anos. Mesmo assim, 22% dos homens e 17,5% das mulheres continuam a fumar (*Health, United States,* 2009).

Fatores psicossociais em doenças cardiovasculares: a personalidade tipo A

Confusos pelo fato de que muitos pacientes coronarianos *não* eram homens obesos de meia-idade, com colesterol elevado, pesquisadores entenderam que deviam estar ignorando algo. Assim, ampliaram sua busca por fatores de risco que pudessem ajudar a explicar a discrepância. No final da década de 1950, os cardiologistas Meyer Friedman e Ray Rosenman (1959) começaram a estudar traços de personalidade que pudessem prever eventos coronarianos. Eles encontraram um padrão de comportamento propenso a problemas coronarianos que envolvia competitividade, forte senso de urgência e hostilidade, o qual rotularam de **tipo A**. Em comparação, pessoas que são mais relaxadas e que não se sentem pressionadas por considerações relacionadas com o tempo tendem a ser resistentes à doença coronariana. Esse comportamento foi denominado **tipo B**.

Nas décadas de 1960 e 1970, centenas de estudos epidemiológicos apoiavam a associação entre o comportamento tipo A e o risco de doenças cardiovasculares futuras em homens e mulheres. Na tentativa de explicar essa relação, pesquisadores concentraram-se em diferenças fisiológicas entre as pessoas do tipo A e do tipo B. Entre seus achados, constataram: as pessoas do tipo A têm coagulação sanguínea mais rápida e níveis mais elevados de colesterol e triglicerídeos sob estresse do que as do tipo B (Lovallo e Pishkin, 1980). Essas pessoas também apresentam maior excitação autônoma (ver Cap. 3), frequência cardíaca elevada e pressão arterial aumentada em resposta a eventos difíceis (Jorgensen et al., 1996). Em situações tranquilas, ambos os tipos são igualmente excitados. Quando desafiadas ou ameaçadas, contudo, as pessoas do tipo A são menos capazes de permanecer calmas. É mais provável que esse padrão de hiper-reatividade "pronta para o combate" ocorra em situações nas quais essas pessoas estejam sujeitas a alguma forma de avaliação de seu desempenho (Lyness, 1993).

Acreditando que a síndrome tipo A era global demais, os pesquisadores começaram a analisar os comportamentos que a compõem, como competitividade, hostilidade, pressa e raiva, para determinar se um ou mais desses componentes poderiam prever doenças cardiovasculares com mais precisão.

Competitividade, hostilidade e pressa

Em um estudo clássico, Charles Carver e David Glass (1978) tentaram descobrir se pessoas do tipo A e do tipo B respondiam de forma diferente a situações que provocassem raiva ou interrupções em seus esforços para alcançar um objetivo. Um estudante do tipo A, ou do tipo B, foi colocado em uma sala com um ator contratado pelos pesquisadores. Na primeira parte do experimento, foi solicitado que o ator e o estudante resolvessem um quebra-cabeça de madeira difícil em um período curto de tempo. Na *condição de instigação,* o ator atrapalhou as tentativas do estudante e fez comentários ofensivos sobre seu desempenho (p. ex., "Não sei por que você está demorando tanto; não é tão difícil!"). Na *condição sem instigação,* o ator não interagiu com o estudante de forma alguma.

■ **tipo A** termo de Friedman e Rosenman para pessoas competitivas, apressadas e hostis, que podem ter risco aumentado de desenvolver doenças cardiovasculares.

■ **tipo B** termo de Friedman e Rosenman para pessoas mais relaxadas e que não são pressionadas por considerações de tempo e, assim, tendem a ser resistentes à doença coronariana.

Na segunda fase, o estudante deveria "ensinar" um conceito ao ator, aplicando um choque elétrico quando ele desse uma resposta incorreta (nenhum choque foi aplicado, na verdade). O estudante estava livre para escolher qual das 10 intensidades de choque aplicaria cada vez que o ator cometesse um erro.

Na condição de instigação, os estudantes do tipo A escolheram intensidades de choque significativamente mais altas do que os estudantes do tipo B. Entretanto, na condição sem instigação, ambos os tipos administraram o mesmo nível de choque. Esses resultados indicam que, quando provocadas ou impedidas de atingir seus objetivos, as pessoas do tipo A apresentam uma reação mais hostil do que as do tipo B (Fig. 9.6).

Em outro estudo das variáveis básicas na relação entre a personalidade do tipo A e as doenças cardiovasculares, pesquisadores usaram dados do estudo Coronary Artery Risk Development in Young Adults (CARDIA), que acompanhou mais de 5 mil homens e mulheres entre 18 e 30 anos por 20 anos para investigar as relações entre três componentes do comportamento tipo A (pressa, hostilidade e competitividade) e o risco de desenvolver hipertensão. Independentemente de idade, sexo, raça, educação, IMC, consumo de álcool e níveis de forma física dos participantes, os indivíduos caracterizados pelos níveis maiores das duas variáveis – pressa e hostilidade (mas não competitividade) – tiveram um risco 80% maior de desenvolver hipertensão (Lijing et al., 2003).

Ultimamente, os pesquisadores têm se concentrado mais na hostilidade como o possível "núcleo tóxico" do comportamento tipo A, sobretudo em homens (Player et al., 2007). A hostilidade foi caracterizada como uma perspectiva negativa crônica que abrange sentimentos (raiva), pensamentos (ceticismo e desconfiança dos outros) e ações explícitas (agressão). Dessa forma, é considerada uma atitude de duração em geral mais longa do que as emoções específicas que desencadeiam forte excitação física, mas de curta duração. Com a hostilidade, assim como com outras atitudes, o que importa não é *o que* se diz, mas *como* se diz. Erika Rosenberg e colaboradores (1998), por exemplo, mostraram que a expressão facial de desdém estava significativamente relacionada com a hostilidade e a defesa (definida como a tendência a negar a existência de traços indesejáveis em si mesmo).

Redford Williams e colaboradores da Duke University administraram um questionário chamado de Cook-Medley Hostility Scale (Ho Scale) para um grande grupo de pacientes coronarianos. Eles observaram uma correlação impressionante entre os escores dos pacientes no questionário e a gravidade do bloqueio em suas artérias coronárias. Os pacientes hostis apresentaram bloqueios bem mais graves nas artérias coronárias do que os menos hostis (Williams, 1996).

Em outro estudo, Richard Shekelle e colaboradores (1983) revisaram os escores de hostilidade de homens de meia-idade que haviam participado anteriormente de um estudo do comportamento tipo A. A hostilidade alta – mas sem a designação de tipo A – era um prognóstico preciso do risco de um paciente sofrer um ataque cardíaco fatal, bem como do risco de morrer em um estágio precoce de outras doenças relacionadas com o estresse. A relação entre hostilidade e doenças cardiovasculares permaneceu significativa mesmo quando outros fatores de risco foram controlados (como hábito de fumar, colesterol alto e história familiar).

Em comparação com a pressão arterial elevada ou o tabagismo, qual é o nível do efeito que a hostilidade tem sobre o risco coronariano? A hostilidade é quase tão nociva quanto os outros dois (Fig. 9.7). As pessoas com os escores mais altos na Ho Scale têm mais de 1,5 vezes maior probabilidade de sofrer um infarto do miocárdio agudo do que indivíduos com os escores mais baixos (Barefoot et al., 1995).

Alguns pesquisadores especularam que a hostilidade pode estar subjacente à relação entre doenças cardiovasculares e diversos fatores de risco que parecem in-

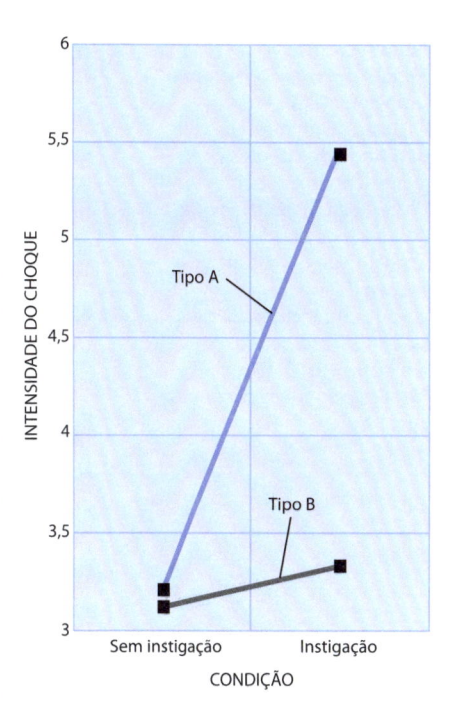

Figura 9.6

Comportamento tipo A e hostilidade. Quando provocados, estudantes do tipo A retaliaram contra seus instigadores, escolhendo intensidades de choque mais altas. Os do tipo B apresentaram menos probabilidade de demonstrar essa tendência de retaliação. Lembre-se de que os números que representam a intensidade do choque são arbitrários; os estudantes atribuíram seu próprio significado a cada nível de intensidade.
Fonte: Carver, C. S. e Glass, D. C. (1978). Coronary-prone behavior pattern and interpersonal aggression. *Journal of Personality and Social Psychology, 36,* p. 361–366.

> Em um controverso estudo, pesquisadores observaram uma correlação entre os escores de hostilidade estimada de cidades norte-americanas e a incidência de doenças cardiovasculares. A cidade de Filadélfia apresentou o mais alto escore de hostilidade e a mais alta incidência de doenças cardiovasculares (Huston, 1997). Que outros fatores podem explicar esse resultado?

controláveis, incluindo gênero, idade e possivelmente etnia. Por exemplo, os homens têm incidência maior de doenças cardiovasculares do que as mulheres; eles também tendem a ser mais hostis. De maneira interessante, Karen Matthews forneceu evidências de que crianças do sexo masculino também apresentam escores de hostilidade mais altos do que as do sexo feminino (Matthews et al., 1992). Tanto os escores de hostilidade como a incidência de doenças cardiovasculares aumentam após as pessoas atingirem 40 anos de idade (Colligan e Offord, 1988). Além disso, os homens afro-americanos, que têm incidência extremamente alta de doenças cardiovasculares, apresentam escores mais altos em testes de hostilidade padronizados do que as mulheres afro-americanas e os homens brancos (Scherwitz et al., 1991).

Embora a hostilidade esteja relacionada com a mortalidade por doenças cardiovasculares, outros fatores, como o *status* socioeconômico, podem mitigar sua influência; o *status* como fator de risco independente para essas doenças continua a ser debatido (Smith e Gallo, 2001). A hostilidade prevê melhor doenças cardiovasculares em homens do que em mulheres (Player et al., 2007), enquanto a ansiedade parece prevê-las com mais precisão em mulheres (Consedine et al., 2004). A hostilidade também está relacionada com outros comportamentos que promovem as doenças cardiovasculares, incluindo obesidade, hipertensão, consumo de álcool e tabaco, eventos negativos da vida e baixo apoio social (Siegler et al., 1992). Crianças e adolescentes que apresentam escores elevados em hostilidade também têm mais probabilidade de desenvolver a síndrome metabólica do que aqueles cujos escores são baixos em medidas de hostilidade (Raikkonen et al., 2003). Essas relações fizeram os pesquisadores concentrarem suas investigações em um componente específico da hostilidade: a raiva.

Raiva e depressão

Ao contrário da hostilidade, a raiva é uma resposta emocional transitória desencadeada por uma provocação ou pela percepção de ser maltratado (Hogan e Linden, 2004). A *expressão de raiva* refere-se aos comportamentos específicos que um indivíduo usa em resposta a sentir raiva, e as pessoas tendem a estilos expressivos (*raiva exteriorizada*) ou supressivos (*raiva interiorizada*).

Pode um surto repentino de raiva levar a um ataque cardíaco? Isso ocorre com frequência suficiente para causar preocupação. De acordo com uma estimativa, 20%

Figura 9.7

Hostilidade e ataques cardíacos. Mesmo após outros fatores de risco (como a hipertensão e o tabagismo) serem controlados, as pessoas que apresentaram os escores mais altos em uma escala de hostilidade têm mais de 1,5 vezes maior probabilidade de sofrer um infarto agudo do miocárdio do que as que tiveram os escores mais baixos. De maneira semelhante, pessoas com hipertensão não tratada têm 3,1 vezes maior probabilidade de sofrer um infarto agudo do que pessoas que não são hipertensas. Para hipertensão tratada, o risco relativo cai para 2. Comparados com os não fumantes, aqueles que fumam 30 g de tabaco por dia (por volta de uma carteira e meia de cigarros) têm um risco relativo de 2,8. As pessoas que sentem raiva têm 2,66 vezes mais propensão a infarto agudo do miocárdio do que as que não sentem.
Fonte: Barefoot, J. C., Larsen, S., von der Lieth, L. e Schroll, M. (1995). Hostility, incidence of acute myocardial infarction, and mortality in a sample of older Danish men and women. *American Journal of Epidemiology, 142*, p. 477–484; Whiteman, M. C., Fowkes, F. G. R., Deary, I. J. e Lee, A. J. (1997). Hostility, cigarette smoking and alcohol consumption in the general population. *Social Science and Medicine, 44*, p. 1080–1096.

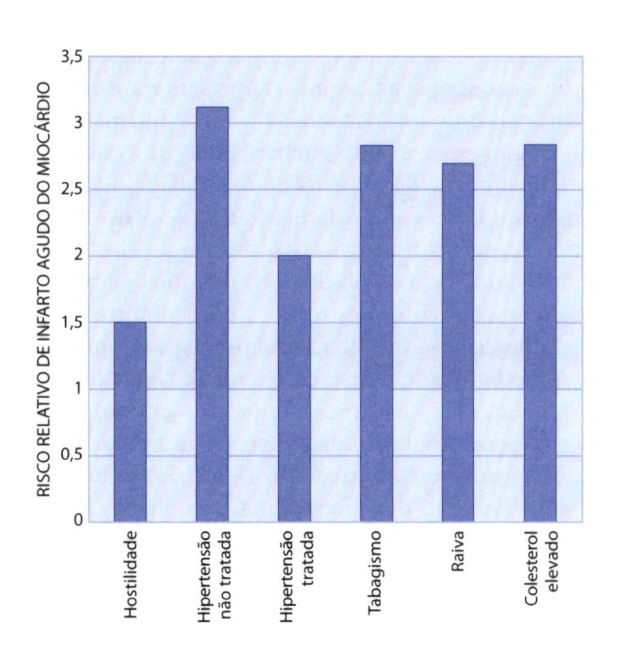

dos infartos do miocárdio fatais ocorrem em resposta a um ataque de raiva (Ferroli, 1996). No grande estudo Atherosclerosis Risk in Communities (ARIC), 256 dos 13 mil participantes de meia-idade tiveram ataques cardíacos. Janice Williams e colaboradores (2000) verificaram que as pessoas que apresentaram os escores mais altos em uma escala de raiva tinham três vezes mais probabilidade de um ataque cardíaco do que aquelas que manifestaram os escores mais baixos. As pessoas com escores moderados na escala de raiva tinham cerca de 35% mais probabilidade de um ataque cardíaco. Esse risco elevado ocorreu mesmo após a consideração da presença de outros fatores de risco, como tabagismo, diabetes, colesterol elevado e obesidade.

De fato, emoções negativas fortes como a raiva podem ser tão nocivas para o coração quanto fumar, ter uma dieta com teores altos de gordura ou ser obeso. Em um estudo, pesquisadores entrevistaram sobreviventes de infarto, com idades de 20 a 92 anos, em busca de informações a respeito de seu estado emocional pouco antes do ataque. Eles desenvolveram uma escala de raiva em sete níveis, de calmo a muito bravo e enraivecido. Os ataques cardíacos tiveram mais de duas vezes maior probabilidade de ocorrer nas duas horas seguintes a um episódio de raiva do que em qualquer outro momento. O maior risco ocorre no nível 5 de raiva (enraivecido), no qual a pessoa está muito tensa e com muita raiva, com os punhos fechados ou rangendo os dentes. Brigas com familiares foram as causas de raiva mais frequentes, seguidas por conflitos no trabalho e problemas legais (Hilbert, 1994).

Raiva no trânsito. A hostilidade e a raiva, como a observada em casos extremos de direção agressiva, são influências psicossociais poderosas para hipertensão e doenças cardiovasculares. A raiva no trânsito também pode levar a agressões e colisões que resultam em ferimentos e até mortes.

Entretanto, a raiva que gera o ataque cardíaco pode ter sido precedida por incontáveis episódios desse tipo, refletindo um padrão mal-adaptativo de enfrentamento do estresse desenvolvido ao longo da vida. Em um grande estudo longitudinal, pesquisadores examinaram os efeitos a longo prazo de respostas de raiva em advogados divididos conforme seus níveis de raiva e hostilidade. No decorrer dos 25 anos do estudo, houve uma taxa de mortalidade decorrente de doença coronariana quase equivalente para personalidades do tipo A e B. Porém, quando ajustes para hostilidade e raiva, foram feitos, verificou-se que os advogados hostis e raivosos morriam em uma taxa sete vezes maior do que os que não apresentavam essas características – em ambos os tipos de personalidade (Williams, 1989).

A raiva reprimida pode ser tão prejudicial à saúde quanto a manifestada (Jorgensen e Kolodziej, 2007). James Pennebaker (1992) desenvolveu uma teoria geral da inibição baseada na ideia de que conter os próprios pensamentos ou sentimentos requer um trabalho que, com o passar do tempo, resulta em níveis de estresse que podem desencadear ou exacerbar doenças. Em apoio a essa teoria, pacientes cardíacos que negam sua raiva ou frustração são 4,5 vezes mais propensos a morrer em cinco anos do que outros pacientes na mesma situação (Bondi, 1997). A raiva reprimida foi um prognóstico ainda mais forte de mortalidade do que o nível elevado de colesterol ou o tabagismo.

Vistos em conjunto, estudos sobre expressão e supressão da raiva sugerem que raiva em níveis muito baixos ou elevados demais pode ser prejudicial à saúde. Para sintetizar sua revisão bibliográfica, Nancy Dorr e colaboradores captaram o dilema daqueles que questionam como lidar com situações que desencadeiam raiva aplicando a conhecida expressão "*Damned if you do; damned if you don't*"* (Dorr et al., 2007). Em um estudo longitudinal de dois anos com mais de 23 mil profissionais da saúde do sexo masculino, pesquisadores observaram que homens com níveis moderados de expressão da raiva tinham um risco reduzido de infarto e AVE não fatais, se comparados a indivíduos com níveis menores de expressão da raiva, mesmo depois de ajustar outros comportamentos relacionados com a saúde e fatores de risco coronariano (Eng et al., 2003).

De maneira mais geral, existem evidências de que vários dos principais fatores psicossociais implicados em doenças cardiovasculares, incluindo isolamento social,

---

* N. de T.: "Amaldiçoado se fizer, amaldiçoado se não fizer."

ansiedade clínica, depressão, *status* socioeconômico e estresse no trabalho, podem agir pelo menos em parte por meio de seus efeitos sobre o estado de espírito do indivíduo (Eng et al., 2003). Ao longo de 18 meses, Tessa Pollard e Joseph Schwartz (2003) observaram que homens e mulheres apresentando os níveis maiores e mais frequentes de *excitação tensa* (ansiedade, agitação e nervosismo) e emoções negativas (insatisfação, tristeza e preocupação) tinham pressão arterial elevada, em comparação com seus correlatos mais relaxados e felizes. Além disso, no Normative Aging Study, que analisou homens idosos, as emoções negativas previram fortemente o desenvolvimento de doença coronariana, mesmo depois de ajustes para comportamentos relacionados com a saúde, hormônios do estresse e diferenças sociodemográficas entre os participantes (Kubzansky et al., 2006; Todaro et al., 2003).

Depressão e doenças cardiovasculares

A depressão é um importante fator de risco no desenvolvimento e na progressão de doenças cardiovasculares e da síndrome metabólica (Fraser-Smith e Lesperance, 2005; Suls e Bunde, 2005). Mesmo depois de ajustar outros fatores de risco controláveis, como o colesterol e o tabagismo, a depressão e a ansiedade preveem o desenvolvimento de doenças cardiovasculares (Goldston e Baillie, 2008; Shen et al., 2008). É importante observar que a depressão não é apenas um efeito tardio do diagnóstico de doença cardíaca; pelo contrário, ela é um fator de risco independente, que provavelmente tem causas genéticas e ambientais (McCaffery et al., 2006). Conforme algumas estimativas, a depressão compete com a exposição regular à fumaça de segunda mão como fator de risco para doenças cardiovasculares (Wulsin e Singal, 2003). As evidências dessa relação entre depressão e desenvolvimento e progressão de doenças cardiovasculares são suficientemente fortes, a ponto de em geral recomendar-se que os pacientes em situação de risco sejam avaliados e, se necessário, tratados para depressão (Davidson et al., 2006). É lamentável que a depressão permaneça uma condição subdiagnosticada e pouco tratada em muitas pessoas com doenças cardiovasculares (Grace et al., 2005). Pesquisadores observaram taxas de prevalência de depressão maior de até 27% em pacientes hospitalizados com doenças cardiovasculares (Glassman, 2007).

Por que a hostilidade, a raiva e a depressão promovem doenças cardiovasculares?

Uma personalidade raivosa e hostil é prognóstico de maior risco de doenças cardiovasculares, mas de que maneira esses traços produzem danos? Os principais modelos teóricos diferem em sua ênfase relativa em fatores biológicos, psicossociais ou sociais.

Vulnerabilidade psicossocial

Alguns teóricos sustentam que adultos hostis têm vidas mais estressantes e níveis baixos de apoio social, o que, com o passar do tempo, exerce um efeito nocivo sobre a saúde cardiovascular. Em apoio a essa hipótese da *vulnerabilidade psicossocial*, pesquisadores verificaram que conflitos familiares, desemprego, isolamento social e estresse ligado ao trabalho estão relacionados com risco maior de doenças cardiovasculares (Kop et al., 2001).

Educação, renda e ambiente de trabalho O *status* socioeconômico, definido por um nível educacional inferior e/ou renda baixa, é um fator de risco para doenças cardiovasculares (Huisman et al., 2005). Um grande estudo europeu que acompanhou 60 mil homens e mulheres durante 23 anos relatou que aqueles com menor formação educacional tinham mais probabilidade de fumar, de ter uma dieta prejudicial à saúde e de levar uma vida sedentária do que os que apresentavam maior educação (Laaksonen et al., 2008). De maneira interessante, a relação inversa entre o *status* socioeconômico e os fatores de risco de doenças cardiovasculares é mais elevada em países com discrepâncias maiores de classe em educação e renda do que em países com divisões menores de classes sociais (Kim et al., 2008). A conexão entre *status* socioeconômico como fator de risco para doenças cardiovasculares também pode ser observada cedo na vida, ocorrendo até mesmo em crianças e adolescentes (Karlamangla et al., 2005).

O ambiente de trabalho pode ser uma importante fonte de satisfação ou de estresse (Mills et al., 2004). Conforme vimos no Capítulo 5, empregos associados a exigência de produtividade alta, carga excessiva de horas extras e demandas conflitivas acompanhadas de pouco controle pessoal tendem a ser especialmente estressantes. Dados do estudo CARDIA, de 20 anos, revelam que a *pressão no trabalho*, definida como demandas elevadas e pouca autonomia, prevê a incidência de hipertensão, mesmo depois de ajuste para pressão arterial basal, educação, IMC e idade (Markovitz et al., 2004). Com o tempo, não é de surpreender, portanto, que trabalhadores de linha de montagem, garçons e indivíduos que realizam outros trabalhos estressantes sejam, de fato, mais suscetíveis à doença coronariana (Bosma et al., 1998). Além disso, trabalhadores que acreditam terem sido promovidos rápido demais ou muito lentamente, aqueles que se sentem inseguros com seus trabalhos e os que percebem que suas ambições não estão sendo satisfeitas têm mais probabilidade de relatar estresse e de apresentar taxas maiores de doenças, sobretudo a coronariana (Taylor et al., 1997).

Pesquisadores também verificaram que trabalhos especialmente complexos que trazem demandas mentais exigindo habilidade e treinamento podem promover doença coronariana, sobretudo entre trabalhadores hostis e apressados. Os empregos complexos podem fazer indivíduos suscetíveis manifestarem comportamento do tipo A, pois produzem impaciência e pressa, que são características da pessoa do tipo A (Schaubroeck et al., 1994). De modo geral, contudo, os trabalhadores de "colarinho branco"* apresentam níveis mais baixos de pressão arterial, quando comparados aos de "colarinho azul",** mesmo depois de controlados IMC, tabagismo e outros fatores de risco para hipertensão (Gallo et al., 2004).

Apoio social Conforme vimos no Capítulo 5, enfrentar situações estressantes é bastante difícil quando o indivíduo se sente rejeitado. Diversas pesquisas prospectivas também mostram que a solidão e a percepção de pouco apoio social na vida são fatores de risco para doenças cardiovasculares (Caspi et al., 2006; Krantz e McCeney, 2002). Esse risco torna-se ainda mais nocivo à medida que a pessoa envelhece (Hawkley e Cacioppo, 2007). William Ruberman e colaboradores (1984) verificaram que, três anos após sobreviver a um infarto agudo do miocárdio, aqueles que apresentavam uma combinação de estresse alto e isolamento social tinham quatro vezes a taxa de mortalidade de pessoas com estresse baixo e forte apoio social.

O fato de viver sozinho após sofrer um ataque cardíaco também está associado a risco mais alto de recaída de doença coronariana e de ataque cardíaco fatal (Ramsay et al, 2008; Schmaltz et al., 2007). Redford Williams (1996) constatou que pacientes coronarianos que não eram casados e/ou não tinham com quem compartilhar suas preocupações mais íntimas tinham três vezes mais probabilidade de morrer nos cinco anos seguintes do que aqueles que possuíam um confidente – cônjuge ou amigo íntimo. Mais recentemente, entre uma amostra de 180 idosos, solidão, níveis baixos de

---

* N. de T.: Trabalhadores de áreas gerenciais e administrativas (de escritório).
** Operários.

apoio social e falta de companheirismo foram fortemente associados a uma probabilidade maior de ter doenças cardiovasculares (Sorkin et al., 2002).

Outros pesquisadores relataram uma taxa elevada semelhante de morte por doença coronariana entre mulheres que percebem pouco apoio no local de trabalho ou em casa (Kawachi et al., 1994). Eles sugerem que o estresse acompanhado por isolamento social e sentimentos de subordinação seja um fator de risco independente para doença coronariana. Essa relação manteve-se mesmo após outros fatores de risco tradicionais, como a hipertensão, o colesterol sérico total, a obesidade e o tabagismo, serem controlados. De modo positivo, a percepção de apoio social de supervisores e colegas de trabalho tem um efeito moderador forte sobre a pressão arterial dos trabalhadores durante condições de muito estresse (Karlin et al., 2003).

De maneira interessante, Julianne Holt-Lunstad e colaboradores (2003) relataram que a qualidade das relações das pessoas com outros indivíduos é prognóstico de sua pressão arterial durante interações sociais cotidianas. As interações com familiares e amigos com quem os participantes relataram laços positivos e solidários foram acompanhadas por pressão sistólica (que mede a força da contração do coração) mais baixa, enquanto interações com indivíduos pelos quais nutriam sentimentos ambivalentes (emoções positivas e negativas) foram associadas a elevações nessa pressão. A baixa percepção de apoio no trabalho e no lar está associada ao desenvolvimento mais rápido de placas ateromatosas e bloqueio da artéria coronária (Wang et al., 2007).

A explicação do comportamento de saúde

Já vimos que a hostilidade, a raiva, o estresse do trabalho e o isolamento social podem afetar diretamente a saúde. Alguns pesquisadores acreditam que esses aspectos também possam exercer efeito indireto sobre a saúde. Por exemplo, pessoas com baixo apoio podem não se cuidar tanto quanto aquelas que têm alguém para lembrá-las de fazer exercícios, comer com moderação ou tomar os remédios. De maneira semelhante, a pessoa que tem uma postura cética pode considerar os comportamentos que promovem a saúde, como seguir uma dieta com baixos teores de gordura e um estilo de vida saudável, pouco importantes, ignorando sinais de aviso quanto a fumar e outros comportamentos que comprometem a saúde. A hostilidade e a raiva também estão relacionadas com o consumo excessivo de álcool e cafeína, maior consumo de gordura e calorias, colesterol LDL elevado, pouca atividade física, aumento da massa corporal, hipertensão, dificuldades para dormir e falta de adesão a regimes terapêuticos (Miller et al., 1996).

O modelo da reatividade psicofisiológica

O estresse, a hostilidade e a raiva podem agir lentamente durante alguns anos até prejudicarem as artérias e o coração. Quando liberamos nossa raiva, nosso pulso acelera, o coração bate com mais força, o sangue coagula mais rapidamente. Além disso, os vasos sanguíneos se constringem, a pressão arterial sobe e os níveis de ácidos graxos livres no sangue aumentam. A imunidade também diminui à medida que a adrenalina, o cortisol e outros hormônios do estresse suprimem a atividade dos linfócitos que combatem as doenças.

Para identificar as bases fisiológicas da hostilidade, pesquisadores estudaram homens e mulheres hostis que haviam sido assediados enquanto tentavam realizar uma tarefa mental difícil. O estresse causou ativação acima da normal na resposta de luta ou fuga nessas pessoas. Quando desafiadas, elas apresentaram reatividade cardiovascular bem maior, na forma de aumentos maiores na pressão arterial e liberações maiores de adrenalina, cortisol e outros hormônios do estresse (Kop e Krantz, 1997). O Healthy Women Study mostrou que mulheres que expressam raiva e sintomas de ansiedade e depressão conforme o tipo A também têm funcionamento comprometido das células do endotélio que reveste a superfície interna das artérias coronárias.

Normalmente, essas células promovem a saúde vascular, liberando substâncias que fazem os vasos sanguíneos relaxarem ou contraírem conforme o necessário para promover a homeostase. Quando essas células não funcionam de maneira adequada, esse equilíbrio delicado é perturbado. Em consequência, as artérias coronárias podem se constringir e inflamar, desencadeando, assim, o desenvolvimento de doenças cardiovasculares (Harris et al., 2003).

É interessante notar que a resposta cardíaca noturna é normal em pessoas hostis, sugerindo que a reação não seja inata, mas resposta direta a estressores cotidianos. As pessoas hostis aparentemente têm um limiar mais baixo para desencadear a resposta de luta ou fuga do que as não hostis (Williams, 2001).

Todavia, a associação entre a expressão da raiva e a reatividade psicofisiológica está longe de ser perfeita e varia com fatores como a tendência da pessoa a se ater a situações que provocam raiva e a tendência a perdoar. Mulheres e homens hipertensos que ruminam – ou seja, concordam com afirmações como: "Penso repetidamente sobre o que eu gostaria de ter feito de verdade, mas não fiz" – são propensos a manifestar níveis mais elevados de pressão arterial em repouso (Hogan e Linden, 2004). Em contrapartida, universitários com uma personalidade que em geral os faz perdoar e, portanto, têm menos probabilidade de ruminar, apresentam níveis mais baixos de pressão arterial e doenças cardiovasculares durante entrevistas sobre situações em que se sentiram traídos por seus pais ou amigos (Lawler et al., 2003).

A depressão pode estar relacionada com níveis elevados de biomarcadores inflamatórios, como a interleucina-6 (IL-6) e a CRP, que, conforme já visto, foram implicados na aterogênese (Matthews et al., 2007; Vaccarino et al., 2007). A depressão também está associada a maior variabilidade na frequência cardíaca, sobretudo após um ataque do coração (Glassman et al., 2007).

O modelo biopsicossocial

Os psicólogos da saúde combinaram as descobertas desses modelos a fim de proporcionar uma explicação biopsicossocial para a maneira como a pressa, a hostilidade e a raiva contribuem para doenças cardiovasculares. O modelo sugere que, para doenças crônicas como as cardiovasculares se desenvolverem, a pessoa deve primeiro ter uma predisposição fisiológica (Fig. 9.8). Isso é determinado pela história familiar de doenças cardiovasculares e pela história de saúde (outras doenças, dieta deficiente, tabagismo, etc.). Se uma doença cardiovascular irá se desenvolver ou não depende de vários fatores psicossociais na vida do indivíduo, incluindo o nível de estresse encontrado nos ambientes de trabalho e doméstico e a disponibilidade de apoio social. Por exemplo, indivíduos hostis com um forte senso de pressa tendem

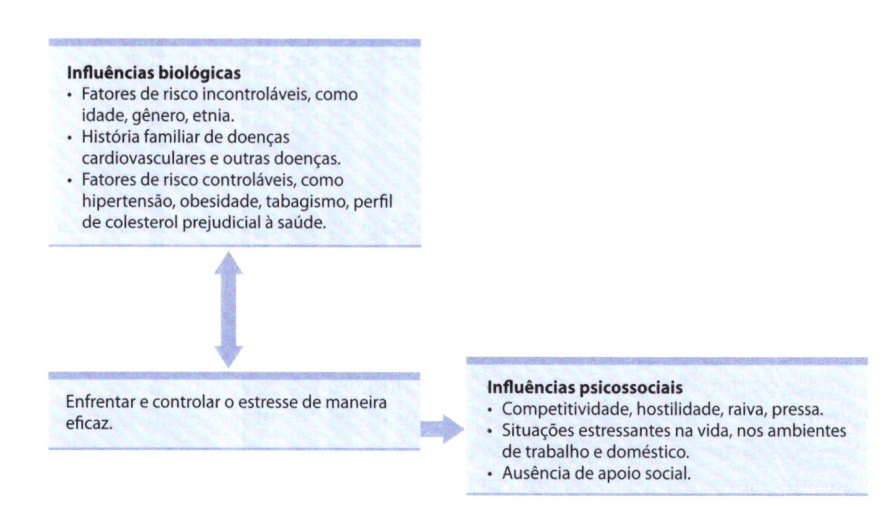

Influências biológicas
- Fatores de risco incontroláveis, como idade, gênero, etnia.
- História familiar de doenças cardiovasculares e outras doenças.
- Fatores de risco controláveis, como hipertensão, obesidade, tabagismo, perfil de colesterol prejudicial à saúde.

Enfrentar e controlar o estresse de maneira eficaz.

Influências psicossociais
- Competitividade, hostilidade, raiva, pressa.
- Situações estressantes na vida, nos ambientes de trabalho e doméstico.
- Ausência de apoio social.

Figura 9.8

Modelo biopsicossocial de doenças cardiovasculares. Para que a doença cardiovascular se desenvolva, um indivíduo hostil deve primeiro ter uma predisposição biológica para ela. A partir daí, pode haver maior probabilidade de doença cardiovascular porque a postura desse indivíduo afastou o apoio social e continua a produzir respostas negativas das pessoas, o que leva a mais hostilidade e reatividade cardíaca prejudicial.

a produzir comportamentos agressivos nos outros, originando conflitos interpessoais e mais hostilidade. Isso, por sua vez, gera redução no apoio social e mais afeto negativo e reatividade cardíaca prejudicial às artérias. Assim, posturas hostis criam uma profecia autorrealizável para a pessoa desagradável e desconfiada, produzindo um ambiente hostil para ela.

Felizmente, a maioria das pessoas pode minimizar os efeitos da hostilidade prejudiciais à saúde. Embora não seja fácil mudar a personalidade, a hostilidade pode ser combatida com esforços para controlar as reações hostis e tratar os outros como gostaríamos que nos tratassem.

Reduzindo o risco de doenças cardiovasculares

Embora a pesquisa epidemiológica tenha fornecido grande riqueza de informações que deveriam ajudar a prevenir as doenças cardiovasculares – limitar o consumo de gordura, parar de fumar, perder o excesso de peso e fazer exercícios com regularidade – as pessoas continuam fazendo escolhas que são insalubres para o coração. Trabalhando na perspectiva evolucionista, alguns pesquisadores acreditam que as más decisões dos indivíduos sejam feitas por mentes moldadas para lidar com um ambiente substancialmente diferente do que o que a espécie humana habita nos dias de hoje. Na savana africana, onde a espécie humana se originou, os indivíduos que tinham uma tendência a consumir grandes quantidades da gordura, que costumava ser rara, tinham mais probabilidade de sobreviver a períodos de fome que matavam seus companheiros mais magros. Aqueles que manifestavam uma reação de luta ou fuga imediata apresentavam vantagem clara na caça e para reagir a ameaças hostis e tinham mais probabilidade de sobreviver e de passar essas qualidades para seus filhos. E nós, seus descendentes, ainda carregamos tais necessidades e tendências hostis evoluídas.

O objetivo da psicologia da saúde é ajudar a superar tais tendências evolutivas, estabelecendo hábitos saudáveis para o coração e modificando comportamentos que aumentem o risco de doença coronariana. Comportamentos duradouros como dietas prejudiciais, uso de tabaco e estilo de vida sedentário são particularmente difíceis de modificar. Estudos com crianças de alto risco (aquelas com colesterol elevado, sobrepeso e hipertensão) em geral revelam que elas permanecem com risco maior de desenvolver doenças cardiovasculares durante a idade adulta. Ainda assim, a percepção de controle também é um fator. Pacientes que tiveram infarto do miocárdio ou angina que relataram os maiores níveis de *percepção de controle comportamental* (ver Cap. 6) sobre poderem se exercitar regularmente, parar de fumar e modificar outros comportamentos de risco para doenças cardiovasculares apresentam maior probabilidade de o fazerem um ano depois (Johnston et al. 2004).

A seguir, enfocaremos intervenções voltadas para o controle da hipertensão, a redução do colesterol sérico elevado e a reversão da aterosclerose. O fator de risco comportamental mais grave em doenças cardiovasculares, o tabagismo, foi discutido no Capítulo 8.

Controlando a hipertensão

Para cada ponto mais baixo em pressão diastólica, que mede a pressão entre os batimentos cardíacos, há uma redução estimada de 2 a 3% no risco de infarto do miocárdio (Massey et al., 2000). As intervenções que objetivam reduzir a pressão alta normalmente começam com um tratamento farmacológico. Entretanto, como a hipertensão costuma não ter sintomas, muitos pacientes não obedecem ao regime medicamentoso receitado.

Mudar o comportamento também pode ajudar a reduzir a pressão arterial. Por exemplo, reduzir o consumo de sódio pode causar uma melhora significativa em leituras de pressão arterial. Muitas pessoas com hipertensão são sensíveis ao sódio, significando que sódio em excesso aumenta a pressão arterial. Uma vez que não existe um teste para a sensibilidade a ele, quase todas as pessoas com hipertensão devem restringir o sódio alimentar para 2.000 mg por dia.

Diversos estudos mostraram que mesmo quantidades moderadas de atividade física podem ajudar a reduzir a pressão arterial de pessoas hipertensas (Ishikawa-Takata et al., 2003). Exercícios também podem melhorar o perfil de colesterol, aumentando o colesterol HDL e reduzindo o IMC (Nordstrom et al., 2003). Mesmo quando não conseguem reduzir a hipertensão ou melhorar o perfil de lipídeos, os exercícios ainda trazem um benefício ao coração: hipertensos que estão em boa forma física e apresentam colesterol elevado na verdade têm risco geral de doenças cardiovasculares mais baixo do que os que demonstram pressão e colesterol normais, mas que não estão em boa forma. De maneira ainda mais surpreendente, dados do estudo CARDIA revelam que, mesmo depois de ajustes para idade, raça, gênero, tabagismo, história familiar de hipertensão, diabetes e doença coronariana, os participantes com baixos níveis de forma física (abaixo do 20º percentil em desempenho em um teste na esteira) tiveram 3 a 6 vezes mais probabilidade de desenvolver hipertensão, diabetes e síndrome metabólica do que aqueles com boa forma física (acima do 60º percentil) (Carnethon et al., 2003; Seeman et al., 2009). A prática regular de exercícios também está associada a reduções significativas no risco de AVE isquêmico e hemorrágico (Lee et al., 2003).

Para ser mais benéfico, o esforço físico deve ocorrer no contexto do lazer, e não do trabalho. Em um estudo recente de caso-controle com 312 pacientes apresentando doença coronariana estável, pesquisadores observaram que os participantes que faziam atividades físicas regulares em seu tempo livre também tinham níveis mais baixos da CRP – uma proteína que está associada à resposta inflamatória – e IL-6, uma citocina proinflamatória ligada à imunossupressão (ver Cap. 6) (Rothenbacher et al., 2003). Em contrapartida, o esforço físico *relacionado com o trabalho* estava associado a um risco *maior* de doença coronariana. Esses resultados sugerem que um mecanismo dos efeitos da prática regular de exercícios como proteção ao coração é uma ação benéfica sobre a resposta inflamatória do corpo.

Mesmo que a pessoa tenha sofrido um ataque cardíaco, esses comportamentos preventivos podem desempenhar papel importante no controle dos efeitos negativos das doenças cardiovasculares. Por exemplo, os exercícios aumentam a capacidade do coração de bombear sangue para os músculos, assim como a capacidade dos músculos de extrair e utilizar o oxigênio do sangue. Dezenas de estudos envolvendo milhares de pacientes de ataques cardíacos demonstram que os indivíduos que participaram de programas de exercícios para reabilitação cardíaca têm uma probabilidade bem menor de morrer de doenças cardiovasculares (Stephens, 2009).

Reduzindo o risco e prevenindo recaídas. A prática regular de exercícios e uma boa nutrição são fatores significativos para prevenir doenças cardiovasculares e sua *recaída*. Uma vítima de ataque cardíaco (centro da foto superior) considerou sua doença como um chamado de alerta e mudou de vida. Ele agora tem o grau de caratê mais alto da área onde vive. A pessoa na foto a seguir está melhorando sua razão de colesterol com uma dieta vegetariana e um cálice de vinho.

Reduzindo o colesterol

Reduzir os níveis de colesterol sérico exige consumir menos gordura saturada (não mais que 10% do total de calorias diárias). Essas gorduras aumentam o colesterol sérico, indicando que o corpo deve fabricar menos receptores de LDL, os quais ajudam o fígado a remover colesterol do corpo. As principais fontes de gorduras saturadas são as gorduras animais, a gordura da manteiga, óleos tropicais e óleos hidrogenados pesados. Ainda mais importante é jamais consumir ácidos graxos com gordura trans (encontrados em alimentos com óleos parcialmente hidrogenados).

As gorduras monoinsaturadas e poli-insaturadas, como aquelas encontradas no azeite de oliva e de canola, são uma opção muito mais saudável. Embora tenham tantas calorias quanto as saturadas, elas ajudam a reduzir o colesterol sérico e melhoram a taxa de colesterol HDL/LDL. Quando a gordura saturada é substituída por carboidratos, a redução em colesterol LDL normalmente vem acompanhada por um aumento insalubre em triglicerídeos e redução do colesterol HDL. Contudo, quando as gorduras monoinsaturadas são substituídas por gorduras saturadas, muitas vezes ocorre o mesmo grau de redução benéfica no colesterol LDL, com menos ou nenhuma mudança nos níveis de triglicerídeos ou de colesterol HDL. Uma dieta como a do Mediterrâneo, rica em frutas e vegetais, grãos integrais, azeite de oliva e outras gorduras monoinsaturadas, peixes e com um consumo moderado de vinho tinto, foi associada à redução na frequência cardíaca e no risco de doenças cardiovasculares independentemente de seus efeitos sobre o colesterol LDL. Isso ocorre mesmo depois de ajustes para diferenças em atividade física, tabagismo, consumo de álcool e IMC (Dallongeville et al., 2003). Comer mais fibras, frutas, vegetais e grãos também reduz o colesterol, talvez ligando-o a ácidos que o façam ser removido da corrente sanguínea.

A prática regular de exercícios também pode melhorar o perfil lipídico da pessoa. Quanto exercício é necessário? Em um estudo prospectivo, William Kraus e colaboradores (2002) designaram de forma aleatória 111 mulheres e homens sedentários, obesos e com níveis leves a moderadamente elevados de HDL e triglicerídeos a participar de oito meses de um grupo de controle ou três grupos de exercícios: *exercícios em grande quantidade e grande intensidade* (o equivalente calórico a correr 32 km por semana a 65 a 80% do consumo máximo de oxigênio), *exercícios em baixa quantidade e grande intensidade* (o equivalente calórico a correr 19 km por semana a 65 a 80% do consumo máximo de oxigênio) ou *exercícios em baixa quantidade e intensidade moderada* (o equivalente calórico a correr 19 km por semana a 45 a 80% do consumo máximo de oxigênio). Ainda que o maior benefício sobre os perfis lipídicos tenham ocorrido no grupo de grande quantidade e grande intensidade, os dois grupos com menor quantidade de exercícios tiveram perfis lipídicos significativamente melhores do que os indivíduos sedentários do grupo de controle. Outros pesquisadores observaram que a combinação entre uma dieta com pouca gordura e muita fibra e exercícios diários por 45 a 60 minutos por três semanas pode produzir uma redução relevante no colesterol total e melhorar as taxas de colesterol (Roberts et al., 2002).

Após a doença cardiovascular: prevenindo recaídas

Em 2007, houve 79.697.000 visitas a consultórios médicos, prontos-socorros e clínicas nos Estados Unidos envolvendo um diagnóstico primário de doença cardiovascular (American Heart Association, 2010). No mesmo ano, houve um número estimado de 7.235.000 operações e procedimentos de internação por problemas cardiovasculares, como cirurgia de ponte de safena. A maioria das pessoas que sobrevivem a um infarto do miocárdio se recupera o suficiente para retomar vidas quase normais em algumas semanas ou meses. Todavia, permanecem indivíduos de alto risco e precisam fazer alguns ajustes em seu estilo de vida para melhorar suas chances de ter vida longa e evitar a recaída da doença coronariana. Pesquisas longitudinais revelam que, mesmo cinco anos depois da cirurgia de ponte de safena, ainda existem lesões evidentes em medidas de reconhecimento por memória, recordação de palavras, aprendizagem verbal e outros testes cognitivos (Stygall et al., 2003). Após a alta da hospitalização por um evento cardíaco, homens e mulheres tendem a retomar as atividades tradicionais de seus respectivos gêneros, com as mulheres assumindo maior responsabilidade por tarefas domésticas, como lavar roupa, limpar a casa e cozinhar (Lemos et al., 2003). Esse desequilíbrio na responsabilidade ajuda a explicar os prognósticos inferiores de pacientes do sexo feminino, que podem não prestar atenção nos sinais de excesso.

Diversos fatores sociais e psicológicos contribuem para a adaptação à ponte de safena. A percepção de apoio social, o otimismo disposicional, a baixa hostilidade e o envolvimento religioso mostraram efeitos benéficos na recuperação de pacientes de cirurgia cardíaca (ENRICHD, 2010).

Muitas vítimas de AVE não têm tanta sorte assim. Uma grande paralisia em um lado do corpo impede que o indivíduo volte a ter uma vida normal. Todavia, com muito trabalho e apoio social de familiares e amigos, alguns indivíduos retornam a uma existência bastante próxima da normal. Assim como aqueles que têm doença coronariana, eles podem fazer ajustes em seu estilo de vida que irão aumentar sua longevidade.

Além de buscarem ajuda física com tarefas domésticas, portadores de doenças cardiovasculares podem evitar a recaída parando de fumar, melhorando suas taxas de colesterol, perdendo o excesso de peso, exercitando-se regularmente e mantendo a pressão arterial em uma faixa saudável. Os sobreviventes dessas doenças podem precisar de ajuda para administrar os níveis de estresse e controlar a raiva e a hostilidade.

Manejando o estresse após um episódio cardíaco

Um ataque cardíaco ou um AVE podem causar perturbação substancial para o indivíduo e seus familiares. Enquanto muitos pacientes têm recuperação completa e conseguem retornar à maioria de suas atividades anteriores, alguns permanecem psicologicamente debilitados por muito tempo. Um importante objetivo de muitos programas de intervenção é lidar com cerca de um terço dos pacientes que experimentam muito estresse, ansiedade ou depressão por mais de um ano após a hospitalização (De Jonge e Ormel, 2007).

Em um programa, Nancy Frasure-Smith e Raymond Prince (1989) designaram enfermeiras para contatar com regularidade pacientes que tiveram infartos durante o ano após seus ataques cardíacos a fim de avaliar se estavam experimentando estresse. Quando um paciente indicava que o estresse de fato era um problema, a enfermeira usava o procedimento que considerasse apropriado para reduzi-lo. Em alguns casos, isso significava apenas discutir as fontes de estresse com o paciente; em situações mais complexas, os pacientes eram enviados para outros profissionais da saúde, como um psicólogo, um assistente social ou um cardiologista. No decorrer dos sete anos do estudo, os pacientes no grupo de manejo do estresse apresentaram taxas significativamente mais baixas de mortalidade e morbidade cardíacas, comparados com os pacientes de controle, que receberam os contatos pós-hospitalização normais.

Controlando a hostilidade e a raiva

Diversos estudos já relataram os efeitos positivos de intervenções para doenças cardiovasculares visando a reduzir o comportamento tipo A e a hostilidade. Essas intervenções baseiam-se em duas premissas:

1. Pessoas hostis têm mais probabilidade de apresentar estresse, o que aumenta a prevalência de experiências de raiva que promovem a aterosclerose.
2. Pessoas hostis têm menos probabilidade de obter recursos para diminuir o estresse, como apoio social, em parte como resultado de seu comportamento antagônico.

Os estudos de intervenções estão concentrados em ajudar pessoas hostis a adquirirem controle sobre suas emoções raivosas. No programa típico, o psicólogo primeiro busca compreender os fatores que desencadeiam incidentes que induzem raiva, solicitando aos participantes que monitorem seu comportamento. A seguir, desenvolvem estratégias para lidar com a agravação – por exemplo, evitando situações especialmente estressantes, como o trânsito na hora do *rush*, e controlando suas reações, talvez contando até 10 antes de reagir a um incidente provocador. À medida que a pessoa se torna cada vez mais capaz de enfrentar as situações problemáticas, o psicólogo passa para uma intervenção mais cognitiva, ajudando os participantes a aprenderem a desafiar posturas céticas e modificar crenças e expectativas irreais sobre a vida. Dezenas de estudos confirmam a eficácia dessas intervenções.

Os psicólogos da saúde clínicos têm utilizado uma variedade de outras estratégias para ajudar os indivíduos a enfrentarem a raiva. Uma estratégia eficaz é o treinamento para relaxamento, discutido no Capítulo 5. Outro método envolve ensinar às pessoas que têm raiva novas habilidades sociais e comunicativas, nas quais aprendem a ser mais assertivas, mas de forma civilizada, e a ter consciência de atitudes das outras pessoas que normalmente provocariam raiva. Outros objetivos comuns dos programas de intervenção contra a raiva são ensinar os participantes a evitarem situações provocativas e a levá-las menos a sério.

Jerry Deffenbacher e Robert Stark (1992) demonstraram a eficácia de intervenções de controle da raiva. Usando uma combinação de relaxamento progressivo, respiração profunda, visualização e reestruturação cognitiva, as pessoas que aprenderam essas técnicas experimentaram reduções significativas na raiva, comparadas com o grupo de controle, que não recebeu tratamento. Promover o riso regular também diminui a pressão arterial, reduz os hormônios do estresse e ajuda a minimizar a raiva e melhorar o estado de espírito (Hassed, 2001; Hayashi et al., 2003).

Diabetes

■ **diabetes melito** distúrbio do sistema endócrino no qual o corpo é incapaz de produzir insulina (tipo I) ou de utilizar esse hormônio pancreático (tipo II).

Um dos mais importantes fatores de risco para o desenvolvimento de doenças cardiovasculares é o **diabetes melito**, que envolve a incapacidade do corpo de produzir ou utilizar de forma adequada a insulina, o hormônio que ajuda a converter os açúcares e os amidos dos alimentos em energia. Não existe cura para o diabetes, e suas causas ainda são um mistério, embora fatores relacionados com a hereditariedade e o estilo de vida pareçam ter influência. O diabetes melito afeta mais de 23 milhões de norte-americanos, é a sétima principal causa de morte nos Estados Unidos e tem um custo anual de mais de 174 bilhões de dólares. Estima-se que 57 milhões de norte-americanos tenham *pré-diabetes*, caracterizado por níveis acima do normal de glicose no sangue, mas que ainda não chegaram ao nível que indica o diagnóstico da doença (CDC National Diabetes Fact Sheet, 2009).

As taxas de prevalência do diabetes variam de forma notável ao redor do mundo: a doença está ausente ou é rara em algumas comunidades indígenas de países em desenvolvimento da África, do Mediterrâneo Oriental e do Pacífico Ocidental, enquanto prevalências de 14 a 20% foram relatadas entre populações árabes, asiáticas, indianas, chinesas e hispano-americanas (WHO, 2000). Nos Estados Unidos, os afro-americanos, os hispano-americanos e os nativos norte-americanos têm risco mais alto de diabetes adulto do que os euro-americanos, os ásio-americanos e os cubano-americanos (Fig. 9.9).

Tipos de diabetes

Existem dois tipos básicos de diabetes: o diabetes juvenil (chamado de diabetes melito dependente de insulina, ou *diabetes tipo I*) e o diabetes adulto (chamado de diabetes melito não dependente de insulina, ou *diabetes tipo II*) (Tab. 9.1). O diabetes tipo I, que aparece na infância (normalmente entre as idades de 5 e 6 anos) ou mais adiante, durante a adolescência, é uma doença autoimune em que o sistema imune ataca as *células ilhotas* do pâncreas, que produzem insulina e glucagon. Em um indivíduo saudável, as ações opostas desses hormônios ajudam a regular o nível da glicose no sangue. O glucagon estimula a liberação de glicose, fazendo os níveis de açúcar no sangue aumentarem, e a insulina diminui os níveis de açúcar no sangue, fazendo as células absorverem glicose mais livremente da corrente sanguínea. Sem células ilhotas funcionais, o corpo não consegue regular os níveis de açúcar no sangue, e o indivíduo fica dependente de injeções de insulina. Os sintomas do diabetes tipo I, que incluem sede e urinação excessivas, desejo por doces, perda de peso, fadiga e irritabilidade, são o resultado da incapacidade do corpo de metabolizar a glicose como energia, forçando-o a se alimentar com suas próprias gorduras e proteínas.

O diabetes tipo II – uma forma mais moderada da doença, que normalmente aparece após a idade de 30 anos – é encontrado em mais de 90% de todas as pessoas diabéticas. Ele resulta da *resistência à insulina* (também chamada de *intolerância à glicose* – uma condição em que as células ilhotas do pâncreas não conseguem produzir insulina suficiente) e/ou de uma insensibilidade à insulina causada pela diminuição no número de receptores de insulina nas células-alvo. Seus sintomas incluem urinação frequente, menstruação irregular, fadiga, recuperação lenta de cortes e arranhões, secura na boca e dor ou cãibras nas pernas, nos pés e nos dedos das mãos. Esse tipo de diabetes é mais comum entre mulheres, pessoas obesas, membros de determinados grupos étnicos e indivíduos com baixo *status* socioeconômico. O *diabetes gestacional* é uma forma temporária de resistência à glicose que em geral ocorre na metade da gravidez, como resultado da incapacidade da mãe de produzir insulina suficiente. O diabetes gestacional costuma normalizar após o parto do bebê, mas as mulheres que o apresentaram têm um risco maior de desenvolver diabetes tipo II, assim como aquelas que deram à luz bebês que pesavam 4 kg ou mais ao nascer.

Em ambos os tipos de diabetes, podem se desenvolver dois problemas com o açúcar no sangue: a *hipoglicemia* (nível muito baixo de açúcar) e a *hiperglicemia* (nível muito alto de açúcar). Estima-se que de 50 a 75% dos indivíduos com diabetes desenvolvam uma ou mais complicações de saúde a longo prazo como resultado da incapacidade de seu corpo para regular o açúcar do sangue (CDC, 2009). Níveis elevados de glicose, por exemplo, fazem as paredes das artérias engrossarem, acelerando o desenvolvimento de aterosclerose e doenças cardiovasculares. Homens e mulheres com diabetes têm taxas 2 a 4 vezes maiores de mortalidade por doença coronariana do que adultos sem diabetes. Uma vez que os níveis desregulados de glicose no sangue podem prejudicar as retinas dos olhos, o diabetes também é a principal causa de cegueira entre adultos. Pessoas com diabetes têm 17 vezes mais probabilidade de ficar cegas do que aquelas que não apresentam a doença. O diabetes também é a principal causa de doença renal em estágio terminal e está associado ao câncer do pâncreas e a lesões no sistema nervoso que podem causar perdas de memória (especialmente entre adultos mais velhos) e perda da sensação ou dor nas extremidades. Em casos graves de má circulação e perda da sensação nas extremidades, a amputação dos dedos dos pés ou dos próprios pés pode ser necessária. De modo geral, o risco de morte para portadores de diabetes é duas vezes maior que o de pessoas que não têm a doença (CDC, 2009).

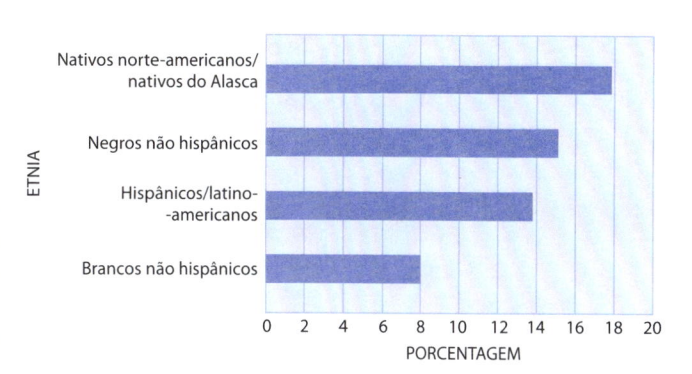

Figura 9.9

Estimativa de prevalência de diabetes ajustada para a idade nos Estados Unidos, por etnia, 2005. O diabetes tem um impacto maior sobre alguns grupos étnicos do que outros, especialmente os nativos norte-americanos, os nativos do Alasca, os negros não hispânicos e os hispano-americanos.

Fonte: Centers for Disease Control and Prevention. (2005). National diabetes fact sheet, United States, 2005. Washington, DC: U.S. Government Printing Office.

Causas de diabetes

Assim como ocorre com outras doenças crônicas, o diabetes pode ser causado por diversos fatores, incluindo infecções virais ou bacterianas que prejudicam as células ilhotas do pâncreas, sistema imune hiperativo e vulnerabilidade genética. A "ocidentalização" nutricional, que inclui uma dieta rica em gordura e alimentos processados, além de calorias totais, também pode contribuir para a doença. Grupos étnicos e raciais que seguem essas dietas, como as mulheres afro-americanas, têm taxas maiores

Tabela 9.1

Características e fatores de risco dos diabetes tipo I e tipo II

Tipo I	Tipo II
Distúrbio autoimune em que as células do pâncreas que produzem insulina são destruídas.	Doença crônica em que o corpo não consegue produzir insulina suficiente ou usá-la de forma adequada.
A incidência máxima ocorre durante a puberdade, entre 10 e 12 anos em garotas e entre 12 e 14 em garotos.	Começa após a idade de 30 anos.
Compreende de 5 a 10% de todos os casos de diabetes.	Compreende de 90 a 95% de todos os casos de diabetes.
Os sintomas podem parecer com os da gripe, incluindo muita sede, urinação frequente, perda de peso anormal, fadiga extrema e irritabilidade.	Os sintomas incluem qualquer daqueles do tipo I, além de visão embaçada, infecções frequentes, cortes que demoram para curar, comichão ou insensibilidade nas mãos e nos pés.
Requer injeções de insulina.	Requer regime severo de dieta e exercícios.
Quem tem maior risco?	**Quem tem maior risco?**
Filhos de pais com diabetes tipo I.	Pessoas com mais de 45 anos com história familiar de diabetes.
Irmãos de pessoas com diabetes tipo I.	Afeta mais mulheres do que homens.
Afeta homens e mulheres da mesma forma.	Pessoas acima do peso.
Maior prevalência entre euro-americanos do que entre outros grupos étnicos.	Mulheres que tiveram diabetes gestacional ou que tiveram bebê pesando mais de 4 kg ao nascer.
	Pessoas que não fazem exercícios regularmente.
	Pessoas com colesterol HDL baixo ou triglicerídeos altos.
	Afro-americanos, nativos norte-americanos, hispano-americanos, asiáticos e ilhéus do Pacífico.
	Pessoas com *status* socioeconômico baixo.

de diabetes (Christoffel e Ariza, 1998). Mais horas assistindo à televisão, associadas a uma redução em atividades físicas e má nutrição, também podem contribuir para o diabetes tipo II em pessoas jovens (Rosenbloom et al., 1999).

Foi sugerido que o estresse possa ser um fator precipitante do diabetes tipo I e do tipo II, sobretudo entre indivíduos com forte história familiar da doença (Sepa et al., 2005). As pessoas que já foram diagnosticadas como portadoras de diabetes, assim como aquelas que possuem alto risco da doença, também reagem a estressores de laboratório e ambientais com mudanças muito maiores em seus níveis de glicose no sangue do que indivíduos que não têm risco de diabetes (Weisli et al., 2005). Conforme o modelo de *diátese ao estresse* da doença (ver Cap. 4), alguns pesquisadores sugeriram que respostas anormais de açúcar no sangue para eventos desafiadores (sintoma de um sistema nervoso simpático hiper-reativo), junto à exposição a longo prazo a níveis elevados de estresse, possam ser o caminho *direto* para o desenvolvimento do diabetes. De maneira indireta, o estresse também promove o desenvolvimento da doença, afetando de forma adversa a dieta do indivíduo, seu nível de adesão a tratamentos e a tendência a fazer exercícios.

Tratamento do diabetes

Felizmente, a maioria das pessoas com diabetes consegue controlar a doença por meio de alterações em seu estilo de vida – mudando a dieta, controlando o peso e fazendo exercícios com regularidade, por exemplo – e, em alguns casos, com injeções diárias de insulina. O objetivo do tratamento é manter o açúcar do sangue em nível estável e saudável. A comunidade médica atualmente está debatendo se ambos os tipos de diabetes devem ser tratados da mesma forma, usando medicamentos para um controle preciso da glicose, ou de modo diferente (Tucker, 2002). O tratamento para o tipo I exige o controle com insulina, mas a intervenção para o tipo II pode se concentrar no controle do peso, em exercícios e dieta – reduzindo o consumo de açúcar e carboidratos e mantendo o número total de calorias consumidas a cada dia constante, pequena. Na prática, uma combinação de tratamentos é utilizada com o diabetes tipo II, dependendo da gravidade do caso e da eficácia de modificações alimentares e de exercícios. Para prevenir a doença, exercícios moderados, dieta mais adequada e outras intervenções no estilo de vida são mais eficazes que os medicamentos (Zepf, 2005).

Psicologia da saúde e diabetes

O conhecimento, as crenças e o comportamento dos pacientes afetam muito a capacidade de lidar com a doença e o impacto que ela tem em cada domínio da saúde. Isso torna o papel do psicólogo da saúde particularmente importante no cuidado e no tratamento de pessoas com diabetes, conforme enfatizam os padrões de intervenção recomendados pela American Diabetes Association (ADA). As intervenções educacionais têm importância vital, mas não o suficiente quando isoladas, para promover a adesão a estilos de vida mais saudáveis (Rutten, 2005). Pessoas com diabetes costumam ter déficits em seu conhecimento sobre a doença e seu risco maior de cardiopatias e outros problemas crônicos de saúde (Wagner et al., 2006). Os padrões da ADA estão concentrados em fatores relacionados com o estilo de vida, a cultura, o bem-estar psicológico, a educação e a economia, além do medicamento (ADA, 1997). A ADA também ressalta que o *automanejo* é o aspecto fundamental do tratamento para todas as pessoas com diabetes. Como resultado, os psicólogos estão cada vez mais envolvidos no cuidado primário dessas pessoas (Gillies et al., 2007).

Promovendo a adaptação ao diabetes

Um paciente que receba o diagnóstico de diabetes pode sentir uma variedade de emoções, incluindo choque, negação, raiva e depressão (Jacobson, 1996). Ajudar os pacientes a aceitarem o diagnóstico é o primeiro passo para promover o automanejo. Considere o caso de Beatrice, uma mulher afro-americana de 64 anos, com história de 20 anos de hipertensão e quatro anos de diabetes tipo II. Beatrice relatou sentir raiva ao receber seu diagnóstico. Nos meses seguintes, ela começou a exibir sintomas de ansiedade e depressão, e seu controle da glicose, que já era ruim, ficou ainda pior (Feifer e Tansman, 1999). Usando *terapia racional-emotiva*, psicólogos desafiaram as percepções negativas de Beatrice sobre sua doença e a ajudaram a se sentir melhor em relação a si mesma, a administrar seu estado de espírito e a lidar com suas tarefas de cuidado pessoal no dia a dia. À medida que sua aceitação da doença e das tarefas, que no começo pareciam avassaladoras, melhorou, ela adquiriu um controle muito mais consistente sobre seus níveis de açúcar no sangue.

O caráter invasivo da doença Mesmo após terem aceito seu diagnóstico, muitos pacientes com diabetes continuam a lutar contra o **caráter invasivo da doença**, ou seja, os efeitos perturbadores dela em suas vidas. Esse caráter invasivo pode afetar de forma adversa o bem-estar de um indivíduo pelo menos de duas maneiras: direta, quando a condição interfere em atividades e interesses valorizados; e indireta, como resultado de percepções de redução do controle pessoal, da autoeficácia e da autoestima (Devins et al., 1997). Um estudo verificou que o caráter invasivo da doença tinha correlação forte com sintomas de depressão em uma grande amostra de pacientes canadenses com diabetes tipo II (Talbot et al., 1999). Entretanto, pesquisas têm mostrado que o fato de possuir apoio social sólido e bons recursos pessoais de enfrentamento – junto a autoestima elevada, sensação de domínio e sentimentos de

■ **caráter invasivo da doença** o nível em que uma doença crônica perturba a vida de um indivíduo, interferindo em atividades e interesses valorizados e reduzindo percepções de controle pessoal, autoeficácia e autoestima.

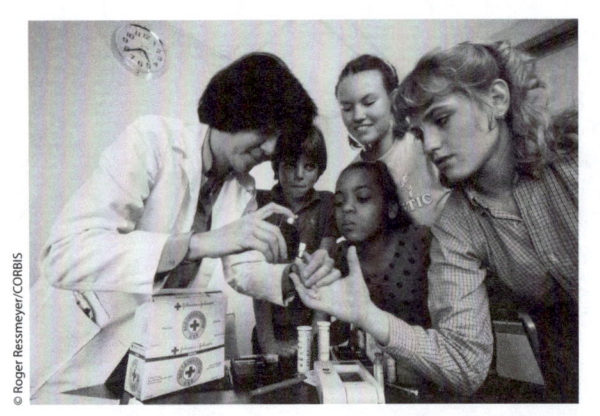

Automanejo do diabetes O objetivo do tratamento do diabetes é manter a glicose no sangue em um nível estável e saudável. Na fotografia, uma profissional da saúde instrui um grupo de jovens com diabetes a tirar sangue com segurança para monitorar seus níveis de glicose.

autoeficácia frente a adversidades – está associado a menos sintomas de depressão em portadores de diabetes (e, da mesma forma, naqueles que têm câncer de pulmão ou doenças cardiovasculares) (Penninx et al., 1998; Rosal et al., 2005).

Psicólogos projetaram intervenções para ajudar indivíduos que não possuem o apoio ou os recursos necessários para lidar com o diabetes. Reduziram o caráter invasivo da doença na vida cotidiana ensinando as pessoas a redefinirem suas prioridades para aumentar a participação em atividades prazerosas e reestruturar suas expectativas irracionais com relação ao caráter invasivo da doença. Também as ajudam a mobilizar apoio social e desenvolver habilidades pessoais de enfrentamento.

Consciência da glicose no sangue Indivíduos com diabetes muitas vezes não têm um entendimento adequado sobre sua doença e seus sintomas. Um estudo verificou que mais de 50% de pacientes afetados tinham crenças errôneas a respeito dos níveis de glicose no sangue, incluindo sintomas de hipoglicemia e hiperglicemia (Gonder--Frederick et al., 1989). Como resultado, com frequência eles omitem ou não percebem determinados sintomas potencialmente graves e reagem a outros, irrelevantes, de forma exagerada. Psicólogos da saúde relataram resultados impressionantes do *treinamento para a consciência da glicose no sangue,* no qual pacientes aprenderam a medir seus níveis de açúcar a partir de pistas ambientais (como a hora do dia ou a atividade em andamento) e de sintomas físicos (como náusea e secura na boca) e estado de espírito (como fadiga e irritabilidade). Por meio desse treinamento, que se assemelha de muitas formas ao *biofeedback*, a maioria das pessoas com diabetes aprende a reconhecer de forma confiável diversos indicadores cognitivos e comportamentais de diferentes níveis de glicose no sangue. Comparados com pacientes de controle, que não receberam o treinamento, os treinados para terem consciência da glicose no sangue têm obtido outros benefícios para sua saúde:

- Maior controle da glicose e menos complicações de saúde a longo prazo
- Menos acidentes de automóvel e de outros tipos que resultam de estados de hipoglicemia
- Menos hospitalizações por anormalidades no nível de açúcar no sangue

Tratando transtornos psicológicos relacionados com o diabetes

Pessoas com diabetes apresentam tendência a desenvolver sentimentos de depressão, especialmente durante os primeiros estágios da adaptação à doença. Psicólogos também verificaram que algumas psicopatias clínicas diagnosticáveis, como depressão maior, ansiedade e transtornos da alimentação, são mais comuns em adultos com diabetes do que na população em geral (Katon e Sullivan, 1990; Lustman e Clouse, 2005). As taxas de prevalência para transtorno depressivo maior, por exemplo, que variam de 5 a 25% na população em geral, são de 22 a 60% entre portadores de diabetes (ADA, 2010).

As demandas físicas e emocionais colocadas sobre o indivíduo diabético, incluindo a adesão rigorosa a regimes complexos de tratamento de automonitoramento diário dos níveis de glicose no sangue, o preparo de refeições especiais e a ingestão de medicamentos, podem ser difíceis e frustrantes. Essa tarefa é ainda mais dificultada quando o diabético sofre de condições psicossociais anormais ou de algum transtorno psicológico. Muitas pesquisas verificaram a associação entre a presença de transtornos psicológicos e a má adesão ao tratamento. A respeito da depressão, por exemplo, tarefas de cuidado pessoal, como o monitoramento diário dos níveis de glicose ou a preparação de alimentos especiais, podem parecer inúteis ou difíceis demais. Muitos profissionais da saúde sugerem que os indivíduos que têm diabetes façam avaliações psicossociais em algum ponto do tratamento, de preferência logo após o diagnóstico (King et al., 1998). Os psicólogos da saúde que estão envolvidos no atendimento primário de pessoas diagnosticadas com diabetes estão em boa posição para encaminhá-las para acompanhamento clínico apropriado, se necessário.

O tópico geral sobre a razão por que certas pessoas têm mais propensão a retardar mudanças saudáveis em seu estilo de vida e procurar tratamento de saúde é discutido no Capítulo 12.

Controlando o peso e o estresse

O controle eficaz do peso é particularmente importante para pessoas com diabetes, pois aumenta a capacidade do corpo de regular a glicose e, assim, reduz a necessidade de medicamento. Os programas de perda de peso muitas vezes produzem redução de peso substancial nessas pessoas com o uso de uma abordagem multimodal que combina nutrição, educação, dietas com poucas calorias e exercícios regulares. Porém, como ocorre com todos os programas desse tipo, o principal problema tem sido manter essa perda.

Exercícios regulares também ajudam a prevenir o diabetes tipo II. Vários estudos mostram que mulheres e homens fisicamente ativos têm uma incidência muito menor desse tipo de diabetes do que indivíduos sedentários (CDC, 2010). Esse efeito protetor permaneceu mesmo após os pesquisadores haverem controlado outros fatores de risco importantes para essa condição, incluindo a obesidade, a hipertensão e a história familiar da doença. Curiosamente, indivíduos com diabetes têm mais dificuldade para manter concentrações saudáveis de açúcar no sangue em março e abril,* talvez porque os meses anteriores de clima frio tenham promovido inatividade (Doro et al., 2006).

De igual importância é o manejo do estresse. Em portadores de diabetes, as reações ao estresse influenciam bastante o fato de se e o quanto irão seguir determinado tratamento. Por exemplo, o estresse pode começar um círculo vicioso de comer demais, ter pouco controle sobre o diabetes, aumentar o estresse e comer demais. O treinamento de relaxamento e outras técnicas de administração do estresse parecem benéficos para muitos indivíduos com diabetes.

Aumentando a adesão a regimes de tratamento

Psicólogos da saúde abordam a questão da adesão de duas maneiras: procurando identificar os fatores preditivos da adesão e da não adesão e desenvolvendo intervenções para aumentar a adesão a diferentes aspectos do regime de tratamento. Fatores sociodemográficos, como idade, gênero, etnia e personalidade não são prognósticos da adesão a regimes de tratamento para o diabetes. Vários fatores contribuem para a falta de adesão, incluindo a complexidade de um regime de autocuidado vitalício. Pacientes com diabetes podem perceber o tratamento receitado como algo recomendado e facultativo, em vez de obrigatório, e não cumpri-lo. A pessoa recém-diagnosticada frequentemente não sente os efeitos prejudiciais – as complicações médicas sérias decorrentes do diabetes podem não aparecer por mais de uma década – e é capaz de considerar seu estilo de vida no momento bom demais para ser mudado. As circunstâncias sociais e ambientais também são fatores decisivos na falta de adesão. Durante períodos de estresse ou em função de pressão social anormal para agir de maneira prejudicial à saúde, por exemplo, a adesão do indivíduo a práticas alimentares e a exercícios costuma diminuir entre diabéticos (Cramer, 2004).

Trabalhando de acordo com o modelo transteórico discutido no Capítulo 6, psicólogos da saúde podem orientar os pacientes diabéticos para que sigam um regime de tratamento, ajudando-os a passarem pelos estágios de pré-contemplação, contemplação, preparação, ação e manutenção. Por exemplo, seria quase certo o psicólogo dizer a uma mulher obesa que acaba de ser diagnosticada com diabetes tipo II para perder peso. Contudo, como provavelmente não se sente doente, ela não vê razão para mudar sua deliciosa dieta rica em calorias e carboidratos (pré-contemplação). Para levá-la ao estágio

---

* N. de T. No Hemisfério Norte.

de contemplação, o psicólogo tentaria explicar a conexão entre a dieta e o diabetes. (Ela percebe uma ligação, mas não está pronta para abrir mão de suas comidas favoritas.) Mais educação e apoio para a mudança (p. ex., os familiares são acionados para ajudá-la a modificar sua dieta) podem levar a paciente para o estágio de preparação (ela sabe que vai fazer dieta) e depois para o de ação (ela tenta fazer dieta). Finalmente, durante o estágio de manutenção (trabalhar para evitar recaídas para hábitos alimentares insalubres), é provável que ela seja beneficiada por intervenções concentradas em manter o regime de tratamento diante das circunstâncias que o atrapalham (como estresse ou pressão social anormal para comer alimentos prejudiciais à saúde). Vamos revisar o caso de Beatrice, a diabética diagnosticada apresentada na página 281, que abandonava seu regime médico cada vez que se deparava com uma situação estressante na vida. Para ela, as intervenções de manutenção envolviam exercícios para promover o manejo do estresse e melhorar as habilidades de comunicação.

Melhorando a comunicação e aumentando o apoio social

Capacitar os indivíduos com diabetes (ou qualquer doença crônica) para participarem ativamente das tomadas de decisão em seus regimes de tratamento tem uma variedade de benefícios. Entre eles, estão maior percepção de controle, melhor comunicação entre médico e paciente, maior confiança nos regimes de tratamento receitados e maior adesão terapêutica. Em um estudo, pacientes com diabetes que aprenderam a ser mais assertivos para adquirir conhecimento sobre a doença e usar tais informações para negociar decisões a respeito do tratamento com seus médicos tiveram aumentos significativos na autoeficácia percebida, na regulação da glicose no sangue e na satisfação com seu regime terapêutico (Greenfield et al., 1988). Beatrice havia recebido de seu médico informações básicas sobre como viver com diabetes. Contudo, sentia-se intimidada demais para discutir seus temores, suas necessidades de cuidado pessoal e sua dificuldade em seguir o regime de tratamento. Ela acabou discutindo essas questões com seu psicólogo, que usou treinamento em assertividade a fim de prepará-la para abordar seu médico e resolvê-las, o que, de fato, conseguiu fazer.

Os problemas envolvidos no manejo do estresse vão além do indivíduo, estendendo-se aos familiares, que podem reagir de maneira que afete o paciente de forma adversa (ou favorável). A qualidade dos relacionamentos conjugais, por exemplo, é um bom prognóstico da adesão ao regime de tratamento (Trief et al., 2004). A terapia familiar muitas vezes ajuda nesse sentido. A terapia costuma começar com educação sobre a doença, o que deve ser feito para desenvolver controle e orientar os familiares sobre como seus comportamentos afetam o controle do indivíduo. Isso pode ser particularmente importante na administração do diabetes tipo I em crianças e adolescentes. Os pais, por exemplo, podem se tornar superprotetores com um adolescente que foi diagnosticado com diabetes, restringindo atividades de forma desnecessária e promovendo um senso de impotência em seu filho. Já foi demonstrado que a terapia familiar dirigida para melhorar a comunicação e a resolução de conflitos entre familiares aumenta o controle do diabetes em crianças que percebem deficiências nessas áreas em suas famílias (Minuchin et al., 1978). Quando os pais envolvem-se ativamente no manejo do diabetes de seu filho (p. ex., ajudando no monitoramento da glicose no sangue), o resultado é um controle maior sobre a doença (Andersen et al., 1997).

Com base em nossa perspectiva biopsicossocial, vimos que muitos fatores desempenham um papel no desenvolvimento de condições crônicas, como doenças cardiovasculares e diabetes. Uma vida saudável ajuda muitas pessoas a evitarem ou postergarem de forma significativa o desenvolvimento de condições crônicas. Mesmo aquelas que já sofrem de uma doença crônica ainda podem melhorar sua saúde por meio de práticas mais saudáveis, incluindo comer bem, fazer exercícios, manter o peso normal e evitar o tabaco. Estratégias de enfrentamento físicas e psicológicas ajudam muitos a limitarem a perturbação que as condições crônicas causam na vida.

Revisão sobre saúde

Responda a cada pergunta a seguir com base no que aprendeu no capítulo. (DICA: Use os itens da Síntese para considerar questões biológicas, psicológicas e sociais).

1. Imagine que sua classe de psicologia da saúde desenvolveu uma campanha de conscientização para saúde cardíaca no *campus*. Quais fatos relacionados com a saúde e as doenças cardiovasculares você certamente incluiria nessa campanha? Que fatores de risco para doenças cardiovasculares você incluiria?
2. De que modo a hostilidade influencia aspectos biológicos, psicológicos e sociais ou culturais da saúde cardíaca e das doenças cardiovasculares?
3. Um amigo, sabendo que você está estudando psicologia da saúde, questiona a respeito da relação entre psicologia da saúde e redução do risco (e prevenção de recaídas) de doenças cardiovasculares. Com base no que leu neste capítulo, como você explicaria essa relação?
4. Sua tia acaba de receber o diagnóstico de diabetes tipo II e está procurando ajuda para aprender a lidar com esse diagnóstico. Conforme as informações deste capítulo, o que você diria para ela?

Síntese

O coração saudável

1. O sistema cardiovascular envolve o sangue, os vasos sanguíneos do sistema circulatório e o coração. O coração tem três camadas de tecido: a externa, fina, chamada de epicárdio; a interna, fina, chamada de endocárdio; e a intermediária, mais grossa, o músculo cardíaco em si, isto é, o miocárdio. O miocárdio é dividido em quatro câmaras que trabalham de forma coordenada para trazer sangue para o coração e depois bombeá-lo pelo corpo.

Doenças cardiovasculares

2. As doenças cardiovasculares, que incluem a doença coronariana e o AVE, são as principais causas de morte nos Estados Unidos e na maioria dos países desenvolvidos.
3. As doenças cardiovasculares resultam da aterosclerose, uma condição crônica em que as artérias coronárias são restringidas por depósitos de gordura e placas ateromatosas que se formam sobre lesões microscópicas nas paredes dos vasos sanguíneos, e da arteriosclerose, o endurecimento das artérias.
4. Quando as artérias que alimentam o coração são limitadas por placas, restringindo o fluxo de sangue para o órgão (isquemia), a pessoa pode sentir dor no coração, chamada de angina de peito. Quando a aterosclerose grave ou um coágulo obstrui completamente uma artéria coronária, um ataque cardíaco, ou infarto do miocárdio, ocorre, e uma porção do miocárdio começa a morrer. Uma terceira manifestação possível do mau funcionamento cardiovascular é o AVE, que acontece quando um coágulo sanguíneo obstrui uma artéria no cérebro.
5. A medicina fez grandes progressos no diagnóstico e tratamento de doenças cardíacas. As técnicas de diagnóstico incluem monitoramento por ECG e angiografia coronariana. As intervenções abrangem medicamentos para controlar a pressão arterial e o nível de colesterol e impedir coágulos sanguíneos; cirurgias cardíacas na forma de transplantes de pontes e angioplastia com balões também são alternativas.

Fatores de risco de Framingham para doenças cardiovasculares

6. O Framingham Heart Study, um estudo prospectivo de doenças cardiovasculares que coletou dados por mais de meio século, identificou diversos fatores de risco coronariano.
7. Os "fatores de risco incontroláveis" para doenças cardiovasculares incluem história familiar de cardiopatias, idade, gênero e etnia. O risco dessas doenças aumenta com a idade, é muito maior em homens do que em mulheres e varia conforme o grupo racial e étnico. Fatores econômicos e sociais podem ser as causas verdadeiras da variação étnica e racial em doenças cardiovasculares.
8. Os "fatores de risco controláveis" mais importantes para doenças cardiovasculares são hipertensão, obesidade, colesterol sérico elevado e tabagismo. A maioria dos casos de pressão alta é classificada como hipertensão essencial, significando que a causa exata é desconhecida.
9. Níveis de colesterol altos demais contribuem para o desenvolvimento de aterosclerose. Indivíduos com síndrome metabólica têm um risco particularmente elevado de desenvolver doenças cardiovasculares e diabetes.

Fatores psicossociais em doenças cardiovasculares: a personalidade tipo A

10. Caracterizado por uma natureza competitiva, apressada e hostil, o padrão de comportamento tipo A foi relacionado com risco maior de doenças cardiovasculares. Pesquisadores agora apontam para a hostilidade e a raiva como o núcleo tóxico do comportamento tipo A.
11. Diversas explicações teóricas foram propostas para explicar a relação entre a personalidade hostil e raivosa e as doenças cardiovasculares. O modelo da vulnerabilidade psicossocial sustenta que pessoas hostis têm mais eventos estressantes na vida e níveis baixos de apoio social, o que, com o passar do tempo, produz efeito nocivo.
12. O modelo do comportamento de saúde propõe que pessoas hostis têm mais probabilidade de desenvolver doenças cardiovasculares, pois tendem a hábitos de saúde piores do que pessoas menos hostis.
13. O modelo da reatividade psicofisiológica sustenta que episódios frequentes de raiva produzem respostas cardiovasculares e de hormônios do estresse elevadas, que prejudicam as artérias e contribuem para a doença coronariana.
14. O modelo biopsicossocial sugere que, para que se desenvolvam doenças cardiovasculares, a pessoa deve primeiramente ter a predisposição biológica para elas. A doença cardiovascular terá mais probabilidade de desenvolver porque as posturas hostis do indivíduo afastaram o apoio social e continuam a produzir respostas negativas das pessoas, o que leva a mais hostilidade e reatividade cardíaca prejudicial.

Reduzindo o risco de doenças cardiovasculares

15. Modificações no estilo de vida reduzem de forma significativa o risco de uma pessoa ter doença cardiovascular. Intervenções para a hipertensão incluem reduzir o peso, limitar o consumo de sal e de álcool, aumentar a prática de exercícios e melhorar as taxas de colesterol. Ingerir mais fibras, frutas, vegetais, grãos e gorduras mono e poli-insaturadas e menos gordura saturada reduzem os níveis de colesterol sérico e melhoram a taxa de colesterol HDL para colesterol LDL.

Após a doença cardiovascular: prevenindo recaídas

16. Intervenções abrangentes, que combinam manejo do estresse, exercícios aeróbicos, treinamento para relaxamento e dietas com baixos teores de gordura, podem prevenir recaídas de doenças cardiovasculares.
17. As intervenções voltadas para a hostilidade ajudam as pessoas a adquirir controle sobre os fatores ambientais que desencadeiam sua raiva e a aprender a modificar suas emoções negativas e seus processos de pensamentos céticos. Reduzir a hostilidade pode diminuir de forma substancial o risco de isquemia futura em pacientes cardíacos.

Diabetes

18. O diabetes melito é uma doença crônica na qual o corpo é incapaz de produzir ou usar o hormônio insulina de forma adequada. Pode se desenvolver na infância (tipo I) ou na idade adulta (tipo II). O diabetes tipo I geralmente envolve complicações de saúde mais graves e a necessidade de injeções diárias de insulina. Muitos indivíduos com diabetes também se beneficiam de modificações em seu estilo de vida, as quais incluem regime rígido de dieta e exercícios.
19. Muitos indivíduos com diabetes também sofrem de psicopatologias, incluindo depressão profunda, ansiedade e transtornos da alimentação. O papel da psicologia da saúde nessa doença inclui estudar fatores que contribuam ou atrapalhem a adaptação à condição, como perturbações psicológicas, habilidades pessoais de enfrentamento e apoio social, assim como aspectos que interfiram na adesão a regimes de tratamento.
20. Os psicólogos da saúde estão cada vez mais envolvidos no tratamento primário do diabetes, reduzindo o caráter invasivo da doença, aumentando a capacidade de controlar o peso e manejar o estresse, melhorando a comunicação e aumentando a adesão a tratamentos complexos.

CAPÍTULO 9 | Doenças cardiovasculares e diabetes

Termos e conceitos fundamentais

doenças cardiovasculares, p. 255
doença arterial coronariana, p. 255
aterosclerose, p. 256
placas ateromatosas, p. 256
aterogênese, p. 256
arteriosclerose, p. 256
angina de peito, p. 257
infarto do miocárdio, p. 257
acidente vascular encefálico (AVE), p. 257
eletrocardiograma (ECG ou EKG), p. 258
angiografia coronariana, p. 258
transplante de ponte da artéria coronária, p. 258
angioplastia coronariana, p. 258
hipertensão, p. 263
reatividade cardiovascular, p. 264
síndrome metabólica, 265
tipo A, p. 266
tipo B, p. 266
diabetes melito, p. 278
caráter invasivo da doença, p. 281

Capítulo 10

O que é o câncer?
   Tipos de câncer
   Suscetibilidade ao câncer

Fatores de risco para câncer
   Uso de tabaco
   Dieta e uso de álcool
   Atividade física
   Sobrepeso e obesidade
   História familiar
   Riscos ambientais e ocupacionais
   Estresse e imunocompetência

Tratamento do câncer
   Diagnóstico precoce
   Opções de tratamento

Enfrentando o câncer
   Emoções, etnia e enfrentamento
   Conhecimento, controle e apoio social
   Intervenções cognitivo--comportamentais

Câncer

"*Papai, podemos ir pra casa agora? Não estou me sentindo mal, por isso não quero mais que me espetem.*" Isso foi o que disse meu filho Jeremy, de 6 anos, ao final de um dia muito longo no qual foi diagnosticado com câncer. Foi o dia em que o mundo da minha família parecia ter virado de cabeça para baixo.

Tudo começou de um modo relativamente simples, como os problemas de saúde na infância costumam ser: uma dor e inchaço no lado esquerdo do pescoço de Jeremy, que surgiam à noite e demoravam para passar. Uma consulta quase casual com o pediatra da família revelou que o desconforto era causado por glândulas linfáticas inchadas, mas não parecia razão para se preocupar. Apenas para garantir, Jeremy foi encaminhado ao hospital pediátrico da universidade a fim de fazer mais alguns exames para descartar quaisquer (improváveis) problemas graves de saúde. Começamos a nos preocupar depois de uma manhã de exames de sangue, exames físicos com uma sequência de enfermeiros, médicos e residentes e, por fim, ressonância magnética do pescoço de Jeremy. Fomos levados a uma pequena sala de espera na ala de oncologia pediátrica do hospital, onde ficamos chocados com o diagnóstico: linfoma não Hodgkin.

Nossa reação imediata foi de descrença. Como? Por quê? Como psicólogo da saúde, sei que provavelmente não havia respostas simples para essas questões. Não havia sinais de aviso ou sintomas. Jeremy sempre havia sido um garoto saudável e ativo. Não estava acima do peso, seguia uma dieta nutritiva e, pelo que sei, não tinha qualquer fator de risco conhecido para o câncer (exceto alguns parentes que tiveram câncer de pele). Assim como a vida de nosso filho estava começando, parecia, de um modo inexplicável, estar em risco de acabar.

Felizmente não estávamos impotentes frente à doença, que, apenas algumas décadas antes, quase na certa teria sido fatal. De imediato, começamos um ataque biopsicossocial completo, incluindo intervenções biomédicas de última geração que interromperam o andamento do câncer, uma dieta saudável e um programa de exercícios, bem como treinamento de relaxamento para reduzir o desconforto da quimioterapia e promover uma perspectiva positiva. A família, os amigos, os colegas, o médico e sobretudo os enfermeiros de Jeremy proporcionaram um amplo apoio social, e ele mesmo apresentou uma incrível força de caráter – em especial para uma criança pequena. Mostrou-se estoico ao longo do tratamento, o qual às vezes era doloroso (como nas espetadas de agulha) e incluía muitos ciclos de quimioterapia que induziam náuseas. Contudo, seu estoicismo não era acompanhado por retraimento. Ele compartilhava seus sentimentos, temores e a determinação de vencer a doença conosco, e ficávamos mais fortes devido a sua força. Às vezes, ele conseguia até rir de si mesmo e transformar a adversidade em um recurso visível. Quando a quimioterapia fez seu cabelo cair, Jeremy – que continua um fã apaixonado de Jornada nas Estrelas – brincou que parecia o jovem capitão Picard!

Hoje, quase 20 anos depois, Jeremy é um saudável cientista de computação que cursou o MBA e abriu uma empresa de sucesso que produz programas populares de mapeamento para computadores de mão. Ele viaja muito, pilota seu próprio avião (para que seu maravilhoso cão, Red, possa sentar a seu lado) e credita sua sobrevivência nos poderes da medicina de mente e corpo.

Ainda que eu não deseje esse doloroso capítulo de nossas vidas para pessoa alguma, nossa família sobreviveu e prosperou depois de trazermos Jeremy de volta à saúde. Todos nos tornamos mais conscientes da saúde e das interconexões entre nosso bem-estar físico, psicológico e social.

O que é o câncer?

Poucos conseguem evitar os efeitos do câncer, que mudam vidas para sempre – seja na própria pessoa ou em um ente querido. De fato, o **câncer** é a segunda principal causa de morte nos Estados Unidos, e muitas outras pessoas sofrem de variações não fatais, como Jeremy. Não é uma doença, mas um conjunto de mais de 100 doenças relacionadas, em que células anormais do corpo multiplicam-se e espalham-se de maneira descontrolada, formando uma massa tissular chamada de *tumor*.

Nem todos os tumores são cancerosos. Os tumores *benignos* (não cancerosos) tendem a permanecer localizados e normalmente não representam ameaça grave à saúde. Em comparação, os *malignos* (cancerosos) consistem em células renegadas que não respondem aos controles genéticos do corpo no que diz respeito a seu crescimento e sua divisão. Para piorar as coisas, as células malignas com frequência têm a capacidade de migrar de seu local de origem e atacar, invadir e destruir os tecidos circundantes. Se esse processo de **metástase** não for interrompido, os órgãos e sistemas do corpo podem ser lesionados e resultar em morte. Embora algumas células malignas permaneçam como tumores localizados e não se espalhem automaticamente, ainda assim representam uma ameaça à saúde e devem ser removidas por meio de cirurgia.

- **câncer** conjunto de doenças em que células anormais do corpo multiplicam-se e espalham-se de maneira descontrolada, formando uma massa tissular chamada de tumor.

- **metástase** processo em que células corporais malignas proliferam em grande número e espalham-se para os tecidos corporais circundantes.

Tipos de câncer

A maioria dos cânceres pode ser classificada como um dos quatro tipos seguintes:

- **Carcinomas** atacam as células *epiteliais* que recobrem as superfícies internas e externas do corpo. Tipo de câncer mais comum, os carcinomas representam aproximadamente 85% de todos os cânceres de adultos. Eles incluem os cânceres de mama, de próstata, de colo, de pulmão, de pâncreas e de pele. Afetando 1 em cada 6 pessoas nos Estados Unidos, o de pele é o tipo de câncer mais comum (e que cresce de forma mais rápida) (National Cancer Institute, 2010).
- **Sarcomas** são malignidades de células de músculos, ossos e cartilagens. Muito mais raros do que o carcinoma, os sarcomas representam apenas cerca de 2% de todos os tumores em adultos.
- **Linfomas** são cânceres que se formam no sistema linfático. Incluídas nesse grupo estão a *doença de Hodgkin*, uma forma rara de linfoma que se espalha a partir de um único nódulo, e o *linfoma não Hodgkin* de Jeremy, no qual as células malignas são encontradas em vários locais. Aproximadamente 74.490 pessoas nos Estados Unidos foram diagnosticadas com linfoma em 2009 (8.510 casos de linfoma de Hodgkin e 65.980 casos de linfoma não Hodgkin).
- **Leucemias** são cânceres que atacam os tecidos sanguíneos e formadores de sangue, como a medula óssea. A leucemia leva à proliferação dos leucócitos na corren-

- **carcinoma** câncer das células epiteliais que cobrem as superfícies internas e externas do corpo; inclui os cânceres de mama, de próstata, de pulmões e de pele.
- **sarcoma** câncer que ataca os músculos, os ossos e as cartilagens.
- **linfoma** câncer do sistema linfático; inclui a doença de Hodgkin e o linfoma não Hodgkin.
- **leucemia** câncer do sangue e do sistema produtor de sangue.

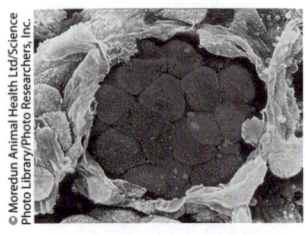

Um tumor maligno Esta micrografia eletrônica mostra um pequeno tumor de pulmão (centro) preenchendo um alvéolo (um dos sacos aéreos que formam os pulmões). As células individuais de câncer são cobertas por estruturas pilosas microscópicas conhecidas como microvilosidades.

te sanguínea e na medula óssea, a qual debilita o sistema imune. Embora muitas vezes considerada uma doença da infância, a leucemia ataca muito mais adultos (estimativa de 44 mil casos por ano) do que crianças (cerca de 4 mil casos por ano) (Leukemia and Lymphoma Society, 2010).

Suscetibilidade ao câncer

Muitos fatores individuais, como gênero, idade e origem étnica, afetam a suscetibilidade ao câncer. Por exemplo, embora, no decorrer da vida, mais homens (pouco menos de 1 em 2) desenvolvam câncer do que mulheres (pouco mais de 1 em 3), as mulheres são mais propensas a desenvolver qualquer tipo de câncer antes da idade de 60 anos. Ainda que elas sejam mais diagnosticadas com câncer de mama e os homens com câncer de próstata, o câncer de pulmão é a principal causa de morte para ambos os gêneros (Fig. 10.1 a seguir) (NCI Fast Stats, 2010). O fato de se e onde o câncer ataca ou não também varia com a idade. Assim como acontece com muitas outras doenças crônicas, quanto mais as pessoas envelhecem, maiores serão suas chances de desenvolver e morrer de câncer. Porém, nos Estados Unidos, o câncer também é a segunda principal causa de morte (depois dos acidentes) entre crianças de 1 a 14 anos de idade.

Variações na distribuição dos cânceres por raça e etnia aumentam a complexidade da epidemiologia da doença. Por exemplo, os afro-americanos apresentam as mais altas taxas de incidência para câncer em geral – um risco 60% maior do que para os hispano-americanos e os ásio-americanos – principalmente em razão das altas taxas de câncer de pulmão e de próstata entre os homens.

Os afro-americanos não apenas têm mais probabilidade de desenvolver câncer, como também são 33% mais propensos a morrer da doença do que os euro-americanos, e têm mais de duas vezes maior chance de morrer de câncer do que os ásio-americanos, ilhéus do Pacífico, nativos norte-americanos e hispano-americanos.

Conforme mencionado no Capítulo 1, muitas variáveis contribuem para as diferenças étnicas na incidência e na mortalidade por doenças crônicas, e o câncer não é exceção. Entre essas variáveis, estão o *status* socioeconômico, o conhecimento sobre o câncer e seu tratamento e as posturas a respeito da doença, que podem afetar o acesso ao serviço de saúde e a adesão a orientações médicas (SEER, 2010). Por exemplo, considere o câncer de mama. Embora as mulheres brancas tenham mais proba-

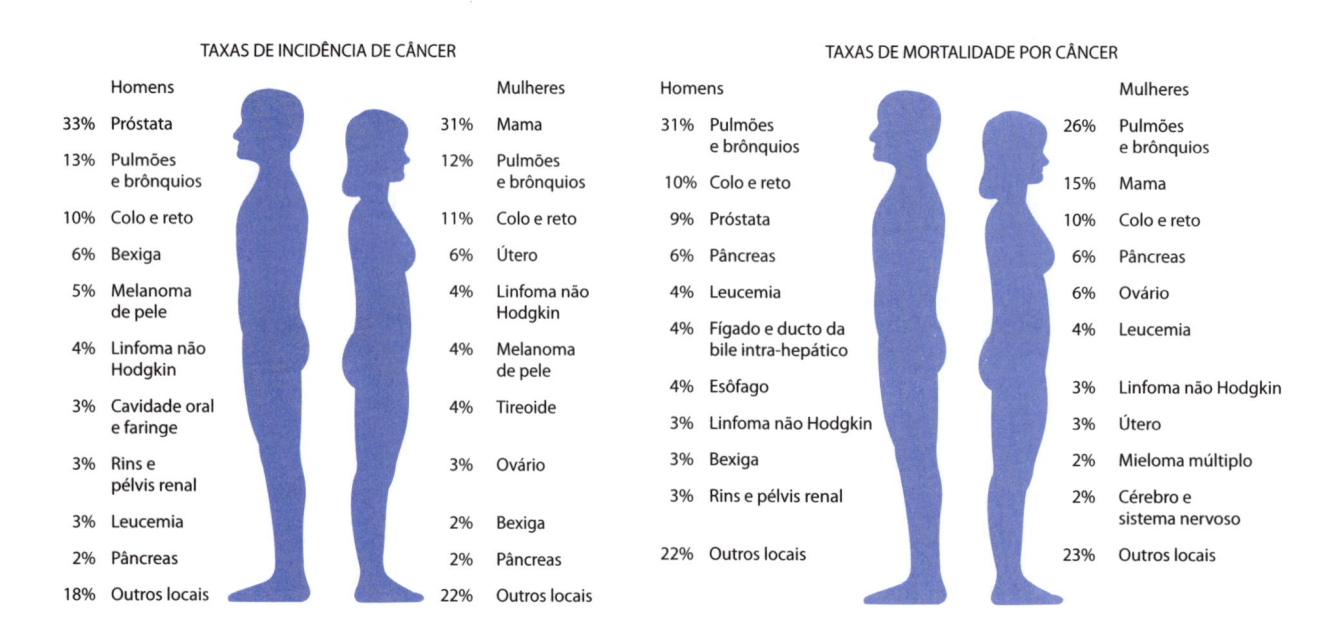

Figura 10.1

Estimativa de casos novos e mortes por câncer por tipo e gênero, em 2006. Embora as mamas nas mulheres e a próstata nos homens sejam os principais locais onde ocorrem casos novos de câncer (esquerda), o câncer de pulmão continua a ser a principal causa de mortes por câncer em homens e mulheres (direita).
Fonte: American Cancer Society, Inc. Surveillance Research.

TAXAS DE INCIDÊNCIA DE CÂNCER

Homens		Mulheres	
33%	Próstata	31%	Mama
13%	Pulmões e brônquios	12%	Pulmões e brônquios
10%	Colo e reto	11%	Colo e reto
6%	Bexiga	6%	Útero
5%	Melanoma de pele	4%	Linfoma não Hodgkin
4%	Linfoma não Hodgkin	4%	Melanoma de pele
3%	Cavidade oral e faringe	4%	Tireoide
3%	Rins e pélvis renal	3%	Ovário
3%	Leucemia	2%	Bexiga
2%	Pâncreas	2%	Pâncreas
18%	Outros locais	22%	Outros locais

TAXAS DE MORTALIDADE POR CÂNCER

Homens		Mulheres	
31%	Pulmões e brônquios	26%	Pulmões e brônquios
10%	Colo e reto	15%	Mama
9%	Próstata	10%	Colo e reto
6%	Pâncreas	6%	Pâncreas
4%	Leucemia	6%	Ovário
4%	Fígado e ducto da bile intra-hepático	4%	Leucemia
4%	Esôfago	3%	Linfoma não Hodgkin
3%	Linfoma não Hodgkin	3%	Útero
3%	Bexiga	2%	Mieloma múltiplo
3%	Rins e pélvis renal	2%	Cérebro e sistema nervoso
22%	Outros locais	23%	Outros locais

bilidade de desenvolver câncer de mama do que as afro-americanas, estas são mais propensas a morrer da doença. Mulheres afro-americanas apresentam historicamente menos probabilidade de realizar o autoexame da mama com regularidade e de fazer mamogramas, as duas formas mais eficazes de detecção precoce (American Câncer Society, 2010). Essas mulheres e as de outras minorias também tendem a ter menos acesso a seguros de saúde e a instalações de serviços de saúde e maior desconfiança do sistema médico, que pode ser percebido como insensível e racista. Isso explica por que o câncer de todos os tipos é com frequência diagnosticado em estágios posteriores (em geral mais graves) em afro-americanos do que em norte-americanos brancos. Os afro-americanos têm taxas menores de sobrevivência relativa de cinco anos do que os euro-americanos, quando todos os cânceres são considerados em conjunto (American Cancer Society, 2010). Finalmente, diferenças étnicas em dieta, uso de tabaco e outros fatores de risco para o câncer também desempenham um papel. Por exemplo, os afro-americanos tendem a fumar mais e seguir dietas mais gordurosas do que os norte-americanos – dois comportamentos implicados em muitas formas de câncer.

Fatores de risco para câncer

É interessante especular sobre o número de casos de câncer que surgiriam de forma natural em uma população de pessoas saudáveis que evitassem todos os carcinogênicos ambientais. De acordo com uma estimativa, epidemiologistas sugerem que menos de 25% de todos os cânceres se desenvolveriam mesmo assim como resultado de processos genéticos e biológicos incontroláveis (Lindor et al., 2006). Na maioria dos casos de câncer, fatores controláveis, como o tabagismo e a dieta, desempenham o papel mais importante.

Esta seção examina diversos fatores de risco para câncer. Embora esses fatores aumentem a chance de um indivíduo desenvolver a doença, nem todos que têm esses fatores de risco irão desenvolvê-la. Muitas pessoas com um ou mais fatores de risco nunca desenvolvem câncer, enquanto outras que desenvolvem a doença não possuem fatores de risco conhecidos.

Uso de tabaco

Como vimos no Capítulo 8, o tabagismo é a causa de morte mais evitável em nossa sociedade. A American Cancer Society estima que, em 2000, cerca de 1 em cada 5 mortes nos Estados Unidos foi causada pelo uso de tabaco, e a maioria dessas mortes relacionadas com o tabaco foi resultado de câncer. O tabaco é o **carcinogênico** mais letal nesse país (American Cancer Society, 2010).

O tabagismo causa câncer de pulmões, boca, estômago, laringe, esôfago, pâncreas, útero e colo, rins e bexiga (National Cancer Institute, 2010). Até 20% dos pacientes de câncer de pulmão que fumavam antes do diagnóstico continuam a fumar (ver Schnoll et al., 2003, para uma revisão). O uso continuado do tabaco depois do diagnóstico de câncer aumenta o risco de recaída e do desenvolvimento de outros tumores, reduz a eficácia da quimioterapia e de outras intervenções para o câncer e exacerba os efeitos colaterais desagradáveis do tratamento.

■ **carcinogênico** agente causador do câncer, como o tabaco, a radiação ultravioleta ou as toxinas do ambiente.

Dieta e uso de álcool

Apenas a dieta se aproxima do tabaco como causa de câncer, contabilizando aproximadamente o mesmo número de mortes por ano. A dieta é um fator primário em até um terço de todas as mortes por câncer (Brody, 1998c). Inúmeros fatores alimentares podem afetar o risco de câncer, incluindo os tipos de alimentos ingeridos, a maneira como a comida é preparada, o tamanho das porções, o equilíbrio da dieta e o balanço calórico total (AICR, 2010).

Embora pouco se saiba sobre os mecanismos pelos quais determinados alimentos transmitem efeitos à saúde, de maneira geral conhecemos quais as pessoas deveriam evitar e quais deveriam comer em abundância se quiserem minimizar o risco de câncer.

Alimentos que causam câncer

O American Institute for Cancer Research (AICR), junto ao World Cancer Research Fund (WCRF), publicou recentemente uma análise ampla da literatura sobre a dieta e o câncer (AICR, 2010). O relatório identifica cinco recomendações alimentares que as pessoas podem seguir para ajudar a reduzir seu risco de desenvolver câncer:

1. Reduzir o consumo de alimentos e bebidas que promovam o ganho de peso, ou seja, alimentos densos em energia e bebidas açucaradas.
2. Comer principalmente alimentos de origem vegetal.
3. Limitar o consumo de carne vermelha e evitar carne processada.
4. Limitar o consumo de bebidas alcoólicas.
5. Reduzir o consumo de sal e evitar cereais e legumes com mofo.

Os cânceres que foram relacionados de forma mais direta com os alimentos são aqueles que afetam as células que recobrem os tecidos do corpo, incluindo pulmões, colo, bexiga, estômago e reto e, em um nível menor, útero, próstata, mamas e rins. Não é de surpreender que esses cânceres sejam mais comuns em culturas reconhecidas por suas dietas com altos teores de gordura, como a dos Estados Unidos.

Estudos transculturais verificaram que mulheres norte-americanas de origem japonesa têm mais probabilidade de desenvolver câncer de mama quando moram nos Estados Unidos e consomem uma dieta típica norte-americana, rica em gordura (Wynder et al., 1991). A tradicional dieta asiática, rica em soja, explica em parte o risco em geral baixo de câncer de mama, de útero e de outras formas de câncer relacionadas com os hormônios em mulheres asiáticas. Os produtos de soja contêm *estrógenos vegetais* que podem proteger levemente contra o câncer de mama quando utilizados no lugar das carnes – em especial se o consumo é iniciado antes da puberdade (Aldercreutz, 2002). Dados do estudo do National Cancer Institute (NCI) com 188.736 mulheres após a menopausa – o maior estudo a abordar a questão – mostraram que mulheres cujas dietas continham mais gordura (40% de calorias) demonstravam 15% mais probabilidade de desenvolver câncer de mama do que as que comiam menos gordura (20% de calorias) (Thebaut et al., 2007).

Alimentos que combatem o câncer

Os alimentos saudáveis incluem vegetais, frutas, leguminosas (como feijões e ervilhas), carboidratos integrais (como arroz e farinha de trigo integrais, em vez de farinhas e grãos "brancos" refinados ou processados), gorduras boas (gorduras não hidrogenadas oriundas principalmente de fontes vegetais) e café orgânico (cafeinado ou descafeinado) em moderação.

Os alimentos protegem contra certos tipos de câncer bloqueando os processos carcinogênicos nas células do corpo. Por exemplo, os *antioxidantes*, como as vitaminas A e C, protegem contra as atividades dos radicais livres que prejudicam as células (Ames e Wakimoto, 2002).

Especialmente benéficos são os vegetais verde-escuros, amarelos e alaranjados, que são ricos em **carotenoides**, pigmentos que absorvem a luz e são encontrados em certas plantas. Os carotenoides são responsáveis pela cor de cenouras, tomates, abóboras, brócolis, couve-flor, couve-de-bruxelas, frutas cítricas e morangos. Um carote-

■ **carotenoides** pigmentos que absorvem a luz que dão a cenouras, tomates e outros alimentos sua cor e são fontes ricas de vitaminas antioxidantes.

noide, o *betacaroteno*, é decomposto pelo corpo como uma rica fonte de vitamina A. Essa vitamina é essencial para manter a saúde das células que recobrem os pulmões e o estômago. Dietas que incluem de 5 a 9 porções diárias de alimentos ricos em betacaroteno são associadas à redução no risco de câncer de pulmão, estômago, colo e reto e, em nível menor, de mama, bexiga e pâncreas. Produtos de tomate cozidos, que são ricos no carotenoide *licopeno*, podem reduzir o risco de câncer de próstata (Brody, 1998c).

Outros estudos verificaram que dietas ricas em frutas, vegetais e fibras podem oferecer proteção contra os cânceres de colo e reto, mais provavelmente porque promovam a rápida remoção de metabólitos que causam câncer. Em um grande estudo, George Fraser (1991) verificou que as pessoas que comiam frutas pelo menos duas vezes por dia tinham um quarto do risco de desenvolver câncer de pulmão, em comparação com aquelas que comiam frutas menos de três vezes por semana. Os participantes que comiam frutas de 3 a 7 vezes por semana apresentavam aproximadamente um terço do risco de desenvolver câncer de pulmão.

Dados do Nurses' Health Study, um dos mais importantes estudos já realizados sobre a saúde da mulher, revelam que mulheres antes da menopausa que consumiam cinco ou mais porções diárias de frutas e vegetais eram 23% menos propensas a desenvolver câncer de mama do que aquelas que comiam menos de duas porções por dia (NHS, 2010; Zhang et al., 1999). Embora esse nível de proteção pareça modesto, devemos lembrar que a ligação entre obesidade e câncer de mama é muito forte (ver Cap. 7) e que comer bastante frutas e vegetais também ajuda a manter um nível de peso saudável.

Pesquisadores estão estudando muitos outros alimentos como possíveis armas contra o câncer. Os alimentos protetores incluem alho, cebolas e alho-poró (que contêm um composto chamado *allium*, que pode proteger contra o câncer de mama) e alimentos ricos em *selênio*, como peixes, fígado, alho, ovos e grãos integrais (que podem reduzir o risco de câncer de próstata). Os mais novos candidatos anticâncer são o chá verde, o azeite de oliva (que pode reduzir o risco de câncer de mama quando usado em substituição a outras gorduras) e alimentos ricos em vitamina D e cálcio (que pode reduzir o risco de câncer de mama e de colo). A Tabela 10.1 resume as fontes de diversos alimentos anticâncer e seus possíveis benefícios.

Álcool

Embora o consumo moderado de bebidas alcoólicas possa reduzir o risco de doenças cardiovasculares (ver Cap. 9), a bebida em excesso, especialmente entre os usuários de tabaco, é um importante risco para câncer dos tratos respiratório e digestório superiores. O álcool também pode contribuir para câncer de mama, colo e reto e fígado. Mulheres que consomem duas ou mais bebidas alcoólicas por dia têm, no mínimo, um risco 25% maior de desenvolver câncer de mama do que aquelas que não bebem (Diez-Ruiz et al., 1995; NHS, 2010). A cirrose relacionada com o álcool é causa frequente de câncer de fígado e pode colocar o sistema imune em funcionamento exacerbado, mesmo quando não houver qualquer ameaça (além do excesso de álcool).

Entretanto, deve-se ter cuidado ao tirar conclusões sobre o álcool e a imunocompetência, pois as pessoas que abusam de álcool também podem sofrer de má nutrição e privação do sono e estar expostas a outros patógenos que comprometam sua saúde.

Atividade física

A falta de atividade física pode ser um fator de risco para certos tipos de câncer. Um estudo prospectivo de homens com câncer de colo e retal e homens saudáveis veri-

Tabela 10.1

Alimentos que podem prevenir o câncer

Substância	Fonte	Possível benefício à saúde
Alho	Alho em pó, cravos, suplementos	Pode ter propriedades antioxidantes que protegem contra o câncer de mama e estômago.
Flavonoides	Vinho tinto, uvas, maçãs, mirtilo (fruto)	Podem reduzir o risco de câncer de pulmão e de colo e reto.
Licopeno	Tomates, pimentas vermelhas, melancia	Pode ter propriedades antioxidantes mais fortes do que o betacaroteno, protegendo contra diversos tipos de câncer, incluindo o de próstata.
Betacaroteno	Frutas amarelas e alaranjadas, vegetais com folhas verde-escuras, damascos, abóboras, cenouras e espinafre	Associado a um menor risco de câncer de pulmão, estômago, colo e reto e, em um nível menor, de mama, bexiga e pâncreas.
Selênio	Fígado, cogumelos, alho, peixes	Acredita-se que aumente os efeitos antioxidantes da vitamina E e proteja contra o câncer de próstata.
Isoflavonas	Vagens, grãos, produtos de soja	Podem reduzir o risco de câncer de mama e de próstata.
Indol	Vegetais crucíferos como brócolis, couve-de-bruxelas e repolho	Pode reduzir o risco de diversas formas de câncer.

ficou que, quanto mais sedentário for o trabalho e quanto mais tempo trabalhar no emprego, maior será seu risco de câncer de colo (Vena et al., 1985). Mais recentemente, pesquisadores relataram, de maneira semelhante, uma relação inversa entre o nível geral de atividade física e o risco de câncer de colo em homens e mulheres (White et al., 1996). Esses resultados sugerem que o estilo de vida sedentário seja um fator de risco para o câncer de colo, uma das principais causas de mortalidade em decorrência dessa doença.

A atividade física regular – relacionada com o trabalho ou recreacional – também pode proteger contra câncer de mama. Por exemplo, Suzanne Shoff e colaboradores (2000) verificaram que mulheres fisicamente ativas que haviam perdido peso desde os 18 anos de idade, ou que o haviam ganho apenas quantidades mínimas, apresentaram apenas metade da probabilidade de mulheres inativas de desenvolver câncer de mama após a menopausa. As evidências mais convincentes provêm do Nurses' Health Study, o qual relatou que mulheres que fazem exercícios sete horas ou mais por semana tinham 20% menos probabilidade de desenvolver câncer de mama do que as que se exercitavam durante menos de uma hora por semana (Rockhill et al., 1999; NHS, 2010).

O ato de caminhar, a atividade física relatada com mais frequência, mostrou-se tão eficaz para proteger contra o câncer quanto formas mais extenuantes de exercício. De modo similar, dados do grande Women's Health Initiative Cohort Study indicam que mulheres que faziam o equivalente a pelo menos uma hora e meia de caminhada rápida por semana tinham um risco 18% menor de câncer de mama do que mulheres inativas (McTiernan et al., 2003). Considerando o impacto conjunto da dieta e da atividade física, pesquisadores estimam que até um terço dos casos de câncer de mama poderia ser prevenido se as mulheres comessem menos e se exercitassem mais (Cheng, 2010).

Sobrepeso e obesidade

A relação entre obesidade e maior risco de morrer de câncer e outras causas foi estabelecida há muito tempo. A obesidade aumenta o risco de cânceres de endométrio (o revestimento do útero), colo, rins, esôfago, pâncreas, ovários e vesícula (NCI, 2010).

O efeito da obesidade sobre o risco de câncer de mama depende do momento da menopausa da mulher. Antes da menopausa, mulheres obesas têm um risco menor de desenvolver câncer de mama do que as não obesas. Todavia, após a menopausa, as obesas têm risco 1,5 vez maior de desenvolvê-lo do que mulheres não obesas. A relação entre obesidade e risco de câncer de mama é maior em mulheres com uma grande quantidade de gordura abdominal.

Até pouco tempo atrás, a relação entre estar acima do peso e maior risco de morrer estava indefinida. Em 2009, o Centers for Disease Control and Prevention (CDC) verificou que a proporção de adultos com sobrepeso (33%) nos Estados Unidos é igual à de obesos (34%). Como vimos no Capítulo 7, o sobrepeso e a obesidade são definidos por meio de uma medida chamada de índice de massa corporal (IMC), calculado pela divisão do peso da pessoa pelo quadrado de sua altura. Um IMC de 18,5 a 25 é considerado normal; um IMC de 25 a 29,9, sobrepeso; e IMC acima de 30, obesidade.

O grande NIH-AARP Diet and Health Study monitorou o estado de saúde de mais de meio milhão de norte-americanos entre as idades de 50 e 71 anos, de 1995 a 2005, usando questionários enviados pelo correio e analisando atestados de óbito. Entre os não fumantes, o risco de mortalidade aos 50 anos entre indivíduos com sobrepeso aumentou em 20 a 40%. Esse risco entre os participantes obesos aumentou de 2 a 3 vezes (NCI, 2010).

Os mecanismos exatos pelos quais a obesidade e o sobrepeso aumentam o risco de câncer não são conhecidos e podem ser diferentes para cada tipo da doença. Entre os mecanismos possíveis em pessoas obesas, estão alterações em hormônios sexuais (estrógeno, progesterona e testosterona), bem como nos hormônios insulina e fator de crescimento semelhante à insulina (IGF-1) que podem aumentar o risco para cânceres de mama, endométrio e colo (NCI, 2010d).

História familiar

Apenas uma pequena porcentagem de todos os casos de câncer de mama é hereditária. A maioria (por volta de 95%) está ligada a uma combinação de fatores de risco genéticos e não genéticos. Os fatores de risco não genéticos incluem obesidade, menos idade na menarca, falta de exercício, tabagismo, dieta inadequada, uso de contraceptivos orais, presença de outras doenças nas mamas, exposição à radiação e uso de álcool.

Porém, a vulnerabilidade genética pode interagir com outros fatores de risco e aumentar o risco do indivíduo. Por exemplo, aproximadamente um terço das 175 mil mulheres diagnosticadas com câncer de mama a cada ano nos Estados Unidos tem história familiar da doença. As evidências contrárias são do Nurses' Health Study, o qual verificou que as filhas de mulheres diagnosticadas com câncer de mama antes de 40 anos de idade eram acima de duas vezes mais propensas a desenvolver câncer de mama, em comparação com mulheres cujas mães não tinham história da doença. As filhas de mulheres que tiveram câncer de mama após a idade de 70 anos tinham 1,5 vez mais probabilidade de desenvolver câncer de mama. As participantes que tinham uma irmã com câncer de mama eram acima de duas vezes mais propensas a desenvolver essa forma de câncer; quando a mãe e a irmã haviam sido diagnosticadas com câncer de mama, o risco aumentava para 2,5 vezes (Colditz et al., 1993; NHS, 2010).

Tanto homens quanto mulheres podem herdar e transmitir genes deficientes. Famílias nas quais o câncer de mama é herdado em geral apresentam as seguintes características:

- Câncer de mama em duas ou mais parentes próximas, como mãe e duas irmãs
- Começo precoce – frequentemente antes dos 50 anos de idade – do câncer de mama em membros da família

- História de câncer de mama em mais de uma geração
- Câncer em ambas as mamas em uma ou mais familiares
- Ocorrência frequente de câncer ovariano
- Descendência judaica asquenaze (Europa Central e do Leste), com história familiar de câncer de mama e/ou ovariano

Outras formas de câncer também estão ligadas a genes mutantes. Um exemplo é o *carcinoma celular basal*, a forma de câncer de pele mais comum (e normalmente localizada) (NCI Fast Stats, 2010). Outros exemplos incluem o câncer de ovário, próstata, pâncreas e laringe (Smith, 1998). Homens que portam esse gene mutante são quase duas vezes mais propensos do que os não portadores a desenvolver câncer de próstata até os 80 anos de idade.

Riscos ambientais e ocupacionais

O grau de ameaça de câncer representado por toxinas ambientais depende da concentração do carcinogênico e da quantidade de exposição à toxina. Entretanto, mesmo uma exposição em doses baixas representa ameaça significativa à saúde pública quando um grande segmento da população está envolvido.

Substâncias químicas tóxicas

Várias substâncias químicas são claramente carcinogênicas, incluindo o amianto, o cloreto de vinila e o arsênico. Além disso, alguns pesquisadores acreditam que a exposição a compostos que contenham cloro, encontrados em alguns produtos domésticos de limpeza e em controle de pestes, pode aumentar o risco de câncer de mama e possivelmente de outras formas de câncer relacionadas com os hormônios. Embora os meios de comunicação populares se concentrem nos perigos de pesticidas, as concentrações muito baixas encontradas em alguns alimentos em geral estão de acordo com os níveis de segurança estabelecidos e representam riscos mínimos.

Estima-se que as toxinas ambientais encontradas no ar, no solo e na água contribuam para cerca de 2% dos casos fatais de câncer, principalmente na bexiga e nos pulmões. Ainda que a exposição a níveis elevados de poluição do ar a longo prazo – em especial para os fumantes – possa aumentar o risco de câncer de pulmão em até 50%, esse número desaparece em comparação ao aumento de 2.000% no risco causado pelo ato de fumar.

Apesar de alguns estudos relacionarem a cloração e a fluoração da água ao câncer de bexiga, a maioria dos especialistas acredita que o risco potencial à saúde seja pequeno e superado pelo perigo maior de disseminação de doenças, como o cólera e a febre tifoide, por germes em água sem cloro. Além disso, o flúor na água potável é um agente eficaz na prevenção de cáries dentárias (NCI, 2010e).

Radiação

Desde a década de 1960, a pele bronzeada está na moda. Entretanto, muitas pessoas se queimam em vez de se bronzearem, e sabemos que um efeito grave a longo prazo da queimadura de sol é o câncer de pele. Naquela época, quando os filtros solares eram desconhecidos, tomar banho de sol era especialmente arriscado. Será de surpreender então que 40 a 50% de todos os norte-americanos que atingem 65 anos de idade desenvolvam câncer de pele (American Cancer Society,

Bronzeados são prejudiciais à saúde A radiação ultravioleta, seja oriunda do sol ou de um salão de bronzeamento, prejudica e envelhece a pele prematuramente (uma pessoa de 20 anos de idade que se bronzeie com frequência pode parecer 10 anos mais velha). O bronzeamento frequente também contribui para o câncer de pele. O único bronzeado seguro é o bronzeado falso, criado por um produto de autobronzeamento sem o envolvimento do sol.

2010)? Mesmo hoje, esse é o tipo de câncer mais comum e o que mais cresce nos Estados Unidos.

A radiação de alta frequência, a ionizante e a ultravioleta são carcinogênicos comprovados. Os raios ultravioleta B, que podem danificar o ácido desoxirribonucleico (DNA), causam mais de 90% de todos os cânceres de pele, incluindo o **melanoma**, uma forma de câncer potencialmente mortal que se forma em células da pele. Muitos pesquisadores acreditam que a frequência geral de queimaduras de sol durante a infância seja um aspecto fundamental no melanoma. Isso explica por que as pessoas que se bronzeiam apresentam incidência menor de melanoma do que aquelas que se queimam. Outro fator na tendência crescente do câncer de pele é a redução da camada de ozônio da Terra, que filtra a radiação ultravioleta, prejudicial à pele.

■ **melanoma** forma potencialmente mortal de câncer que ataca as células da pele que contêm melanina.

Devido às evidências de que os raios ultravioletas solares podem causar câncer, por que tantas pessoas continuam a se expor ao sol? Em um estudo, pesquisadores entrevistaram aficionados do sol em praias da Califórnia para determinar os fatores que influenciaram sua decisão de se deitar ao sol (Keesling e Friedman, 1987). Aqueles com os bronzeados mais profundos (que também relataram haver passado as maiores quantidades de tempo ao sol) eram os que sabiam menos sobre o câncer de pele. Eles também eram mais relaxados, mais sensíveis à influência dos amigos que valorizavam um bronzeado bonito, mais propensos a correr outros riscos e se concentravam mais em sua aparência. Um estudo mais recente com adolescentes australianos relata que pessoas com bronzeados "médios" eram percebidas como mais saudáveis e mais atraentes do que as sem bronzeado (Broadstock et al., 2006). De maneira interessante, isso nem sempre foi assim. O negócio do bronzeamento explodiu na década de 1990, principalmente em culturas ocidentais. Em outras partes do mundo, a pele clara continua sendo o padrão de beleza.

Não foi provado que a radiação não ionizante, ou de baixa frequência (como a que provém de micro-ondas, telas de radar, eletricidade e rádios) cause câncer. Outro medo comum que não tem fundamento é o de residir próximo a uma usina nuclear. Em estudo realizado durante 35 anos com mais de 40 milhões de pessoas, pesquisadores compararam taxas de mortalidade por câncer de norte-americanos que moravam perto de usinas nucleares com as taxas de mortalidade por câncer de pessoas que viviam em regiões que não tinham usinas nucleares. Não foram encontradas diferenças entre os dois grupos (Jablon et al., 1991). Do mesmo modo, embora os resíduos tóxicos em locais de disposição possam ameaçar a saúde por meio da poluição do ar, da água e do solo, a maior parte da exposição cotidiana envolve níveis muito pequenos e não apresenta riscos graves para a saúde.

Carcinogênicos ocupacionais e poluição

Sabe-se há muito que as pessoas cujo trabalho envolve a exposição a certos produtos químicos correm risco maior de desenvolver câncer do que as outras. Os *cânceres ocupacionais* afetam principalmente o pulmão, a pele, a bexiga e os sistemas do corpo que formam o sangue (NIOSH, 2010). Por exemplo, aqueles que trabalham com amianto, cromo e compostos de cromo têm muito mais probabilidade do que outros trabalhadores de desenvolver câncer de pulmão. Os trabalhadores que ficam expostos ao benzeno, solvente utilizado em vernizes e corantes, têm risco elevado de desenvolver leucemia.

Outras substâncias reconhecidamente cancerígenas incluem os resíduos do diesel e o radônio. Nos últimos anos, contudo, medidas rígidas de controle no local de trabalho, pelo menos nos países desenvolvidos, reduziram a proporção de mortes de câncer causadas por carcinogênicos relacionados com o trabalho para menos de 5%. É lamentável que essas medidas de controle em geral não acompanhem a industrialização nos países em desenvolvimento, nos quais ainda é provável que o número de mortes relacionadas com o câncer aumente.

Estresse e imunocompetência

Com os recentes avanços na *psiconeuroimunologia*, pesquisadores estão prestando mais atenção em fatores psicológicos – sobretudo o papel do estresse – no desenvolvimento do câncer. No Capítulo 4, vimos como os pesquisadores da psiconeuroimunologia estudam as relações entre a mente, o corpo e a imunidade. A **imunocompetência** – a capacidade do sistema imune de montar uma defesa eficaz contra doenças e agentes estranhos prejudiciais – depende de muitos fatores, incluindo a saúde geral do indivíduo, a natureza da doença ou do agente estranho que ameaça a saúde e a percepção de estresse.

De que maneira a percepção de estresse promove o desenvolvimento do câncer? Segundo a **teoria da vigilância imunológica**, as células *natural killer* (NK) e outros agentes do sistema imune impedem que as células cancerosas, que se desenvolvem espontaneamente no corpo, espalhem-se e transformem-se em novos tumores. Todavia, quando o sistema imune é superado pelo número de células cancerosas ou enfraquecido pelo estresse ou algum outro fator, a vigilância imunológica é suprimida, e o câncer consegue se desenvolver.

A percepção de estresse causado por exames acadêmicos, trabalho, divórcio ou luto, responsabilidade por um parente com uma doença terminal, catástrofes naturais e desemprego, por exemplo, tem um efeito adverso sobre nosso funcionamento imunológico (ver Cohen et al., 2001, para uma revisão). Com base nisso, um dos primeiros modelos de psiconeuroimunologia, o *modelo da imunossupressão global*, propunha que o estresse sempre suprime as respostas imunológicas. Acreditava-se que esse tipo de imunidade enfraquecida fosse responsável pela incidência maior de doenças infecciosas e alguns tipos de câncer encontrados em pessoas com estresse crônico.

Ainda que o modelo da imunossupressão global tenha dominado o pensamento dos pesquisadores da psiconeuroimunologia por anos, e ainda seja influente, para alguns estudiosos, o conceito de redução ampla na imunidade não faz sentido como uma resposta da espécie a todos os estressores. Eles argumentam que, se a resposta imunológica ao estresse, de fato, evoluiu, uma pessoa saudável não deveria ser afetada negativamente quando ela fosse desencadeada, pois isso seria mal-adaptativo; a seleção natural teria filtrado tal aspecto no decorrer da evolução. De fato, estudos realizados nos últimos 35 anos, analisando a relação entre estresse e risco de câncer, revelaram resultados conflitantes (Segerstrom e Miller, 2004). Alguns estudos relatam uma relação indireta entre estresse e certos tipos de cânceres relacionados com vírus, como o sarcoma de Kaposi e alguns linfomas (NCI, 2010c). E, se bem que muitos estudos tenham demonstrado que o estresse tem um impacto adverso sobre o funcionamento neuroendócrino e imunológico, o significado clínico dessas mudanças para pacientes de câncer não está claro (Luecken e Compas, 2002). Uma razão para a inconsistência em resultados ao ser analisado o risco de câncer é que é difícil separar o estresse de outros fatores, como o tabagismo, o álcool, o sobrepeso e até mesmo o envelhecimento.

Para abordar esse problema, o *modelo bifásico* propõe que apenas os estressores mais crônicos causem imunossupressão global. Estressores de curto prazo que desencadeiam nossa resposta de luta ou fuga não têm efeito sobre a imunidade ou podem, na verdade, *aumentá-la* para nos ajudar na defesa contra uma possível infecção ou um ferimento (Dhabhar e McEwen, 2001; Segerstrom e Miller, 2004). Exemplos de estressores agudos que promovem a imunidade natural incluem tarefas complexas no computador, aritmética mental e ruídos altos. Em contrapartida, estressores crônicos, como o luto, o papel de cuidador de alguém por muito tempo e o sofrimento de uma lesão traumática, produzem supressão global da maioria das medidas de funcionamento imunológico.

■ **imunocompetência** a capacidade geral do sistema imune, em dado momento, de defender o corpo contra os efeitos prejudiciais de agentes estranhos.

■ **teoria da vigilância imunológica** teoria segundo a qual as células do sistema imune desempenham uma função de monitoramento, procurando e destruindo células anormais, como as que formam tumores.

Tratamento do câncer

Quando o câncer se desenvolve, seu impacto sobre a saúde muitas vezes pode ser minimizado por meio da detecção e do tratamento no início da doença.

Diagnóstico precoce

Um diagnóstico de câncer pode resultar em meses ou anos de tratamento desconfortável e/ou doloroso. Isso ocorre porque o câncer desenvolve-se ao longo do tempo, à medida que células neoplásicas transformam-se em tumores que podem formar metástases em tecidos circundantes. A detecção precoce desse processo, antes que células malignas se estabeleçam, pode melhorar as chances de sobrevivência de forma expressiva (Fig. 10.2 a seguir). Infelizmente, muitas pessoas se recusam a fazer autoexames e não seguem os protocolos de exame recomendados para câncer da próstata, mama, colo, reto e cérvix (Tab. 10.2). Além disso, até 30 a 50% das pessoas com sintomas visíveis de câncer demoram de 3 a 4 meses para procurar cuidados médicos (Arndt et al., 2002 Singer, 1998) (ver Tab. 10.3).

Para indivíduos com histórias familiares de câncer, a triagem genética tornou-se um método importante de detecção precoce. Um exame de sangue simples pode detectar mutações genéticas relacionadas com um risco maior de muitos tipos de câncer. Esses testes, porém, suscitaram diversas questões éticas e práticas. No âmbito prático, muitos laboratórios que administram esses exames não seguem os controles regulatórios que ajudam a garantir a validade de testes genéticos. Outrossim, tais controles, por sua vez, são reconhecidamente vagos e inadequados. E alguns laboratórios vendem *kits* de exames para médicos, obstetras e profissionais da atenção primária que não possuem *expertise* em genética médica.

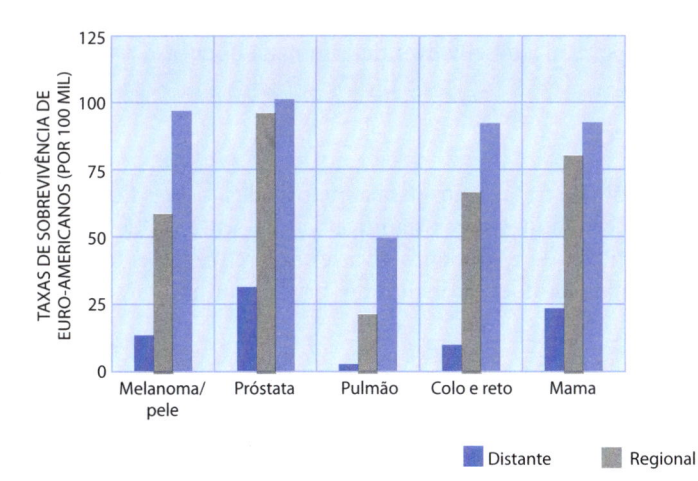

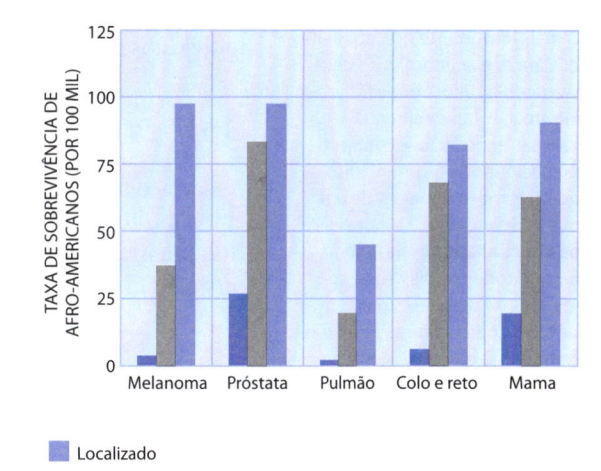

Figura 10.2

Taxas de sobrevivência relativa de cinco anos por raça e estágio no momento do diagnóstico. As taxas de sobrevivência relativa de cinco anos são usadas em geral para monitorar o progresso na detecção precoce e no tratamento do câncer. Isso inclui todos os sobreviventes, estejam eles em remissão, curados ou sob tratamento. O termo *localizado* refere-se a um tumor maligno totalmente confinado no órgão de origem. *Regional* refere-se a um tumor maligno que já se estendeu além dos limites do órgão de origem para os tecidos ou órgãos adjacentes, e/ou envolve nódulos linfáticos regionais por meio do sistema linfático. *Distante* refere-se a um câncer maligno que se espalhou para partes remotas do corpo a partir do tumor primário, por extensão direta ou metástase ou pelo sistema linfático para nódulos linfáticos distantes. Quanto mais cedo ocorre a detecção, maior a probabilidade de que o tumor seja localizado; assim, a sobrevivência aumenta notavelmente se o câncer for diagnosticado mais cedo.
Fonte: Surveillance, Epidemiology, and End Results (SEER) Program, do National Cancer Institute (search.nci.nih.gov/).

Tabela 10.2

Prevalência de exames de câncer em cinco grupos raciais e étnicos

Exame de câncer	Euro--americanos (%)	Afro--americanos (%)	Hispano--americanos (%)	Nativos norte-americanos (%)	Provenientes da Ásia e de ilhas do Pacífico (%)
Exame da próstata (proctoscopia) nos últimos cinco anos	30,4	28,2	22,4	27,6	Califórnia:* 24,3; Havaí:* 40,7
Exame de colo e reto	18,2	20,3	14,2	12,3	Califórnia:* 2,6; Havaí:* 23,8
Mamograma nos últimos dois anos	73,7	76,1	63,5	Alasca:* 93,5	Havaí:* 80,7
Exame do cérvix do útero nos últimos três anos	84,7	91,1	80,9	90,5	Havaí:* 84,2

*Indica estimativas de prevalência específicas para o estado, disponíveis para o grupo racial/étnico correspondente.
Fonte: Behavioral Risk Factor Surveillance System, Surveillance Summary Report, 2000. National Center for Chronic Disease Prevention and Health Promotion, Centers for Disease Control and Prevention.

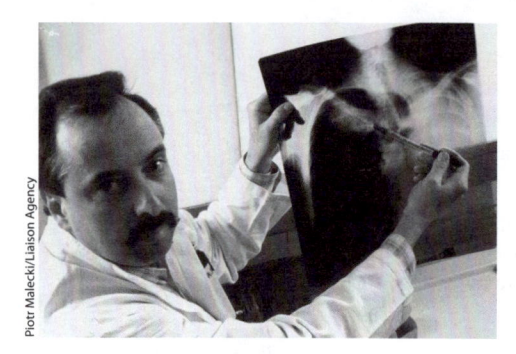

Detectando o câncer de pulmão
O mais importante no tratamento do câncer é a detecção precoce. Um simples raio X pode fornecer informações preliminares valiosas em relação à condição do paciente. Aqui, um médico polonês mostra o raio X de um pulmão canceroso. Embora cerca de 40% dos adultos na Polônia fumem todos os dias, mais de 3 milhões de poloneses pararam de fumar desde que as primeiras campanhas nacionais contra o tabagismo foram lançadas, no começo da década de 1990.

O problema mais significativo está ligado à ética dos testes genéticos e ao conhecimento que eles proporcionam. A capacidade de prever o futuro genético de uma pessoa também suscita uma variedade de questões psicossociais, tanto para o indivíduo examinado quanto para outros familiares que poderiam estar em risco (Cella et al., 2002). Se estivesse destinado a desenvolver câncer, você gostaria de saber? Qual seria sua reação a isso? Fornecer às pessoas o diagnóstico de uma doença incurável levanta preocupações, em especial ao lidar com crianças, que podem não entender plenamente as implicações dos exames. Outros temem que crianças identificadas como portadoras de doenças graves sofram discriminação. Uma preocupação relacionada é a possibilidade real de que empresas de seguros neguem a cobertura para indivíduos que tenham predisposição a desenvolver determinada doença.

Opções de tratamento

Até pouco tempo atrás, as opções de tratamento para a maioria das formas de câncer eram muito limitadas, e o câncer muitas vezes significava uma sentença de morte. Atualmente, existem muitas opções de tratamento eficazes que reduzem as taxas de mortalidade da maioria dos tipos da doença, incluindo cirurgia, quimioterapia, ra-

Tabela 10.3

Sinais de advertência para o câncer

Lembrar da palavra *cautela* irá ajudá-lo a identificar os sinais de advertência mais comuns para o câncer. Embora alguns desses sintomas possam ser causados por condições menos graves, você definitivamente deve procurar um médico para excluir o câncer como causa. Mais importante, não espere até sentir desconforto ou dor. Nos estágios iniciais do desenvolvimento, a maioria das formas de câncer não causa dor.

C Corrimento ou sangramento anormal.
A Alterações em hábitos dos intestinos ou da bexiga.
U Uma ferida que nunca cura.
T Tosse ou rouquidão importuna.
E Endurecimento ou nódulo nas mamas ou em qualquer parte do corpo.
L Lentidão ou dificuldade para fazer a digestão.
A Alteração óbvia em uma verruga ou sinal.

Fonte: American Cancer Society, 2006.

dioterapia e combinações como aquelas que envolvem transplantes de medula óssea e radioterapia (Varmus, 2006).

Cirurgia

A cirurgia é a forma mais antiga de tratamento para o câncer e em geral oferece a maior chance de cura para a maioria dos tipos da doença. Aproximadamente 60% dos pacientes de câncer submetem-se a alguma forma de cirurgia, que costuma ser recomendada para atingir um dos objetivos a seguir:

- A cirurgia *diagnóstica* é usada com a finalidade de obter uma amostra de tecido para exame de laboratório, visando a confirmar um diagnóstico e identificar o câncer específico. O procedimento para remover todo ou parte de um tumor para testes diagnósticos é chamado de *biópsia*.
- A cirurgia *preventiva* (ou profilática) é realizada para remover um tumor que não é maligno no momento, mas que pode se tornar se não for tratado. Às vezes, esse tipo de cirurgia é usado para remover um órgão quando a pessoa possui um problema hereditário que torna provável o desenvolvimento de um câncer.
- A cirurgia de *extensão* é utilizada para determinar a extensão da doença. Na *laparoscopia*, passa-se um tubo por uma pequena incisão no abdome para examinar seu conteúdo e remover amostras de tecidos.
- A cirurgia *curativa* envolve a remoção de um tumor quando parece localizado e existe esperança de remover todo o tecido canceroso.
- A cirurgia *restauradora* (ou reconstrutiva) é utilizada para restaurar a aparência da pessoa ou a função de um órgão ou parte do corpo. Exemplos incluem a reconstrução dos seios após a mastectomia ou o uso de transplantes *protéticos* de ossos ou articulações (metal ou plástico) depois da intervenção cirúrgica do câncer nos ossos.

Quimioterapia

Quimioterapia é o uso de medicamentos para tratar o câncer. Enquanto a cirurgia e a radioterapia destroem células cancerosas em uma área específica, a quimioterapia pode destruir células cancerosas que se espalharam em metástases para partes do corpo afastadas do tumor original ou primário. Esses agentes *sistêmicos* viajam na corrente sanguínea para atingir todas as áreas do corpo.

Dependendo do tipo de câncer e de seu estágio de desenvolvimento, a quimioterapia pode ser usada para curá-lo, para impedir que se espalhe, para reduzir seu crescimento, para matar células cancerosas que possam ter migrado para outras partes do corpo a partir do tumor original ou para aliviar os sintomas causados pela doença. Em uma das mais novas formas de quimioterapia, a **imunoterapia**, são usados medicamentos para aumentar a capacidade do sistema imune de atacar células cancerosas de forma seletiva (Disis, 2005).

Os medicamentos anticâncer são feitos para matar células que crescem rapidamente; entretanto, como viajam pelo corpo, podem afetar células saudáveis e normais. As células normais com mais probabilidade de serem afetadas são as sanguíneas que se formam na medula óssea e as do sistema digestório, do sistema reprodutivo e dos folículos pilosos (a razão para Jeremy ter perdido o cabelo temporariamente). Alguns fármacos anticâncer também podem prejudicar as células do coração, dos rins, da bexiga, dos pulmões e do sistema nervoso.

Os efeitos colaterais mais comuns da quimioterapia são náusea e vômitos, queda de cabelo e fadiga. Efeitos colaterais menos comuns incluem sangramento, infecções e anemia. Embora os efeitos colaterais não sejam tão ruins quanto se espera, sua reputação produz muita ansiedade naqueles que se submetem à quimioterapia.

Quando a psicóloga infantil Elizabeth King foi diagnosticada com câncer, seu filho logo criou uma história ilustrada sobre um personagem chamado "Tubarão Kemo", que nadava dentro do corpo de sua mãe comendo as células do câncer e às vezes algumas células saudáveis por engano, fazendo-a ficar doente. Quando concluiu o tratamento, King produziu a história de seu filho, transformando-a em um livro infantil, e criou a organização sem fins lucrativos KIDSCOPE para levantar dinheiro a fim de distribuir gratuitamente a obra. (Ver http://www.kidscope.org. – Cortesia da KIDSCOPE; criado por Mitchell McGraugh.)

- **imunoterapia** forma de quimioterapia em que medicamentos são utilizados para auxiliar ou aumentar a capacidade do sistema imune de atacar células cancerosas de forma seletiva.

Radioterapia

Todas as células, cancerosas e saudáveis, crescem e se dividem. Porém, as células cancerosas crescem e se dividem de forma mais rápida do que muitas das células normais que as rodeiam. A radioterapia aplica doses altas de raios X, raios gama ou partículas alfa e beta em tumores cancerosos, matando-os ou danificando-os para que não possam mais crescer, multiplicar-se ou espalhar-se. Ainda que algumas células normais possam ser afetadas pela radiação, a maioria delas se repara sozinha e recupera-se totalmente dos efeitos do tratamento. Ao contrário da quimioterapia, que expõe todo o corpo às substâncias químicas que combatem o câncer, a radioterapia afeta apenas o tumor e a área adjacente.

Estima-se que 350 mil pacientes de câncer recebam radioterapia a cada ano, mais de metade de todos os casos de câncer. Ela é o principal tratamento para o câncer em qualquer parte do corpo, incluindo tumores na cabeça e no pescoço, doença de Hodgkin nos estágios iniciais, linfoma não Hodgkin e os cânceres de pulmão, mamas, cérvix, próstata, testículos, bexiga, tireoide e cérebro. A radioterapia pode ser usada para encolher um tumor antes de uma cirurgia (para que ele possa ser removido com mais facilidade) ou após uma cirurgia, para impedir o crescimento de quaisquer células cancerosas que tenham permanecido.

Assim como a quimioterapia, a radiação frequentemente está associada a efeitos colaterais, incluindo perda temporária ou permanente de cabelo na área que está sendo tratada, fadiga, perda de apetite, manchas na pele e perda de glóbulos brancos. Positivamente, milhares de pessoas se livraram do câncer após receberem tratamentos apenas com radiação ou em combinação com cirurgias ou quimioterapia.

Tratamentos alternativos

> Os tratamentos alternativos para o câncer serão discutidos de forma mais aprofundada no Capítulo 14.

Muitos portadores de câncer já tentaram uma ou mais intervenções como alternativa aos tratamentos médicos. Entre eles estão aromaterapia, *biofeedback*, meditação, musicoterapia, oração e práticas espirituais, ioga, *tai chi* (uma forma de "meditação com movimentos"), terapia com arte, massoterapia e fitoterapia. Embora as terapias alternativas não sejam comprovadas de modo geral e não tenham sido testadas de maneira científica, muitas *podem* ser usadas de forma segura com tratamentos biomédicos conhecidos para aliviar os sintomas ou os efeitos colaterais, diminuir a dor e aumentar a qualidade de vida do paciente.

Enfrentando o câncer

As doenças que ameaçam a vida, como o câncer, criam situações especiais de estresse para os pacientes e suas famílias. É uma doença muito temida, que a maioria das pessoas sabe que pode ser intensamente dolorosa e levar à invalidez, ao desfiguramento ou à morte. Assim como as expectativas de sobrevivência dos pacientes aumentaram, também cresceu a necessidade de apoio psicossocial visando a restaurar ou manter a qualidade de vida. Psicólogos da saúde estão ajudando a concentrar a atenção e os recursos disponíveis para capacitar os pacientes e suas famílias no enfrentamento dos efeitos adversos do tratamento para o câncer. Também estão ajudando os profissionais da saúde a reconhecer que a adaptação ao câncer não é igual para todos os pacientes (Helgeson et al., 2004).

Pesquisas sobre as respostas emocionais e comportamentais de pacientes de câncer à cirurgia mostram, de maneira consistente, níveis pré e pós-cirúrgicos elevados de ansiedade. Em comparação com aqueles que fazem cirurgia para condições benignas, pacientes de cirurgias para o câncer têm níveis gerais de perturbação mais altos e taxas mais baixas de recuperação emocional. Em um estudo, as expectativas pré-cirúrgicas de pacientes com câncer de mama foram prognósticos claros de seus níveis *pós-cirúrgicos* de dor, fadiga e náusea (Montgomery, 2004).

Mesmo quando o tratamento para o câncer é bem-sucedido e a doença está em remissão, o medo, o estresse e a incerteza não terminam. A ameaça de recorrência paira no ar, para alguns pacientes para o resto de suas vidas. De fato, a perturbação associada à recaída do câncer é geralmente ainda maior do que após o diagnóstico inicial (Vickberg, 2003). As palavras de uma sobrevivente de câncer de mama ilustram essa ansiedade de maneira pungente:

> É isso que o câncer significa para mim, viver com a possibilidade de recaída. O câncer não diz respeito a dois meses de tratamento e algumas pequenas cirurgias... Acho que o mais difícil para mulheres como eu, que descobriram o câncer cedo e conseguiram salvar as mamas, é acreditar que vamos escapar disso tudo. Será que vou ficar bem de verdade? (conforme citação em Vickberg, 2003)

Sentimentos como esses defendem intervenções regulares que eduquem os pacientes de câncer sobre o que é normal após o tratamento e melhorem sua qualidade de vida. Infelizmente, muitas empresas de seguros de saúde não distinguem entre doença mental e intervenções psicológicas para pacientes de câncer. Como resultado, muitos deles pensam que seu seguro de saúde não cobre a cura psicológica.

Emoções, etnia e enfrentamento

Psicólogos da saúde estão prestando cada vez mais atenção às experiências de amostras de pessoas etnicamente diversas após o diagnóstico de câncer, assim como daquelas que variam em sua capacidade de regular as emoções.

Emoções

Embora a relação entre os traços de personalidade e o desenvolvimento do câncer seja tênue, alguns fatores da personalidade são capazes de prever como a pessoa lida com o câncer. Por exemplo, a expressão tanto de emoções positivas quanto de negativas pode ser benéfica para a adaptação ao diagnóstico de câncer (Quartana et al., 2006). De certo modo, portanto, o enfrentamento focalizado nas emoções e a falta de aceitação do diagnóstico podem ser traços *positivos* para as vítimas do câncer.

Outros pesquisadores observaram que uma disposição otimista no momento em que o câncer é diagnosticado está associada a um estilo de enfrentamento ativo e envolvido e a menos estresse psicológico ao longo do tempo (Carver et al., 2005). Pacientes de câncer de mama que tiveram escores muito baixos em uma medida de otimismo disposicional no momento do diagnóstico relataram maiores sintomas de ansiedade e depressão e usaram uma forma de enfrentamento mais evitativa e focalizada nas emoções do que pacientes mais otimistas (Epping-Jordan et al., 1999). No período de 3 a 6 meses após o diagnóstico, os sintomas de ansiedade tendem a ocorrer apenas em indivíduos que continuam perturbados por pensamentos intrusivos persistentes relacionados com a doença. Todavia, a relação entre otimismo e o resultado a longo prazo em portadores de câncer permanece incerta (Segerstrom, 2007), talvez porque os otimistas tenham mais dificuldade para se adaptarem a resultados decepcionantes do que indivíduos menos otimistas e mais realistas (Winterling et al., 2008).

De modo mais geral, um corpo crescente de pesquisa indica que a regulação emocional é fundamental para

O verdadeiro "espírito guerreiro" A recusa do canadense Terry Fox em ser vencido pelo câncer inspirou várias gerações. Nesta foto, Terry, que perdeu sua perna direita para o câncer, corre em uma autoestrada pouco antes de atingir a metade do trajeto de sua corrida que cruzava o Canadá. Terry correu de uma costa à outra do país com uma prótese – chegando a fazer uma maratona de 42 km por dia – para levantar dinheiro para lutar contra a doença fatal. A corrida anual "Terry Fox Run", realizada pela primeira vez pouco depois de sua morte em 1981, cresceu e envolve milhões de participantes em mais de 60 países. Hoje, é o maior evento de um único dia para levantar recursos para a pesquisa sobre o câncer.

enfrentar situações traumáticas como um diagnóstico de câncer (Chuah, 2006). Podemos esperar, portanto, que pessoas que têm boas habilidades em identificar e articular as emoções tenham mais condições de lidar com situações traumáticas do que indivíduos que não as possuam. Uma característica disposicional que tem interessado aos psicólogos é a *inteligência emocional*, definida como a capacidade de perceber, entender, expressar e regular corretamente as emoções (Mayer et al., 2001).

Em um estudo recente, John Schmidt e Michael Andrykowski (2004) investigaram as relações entre diversas variáveis sociais e disposicionais e a adaptação ao câncer de mama em 302 membros de cinco grupos de apoio a vítimas de câncer de mama na internet. Em todos os casos, as mulheres com escores mais altos em uma medida disposicional de 30 itens da inteligência emocional relataram menos ansiedade, depressão e estresse do que mulheres com escores mais baixos na medida. Os efeitos benéficos da inteligência emocional foram pronunciados sobretudo em participantes que percebiam menos apoio e mais limitações sociais, que as desestimulavam a compartilhar seus pensamentos e sentimentos em relação ao câncer. Pesquisadores sugerem que a presença de limitações sociais e a ausência de apoio social possam ter feito as mulheres evitarem ativamente pensar sobre a sua experiência com a doença, inibindo, assim, o processamento e o enfrentamento ativos. Para piorar as coisas, mulheres com escores baixos em inteligência emocional podem ser menos capazes de identificar, comunicar e controlar suas emoções de maneira eficaz; elas "podem ser consideradas irracionais, difíceis ou repulsivas" pelas pessoas que as rodeiam, que então respondem de um modo que desestimula ainda mais a discussão (Schmidt e Andrykowski, 2004, p. 264). Aquelas que apresentam escores baixos em inteligência emocional também podem ser menos eficazes em suas tentativas de conseguir apoio social das pessoas e menos capazes de reconhecer e responder a respostas de apoio.

Etnia

Psicólogos da saúde estão prestando cada vez mais atenção às experiências de amostras de pessoas etnicamente diversas após o diagnóstico de câncer. Como exemplo, entre sobreviventes de câncer de mama, as afro-americanas relatam mais dificuldades com o funcionamento físico e as atividades da vida cotidiana do que as euro-americanas; estas descrevem mais dificuldades sexuais do que as afro-americanas; as latinas apresentam escores mais elevados do que os outros grupos em medidas de estresse; e pacientes filipinas referem mais dificuldades com o funcionamento emocional (ver Giedzinska et al., 2004, para uma revisão).

Outros pesquisadores observaram que mulheres com *status* socioeconômico mais baixo, assim como as afro-americanas e hispânicas, têm mais probabilidade do que as euro-americanas de perceber *benefícios* em um diagnóstico de câncer de mama, como uma atenção renovada aos relacionamentos em suas vidas (Tomich, 2004). Os pesquisadores revelam que mulheres pobres e de minorias têm mais probabilidade de enfrentar discriminação em suas vidas cotidianas, o que as prepara para tirar benefícios de situações traumáticas. Pessoas de baixo *status* socioeconômico e de minorias também estão mais propensas a se voltarem para a religião a fim de lidar com traumas, o que foi caracterizado como um modo de reestruturar os problemas cognitivamente para procurar seu significado (Harrison et al., 2001).

Visto que a etnia muitas vezes serve como substituto para outras variáveis sociodemográficas, como a renda, a educação e a natureza do tratamento médico recebido, é difícil interpretar diferenças como essas no enfrentamento. Contudo, tais resultados pelo menos demonstram que os psicólogos e os profissionais da saúde não devem pressupor que as experiências descritas por um grupo étnico possam ser generalizadas para todos.

Inúmeros estudos mostraram que a capacidade de encontrar significados positivos em situações estressantes na vida, incluindo o diagnóstico de câncer, está associada a respostas imunológicas melhores. Em um estudo, Julienne Bower e colaboradores (2003) solicitaram a mulheres que haviam perdido uma parente próxima para o câncer de mama que escrevessem, semanalmente, sobre a morte (processamento cognitivo/grupo de expressão) ou sobre temas não emocionais durante quatro semanas. As mulheres do grupo de processamento cognitivo/expressão que, após a intervenção, atribuíram maior importância a metas como cultivar relacionamentos e buscar significados em suas vidas, demonstraram medidas maiores de funcionamento imunológico.

Conhecimento, controle e apoio social

Considerando o estresse associado ao tratamento do câncer, a maioria dos pacientes demonstra uma resiliência física e psicológica notável. Alguns dos fatores importantes na adaptação ao tratamento do câncer incluem: acesso à informação, a percepção de um certo grau de controle sobre o tratamento e a capacidade de expressar emoções enquanto se sente apoiado por outras pessoas.

Conhecimento e controle

Psicólogos da saúde fizeram um progresso considerável na compreensão das reações psicológicas dos pacientes ao tratamento para o câncer e dos tipos de intervenções eficazes para promover adaptação a doença e sua abordagem terapêutica. Eles descobriram que informações sobre procedimentos (p. ex., maneira que a cirurgia, a radioterapia ou a quimioterapia serão realizadas, assim como o que o paciente pode esperar antes e após o tratamento) produzem amplos benefícios. Entre estes estão menos emoções negativas, menos dor e períodos de hospitalização mais curtos (Johnson e Vogele, 1993).

A internet é uma fonte cada vez mais importante de informações para muitos sobreviventes de câncer. Uma pesquisa revelou que, em 2001, mais de 100 milhões de indivíduos nos Estados Unidos passaram algum tempo procurando informações de saúde na internet, e o câncer foi uma das duas doenças mais pesquisadas (Satterlund, 2003). Um estudo mostrou que o uso da internet durante pelo menos uma hora por semana para pesquisar informações de saúde estava associado a maiores sentimentos de apoio social e menos solidão em mulheres com câncer de mama (Fogel et al., 2002).

Também benéficas são as intervenções delineadas para prevenir os sentimentos de impotência durante o tratamento. Mesmo algo tão simples quanto encorajar o paciente a fazer escolhas sobre o ambiente hospitalar pode aumentar seu nível de bem-estar. Por essa razão, os pacientes internados frequentemente são estimulados a decorar seus quartos com desenhos, fotos e outros objetos pessoais trazidos de casa. Embora o mau presságio e o estigma que costumavam estar ligados ao diagnóstico de câncer tenham desaparecido, intervenções voltadas para a *autoapresentação* podem ajudar os pacientes a superarem dificuldades que resultam de mudanças em sua aparência física e em suas relações sociais com familiares, amigos e colegas de trabalho (Leary et al., 1994; Leary e Kowalski, 1990). Essas intervenções podem variar de usar peruca em pacientes que perderam o cabelo devido à quimioterapia até terapia cognitivo-comportamental (TCC) para aumentar a autoestima.

Expressão emocional

Fundamental para qualquer intervenção eficaz é proporcionar aos pacientes de câncer apoio emocional e oportunidades para discutirem seus medos em relação à doença e ao tratamento. Por exemplo, mulheres com metástases de câncer de mama que puderam discutir seus temores apresentaram um aumento de 18 meses na sobrevida (Spiegel et al., 1989). De maneira semelhante, homens e mulheres com melanoma que

> Para muitos pacientes de câncer, existe um abismo entre o tratamento adequado e a intervenção que recebem. Um relatório da *Agency for Healthcare Research and Quality*, por exemplo, observou que, apesar da existência de diretrizes baseadas em evidências para a prática clínica, muitos pacientes não recebem o tratamento recomendado.

se reuniam regularmente com um grupo de apoio demonstraram taxas de sobrevivência maiores e menor recorrência após 5 a 6 anos do que pacientes de controle que receberam tratamentos biomédicos comuns (Fawzy et al., 1993).

Um estudo mais recente examinou a importância de as pacientes serem capazes de processar e expressar de forma ativa as emoções envolvidas no enfrentamento do câncer de mama. As participantes foram recrutadas no período de 20 semanas após fazerem cirurgia, quimioterapia ou radioterapia. Nos três meses seguintes, aquelas que expressaram suas emoções em relação ao câncer marcaram menos consultas médicas para problemas de saúde relacionados com a doença e relataram níveis de estresse bem mais baixos, em comparação com mulheres menos expressivas e menos receptivas do ponto de vista social (Stanton et al., 2000). Os pesquisadores sugerem que, ao expressar seus medos abertamente – por exemplo, a perda da percepção de controle – "pode-se começar a distinguir o que é e o que não é possível controlar a fim de canalizar a energia para objetivos alcançáveis e gerar caminhos alternativos para aumentar o controle" (p. 880). Eles também ressaltam que a expressão repetida de emoções provavelmente diminua as emoções negativas e a excitação fisiológica que elas causam, fazendo os pacientes de câncer acreditarem que sua situação não é tão difícil quanto pensavam ser e obtenham benefícios de sua adversidade. Outros estudos relataram que induzir os indivíduos de forma experimental a escrever ou falar sobre suas experiências estressantes pode aumentar sua saúde física e psicológica (p. ex., Smyth e Pennebaker, 2001).

O cônjuge ou outra pessoa significativa proporcionam importante fonte de apoio social para muitos pacientes de câncer. Quando o doente percebe que essa relação é sólida e apoiadora, seu bem-estar físico e emocional obtém grandes benefícios. Por exemplo, portadores de câncer que são casados tendem a sobreviver mais à doença do que pessoas que não são (Pistrang e Barker, 1995). Isso ocorre em parte pelo fato de que os pacientes casados – com frequência devido a observações de seu cônjuge – em geral detectam o câncer e outras doenças em um estágio anterior de desenvolvimento e têm mais probabilidade de procurar tratamento no início.

Os benefícios do apoio social estendem-se além do casamento. Mulheres e homens que se sentem "socialmente conectados" a uma rede de amigos solidários são menos propensos a morrer de qualquer forma de câncer do que pessoas isoladas no âmbito social (Reynolds e Kaplan, 1990).

Apoio social e outras intervenções sistemáticas

Outras intervenções mais sistemáticas se concentram em aumentar a capacidade dos pacientes de enfrentar a ansiedade e o estresse durante e imediatamente após tratamentos para câncer. Por exemplo, Nancy Fawzy e colaboradores (1993) avaliaram as taxas de sobrevivência em pacientes que sofriam de melanoma maligno. Nas seis semanas após a cirurgia, metade dos pacientes frequentou reuniões de grupo focadas em educação para a saúde, habilidades de manejo do estresse e apoio social. Os outros (o grupo de controle) não frequentaram tais reuniões. Um estudo de acompanhamento realizado seis anos depois revelou que o grupo de intervenção apresentou taxas de sobrevida significativamente melhores do que o grupo de controle. Todavia, vários estudos controlados de grande porte não encontraram efeitos relevantes de intervenções psicossociais sobre a progressão ou a sobrevivência ao câncer (p. ex., Cunningham et al., 1998; Edelman et al., 1999).

Outros estudos demonstraram que o apoio dos amigos e certas intervenções são mais eficazes quando aplicadas de forma individual e em determinados momentos. Por exemplo, o apoio face a face de um indivíduo pode ser eficaz, mesmo quando fornecido por meio da internet (Hoey et al., 2008). Em um estudo, pesquisadores dividiram pacientes de câncer de mama, colo, pulmão e útero em dois grupos: um que começou uma intervenção de grupo logo após entrar no estudo e outro que a começou quatro meses depois (Edgar et al., 1992). No começo do estudo, a depressão, a ansiedade, a preocupação com a doença e a percepção de controle pessoal de ambos os grupos foram medidas; as medidas subsequentes foram coletadas em intervalos de 4, 8 e 12 meses. A intervenção consistiu em cinco sessões de uma hora que focalizavam o desenvolvimento de habilidades de enfrentamento, usando técnicas como estabelecimento de objetivos, resolução de problemas, reavaliação cognitiva e treinamento de relaxamento, além de *workshops* sobre recursos para tratamento de saúde. O enfrentamento melhorou para todos os pacientes, mas a maior redução nos níveis de estresse ocorreu no grupo cuja intervenção começou quatro meses após o diagnóstico de câncer. Segundo os pesquisadores, é provável que as necessidades das pessoas logo após esse diagnóstico sejam bastante diferentes de suas necessidades alguns meses depois, após o choque emocional decorrente da situação haver sido superada.

Apoio social Gregory tinha 26 anos de idade quando o câncer nos testículos formou metástases nos pulmões e no fígado. Por sorte, o tratamento para esse tipo de câncer, que antes matava 90% dos acometidos, hoje tem uma taxa elevada de sucesso. Gregory superou essa dificuldade com o afeto de seu círculo familiar e a riqueza humana da rede de apoio social que o acompanhou durante os 18 meses de tratamento.

Um número limitado de estudos também sugere que intervenções comportamentais e psicossociais possam reduzir os níveis de hormônios do estresse e promover o funcionamento imunológico em pacientes com câncer e pessoas que lidam com uma situação de um ente querido com a doença. Por exemplo, entre pacientes com câncer de mama, o treinamento de *biofeedback*, a terapia cognitiva, o treinamento em relaxamento, a visualização guiada e o manejo do estresse foram associados a reduções significativas em níveis de cortisol e aumentos no número de linfócitos circulantes (p. ex., Cruess et al., 2000). Embora alguns estudos tenham apresentado taxas menores de recaída em pacientes de câncer que participaram de intervenções psicossociais, em comparação com pacientes de controle de lista de espera, conforme já observado, os efeitos potenciais dessas intervenções sobre os resultados clínicos permanecem especulativos (ver Luecken e Compas, 2002, para uma revisão).

Os animais sociais também não se dão bem em ambientes isolados. Suzanne Conzen, da Universidade de Chicago, dividiu camundongos, que são bastante sociáveis e costumam viver em grupos de 3 ou 4, em grupos normais e grupos socialmente isolados, apenas alguns dias depois de terem sido desmamados. Três semanas depois, os pesquisadores verificaram alterações anormais na expressão gênica nas glândulas mamárias dos animais isolados. Houve ativação nas vias gênicas relacionadas ao metabolismo que contribuem para o crescimento do câncer de mama. Além disso, os camundongos isolados também liberaram mais hormônios corticosteroides do estresse do que os animais cuidados de maneira normal (Doheny, 2009).

Intervenções cognitivo-comportamentais

Psicólogos da saúde têm feito progressos consideráveis no desenvolvimento de intervenções cognitivo-comportamentais para um tratamento abrangente do câncer. Para os adultos, eles têm se concentrado no alívio da dor, no controle de reações adversas ao tratamento (como náuseas durante a quimioterapia) e na melhora do bem-estar emocional. Para as crianças, têm focado em aumentar a adesão ao tratamento e reduzir o sofrimento. Embora permaneça controversa a questão de se essas intervenções podem prolongar a vida de pessoas com câncer (Coyne et al., 2007), está claro que elas podem auxiliá-las a lidarem com seus níveis de estresse (Manne e Andrykowski, 2006). Entre as intervenções mais usadas, estão a hipnose, o relaxamento muscular progressivo com visualização guiada, a dessensibilização sistemática, o *biofeedback* e a distração cognitiva. Por exemplo, antes de o médico fazer uma *punção lombar* para extrair uma amostra do líquido cerebrospinal de Jeremy (caso da abertura do capítulo), a enfermeira o envolveu em uma discussão detalhada (e distratora) do programa mais recente da série *Jornada nas Estrelas*. Nesta seção, descreveremos duas das técnicas mais comuns: a visualização guiada e a dessensibilização sistemática.

Muitas dessas intervenções partem do campo relativamente novo da psiconeuroimunologia. Pesquisadores dessa área acreditam que o risco para muitas doenças, incluindo o câncer, bem como o curso de evolução de determinada patologia e a remissão ou a recorrência dos sintomas, sejam todos influenciados pela interação entre respostas comportamentais, neuroendócrinas e imunológicas.

Visualização guiada

■ **visualização guiada** uso de um ou mais dispositivos externos para auxiliar no relaxamento e na formação de imagens positivas claras e fortes.

A **visualização guiada** baseia-se nas reações psicofisiológicas dos pacientes ao ambiente para ajudá-los a otimizar a atividade fisiológica em vários sistemas do corpo e, assim, aliviar a dor e o desconforto. Por exemplo, o paciente que considera uma cirurgia iminente um trauma que ameaça sua vida pode apresentar hipertensão, arritmia cardíaca e outras respostas que comprometam sua saúde. Da mesma forma, o paciente que espera que a mesma operação seja um evento que vá salvar sua vida tem mais probabilidade de permanecer relaxado antes, durante e após o tratamento.

Na visualização guiada, o terapeuta utiliza um ou mais dispositivos externos para ajudar o paciente a relaxar e, assim, formar imagens claras, fortes e positivas para substituir os sintomas. Imagens eficazes apoiam-se em diversas modalidades sensoriais, incluindo a visão, a audição, o tato e até mesmo o olfato ou o paladar, e podem ser estimuladas por músicas, sugestões verbais e sons da natureza gravados, imagens de objetos ou lugares, aromas de velas perfumadas e uma variedade de outros recursos.

Essa visualização começa com o paciente adotando uma posição confortável, deitado ou sentado, com os olhos fechados ou abertos. Após respirar lenta e profundamente diversas vezes, ele começa um processo de prestar atenção de maneira sistemática às áreas de tensão corporal, que são, então, relaxadas. Uma variedade de técnicas pode ser usada para auxiliar o relaxamento, incluindo o relaxamento muscular progressivo, o treinamento em *biofeedback* ou o treinamento autógeno (ver Cap. 5).

Uma vez que o estado relaxado seja atingido, a pessoa visualiza um local seguro e pacífico, e tenta tornar a imagem o mais clara e intensa possível, concentrando-se em visões, sons, cheiros e outros aspectos sensoriais do momento. Neste ponto, o paciente segue as sugestões gravadas (ou as sugestões verbais de um enfermeiro ou terapeuta) e forma a imagem mental de um sintoma, como dor ou náusea. O paciente, então, imagina a transformação do sintoma. O paciente, então, imagina a transformação do sintoma. Por exemplo, a dor ardente, vista como vermelha, é transformada em uma refrescante nuança de azul; a náusea é expelida do corpo a cada exalação.

Após alguns minutos de concentração no sintoma alterado (às vezes, descrevendo sua aparência modificada para o enfermeiro ou o terapeuta), o paciente é instruído a relaxar, respirar profundamente e retornar ao local pacífico. Após várias sessões, que podem durar apenas de 5 a 10 minutos, a maioria dos pacientes consegue realizar a visualização sem assistência.

A visualização é benéfica por diversas razões (Naparstek, 1994):

- Desencadeia um estado de concentração relaxada que aumenta a sensibilidade da pessoa a imagens que promovam a saúde.
- Proporciona ao paciente maior sensação de controle e diminuição do sentimento de impotência em relação a aspectos estressantes da doença ou do tratamento.
- Também funciona por meio do *efeito placebo*. Pessoas que acreditam que a visualização e o relaxamento tenham o potencial de melhorar sua saúde podem, de fato, experimentar mudanças fisiológicas que aumentem a capacidade de seu corpo de combater a doença.

Dessensibilização sistemática

Após diversas sessões de quimioterapia, aproximadamente um terço de todos os pacientes começa a sentir náuseas em antecipação a uma sessão iminente. Muitos psicólogos da saúde consideram a *náusea antecipatória* uma forma de condicionamento clássico, em que os eventos que conduzem ao tratamento (como dirigir até o hospital e sentar na sala de espera) funcionam como *estímulos condicionados*, tornando-se parte das poderosas reações fisiológicas provocadas como *respostas não condicionadas* pelo medicamento usado contra o câncer.

Os psicólogos da saúde aprenderam que a incorporação da visualização guiada à **dessensibilização sistemática** contrabalança de forma eficaz esse efeito colateral de condicionamento clássico da quimioterapia. Nessa forma de terapia comportamental, usada em geral para ajudar na superação de fobias, o indivíduo é exposto de modo gradual a estímulos ou situações ameaçadoras, enquanto permanece profundamente relaxado. Em um estudo, Gary Morrow e colaboradores (1992) treinaram um grupo de oncologistas e enfermeiros para usar a dessensibilização com pacientes de câncer. Os pacientes foram divididos de forma aleatória em dois grupos de tratamento (um conduzido por um psicólogo e outro conduzido por um enfermeiro) ou um grupo de controle que não recebeu forma alguma de intervenção.

No primeiro estágio, os pacientes de câncer estabeleceram uma hierarquia de momentos difíceis relacionados com uma sessão de quimioterapia iminente, como acordar na manhã do tratamento, dirigir até o hospital e sentar na sala de espera. Após receberem instrução sobre várias técnicas de relaxamento, os pacientes usaram visualização guiada para imaginar cada momento na hierarquia enquanto permaneciam em estado de relaxamento. À medida que progrediam gradualmente da imagem menos ameaçadora para a mais ameaçadora, eles eram *recondicionados* para experienciar relaxamento em vez de ansiedade e náusea.

Ambos os grupos de tratamento apresentaram um decréscimo substancial na duração de náusea após a sessão de quimioterapia. Em comparação, a náusea do grupo de controle durou 15 horas *a mais* do que antes, talvez como resultado do condicionamento clássico adicional. Em estudos de acompanhamento, Morrow e colaboradores verificaram que os benefícios da dessensibilização com frequência aumentavam ao longo do tempo. Assim como os atletas melhoram de modo gradual suas habilidades de visualização, muitos pacientes relatam menos náusea e vômitos com o passar do tempo, à medida que aumentam seu nível de controle sobre a ansiedade ao preverem o tratamento.

Os estudos de intervenções que discutimos proporcionam evidências substanciais de que os fatores psicossociais podem influenciar a resposta de um paciente de câncer ao tratamento e, de forma bastante possível, o rumo da recuperação (ou a probabilidade de recorrência). Aqueles estudos que relataram uma sobrevida mais longa para portadores de câncer são demonstrações especialmente vívidas do valor dessas intervenções.

■ **dessensibilização sistemática** forma de terapia comportamental usada em geral para superar fobias, em que a pessoa é exposta a várias situações cada vez mais temerárias enquanto permanece profundamente relaxada.

Revisão sobre saúde

Responda a cada pergunta a seguir com base no que aprendeu no capítulo. (DICA: Use os itens da Síntese para considerar questões biológicas, psicológicas e sociais).

1. À medida que sua vida avança, o que você aprendeu neste capítulo sobre o câncer que ajuda a entender melhor seu risco, assim como o que pode fazer agora para tentar prevenir a ocorrência de câncer no futuro?
2. Imagine que um parente ou amigo de sua família conte que foi diagnosticado com câncer de pulmão. Com base no que leu neste capítulo, o que você poderia dizer a ele sobre as diferentes maneiras de tratar a doença?

3. Use o que aprendeu neste capítulo para desenvolver uma lista de maneiras positivas por meio das quais as pessoas aprenderam a lidar com o câncer. Essa lista pode um dia ser um recurso valioso para alguém que você conheça.

Síntese

O que é o câncer?

1. O câncer é a segunda principal causa de morte nos Estados Unidos. Ele, na verdade, engloba mais de 100 doenças diferentes, porém relacionadas, que resultam da multiplicação e da disseminação descontroladas de células corporais que formam tumores.
2. Existem quatro tipos gerais de câncer: os carcinomas são cânceres das células epiteliais, que recobrem as superfícies internas e externas do corpo; os linfomas são cânceres do sistema linfático; os sarcomas são cânceres que se desenvolvem a partir de tecidos musculares, ósseos, adiposos e outros tecidos conjuntivos; e as leucemias são cânceres do sangue e do sistema produtor de sangue.
3. O câncer não apresenta uma descrição simples, pois sua ocorrência varia com o gênero, a idade, a etnia e a raça.

Fatores de risco para câncer

4. O principal fator de risco para câncer é o hábito de fumar. O câncer de pulmão, boca, faringe, laringe, esôfago, pâncreas, útero, cérvix, rins, bexiga e mama estão ligados a todas as formas de uso do tabaco, incluindo o tabaco sem fumaça e os charutos.
5. A dieta é um fator importante em até um terço de todas as mortes por câncer. Dietas gordurosas promovem câncer de colo, próstata, testículos, útero e ovários. O consumo excessivo de sal, açúcar e álcool aumenta o risco de certos tipos de câncer. Dietas que contêm muitas frutas, vegetais e grãos integrais desempenham um papel protetor contra algumas formas de câncer, assim como a prática regular de exercícios. O consumo de álcool, especialmente entre usuários de tabaco, é um importante fator de risco para a doença.
6. Algumas formas de câncer são hereditárias. A maioria dos casos de câncer de mama, todavia, é causada por fatores não genéticos.
7. Pesquisas estabeleceram uma ligação entre diversos fatores ambientais e o câncer, incluindo luz ultravioleta, substâncias químicas tóxicas e carcinogênicos ocupacionais.
8. Segundo a teoria da vigilância imunológica, as células cancerosas são impedidas de se espalharem por agentes do sistema imune que patrulham o corpo constantemente em busca de células anormais. O estresse prolongado pode comprometer o sistema imune e permitir que as células malignas se espalhem. A imunocompetência reduzida foi demonstrada após exames, divórcio, luto, desemprego e estresse ocupacional.

Tratamento do câncer

9. Quando o câncer se desenvolve de fato, seu impacto sobre a saúde quase sempre pode ser minimizado por meio da detecção e do tratamento precoces. Avanços em testes genéticos, mamografia, tomografias e outras tecnologias de detecção aumentaram de forma expressiva as taxas de sobrevida para muitas formas da doença. Todavia, muitas pessoas não estão atentas aos primeiros sinais de advertência.
10. Os tratamentos biomédicos para o câncer incluem cirurgias, quimioterapia e radioterapia. A cirurgia geralmente é a maior chance de cura para a maioria dos tipos de câncer. A quimioterapia é usada para destruir células cancerosas de crescimento rápido que se espalharam para partes do corpo afastadas do tumor primário. Ao contrário da quimioterapia, a radioterapia afeta apenas o tumor e a área adjacente.
11. Muitos pacientes de câncer experimentam uma ou mais formas alternativas de tratamento (como meditação, *biofeedback* ou fitoterapia) para aliviar os efeitos colaterais e aumentar sua qualidade de vida geral.

Enfrentando o câncer

12. O câncer e seu tratamento geram estresses específicos para os pacientes e suas famílias. Mesmo quando o tratamento é bem-sucedido, a ameaça de recaída da doença permanece.
13. Uma variedade de intervenções psicossociais tem sido utilizada para auxiliar os pacientes a enfrentarem o câncer. Intervenções eficazes aumentam o conhecimento dos pacientes em relação àquilo que devem esperar do tratamento e a percepção de

CAPÍTULO 10 | Câncer

controle sobre suas vidas, e oferecem um ambiente social apoiador, no qual possam compartilhar seus medos e preocupações.
14. Intervenções que proporcionam educação para a saúde e ensinam habilidades específicas para resolver problemas e manejar o estresse também são benéficas para o bem-estar dos pacientes. A visualização guiada e a dessensibilização sistemática mostraram-se eficazes para auxiliar os portadores de câncer a controlarem os efeitos colaterais da quimioterapia e de outros tratamentos para a doença.

Termos e conceitos fundamentais

câncer, p. 289
metástase, p. 289
carcinoma, p. 289
sarcoma, p. 289
linfoma, p. 289

leucemia, p. 289
carcinogênico, p. 291
carotenoides, p. 292
melanoma, p. 297
imunocompetência, p. 298

teoria da vigilância imunológica, p. 298
imunoterapia, p. 301
visualização guiada, p. 308
dessensibilização sistemática, p. 309

Capítulo 11

A epidemia de aids
   Uma breve história da aids
   A epidemiologia da aids
   Como o HIV é transmitido
   Doenças sexualmente transmissíveis e HIV

Sintomas e estágios: do HIV à aids
   Como o HIV avança
   Fatores fisiológicos no avanço da aids
   Fatores psicossociais no avanço da aids

Intervenções médicas
   O regime HAART
   Uma vacina preventiva

Intervenções psicossociais
   A base para intervenções psicossociais
   Programas educativos
   Testes em massa e aconselhamento para o HIV
   Promovendo a revelação do *status* HIV-positivo
   Manejo cognitivo-comportamental do estresse
   Intervenções no âmbito da comunidade
   Barreiras psicossociais às intervenções para aids

Enfrentando o HIV e a aids
   O impacto sobre o indivíduo
   O impacto sobre familiares, parceiros e cuidadores

HIV e aids

Mercy Makhalemele, uma mulher de 23 anos, de Durban, na África do Sul, descobriu que tinha o vírus da imunodeficiência humana (HIV) quando ficou grávida de seu segundo filho. Ela sempre foi fiel a seu marido, com quem estava casada havia cinco anos, mas, temendo o que poderia acontecer se seu marido e seu patrão descobrissem, guardou o segredo por quase um ano. Quando finalmente compreendeu que seu marido devia ter sido a fonte do vírus e o confrontou com a notícia, ele ficou violento, bateu nela e a jogou contra um fogão quente que queimou seu pulso de forma bastante grave. Ele então a expulsou de casa, recusando-se a admitir que havia transmitido o vírus. Mais tarde, ele entrou na loja de sapatos em que ela era gerente, gritando na frente de seus colegas de trabalho e clientes que não queria ter nada a ver com alguém que tivesse aids. Mercy foi despedida naquele mesmo dia.*

A experiência de Mercy não é uma história isolada. A aids já matou mais de 20 milhões de pessoas e se tornou a principal causa de morte no mundo e de anos perdidos de vida produtiva entre adultos de 15 a 59 anos de idade (World Health Organization, 2004). Na maioria das cidades africanas, contudo, perguntar se a aids é comum leva a uma rápida negação. O estigma social ligado à doença é tão forte que poucos admitem ser HIV-positivo. Aqueles que o fazem passam a ser repelidos.

A aids causa tanta polêmica por estar associada a dois temas considerados tabus: o sexo e a morte. A vergonha que as vítimas da aids sentem e o tratamento que recebem de seus vizinhos, colegas de trabalho e até mesmo de familiares é a maior barreira na batalha para impedir a disseminação da doença. Mesmo quando existem exames para aids disponíveis, muitos africanos não querem saber se têm o vírus. Aqueles que sabem portar a doença têm medo e vergonha de admitir, agindo como se houvesse nada de errado, o que muitas vezes contribui para a disseminação da aids. De maneira semelhante, muitas vítimas não vão a clínicas especializadas porque têm vergonha de serem vistas lá, apesar de o tratamento no começo da doença prolongar a sobrevida e melhorar a qualidade de vida de forma expressiva entre aqueles que estão infectados.

Essa tendência a "culpar a vítima" por sua sina não está confinada aos países em desenvolvimento. Muitos norte-americanos também acreditam que os portadores de aids estão sendo punidos por sua imoralidade (Herek et al., 2003). Devido ao medo da aids e ao fato de muitas pessoas associarem a ela o uso de drogas e a homossexualidade, os pacientes e suas famílias normalmente se sentem estigmatizados. Temendo que a revelação de sua doença leve a uma rejeição por parte de amigos, vizinhos e colegas de trabalho, algumas pessoas se retraem e se tornam reclusas. Dessa forma, afastam o apoio social que pode desempenhar um papel vital em sua sobrevivência.

---

* A história de Mercy Makhalemele foi adaptada de Daley, S. (1998). Dead Zones. The Burden of Shame.

CAPÍTULO 11 | HIV e aids

Embora a aids e outras **doenças sexualmente transmissíveis (DSTs)** tenham sido descobertas há pouco tempo, alguns especialistas em saúde acreditam que elas possam ter milhares de anos. A aids tornou-se um problema global só recentemente em razão do aumento expressivo na mobilidade da maioria da população mundial, que permitiu à doença se espalhar de um continente para outro. Ainda que o pânico inicial criado pelo surgimento do HIV tenha diminuído nos países desenvolvidos, onde exames precoces e novos tratamentos farmacológicos agressivos são motivo de esperança, nos países em desenvolvimento, o quadro é mais grave do que nunca.

Este capítulo apresenta uma visão detalhada sobre a epidemia de aids. Começamos examinando as origens do vírus que a causa, seu impacto sobre o corpo e a maneira como se espalha. A seguir, abordamos a questão das intervenções médicas e psicossociais para o HIV/a aids. O capítulo conclui com uma discussão sobre o papel da psicologia da saúde no planejamento e na implementação de programas para interromper o avanço das DSTs e ajudar pacientes de aids, seus parceiros e familiares a enfrentar a doença.

- **doenças sexualmente transmissíveis (DSTs)** doenças que são espalhadas principalmente pelo contato sexual entre duas pessoas.

A epidemia de aids

A **síndrome da imunodeficiência adquirida (aids)** é uma doença fatal causada pelo **vírus da imunodeficiência humana (HIV)**. O vírus ataca o sistema imune do corpo e o deixa vulnerável a infecções. À medida que a infecção por HIV se transforma em aids, as vítimas desenvolvem infecções que seriam combatidas com relativa facilidade se o sistema imune não estivesse comprometido. Dessa forma, a aids aumenta a vulnerabilidade a *infecções oportunistas*, como a pneumonia e algumas formas de câncer, pois a infecção não é combatida pelo sistema imune já enfraquecido.

- **síndrome da imunodeficiência adquirida (aids)** os estágios mais avançados da infecção por HIV, definidos por uma contagem de células T de menos de 200 e a ocorrência de infecções oportunistas ou certas formas de câncer relacionadas com o HIV que se beneficiam de um sistema imune já enfraquecido.

Uma breve história da aids

No final da década de 1970, alguns casos da doença que hoje conhecemos como aids começaram a aparecer sem serem reconhecidos. Ainda que ninguém saiba exatamente como afetou o primeiro ser humano, o vírus da aids parece ser originário da África Centro-ocidental, espalhando-se rapidamente para os países vizinhos. O HIV é uma família de vírus de primatas, semelhante a um vírus inofensivo encontrado em certas subespécies de chimpanzés e macacos.

- **vírus da imunodeficiência humana (HIV)** vírus que infecta as células do sistema imune, destruindo ou comprometendo seu funcionamento.

O paciente zero

Sejam quais forem as origens do HIV, o papel das viagens internacionais em sua disseminação na população é ilustrado pelo caso do "paciente zero", um comissário de bordo canadense chamado Gaetan Dugas, cujo emprego e hábitos sexuais o tornavam um portador potencial para espalhar o vírus.

A doença foi notada em seres humanos pela primeira vez em 1980, quando 55 homens (incluindo Dugas) foram diagnosticados com um grupo de sintomas semelhantes de causa desconhecida. Os sintomas relacionavam-se com o **sarcoma de Kaposi**, uma forma rara de câncer encontrada normalmente em pessoas idosas. Os epidemiologistas suspeitaram que a causa da doença inesperada fosse um enfraquecimento no sistema imune. Visto que a maioria das primeiras vítimas relatadas era homossexuais masculinos e usuários de drogas intravenosas, parecia que a doença estava sendo transmitida sexualmente ou pela troca de sangue infectado.

O Centers for Disease Control and Prevention (CDC) por fim, em 1982, encontrou Dugas, um ano após publicar o primeiro relato da doença. Dugas revelou

- **sarcoma de Kaposi** forma rara de câncer dos vasos sanguíneos que irrigam a pele, as membranas mucosas e outras glândulas.

livremente seus hábitos sexuais. Sem saber que havia infectado diversos homossexuais masculinos, Dugas estimou até 250 contatos sexuais em um ano típico, até mesmo se vangloriando de que, em 10 anos, havia facilmente se relacionado com 2.500 parceiros sexuais (Shilts, 1987). Embora se negasse a acreditar que fosse o portador original, Dugas cooperou fornecendo os nomes e os números de telefone de todos os seus parceiros sexuais que lembrou. Em abril de 1982, os epidemiologistas tinham certeza de que 40 dos primeiros homossexuais masculinos diagnosticados com aids poderiam ser conectados com Dugas: nove em Los Angeles, 22 em Nova York e nove em outras cidades norte-americanas.

Em 1983, os Institutos Nacionais de Saúde (NIHs) nos Estados Unidos e o Instituto Pasteur na França concluíram de forma simultânea que um novo vírus era a provável causa da doença. Em março de 1984, Dugas morreu. Um mês depois, o Departamento de Saúde dos Estados Unidos anunciou que havia isolado um novo vírus: o HIV.

A disseminação da aids

Durante a última metade da década de 1980, a aids começou a ameaçar a população em geral. Antes limitada principalmente a homens brancos homossexuais, ela começou a surgir entre outros grupos étnicos. Em janeiro de 1991, a aids levou sua vítima de número 100 mil. O medo do público aumentou em novembro desse mesmo ano, quando o lendário jogador de basquete "Magic" Johnson anunciou que era HIV-positivo. Esse furor aumentou ainda mais quando, em fevereiro de 1993, o jogador de tênis Arthur Ashe morreu de aids, contraída em uma transfusão de sangue durante uma cirurgia cardíaca. Porém, ainda não havia cura à vista; a prevenção permanecia a única arma contra a doença quando ela levou sua vítima de número 200 mil, em 1993. A doença continuou a crescer de forma exponencial, atingindo 400 mil casos em 1994, com incidência maior entre mulheres e sem medicamento eficaz.

À medida que a virada do milênio se aproximava, novos medicamentos anti-HIV estavam finalmente se mostrando eficazes, e as taxas de mortalidade por aids decaíam com rapidez nos Estados Unidos (UNAIDS, 2007). Todavia, esses medicamentos não estavam disponíveis para todos os que necessitavam e, no mundo, a **pandemia** da aids continuava a sair do controle (ver Tab. 11.1). Depois de 30 anos da epidemia ainda emergente, o HIV atingiu cada canto do mundo, infectando mais de 65 milhões de pessoas (25 milhões das quais já morreram), e com uma taxa de mortalidade que cresce a cada ano desde os primeiros casos relatados (Fauci, 2006). Ao redor do mundo, 11 pessoas são infectadas a cada minuto. Dessas pessoas, 10% têm menos de 15 anos de idade (UNAIDS, 2007). Podemos apenas supor quantas pessoas foram expostas ao HIV e, portanto, são portadoras que podem espalhar o vírus sem saber que o estão fazendo. Infelizmente, embora a prevalência global do HIV tenha começado a se estabilizar em 2007, a batalha contra a aids ainda não foi ganha em lugar algum. Dois terços de todas as pessoas infectadas com o HIV vivem na África, onde cerca de 1 em cada 12 adultos está infectado, e um quinto vive na Ásia. Em todo o mundo, as relações sexuais heterossexuais sem proteção são o modo predominante de transmissão do vírus (UNAIDS, 2007).

A epidemiologia da aids

Conforme visto no Capítulo 2, o primeiro passo na luta e prevenção de doenças crônicas como a aids é dado pelos epidemiologistas, que investigam os fatores contribuintes para a prevalência e incidência de uma patologia em determinada população. Rastrear a distribuição da aids de acordo com seus traços demográficos é tarefa difícil devido à fluidez da doença. Contudo, ela tem maior prevalência em determinadas populações. Nos Estados Unidos, a epidemia de aids tem causado mais mortes em homens jovens,

■ **pandemia** epidemia mundial, como a aids.

Consciência em relação à aids
Em 7 de novembro de 1991, o astro da NBA Ervin "Magic" Johnson chocou o mundo ao anunciar que era HIV-positivo. Devido à fama de Johnson e à estima e ao afeto que seus fãs lhe dedicavam, essa declaração foi um importante fator para aumentar a consciência em relação à aids nos Estados Unidos e no mundo todo.

Tabela 11.1

Estatísticas e dados regionais de aids/HIV, em maio de 2006

Região	Adultos e crianças vivendo com HIV/aids	Porcentagem de mulheres	Principal(is) modo(s) de transmissão
África Subsaariana	24,5 milhões	54%	Hetero
Norte da África e Oriente Médio	440 mil	43%	USI, hetero
Leste asiático	680 mil	28%	USI, hetero, HSH
Sul e sudeste asiáticos	7,6 milhões	29%	USI, hetero, HSH
América Latina	1,6 milhão	30%	HSH, USI, hetero
Caribe	330 mil	48%	Hetero, HSH
Leste Europeu e Ásia Central	1,5 milhão	28%	USI, HSH
Europa Ocidental e Central	720 mil	28%	HSH, USI
América do Norte	1,3 milhão	24%	HSH, USI, hetero
Oceania	78 mil	45%	HSH, USI
Total	38,6 milhões	45%	

HSH (transmissão sexual entre homens que fazem sexo com homens); USI (transmissão pelo uso de substâncias intravenosas); hetero (transmissão heterossexual).
Fonte: UNAIDS, maio 2006. Report on the global Aids epidemic. http://unaids.org/en/HIV_data/2006GlobalReport/default.asp.

Dos 42.514 casos recém-diagnosticados de aids nos Estados Unidos em 2004, quase 9 mil envolviam adultos com 50 anos ou mais (CDC Fact Sheet, 2010).

particularmente afro-americanos e hispano-americanos. Em 2007, um número estimado de 35.962 pessoas nos Estados Unidos vivia com aids. A maioria delas (73%) era de homens, e 93% tinham entre 20 e 59 anos de idade. Pouquíssimas pessoas jovens foram diagnosticadas com aids – 1% daquelas entre 0 e 14 anos – embora perfaçam mais de 25% da população norte-americana total (Centers for Disease Control and Prevention, 2010). Esse último número pode estar errado, porém, devido ao longo período de incubação associado ao HIV. Muitas vítimas da aids que atualmente estão na faixa etária de 20 a 30 anos sem dúvida foram infectadas quando ainda eram adolescentes. O aumento nas taxas de HIV entre indivíduos acima de 50 anos deve-se em parte ao avanço na terapia para o vírus, que aumentou a expectativa de vida daqueles que foram infectados. Todavia, um estudo recente da Universidade de Chicago sugere que a maior incidência de HIV entre adultos mais velhos também se deva ao fato de que as pessoas idosas, assim como aqueles que prestam atendimento de saúde a elas, percebem de maneira incorreta que o risco de infecção com HIV e outras DSTs é menor em adultos mais velhos. Além disso, a popularidade de medicamentos como o Viagra também contribuiu para o surto em atividade sexual e HIV/aids nesse grupo (Anderson, 2009). Acrescente-se a esse problema o fato de que os sintomas de infecção por HIV são mais difíceis de detectar em idosos, pois são disfarçados por sinais normais de envelhecimento.

Gênero

Desde 1985, a *proporção* de todos os casos de aids entre mulheres nos Estados Unidos mais que triplicou, com a maior taxa de crescimento ocorrendo entre as mulheres não brancas. As afro-americanas e hispânicas, juntas, somam pouco menos de três quartos (68,7%) dos casos de aids em mulheres nos Estados Unidos, embora representem menos de um quarto das mulheres nesse país. A aids é a terceira principal causa de morte de mulheres afro-americanas de 25 a 44 anos (CDC, 2010).

Essas estatísticas são alarmantes, mas a situação em outros locais do mundo é muito pior. Na África, de 12 a 13 mulheres estão infectadas para cada 10 homens (UNAIDS, 2008). O que explica essa diferença de gênero? Uma razão é que as mulheres muitas vezes são menos capazes de se proteger do HIV, pois são com frequência subordinadas aos homens em relações íntimas (Ickovics et al., 2001). Mulheres que usam substâncias ilícitas normalmente só utilizam a agulha após seu

Aids na África Mathato Notsi, de 29 anos, descobriu que ela e seu bebê eram HIV-positivo seis semanas depois de dar à luz. Doses pediátricas de medicamentos antirretrovirais somente estão disponíveis para 1 em cada 4 crianças em Lesotho, na África do Sul. Felizmente, a filha de Mathato é uma das crianças que recebe esse tratamento que tem salvo muitas vidas.

companheiro. Elas também têm menos controle sobre o uso de preservativos durante as relações sexuais.

Outra razão é que a quantidade do vírus é maior no sêmen ejaculado do que em secreções vaginais ou cervicais. Após a relação sexual, os linfócitos infectados no sêmen podem permanecer na vagina e no cérvix por muitos dias, dando ao vírus mais tempo para infectar a mulher. No entanto, as secreções contaminadas de uma vagina e um cérvix HIV-positivo são facilmente lavadas do pênis. A transmissão do HIV do homem para a mulher por meio de relações vaginais é muito mais comum do que a transmissão da mulher para o homem (WHO, 2004) (ver Fig. 11.1).

Outra diferença entre mulheres e homens é que, em média, os níveis de HIV em mulheres são aproximadamente a metade dos de homens com contagens de linfócitos semelhantes. As mulheres desenvolvem aids com uma carga viral total menor do que a dos homens (Farzadegan et al., 1998). Esses achados sugerem a necessidade de uma especificidade de gênero em tratamentos para HIV/aids, com pontos de corte mais baixos para determinar a farmacoterapia para mulheres. De fato, quando recebem o tratamento que deveriam, elas têm a mesma taxa de progressão da doença que os homens (Greiger-Zanlungo, 2001).

Infelizmente, para muitas mulheres jovens pobres, o risco de infecção por HIV está ligado a uma forma de sexo usada para obter alimento e abrigo ou para sustentar o consumo de drogas. Logo, essas mulheres têm muito menos probabilidade de praticar sexo seguro (Allen e Setlow, 1991).

Padrões demográficos

Em todo o mundo, foram identificados pelo menos três padrões de transmissão do HIV em grande escala. O primeiro é verificado na América do Norte e na Europa Ocidental, onde os grupos mais afetados costumam ser os homossexuais masculinos e os usuários de substâncias injetáveis. O segundo inclui a África Subsaariana e o Caribe, onde o HIV e a aids são em geral encontrados em heterossexuais, distribuídos de forma semelhante entre homens e mulheres (Cohen, 2006). O terceiro padrão envolve áreas onde as taxas de infecção por HIV ainda são relativamente baixas e não há linhas específicas de transmissão. Esse padrão é verificado na Ásia, no Leste Europeu, no Norte da África e em alguns países do Pacífico.

A Figura 11.2, a seguir, mostra os efeitos devastadores da aids sobre as populações das minorias nos Estados Unidos. Considera-se que as diferenças étnicas e raciais nas taxas de transmissão do HIV reflitam diferenças socioculturais no uso de substâncias e na aceitação de práticas homossexuais e bissexuais. Por exemplo, em comunidades de minorias empobrecidas, usuários de substâncias em geral compartilham agulhas; é claro que, quando usam uma agulha com portadores de HIV, eles são infectados e expõem seus parceiros sexuais. O uso de substâncias injetáveis, portanto, é considerado a causa de aproximadamente 45% dos casos de aids entre afro-americanos e hispano-americanos, enquanto apenas 17% dos casos entre os brancos estão relacionados com o uso compartilhado de agulhas.

Acredita-se que a disseminação inicial do HIV entre usuários de substâncias injetáveis e homens homossexuais nos Estados Unidos e outros países ocidentais tenha ocorrido porque essas são populações relativamente pequenas e fechadas, nas quais um indivíduo tem mais probabilidade de ser exposto ao vírus repetidas vezes. Por muitos anos, 3

Figura 11.1

Casos de aids por categoria de exposição. A taxa de aids entre mulheres está aumentando com velocidade mais rápida do que entre homens. Uma razão para isso é que a transmissão da aids dos homens para as mulheres é muito mais comum do que a transmissão de mulheres para homens. Outra razão é que as mulheres têm menos controle sobre a decisão de usar preservativos. Uma terceira é que elas em geral usam as agulhas intravenosas após seus parceiros.
Fonte: *Health, United States*, by National Center for Health Statistics, 1998, Hyattsville, MD: United States Government Printing Office; *HIV/Aids Surveillance Report, 9*, by Centers of Disease Control and Prevention (CDC), 1998, http:/www.cdc.gov/hiv.

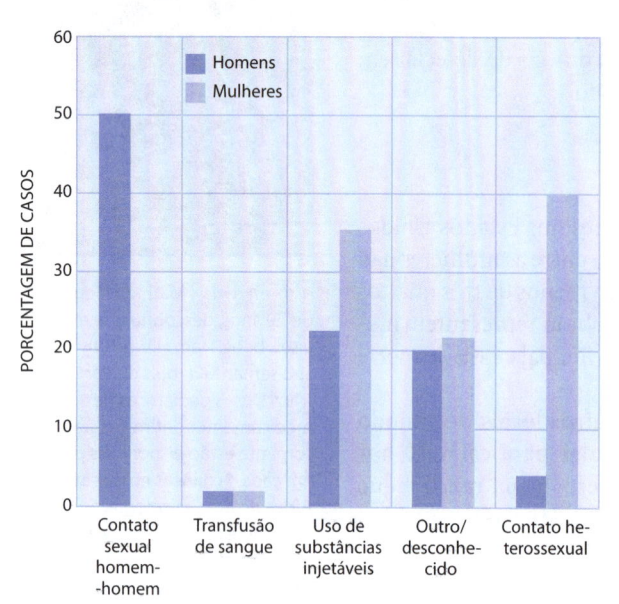

em cada 4 casos de aids resultavam de contato sexual entre homens. Embora as taxas por uso de substâncias injetáveis e relação heterossexual estejam aumentando, o contato sexual entre homens permanece sendo a maior categoria de exposição entre vítimas da aids nos Estados Unidos. Em 2007 apenas, 22.472 casos da doença foram diagnosticados como resultado do contato sexual entre homens, em comparação com 3.133 para o uso de substâncias injetáveis e 4.551 em homens e mulheres que adquiriram o HIV por contato heterossexual (CDC, 2010).

Como o HIV é transmitido

Como em todas as doenças graves, é importante saber como realmente o HIV é transmitido. Presente em concentração elevada no sangue e no sêmen de indivíduos HIV-positivo, o vírus pode entrar no corpo por qualquer arranhão na pele ou nas mucosas, incluindo aqueles que não são visíveis ao olho humano. Certos comportamentos sexuais e atividades relacionadas ao uso de substâncias são, de longe, o principal meio pelo qual a aids se espalha, mas o HIV pode ser transmitido por meio do compartilhamento de linfócitos infectados com o vírus em fluidos corporais – sangue, sêmen, secreções vaginais e uterinas e sangue materno. Felizmente, o HIV é transmitido com menos facilidade do que a maioria dos outros vírus letais (como a malária). Sem o ambiente protetor do sangue, do sêmen ou do citoplasma de uma célula hospedeira, sua morte é rápida.

Uma rota menos comum de infecção envolve a transfusão de sangue infectado. Nos primeiros anos da epidemia de aids, o HIV se espalhou com rapidez por meio de transfusões de sangue infectado para as vítimas de **hemofilia**, doença genética em que o sangue não coagula com velocidade suficiente e a pessoa sofre hemorragias incontroláveis. Desde 1985, contudo, os bancos de sangue têm testado o sangue de todos os doadores para anticorpos de HIV, e o risco de contraí-lo por transfusão praticamente desapareceu, contabilizando apenas 2% de todos os casos de aids nos Estados Unidos.

As crianças costumam ser infectadas pela exposição a glóbulos brancos do sangue da mãe que passam através da placenta durante o trabalho de parto e o nascimento. No mundo todo, estima-se que 1 em cada 4 bebês de mulheres soropositivas seja infectado dessa forma. Outros 10% são infectados após o nascimento, pelo leite materno. O uso de lavagens vaginais e cervicais antissépticas é um modo de reduzir a exposição viral potencial de recém-nascidos durante o parto. Outro é o "parto sem sangue", uma opção de cesariana, na qual os vasos sanguíneos da mãe são cauterizados para que o bebê não seja exposto ao sangue materno (Project Inform, 2005).

Doenças sexualmente transmissíveis e HIV

Pessoas que são infectadas com outras DSTs têm até cinco vezes mais probabilidade do que indivíduos não infectados de adquirir a infecção por HIV se forem expostas ao vírus (CDC Fact Sheet, 2010). Indivíduos infectados com HIV também têm mais probabilidade de transmiti-lo para outras pessoas por via sexual se estiverem infectados com outra DST.

As DSTs aumentam a suscetibilidade à infecção por HIV de duas maneiras (Tab. 11.2). Úlceras genitais, como a sífilis, herpes e o cancro causam lesões ou rompimento no revestimento do trato genital. Essas lesões criam pontos de entrada para o HIV e outros vírus atacarem. Além disso, a inflamação decorrente das úlceras genitais ou de DSTs não ulcerosas, como clamídia, gonorreia e tricomoníase, aumenta a concentração de CD4+ e outras células nas secreções genitais, que podem servir de alvos para o HIV.

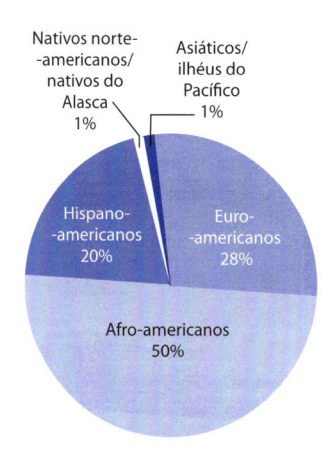

Figura 11.2

Aids e etnicidade nos Estados Unidos. Em 2004, o número estimado de casos diagnosticados de aids era de 42.514. Embora ocorra em todos os grupos raciais e étnicos, ela é desproporcionalmente maior entre afro-americanos.
Fonte: Centers for Disease Control and Prevention (CDC). *HIV/Aids Surveillance Report: HIV infection and Aids in the United States, 2004.* http://www.cdc.gov.hiv/topics/surveillance/resources/reports/index.htm.

Nativos norte-americanos/nativos do Alasca 1%
Asiáticos/ilhéus do Pacífico 1%
Hispano-americanos 20%
Euro-americanos 28%
Afro-americanos 50%

- **hemofilia** doença genética em que o sangue não consegue coagular com velocidade suficiente, causando hemorragias incontroláveis mesmo a partir de cortes pequenos.

A aids não é transmitida por:
- Doação de sangue.
- Exposição a partículas aéreas, alimentos contaminados ou picadas de insetos.
- Aperto de mãos, beber do mesmo copo, beijar com a boca fechada, abraçar e compartilhar bebedouros, telefones públicos ou toaletes.
- Compartilhar o ambiente de trabalho ou doméstico.

Sintomas e estágios: do HIV à aids

O HIV ataca principalmente os tecidos linfáticos, nos quais os *linfócitos* se desenvolvem e são armazenados. Como visto no Capítulo 3, os linfócitos são células imunológicas que ajudam a prevenir o câncer e outras doenças crônicas controlando o crescimento celular. Eles também protegem contra infecções produzindo anticorpos. O HIV invade e destrói um tipo de linfócito chamado de célula T, que é essencial na resposta imunológica, pois reconhece micróbios prejudiciais e desencadeia a produção de anticorpos, sendo também responsável por coordenar a liberação das células *natural killer* (NK).

Tabela 11.2

Sobre algumas DSTs

Clamídia	Sintomas	Complicações
A DST mais comum. Causada por uma bactéria que normalmente infecta os órgãos genitais, o ânus e a garganta. Espalha-se por contato com sêmen e secreções vaginais contaminados durante o sexo vaginal, anal e oral desprotegido. Tratada com antibióticos, embora algumas variantes sejam resistentes.	A maioria das mulheres não apresenta qualquer sintoma. Algumas podem ter um leve corrimento vaginal, dor ao urinar, dor durante o sexo ou urinação frequente. A maioria dos homens apresenta sintomas. Podem ter corrimento ou uma sensação de coceira no pênis, dor leve ao urinar ou infecção no ânus ou na garganta.	Mulheres: se não tratada, pode causar infertilidade, infecção no cérvix, dor pélvica, doença pélvica inflamatória, gravidez ectópica ou artrite. Bebês podem apresentar pneumonia ou cegueira. Homens: se não tratada, pode causar infertilidade, artrite, infecções nos olhos ou urinárias.
Gonorreia	**Sintomas**	**Complicações**
Causada por uma bactéria que normalmente infecta os órgãos genitais, o ânus e a garganta. Espalha-se por contato com sêmen e secreções vaginais contaminados durante o sexo vaginal, anal e oral desprotegido. Tratada com antibióticos.	A maioria das mulheres não apresenta qualquer sintoma ou tem um leve corrimento vaginal ou dor ao urinar. Os homens normalmente notam um corrimento denso amarelo-esverdeado do pênis, dor ao urinar ou dor no pênis. Se infectados no reto, homens e mulheres têm dor, sangramento e corrimento, bem como dor de garganta se houver infecção na garganta.	Mulheres: se não tratada, pode causar esterilidade ou doença pélvica inflamatória. Homens: se não tratada, pode causar esterilidade, testículos entumescidos ou infecções urinárias.
Tricomoníase	**Sintomas**	**Complicações**
Causada por um protozoário parasita unicelular, o *Trichomonas vaginalis*. A vagina é o local mais comum em mulheres; e a uretra, em homens. Espalha-se por sexo vaginal desprotegido. Tratada com antibióticos.	Coceira, sensação de queimação, irritação interna no pênis, vermelhidão vaginal ou vulvar, corrimento vaginal incomum, urinação frequente e/ou dolorosa, desconforto durante relações sexuais e dor abdominal.	Parto prematuro ou maior suscetibilidade ao HIV.
Herpes genital	**Sintomas**	**Complicações**
Causada pelo vírus de herpes simples, com bolhas ulcerosas ocorrendo nos órgãos genitais ou na área anal. Pode se espalhar para a boca. Espalha-se por meio de sexo vaginal, anal e oral desprotegido e contato direto entre a pele dos dois indivíduos. Tratada com antibióticos. Não existe cura completa.	Muitas pessoas se sentem fatigadas e têm febre. Bolhas dolorosas coçam, avermelham a pele, formam colônias e ulceram. As úlceras formam crostas e podem deixar cicatrizes.	O vírus se esconde em terminais nervosos e retorna.

Fonte: http://www.vaughns-1-pagers.com/medicine/std-chart.htm.

Como o HIV avança

O HIV é classificado como um **retrovírus**, porque funciona injetando uma cópia de seu próprio material genético, ou **genoma**, no ácido desoxirribonucleico (DNA) da célula T (ou célula hospedeira). Como todos os vírus, o HIV somente consegue se replicar dentro de células, utilizando seu equipamento de reprodução. Entretanto, somente o HIV e outros retrovírus incorporam suas próprias instruções genéticas nos genes das células hospedeiras.

O DNA infectado pode permanecer adormecido no cromossomo do linfócito hospedeiro por determinado período de tempo. Um dia, contudo, o linfócito infectado certamente será ativado contra outro vírus ou algum corpo estranho. Nesse momento, ele se divide, replicando também o HIV. À medida que as células infectadas continuam a divisão, um vasto número de partículas de HIV surge da célula infectada e invade outros linfócitos.

O sangue humano saudável normalmente contém cerca de mil células T por mililitro cúbico. Apesar do fato de o HIV estar se reproduzindo no corpo de uma pessoa infectada, esse nível pode permanecer invariável durante anos após a infecção pelo vírus. Então, por razões que os pesquisadores biomédicos ainda estão lutando para compreender, os níveis de células T começam a diminuir e o sistema imune torna-se cada vez mais enfraquecido. Enfim, a vítima fica com poucas células imunológicas funcionais e é incapaz de montar uma defesa eficaz contra células que contenham HIV, o próprio HIV e outros microrganismos invasores.

- **retrovírus** vírus que copia sua informação genética no DNA de uma célula hospedeira.
- **genoma** toda a informação genética de um organismo; o genoma humano é formado por aproximadamente 3 bilhões de sequências de DNA.

Os quatro estágios do HIV

O HIV avança em quatro estágios de infecção que variam em duração de pessoa para pessoa (ver Fig. 11.3). Durante o primeiro estágio, que dura de 1 a 8 semanas, o sistema imune destrói a maioria dos vírus HIV e, assim, as pessoas têm apenas sintomas moderados, semelhantes aos de muitas outras doenças, como glândulas linfáticas edemaciadas, dor de garganta, febre, diarreia crônica, dor óssea, infecções ginecológicas em mulheres, problemas neurológicos (p. ex., esquecimento, desatenção, etc.) e, em alguns casos, *rash* cutâneo. Esses sintomas muitas vezes são tão leves que passam despercebidos ou não são lembrados.

O segundo estágio, que pode durar meses ou anos, parece um período de latência. A pessoa não tem sintomas óbvios, exceto, talvez, nódulos linfáticos aumentados, que podem passar despercebidos. O HIV não está inativo nesse período. De fato, durante o estágio 2, à medida que a concentração das células T cai, o vírus é replicado constantemente. Em cinco anos, 30% das pessoas infectadas passam para o estágio 3, quando as células T são ainda mais reduzidas, o funcionamento imunológico é diminuído e ocorrem infecções oportunistas. Entre as infecções oportunistas mais comuns estão o sarcoma de Kaposi (câncer dos vasos sanguíneos que causa manchas púrpuras na pele, na boca e nos pulmões), o linfoma, as infecções gastrintestinais parasíticas e a *pneumonia por* Pneumocystis carinii. Essa pneumonia é ocasionada por um tipo de parasita que ataca os pulmões e é a causa da morte de 60% das vítimas de aids.

Durante o estágio 4, o número de células T cai de uma contagem saudável de 1.000 para 200 ou menos por mililitro cúbico de sangue, e quase toda a imunidade natural é perdida. Neste ponto (contagem de células T abaixo de 200), o HIV transformou-se em aids. À medida que os níveis de células T caem abaixo de 100, o equilíbrio de poder no sistema imune muda em favor do vírus invasor. Os níveis de HIV sobem muito, e os microrganismos que o sistema imune normalmente destruiria começam a proliferar com facilidade. Sem tratamento, a morte costuma ocorrer em 1 ou 2 anos.

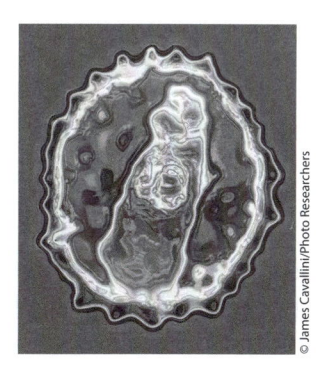

O vírus da aids Visão aumentada do vírus da aids. O HIV é classificado como um retrovírus porque destrói os linfócitos injetando uma cópia de seu próprio material genético no DNA da célula hospedeira.

O impacto neurológico da aids

O HIV afeta muitos sistemas do corpo, incluindo o sistema nervoso central. Quando migra para o cérebro e ataca as células cerebrais, ele desencadeia uma variedade

Figura 11.3

O curso do HIV/da aids.
A infecção por HIV pode permanecer por muitos anos no portador, sem ser notada, antes que os sintomas apareçam. Infelizmente, esse longo período "adormecido" em geral significa que portadores que não estão conscientes de sua infecção espalham o HIV de forma involuntária.

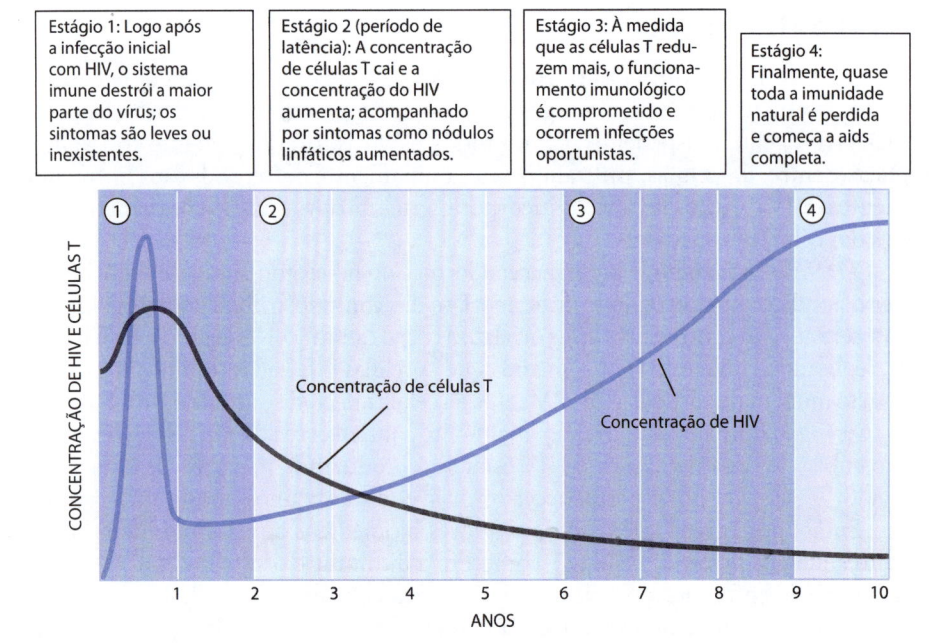

Estágio 1: Logo após a infecção inicial com HIV, o sistema imune destrói a maior parte do vírus; os sintomas são leves ou inexistentes.

Estágio 2 (período de latência): A concentração de células T cai e a concentração do HIV aumenta; acompanhado por sintomas como nódulos linfáticos aumentados.

Estágio 3: À medida que as células T reduzem mais, o funcionamento imunológico é comprometido e ocorrem infecções oportunistas.

Estágio 4: Finalmente, quase toda a imunidade natural é perdida e começa a aids completa.

■ **complexo aids-demência**
síndrome relacionada com a aids que envolve perda de memória, confusão e alterações na personalidade.

de transtornos emocionais e cognitivos em metade dos pacientes HIV-positivo. Na maioria dos casos, tais transtornos envolvem esquecimento, incapacidade de concentração, confusão geral e problemas de linguagem. Nos estágios posteriores da doença, os pacientes apresentam sinais de depressão, paranoia e alucinações que indicam o **complexo aids-demência**, uma deterioração cognitiva progressiva que envolve perda de memória substancial e mais confusão, assim como alterações na personalidade. Esse complexo é causado pela perda expressiva de células cerebrais que acompanha a infecção por HIV. Pesquisadores que compararam amostras de tecidos do cérebro de pessoas que morreram de aids com os de indivíduos que morreram de outras causas verificaram densidade de neurônios 40% menor no grupo do HIV (NINDS, 2010).

Fatores fisiológicos no avanço da aids

Pesquisadores biomédicos há muito têm sido confundidos pela imprevisibilidade da aids. O período desde o diagnóstico de aids propriamente dita até a morte pode ser de alguns meses ou até cinco anos. Embora o tempo médio desde a infecção por HIV até a aids seja de cerca de 10 anos, 5% das pessoas com HIV vivem mais de 15 anos. Diversos fatores podem influenciar o prognóstico da aids.

Um fator no prognóstico de um paciente é a força da resposta imunológica inicial. O HIV avança de forma muito mais lenta em pacientes cujos sistemas imunes produzem forte atividade dos linfócitos no estágio agudo da infecção pelo vírus (estágio 2). Essa defesa forte aparentemente ajuda a preservar a capacidade posterior do corpo de produzir células T que ataquem o HIV.

Assim como ocorre com muitas doenças crônicas, a vulnerabilidade genética também pode afetar a taxa de desenvolvimento da aids. Para alcançarem seu impacto total sobre as células, os vírus necessitam da colaboração do corpo, que, no caso da aids, é a existência do receptor proteico ao qual as partículas de HIV estão ligadas. Pesquisadores suspeitam que algumas pessoas possuam genes que as protejam contra o desenvolvimento desse receptor. De fato, parece que 1% das pessoas de descendência europeia ocidental herda um gene de ambos os genitores que bloqueia o desenvolvimento do receptor, conferindo imunidade aparente à infecção por HIV. Outros 20% herdam o gene protetor de apenas um dos genitores e, apesar de não serem imunes ao

> "O que o HIV fez foi utilizar o aspecto mais fundamental do sistema imune, que é a memória imunológica. Ela é um mecanismo perfeito para que o vírus garanta sua sobrevivência, pois permanece em silêncio dentro das células que são programadas para fazer nada além de esperar. Seu único trabalho é guardar o registro dos germes que encontra, deixando o corpo preparado para a próxima vez que os encontrar."
> (Haney, 2001, p. 11-A)

HIV, apresentam uma progressão muito mais lenta dos sintomas. Os pesquisadores também encontraram diferenças raciais e étnicas na resposta a medicamentos anti--HIV. Por exemplo, Andrea Foulkes e colaboradores (2006) observaram que pacientes afro-americanos submetidos à terapia antirretroviral eram menos propensos a ter depósitos adiposos nas artérias do que pacientes euro-americanos e hispano-americanos submetidos ao mesmo tratamento.

Fatores psicossociais no avanço da aids

Após a exposição ao HIV, a velocidade com que os sintomas clínicos começam a aparecer e a gravidade dos problemas em todos os estágios da doença variam muito. A má nutrição, o uso de substâncias, a exposição repetida ao HIV e outras infecções virais aceleram o avanço da doença. Assim como ocorre com outras doenças, todavia, epidemiologistas descobriram que, mesmo após esses fatores de risco típicos serem contabilizados, ainda existe uma grande variabilidade inexplicada no curso da aids.

Estresse e emoções negativas

O estresse, as emoções negativas e o isolamento social influenciam a velocidade com que a doença avança, talvez alterando os ambientes hormonais e imunológicos que afetam a resistência das células hospedeiras ao vírus invasor (Ironson et al., 2005). Vários pesquisadores relataram que baixa autoestima, perspectiva pessimista e depressão crônica estão relacionadas com a diminuição nas células T e um início mais rápido da aids entre indivíduos com HIV (Burack et al., 1993; Byrnes et al., 1998; Segerstrom et al., 1996). Indivíduos com HIV que mantêm a esperança e conseguem encontrar um significado em sua luta tendem a mostrar declínios mais lentos nos níveis de células T e têm menos probabilidade de morrer (Bower et al., 1998). Isso ocorre, em parte, porque aqueles que se mantêm otimistas têm mais probabilidade de praticar comportamentos que promovam a saúde do que os pessimistas (Ironson e Hayward, 2008). Para capitalizar esse aspecto, em uma intervenção, mulheres HIV--positivo deveriam escrever diariamente em seus diários sobre situações positivas que poderiam acontecer no futuro. Outras participantes foram designadas a um grupo de controle que não deveria escrever (Mann, 2001). Os resultados mostraram que escrever no diário aumentou os sentimentos de otimismo, promoveu maior adesão ao regime de tratamento e reduziu os sentimentos gerais de estresse.

Assim como ocorre com as vítimas de câncer, os pacientes de aids que negam seus diagnósticos podem experimentar desenvolvimento mais rápido dos sintomas relacionados com a doença. Gail Ironson e colaboradores (1994, 2005) estudaram o avanço de sintomas da aids em um grupo de homens HIV-positivo que participaram de um programa de intervenção comportamental. No começo do estudo, todos eram assintomáticos. Dois anos depois, aqueles que se negaram a aceitar seu *status* soropositivo apresentaram maior diminuição das células T, menor resposta dos linfócitos e outros sintomas que não foram observados em pacientes que aceitaram sua condição.

A relação entre a negação e a aids pode fazer parte de uma síndrome mais ampla de *inibição emocional*, que está relacionada com o desenvolvimento mais rápido de câncer e de outras doenças crônicas. Por exemplo, homossexuais masculinos que escondem sua orientação sexual deterioram-se mais rapidamente após a infecção por HIV do que os que expressam sua identidade sexual de forma mais aberta (Cole et al., 1996), talvez em razão de mudanças no sistema nervoso autônomo (ver Cap. 3) que afetam a imunidade de forma adversa (Cole et al., 2003).

Todavia, nem todos os estudos encontraram uma relação positiva entre emoções negativas e mudanças na contagem de células T, o começo da aids ou as taxas de mortalidade. De fato, algumas evidências indicam o oposto – que homens HIV-positivo que se negam a aceitar seu diagnóstico, na verdade, sobrevivem *mais* do que aqueles que acatam prontamente seu destino.

Por que os resultados de pesquisas sobre a aids são inconsistentes? Um problema é que muitos dos estudos medem o estresse, a depressão ou sentimentos autorrelatados de apoio social apenas no *começo do estudo*. Contudo, os sentimentos de estresse e depressão não são emoções estáticas, podem diferir de um dia ou mês para outro, dependendo dos fatos da vida do indivíduo. Comparar os resultados de estudos de pessoas diferentes com situações e em momentos distintos em suas vidas pode ser enganador. A depressão, por exemplo, pode acelerar o declínio de células T em pessoas portadoras de HIV. Um estudo mostrou que uma intervenção cognitivo-comportamental de manejo do estresse não apenas reduziu os sintomas de depressão, como aumentou os efeitos de medicamento antirretroviral em portadores de HIV (Antoni et al., 2006). Outra pesquisa verificou que pacientes sem depressão têm sistemas imunes significativamente mais saudáveis (p. ex., contagens maiores de células CD4 e níveis mais elevados de hemoglobina) e mais qualidade de vida do que os deprimidos (Schroecksnadel et al., 2008).

Estresse e apoio social

O apoio social, particularmente dos amigos (Galvan et al., 2008), e mesmo se vier por meio da internet (Mo e Coulson, 2008), também é um fator essencial no avanço do HIV e da aids (Fasce, 2008). Em um estudo, pacientes que haviam recebido resultados positivos para HIV foram acompanhados por cinco anos. Aqueles que relataram mais isolamento e menos apoio emocional no começo do estudo apresentaram diminuição bem maior em células T no decorrer do estudo do que os que declararam se sentir mais conectados socialmente (Theorell et al., 1995). Em outro estudo, Margaret Kemeny e colaboradores (1994) verificaram que homens HIV-positivo que haviam sofrido perda recente de um parceiro para a aids apresentaram avanço mais rápido da doença. O mesmo vale para mulheres que perderam parceiros (Ickovics et al., 2001).

A falta de apoio social pode promover um desenvolvimento mais rápido da doença, pois diminui a capacidade dos soropositivos de enfrentar eventos estressantes da vida de maneira eficaz (Deichert et al., 2008). Em estudo prospectivo de eventos estressantes da vida, apoio social, enfrentamento e aids, que começou em 1990, Jane Leserman e colaboradores (2000) estudaram 82 homossexuais masculinos HIV-positivo a cada seis meses. Os participantes descreveram o número de eventos estressantes em suas vidas, seus estilos de enfrentá-los e sua satisfação com o apoio social de que dispunham. Os pesquisadores também mensuraram os níveis séricos de células T, assim como os de cortisol e outros hormônios do estresse.

Embora nenhum dos homens HIV-positivo tivesse qualquer sintoma de aids no começo do estudo, um terço deles passou a exibir alguns depois disso. Para cada aumento no número de eventos estressantes em suas vidas – o equivalente a um evento muito estressante (p. ex., a morte de um familiar ou a perda do emprego) ou dois eventos moderadamente estressantes (p. ex., doenças na família ou problemas de relacionamento com o chefe) – dobrava o risco de desenvolver sintomas de aids. O risco da doença também dobrava com cada *diminuição* significativa no escore médio na escala de satisfação com o apoio social, com cada *aumento* no uso de negação como estratégia de enfrentamento e com cada aumento de 5 mg/dL no nível sérico de cortisol.

Devido aos benefícios para a saúde de ter uma forte rede social, é particularmente trágico que a aids com frequência seja uma doença estigmatizante e que muitas de suas vítimas percam amigos e companheiros. De maneira singular, pelo menos um estudo sugere que animais de estimação possam proporcionar proteção contra a depressão induzida pelo isolamento que pode acompanhar a doença. Judith Siegel e colaboradores (1999) pesquisaram mais de 1.800 homens homo e bissexuais, dos quais 40% eram HIV-positivo e 10% já haviam desenvolvido aids. Conforme outros estudos já verificaram, homens com aids, sobretudo aqueles com os níveis mais baixos de satisfação com suas redes sociais, apresentaram níveis notavelmente mais altos de depressão do que os HIV-positivo sem aids e os HIV-negativo em um grupo de controle. Porém, enquanto os homens com aids que não possuíam animais de estimação tiveram 300% mais probabilidade de relatar sintomas de depressão do que os que não tinham aids, os portadores da doença que possuíam um animal de estimação demonstraram apenas 50% mais probabilidade de relatar sintomas de depressão. Os benefícios de ter um cão ou um gato foram mais fortes para homens que sentiam mais apego por seu animal de estimação, dormindo com eles no quarto, por exemplo, e brincando com eles de modo frequente.

Entender como os fatores psicossociais afetam o curso da aids pode aumentar as chances da pessoa de sobreviver à infecção por HIV. Os resultados desses estudos também ajudam a adquirir uma perspectiva sobre a interação entre fatores biológicos, psicológicos e sociais na saúde e na doença e, assim, a refinar a compreensão das conexões entre mente e corpo.

> A infecção por HIV é uma doença bastante estigmatizante, pois é difícil escondê-la à medida que avança, perturba a vida e os relacionamentos das pessoas e pode causar desfiguramento físico como parte de seu curso degenerativo. Os estigmas relacionados com a aids resultam em discriminação, preconceito e isolamento, e são fatores importantes que limitam o apoio social e a assistência para o indivíduo que está enfrentando o HIV.
>
> (American Psychological Association. Public Interest Directorate. Principais tópicos e questões relacionadas com HIV/aids [www.apa.org/pi/aids]).

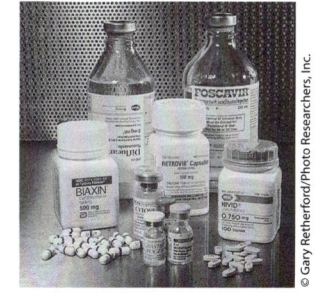

Intervenções médicas

Até pouco tempo atrás, a infecção por HIV quase sempre era uma doença progressiva e fatal. As intervenções médicas concentravam-se quase exclusivamente no tratamento da pneumonia e de outras doenças oportunistas que resultavam da deficiência imunológica, e não em eliminar (ou mesmo controlar) o HIV, que se replica com rapidez. Na atualidade, todavia, os cientistas têm uma compreensão muito maior de como o vírus se comporta no corpo e também possuem muitas armas potentes a sua disposição. Vários testes monitoram os níveis do vírus de forma direta, proporcionando aos médicos formas mais precisas para determinar o nível em que um regime de tratamento está funcionando. Além disso, diversas novas classes de substâncias possibilitaram tratar o HIV de maneira agressiva, melhorando a saúde geral e aumentando as chances de sobrevivência de modo expressivo.

Uma vez determinada a infecção por HIV, os médicos continuam a monitorar os níveis do vírus no sangue do paciente, pois esses níveis predizem muito bem a velocidade com que a aids se desenvolve. Assim, conseguem modificar tratamentos ineficazes antes que ocorra a deficiência imunológica e o vírus invasor saia do controle.

Intervenção para a aids Nos últimos anos, os portadores de aids têm tomado uma grande variedade de pílulas todos os dias, seguindo um horário rígido. Entretanto, com os avanços da pesquisa, regimes farmacológicos mais enxutos têm sido utilizados com o mesmo grau de eficácia.

O regime HAART

O atual regime de tratamento adequado é a *highly active antiretroviral therapy*, ou HAART. A HAART envolve uma combinação de agentes antirretrovirais que atacam diferentes partes do HIV ou impedem que o vírus entre nas células. Embora não livre o corpo do HIV, o tratamento reduz a velocidade em que o vírus continua a se reproduzir.

Um dos medicamentos mais usados no regime HAART é a **zidovudina** (AZT). Introduzido em 1983, o AZT é uma classe de medicamentos chamados de *inibidores de transcriptase reversa*, pois bloqueia a replicação do HIV inibindo a produção de transcriptase reversa – a enzima de que o HIV necessita para sua reprodução. O AZT reduz os sintomas da aids, aumenta os níveis de células T e pode prolongar a vida do paciente. Infelizmente, contudo, muitos pacientes que estão utilizando AZT sentem uma variedade de efeitos colaterais, incluindo anemia, que exige transfusões de sangue; menor formação de glóbulos brancos, que aumenta o risco de outras infecções; dores de cabeça, coceiras e confusão mental. Além disso, a eficácia do AZT diminui à medida que o vírus fica resistente a ele (Kinloch-de Loes et al., 1995). Por essa razão, o AZT com frequência é combinado com um novo e promissor grupo de medica-

■ **zidovudina (AZT)** o primeiro medicamento antiaids; um inibidor da transcriptase reversa.

mentos anti-HIV, denominados *inibidores de protease*, que bloqueiam a produção de proteínas virais maduras. Essa combinação medicamentosa reduziu o HIV a níveis indetectáveis em alguns pacientes.

Os testes clínicos da HAART foram bastante promissores. Estudos de pacientes HIV-positivo no San Francisco General Hospital e no Johns Hopkins University Hospital relataram que 50% dos pacientes tratados com a HAART alcançaram o objetivo do tratamento, isto é, chegar a apenas 500 HIV por mililitro – alguns em seis semanas após começarem a farmacoterapia. Embora a taxa de sucesso de 50% seja considerada decepcionante no tratamento de várias doenças, para o HIV, ela representa um aumento enorme em relação à situação observada poucos anos atrás. Em alguns pacientes, a HAART parece parar completamente a replicação do HIV, trazendo esperança aos especialistas da saúde de que o tratamento possa funcionar indefinidamente.

Até tempos recentes, a HAART envolvia um regime complicado que exigia dos pacientes a administração de uma série de pílulas em momentos diversos do dia. Um regime novo, no qual o medicamento é tomado uma vez por dia, simplificou bastante o tratamento, mas ainda não é para todos. Uma limitação é que muitos pacientes de aids simplesmente não podem pagar por ele. O custo médio de um ano de HAART é de 10 a 15 mil dólares. Mesmo em países desenvolvidos e afluentes nos quais o tratamento está disponível, muitas pessoas não têm condições financeiras ou seguro de saúde necessários para cobrir os custos. E, é claro, as incontáveis pessoas pobres de países em desenvolvimento têm pouca esperança de obter esses tratamentos farmacológicos. Ao redor do mundo, menos de 1 em cada 5 portadores de HIV está recebendo medicamentos anti-HIV (Fauci, 2006).

Outros prognósticos da falta de adesão terapêutica são o abuso de substâncias ativo, a depressão, não ter onde morar e os efeitos colaterais do tratamento. Enquanto os efeitos colaterais da HAART variam consideravelmente conforme os medicamentos específicos que a compõem, e de um indivíduo para outro, os mais comuns incluem diarreia, náusea e vômito. Para alguns, essas reações se tornam um peso tão grande que omitem doses ou param por completo de tomar os medicamentos. Cerca de 25% dos pacientes interrompem a terapia no primeiro ano em razão dos efeitos colaterais (d'Arminio, Lepri e Rezza, 2000).

A redução da proliferação da aids em nações em desenvolvimento (onde vivem 90% das pessoas com HIV) é uma prioridade para os pesquisadores. De acordo com uma estimativa, disponibilizar o protocolo intensivo da HAART em todo o mundo custaria 36,5 bilhões de dólares. As desigualdades em tratamento e prevenção do HIV afetam principalmente as crianças. Em algumas partes da África, por exemplo, 4 em cada 10 crianças perdem pelo menos um dos genitores para a aids antes dos 15 anos de idade – e, a cada dia, 1.600 bebês nascem com HIV. Para ajudar a parar a transmissão do HIV em bebês, a agência de aids da Organização das Nações Unidas começou um programa de cuidados pré-natal, AZT e assistência ao parto para mulheres em 11 dos países mais pobres do mundo. Frente às crescentes evidências de que o HIV também passa para a criança pelo leite materno, o programa ajuda mães infectadas a encontrar alternativas seguras para a amamentação.

Uma vacina preventiva

Devido à capacidade de o HIV ser integrado ao DNA de uma célula hospedeira, as perspectivas de uma cura verdadeira que detectasse e destruísse todas as células infectadas com o vírus no corpo parecem fracas. Apesar de quase 30 anos de pesquisas, permanecemos longe de uma vacina eficaz e acessível contra o HIV; não existe um único caso bem-documentado de uma pessoa infectada cujo sistema imune tenha se livrado completamente do vírus (Aids Vaccine, 2010; Fauci, 2006). Será que existe alguma alternativa? Diversos pesquisadores biomédicos estão procurando uma vacina para minimizar e controlar o impacto do HIV no corpo. Um dos principais obstáculos é a enorme variabilidade do vírus. Alguns estudiosos avaliam que, em uma pessoa infectada por HIV em replicação, mais de 10 bilhões de novos vírus são formados a cada dia. Novas linhagens estão aparecendo constantemente; mesmo que fosse desenvolvida uma vacina que se mostrasse eficaz contra uma linhagem, talvez ela não oferecesse proteção contra as outras. Outra dificuldade reside no ciclo de vida incomum do HIV. A rápida velocidade com que o vírus infecta as células T e a longa vida das células infectadas tornam bastante improváveis as perspectivas de uma vacina eficaz.

Ainda assim, os pesquisadores têm esperança de desenvolver um tratamento que possa bloquear por completo uma das muitas etapas no ciclo de vida do HIV (ver Fig. 11.4). Conseguindo isso, é possível matar o vírus em seu caminho. Por enquanto, a vacina mais promissora é a RV 144, uma combinação de duas vacinas criadas com bases genéticas, desenvolvida em animais e submetida recentemente a um teste clínico de seis anos, envolvendo mais de 16 mil voluntários na Tailândia. O maior teste de uma vacina para HIV/aids da história incluiu sujeitos de 18 a 30 anos que foram recrutados da população em geral, em vez de grupos de alto risco, como os usuários de substâncias injetáveis. Todos os participantes receberam preservativos, instrução sobre como usá-los e como evitar a infecção, além da promessa de tratamento antirretroviral vitalício se contraíssem aids. A metade recebeu seis doses da vacina RV 144, e a outra metade recebeu placebos, sendo, então, testados regularmente durante três anos. Aqueles que foram vacinados se infectaram em uma taxa quase um terço menor do que os outros participantes, que receberam a vacina ou um placebo. Isso sugere que a RV 144 não funciona produzindo anticorpos neutralizantes, como a maioria das vacinas, mas por ativar os glóbulos brancos que atacam o vírus (McNeil, 2009). Embora os pesquisadores biomédicos sejam rápidos em apontar que ainda não existe "cura" para a aids, os avanços no tratamento que foram alcançados desde 1995 não têm paralelos na história da medicina. Antes de 1995, o "tratamento" para pacientes com HIV consistia quase totalmente em deixá-los o mais confortáveis possível enquanto se preparavam para morrer. Hoje, o uso de inibidores de transcriptase reversa, inibidores de protease e a abordagem do "coquetel da aids" da HAART aumentou a esperança de que a doença, um dia, seja crônica controlável – em vez de uma condição terminal –, e que os pacientes com aids possam ter vidas longas e produtivas.

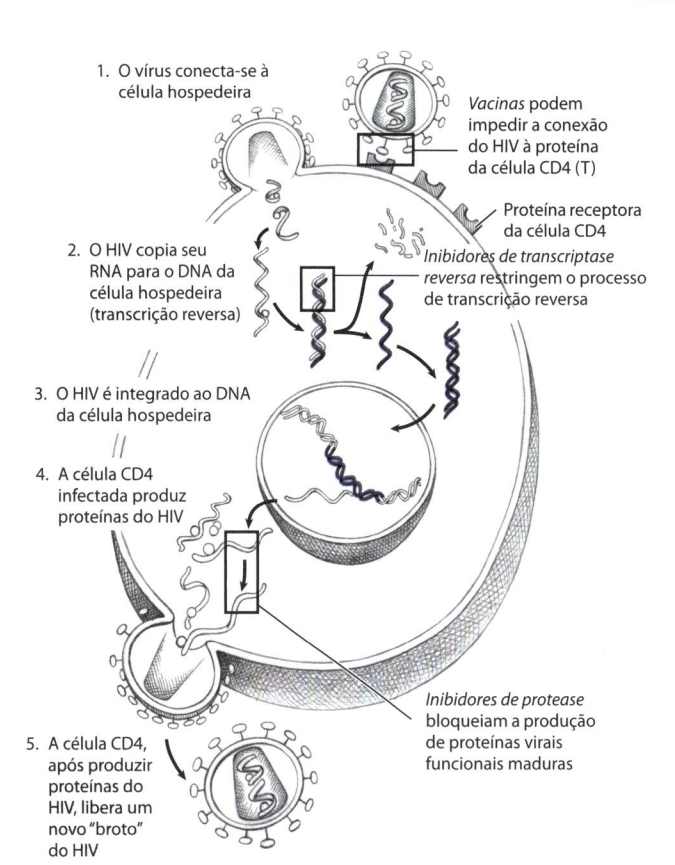

Figura 11.4

Estratégias para combater a reprodução do HIV.
Os médicos têm diversos medicamentos anti-HIV à disposição. Esses agentes amplamente utilizados bloqueiam determinadas etapas do ciclo de vida do vírus.

Intervenções psicossociais

Enquanto os pesquisadores continuam sua busca por intervenções médicas eficazes, as intervenções psicossociais permanecem como a principal maneira de lutar contra a aids. Os psicólogos da saúde desempenham diversos papéis na batalha contra essa doença, incluindo intervenções de prevenção primária e secundária. A prevenção primária inclui orientar as pessoas sobre testes para o HIV e ajudá-las a modificarem seus comportamentos de risco. A prevenção secundária inclui auxiliar pacientes com aids a enfrentar os transtornos emocionais e cognitivos e conduzir terapia de luto para aqueles que se encontram nos estágios finais da doença, para suas famílias e seus amigos.

Desde o começo da epidemia de aids, muitas intervenções diferentes têm sido implementadas. Os primeiros programas eram voltados para grupos de alto risco, como homossexuais masculinos ou usuários de substâncias injetáveis, utilizando intervenções de modificação comportamental e educativas para tentar mudar posturas e comportamentos. Os programas nos níveis escolar e universitário normalmente se concentravam em aumentar o conhecimento sobre a aids e promover o sexo seguro. Campanhas na mídia enfatizavam a consciência da forma como a doença é transmitida – e têm obtido bastante sucesso: em 1987, quase todos os adultos norte-americanos conheciam a aids e mais de 90% deles sabiam citar corretamente os principais modos de transmissão do HIV (Coates et al., 1990). Apesar de seu lento começo, a educação para a aids e outros programas de intervenção cresceram muito no final da década de 1980 e na de 1990, impulsionados a princípio pelos esforços da comunidade *gay* dos Estados Unidos. Como resultado, a consciência pública da aids aumentou e houve uma redução correspondente em comportamentos de alto risco, acompanhada por um nítido declínio no número de casos novos de infecção por HIV. Ao redor do mundo, surgiram diversos programas inovadores de prevenção nos últimos cinco anos, incluindo em Belize e outros países do Caribe, assim como partes da África Subsaariana, visando a relacionar a redução da violência com a educação para HIV/aids para membros de gangues, que são mais vulneráveis ao HIV (Cohen, 2006; UNAIDS, 2007). Vamos nos deter nas teorias em que os programas de intervenção se baseiam e em algumas das intervenções eficazes para reduzir comportamentos relacionados com o risco de contrair HIV/aids.

A base para intervenções psicossociais

Muitos dos modelos teóricos descritos no Capítulo 6 têm sido usados para prever se e quando as pessoas irão mudar comportamentos de risco relacionados com a saúde, de modo que muitas vezes formam a base para os programas de intervenção para HIV/aids (Naar-King et al., 2008).

A teoria cognitiva social, que focaliza a interação entre eventos do ambiente, nossos processos internos e nossos comportamentos, tem servido como arcabouço para diversas intervenções (Kelly e Kalichman, 2002). Três fatores abordados por esse modelo parecem ser particularmente importantes em programas de intervenção bem-sucedidos: *normas sociais percebidas* em relação à aceitação dos amigos acerca de comportamentos que reduzam o risco de contrair HIV; *crenças na autoeficácia*, para controlar pensamentos, emoções e comportamentos do indivíduo; e *habilidades sociais*, a capacidade de responder de forma assertiva ao negociar comportamentos de risco. Isso foi demonstrado por Seth Kalichman e colaboradores (1998, 2008), os quais verificaram que homossexuais masculinos que praticam comportamentos de alto risco também apresentam escores mais baixos em medidas de normas sexuais percebidas mais seguras, autoeficácia em relação a práticas sexuais mais seguras e habilidades sociais.

O modelo de crenças de saúde, fundamentado na ideia de que as crenças do indivíduo predizem seu comportamento, tem obtido um nível modesto de sucesso com uma variedade de grupos de alto risco para prever o uso de preservativos, o número de parceiros sexuais e o conhecimento da história sexual de parceiros. A teoria da ação racional, que também considera a atitude da pessoa em relação à adesão aos pontos de vista de outros indivíduos, tem obtido sucesso maior, provavelmente devido à influência de normas sociais sobre a atividade sexual em muitas populações de risco, incluindo adolescentes. Pesquisadores têm verificado de forma consistente que pessoas com atitudes mais favoráveis em relação ao uso de preservativos, assim como aquelas que acreditam que seus amigos apoiem o uso de preservativos, são mais propensas a práticas sexuais protegidas. Também observaram que indivíduos de grupos de alto risco, como homens jovens que fazem sexo com homens, costumam ter crenças excessivamente otimistas sobre seu risco, o que não ajuda a prevenir seus comportamentos de risco (MacKellar et al., 2007).

O apoio para os modelos de estágios provém da evidência de que alguns indivíduos são mais beneficiados do que outros com determinada intervenção. Por exemplo, pessoas mais jovens e menos informadas tendem a ser beneficiadas com intervenções educacionais que preencham lacunas no conhecimento sobre como a aids é transmitida, enquanto indivíduos mais velhos em certos grupos de alto risco parecem ser mais beneficiados com intervenções que os motivem para a ação preventiva.

Em uma investigação recente sobre a estrutura de crenças a respeito do uso de preservativos, Dolores Albarracin e colaboradores (2000) entrevistaram uma grande amostra multiétnica de homens e mulheres heterossexuais HIV-negativo. Quatro temas psicossociais foram analisados em relação a sua capacidade de predizer o uso consistente de preservativos entre adultos heterossexuais durante o sexo vaginal. Os temas investigados foram as crenças dos participantes de que o uso de preservativos:

1. Proporciona ou não proteção eficaz contra a aids e outras DSTs, incluindo herpes, hepatite B, clamídia e papilomavírus humano (HPV).
2. É ou não compatível com sua autoimagem no que diz respeito ao comportamento sexual responsável.
3. Contribui ou atrapalha seu prazer sexual.
4. Teria ou não um impacto negativo em sua interação com o parceiro sexual.

Os resultados mostraram que, quanto mais o uso de preservativos correspondesse à autoimagem da pessoa e quanto menos eles fossem percebidos como algo que diminui o prazer sexual, mais positivas eram as atitudes em relação a seu uso. Houve associação entre intenções e comportamentos em todas as quatro áreas examinadas: proteção, autoimagem, prazer e interação social; porém, a associação foi muito mais forte com a autoimagem e o prazer.

Programas educativos

Os programas educativos e as campanhas na mídia têm mais probabilidade de serem eficazes quando as mensagens são adaptadas ao gênero, à nacionalidade e ao nível de aculturação do grupo-alvo (Latkin e Knowlton, 2005). Uma metanálise recente, com mais de 100 mil sujeitos, de intervenções de prevenção para o HIV comparou a eficácia de diversas abordagens que promoviam o uso de preservativos entre amostras com concentrações maiores e menores de latinos (Albarracin et al., 2008). Grupos com porcentagens maiores de latinos se beneficiaram mais de intervenções aplicadas por indivíduos leigos de sua comunidade e que incluíssem mensagens com indução de ameaça. Todavia, entre amostras com porcentagens baixas de latinos, as mensagens de saúde apresentadas por especialistas, assim como mensagens que não contivessem argumentos que induzissem à percepção de ameaça, eram mais eficazes. Uma metanálise semelhante sobre intervenções para o HIV com afro-americanos heterossexuais mostrou que as abordagens exitosas incluíam a *adaptação cultural* visando a modificar normas sociais sobre o comportamento sexual seguro (Darbes et al., 2008).

Como outro exemplo, culturas em que os costumes sociais ou as crenças religiosas apoiam a dominação masculina tendem a taxas elevadas de transmissão do HIV de homens para mulheres e exigem intervenções específicas para elas (UNAIDS, 2007). Um estudo comparou o impacto sobre os afro-americanos de uma mensagem visando a reduzir o risco de aids, apresentada por jornalistas brancos, com a mesma mensa-

Educação voltada para a prevenção Na ausência de vacina, prevenir a infecção pelo HIV continua sendo nossa melhor arma contra a aids. Ao redor do mundo, as campanhas educativas são os principais meios de prevenção primária.

gem apresentada por mulheres afro-americanas que se concentravam em temas de relevância cultural, como o orgulho cultural e a responsabilidade familiar (Kalichman et al., 1993). Duas semanas após assistirem à mensagem gravada, os participantes afro-americanos que assistiram à fita com relevância cultural relataram mais preocupação e medo com a aids do que os indivíduos que haviam assistido à fita-padrão. Eles também relataram a realização de comportamentos mais preventivos ou a intenção de efetuá-los, como fazer testes para o HIV.

Outro programa de sucesso era voltado para pessoas a partir de 50 anos ou mais que estavam vivendo com HIV/aids (Heckman et al., 2006). A intervenção de 12 sessões, que era apresentada por teleconferência, proporcionava uma forma de orientação apropriada para a idade dos sujeitos, buscando reduzir a solidão, os sintomas depressivos e o enfrentamento esquivo. O sucesso dessa intervenção é especialmente importante, pois é previsto que, em 2015, metade de todos os casos de HIV/aids nos Estados Unidos será de pessoas com 50 anos ou mais (CDC, 2006). Pesquisadores observaram que as intervenções conduzidas por pares também são particularmente eficazes para pessoas jovens (Maticka-Tyndale e Barnett, 2010). Entretanto, seja qual for a forma como são apresentadas, todas as mensagens educativas têm algo em comum: tornam as pessoas conscientes da aids e de como preveni-la. Existem algumas precauções simples que nos protegem da aids e de outras DSTs. Obviamente, abster-se de substâncias e sexo ou manter relação sexual monógama com um parceiro que não esteja infectado ainda são as formas mais seguras de preveni-las. Para aqueles que são ativos do ponto de vista sexual, é importante limitar o número de parceiros na *rede sexual*, a variedade de atividades sexuais e o nível de *mistura sexual* com pessoas de outras redes sexuais (Catania et al., 2001). Se alguém fizer sexo ou dividir uma agulha com uma pessoa que seja HIV-positivo, poderá se tornar portador do vírus. Se fizer sexo ou dividir uma agulha com dois outros parceiros, cada um dos quais também faz sexo ou divide a agulha com outras duas pessoas, e assim por diante, a infecção inicial tem o potencial de espalhar-se para centenas de outras vítimas.

Especialistas em saúde também apresentam as seguintes precauções específicas:

- Mantenha-se sóbrio (o álcool e muitas outras substâncias diminuem a inibição e aumentam a probabilidade de comportamentos de alto risco).
- Evite o sexo anal (a fina cobertura do reto faz o sexo anal ser a forma sexual mais perigosa para transmissão do HIV).
- Seja seletivo ao escolher seus parceiros. Evite contato sexual com pessoas que tenham comportamentos sexuais de alto risco ou usem substâncias.
- Use preservativos de látex durante o sexo vaginal, anal ou oral. Essas barreiras bloqueiam quase todos os microrganismos transmitidos sexualmente, incluindo o HIV. Diafragmas ou tampões uterinos receitados e colocados pelo médico, que bloqueiam o sêmen, e espermicidas que paralisam os espermatozoides (e os linfócitos) também são aconselháveis.
- Nunca compartilhe agulhas hipodérmicas, lâminas, alicates de cutículas ou outros instrumentos que possam estar contaminados com sangue ou fluidos corporais de outra pessoa.
- Não seja levado a um senso de complacência em relação à aids e às DSTs por relatos na mídia sobre grandes descobertas de tratamentos. Ainda não existe cura para a aids.

Testes em massa e aconselhamento para o HIV

Embora seja importante, a educação muitas vezes não é suficiente. Testes e aconselhamento básico para o HIV também são intervenções preventivas fundamentais na maioria dos programas estaduais e federais. No programa de triagem mais ambicioso já realizado, 110 milhões de cidadãos japoneses foram testados. Em 2006, o número de pessoas que fizeram testes gratuitos para HIV cresceu em 16,2%, sugerindo que a consciência do HIV/da aids aumentou como resultado dessa estratégia de prevenção primária (KaiserNetwork.org, 2007).

As pessoas que fazem testes para HIV se beneficiam de intervenções que ajudam a reduzir a ansiedade causada pelo medo de serem soropositivas. Em uma série de estudos de Michael Antoni e colaboradores (2000), homossexuais masculinos foram divididos de forma aleatória em grupos de intervenção e de controle algumas semanas *antes* de fazer o teste para HIV. Os indivíduos do grupo de intervenção participaram de um programa multifacetado que incluía ginástica aeróbica, treinamento para relaxamento e terapia cognitiva visando a modificar atitudes autodestrutivas. O estado psicológico de cada participante e sua imunocompetência foram avaliados várias vezes antes e depois de receberem os resultados do teste. Entre os homens que tiveram resultado positivo para o HIV, aqueles que estavam no grupo de intervenção relataram sentir significativamente menos depressão e ansiedade do que os do grupo de controle. Eles também apresentaram funcionamento imunológico bem mais forte, incluindo aumentos nos níveis e na atividade das células T e NK.

Psicólogos da saúde também desenvolveram intervenções para contrapor a realidade de que muitos encontros sexuais, em especial com novos parceiros, são emocionalmente intensos, apressados, alimentados pelo uso de álcool e não conduzem a um raciocínio claro e negociação sobre sexo seguro (Collins et al., 2005). O objetivo dessas intervenções, portanto, é ensinar a jovens homens e mulheres como exercer o autocontrole em relações sexuais e como resistir à pressão sexual coercitiva. Por exemplo, solicita-se que os sujeitos das intervenções usem imagens mentais para visualizar encontros sexuais de risco que resultem em infecção por HIV. Quando acoplada a exercícios de simulação, modelagem e *feedback*, esse tipo de intervenção pode ser altamente eficaz para dar aos jovens as habilidades necessárias para evitar comportamentos de alto risco.

Um estudo com adolescentes afro-americanos da periferia dividiu sujeitos de forma aleatória em um grupo de redução do risco de aids e um grupo de controle (Jemmott et al., 1992). Aqueles no grupo de intervenção receberam materiais educativos e participaram de *workshops* sobre comportamentos de alto risco conduzidos por adultos afro-americanos. Comparados com os sujeitos de controle, os adolescentes do grupo de intervenção relataram maior uso de preservativos, menos casos de relação sexual, menos parceiros sexuais e menos prática de sexo anal.

Infelizmente, as intervenções bem-sucedidas são a exceção com mais frequência do que a regra. Durante um período de 18 meses, pesquisadores compararam comportamentos de risco de contrair HIV em mulheres que buscaram de forma voluntária testes e aconselhamento para o vírus em quatro clínicas urbanas e mulheres que utilizaram outros serviços clínicos, como exames físicos e exames de visão. Embora as mulheres do grupo de aconselhamento estivessem mais preocupadas com a aids do que as do grupo de comparação, os dois grupos não apresentaram diferença na prevalência de comportamentos de risco de HIV. Ambos os grupos participaram de comportamentos sexuais de alto risco, incluindo relações sexuais sem proteção com parceiros de risco desconhecido ou alto (Ickovics et al., 1998). Por que o aconselhamento para o HIV não é automaticamente eficaz para mudar comportamentos sexuais de alto risco? Uma razão é que a pessoa – mesmo alguém que saiba tudo sobre aids – deve se sentir capaz de controlar seus comportamentos relacionados com o risco em situações específicas. Cada vez mais, psicólogos da saúde reconhecem que modificar comportamentos sexuais é um processo complexo que envolve duas pessoas com diferentes agendas e atitudes para com suas práticas sexuais. Por exemplo, eles verificaram que não podem supor que ambos os parceiros tenham o mesmo nível de força para consentir na relação sexual e tomar decisões sobre o risco. O abuso e a dominação por parceiros do sexo masculino são fatores na infecção por HIV em muitas mulheres (Lichtenstein, 2005). Muitas mulheres relatam que, em sua primeira experiência sexual (e, muitas vezes, em experiências subsequentes), seu parceiro as coagiu a ter relações sexuais (Bor, 1997). E, ainda que a parceira muitas vezes seja considerada responsável por garantir o uso de contraceptivo, ela pode não sentir força suficiente para insistir com seu parceiro para que use preservativo.

As pesquisas até hoje têm mostrado uma forte associação entre a *autoeficácia percebida* e a prevalência de comportamentos de alto risco. Por exemplo, a autoeficácia está ligada a maior uso de preservativos entre universitários (Wulfert e Wan, 1993), homossexuais masculinos (Emmons et al., 1986), adolescentes afro-americanos (Jemmott et al., 1992) e mulheres hispano-americanas (Nyamathi et al., 1995). Os homossexuais masculinos que têm fortes sentimentos de autoeficácia também são propensos a ter menos parceiros sexuais e ser mais bem-informados sobre a história sexual daqueles com quem têm relações íntimas (Wulfert et al., 1996).

Pesquisadores também encontraram relação entre a perspectiva de vida, a autoeficácia e a tendência a comportamentos sexuais de alto risco. Um estudo recente mostrou que, entre adolescentes sexualmente ativos de minorias da periferia (de 15 a 18 anos de idade), aqueles que eram mais otimistas mostraram-se mais confiantes em sua capacidade de praticar sexo seguro (como usar preservativo). Os otimistas também eram mais conscientes e preocupados com os riscos do sexo inseguro (Carvajal et al., 1998). Os pessimistas, por sua vez, eram menos preocupados com o risco potencial do sexo inseguro, talvez por sentirem que tinham menos a perder do que as pessoas mais otimistas. Além disso, a falta de sentimentos de autoeficácia fazia os pessimistas acreditar que havia nada que pudessem fazer para evitar esses perigos ou os comportamentos.

E, finalmente, em estudo longitudinal de mulheres heterossexuais, aquelas que evitavam relações sexuais desprotegidas tinham atitudes mais favoráveis para com os preservativos e maior lócus de controle interno em relação à saúde. Ou seja, sentiam-se mais responsáveis por proteger seus corpos contra o HIV (e outras ameaças à saúde) do que aquelas que tinham relações sexuais desprotegidas com mais frequência (Morrill et al., 1996).

Todos esses resultados indicam que a frequência de sexo desprotegido pode ser bastante reduzida com alguns passos: ajudar a melhorar a perspectiva de vida das pessoas, seus sentimentos de autoeficácia e seu senso de controle pessoal e encorajá-las a falar de forma mais aberta sobre sexo seguro.

Promovendo a revelação do *status* HIV-positivo

Devido a temores a respeito da aids, e como a doença costuma ser associada com homossexualidade e uso de substâncias injetáveis, as pessoas HIV-positivo muitas vezes sentem vergonha e escondem sua condição. Muitas nem contam para a família. Dados de pesquisas recentes indicam que as preocupações com o estigma da aids ainda desestimulam muitos indivíduos de ao menos fazer o exame para HIV (Herek et al., 2003).

O fato de esconder seu *status* HIV-positivo ou de mentir sobre sua história sexual obviamente impede que o parceiro tome uma decisão informada sobre o comportamento sexual e pode resultar na transmissão do vírus para outras pessoas. Os resultados de uma pesquisa revelaram que muitos universitários mentiriam sobre sua história sexual para fazer sexo (Cochran e Mays, 1990).

Será que a orientação preventiva no momento do diagnóstico de HIV leva a um nível maior de autorrevelação do *status* soropositivo para os parceiros sexuais? Entre uma amostra de homens soropositivos, pesquisadores verificaram que aqueles que foram orientados para revelar sua condição tinham mais propensão a fazê-lo do que os que não foram orientados. Os parceiros que revelavam seu *status* HIV-positivo também tinham maior probabilidade de práticas sexuais mais seguras (DeRosa e Marks, 1998).

Embora a maioria das intervenções para HIV/aids se concentre em prevenir a infecção em pessoas não infectadas, mas em situação de risco, um número crescente de intervenções tem-se voltado para prevenir os comportamentos de risco em indivíduos HIV-positivo. Das pessoas soropositivas, 1 em cada 3 continua a praticar comportamentos de risco para a transmissão do HIV *depois* do resultado positivo para o vírus (Kalichman et al., 2000). Em uma intervenção recente, Thomas Patterson e colaboradores (2003) verificaram que uma intervenção comportamental direcionada breve (90 minutos) para indivíduos HIV-positivo que focava apenas a mudança de comportamentos de risco identificados como problemáticos (p. ex., sexo desprotegido, revelação) resultou em uma redução significativa em comportamentos de risco para transmissão do HIV no ano seguinte. Em outro estudo, Seth Kalichman e colaboradores (2002) criaram intervenções direcionadas que ajudaram homens soropositivos a desenvolver comportamentos de enfrentamento adaptativo para substituir o uso de álcool (um comportamento de risco) como forma de lidar ou escapar do estresse de viver com HIV/aids.

Manejo cognitivo-comportamental do estresse

Um dos papéis da psicologia da saúde na pandemia de aids é ajudar pessoas HIV-positivo a conviver com a infecção. Vários programas abrangentes de intervenção se mostraram eficazes para melhorar o bem-estar emocional e fisiológico dos indivíduos infectados.

Um estudo avaliou a eficácia de uma intervenção de manejo cognitivo-comportamental do estresse de 10 semanas na redução do estresse em homens soropositivos (Antoni et al., 2000). Homens designados de forma aleatória a uma condição experimental (intervenção) participaram de 10 encontros semanais de duas horas e meia, que incluíam componentes de manejo do estresse e treinamento de relaxamento. A parte de manejo do estresse concentrou-se em ajudá-los a identificar distorções cognitivas em seu pensamento e a usar a reestruturação cognitiva para gerar avaliações mais racionais de estressores cotidianos. As reuniões também ensinaram técnicas para aumentar suas habilidades de enfrentamento, serem mais assertivos, controlarem a raiva e fazerem maior uso do apoio social. Por meio de discussões em grupo e exercícios de dramatização, os participantes também aprenderam a compartilhar experiências, conversar sobre seus medos e aplicar vários conceitos de manejo do estresse. A parte de relaxamento incluiu treinamento de relaxamento muscular progressivo, meditação, exercícios de respiração abdominal e visualização guiada.

Os resultados mostraram que os homens que participaram da intervenção de manejo cognitivo-comportamental do estresse relataram níveis pós-tratamento significativamente mais baixos de ansiedade, raiva, perturbação do estado de espírito total e estresse percebido, em comparação com os homens que foram colocados em um grupo de controle sem tratamento (Fig. 11.5). Além disso, aqueles que se encontravam no grupo de intervenção também apresentaram menos produção de noradrenalina e números bem maiores de células T em avaliações realizadas 6 e 12 meses depois.

Um teste clínico mais recente também constatou que sujeitos HIV-positivo em uma intervenção de 10 semanas de manejo cognitivo-comportamental do estresse apresentaram melhor funcionamento das células imunológicas e usaram menos estratégias de enfrentamento focalizado nas emoções para lidar com o estresse do que os sujeitos do grupo de controle (McCain et al., 2008). Uma metanálise de 35 testes controlados, randomizados, analisou a eficácia de intervenções de manejo cognitivo-comportamental do estresse em adultos soropositivos. As intervenções tiveram êxito em reduzir ansiedade, depressão, nível de estresse e fadiga. Todavia, essas intervenções não resultaram em contagens melhores de células CD4, menor carga viral ou outros indicadores de melhoras na imunidade (Scott-Sheldon et al., 2008). A duração menor (uma semana) do período de avaliação pós-intervenção na metanálise pode

Figura 11.5

Níveis de ansiedade e raiva pré-tratamento e pós-tratamento com manejo cognitivo-comportamental do estresse em homens HIV-positivo. Antes da intervenção, homens submetidos ao manejo cognitivo-comportamental do estresse apresentaram escores de humor e ansiedade semelhantes aos dos indivíduos na condição de controle no *Perfil de estados de espírito*. Após a intervenção, os participantes que haviam sido submetidos ao manejo cognitivo-comportamental do estresse relataram níveis pós-tratamento significativamente mais baixos de ansiedade e raiva do que o grupo de controle.

Fonte: Antoni, M. H., et al. (2000). Cognitive-behavioral stress management intervention effects on anxiety, 24-Hour urinary norepinephrine output, and T-cytotoxic/supressor cells over time among symptomatic HIV-infected gay men. *Journal of Consulting and Clinical Psychology*, 68, p. 31–45.

* MCCE = Manejo cognitivo-comportamental do estresse.

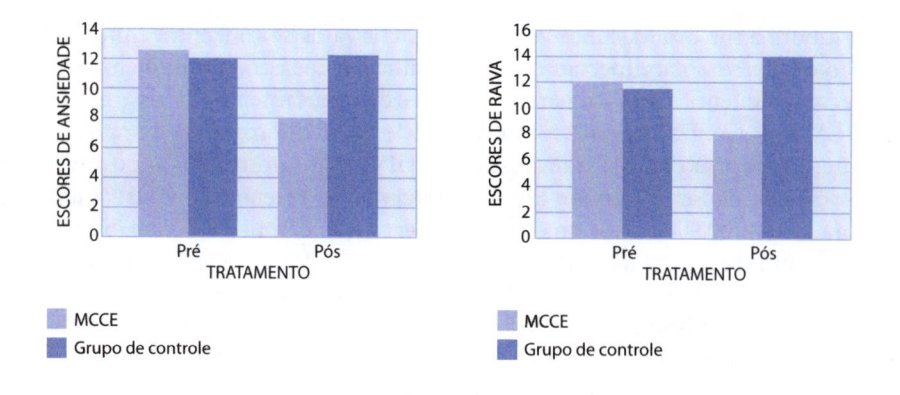

ter sido um fator nos resultados conflitantes. De maneira interessante, homens que participaram da intervenção de manejo cognitivo-comportamental do estresse também tiveram aumentos significativos nos níveis de testosterona. Níveis menores de testosterona, que parecem causar redução na massa muscular, foram documentados em homens infectados por HIV e parecem mais acentuados à medida que a infecção avança para a aids (Christeff et al., 1996).

Devido à natureza interativa e biopsicossocial dos elementos cognitivos, afetivos, comportamentais e sociais das respostas ao estresse, parece que a forma mais eficaz de delinear intervenções de manejo do estresse para pessoas infectadas por HIV pode ser um programa multimodal de manejo cognitivo-comportamental do estresse (Antoni e Schneiderman, 2001). Indivíduos que apresentam testes positivos podem necessitar de aconselhamento e outras intervenções para ajudá-los no enfrentamento da ampla variedade de problemas que ocorrem durante a doença, incluindo lidar com a dor, observar a adesão a regimes médicos complicados e encarar a possibilidade da morte.

Intervenções no âmbito da comunidade

Intervenções intensivas e coordenadas, realizadas no âmbito da comunidade, mostraram-se a melhor forma de educar as pessoas sobre o HIV e seus modos de transmissão, além de mudar normas sociais que influenciam o comportamento sexual. O maior programa comunitário de prevenção da aids até hoje foi implementado em São Francisco, em 1982. O *Modelo de São Francisco* envolve sete organizações diferentes, escolhidas para atingir pessoas em vários níveis de risco (Coates et al., 1990): meios de comunicação de massa, escolas, centros de planejamento familiar, clínicas para dependentes químicos, organizações de saúde, igrejas e clubes.

Cada organização desenvolveu um programa educativo sobre como o HIV é transmitido apropriado para seu público-alvo. Em cada local, aulas, vídeos e modelos foram usados para ensinar práticas sexuais mais seguras. Além disso, mensagens motivacionais na mídia e grupos de ação social concentraram-se em aumentar a consciência de comportamentos de alto risco e reduzir o estigma social ligado a pessoas HIV-positivo.

O programa de intervenção abrangente mostrou-se imediatamente bem-sucedido. Em seu começo, 60% dos entrevistados relataram ter comportamentos de alto risco. Em 1987, esse número já havia caído para 30%. O sucesso continuado do programa indica que as intervenções para HIV/aids devem abordar diversas frentes. As intervenções eficazes são aquelas que:

- Visam a comportamentos de alto risco em indivíduos em risco.
- Ensinam habilidades específicas para reduzir o risco (como o uso adequado de preservativos e a limpeza de agulhas).

- Promovem a assertividade interpessoal e outras habilidades de comunicação necessárias para iniciar e manter relacionamentos sexuais de menor risco.
- Abordam normas sociais e culturais acerca da atividade sexual.
- Concentram-se em aumentar a autoestima e os sentimentos de autoeficácia em relação a práticas de sexo mais seguro.
- Abordam raciocínios errôneos e até "mágicos" sobre transmissão do HIV e vulnerabilidade pessoal (ver a seguir).
- Envolvem educação coordenada em nível comunitário.

Barreiras psicossociais às intervenções para aids

Apesar de grandes esforços para educar o público e desencorajar comportamentos de alto risco, o uso de preservativos permanece surpreendentemente baixo. Resultados da National College Risk Behavior Survey indicam que 84% dos universitários do sexo masculino e 88% do feminino afirmam ter relações sexuais. Todavia, apenas um terço relatou o uso consistente de preservativo (Abbey et al., 2007; Douglas et al., 1997; Pluhar et al., 2003). As representações da mídia abordando encontros sexuais, que quase nunca incluem a desajeitada procura por uma camisinha, fazem pouco para promover as intervenções para a aids que visam a promover o sexo seguro. Isso é particularmente prejudicial para os adolescentes, que adquirem um roteiro de como as coisas devem avançar e tentam seguir esse roteiro durante suas primeiras experiências íntimas. Se uma camisinha não está no roteiro, seria de surpreender que eles se sentissem estranhos ao utilizar uma?

Um exemplo surpreendentemente comum de raciocínio errôneo sobre HIV/aids é a crença de que o risco de infecção por HIV depende da profundidade do relacionamento com a pessoa soropositiva. Essa linha de pensamento leva muitas pessoas a se preocuparem sem necessidade com o contato casual com colegas de trabalho e estranhos HIV-positivo, mas a se comportarem de forma descuidada em seus relacionamentos sexuais com pessoas mais íntimas. Entre universitários, por exemplo, o uso de preservativo parece cair de repente no decorrer de um relacionamento na universidade (Pluhar et al., 2003). Em um estudo, 43% das universitárias que relataram usar preservativo no começo de seus relacionamentos não o faziam mais seis meses depois (Kusseling et al., 1996). Nosso pensamento equivocado em relação ao HIV/aids muitas vezes é resultado de crer que, de algum modo, sejamos menos vulneráveis à infecção do que os outros. Os *vieses otimistas* e a *invencibilidade percebida* certamente contribuem para nossa tendência a subestimar o risco que resulta do sexo casual e desprotegido, do compartilhamento de agulhas e de outros comportamentos de alto risco.

De maneira irônica, um impedimento significativo aos programas de prevenção da aids é o sucesso dos avanços recentes no tratamento, que trouxeram novas esperanças e otimismo para pessoas infectadas, mas ao custo de maior complacência pública em relação aos riscos trazidos pela doença. Notícias divulgadas de descobertas no tratamento da aids levaram a alegações prematuras de que o HIV seja mais uma doença crônica do que uma condição fatal, e que a cura completa esteja próxima. Como vimos, os medicamentos anti-HIV se tornaram cada vez mais bem-sucedidos em reduzir as concentrações do vírus no corpo das pessoas infectadas, sugerindo que aquelas em tratamento possam ter menos probabilidade de infectar terceiros. Indivíduos que percebem uma ameaça menor de HIV/aids têm mais probabilidade de seguir comportamentos sexuais de risco, assim como pessoas que suprimem pensamentos relacionados ao HIV durante encontros íntimos (Hoyt et al., 2006).

Pesquisadores também observaram que certos indivíduos participam de comportamentos sexuais de risco porque o risco torna o comportamento mais excitante e prazeroso. Uma variável particularmente importante é a *personalidade que busca sensações,* definida como a tendência a procurar o máximo de excitação e estimulação sensorial. Em um estudo com homens homo e bissexuais HIV-negativo, Jeff Kelly e Seth Kalichman (1998) verificaram que o valor de reforço positivo (prazer) de relações anais desprotegidas foi um prognóstico mais forte do uso de preservativos do que a percepção de vulnerabilidade à infecção. O significado emocional de fazer sexo sem proteção, incluindo a confiança do parceiro, também pode ser um fator para explicar por que alguns indivíduos não praticam sexo seguro. Em outro estudo, Kalichman e colaboradores (2002) notaram que homens soropositivos com escores elevados em medidas de busca de sensações são propensos a ter expectativas cognitivas de que o uso de álcool melhore o desempenho e o prazer sexuais, o que pode promover seu envolvimento no sexo desprotegido. As atuais mensagens para o uso da camisinha têm tom neutro, foco cognitivo em seu apelo e orientação para a prevenção da doença e não para os benefícios positivos ou afetivos do sexo seguro. No futuro, talvez as intervenções para o HIV precisem tentar mais explicitamente diminuir o valor de reforço de práticas sexuais de alto risco e aumentar o valor percebido do sexo seguro, sobretudo entre indivíduos com escores elevados em medidas de busca de sensações.

Enfrentando o HIV e a aids

As doenças crônicas como a aids têm um forte impacto sobre o indivíduo, assim como a família, os amigos e os cuidadores. Aqueles que têm aids muitas vezes se sentem isolados das redes de apoio social à medida que colegas de trabalho, vizinhos e até amigos e familiares se afastam deles. Os primeiros estudos relataram que dificuldades psicológicas e emocionais eram comuns, com até metade dos pacientes de aids sendo diagnosticada com transtornos psicológicos (Selwyin, 1986). Contudo, a maioria dos estudos envolveu apenas homossexuais masculinos, tornando difícil excluir o impacto de outras variáveis (como o estigma social) sobre a adaptação do indivíduo à doença (Cochran e Sullivan, 2003).

O impacto sobre o indivíduo

Pessoas com testes positivos para HIV enfrentam os desafios de lidar com o estigma da aids, reconhecer a possibilidade de morrer jovem e desenvolver estratégias para minimizar o impacto da doença sobre sua saúde física e emocional (Siegel e Krauss, 1991; Swendeman et al., 2006). Ironicamente, com os avanços na tecnologia biomédica, o medo de desenvolver sintomas pode, na verdade, ser potencializado. Novos exames agora conseguem prever de maneira confiável quando os sintomas aparecerão.

Quando os desafios e os temores associados à aids se tornam insuportáveis, as vítimas podem experienciar depressão e pensamentos suicidas. Isso aplica-se em especial àquelas que sentem afastamento da família e do apoio social, que perdem seus empregos ou que ficam desfiguradas como resultado da progressão do tratamento ou da doença. A depressão é o transtorno psiquiátrico diagnosticado com maior frequência na população soropositiva (Treisman et al., 2001). Uma proporção estimada de 18 a 60% das pessoas que vivem com aids satisfaz os critérios para transtorno depressivo maior em algum momento durante a doença (Orlando et al., 2002). Pessoas soropositivas que tendem a usar estratégias de enfrentamento evitativas, como negação e afastamento comportamental e mental, em vez de estratégias voltadas para a aproximação, como resolução ativa de problemas e busca de apoio, são especialmente propensas a transtornos psiquiátricos (Penedo et al., 2003). As pessoas infectadas por HIV têm mais probabilidade de pensar e cometer suicídio do que as soronegativas (Heckman et al., 2002; McKegney e O'Dowd, 1992). Jane Simoni e colaboradores (2007) demonstraram o valor

A colcha de retalhos da aids
Indivíduos HIV-positivo que permanecem socialmente conectados vivem melhor do que aqueles que se sentem excluídos ou que se isolam. A colcha de retalhos da aids, apresentada em Washington, D.C., está sendo transportada pelos Estados Unidos para aumentar a consciência sobre a doença e fazer as pessoas proporcionarem apoio social para as vítimas.

de uma intervenção de apoio dos pares voltada a proporcionar apoio informacional, emocional e espiritual para reduzir os sintomas de depressão e promover a adesão ao regime medicamentoso entre indivíduos com HIV/aids.

Nem todos os indivíduos HIV-positivo desenvolvem transtornos psiquiátricos. Como em outras doenças crônicas, os portadores de aids que utilizam estratégias de enfrentamento ativas para resolver seus problemas e mantêm uma perspectiva positiva tendem a viver muito melhor do que aqueles que se distanciam física e emocionalmente de sua doença (Fleishman e Fogel, 1994). Medidas ativas de enfrentamento que se mostraram eficazes para reduzir as reações de estresse relacionadas com a aids incluem a busca de informações e de apoio social (Siegel et al., 1997) e ter um papel ativo no próprio regime de tratamento (Baum e Posluszny, 1999).

Diversos pesquisadores estudaram sobreviventes da aids de longo prazo, na tentativa de identificar fatores comportamentais que pudessem promover a longevidade (LaPerriere et al., 1990; Patterson et al., 1996; Solomon, 1991). Três fatores em particular parecem distinguir os sobreviventes de longo prazo daqueles que sucumbem com mais rapidez.

- *Manter a forma física, praticando exercícios regularmente.* Diversos pesquisadores relataram que intervenções com exercícios aeróbicos aumentam a imunocompetência em pacientes de aids prevenindo declínios no nível e na atividade das células NK (LaPerriere et al., 1990). Essas intervenções também ajudam a prevenir a perda de peso substancial e outros sinais indicadores da doença que frequentemente acompanham seu estágio terminal (Lox et al., 1996).
- *Manter uma perspectiva otimista e positiva.* A aids avança de forma mais rápida em pacientes cronicamente depressivos, levando a tempos de sobrevida muito mais curtos (Patterson et al., 1996).
- *Evitar o isolamento social.* De fato, ter uma rede social ampla está fortemente correlacionado com a longevidade entre os portadores de aids (Patterson et al., 1996).

O impacto sobre familiares, parceiros e cuidadores

Os efeitos da aids estendem-se além do indivíduo, para familiares, parceiros e outros cuidadores. Há falta de pesquisas sobre os efeitos nas famílias, pois a doença apresenta vários problemas peculiares. Em primeiro lugar, na maioria dos casos, a aids muda a estrutura e os papéis familiares, muitas vezes invertendo padrões evolutivos. Por exemplo, os filhos podem morrer antes dos pais. Quando os pais morrem, muitas crianças, jovens e avós são forçados a virar cuidadores, em um momento em que eles próprios esperariam estar em papéis mais dependentes (Bor e Elford, 1994). Em segundo, a aids coloca o peso adicional do estigma social da doença sobre as vítimas e suas famílias. Familiares que não estão infectados podem notar que seus amigos estão se afastando ou até mesmo os molestando. E a rejeição social pode persistir mesmo após a vítima haver morrido.

A aids pode ter impacto profundo sobre o parceiro que sobrevive. O mais comum é o medo da solidão e, para aqueles que também são HIV-positivo, o temor de morrer sem ter ninguém para cuidar de si. A raiva pelo "abandono" do parceiro ao morrer primeiro também é bastante comum. Mesmo com parceiros que não estão infectados, o medo de ser "marcado" por ter compartilhado um relacionamento com um indivíduo infectado pode causar problemas duradouros, tornando difícil para o sobrevivente estabelecer novos relacionamentos (Bor, 1997).

A aids também tem forte impacto sobre os profissionais da saúde e cuidadores, muitos dos quais apresentam preocupações com a possibilidade de se infectarem. Apesar do risco relativamente baixo, a ansiedade em relação a trabalhar com pacientes de aids persiste e pode levar a um nível incomum de estresse ocupacional e esgotamento.

Estima-se que aproximadamente 3% de toda a população adulta dos Estados Unidos tenha prestado cuidado informal para alguma pessoa com HIV ou aids (Turner et al., 1994). Embora as mulheres predominem na maioria das situações de cuidado, muitos cuidadores de vítimas da aids são homens que cuidam de outros homens. Em média, os cuidadores dedicam 20 horas por semana unicamente para proporcionar esse cuidado. Quase dois terços experimentam pelo menos um sintoma físico crônico; os mais comuns são dores nas costas e cefaleias graves.

O fator de maior impacto ao cuidar da saúde de uma pessoa é a duração da doença. Os indivíduos que agem como cuidadores por muito tempo e que avaliam a saúde de seu paciente como muito fraca têm menos probabilidade de relatar boa saúde do que aqueles que têm proporcionado cuidado por pouco tempo para um portador de aids ou HIV com saúde comparativamente boa. Isso ocorre seja qual for a natureza das atividades do cuidado ou a quantidade de tempo dedicada a prestar cuidado a cada dia.

No momento, não existe cura para aids, e a doença continua a infectar pessoas por todo o mundo. Os psicólogos da saúde desempenham um importante papel no combate à pandemia do HIV. Nos primeiros anos, eles eram os principais elementos para projetar e implementar esforços de prevenção primária e secundária a fim de reduzir a disseminação do HIV e ajudar indivíduos soropositivos no enfrentamento de sua doença. Esses esforços incluíam intervenções para reduzir comportamentos de risco de aids e para ajudar indivíduos HIV-positivo a participarem de regimes de tratamento complexos. Mais recentemente, os psicólogos da saúde uniram-se aos imunologistas e a outros cientistas para estudar a maneira como fatores psicossociais, tais como crenças sobre a aids e a revelação da condição de HIV-positivo, a percepção de apoio social, o estilo de enfrentamento e possíveis sintomas de ansiedade e depressão, influenciam o curso da infecção por HIV e sua progressão para a aids. Com base nas crescentes evidências dessas investigações, os psicólogos estão planejando intervenções que não apenas melhorem a qualidade de vida de pessoas soropositivas, como também aumentem as probabilidades de sua sobrevida ser longa.

Revisão sobre saúde

Responda a cada pergunta a seguir com base no que aprendeu no capítulo. (DICA: Use os itens da Síntese para considerar questões biológicas, psicológicas e sociais).

1. Entre um grupo de amigos, surge o tema HIV/aids. Maria diz que sabe pouco sobre aids, exceto por comerciais que falam para as pessoas usarem camisinha. O que você acha que seria bom ela saber sobre a história dessa doença e como ela avança, da infecção inicial por HIV para a aids?
2. Vamos retornar à discussão entre amigos na questão 1. Anthony diz que não existe muito mais para se preocupar, pois a aids não é tão prevalente como costumava ser, e existem tratamentos disponíveis. O que você diria sobre a importância de que todos permaneçam vigilantes contra essa doença em cada estágio da vida?
3. Imagine que você e seus amigos, que tiveram uma conversa sobre HIV/aids, decidem que os estudantes em sua faculdade precisam ser mais conscientes dessa doença, além de outras DSTs. Com relação a esse problema, quais aspectos da intervenção e do enfrentamento de HIV/aids ou DSTs (biológicos, psicológicos e sociais ou culturais) você acha que os universitários deveriam conhecer?

Síntese

A epidemia de aids

1. Os primeiros casos em seres humanos de aids, que é uma DST causada pelo HIV, apareceram em 1980, quando 55 homens jovens (a maioria homossexuais masculinos e usuários de substâncias injetáveis) foram diagnosticados com uma forma rara de câncer. Durante a segunda metade da década de 1980, a aids começou a ameaçar a população em geral.

2. Nos Estados Unidos, a epidemia de aids causou o maior número de mortes em homens jovens, particularmente afro-americanos e hispano-americanos. Por uma variedade de razões biológicas, econômicas e socioculturais, as mulheres são mais vulneráveis do que os homens à infecção por HIV e tendem a contrair o vírus em uma idade mais jovem e com cargas virais mais baixas.

3. Em outras partes do mundo, a aids afeta homens e mulheres da mesma forma, e o sexo heterossexual é o modo mais comum de transmissão. Considera-se que as diferenças étnicas e raciais nas taxas de transmissão do HIV reflitam distinções socioculturais quanto ao uso de substâncias e à aceitação de práticas homo e bissexuais.

Sintomas e estágios: do HIV à aids

4. O HIV é transmitido principalmente pelo compartilhamento de linfócitos infectados com vírus em fluidos corporais: sangue, sêmen, secreções vaginais e uterinas e leite materno.

5. Comportamentos de alto risco que promovem a infecção por HIV incluem sexo desprotegido com parceiros múltiplos, uso de substâncias injetáveis e compartilhamento de agulhas. O HIV também pode ser transmitido de uma mãe infectada para seu bebê durante a gravidez e o parto, assim como durante a amamentação.

6. As chances de transmissão casual da aids sem contato sexual ou uso de substâncias injetáveis são muito baixas. As melhores formas de proteção contra a infecção por HIV são limitar o número de parceiros sexuais, escolher os parceiros com cuidado e evitar contatos sexuais com indivíduos que reconhecidamente tenham comportamentos de alto risco.

7. O HIV é um retrovírus que faz as células hospedeiras reproduzirem o código genético do vírus. Dessa forma, o HIV destrói as células T, reduz a imunocompetência de forma progressiva e deixa suas vítimas vulneráveis a diversas infecções oportunistas.

8. A infecção por HIV avança em quatro estágios, que variam em duração de pessoa para pessoa. O tempo médio da infecção pelo vírus até a aids é de aproximadamente 10 anos, embora 5% das pessoas HIV-positivo vivam mais de 15 anos. O HIV avança de forma muito mais lenta em pacientes cujos sistemas imunes produzam uma forte atividade dos linfócitos no estágio agudo da infecção pelo vírus.

9. O estresse, as emoções negativas e o isolamento social podem influenciar o ritmo em que a doença avança, talvez alterando os ambientes hormonal e imunológico que afetam a resistência das células hospedeiras ao vírus invasor.

Intervenções médicas

10. Até recentemente, a infecção por HIV era quase sempre uma doença progressiva e fatal. Hoje, porém, os médicos nas nações desenvolvidas têm diversos tratamentos farmacológicos potentes a oferecer aos pacientes soropositivos para melhorar a qualidade de vida e a longevidade. Esses tratamentos incluem medicamentos antirretrovirais, inibidores de transcriptase reversa, inibidores de protease e combinações desses agentes na forma de "coquetéis".

11. Pesquisadores continuam a trabalhar para desenvolver uma vacina que minimize e controle o impacto do HIV sobre o corpo. Todavia, a capacidade do HIV de se integrar ao DNA da célula hospedeira e a enorme variabilidade do vírus tornam essa abordagem uma proposição desafiadora.

Intervenções psicossociais

12. Os psicólogos da saúde desempenham diversos papéis na batalha contra a aids, incluindo orientar as pessoas sobre como fazer exames para HIV e modificar comportamentos de alto risco, e ajudar pacientes de aids a enfrentarem perturbações emocionais e cognitivas, além de conduzirem terapia de luto para aqueles que esperam pela morte, para suas famílias e seus amigos.

13. Embora os programas de prevenção da aids tenham obtido um certo grau de sucesso, restam muitos obstáculos à prevenção. A má informação, os sentimentos de invulnerabilidade pessoal, as normas culturais e os recursos pessoais são fatores que afetam o sucesso (ou o fracasso) de medidas de prevenção da aids.

14. Testes de HIV estão disponíveis na maioria dos países desenvolvidos, mas a complacência ou o medo de saber impedem muitas pessoas de procurarem conhecer sua condição em relação ao HIV. Muitos indivíduos que conhecem sua condição de soropositivos evitam contar a seus parceiros ou parentes.

15. Uma maneira particularmente eficaz para delinear intervenções de manejo do estresse para pacientes soropositivos parece ser uma abordagem multimodal de manejo cognitivo-comportamental do estresse.

Enfrentando o HIV e a aids

16. Doenças crônicas como a aids têm forte impacto físico e psicológico sobre o indivíduo, bem como sobre seus familiares, parceiros, amigos, colegas de trabalho e cuidadores. Os principais problemas que as vítimas da doença enfrentam são adaptar-se à possibilidade de morrer jovem e enfrentar níveis elevados de depressão e ansiedade.

17. Os psicólogos da saúde criaram uma variedade de intervenções psicossociais para ajudar as pessoas a enfrentarem a aids. Entre elas, estão praticar exercícios aeróbicos, realizar estratégias de enfrentamento ativo e treinamento para relaxamento, e evitar o isolamento social.

Termos e conceitos fundamentais

doenças sexualmente transmissíveis (DSTs), p. 313
síndrome da imunodeficiência adquirida, (aids) p. 313
vírus da imunodeficiência humana (HIV), p. 313
sarcoma de Kaposi, p. 313
pandemia, p. 314
hemofilia, p. 317
retrovírus, p. 319
genoma, p. 319
complexo aids-demência, p. 320
zidovudina (AZT), p. 323

Parte 5

Procurando tratamento

Capítulo 12

O papel da psicologia da saúde nos cenários de atendimento à saúde

Reconhecendo e interpretando sintomas
  Foco atencional, neuroticismo e saúde autoavaliada
  Representações da doença
  Estilo explanatório e transtornos psicológicos
  Experiência prévia

Procurando tratamento
  Idade e gênero
  Status socioeconômico e fatores culturais
  Comportamento de demora na busca de tratamento
  Usando os serviços de saúde de forma excessiva
  Diversidade e vida saudável: A síndrome de fadiga crônica

Adesão do paciente ao tratamento
  Quão comum é a falta de adesão ao tratamento?
  Que fatores preveem a adesão ao tratamento?

O relacionamento entre paciente e profissional da saúde
  Fatores que afetam o relacionamento paciente-profissional
  Modelos de relacionamento entre paciente e profissional
  Melhorando a comunicação entre paciente e profissional
  A internet e o relacionamento entre paciente e profissional

Hospitalização
  O sistema de saúde e os hospitais
  Perda de controle e despersonalização
  Fatores que afetam a adaptação à hospitalização
  Preparando para a hospitalização

Apesar de ter acontecido há 30 anos, o evento está tão vívido em minha mente quanto naquela tarde inesperadamente quente de abril, quando um de meus colegas de dormitório quase ficou cego. Alguns de nós estávamos assistindo ao Detroits Tigers destruírem o St. Louis Cardinals em um jogo de beisebol. "Alguém quer jogar handebol?", perguntou Bruce, pulando pelo saguão. Não aceitei, e ninguém mais além de Chris. "Eu quero", disse ele, "mas só por meia hora. Tenho prova de química amanhã."

Voltamos nossa atenção para o jogo e não pensamos mais em handebol até 45 minutos mais tarde, quando Chris chegou com um olhar preocupado, amparando Bruce, que parecia enjoado. Podíamos ver que Bruce havia se machucado – seu olho esquerdo estava descolorido e inchando.

"Bruce levou uma bolada bem no olho", disse Chris. "Eu queria levá-lo direto para o centro de saúde, mas ele não quis."

"Não é nada", disse Bruce, tremendo. "Eu provavelmente vou estar com o olho inchado amanhã, mas vou ficar bom. Só me deem um pouco de gelo e uma aspirina."

Enquanto Bruce se deitou no sofá, alguém correu para pegar gelo e aspirina. O resto de nós ficou olhando um para o outro com dúvidas. À medida que os minutos passavam, o olho de Bruce parecia irritado e vermelho, e o inchaço começava a fechar sua pálpebra. Ele claramente estava com dor, tremendo a cada palavra que falava. A visão não é algo com o que brincar, mesmo querendo manter uma aparência estoica na frente de um grupo de amigos da faculdade e sobretudo se, como Bruce, você planejasse ser piloto comercial um dia.

Por todas essas razões, sabíamos que era preciso fazer alguma coisa. Em menos de cinco minutos, Glenn, Jack e eu tínhamos telefonado para a segurança do *campus*, o centro de saúde e os pais de Bruce. Seguindo suas instruções, levamos Bruce para a sala de emergência do hospital local, acompanhados de uma viatura da polícia com a sirene tocando e as luzes piscando. Meia hora depois de levar uma bolada, Bruce estava na sala de operação, onde um cirurgião qualificado suturou uma ruptura em seu globo ocular e salvou sua visão.

Por que Bruce relutou para buscar auxílio médico? Por que a dor em seu olho não foi suficiente para disparar o alarme de que sua saúde estava em perigo?

Para ajudar a explicar as razões pelas quais as pessoas procuram tratamento ou não e como elas interagem com o sistema de saúde, mudamos nosso foco da prevenção *primária* para a prevenção *secundária*, ou seja, de ações delineadas para prevenir doenças ou ferimentos para ações que visam a identificar e tratar a doença no começo de seu curso.

Mais cedo ou mais tarde, cada um de nós tem contato com um profissional da saúde e com o sistema de saúde. Na maioria dos casos, esses encontros são breves, talvez envolvendo apenas uma visita ao médico para um exame anual devido a uma gripe. Em outros casos, envolvem contato mais longo, como a estada no hospital após uma cirurgia, a recuperação em um centro de reabilitação após um acidente ou até mesmo viver em uma unidade de tratamento extensivo.

Este capítulo explora o papel da psicologia da saúde nas relações entre pacientes e o sistema de saúde. Os fatores sociais e psicológicos têm impacto direto e indireto nessas relações. Em primeiro lugar, esses fatores influenciam muito quando e como as pessoas começam a aceitar que estão doentes. Em segundo, a confiança das pessoas nos profissionais da saúde influencia sua satisfação com o tratamento e o quanto respondem a ele. Em terceiro, o nível e a qualidade da comunicação entre pacientes e profissionais da saúde têm uma influência indireta em quase todos os aspectos do atendimento de saúde, incluindo como os pacientes decidem quando precisam de atenção médica, por que, às vezes, as pessoas ignoram sintomas e por que elas, às vezes, seguem com cuidado as instruções do profissional, mas não em outras ocasiões.

Como resultado de nossa maior compreensão dessas influências psicossociais, um número significativamente crescente de psicólogos hoje trabalha em cenários de tratamento geral de saúde, e os currículos das faculdades de medicina contemplam um foco maior nas ciências sociais e do comportamento (IOM, 2006). Trabalhando a partir da outra direção, muitos programas de pós-graduação em psicologia colocam mais ênfase em treinar os estudantes para trabalhar em cenários de atendimento primário, como a psicofarmacologia, que faz parte de um movimento interdisciplinar para permitir que psicólogos com formação especial prescrevam medicamentos (Dittman, 2002). De fato, um número crescente de hospitais também encoraja o uso de **atendimento cooperativo**, no qual médicos, psicólogos e outros profissionais da saúde juntam suas forças para melhorar o atendimento ao paciente (Daw, 2001a). O atendimento não é atingido por meio de responsabilidades separadas de pacientes e profissionais da saúde, mas por sua interação harmoniosa.

Reconhecendo e interpretando sintomas

Como e quando decidimos que estamos doentes? Em que ponto uma dor de cabeça incômoda, um desconforto estomacal ou outro sintoma torna-se grave o suficiente para que reconheçamos que há um problema? Os critérios que as pessoas usam para reconhecer e interpretar sintomas variam imensamente. Todavia, certos fatores psicossociais amplos desempenham um papel importante nesse processo.

Foco atencional, neuroticismo e saúde autoavaliada

O **foco atencional** influencia nossa percepção dos sintomas físicos (van Laarhoven et al., 2010). Se tivermos um forte *foco interno* sobre nossos corpos, emoções e bem-estar geral, teremos mais probabilidade de detectar sintomas e de relatá-los mais rapidamente do que se possuírmos um *foco mais externo*. Pessoas isoladas do ponto de vista social, que estão cansadas de seu trabalho e moram sozinhas têm mais propensão a desenvolver foco interno, enquanto aquelas com vidas mais ativas estão sujeitas a mais distrações que afastam suas mentes dos próprios problemas.

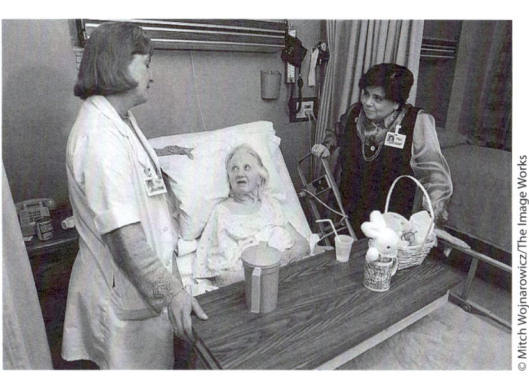

Atendimento cooperativo
Atualmente, o sistema de atendimento de saúde está cada vez mais concentrado no atendimento cooperativo – os esforços combinados de médicos, psicólogos e outras pessoas envolvidas na assistência à saúde – como esta assistente social que conversa com uma enfermeira e sua paciente.

■ **atendimento cooperativo** forma cooperativa de cuidado à saúde em que médicos, psicólogos e outros profissionais da saúde unem suas forças para melhorar o atendimento ao paciente.

Os pacientes de câncer no Delaware County Memorial Hospital, em Drexel Hill, na Pensilvânia, recebem uma abordagem integrada de atendimento. Ela inclui um curso de oito semanas que ensina meditação e estratégias cognitivo-comportamentais para reduzir o estresse. Eles também podem receber massoterapia e uma aula semanal de ioga grátis. Os psicólogos empregam a hipnose para ajudar as pessoas a mobilizarem as forças da mente sobre a dor do corpo.

■ **foco atencional** estilo característico de uma pessoa de monitorar os sintomas corporais, as emoções e o bem-estar geral.

Alguns fatores situacionais momentâneos têm impacto substancial no fato de o sintoma ser percebido ou não. As pessoas tendem a ser mais conscientes de sensações físicas quando estão aborrecidas do que quando estão profundamente envolvidas em uma tarefa. Por exemplo, elas têm muito menos probabilidade de tossir em resposta a uma coceira na garganta durante partes envolventes de um filme do que durante partes chatas. De maneira semelhante, atletas machucados muitas vezes jogam apesar da dor, concentrando-se apenas no jogo. Em situações como essas, as distrações de eventos externos podem obscurecer por algum tempo os sintomas internos.

O foco da atenção também determina a maneira como as pessoas enfrentam problemas de saúde e outros eventos estressantes. Quando ameaçados com um evento adverso, os indivíduos ditos **sensibilizadores** monitoram de forma ativa o evento e sua reação a ele. No entanto, pessoas que são repressoras evitam e moderam psicologicamente as reações a tais eventos. Os sensibilizadores enfrentam seus problemas de saúde examinando seu corpo e o ambiente em busca de informações. Conforme explicado mais adiante, os sensibilizadores também preferem níveis mais altos de informações sobre sua saúde em contextos médicos e parecem ter melhores resultados quando as informações são fornecidas.

■ **sensibilizadores** pessoas que lidam com problemas de saúde e outros eventos adversos examinando seus corpos e o ambiente em busca de informações.

Em comparação, os **repressores** tendem a ignorar ou negar informações relacionadas com a saúde. Eles parecem ver a vida com óculos cor-de-rosa, enfrentando eventos negativos sem aborrecimento ou irritação e com frequência se defendendo de pensamentos indesejáveis ou estados de espírito desagradáveis. A repressão pode criar uma relutância especialmente poderosa a buscar procedimentos médicos de examinação, que em geral são orientados para detectar doenças graves. O estresse gerado por pensar sobre a possibilidade de ter uma doença cria uma barreira que impede a percepção dos sintomas.

■ **repressores** pessoas que lidam com problemas de saúde e outros eventos adversos ignorando ou se afastando de informações estressantes.

O foco atencional enfatiza o papel importante que os fatores pessoais desempenham na percepção de sintomas e na utilização do atendimento de saúde. Considere a *síndrome do intestino irritável*, um distúrbio do trato intestinal inferior que envolve cólicas, dores e movimentos anormais dos intestinos. Algumas pessoas com essa doença procuram serviços médicos, enquanto outras não (Rigstrom et al., 2007). Aquelas que procuram atendimento têm mais probabilidade de ser sensibilizadores e ansiosas em relação a seus sintomas. Outros estudos mostram que pessoas que têm reações emocionais fortes a sintomas ambíguos e que apresentam escores elevados em medidas de *neuroticismo* são mais propensas a perceber tais sintomas como sinais de uma doença e a procurar ajuda profissional (Rosmalen et al., 2006).

Representações da doença

A visão pessoal da saúde e da doença, chamada de **representação da doença**, também afeta a saúde pelo menos de duas maneiras: influenciando o comportamento preventivo do indivíduo e afetando a maneira como ele reage ao surgimento de sintomas.

■ **representação da doença** maneira como uma pessoa vê determinada doença, incluindo seus rótulos e sintomas, causas percebidas, curso, consequências e grau de controle.

Pesquisadores estudaram vários componentes da maneira como as pessoas representam as doenças. Cada componente em si pode afetar substancialmente a motivação para buscar cuidado médico.

1. *Identidade* da doença – seu rótulo e sintomas. Parece haver uma relação simétrica entre o rótulo de uma doença e seus sintomas. Assim, alguém que tenha sintomas irá buscar um rótulo (diagnóstico) para eles. Uma pessoa que tenha sido diagnosticada (rotulada) irá buscar sintomas que sejam condizentes com aquele rótulo. Em um exemplo vívido dessa simetria, Linda Baumann e colaboradores (1989) verificaram que participantes de pesquisas que foram informados de possuírem pressão arterial alta tinham mais probabilidade do que os outros de relatar sintomas associados a esse problema de saúde, como aperto no peito,

sentimentos de nervosismo, etc. Isso ocorria independentemente de serem de fato hipertensos ou não. Outro exemplo do impacto dos rótulos no reconhecimento de sintomas é a *doença do estudante de medicina*. Até dois terços dos aspirantes a médico imaginam que têm sintomas de doenças que estudaram (Hodges, 2004). Nesta era da publicidade direta ao consumidor, muitos céticos suspeitam de que as empresas farmacêuticas capitalizam com a tendência humana a procurar rótulos para sintomas ambíguos, promovendo o uso de medicamentos caros para condições como *síndrome do intestino irritável, fibromialgia* e *síndrome das pernas inquietas*.

Todas as condições médicas são, pelo menos em parte, construções sociais, significando que sua identidade e diagnóstico são moldados por nossa cultura, publicidade e outras forças não biológicas. Como exemplo, considere que a medicina e a cultura alemãs prestam especial atenção no coração e em seu funcionamento. Os médicos alemães têm muito mais probabilidade que seus colegas na França, na Inglaterra ou nos Estados Unidos de diagnosticar e tratar pressão alta. Qualquer paciente em torno de 60 anos que relatar se sentir cansado, urinar em excesso à noite e reter líquidos provavelmente será diagnosticado com *herzinsuffzienz* (insuficiência cardíaca) e receberá uma prescrição de medicamentos (Moerman, 2002). Outro exemplo é a epidemia de *transtorno de déficit de atenção/hiperatividade* (TDAH) nos Estados Unidos. Os critérios diagnósticos para TDAH incluem não prestar muita atenção em detalhes, cometer erros por descuido nos trabalhos escolares, perder objetos necessários, mexer com as mãos e remexer-se no assento. Em nenhum lugar do mundo, esses comportamentos são tratados com a mesma intensidade como nos Estados Unidos. Uma questão a lembrar: pessoas em locais diferentes podem experimentar os mesmos fenômenos biológicos de maneiras muito distintas.

2. *Causas* – atribuir os sintomas a fatores externos, como infecções ou ferimentos, ou a fatores internos, como predisposição genética. Um estudante que interprete sua dor de cabeça como subproduto de estudar demais para um exame provavelmente reagirá de maneira bastante diferente de outro que rotule os mesmos sintomas como sinais de tumor cerebral.
3. *Curso* – a duração e velocidade do desenvolvimento da doença. Por exemplo, 4 em cada 10 pacientes em tratamento para hipertensão acreditam que sua condição seja *aguda*, isto é, de curta duração, causada por agentes temporários, e não uma ameaça grave à saúde a longo prazo. Em comparação, as *doenças crônicas* têm longa duração, são causadas por fatores múltiplos e representam ameaças potencialmente graves à saúde a longo prazo. Aqueles que acreditam que sua doença seja aguda com frequência abandonam o tratamento antes dos que creem que ela seja crônica.
4. *Consequências* – o impacto físico, social e econômico da doença. Temos muito mais probabilidade de ignorar sintomas que perturbem nossas vidas cotidianas em níveis mínimos (como uma pequena dor muscular após uma ginástica extenuante) do que de desprezar sintomas com um efeito grave (como dores musculares intensas que impeçam um trabalhador de receber seu salário).
5. *Grau de controle* – crenças relacionadas com a possibilidade de a doença ser prevenida, controlada e/ou curada. Se considerarmos nossa doença ou um problema de saúde incuráveis, poderemos faltar a consultas, negligenciar o tratamento ou até mesmo agir de maneira autodestrutiva por sentir desesperança e desamparo.

Observe que a chave para esses componentes é nossa *percepção* dos sintomas, em vez dos fatos reais a respeito da doença. A maneira como reagimos a uma dor de estômago, por exemplo, não depende de sua causa verdadeira, que não conhecemos, mas do que *acreditamos* estar produzindo a dor.

Estilo explanatório e transtornos psicológicos

O estilo explanatório (otimista ou pessimista) e a saúde psicológica também influenciam a maneira como o indivíduo relata seus sintomas. Pessoas que têm uma perspectiva mais positiva sobre a vida geralmente relatam menos sintomas do que as que são mais negativistas (Scheier e Bridges, 1995). Aqueles que têm um bom estado de humor também apresentam maior *saúde autorrelatada* e se consideram menos vulneráveis a doenças futuras do que pessoas com mau humor (Winter et al., 2007). Dados do *National Longitudinal Study of Youth* indicam que a saúde autorrelatada é uma medida válida do bem-estar físico e emocional do indivíduo e tende a ser estável da adolescência até a idade adulta jovem (Fosse e Haas, 2009).

As pessoas ansiosas e aquelas que apresentam escores baixos em testes de estabilidade emocional costumam relatar mais sintomas físicos, talvez porque apresentem a tendência de exagerar a gravidade de queixas sem importância, que outras pessoas talvez ignorassem. Além disso, os sintomas de transtornos psicológicos às vezes são atribuídos erroneamente a problemas físicos. Na verdade, existe uma **comorbidade** substancial entre transtornos psicológicos e distúrbios físicos, significando que os sintomas e as condições físicas e psicológicas ocorrem de maneira simultânea. Transtornos psicológicos como a ansiedade ou a depressão podem predispor a distúrbios físicos por meio de vias biológicas, comportamentais, cognitivas e sociais (ver Fig. 12.1). Por exemplo, a depressão pode desencadear más práticas de saúde, como o consumo excessivo de álcool e uma apatia geral em relação a regimes de tratamento. A ansiedade e a depressão também podem levar a um foco excessivo em sintomas corporais.

■ **comorbidade** ocorrência simultânea de dois ou mais transtornos ou sintomas físicos e/ou psicológicos.

Experiência prévia

A maneira como interpretamos os sintomas também é influenciada por nossas experiências prévias e expectativas. Se temos uma história familiar ou pessoal de determinada condição médica, tendemos a nos preocupar menos com sintomas conhecidos do que pessoas sem história da condição, pelo menos para perturbações de menor importância. Entretanto, para doenças graves, como o câncer, temos mais probabilidade de reagir intensamente a sintomas que já afetaram membros de nossa família.

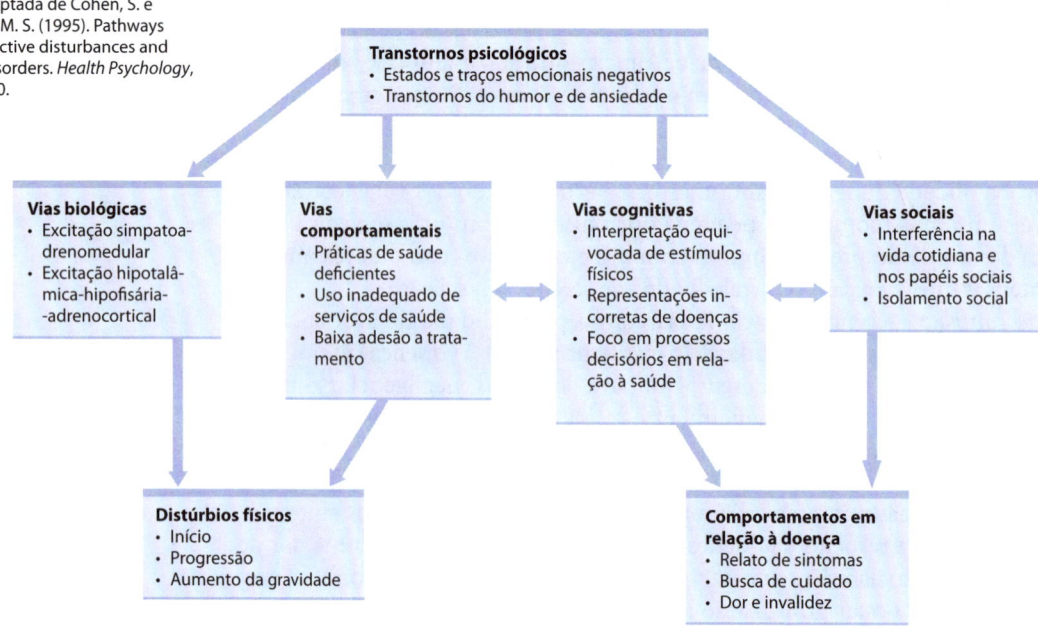

Figura 12.1

Transtornos psicológicos, distúrbios físicos e o comportamento em relação à doença. Os transtornos psicológicos podem predispor a distúrbios físicos e a determinados comportamentos em relação à doença por meio de inúmeras vias biológicas, comportamentais, cognitivas e sociais.
Fonte: Adaptada de Cohen, S. e Rodriguez, M. S. (1995). Pathways linking affective disturbances and physical disorders. *Health Psychology*, *14*, 374–380.

Transtornos psicológicos
- Estados e traços emocionais negativos
- Transtornos do humor e de ansiedade

Vias biológicas
- Excitação simpatoadrenomedular
- Excitação hipotalâmica-hipofisária-adrenocortical

Vias comportamentais
- Práticas de saúde deficientes
- Uso inadequado de serviços de saúde
- Baixa adesão a tratamento

Vias cognitivas
- Interpretação equivocada de estímulos físicos
- Representações incorretas de doenças
- Foco em processos decisórios em relação à saúde

Vias sociais
- Interferência na vida cotidiana e nos papéis sociais
- Isolamento social

Distúrbios físicos
- Início
- Progressão
- Aumento da gravidade

Comportamentos em relação à doença
- Relato de sintomas
- Busca de cuidado
- Dor e invalidez

A experiência prévia pode ser boa, ocasionando maior precisão, como quando pais experientes têm calma ao buscarem cuidado médico para um filho que apresente sintomas que já tenham ocorrido em outro filho. Ou pode ser ruim, fazendo-nos ignorar ou interpretar sintomas de modo incorreto, como quando idosos supõem que uma fadiga incomum, dores musculares ou perdas de memória sejam simples sintomas do envelhecimento, em vez de sinais de doença. Outro exemplo de situação em que a experiência é problemática é quando trabalhadores atarefados atribuem de maneira equivocada os sintomas físicos de uma doença aos efeitos temporários do estresse. Essa tendência a atribuir sintomas a fontes que não sejam problemas de saúde é notada em particular nos primeiros estágios de muitas doenças, quando é mais provável que os sintomas sejam moderados, ambíguos e demorem para se desenvolver (Benyamini et al., 1997).

Além disso, as pessoas muitas vezes exageram sintomas previsíveis enquanto ignoram ou não detectam sintomas inesperados. Em um estudo clássico, Diane Ruble (1972) disse a um grupo de mulheres que estavam a 1 e 2 dias do começo da menstruação e disse para o outro grupo que não menstruariam antes de 7 a 10 dias. Na verdade, todas estavam a cerca de uma semana do começo da menstruação. O primeiro grupo relatou um número bem maior de sintomas pré-menstruais psicológicos e físicos do que o outro grupo, que não esperava menstruar antes de mais uma semana. Embora os achados de Ruble indiquem que a *tensão pré-menstrual* (TPM) possa resultar não apenas de mudanças físicas, mas também das crenças da mulher, os resultados não significam que as mulheres não tenham experienciado os sintomas. Pelo contrário, eles sugerem que aquelas que acreditam estarem na fase pré-menstrual podem exagerar estados corporais que oscilam naturalmente. De maneira semelhante, as que acreditam que a maioria das mulheres tem alterações pré-menstruais desagradáveis apresentam mais probabilidade de lembrar e exagerar suas próprias alterações pré-menstruais do que aquelas que percebem a TPM como uma queixa incomum (Marvan e Cortes-Iniestra, 2001).

Procurando tratamento

Em qualquer momento, talvez 1 em cada 4 pessoas na população tenha um problema de saúde com potencial de tratamento. Contudo, a presença de sintomas nem sempre é suficiente para forçar as pessoas a buscarem atendimento de saúde. Por que certos indivíduos mantêm suas atividades normais mesmo diante de sintomas inegáveis de que algo está errado, enquanto outros procuram ajuda logo nos primeiros sintomas?

Não reagimos a sintomas médicos potencialmente perigosos por muitas razões. Podemos evitar procurar um médico por acreditarmos que os sintomas não sejam graves e tudo o que precisamos seja 1 ou 2 dias de folga, talvez uma medicação simples ou cuidar melhor de nós mesmos. Podemos evitar o uso dos serviços de saúde por não possuirmos seguro de saúde ou temermos não poder pagar pelo atendimento. Podemos ainda ter medo de que o sintoma *seja* sinal de uma doença grave e, assim, a inatividade resulta da negação. Finalmente, podemos evitar o cuidado médico por suspeitarmos do sistema de saúde e duvidarmos de sua capacidade de tratar nossa condição de forma eficaz.

Vários fatores demográficos ou socioculturais desempenham importantes funções em determinar se a pessoa dará o próximo passo e procurará tratamento médico.

Idade e gênero

De modo geral, as crianças e os idosos usam os serviços de saúde com mais frequência que os adolescentes e os adultos jovens. Como qualquer pai sabe, as crianças desenvolvem muitas doenças infecciosas diferentes à medida que seu sistema imune evolui. Elas necessitam de *check-ups* gerais, vacinas e serviços de saúde regulares. Porém, os anos da juventude estão entre os mais saudáveis de toda a vida, significando que a frequência de doenças e a necessidade de visitas médicas diminui de forma constante durante o final da infância, a adolescência e a idade adulta jovem. O uso de serviços de saúde começa a aumentar novamente na meia-idade e na terceira idade, como resultado da prevalência crescente de doenças crônicas relacionadas com a faixa etária (Fig. 12.2).

Psicólogos há muito reconhecem que cada idade tem seu modo especial de enxergar o mundo. Os conceitos de doença da infância muitas vezes incluem noções mágicas sobre a causalidade. Somente em uma idade mais avançada é que as crianças começam a entender o conceito de contágio e os mecanismos pelos quais as doenças infecciosas são transmitidas. Mais adiante ainda, à proporção que seu conceito de autoeficácia continua a amadurecer, elas começam a compreender que podem tomar medidas para controlar sua saúde.

Durante a adolescência, o pensamento costuma ser distorcido por uma autoimagem em que os adolescentes se consideram mais importantes do que realmente são. Isso manifesta-se de muitas maneiras, incluindo um *viés otimista*, no qual certas pessoas acreditam que nunca serão prejudicadas gravemente por atos perigosos. Como resultado desse falso senso de invulnerabilidade, junto à maturação lenta do sistema de controle cognitivo do cérebro, eles são mais propensos a ter comportamentos de risco, como fumar, usar substâncias, fazer sexo desprotegido e dirigir perigosamente. Essa nova perspectiva biopsicossocial sobre os riscos dos adolescentes, que considera tal comportamento a partir das perspectivas conjuntas da ciência do cérebro e da ciência sociocomportamental, explica por que muitas intervenções educacionais voltadas para mudar posturas e comportamentos de saúde dos adolescentes têm sido ineficazes (Steinberg, 2007).

À medida que ficam mais velhos, os adultos tendem a culpar cada vez mais sua idade por sintomas moderados que surgem de modo gradual, enquanto sintomas graves repentinos têm mais probabilidade de ser atribuídos a doenças. Quando os sintomas são atribuídos à idade, muitas pessoas, especialmente as de meia-idade, tendem a protelar a busca de cuidado de saúde. As mais velhas, todavia, têm maior propensão a procurar atendimento de saúde para sintomas ambíguos, talvez por não tolerarem a incerteza.

Na faixa etária avançada, os estereótipos de idade, que são comuns entre profissionais da saúde e mesmo em alguns idosos, podem representar obstáculos importantes para o alcance e a manutenção da saúde. Entre esses obstáculos, estão as visões de que a velhice é um período de declínio inevitável, que os idosos geralmente não conseguem ou não estão dispostos a mudar de estilo de vida e comportamento, que sua adesão a regimes de tratamento e intervenções preventivas é baixa e que os benefí-

Figura 12.2

Idade, gênero e contatos com o médico. De modo geral, as crianças e os adultos mais velhos têm mais probabilidade do que os adolescentes e adultos jovens de usar os serviços de saúde. Começando na adolescência, as mulheres contatam seus médicos mais do que os homens.
Fonte: United States Department of Health and Human Services (US-DHHS) (1995). *Healthy People 2000 Review, 1994.* Washington, DC: U.S. Government Printing Office.

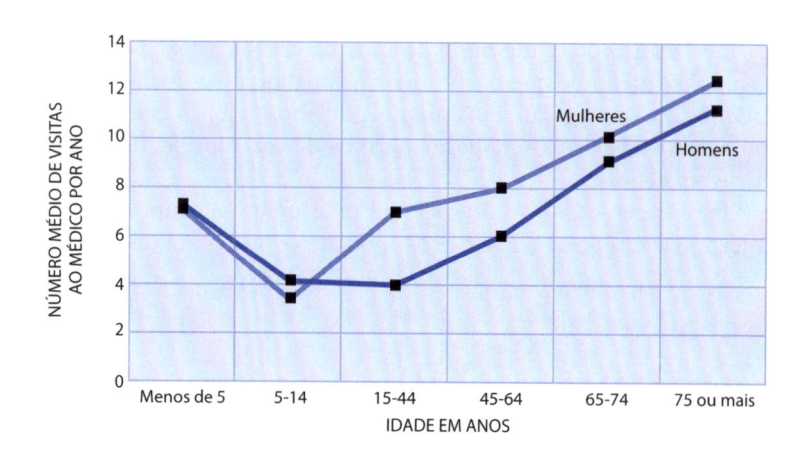

cios ganhos com intervenções voltadas para o estilo de vida e o comportamento nesse estágio da vida são mínimos.

Os estereótipos etaristas também podem impedir os idosos de buscarem (ou receberem) tratamento preventivo. Por exemplo, os programas de exames para o câncer muitas vezes não são direcionados para pessoas com mais de 65 anos, apesar da maior prevalência nessa faixa etária. Os estereótipos etaristas também podem ser um obstáculo para que os idosos tenham motivação para adotar estilos de vida mais saudáveis, visando a aumentar sua expectativa geral em relação à saúde. Felizmente, estudos indicam que muitos idosos permanecem otimistas com relação a sua saúde – isso é bom, pois sabe-se que a saúde autorrelatada é um prognóstico melhor de mortalidade e outros resultados de saúde do que avaliações objetivas e é o prognóstico mais forte de satisfação na vida durante a velhice (Winter et al., 2007).

Outro fator que interfere no uso de serviços de saúde é o gênero. Começando na adolescência, e continuando na idade adulta, as mulheres são mais propensas do que os homens a relatar sintomas e usar os serviços de saúde (Galdas et al., 2005). Essa diferença deve-se, em grande parte, à gravidez e ao nascimento de filhos. As novas mães estão ficando no hospital meio dia a mais do que na metade da década de 1990, quando as companhias de previdência privada reduziram as estadas relacionadas ao parto para 24 horas e surgiram queixas sobre "partos-relâmpago" (Meara et al., 2004). Entretanto, mesmo quando as consultas médicas por gravidez e parto não são contadas, as mulheres ainda visitam seus médicos mais do que os homens.

Os homens, especialmente os jovens, costumam fugir mais do médico, mesmo quando enfrentam problemas graves de saúde. Pesquisas em grande escala conduzidas pela CNN e pelo National Center for Health Statistics revelaram o seguinte (NCHS, 2006):

- Mais de um terço da amostra de homens não iria ao médico imediatamente, mesmo sentindo dores fortes no peito (34%) ou falta de ar (37%), dois sinais possíveis de infarto do miocárdio.
- Das mulheres, 55% haviam feito algum exame para câncer no ano anterior, principalmente câncer de colo e de mama. Apenas 32% dos homens amostrados haviam sido examinados para câncer, sobretudo para o de próstata.
- As mulheres eram mais conscientes do que os homens em relação ao cuidado de sua saúde e mais propensas a perceber que tinham alguma necessidade de saúde. Os homens tinham menos probabilidade do que as mulheres de relatar necessidades de saúde não satisfeitas (18,7% *versus* 22,9%).
- As diferenças de gênero em visitas ao consultório médico variam por idade, com a maior diferença ocorrendo entre adultos de 18 a 44 anos. A diferença de gênero diminui entre adultos de meia-idade e desaparece entre o grupo etário mais velho.

Por que as mulheres têm mais probabilidade do que os homens de procurar os serviços de saúde? Uma razão possível é que elas são expostas a mais doenças, pois são mais propensas a se envolverem com o cuidado direto de idosos e crianças, que têm incidência mais alta de patologias. Há também maior probabilidade de serem enfermeiras, professoras de escola fundamental e atendentes de creches. Em consequência, elas têm maior risco de adoecer em decorrência de agentes infecciosos.

A pesquisa também verificou que as mulheres são mais sensíveis a seus sintomas corporais internos do que os homens, logo, elas relatam mais sintomas (Koopmans e Lamers, 2007). Muitos homens jovens protelam visitar o médico, pois se consideram saudáveis e até invencíveis. Aos 25 anos, o homem médio não se preocupa com ferimentos ou doenças crônicas. Entretanto, muitas mulheres da mesma idade já tiveram uma gravidez e, assim, podem ser mais cientes da fragilidade da saúde perfeita. Essa explicação não sugere que as mulheres fiquem doentes com mais frequência do que os homens, mas simplesmente que elas têm mais probabilidade de notar e relatar seus sintomas.

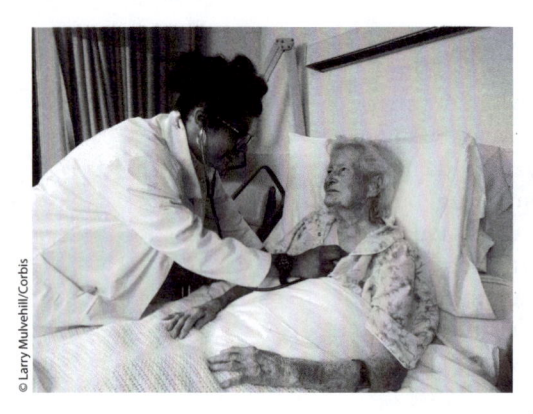

As mulheres, os idosos e o comportamento de "papel de doente" De modo geral, as mulheres têm mais propensão do que os homens a buscar atendimento de saúde e, além disso, mulheres com mais de 65 anos apresentam ainda mais probabilidade do que as mais jovens de procurar cuidados médicos.

A diferença de gênero na busca de atendimento de saúde também se deve, em parte, a fatores sociais. Por exemplo, as mulheres visitam os médicos mais do que os homens porque seu cuidado de saúde tende a ser mais fragmentado. Para um exame físico de rotina, a maioria dos homens é "consumidor de uma parada só". Ou seja, eles consultam com um clínico geral ou um enfermeiro que seja capaz de realizar a maioria ou todos os exames necessários. Em comparação, uma mulher pode necessitar consultar três ou mais especialistas ou clínicas para um *check-up* completo: o especialista em medicina interna para seu físico, o ginecologista para o papanicolau, o especialista em mamografia para examinar a possibilidade de tumores nas mamas, e assim por diante. Alguns pesquisadores consideram essa fragmentação outra indicação de que a medicina ocidental é tendenciosa para os homens e não está bem-estruturada para atender as necessidades básicas das mulheres.

Status socioeconômico e fatores culturais

O *status* socioeconômico prevê o relato de sintomas e a procura por atendimento de saúde. Pessoas de renda alta geralmente relatam menos sintomas e melhor saúde do que as de renda baixa (Grzywacz et al., 2004). Todavia, quando ficam doentes, pessoas de *status* socioeconômico elevado têm mais probabilidade de procurar atendimento de saúde. Isso pode explicar por que pessoas de baixo *status* socioeconômico são representadas de forma exagerada entre aquelas que são hospitalizadas. Essas pessoas tendem a esperar mais tempo antes de procurar tratamento para seus sintomas, tornando-se mais propensas a ficar gravemente doentes e necessitar de hospitalização. Além disso, pessoas com renda familiar mais baixa apresentam maior probabilidade de usar clínicas externas e salas de emergências de hospitais para o atendimento médico, talvez pela menor possibilidade de ter seguro de saúde e médicos regulares do que as que são financeiramente privilegiadas. Isso ajuda a explicar por que as taxas de morbidade e mortalidade mais elevadas são encontradas entre a população com os níveis socioeconômicos mais baixos.

Os fatores culturais e a etnia também influenciam a maneira como as pessoas respondem a sintomas físicos. Algumas culturas encorajam uma reação forte a sintomas, enquanto outras socializam os membros do grupo para que neguem a dor e guardem seus sintomas para si mesmos. Em um estudo, pesquisadores compararam o funcionamento geral de pessoas que sofrem de dores crônicas nas costas em seis países diferentes (Sanders et al., 1992). Os pacientes norte-americanos relataram maior sofrimento e perturbação geral de suas atividades diárias, seguidos, em ordem, pelos pacientes italianos, neozelandeses, japoneses, colombianos e mexicanos. Como outro exemplo, existem diferenças culturais acentuadas na experiência da menopausa. Até 75% das mulheres norte-americanas dizem experimentar calores e suor. No Japão, porém, menos de 10% das mulheres relatam ter esses sintomas (Moerman, 2002).

Fatores culturais também influenciam a tendência a buscar tratamento. As pessoas que mantêm crenças sobre doenças que entram em conflito com a medicina ocidental têm menos probabilidade de buscar tratamento biomédico convencional e mais de contar com um **sistema de referência leigo** – uma rede informal de familiares, amigos e outros indivíduos não profissionais da saúde que oferecem as próprias impressões e experiências em relação a um conjunto de sintomas. Um membro do sistema de referência pode ajudar a interpretar um sintoma ("Minha sobrinha teve um problema como este. E no final era nada") ou dar conselhos sobre como procurar tratamento ("Jack esperou até seu câncer ter sofrido metástase e aí era tarde demais para tratar. É melhor você procurar o médico logo").

■ **sistema de referência leigo** rede informal de familiares, amigos e outros indivíduos não profissionais da saúde que oferecem as próprias impressões, experiências e recomendações em relação a um grupo de sintomas corporais.

Diversos pesquisadores já estudaram variações étnicas e culturais no sistema de referência leigo. Eles verificaram que os grupos étnicos diferem amplamente no grau em que acreditam que a intervenção humana em resultados de saúde seja possível e até desejável. Alguns grupos atribuem a doença a fatores não físicos, como a vontade de Deus. Nesses casos, as pessoas podem ser mais inclinadas a empregar práticas não ocidentais de tratamento (ver Cap. 14). Isso causa um problema interessante para os profissionais da saúde ocidentais, já que, quanto mais próxima a origem cultural ou a etnia do paciente está da de médicos ocidentais, mais os sintomas relatados pelo paciente se aproximam dos que são reconhecidos como sinais de doenças.

Um fator cultural relacionado com a probabilidade de uma pessoa procurar tratamento para determinado sintoma é a criação. Pessoas cujos pais prestavam muita atenção em sintomas físicos e costumavam buscar tratamento de saúde possivelmente farão o mesmo. Da mesma forma, aquelas cujos pais não confiavam em médicos e tinham mais probabilidade de contar com o autocuidado ou alguma outra forma de tratamento alternativo podem carregar consigo essa falta de confiança.

Comportamento de demora na busca de tratamento

Você ou alguém que você conheça às vezes evita pensar sobre a saúde até que surja uma necessidade grave? Você tende a ignorar sintomas o máximo de tempo possível na esperança de que eles desapareçam? De forma clara, para emergências médicas, como ataques cardíacos, procurar ajuda o mais rápido possível é de máxima importância. Embora outras doenças e condições crônicas possam não apresentar esse tipo de urgência imediata para a sobrevivência, procurar atendimento no momento adequado quando os sintomas surgem pode fazer a diferença entre morrer da doença ou tratá-la enquanto ainda é possível. Por exemplo, começar o tratamento para certos tipos de câncer enquanto ele ainda é localizado e antes de desenvolver metástases muitas vezes faz a diferença entre uma vida longa e plena e uma vida encurtada de forma prematura.

Apesar dos benefícios de procurar cuidado quando os sintomas aparecem, muitas pessoas, como Bruce, do caso de abertura deste capítulo, ignoram seus sintomas e não procuram ajuda médica. Isto é chamado de **comportamento de demora na busca de tratamento**. Apesar das evidências avassaladoras da necessidade de atenção médica imediata para infartos do miocárdio, os indivíduos com frequência esperam horas antes de admitir que sua dor no peito seja grave. Pacientes que sentem nódulos em seus seios ou testículos às vezes protelam a visita ao médico por meses. Por que as pessoas adiam a busca de atenção médica para problemas tão graves?

Em uma análise dos fatores envolvidos no comportamento de demora na busca de tratamento, Martin Safer e colaboradores (1979) descreveram cinco estágios no processo de tomada de decisão de procurar cuidado médico; em cada estágio, a pessoa pode apresentar o comportamento de demora (ver Fig. 12.3). O modelo prevê que as pessoas evitam procurar atenção médica porque os sintomas podem passar despercebidos (*demora na avaliação*), a doença parece improvável (*demora na aceitação da doença*), a ajuda profissional é considerada desnecessária (*demora comportamental*), o indivíduo procrastina para marcar uma consulta (*demora na marcação da consulta*) ou os benefícios percebidos do tratamento não superam os custos estimados (*demora no tratamento*).

O que determina a quantidade de demora durante cada estágio? Durante o estágio de demora na avaliação, a proeminência sensorial dos sintomas é o fator mais importante. Entrevistas com indivíduos que procuram atendimento em hospitais indicam que eles demoram menos quando estão com dor ou sangramento. Pacientes com infarto do miocárdio que pesquisaram sobre seus sintomas consultando livros e outras fontes tiveram uma demora mais de cinco vezes maior do que aqueles que

■ **comportamento de demora na busca de tratamento** tendência a evitar procurar atendimento médico porque os sintomas passam despercebidos (*demora na avaliação*), a doença parece improvável (*demora na aceitação da doença*), a ajuda profissional é considerada desnecessária (*demora comportamental*), o indivíduo procrastina para marcar consulta (*demora na marcação da consulta*) ou os benefícios percebidos do tratamento não superam os custos estimados (*demora no tratamento*).

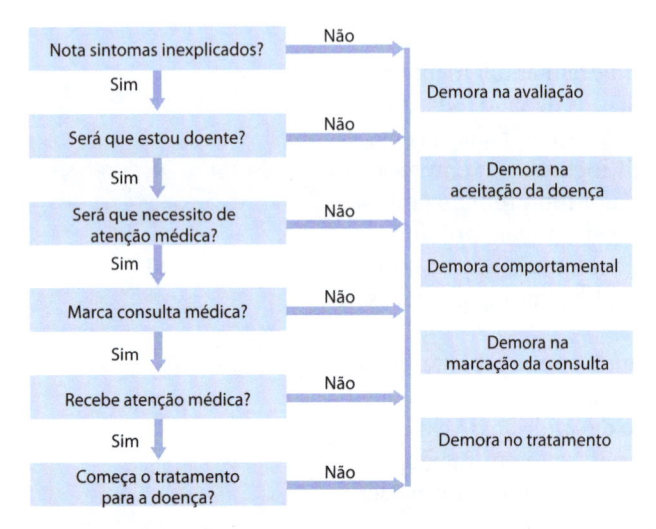

Figura 12.3

Estágios da demora na busca de tratamento.
O modelo da demora na busca de tratamento proposto por Martin Safer e colaboradores mostra que o fato de o indivíduo notar sintomas não leva automaticamente ao tratamento. As pessoas devem fazer um esforço concentrado para dar cada passo e, mesmo assim, é possível que surjam certos fatores que interrompam o processo.
Fonte: Anderson, B. L., Cacioppo, J. T. e Roberts, D. C. (1995) Delay in seeking a cancer diagnosis. Delay stages and psychophysiological comparison processes. *British Journal of Social Psychology*, p. 34, 33–52.

- **hipocondria** condição de experimentar ansiedade anormal em relação à própria saúde, frequentemente incluindo sintomas imaginários.

- **simulação** fingir que está doente para obter os benefícios do comportamento de "papel de doente".

não fizeram essa pesquisa. A dor inicial produz pouca demora, enquanto conversar com outras pessoas sobre os sintomas resultou em demora bem mais longa (Matthews et al., 1983; Waller, 2006).

No estágio de demora na aceitação da doença, outros fatores, como a experiência anterior com os sintomas, também podem entrar em jogo. Indivíduos que haviam experimentado sintomas semelhantes anteriormente tiveram mais probabilidade de buscar atenção médica do que aqueles que os experienciavam pela primeira vez. Por exemplo, com a *síndrome do túnel do carpo*, um distúrbio nervoso causado por movimentos repetitivos, os sintomas podem ir e vir durante um longo período de tempo e, assim, as pessoas tendem a ignorá-los. Apenas quando os sintomas (falta de sensibilidade nos dedos e dor aguda no braço) se tornam persistentes, elas começam a passar pelos estágios. Além disso, os indivíduos que passam mais tempo pensando em seus sintomas e imaginando as consequências de estarem doentes tiveram maior tendência a protelar a busca por atenção médica.

Nos últimos três estágios, a demora foi mais longa para pacientes que se preocupavam com o custo do tratamento, sentiam pouca dor e tinham dúvidas de que os seus sintomas pudessem ser curados. A associação entre não sentir dor e protelar o cuidado médico é inadequada, pois a dor não é um sintoma importante nos primeiros estágios de várias doenças crônicas, incluindo câncer, hipertensão e diabetes.

Usando os serviços de saúde de forma excessiva

No extremo oposto, estão pessoas que usam os serviços de saúde de forma equivocada, buscando atendimento quando não têm problema de saúde diagnosticável. A magnitude desse problema para o sistema de saúde revela-se em uma estatística chocante: os médicos estimam que até dois terços de seu tempo são usados por pessoas com problemas que são insignificantes do ponto de vista médico ou resultam de transtornos psicológicos (Miranda et al., 1991).

Hipocondria

Por que algumas pessoas procuram seus médicos quando não existe necessidade real? Uma explicação comum é que elas sofrem de **hipocondria**, ou a falsa crença de que têm uma doença quando isso não é verdade. A maioria das pessoas com hipocondria relata sintomas vagos e ambíguos, que exageram ou atribuem erroneamente a doenças. Elas também podem ter um medo desmedido de contrair doenças, mesmo diante de informações de que há nada de errado e não existe risco verdadeiro. Um fator subjacente a muitos casos de hipocondria parece ser o *neuroticismo* (instabilidade emocional), um estado de desajuste emocional que abrange diversos traços específicos, incluindo timidez, incapacidade de inibir desejos, vulnerabilidade ao estresse e a tendência a sentir ansiedade, depressão e outras emoções negativas.

Será que a visão popular da hipocondria está correta? Ou será que todas as pessoas que relatam sintomas imaginários estão **simulando** estar doentes para obter os benefícios que possam conseguir com o comportamento do "papel de doente" (p. ex., empatia e dispensas do trabalho)? De modo geral, as pessoas que sofrem de hipocondria exageram sintomas vagos e ambíguos que são de fato benignos, transformando-os em preocupações excessivas com sua saúde. Pessoas que apresentam escores elevados em instabilidade emocional e neuroticismo têm, em média, 2 a 3 vezes mais

Diversidade e vida saudável

A síndrome de fadiga crônica

Katie Lucas estava tão exausta que quase não conseguia levantar da cama ou realizar a mais simples tarefa física ou mental. "Lembro-me de uma ocasião em que precisei pegar a calculadora para subtrair 12 de 32", diz ela. "Isso é muito ruim." Em Atlanta, Whilhelmina Jenkins não conseguiu terminar seu doutorado em física devido a uma fadiga crônica que tornava impossível pensar e escrever. "Tudo o que eles me recomendaram foi mudar meu estilo de vida – descansar mais", disse ela. "Eu tentei todos os tipos de mudanças que podia imaginar e nada ajudou; eu continuava afundando."

Lucas e Jenkins sofrem da síndrome de fadiga crônica, uma condição intrigante que afeta um número estimado de 1 milhão de pacientes nos Estados Unidos, 80% dos quais são mulheres. Além de uma fadiga persistente, que dura meses ou mais, outros sintomas dessa síndrome incluem dores de cabeça, infecções de causas desconhecidas e dificuldades de concentração e memória (Ray, 1997). As pessoas afetadas pela síndrome muitas vezes estão tão debilitadas que são incapazes de conduzir suas atividades cotidianas normais. Para piorar as coisas, existe a visão de que elas não estejam doentes, mas sejam simuladoras, cujos sintomas sejam produzidos por elas mesmas para ganharem atenção, simpatia ou serem liberadas de responsabilidades difíceis.

A causa da síndrome de fadiga crônica tem sido bastante discutida; a maioria dos pacientes relata que ela começa com uma aparente infecção, e um número substancial deles afirma que estava sob estresse considerável no momento (Komaroff e Buchwald, 1991). Visto que não existe um exame diagnóstico para essa síndrome, alguns médicos acreditam que a condição, na verdade, seja uma forma de hipocondria, ou até mesmo uma *epidemia histérica*, causada pela cultura moderna. No decorrer da história, a *histeria* apresentou-se como manifestação física de perturbações – uma forma de expressão para pessoas que de outra forma seriam incapazes de verbalizar seus problemas. Descrita pela primeira vez em mulheres no final do século XIX, a histeria envolvia formas intrigantes de invalidez física – cegueira ou paralisia, por exemplo – que Sigmund Freud acreditava serem resultado de conflitos psicológicos. Muitos historiadores e sociólogos acreditam que a histeria é um "transtorno vitoriano", uma reação feminina à repressão sexual e às oportunidades profissionais limitadas, que quase desapareceu com o advento do feminismo. Com aqueles que *recuperam memórias* de traumas da infância e de abuso ou sofrem da *síndrome da Guerra do Golfo* ou *transtorno dissociativo de identidade* (antes chamado de transtorno de personalidade múltipla), as "vítimas" da síndrome de fadiga crônica, dizem os críticos, têm manifestações contemporâneas simples de histeria (Showalter, 1999).

Existem evidências, todavia, de que aqueles que consideram a síndrome de fadiga crônica uma forma de histeria ou hipocondria provavelmente estejam errados. Por exemplo, os pesquisadores da Johns Hopkins University estabeleceram uma ligação entre a fadiga crônica e a pressão arterial baixa. Imobilizando pacientes com síndrome de fadiga crônica em uma mesa giratória e elevando-os pouco a pouco até um ângulo de 70°, verificaram que, em dado momento, a pressão dos pacientes cai de repente de 125 para 45, desencadeando imediatamente sintomas da síndrome. Aumentando o consumo de água e sal dos pacientes e fornecendo medicamentos para elevar a pressão, os pesquisadores conseguiram ajudar cerca de 75% deles. Outros pesquisadores verificaram que administrar doses baixas do hormônio do estresse hidrocortisona, que existe em quantidades baixas em pessoas com síndrome de fadiga crônica, eleva a energia, o humor e o nível de atividade (Rutz, 1998). Pesquisas também indicam que uma porcentagem alta de pacientes com síndrome de fadiga crônica sofre de infecção viral persistente e disfunção do sistema imune e que o tratamento desses problemas pode aliviar alguns dos sintomas (Ablashi et al., 2000; Pall, 2000). Evidências como essas ajudam pacientes frustrados, que frequentemente ouvem de médicos que não conseguem encontrar algo de errado e que eles estão imaginando seus sintomas.

O papel dos fatores psicológicos na síndrome de fadiga crônica, porém, continua a ser debatido. Alguns especialistas sugerem que a síndrome e a depressão tenham uma causa comum devido a sintomas semelhantes, como a fadiga. Outros apontam para diferenças entre as duas condições. Por exemplo, perda de peso, pensamentos suicidas, culpa e autoestima baixa são menos comuns na síndrome de fadiga crônica do que na depressão, enquanto sintomas como os da gripe, dores e fraquezas musculares e fadiga são mais comuns.

A duração da síndrome de fadiga crônica varia de paciente para paciente, com alguns experimentando melhoras rápidas e recuperação total, enquanto outros pioram com o tempo e/ou experimentam ciclos repetidos de recaída e remissão (Hinds e McCluskey, 1993). Uma vez que não existe farmacoterapia aceita para a síndrome, o tratamento em geral envolve administrar os sintomas e ter atividades moderadas. As intervenções cognitivo-comportamentais projetadas para aumentar a tolerância dos sintomas e modificar crenças mal--adaptativas em relação à doença também têm sido eficazes em alguns pacientes (Sharpe et al., 1996). A síndrome pode ser tão debilitante, indiferente a regimes de tratamento tradicionais e frustrante que alguns portadores tentam várias formas de medicina alternativa e popular. Uma enfermeira que sofria da síndrome de fadiga crônica chegou a cometer suicídio com a ajuda do doutor Jack Kevorkian (Showalter, 1999).

Visto que o debate está deixando de questionar se os sintomas de condições como a síndrome de fadiga crônica são reais – segundo um número crescente de especialistas, os indivíduos afetados estão definitivamente doentes –, alguns especialistas em saúde interrogam se existe razão para continuar a busca por causas específicas e orgânicas. Simon Wessely, professor de medicina psicológica e diretor da unidade de Síndrome de Fadiga Crônica do King's College, em Londres, acredita que isso seria um desserviço para os pacientes: "Os médicos têm procurado por um 'cálice sagrado' para explicar esses sintomas durante os últimos 150 anos sem obter sucesso... Se um paciente ouve que seu problema se deve a um déficit permanente no sistema imune, um vírus persistente ou deficiência crônica dos nervos do cérebro, isso apenas gera abandono, e o paciente se torna uma vítima", diz ele. "E se você diz que o problema é psicológico, isso gera raiva por parte dos pacientes, que não consideram as psicopatologias doenças legítimas. A busca por uma causa única está errada. Independentemente de como ou por que tenham começado, essas síndromes são multifatoriais, como as doenças do coração" (citado em Brody, 1999). Essa visão sugere que uma abordagem multifatorial para o tratamento da síndrome de fadiga crônica, portanto, seria mais eficaz e sem dúvida melhor do que ser afastado do sistema médico ou informado de que "isso é coisa de sua cabeça".

■ **síndrome de fadiga crônica**
doença intrigante de causas incertas em que a pessoa experimenta dores de cabeça, infecções de origem desconhecida, cansaço extremo e dificuldades de concentração e memória.

queixas físicas do que aquelas que manifestam escores baixos nesses traços (Goodwin e Friedman, 2006). Mas será que isso prova que o neuroticismo causa hipocondria? Como vimos, evidências correlacionais como essa não podem indicar causalidade e, mesmo que pudessem, não conseguiríamos discernir a *direção* dessa causalidade. Talvez o fato de alguém ter muitas dores e mal-estar cause preocupação excessiva com a saúde. Indivíduos que sofrem da **síndrome de fadiga crônica**, por exemplo, lutam com falsas suposições sobre a causalidade da sua condição (ver Diversidade e Vida Saudável, p. 351).

É particularmente injusto – e incorreto – condenar todos os que chamam um profissional da saúde na ausência de sintomas físicos indiscutíveis, pois o estresse e a ansiedade muitas vezes criam inúmeros sintomas físicos que parecem sinais de um distúrbio biológico (Martin e Brantley, 2004). Por exemplo, a ansiedade (talvez com exames iminentes) pode perturbar o sono e a concentração, desencadear crises de diarreia e náusea, suprimir o apetite e resultar em um estado de agitação geral.

Adesão do paciente ao tratamento

De maneira surpreendente, mesmo quando as pessoas procuram atendimento de saúde, muitas simplesmente ignoram (ou não seguem de modo fiel) o tratamento prescrito. Cada profissional da saúde pode contar casos sobre esse fenômeno: o paciente que burla uma dieta especial; o caso coronariano que, sem consultar o médico, para de tomar o medicamento para hipertensão; ou a vítima de acidente que usa um analgésico prescrito de forma incorreta.

■ **adesão ao tratamento**
o paciente concordar e depois seguir o regime de tratamento conforme orientado pelo profissional da saúde.

A **adesão ao tratamento** é definida de forma ampla como seguir a orientação de um profissional da saúde. Isso inclui orientações relacionadas com medicamentos e mudanças no estilo de vida (p. ex., perder peso ou parar de fumar), bem como recomendações sobre medidas preventivas (como evitar alimentos gordurosos ou começar um programa de exercícios). A adesão é uma postura e um comportamento. Como postura, acarreta a disposição de seguir orientações sobre a saúde; como comportamento, está relacionada com o cumprimento de determinadas recomendações. A falta de adesão inclui recusar-se a seguir instruções ou não se esforçar para realizar o regime de tratamento.

Os custos potenciais associados com falta de adesão ao tratamento são enormes. Em pacientes com transplantes de órgãos, por exemplo, a falta de adesão a regimes com medicamentos imunossupressores pode levar à rejeição do órgão. Além disso, a falta de adesão faz de 10 a 20% dos pacientes necessitarem de uma nova rodada do medicamento prescrito que de outra forma seria dispensável, de 5 a 10% precisarem de mais consultas com o médico e de 5 a 10% necessitarem tirar mais dias de licença do trabalho. Estima-se que a falta de adesão terapêutica tenha um impacto econômico anual de mais de 100 bilhões de dólares em custos adicionais com tratamento e hospitalização e perda de produtividade (HRSA Care Action, 2005).

Quão comum é a falta de adesão ao tratamento?

Estimar a prevalência da falta de adesão ao tratamento é difícil, pois o problema assume muitas formas diferentes. Por exemplo, o paciente pode não aparecer para uma consulta marcada ou não concluir o tempo previsto para tomar um antibiótico. Uma pessoa pode "burlar" uma dieta especial, um programa de exercícios de reabilitação ou algum outro regime de tratamento. Em outras palavras, existem muitos graus de falta de adesão.

Em termos amplos, uma metanálise de mais de 500 estudos realizados ao longo de 50 anos indica que a taxa média de falta de adesão ao tratamento é de aproximadamente 25% – apenas 3 em cada 4 pacientes seguem seus regimes terapêuticos de forma correta (DiMatteo, 2004). Eis alguns detalhes:

- Apenas 20 a 40% dos participantes de programas terapêuticos para tabagismo, alcoolismo e abuso de substâncias continuam a seguir o tratamento depois de um ano.
- No tratamento da obesidade, entre 10 e 13% dos participantes param de frequentar as reuniões do programa depois de 2 a 3 meses, e de 42 a 48%, depois de 3 a 4 meses.
- Apenas 50% dos pacientes obedecem totalmente as restrições alimentares prescritas pelo médico. Até 80% deles abandonam programas que prescrevem outras mudanças de estilo de vida (como programas de exercícios).

Que fatores preveem a adesão ao tratamento?

Algumas pessoas têm mais probabilidade do que outras de seguir o tratamento? Será que a adesão é mais provável para alguns tipos de tratamento do que para outros? Em sua busca por respostas para essas questões, pesquisadores biomédicos analisaram três categorias amplas de variáveis: *variáveis do paciente, variáveis do regime de tratamento* e a *comunicação entre paciente e profissional da saúde*.

Variáveis do paciente e do profissional

Embora uma quantidade substancial de pesquisas sobre adesão ao tratamento focalize idade, gênero, etnia, educação e renda, atualmente é de entendimento geral que os fatores sociodemográficos não são prognósticos muito precisos de adesão (Dunbar-Jacob e Schlenk, 2001). Com frequência, isso ocorre porque as pessoas não têm coerência em seus comportamentos de adesão. O fato de um paciente seguir uma terapia medicamentosa, por exemplo, não significa que vá aderir a um regime de dieta (Eitel et al., 1995). Entre certos grupos de pacientes, contudo, o uso problemático de álcool e outras substâncias (Turner et al., 2001) e uma história de depressão, ansiedade e outros transtornos psicológicos foram associados à falta de adesão (Tucker et al., 2004).

No nível do usuário, o que afeta a adesão? Estar de bom humor, apresentar expectativas otimistas e ter confiança no profissional são fatores importantes (Thom et al., 2004). Ter o apoio da família e dos amigos também é. Por exemplo, estudos mostraram que o apoio do cônjuge aumenta a adesão a regimes de tratamento para o diabetes que envolvam compra e preparo de alimentos, administração de medicamentos, exame de glicose e exercícios (Trief et al., 2004).

A percepção de controle e a preferência pelo domínio do tratamento também ajudam a explicar a adesão. Pacientes que expressam maior preferência pelo controle e envolvimento em seu tratamento de saúde demonstram maior adesão a tratamentos médicos que sejam autodirigidos e que ocorram em casa. Todavia, a maior preferência pelo controle prevê *menor* adesão quando os tratamentos ocorrem em uma clínica ou hospital (Cvengros et al., 2004).

As variáveis do profissional também exercem uma influência poderosa sobre a adesão do paciente ao tratamento. Robin DiMatteo (1993) conduziu um estudo de dois anos sobre a adesão de pacientes a medicação, exercícios e restrições alimentares prescritos por 186 médicos que estavam tratando para doenças cardíacas, diabetes e pressão alta. Entre os fatores correlacionados com a adesão do paciente, estavam o nível de satisfação do médico com o trabalho, o número de pacientes atendidos por semana e o estilo de comunicação (p. ex., sua disposição para responder às perguntas do paciente). Estudos mais recentes confirmaram que as características pessoais dos profissionais da saúde são muito importantes para os pacientes. No topo da lista, está a demonstração de empatia e confiança pelo profissional, além de uma postura franca e respeitosa (Bendapudi et al., 2006). Talvez porque as médicas passem mais tempo com os pacientes – e façam e incentivem mais perguntas – seu atendimento promove taxas maiores de adesão do que o de médicos do sexo masculino (Roter e Hall, 2004).

Variáveis do regime de tratamento

Os indivíduos são mais propensos a seguir recomendações nas quais acreditem e que sejam capazes de executar. Mesmo quando o tratamento é considerado útil, a capacidade do paciente de executar o regime depende do grau de dificuldade e do apoio disponível. Os pesquisadores geralmente observam que, quanto mais complexo for o regime, menor a probabilidade de adesão total.

Os profissionais da saúde podem tomar várias medidas para aumentar a adesão em seus pacientes, tais como:

- Programar o tratamento de acordo com o estilo de vida do paciente. A adesão será maior em resposta a qualquer estratégia que torne o tratamento mais fácil de seguir, como lembretes diários para tomar remédios, refeições empacotadas individualmente para indivíduos em dieta restrita ou decompor um regime complicado ou prolongado em segmentos menores.
- Simplificar as instruções com uma linguagem clara para garantir que o paciente entenda as quantidades, os horários e a duração do tratamento.
- Certificar-se de que o paciente entende o suficiente sobre o raciocínio subjacente ao tratamento para ter confiança no protocolo.
- Envolver familiares, amigos e outras pessoas que apoiem o paciente no tratamento e em sua explicação.
- Fazer comentários sobre o progresso.

Comunicação entre paciente e profissional

A comunicação interpessoal entre pacientes e profissionais da saúde é usada para obter informações a fim de fazer um diagnóstico correto, obter o consentimento informado dos pacientes ao selecionar estratégias de tratamento e incentivá-los a seguir os regimes terapêuticos prescritos. A qualidade dessas interações influencia diretamente vários resultados do tratamento.

No centro do relacionamento entre o paciente e o profissional, estão a natureza e a qualidade da comunicação. Os pacientes muitas vezes saem das consultas com informações insuficientes ou mesmo com uma compreensão equivocada de seus problemas. Sobretudo durante consultas difíceis, os pacientes muitas vezes estão sob estresse considerável e têm dificuldade para entender o que o médico diz. Para melhorar a situação, o treinamento em habilidades de comunicação hoje é um componente integrante do currículo da faculdade de medicina (ACGME, 2010).

Profissionais da saúde que são bons comunicadores, que se parecem menos com comerciantes e que satisfazem as expectativas de seus pacientes em relação às informações a que têm direito tendem a ter pacientes com mais probabilidade de aderir às recomendações do tratamento (Thompson et al., 1995). As habilidades não verbais dos médicos também estão ligadas com a satisfação e a adesão do paciente. Analisaremos o relacionamento entre paciente e profissional da saúde de forma mais profunda a seguir.

Promovendo a adesão ao tratamento Os pacientes têm mais probabilidade de seguir recomendações nas quais acreditem e que sejam capazes de executar.

O relacionamento entre paciente e profissional da saúde

"Realmente não tenho tempo para explicar tudo isso", disse o médico de Dennis Moore enquanto se afastava com pressa e, pela segunda vez naquele dia, Moore viu tudo vermelho. Mais cedo, no mesmo dia, Moore, um ex-oficial do exército que havia comandado um barco armado nos rios do Vietnã, também havia visto o vermelho de seu próprio sangue enquanto urinava. Ele necessitava desesperadamente de respostas para suas questões: "Por que estou sangrando? Será que estou com câncer? Será que vou estar vivo no ano que vem?", mas estava muito assustado e bravo para esperar e saiu do consultório. Uma semana depois, ele ouviu de um médico mais atencioso que o sangramento veio de úlceras em seu colo e de um tumor benigno.

O relacionamento entre o profissional da saúde e o paciente é a base de todo o tratamento médico. De 60 a 80% dos diagnósticos médicos e decisões quanto ao tratamento são feitos a partir de informações que surgem apenas na consulta. Ainda assim, pacientes e profissionais nem sempre compartilham da mesma visão sobre a eficácia da consulta. Com frequência, os profissionais superestimam a qualidade de uma consulta e a probabilidade de que aquele paciente siga sua orientação. A qualidade do relacionamento paciente-profissional desempenha importante papel em promover a adesão do paciente às instruções do tratamento.

Fatores que afetam o relacionamento paciente-profissional

Pesquisas têm demonstrado que os elementos centrais do relacionamento entre paciente e profissional da saúde são a *continuidade do atendimento*, a *comunicação* e a *qualidade geral das consultas*. Os mesmos princípios são aplicados a esse relacionamento independentemente do profissional da saúde (médico, enfermeiro ou técnico médico) ou do sistema de atendimento à saúde. No modelo de cobrança por serviço, 78% dos pacientes relataram estar "bastante satisfeitos com seus médicos". Nos dias atuais, no **atendimento administrado por organizações privadas**, um número bem menor de pacientes refere o mesmo nível de satisfação. Em uma investigação recente sobre a satisfação dos pacientes com seus médicos de família, os pacientes citaram principalmente questões ligadas a relacionamentos interpessoais. Quase 40% de suas declarações referiam-se a esse aspecto do tratamento de saúde, com proporções quase iguais de comentários positivos e negativos. Declarações relacionadas com a competência (12,9%) e qualidades pessoais (10,5%) dos médicos foram menos comuns (Marcinowicz et al., 2009). Uma razão para essa diminuição na satisfação é que meta-

■ **atendimento administrado por organizações privadas** atendimento de saúde que busca controlar custos, eliminando desperdícios e procedimentos desnecessários e proporcionando diretrizes de tratamento economicamente sólidas para hospitais e médicos.

de dos pacientes está convencida de que decisões a respeito do tratamento, incluindo quais profissionais da saúde podem procurar e se terão a oportunidade de desenvolver um relacionamento de longo prazo com eles, estão apoiadas unicamente naquilo que o plano de saúde cobre. Alguns problemas gerais de comunicação podem resultar da falta de continuidade no tratamento, mas outros fatores – decorrentes da perspectiva do profissional e do paciente – também desempenham um papel.

Dificuldades de comunicação relacionadas com o profissional

As informações trocadas entre médico e paciente durante a consulta costumam ser essenciais para formular diagnósticos e decidir o rumo do tratamento. A comunicação eficaz garante que o profissional da saúde entenda os sintomas e as preocupações dos pacientes e que o paciente receba e siga as informações e instruções do tratamento de forma precisa.

Os pacientes muitas vezes saem da consulta insatisfeitos devido à falta de informações, à pouca compreensão das orientações médicas e à percepção de que são incapazes de seguir o tratamento ou as recomendações. E, como a história de Dennis Moore ilustra, uma comunicação deficitária sobre a condição e o tratamento do paciente também é uma importante fonte de ansiedade. Do ponto de vista ideal, os profissionais da saúde escutam os pacientes cuidadosamente, fazem perguntas para garantir que os mesmos compreendam sua condição e seu tratamento e os informam de forma minuciosa sobre cada aspecto do regime terapêutico.

A falta de informações é um subproduto direto de "tão pouco tempo, tanto a fazer". Muitos profissionais da saúde simplesmente não gastam tempo suficiente com os pacientes. Pesquisas mostram de maneira consistente que, quanto mais tempo os médicos passam com seus pacientes, mais satisfeitos eles ficam, sobretudo quando os médicos dedicam um pouco de tempo para conversar. As pessoas também são mais propensas a seguir seus planos de tratamento até uma conclusão exitosa quando os compreendem e têm chance de opinar. Os médicos que atendem mais pacientes a cada dia, têm pacientes menos satisfeitos, que também apresentam menos probabilidade de estar em dia com suas vacinas, seus exames diagnósticos e outros procedimentos e testes que promovem a saúde (Zuger, 1998).

Alguns profissionais da saúde também se comunicam de forma incorreta, não ouvindo os pacientes com atenção ou tratando-os como estudantes de medicina ou crianças. Em um estudo clássico de 74 consultas médicas, pesquisadores relataram que, em quase dois terços dos casos, o médico interrompeu a descrição dos sintomas feita pelo paciente após apenas 18 segundos (Beckman e Frankel, 1984). Outros estudos analisaram o conteúdo dos comentários dos médicos durante a consulta em relação a complexidade, clareza e organização. Os achados desses estudos mostraram que muito frequentemente as informações médicas fornecidas eram detalhadas ou complexas demais para os pacientes compreenderem ou guardarem na memória e que pacientes e médicos costumavam interpretar a mesma informação de maneira diferente. Ainda pior, médicos e outros profissionais da saúde muitas vezes misturam o linguajar complicado com um tom paternalista que pode fazer os pacientes se sentirem como crianças indefesas (Castro et al., 2007).

Por que esses profissionais tão inteligentes e hábeis possuem habilidades de comunicação tão deficientes? As pessoas em geral são escolhidas para a formação em medicina com base em seu conhecimento técnico, e não em suas habilidades sociais. Até relativamente pouco tempo atrás, as faculdades de medicina colocavam pouca ênfase na comunicação. Poucos profissionais, por exemplo, eram treinados para dar más notícias, e muitos – por pura ignorância ou em resposta a pressões

Buscando habilidades sociais
Atualmente, os alunos da faculdade de medicina fazem treinamento em habilidades de comunicação de modo regular com todo o aprendizado técnico. Isso os ajuda a estabelecer relacionamentos melhores com seus pacientes e outras formas de relacionamento à medida que avançam em suas carreiras.

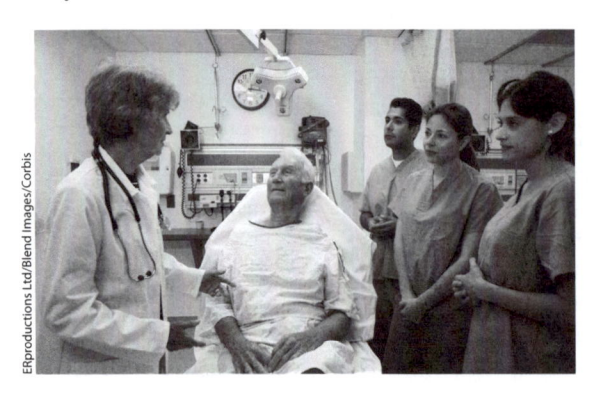

de tempo – prestam informações de modo inadequado aos pacientes e a suas famílias, causando dor emocional desnecessária e até reduzindo a eficácia do tratamento.

O dano causado por más notícias transmitidas de forma incorreta pode ser duradouro e até permanente. Um estudo relatou que, mesmo após vários meses, sobreviventes de câncer e seus entes queridos conseguiam lembrar o que tornou o fato de receber a notícia mais ou menos difícil. Muitos expressaram sentimentos negativos persistentes em relação à forma como as notícias foram transmitidas (Ptacek e Eberhardt, 1996). Nas piores situações, os profissionais pareciam adotar estratégias de enfrentamento para minimizar *seu* desconforto ao transmitir as más notícias e não entendiam o que seria necessário para minimizar o trauma dos pacientes e de seus familiares. O que os pacientes queriam era ouvir todas as informações disponíveis sobre sua condição; ter oportunidade ampla de demonstrar seus sentimentos e fazer perguntas; ser informados sobre serviços de apoio disponíveis, incluindo grupos de apoio para familiares; e possuir o máximo de tempo com os profissionais da saúde para entender completamente a doença, o tratamento e a probabilidade de êxito.

Outro problema é que, assim como qualquer outra pessoa, os profissionais de atendimento de saúde mantêm estereótipos preconceituosos em relação aos pacientes. Diversos estudos já relataram que os médicos fornecem menos informações e são menos atenciosos com pacientes afro-americanos e hispânicos e com aqueles de *status* socioeconômico mais baixo do que com outros pacientes no mesmo cenário de atendimento de saúde (van Ryn e Fu, 2003). Os pacientes que se apresentam para tratamento de determinados transtornos também parecem incitar mais reações negativas dos médicos. Por exemplo, transtornos psicológicos como a ansiedade ou a depressão podem gerar consultas especialmente breves. Também existem evidências de que muitos médicos têm percepções negativas de pessoas idosas, que são acentuadas quando pacientes mais velhos têm dificuldade de comunicação.

O sexismo também está presente no atendimento de saúde, tornando a comunicação entre médicos do sexo masculino e pacientes do feminino, por exemplo, não tão perfeita. Diversos estudos comprovam que as médicas apresentam desempenho clínico mais proficiente do que os médicos, conduzindo consultas mais longas, fazendo mais perguntas e demonstrando significativamente mais apoio verbal e não verbal (Roter e Hall, 2004). Conforme ocorre em outras situações, os pacientes sentem mais conforto se comunicando e interagindo com profissionais da saúde que sejam do mesmo gênero e semelhantes a eles em outros aspectos.

Dificuldades de comunicação relacionadas com o paciente

Os profissionais da saúde não devem receber toda a culpa pelas falhas na comunicação. Os próprios pacientes muitas vezes estão desinformados e despreparados para se comunicarem sobre questões sensíveis de saúde. Além disso, um número surpreendente de pacientes dá informações erradas ou menciona o sintoma de maior preocupação de forma quase casual, temendo que os médicos não sejam totalmente honestos ao dizer a verdade sobre condições graves ou que seus temores possam se confirmar.

As diferentes origens educacionais e sociais do paciente e do profissional da saúde também podem ter um efeito adverso sobre a comunicação. Por tradição, os médicos são homens brancos de classe média alta, contudo seus pacientes refletem um grupo muito mais heterogêneo, em geral de *status* socioeconômico mais baixo e de origens étnicas e culturais diferentes. Enquanto o profissional pensa que está explicando um problema de forma clara, o paciente pode estar interpretando um significado bem diferente na explicação. Pesquisas mostraram que esse tipo de mal--entendido é disseminado e que os indivíduos com os problemas de saúde mais duradouros e complicados têm maior risco de compreender diagnósticos, medicamentos e instruções de tratamento de forma incorreta (Parker, 2000). Um aspecto que contribui para isso é a realidade de que as informações para a promoção da saúde e da educação dos pacientes costumam ser escritas em níveis de leitura acima do primeiro grau. Esse tipo de material não é acessível para os milhões de pacientes com habilidades de leitura em níveis inferiores. O sistema de saúde precisa de uma reforma, incluindo o uso de materiais não escritos em educação para a saúde, e recorrer a leitores substitutos, para que os pacientes com níveis baixos de alfabetização tenham acesso às informações.

Dificuldades de entendimento entre pacientes e profissionais da saúde foram demonstradas em um recente estudo com médicos israelenses e pacientes que eram imigrantes etíopes, comparando avaliações das consultas feitas pelos pacientes com avaliações feitas pelos médicos (Reiff et al., 1999). Os médicos avaliaram o estado de saúde dos pacientes e a eficácia de sua consulta de maneira bastante superior aos pacientes. Embora pacientes imigrantes há mais tempo na nova pátria apresentassem nível de concordância um pouco maior com seus profissionais da saúde do que os imigrantes mais recentes, muitos continuaram a relatar sintomas e preocupações específicos de seu referencial cultural e sentiam-se completamente perdidos com seus novos médicos.

Modelos de relacionamento entre paciente e profissional

Há quase meio século, Thomas Szasz e M. Hollender (1956) propuseram três modelos para o relacionamento entre médico e paciente assemelhados aos modelos prototípicos da comunicação entre pai-bebê, pai-adolescente e adulto-adulto: *atividade-passividade*, *direção-cooperação* e *participação mútua*. O modelo tradicional desse relacionamento é paternalista, no qual os profissionais tomam o lado ativo e superior, tratando os pacientes como bebês passivos (atividade-passividade) ou como adolescentes que, embora mais velhos e mais experientes, ainda exigem que uma pessoa madura e estável direcione o cuidado de sua saúde (direção-cooperação).

Esses relacionamentos tradicionais foram desafiados pelo movimento de consumidores nas décadas de 1960 e 1970, que promoveu um papel mais ativo para os pacientes e a participação mútua entre estes e os profissionais. Hoje, os pacientes estão se tornando mais assertivos, insistindo em serem ouvidos e inteiramente informados. Eles são "consumidores bem-informados" que querem desempenhar um papel mais ativo na interação paciente-profissional da saúde. Por essa razão, o modelo preferido de relacionamento paciente-profissional ensinado atualmente nas faculdades de medicina e programas de residência nos Estados Unidos é de uma parceria no tratamento (Medical Professionalism Project, 2010).

Todavia, esse senso cada vez maior de responsabilidade compartilhada não é universal, sendo muito mais típico de sistemas de saúde em países desenvolvidos do Ocidente. Um estudo sobre as experiências de mulheres libanesas com o cuidado na maternidade verificou que a maioria dedicava total confiança a seus médicos e raramente questionava suas decisões relacionadas com procedimentos diversos. Quando questionadas, as mulheres disseram que muitos aspectos do atendimento eram intimidantes e desnecessários. Porém, o nível de passividade e sentimentos de insatisfação variaram com o *status* socioeconômico das mulheres e a quantidade de apoio psicossocial que receberam durante o processo de parto. Níveis mais elevados de *status* socioeconômico e mais apoio apresentaram uma forte associação com menos passividade e maior satisfação com o tratamento (Kabakian-Khasholian et al., 2000).

A qualidade do relacionamento entre paciente e profissional com frequência tem impacto direto sobre a saúde. Pacientes satisfeitos com suas consultas, com o estilo de comunicação do profissional e com seu relacionamento com ele em geral têm mais probabilidade de seguir as instruções do tratamento ao retornarem para casa. Isso foi revelado de forma expressiva em um estudo recente sobre pacientes com diabetes. Paul Ciechanowski e colaboradores (2001) tentaram correlacionar a adesão ao tratamento entre pacientes com diabetes com três categorias de apego. Aqueles que apresentaram *apego seguro* relataram os níveis mais elevados de confiança em seus médicos. Os que demonstraram *apego inseguro* confessaram menos confiança em seus médicos, seja porque pareciam ocupados demais ou simplesmente porque não respondiam às necessidades e preocupações dos pacientes. Os indivíduos no grupo inseguro tinham níveis menores de controle da glicose do que os no grupo seguro, em especial se também avaliassem as comunicações entre paciente e profissional como fracas. Um estudo subsequente constatou que os pacientes nos grupos de apego inseguro também eram menos propensos a consultar com seu profissional da saúde de atendimento primário do que os do grupo de apego seguro.

Embora muitos pacientes apreciem um papel mais ativo em relação à própria saúde, as pessoas diferem em suas capacidades e em sua disposição para assumir esse tipo de papel. O estilo de vida do paciente e a adesão terapêutica são fatores determinantes no resultado do tratamento de saúde, e os pacientes e profissionais da saúde na atualidade continuam a debater sobre como alcançar a responsabilidade pelo atendimento mais adequado. Entretanto, a ênfase exagerada na responsabilidade do paciente pode, negativamente, fazer alguns pacientes se sentirem responsáveis por condições sobre as quais têm pouco ou nenhum controle. Mesmo quando eles assumem papel relativamente passivo em seus relacionamentos com os profissionais, existem muitas ações que tanto os profissionais quanto os pacientes podem fazer para garantir que sua comunicação seja tranquila e clara, como veremos a seguir.

Melhorando a comunicação entre paciente e profissional

Os profissionais da saúde cada vez mais entendem que os pacientes seguem instruções e respondem bem ao tratamento quando seu conhecimento é reconhecido e incorporado ao regime terapêutico. E tanto médicos quanto pacientes reconhecem cada vez mais que aproximadamente metade de todas as causas de morbidade e mortalidade nos Estados Unidos está ligada a fatores comportamentais e sociais (IOM, 2004; NCHS, 2006). Para praticar uma medicina adequada, os médicos devem tratar esses fatores de risco além dos sintomas físicos, o que exige a cooperação dos pacientes e uma boa comunicação entre eles e o profissional.

O treinamento para comunicação inclui um foco em técnicas de *escuta ativa*, nas quais os profissionais da saúde ecoam, repetem e tentam esclarecer declarações dos pacientes para alcançar um entendimento compartilhado de sintomas, preocupações e expectativas em relação ao tratamento. Inclui também treinamento para desenvolver sintonia com os pacientes por meio de contato visual adequado e de outras respostas preparadas para reconhecer os sentimentos dos pacientes e ajudá-los a falar. Outrossim, os profissionais recebem instruções sobre como se comunicar com os pacientes a respeito de tópicos sensíveis ou difíceis relacionados com a saúde, além de como transmitir más notícias.

Diversas intervenções para melhorar a comunicação também têm sido dirigidas aos pacientes, em especial àqueles que estão para fazer uma consulta importante. Essas intervenções geralmente se concentram em aumentar o nível de participação dos pacientes, em especial para garantir que suas preocupações sejam ouvidas de forma clara e que saiam da consulta com a compreensão exata das informações que receberam.

Para ajudar indivíduos muito passivos, alguns psicólogos da saúde recomendam *treinamento de assertividade*, começando com uma revisão cuidadosa de suas histórias médicas. A partir dessa revisão, os psicólogos ajudam esses pacientes a formular um conjunto de questões claras para o médico. O psicólogo também faz uma breve fala introdutória, na qual o paciente é lembrado de que ser assertivo não significa ser agressivo, mas assumir um papel ativo e entrar no consultório com uma ideia clara de seus objetivos. Significa falar ao médico sobre seus sentimentos, temores e sintomas, sem ser impedido pela vergonha ou pela ansiedade.

O treinamento de assertividade pode trazer dividendos enormes. Estabelecendo um grau maior de controle em suas consultas, os pacientes treinados obtêm mais informações. Entrevistas sequenciais revelam que, quatro meses depois, eles haviam faltado menos ao trabalho, avaliado sua saúde como melhor e relatado menos sintomas do que os pacientes de controle, que não tinham recebido treinamento de assertividade.

A internet e o relacionamento entre paciente e profissional

Quando teve um encontro com a gripe, certa noite, Julie Remery estava tossindo tanto que seu marido, Kevin, quase a levou para a emergência às 3 horas. Em vez disso, ele se conectou com o *website* de sua organização de manutenção da saúde e verificou que o anti-histamínico comum que Julie estava tomando podia aumentar o catarro e que mudar para um expectorante seria a melhor opção. Após comprar o medicamento em uma farmácia 24 horas, ele marcou, via correio eletrônico, uma consulta com o médico de sua esposa para o dia seguinte.

Como essa história ilustra, a internet está se tornando um importante veículo no cuidado da saúde. Pesquisas com usuários indicam que a maioria acredita que a internet os tornou melhores consumidores de informações relevantes para sua saúde. Em uma pesquisa, quase metade dos entrevistados já tinha dito para um amigo ou familiar procurar um médico, mudado seus hábitos de exercícios ou alimentares ou tomado uma decisão relacionada a algum tratamento como resultado de suas buscas cibernéticas (Hughes e Wareham, 2010). Pacientes que acessam informações médicas legítimas também visitam salas de emergência e consultórios médicos com menos frequência, reduzindo os custos com o atendimento de saúde (Landro, 2001).

A **telemedicina** está se tornando parte da formação de cada profissional da saúde (Saab et al., 2004). Os médicos estão começando a tratar problemas de saúde de menor importância, como dores lombares comuns, infecções do trato respiratório superior e infecções urinárias, por correio eletrônico, assim como já fazem por telefone. Usando os resultados de exames dos pacientes, obtidos com equipamentos de monitoramento doméstico confiáveis, disponibilizados em *sites* da internet que possibilitam a comunicação bidirecional em vídeo e áudio, os médicos receitam e ajustam doses de remédios, consultam outros profissionais da saúde, enviam relatórios para os laboratórios e encaminham os pacientes para outros profissionais. Cada vez mais se espera que os profissionais da saúde ofereçam esses serviços, e as companhias de seguro de saúde irão pagar por ele, assim como pagam por medicamentos, cirurgias e outros procedimentos médicos.

Alguns especialistas advertem que o relacionamento entre paciente e profissional da saúde pode mudar para pior a partir das melhorias na comunicação eletrônica, do maior acesso a informações médicas e de saúde *on-line* e de outras mudanças na tecnologia. Por exemplo, o correio eletrônico pode ser um encontro impessoal e mecânico, que talvez não comunique corretamente o caráter emocional e o contexto. As inúmeras pistas não verbais disponíveis durante uma interação face a face, como a aparência, a linguagem corporal e o tom de voz do paciente, podem se perder com o atendimento virtual. Todavia, mais mudanças positivas decorrentes das no-

■ **telemedicina** apresentação de informações médicas e serviços clínicos por meios audiovisuais interativos.

Telemedicina: fazendo novas conexões Além de médicos e pacientes usarem o correio eletrônico para comunicações básicas, os avanços na tecnologia estão proporcionando maior acesso ao tratamento de saúde, especialmente para pessoas em áreas remotas. Este cardiologista norte-americano está usando tecnologia de vídeo para ajudar um paciente e seu médico em Manila, nas Filipinas, onde geralmente não há equipamento e conhecimento comparáveis.

CAPÍTULO 12 | O papel da psicologia da saúde nos cenários de atendimento à saúde

vas tecnologias, sobretudo para pessoas em áreas remotas, já são observadas na área da telemedicina.

Hospitalização

Embora a palavra *hospital* venha da mesma raiz da palavra *hospitalidade*, muitos pacientes não consideram os hospitais como locais muito hospitaleiros. Inúmeros pacientes hospitalizados experimentam os problemas do sistema hospitalar, como os funcionários fornecerem informações conflitantes, além de exames e procedimentos que não são realizados em tempo hábil (Weingart et al., 2006). Além disso, a hospitalização não é tão segura quanto deveria ser. Apenas nos Estados Unidos, segundo algumas estimativas, até 195 mil pessoas morrem em hospitais a cada ano como resultado de erros médicos evitáveis (HealthGrades, 2004). Conforme mostra a Figura 12.4, enquanto o custo de uma estada típica no hospital aumentou bastante entre 1993 e 2008, a duração média da estada diminuiu um pouco.

Historicamente, o bem-estar psicológico do paciente não tem sido uma prioridade no tratamento de saúde. Ao contrário, seus objetivos são reunir a equipe médica necessária para curar pessoas com doenças graves e, no processo, maximizar a eficiência. De fato, pesquisas realizadas ao redor do mundo revelam que o maior estressor individual para os profissionais da saúde é o cumprimento de horários. Essa necessidade por eficiência tem levado a uma visão despersonalizada e um tanto unidimensional dos pacientes hospitalizados.

O sistema de saúde e os hospitais

A Organização Mundial de Saúde define um sistema de saúde como "todas as atividades cujo principal propósito seja promover, restaurar ou manter a saúde" (World Health Report, 2006). Em países ricos e pobres, as necessidades da saúde são muito diferentes das de 100 ou mesmo 50 anos atrás. As expectativas de acesso a alguma forma de tratamento de saúde continuam a aumentar, assim como as demandas por medidas para proteger os indivíduos contra o custo financeiro da saúde deficiente. Nos dias atuais, as pessoas também procuram o sistema de saúde por uma variedade muito mais diversa de problemas do que antes – não apenas para alívio da dor ou tratamento de doenças e condições debilitantes, mas também para obter informações sobre nutrição, abuso de substâncias, criação dos filhos, saúde mental e uma quantidade incontável de outras questões.

Em 2009, a estada média no hospital era de 4,6 dias, abaixo dos 7,3 dias em 1980. Um aumento na realização de cirurgias sem internação, novas terapias farmacológicas e controles de custos explicam a duração média menor.

Figura 12.4

Custo médio da hospitalização e duração da estada. Entre 1993 e 2008, o número médio de dias por estada hospitalar nos Estados Unidos diminuiu um pouco, enquanto o custo médio por estada aumentou drasticamente. Os custos típicos da hospitalização incluem o atendimento de enfermagem, medicamentos, exames diagnósticos e alimentos.
Fonte: Agency for Healthcare Research and Quality. U. S. Department of Health and Human Services.
http://hcupnet.ahrq.gov/HCUPnet.jsp.

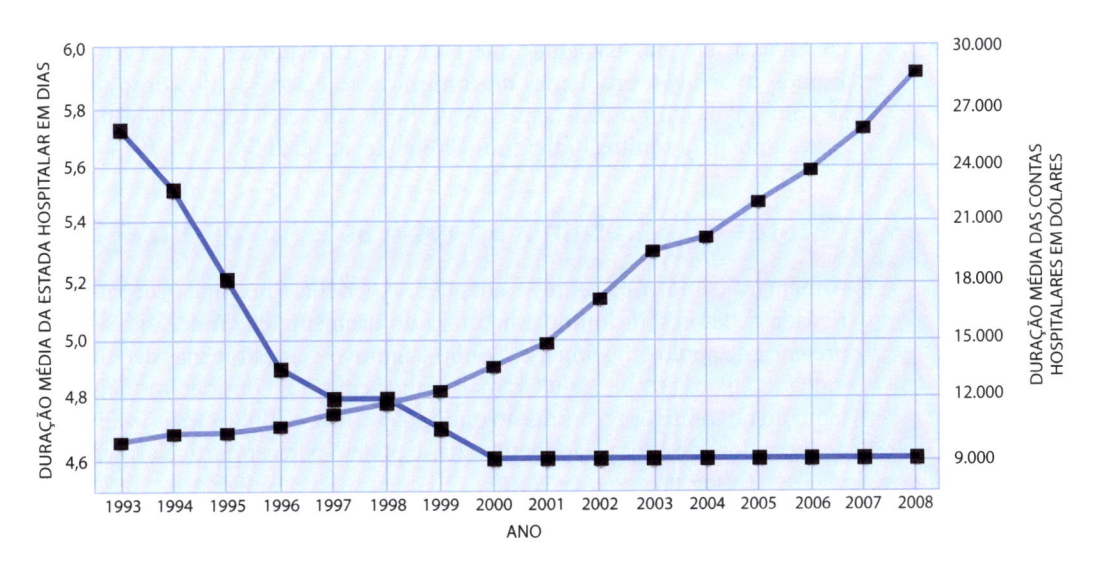

Atendimento japonês O Japão conta com um atendimento de saúde de qualidade, como os serviços de reabilitação mostrados aqui, por muito menos do que os Estados Unidos gastam. Em 2004, o Japão gastou apenas 7,6% de seu produto interno bruto em atendimento de saúde, comparado com 16% nos Estados Unidos. O Japão tem cobertura obrigatória de seguro de saúde para todos os seus cidadãos. Em comparação, estimativas recentes sugerem que mais de 40 milhões de norte-americanos encontrem-se completamente não segurados.

O sistema de saúde nos Estados Unidos tradicionalmente é formado por uma mistura singular de hospitais públicos, filantrópicos e privados, nos quais a maioria dos médicos recebe compensação conforme o serviço prestado. Sua compensação vem de uma variedade de fontes – às vezes, de empresas seguradoras e planos de saúde, às vezes direto dos pacientes e às vezes de programas governamentais como o Medicare, o Medicaid, a Veterans Administration ou a Health Care Bill de 2010.

O relacionamento paciente-profissional é um fator crucial no nível de eficácia e satisfação do atendimento. Não importa quem presta o atendimento de saúde – um enfermeiro, um médico ou um técnico. Também não importa como o atendimento é coberto financeiramente – pagamento por serviço, organizações de manutenção da saúde ou outras formas de empresa privada, ou um sistema nacional de seguridade social, como na maioria dos países europeus, Canadá e Japão. Porém, no centro do sistema de saúde, está o hospital.

Perda de controle e despersonalização

Ao entrarem no hospital, as pessoas podem sentir que estão sendo absorvidas pelo que foi descrito como uma "instituição total", que assume o controle sobre praticamente todos os aspectos da vida. Espera-se que os pacientes hospitalizados se conformem às regras do hospital, incluindo seus horários para comer, dormir e receber visitas, além de disponibilizar seus corpos para exames e tratamento. Durante toda a hospitalização, é esperado que os pacientes permaneçam cooperativos, o que leva a passividade e sensação de perda de controle.

Os pacientes também sofrem por serem tratados como uma não pessoa – um corpo a ser medicado, observado e manejado. Ser chamado de "a apendectomia do quarto 617" chama atenção para o fato de que quase todos os aspectos da identidade do indivíduo, além de sua razão para estar no hospital, desaparecem. Às vezes, essa *despersonalização* é tão completa que a equipe do hospital conversa entre si na frente do paciente, usando jargões médicos para excluí-lo. Embora a terminologia médica tenha sido criada a fim de permitir que médicos e enfermeiros telegrafem suas conversas para transmitir uma grande quantidade de informações de forma rápida, quando os profissionais da saúde a utilizam sem tradução, a maioria dos pacientes sente desamparo e ansiedade (Weitz, 2007).

A necessidade de eficiência é apenas parcialmente culpada por esse atendimento despersonalizado. Também existe a necessidade de reduzir o estresse diário do ambiente hospitalar. A equipe do hospital pode tentar distanciar-se emocionalmente, como maneira de lidar com as pressões para tomar decisões de vida ou morte, trabalhar em um ambiente com substâncias químicas perigosas, ser exposto a doenças contagiosas e tratar pacientes que podem não responder à intervenção ou morrer. Esperas excessivas, problemas de comunicação e ser tratado como uma não pessoa se combinam com outros aspectos da hospitalização, tornando-a uma experiência estressante para muitos indivíduos (Weingart et al., 2006).

Fatores que afetam a adaptação à hospitalização

A maneira como o paciente se adapta à experiência hospitalar depende de uma variedade de fatores, incluindo a natureza do problema de saúde, a idade do paciente, a presença de apoio emocional e o estilo cognitivo e as estratégias de enfrentamento do indivíduo. Por exemplo, adultos mais velhos em geral consideram mais fácil o enfrentamento de condições crônicas do que adolescentes e adultos mais jovens, para os quais doenças "fora de época" são inesperadas e podem parecer particularmente cruéis.

Estilo explanatório

Pacientes hospitalizados podem apresentar uma variedade de sintomas psicológicos adversos, em particular se manifestarem uma tentativa autodestrutiva de atribuir culpa por sua sina. Algumas pessoas se sentem responsáveis pelo que acontece a si mesmas, outras atribuem a responsabilidade a fatores externos – a terceiros, à má sorte ou simplesmente ao destino. Outros indivíduos, ainda, não atribuem qualquer tipo de responsabilidade. Que impacto o estilo cognitivo tem sobre a maneira como o paciente adapta-se à hospitalização? Será que as pessoas que culpam a si mesmas por uma doença grave, por exemplo, debatem-se em culpa ou auto-ódio que retarda a recuperação e a adaptação emocional? Será que as pessoas que atribuem culpa a fatores externos se tornam amargas e bravas e, assim, pioram seus prognósticos?

Psicólogos da saúde têm verificado de forma consistente que, quanto mais os pacientes se preocupam em atribuir a culpa por suas doenças e outros eventos traumáticos a si mesmos ou a outras pessoas, pior é sua adaptação emocional. Existem evidências de que tentar culpar os outros é o pior dos dois "males emocionais", talvez porque seja mais difícil "perdoar" os outros (p. ex., quando ferido por um motorista bêbado) do que perdoar a si mesmo (como quando fumar ou fazer sexo sem proteção ocasiona um problema de saúde grave) (Sheikh e Marotta, 2008).

Como as crianças enfrentam procedimentos médicos e lesões menores

As crianças lidam de maneira um pouco diferente com o estresse da hospitalização e procedimentos médicos. O *modelo do enfrentamento em três estágios*, proposto por Richard Lazarus, pode ser aplicado à forma como as crianças enfrentam eventos agudos, como lesões, diagnósticos ou tratamentos médicos dolorosos previsíveis. O primeiro estágio desse modelo envolve a *avaliação* do estressor; o segundo, o *encontro* com o estressor; e o terceiro, a *recuperação* do estressor.

A maioria dos estudos sobre como as crianças enfrentam a dor aguda concentra-se no estágio do encontro, já que as crianças raras vezes avaliam situações potencialmente perigosas de forma antecipada – ou as evitam! Em um estudo recente, meninos e meninas de 8 anos de idade deveriam representar quatro situações, cada uma projetada para avaliar o que as próprias crianças fariam e o que sugeririam que um amigo fizesse quando se deparassem com uma dor aguda (Peterson et al., 1999). As situações envolveram procedimentos médicos hipotéticos (injeção ou exame de sangue) e pequenas lesões (arranhão na perna ou corte com caco de vidro).

As respostas das crianças foram codificadas em três categorias: *enfrentamento proativo* (imaginar que está em outro lugar fazendo algo divertido, respirar profundamente, tentar relaxar os músculos); *enfrentamento neutro* (sentar de forma calma, ficar quieta, fazer o que a enfermeira disser); e *enfrentamento reativo* (gritar, chorar, bater no médico). Como a Tabela 12.1 revela, as crianças sugeriram estratégias de enfrentamento reativo para si mesmas e respostas mais proativas para os amigos. Esses resultados indicam que as crianças usam estratégias de enfrentamento menos eficazes do que as que recomendariam a um amigo quando confrontam estressores semelhantes. Nesse sentido, elas são como adultos, que reconhecem técnicas de enfrentamento adaptativas, como o relaxamento e a atividade física, e as recomendam para seus amigos, mas, ainda assim, têm comportamentos de enfrentamento mal-adaptativos, como fumar e beber em excesso.

Crianças e procedimentos médicos Para fazer as crianças se submeterem a procedimentos médicos difíceis ou "assustadores", pais, enfermeiros e médicos devem compreender como a criança avalia essas situações. A mãe e a enfermeira na foto estão trabalhando em conjunto para manter a criança calma e concentrada.

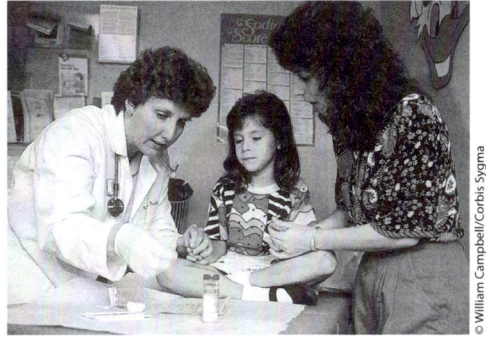

Preparando para a hospitalização

Enfrentar uma cirurgia, uma quimioterapia e muitos outros procedimentos invasivos é especialmente intimidante, pois isso significa confrontar sua vulnerabilidade e sua mortalidade. Os cirurgiões e os anestesistas têm um velho ditado: "A maneira como um paciente entra na anestesia é a maneira como ele vai sair dela". Em outras palavras, os pacientes que abordam o tratamento com atitude otimista, confiança e sensação de estar em controle frequentemente se saem melhor após o tratamento do que pessoas muito ansiosas, que se sentem impotentes e sobrepujadas pela situação. Por essa razão, as intervenções psicológicas são cada vez mais usadas na preparação dos pacientes para procedimentos médicos estressantes.

As intervenções mais eficazes são aquelas que aumentam a sensação de controle dos pacientes sobre o tratamento e a recuperação. Embora as intervenções em geral se sobreponham em relação aos tipos de controle que enfatizam, a maioria delas pode ser categorizada conforme o tipo de controle que promove: controle informacional, cognitivo e comportamental.

Aumentando o controle informacional

■ **controle informacional** refere-se ao conhecimento dos pacientes com relação aos procedimentos e sensações físicas que acompanham o tratamento médico.

As intervenções de **controle informacional** concentram-se nos procedimentos e sensações físicas que acompanham o tratamento médico. Um dos primeiros psicólogos a estudar o papel do controle informacional em pacientes hospitalizados foi Irving Janis, que, em 1958, examinou os níveis de medo em pacientes antes e depois de cirurgias. Após uma intervenção pré-cirúrgica, que envolveu a análise dos sentimentos dos pacientes, Janis categorizou-os conforme a quantidade de medo, ansiedade e sentimentos de vulnerabilidade que relatavam. Depois da cirurgia, Janis entrevistou-os novamente para saber o quanto haviam compreendido e seguido as informações relacionadas ao enfrentamento que tinham recebido antes da cirurgia e avaliar seu estado emocional pós-operatório. Os resultados demonstraram que os pacientes com níveis moderados de medo tiveram menos problemas pós-operatórios. Janis atribuiu esses resultados à maneira realista com que os pacientes com medo moderado abordaram a operação. Sua preocupação era adequada para permitir que eles coletassem informações sobre o procedimento e desenvolvessem níveis adequados de defesa e estratégias de enfrentamento. Os que estavam extremamente temerosos e os que não estavam não fizeram perguntas ou coletaram informações para se prepararem para a cirurgia e, assim, estavam mal-equipados para enfrentar a dor ou o desconforto que acompanhou o procedimento. Os pacientes com muito medo também estavam concentrados demais em suas próprias emoções para processar informações preparatórias, enquanto aqueles que inicialmente relataram pouco medo tendiam a ficar bravos ou com raiva após a cirurgia.

Em um estudo de acompanhamento, Janis examinou o impacto de uma intervenção pré-cirúrgica simples sobre o progresso da recuperação dos pacientes. Os pacientes no grupo de intervenção receberam informações sobre possíveis sintomas desagradáveis que poderiam experimentar após a cirurgia. Comparados com um grupo de controle de pacientes que não haviam recebido informações adicionais, os do grupo preparado solicitaram menos medicamentos para dor, fizeram menos exigências à equipe do hospital, recuperaram-se de forma mais rápida e relataram maior satisfação com o cirurgião e a equipe do hospital (Janis, 1958).

Tabela 12.1

Frequência de respostas de enfrentamento das crianças

Situação	Resposta[a]		
	Proativa	Neutra	Reativa
Em relação a si mesmas	62	51	79
Em relação aos outros	105	30	15

[a]Cada criança pode contribuir mais de uma vez para a análise.
Fonte: Peterson, L., Crowson, J., Saldana, L. e Holdridge, S. (1999). Of needles and skinned knees: Children's coping with medical procedures and minor injuries for self and other. *Health Psychology, 18*(2), p. 197-200.

Desde os estudos pioneiros de Janis, muitos outros pesquisadores conduziram análises para determinar o tipo de informação mais útil para os pacientes. Imagine que esteja em um hospital para uma pequena operação a qual, mesmo não sendo de risco, é acompanhada por uma recuperação dolorosa. Que tipo de informações você desejaria? Gostaria de ter a descrição detalhada dos procedimentos médicos a serem seguidos antes, durante e depois da cirurgia (informações metodológicas)? Ou gostaria de saber o que poderia vir a sentir antes, durante e depois da cirurgia (informações sensoriais)? As informações sensoriais permitem fazer uma atribuição precisa das sensações que você de fato experimenta. Se falassem a você, por exemplo, que é comum sentir náuseas por alguns dias após determinado procedimento médico, não ficaria surpreso quando sentisse desconforto estomacal. Mais importante, munido de informações precisas antecipadamente, não se preocuparia quando os sintomas surgissem. Despreparado, contudo, pode temer que sua náusea seja um sinal de que algo saiu errado, que você não está se recuperando de forma adequada. As informações metodológicas, por sua vez, podem reduzir o estresse, conferindo aos pacientes maior sensação de controle sobre o que seus corpos estão experimentando. Quando os procedimentos são esperados e previsíveis, muitos desenvolvem maior confiança e ficam mais relaxados.

Os resultados de estudos que comparam as vantagens de informações metodológicas e sensoriais têm sido confusos. Uma razão para a inconsistência nos achados é que os pesquisadores podem definir a melhoria de maneiras diferentes. Por exemplo, alguns usam como critério a duração da estada no hospital, enquanto outros podem empregar melhoras em mobilidade, força muscular e outras medidas físicas relacionadas com a recuperação, além de pedidos de medicamentos para dor como padrão. Em uma grande metanálise, pesquisadores relataram que, embora as informações metodológicas e sensoriais sejam benéficas para os pacientes que se preparam para procedimentos médicos estressantes, elas parecem ajudar um número maior deles. Em muitos casos, é claro, fornecer ambos os tipos de informações produz o máximo de benefícios (Johnson e Vogele, 1993).

É interessante que pesquisadores tenham verificado que a reação de um paciente a informações metodológicas e sensoriais em relação a um procedimento médico estressante depende, em parte, de seu estilo de enfrentamento. Como você pode esperar, os sensibilizadores tendem a lidar com esses procedimentos com constante vigilância e monitoramento ansioso das pistas de desconforto, enquanto os repressores negam o estresse, suprimem ativamente pensamentos estressantes e não parecem ansiosos.

Os pesquisadores também descobriram que os sensibilizadores apreciam o máximo de informações detalhadas que puderem ter enquanto esperam por procedimentos médicos estressantes, ao passo que os repressores preferem saber o mínimo possível. Em um estudo, mulheres que estavam para ser submetidas a exames diagnósticos para câncer de colo de útero foram primeiro classificadas como sensibilizadoras ou repressoras com base em seu desejo autorrelatado por informações médicas (Miller e Mangan, 1983). A seguir, metade das participantes de cada grupo recebeu extensas informações preparatórias a respeito dos procedimentos; as outras receberam informações mínimas. As que experimentaram o mínimo desconforto físico durante o exame (conforme medido pela frequência cardíaca média antes e depois de receberem as informações e após o exame) foram aquelas que receberam a quantidade apropriada de informações com base em suas preferências.

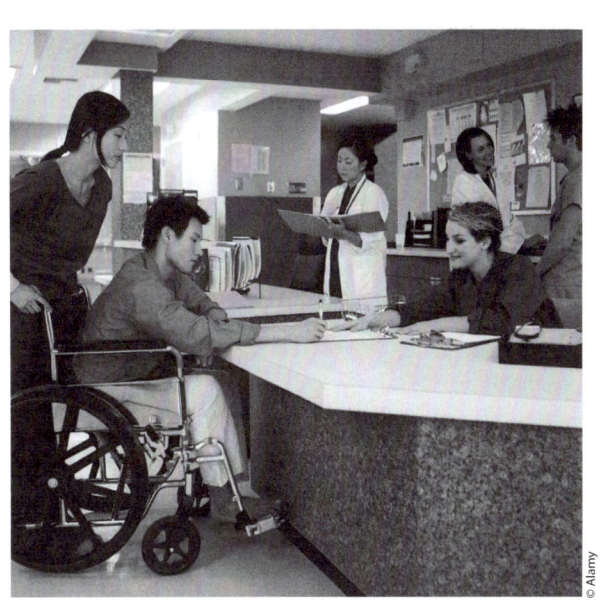

Preparando para a hospitalização Pacientes que abordam a hospitalização com uma postura otimista e a sensação de estar no controle se saem melhor após o tratamento do que pessoas que se sentem desamparadas e sobrepujadas pela situação.

Aumentando o controle cognitivo

■ **controle cognitivo** refere-se a intervenções que voltam a atenção do paciente para os aspectos positivos de um procedimento (como melhoras na saúde) em vez de para as sensações de desconforto.

As intervenções de **controle cognitivo** direcionam a atenção do paciente para os aspectos positivos de um procedimento (como melhoras na saúde) em vez de para as sensações de desconforto. A *modelagem* – aprender observando outras pessoas – é uma intervenção muito utilizada para aumentar o controle cognitivo. Em um estudo, pesquisadores apresentaram a pacientes odontológicos o vídeo de um indivíduo nervoso que reduziu seu nervosismo aprendendo a relaxar e a se comunicar com o dentista de forma mais eficaz (Law et al., 1994). Os pacientes que relataram ter necessidade de controle, os quais normalmente se sentiam impotentes durante o tratamento odontológico, tiveram a resposta mais benéfica à intervenção de modelagem. Comparados com os sujeitos de controle e com aqueles que tinham menor necessidade de controle, tais pacientes relataram níveis bem mais baixos de dor, ansiedade e estresse.

Outro exemplo de intervenção para controle cognitivo é ajudar os pacientes a se prepararem para um procedimento médico controlando o foco de sua atenção. Em um estudo, um grupo de pacientes cirúrgicos foi ensinado a direcionar sua atenção para longe de preocupações com o desconforto da cirurgia iminente, concentrando-se em seus resultados potencialmente positivos (Langer et al., 1975). Outros pacientes na mesma situação foram colocados de forma aleatória em um grupo de comparação que passou a mesma quantidade de tempo com um psicólogo antes da operação, mas focalizou apenas questões gerais relacionadas com a hospitalização. Aqueles que estavam no grupo de intervenção relataram menos ansiedade e necessitaram de menos medicamentos para dor no pós-operatório. Eles também foram avaliados pela equipe do hospital como pessoas que lidam bem melhor com suas cirurgias do que os pacientes do grupo de controle.

Diversas intervenções visando ao controle cognitivo incorporam a *visualização guiada*, na qual os pacientes ensaiam instruções para influenciar mentalmente a percepção de dor, o fluxo de sangue, o funcionamento imunológico e outros processos "involuntários" capazes de interferir em sua recuperação. Embora a medicina ocidental tradicional considere que esses processos estão fora do controle voluntário, a quantidade crescente de pesquisas de psiconeuroimunologia sugere que as pessoas aprendam a alterá-los de alguma forma e, assim, melhorem suas chances de recuperação rápida (Pert et al., 1998).

As intervenções que se atêm ao controle cognitivo encorajam os pacientes a redefinirem seu papel – de um corpo imóvel sendo manipulado para o de um participante ativo. Isso pode trazer benefícios enormes. Considere os efeitos de uma intervenção cognitiva sobre a perda de sangue. Os médicos há muito ficam perplexos com a realidade de que dois pacientes que se submetem aos mesmos procedimentos cirúrgicos seguidamente perdem quantidades bastante diferentes (e imprevisíveis) de sangue. Em um estudo notável, Henry Bennett (1986) e colaboradores dividiram de forma aleatória pacientes que estavam para fazer cirurgia na coluna em três grupos para uma intervenção pré-cirúrgica de 15 minutos. Um grupo foi informado apenas de como o funcionamento neurológico da coluna seria monitorado durante a operação. O segundo grupo também aprendeu como relaxar os músculos ao receber a anestesia e novamente ao acordar. Os do terceiro, o grupo de *controle do sangue*, ouviram, além de tudo o que os outros haviam ouvido, uma preleção sobre a importância de conservar sangue tentando controlar seu fluxo sanguíneo durante a cirurgia. Para aumentar sua confiança, eles foram lembrados de como o ato de corar, que enrubesce o rosto ao aumentar o fluxo sanguíneo, pode ser desencadeado apenas por ficar envergonhado. Falou-se então que o sangue se afastaria do local da cirurgia durante o procedimento. De forma notável, os pacientes no grupo de controle do sangue perderam uma média de 500 centímetros cúbicos de sangue a menos do que aqueles no grupo de controle ou no de relaxamento, nos quais a média de sangue perdido foi de 900 cm^3.

Aumentando o controle comportamental

As intervenções de **controle comportamental** ensinam técnicas para controlar a dor e acelerar a recuperação durante e depois de um procedimento médico. Elas podem incluir instruções para relaxamento, exercícios de respiração e outros métodos para reduzir o desconforto ou acelerar a recuperação durante ou após um procedimento médico estressante. Essas intervenções podem proporcionar aos pacientes uma sensação ainda maior de controle, já que se concentram em instrumentos verdadeiros para influenciar a maneira como o paciente está se sentindo (Manyande et al., 1995).

Em um estudo clássico, o anestesista Larry Egbert e colaboradores (1964) disseram para 46 pacientes que esperavam por cirurgia abdominal que eles próprios poderiam aliviar sua dor pós-cirúrgica relaxando os músculos ao redor do local da incisão. Os pacientes também receberam instruções sobre como fazer exercícios de respiração para reduzir a dor. Foi notável como, durante os dias após a cirurgia, tais pacientes solicitaram doses menores de morfina para aliviar a dor e foram liberados antes do grupo de controle constituído por pacientes que não haviam participado de qualquer intervenção de controle comportamental.

O **treinamento Lamaze**, que é projetado para orientar futuros pais em relação ao parto natural, talvez seja a técnica mais utilizada de intervenção de controle comportamental. No centro da técnica Lamaze, está um treinamento de relaxamento que aumenta o controle comportamental da futura mãe sobre a respiração e os músculos do útero, os quais forçam o bebê a sair. As mães em trabalho de parto que ficam com medo tendem a se contrapor às contrações rítmicas naturais do processo contraindo os músculos, o que torna o parto mais longo e doloroso. Pesquisas revelam que as mulheres em culturas nas quais o parto é esperado com menos medo e apreensão normalmente apresentam processos mais rápidos e menos dolorosos, indicando que a preparação psicológica inadequada tem influência na dificuldade que certas mães sentem durante o parto.

As intervenções que visam ao controle comportamental são mais benéficas para procedimentos médicos nos quais a participação do paciente possa auxiliar o progresso. Ao dar à luz uma criança, por exemplo, a futura mãe claramente *pode* fazer algo para que as coisas corram de maneira tranquila. Em contrapartida, as intervenções de controle comportamental são inúteis quando os procedimentos médicos exigem que o paciente permaneça parado e passivo. Por exemplo, o cateterismo cardíaco e as cirurgias odontológicas requerem a inatividade dos pacientes. Nesses casos, há pouca coisa que o paciente possa fazer para tornar os procedimentos mais agradáveis ou ajudar os profissionais da saúde.

■ **controle comportamental** intervenções que ensinam técnicas para controlar a dor e acelerar a recuperação durante e depois de um procedimento médico.

■ **treinamento Lamaze** preparação para o parto natural projetada para orientar futuros pais, aumentando o controle informacional, cognitivo e comportamental sobre o procedimento.

Revisão sobre saúde

Responda a cada pergunta a seguir com base no que aprendeu no capítulo. (DICA: Use os itens da Síntese para considerar questões biológicas, psicológicas e sociais).

1. Como você ou alguém que você conhece costuma lidar com doenças? Usando as discussões deste capítulo, explique a experiência considerando como você ou a pessoa em quem está pensando foram influenciados psicologicamente, sobretudo em relação à forma como os sintomas foram interpretados e relatados.
2. Com base no que leu neste capítulo, quais as influências biológicas, psicológicas e sociais ou culturais que afetam a maneira como as doenças são tratadas e como as pessoas seguem as orientações do profissional da saúde?
3. Por que a comunicação é um elemento tão importante no relacionamento entre paciente e profissional da saúde? Fundamente sua resposta com pesquisas discutidas neste capítulo.
4. Sua prima encaminhou os trâmites necessários para ser admitida no hospital para uma cirurgia e exames e tratamento subsequentes. Com base no que leu neste capítulo, como você espera que seja a experiência de sua prima no hospital?

Síntese

Reconhecendo e interpretando sintomas

1. A detecção de sintomas físicos e a interpretação de seu significado médico são bastante influenciadas por processos psicológicos, incluindo a experiência do indivíduo, a personalidade, a cultura, o gênero e a saúde psicológica, além do foco de atenção e de sua tendência a monitorar ou reprimir ameaças à saúde.
2. Os sensibilizadores têm um foco interno forte; eles detectam e relatam sintomas de forma mais rápida do que os repressores, que possuem foco mais externo. Consequentemente, os repressores têm mais probabilidade de enfrentar sintomas médicos perturbadores ao se distanciarem de informações desagradáveis.
3. As representações em relação ao tipo de doença, suas causas, duração, consequências, e seu grau de controle também influenciam a maneira como as pessoas reagem e interpretam sintomas físicos.

Procurando tratamento

4. Variáveis sociais e demográficas, como normas culturais, idade, gênero e *status* socioeconômico, também influenciam o indivíduo na decisão de procurar tratamento.
5. Os serviços de saúde podem ser utilizados em excesso ou subutilizados. O comportamento de demora na busca de tratamento pode resultar de não percepção de sintomas (demora na avaliação), recusa em acreditar que esteja realmente doente (demora na aceitação da doença) ou que necessite de ajuda profissional (demora comportamental), procrastinação para marcar uma consulta (demora na marcação da consulta) ou crença de que os benefícios de procurar tratamento não valem os custos (demora no tratamento).
6. Determinadas pessoas usam os serviços de saúde quando não há necessidade real, seja por estarem fingindo a doença (simulação) ou acreditando falsamente que tenham uma doença quando isso não é verdade (hipocondria). Em outras, os sintomas corporais são uma expressão de estresse emocional.

Adesão do paciente ao tratamento

7. Adesão significa seguir corretamente a orientação de um profissional da saúde, o que menos de metade dos pacientes faz. A adesão ao tratamento aumenta com: percepção de controle (para aqueles que preferem ter controle), otimismo, bom humor, confiança no profissional, relacionamento forte entre paciente e profissional, regime terapêutico simples e explicado de forma clara, e apoio social.

O relacionamento entre paciente e profissional da saúde

8. Os elementos centrais do relacionamento entre o profissional da saúde e o paciente são a continuidade do atendimento, a comunicação e a qualidade geral das consultas. A má comunicação entre eles é comum, devido a pressões de tempo para o atendimento e porque os profissionais podem não ter boas habilidades comunicativas. Outros fatores envolvidos na má comunicação incluem as atitudes e crenças de pacientes e profissionais em relação a seus papéis, assim como diferenças de gênero, cultura e educação entre eles.
9. O modelo tradicional do relacionamento paciente-profissional da saúde é paternalista, no qual os profissionais são ativos e os pacientes permanecem essencialmente passivos. O movimento de consumidores das décadas de 1960 e 1970 promoveu um papel mais ativo para os pacientes e a participação mútua deles e dos profissionais da saúde. Os pacientes que estão satisfeitos com o estilo de comunicação do profissional e a qualidade geral desse relacionamento têm mais probabilidade de seguir as instruções do tratamento.
10. O treinamento para habilidades de comunicação atualmente é considerado um componente fundamental da educação médica e da enfermagem. A qualidade do relacionamento entre paciente e profissional da saúde pode ser desafiada pela comunicação eletrônica e pelo maior acesso a informações médicas e de saúde na internet. Todavia, o novo campo da telemedicina tem ajudado no cuidado da saúde em locais remotos.
11. Existem muitos tipos de hospitais, cada um atendendo determinadas necessidades de saúde, tais como instalações de cuidados prolongados, centros de reabilitação, hospitais psiquiátricos e casas de repouso ou hospital de terceira linha onde o paciente recebe cuidados paliativos. Enfermeiros em todos os níveis, bem como assistentes de medicina, estão desempenhando um papel cada vez mais importante com os médicos, técnicos e outros profissionais da saúde.
12. Conforme os custos médicos aumentam, o sistema de saúde institui muitas medidas para economizar nos custos, como, por exemplo, o advento de clínicas independentes e serviços de atendimento doméstico,

e também as organizações de manutenção da saúde, empresas de provedores preferenciais e outras formas de atendimento administrado por instituições privadas. Uma preocupação com esse modelo é que as tomadas de decisão médicas estão sendo tiradas das mãos dos médicos e atribuídas às seguradoras; outra é que pode não ter o mesmo grau de qualidade proporcionado por médicos privados.

Hospitalização

13. Um dos problemas mais persistentes nos hospitais é a despersonalização dos pacientes como resultado da necessidade de eficiência e de a equipe hospitalar distanciar-se emocionalmente de suas experiências diárias estressantes.

14. A maneira como o paciente adapta-se à hospitalização depende de vários fatores, incluindo a natureza do problema de saúde que está sendo tratado, a idade, a presença de apoio emocional e o estilo cognitivo do indivíduo.

15. As crianças, assim como os adultos, com frequência usam estratégias de enfrentamento menos eficazes para si mesmas do que recomendariam para um amigo que lidasse com estressores semelhantes.

16. As intervenções psicológicas preparadas para restaurar ou aumentar o controle melhoram a adaptação à hospitalização e a procedimentos médicos estressantes. Os benefícios das informações preparatórias, do treinamento de relaxamento, da modelagem e da visualização guiada foram documentados.

Termos e conceitos fundamentais

atendimento cooperativo, p. 341
foco da atenção, p. 341
sensibilizadores, p. 342
repressores, p. 342
representação da doença, p. 342
comorbidade, p. 344
sistema de referência leigo, p. 348

comportamento de demora na busca de tratamento, p. 349
hipocondria, p. 350
simulação, p. 350
síndrome de fadiga crônica, p. 352
adesão ao tratamento, p. 352

atendimento administrado por organizações privadas, p. 355
telemedicina, p. 360
controle informacional, p. 364
controle cognitivo, p. 366
controle comportamental, p. 367
treinamento Lamaze, p. 367

Capítulo 13

O que é dor?
  A epidemiologia e os componentes da dor
  Importância e tipos de dor

Mensurando a dor
  Medidas físicas
  Medidas comportamentais
  Medidas de autoavaliação

A fisiologia da dor
  As vias da dor
  A bioquímica da dor
  A teoria da comporta

Fatores psicossociais na experiência de dor
  Idade e gênero
  Diversidade e vida saudável: A dor do membro fantasma
  Existe uma personalidade propensa à dor?
  Fatores socioculturais

Tratando a dor
  Tratamentos farmacológicos
  Cirurgia, estimulação elétrica e terapias físicas
  Terapia cognitivo-comportamental
  Avaliando a eficácia dos tratamentos para dor

Controlando a dor

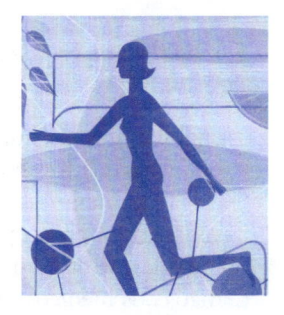

Durante os Jogos Olímpicos de Los Angeles, em 1932, a equipe de ginástica japonesa terminou em último lugar – uma derrota humilhante que desencadeou uma mobilização nacional para tornar o país uma potência da ginástica internacional. Quando os jogos voltaram, após a Segunda Guerra Mundial, essa missão finalmente foi concluída quando a equipe japonesa ganhou a medalha de ouro em quatro Olimpíadas consecutivas: Roma, Tóquio, Cidade do México e Munique. Entretanto, correndo atrás de seu quinto título nos jogos de Montreal, em 1976, Shun Fujimoto, seu principal competidor, quebrou a rótula enquanto apresentava um exercício de solo. De forma notável, ele não revelou a lesão para seus técnicos ou colegas. "Eu não queria preocupar meus colegas", lembra ele. "A competição estava tão próxima que eu não queria que eles perdessem a concentração se preocupando comigo."

Abençoado com uma força incrível e um físico quase perfeito para a ginástica, Fujimoto era um competidor bravo e um líder cujo espírito esperançoso e orgulho nacional haviam motivado seus colegas em competições anteriores. Mas como ele poderia continuar? Embora as regras olímpicas o proibissem de tomar um analgésico, Fujimoto decidiu permanecer na competição e aguentar a dor excruciante. Felizmente, o próximo aparelho era o cavalo fixo – um evento em que os joelhos ficam quase imóveis no lugar. A menos que ele caísse, a dor poderia ser tolerável. Fujimoto completou uma apresentação quase perfeita, recebendo a nota 9,5, em um máximo de 10.

O evento final, contudo, seria muito mais difícil. As argolas testam a força dos braços, mas pontos vitais podem ser perdidos durante o desmonte, quando o ginasta desce de uma grande altura após o balanço que o lança no tatame em alta velocidade. "Sabia que, quando descesse das argolas, seria o momento mais doloroso", lembrou Fujimoto. "Também sabia que, se minha postura não fosse boa quando aterrissasse, não receberia um bom escore. Eu devia tentar esquecer a dor."

Após outra rotina quase perfeita, Fujimoto aterrissou, sorriu para os juízes, manteve a posição pelo tempo exigido e caiu no tatame, enquanto sua perna ferida dobrava embaixo dele. De maneira incrível, ele recebeu a nota 9,7, suficiente para levar sua equipe à vitória e à medalha de ouro!

Fatores biológicos, psicológicos e sociais contribuíram para o desenvolvimento de Fujimoto como ginasta e desempenharam um papel em sua vitória olímpica triunfante. A história também deixa claro um dos temas mais fundamentais da psicologia da saúde: que mente e corpo estão indissociavelmente interligados. A determinação de Fujimoto em não decepcionar seus colegas de equipe permitiu superar um ferimento doloroso, o qual, em outras circunstâncias, sem dúvida o poderia ter incapacitado.

CAPÍTULO 13 | Controlando a dor

A luta para compreender a dor – o que a causa e como controlá-la – é um tópico central na psicologia da saúde. Até época recente, no entanto, os pesquisadores sabiam quase nada a respeito desse fenômeno tão comum, mas extraordinariamente complexo. Além disso, as faculdades de medicina não gastavam muito tempo tratando da questão da dor. Durante as três décadas passadas, psicólogos da saúde fizeram um progresso considerável em completar essas lacunas. Neste capítulo, discutiremos os componentes da dor, as maneiras como ela é experimentada e mensurada, e os fatores biológicos, psicológicos e sociais que influenciam sua experiência. Uma vez que muitos casos de dor começam com uma lesão física ou um distúrbio no funcionamento normal dos sistemas humanos, vamos explorar detalhes técnicos sobre a biologia da dor que muitas vezes dão início à experiência completa da saúde biopsicossocial que é a dor. Iremos também nos ater ao modo como a dor é tratada na medicina e às últimas intervenções multidimensionais introduzidas pela psicologia da saúde.

O que é dor?

Que tipos de dor você já sentiu? Poucos tópicos em psicologia da saúde são tão confusos quanto a dor. Ela é obviamente uma sensação física – quando caímos e arranhamos o joelho, sentimos uma sensação de ardor que tem um substrato físico e real. Ainda assim, a dor de perder um ente querido ou terminar um relacionamento longo tem uma natureza mais psicológica do que física, embora com frequência também seja muito real. E a dor é bastante subjetiva e, às vezes, não é completamente desagradável. Após correr bastante na pista, por exemplo, é comum sentir uma fadiga muscular profunda que é bastante desconfortável, mas mesmo assim quase prazerosa.

Este capítulo aborda a **dor clínica**, que é aquela que requer alguma forma de tratamento médico. Iniciaremos considerando quantos de nós sofrem dores e com que frequência.

■ **dor clínica** dor que requer alguma forma de tratamento médico.

A epidemiologia e os componentes da dor

A dor é um importante problema de saúde pública que afeta mais de 50 milhões de norte-americanos e custa mais de 100 bilhões de dólares por ano em despesas com tratamento e produtividade perdida (Lozito, 2004). Além disso, é a razão mais frequente para as pessoas procurarem tratamento médico e tão comum que está sendo considerada um quinto sinal vital, junto a pressão arterial, pulso, temperatura e respiração (Gatchel e Madrey, 2004). Nenhuma outra classe de problemas de saúde sequer se aproxima desse nível de impacto.

Talvez mais do que qualquer outra experiência cotidiana, a dor ilustra de forma clara o modelo biopsicossocial. Esse modelo distingue entre os mecanismos biológicos pelos quais estímulos dolorosos são processados pelo corpo: a experiência emocional e subjetiva da dor e os fatores sociais e comportamentais que ajudam a moldar nossa resposta a ela. Para Shun Fujimoto, o ginasta apresentado na introdução, os mecanismos biológicos de sua lesão despertaram uma inter-relação entre suas emoções e sua perspectiva social, baseada nos princípios da cultura coletivista do Japão. O desejo de competir em sua melhor forma enquanto atendia às necessidades do grupo influenciou seu comportamento, o que resultou em um desempenho triunfante, apesar da dor física da rótula quebrada.

Vamos considerar um exemplo específico – bater no polegar com um martelo – para ilustrar como esses componentes se unem para criar a experiência da dor. Em primeiro lugar, você tem a sensação física de

Componentes da dor A dor obviamente possui um componente físico forte, como revela de forma clara o rosto de Hamed Namouchi, da Tunísia. Ela também tem componentes emocionais e psicológicos; visto que a jogada causadora da queda sobre o tornozelo do jogador fez o time vencer o jogo, é provável que a dor de Namouchi tenha sido mais suportável, pois a alegria de vencer supera a dor.

Luta dolorosa A mãe de Ashlyn Blocker, mostrada aqui com Ashlyn (à direita) e sua irmã, luta diariamente contra a incapacidade da filha de sentir dor, calor e frio. "A dor existe por uma razão. Ela faz o corpo saber que existe algo de errado e precisa ser consertado. Eu daria tudo para fazê-la sentir dor" (citado em Bynum, 2004).

dor – uma fisgada imediata e nítida de dor quando acerta o dedo. A seguir, dependendo de quem está observando e se sua cultura exige estoicismo, você expressa ou inibe seus sentimentos de dor, o que afeta sua experiência real de dor. Se a lesão for grave e a dor persistir, você pode evitar usar a mão dolorida, que fica fraca devido à inatividade, e pode começar a depender da ajuda de outras pessoas.

Assim, nossa experiência de dor é moldada por forças biológicas, psicológicas e sociocomportamentais, que, por sua vez, refletem o legado genético, as experiências anteriores, a personalidade e os recursos de enfrentamento (Gatchel e Maddrey, 2004).

Importância e tipos de dor

Apesar do desconforto e do estresse que pode causar, a dor é essencial para nossa sobrevivência. Coloque o pé dentro de uma banheira de água quente; e a sensação de queimação fará com que você tire-o imediatamente da água. A dor persistente que se irradia por seu braço leva a uma visita ao médico para excluir a possibilidade de uma doença cardiovascular. Ela dispara um alarme de que há algo errado e alerta o indivíduo a fim de prevenir possíveis lesões físicas.

De fato, não sentir dor é perigoso para a saúde. A mãe de Ashlyn Blocker sabe disso. Ashlyn tem um transtorno genético raro que a impede de sentir dor ou calor e frio extremos. Seus pais, professores, monitores do *playground* e outras pessoas precisam, portanto, avaliá-la regularmente para descartar lesões acidentais, calor excessivo no verão e congelamento no inverno.

Tipos de dor

- **dor aguda** dor cruciante e pungente que é curta e normalmente relacionada a lesões em tecidos.
- **dor recorrente** envolve episódios de desconforto intercalados com períodos em que o indivíduo está quase livre de dor, que se repetem por mais de três meses.
- **dor crônica** dor ardente e duradoura.

De modo geral, pesquisadores dividem a dor em três categorias amplas: aguda, recorrente e crônica, dependendo de sua duração. A **dor aguda** é cruciante e pungente e normalmente se localiza em uma área ferida do corpo. Embora esse tipo de dor possa durar de alguns segundos a vários meses, em geral diminui à medida que ocorre a cura. Exemplos incluem queimadura, fratura, fadiga muscular ou dor após cirurgia. A **dor recorrente** envolve episódios de desconforto intercalados com períodos nos quais o indivíduo está relativamente sem dor e que se repetem por mais de três meses (Gatchel e Maddrey, 2004). As enxaquecas periódicas são desse tipo.

A **dor crônica**, que de forma tradicional é definida como a dor que dura seis meses ou mais – muito mais que o período normal de cura – pode ser contínua ou intermitente, moderada ou grave em intensidade e sentida em quase todos os tecidos do corpo (Turk e Okifuji, 2002). Essa dor reduz a qualidade de vida geral da pessoa e aumenta sua vulnerabilidade à infecção e, assim, a uma variedade de doenças. A dor crônica também tem um custo psicológico devastador, desencadeando baixa autoestima, insônia, raiva, sensação de abandono e muitos outros sinais de perturbação. Comparados com os pacientes que têm dor aguda, aqueles com dor lombar crônica também tendem a apresentar taxas mais elevadas de depressão e transtornos da personalidade e mais probabilidade de beber e usar outras substâncias (Vowles et al., 2004).

Hiperalgesia

- **hiperalgesia** condição em que a pessoa que sofre de dor crônica se torna mais sensível a ela com o passar do tempo.

Outro desafio enfrentado por indivíduos que têm dor crônica é que podem se tornar ainda mais sensíveis à dor, condição conhecida como **hiperalgesia**. A hiperalgesia também ocorre quando as pessoas estão doentes ou machucadas e pode facilitar comportamentos que estimulem a recuperação, como descansar mais e seguir uma dieta saudável. Por exemplo, em um episódio de gripe, você sente fraqueza e dor, e permanece na cama, que é exatamente onde deve estar para se recuperar.

Centenas de experimentos realizados durante mais de 100 anos confirmaram que a hiperalgesia com frequência ocorre como uma adaptação normal durante uma doença. A maioria dos tipos de dor interna, desde uma leve indigestão à agonia de certos distúrbios renais, vem acompanhada por uma sensibilidade maior em tecidos adjacentes. Na década de 1890, os fisiologistas Henry Head e Mames MacKensie observaram esse fenômeno e propuseram que sinais das partes doentes do corpo estabelecem um "foco de irritação" no sistema nervoso central (SNC), que cria áreas de maior sensibilidade à dor nas partes corporais próximas. O fato de que a maior sensibilidade à dor ocorra em tecidos saudáveis sugere de forma consistente que os sinais se originem no SNC.

Mensurando a dor

Devido a sua natureza multidimensional e subjetiva, a dor não é facilmente mensurada. Entretanto, clínicos e pesquisadores desenvolveram diversas maneiras de avaliá-la: *medidas físicas, medidas comportamentais* e *medidas de autoavaliação*.

Medidas físicas

Não existem medidas objetivas da dor, apenas medidas subjetivas. Não é que clínicos e pesquisadores não tenham tentado encontrá-las. De fato, o problema de mensurar a dor propiciou o cenário para os primeiros *estudos psicofísicos* no novo campo da psicologia. Esses estudos ressaltam o conhecido *problema mente-corpo* (*psyche*, que significa "mente"; *physike*, que significa "corpo"): De que modo a percepção consciente deriva e afeta as sensações físicas do corpo?

Uma forma de avaliar a dor é mensurar as mudanças fisiológicas específicas que a acompanham. Por exemplo, a *eletromiografia* avalia a quantidade de tensão muscular apresentada por pacientes que sofrem de cefaleias ou dores lombares. Os pesquisadores também registraram de forma minuciosa as mudanças que ocorrem na frequência cardíaca, na velocidade da respiração, na pressão arterial, na temperatura e na condutividade da pele, que são indicadores da *excitação autonômica* que acompanha a dor. Infelizmente, as medidas físicas em geral não proporcionam diferenças consistentes entre as pessoas que têm e as que não têm determinado tipo de dor, como cefaleia. Isso pode acontecer porque a dor é apenas um dos muitos fatores que contribuem para alterações autonômicas; outros incluem dieta, atenção, nível de atividade, estresse e presença de doenças.

Medidas comportamentais

Outra técnica de avaliação mensura sinais de dor no comportamento do paciente. Isso pode ser feito por parentes e amigos dele ou por profissionais da saúde em sessões clínicas estruturadas.

Wilbert Fordyce (1976), pioneiro da pesquisa sobre a dor, desenvolveu um programa de treinamento comportamental no qual um observador, como o colega de quarto do paciente,* monitora de 5 a 10 comportamentos que costumam indicar o

---

* N. de R.T.: Neste exemplo, o autor está se referindo a um universitário norte-americano que reside em dormitórios no próprio *campus*.

começo de um episódio de dor. Por exemplo, o observador pode anotar a quantidade de tempo que a pessoa passa na cama, o número de queixas verbais e o número de pedidos de analgésicos.

Em cenários clínicos, enfermeiros e outros profissionais da saúde são treinados para observar sistematicamente os comportamentos do paciente durante procedimentos de rotina. Um inventário bastante utilizado é a *Pain Behavior Scale*, que consiste em uma série de comportamentos-alvo, incluindo verbalização de queixas, expressões faciais, posturas anormais e mobilidade (Feuerstein e Beattie, 1995). Solicita-se ao paciente que realize várias atividades, como caminhar pela sala, tocar os dedos dos pés e apanhar um objeto no chão, enquanto o observador avalia a ocorrência de cada um dos comportamentos-alvo em uma escala de três pontos: "frequente", "ocasional" e "nunca".

Medidas de autoavaliação

A forma mais simples de mensurar a dor é solicitar aos pacientes que respondam um questionário, atribuindo um valor numérico a seu nível de desconforto em determinada situação. As *escalas de avaliação da dor* também podem se basear em relatos verbais, nos quais a pessoa escolhe, a partir de uma lista, a palavra que descreva a dor de forma mais precisa. Por serem fáceis de usar, as escalas de avaliação são a forma preferida para estimar a dor em crianças pequenas. As escalas numéricas também são usadas em relatos verbais (Fig. 13.1).

Muitos clínicos consideram útil solicitar aos pacientes que confeccionem um *diário da dor*, no qual avaliem episódios de dor durante um período, com o registro de eventos cotidianos, medicamentos, etc. Esses diários mostram uma imagem mais precisa da dor de um indivíduo do que a medição isolada, pois revelam se ela é constante, se segue um padrão, além do modo como é afetada por várias atividades. Entretanto, os diários da dor talvez não sejam apropriados para determinados pacientes, já que concentram ainda mais a atenção na dor, interferindo, assim, no tratamento e na recuperação.

Alguns anos atrás, um dos primeiros pesquisadores da dor, Ronald Melzack, desenvolveu um sistema para categorizá-la a partir de três dimensões (Melzack e Torgerson, 1971). A primeira dimensão, *qualidade sensorial*, ressalta as enormes variações que ocorrem na sensação de dor – ela pode ser do tipo punhalada, em queimação, pulsante ou latejante, para listar apenas algumas possibilidades. A segunda dimensão, *qualidade afetiva*, concentra-se nas muitas reações emocionais diferentes que a dor pode desencadear, como irritação, medo ou raiva. A dimensão final é a *qualidade avaliativa*, que se refere ao julgamento da gravidade da dor pela pessoa, além de seu significado ou sua importância. A partir desse modelo multidimensional da dor, Melzack criou o Questionário de Dor McGill[*] (MPQ), que se tornou o inventário de dor mais utilizado na atualidade (Fig. 13.2, a seguir).

Figura 13.1

A Faces Pain Scale-Revised (FPS-R).[**] A FPS-R é amplamente utilizada em indivíduos dos 4 aos 16 anos. É fácil de administrar e apresenta uma forte relação com escalas numéricas de autoavaliação e observações do comportamento, que são empregadas em indivíduos incapazes de fazer autoavaliações.
Fonte: Hicks CL, Von Baeyer CL, Spafford P, van Korlaar I, Goodenough B. Faces Pain Scale-Revised: Toward a Common Metric in Pediatric Pain Measurement, PAIN 2001; 93: 173–183. Com instruções e traduções, conforme apresentadas no *website*: http://www.usask.ca/childpain/fpsr/
Esta figura foi reproduzida, com permissão, da International Association for the Study of Pain® (IASP®). A figura não pode ser reproduzida para qualquer outra finalidade sem permissão.

[*] N. de R.T.: Referência brasileira ao Questionário de Dor McGill: Pimenta, C. A. M. e Teixeira, M. J. (1996). Questionário de Dor McGill: proposta de adaptação para o idioma português. São Paulo, Rev. Esc. Enf. USP, 30 (3), p. 473-483.
[**] N. de R.T.: Escala Facial de Dor-Revisada. A Faces Pain Scale-Revised (FPS-R) recebeu versão brasileira por Poveda, CLEC (2012) análise da validade, interpretação e preferência da versão brasileira da Escala Facial de Dor-Revisada, em duas amostras clínicas. Tese de Doutorado, Faculdade de Filosofia Ciências e Letras de Ribeirão Preto. Universidade de São Paulo, Ribeirão Preto. Recuperado em 2013-04-16, de http://www.teses.usp.br/teses/disponíveis/59/59134 de-03052012-111521.

O MPQ, disponível em uma forma computadorizada resumida, além da original (Fig. 13.2), diferencia de forma confiável as diversas síndromes da dor. As pessoas que sofrem de dores de cabeça, por exemplo, tendem a escolher o mesmo padrão de palavras para descrevê-la, enquanto aquelas que têm dor lombar escolhem um padrão diferente. Entretanto, o MPQ foi criticado por exigir que os sujeitos façam distinções finas entre palavras muito semelhantes. Qual, por exemplo, é a diferença entre dor "pulsante" e "latejante"? Esse questionário também tem utilidade limitada para pessoas cuja primeira língua não seja o inglês, assim como para crianças com idade inferior a 12 anos.

Figura 13.2

O Questionário de Dor McGill.

Parte 1. Onde é sua dor?
Marque na figura a seguir as áreas onde sente dor. Escreva E se externa ou I se interna perto das áreas que marcar. Escreva EI se for externa e interna.

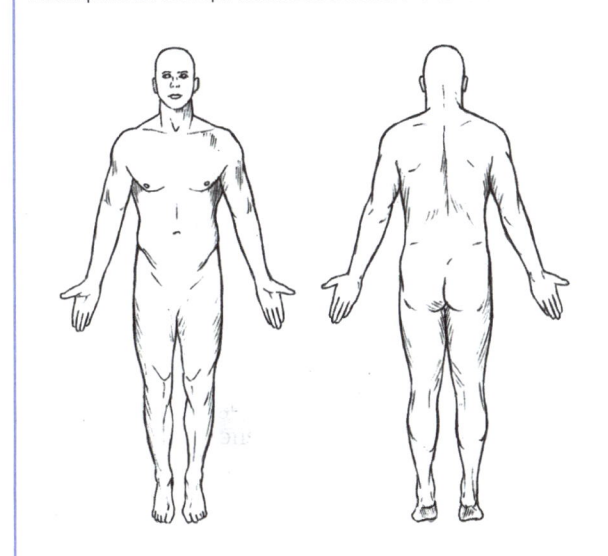

Parte 2. Como é sua dor?
Algumas das palavras a seguir descrevem sua dor atual. Circule APENAS as palavras que a descrevam melhor. Não marque categoria alguma que não seja adequada. Use apenas uma palavra em cada categoria apropriada – aquela que melhor se aplique.

1	2	3	4
Vibração	Pontada	Agulhada	Fina
Tremor	Choque	Perfurante	Cortante
Pulsante	Tiro	Facada	Estraçalha
Latejante		Punhalada	
Como batida		Em lança	
Como pancada			

5	6	7	8
Beliscão	Fisgada	Calor	Formigamento
Aperto	Puxão	Queimação	Coceira
Mordida	Torção	Fervente	Ardor
Cólica		Em brasa	Ferroada
Esmagamento			

9	10	11	12
Mal localizada	Sensível	Cansativa	Enjoada
Dolorida	Esticada	Exaustiva	Sufocante
Machucada	Esfolante		
Doída	Rachando		
Pesada			

13	14	15	16
Castigante	Amedrontadora	Miserável	Chata
Atormenta	Apavorante	Enloquecedora	Que incomoda
Cruel	Aterrorizante		Desgastante
	Maldita		Forte
	Mortal		Insuportável

17	18	19	20
Espalha	Aperta	Fria	Aborrecida
Irradia	Adormece	Gelada	Dá náuseas
Penetra	Repuxa	Congelante	Agonizante
Atravessa	Espreme		Pavorosa
	Rasga		Torturante

Parte 3. Como sua dor muda com o tempo?

1. Que palavra ou palavras você usaria para descrever o padrão de sua dor?

1	2	3
Contínua	Rítmica	Breve
Estável	Periódica	Momentânea
Constante	Intermitente	Transiente

2. Que tipo de coisas aliviam sua dor?

3. Que tipo de coisas aumentam sua dor?

Parte 4. Qual é a intensidade de sua dor?

As pessoas afirmam que as cinco palavras seguintes representam dor de intensidade crescente. Elas são:

1	2	3	4	5
Leve	Desconfortável	Perturbadora	Horrível	Excruciante

Para responder a cada pergunta a seguir, escreva o número da palavra mais apropriada no espaço ao lado da questão.

1. Que palavra descreve sua dor agora? _____
2. Que palavra descreve sua dor no pior momento? _____
3. Que palavra descreve sua dor quando é menor? _____
4. Que palavra descreve a pior dor de dente que você já teve? _____
5. Que palavra descreve a pior dor de cabeça que você já teve? _____
6. Que palavra descreve a pior dor de estômago que você já teve? _____

A fisiologia da dor

Imagine que você escorregue em uma calçada e caia sobre o cotovelo. No instante antes de sentir a dor, ocorre uma cascata de reações elétricas e bioquímicas. O processamento de todas as informações sensoriais, incluindo a dor, começa quando os *receptores sensoriais* sobre ou próximos da superfície do corpo convertem um estímulo físico, como a pressão e o impacto ao bater no chão, em impulsos neurais. A pressão causada por bater no chão ativa os receptores da pele que recobre seu cotovelo, os quais estimulam os neurônios do sistema nervoso periférico, que transmitem a mensagem para o cérebro. Somente quando o cérebro registra e interpreta esse impulso neural, sente-se dor. O que ocorre entre a estimulação dos receptores sensoriais e a interpretação pelo cérebro é objeto de uma grande quantidade de pesquisas animadoras.

As vias da dor

Ao contrário da visão e da audição, a dor não é desencadeada apenas por um tipo de estímulo – e também não tem somente um tipo de receptor. Lesões em tecidos não são os únicos elementos promotores de dor. As córneas em seus olhos, por exemplo, são extremamente sensíveis. Quase qualquer estímulo, desde um grão de poeira no olho até a aplicação de pressão excessiva ao inserir uma lente de contato, será experimentado como dor, mesmo que a córnea não sofra qualquer lesão. Todos esses estímulos desencadeiam a resposta de dor no cérebro por meio de diferentes receptores.

Os receptores da dor

Por mais de um século, pesquisadores mantêm uma busca pelos receptores sensoriais definitivos para dor. Entre os candidatos, estão os **terminais nervosos livres**, que são encontrados por todo o corpo, na pele e nos músculos (contribuindo para as cãibras musculares), nos órgãos internos das vísceras (dores de estômago), nas membranas que envolvem as articulações e os ossos (dor artrítica) e até mesmo na polpa dos dentes (dores de dente).

■ **terminais nervosos livres** receptores sensoriais distribuídos pelo corpo que respondem a temperatura, pressão e estímulos dolorosos.

Embora os terminais nervosos livres sejam os receptores sensoriais mais simples, também são os menos compreendidos. Sabemos que eles respondem principalmente a mudanças em temperatura e pressão e também a certas substâncias químicas secretadas em tecidos corporais lesionados. Seja como forem excitados para a ação, parece que esses terminais começam um processo que acaba quando o cérebro registra e interpreta a sensação como dor. Por essa razão, os pesquisadores referem-se aos terminais nervosos livres que são ativados por estímulos *nocivos* (dolorosos) como **nociceptores**.

■ **nociceptor** neurônio especializado que responde a estímulos dolorosos.

É importante observar, no entanto, que os terminais nervosos livres *contribuem* para a experiência de dor, em vez de *criá-la*. Fatores psicológicos, como prestar atenção à dor, o estado emocional e a maneira como se interpreta uma situação, podem determinar se o indivíduo sente dor ou não. Por exemplo, durante a empolgação com as Olimpíadas, Shun Fujimoto, cujo ferimento no joelho descrevemos no começo do capítulo, sentiu muito menos dor do que experienciou após a competição, quando sua atenção não estava mais desviada. Pacientes que sofrem de uma variedade de ferimentos e doenças seguidamente relatam que a dor é mais forte quando se sentem deprimidos e abandonados (Vowels et al., 2004). Quando as emoções retornam, a dor é reduzida.

Fibras rápidas e lentas

■ **fibras nervosas rápidas** fibras nervosas grandes e mielinizadas que transmitem dores penetrantes e agudas.

■ **fibras nervosas lentas** fibras nervosas pequenas e amielinizadas que conduzem dor forte e latejante.

O processo de dor começa quando sinais neurais dos terminais nervosos livres são enviados para o SNC pelas **fibras nervosas rápidas** e pelas **fibras nervosas lentas**.

As *fibras nervosas rápidas* são neurônios relativamente grandes e mielinizados que conduzem os impulsos neurais a velocidades em torno de 15 a 30 metros por segundo (a mielina é a cobertura adiposa dos axônios de alguns neurônios que aumenta a velocidade da transmissão nervosa). As *fibras nervosas lentas* são fibras menores e amielinizadas que conduzem impulsos elétricos a aproximadamente 0,5 a 2 metros por segundo.

As fibras rápidas e lentas são os mensageiros para dois sistemas de dor do cérebro: o *sistema de dor rápida* e o *sistema de dor lenta*. O sistema de dor rápida (que envolve as fibras nervosas rápidas) parece servir apenas à pele e às mucosas; o *sistema de dor lenta* (que envolve as fibras nervosas lentas) serve a todos os tecidos do corpo, exceto ao próprio cérebro, que não experimenta dor. O sistema de dor rápida conduz a dor que é percebida como penetrante e localizada em uma área, enquanto as fibras nervosas lentas indicam dor latejante e forte, que pode ser generalizada pelo corpo.

Pressões mecânicas fortes e temperaturas extremas estimulam as fibras nervosas rápidas, enquanto as lentas costumam ser ativadas por mudanças químicas que ocorrem em tecidos corporais lesionados. Essas mudanças químicas reduzem os limiares dos dois tipos de nervos, aumentando a resposta a outros estímulos. É por isso que o mais leve toque em uma área machucada da pele pode ser extremamente doloroso.

Para ter uma ideia das diferenças práticas na velocidade dos dois sistemas de dor, considere que as fibras lentas que transmitem uma mensagem dolorosa de seu pé podem levar até dois segundos para atingir o cérebro. Em comparação, as fibras rápidas transmitem suas mensagens de forma até 100 vezes mais rápida. Isso explica uma experiência familiar: colocar a ponta do pé em uma água fervendo estimula as fibras rápidas, produzindo uma dor cruciante imediata. A mensagem é conduzida da pele para a medula espinal, onde passa por um único interneurônio para neurônios motores que fazem você tirar imediatamente o pé da água. Porém, esse *reflexo espinal* bastante adaptativo se completa antes que se experimente a dor latejante e mais profunda que dói de fato. O momento desconfortável que você passa esperando pela dor após estar fora da água ocorre porque o sistema de dor lenta demora mais para levar a mensagem ao cérebro.

Após deixar a pele, as fibras sensoriais dos sistemas de dor rápido e lento unem-se como nervos para formar os *tratos sensoriais*, que canalizam as informações por meio da medula espinal até o cérebro (Fig. 13.3). Ambos os tipos de fibras entram pela parte posterior da medula espinal, na qual têm sinapses com os neurônios da **substância gelatinosa**. Na medula espinal, as fibras da dor conectam-se com os nervos sensoriais, que conduzem as sensações de toque, pressão e movimento dos membros para o tálamo, o painel de controle sensorial do cérebro.

Ao seguir para o tálamo, a via da dor rápida desencadeia atividade neural na formação reticular, que é o mecanismo cerebral que excita o córtex em resposta a mensagens importantes e reduz a percepção de estímulos pouco importantes. Ao chegarem ao tálamo, as mensagens são direcionadas para a *área somatossensorial* do córtex cerebral, a zona que recebe estímulos de todos os sentidos da pele.

A quantidade do córtex somatossensorial reservada para as várias regiões do corpo determina nossa sensibilidade nessas áreas. Por exemplo, embora as costas tenham uma área superficial muito maior do que o rosto, existem muito mais receptores sensoriais na pele do rosto e, portanto, mais córtex somatossensorial dedicado a ele. Isso significa que o rosto é capaz de sentir estímulos de toque mais fracos do que as costas. Os órgãos internos do corpo não são mapeados no córtex da mesma forma que na pele. Por isso, embora possamos sentir a dor do interior do corpo, ela é muito mais difícil de ser identificada. De fato, a dor visceral (interna) seguidamente se torna **dor referida**, uma vez que ela parece se originar na superfície do corpo e não na parte do corpo em que está situada sua causa. Esse fenômeno é tão confiável que a dor referida muitas vezes é usada para diagnosticar condições médicas graves. Pacientes

■ **substância gelatinosa** região dorsal da medula espinal na qual as fibras rápidas e lentas da dor têm sinapses com os nervos sensoriais em seu trajeto para o cérebro.

■ **dor referida** dor manifestada em uma área do corpo sensível à dor, mas causada por uma doença ou lesão em uma zona do corpo que tem poucos receptores de dor.

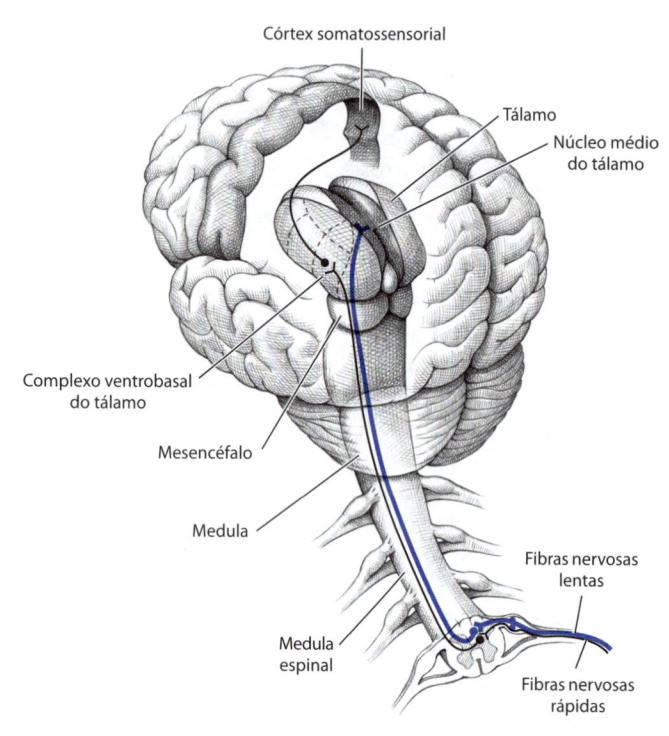

Figura 13.3

Vias da dor. A linha mais fina ilustra o caminho da dor aguda e rápida, que se origina com as fibras nervosas rápidas na medula espinal e é projetada para o córtex somatossensorial. A linha mais grossa em azul ilustra o caminho para a dor crônica e mais lenta, que começa com as fibras nervosas lentas na medula espinal.

- **substância P**
  neurotransmissor secretado por fibras da dor na medula espinal que estimula as células transmissoras para que enviem sinais ao cérebro.

- **encefalinas** opioides endógenos (de ocorrência natural) encontrados nos terminais nervosos de células do cérebro e da medula espinal conectados a receptores de opioides.

- **substância cinzenta periaquedutal (PAG)**
  região do mesencéfalo que desempenha um papel importante na percepção da dor; a estimulação elétrica nesta região ativa uma via neural descendente que produz analgesia "fechando a comporta da dor".

que reclamam de dor no braço, por exemplo, com frequência devem fazer um eletrocardiograma (ECG) de esforço, pois esse tipo de dor muitas vezes acompanha um grau avançado de doença cardíaca. Como outro exemplo, sentimos dor nos vasos sanguíneos da cabeça como cefaleia.

O sistema de dor lenta segue quase o mesmo caminho que o sistema rápido, pela medula espinal até o tronco encefálico (ver Fig. 13.3). No tronco, as mensagens da dor lenta são reprocessadas; a partir daí, viajam para o hipotálamo, para a porção posterior do tálamo e para a amígdala do sistema límbico. Embora muitos detalhes dessas porções superiores do sistema de dor lenta ainda devam ser compreendidas, uma visão amplamente aceita é que elas medeiam a experiência subjetiva de dor, incluindo os meios pelos quais as emoções e o estado motivacional modulam a dor (Willis, 1995).

A bioquímica da dor

Como todos os neurônios, aqueles que carregam mensagens de dor dependem de diversos tipos de neurotransmissores químicos para transmitir informações por meio das sinapses. Um neurotransmissor, chamado de **substância P**, com outro denominado *glutamato*, estimula de forma contínua os terminais nervosos no local de um ferimento e dentro da medula espinal, intensificando as mensagens de dor.

Um terceiro grupo de neurotransmissores, chamados de **encefalinas** (os menores membros dos opioides naturais do cérebro, as endorfinas), conectam-se a receptores no cérebro para anular as sensações de dor. Por meio de suas sinapses com as fibras lentas, acredita-se que os neurônios que contêm encefalina regulem quanta substância P é liberada e, assim, quanto da mensagem do sistema de dor lenta passa para o cérebro. Se a substância P não for liberada, ou se ela for disponibilizada em pequenas quantidades, uma mensagem de dor pode ser reduzida ou completamente bloqueada.

O que ativa os neurônios que contêm encefalina? A busca por uma resposta para essa questão levou os pesquisadores à **substância cinzenta periaquedutal (PAG)** do mesencéfalo. Quando essa área é estimulada, a dor é imediatamente reduzida, com a *analgesia* continuando mesmo após ser descontinuada a estimulação (Goffaux et al., 2007). A analgesia é tão poderosa que os pesquisadores realizaram cirurgias em animais de laboratório sem qualquer outra forma de anestesia além da estimulação elétrica da PAG. Também acredita-se que ela seja o principal local em que substâncias como a morfina exercem seus efeitos analgésicos. Mesmo uma quantidade mínima de morfina produz alívio substancial da dor se for injetada diretamente nas células da PAG. Os neurônios sensoriais da PAG projetam-se para a medula, uma estrutura cerebral inferior que também está envolvida na percepção de dor (Fairhurst et al., 2007).

Assim, parece que o cérebro é capaz de "desligar" a dor por meio de uma *via neural descendente* – a PAG, até os neurônios na substância gelatinosa da medula espinal. Essa via descendente de controle da dor usa o neurotransmissor *serotonina* para ativar neurônios espinais que contêm encefalina, os quais inibem as informações de dor que provêm das fibras com substância P (Fig. 13.4).

Mas o que liga as células inibidoras da dor à PAG? A resposta para tal questão foi descoberta por uma das pioneiras do campo da psiconeuroimunologia. Enquanto ainda era estudante de pós-graduação, Candace Pert descobriu que substâncias químicas neurais chamadas de *peptídeos* funcionam como mensageiros de informações que afetam a mente, as emoções, o sistema imune e outros sistemas do corpo de maneira simultânea. Um dos peptídeos que ela identificou foi a *endorfina* (que significa "morfina interior"). As endorfinas são opioides naturais suficientemente potentes para produzir alívio da dor comparável ao obtido com morfina e outros opioides (Julien, 2008).

A PAG tem inúmeros receptores de opioides/endorfina. As endorfinas produzidas no cérebro e na medula espinal agem como neurotransmissores e inibem a dor pela conexão a receptores na PAG e agindo sobre as células da medula espinal e do tronco encefálico. A presença de endorfina na PAG inicia a atividade da via descendente para aliviar a dor.

As circunstâncias que desencadeiam a produção de endorfinas são objeto de pesquisas realizadas atualmente. Demonstrou-se que uma variedade de eventos aumenta o nível de endorfinas, sendo o estresse um deles. A **analgesia induzida pelo estresse** refere-se ao alívio da dor que resulta da produção de endorfinas pelo corpo em resposta ao estresse. Diversos estudos com animais confirmaram que as endorfinas medeiam a analgesia induzida pelo estresse. Em um deles, ratos expostos a ruídos extremamente altos (o estressor) tornaram-se quase insensíveis à dor por 1 ou 2 minutos, conforme indicado pelo fato de não responderem a estímulos dolorosos (Helmstetter e Bellgowan, 1994). Entretanto, os ratos que receberam injeções de uma substância bloqueadora de endorfina denominada **naloxona** antes do ruído não apresentaram analgesia induzida pelo estresse, mostrando com clareza que o efeito de alívio da dor depende das endorfinas. Classificada como *antagonista de opioides*, a naloxona se conecta a receptores de opioides do corpo, bloqueando os efeitos tanto de opioides de ocorrência natural (endógenos) quanto de analgésicos artificiais (exógenos) como a morfina. A naloxona é tão potente para combater os efeitos de opioides que é usada como o principal tratamento para *overdose* de narcóticos. Seus efeitos, contudo, são muito breves, durando apenas de 15 a 30 minutos.

Além das endorfinas, e em reação a infecções e inflamações, proteínas produzidas pelo sistema imune chamadas de citocinas *proinflamatórias* estão envolvidas na experiência da dor (Watkins et al., 2007). Conforme mencionado no Capítulo 3, as citocinas desencadeiam uma variedade de reações de doença, incluindo fadiga e maior sensibilidade à dor. Elas também podem estar envolvidas no desenvolvimento de dor crônica aumentando a sensibilidade de estruturas da medula espinal que afetam a mensagem transmitida ao cérebro pelas vias ascendentes da dor.

Efeitos neuroquímicos semelhantes podem explicar o *efeito placebo* no alívio da dor (ver Cap. 5). Muitos estudos demonstraram que de um quarto a um terço das pessoas que sentem dor têm alívio significativo simplesmente tomando um placebo. Um estudo de campo clássico sobre dor de dente (Levine et al., 1978) foi o primeiro a sugerir que as endorfinas influenciam a analgesia induzida pelo estresse e, assim, produzem o efeito placebo. Três horas após arrancarem um dente (um momento doloroso, no mínimo), metade dos pacientes recebeu um placebo, que foi chamado de "analgésico". Os demais sujeitos receberam injeção de naloxona. Uma hora depois, aos que haviam recebido o placebo foi administrada uma injeção de naloxona, e aqueles que tinham recebido naloxona foram injetados com o placebo. Após cada injeção, os participantes indicaram, em uma escala padronizada de avaliação da dor, o grau de dor que estavam experimentando.

O que você acha que aconteceu? Sob "influência" do placebo, os pacientes relataram um certo alívio de sua dor de dente, o que fornece suporte adicional para a validade do efeito placebo. Mas o que acha que aconteceu quando os pacientes estavam sob a influência da naloxona? Visto que essa substância bloqueia os efeitos de opioides,

■ **analgesia induzida pelo estresse** aumento na tolerância à dor relacionado com o estresse, presumivelmente mediado pelo sistema de endorfina do corpo.

■ **naloxona** antagonista de opioides que se conecta a receptores de opioides do corpo para bloquear os efeitos de opioides naturais e de analgésicos.

Figura 13.4

O sistema inibidor da dor. A atividade neural que resulta da estimulação da substância cinzenta periaquedutal (PAG) do mesencéfalo ativa neurônios inibidores na medula espinal. Estes, por sua vez, agem diretamente sobre fibras nervosas lentas para impedir que os sinais de dor sejam transmitidos para o cérebro. As fibras nervosas lentas contêm substância P e glutamato. Quando a liberação de substância P pelas fibras nervosas é inibida, como aqui, o sinal de dor ascendente é abortado (i.e., impedido de chegar ao cérebro).

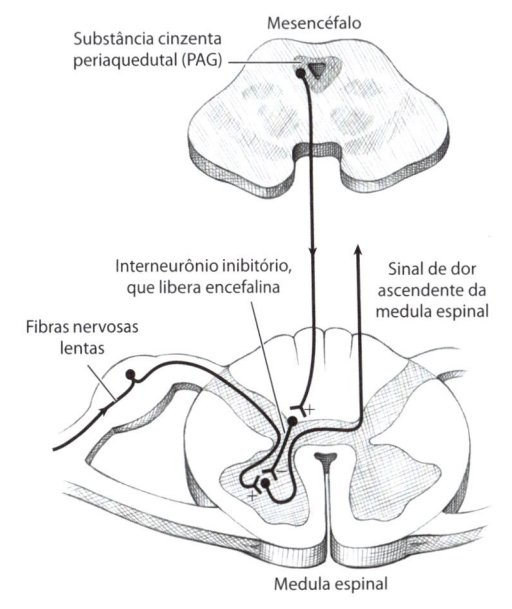

incluindo as próprias endorfinas do corpo, administrar a naloxona proporciona um bom teste da hipótese de que o efeito placebo seja mediado por endorfinas. De fato, sob influência da naloxona, os pacientes relataram sentir mais dor, em comparação com aquela declarada durante a condição com o placebo, indicando que o efeito placebo é, pelo menos em parte, o resultado do domínio que o corpo exerce sobre seus próprios mecanismos de alívio da dor. Pesquisas mais recentes mostram que injeções de uma substância que bloqueie a colecistoquina, um hormônio que inibe a ação das endorfinas, aumenta o efeito placebo no alívio da dor (Sullivan et al., 2004). Outros estudos com imagem de ressonância magnética funcional (IRMf) mostraram que, quando os pacientes esperam sentir pouca dor após tomarem um placebo, seus cérebros também apresentam menor atividade nas regiões que processam a dor (Wager et al., 2004). Como veremos mais adiante no capítulo, algumas outras técnicas não médicas para produzir analgesia também podem funcionar, pois desencadeiam a liberação de endorfinas.

A teoria da comporta

No passado, várias teorias foram propostas para explicar a percepção da dor. A maioria delas, contudo, não conseguiu esclarecer todos os aspectos da dor – biológicos, psicológicos e sociais. Em 1965, Ronaldo Melzack e Peter Wall apresentaram a **teoria da comporta**, que superou algumas das limitações de teorias anteriores. Embora tenha recebido sua carga de críticas, ela foi o ímpeto para o modelo biopsicossocial da dor, que é a teoria dominante sobre a dor nos dias atuais (Turk e Okifuji, 2002).

A teoria da comporta introduziu a noção de que a experiência de dor não é resultado de um canal sensorial direto que começa com a estimulação de um receptor na pele e termina com a percepção de dor pelo cérebro. Em vez disso, as sensações que *potencialmente* indicam a dor são moduladas na medula espinal à medida que são conduzidas ao cérebro e também estão sujeitas a modificações sob influência de vias descendentes do cérebro.

A teoria propõe a existência de estruturas neurais na medula espinal e no tronco encefálico que funcionam como uma comporta (ver Fig. 13.5), abrindo para aumentar o fluxo de transmissão das fibras nervosas ou fechando para diminuir o fluxo (Melzack e Wall, 1965). Com a comporta aberta, os sinais que chegam à medula espinal estimulam neurônios sensoriais chamados de *células transmissoras*, que, por sua vez, transmitem os sinais adiante para atingir o cérebro e desencadear a dor. Com a comporta fechada, os sinais são impedidos de chegar ao cérebro e a dor não é sentida.

O que produz o fechamento da comporta espinal? Melzack e Wall (1988) sugeriram que o mecanismo se encontrasse na substância gelatinosa da medula espinal. Conforme já foi visto, tanto as fibras da dor pequenas como as grandes têm sinap-

■ **teoria da comporta** ideia de que existe uma "comporta" neural na medula espinal que regula a experiência da dor.

Figura 13.5

A teoria da comporta da dor. Na teoria da comporta, de Melzack e Wall, os sinais excitatórios (positivos) tendem a abrir a comporta da dor; os sinais inibitórios (negativos) tendem a fechá-la. O desenho mais à esquerda – com um total de +9 sinais excitatórios – ilustra as condições que podem ocorrer quando a comporta da dor permanece aberta e o indivíduo sente dor forte. O desenho à direita – com um total de apenas +1 – ilustra as condições que podem ocorrer quando a comporta da dor é fechada como resultado de forte estimulação inibitória do cérebro e das fibras nervosas periféricas. Em ambas as situações, mensagens das fibras rápidas de dor tendem a fechar a comporta, e mensagens das fibras lentas tendem a abri-la.
Fonte: Melzack, R. e Wall, P. D. (1988). *The challenge of pain*. New York: Basic Books.

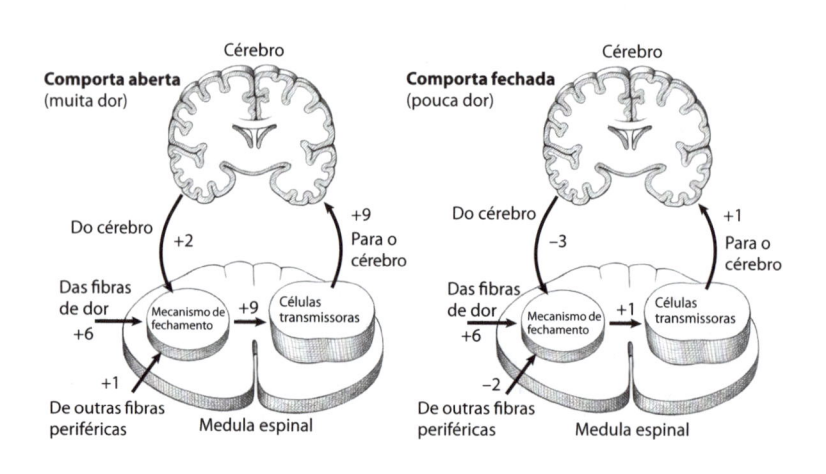

ses na substância gelatinosa (ver Fig. 13.3, p. 378). Dependendo de quais fibras são ativadas, a substância gelatinosa – o "guardião" – abrirá ou fechará as comportas. A atividade no sistema de fibras rápidas da dor tende a fechar a comporta; e a atividade no sistema de fibras lentas, a abri-la.

Para explicar a influência de pensamentos e sentimentos na percepção da dor, Melzack e Wall também descreveram um *mecanismo de controle central*, pelo qual sinais do cérebro também podem fechar a comporta. Por esse mecanismo, a ansiedade ou o medo podem intensificar a experiência da dor, enquanto a distração de outras atividades, como competições atléticas, diminui essa experiência.

Vejamos o quanto a teoria da comporta explica vários aspectos familiares da dor. Enquanto corria ao ar livre no inverno passado, escorreguei no gelo e torci o tornozelo. Felizmente, estava próximo de casa e consegui mancar até lá, sentindo uma dor penetrante. Segundo a teoria da comporta, a torção em meu tornozelo ativou inúmeras fibras de dor lenta, forçando a comporta a abrir e enviando a mensagem dolorosa para meu cérebro.

Assim que cheguei em casa, tirei os tênis e comecei a massagear o tornozelo inchado. O alívio temporário que senti foi resultado da estimulação de uma área para reduzir a dor em outra. Embora seja conhecido de praticamente todas as crianças escolares (e de corredores velhos e desajeitados!), que de forma instintiva massageiam o local que dói, não se sabia com exatidão por que esse método funcionava antes da teoria da comporta fornecer a resposta. Segundo a teoria, senti alívio porque a massagem profunda ativou fibras rápidas da dor, que desencadearam a atividade na substância gelatinosa, a qual fechou a comporta em minha medula espinal e impediu, pelo menos por algum tempo, que as mensagens de dor do tornozelo torcido carregadas pelas fibras menores da dor chegassem ao cérebro.

Melzack agora propõe que as mensagens que chegam ao cérebro são processadas por uma rede de neurônios cerebrais amplamente distribuídos, que determinam a experiência perceptiva do indivíduo. Essa rede de células também parece operar mesmo na ausência de estímulos sensoriais, colocando ainda maior ênfase no papel do cérebro em nossa experiência de dor (como na sensação do membro fantasma descrita no quadro Diversidade e vida saudável, a seguir) e também na redução da dor.

Além de apresentar uma teoria coerente que organiza os muitos aspectos da dor, a teoria da comporta levou a várias técnicas clínicas para controlar a dor, incluindo uma que envolve a estimulação artificial do sistema de fibras grandes da dor. Examinaremos essa e outras técnicas de controle da dor mais adiante. Antes, porém, vamos examinar alguns dos fatores psicológicos e sociais que influenciam a percepção da dor.

Fatores psicossociais na experiência de dor

A experiência da dor é um fenômeno multidimensional e complexo que envolve não apenas eventos físicos, mas também fatores psicológicos e processos de aprendizagem social que as pessoas adquirem por meio de familiares e da aprendizagem cultural. Todos os pacientes de dor são indivíduos que são membros agentes (e reagentes) de grupos sociais. Nesta seção, abordamos como esses grupos influenciam a experiência da dor.

Idade e gênero

Em uma ampla variedade de medidas, pesquisas revelam diferenças de idade e gênero consistentes no comportamento em relação à dor.

Diversidade e vida saudável

A dor do membro fantasma

■ **dor do membro fantasma** após a amputação de um membro, sensações falsas de dor parecem oriundas do membro removido.

Às vezes, as pessoas sentem uma dor que não tem causa física aparente. Um exemplo é a **dor do membro fantasma**, que é a experiência de dor em uma parte do corpo que foi amputada. Embora a maioria das pessoas com membros amputados experimente as sensações de toque, pressão, calor, frio, posição e movimento, entre 65 e 85% dizem sentir dor fantasma suficientemente forte para atrapalhar atividades sociais e profissionais por períodos substanciais de tempo (Williams, 1996). A dor pode ser ocasional ou contínua e costuma ser descrita como "paralisante", "aguda", "ardente" ou "esmagadora".

A dor do membro fantasma ocorre com mais frequência em pacientes que já sentiam dor no membro antes da amputação. E é muito menos comum em pessoas que perderam um membro de forma repentina. Além disso, a dor fantasma muitas vezes se parece, em qualidade, com o tipo de dor que havia antes da amputação. Ronaldo Melzack (1993) descreve um paciente que teve uma farpa de madeira dolorosamente cravada sob a unha no momento em que perdeu a mesma mão em um acidente industrial. Durante anos, o paciente relatou uma dolorosa sensação cortante sob a unha de sua mão fantasma. As sensações nos membros fantasmas são incrivelmente "reais" em suas vívidas qualidades sensoriais e em seu local preciso no espaço, tão reais que o amputado pode tentar sair da cama sobre o pé fantasma ou atender ao telefone com a mão fantasma. Mesmo sensações menores do membro que falta são sentidas, como uma aliança de casamento em um dedo fantasma ou um doloroso calo em um pé fantasma. Os amputados que sofrem de parkinsonismo podem continuar a perceber "tremores" como aqueles que ocorriam no membro antes da amputação.

A busca por uma causa Os mecanismos subjacentes da dor do membro fantasma permanecem um mistério. Historicamente, a busca pela causa se concentrou em fatores isolados, como lesões nos nervos periféricos ou ao fato de o paciente ser neurótico e imaginar a dor. Estudos mais recentes indicaram outro mecanismo possível para essa dor – evidências de que os neurônios do cérebro se reconectam para buscar estímulos de outras fontes após um membro ser amputado. Uma equipe de pesquisadores liderada por Michael Merzenich amputou os dedos médios de um grupo de macacos adultos. Após a recuperação, os pesquisadores estimularam com eletricidade os dedos remanescentes dos macacos enquanto registravam a atividade elétrica na área somatossensorial do cérebro de cada um. De forma notável, Merzenich verificou que os neurônios corticais que originalmente disparavam em resposta à estimulação do dedo amputado respondiam cada vez que tocava os dedos remanescentes das patas dos macacos. Os neurônios não haviam respondido à estimulação desses dedos antes da amputação (citado em Ranadive, 1997).

Vilayanur Ramachandran conduziu experimentos com pessoas que haviam perdido um dedo ou uma mão (Ramachandran e Rogers-Ramachandran, 2000). Colocando uma venda sobre os olhos de seus pacientes, Ramachandran aplicou pressão em diferentes partes de seus corpos e descobriu que diversos sujeitos sentiam sensações da mão fantasma quando áreas de seu rosto eram tocadas. Ele sugeriu que seus achados faziam sentido porque as áreas corticais que antes atendiam o dedo perdido são adjacentes às que servem o rosto. Talvez os neurônios nessas áreas adjacentes invadam as áreas que não são alimentadas porque não existem mais sensações oriundas do membro perdido.

Tratamento A dor do membro fantasma é uma condição que costuma ser extremamente resistente a terapias convencionais para dor. Um estudo de longo prazo de mais de 2 mil amputados tratados para dor do membro fantasma verificou que apenas 1% teve benefícios duradouros, apesar do uso de uma variedade de intervenções diferentes (Sherman et al., 1984). Entre os tratamentos que foram tentados, com diferentes níveis de sucesso, estão a implantação de membros protéticos, ultrassom, estimulação nervosa elétrica transcutânea (TENS) (ver p. 389), medicamentos anti-inflamatórios e anticonvulsivantes e bloqueadores nervosos, como injeções de anestésicos locais em pontos desencadeadores (Williams, 1996).

Mais recentemente, pesquisadores descobriram que bloquear os receptores de glutamato impede que os neurônios corticais abandonados, que não se comunicam mais com o membro amputado, formem novas sinapses com neurônios ligados a outras partes do corpo. Quando o bloqueio para a medula espinal diminui, as conexões e funções corticais originais permanecem intactas. Hoje, estão sendo realizadas pesquisas para testar se o bloqueio dos receptores de glutamato também impedem a reorganização neural em amputados (e, assim, diminuem a dor do membro fantasma).

Enquanto isso, Ramachandran criou uma terapia mais simples: uma caixa com espelhos, que permite ao amputado "ver" o membro perdido. Por exemplo, quando James Peacock, um guarda de segurança cujo braço direito foi amputado, coloca seu braço esquerdo intacto na caixa, os espelhos fazem com que pareça que o seu braço direito também está lá. A caixa propiciou o único alívio que Peacock já experimentou dos espasmos dolorosos em sua mão fantasma. "Quando mexo a mão esquerda", diz ele, "posso sentir minha mão fantasma mexendo" (citado em Brownlee, 1995, p. 76).

Idade

Certas dores tendem a aumentar em frequência com a idade, especialmente dores de cabeça, faciais e abdominais. Em uma pesquisa com adultos de 25 a 74 anos, aqueles que tinham idade acima de 56 anos eram duas vezes mais propensos que os de 25 a 45 anos a ter experimentado dois ou mais episódios de dor durante o último mês e mostraram três vezes mais probabilidade de ter experienciado cinco ou mais episódios (Mechanic e Angel, 1987). Porém, antes que se conclua que o envelhecimento é inevitavelmente acompanhado pela dor, seria bom questionar se outros fatores, como a saúde geral e diferenças em socialização e em recursos de enfrentamento, podem explicar as distinções relacionadas com a idade na tolerância à dor. Como já vimos, é muito fácil que, ao examinarem as diferenças entre grupos de pessoas (como coortes etárias), os pesquisadores omitam tais fatores. Considerando o estudo de David Mechanic e Ronald Angel de forma mais minuciosa, verificamos que adultos com mais de 65 anos que relataram uma sensação maior de bem-estar geral reclamaram menos de dor do que os de outras faixas etárias. Quando questionados, aqueles que estavam no grupo mais velho foram mais propensos a atribuir sintomas físicos a mudanças normais decorrentes da idade. Esse achado corrobora a ideia de que as percepções de dor são influenciadas por comparações sociais com pessoas em outros grupos de referência. Por exemplo, adultos cujos pais sentiam dores graves frequentes tinham mais probabilidade de relatar dores fortes nas costas, nos músculos e nas articulações. Os idosos também costumam ser mais vigilantes do que os jovens no monitoramento de seu estado de saúde e se consideram mais vulneráveis (Skevington, 1995). Isso pode ajudar a explicar porque existe um aumento progressivo nos relatos de dor e uma redução no grau de tolerância à dor induzida por meios experimentais à medida que os indivíduos envelhecem.

Gênero

As diferenças de gênero no comportamento relacionado com a saúde já são visíveis na adolescência, com os meninos tendo menos propensão do que as meninas a procurar atendimento médico. Elas sentem-se mais vulneráveis a doenças, atribuem valor maior à saúde e aceitam mais responsabilidade por sua própria saúde do que eles (Skevington, 1995). Quando adultas, as mulheres têm mais probabilidade de relatar sintomas ao médico, de experimentar episódios mais frequentes de dor e de apresentar patamares de dor inferiores e menos tolerância a estímulos dolorosos do que os homens (Gatchel e Maddrey, 2004; Muellersdorf e Soederback, 2000).

As diferenças de gênero estendem-se aos tipos de dor mais comuns em homens e mulheres (Henderson et al., 2008). Mulheres parecem sofrer mais do que os homens de enxaquecas e cefaleias, além de dores pélvicas, faciais e lombares. As diferenças de gênero também são visíveis na maneira como a comunidade médica responde a certas síndromes de dor. Estudos revelam que as mulheres recebem de 5 a 10% mais receitas de remédios para queixas comuns do que os homens. Um estudo utilizou médicos de atenção primária atendendo pacientes de dor hipotéticos (com cálculos renais, dor nas costas e sinusite). Para dor nas costas, os médicos do sexo masculino receitaram doses mais altas de analgésicos para homens do que para mulheres, enquanto as médicas receitaram doses mais altas para mulheres (Weisse et al., 2001).

Diversos pesquisadores acreditam que a ênfase em diferenças entre homens e mulheres, em vez de respostas a sintomas específicos, não é justificável e reflete visões médicas estereotipadas sobre como tratar homens e mulheres, em vez de respostas a sintomas específicos (Skevington, 1995). A similaridade essencial entre mulheres e homens fica clara em estudos de diferenças de gênero na experiência da dor. Embora alguns pesquisadores tenham relatado que as mulheres possuem tolerância menor à dor do que os homens (Woodrow et al., 1972), outros verificaram apenas diferenças triviais (Elton et al., 1983). Além disso, as conclusões equivocadas de muitos dos primeiros estudos sobre as diferenças de gênero na dor podem resultar de fatores sociais que intervieram na maneira como os experimentos foram conduzidos. Essa linha de raciocínio foi explorada em um estudo no qual universitários foram expostos a um *teste de esforço frio* (Levine e DeSimone, 1991). Esse procedimento habitual de laboratório envolve submergir a mão e o antebraço do sujeito em um banho de água gelada (2 °C) por alguns minutos. Os estudantes de ambos os sexos foram divididos de forma aleatória a mulheres ou homens que conduziriam o experimento. Os resultados mostraram que as mulheres relataram mais dor do que os homens. Mais interessante foi o fato de que eles declararam significativamente menos dor para elas do que para os homens que aplicavam o experimento. Entretanto, não houve diferenças nas autoavaliações de dor das estudantes para experimentadores dos dois sexos. Esses e outros pesquisadores sugerem que as diferenças de gênero reflitam papéis tradicionais dos sexos, com os homens respondendo a mulheres com uma imagem mais estoica de "macho" (Fillingim, 2000). De maneira condizente com essa visão, homens que se identificam mais com estereótipos dos papéis de gênero tradicionais têm menos probabilidade que indivíduos dos dois sexos que não se identificam de admitir que sentem dor em testes de esforço frio (Pool et al., 2007).

Existe uma personalidade propensa à dor?

Um estereótipo bastante aceito sobre as pessoas que têm enxaqueca sugere que elas sejam ambiciosas, organizadas, um pouco obsessivas e rígidas em seu pensamento. Esse exemplo leva à questão de se existe ou não uma *personalidade propensa à dor*. Para descobrir, pesquisadores têm usado vários testes de personalidade, especialmente o Inventário Multifásico da Personalidade de Minnesota (MMPI). O MMPI contém 10 escalas clínicas, incluindo as que medem preocupação com sintomas corporais, depressão, paranoia, introversão social e outros traços da personalidade.

Portadores de dor aguda e crônica em geral apresentam escores elevados nas escalas do MMPI: histeria (tendência a exagerar sintomas e usar comportamento emocional para resolver problemas) e hipocondria (tendência a ficar exageradamente preocupado com a saúde e relatar sintomas corporais de forma excessiva). Pessoas ansiosas, preocupadas, temerosas e com uma perspectiva negativa, além daquelas que apresentam escores altos em depressão, também relatam mais dor (Leeuw et al., 2007). De fato, a depressão é 3 ou 4 vezes mais prevalente em pacientes com dor lombar do que em pessoas da população em geral (Williams et al., 2006). Porém, esses resultados talvez estejam apenas refletindo os desafios de lidar com a dor, que podem afetar o funcionamento psicológico.

Alguns pesquisadores acreditam que as diferenças individuais na maneira como os pacientes lidam com problemas de saúde graves, incluindo a dor crônica, são mais reveladores do que os tipos de personalidade. Os pesquisadores identificaram três subtipos de pacientes de dor:

- *Pacientes disfuncionais* relatam níveis altos de dor e perturbação psicológica, sentem que têm pouco controle sobre suas vidas e são extremamente inativos. Como exemplo, aumentos em dores recorrentes associados à doença falciforme foram ligados a aumentos no nível autorrelatado de estresse e humor negativo (Gil et al., 2004).
- *Pacientes perturbados do ponto de vista interpessoal* sentem que têm pouco apoio social e que as outras pessoas em suas vidas não levam sua dor a sério.
- *Pacientes com enfrentamento adaptativo* relatam níveis bem mais baixos de dor e perturbação psicológica ou social do que aqueles nos outros dois grupos e continuam a funcionar em nível elevado.

Dennis Turk acredita que tratamentos preparados especificamente para combinar com o estilo de enfrentamento do paciente alcançam resultados melhores e mais duradouros. Em um estudo, Turk proporcionou um tratamento abrangente de manejo do estresse para um grupo de pacientes com dor crônica no maxilar (Turke et al., 1993). O programa incluiu um componente educacional, treinamento para relaxamento e uma "placa interoclusal" para ajudá-los na aprendizagem do monitoramento da tensão muscular em suas mandíbulas. Embora todos os sujeitos tenham relatado níveis mais baixos de dor e estresse após o programa de tratamento, a maioria dos classificados como pacientes disfuncionais teve recaídas em seis meses. Em comparação, as pessoas com enfrentamento adaptativo continuaram a relatar níveis baixos de dor, os quais permaneceram estáveis bastante tempo após o seguimento de seis meses. Em um estudo subsequente, Turk e colaboradores acrescentaram o componente de terapia cognitiva ao programa de manejo do estresse habitual e testaram sua eficácia em um segundo grupo de pessoas que sofriam de dor disfuncional no maxilar. Dessa vez, quase não houve recaída, e a melhora da dor permaneceu bastante tempo após o acompanhamento de seis meses.

Fatores socioculturais

Os grupos étnicos e culturais diferem muito em suas respostas à dor, sugerindo que grupos diferentes estabeleçam as próprias normas tanto para o grau em que o sofrimento deve ser demonstrado abertamente quanto para a forma que os comportamentos em relação à dor devem assumir (Cleland et al., 2005). Pesquisas demonstram que o contexto sociocultural também influencia a maneira como a dor é conceituada, o que, por sua vez, afeta a relação entre os pacientes que sentem dor e os profissionais da saúde. Em um estudo, por exemplo, euro-americanos, latinos, porto-riquenhos e polonês-americanos na Nova Inglaterra e em Porto Rico participaram de entrevistas formais e informais em relação a seus sintomas e tratamento. Em Porto Rico, tanto profissionais quanto pacientes consideravam a dor crônica uma experiência biopsicossocial, e os relacionamentos entre ambos eram fortes. Na Nova Inglaterra, contudo, onde a visão biomédica tradicional do dualismo mente-corpo prevaleceu praticamente em todos os profissionais da saúde, os pacientes relataram níveis mais elevados de estresse e alienação em suas relações com esses profissionais (Bates et al., 1997).

As variações socioculturais na experiência da dor são mais bem observadas nos vários rituais religiosos e de passagem de muitas culturas. Na África, por exemplo, membros de certos grupos culturais perfuram a pele com objetos pontiagudos sem evidências visíveis de dor. O estoicismo traz um *status* maior, enquanto expressões de dor promovem vergonha, pois são vistas como sinais de covardia. Em comparação, a expressão declarada de dor é encorajada e aprovada em certos povos do Mediterrâneo.

É importante observar que as diferenças culturais em reações à dor provavelmente se relacionem com distinções na *tolerância à dor* e não com diferenças no *limiar da dor*. O limiar da dor, definido como a intensidade mínima de um estímulo nocivo percebida como dor, tende a ser mais afetado por fatores fisiológicos, enquanto a tolerância à dor é mais influenciada por fatores psicológicos, como expectativas com relação a uma experiência iminente ou o significado ligado a determinado tipo de dor.

O parto proporciona outro exemplo vívido da variação cultural na experiência de dor. Entre as mulheres yap, no Pacífico Sul, o parto parece tratado como uma atividade corriqueira que traz pouca dor. As grávidas continuam suas atividades diárias quase até o momento em que o trabalho de parto começa, quando caminham até uma tenda adequada para dar à luz com ajuda de uma parteira. Após um breve período de recuperação, a nova mãe retoma suas atividades normais. Em franco contraste com esse enfoque trivial ao parto, está a experiência de muitas mulheres latinas. Na cultura hispânica tradicional, o parto é considerado uma grande preocupação. Até a palavra

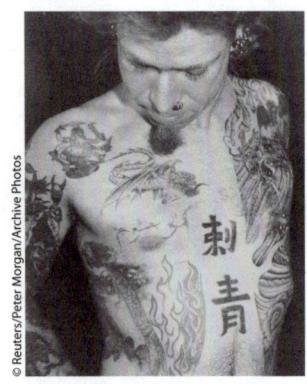

Influências psicossociais sobre a dor. A experiência de dor é moldada pelos significados que conectamos aos eventos. Em algumas culturas e religiões, a perfuração aparentemente excruciante do corpo é percebida como benigna e traz muita honra. Hoje, em muitas culturas ocidentais, o *piercing* e a "marcação" não são apenas comportamentos aceitáveis, mas desejáveis em certos grupos sociais e etários. No East Village, em Nova York, o marcador aquece pequenos pedaços de aço e os pressiona contra a pele dos clientes.

em espanhol para parto, *dolor*, significa tristeza ou dor. Conforme esperado, os pesquisadores encontraram uma incidência significativamente maior de parto doloroso e complicações entre mulheres latinas do que entre mulheres dos yap.

Pesquisas com adultos norte-americanos que sofrem de dor lombar, dor dental pós-operatória e outras síndromes de dor mostraram diferenças no nível de dor relatado por norte-americanos de descendência africana, hispânica, asiática e europeia (Faucett et al., 1994). Também, pesquisas com pessoas que sofrem de dores na coluna em vários países revelam maiores limitações entre os norte-americanos, seguidos pelos italianos, neozelandeses, japoneses, colombianos e mexicanos (Ondeck, 2003; Rahim-Williams et al., 2007).

Entretanto, assim como acontece com as diferenças de idade e gênero, é necessária cautela ao interpretar variações culturais em relatos de dor. Uma razão para tal é que os estudos interculturais muitas vezes são criticados por não possuírem equivalência semântica e linguística suficiente. Por exemplo, enquanto o inglês tem pelo menos quatro palavras básicas para descrever a dor – *ache, sore, hurt* e *pain* – a língua japonesa possui três palavras para dor e o tailandês só apresenta duas, tornando difícil equacionar relatos subjetivos de dor entre grupos diferentes.

Além disso, conforme os psicólogos já notaram há muito, os estudos de *variação intragrupal* são muito menos comuns do que os de *variação intergrupal*. Isso significa que os pesquisadores – como as pessoas em geral – muitas vezes são vítimas de raciocínio equivocado e concentram-se nas relativamente poucas maneiras em que certos grupos diferem, e não no grande número de modos em que eles são iguais. Em um exemplo notável disso, James Lipton e Joseph Marbach (1984) entrevistaram pacientes de dor facial, comparando as experiências de dor autorrelatadas de afro-americanos, irlandês-americanos, ítalo-americanos, israelo-americanos e latino-americanos. Somente 34% das respostas dos participantes mostraram diferenças significativas entre os grupos, enquanto os 66% restantes exibiram respostas semelhantes entre os grupos. De fato, os pesquisadores encontraram evidências muito mais fortes de variação *intraétnica* (variação individual no mesmo grupo) do que de variação *interétnica*.

Uma razão final para se ter cautela ao interpretar os resultados de pesquisas culturais da dor é que esses estudos se correlacionam em delineamento, tornando difícil excluir pressões socioeconômicas, apoio social, recursos de enfrentamento e outros fatores subjacentes que também contribuam para as diferenças.

Aprendizagem social

No começo da década de 1980, um número alarmante de operadores e programadores de computador na Austrália começou a ter crises de dor – geralmente, uma sensação dolorosa, de cãibra ou de alfinetadas nos antebraços ou nos pulsos. Logo, um nome que descrevia esse conjunto vago de sintomas surgiu na literatura médica: *lesão por esforço repetitivo* (LER). A parte da "lesão" no nome era importante, pois a LER passou a ser considerada uma doença ocupacional. A LER em seguida passou a ser incorporada à consciência pública à medida que os jornais começaram a divulgá-la, houve investigações governamentais e processos judiciais, os médicos começaram a tratá-la e os sindicatos, a protestar contra as condições que pareciam causá-la. Em meados da década de 1980, quase todos na Austrália tinham uma opinião sobre a LER. Alguns acreditavam que fosse uma lesão ocupacional genuína causada pelo uso excessivo, e outros pensavam que fosse um distúrbio falso, criado por trabalhadores que fingiam a dor para obter compensação. Seja qual for a verdade (e, desde então, muitas pessoas sofreram LERs autênticas), o rápido aumento da incidência inicial da LER mostra como uma mudança no contexto social pode influenciar a experiência que as pessoas têm da dor e levar à *construção social* de uma doença (Lucire, 2003).

Parece que os fatores sociais e culturais afetam a experiência da dor, mas como eles exercem essa influência? Muitos psicólogos da saúde acreditam que a aprendizagem e a comparação sociais desempenhem um papel essencial na determinação do processamento futuro da experiência de dor que o indivíduo apresentará. Os primeiros modelos à disposição do indivíduo para o comportamento relacionado com a dor são a família e o grupo cultural. Observar os familiares e outras pessoas no grupo de referência ajuda a pessoa a determinar quais comportamentos relacionados com a dor são adequados para determinada situação. Qual será a reação dos outros se eu chorar, por exemplo, ou pedir remédio para aliviar meu sofrimento?

O ambiente social também molda a experiência de dor de um indivíduo por meio do condicionamento operante. Em alguns grupos sociais e culturais, a pessoa que faz cara feia ou reclama em resposta à dor recebe reforço para essa resposta por meio da atenção dos outros, que pode levar a expressões mais abertas de dor no futuro. Em outros grupos, as expressões abertas de dor são ignoradas (ocasionando sua extinção com o tempo) ou recebidas com hostilidade (resultando em sua supressão com o tempo).

Assim como ocorre com muitos comportamentos, a maneira como se aprende a responder à dor começa na infância. Crianças cujos pais ignoram seu comportamento de dor podem se tornar mais estoicas em relação à abordagem da dor do que aquelas cujos pais prestam atenção demais em qualquer dor mínima (Pennebaker, 1982). Esse processo de socialização pode explicar o achado de que primogênitos e filhos únicos tendem a ter tolerância menor a dores induzidas de forma experimental (Sternbach, 1986). Comparados com os outros filhos, a dor dessas crianças recebe mais atenção já que os pais são ainda inexperientes e tendem a reagir excessivamente a doenças. Depois, quando já aprenderam o que devem esperar, em geral dão menos reforço a comportamentos de dor. Entretanto, crianças que têm muitos irmãos tendem a reclamar *mais* de dor, talvez pela necessidade de competir com seus irmãos pela atenção dos pais.

Tratando a dor

O tratamento da dor é um grande negócio. Em 2008, os gastos globais com medicamentos e dispositivos para o controle da dor chegaram a 19,1 bilhões de dólares; espera-se que aumentem e alcancem 32,8 bilhões em 2013 (Global Information Inc., 2010). Existem duas categorias amplas de tratamento para dor: intervenções médicas e intervenções não médicas, que incluem terapias cognitivo-comportamentais (TCCs) como a hipnose e o *biofeedback*. Embora os profissionais da saúde em determinada época fizessem pouco caso da maioria dos tratamentos não médicos, a eficácia comprovada de técnicas psicológicas com alguns pacientes, assim como as evidências de que algumas, como o efeito placebo, funcionam em parte mobilizando o sistema físico de analgesia do corpo, têm levado cada vez mais à compreensão de que não existe linha divisória nítida entre intervenções físicas e não físicas para dor.

Nesta seção, examinaremos em primeiro lugar os tratamentos farmacológicos, cirúrgicos e de estimulação elétrica mais conhecidos, e depois as TCCs usadas atualmente para controlar a dor.

Tratamentos farmacológicos

Para a maioria dos pacientes, os medicamentos analgésicos são a base das técnicas de controle da dor. Os analgésicos são divididos em duas classes gerais: a primeira inclui agentes *opioides (de ação central)*, como a morfina. A segunda consiste em químicos *não opioides (de ação periférica)*, que produzem efeitos de alívio da dor e anti-inflamatórios no tecido lesionado.

> Uma pesquisa realizada em 2001 com enfermeiros australianos verificou que havia um "claro déficit de conhecimento" no controle da dor em pessoas idosas. Por exemplo, apenas 4 em cada 10 enfermeiros sabiam que é desnecessário evitar dar analgésicos potentes para pacientes idosos frágeis. Os enfermeiros especializados em atendimento paliativo apresentaram o maior nível de conhecimento sobre o tratamento da dor de pacientes idosos.

Analgésicos opioides

Anteriormente chamados de *narcóticos* (da palavra grega *narke*, que significa "insensibilidade"), os opioides são *agonistas* (químicos excitadores) que agem sobre receptores específicos na medula espinal e no cérebro para reduzir a intensidade de mensagens de dor ou a resposta cerebral a elas.

O opioide mais poderoso e mais utilizado para tratar dores graves é a morfina, que é administrada de forma oral, retal ou intravenosa (IV). Após se conectar a receptores na PAG, no tálamo e nas células na parte posterior da medula espinal, a morfina produz analgesia intensa e indiferença à dor, um estado de euforia relaxada, menos apreensão e sensação de tranquilidade. Devido a seus poderosos efeitos, os usuários regulares de morfina desenvolvem, de forma previsível, tolerância tão rápida que as doses receitadas pelos médicos às vezes precisam ser aumentadas – para manter sua eficácia – de doses clínicas de 50 a 60 mg até 500 mg por dia em apenas 10 dias (Julien, 2008).

Todavia, existe apenas um problema nos efeitos poderosos da morfina: sua eficácia torna-a altamente viciante. Portanto, alguns médicos relutam em receitar analgésicos opioides e muitas vezes *submedicam* os pacientes de dor, receitando doses que são fracas demais para produzir alívio significativo (Reid et al., 2008). Uma solução para o problema da submedicação é a *analgesia controlada pelo paciente* – dando a ele a responsabilidade de administrar os medicamentos analgésicos. Hoje, alguns pacientes com dores crônicas e graves recebem um implante de pequenas bombas de morfina próximo ao local da dor. As pessoas podem ativar a bomba e aplicar uma pequena dose analgésica sempre que necessitarem. Muitos pacientes pós-cirúrgicos com câncer e queimaduras recebem bombas de morfina conectadas a tubos IVs (Gan et al., 2007).

Uma alternativa recente ao uso de opioides receitados parte do achado de que muitos pacientes com dores crônicas têm níveis abaixo do normal de endorfinas em seu líquido cerebrospinal. Os clínicos têm feito experimentos com endorfinas sintéticas para aumentar esses níveis. Os pacientes relataram, por exemplo, um alívio excelente e duradouro da dor após receberem injeções de uma forma sintética de endorfina chamada de *betaendorfina*.

Analgésicos não opioides

Os analgésicos não opioides incluem aspirina, acetaminofen e ibuprofeno. Também chamados de **anti-inflamatórios não esteroides (AINEs)**, esses fármacos produzem diversos efeitos, a saber:

- Redução da dor sem sedação
- Redução da inflamação
- Redução da temperatura corporal quando há febre

Embora a aspirina seja um analgésico muito eficaz para dores menores, muitas pessoas não conseguem tolerar seus efeitos colaterais, que incluem azia e dor de estômago, zumbido nos ouvidos, sede e hiperventilação. Como alternativa, utilizam o acetaminofen (Tylenol) ou o ibuprofeno (Motrin), que são mais fáceis de tolerar.

Os AINEs aliviam a dor bloqueando a reação química em cadeia que é mobilizada quando algum tecido é lesionado. Considere a dor de uma queimadura de sol. Um dos químicos produzidos no local da queimadura denomina-se *ácido araquidônico*, que o corpo converte em **prostaglandina**, a substância responsável pela dor e inflamação decorrentes da queimadura de sol. A prostaglandina também aumenta gradualmente a sensibilidade dos terminais nervosos livres à medida que o tempo passa. É por isso que a lesão tissular que acompanha a queimadura normalmente

- **anti-inflamatórios não esteroides (AINEs)** aspirina, ibuprofeno, acetaminofen e outros medicamentos analgésicos que aliviam a dor e reduzem a inflamação no tecido lesionado.

- **prostaglandina** substância química responsável pela dor localizada e pela inflamação; a prostaglandina também aumenta gradualmente a sensibilidade dos terminais nervosos livres à medida que o tempo passa.

passa despercebida enquanto você está na praia. No entanto, mais tarde, à noite, sua pele está tão sensível que mesmo uma brisa fresca pode causar dor. Os AINEs agem por meio do bloqueio da produção da enzima necessária para converter o ácido araquidônico em prostaglandina.

Cirurgia, estimulação elétrica e terapias físicas

Durante séculos, cirurgias foram utilizadas na tentativa de aliviar dores graves. Esse raciocínio fazia sentido: se a dor é uma simples conexão de *estímulo e resposta* entre receptores de dor periféricos e o cérebro, por que não simplesmente cortar ou lesionar as fibras da dor, de maneira que as mensagens não sejam transmitidas? Em sua busca, os cirurgiões testaram os efeitos analgésicos de lesões que bloqueiam as mensagens antes que elas atinjam a medula espinal, assim como lesões localizadas mais acima na "via da dor", como no tronco encefálico.

Às vezes, a cirurgia é útil. Por exemplo, já foi demonstrado que a destruição de células talâmicas do sistema de dor lenta alivia algumas dores profundas e ardentes, como as experimentadas por alguns pacientes de câncer, sem alterar a sensação de tato ou as dores mais agudas e penetrantes do sistema de dor rápida. Com mais frequência, contudo, a cirurgia tem resultados imprevisíveis e seus efeitos são curtos, talvez em razão da notável capacidade regenerativa do sistema nervoso, o qual permite aos impulsos da dor chegarem ao cérebro por diversas rotas alternativas. Como resultado, alguns pacientes de dor passaram por diversas cirurgias do tipo "vai ou racha", que proporcionam apenas alívio rápido e geram risco substancial para a saúde, custos médicos enormes e sofrimento indescritível. E, em alguns casos, os pacientes chegam a sentir dor *pior* pela lesão acumulativa em cirurgias repetidas no sistema nervoso. Por essas razões, hoje a cirurgia raramente é usada para controlar a dor – apenas como último recurso.

Mais eficaz do que a cirurgia é a **contrairritação**, que envolve estimular uma área do corpo para reduzir a dor em outra. Por exemplo, a estimulação espinal mostrou-se eficaz para controlar a dor lombar de muitos pacientes (De Andres e Van Buyten, 2006). Na **estimulação nervosa elétrica transcutânea (TENS)**, pulsos de eletricidade breves são aplicados aos terminais nervosos sob a pele próxima da área dolorida. De maneira alternativa, eletrodos estimulantes podem ser colocados ou implantados onde as fibras nervosas da área dolorida penetram na parte posterior da medula espinal. Ajustando-se a frequência e a voltagem da estimulação, os pacientes conseguem autoadministrar o tratamento. Se bem-sucedida, a TENS produz insensibilidade que supera a sensação de dor. A TENS gera excelente alívio da dor local para alguns pacientes com dores crônicas, particularmente quando é aplicada em regiões do corpo nas quais a sensibilidade à pressão e ao toque permanece intacta. De modo geral, contudo, essa estimulação tem demonstrado eficácia apenas limitada como tratamento para dor (Reeves et al., 2004).

Para dores mais graves e disseminadas (como as associadas a alguns tipos avançados de câncer), há outra forma elétrica de analgesia, chamada de *analgesia produzida por estimulação*, que envolve administrar pulsos elétricos moderados por meio de eletrodos implantados de forma cirúrgica no cérebro. Mais uma vez, os pacientes autoadministram o tratamento, determinando quando e quanta estimulação é necessária. Essa analgesia parece funcionar estimulando neurônios com endorfina, que ativam o sistema de analgesia natural do corpo. Dessa forma, os eletrodos são implantados em locais do cérebro conhecidos por sua abundância em receptores de opioides. Embora a analgesia produzida por estimulação seja cara e acarrete o mesmo risco associado a cirurgias cerebrais, muitos pacientes relatam que sua dor parece desvanecer. Como mais um benefício, a analgesia produzida por estimulação não parece perturbar os outros sentidos e não ocasiona confusão mental como costuma acontecer com a analgesia com opioides (Farrington, 1999).

- **contrairritação** analgesia em que a dor (p. ex., um músculo estirado) é aliviada pela criação de um estímulo contrário (como massagear o local do ferimento).

- **estimulação nervosa elétrica transcutânea (TENS)** forma de analgesia por contrairritação que envolve a estimulação elétrica dos nervos espinais perto de uma área dolorida.

Pessoas que estão com dor, assim como aquelas que sofrem de alguma invalidez em decorrência de doença, ferimento ou cirurgia, também podem ser indicadas a um fisioterapeuta para assistência. Os *fisioterapeutas* são profissionais da reabilitação que promovem uma saúde adequada e independência funcional por meio de esforços para identificar, corrigir ou impedir a disfunção nos movimentos, a invalidez física e a dor.

Os fisioterapeutas normalmente criam um programa individualizado de exercícios dirigidos para aumentar a força muscular, a flexibilidade e a coordenação do paciente. Dependendo das necessidades do indivíduo, eles também se concentram em melhorar as habilidades necessárias a sua vida cotidiana, como tomar banho, vestir-se e cozinhar. A fisioterapia frequentemente começa no hospital e continua pelo tempo necessário.

Terapia cognitivo-comportamental

Visto que nenhuma técnica de controle da dor se mostrou eficaz para aliviar a dor crônica, muitos profissionais da saúde, hoje, usam a abordagem *eclética* para ajudar seus pacientes a controlarem a dor. Isso significa que o tratamento é preparado para cada caso e que o paciente aprende várias estratégias de controle da dor para optar conforme necessário.

Um exemplo desse tipo de programa é a **terapia cognitivo-comportamental (TCC)**, um termo amplo para uma variedade de intervenções multidisciplinares que visam a mudar a experiência de dor da pessoa, alterando seus processos de pensamento e comportamentos (Grant e Haverkamp, 1995). A TCC envolve estratégias como distração, visualização, treinamento de relaxamento e respiração profunda.

A TCC está rapidamente se tornando o modelo dominante no tratamento da dor crônica. Embora os componentes específicos da TCC variem de uma intervenção para outra, a maioria dos programas:

- Possui um componente de educação e estabelece objetivos concentrados nos fatores que influenciam a dor, bem como esclarece as expectativas do paciente em relação ao tratamento.
- Utiliza intervenções cognitivas para aumentar a autoeficácia e a sensação de controle dos pacientes sobre a dor.
- Ensina novas técnicas para responder aos fatores que desencadeiam a dor.
- Promove níveis maiores de atividade e exercícios.

Educação e estabelecimento de objetivos

Os terapeutas cognitivo-comportamentais muitas vezes começam dando aos pacientes um breve curso que explica as diferenças entre dor aguda e dor crônica, os mecanismos da teoria da comporta e os efeitos da depressão, da ansiedade, da falta de atividade e de outros fatores controláveis relacionados com a dor. Os pacientes são conduzidos à fase educacional sendo encorajados a tirar exemplos de suas próprias experiências dolorosas, como, por exemplo, mantendo um diário que registre a frequência, a duração e a intensidade da dor, além de anotar o uso de medicamentos e os níveis de humor e atividade a cada hora. Além de permitir que o paciente e o terapeuta revisem padrões de dor sem terem que contar com a memória, o diário quase sempre apresenta ao paciente novas visões de alguns dos fatores que afetam a experiência de dor. Essas visões são valiosas para promover maior senso de controle sobre a dor.

Essa fase é mais útil para estabelecer os objetivos específicos da intervenção. Como em qualquer programa de administração do comportamento, os objetivos devem ser específicos e mensuráveis para evitar problemas de comunicação e o de-

■ **terapia cognitivo-comportamental (TCC)**
programa multidisciplinar de controle da dor que combina intervenções cognitivas, físicas e emocionais.

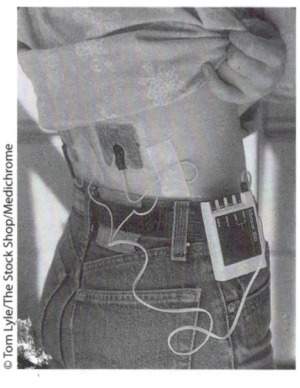

TENS A dor nas costas pode ser aliviada com o uso de TENS. Aparelhos portáteis de TENS ajudam a aliviar a dor de milhares de indivíduos. Depois que fixa os eletrodos (apresentados aqui em cada lado da área dolorida), a pessoa pode afixar o pequeno aparelho elétrico a um cinto e continuar exercendo suas atividades cotidianas, enquanto pulsos são administrados no corpo.

senvolvimento de expectativas irrealistas. Os objetivos também devem ser formulados de maneira a reduzir a tendência comum de conviver com a dor. Por exemplo, em vez de "gostaria de retomar minhas atividades normais sem sentir dor", um objetivo melhor seria "gostaria de dar uma caminhada ativa de 30 minutos quatro vezes por semana".

Intervenções cognitivas

Nossas atitudes e crenças são influências poderosas sobre a saúde. Um raciocínio errôneo muitas vezes contribui para resultados negativos para a saúde e interfere no tratamento. Como parte de um programa de controle da dor, a *reestruturação cognitiva* desafia processos de pensamento mal-adaptativos e ajuda os pacientes a redefinirem a dor como uma experiência que é mais administrável do que acreditavam antes. Também é dirigida para corrigir as crenças irracionais do paciente, que contribuem para a ansiedade e potencializam a dor.

Os psicólogos da saúde reconhecem um padrão geral de erros cognitivos no pensamento de pacientes de dor crônica, incluindo:

- *Catastrofização*. Muitas pessoas que sofrem de dor superestimam o estresse e o desconforto causados por uma experiência negativa (como um ferimento). Também tendem a ruminar sobre estímulos dolorosos, concentram-se excessivamente nos aspectos negativos da dor (Michael e Burns, 2004) e usam mais analgésicos do que indivíduos que pensam com um viés menos catastróficos (Severeijns et al., 2004).
- *Generalização exagerada*. Algumas indivíduos acreditam que sua dor nunca terminará e que arruinará por completo sua vida. Como vimos antes, essas *atribuições globais* e *estáveis* de um evento negativo muitas vezes ocasionam depressão e maus resultados para a saúde.
- *Vitimização*. Alguns pacientes de dor crônica sentem que são vítimas de uma injustiça que os consome. Muitos são incapazes de ir além do estágio "Por que eu?" no trato com sua dor.
- *Autoculpa*. Em comparação, alguns pacientes de dor crônica passam a apresentar um senso de inutilidade e podem se culpar por não conseguirem cumprir com as responsabilidades normais para com a família e o trabalho.
- *Ênfase na dor*. Algumas pessoas que sofrem de dor simplesmente não conseguem parar de pensar nesse problema. Elas podem "reviver" episódios dolorosos e repassar pensamentos negativos em suas mentes de forma indefinida.

Uma vez que as crenças e os pensamentos negativos são obviamente contraproducentes para uma intervenção bem-sucedida, os terapeutas cognitivo-comportamentais costumam usar a *terapia racional-emotiva* (ver Cap. 4) para desafiar crenças ilógicas. Outra técnica proveitosa aborda a prática de um *diálogo interno* pelo paciente, no qual pensamentos mal-adaptativos relacionados com a dor são substituídos por outros mais positivos e otimistas. Além disso, visto que muitos pacientes com dor crônica têm concepções incorretas ou temores exagerados sobre a dor e seu tratamento, simplesmente fornecer informações precisas e realistas muitas vezes já ajuda a reestruturar a dor.

Distração cognitiva Já descrevemos várias situações em que acontecimentos dolorosos foram ignorados (o atleta machucado envolvido em uma competição intensa) ou mesmo percebidos como benignos (a pessoa que cumpre um ritual religioso ou um rito de passagem). Outros exemplos vêm à mente: o soldado que não têm consciência de estar ferido até colocar um amigo em segurança ou o bombeiro gravemente machucado que ignora sua própria dor enquanto salva uma vítima inconsciente de um edifício em chamas.

Esse tipo de *distração cognitiva* tem alguma utilidade prática no controle da dor? Muitos terapeutas cognitivo-comportamentais pensam que sim. Lembre-se de seu último procedimento odontológico. Se o consultório de seu dentista é como o do meu, a sala de atendimento está cheia de estímulos para chamar atenção. Há música tocando, móbiles coloridos pendurados no teto e paisagens de sonho surgem do tranquilizador papel de parede. Há até uma pilha de animais de pelúcia em um canto, bem à vista da infeliz pessoa que ocupa a cadeira de dentista.

Será que isso funciona? Um estudo expôs pacientes odontológicos a uma de três condições. Um grupo escutou música durante o procedimento odontológico; outro escutou música *após* receber uma sugestão verbal de que a música poderia ajudar a aliviar a dor e o estresse; um terceiro grupo serviu como controle e não recebeu a sugestão, nem a música. Comparados com os sujeitos do grupo de controle, os pacientes nas duas condições de música relataram sentir níveis significativamente menores de desconforto durante os tratamentos (Anderson et al., 1991). A música também é bastante utilizada para ajudar vítimas de queimaduras a distrair sua atenção de tratamentos dolorosos, como trocar os curativos.

Visualização guiada Uma técnica bastante relacionada de controle da dor e frequentemente usada com a distração cognitiva é a visualização guiada (ver Cap. 10). Projetada para promover mudanças nas percepções da pessoa, a visualização tem dois componentes: um processo mental (*visualização*) e um procedimento (*guiada*). Embora a imaginação muitas vezes seja usada como sinônimo de *visualização*, isso é enganoso: a primeira refere-se apenas a enxergar algo percebido pela mente, enquanto uma boa visualização envolve o uso de todos os sentidos.

A visualização na verdade é uma forma de auto-hipnose, já que implica concentração e atenção. É incorporada nas técnicas de relaxamento que incluem sugestões (p. ex., "suas mãos estão pesadas") e em *ensaios mentais*, que ajudam a preparar os pacientes para se submeterem a um tratamento médico desconfortável. Ensaiando mentalmente (visualizando) uma cirurgia ou um tratamento médico difícil, os pacientes conseguem se livrar de fantasias irrealistas e, assim, aliviar a ansiedade, a dor e os efeitos colaterais que são exacerbados por reações emocionais alteradas.

Em uma intervenção típica, o paciente primeiro aprende uma estratégia de relaxamento. A seguir, enquanto a pessoa está relaxando, o profissional descreve o tratamento e o período de recuperação em termos sensoriais, conduzindo-a em uma "viagem" de visualização guiada. Os profissionais tentam ser fatuais sem usar palavras carregadas de emoções ou que provoquem medo e descrever, sempre que possível, o procedimento médico de forma positiva. O paciente também aprende técnicas de enfrentamento, como distração, dissociação mental, relaxamento muscular e respiração abdominal.

Assim como os procedimentos cognitivos de distração, as técnicas de visualização se baseiam no conceito de que a atenção e a consciência têm capacidade limitada. Dessa forma, a dor é um estímulo que compete por atenção com outros estímulos nos ambientes externos e internos à pessoa. O propósito da intervenção é ensinar os pacientes a transferir a atenção da dor para outros estímulos ou reestruturar seu foco de consciência atual. Por exemplo, o paciente de dor pode aprender a construir uma vívida imagem multissensorial, como caminhar por um campo verdejante em um lindo dia de primavera, focalizando as visões, os sons e os cheiros do campo. As características elaboradas da visualização presumivelmente competem com os estímulos dolorosos e diminuem seu impacto.

Qual é o nível de eficácia da visualização para controlar a dor? Assim como ocorre com a hipnose e o treinamento de relaxamento, a visualização é mais usada para complementar outras técnicas, de modo que sua eficácia como tratamento único é apoiado sobretudo em evidências informais (Eccleston, 1995). Os poucos resultados publicados que existem são quase totalmente positivos. Por enquanto, parece que essa prática funciona melhor com níveis baixos ou médios de intensidade de dor, em especial as dores que demoram para se desenvolver e podem ser previstas. Comparados com sujeitos de controle sem treinamento, os pacientes que foram treinados no uso de visualizações positivas podem experimentar inúmeros benefícios, incluindo menos ansiedade e dor durante procedimentos odontológicos, uso de menos analgésicos e menos efeitos colaterais no tratamento e maior tolerância à dor induzida de forma experimental (Hardin, 2004).

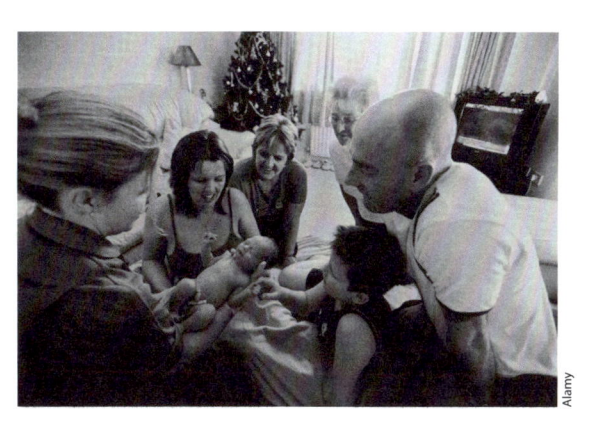

A visualização também é um componente fundamental do *treinamento Lamaze*, o método mais usado de parto preparado nos Estados Unidos (Katz, 2006). O método Lamaze tem sido equivocadamente descrito como "parto natural", mas ele é um método para o "parto preparado", que proporciona efeito analgésico mediante intervenções cognitivas e comportamentais, em vez de recorrer a substâncias químicas. Quando minha esposa e eu participamos de aulas de parto do método Lamaze, recebemos uma instrução extensiva de como desenvolver um *ponto focal* – uma visualização verdadeira ou imaginada (como uma fotografia que tem muito significado pessoal), na qual ela deveria se concentrar para distrair a atenção das dores do parto. Para ser eficaz, a imagem deve ser praticável, controlável e fácil de evocar.

Muitos estudos sobre o assunto utilizaram apenas um número restrito de pessoas e não foram replicados, deixando a eficácia da visualização como uma questão em aberto. Ainda assim, existem evidências suficientes de relação da visualização guiada com o controle da dor, a ponto de o Office of Alternative Medicine (OAM), dos Institutos Nacionais de Saúde (NIHs), solicitar que seja investigado de forma mais precisa.

A cultura da dor do parto O parto não é temido como um evento doloroso em todas as culturas. O parto preparado que ocorre em um ambiente tranquilo e confortável, como neste parto doméstico, no qual a nova mãe é rodeada por seus parentes, pode reduzir em grande medida a ansiedade e a dor que costuma causar.

Remodelando o comportamento em relação à dor Considere o caso da senhora Y, uma administradora de 37 anos que entrou para o programa de controle da dor da Universidade de Washington. Nos últimos 18 anos, ela sentiu dores lombares constantes, que permitem que ela fique fora da cama apenas menos de duas horas por dia. O resto do tempo, ela passa se reclinando – lendo, assistindo à televisão ou dormindo. Embora a senhora Y já tenha feito quatro procedimentos cirúrgicos (incluindo a remoção de uma hérnia de disco e uma fusão espinal), sua capacidade de funcionamento continua a se deteriorar. No momento de sua admissão no hospital, estava tomando várias centenas de miligramas de analgésicos opioides por dia que causam dependência grave, apesar de o raio X e um exame físico completo não revelarem evidências de qualquer distúrbio orgânico real.

Mesmo que a dor possa inicialmente ser causada por um ferimento ou alguma patologia orgânica subjacente, com o passar do tempo, sua expressão muitas vezes é mantida por reforços sociais e ambientais. Assim como a senhora Y, muitas pessoas que sofrem de dores crônicas podem não progredir em seus tratamentos porque o fato de adotarem o papel de pacientes de dor traz inúmeros benefícios, incluindo a atenção solícita de outras pessoas, bastante descanso e liberdade em relação a responsabilidades cotidianas (p. ex., o trabalho). Um objetivo de muitos programas de tratamento abrangentes, portanto, é modificar os comportamentos relacionados com a dor, como dormir demais, reclamar de desconforto e solicitar analgésicos. A partir de

Como abordado no Capítulo 5, o *biofeedback* é uma técnica que proporciona *feedback* visual ou auditivo sobre certas respostas fisiológicas supostamente involuntárias de modo que as pessoas possam aprender a controlar tais respostas.

um modelo de condicionamento, a intervenção começa pela identificação dos eventos (estímulos) que precedem os comportamentos visados (respostas), assim como suas consequências (reforços). O tratamento, então, envolve mudar as *contingências* entre respostas e reforços para aumentar a frequência de formas mais adaptativas de enfrentar o desconforto.

No caso da senhora Y, as consequências do reforço (atenção da equipe do hospital, repouso, etc.) tornaram-se contingentes de comportamentos desejáveis (como caminhar ou alguma outra forma moderada de exercício) em vez de dependerem de comportamentos mal-adaptativos, como reclamar, dependência e pedidos excessivos por analgésicos. Para o programa funcionar, os familiares – que tendem a prestar bastante atenção a sinais de dor em seus entes queridos e, assim, reforçam o descanso excessivo e a falta de participação em atividades normais da família (Morley, 1997) – também foram incluídos no programa de tratamento. Eles aprenderam a mudar o comportamento em relação a seu ente querido a fim de reduzir os comportamentos de dor e promover formas mais positivas de enfrentamento. Como resultado dos esforços combinados da equipe do hospital e dos familiares, os comportamentos de dor da senhora Y foram rapidamente *extintos*.

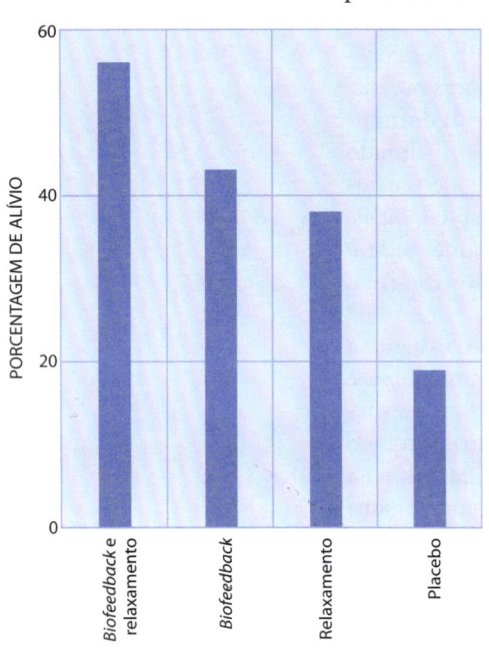

Avaliando a eficácia dos tratamentos para dor

Qual abordagem de controle da dor funciona melhor? A resposta parece ser: "Depende". Pesquisas comparando TCCs com tratamentos físicos tradicionais para dor crônica geralmente verificam que o funcionamento *físico* melhora na maioria dos pacientes que fazem intervenção física, enquanto os ganhos *psicossociais* são maiores naqueles que realizam terapia cognitiva (Turk e Okifuji, 2002). Os programas mais eficazes de controle da dor são os multidisciplinares que combinam as intervenções cognitivas, físicas e emocionais da TCC com o uso criterioso de analgésicos (Hoffman et al., 2007; Peat et al., 2001).

Em estudos com pessoas que sofrem de dor de cabeça causada pela tensão, por exemplo, o *biofeedback* se mostrou cerca de duas vezes mais eficaz que um placebo para reduzir a dor e um pouco mais efetivo que o treinamento de relaxamento. Conforme mostra a Figura 13.6, contudo, o alívio maior foi percebido por pessoas com cefaleia que receberam *biofeedback* e treinamento de relaxamento em um tratamento combinado. Até recentemente, acreditava-se em geral que as enxaquecas fossem causadas por vasos sanguíneos dilatados além do normal, e a maioria delas era tratada com medicamentos que funcionavam constringindo os vasos sanguíneos. Entretanto, pesquisas usando dispositivos de neuroimagem que permitem aos pesquisadores ver o cérebro dos pacientes durante crises de enxaqueca mostram que pessoas propensas a essa condição possuem neurônios mais excitáveis do que o normal em seus troncos encefálicos (Bahra et al., 2001). Isso pode explicar por que, para as enxaquecas, o *biofeedback* combinado com o treinamento de relaxamento parece quase tão eficaz quanto os tratamentos farmacológicos tradicionais.

O mais importante é que regimes terapêuticos eficazes encorajam os pacientes a desenvolver (e a ensaiar) um *programa de controle da dor* específico e individualizado para o surgimento dos primeiros sinais e a intensificação da dor. Dessa forma, os pacientes aprendem a redefinir seu papel no controle da dor, deixando de ser vítimas passivas para se tornarem administradores ativos e qualificados, capazes de

Figura 13.6

Alívio da dor de cabeça após *biofeedback* e treinamento de relaxamento. O *biofeedback* e o treinamento de relaxamento são mais eficazes do que um placebo para aliviar as dores de cabeça tensionais. Todavia, em muitos estudos, o maior alívio ocorreu com a combinação de *biofeedback* e treinamento de relaxamento.

Fonte: Holroyd, D. A. e Penzien, D. B. (1990). Pharmacological versus non-pharmacological prophylaxis of recurrent migraine headache: A meta-analytic review of clinical trials. *Pain, 42,* 1–13.

CAPÍTULO 13 | Controlando a dor

controlar suas experiências. O aumento nos sentimentos de autoeficácia que ocorre a partir desses passos é elemento importante na determinação do grau de dor e bem-estar geral do paciente. Os programas individualizados de TCC mostraram-se eficazes para tratar dores lombares (Ostelo et al., 2007), artrite reumatoide (Astin, 2004), cefaleias (Martin et al., 2007), fibromialgia (Garcia et al., 2006) e dores associadas a diversos tipos de câncer (Breibart e Payne, 2001).

A dor sem alívio tem efeitos enormes sobre as pessoas, incluindo a demora em sua recuperação, criando dificuldades para os cuidadores e familiares e aumentando os custos para o sistema de assistência à saúde. Várias organizações que definem os padrões para os programas de saúde enfatizam os efeitos psicológicos da dor, estabelecendo novas diretrizes para sua avaliação e seu controle da dor (Rabasca, 1999). Sob as novas diretrizes, espera-se que as instalações de atendimento de saúde (incluindo clínicas de repouso):

- Reconheçam que os pacientes têm o direito a avaliação e controle apropriados da dor.
- Avaliem a existência, a natureza e a intensidade da dor em todos os pacientes.
- Facilitem a reavaliação e o acompanhamento regulares.
- Eduquem sua equipe em relação ao controle e à avaliação da dor.
- Estabeleçam procedimentos que permitam à equipe administrar medicamentos eficazes para dor de forma apropriada.
- Eduquem os pacientes e suas famílias em relação ao controle eficaz da dor. (O treinamento de relaxamento, a distração com visualização, as afirmações tranquilizantes a respeito de si mesmo, massagens e exercícios são reconhecidos como métodos não médicos eficazes para controlar a dor.)

Os objetivos de programas de manejo da dor vão além do controle da dor para restaurar a qualidade de vida geral do paciente, reduzindo o uso de medicamentos, restaurando os níveis de atividade e promovendo o bem-estar psicológico e social.

> No Capítulo 14, vamos considerar diversos tratamentos alternativos para dor, incluindo acupuntura, hipnose, relaxamento, meditação e quiropraxia.

Revisão sobre saúde

Responda a cada pergunta a seguir com base no que aprendeu no capítulo. (DICA: Use os itens da Síntese para considerar questões biológicas, psicológicas e sociais).

1. Pense em uma situação ou incidente que fez você sentir dor. Como entende essa experiência agora que você leu sobre a dor e como ela é mensurada? Usando o que aprendeu, descreva os componentes da dor que sentiu. Explique também sua experiência de dor conforme a teoria da comporta.

2. Imagine que um amigo de sua família vai procurar tratamento para dor. Segundo a pesquisa, o que seu gênero, sua idade de 65 anos e sua origem latina indicam sobre sua experiência com a dor? O que a pesquisa ilustra em relação a sua personalidade ser ou não propensa a sentir dor?

3. Compare tratamentos biomédicos e cognitivos usados para tratar dor. Cite dois tipos de tratamentos biomédicos e cognitivos. Que experiências de dor cada tipo de intervenção parece tratar melhor?

Síntese

O que é dor?

1. A dor envolve nossa experiência total de reação a um evento prejudicial, incluindo o mecanismo físico pelo qual o corpo reage, a resposta emocional subjetiva (sofrimento) e nossas ações observáveis (comportamento de dor).

2. A dor é categorizada em termos de duração como aguda, recorrente ou crônica.

Mensurando a dor

3. Pesquisadores tentam, sem êxito, desenvolver medidas físicas objetivas da dor. Devido à natureza subjetiva da dor, todavia, eles precisam usar medidas comportamentais, escalas de avaliação e inventários de dor como o MPQ.

A fisiologia da dor

4. A dor normalmente começa quando terminais nervosos livres na pele, chamados de nociceptores, são estimulados. Os nociceptores transmitem esse estímulo para as fibras nervosas rápidas, que indicam dor aguda e cruciante, ou para fibras nervosas lentas, que sinalizam dor lenta e ardente. Os sinais de dor viajam dessas fibras nervosas periféricas para a medula espinal e dali para o tálamo, uma estação de separação de mensagens que transmite a mensagem de dor para o córtex cerebral, a parte do cérebro que raciocina. O córtex avalia o local e a gravidade da lesão.
5. As endorfinas e as encefalinas produzidas no cérebro agem como neurotransmissores e inibem a dor, atuando sobre as células da substância gelatinosa da medula espinal e a PAG do cérebro.
6. A teoria da comporta sugere que exista uma comporta da dor na medula espinal. Essa comporta pode ser fechada por estimulação do sistema de fibras de dor rápida, enquanto a atividade no sistema de dor lenta tende a abrir a comporta. Também pode ser fechada por influências sobre a via descendente do cérebro.

Fatores psicossociais na experiência de dor

7. A experiência de dor está sujeita a uma variedade de fatores psicossociais. Ainda que pessoas mais velhas e mulheres tenham mais propensão a relatar níveis mais altos de dor do que indivíduos mais jovens e homens, as relações entre dor, gênero e envelhecimento são complexas. Elas também podem refletir um raciocínio errôneo que tende a exagerar as relativamente poucas maneiras em que grupos etários, homens e mulheres diferem, enquanto ignoram o número maior de semelhanças.
8. Parece não haver uma "personalidade propensa à dor", embora certos traços afetem a capacidade de lidar com a dor de forma eficaz.
9. Provavelmente, as diferenças culturais em reações de dor estão relacionadas com diferenças no grau de tolerância à dor, em vez de discrepâncias no limiar da dor. Mesmo que alguns pesquisadores tenham relatado diferenças étnicas em relação à dor, outros encontraram variação muito maior entre membros individuais de um mesmo grupo étnico do que entre membros de grupos étnicos diferentes.

Tratando a dor

10. O método biomédico mais comum para tratar a dor é o uso de medicamentos analgésicos, incluindo opioides como a morfina. Esses agentes, que atuam de forma central, estimulam os receptores de endorfina do cérebro e da medula espinal. Uma classe menos viciante de analgésicos, os AINEs, produz seus efeitos de alívio da dor bloqueando a formação de prostaglandinas no tecido lesionado. Técnicas de estimulação elétrica, como a TENS, aplicam impulsos elétricos moderados em tecidos próximos à área que produz dor para fechar a comporta da dor na medula espinal.
11. Os programas mais exitosos de tratamento para dor são multidisciplinares e combinam o uso de analgésicos com TCCs ecléticas. Esses programas usam uma mistura de técnicas para desenvolver estratégias individualizadas de controle da dor, incluindo reestruturação cognitiva de crenças relacionadas com a dor, distração, visualização guiada e treinamento de relaxamento.
12. As intervenções comportamentais baseiam-se em procedimentos operantes para extinguir comportamentos indesejáveis relacionados com a dor, enquanto reforçam respostas mais adaptativas à dor crônica.

CAPÍTULO 13 | Controlando a dor

Termos e conceitos fundamentais

dor clínica, p. 371
dor aguda, p. 372
dor recorrente, p. 372
dor crônica, 372
hiperalgesia, p. 372
terminais nervosos livres, p. 376
nociceptor, p. 376
fibras nervosas rápidas, p. 376
fibras nervosas lentas, p. 377
substância gelatinosa, p. 377

dor referida, p. 377
substância P, p. 378
encefalinas, p. 378
substância cinzenta periaquedutal (PAG), p. 378
analgesia induzida pelo estresse, p. 379
naloxona, p. 379
teoria da comporta, p. 380
dor do membro fantasma, p. 382

anti-inflamatórios não esteroides (AINEs), p. 388
prostaglandina, p. 388
contrairritação, p. 389
estimulação nervosa elétrica transcutânea (TENS), p. 389
terapia cognitivo-comportamental (TCC), p. 390

Capítulo 14

O que é medicina complementar e alternativa?
  Estabelecendo uma categoria para a medicina não tradicional
  Os três ideais da medicina complementar e alternativa
  Qual é o grau de disseminação da medicina complementar e alternativa?

Medicina ou charlatanismo?
  O que constitui uma evidência?

Será que a medicina complementar e alternativa funciona?
  Acupuntura
  Terapias de mente e corpo
  Quiropraxia
  Medicina naturopática

Olhando em frente: a medicina complementar e alternativa no século XXI
  O melhor dos dois mundos
  A política da medicina

Medicina complementar e alternativa

Em agosto de 2003, uma mulher de 53 anos – vamos chamá-la de Cynthia – visitou uma clínica no Estado de Oregon para fazer terapia de quelação. Ainda que estivesse com boa saúde, contra a orientação de seu médico, Cynthia optou pelo tratamento não convencional em razão de seus supostos efeitos para a saúde e contra o envelhecimento. Os proponentes afirmam que a quelação, que envolve infusões intravenosas (IVs) da substância EDTA, remove metais pesados e outras toxinas ambientais do corpo. Embora não houvesse efeitos adversos visíveis dos tratamentos anteriores, em cerca de 15 minutos da aplicação da quarta infusão, ela perdeu a consciência. Foi levada rapidamente para a emergência do hospital local, onde recebeu ressuscitação cardiopulmonar, sem êxito. O legista determinou que a causa da morte havia sido uma arritmia cardíaca resultante de níveis baixos anormais de cálcio em seu corpo (Quackwatch, 2006).

Ao contrário do trágico caso de Cynthia, considere o seguinte testemunho dos benefícios do tratamento não convencional que o médico Andrew Weil recebeu em uma carta de um de seus pacientes. "Seis anos atrás (estou com 27 agora), os médicos jogaram sobre mim a horrível 'palavra C' e a fizeram soar como uma sentença de morte (era câncer ósseo). Eles decidiram que eram as autoridades e eu era a vítima e que a única maneira de agir era a deles. Saí do consultório para nunca mais voltar. Comecei a andar de bicicleta (por volta de 804 km por semana) e correr (por volta de 96 km por semana) e a comer frutas frescas, sucos e cereais integrais... E nada mais. É pena que mais pessoas não reconheçam o que um pouco de autodeterminação e o próprio subconsciente podem fazer para devolver uma pessoa a sua plenitude" (Weil, 1998, p. 10).

A equipe dos Institutos Nacionais de Saúde (NIHs) estima que menos de um terço do atendimento de saúde seja prestado por médicos e enfermeiros alopáticos ou treinados de forma biomédica (NIH, 2006). O restante provém de intervenções de autoatendimento e não tradicionais. Isso pode significar uma ida ao acupunturista, ao massoterapeuta ou ao quiroprático; compras *on-line* de ingredientes para aromaterapia, remédios de ervas ou megavitaminas; ou uma hora de meditação ou ioga por dia.

Uma visita a qualquer grande livraria revela uma abundância de livros sobre tratamentos de saúde não tradicionais. Os livros de Andrew Weil sobre medicina alternativa continuam a atrair um grande número de interessados. Chamado às vezes de "médico da América" e o "pioneiro da medicina do futuro", Weil publicou 10 livros sobre os poderes naturais de cura do corpo, cinco dos quais foram *best-sellers* do *New York Times* (Nutrition Action HealthLetter, 2006).

Testemunhos pessoais e de celebridades em defesa de tratamentos não convencionais contribuem para o crescente interesse por esse tipo de terapia. Talvez o mais conhecido seja a poderosa descrição do autor e crítico Norman Cousins sobre sua batalha contra uma doença incurável. Cousins atribuiu sua bem-sucedida recuperação a seu enfoque não convencional da cura: um programa de doses altas de vitamina C e filmes de comédia. O sucesso de seu tratamento o fez tornar-se um defensor da visão de que "o hospital não é lugar para uma pessoa que esteja gravemente doente" (Cousins, 1976). Essa advertência negativa adquiriu novo significado em novembro de 1999, quando um mordaz relatório do National Academy of Sciences Institute of Medicine indicou que erros médicos matam de 44 mil a 98 mil pacientes nos hospitais do país a cada ano, tornando esses erros a oitava principal causa de morte – à frente de acidentes automobilísticos e aids.

Mas será que esses métodos funcionam? Os tratamentos não convencionais devem ser submetidos às mesmas regras de **medicina baseada em evidências** que as intervenções biomédicas tradicionais, incluindo testes rigorosos e avaliações minuciosas dos supostos benefícios à saúde. Neste capítulo, consideraremos diversos tratamentos alternativos, que variam amplamente em sua eficácia nos testes.

■ **medicina baseada em evidências** abordagem terapêutica que promove a coleta, a interpretação e a integração das melhores evidências científicas para as tomadas de decisão sobre o tratamento de pacientes.

O que é medicina complementar e alternativa?

O termo *medicina alternativa* tem sido usado para identificar diversas abordagens terapêuticas e filosofias que são em geral definidas como práticas de atendimento de saúde que não são ensinadas nas faculdades de medicina, não são usadas nos hospitais e não são reembolsadas pelas companhias de seguro. Várias dessas abordagens são consideradas parte da **medicina holística**, na qual o profissional aborda as necessidades físicas, mentais, emocionais e espirituais do paciente como um todo.

Nos capítulos anteriores, discutimos diversas técnicas não tradicionais, incluindo a visualização guiada, o manejo do estresse e a reavaliação cognitiva. Neste capítulo, vamos nos concentrar em terapias não tradicionais de maior escala que abrangem algumas das seguintes técnicas: *acupuntura, terapias de mente e corpo, quiropraxia* e *naturopatia*.

■ **medicina holística** abordagem de medicina que considera não apenas a saúde física, mas também o bem-estar emocional, espiritual e psicológico da pessoa.

Estabelecendo uma categoria para a medicina não tradicional

Alguns métodos "alternativos" existem há mais tempo do que os antibióticos, a angioplastia e outras terapias biomédicas mais recentes e, por essa razão, o termo *alternativo* parece inadequado. Um termo mais apropriado, cunhado recentemente por especialistas de atendimento de saúde, é *medicina complementar*, o qual enfatiza que muitos "remédios alternativos" funcionam melhor se usados junto – e não substituindo – a medicina regular (ou *alopática*). Por exemplo, a hipertensão pode ser tratada com um medicamento que reduz a pressão arterial *e* com o treinamento de relaxamento: o efeito combinado das duas intervenções excede o da própria farmacoterapia ou do relaxamento, e este pode reduzir as doses necessárias do remédio, minimizando quaisquer efeitos colaterais adversos.

Neste capítulo, utilizaremos o termo **medicina complementar e alternativa** para nos referirmos a uma variedade de intervenções que visam a promover a saúde e a técnicas diagnósticas que não fazem parte de qualquer sistema de atendimento de saúde, cultura ou sociedade ocidentais. Embora pertençam à mesma categoria, todas essas terapias não se baseiam necessariamente em uma filosofia comum. De fato, elas podem ter crenças contraditórias sobre a melhor forma de curar. O Office of Alternative Medicine (OAM) dos NIHs há pouco desenvolveu o esquema de classificação apresentado na Tabela 14.1, que divide as práticas de atendimento médico alternativo em cinco áreas principais.

■ **medicina complementar e alternativa** uso e prática de terapias ou técnicas de diagnóstico que não fazem parte da biomedicina convencional.

Tabela 14.1

Áreas da medicina complementar e alternativa

Sistemas médicos alternativos	Sistemas completos de atendimento de saúde que evoluíram de forma independente da biomedicina convencional. Os exemplos incluem medicina oriental, *ayurveda*, homeopatia e sistemas médicos desenvolvidos por culturas de nativos norte-americanos, aborígenes, africanos, do Oriente Médio e da América do Sul.
Intervenções de mente e corpo	Técnicas projetadas para afetar a capacidade da mente de influenciar funções e sintomas corporais. Os exemplos incluem meditação, hipnose, oração, musicoterapia, arteterapia e cura mental.
Terapias de base biológica	Intervenções e produtos de base natural e biológica, muitas vezes sobrepostos ao uso de suplementos alimentares pela medicina convencional. Incluem abordagens fitoterápicas e ortomoleculares, como as dietas especiais (p. ex., Atkins, Ornish, Pritikin).
Métodos manipulativos e com base no corpo	Uso do toque e da manipulação como ferramentas diagnósticas e terapêuticas. Incluem a quiropraxia, a osteopatia e a massoterapia.
Terapias energéticas	Concentram-se em campos de energia que se originam dentro do corpo (biocampos) ou de outras fontes (campos eletromagnéticos). Os exemplos incluem *qi gong*, toque terapêutico, *reiki* e uso de ímãs.

Fonte: National Center for Complementary and Alternative Medicine (http://nccam.nih.gov).

Os três ideais da medicina complementar e alternativa

Apesar da variedade interminável de terapias alternativas, a maioria das formas de medicina alternativa *compartilha* várias características, as quais distinguem essas intervenções da medicina tradicional. A maior parte delas trabalha com base em três ideais fundamentais: proporcionar um tratamento que seja natural, que seja holístico e que promova o bem-estar.

Medicina natural

Para muitas pessoas, o mundo moderno se tornou sintético, artificial e tóxico demais. Uma pessoa necessita de contato mais íntimo com a natureza, outra decide usar apenas fibras de algodão "natural" e uma terceira planta suas próprias ervas. Essa reação de "volta à natureza" é um fenômeno razoavelmente recente. Durante a maior parte do século XX, o público parecia ter uma fé inabalável na tecnologia moderna, na ciência e na biomedicina.

Então, na segunda metade do século XX, as evidências indicaram cada vez mais que os avanços na tecnologia relacionada com a saúde nem sempre foram saudáveis – e as coisas começaram a mudar. O livro da bióloga Rachel Carson, de 1962, denominado *Primavera Silenciosa*, conscientizou o público sobre o perigo potencial do diclorodifeniltricloroetano (DDT), um produto químico desenvolvido durante a Segunda Guerra Mundial e introduzido na década de 1940 como um milagroso inseticida. Após anos de pulverização aérea disseminada daquilo que se acreditava ser um inseticida inofensivo, Carson mostrou, e outros confirmaram, que o agente químico estava prejudicando peixes e pássaros e, assim, interferindo nos demais níveis da cadeia alimentar. Dez anos após Carson haver divulgado suas preocupações, o governo norte-americano baniu o DDT, e surgiu uma crescente desconfiança do público para com a ciência.

Alimentada por evidências dos perigos do DDT e de outros pesticidas, além de corantes e adoçantes artificiais, fosfa-

A cura dos navajos A medicina complementar e alternativa inclui muitas práticas, algumas mais, outras menos aceitas na civilização ocidental. Aqui, um curandeiro navajo trata um paciente com pedras e minerais, criando uma pintura sagrada de areia.

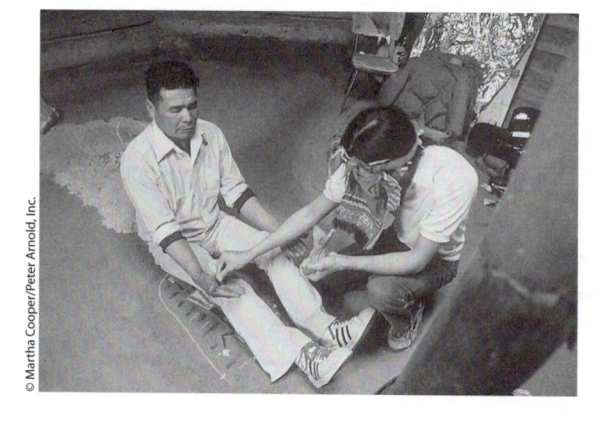

tos em detergentes, das substâncias químicas voláteis liberadas por fraldas descartáveis e das toxinas ambientais, a desconfiança pública para com a ciência estendeu-se à medicina. A popularidade cada vez maior da medicina complementar e alternativa parece indicar o desejo crescente por tratamentos mais "naturais". A imunização é um exemplo poderoso disso. Embora as vacinas sejam um componente essencial do tratamento pediátrico e sejam exigidas para a criança entrar na escola, a possibilidade de efeitos adversos e o uso de vacinas com antígenos múltiplos estão sujeitos a controvérsias (Bonhoeffer, 2007). Uma pesquisa britânica relata que 21% dos pais acreditam que o risco da doença é menor que o risco da vacina e procurariam tratamentos mais naturais se seus filhos desenvolvessem qualquer doença (Simpson et al., 1995). Atualmente, em algumas partes dos Estados Unidos, as taxas de vacinação caíram tanto que a incidência de certas doenças da infância está se aproximando dos níveis que eram comuns antes da criação de vacinas eficazes (Wallace, 2009). Uma exceção foi a campanha de 2010 para que universitários e crianças tomassem a vacina para a gripe H1N1.

Ainda que a filosofia de uma medicina "natural" inspire muitos profissionais da medicina complementar e alternativa, seria um erro supor que todos estejam de acordo. A fitoterapia e a massoterapia certamente são naturais, mas algumas outras formas de tratamentos alternativos populares não são. Considere a terapia de quelação que Cynthia experimentou, conforme descrito na abertura do capítulo. Essa controversa intervenção envolve injetar a substância química sintética EDTA na corrente sanguínea como tratamento para angina e aterosclerose.

Medicina holística

A medicina complementar e alternativa também pretende evitar a especialização limitada da biomedicina convencional. Conforme observou o médico Patch Adams, um pioneiro da medicina holística, "Trate a doença e você ganha ou perde, trate a pessoa e você sempre ganha" (Adams e Mylander, 1998, p. 22). Muitos pacientes procuram atendimento alternativo porque preferem trabalhar com profissionais que os vejam (e os tratem) como uma pessoa completa. Steven Bratman descreve um caso extremo de um homem cujos sintomas variados o fizeram ser tratado por seis especialistas médicos: um neurologista (para sintomas cognitivos decorrentes de um acidente vascular encefálico [AVE]), um ortopedista (para degeneração óssea), um oftalmologista (para dores no olho), um dermatologista (para lesões cutâneas), um urologista (para problemas na bexiga) e um cardiologista (para vazamentos nas válvulas cardíacas). Até que um vizinho idoso (que era um clínico geral aposentado) se desse conta de que os sintomas aparentemente independentes eram semelhantes aos casos de sífilis que havia encontrado 40 anos antes, ninguém suspeitou que um simples programa de injeções de penicilina era tudo que o homem necessitava.

A especialização e a fragmentação são consequências previsíveis da natureza analítica da biomedicina, que encoraja os médicos a se concentrarem nos pequenos detalhes dos sintomas que cada paciente apresenta. Como reação contra a especialização excessiva da medicina convencional, muitos profissionais alternativos ampliam sua análise das queixas de cada paciente, examinando a dieta, as emoções e o estilo de vida, assim como os sintomas específicos da doença ou da condição. Isso é especialmente verdadeiro no caso da medicina chinesa tradicional, da *ayurveda* e da homeopatia (um sistema ainda não comprovado da chamada medicina energética, desenvolvida no século XIX por Samuel Hahnemann, que defende ideias como a "lei dos semelhantes" – o remédio mais eficaz para determinada doença é uma quantidade mínima da mesma substância que desencadearia os sintomas da doença em uma pessoa saudável).

Promovendo o bem-estar

Devido ao foco histórico da biomedicina ocidental em combater a doença, é compreensível que o conceito de bem-estar seja vago demais para ser defendido pela ciência médica. Em vez disso, a biomedicina orbita em torno da doença, enquanto o foco principal de muitos tratamentos alternativos é fortalecer a pessoa, mesmo que ela não apresente sintomas graves.

Os profissionais alternativos acreditam que medicamentos, cirurgias e outras intervenções em voga possam combater as doenças, mas de modo geral não conseguem produzir um estado de vitalidade saudável. De fato, embora a maioria das intervenções médicas elimine sintomas importantes, com frequência deixam um ou mais efeitos colaterais adversos, como distúrbios estomacais ou dores de cabeça.

Muitos tratamentos alternativos fazem as pessoas sentirem-se maravilhosamente bem, mesmo que apenas de maneira temporária. A acupuntura, a aromaterapia e a massoterapia podem produzir relaxamento – até mesmo alívio dos sintomas em pacientes de câncer (Fellowes et al., 2004); a quiropraxia gera uma sensação de estar energizado. Não importa se esses efeitos resultem da sugestão positiva, de um efeito placebo ou das expectativas do paciente, este ainda é beneficiado. Além disso, segundo observam os defensores da medicina complementar e alternativa, não se pode dizer o mesmo da medicação. Os pacientes esperam tanto que certos tratamentos, como a quimioterapia, façam mal que até placebos desencadeiam reações desagradáveis. Enquanto a medicação desencadeia expectativas de doença, muitos tratamentos alternativos produzem um estado prazeroso e desejável.

A medicina complementar e alternativa não é tão rígida a ponto de os profissionais acreditarem que ela seja a única forma possível; muitos admitem que as abordagens focalizadas na doença e no bem-estar são necessárias, dependendo das circunstâncias. Os profissionais da saúde que trabalham com a **medicina integrativa** combinam intervenções biomédicas tradicionais com terapias da medicina complementar e alternativa que tenham evidências de eficácia e segurança (NCCAM, 2010). Para muitas variedades de medicina complementar e alternativa, o conceito de bem-estar está intimamente relacionado com a crença na existência de uma "energia de vida" ou "força vital", conhecida como **vitalismo**. Na **medicina oriental tradicional**, conforme apresentado no Capítulo 1, acredita-se que a força vital do *qi* (pronunciado como *tchi* em chinês e *qui* em japonês) flua por cada célula do corpo. A acupuntura, a fitoterapia e outras intervenções supostamente restauram a vitalidade corrigindo bloqueios, deficiências e excessos isolados de *qi*.

Qual é o grau de disseminação da medicina complementar e alternativa?

Uma pesquisa conduzida em 2008 pelo National Center for Complementary and Alternative Medicine (NCCAM) indica que uma proporção estimada de 38% dos adultos (por volta de 4 em cada 10) e 12% das crianças (cerca de 1 em cada 9) usam regularmente alguma forma de medicina complementar e alternativa (NCCAM, 2008). Os norte-americanos consultaram com profissionais alternativos 354 milhões de vezes em 2007 e gastaram em torno de 33,9 bilhões de dólares de sua renda pessoal em terapias alternativas – quase metade do que gastaram em serviços médicos no mesmo ano (Nahin et al., 2010). Quase dois terços dos gastos com a medicina complementar e alternativa foram para terapias autoadministráveis, como suplementos alimentares não vitamínicos e não minerais, produtos homeopáticos e ioga. Algumas pessoas são mais propensas a usar a medicina complementar e alternativa do que outras. De modo geral, ela é mais usada por mulheres do que por homens, por pessoas com ensino superior e por indivíduos que foram hospitalizados durante o último ano, principalmente

---

■ **medicina integrativa** abordagem multidisciplinar de medicina que envolve intervenções biomédicas tradicionais, bem como práticas médicas complementares e alternativas que se mostraram seguras e eficazes.

■ **vitalismo** conceito de uma força vital geral, popular em certas variedades de medicina complementar e alternativa.

■ **medicina oriental tradicional** antigo sistema de cura que integra ervas e acupuntura, fundamentado no princípio de que a harmonia interna é essencial para a boa saúde.

para problemas nas costas, ansiedade ou depressão, dificuldades para dormir e dores de cabeça (NCCAM, 2008). Questionados sobre a razão para escolherem um tratamento alternativo, os sujeitos que responderam a uma pesquisa disseram que acreditavam na possibilidade de obter resultados mais rápidos se combinassem a medicina alternativa com a tradicional (72% não contaram a seu biomédico). Outras pessoas simplesmente disseram que queriam experimentar todas as opções disponíveis para melhorar sua saúde. Muitas relataram que os profissionais alternativos eram melhores ouvintes e gostavam do tempo extra que esses profissionais dedicavam a elas.

O uso de terapias médicas não convencionais está aumentando em todo o mundo. Ainda mais importante, a eficácia percebida das terapias complementares e alternativas parece crescer, tanto entre o público em geral quanto entre médicos alopatas tradicionais (Tab. 14.2). Um número cada vez maior de médicos com formação tradicional hoje utilizam a *medicina integrativa*, incorporando alguma forma de terapia da medicina complementar e alternativa em suas práticas (Aratani, 2009). Além disso, uma pesquisa sobre hospitais norte-americanos, realizada em 2008 pela American Hospital Association (AHA), mostra que mais de 37% dos hospitais que responderam indicaram que oferecem uma ou mais modalidades da medicina alternativa, um aumento em relação aos 26,5% de 2005 (AHA, 2008).

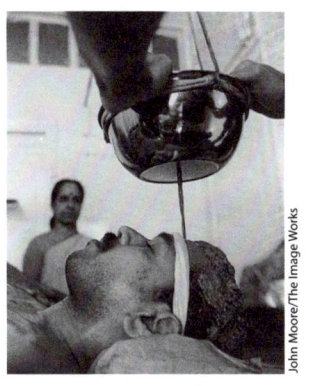

Tratamentos ayurvédicos com calor Na *ayurveda*, o profissional enfatiza o tratamento da pessoa como um todo, incluindo dieta, emoções e estilo de vida, além dos sintomas específicos da doença. O paciente nesta foto está recebendo óleos e massagem ayurvédicos para aumentar a circulação sanguínea, em uma clínica em na Nova Déli, na Índia.

Medicina ou charlatanismo?

Muitas das mesmas tendências que levaram ao surgimento da psicologia da saúde também alimentaram o interesse crescente em formas alternativas de medicina. Essas tendências incluem a preocupação pública com:

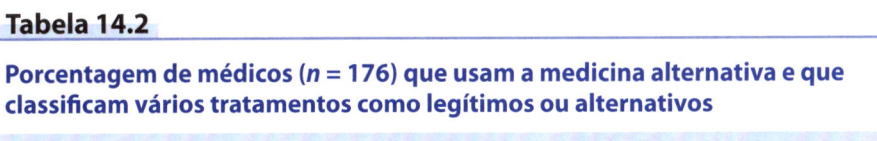

Tabela 14.2

Porcentagem de médicos (n = 176) que usam a medicina alternativa e que classificam vários tratamentos como legítimos ou alternativos

Tratamento	Prática médica legítima	Já usou em sua prática	Medicina alternativa
Aconselhamento/psicoterapia	97,2	30,8	12,4
Biofeedback	92,5	53,8	18,4
Dieta e exercícios	92,1	96,6	12,1
Medicina comportamental	91,5	58,9	16,8
Hipnoterapia	73,7	30,8	30,6
Massoterapia	57,5	35,1	42,0
Acupuntura	55,9	13,5	48,9
Quiropraxia	48,9	27,2	45,7
Vegetarianismo	45,9	22,2	53,3
Arteterapia	39,1	12,9	42,4
Acupressura	38,4	12,9	52,6
Oração	32,8	30,8	53,4
Medicina homeopática	26,9	5,3	62,2
Fitoterapia	22,6	6,9	67,7
Megavitaminas	21,1	13,5	60,8
Medicina oriental	18,3	1,8	56,1
Aplicações eletromagnéticas	17,5	7,1	52,0
Medicina dos nativos norte-americanos	16,9	3,5	60,1

Fonte: Adaptada de Berman, B. M., Singh, B. K., Lao, L., Singh, B., Ferentz, K. S. e Hartnoll, S. M. (1995). Physicians attitudes toward complementary or alternative medicine: A regional survey. *The Journal of the American Board of Family Practice, 8,* p. 361–368.

- A natureza cara e impessoal do atendimento médico moderno.
- Efeitos adversos do tratamento.
- O lucro como motivação aparente do atendimento de saúde e da pesquisa médica, que ignoram opções de tratamento que não possam ser patenteadas (e não sejam lucrativas), como as ervas medicinais.

De maneira irônica, o aumento na popularidade da medicina complementar e alternativa também se deve, pelo menos em parte, ao sucesso da biomedicina ocidental. Embora as pessoas que vivem em países desenvolvidos tenham menos probabilidade de morrer de doenças infecciosas, como a varíola, com o aumento da expectativa média de vida, também crescem as taxas de doenças crônicas para as quais a biomedicina ainda não tem cura. As terapias da medicina complementar e alternativa dão às pessoas algo mais para tentarem enquanto lutam com essas doenças e tentam aumentar sua *expectativa média de vida*.

Finalmente, a atitude que diz "o médico é quem sabe", que dominava os relacionamentos entre pacientes e profissionais da saúde, parece estar dando lugar a uma visão mais ativista e orientada para o papel do paciente como cliente. Isso, junto à crescente desconfiança do público em relação à perspectiva científica e a um retorno do interesse no misticismo e na espiritualidade, proporcionou forte ímpeto ao movimento da medicina complementar e alternativa.

O que constitui uma evidência?

Defensores da medicina complementar e alternativa e os médicos e cientistas convencionais diferem sobretudo em suas visões sobre o que constitui um modelo de pesquisa aceitável e que tipos de evidências são necessários para demonstrar a eficácia. Pesquisadores biomédicos exigem evidências de experimentos clínicos controlados, nos quais o teste de hipóteses e o raciocínio científico são usados para separar os patógenos individuais que causam a doença e isolar os tratamentos que são clinicamente eficazes para erradicá-los ou controlá-los. Os profissionais da medicina complementar e alternativa, cujas terapias se baseiam em uma filosofia mais holística, alegam que as variáveis do tratamento nem sempre podem ser estudadas de maneira independente. Um exemplo é o teste de ervas. Sob a direção e fiscalização da Food and Drug Administration (FDA), pesquisadores biomédicos que desenvolvem novos medicamentos devem isolar o princípio ativo de uma substância antes que ela possa ser aprovada para testes em humanos. Porém, muitos profissionais que usam ervas medicinais alegam que certos tônicos e combinações de remédios vegetais são eficazes precisamente *devido* às interações entre as várias substâncias. Segundo essa visão, qualquer tentativa de isolar um ingrediente de outro tornaria o tratamento inútil.

Como resultado dessas diferenças em perspectiva, muitos profissionais alternativos se dispõem a endossar intervenções, mesmo quando as evidências que sustentam suas alegações não são convincentes conforme os padrões convencionais de raciocínio científico. As lojas de alimentos naturais, por exemplo, possuem várias prateleiras de literatura impressionante que muitas vezes não possuem comprovação. Como sempre, é preciso ter isso em mente ao avaliar declarações feitas por profissionais alternativos.

Finalizando, os dois grupos diferem em seu foco. Em vez de apenas tentar remover um patógeno ou "curar" uma condição física, como fazem os profissionais biomédicos, os terapeutas da medicina complementar e alternativa enfatizam a qualidade geral da vida de um paciente, ampliando o foco para incluir aspectos psicológicos, sociais, emocionais e espirituais importantes. Consequentemente, muitos estudos da medicina complementar e alternativa parecem sem foco, não usam teste de hipóteses ou amostras grandes e tendem a contar mais com relatos verbais dos pacientes como evidência da eficácia. Não é de surpreender que a qualidade de muitos estudos da medicina complementar e alternativa, conforme avaliada por cientistas ocidentais, seja considerada baixa (NCCAM, 2010).

> "Disseram-me para consultar um quiroprático, para fazer uma lavagem no fígado e beber água oxigenada! Minha médica murmurou um palavrão quando eu disse que estava planejando experimentar medicina alternativa. Ela disse que era tudo um lixo. Eu acreditaria nela, exceto por uma coisa: sinto dor, e os tratamentos dela não estão me ajudando."
>
> – Paciente com dor lombar

Seleção de participantes e medidas de resultados

Conforme observado no Capítulo 2, cientistas estabeleceram critérios específicos para o modelo adequado de um experimento clínico. Além da necessidade óbvia de usar o método científico, os pesquisadores devem começar selecionando amostras grandes e representativas de participantes do estudo, agrupadas por gênero, idade, *status* socioeconômico e similaridade de condição médica. As pessoas selecionadas são, então, divididas de forma aleatória em grupos, de modo que cada uma tenha a chance igual de receber ou não o tratamento de interesse.

Por razões práticas e éticas, contudo, os experimentos clínicos randomizados às vezes apresentam problemas para os pesquisadores médicos, especialmente para os da medicina complementar e alternativa. Muitos experimentos dessa medicina usam uma quantidade insuficiente de pessoas de um grupo para permitir que se determine se os resultados são significativos do ponto de vista estatístico ou ocorrem apenas ao acaso. Além disso, seus profissionais muitas vezes consideram difícil (ou moralmente inaceitável) persuadir voluntários a participarem de um estudo em que possam ser "escolhidos de modo aleatório" para um grupo que não receba o tratamento. Por essa razão, as evidências da medicina complementar e alternativa costumam estar baseadas em estudos de caso informais. Esse tipo de *evidências informais*, apoiado em opiniões subjetivas em relação ao diagnóstico e aos resultados do tratamento, pouco contribui para aumentar a credibilidade de certos tratamentos não convencionais.

Outro ponto fraco da pesquisa em medicina complementar e alternativa é o uso de medidas de resultados do tratamento incompletas, tendenciosas ou invalidadas. Muitos estudos nessa área são apoiados em autoavaliações. Mesmo que, de acordo com certas diretrizes, a autoavaliação possa produzir informações úteis, os céticos normalmente se preocupam com a veracidade desses dados. As respostas podem ser influenciadas pelo desejo dos participantes da pesquisa de agradar os pesquisadores, de parecerem "normais" e até de persuadirem a si mesmos de que estão experimentando um alívio dos sintomas. Essa crítica fica mais evidente porque os estudos da medicina complementar e alternativa com frequência contam com medidas de um resultado único, em vez de várias medidas que possam, ou não, proporcionar linhas convergentes de evidência. O painel dos NIHs que avaliou a pesquisa sobre a acupuntura, por exemplo, concluiu que existem poucos estudos aceitáveis comparando a eficácia da acupuntura aos controles com placebo ou à eficácia simulada e, assim, encorajou futuros pesquisadores a proporcionarem uma descrição adequada dos protocolos para os tipos e o número de tratamentos, dos procedimentos de inscrição de sujeitos e dos métodos de diagnosticar os resultados (NIH, 1998).

Expectativa do participante e o efeito placebo

Os estudantes de medicina frequentemente aprendem a história do "senhor Wright", um paciente de câncer californiano que, em 1957, tinha apenas alguns dias de vida. Após ouvir que cientistas haviam descoberto um soro de cavalo, chamado de *Krebiozen*, que poderia ser eficaz contra o câncer, ele suplicou a seu médico para receber a substância. Mesmo relutante, o médico aplicou uma injeção no senhor Wright. Três dias depois, o incrédulo médico verificou que os tumores do paciente, que tinham o tamanho de bolas de golfe, "haviam derretido como bolas de neve em um fogão quente". Dois meses depois, após ler um relatório médico dizendo que o soro era, de fato, um remédio charlatanesco, o senhor Wright teve uma recaída súbita e morreu.

Embora muitos médicos rejeitem essa história, os pesquisadores há muito tempo reconheceram que parte do poder de cura da medicina deriva das expectativas que pacientes e profissionais trazem para a terapia. Sempre que os pacientes são tratados para uma condição de saúde, qualquer melhora pode ser decorrente de uma das quatro explicações seguintes:

- O tratamento pode realmente ser eficaz.
- A doença apenas melhorou por si mesma com o passar do tempo. Isso ocorre com a maioria das doenças, até mesmo a dor, que tendem a ser *condições autolimitantes* e cíclicas. Uma vez que a maioria das pessoas procura ajuda quando apresenta sintomas, qualquer intervenção recebida – seja inerte ou não – provavelmente será seguida por uma melhora, criando muitas vezes uma correlação ilusória de que foi a intervenção, em vez da passagem do tempo e das próprias *respostas autônomas* autocurantes do corpo, a responsável pela melhora.
- O paciente havia sido diagnosticado de forma incorreta e, na verdade, não tinha doença alguma.
- Os pacientes melhoram por si mesmos em razão de algum efeito não específico, como a crença de que o tratamento será benéfico (*efeito placebo*).

Conforme descrito no Capítulo 5, um placebo é uma substância fisiologicamente inerte que, no entanto, pode levar à cura devido às expectativas de melhora do paciente. Os placebos mostraram-se bem-sucedidos para tratar uma variedade de condições, incluindo dores de cabeça, ansiedade, hipertensão, câncer e depressão. Uma metanálise recente de estudos controlados com placebo sobre agentes antidepressivos relatou que os placebos e os medicamentos genuínos tiveram o mesmo grau de eficácia (Kirsch et al., 2008). Diferenças na eficácia de antidepressivos observadas em estudos com medicamentos e placebos aumentaram com a gravidade do nível basal de depressão, mas permaneceram relativamente pequenas mesmo para pacientes com depressão grave. Os placebos podem funcionar por anos reduzindo os sintomas, enquanto o paciente acreditar nisso.

Por que os placebos funcionam? Segundo uma explicação, os tratamentos médicos que recebemos no decorrer de nossas vidas são como experimentos de condicionamento. O jaleco do médico, o cheiro de desinfetante da sala de espera, a picada da agulha e o sabor e a textura de cada pílula que é engolida funcionam como *estímulos condicionados* (ver Cap. 1). Com o passar dos anos, à medida que cada estímulo é combinado com o impacto biológico dos ingredientes ativos do medicamento (e outros resultados terapêuticos), as expectativas de melhora se tornam cada vez mais fortes. Mais adiante, ao receber uma pílula sem ingredientes ativos, ou algum outro tratamento simulado, podemos ainda sentir um benefício terapêutico como uma *resposta condicionada* aos mesmos estímulos médicos. Herbert Benson (1996) sugeriu que o "bem-estar lembrado" é outro fator condicionado na resposta ao placebo. Depois de qualquer intervenção terapêutica, sugere, temos uma memória dos fatos passados, o que ajuda a desencadear uma resposta física benéfica.

Uma explicação intimamente relacionada é que os placebos mobilizam a "farmácia interior" do corpo, que possui substâncias de autocura (Brody, 2000). Por exemplo, os placebos podem reduzir os níveis de cortisol, noradrenalina e outros hormônios do estresse. Pesquisadores também têm forte suspeita de que pelo menos uma parte do alívio da dor causado pelos placebos ocorra porque eles estimulam a liberação de endorfinas, neurotransmissores semelhantes à morfina que são produzidos pelo cérebro. Em um estudo notável, Fabrizio Benedetti (1996) solicitou a 340 pessoas saudáveis que usassem aparelhos de apertar para exercícios das mãos, enquanto torniquetes em seus braços limitavam o fluxo sanguíneo, causando uma dor que aumentava com o tempo (Fig. 14.1). Durante o exercício, os sujeitos avaliaram periodicamente sua dor em uma escala de 10 pontos que variava de 1 (sem dor) a 10 (insuportável). Quando os participantes alcançavam 7 na escala, era administrada um entre vários medicamentos ou solução salina por meio de uma linha IV, ou à vista deles ou de forma oculta.

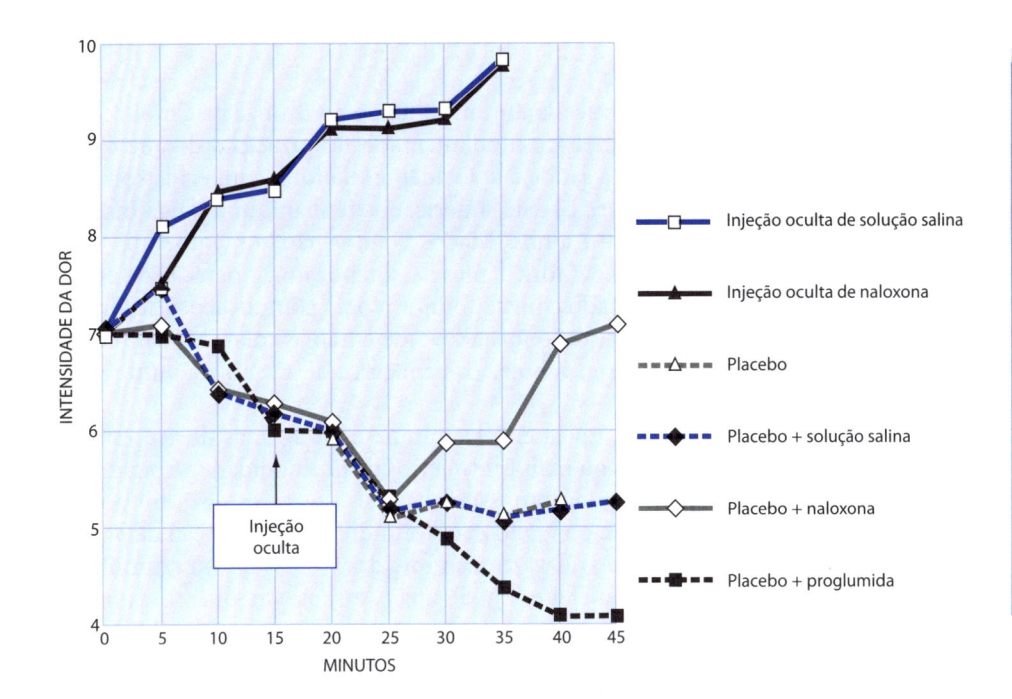

Figura 14.1

Analgesia com placebo.
Injeções visíveis de placebos foram significativamente mais eficazes para reduzir a dor do que injeções ocultas, sugerindo que não foi o placebo em si, mas o conhecimento dele que produziu a analgesia. Além disso, injeções que bloquearam a produção de endorfina (naloxona) comprometeram a analgesia induzida pelo placebo, enquanto aquelas que aumentaram a atividade das endorfinas (proglumida) a fortaleceram.
Fonte: Benedetti, F. (1996). The opposite effects of the opiate antagonist naloxone and the cholecystokinin antagonist proglumide on placebo analgesia. *Pain, 64*(3), 540.

Os resultados de Benedetti foram importantes por diversas razões. Primeiramente, como somente um placebo *visível* reduziu a dor, ficou claro que não foi o placebo em si que a reduziu, mas o *conhecimento* do placebo que funcionou. Em segundo lugar, a analgesia (alívio da dor) induzida por placebo foi claramente mediada pela produção autônoma de endorfinas pelo corpo em resposta à expectativa de que um tratamento (uma injeção visível) seria benéfica: as intervenções farmacológicas que bloquearam a produção de endorfina (naloxona) comprometeram a analgesia induzida pelo placebo, enquanto aquelas que aumentaram a atividade de endorfinas (proglumida) a fortaleceram.

Ainda que qualquer procedimento médico – de medicamentos a cirurgias – possa ter um efeito placebo, os críticos afirmam que a medicina complementar e alternativa baseia-se totalmente em placebos. Quando as terapias convencionais não conseguem ajudar, o acupunturista, o quiroprático ou o herbarista apresentam um sistema de crenças poderoso, projetado para dar ao paciente que sofre a esperança de que existe ajuda disponível. É irônico que a insistência da biomedicina em padrões rigorosos de "prova" científica da eficácia de novos medicamentos ou terapias alternativas possa, na verdade, ter proporcionado o testemunho mais forte da prevalência do efeito placebo. A "prova científica" exige o uso de um experimento randomizado, controlado e duplo-cego (ver Cap. 2). O método baseia-se na premissa de que, se o paciente ou o pesquisador souberem qual tratamento "deve funcionar", ele de fato funcionará. Ou seja, o pressuposto de trabalho é que o efeito placebo ocorre de forma rotineira.

Será que a medicina complementar e alternativa funciona?

Qual é a vantagem da medicina complementar e alternativa? O que funciona e o que não funciona? Nesta seção, tentaremos responder essas questões para vários dos tratamentos alternativos mais usados: acupuntura, terapias de mente e corpo, quiropraxia e medicina naturopática.

Acupuntura

■ **acupuntura** componente da medicina oriental tradicional no qual agulhas finas são inseridas na pele para aliviar a dor, tratar dependências químicas e doenças, e promover a saúde.

A **acupuntura** começou a ser praticada durante a Idade do Bronze na China, como parte de um sistema integrado de cura fundamentado no princípio de que a harmonia interna é necessária para a saúde. No Ocidente, ela foi reconhecida somente há 100 anos (Lytle, 1993). Embora os ásio-americanos tenham uma longa história com ela, o interesse pela acupuntura nos Estados Unidos não aumentou até 1972, quando um correspondente do New York Times passou por uma operação de emergência na China, e depois foi tratado com acupuntura para complicações decorrentes da cirurgia e escreveu a respeito no jornal. Desde então, escolas de acupuntura começaram a surgir em toda parte, e, hoje, existem cerca de 12 mil acupunturistas nos Estados Unidos.

Uma sessão de acupuntura típica envolve inserir finas agulhas de acupuntura superficialmente ou até com dois ou mais centímetros de profundidade, dependendo do local e do estilo de tratamento do profissional. Quais dos cerca de 2 mil pontos de acupuntura serão escolhidos; e o ângulo e a profundidade de inserção da agulha variam com o sintoma. As agulhas, às vezes, são torcidas, aquecidas ou estimuladas eletricamente para maximizar seu efeito. Em alguns casos, os acupunturistas incorporam ervas medicinais e recomendações alimentares em seu regime de tratamento – dois outros componentes comuns da medicina oriental tradicional.

Como a acupuntura funciona?

A resposta honesta para essa questão é que ninguém realmente sabe. Acupunturistas tradicionais acreditam que cada parte do corpo corresponde a um todo, seja o ouvido ou a sola do pé. A teoria clássica da acupuntura identifica 14 "linhas de energia" (qi) sobre o corpo, chamadas de *meridianos*. A maioria dos pontos de acupuntura, que se acredita permitirem correções em bloqueios e deficiências de qi, encontra-se sobre esses meridianos. O tratamento normalmente envolve inserir uma ou mais agulhas em um ponto ao final de um meridiano para produzir efeitos no outro lado. As primeiras pesquisas buscavam combinar as linhas meridianas com estruturas físicas do corpo, mas não obtiveram sucesso.

Porém, muitos médicos convencionais, incluindo os que praticam acupuntura, consideram difícil aceitar o conceito de um caminho de energia invisível, ou qi, preferindo, em vez disso, atribuir qualquer sucesso no tratamento ao efeito placebo. Outros sustentam que a dor de inserir agulhas de acupuntura simplesmente distrai o paciente de sua dor original, ou que a acupuntura desencadeia a liberação dos analgésicos (endorfinas) e agentes anti-inflamatórios naturais do próprio corpo. Nenhuma dessas explicações, no entanto, é aceita de forma ampla.

Na época atual, usando ferramentas como a imagem de ressonância magnética funcional (IRMf) e a tomografia por emissão de pósitrons (PET), pesquisadores estão sondando o cérebro em busca dos locais e dos efeitos específicos da acupuntura. Uma revisão de 2005 concluiu que as técnicas de neuroimagem são promissoras para distinguir as ações corticais desse tratamento, bem como os efeitos das expectativas do sujeito e do placebo (Lewith et al., 2005). Por exemplo, comparando imagens do cérebro de 12 pacientes de dor crônica antes e após o tratamento com acupuntura, verificou-se que a manipulação de agulhas de acupuntura em um ponto da mão entre o polegar e o indicador produzia diminuições significativas da atividade neural no núcleo *accumbens*, na amígdala, no hipocampo e no hipotálamo (Hui et al., 2000). Esses resultados sugerem que a analgesia induzida por acupuntura possa resultar da ativação das vias descendentes da dor e de outras estruturas cerebrais que modulam a percepção da dor (ver Caps. 3 e 13). Outras evidências de que os efeitos analgésicos da acupuntura são revertidos pela naloxona, que bloqueia sítios receptores neurais para endorfinas e outros opioides, corroboram a hipótese de que esse tratamento desen-

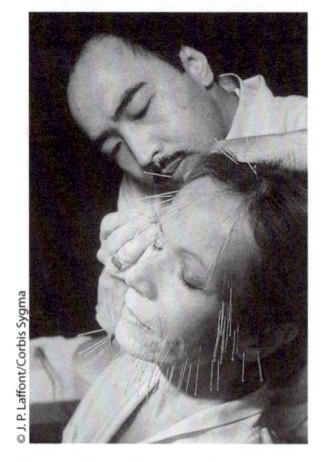

Acupuntura A acupuntura, praticada originalmente apenas na China, tornou-se cada vez mais popular nos países industrializados do Ocidente. Ela mostrou-se exitosa para tratar a dor, embora os profissionais afirmem que ela rejuvenesce o corpo.

cadeia a liberação de peptídeos opioides (analgésicos naturais) (Gardea et al., 2004). Além disso, existem evidências de que a acupuntura ativa o eixo hipotálamo-hipófise-adrenal (HAA) (ver Cap. 3) e influencia o funcionamento do sistema imune (NIH Consensus Conference, 1998).

Quanto a acupuntura funciona?

Embora a acupuntura seja usada com frequência para diversas doenças na China, nos Estados Unidos, sua aceitação por médicos alopatas – quando ocorre – quase sempre envolve o tratamento de dores ou dependência. De fato, muitos pacientes de dor crônica obtêm alívio com a acupuntura, fugindo dos efeitos adversos que muitos analgésicos controlados ou livres causam, incluindo hemorragias gastrintestinais e distúrbios no fígado ou nos rins. De maneira semelhante, muitos dependentes de substâncias encontram alívio na acupuntura para os dolorosos sintomas da abstinência.

A acupuntura está entre as terapias da medicina complementar e alternativa mais pesquisadas. Milhares de estudos foram conduzidos, mas muitos deles não foram controlados, usaram amostras pequenas demais ou não eram consistentes do ponto de vista metodológico.

A única maneira científica de determinar a eficácia de intervenções como a acupuntura é por meio de estudos controlados. Porém, esses estudos são difíceis de realizar por diversas razões: em primeiro lugar, a natureza muito individualizada da acupuntura não se aplica bem aos testes padronizados. Os próprios acupunturistas discordam em relação aos locais apropriados para a inserção das agulhas para determinada doença. Se for solicitado a 10 acupunturistas que identifiquem os locais adequados para sinusite, é provável obter 10 respostas diferentes. Visto que alguns estudos permitem aos acupunturistas escolherem os próprios pontos de estimulação, controlarem o número de sessões e usarem a estimulação elétrica, se desejarem, é muito difícil que os pesquisadores consigam isolar variáveis independentes ou comparar resultados de estudos.

Os controles duplos-cegos, os pilares dos experimentos clínicos, são ainda mais problemáticos. As agulhas podem ser inseridas em pontos inadequados para o problema de saúde da pessoa, tornando o paciente cego ao tratamento, mas o acupunturista precisa saber se os pontos são falsos ou reais, de modo que o estudo não pode ser duplo-cego. Em um interessante estudo, um acupunturista diagnosticou o problema do paciente e outro, que desconhecia o diagnóstico, inseriu as agulhas *onde o primeiro acupunturista instruiu*. Em alguns pacientes, as agulhas foram inseridas em pontos apropriados que seguiam o diagnóstico; em outros, foram inseridas em pontos falsos (Warwick-Evans et al., 1991).

Pesquisas que usam acupuntura falsa muitas vezes mostram que ela tem seus efeitos – em alguns casos, um efeito tão forte quanto a acupuntura genuína (Ernst et al., 2007; Fugh-Berman, 1997). É desnecessário dizer, mas a ideia de que espetar pacientes em pontos aleatórios pode ser quase tão eficaz quanto usar pontos de acupuntura verdadeiros é bastante perturbadora para acupunturistas que passaram anos memorizando os pontos.

Outra dificuldade é que as definições operacionais de tratamentos bem-sucedidos de acupuntura são inconsistentes, no mínimo, e bastante vagas. No caso da pesquisa sobre a dependência, o sucesso tem sido definido de forma variável como abstinência completa, menos uso, menos desejo pela substância, redução em sintomas da abstinência, melhor perspectiva e maior produtividade (Culliton et al., 1999). Assim, é possível relatar a intervenção como bem-sucedida, pois o uso da substância diminuiu de modo geral ainda que mais de metade dos participantes tenha recaídas, enquanto outros pesquisadores podem relatar achados semelhantes como indicadores de uma intervenção fracassada. Tais variações impossibilitam comparar um estudo com outro.

Acupuntura e dor

Mais de 100 experimentos clínicos randomizados foram conduzidos para testar a eficácia da acupuntura para 10 problemas de saúde. Esses estudos fornecem evidências, embora não sejam conclusivos do ponto de vista estatístico, de que a acupuntura proporcione *alguma* forma de alívio para *alguns* pacientes com problemas dolorosos, como osteoartrite, fibromialgia, dores no pescoço e nas costas, enxaqueca, dor no cotovelo e dor de dente pós-operatória (Birch et al., 2004; Ernst et al., 2007).

Uma forma relativamente nova de acupuntura que representa uma promessa – a *estimulação nervosa elétrica percutânea (PENS)* – usa agulhas semelhantes às da acupuntura para estimular os nervos sensoriais periféricos a fim de auxiliar no controle da dor do câncer nos ossos (Gardea et al., 2004). Em um estudo, 60 pacientes com dor lombar crônica foram tratados em ocasiões diferentes com PENS; PENS falsa em que as agulhas foram colocadas no mesmo padrão que na PENS, mas sem aplicação de estimulação; estimulação nervosa elétrica transcutânea (TENS; ver Cap. 13); e um programa de exercícios para a coluna (Ghoname et al., 1998). Cada tratamento foi administrado por 30 minutos, três vezes por semana, durante três semanas. Os resultados demonstraram que a PENS foi significativamente mais eficaz para reduzir a dor autorrelatada após cada sessão do que qualquer uma das outras terapias e para reduzir a necessidade de analgésico diário. Outros pesquisadores também observaram que a PENS é mais eficaz do que a TENS para dor lombar crônica, mas esse efeito se desfaz de forma gradual depois que o tratamento termina (Yokoyama et al., 2004). A PENS também foi considerada eficaz no controle da enxaqueca (Ahmed et al., 2000) e dor nas pernas e nos pés causadas pelo diabetes (Hamza et al., 2000).

Acupuntura e abuso de substâncias

Excluindo os programas de 12 passos, a acupuntura é o método de medicina complementar e alternativa mais utilizado para o tratamento da dependência, sobretudo para a dependência de tabaco, álcool, heroína e cocaína (Jain, 2003; Margolin, 2003). Alguns tribunais especializados obrigam a inclusão da acupuntura no tratamento dos condenados (Culliton et al., 1999). Os objetivos do tratamento com acupuntura incluem reduzir os sintomas da abstinência, como o desejo pela substância; manter os usuários em programas de tratamento; e obter abstinência permanente.

Os pacientes normalmente recebem tratamento em grupo, sentados em grandes cadeiras com braços e costas altas para proporcionar apoio. Uma iluminação tranquilizante, música suave e chás de ervas com frequência acompanham a sessão. Os dois ouvidos são esterilizados com álcool, e agulhas descartáveis de 12 cm são inseridas em locais específicos ao longo da orelha (acupuntura auricular). Ao final da sessão de 40 minutos, as agulhas são removidas.

Assim como ocorre em outras condições, as evidências em relação à eficácia da acupuntura para tratar dependentes químicos são, no mínimo, confusas (Margolin, 2003). Por exemplo, dois estudos controlados sobre o tratamento de recaídas na dependência de álcool – o primeiro com 80 e o segundo com 54 pacientes – verificaram que a acupuntura era mais eficaz do que a intervenção simulada para reduzir desejos por álcool, episódios de beber e readmissões à desintoxicação (Bullock et al., 1987, 1989). No segundo estudo, esses efeitos foram mantidos até um acompanhamento de seis meses: o grupo do placebo teve um número de episódios de beber e readmissões a centros de desintoxicação mais de duas vezes maior.

Um estudo recente da faculdade de medicina de Yale, com oito semanas de duração, relatou que a acupuntura é um tratamento eficaz para a dependência de cocaína e heroína (Avants et al., 2000). Os participantes receberam orientação individual e em grupo e foram divididos em três grupos: um de intervenção, que recebeu acupuntura auricular; um de controle, que recebeu acupuntura em outros pontos da área externa da orelha, os quais não se acreditava que pudessem sentir efeito; e um segundo grupo de controle, que assistiu a videoteipes apresentando imagens relaxantes, como cenas da natureza. Daqueles que receberam tratamentos com acupuntura auricular e a orientação, 53,8% estavam livres de cocaína durante a última semana da intervenção e tiveram períodos mais longos de abstinência, em comparação com 23,5 e 9,1%, respectivamente, nos dois grupos de controle.

No entanto, dois estudos recentes sobre o tratamento de acupuntura para a dependência de cocaína relataram resultados negativos (Bullock et al., 1999). O primeiro deles dividiu de forma aleatória 236 adictos internados em tratamento verdadeiro, simulado ou convencional. O segundo aplicou acupuntura verdadeira em 202 pacientes, selecionados de forma aleatória, em três doses (8, 16 ou 28 sessões). De modo geral, os grupos verdadeiro, simulado e convencional não diferiram de maneira significativa em resultado algum, incluindo em relação a abstinência, memória e humor.

A eficácia da acupuntura permanece controversa. Uma revisão de 2007 concluiu que, embora o número de testes clínicos controlados tenha aumentado para 13 das 26 condições estudadas, as evidências foram favoráveis para apenas sete delas. Para seis das condições, as evidências foram desfavoráveis (Ernst et al., 2007). Apesar da inconsistência das evidências de pesquisas para a eficácia da acupuntura, sua taxa de sucesso é a maior entre todas as intervenções médicas alternativas e, para alguns indivíduos, ela compara-se favoravelmente aos tratamentos convencionais.

Questões de segurança em relação à acupuntura

A acupuntura costuma ser considerada bastante segura, pois são raros os efeitos adversos relevantes. Uma vez que são usadas agulhas descartáveis, existe pouco risco de infecção, transmissão do vírus da imunodeficiência humana (HIV) ou hepatite. Ocasionalmente, podem ocorrer pequenos hematomas, lesões em nervos ou sangramentos quando o acupunturista, de modo descuidado, perfura um vaso sanguíneo.

Assim como ocorre em todas as formas de medicina complementar e alternativa, um risco é que os pacientes da acupuntura possam abandonar a terapia convencional e, ao fazê-lo, não recebam um diagnóstico ou uma intervenção biomédica necessários. Ainda que alguns profissionais alternativos tenham sido acusados de desencorajar seus pacientes em relação ao uso de tratamentos convencionais, é raro isso ocorrer com os acupunturistas, que, em geral, respeitam bastante a medicina convencional.

Atualmente, 35 estados norte-americanos e o Distrito de Columbia estabeleceram padrões de prática para os acupunturistas. Tais padrões são declarações oficiais de sociedades profissionais e agências governamentais que descrevem como tratar pacientes com determinados problemas de saúde ou ilustram técnicas específicas. Os profissionais que cumprem esses padrões são "licenciados" ou "certificados" pela *National Certification Commission for Acupuncture and Oriental Medicine*.

Em 1996, a FDA classificou as agulhas de acupuntura como uma forma de instrumento médico, aumentando a credibilidade dos acupunturistas e a probabilidade de que os planos de saúde paguem por essa intervenção. Embora a American Medical Association (AMA; Associação Médica Americana) não a endosse oficialmente, mais de 2 mil dos 12 mil acupunturistas dos Estados Unidos são médicos. Como outro sinal do reconhecimento crescente, a Organização Mundial da Saúde identificou 50 doenças para as quais considera que a acupuntura seja um tratamento apropriado.

Terapias de mente e corpo

A premissa básica das terapias de mente e corpo é que os fatores cognitivos, emocionais e espirituais têm efeitos profundos sobre a saúde do indivíduo (NCCAM, 2008).

Nesta seção, examinaremos três das terapias de mente e corpo mais populares: hipnose, relaxamento e meditação, e a cura espiritual e oração.

Hipnose

■ **hipnose** interação social em que uma pessoa (o hipnotizador) sugere a outra que certos pensamentos, sentimentos, percepções e comportamentos ocorrerão.

A **hipnose** é um estado psicológico que resulta de uma interação social em que uma pessoa (o hipnotizador) sugere a outra (hipnotizado) que certos pensamentos, sentimentos, percepções ou comportamentos ocorrerão.

A hipnose é usada com mais frequência para tratar a dor. Dependendo do hipnoterapeuta, vários processos cognitivos podem ser utilizados durante a sessão de hipnose, incluindo atenção concentrada, relaxamento, visualização, expectativa e dramatização. A característica mais visível da hipnose é o *transe hipnótico*, que é um estado acordado de concentração atenta e focada, em que o sujeito desliga-se do que está a sua volta e é absorvido pelas sugestões do hipnotizador.

A hipnose tem sido usada desde a Antiguidade, mas sua história na medicina clínica pode ser rastreada até James Braid, que, em 1843, descobriu ser possível induzir uma pessoa a cair em um estado de "sono nervoso". Após notar que os sujeitos nesse estado ficavam em níveis anormais de atenção a sugestões verbais, Braid denominou o fenômeno de *hipnose*, em homenagem a *Hypnos*, o deus grego do sono. Durante a última parte do século XIX, vários médicos proeminentes, incluindo Jean-Martin Charcot, James Esdaile e Hippolyte-Marie Bernheim, começaram a usar a hipnose em suas práticas médicas. Relata-se que Esdaile realizou inúmeras cirurgias indolores, até mesmo amputações, usando a hipnose como única forma de anestesia! Com a descoberta do éter e de outros anestésicos no final do século XIX, contudo, a hipnose caiu em desuso e apenas recentemente experimentou algo parecido com um retorno na medicina clínica.

Hipnose e dor A intervenção hipnótica típica para dor envolve vários estágios sobrepostos:

■ Um estágio pré-hipnótico, em que o terapeuta constrói confiança com o sujeito.
■ O uso de sugestão e visualização para induzir o relaxamento e a atenção concentrada do transe hipnótico.
■ O estágio de tratamento, que pode envolver vários tipos de sugestões e visualizações para reduzir a experiência de dor.
■ A "fase de consolidação", que pode incorporar *sugestões pós-hipnóticas*, para ser conduzida após o término da sessão.
■ Um estágio pós-hipnótico, em que o paciente é acordado, recebe instruções adicionais e é liberado. O hipnoterapeuta também pode treinar os pacientes para que possam praticar auto-hipnose em casa.

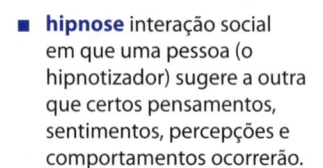

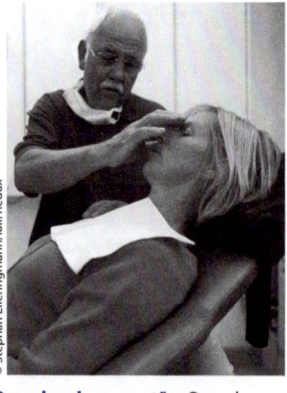

O poder da sugestão O poder da hipnose não reside no hipnotizador, mas na abertura do sujeito à sugestão.

A hipnose funciona? A hipnose não confere poderes especiais aos indivíduos sugestionáveis. Do ponto de vista fisiológico, ela é semelhante a outras formas de visualização e relaxamento profundo, pois é acompanhada por uma redução generalizada da atividade do sistema nervoso simpático, diminuição do consumo de oxigênio e da eliminação de gás carbônico, decréscimo da pressão arterial e da frequência cardíaca e aumento de determinados tipos de atividades das ondas cerebrais. Isso sugere aos psicólogos da saúde que os fenômenos hipnóticos reflitam o funcionamento da consciência normal (Spanos e Coe, 1992). Todos nós provavelmente entramos e saímos de estados semi-hipnóticos o tempo todo – por exemplo, enquanto assistimos a um programa de televisão pouco inteligente (Gardea et al., 2004). Muitos pesquisadores acreditam que as pessoas com frequência entrem em estados de transe de concentração focada quando estão sob estresse, como quando estão para experimentar um tratamento desconfortável. Durante esses momentos, quando um indivíduo em posição de autoridade dá uma ordem, isso pode ter efeito tão forte quanto o de uma sugestão pós-hipnótica. Por exemplo, quando um médico distrai uma criança que está para receber uma injeção ou faz uma declaração como: "Vai ser como uma picada de mosquito", o poder da sugestão nesse momento de concentração focada ajuda a criança a superar a experiência difícil. Aqueles que têm mais probabilidade de relatar alívio da dor com a hipnose também tendem a ser altamente suscetíveis, propensos a fantasiar e bastante sensíveis a figuras de autoridade. Evidências de registros de eletroencefalografia sugerem que existam diferenças na atividade dos lobos frontais e temporais entre indivíduos que são muito e pouco hipnotizáveis.

Para pessoas muito hipnotizáveis, a hipnose parece ser mais poderosa do que um placebo para enfrentar a dor (Jacobs et al., 1995; Patterson et al., 2010). Para as pouco hipnotizáveis, as sugestões hipnóticas de analgesia não são mais eficazes do que placebos (Miller et al., 1991). Todavia, para pessoas facilmente hipnotizáveis, a hipnose pode ser uma intervenção eficaz para enxaqueca e dor de cabeça de tensão (Milling, 2008), bem como e para dores do parto (Cyna et al., 2004).

Relaxamento e meditação

Conforme observado em outros capítulos, o relaxamento e a meditação são terapias relacionadas que se mostraram bem-sucedidas para ajudar alguns pacientes a enfrentarem e se recuperarem de inúmeros problemas médicos. No *treinamento de relaxamento progressivo*, que é a variedade mais comum, os sujeitos aprendem a dividir seus músculos em sete grupos e tensionar e relaxar um grupo de cada vez. À medida que o controle muscular aumenta, aprendem a controlar vários grupos de forma simultânea e, finalmente, monitorar, tensionar e relaxar todos os músculos de uma só vez.

Meditação refere-se a uma variedade de técnicas ou práticas que visam a concentrar ou controlar a atenção (NCCAM, 2010). Os praticantes da meditação atenta aprendem a prestar uma forma de atenção sem julgar as percepções e os pensamentos que ocorrem. Da mesma forma, os praticantes da *meditação transcendental* concentram sua consciência em um único objeto ou em uma palavra ou frase curta, chamada de *mantra*. Os proponentes da medicação alegam que a sua prática pode ter uma influência positiva na experiência de uma doença crônica que pode servir como uma estratégia de prevenção primária, secundária e/ou terciária (Bonadonna, 2003).

Em seu experimento clássico de relaxamento, Herbert Benson (1993) conectou instrumentos de mensuração em praticantes experientes de meditação transcendental para registrar mudanças em diversas funções fisiológicas, incluindo o consumo de oxigênio – um indicador confiável do estado metabólico geral do corpo. Depois de registrar o estado fisiológico dos participantes por um período inicial de 20 minutos, durante o qual simplesmente ficavam sentados em uma posição confortável, Benson os instruiu para começarem a meditar. Não foi permitido que mudassem de postura ou atividade; eles só alteravam seus pensamentos para manter o foco meditativo. Após o período de meditação, que também durou 20 minutos, foram orientados para que voltassem a seu estado normal de pensamento. Comparando-os com o período pré-meditação, os participantes consumiram significativamente menos oxigênio enquanto meditavam (Fig. 14.2). Outras alterações também ocorreram durante a meditação: a respiração foi reduzida, de uma taxa de 14 ou 15 respirações por minuto para aproximadamente 10 ou 11, e os padrões de ondas cerebrais apresentaram mais ondas alfa, teta e delta de baixa frequência – ondas associadas ao descanso e ao relaxamento – e bem menos ondas beta de alta frequência associadas a estados superiores de alerta. Além disso, durante a meditação, o nível de lactato (substância relacionada com a ansiedade) na corrente sanguínea dos participantes diminuiu de forma extraordinária.

O relaxamento, a meditação e outras técnicas *fisiológicas autorregulatórias* são eficazes para ajudar a administrar uma variedade de transtornos (NCCAM, 2010).

> "Na infância, as pessoas fantasiosas têm pelo menos um, mas normalmente muitos, companheiros imaginários, em geral tirados de personagens de histórias, amigos reais que se mudaram e animais de estimação ou brinquedos que acreditavam que pudessem falar. Um de meus pacientes assistiu ao filme *Camelot* quando criança e, por dois anos, imaginou ser o filho de Artur e Guinevere, comandando a corte do rei".
>
> Deirdre Barrett, hipnoterapeuta

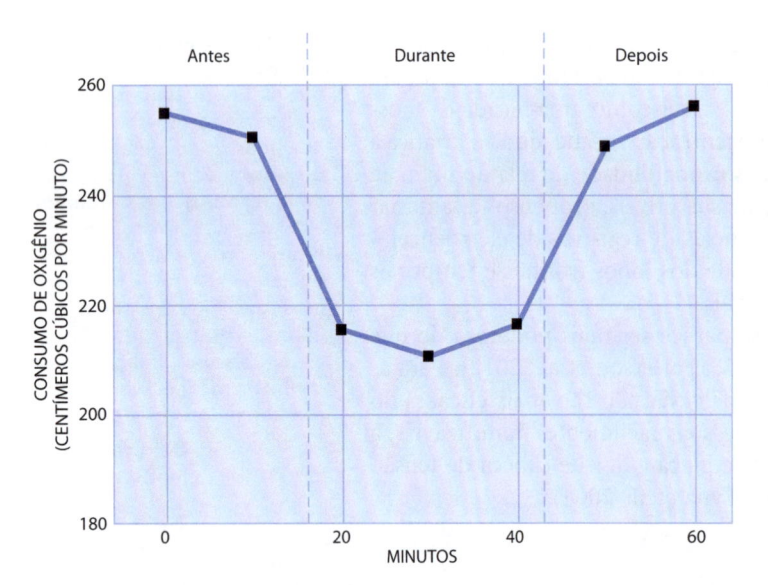

Figura 14.2

Consumo de oxigênio durante a meditação transcendental.
A taxa metabólica do corpo, refletida na quantidade de oxigênio consumido, diminuiu significativamente em meditadores experientes quando estes passaram do estado de descanso (antes) para o de meditação (durante); e aumentou quando pararam de meditar (depois).
Fonte: Benson, H. (1993). The Relaxation Response. In D. Goleman e J. Gurin (Orgs.), *Mind-Body Medicine* (p. 233–257). New York: Consumer Reports Books.

Em um dos primeiros estudos realizados por Jon Kabat-Zinn (1982), 65% dos pacientes de dor crônica que passaram 10 semanas em um programa de meditação atenta relataram menos sintomas gerais, melhora significativa no humor e redução de um terço ou mais na dor.

De fato, para pacientes com dores lombares crônicas, o treinamento de relaxamento pode ser mais eficaz do que medicamentos, placebo ou *biofeedback* (Stuckey et al., 1986). Em outro estudo, em comparação com um grupo de controle, pacientes que receberam uma hora única de instrução em relaxamento na noite antes de realizarem cirurgia na coluna necessitaram de menos medicamento para dor, reclamaram menos para os enfermeiros e tiveram estadas mais curtas no hospital (Lawlis et al., 1985).

Um grupo menor de pesquisadores opinam que o relaxamento e a meditação não são mais eficazes do que placebos para modular respostas fisiológicas. Daniel Eisenberg e colaboradores (1993), por exemplo, realizaram uma metanálise de pesquisas sobre os efeitos do relaxamento, da meditação e do *biofeedback* sobre os níveis de pressão arterial em indivíduos com hipertensão. Conforme apresentado na Figura 14.3, em comparação com pacientes que não receberam qualquer tratamento ou com um grupo de controle de lista de espera, aqueles que receberam terapias de medicina complementar e alternativa apresentaram uma redução estatisticamente (e clinicamente) significativa nas pressões arteriais sistólica e diastólica. Entretanto, em comparação com uma intervenção confiável com placebo (pseudomeditação ou *biofeedback* simulado), as terapias da medicina complementar e alternativa apresentaram um efeito menor sobre a pressão, o qual não foi significativo do ponto de vista estatístico ou clínico. A análise também mostrou que técnica alguma de medicina complementar e alternativa foi mais eficaz do que qualquer outra para reduzir a pressão arterial.

Como o relaxamento e a meditação podem promover a saúde? A maneira exata como o relaxamento e a meditação podem promover a saúde é objeto de debates constantes (Ospina et al., 2007). Uma sugestão é que o relaxamento no centro dessas terapias alivie o estresse, a tensão muscular, a ansiedade e a emotividade negativa, fatores capazes de exacerbar sintomas físicos e aumentar a vulnerabilidade do indivíduo a problemas de saúde. De fato, um estudo com 25 mulheres saudáveis verificou que as praticantes regulares de ioga tiveram menos queixas de dores corporais, excitabilidade mais baixa, agressividade e emotividade reduzidas e maior satisfação na vida do que um grupo de pessoas comparáveis que não eram adeptos da ioga (Schell et al., 1994).

Pesquisadores também sugeriram que o relaxamento e a meditação possam alterar a resposta emocional de uma pessoa a sintomas como a dor. "Ainda sinto dor constantemente", observa uma mulher de Massachussetts, que entrou para um programa de redução de dor na Universidade de Massachussetts após uma forte queda tê-la deixado com lesões no pescoço e nas costas e com a dolorosa condição crônica chamada de *fibromialgia*. "A meditação torna a dor mais suportável. Sinto menos dor, os músculos estão mais relaxados e tenho muito mais mobilidade" (Eisenberg et al., 1998). Isso faz sentido, segundo os defensores da terapia de mente e corpo, pois as técnicas alteram a forma como as pessoas que sofrem de dor respondem a sensações dolorosas e o modo como se sentem em relação a tais sensações. As intervenções de relaxamento muitas vezes ensinam pessoas que sofrem de dor a reinterpretar as sensações dolorosas, considerando-as "confortáveis e até agradáveis", em vez de "ardentes e desagradáveis" (Eisenberg et al., 1998).

Relaxamento e meditação também podem promover a saúde fortalecendo o sistema imune. Em um estudo com 45 pessoas idosas em residências independentes, um grupo teve treinamento para relaxamento três vezes por semana, outro recebeu contato social três vezes por semana e um terceiro não experienciou qualquer treinamento ou contato social. Após um mês, o grupo do relaxamento apresentou uma melhora significativa no funcionamento imunológico, e os sujeitos relataram que se sentiram mais relaxados. Não houve mudanças significativas nos grupos que tiveram contato social ou que não receberam qualquer forma de contato (Kiecolt-Glaser et al., 1985). Mais recentemente, pesquisadores relataram que a meditação está relacionada com uma atividade maior em áreas corticais associadas a emoções positivas e uma resposta maior de anticorpos à vacina da gripe, em comparação com sujeitos do grupo de controle (Davidson et al., 2003; Newberg e Iversen, 2005).

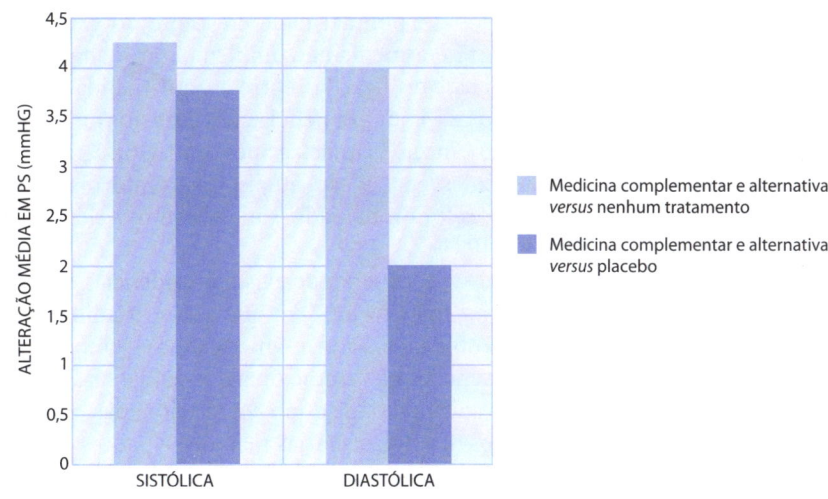

Também foi verificado que indivíduos que praticam meditação transcendental apresentam níveis mais elevados de serotonina em comparação com controles, e que esses níveis aumentam com a meditação. A serotonina é um precursor da melatonina, um bioquímico de ocorrência natural que promove analgesia, reduz a pressão arterial e a frequência cardíaca e tem um efeito antiestresse e anti-insônia. Benefícios para a saúde como esses podem explicar os achados de um estudo notável com residentes idosos de clínicas de repouso. O estudo especificou que residentes determinados de forma aleatória fariam meditação diária e outros não sofreriam intervenção. Após três anos, 25% dos que não meditavam haviam morrido, enquanto *todos* os que participavam do grupo de meditação ainda estavam vivos (Alexander et al., 1989).

Oração e cura espiritual

Conforme observado no Capítulo 1, no decorrer da história, a religião e a medicina estiveram intimamente conectadas com as tradições de cura. De fato, a cura espiritual e a física muitas vezes eram conduzidas pela mesma pessoa. À medida que a biomedicina ocidental amadurecia, contudo, as duas tradições divergiram. Em vez de consultar um curandeiro espiritual para curar infecções e prevenir doenças, as pessoas começaram a se voltar para as vacinas, os antibióticos e o crescente número de novos recursos do arsenal médico moderno.

Existem sinais, entretanto, de que o muro que divide a medicina e a cura espiritual – que nunca foi tão alto em alguns países quanto nos Estados Unidos – está começando a ruir. Conferências médicas e centros para pesquisas sobre a espiritualidade e a cura estão surgindo em Harvard, Duke e outras universidades importantes, e mais de 70 de 126 faculdades de medicina norte-americanas ofereceram disciplinas em espiritualidade e saúde em 1999, sendo que, 10 anos antes, apenas três faculdades disponibilizavam cursos dessa natureza (Musick et al., 2003). Além disso, uma pesquisa recente relatou que 99% dos médicos de família concordaram que a "oração pessoal, a meditação ou outras práticas espirituais e religiosas" podem aumentar a eficácia de tratamentos médicos (Yankelovich Partners, 1998).

Figura 14.3

Terapia de relaxamento e hipertensão. Uma metanálise de 26 experimentos controlados envolvendo 1.264 pacientes hipertensos mostrou que as intervenções de medicina complementar e alternativa baseadas em treinamento de relaxamento, meditação e *biofeedback* eram bem mais eficazes do que não usar tratamento algum para reduzir as pressões sistólica e diastólica. Em comparação a tratamentos com placebo confiáveis, no entanto, as intervenções de medicina complementar e alternativa eram muito menos eficazes; a diferença entre os tratamentos foi estatística e clinicamente insignificante.

Fonte: Adaptada de Eisenberg, D. M., Delbanco, T. L., Berkey, C. S., Kaptchuk, T. J., Kupelnick, B., Kuhl, J. e Chalmers, T. C. (1993). Cognitive behavioral techniques for hypertension: are they effective? *Annals of Internal Medicine*, 118, p. 946–972.

Intervenções de mente e corpo.
O relaxamento, a meditação e outras técnicas de autorregulação fisiológica são eficazes para ajudar a lidar com uma variedade de transtornos.
© Radius/SuperStock

A popularidade crescente do cristianismo fundamentalista, crenças na Nova Era e a medicina complementar e alternativa levaram a um interesse renovado em possíveis ligações entre a espiritualidade e os processos de cura. A oração tem sido usada com frequência crescente no tratamento de muitas doenças crônicas, incluindo o câncer (Primack e Spencer, 1996). E muitas pessoas estão convencidas da eficácia de intervenções espirituais. Casos informais de regressão de tumores em resposta a preces foram relatados, assim como o efeito da oração para reduzir ansiedade (Dossey, 1993).

Mas será que existem evidências científicas para amparar esse movimento cada vez mais forte? Será que a espiritualidade promove a saúde, conforme acreditam 4 entre cada 5 norte-americanos (Dembner, 2005)? Como ocorre em geral com intervenções não tradicionais, as evidências são confusas. Existem indícios de que a fé e a espiritualidade estão correlacionadas com a saúde. Diversos estudos verificaram que os devotos de várias religiões – padres e freiras católicos, monges trapistas e pastores mórmons – apresentam taxas de doenças e mortalidade mais baixas do que a população em geral. Um estudo de taxas de mortalidade entre quase 4 mil israelenses relatou que aqueles que viviam em comunidades religiosas ortodoxas tinham metade da probabilidade de morrer durante os 16 anos de duração do estudo do que os que moravam em *kibutz* não religiosos (Kark et al., 1996).

Uma revisão de 27 estudos verificou que, em 22 deles, a frequência de participação em serviços religiosos estava associada a uma saúde melhor (Levin e Vanderpool, 1987). Contudo, a maioria desses estudos não foi controlada, tornando-os vulneráveis a interpretações errôneas e incapazes de indicar causação. Por exemplo, problemas de saúde podem impedir muitos indivíduos de frequentar os serviços religiosos. Em outro exemplo, quando as pessoas religiosas compartilham de outros traços que promovam a saúde – digamos, se elas faziam exercícios tanto quanto rezavam ou evitavam fumar ou beber álcool de forma excessiva – a religião talvez tenha nada a ver com sua saúde melhor. Finalmente, tem sido discutido que as mulheres, que tendem a ser mais religiosas do que os homens, podem, em uma ampla medida, ser a explicação para o efeito da espiritualidade sobre a longevidade, já que elas também são propensas a viver mais do que os membros menos religiosos do outro gênero (Sloan et al., 1999). Vários estudos recentes tentaram excluir o gênero e outras variáveis não controladas da conexão entre fé e saúde. Um estudo com californianos relatou que, mesmo após excluir as diferenças decorrentes de gênero, etnia, idade e educação, aqueles mais religiosos tiveram 36% menos probabilidade de morrer em qualquer ano do que os menos religiosos (McCullough et al., 2000). Em outro estudo, pesquisadores descreveram que aqueles que raramente frequentavam serviços religiosos tiveram 1,87 vez mais probabilidade de morrer durante os oito anos de duração do estudo do que aqueles que os frequentavam com regularidade (Hummer et al., 1999) (Fig. 14.4).

O que explica a correlação entre práticas religiosas firmes e a longevidade? Pelo menos três fatores permanecem fortes candidatos: *estilo de vida, apoio social* e *emoções positivas*. Em primeiro lugar, comparados com a população em geral, aqueles que são ativos do ponto de vista religioso são propensos a fumar menos, consumir álcool de forma mais moderada, comer menos gordura, ser mais ativos e apresentar menos comportamentos sexuais de risco (Sloan et al., 1999). Em segundo, uma vez que a religião tende a ser uma experiência comunal, os mais religiosos podem se beneficiar de mais laços sociais do que pessoas da população em geral. Neste livro, vimos os efeitos benéficos do apoio social em cada domínio da saúde. Em terceiro lugar, a atividade religiosa promove a saúde por incentivar emoções mais positivas, com uma visão de mundo otimista e esperançosa, sentimento de aceitação e controle pessoal e sensação de que a vida em si é significativa (Koenig e Larson, 1998).

Apesar das evidências correlacionais crescentes de que as pessoas religiosas são mais saudáveis, indícios científicos do poder da oração para promover a saúde são praticamente inexistentes (Dembner, 2005). Nenhuma pesquisa até hoje sustenta a afirmação de que qualquer forma de cura distante (oração intercedente, cura mental, toque terapêutico ou cura espiritual) funciona. Uma metanálise de 23 experimentos clínicos de cura a distância, que incluíram a definição aleatória de participantes e de grupos de controle com placebos, relatou que 13 deles (57%) tiveram efeitos significativos do ponto de vista estatístico, nove não apresentaram efeitos sobre as intervenções de controle e um deles revelou efeitos negativos. Entretanto, as limitações metodológicas de muitos dos estudos tornaram impossível tirar conclusões definitivas sobre a eficácia da cura a distância (Astin et al., 2000). Além disso, uma investigação de 2007 concluiu que milhares de aparelhos sem regulamentação que alegavam curar com o uso de medicina energética eram perigosos e representavam nada mais que "óleo de cobra" moderno. Depois dessa investigação, dois aparelhos – o *Quantum Xrroid Consciousness Interface (QXCI)* e o *Pap-Ion Magnetic Indutor (PAP-IMI)* – foram banidos nos Estados Unidos (Berens e Willemsen, 2007).

Então, qual é o papel da fé e de outras formas de "energia" no processo de cura? Richard Sloan e colaboradores da Universidade Columbia (1999) acreditam que os médicos devem permanecer cautelosos ao "receitarem" a fé. "Associar atividades religiosas à boa saúde pode ser prejudicial aos pacientes", explicam eles, "os quais já devem confrontar a antiga sabedoria popular que diz ser a doença resultado do fracasso moral" (p. 665). Porém, eles reconhecem que a fé pode ajudar os pacientes a enfrentarem a doença. Embora o júri científico ainda esteja analisando a conexão entre a fé e a cura, "deve-se prestar muita atenção ao impacto da religião sobre as decisões do paciente quanto à saúde", concluem (p. 665).

Quiropraxia

A manipulação terapêutica do corpo data do começo dos registros do tempo. Hipócrates (século V a.C.) e Galeno (século II a.C.), por exemplo, usaram alguma forma de manipulação terapêutica, e o *bodywork* era comum entre médicos até o século XVIII (Moore, 1993). Hoje, os dois tipos mais comuns de manipulação terapêutica, a *quiropraxia* e a *osteopatia* – são as únicas formas importantes de medicina complementar e alternativa desenvolvidas nos Estados Unidos.

A palavra *quiroprático* deriva das raízes gregas *cheir* ("mão") e *praktikos* ("feito com"). Sua prática atual pode ser remontada a setembro de 1895, quando Daniel David Palmer, um curandeiro magnético em Iowa, supostamente curou a surdez de um paciente realinhando sua coluna. Dois anos depois, Palmer fundou a primeira escola de quiropraxia, com base na crença de que o corpo humano tem um poder inato de autocura e busca um estado de *homeostase* ou equilíbrio. Acreditava-se que o desequilíbrio fosse causado por subluxações, que são desalinhamentos dos ossos dentro das articulações ou movimentos anormais que interferem no fluxo de impulsos nervosos chamados de fixações. Manipulando ossos, músculos e articulações, particularmente na coluna, os quiropráticos trabalham para melhorar o funcionamento do sistema neuromusculoesquelético e restaurar a homeostase.

Ainda que Palmer fosse um ideólogo, a ponto de datar as coisas como AQ (antes da quiropraxia) e DQ (depois da quiropraxia), a osteopatia na verdade é mais antiga. Andrew Taylor Sill, o médico alopático que fundou a osteopatia, começou a ensinar seus princípios em 1892, três anos antes do primeiro ajuste quiroprático realizado por Palmer (Fugh-Berman, 1997). Embora a osteopatia seja um sistema mais completo de medicina (os osteopatas podem receitar medicamentos, realizar cirurgias e realizar quase tudo que os médicos fazem), a quiropraxia sempre foi mais difundida. Segundo

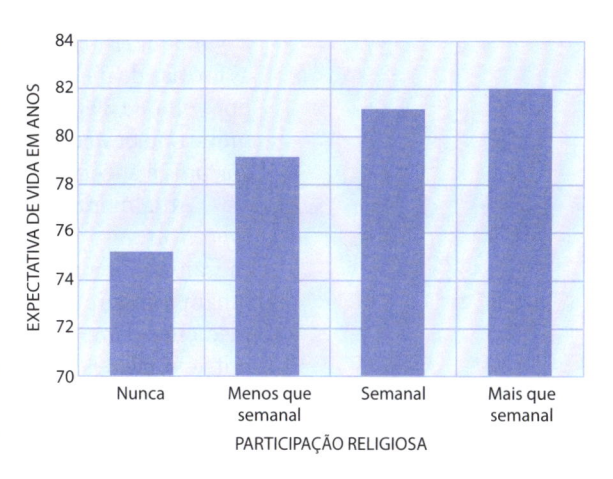

Figura 14.4

Participação em serviços religiosos e expectativa de vida. Os resultados desta grande pesquisa nacional, conduzida pelo Centers for Disease Control and Prevention, mostraram que pessoas ativas do ponto de vista religioso têm expectativas de vida maiores, mesmo quando foram controlados a idade, a raça e o gênero dos participantes da pesquisa.
Fonte: Hummer, R. A., Rogers, R. G., Nam, C. B. e Ellison, C. G. (1999). Religious involvement and U.S. adult mortality. *Demography*, 36, p. 273–285.

a *National Health Interview Survey* de 2007, que usou uma enquete abrangente sobre as formas de medicina complementar e alternativa utilizadas pelos norte-americanos, por volta de 8% dos adultos e quase 3% das crianças receberam manipulação quiroprática ou oesteopática nos últimos 12 meses. Nesta seção, vamos enfocar a quiropraxia, pois é a técnica mais praticada nos Estados Unidos.

Atualmente, os quiropráticos se dividem em dois grupos principais. Os *quiropráticos puros* são tradicionalistas que continuam a acreditar que as subluxações causam dor e a manipulação é a melhor forma de tratamento. Os *heterodoxos* combinam a manipulação tradicional com uma ampla variedade de outras terapias da medicina complementar e alternativa, incluindo massagem, fisioterapia e terapia nutricional. Os quiropráticos puros sustentam que o tratamento quiroprático é benéfico para diversas doenças, desde asma até dores nas costas e impotência. Os heterodoxos, por sua vez, tendem a reconhecer a eficácia da quiropraxia para uma variedade mais limitada de problemas, sobretudo dores lombares agudas, cefaleias e torcicolos.

O que esperar durante um exame quiroprático

Antes de realizar qualquer tipo de ajuste, o quiroprático *apalpa*, ou sente, as vértebras para detectar desalinhamentos de ossos ou fraquezas musculares, podendo também examinar os reflexos do paciente para analisar o funcionamento neural. Raios X podem ser solicitados para revelar qualquer problema nas articulações capaz de interferir no tratamento ou sofrer piora devido ao ajuste quiroprático.

Durante o tratamento, o quiroprático ajusta cada uma das articulações por vez, usando um leve movimento de propulsão para mover a articulação restrita além de sua faixa limitada de movimento. Ele pode solicitar que o indivíduo se deite em uma maca para ajustar a coluna ou se sente ou levante para alinhar o pescoço e outras articulações. Mesmo que o tratamento não seja doloroso, não é incomum ouvir articulações estalarem durante o ajuste.

Como funciona a quiropraxia?

Os médicos têm sido incansavelmente hostis com os quiropráticos. Já em 1910, um relatório do governo, realizado por Abraham Flexner, sobre a educação médica nos Estados Unidos rejeitava a quiropraxia sem nem mesmo tecer a menor consideração. O *Flexner Report* levou a reformas amplas na formação que os médicos recebiam.

Os críticos alegam que os tratamentos quiropráticos são inúteis, já que vértebras desalinhadas são comuns, inofensivas e voltam ao normal sozinhas. Na pior hipótese, a manipulação quiroprática pode causar lesões graves ao corpo se houver fraturas ou tumores. Outros questionam a premissa de que um sistema nervoso vigoroso seja a base da saúde geral, apontando para os tetraplégicos, que muitas vezes têm órgãos internos saudáveis apesar de grandes lesões nos nervos. Alguns críticos aceitam a eficácia do tratamento quiroprático para dores nas costas, mas argumentam que ele deve ficar restrito a essa condição, já que existem evidências insuficientes para sustentar sua efetividade para tratar outros problemas. Algumas pessoas veem nos quiropráticos os principais guardiões de sua saúde, o que é causa de preocupação, pois eles não têm formação para diagnosticar todas as doenças.

Apesar dessas críticas, a quiropraxia permanece muito popular entre o público em geral, forçando o Congresso, em 1974, a aprovar legislação exigindo que o Medicare pague por serviços quiropráticos. Mesmo ainda sendo considerada uma forma de medicina alternativa por muitos médicos convencionais, a quiropraxia está ganhando uma aceitação mais ampla e é licenciada em todos os 50 estados norte-americanos (Gardea et al., 2004). Como outro testemunho da crescente aceitabilidade da quiropraxia, os serviços dos quiropráticos em geral são cobertos não apenas pelo Medicare e Medicaid, mas também por aproximadamente 85% dos principais planos de seguro de saúde.

Evidências da eficácia da quiropraxia para tratar dores nas costas acumulam-se desde 1952, quando um estudo da Universidade Harvard relatou que essa era a razão mais comum para consultar um quiroprático e que um quinto dos pacientes com dores nas costas usou quiropraxia e obteve sucesso (Eisenberg et al., 1993). Foram realizados muitos testes clínicos controlados da *manipulação da coluna*, mas seus resultados são inconsistentes e vários dos estudos são de baixa qualidade (Ernst e Canter, 2006). Uma revisão recente desses testes expôs que, com a possível exceção da dor nas costas, a manipulação quiroprática da coluna não se mostrou eficaz para qualquer doença. Para dor nas costas, a revisão encontrou fortes evidências de que a manipulação da coluna tem efeito semelhante ao tratamento convencional complementado com exercícios. Pesquisadores ainda sugerem que muitas diretrizes recomendam o tratamento quiroprático para dor lombar porque não foi identificada qualquer terapia que faça diferença verdadeira (Ernst, 2008). Todavia, outra revisão encontrou falhas graves nesse estudo e concluiu que a manipulação da coluna e a mobilização são pelo menos tão eficazes para dor lombar crônica quanto outros tratamentos que costumam ser usados (Bronfort et al., 2008).

Medicina naturopática

A **medicina naturopática** visa a proporcionar atendimento holístico, ou para o corpo inteiro, retornando os seres humanos a seu "estado natural". Esse movimento de "volta à natureza" remete a médicos alemães, como Vincent Preissnitz (1799-1851), que se recusava a empregar os tratamentos rudes usados pelos médicos. Enquanto os médicos "tratavam" seus pacientes com mercúrio, sangrias e outras "curas modernas", Preissnitz e outros "médicos da natureza" alemães levavam os pacientes para caminhadas nos bosques e recomendavam dietas para "desintoxicar o corpo", seguidas por um regime alimentar simples e pelos poderes de cura do ar fresco, da luz solar e de banhos em fontes termais naturais.

Por volta da mesma época, o *movimento higiênico* tornava-se popular nos Estados Unidos. Esse movimento, fundado por Sylvester Graham (criador dos biscoitos Graham), defendia uma dieta vegetariana estrita, fitoterapia e, é óbvio, ingestão abundante de grãos integrais. Outro magnata dos alimentos, que considerava a medicina convencional uma tentativa fundamentalmente equivocada de melhorar a natureza por meios artificiais, foi John Harvey Kellogg, mais conhecido como o fundador da fábrica de cereais Kellogg's.

Benedict Lust (1869–1945), outro defensor dos tratamentos naturais, cunhou o termo *naturopático*. O imigrante alemão Lust também abriu a primeira loja de alimentos saudáveis do mundo, em torno de 1920, em Nova York. Desde então, até o começo da Segunda Guerra Mundial, a medicina naturopática foi uma alternativa popular à medicina convencional. Na década de 1950, entretanto, a cada vez mais poderosa AMA, com a descoberta da penicilina e de outros antibióticos potentes que eram eficazes contra muitas doenças fatais, tirou a popularidade da naturopatia.

Com os movimentos mais recentes de "volta à natureza", a naturopatia recuperou parte de sua popularidade anterior. Os naturopatas seguem sete princípios básicos, que condizem com os principais ideais da medicina complementar e alternativa: *ajude a natureza a curar; não faça mal algum; encontre a causa subjacente; trate toda a pessoa; encoraje a prevenção; reconheça o bem-estar;* e *aja como um professor*. A medicina naturopática integra a medicina de ervas, a nutrição clínica, a homeopatia e, às vezes, outras terapias da medicina complementar e alternativa com os métodos médicos modernos de diagnóstico e tratamento.

■ **medicina naturopática** sistema que visa proporcionar atendimento de saúde holístico, utilizando diversos sistemas tradicionais de cura, incluindo homeopatia, remédios com ervas e medicina oriental tradicional.

Existem apenas três faculdades de medicina naturopática reconhecidas oficialmente nos Estados Unidos. Os elementos da medicina naturopática, assim, parecem destinados a ser absorvidos na medicina convencional ou se tornarem um ramo dela. Embora os médicos naturopáticos sejam licenciados para trabalhar em apenas 11 estados norte-americanos, a maioria dos outros estados permite essa modalidade terapêutica de maneira limitada. A prática naturopática é regulamentada por lei estadual, e apenas alguns provedores de seguros de saúde cobrem o atendimento naturopático.

Medicina de ervas

As pessoas usam plantas para tratar problemas físicos, mentais e comportamentais desde o início dos tempos, e todas as culturas conhecidas possuem histórias antigas de medicina popular que inclui o uso de ervas. Esse conhecimento com frequência era agrupado em uma coletânea chamada *farmacopeia*. As culturas gregas e romanas antigas desenvolveram longas farmacopeias. Até o século XIII, a *herbologia* era tradicionalmente uma arte feminina na Europa. Quando a prática da cura foi adotada pelas escolas médicas dominadas pelo sexo masculino, já no século XIII, a herbologia perdeu a popularidade e muitas mulheres ervanárias foram condenadas como bruxas.

Nos Estados Unidos, os médicos utilizaram plantas medicinais como remédios primários até a década de 1930. De fato, a botânica já foi uma importante parte do currículo das faculdades de medicina. Porém, durante a segunda metade do século XX, o uso de plantas medicinais diminuiu com os avanços na capacidade de produzir fármacos de forma sintética.

Atualmente, alguns farmacêuticos criam compostos de ervas fundamentadas em prescrições escritas por médicos ou naturopatas, mas a maioria das ervas é comercializada como suplementos alimentares, já que é ilegal para os médicos recomendar uma erva como tratamento para qualquer condição. Isso seria considerado o mesmo que receitar uma droga ilegal. Na prática, é claro, as ervas têm ampla utilização como tratamento para inúmeros problemas de saúde, com vendas anuais alcançando bilhões de dólares.

Tipos de ervas Derivadas de folhas, talos, casca, flores, frutas, sementes e exsudatos (seiva) de plantas, as ervas podem ser preparadas ou comercializadas em diferentes formas – como suplementos, remédios ou chás – dependendo do uso pretendido. Elas podem ser usadas como tônicos e remédios para quase todas as doenças conhecidas. Os chás de ervas podem ser produzidos em concentrações variadas. As raízes, as cascas e outras partes da planta podem ser fervidas e transformadas em soluções potentes, chamadas de *decocções*. Nos dias de hoje, muitas ervas também estão disponíveis em lojas de alimentos naturais, farmácias e até em armazéns, na forma de tabletes e cápsulas. Extratos de ervas bastante concentrados, à base de álcool, chamados de *tinturas*, também são muito populares.

As ervas desempenham papel central na medicina chinesa, na *ayurvédica* e na medicina de ervas ocidental. As ervas ocidentais são categorizadas de diversas formas, podendo ser agrupadas conforme sua potência. Os *tônicos* ou normalizantes possuem efeito de cura suave sobre o corpo, enquanto os *efetores* têm ação potente e são usados para tratar doenças. As ervas também são agrupadas com frequência conforme seus efeitos sobre o corpo. Essas categorias incluem anti-inflamatórios, diuréticos e laxantes, além de outras classes menos conhecidas, como os diaforéticos, que promovem a perspiração e o nervosismo, os quais supostamente fortalecem o sistema nervoso. Elas também são com frequência agrupadas de acordo com o sistema do cor-

Ervas medicinais Vendedores de remédios montam bancas em feiras livres para apresentar as muitas ervas usadas para tratar qualquer condição médica, desde dor de dente até dor lombar e câncer. Este vendedor trabalha em Menghan, Província de Yunan, na China.

po que afetam. O sistema cardiovascular, por exemplo, acredita-se que responda ao gingko, ao fagópiro, à tília e a outras ervas consideradas eficazes para o fortalecimento dos vasos sanguíneos.

Será que as ervas funcionam? Embora cerca de 25% de nossos medicamentos sejam derivados de ervas, os médicos em geral acreditam que as ervas sejam ineficazes e potencialmente perigosas (McCarthy, 2001). Ainda assim, existem pelo menos algumas evidências de que os remédios de plantas sejam eficazes para tratar determinadas condições. Por exemplo, o poder anti-inflamatório e as propriedades antirreumáticas comprovadas do gengibre, a partir de experimentos com animais e seres humanos, sugerem que ele possa ser eficaz no tratamento de artrite. Outro exemplo, a *capsaicina*, um extrato da pimenta caiena, é efetiva para aliviar a dor da osteoartrite.

Todavia, as evidências da eficácia de certas ervas populares são confusas, na melhor hipótese. Por exemplo, uma metanálise de 26 experimentos clínicos controlados (18 randomizados, oito duplos-cegos) examinou a eficácia da erva *equinácea*. Embora os pesquisadores tenham verificado resultados positivos para 30 em 34 grupos de tratamento, mais uma vez, a maioria dos experimentos tinha baixa qualidade metodológica e, portanto, era questionável (Melchart et al., 1995). Mais recentemente, um painel de especialistas formado pelos NIHs relatou que a prática de exercícios, uma dieta saudável e suplementos podem prevenir a doença de Alzheimer e outras condições crônicas, mas que existem "evidências insuficientes para amparar o uso de produtos farmacêuticos ou suplementos alimentares para prevenir o declínio cognitivo" (NIH Consensus Development Program, 2010).

Resultados como esses tornam impossível oferecer uma resposta definitiva e unânime para a questão: "Será que as ervas funcionam?". No momento, a conclusão mais segura parece ser que algumas ervas podem ser benéficas para determinadas doenças. De modo geral, contudo, simplesmente não há evidências suficientes de que funcionem tanto quanto muitos gostariam de acreditar (Gardea et al., 2004). Além disso, em comparação com o poder muitas vezes drástico dos medicamentos, as ervas costumam ter efeitos bastante sutis. Os *extratos padronizados*, que há muito estão disponíveis na Europa e cada vez mais nos Estados Unidos, parecem mais eficazes, talvez porque as doses costumem ser mais altas do que as disponibilizadas com ervas secas.

Muitos defensores da medicina de ervas alegam que a presença de muitos ingredientes ativos e inativos, conhecidos e desconhecidos, tornam os produtos botânicos mais seguros e mais eficazes do que as substâncias sintéticas. Isso é especulação, já que foram realizados poucos experimentos comparando as ervas e os fármacos quanto à eficácia para tratar doenças específicas (Relman, 1998). Também, os defensores da medicina de ervas normalmente omitem os possíveis efeitos colaterais adversos criados pela falta de pureza e padronização de alguns produtos herbáceos.

Terapias com suplementos alimentares

O uso de vitaminas e suplementos alimentares é a segunda grande ênfase da naturopatia e talvez seja o mais conhecido de todos os tratamentos da medicina complementar e alternativa. Procure em quase todas as revistas populares e na certa encontrará pelo menos um suplemento recomendado, como a vitamina E para prevenir aterosclerose e impedir o envelhecimento prematuro da pele ou o ácido fólico para auxiliar o sistema imune. Ainda que a maioria dos especialistas médicos ainda não endosse completamente a suplementação nutricional, estima-se que 70% dos adultos nos Estados Unidos tomem suplementos vitamínicos, e 100 milhões os usam com regularidade (Gardea et al., 2004).

Terapias de base biológica Os suplementos e outras formas de medicina complementar e alternativa parecem eficazes em especial para condições clínicas que melhoram naturalmente com o tempo, talvez porque as pessoas procurem um suplemento quando os sintomas estão em seu pior nível e presumem sua eficácia quando eles desaparecem.

Não existe mais dúvida de que os suplementos alimentares proporcionem importantes benefícios para a saúde. Existe uma grande quantidade de evidências de pesquisas convincentes de que materiais derivados de alimentos podem ser eficazes para tratar diversas doenças. Por exemplo, a niacina é eficaz para reduzir os níveis de colesterol; e o sulfato de glicosamina, para reduzir a dor da artrite. Além disso, os suplementos alimentares desencadeiam menos efeitos colaterais adversos do que os medicamentos de eficácia comparável.

Os suplementos alimentares geralmente são usados de duas formas: para corrigir deficiências alimentares (*medicina nutricional*) ou em doses muito altas para desencadear um efeito terapêutico específico (*terapia de megadose*). Como remédios nutricionais, eles são úteis para corrigir deficiências bastante comuns de muitos nutrientes essenciais, incluindo as de cálcio, ácido fólico, ferro, magnésio, zinco e vitaminas A, B6, C e E. Embora a biomedicina convencional concorde com a necessidade de uma dieta equilibrada ou, menos que isso, de usar remédios nutricionais para corrigir deficiências em vitaminas e minerais, o uso da terapia de megadose é mais controverso. A famosa recomendação de Linus Pauling de tomar de 4 mil a 10 mil mg de vitamina C por dia é um ótimo exemplo. Segundo os naturopatas, essa dose imensa – equivalente a comer entre 40 e 100 laranjas por dia, ou de 10 a 15 vezes a quantidade diária recomendada oficialmente – é necessária porque os estresses da vida moderna e os efeitos de toxinas ambientais fazem as necessidades nutricionais aumentarem além do que a dieta normal pode fornecer. Tal afirmação permanece controversa entre os nutricionistas.

Medicina alimentar

Os naturopatas sempre acreditaram que frutas, vegetais, nozes e grãos integrais sejam "alimentos naturais" e que qualquer refino desses alimentos reduz sua vitalidade e suas propriedades naturais que promovem a saúde. Em comparação, até pouco tempo atrás, a biomedicina convencional prestava pouca atenção à dieta. Somente nas duas últimas décadas, pesquisadores médicos começaram a levar a sério a ideia de que aquilo que as pessoas comem tem grande impacto sobre sua saúde. Conforme discutido no Capítulo 7, as avassaladoras evidências de pesquisas epidemiológicas em grande escala mostram que a dieta desempenha um papel central na prevenção da maioria das doenças crônicas, incluindo doenças cardíacas, AVEs e câncer de mama, de colo e de próstata.

Apesar dessa discordância, os naturopatas normalmente vão além das recomendações da medicina convencional quanto a dieta. Além de apelarem para reduções drásticas no consumo de carne e gorduras saturadas, também censuram o uso de conservantes, fertilizantes artificiais, pesticidas e hormônios utilizados nas fazendas modernas. Em vez disso, recomendam comer alimentos orgânicos que sejam produzidos sem tais adulterações.

Outro conceito alimentar popular na medicina naturopática tem a ver com a ideia de *alergias alimentares* ou, de forma mais precisa, *sensibilidade a alimentos*. Dietas concentradas em evitar alimentos "desencadeadores", como açúcar, trigo ou laticínios, são receitadas para muitos problemas de saúde, da artrite à fadiga crônica (Wheelwright, 2001). Quando suspeitam de uma sensibilidade alimentar, os naturopatas em geral colocam o paciente em uma dieta bastante restrita de eliminação, com um pequeno número de alimentos conhecidos por raramente causarem reações alérgicas. Arroz, batatas-doces, peru e molho de maçã são escolhas populares. Se os sintomas começarem a desaparecer após algumas semanas na dieta restrita, os alimentos são gradualmente acrescidos de volta à dieta, um de cada vez, enquanto o paciente faz um diário de sintomas, como espirros e dores de cabeça.

Porém, mesmo os naturopatas discordam em relação aos elementos de uma dieta saudável. Os proponentes da *teoria dos alimentos crus*, um conceito naturopático com mais de 100 anos, acreditam que cozinhar os alimentos destrói a "força vital" (i.e., as vitaminas, as enzimas e os micronutrientes) encontrada na comida. Em comparação, a popular teoria da *macrobiótica* condena os alimentos crus por serem insalubres, considerando-os uma das causas de esclerose múltipla, artrite reumatoide e outras doenças. Os nutricionistas macrobióticos insistem que todos os alimentos, incluindo os vegetais, devem ser cozidos.

Será que as modificações na dieta e os suplementos alimentares funcionam?

Estudos epidemiológicos e experimentais em animais e seres humanos proporcionaram evidências substanciais de que a dieta (na forma de alimentos ou como suplementos) tem um efeito importante sobre os fatores de risco para determinadas doenças e para sua progressão. Por exemplo, durante os últimos 10 anos, as dietas baseadas em plantas, a suplementação com fibras alimentares e a suplementação com antioxidantes tornaram-se tratamentos cada vez mais aceitos para administrar doenças cardiovasculares. De fato, junto com dietas com baixos teores de gorduras, exercícios aeróbicos e redução do estresse, essas intervenções, que já foram consideradas terapias alternativas, são agora entendidas como complementares ou como parte do tratamento médico-padrão para reduzir o risco de doenças cardiovasculares (Haskell et al., 1999).

De maneira semelhante, foi demonstrado que dietas basicamente vegetarianas, com teor baixo de gordura e alto de fibras, como as *dietas Pritikin* e *Ornish*, são eficazes para reduzir os níveis de glicose no sangue em pessoas com diabetes. Em um estudo, 60% dos portadores de diabetes tipo II que se alimentavam segundo a dieta Ornish não precisaram mais usar insulina (McGrady e Horner, 1999). Diversos estudos epidemiológicos também sugeriram uma possível diminuição na prevalência de câncer em pessoas que consomem quantidades maiores de frutas e vegetais, talvez em razão de seus efeitos antioxidantes (Primack e Spencer, 1996).

As dietas de eliminação, suplementação megavitamínica e aquelas concentradas em substituir elementos-traço são terapias populares da medicina complementar e alternativa que têm sido usadas para tratar *transtorno de déficit de atenção/hiperatividade* (TDAH). A *dieta Feingold*, por exemplo, elimina corantes alimentares, flavorizantes artificiais e alimentos muito processados da alimentação da criança com TDAH, com resultados ambíguos na melhora de sintomas (Kien, 1990). Apesar da inconsistência nos resultados das pesquisas, a American Academy of Pediatrics chegou à recente conclusão de que uma dieta com poucos aditivos é uma intervenção válida para crianças com esse transtorno (Schonwald, 2008).

O valor dos suplementos alimentares, entretanto, não está tão claro. Alguns mostraram-se razoavelmente eficazes para tratar certas doenças – por exemplo, o sulfato de glicosamina para a osteoartrite, a vitamina C para sintomas da gripe e o zinco para a hipertrofia da próstata. Apesar desses sucessos, suplementos em megadoses raras vezes são tão poderosos quanto os medicamentos sintéticos, e apenas terapia com suplementos em geral não é adequada para administrar doenças graves. Por exemplo, uma revisão recente de testes clínicos no tratamento de resfriados com doses pequenas e grandes de vitamina C concluiu que não existe evidência da eficácia dessa vitamina (Hemila et al., 2010).

Preocupações com a segurança Como no caso dos remédios com ervas, a FDA adverte os consumidores para o fato de que alguns suplementos alimentares não regulamentados podem conter substâncias nocivas. Por exemplo, em janeiro de 1999, a FDA solicitou aos fabricantes de suplementos alimentares que retirassem de circulação os que contivessem *gamabutirolactona* (GBL), que eram vendidos na internet e em lojas de alimentos naturais e academias de ginástica. Comercializados sob nomes como Blue Nitro, GH Revitalizer e Revivarant, o popular suplemento supostamente formava músculos, reduzia o peso e melhorava o desempenho atlético e sexual. De fato, a GBL contém um composto químico que também é encontrado em revestimentos de pisos comerciais e que afeta o sistema nervoso central (SNC), reduz a respiração e a frequência cardíaca e pode levar a convulsões, perda da consciência e estado de coma. A GBL foi associada a pelo menos seis casos de morte e a efeitos adversos graves em centenas de pessoas (National Drug Intelligence Center, 2001).

Como outro exemplo, contaminantes encontrados no popular L-triptofano – elogiado como alívio para dor, remédio para insônia e antidepressivo – causaram uma doença grave, a *síndrome da eosinofilia-mialgia*. Em 1989, 30 pessoas morreram devido ao uso dessa substância vendida sem prescrição médica (Berge, 1998).

A FDA também adverte contra o uso de certas ervas e determinados suplementos alimentares por pessoas que também estejam usando medicamentos sob prescrição. Por exemplo, em uma orientação de saúde pública editada em fevereiro de 2000, a FDA advertiu que a erva-de-são-joão reduzia em 57% a eficácia do indinavir, medicamento indicado para aids (Piscitelli et al., 2000). Ela também citou um estudo de Zurique, na Suíça, o qual relata que esse popular remédio de ervas para depressão reduziu os níveis de um medicamento contra a rejeição de transplantes (ciclosporina), aumentando as chances de que um paciente de transplante cardíaco rejeitasse o orgão doado (Fugh-Berman, 2000).

O que esperar de uma visita a um naturopata

As ervas medicinais, os suplementos alimentares e as dietas medicinais que discutimos nesta seção são fornecidas por naturopatas, que trabalham como médicos de atendimento primário e preventivo. Uma visita a um naturopata começa com um exame físico padronizado, possivelmente incluindo exames convencionais de urina e sangue e até uma radiografia. Os naturopatas também passam um tempo considerável registrando a história médica do paciente, concentrando-se em seu estilo de vida, sua dieta, os exercícios que realiza, o estresse que experimenta e até em questões emocionais e espirituais.

Após esse exame inicial, o paciente e o naturopata trabalham em conjunto para estabelecer um programa de tratamento. Em geral, o programa enfatiza terapias não invasivas e mudanças no estilo de vida, como a eliminação de comportamentos insalubres. O naturopata pode, então, receitar alterações na dieta, suplementos alimentares e/ou ervas medicinais para queixas específicas. Dependendo de onde o profissional trabalhe, medicamentos convencionais, vacinas e até cirurgias podem ser recomendados.

Será que a naturopatia funciona?

As doenças que são muito afetadas pelo estilo de vida e o ambiente estão entre aquelas para as quais o tratamento naturopático tem sido relatado como mais eficaz. Por exemplo, ele costuma ser usado de forma efetiva para tratar alergias, infecções crônicas, fadiga, artrite, asma, dor de cabeça, hipertensão e depressão, para apontar apenas alguns problemas. Em um caso típico de hipertensão, por exemplo, o médico naturopata pode receitar um tratamento multifacetado que inclua mudanças alimentares, suplementos de vitaminas e minerais, ervas medicinais e mudanças no estilo de vida, objetivando reduzir o estresse. Para alguém que sofra de artrite, o regime pode incluir modificações alimentares, ervas medicinais e massagens.

Os críticos da medicina naturopática levantam diversas questões. A principal é que consumidores incautos recebem muitas informações imprecisas ou enganosas que contêm alegações extremas sobre a eficácia de determinadas ervas. A fitoterapia também é criticada por não ser testada conforme os padrões farmacêuticos. Os ervanários respondem dizendo que, como as ervas são produtos naturais (e portanto não podem ser patenteadas), é improvável que sejam feitos os testes extremamente caros necessários para agentes farmacêuticos. Os proponentes afirmam que a indústria farmacêutica moderna surgiu da medicina de ervas e que muitos medicamentos – desde a digitalina, usada para tratar doenças cardíacas (derivada da planta dedaleira), até a morfina (do ópio da papoula) – ainda são feitos de extratos de plantas. Outra preocupação é com a segurança. Por essa razão, a maioria dos ervanários recomenda que as ervas sejam compradas em vez de colhidas na natureza. As plantas possuem variações naturais que podem ser enganosas, e isso já causou mais de uma morte devido à ingestão de uma planta tóxica que se acreditava ser uma erva benigna.

Olhando em frente: a medicina complementar e alternativa no século XXI

Certas pessoas consideram o interesse crescente na medicina complementar e alternativa uma das diversas indicações de uma grande mudança paradigmática na medicina e no atendimento de saúde nos Estados Unidos. Uma das mudanças é uma alteração da visão tradicional do relacionamento entre paciente e profissional da saúde, na qual os pacientes são condescendentes, passivos e dependentes, para uma visão na qual sejam consumidores mais ativos. O novo paciente exige, e procura por si mesmo, informações precisas e atuais sobre a saúde. Como resultado, não aceita mais as recomendações de seu médico de forma cega e é mais propenso a criticar a medicina tradicional e considerar (e usar) formas alternativas de tratamento.

Equipados com um acesso sem precedentes a informações relacionadas com a saúde na internet, livros de autoajuda e outros recursos, os pacientes de hoje estão se tornando mais fortes para administrar a própria saúde. A busca de profissionais da medicina complementar e alternativa é uma manifestação previsível desse senso de empoderamento – escolher a própria abordagem de tratamento, independentemente do que o médico possa sugerir.

Tal avaliação da mudança no comportamento do paciente é evidenciada pelos resultados de uma pesquisa, realizada em 2008, sobre o uso da medicina complementar e alternativa, publicada pelo NCCAM. O relatório indicou que a maioria das pessoas que escolheram usar medicina complementar e alternativa o fez porque acreditava que ela melhoraria a sua saúde quando usada em combinação com tratamentos médicos convencionais (55%). Relativamente poucos sujeitos disseram que usavam a medicina complementar e alternativa porque acreditavam que os tratamentos convencionais não ajudariam (28%) ou eram caros (13%). Por essa razão, talvez seja mais correto dizer que a medicina alternativa se tornará mais *complementar* – ou seja, um complemento à medicina alopática, em vez de uma alternativa ou substituição.

Até o governo está embarcando no trem da medicina complementar e alternativa. Por exemplo, o OAM dos NIHs está financiando diversos centros de pesquisa para explorar, entre outros tópicos, a relação da medicina complementar e alternativa com o envelhecimento, a artrite, o câncer e as doenças cardiovasculares; a quiropraxia; os suplementos botânicos e a saúde da mulher; e a acupuntura.

O melhor dos dois mundos

No final das contas, nenhuma abordagem única ao atendimento de saúde tem todas as respostas. A busca pela melhor solução para um problema médico exige disposição para olhar além de um medicamento ou tratamento. Atualmente, muitas companhias de seguros já cobrem certos métodos alternativos, incluindo a acupuntura, e os médicos convencionais estão incorporando terapias alternativas em seus regimes de tratamento. Por exemplo, a *terapia integrativa para o câncer*, que combina medicina convencional com o uso de modalidades da medicina complementar e alternativa, como acupuntura, massagem e ervas medicinais, é objeto de vários testes clínicos atuais. Os NIHs estimam que mais de metade de todos os médicos convencionais use alguma modalidade dessa medicina ou indique tais formas de tratamento a seus pacientes (NCCAM, 2008). Como resultado, há um movimento crescente para proporcionar formação em medicina complementar e alternativa como parte regular do currículo da faculdade de medicina. Uma pesquisa com médicos norte-americanos sobre o conhecimento e uso, a formação e aceitação dessa medicina como legítima mostrou uma variedade de posturas, que são sintetizadas na Tabela 14.2. A dieta e a prática de exercícios, o *biofeedback* e o aconselhamento ou a psicoterapia são as estratégias utilizadas com mais frequência.

Assim, o atendimento de saúde nos Estados Unidos está se voltando para uma visão mais aberta da medicina não convencional. Até mesmo a AMA mudou sua visão em favor de maior tolerância. Até meados da década de 1970, a posição oficial da AMA era de que "os falsos, as fraudes e os charlatanismos devem ser identificados, expostos e, se possível, erradicados" (AMA, 1973). Em 1995, todavia, a AMA já utilizava o termo "medicina alternativa" no lugar de "charlatanismo" e aprovou uma resolução encorajando seus membros para "se tornarem mais bem informados em relação a práticas e técnicas da medicina alternativa ou complementar" (AMA, 1995). Em novembro de 1998, o prestigiado *Journal of the American Medical Association* dedicou uma edição inteira ao tema da medicina alternativa. E, considerando que antes não existia, atualmente há cinco periódicos científicos dedicados à medicina alternativa.

Ainda assim, como o ditado que diz "comprou, é seu", ter cautela é um bom conselho para pessoas que estão pensando em utilizar terapias da medicina complementar e alternativa. As exigências estatutárias para sua prática diferem de estado para estado nos Estados Unidos. Existem leis que regulamentam a prática de massagem em 22 estados. Licenças são exigidas em 25 estados e no Distrito de Columbia. Existem leis para prática da naturopatia em 12 estados, embora cada um defina o âmbito de tal prática de forma diferente (AANP, 2006).

A política da medicina

A crescente aceitabilidade da medicina complementar e alternativa, todavia, não deve ser interpretada como indicação de sua aceitação total pela comunidade biomédica. Tanto a medicina alternativa quanto a convencional são culpadas de rebaixar a outra abordagem ao atendimento de saúde, e ambas são misturas de boas e más práticas de saúde. A melhor linha de ação é ser um consumidor informado e cético quanto a alegações sem evidências.

Claramente, o melhor resultado seria que os pacientes tivessem acesso à "melhor parte dos dois mundos". Após uma avaliação médica convencional e discussão das opções alopáticas convencionais, os pacientes poderiam ter uma consulta em medicina complementar e alternativa. Porém, antes disso, o médico (segundo Daniel Eisenberg, 1977) deveria:

- Garantir que o paciente reconheça e compreenda seus sintomas.
- Manter um registro de todos os sintomas, incluindo as próprias opiniões do paciente.
- Revisar o potencial para possíveis interações prejudiciais.
- Planejar uma consulta de acompanhamento para revisar a eficácia da medicina complementar e alternativa.

Essa abordagem é planejada para ajudar a manter abertos os canais de comunicação entre o paciente e o profissional, a fim de que o primeiro receba o tratamento mais eficaz e mais seguro possível.

Revisão sobre saúde

Responda a cada pergunta a seguir com base no que aprendeu no capítulo. (DICA: Use os itens da Síntese para considerar questões biológicas, psicológicas e sociais).

1. Qual era a sua opinião geral sobre a medicina complementar e alternativa antes de ler o capítulo? De que maneira as discussões sobre a medicina complementar e alternativa apresentadas neste capítulo mudaram a sua opinião, se mudaram, a respeito de algum dos métodos da medicina complementar e alternativa? Em particular, o que você leu sobre a pesquisa da medicina complementar e alternativa que influenciou a maneira como você pensa a respeito agora?

2. Sua colega de quarto sofre com cefaleias crônicas, e seu médico ainda não conseguiu diagnosticar a causa. Ela está tentada a experimentar hipnose, acupuntura, uma forma de meditação e relaxamento, ou naturopatia. O que você pode dizer a ela sobre esses métodos da medicina complementar e alternativa a partir da perspectiva biopsicossocial? O que a pesquisa mostra sobre a eficácia dessas abordagens?

3. Usando o que aprendeu sobre a medicina complementar e alternativa neste capítulo, preveja uma maneira em que ela poderá influenciar a forma como as pessoas e os profissionais no futuro abordarão a prevenção e o tratamento de doenças, ou a manutenção do bem-estar.

Síntese

O que é medicina complementar e alternativa?

1. *Medicina complementar e alternativa* refere-se à variedade de intervenções para promover a saúde que estão fora da biomedicina ocidental convencional. A maioria dos profissionais da medicina complementar e alternativa trabalha a partir de três ideais fundamentais: proporcionar tratamento de saúde que seja natural, holístico e que promova o bem-estar. Diversas formas daquilo que chamamos de medici-

na complementar e alternativa existem há milhares de anos, mas foram eclipsadas durante a maior parte do século XX pelo sucesso da biomedicina.

Medicina ou charlatanismo?

2. Os céticos em relação à medicina complementar e alternativa levantam várias preocupações com os tratamentos não convencionais. Acima de tudo, muitas de suas terapias nunca foram submetidas a um escrutínio empírico rigoroso no que diz respeito a sua eficácia ou segurança. Quando são conduzidos estudos com essa medicina, segundo os críticos, os métodos muitas vezes são pobres; e as conclusões, questionáveis. Outra preocupação é que as pessoas que contam com terapias da medicina complementar e alternativa em vez da medicina convencional podem retardar ou perder a oportunidade de se beneficiar de tratamentos que possuam base científica.

3. Os profissionais alternativos alegam que muitas vezes é impossível conduzir os tipos de experimentos formais com os quais os pesquisadores médicos convencionais se sentem mais confortáveis. Por exemplo, uma vez que muitas terapias da medicina complementar e alternativa se baseiam em uma filosofia mais holística, seus defensores alegam que as variáveis de tratamento nem sempre podem ser estudadas de forma independente.

4. Os céticos em relação à medicina complementar e alternativa também alegam que, quando as terapias convencionais não ajudam, o acupunturista, o quiroprático ou o naturopata apresentam um sistema de crenças poderoso, e as técnicas da medicina complementar e alternativa parecem funcionar, então, devido ao efeito placebo.

Será que a medicina complementar e alternativa funciona?

5. A acupuntura era originalmente praticada como parte de um sistema integrado de cura. Hoje, seu uso é sancionado nos Estados Unidos, sobretudo para o tratamento de dores e dependências.

6. A premissa básica das terapias de mente e corpo é que fatores cognitivos, emocionais e espirituais podem ter efeitos profundos sobre a saúde do indivíduo. Entre as terapias de mente e corpo, estão a hipnose, o treinamento de relaxamento e a meditação, e a cura espiritual.

7. Embora não envolva um estado único de consciência, a hipnose pode ser eficaz para aliviar a dor em alguns pacientes. Aqueles que relatam alívio da dor com essa técnica também tendem a ser bastante sugestionáveis e responsivos a figuras de autoridade.

8. O relaxamento e a meditação também podem promover a saúde auxiliando o sistema imune, reduzindo a dor e diminuindo o nível dos hormônios do estresse. Vários estudos verificaram que pessoas ativas do ponto de vista religioso são mais saudáveis e vivem mais tempo do que as menos religiosas, talvez devido a diferenças em relação ao estilo de vida, apoio social e emoções positivas.

9. A medicina naturopática visa a proporcionar atendimento de saúde holístico, ou seja, para o corpo inteiro, retornando os seres humanos a seu "estado natural". A naturopatia moderna baseia-se em diversas tradições da medicina complementar e alternativa, especialmente na medicina de ervas, na terapia com suplementos alimentares e na modificação da dieta.

10. Cerca de 25% dos medicamentos atualmente são derivados de ervas. Algumas ervas podem ser benéficas para certas condições, mas é necessário ter cautela, pois muitas ainda não foram testadas e podem ter efeitos prejudiciais.

11. Existem evidências substanciais de estudos epidemiológicos e experimentais realizados com animais e seres humanos de que a dieta (na forma de alimentos ou suplementos) exerce um grande efeito sobre os fatores de risco para certas doenças e sua progressão.

Olhando em frente: a medicina complementar e alternativa no século XXI

12. O crescente interesse na medicina complementar e alternativa é considerado por algumas pessoas uma das diversas indicações de uma grande mudança paradigmática na medicina e no atendimento de saúde nos Estados Unidos.

CAPÍTULO 14 | Medicina complementar e alternativa

Termos e conceitos fundamentais

medicina baseada em evidências, p. 399
medicina holística, p. 399
medicina complementar e alternativa, p. 399
medicina integrativa, p. 402
vitalismo, p. 402
medicina oriental tradicional, p. 402
acupuntura, p. 408
hipnose, p. 412
medicina naturopática, p. 419

Capítulo 15

A psicologia da saúde hoje e amanhã

As lições mais importantes da psicologia da saúde
Lição 1: Fatores psicológicos e sociais interagem com a biologia na saúde
Lição 2: Promover e manter a saúde é nossa responsabilidade
Lição 3: Estilos de vida insalubres são mais difíceis de mudar do que de prevenir
Lição 4: A avaliação e o manejo adequados do estresse são essenciais para a boa saúde

Os desafios futuros da psicologia da saúde
Desafio 1: Aumentar o tempo de vida saudável para todas as pessoas
Desafio 2: Reduzir as discrepâncias de saúde e aumentar a compreensão a respeito dos efeitos do gênero, da cultura e do *status* socioeconômico sobre a saúde
Desafio 3: Atingir o mesmo nível de acesso a serviços de saúde preventiva para todas as pessoas
Desafio 4: Ajustar o foco de pesquisa e intervenção para maximizar a promoção da saúde com abordagens baseadas em evidências
Desafio 5: Ajudar na reforma do atendimento de saúde

Conclusão

Nem sempre fui interessado em saúde. Como muitos estudantes, quando entrei para a Universidade de Columbia no outono de 1979, era abençoado com uma mente e um corpo saudáveis que considerava óbvios. Eu raramente fazia exercícios, comia muita fast-food, dormia pouquíssimo e até comecei a fumar cigarros – para "enfrentar" com o estresse da pós-graduação, racionalizava. Também não me interessava pela contribuição que a psicologia poderia dar para a compreensão da saúde. Meu horário de aulas e de pesquisa era voltado para aprender teoria, neurobiologia e cognição.

Porém, as coisas começaram a mudar quando decidi me especializar e estudar psicologia social aplicada com o professor Stanley Schachter. Sua abordagem diferenciada de pesquisa estava abrindo novos caminhos no estudo das emoções, da obesidade e do vício. Ao contrário da maioria de seus colegas, Schachter sempre se concentrava no contexto mais amplo em que os comportamentos sociais estavam inseridos. Em nenhum aspecto isso é mais evidente do que em sua tentativa de entender os processos biológicos envolvidos em fenômenos aparentemente sociais, como o aumento no consumo de cigarros em festas ou em resposta ao estresse. Grande parte do campo emergente da psicologia da saúde se baseia no trabalho de Schachter. Comecei a enxergar um caminho mais claro para as contribuições que esperava fazer para a humanidade. A psicologia, para mim, tornou-se uma ferramenta para promover a saúde.

À medida que meus interesses profissionais mudavam, meus interesses pessoais também. Lembro de um seminário em que Stan, que também estava tentando parar de fumar, perguntou-me quando eu travaria a batalha contra o vício em nicotina. "Por que você não aplica o que aprendeu aqui em sua própria vida?", perguntou. Então, comecei a fazê-lo e tenho tentado me manter fiel ao desafio de Schachter desde então. Foi difícil, mas parei de fumar muitos anos atrás. Também comecei a fazer exercícios, seguir uma dieta mais nutritiva e manter um padrão mais saudável de sono. À proporção que surgiam novas descobertas de pesquisa, tentei incorporá-las na maneira como lido com o estresse; os esforços que faço para manter conexões sociais fortes e positivas com as pessoas e como avalio os fatos a meu redor.

Minha esperança é que este livro tenha despertado seu interesse pelo campo da psicologia da saúde – para alguns de vocês como profissão, e para todos como uma ferramenta para promover sua própria saúde e a saúde das pessoas por quem você se preocupa!

CAPÍTULO 15 | A psicologia da saúde hoje e amanhã

A psicologia da saúde percorreu um longo caminho desde que a American Psychological Association foi reconhecida em 1978. O objetivo deste capítulo é fazer uma retrospectiva – revisar o que foi realizado ao longo da trajetória – e olhar à frente, para os desafios mais prementes do futuro. Embora nos concentremos nas contribuições dos psicólogos da saúde para vários objetivos relacionados com a saúde, é importante lembrar que eles não estão trabalhando sozinhos. Os médicos e todos os outros profissionais da saúde trabalham juntos para alcançar essas metas.

As lições mais importantes da psicologia da saúde

A ciência da psicologia da saúde ainda está em sua infância, e suas contribuições ainda estão se desdobrando. Desse modo, há ainda muito trabalho a fazer. Mesmo assim, praticamente todos os psicólogos da saúde concordam que houve lições aprendidas nas últimas três décadas que todos nós devemos seguir.

Lição 1: Fatores psicológicos e sociais interagem com a biologia na saúde

Como já vimos, para muitas doenças, a hereditariedade desempenha um papel pequeno, pois nem todas as pessoas com a mesma vulnerabilidade genética acabam por desenvolver doenças. Bactérias, vírus e outros microrganismos causam algumas doenças, mas o fato de ser exposta não garante que a pessoa fique doente. O estresse, as emoções negativas, os recursos de enfrentamento, os comportamentos saudáveis e vários outros fatores afetam a suscetibilidade a doenças, a progressão da enfermidade e a velocidade da recuperação (quando isso ocorre).

O comportamento, os processos mentais, as influências sociais e a saúde estão intimamente conectados. Essa é a mensagem fundamental do *modelo biopsicossocial* da saúde. Mesmo aqueles que apresentam genes "vigorosos" e sistemas imunes saudáveis podem ficar doentes se tiverem comportamentos de risco, viverem em ambientes sociais e físicos insalubres e desenvolverem um estilo emocional negativo e praticarem técnicas inadequadas de manejo do estresse.

Comportamentos prejudiciais à saúde e alienação social

As evidências são claras: comportamentos prejudiciais à saúde, como os atos de fumar e beber, a má nutrição e a inatividade, causam, ou pelo menos aceleram, a ocorrência de doenças. Por exemplo, pesquisas extensivas eliminaram qualquer dúvida de que o tabagismo esteja causalmente relacionado com o câncer de pulmão e que o uso do álcool esteja associado com doenças do fígado e mortes em acidentes de trânsito. De maneira semelhante, uma dieta pobre em fibras e rica em gorduras aumenta o risco de uma pessoa desenvolver doenças cardiovasculares e algumas formas de câncer. E, é claro, uma vida sedentária aumenta o risco de doenças cardiovasculares e certos tipos de câncer e resulta em um funcionamento imunológico mais fraco.

Inúmeros estudos sugerem que fatores psicossociais também possam afetar o desenvolvimento e a progressão de doenças

Boa saúde significa mais que bons genes Josephine Tesauro e sua irmã compartilham de genes idênticos, mas não de saúde idêntica. Aos 92 anos, Josephine ainda é saudável e ativa na comunidade – ela trabalha em meio expediente em uma loja de presentes e vive de forma bastante independente. Sua irmã, que não compartilha de seu estilo de vida fisicamente ativo, sofre de demência e incontinência, já substituiu uma parte do quadril e perdeu a maior parte da visão. Os psicólogos da saúde são fascinados por estudar as diferenças de estilo de vida que poderiam afetar essa disparidade tão drástica entre gêmeas idênticas.

que variam de um simples resfriado a condições crônicas como as doenças cardiovasculares, o câncer e a aids. Entre os fatores psicossociais que afetam a saúde cardiovascular, estão *status* socioeconômico, gênero, raça, trabalho, estresse crônico e agudo, apoio social *versus* isolamento, raiva e depressão (Kuper et al., 2006). O impacto desses fatores muitas vezes se iguala ou excede o de aspectos de risco mais tradicionais, como a hipertensão, o diabetes e até mesmo o tabagismo (O'Keefe et al., 2004; Stansfield et al., 2004).

Os fatores psicossociais também estão relacionados com a expectativa de saúde. Como um exemplo específico, estudos prospectivos demonstram que o apoio social reduz o risco de mortalidade, independentemente de outros aspectos, como o gênero e a etnia. Lisa Berkman e colaboradores (2004) investigaram uma amostra de 16.699 trabalhadores franceses, obtendo um escore de integração social para cada participante, com base em sua situação conjugal, contatos com amigos e parentes, participação em igrejas e em outros grupos. Durante um acompanhamento de sete anos, e após fazer um ajuste para idade, tabagismo, consumo de álcool, índice de massa corporal (IMC) e sintomas depressivos, homens com escores baixos de integração social tiveram um risco 2,7 vezes maior de morrer do que os com escores altos; para as mulheres, a taxa foi de 3,64 vezes.

Os pesquisadores ainda não podem afirmar de forma inequívoca exatamente por que a integração social protege contra doenças crônicas. Por enquanto, as hipóteses mais válidas propostas incluem as seguintes: o apoio social pode proteger contra os efeitos do estresse sobre o corpo; pode influenciar de forma positiva comportamentos associados com doença (como fazer exercícios e dietas); e pode afetar diretamente os mecanismos físicos subjacentes relacionados com doença. Em favor da hipótese dos mecanismos físicos, pesquisadores observaram que a integração social apresenta correlação negativa com diversos marcadores inflamatórios de doenças cardiovasculares (Ford et al., 2006; Loucks et al., 2006). De maneira interessante, as pessoas também *esperam* viver mais tempo quando percebem um forte apoio social e emocional em suas vidas (Ross e Mirowsky, 2002). Por consequência, muitos hospitais recomendam com vigor – e em alguns casos até exigem – que os pacientes se inscrevam em grupos de apoio social durante o período de recuperação após cirurgias de risco.

Estresse

Desde as pesquisas pioneiras de Hans Selye sobre o estresse (ver Cap. 4), evidências têm-se acumulado de que a má administração do estresse tem um efeito negativo sobre a saúde, de forma direta e indireta – aumentando o risco de muitas doenças crônicas, alterando a progressão dessas doenças e prejudicando a eficácia do tratamento (Booth et al., 2001; Stansfield et al., 2004) (Fig. 15.1). No decorrer dos últimos 30 anos, psicólogos da saúde delinearam as várias consequências possíveis da forma como a pessoa responde a problemas cotidianos, demandas ocupacionais, estressores ambientais e outros eventos e situações difíceis. Hoje entendemos muitos dos mecanismos fisiológicos pelos quais o estresse afeta a saúde de forma adversa e aumenta a probabilidade de doenças. Por exemplo, o estresse mal-administrado pode resultar em elevação na pressão arterial e nos níveis séricos de colesterol (Rau, 2006).

Alguns dos achados mais impressionantes da psicologia da saúde concentram-se na função imunológica. Por exemplo, o estresse psicológico temporário, incluindo fazer provas escolares e acadêmicas e outros problemas do dia a dia, pode reduzir a função imunológica (Robles et al., 2005), sobretudo em pessoas que possuem pouca capacidade de enfrentamento e naquelas que potencializam o impacto de estressores possíveis e os avaliam como incontroláveis. Além disso, o estresse crônico, como o decorrente de desastres naturais ou de cuidar de um cônjuge com o mal de Alzheimer, pode diminuir a imunocompetência (Haley et al., 2010; Kiecolt-Glaser e Glaser, 1995). Esses achados fazem parte do campo crescente da *psiconeuroimunologia*.

```
                          ESTRESSE
        ┌──────────────────┼──────────────────┐
        ▼                  ▼                  ▼
```

Efeitos indiretos do estresse sobre o comportamento
Menor adesão ao tratamento
Aumento na demora em buscar atendimento
Menor probabilidade de buscar atendimento
Sintomas ocultos

Efeitos indiretos mediados pelo comportamento
Aumento nos atos de fumar, beber e usar substâncias
Má nutrição
Perturbação do sono

Efeitos fisiológicos diretos
Elevação na pressão arterial
Elevação no colesterol sérico
Redução na imunidade
Aumento na atividade hormonal

Figura 15.1

Efeitos diretos e indiretos do estresse sobre o processo de doença. O estresse afeta diretamente a saúde, elevando a pressão arterial e o colesterol sérico e diminuindo a imunidade. Seus efeitos indiretos incluem reduzir a adesão terapêutica e aumentar o tabagismo e uma variedade de outros comportamentos insalubres.
Fonte: Baum, A. (1994). *Behavioral, biological, and environmental interactions in disease processes.* Washington, DC: NIH Publications.

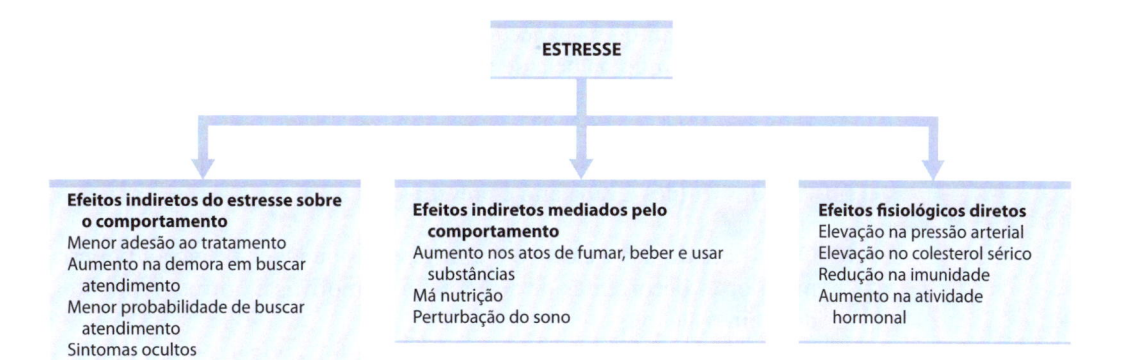

Quando temos uma sensação calma de estar no controle, tendemos a uma reação emocional e fisiológica comparável. Quando sentimos raiva ou medo ou uma sensação de impotência por acreditarmos que alguma situação esteja fora do controle, tendemos a nos excitar emocionalmente e, em consequência, nossa resposta fisiológica é mais drástica. Visto sabermos que reações como essas, se repetidas e crônicas, podem promover doenças, é importante que aprendamos a controlar nossos pensamentos e reações emocionais.

Lição 2: Promover e manter a saúde é nossa responsabilidade

Nossa sociedade está se tornando cada vez mais consciente em relação à saúde. Como resultado, mais pessoas compreendem que a responsabilidade por sua própria saúde não está apenas nas mãos de profissionais da saúde, mas que elas mesmas têm um papel fundamental em seu bem-estar geral.

Como nação, por exemplo, os norte-americanos se tornaram bem-informados sobre os riscos do tabagismo, do abuso de substâncias, da má nutrição e da vida sedentária. Também se sabe que o estresse, o temperamento emocional e a qualidade dos relacionamentos interpessoais e recursos de enfrentamento são importantes fatores na saúde. Aprendemos sobre a importância de fazer exames regulares, aderir ao tratamento receitado e buscar exames para detecção precoce de várias doenças crônicas, em especial se a idade, o gênero, a raça ou a etnia nos colocam no grupo de "alto risco" para essas condições. Atualmente, ao contrário dos últimos 20 anos, as pessoas podem investigar a respeito de questões de saúde e se comunicar com profissionais da saúde, por meio dos recursos computadorizados da telemedicina.

Essa consciência não garante que elas seguirão o curso de ação mais saudável. Uma série de revisões de progresso intermediárias rumo aos 467 objetivos da *Healthy People 2010* demonstra um avanço ambíguo para os norte-americanos. Os resultados são os seguintes:

- Tendências piores na porcentagem de indivíduos obesos e com sobrepeso e pouca ou nenhuma mudança no *status* da maioria dos objetivos de consumo alimentar, atividade física e boa forma.
- Um declínio continuado nas três principais causas de morte (doenças cardíacas, câncer e acidente vascular encefálico [AVE]). Isso pode se dever, em parte, ao uso reduzido de tabaco e a uma mudança modesta em padrões alimentares para um teor menor de gordura saturada e nada de ácidos graxos trans.
- Estabilização no número de novos casos e na taxa de mortalidade em decorrência da aids.
- Maior uso de serviços de saúde preventivos e de detecção precoce, incluindo papanicolau, mamografias e imunização infantil.

"Eu costumava dizer à equipe da campanha: 'Se vocês apenas me deixarem dormir e fazer exercícios, consigo continuar, mas se eu começar a falhar em um dos dois, haverá consequências.'"

Senador Bill Nelson (D-FL)

- Aumento contínuo na expectativa de vida.
- Declínio contínuo na taxa de mortalidade infantil.

Os norte-americanos claramente tiveram alguns ganhos em relação a seus hábitos de saúde. Ainda assim, o relatório também observa que quase 1 milhão de mortes nos Estados Unidos a cada ano é prevenível:

- O controle do uso excessivo e por menores de idade de álcool poderia evitar 100 mil mortes decorrentes de acidentes automotivos e outros ferimentos relacionados com o álcool.
- A eliminação da posse pública de armas de fogo poderia evitar 35 mil mortes.
- A extinção de todas as formas de uso de tabaco poderia evitar 400 mil mortes decorrentes de câncer, AVE e doenças cardíacas.
- Uma melhor nutrição e programas de exercícios poderiam evitar 300 mil mortes decorrentes de doenças cardíacas, diabetes, câncer e AVE,
- A redução de comportamentos sexuais de risco poderia evitar 300 mil mortes decorrentes de doenças sexualmente transmissíveis (DSTs).
- O acesso pleno à imunizações para doenças infecciosas poderia evitar 100 mil mortes.

Está bastante claro que estilos de vida insalubres são muito mais difíceis de mudar do que de prevenir. Embora as intervenções voltadas ao estilo de vida costumem ter êxito inicialmente, muitas pessoas "caem do trem". Ex-fumantes, ex-alcoolistas, participantes de programas de emagrecimento e novatos em programas de exercícios em geral têm recaídas e retornam a seus velhos hábitos, um problema que deve continuar a ser foco de atenção para futuros psicólogos da saúde.

Lição 3: Estilos de vida insalubres são mais difíceis de mudar do que de prevenir

Nutrição adequada, boa forma, consumo de bebida responsável e administração saudável do peso corporal, estresse e relacionamentos sociais são desafios para toda a vida que devem começar bastante cedo. A maioria dos fumantes, por exemplo, adota o hábito durante a adolescência, normalmente antes de terminar o ensino médio. Porém, como já vimos, prevenir o ato de fumar, assim como evitar certas atividades sexuais de risco, é um desafio desanimador. Muitas pessoas, sobretudo os jovens, são mais influenciadas pelas "recompensas" imediatas do cigarro – o "barato" estimulante da nicotina, a autoimagem de fazer algo que parece maduro ou talvez rebelde – do que por preocupações com consequências de longo prazo para a saúde.

Prevenir que maus hábitos de saúde se desenvolvam em primeiro lugar continua a ser uma alta prioridade da psicologia da saúde. Novas pesquisas devem investigar as intervenções mais eficazes e eficientes para atingir o maior número de pessoas no local de trabalho, em escolas e universidades e na comunidade. A implementação de *programas de imunização comportamental*, como aqueles cujo alvo são adolescentes mais propensos a participar de atividades sexuais de risco, abuso de substâncias e comer demais ou de menos, também continuam a crescer. Para alguns comportamentos de saúde, as intervenções devem focalizar indivíduos "em risco" ainda mais jovens. Entre estas, estão programas pediátricos de "pai-bem/criança-bem", projetados para ensinar aos novos pais como minimizar os riscos de acidentes no lar e de carro e como iniciar seus pequenos em uma vida alimentar saudável e boa forma cardiovascular.

Lição 4: A avaliação e o manejo adequados do estresse são essenciais para a boa saúde

Uma das contribuições mais importantes da psicologia da saúde na área do estresse e da saúde foi a resolução da controvérsia em relação ao caráter interno ou externo do estresse. Pesquisas revelaram com clareza que os dois estão corretos: o estresse é uma *transação* na qual cada um de nós deve ajustar-se continuamente aos desafios do cotidiano. Conforme vimos nos Capítulos 4 e 5, cada um dos eventos estressantes da vida pode ser avaliado como um desafio motivador ou um obstáculo ameaçador. Considerar os estressores da vida desafios que podemos enfrentar nos ajuda a manter um senso de controle e minimiza o impacto sobre nossa saúde. Aprender a administrar o estresse que encontramos é crucial para o nosso bem-estar físico, psicológico e emocional. Pesquisas mostraram os benefícios de muitas estratégias específicas: manter o estresse em níveis administráveis; preservar os recursos físicos seguindo uma dieta equilibrada, fazendo exercícios e bebendo de forma responsável; estabelecer uma rede social para combater o estresse; aumentar a *hardiness* psicológica; compartilhar sentimentos quando algo está incomodando; cultivar um senso de humor, reduzir comportamentos hostis e emoções negativas; e aprender a relaxar.

Os desafios futuros da psicologia da saúde

A maioria dos desafios da psicologia da saúde parte de duas grandes agendas de pesquisa. A primeira é o relatório *Healthy People 2000*, do U.S. Departament of Health and Human Services, que, como já vimos, esboçou as maiores prioridades da nação para promover a saúde e prevenir doenças entre todos os cidadãos norte-americanos. O relatório baseou-se nas melhores avaliações de um grande grupo de especialistas em saúde da comunidade científica, de organizações profissionais de saúde e do mundo empresarial. Os 467 objetivos do relatório foram organizados em duas metas amplas:

- Ajudar pessoas de todas as idades a aumentarem a expectativa de vida e melhorarem sua qualidade de vida.
- Eliminar disparidades de saúde entre grupos socioeconômicos e étnicos variados.

A segunda agenda de pesquisa, produzida pela American Psychological Association (APA) em colaboração com os Institutos Nacionais de Saúde (NIHs) e 21 outras sociedades profissionais, concentra-se mais especificamente no papel da psicologia da saúde na reforma do sistema de saúde. Publicado em 1995, *Doing the Right Thing: A Research Plan for Healthy Living* identificou quatro tarefas da pesquisa no novo milênio, das quais surgem os cinco desafios que iremos discutir nesta seção.

Desafio 1: Aumentar o tempo de vida saudável para todas as pessoas

O envelhecimento rápido da população chama nossa atenção para um desafio crucial: desenvolver intervenções eficazes que proporcionem aos adultos mais velhos manterem ou melhorarem o nível de funcionamento, pelo maior número de anos possível.

Equipe inspiradora de pai e filho Dick Hoyt foi inspirado por seu filho adolescente Rick, que tem deficiências congênitas, a treinarem e competirem juntos em uma corrida de caridade. Rick adorou a experiência e falou a seu pai que, pela primeira vez, não se sentia deficiente – enquanto voava em sua cadeira de rodas, projetada especialmente para a ocasião. Depois disso, a dupla participou de centenas de outras competições atléticas – incluindo maratonas e triatlos – nos últimos 30 anos.

A vida saudável é uma combinação da expectativa média de vida e da qualidade de vida. O desafio da psicologia da saúde é aumentar o número de *anos de vida saudáveis*, ou o número médio de anos que a pessoa pode esperar viver em plena saúde – um índice da idade biológica em vez da idade cronológica – com uma *compressão da morbidade* – que se refere à redução da quantidade do tempo que as pessoas passam incapacitadas, doentes ou convivendo com a dor.

Atingimos um certo nível de sucesso, mas existe espaço para muito mais melhoras. De modo geral, a expectativa de vida saudável global ao nascer para mulheres e homens combinados atualmente é de apenas 57,7 anos, 7,5 anos a menos que a expectativa de vida total ao nascer (Population Health Metrics, 2010). Essa discrepância entre a expectativa de vida e os anos-bem é ainda maior quando comparamos grupos socioeconômicos diversos e outros países do mundo. Um *status* socioeconômico mais baixo está associado a uma expectativa média de vida mais curta *e* menos anos-bem. Ao redor do mundo, a porcentagem de expectativa de vida perdida para a incapacidade varia de menos de 9% nas regiões mais saudáveis para mais de 14% nas menos saudáveis.

Desafio 2: Reduzir as discrepâncias de saúde e aumentar a compreensão a respeito dos efeitos do gênero, da cultura e do *status* socioeconômico sobre a saúde

Historicamente, as diversas medidas de saúde mostram diferenças substanciais entre grupos étnicos e sociodemográficos variados, assim como entre os gêneros. Por exemplo, a expectativa média de vida para os afro-americanos tem aumentado desde 1950, mas permanece bem inferior à de indivíduos euro-americanos (National Center for Health Statistics, 2010). Questionar as pessoas quanto a sua saúde revela diferenças ainda maiores por grupo étnico, conforme apresentado na Figura 15.2. As razões para essas discrepâncias sem dúvida são complexas, mas podem incluir o acesso desigual ao atendimento de saúde, a suscetibilidade genética a determinadas doenças e as diferenças em estilo de vida.

Os efeitos negativos da etnia e da pobreza sobre a saúde podem resultar de fatores como má nutrição, ambientes lotados e sem saneamento, atendimento médico inadequado, eventos estressantes da vida e percepções subjetivas de que os estressores ambientais estão além da capacidade do indivíduo de enfrentá-los. Outro fator é o uso menos eficaz de exames de saúde em determinados grupos. Por exemplo, as mulheres afro-americanas esperam mais tempo do que as brancas para buscar atendimento de saúde para sintomas nos seios, e as mulheres mais velhas, que em geral têm um risco maior de câncer de mama, são menos propensas a procurar atendimento preventivo.

Entretanto, disparidades entre grupos étnicos na saúde não são totalmente atribuíveis às condições sociais em que as pessoas vivem. Os hispano-americanos costumam apresentar escores iguais ou melhores que os euro-americanos na maioria das medidas de saúde, com uma taxa de mortalidade menor do que estes para doenças cardíacas, câncer de pulmão e AVE. Isso é paradoxal devido às altas taxas de hipertensão, obesidade e uso de tabaco entre os hispano-americanos. Alguns pesquisadores acreditam que esse fato intrigante reflita um atraso na aculturação, já que a mesma tendência pode ser encontrada em todos os grupos de imigrantes: à medida que adotam o estilo de vida norte-americano, os imigrantes acabam desenvolvendo os mesmos padrões de doenças e mortalidade.

Outro fator importante é a educação. Independentemente da etnia, as pessoas que alcançaram níveis mais altos de educação formal vivem mais tempo e têm uma saúde geral melhor do que as que possuem menos instrução, talvez porque as que tiveram menos anos de educação em geral tenham mais probabilidade de participar de comportamentos insalubres, como o hábito de fumar, e seguir uma dieta com teores elevados de gordura do que aquelas que possuem mais anos de educação.

Os psicólogos da saúde não conseguiram explicar as razões para as discrepâncias, pois, até pouco tempo atrás, o que eles sabiam sobre saúde e doença derivava de pesquisas concentradas de modo desproporcional em sujeitos brancos, do sexo masculino e relativamente saudáveis. Os psicólogos da saúde começaram a ampliar o escopo de suas pesquisas de maneira a incluir um conjunto mais diverso de sujeitos de pesquisa e, em alguns casos, a enfocar de forma específica os grupos pouco estudados. Por exemplo, observaram que mulheres e homens têm características e vulnerabilidades psicológicas, sociais e biológicas muito diferentes e que, portanto, diferem em suscetibilidade a diversas doenças e em reações frente ao estresse. O mesmo parece ocorrer com muitos grupos étnicos e raciais diferentes.

Fica clara a necessidade de muitas pesquisas antes que os psicólogos da saúde possam explicar com confiança por que existem discrepâncias de saúde entre os gru-

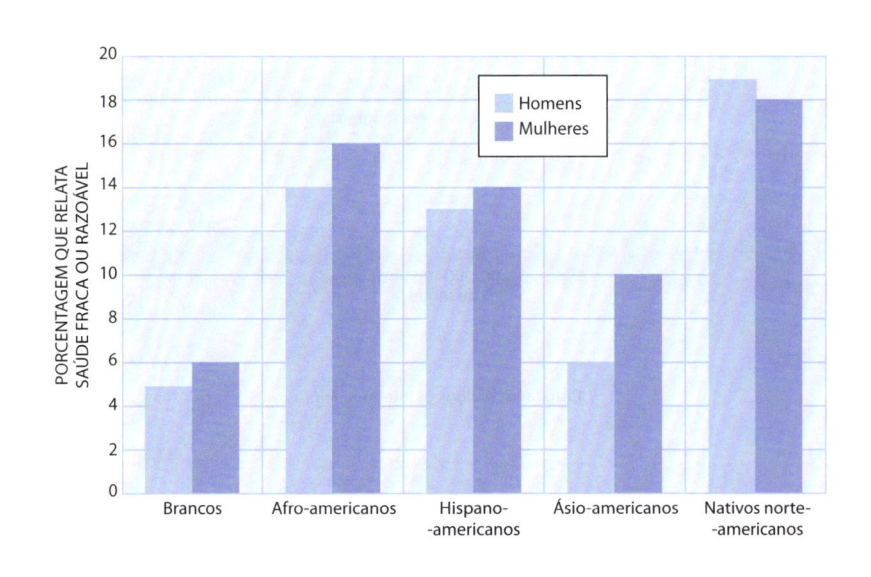

Figura 15.2

Qualidade da saúde por grupo étnico e gênero. Ao descrever sua saúde, uma porcentagem surpreendentemente alta de todos os grupos étnicos usou os termos "razoável ou fraca". Com exceção dos nativos norte-americanos, as mulheres têm mais probabilidade do que os homens de descrever sua saúde em termos negativos. Ainda mais indicativas são as diferenças entre os grupos étnicos, com os brancos apresentando visão mais positiva de sua saúde e os nativos norte-americanos sendo os menos positivos.

Fonte: National Center for Health Statistics (1999). *Healthy people 2000 review*. Hyattsville, MD: Public Health Service.

pos que tradicionalmente são subestudados. Uma tentativa para preencher a lacuna está sendo proporcionada pela *Women's Health Initiative* (WHI), um estudo de saúde nacional de longo prazo concentrado na prevenção de doenças cardíacas, câncer de mama e de colo e reto, e da osteoporose em mulheres após a menopausa. A WHI (2006), que focaliza os efeitos do ambiente social e de características individuais sobre a saúde (Fig. 15.3), inclui três componentes: um teste clínico randomizado e controlado de 64.500 mulheres, testando o impacto de uma dieta com baixos teores de gordura, terapias de reposição hormonal e suplementação com vitamina D-cálcio; um estudo observacional de outras 100 mil mulheres, examinando os determinantes biológicos e psicológicos dessas doenças crônicas; e um grande estudo avaliando oito programas-modelo diferentes de educação/prevenção em comunidades espalhadas pelos Estados Unidos.

Desafio 3: Atingir o mesmo nível de acesso a serviços de saúde preventiva para todas as pessoas

Conforme vimos no decorrer deste livro, muitas minorias e norte-americanos pobres de todas as etnias e raças têm acesso limitado ao atendimento preventivo de saúde. E existe uma concentração desproporcional de certos grupos de minoria em bairros insalubres. Essas são algumas das razões por que as minorias e os pobres tendem a ter mais problemas de saúde e uma taxa de mortalidade maior. Em 2009, mais de 50 milhões de norte-americanos (por volta de 1 em cada 6) não tinham qualquer forma de seguro de saúde (Wolf, 2010), fazendo cada dia ser um lançar de dados com relação a sua saúde. A psicologia da saúde enfrenta o desafio constante de compreender e remover barreiras que limitam o acesso ao atendimento de saúde e assistência em sua retirada.

Os Estados Unidos estão em pior situação do que outros países industrializados no que tange a tornar o atendimento de saúde disponível para todos os seus cidadãos. Embora tenha o sistema de saúde mais caro do mundo, o país não é o melhor (Fig. 15.4). Por exemplo, os Estados Unidos ocupam apenas a 21ª posição em mortalidade infantil no mundo, a 16ª em expectativa de vida para mulheres e a 17ª para homens. Com relação a seu desempenho geral em oito medidas de saúde, o sistema de saúde norte-americano está em 37º lugar entre os Estados membros da Organização Mundial da Saúde (World Health Report, 2000). Como já vimos, uma razão para esses resultados baixos é a grande disparidade nas condições ambientais em que os norte-americanos vivem.

Ressaltando o impacto dessa disparidade em condições ambientais, a *Save the Children's YouthNoise* recentemente publicou seu relatório intitulado *Ten Critical*

Figura 15.3

Características sociodemográficas e qualidade de vida relacionada com a saúde em mulheres.
Um objetivo da Women's Health Initiative (WHI) é compreender os fatores que contribuem para a saúde de mulheres após a menopausa e avaliar a eficácia de intervenções práticas para prevenir as principais causas de morbidade e mortalidade em mulheres mais velhas. Ela espera realizar isso em parte testando o modelo apresentado aqui, o qual sugere que os efeitos do ambiente social e disposições individuais influenciem a saúde da mulher por meio de seus comportamentos relacionados com a saúde e resultados biológicos intermediários.
Fonte: Matthews, K. A., Shumaker, S. A., Bowen, D. J., Langer, R. D., Hunt, J. R., Kaplan, R. M. et al. (1997). Women's Health Initiative: Why Now? What Is It? What's New? *American Psychologist, 52*, 101–116.

Threats to America's Children, o qual apresenta as seguintes ameaças: pobreza, falta de atendimento de saúde, abuso de substâncias, crime e perigos no ambiente, abuso e negligência no lar, cuidado infantil inadequado, escolas deficientes, gravidez adolescente e pais ausentes (YouthNoise, 2010). É óbvio que cada uma dessas ameaças, seja de forma direta ou indireta, tem um impacto poderoso sobre a saúde das crianças.

Enquanto certas pessoas tiverem acesso a um atendimento de saúde de qualidade, mas outras não, teremos um sistema de saúde estratificado nos Estados Unidos: um atendimento de última geração para aqueles que puderem pagar por seguro de saúde e atendimento abaixo dos padrões mínimos (ou nenhum) para o resto das pessoas. A reforma do sistema de saúde continua sendo um desafio permanente – para a psicologia da saúde e para a agenda política nacional.

Desafio 4: Ajustar o foco de pesquisa e intervenção para maximizar a promoção da saúde com abordagens baseadas em evidências

No passado, a psicologia da saúde seguia o caminho da biomedicina, concentrando-se na mortalidade em vez da morbidade. Mesmo quando enfatizavam a prevenção, os psicólogos da saúde tendiam a enfocar as doenças crônicas que eram as principais causas de morte. Embora a redução da mortalidade continue sendo uma prioridade, a psicologia da saúde também deve dedicar maior atenção para problemas como a artrite, que tem um impacto mínimo nas taxas de mortalidade, mas substancial sobre o bem-estar dos idosos.

Um desafio relacionado é colocar mais ênfase em comportamentos e fatores que favoreçam a saúde e que possam retardar a mortalidade e reduzir a morbidade. No passado, os psicólogos da saúde dedicavam uma grande parte de sua pesquisa ao estudo de fatores de risco de doenças crônicas e uma quantidade de tempo menor para aprender sobre comportamentos que promovam a saúde e que ajudem as pessoas a se prevenirem contra o desenvolvimento de doenças. O movimento da psicologia positiva está começando a abordar esse desequilíbrio, à medida que os pesquisadores prestam mais atenção em promover indivíduos, famílias e comunidades e locais de trabalho saudáveis.

Um desafio constante para a psicologia da saúde é o uso de *abordagens baseadas em evidências* por meio da documentação da eficácia de suas intervenções. Essa questão foi recentemente trazida à tona uma vez que continua o debate sobre o nível

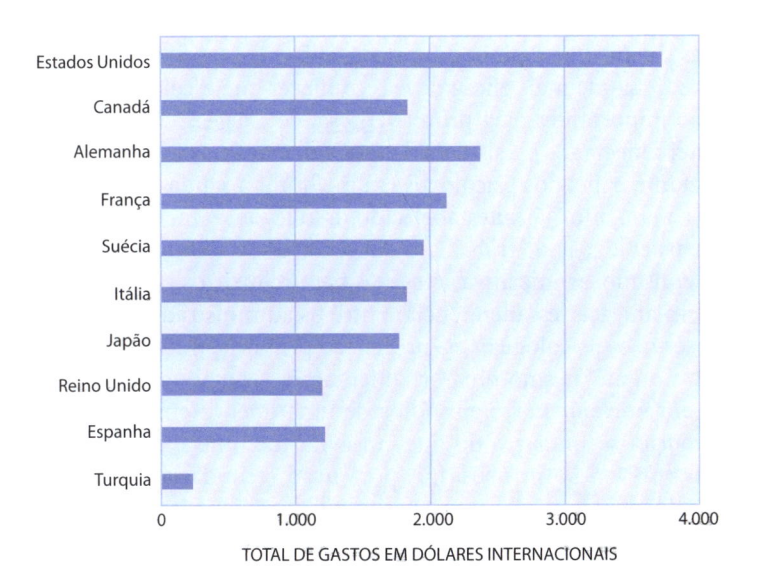

Figura 15.4

Custos do atendimento de saúde no mundo. Os Estados Unidos possuem o sistema de saúde mais caro do mundo, mas não o melhor. O Reino Unido e o Canadá – ambos os quais possuem uma medicina socializada – estão acima dos Estados Unidos na qualidade geral de seus sistemas de saúde, mas gastam menos dinheiro por ano. Assim, melhorar o sistema de saúde enquanto custos são cortados, é um dos desafios mais prementes para os norte-americanos como nação.
Fonte: Dados de *Health systems: Improving performance*, by World Health Report, 2000, June 2000 (Table 1, pp. 152–155). Geneva, Switzerland: World Health Organization.

em que as intervenções psicológicas devem receber a cobertura de seguros de saúde privados. É possível que mesmo a mais animadora das novas intervenções – se tiver apenas o apoio de estudos fracos e mal conduzidos – receba a mesma reação cética dos profissionais da saúde que muitas terapias complementares e alternativas enfrentam (ver Cap. 14). Para complicar o quadro da pesquisa, estudos verdadeiros de prevenção primária muitas vezes levam décadas para ser concluídos e exigem um financiamento caro e de longo prazo. Felizmente, o U.S. Centers for Disease Control and Prevention tem demonstrado um interesse considerável na pesquisa continuada sobre intervenções comportamentais.

Apesar dos sucessos da psicologia da saúde, muito permanece por ser feito antes que os objetivos do *Healthy People 2010* sejam alcançados em sua totalidade. Ainda que os psicólogos da saúde continuem a eliminação das disparidades de saúde entre os vários grupos socioculturais, o enfoque em relação a buscar uma melhor saúde mudou dos grupos especiais para todos os norte-americanos.

Desafio 5: Ajudar na reforma do atendimento de saúde

Ao longo da história, o atendimento de saúde nos Estados Unidos enfrentou três problemas fundamentais: ele é caro demais; nem todos os cidadãos têm acesso igual a atendimento de qualidade; e seus serviços muitas vezes são usados de maneira inadequada. Por muitos anos, pesquisadores previam uma grande revolução no sistema de saúde norte-americano. Entre as questões que necessitam ser abordadas, estão o acesso universal ao atendimento de saúde, benefícios abrangentes obrigatórios, redução de custos, qualidade, responsabilização e a mudança de ênfase da prevenção secundária para a prevenção primária. Embora a lei da reforma do sistema de saúde de 2010, aprovada pelo Congresso, aborde muitas dessas questões, infelizmente o serviço de saúde nos Estados Unidos continua a se concentrar muito mais no caro atendimento de internação (e outros esforços de prevenção secundária) do que na prevenção primária e na promoção da saúde, que têm menos custo e maiores benefícios.

Melhorar o atendimento de saúde enquanto os custos são cortados está entre as necessidades mais urgentes. Uma das mensagens mais fundamentais da psicologia da saúde é que a prevenção e a promoção ou manutenção da saúde devem ter um papel tão importante no sistema de saúde quanto o tratamento de doenças possui atualmente. O atendimento de saúde deve ser definido de forma mais ampla, para que não se concentre apenas nos serviços prestados por médicos, enfermeiros, clínicos e hospitais. Muitos psicólogos da saúde enfatizam a importância de os pacientes assumirem a responsabilidade por seu próprio bem-estar, enquanto também reconhecem os importantes papéis desempenhados pela família, pelos amigos e pela comunidade. O atendimento de saúde mais eficaz deve reconhecer que escolas e locais de oração e de trabalho são importantes para promover a saúde e devem se tornar parte da rede de serviços interconectados no sistema de saúde da nação.

O importante papel dos psicólogos em melhorar a saúde física aprimorando os resultados de tratamentos já foi estabelecido. Isso levou a um aumento significativo no número de psicólogos que trabalham em cenários de atendimento geral de saúde. Infelizmente, contudo, as iniciativas recentes para reduzir os custos do atendimento de saúde podem ameaçar essa tendência. Entre os administradores hospitalares e legisladores, os serviços psicológicos e a prevenção primária, muitas vezes, são considerados opcionais ou até mesmo uma ornamentação. A atual política de saúde coloca maior ênfase em prevenir *novos* episódios de uma doença em pessoas que já estão doentes (prevenção secundária) do que em evitar o começo de uma patologia em primeiro lugar (prevenção primária). A prevenção secundária baseia-se no modelo biomédico (da doença) tradicional e costuma envolver diagnósticos médicos, medicamentos, cirurgias e outros procedimentos que são cobertos por seguros de saúde. Em comparação, a prevenção primária é apoiada em um modelo comportamental, em vez de um modelo de doença, e em geral não envolve diagnósticos porque não existe uma doença para se diagnosticar.

Ainda que a legislação possa mudar os rumos futuros do atendimento de saúde, a inclinação recente para um modelo comportamental da doença não apenas é uma pena, como também é contraproducente, já que os programas de prevenção secundária frequentemente são caros e podem produzir pouco ou nenhum benefício mensurável. Uma maneira de estimar os benefícios de ações preventivas é com medidas combinadas da expectativa de vida e qualidade de vida. Os anos de vida ajustados por qualidade (QALYs – quality-adjusted life years) podem ser usados para calcular a eficácia de custo de vários esforços de prevenções primária e secundária. Por exemplo, um tratamento farmacêutico, um procedimento médico de triagem ou uma intervenção comportamental que melhore a qualidade de vida em meio (0,5) para duas pessoas resultará no equivalente a 1 QALY durante o período de um ano. Pesquisadores estimam que o pequeno benefício de fazer mamografias regulares em mulheres de 40 a 49 anos de idade (aumentando a expectativa de vida em apenas 2,5 dias a um custo de 676 dólares por mulher) significa um custo de 100 mil dólares para 1 QALY completo (Salzmann et al., 1997). Em comparação, pesquisadores verificaram que a prática regular de exercícios produz 1 QALY por 11.313 dólares – um gasto muito mais modesto em relação a muitas intervenções biomédicas de prevenção secundária (Hatziandreu et al., 1988).

Intervenções psicossociais

Psicólogos da saúde exercem uma ampla variedade de atividades, incluindo treinar futuros médicos e enfermeiros sobre a importância dos fatores psicossociais na adesão do paciente ao tratamento e em sua recuperação, além de intervirem diretamente para ajudar pacientes que estejam enfrentando procedimentos difíceis e se adaptando a uma doença crônica (Tab. 15.1 a seguir). As intervenções cobrem cada domínio da saúde. No domínio biológico, o tratamento é projetado para a alteração direta de certas respostas fisiológicas envolvidas na doença. Exemplos são o relaxamento para reduzir a hipertensão; a hipnose para aliviar a dor; e a dessensibilização sistemática para reduzir a náusea que costuma ocorrer em antecipação à quimioterapia. No domínio psicológico, os psicólogos da saúde aplicam tanto intervenções cognitivas quanto comportamentais. As cognitivas incluem inoculação do estresse para reduzir a ansiedade decorrente de um procedimento médico iminente, terapia cognitivo-comportamental (TCC) para depressão e controle da raiva voltada a pacientes hostis com doenças cardiovasculares. As

Tabela 15.1

Exemplos das intervenções de tratamento da psicologia da saúde

1. Dessensibilização de temores de tratamentos médicos e odontológicos, incluindo agulhas, anestesia, parto ou procedimentos de ressonância magnética.
2. Tratamento para aumentar o enfrentamento ou controle da dor, incluindo dores crônicas nas costas, cefaleias ou queimaduras graves.
3. Intervenções para controlar sintomas como vômitos decorrentes da quimioterapia, coceiras de neurodermatites ou diarreias de síndrome do intestino irritável.
4. Grupos de apoio para doenças crônicas, reabilitação cardíaca, pacientes HIV-positivo ou famílias de doentes terminais.
5. Treinamento para superar deficiências físicas após traumas, retreinamento cognitivo após AVEs ou treinamento para usar dispositivos protéticos de forma eficaz.
6. Consultas e desenvolvimento de programas relacionados com adesão do paciente (p. ex., auxílio especial para idosos ou unidades de internação para crianças diabéticas dependentes de insulina).

Fonte: Adaptada de Belar, C. E. e Deardorff, W. W. (1996). *Clinical health psychology in medical settings: A practitioner's guidebook*. Washington, DC: American Psychological Association.

abordagens comportamentais envolvem ensinar técnicas para melhorar a comunicação entre paciente e profissional da saúde, desenvolver um programa de mudança comportamental para modificar hábitos prejudiciais à saúde e ajudar a treinar pacientes em habilidades de automanejo, como injeções diárias de insulina. E as intervenções sociais abrangem estabelecer grupos de apoio para famílias de doentes terminais e conduzir exercícios de dramatização com crianças para "inoculá-las" socialmente contra a pressão que sofrem de seus pares para comportamentos de risco.

Essas intervenções psicossociais geram uma economia significativa de custos, particularmente quando usadas para preparar pacientes para cirurgias e outros procedimentos médicos que produzem ansiedade (Novotney, 2010). Indivíduos ansiosos demais, quando enfrentam hospitalizações e procedimentos invasivos como cirurgias, muitas vezes experimentam uma desintegração de suas habilidades de enfrentamento normais. Treinamento de relaxamento, exercícios pós-cirúrgicos, técnicas de distração e estratégias para aumentar o controle podem reduzir a duração da hospitalização e a necessidade de medicamentos para aliviar a dor, bem como a ajudar a prevenir comportamentos perturbadores dos pacientes. As intervenções psicossociais também são percebidas como eficazes e desejáveis pelos pacientes e suas famílias (Arving et al., 2006; Martire, 2005).

O desafio da contenção de custos deve continuar visto a probabilidade de doenças cardiovasculares e câncer – condições crônicas relacionadas com a idade que são extraordinariamente caras para tratar – permanecerem as principais causas de morte por algum tempo. A ênfase da psicologia da saúde na *prevenção*, se empregada de forma ampla, ajudaria a conter gastos gerais, apesar do custo inicial do pessoal adicional de saúde. Uma das melhores formas de conter esses custos é ajudar as pessoas a melhorarem seus comportamentos de saúde para evitar a doença e auxiliar aqueles que adoecem a se recuperarem o mais rápido possível.

Atendimento misto (cooperativo ou integrado)

Como mais um testemunho do papel futuro da psicologia da saúde a fim de ajudar os esforços para conter os custos do sistema de saúde, a *Human Capital Initiative* lançou um apelo pelo uso maior do *atendimento misto* (também chamado de *atendimento cooperativo* ou *atendimento integrado*; ver Cap. 12). Esse modelo interdisciplinar, no qual equipes de tratamento abordam doenças a partir de perspectivas biológicas, psicológicas e socioculturais, representa uma grande promessa de melhorar a intervenção terapêutica enquanto simultaneamente reduz os custos (Tab. 15.2).

O sucesso do atendimento misto reflete a aceitação crescente da psicologia da saúde pela biomedicina tradicional nos últimos 25 anos – uma tendência que deve continuar no futuro (Novotney, 2010). Um sinal dessa aceitação é o aumento substancial no número de psicólogos que trabalham em faculdades de medicina e centros de saúde acadêmicos – a maior área individual de colocação profissional para psicólogos nos últimos anos (APA, 2006). Entre 1960 e 2006, a psicologia cresceu de uma média de dois psicólogos por faculdade de medicina, para quase 30 (APAHC, 2006). Os psicólogos tornaram-se membros fundamentais de equipes clínicas e de pesquisa multidisciplinares em muitas especialidades médicas, incluindo consultórios de família, pediatria, reabilitação, cardiologia, oncologia e anestesia. Outro sinal é o papel crescente dos enfermeiros em prestar serviços psicológicos. Um número cada vez maior de enfermeiros está

Tabela 15.2

Redução na frequência de tratamento com atendimento misto

Número total de consultas ambulatoriais	- 17%
Consultas para doenças menos importantes	- 35%
Consultas pediátricas para doenças agudas	- 25%
Consultas para asma aguda	- 49%
Consultas para pacientes com artrite	- 40%
Duração média de estada em hospital para pacientes cirúrgicos	- 1,5 dia
Cesarianas	- 56%
Anestesia epidural durante o parto	- 85%

Fonte: *Doing the right thing: The human capital initiative strategy* (report). (1994). Washington, DC: American Psychological Association, p. 16.

obtendo graus avançados em psicologia, e a enfermagem estabeleceu o *National Institute for Nursing Research* (NINR), que se concentra em estudos controlados de variáveis psicológicas na enfermagem.

De modo paradoxal, à medida que o atendimento médico se tornou mais especializado e mais complexo, também começou a ampliar seu escopo, incorporando aspectos mais complementares e alternativos da cura. O treinamento de relaxamento, a visualização guiada e alguns aspectos espirituais das tradições não ocidentais de cura são cada vez mais aceitos por programas de atendimento administrado, pois esses métodos normalmente não são caros e, ainda assim, costumam ser eficazes para ajudar os pacientes a enfrentarem uma variedade de sintomas relacionados com o estresse. Vistos os crescentes custos médicos, a *razão custo-eficácia* dessas intervenções não pode ser ignorada.

Atendimento misto Quando equipes interdisciplinares de tratamento abordam doenças a partir de perspectivas biológicas, psicológicas e socioculturais, o tratamento muitas vezes é melhor; e o custo, reduzido.

Reforma internacional

Conforme já foi visto, existe uma grande variabilidade na prevalência de determinadas doenças no mundo inteiro. A pobreza, a falta de atendimento de saúde e a ignorância geralmente contribuem para uma incidência maior de doenças infecciosas nos países em desenvolvimento do que nos países desenvolvidos. Por exemplo, assim como o hábito de fumar continua a diminuir nos Estados Unidos, sua prevalência está aumentando em partes do mundo em desenvolvimento.

A psicologia da saúde pode tomar a dianteira em conduzir as mensagens de milhares de estudos das nações desenvolvidas para outras partes do mundo nas quais problemas de saúde semelhantes estão apenas começando a surgir. Todavia, a transmissão de informações pode fluir em ambas as direções. Os psicólogos da saúde podem ajudar a reformar o sistema de saúde norte-americano auxiliando os legisladores a compreender aspectos que outros países dominam melhor. Por exemplo, todos os cidadãos canadenses são cobertos por algum provedor de seguro de saúde subsidiado pelo governo. Embora os médicos trabalhem como provedores de serviços independentes em consultórios e clínicas privadas, assim como nos Estados Unidos, suas taxas são fixadas por negociações regulares com o governo da província em que atuam. Assim, os médicos não podem cobrar mais por seus serviços do que o preço estipulado no acordo.

Como outro exemplo, considere um aspecto do sistema australiano: clínicas para o bem-estar do homem e da mulher. O objetivo dessas clínicas é promover a saúde total do homem e da mulher, focalizando o bem-estar, em vez de apenas a doença. Essas clínicas gratuitas, que são mantidas por profissionais da enfermagem, são encontradas por todo o país e se concentram em educação, avaliação e administração sem medicamentos de problemas de estresse pessoal e familiar.

Conclusão

A perspectiva da psicologia da saúde como profissão é promissora. O campo fez avanços impressionantes em sua breve história, mas há muito mais a aprender. Os futuros psicólogos da saúde enfrentarão muitos desafios enquanto trabalham para melhorar a saúde individual e da comunidade e ajudar a reformar o sistema de saúde. Espero que seu entendimento crescente da psicologia da saúde seja tão motivador para você – pessoal e profissionalmente – quanto tem sido para mim.

Revisão sobre saúde

Responda a cada pergunta a seguir com base no que aprendeu no capítulo. (DICA: Use os itens da Síntese para considerar questões biológicas, psicológicas e sociais).

1. Depois de ler este livro, identifique algumas maneiras que, conforme seu entendimento, poderiam melhorar sua saúde, relacionadas com seus componentes biológicos, psicológicos e sociais ou culturais.
2. Alguns de seus amigos sabem que você está cursando uma disciplina em psicologia da saúde. Eles querem que você compartilhe o que aprendeu sobre o futuro do atendimento de saúde, especialmente como ele será influenciado pelo trabalho dos psicólogos da saúde. O que você dirá a eles? Quais pesquisas você leu que sustentam seu pensamento?
3. Após concluir esta disciplina em psicologia da saúde, você decide continuar nessa área em sua carreira. Qual subcampo dessa ciência escolheria: professor, cientista/pesquisador ou clínico (ver Cap. 1)? Identifique um objetivo que esperaria alcançar na carreira que escolheu.

Síntese

As lições mais importantes da psicologia da saúde

Lição 1: Fatores psicológicos e sociais interagem com a biologia na saúde

Lição 2: Promover e manter a saúde é nossa responsabilidade

Lição 3: Estilos de vida insalubres são mais difíceis de mudar do que de prevenir

Lição 4: A avaliação e o manejo adequados do estresse são essenciais para a boa saúde

Os desafios futuros da psicologia da saúde

Desafio 1: Aumentar o tempo de vida saudável para todas as pessoas

Desafio 2: Reduzir as discrepâncias de saúde e aumentar a compreensão a respeito dos efeitos do gênero, da cultura e do *status* socioeconômico sobre a saúde

Desafio 3: Atingir o mesmo nível de acesso a serviços de saúde preventiva para todas as pessoas

Desafio 4: Ajustar o foco de pesquisa e intervenção para maximizar a promoção da saúde com abordagens baseadas em evidências

Desafio 5: Ajudar na reforma do atendimento de saúde

Glossário

A

abstinência sintomas físicos e psicológicos desagradáveis que ocorrem quando a pessoa para de usar determinadas substância de forma abrupta.

abuso de álcool padrão mal-adaptativo do uso de álcool no qual a bebida interfere em obrigações relacionadas com os papéis sociais do indivíduo.

abuso de substâncias uso de uma droga em nível que atrapalhe o bem-estar biológico, psicológico ou social do usuário.

acidente vascular encefálico (AVE) acidente que resulta em lesão no cérebro devido à falta de oxigênio; normalmente causado por aterosclerose ou arteriosclerose.

aculturação o processo em que um membro de um grupo étnico ou racial adota os valores, os costumes e os comportamentos de outro grupo.

acupuntura componente da medicina oriental tradicional no qual agulhas finas são inseridas na pele para aliviar a dor, tratar dependências químicas e doenças, e promover a saúde.

adesão ao tratamento o paciente concordar e depois seguir o regime de tratamento conforme orientado pelo profissional da saúde.

adicção padrão de comportamento caracterizado por dependência física e possivelmente psicológica, bem como pelo desenvolvimento de tolerância.

adipócitos células corporais que armazenam gordura.

agonista substância que se conecta a um receptor e produz ações neurais que imitam ou potencializam a dinâmica natural de neurotransmissores.

amígdala dois grupos de neurônios do sistema límbico que estão ligados às emoções, especialmente à agressividade.

analgesia induzida pelo estresse aumento na tolerância à dor relacionado com o estresse, presumivelmente mediado pelo sistema de endorfina do corpo.

angina de peito condição de dor extrema no peito causada por restrição no suprimento de sangue para o coração.

angiografia coronariana teste diagnóstico para doença coronariana no qual se injeta corante para que raios X possam revelar quaisquer obstruções nas artérias coronárias.

angioplastia coronariana cirurgia cardíaca em que um cateter inflável é usado para abrir uma artéria coronária bloqueada.

anorexia nervosa transtorno da alimentação caracterizado por autoinanição, imagem corporal distorcida e, nas mulheres, amenorreia.

antagonista substância que bloqueia a ação de um neurotransmissor de ocorrência natural ou agonista.

antígeno agente estranho que estimula a resposta imune.

anti-inflamatórios não esteroides (AINEs) aspirina, ibuprofeno, acetaminofen e outros medicamentos analgésicos que aliviam a dor e reduzem a inflamação no tecido lesionado.

apoio social companheirismo de outras pessoas que transmite um preocupação emocional, auxílio material ou comentários honestos a respeito de uma situação.

artérias vasos sanguíneos que conduzem o sangue do coração para os órgãos e tecidos. Uma artéria pequena é chamada de arteríola.

arteriosclerose também chamada de "endurecimento das artérias", uma doença em que os vasos sanguíneos perdem a elasticidade.

atendimento administrado por organizações privadas atendimento de saúde que busca controlar custos, eliminando desperdícios e procedimentos desnecessários e proporcionando diretrizes de tratamento economicamente sólidas para hospitais e médicos.

atendimento cooperativo forma cooperativa de cuidado à saúde em que médicos, psicólogos e outros profissionais da saúde unem suas forças para melhorar o atendimento ao paciente.

aterogênese processo de formação de placas ateromatosas no revestimento interno das artérias.

aterosclerose doença crônica em que o colesterol e outras gorduras se depositam nas paredes internas das artérias coronárias, reduzindo a circulação para o tecido cardíaco.

avaliação primária determinação inicial que alguém faz do significado de um evento como irrelevante, benigno-positivo ou ameaçador.

avaliação secundária determinação que alguém faz de seus próprios recursos e capacidades, verificando se são suficientes para cumprir com as demandas de um evento avaliado como potencialmente ameaçador ou desafiador.

B

barreira hematencefálica rede de células capilares compactadas que separa o sangue e o cérebro.

biofeedback sistema que fornece informações auditivas ou visíveis com relação a estados fisiológicos involuntários.

brônquios par de tubos respiratórios que se ramificam em vias progressivamente menores, os bronquíolos, culminando em sacos aéreos dentro dos pulmões (os alvéolos).

bulimia nervosa transtorno da alimentação caracterizado por ciclos alternados de comer e purgar por meio de vômitos ou laxantes.

buscar apoio resposta comportamental ao estresse que se concentra em proteger os filhos (zelar) e procurar outros indivíduos para defesa mútua (agrupar).

C

caloria medida de energia alimentar equivalente à quantidade de energia necessária para elevar a temperatura de 1 g de água em 1 °C.

câncer conjunto de doenças em que células anormais do corpo multiplicam-se e espalham-se de maneira descontrolada, formando uma massa tissular chamada de tumor.

caráter invasivo da doença o nível em que uma doença crônica perturba a vida de um indivíduo, interferindo em atividades e interesses valorizados e reduzindo percepções de controle pessoal, autoeficácia e autoestima.

carcinogênico um agente causador do câncer, como o tabaco, a radiação ultravioleta ou as toxinas do ambiente.

carcinoma câncer das células epiteliais que cobrem as superfícies internas e externas do corpo; inclui os cânceres de mama, de próstata, de pulmões e de pele.

carga alostática (ou alostase) os efeitos cumulativos de longa duração da resposta fisiológica do corpo ao estresse.

carotenoides pigmentos que absorvem a luz que dão a cenouras, tomates e outros alimentos a sua cor e são fontes ricas de vitaminas antioxidantes.

cerebelo localizado na parte de trás do cérebro; essa estrutura cerebral coordena os movimentos voluntários e o equilíbrio.

ciclagem de peso ganhos e perdas repetidos de peso por meio de dietas repetidas.

cílios pequenos pelos que recobrem as vias aéreas no nariz, na boca e na traqueia; movimentando-se como uma onda, os cílios aprisionam os germes e os expulsam do sistema respiratório.

citocinas moléculas proteicas produzidas por células imunológicas que agem sobre outras células para regular a imunidade (interferons, interleukins e fatores de necrose tumoral).

coeficiente de correlação medida estatística da intensidade e direção da relação entre duas variáveis e, dessa forma, do quanto uma prevê a outra.

comorbidade ocorrência simultânea de dois ou mais transtornos ou sintomas físicos e/ou psicológicos.

complexo aids-demência síndrome relacionada com a aids que envolve perda de memória, confusão e alterações na personalidade.

comportamento de demora na busca de tratamento tendência a evitar procurar atendimento médico porque os sintomas passam despercebidos (*demora na avaliação*), a doença parece improvável (*demora na aceitação da doença*), a ajuda profissional é considerada desnecessária (*demora comportamental*), o indivíduo procrastina para marcar consulta (*demora na marcação da consulta*) ou os benefícios percebidos do tratamento não superam os custos estimados (*demora no tratamento*).

comportamento de saúde um comportamento ou hábito, que promove a saúde; também chamado *imunógeno comportamental*.

contrairritação analgesia em que a dor (p. ex., um músculo estirado) é aliviada pela criação de um estímulo contrário (como massagear o local do ferimento).

controle cognitivo refere-se a intervenções que voltam a atenção do paciente para os aspectos positivos de um procedimento (como melhoras na saúde) em vez de para as sensações de desconforto.

controle comportamental intervenções que ensinam técnicas para controlar a dor e acelerar a recuperação durante e depois de um procedimento médico.

controle informacional refere-se ao conhecimento dos pacientes com relação aos procedimentos e sensações físicas que acompanham o tratamento médico.

controle pessoal crença de que tomamos nossas próprias decisões e determinamos o que fazemos e o que os outros fazem conosco.

controle psicológico a percepção do indivíduo de que pode determinar o próprio comportamento e influenciar o ambiente para obter os resultados desejados.

controle regulatório as várias maneiras pelas quais modulamos o pensamento, as emoções e o comportamento ao longo do tempo e em circunstâncias inconstantes.

coorte de nascimento grupo de pessoas que, por terem nascido aproximadamente na mesma época, experimentam condições históricas e sociais semelhantes.

córtex cerebral camada fina de células que cobre o cérebro; local da sensação consciente e do processamento de informações.

córtex de associação áreas do córtex cerebral que não estão diretamente envolvidas em funções sensoriais e motoras; em vez disso, integram informações multissensoriais e funções mentais superiores, como o pensamento e a fala.

córtex motor localizado atrás dos lobos frontais, é a região do córtex cerebral que controla os movimentos voluntários.

córtex sensorial localizado à frente dos lobos parietais, é a região do córtex cerebral que processa sensações corporais, como o tato.

corticosteroides hormônios produzidos pelo córtex adrenal que combatem inflamações, promovem a cura e desencadeiam a liberação de energia armazenada.

crença tendenciosa forma de raciocínio errôneo em que as expectativas nos impedem de buscar explicações alternativas para nossas observações.

cromossomo X cromossomo sexual encontrado em homens e mulheres. As mulheres têm dois desses cromossomos; os homens, apenas um.

cromossomo Y cromossomo sexual que somente é encontrado nos homens; contém o gene que estimula os testículos a começarem a produção de testosterona.

D

delirium tremens estado neurológico induzido pelo consumo excessivo e prolongado de álcool, caracterizado por suor, tremedeiras, ansiedade e alucinações; sintoma da abstinência de álcool.

densidade populacional uma medida da lotação baseada no número total de pessoas vivendo em uma área de tamanho limitado.

dependência de álcool estado em que o indivíduo precisa consumir álcool para funcionar normalmente.

dependência estado em que o uso de uma substância é necessário para que a pessoa funcione normalmente.

desertos alimentares áreas geográficas com pouco ou nenhum acesso a alimentos necessários para manter uma dieta saudável.

desinibição comportamental falsa sensação de confiança e liberdade dos limites sociais resultante do consumo de álcool.

dessensibilização sistemática forma de terapia comportamental, usada em geral para superar fobias, em que a pessoa é exposta a várias situações cada vez mais temerárias enquanto permanece profundamente relaxada.

diabetes melito distúrbio do sistema endócrino no qual o corpo é incapaz de produzir insulina (tipo I) ou de utilizar esse hormônio pancreático (tipo II).

diagrama de dispersão gráfico que agrupa pontos representando os dados, cada um exprimindo os valores de duas variáveis em estudos descritivos.

disposição comportamental em teorias do comportamento de saúde, é a motivação reativa e não planejada envolvida na decisão de realizar um comportamento de risco.

doença arterial coronariana doença crônica na qual as artérias que suprem o coração são restringidas ou entupidas; resulta da aterosclerose ou da arteriosclerose.

doenças cardiovasculares distúrbios do coração e do sistema de vasos sanguíneos, incluindo o derrame e doença arterial coronariana.

doenças sexualmente transmissíveis (DSTs) doenças que são espalhadas principalmente pelo contato sexual entre as pessoas.

dor aguda dor cruciante e pungente que é curta e normalmente relacionada a lesões em tecidos.

dor clínica dor que requer alguma forma de tratamento médico.

dor crônica dor ardente e duradoura.

dor do membro fantasma após a amputação de um membro, sensações falsas de dor que parecem oriundas do membro removido.

dor recorrente envolve episódios de desconforto intercalados com períodos em que o indivíduo está quase livre de dor, que se repetem por mais de três meses.

dor referida dor manifestada em uma área do corpo sensível à dor, mas causada por uma doença ou lesão em uma zona do corpo que tem poucos receptores de dor.

droga de entrada substância que serve como trampolim para o uso de outras substâncias, normalmente mais perigosas.

dualismo mente-corpo ponto de vista filosófico segundo o qual a mente e o corpo são entidades separadas que não interagem.

E

educação para a saúde qualquer intervenção planejada envolvendo comunicações que promovam o aprendizado de comportamentos mais saudáveis.

efeito placebo a tendência de um medicamento ou tratamento, mesmo que seja inerte, de funcionar simplesmente porque o indivíduo acredita que funcionará.

efeitos de expectativas forma de viés em que o resultado de um estudo é influenciado pelas expectativas do pesquisador ou pelo estudo das expectativas dos participantes.

eixo hipotálamo-hipófise-adrenal (HAA) a resposta retardada do corpo ao estresse, envolvendo a secreção de hormônios corticosteroides do córtex adrenal.

eixo simpato-adreno-medular (SAM) a resposta inicial de ação rápida do corpo ao estresse, envolvendo a liberação de adrenalina e noradrenalina da medula adrenal, sob ordens do sistema nervoso simpático.

eletrocardiograma (ECG ou EKG) medida das descargas elétricas que emanam do coração.

emotividade negativa estado de abuso do álcool caracterizado por depressão e ansiedade.

encefalinas opioides endógenos (de ocorrência natural) encontrados nos terminais nervosos de células do cérebro e da medula espinal conectados a receptores de opioides.

enfrentamento focalizado na emoção estratégia de enfrentamento em que a pessoa tenta controlar sua resposta emocional a um estressor.

enfrentamento focalizado no problema estratégia de enfrentamento para lidar diretamente com um estressor, na qual são reduzidas as demandas do estressor ou aumentados os recursos para atender a essas demandas.

enfrentamento formas cognitivas, comportamentais e emocionais pelas quais as pessoas administram situações estressantes.

enfrentamento repressivo estilo de enfrentamento focalizado nas emoções, em que as pessoas tentam inibir suas respostas emocionais, especialmente em situações sociais, para que possam se enxergar como imperturbáveis.

epidêmico literalmente, *entre as pessoas*; uma doença epidêmica se espalha com rapidez entre muitos indivíduos de uma comunidade ao mesmo tempo. Uma doença *pandêmica* afeta pessoas ao longo de uma grande área geográfica.

epidemiologia estudo científico da frequência, da distribuição e das causas de determinada forma de doença ou de outra consequência para a saúde em uma população.

esgotamento um estado de exaustão física e psicológica relacionada com o trabalho.

estilo explanatório nossa propensão geral a atribuir os resultados sempre a causas positivas ou sempre a causas negativas, como personalidade, sorte ou atos de outras pessoas.

estimulação nervosa elétrica transcutânea (TENS) forma de analgesia por contrairritação que envolve a estimulação elétrica dos nervos espinais perto de uma área dolorida.

estresse processo pelo qual percebemos e respondemos a eventos, chamados de estressores, que são percebidos como prejudiciais, ameaçadores ou desafiadores.

estressor qualquer evento ou situação que desencadeie adaptações nos modos de enfrentamento.

estudo de caso estudo descritivo em que uma pessoa é estudada profundamente, na expectativa de se revelar princípios gerais.

estudo descritivo método de pesquisa em que os pesquisadores observam e registram os comportamentos dos participantes, frequentemente formando hipóteses que são testadas mais tarde de forma sistemática; inclui estudos de caso, entrevistas e inquéritos, além de estudos de observação.

estudo duplo-cego técnica projetada para prevenir efeitos de expectativas do observador e do participante, na qual o pesquisador e os sujeitos não conhecem o verdadeiro propósito do estudo ou em que condição cada sujeito se encontra.

estudo longitudinal estudo em que um único grupo de pessoas é observado durante um longo período de tempo.

estudo observacional método de pesquisa não experimental em que o pesquisador observa e registra o comportamento do participante da pesquisa.

estudo prospectivo estudo longitudinal que começa com um grupo saudável de sujeitos e acompanha o desenvolvimento de determinada doença nessa amostra.

estudo retrospectivo estudo que "olha para o passado" no qual um grupo de pessoas que apresentam determinada doença ou condição é comparado com outro grupo de pessoas que não apresentam, com o propósito de identificar a história de fatores de risco que possam ter contribuído para a doença ou condição.

estudo transversal compara grupos representativos de pessoas de várias idades em relação a uma variável dependente.

etiologia estudo científico das causas ou origens de doenças específicas.

expectativas em relação ao álcool crenças dos indivíduos a respeito dos efeitos do consumo de álcool sobre seu próprio comportamento e o de outras pessoas.

F

fenótipo características observáveis de uma pessoa, determinadas pela interação do genótipo do indivíduo com o ambiente.

fibras nervosas lentas fibras nervosas pequenas e amielinizadas que conduzem dor forte e latejante.

fibras nervosas rápidas fibras nervosas grandes e mielinizadas que transmitem dores penetrantes e agudas.

foco atencional estilo característico de uma pessoa de monitorar os sintomas corporais, as emoções e o bem-estar geral.

formação reticular rede de neurônios que corre pelo tronco encefálico, envolvida no estado de alerta e de excitação.

G

genoma toda a informação genética de um organismo; o genoma humano é formado por aproximadamente 3 bilhões de sequências de DNA.

genótipo soma de todos os genes presentes no indivíduo.

glândula hipófise glândula endócrina mestra, controlada pelo hipotálamo; libera uma variedade de hormônios que agem sobre outras glândulas espalhadas pelo corpo.

glândulas adrenais também chamadas de suprarrenais, estão localizadas logo acima dos rins, o par de glândulas endócrinas que secreta adrenalina, noradrenalina e cortisol, hormônios que estimulam o corpo em momentos de estresse.

H

hardiness grupo de traços minimizadores do estresse que consiste em comprometimento, desafios e controle.

hemofilia doença genética em que o sangue não consegue coagular com velocidade suficiente, causando hemorragias incontroláveis mesmo a partir de cortes pequenos.

hereditariedade quantidade de variação em que traço entre os indivíduos que pode ser atribuída aos genes.

hiperalgesia condição em que a pessoa que sofre de dor crônica se torna mais sensível a ela com o passar do tempo.

hipertensão elevação prolongada da pressão arterial diastólica e sistólica (excedendo 140/90 mmHg).

hipnose interação social em que uma pessoa (o hipnotizador) sugere a outra que certos pensamentos, sentimentos, percepções e comportamentos ocorrerão.

hipocampo estrutura no sistema límbico cerebral ligada à memória.

hipocondria condição de experimentar ansiedade anormal em relação à própria saúde, frequentemente incluindo sintomas imaginários.

hipotálamo logo abaixo do tálamo, a região do cérebro que influencia a fome, a sede, a temperatura corporal e o comportamento sexual; ajuda a governar o sistema endócrino por meio da glândula hipófise.

hipótese da proteção teoria segundo a qual o apoio social produz efeitos indiretos de proteção contra o estresse, ajudando o indivíduo a enfrentá-lo de forma mais eficaz.

hipótese da redução da tensão explicação para o comportamento de beber cuja proposta é que o álcool seja reforçador porque reduz o estresse e a tensão.

hipótese do efeito direto teoria segundo a qual o apoio social produz efeitos benéficos durante momentos estressantes e não estressantes, aumentando as respostas físicas do corpo a situações difíceis.

hipótese do *set point* ideia de que o peso corporal de cada pessoa é determinado geneticamente de acordo com um limite, ou *set point*, que o corpo tenta manter.

homeostase a tendência de manter um estado interno constante e equilibrado; a regulação de qualquer aspecto da química corporal, como o nível de glicose no sangue, em torno de determinado ponto fixo.

hormônios mensageiros químicos liberados na corrente sanguínea pelas glândulas endócrinas, exercem efeitos em órgãos distantes.

I

imunocompetência a capacidade geral do sistema imune, em dado momento, de defender o corpo contra os efeitos prejudiciais de agentes estranhos.

imunoterapia forma de quimioterapia em que medicamentos são utilizados para auxiliar ou aumentar a capacidade do sistema imune de atacar células cancerosas de forma seletiva.

incidência número de novos casos de uma doença ou condição que ocorre em determinada população em um intervalo de tempo definido.

índice de massa corporal (IMC) medida da obesidade calculada dividindo-se o peso corporal pelo quadrado da altura da pessoa.

infarto do miocárdio ataque cardíaco; morte permanente de tecido cardíaco em resposta a uma interrupção do suprimento de sangue para o miocárdio.

inquérito questionário utilizado para averiguar as atitudes e os comportamentos autorrelatados por um grupo de pessoas.

intenção comportamental em teorias do comportamento de saúde, a decisão racional de realizar um comportamento relacionado à saúde ou de abster-se de participar de tal comportamento.

J

john henryismo (JH) padrão de enfrentamento prolongado e trabalhoso com demandas e estressores psicossociais, incluindo obstáculos à mobilidade social ascendente.

L

leptina hormônio sinalizador de peso que é monitorado pelo hipotálamo como um índice de gordura corporal.

leucemia câncer do sangue e do sistema produtor de sangue.

linfócitos células sanguíneas brancas, produzidas na medula óssea, que combatem antígenos.

linfoma câncer do sistema linfático; inclui a doença de Hodgkin e o linfoma não Hodgkin.

M

manejo do estresse diversos métodos psicológicos projetados para reduzir o impacto de experiências potencialmente estressantes.

medicina baseada em evidências abordagem terapêutica que promove a coleta, a interpretação e a integração das melhores evidências científicas para as tomadas de decisão sobre o tratamento de pacientes.

medicina complementar e alternativa uso e prática de terapias ou técnicas de diagnóstico que não fazem parte da biomedicina convencional.

medicina comportamental um campo interdisciplinar que integra as ciências comportamentais e biomédicas para promover a saúde e tratar doenças.

medicina holística abordagem de medicina que considera não apenas a saúde física, mas também o bem-estar emocional, espiritual e psicológico da pessoa.

medicina integrativa abordagem multidisciplinar de medicina que envolve intervenções biomédicas tradicionais, bem como práticas médicas complementares e alternativas que se mostraram seguras e eficazes.

medicina naturopática sistema que visa proporcionar atendimento de saúde holístico, utilizando diversos sistemas tradicionais de cura, incluindo homeopatia, remédios com ervas e medicina oriental tradicional.

medicina oriental tradicional antigo sistema de cura que integra ervas e acupuntura fundamentado, no princípio de que a harmonia interna é essencial para a boa saúde.

medicina psicossomática ramo da medicina que se concentra no diagnóstico e tratamento de doenças físicas causadas por processos mentais deficientes.

medula região do tronco encefálico que controla os batimentos cardíacos e a respiração.

melanoma forma potencialmente mortal de câncer que ataca as células da pele que contêm melanina.

mensagem estruturada na forma de ganhos mensagem relacionada com a saúde concentrada em obter resultados positivos ou evitar resultados indesejáveis, adotando um comportamento que promova a saúde.

mensagem estruturada na forma de perdas mensagem relacionada com a saúde concentrada no resultado negativo causado por não ser adotado um comportamento que promova a saúde.

metanálise técnica quantitativa que combina os resultados de muitos estudos que examinam o mesmo efeito ou fenômeno.

metástase processo em que células corporais malignas proliferam em número e espalham-se para os tecidos corporais circundantes.

miopia do álcool tendência do álcool a aumentar a concentração da pessoa em situações imediatas e de reduzir a consciência a respeito de circunstâncias distantes.

modelo biomédico visão dominante no século XX, segundo a qual a doença sempre tem uma causa física.

modelo da diátese ao estresse propõe que dois fatores que interagem determinam a suscetibilidade do indivíduo ao estresse e à doença: fatores predisponentes na pessoa (como vulnerabilidade genética) e fatores precipitantes do ambiente (como experiências traumáticas).

modelo de crença de saúde teoria em estágios que identifica quatro crenças que influenciam as tomadas de decisão relacionadas a comportamentos saudáveis: a suscetibilidade percebida a uma ameaça à saúde; a da gravidade percebida da doença ou condição; e os benefícios e barreiras ao tratamento.

modelo de titulação da nicotina teoria segundo a qual fumantes que são fisicamente dependentes da nicotina regulam o quanto fumam para manter um nível constante da substância no organismo.

modelo transacional teoria de Lazarus de que a experiência de estresse depende tanto da avaliação cognitiva do indivíduo sobre o impacto de um estressor potencial quanto do próprio evento ou da situação.

modelo transteórico teoria de estágios muito utilizada que a passagem das pessoas por cinco estágios quando tentam mudar comportamentos relacionados com a saúde: pré-contemplação; contemplação; preparação; ação; e manutenção.

morbidade como medida de saúde, número de casos de determinada doença, ferimento ou incapacidade em um grupo específico de pessoas em certa época.

mortalidade como medida de saúde, número de mortes decorrentes de uma causa específica em determinado grupo em certo momento.

N

naloxona antagonista de opioides que se conecta a receptores de opioides do corpo para bloquear os efeitos de opioides naturais e de analgésicos.

nível de álcool no sangue a quantidade de álcool no sangue, medida em gramas por 100 mililitros.

nociceptor neurônio especializado que responde a estímulos dolorosos.

Glossário

norma subjetiva interpretação de um indivíduo das visões de outras pessoas no que diz respeito a determinado comportamento relacionado com a saúde.

O

obesidade acúmulo excessivo de gordura corporal.

P

padrão feminino de obesidade o corpo "em formato de pera" de mulheres que possuem peso em excesso nas coxas e no quadril.

padrão masculino de obesidade o corpo "em formato de maçã" de homens que possuem peso em excesso na porção superior de seu corpo e abdome.

pandemia epidemia mundial, como a aids.

patógeno vírus, bactéria ou algum outro microrganismo que causam determinada doença.

perspectiva biopsicossocial (mente-corpo) ponto de vista segundo o qual a saúde e outros comportamentos são determinados pela interação entre mecanismos biológicos, processos psicológicos e influências sociais.

perspectiva de gênero perspectiva teórica que aborda problemas de saúde específicos dos gêneros e suas barreiras aos serviços de saúde.

perspectiva do curso de vida perspectiva teórica concentrada em aspectos da saúde e da doença relacionados com a idade.

perspectiva sociocultural perspectiva teórica que aborda a maneira como os fatores sociais e culturais contribuem para a saúde e a doença.

placas ateromatosas acúmulos de depósitos de gordura na parede de uma artéria que ocorrem na aterosclerose.

potencialização de substâncias o efeito de uma substância em aumentar os efeitos de outra.

prevalência número total de casos diagnosticados de uma doença ou condição que existe em certo momento.

prevenção primária esforços para melhorar a saúde, prevenindo que ocorram doenças ou lesões.

prevenção secundária ações para identificar e tratar uma doença ou deficiência no começo de seu curso.

prevenção terciária ações para conter danos depois que uma doença ou deficiência avança além de seus estágios iniciais.

prostaglandina substância química responsável pela dor localizada e pela inflamação; a prostaglandina também aumenta gradualmente a sensibilidade dos terminais nervosos livres à medida que o tempo passa.

psicologia da saúde aplicação de princípios e pesquisas psicológicos para a melhoria da saúde e a prevenção e o tratamento de doenças.

psicologia positiva o estudo do funcionamento humano adequado e da inter-relação saudável entre as pessoas e seus ambientes.

psiconeuroimunologia campo da pesquisa que enfatiza a interação entre processos psicológicos, neurais e imunológicos no estresse e na doença.

R

reatividade cardiovascular a reação característica de um indivíduo ao estresse, incluindo alterações na frequência cardíaca, na pressão arterial e nos hormônios.

reatividade nossa reação fisiológica ao estresse, que varia com o indivíduo e afeta a nossa vulnerabilidade a doenças.

reavaliação cognitiva processo pelo qual os eventos potencialmente estressantes são reavaliados de forma constante.

relaxamento muscular progressivo forma de treinamento para relaxamento que reduz a tensão muscular por meio de uma série de exercícios de tensionamento e relaxamento que envolvem os principais grupos musculares do corpo.

representação da doença maneira como uma pessoa vê determinada doença, incluindo seus rótulos e sintomas, causas percebidas, curso, consequências e grau de controle.

repressores pessoas que lidam com problemas de saúde e outros eventos adversos ignorando ou se afastando de informações estressantes.

resiliência a qualidade do indivíduo de se recuperar ou escapar de estressores ambientais que possam, de alguma forma, perturbar seu ambiente.

resposta de relaxamento estado meditativo de relaxamento em que o metabolismo e a pressão arterial são reduzidos.

retrovírus vírus que copia sua informação genética no DNA de uma célula hospedeira.

risco relativo indicador estatístico da probabilidade de uma relação causal entre determinado fator de risco à saúde e um problema de saúde; calculado como a razão entre a incidência (ou prevalência) de um problema de saúde em um grupo exposto ao fator de risco e sua incidência (ou prevalência) em outro grupo não exposto a esse fator.

ruminação concentração repetitiva nas causas, nos significados e nas consequências de experiências estressantes.

S

saciedade forma de terapia de aversão em que se força o fumante a aumentar a quantidade que fuma até atingir um estado desagradável de "empanturramento".

sarcoma câncer que ataca os músculos, os ossos e as cartilagens.

sarcoma de Kaposi forma rara de câncer dos vasos sanguíneos que irrigam a pele, as membranas mucosas e outras glândulas.

saúde estado de completo bem-estar físico, mental e social.

seleção randômica trata-se de distribuir os participantes da pesquisa a grupos ao acaso, minimizando assim diferenças preexistentes entre os grupos.

semiexperimento estudo que compara dois grupos que diferem naturalmente em determinada variável de interesse.

sensibilizadores pessoas que lidam com problemas de saúde e outros eventos adversos examinando seus corpos e o ambiente em busca de informações.

simulação fingir que está doente para obter os benefícios do comportamento de "papel de doente".

síndrome alcoólica fetal malformações nas congênitas que incluem anormalidades faciais, baixa inteligência e crescimento corporal retardado, causadas pelo consumo de álcool pela gestante.

síndrome da imunodeficiência adquirida (aids) os estágios mais avançados da infecção por HIV, definidos por uma contagem de células T de menos de 200 e a ocorrência de infecções oportunistas ou certas formas de câncer relacionadas com o HIV que se beneficiam de um sistema imune já enfraquecido.

síndrome de adaptação geral o termo de Selye para a reação do corpo ao estresse, que consiste em três estágios: alarme, resistência e exaustão.

síndrome de fadiga crônica doença intrigante de causas incertas em que a pessoa experimenta dores de cabeça, infecções de origem desconhecida, cansaço extremo e dificuldades de concentração e memória.

síndrome de Korsakoff condição neurológica induzida pelo álcool, caracterizada pela incapacidade de armazenar memórias novas.

síndrome metabólica grupo de problemas de saúde concomitantes – incluindo pressão arterial e níveis de insulina elevados, excesso de gordura corporal e razões de colesterol prejudiciais à saúde – que aumentam o risco de uma pessoa ter doenças cardíacas, AVE e diabetes.

sistema de referência leigo rede informal de familiares, amigos e outros indivíduos não profissionais da saúde que oferecem as próprias impressões, experiências e recomendações em relação a um grupo de sintomas corporais.

sistema gastrintestinal sistema do corpo para digerir o alimento; inclui o trato digestório, as glândulas salivares, o pâncreas, o fígado e a vesícula biliar.

sistema límbico rede de neurônios em torno do núcleo central do cérebro; está associado a emoções como o medo e a agressividade; inclui o hipotálamo, a amígdala e o hipocampo.

sobrepeso peso corporal que excede o peso desejável para uma pessoa de determinada altura, idade e forma corporal.

subcontrole comportamental transtorno de personalidade geral ligado à dependência de álcool e caracterizada por agressividade, falta de convencionalidade e impulsividade; também chamado de *propensão à transgressão*.

substância cinzenta periaquedutal (PAG) região do mesencéfalo que desempenha um papel importante na percepção da dor; a estimulação elétrica nessa região ativa uma via neural descendente que produz analgesia "fechando a comporta da dor".

substância de entrada uma substância que serve como trampolim para o uso de outras substâncias, normalmente mais nocivas.

substância gelatinosa região dorsal da medula espinal na qual as fibras rápidas e lentas da dor têm sinapses com os nervos sensoriais em seu trajeto para o cérebro.

substância P neurotransmissor secretado por fibras da dor na medula espinal que estimula as células transmissoras para que enviem sinais ao cérebro.

substâncias psicoativas substâncias que afetam o humor, o comportamento e os processos de pensamento, alterando o funcionamento dos neurônios no cérebro; incluem estimulantes, tranquilizantes e alucinógenos.

T

tálamo painel de controle sensorial do cérebro. Localizado na parte superior do tronco encefálico, transmite mensagens para o córtex cerebral.

taxa de concordância taxa de conformidade entre um par de gêmeos para determinado traço; o par de gêmeos é concordante para o traço se ambos o possuírem ou nenhum deles o possuir.

taxa metabólica basal número mínimo de calorias de que o corpo necessita para manter as funções corporais quando em situação de repouso.

telemedicina apresentação de informações médicas e serviços clínicos por meios audiovisuais interativos.

teoria anatômica teoria segundo a qual as origens de certas doenças são encontradas nos órgãos internos, na musculatura e no sistema esquelético do corpo humano.

Glossário

teoria celular teoria formulada no século XIX, diz que a doença é o resultado de anormalidades nas células do corpo.

teoria da comporta ideia de que existe uma "comporta" neural na medula espinal que regula a experiência da dor.

teoria da vigilância imunológica teoria segundo a qual as células do sistema imune desempenham uma função de monitoramento, procurando e destruindo células anormais, como as que formam tumores.

teoria do comportamento planejado teoria que prevê o comportamento saudável com base em três fatores: a atitude pessoal para com o comportamento; a norma subjetiva com relação ao comportamento; e o grau de percepção de controle sobre o comportamento.

teoria dos germes diz que a doença é causada por vírus, bactérias e outros microrganismos que invadem as células do corpo.

teoria humoral conceito de saúde proposto por Hipócrates, considerava o bem-estar um estado de perfeito equilíbrio entre quatro fluidos corporais básicos, chamados de humores. Acreditava-se que a doença fosse resultado de perturbações no equilíbrio dos humores.

teoria sistêmica ponto de vista segundo o qual a natureza é mais bem compreendida como uma hierarquia de sistemas, na qual cada sistema é composto simultaneamente por subsistemas menores e sistemas maiores inter-relacionados.

terapia cognitiva categoria de intervenções terapeuticas que ensinam às pessoas maneiras mais saudáveis de pensar.

terapia cognitivo-comportamental (TCC) programa multidisciplinar de controle da dor que combina intervenções cognitivas, físicas e emocionais.

terapia de aversão terapia comportamental que conecta um estímulo desagradável (como um medicamento nauseante) a um comportamento indesejável (como beber ou fumar), fazendo com que o paciente evite o comportamento.

terapia familiar tipo de psicoterapia em que os indivíduos de uma família aprendem maneiras mais saudáveis de interagir uns com os outros e resolver conflitos.

teratogênicos substâncias químicas e agentes ambientais que podem prejudicar o desenvolvimento fetal.

terminais nervosos livres receptores sensoriais distribuídos pelo corpo que respondem a temperatura, pressão e estímulos dolorosos.

teste clínico aleatório experimento verdadeiro que testa os efeitos de uma variável independente sobre indivíduos (modelo de sujeito único) ou sobre grupos de indivíduos (experimentos de campo em comunidades).

tipo A termo de Friedman e Rosenman para pessoas competitivas, apressadas e hostis, que podem ter risco de desenvolver doenças cardiovasculares.

tipo B termo de Friedman e Rosenman para pessoas mais relaxadas e que não são pressionadas por considerações de tempo e, assim, tendem a ser resistentes à doença coronariana.

transplante de ponte de artéria coronária cirurgia cardíaca em que um pequeno pedaço de veia saudável, removida de outra parte do corpo, é transplantada para a região da artéria coronária bloqueada, permitindo que o sangue flua de forma mais livre para uma parte do coração.

transtorno de compulsão alimentar transtorno da alimentação em que a pessoa consome grandes quantidades de comida com frequência.

transtorno de estresse pós-traumático (TEPT) transtorno psicológico desencadeado pela exposição a um estressor traumático extremo, como o combate em guerras ou um desastre natural. Os sintomas do TEPT incluem memórias assombrosas e pesadelos sobre o fato traumático, perturbação mental extrema e *flashbacks* indesejados.

treinamento de inoculação do estresse terapia cognitivo-comportamental em que as pessoas identificam estressores em suas vidas e aprendem habilidades para lidar com eles, de modo que, quando esses estressores ocorrem, conseguem colocar as habilidades em prática.

treinamento Lamaze preparação para o parto natural projetada para orientar futuros pais, aumentando seu controle informacional, cognitivo e comportamental sobre o procedimento.

trepanação intervenção médica antiga na qual se fazia um furo no crânio humano para supostamente permitir que os "espíritos malignos" saíssem.

tronco encefálico região mais central e mais antiga do cérebro; inclui a medula, os pomos e a formação reticular.

U

uso de substâncias ingestão de uma substância, independentemente da quantidade ou do efeito da ingestão.

V

variável dependente comportamento ou processo mental que pode mudar em resposta a manipulações da variável independente; a variável que está sendo medida.

variável independente fator em um experimento que o experimentador manipula; variável cujos efeitos estão sendo estudados.

veias vasos sanguíneos que conduzem o sangue dos capilares de volta para o coração.

vírus da imunodeficiência humana (HIV) vírus que infecta as células do sistema imune, destruindo ou comprometendo seu funcionamento.

visualização guiada uso de um ou mais dispositivos externos para auxiliar no relaxamento e na formação de imagens positivas claras e fortes.

vitalismo conceito de uma força de vida geral, popular em certas variedades de medicina complementar e alternativa.

Z

zidovudina (AZT) o primeiro medicamento antiaids; um inibidor da transcriptase reversa.

zigoto célula-ovo fertilizada.

Referências

Abbey, A., Zawacki, T., & McAuslan, P. (2000). Alcohol's effects on sexual perception. *Journal of Studies on Alcohol, 61,* 688–697.

Abi-Saleh, B., Iskandar, S. B., Elgharib, N., & Cohen, M. V. (2008). C-reactive protein: The harbinger of cardiovascular diseases. *Southern Medical Journal, 101,* 525–533.

Abood, D. A., & Chandler, S. B. (1997). Race and the role of weight, weight change, and body dissatisfaction in eating disorders. *American Journal of Health Behavior, 21,* 21–25.

Abraido-Lanza, A. F. (2004). Social support and psychological adjustment among Latinas with arthritis: A test of a theoretical model. *Annals of Behavioral Medicine, 27*(3), 162–171.

Abrams, D. B., & Wilson, G. T. (1983). Alcohol, sexual arousal, and self--control. *Journal of Personality and Social Psychology, 45,* 188–198.

Ackerman, B. P., Kogos, J., Youngstrom, E., Schoff, K., & Izard, C. (1999). Family instability and the problem behaviors of children from economically disadvantaged families. *Developmental Psychology, 35,* 258–268.

Acs, G. (2009). Poverty in the United States, 2008. *The Urban Institute,* retrieved February 16, 2010 from http://www.urban.org/publications/901284.html.

Adams, C. B. (2003). Race against the machine. *Washington University in St. Louis Magazine.* Retrieved October 19, 2010 from http://magazine.wustl.edu/Spring03/index.html.

Adams, K. F., Schatzkin, A., Harris, T. B., Kipnis, V., Mouw, T., Ballard-Barbash, R. (2006). Overweight, obesity, and mortality in a large prospective cohort of persons 50 to 71 years old. *The New England Journal of Medicine, 355,* 763-778.

Adams, P., & Mylander, M. (1998). *Gesundheit! Bringing good health to you, the medical system, and society through physician service, contemporary therapies, humor, and joy.* Rochester, NY: Inner Traditions International.

Ader, R., & Cohen, N. (1985). CNS-immune system interactions: Conditioning phenomena. *Behavioral and Brain Sciences, 8,* 379–394.

Adelson, R. (2006). Nationwide survey spotlights U.S. alcohol abuse. *Monitor on Psychology,* Washington, DC: American Psychological Association, 30–32.

Adler, N., & Matthews, K. (1994). Health psychology: Why do some people get sick and some stay well? *Annual Review of Psychology, 45,* 229–259.

Agency for Healthcare Research and Quality. U.S. Department of Health and Human Services. Retreived December 14, 2010 from http://hcupnet.ahrq.gov.

Agid, Y., Arnulf, I., Beijani, P., Block, F., Bonnet, A. M., Damier, P., Dubois, B., et al. (2003). Parkinson's disease is a neuropsychiatric disorder. *Advances in Neurology, 91,* 365–370.

Agras, W. S. (1993). Short-term psychological treatments for binge eating. In C. G. Fairburn & G. T. Wilson (Eds.), *Binge eating: Nature, assessment, and treatment* (pp. 270–286). New York: Guilford.

Agras, W. S., Brandt, H. A., Bulik, C. M., Dolan-Sewell, R., Fairburn, C. G., & Halmi, K. A. (2004). Report of the National Institutes of Health Workshop on Overcoming Barriers to Treatment Research in Anorexia Nervosa. *International Journal of Eating Disorders, 35,* 506–521.

AHA (2008, September 15). Latest survey shows more hospitals offering complementary and alternative medicine services. American Hospital Association Press Release. Retrieved April 29, 2010 from http://www.aha.org/aha/press-release/2008/080915-pr-cam.html.

Ahmed, H. E., White, P. F., Craig, W. F., Hamza, M. A., et al. (2000). Use of percutaneous electrical nerve stimulation (PENS) in the short-term management of headache. *Headache, 40*(4), 311–315.

AIDS Vaccine 2010. Retrieved April 13, 2010 from http://www.hivvaccineenterprise.org/conference/2010/.

Ajzen I. (1985). From intentions to actions: A theory of planned behavior. In J. Kuhl & J. Beckman (Eds.), *Action-control: From cognition to behavior* (pp. 11–39). Heidelberg: Springer.

Al'Absi, M., Hatsukama, D., Davis, G. L., & Wittmers, L. E. (2004). Prospective examination of effects of smoking abstinence on cortisol and withdrawal symptoms as predictors of early smoking relapse. *Drug and Alcohol Dependence, 73*(3), 267–278.

Alba, R. D., Logan, J. R., & Stults, B. J. (2000). How segregated are middle--class African Americans? *Social Problems, 47*(4), 543–558.

Albarracin, J., Albarracin, D., & Durantini, M. (2008). Effects of HIV-prevention interventions for samples with higher and lower percents of Latinos and Latin Americans: A meta-analysis of change in condom use and knowledge. *AIDS and Behavior, 12*(4), 521–543.

Ablashi, D. V., Eastman, H. B., Owen, C. B., Roman, M. M., Friedman, J., Zabriskie, J. B., Peterson, D. L., Pearson, G. R., & Whitman, J. E. (2000). Frequent HHV-6 reactivation in multiple sclerosis (MS) and chronic fatigue syndrome (CFS) patients. *Journal of Clinical Virology, 16,* 179–191.

Aldercreutz, H. (2002). Phyto-oestrogens and cancer. *Lancet, 3*(6), 364–373.

Alexander, C. N., Langer, E. J., Newman, R. I., Chandler, H. M., & Davies, J. L. (1989). Transcendental meditation, mindfulness, and longevity: An experimental study with the elderly. *Journal of Personality and Social Psychology, 57,* 950–964.

Alexander, E. (1950). *Psychosomatic medicine.* New York: Norton. Allen, J. R., & Setlow, V. P. (1991). Heterosexual transmission of HIV: A view of the future. *Journal of the American Medical Association, 266,* 1695–1696.

Allen, K., Shykoff, B. E., & Izzo, J. L. (2001). Pet ownership, but not ACE inhibitor therapy, blunts home blood pressure responses to mental stress. *Hypertension, 38*(4), 815–820.

Allen, N. E. (2009). Moderate alcohol intake and cancer incidence in women. *Journal of the National Cancer Institute, 101*(5), 296–305.

American Academy of Sleep Medicine (AASM, 2010). Sleep Deprivation. Retrieved March 1, 2010 from http://www.aasmnet.org/Search.aspx?SearchTerm=sleep%20deprivation.

American Academy of Pediatrics (2008). Scientifically supported and unsupported interventions for childhood psychopathology: A summary. Retrieved April 29, 2010 from http://pediatrics.aappublications.org/cgi/reprint/115/3/761.pdf

American Association of Naturopathic Physicians (2006). Naturopathic medicine: How it works. The American Association of Naturopathic Physicians. http://naturopathic.lv0.net/DesktopDefault.aspx.

American Cancer Society. (2006). *Cancer facts and figures 2006.* Atlanta: Author.

American Cancer Society (2009, October 22). Diet and physical activity: What's the cancer connection? Retrieved March 4, 2010 from http://www.cancer.org/docroot/PED/content/PED_3_1x_Link_Between_Lifestyle_and_CancerMarch03.asp.

American Cancer Society (2010). Cancer facts and figures for African Americans: 2009–2010. Retrieved April 8, 2010 from http://www.cancer.org/downloads/STT/cffaa_2009-2010.pdf.

American Diabetes Association. (1997). National standards for diabetes self-management education programs and American Diabetes Association review criteria. *Diabetes Care, 20,* S67–S70.

American Diabetes Association (ADA). (2010). Living with diabetes: Depression. Retrieved April 5, 2010 from http://www.diabetes.org/living-with-diabetes/complications/mental-health/depression.html.

American Heart Association (2010). *Heart disease and stroke statistics—2010 update.* Dallas, Texas: American Heart Association.

American Institute for Cancer Research (AICR). Food, nutrition, physical activity, and the prevention of cancer. Retrieved April 8, 2010 from http://www.dietandcancerreport.org/?p=recommendations.

American Medical Association (1973). *Proceedings of the house of delegates.* New York: Author.

American Medical Association (1995). *Proceedings of the house of delegates.* Chicago: Author.

American Psychiatric Association. (1997). *Diagnostic and statistical manual of mental disorders* (4th ed.). Washington, DC: Author.

American Psychological Association. (2006). Psychology's prescribing pioneers. *Monitor on psychology, 37*(7), 30.

American Psychological Association. (2009). *2009 Doctoral Psychology Workforce Fast Facts*. Washington, DC: Author. Retrieved on December 14, 2010 from http://www.apa.org/workforce/snapshots/2009/fast-facts.pdf.

Ames, B., & Wakimoto, P. (2002). Are vitamin and mineral deficiencies a major cancer risk? *Nature Reviews Cancer, 2,* 694–704.

Amick, B. C., McDonough, P., Chang, H., Rodgers, W. H., Pieper, C. F., & Duncan, G. (2002). Relationship between all-cause mortality and cumulative working life course psychosocial and physical exposure in the United States labor market from 1968 to 1992. *Psychosomatic Medicine, 64,* 370–381.

Amigo, I., Buceta, J. M., Becona, E., & Bueno, A. M. (1991). Cognitive behavioral treatment for essential hypertension: A controlled study. *Stress Medicine, 7,* 103–108.

Amundsen, D. W. (1996). *Medicine, society, and faith in the ancient and medieval worlds.* Baltimore: Johns Hopkins University Press.

Andersen, B., Ho, J., Brackett, J., Finkelstein, D., & Laffel, L. (1997). Parental involvement in diabetes management tasks: Relationships to blood glucose monitoring adherence and metabolic control in young adolescents with insulin-dependent diabetes mellitus. *Journal of Pediatrics, 130,* 257–265.

Anderson, B. L., Cacioppo, J. T., & Roberts, D. C. (1995). Delay in seeking a cancer diagnosis. Delay stages and psychophysiological comparison processes. *British Journal of Social Psychology, 34,* 33–52.

Anderson, E. A., Balon, T. W., Hoffman, R. P., Sinkey, C. A., & Mark, A. L. (1992). Insulin increases sympathetic activity but not blood pressure in borderline hypertensive humans. *Hypertension, 6,* 621–627.

Anderson, L. P. (1999). Parentification in the context of the African American family. In N. D. Chase (Ed.), *Burdened children: Theory, research and treatment of parentification* (pp. 154–170). Thousand Oaks, CA: Sage Publications.

Anderson, M. (2009, May 25). HIV/AIDS and the elderly. *FinalCall.com News.* Retrieved April 13, 2010 from http://www.finalcall.com/artman/publish/article_2010.shtml.

Anderson, R. A., Baron, R. S., & Logan, H. (1991). Distraction, control, and dental stress. *Journal of Applied Social Psychology, 21,* 156–171.

Andrews, J. A., Tildesley, E., Hops, H., & Li, F. (2002). The influence of peers on young adult substance use. *Health Psychology, 21*(4), 349–356.

Angel, R., Angel, J., & Hill, T. (2008). A comparison of the health of older Hispanics in the United States and Mexico. *Journal of Aging and Health, 20,* 1, 3–31.

Annual Editions (2010/2011). *Drugs, society, and behavior.* Boston: McGraw-Hill Higher Education.

Anton, R. F., O'Malley, S. S., Ciraulo, D. A., Cisler, R. A., and others (2006). Combined pharmacotherapies and behavioral interventions for alcohol dependence. The COMBINE Study: A randomized controlled trial. *Journal of the American Medical Association, 295*(17), 2003–2017.

Antoni, M. H., Carrico, A. W., Duran R. E., Spitzer, S., Penedo, F., Ironson, G., and others. (2006). Randomized clinical trial of cognitive behavioral stress management on human immunodeficiency virus viral load in gay men treated with highly active antiretroviral therapy. *Psychosomatic Medicine, 68,* 143–151.

Antoni, M. H., Cruess, D. G., Cruess, S., Lutgendorf, S., Kumar, M., Ironson, G., et al. (2000). Cognitive-behavioral stress management intervention effects on anxiety, 24-hour urinary norepinephrine output, and T-cytotoxic/suppressor cells over time among symptomatic HIV-infected gay men. *Journal of Consulting & Clinical Psychology, 68,* 31–45.

Antoni, M. H., Lehman, J. M., Kilbourn, K. M., et al. (2001). Cognitive-behavioral stress management intervention decreases the prevalence of depression and enhances benefit finding among women under treatment for early-stage breast cancer. *Health Psychology, 20*(1), 20–32.

Antoni, M. H., & Schneiderman, N. (2001). HIV and AIDS. In D. W. Johnston & M. Johnston (Eds.), *Health psychology: Comprehensive clinical psychology* (Vol. 8, pp. 237–275). Amsterdam: Elsevier.

APA (2000). *Diagnostical and Statistical Manual of Mental Disorders DSM-IV-TR* (Text Revision). Washington, DC: American Psychiatric Association.

APA (2010). American Psychological Association Section on Positive Psychology, Division 17. Retrieved September 24, 2010 from http://www.div17pospsych.com.

Aratani, L. (2009, June 9). Mainstream physicians give alternatives a try. *The Washington Post.* Retrieved April 29, 2010 from http://www.washingtonpost.com/wp-dyn/content/article/2009/06/08/AR2009060802368.html.

Ardell, D. B. (1985). *The history and future of wellness.* Dubuque, IA: Kendall/Hunt.

Arehart-Treichel, J. (2010). Researchers edge closer to finding diagnostic test for autism. *Psychiatric News, 45*(18), 18.

Armitage, C. J. Sheeran, P., Conner, M., & Arden, M. A. (2004). Stages of change or changes of stage? Predicting transitions in transtheoretical model stages in relation to healthy food choice. *Journal of Counsulting and Clinical Psychology, 72,* 491–499.

Arndt, V., Sturmer, T., Stegmaier, C., Ziegler, H., Dhom, G., & Brenner, H. (2002). Patient delay and stage of diagnosis among breast cancer patients in Germany: A population-based study. *British Journal of Cancer, 86,* 1034–1040.

Arnetz, B. B., Brenner, S. O., Levi, L., Hjelm, R., Petterson, I. L., Wasserman, J., Petrini, B., Eneroth, P., Kallner, A., & Kvetnansky, R. (1991). Neuroendocrine and immunologic effects of unemployment and job insecurity. *Psychotherapy and Psychosomatics, 55*(2–4), 76–80.

Aron, A., Norman, C. C., Aron, E. N., McKenna, C., & Heyman, R. E. (2000). Couples' shared participation in novel and arousing activities and experienced relationship quality. *Journal of Personality and Social Psychology, 78,* 273–284.

Aronoff, J., Stollak, G. E., & Woike, B. A. (1994). Affect regulation and the breadth of interpersonal engagement. *Journal of Personality and Social Psychology, 67,* 105–114.

Arthur, C. M., Katkin, E. S., & Mezzacappa, E. S. (2004). Cardiovascular reactivity to mental arithmetic and cold pressor in African Americans, Caribbean Americans, and white Americans. *Annals of Behavioral Medicine, 27*(1), 31–37.

Arving, C., Per-Olow, B., Jonas, L., Annika T., et al. (2006). Satisfaction, utilization and perceived benefit of individual psychosocial support for breast cancer patients: A randomised study of nurse versus psychologist interventions. *Patient education and counseling, 62*(2), 243.

Asakage, T., Yokoyama, A., Haneda, T., Yamazaki, M., Muto, M., and others. (2007). Genetic polymorphisms of alcohol dehydrogenases and drinking, smoking, and diet in Japanese men with oral and pharyngeal squamous cell carcinoma. *Carcinogenesis, 28*(4), 865–874.

Association of Psychologists in Academic Health Centers. (2006). Author. http://www.apa.org/divisions/div12/sections/section8/.

Astin, J. A. (2004). Mind-body therapies for the management of pain. *Clinical Journal of Pain, 20,* 27–32.

Astin, J. A., Harkness, E., & Ernst, E. (2000). The efficacy of "distant healing": A systematic review of randomized trials. *Annals of Internal Medicine, 132,* 903–910.

Avants, S. K., Margolin, A., Holford, T. R., & Kosten, T. R. (2000). A randomized controlled trial of auricular acupuncture for cocaine dependence. *Archives of Internal Medicine, 160,* 2305–2312.

Ayanian, J. Z., & Epstein, A. M. (1997). Attitudes about treatment of coronary heart disease among women and men presenting for exercise testing. *Journal of General Internal Medicine, 12,* 311–314.

Azar, B. (1999). Antismoking ads that curb teen smoking. *American Psychological Association Monitor, 30,* 14.

Azar, B. (2001). A new take on psychoneuroimmunology. *Monitor on Psychology, 32*(11), 34–36.

Bachman, J. G., Schulenberg, J. E., Johnston, L. D., O'Malley, P. M., & Johnson, L. D. (2007). *The education-drug use connection: How successes and failures in school relate to adolescent smoking, drinking, drug use, and delinquency.* New York: Lawrence Erlbaum.

Bahra, A., Matharu, M. S., Buchel, C., Frackowiak, R. S. J., & Goadsby, P. J. (2001). Brainstem activation specific to migraine headache. *Lancet, 357,* 1016–1017.

Bagley, S. P., Angel, R., Dilworth-Anderson, P., Liu, W., & Schinke, S. (1995). Adaptive health behaviors among ethnic minorities. *Health Psychology, 14*(7), 632–640.

Referências

Bagozzi, R. P. (1981). Attitudes, intentions, and behavior: A test of some key hypotheses. *Journal of Personality and Social Psychology, 41*, 607–627.

Baker, C. (2003). Predicting adolescent eating and activity behaviors: The role of social norms and personal agency. *Health Psychology, 22*(2), 189–198.

Baker, R., & Kirschenbaum, D. S. (1998). Weight control during the holidays: Highly consisten self-monitoring as a potentially useful coping mechanism. *Health Psychology, 17*, 367–370.

Ball, D. (2008). Addiction science and its genetics. *Addiction, 103*, 360–367.

Banasiak, S. J., Paxton, S. J., & Hay, P. (2005). Guided self-help for bulimia nervosa in primary care: A randomized controlled trial. *Psychological Medicine, 35*, 1283–1294.

Bandura, A. (1997). *Self-efficacy: The exercise of control.* New York: Freeman.

Bandura, A., Cioffi, D., Taylor, C., Brouillard, M. E. (1988). Perceived self-efficacy in coping with cognitive stressors and opiod activation. *Journal of Personality and Social Psychology, 55*(3), 479–488.

Bandura, A., Taylor, C. B., Williams, S. L., Mefford, I. N., & Barchas, J. D. (1985). Catecholamine secretion as a function of perceived coping self-efficacy. *Journal of Consulting and Clinical Psychology, 53*(3), 406–414.

Banks, M. R., & Banks, W. A. (2002). The effects of animal-assisted therapy on loneliness in an elderly population in long-term care facilities. *Journal of Gerontology, 57*(7), M428.

Barefoot, J. C., Larsen, S., von der Lieth, L., & Schroll, M. (1995). Hostility, incidence of acute myocardial infarction, and mortality in a sample of older Danish men and women. *American Journal of Epidemiology, 142*, 477–484.

Bartholow, B. D., Sher, K. J., & Krull, J. L. (2003). Changes in heavy drinking over the third decade of life as a function of collegiate fraternity and sorority involvement: A prospective, multilevel analysis. *Health Psychology, 22*(6), 616–625.

Bates, M. E., & Labouvie, E. W. (1995). Personality-environment constellations and alcohol use: A process-oriented study of intraindividual change during adolescence.

Bates, M. S., Rankin-Hill, L., & Sanchez-Ayendez, M. (1997). The effects of the cultural context of health care on treatment of and response to chronic pain and illness. *Social Science and Medicine, 45*, 1433–1477.

Baum, A., & Fleming, I. (1993). Implications of psychological research on stress and technological accidents. *American Psychologist, 48*, 665–672.

Baum, A., & Posluzny, D. M. (1999). Health psychology: Mapping biobehavioral contributions to health and illness. *Annual Review of Psychology, 50*, 137–163.

Baumann, L. J., Cameron, L. D., Zimmerman, R. S., & Leventhal, H. (1989). Illness representations and matching labels with symptoms. *Health Psychology, 8*, 449–469.

Beckman, H. B., & Frankel, R. M. (1984). The effect of physician behavior on the collection of data. *Annals of Internal Medicine, 101*, 692–696.

Belar, C. D., & Deardorff, W. W. (1996). *Clinical health psychology in medical settings: A practitioner's guidebook.* Washington, DC: American Psychological Association.

Bechara, A., Dolan, S., Denburg, N., Hindes, A., Anderson, S. W., & Nathan, P. E. (2001). Decision-making deficits, linked to a dysfunctional ventromedial prefrontal cortex, revealed in alcohol and stimulant abusers. *Neuropsychologia, 39*, 376–389.

Beck, K. H., & Frankel, A. (1981). A conceptualization of threat communications and protective health behavior. *Social Psychology Quarterly, 44*, 204–217.

Behavioral Risk Factor Surveillance System, Surveillance Summary Report, 2000. National Center for Chronic Disease Prevention and Health Promotion, Centers for Disease Control and Prevention.

Bell, D. (1987). Gender difference in the social moderators of stress. In R. C. Barnett, L. Biener, & G. K. Baruch (Eds.), *Gender and stress* (pp. 257–277). New York: Free Press.

Ben-Zur, H. & Zeidner, M. (1996). Gender differences in coping reactions under community crisis and daily routine conditions. *Journal of Personality and Individual Differences, 20*(3), 331–340.

Benyamini, Y., Leventhal, E. A., & Leventhal, H. (1997). Attributions and health. In A. Baum, S. Newman, J. Weinman, R. West, & C. McManus (Eds.), *Cambridge handbook of psychology, health and medicine* (pp. 72–77). Cambridge: Cambridge University Press.

Bendapudi, N. M., Berry, L. L., Frey, K. A., Parish, J. T., & Rayburn, W. L. (2006). Patients' perspectives on ideal physician behaviors. *Mayo Clinic Proceedings, 81*, 338–344.

Benedetti, F. (1996). The opposite effects opiate antagonist naloxone and the cholecystokinin antagonist proglumide on placebo analgesia. *Pain, 64*(3), 540.

Benet, C., Thompson, R. J., & Gotlib, I. H. (2020). 5-HTTLPR moderates the effect of relational peer victimization on depressive symptoms in adolescent girls. *Journal of Child Psychology and Psychiatry, 51*(2), 173–179.

Bennett, H. L., Benson, D. R., & Kuiken, D. A. (1986). Preoperative instructions for decreased bleeding during spine surgery. *Anesthesiology, 65*, A245.

Benishek, L. A. (1996). Evaluation of the factor structure under- lying two measures of hardiness. *Assessment, 3*, 423–435.

Bennett, M. P., Zeller, J. M., Rosenberg, L., & McCann, J. (2003). The effect of mirthful laughter on stress and natural killer cell activity. *Alternative Therapies in Health and Medicine, 9*(2), 38–47.

Benson, H. (1993). The relaxation response. In D. Goleman & J. Gurin (Eds.), *Mind-body medicine: How to use your mind for better health* (pp. 233–257). New York: Consumer Reports Books.

Benson, H. (1996). *Timeless healing: The power and biology of belief.* New York: Scribner.

Berens, M. J., & Willemsen, C. (2007). Fraudulent medical devices targeted. *The Seattle Times.* Retrieved April 29, 2010 from http://seattletimes.nwsource.com/html/nationworld/2004153060_device30.html

Berge, K. G. (1998). Herbal remedies: There's no magic. *Mayo Clinic Health Oasis.* http://www.mayohealth.org/mayo/9703/htm/herbs.htm.

Berkman, L. F. (2000). From social integration to health: Durkheim in the new millennium. *Social Science and Medicine, 51*(6), 843–857.

Berkman, L. F., Melchior, M., Chastang, J., Niedhammer, I., et al. (2004). Social integration and mortality: A prospective study of French employees of electricity of France-Gas of France. *American Journal of Epidemiology, 159*(2), 167–174.

Berkman, L. F., & Syme, L. S. (1994). Social networks, host resistance, and mortality: A nine year follow-up study of Alameda County residents. In A. Steptoe & J. Wardle (Eds.), *Psychosocial processes and health: A reader* (pp. 43–67). Cambridge: Cambridge University Press.

Berman, B. M., Singh, B. K., Lao, L., Singh, B., Ferentz, K. S., & Hartnoll, S. M. (1995). Physicians' attitudes toward complementary or alternative medicine: A regional survey. *The Journal of the American Board of Family Practice, 8*, 361–368.

Berry, J. W. (1997). Immigration, acculturation, and adaptation. *Applied Psychology: An International Review, 46*, 5–34.

Berry, J. W. & Worthington, E. L. (2001). Forgiveness, relationship quality, stress while imagining relationship events, and physical and mental health. *Journal of Counseling Psychology, 48*(4), 447–455.

Biener, L., & Heaton, A. (1995). Women dieters of normal weight: Their motives, goals, and risks. *American Journal of Public Health, 85*, 714–717.

Billings, A. G., & Moos, R. H. (1981). The role of coping responses and social resources in attenuating the stress of life events. *Journal of Behavioral Medicine, 4*, 139–157.

Birch, S., Hesselink, J. K., Jonkman, F. A., Hekker, T. A., & Bos, A. (2004). Clinical research on acupuncture: Part 1. What have reviews of the efficacy and safety of acupuncture told us so far? *The Journal of Alternative and Complementary Medicine, 10*(3), 468–480.

Blalock, S. J., DeVellis, R. F., Giorgino, K. B., DeVellis, B. M., Gold, D. T., Dooley, M. A., et al. (1996). Osteoporosis prevention in premenopausal women: Using a stage model approach to examine the predictors of behavior. *Health Psychology, 15*, 84–93.

Blascovich, J., Seery, M. D., Mugridge, C. A., Norris, R. K., & Weisbuch, M. (2004). Predicting athletic performance from cardiovascular indexes of challenge and threat. *Journal of Experimental Social Psychology, 40*, 683–688.

Bloom, B., Cohen, R. A., & Freeman, G. (2009). Summary health statistics for U.S. children: National Health Interview Survey, 2008. *National Center for Health Statistics, Vital Health Stat, 10*(244).

Bloor, L. E., Uchino, B. N., Hicks, A., & Smith, T. W. (2004). Social relationships and physiological function: The effects of recalling social relationships on cardiovascular reactivity. *Annals of Behavioral Medicine, 28*(1), 29–38.

Bolt, M. (2004). *Pursuing human strengths: A positive psychology guide.* New York: W. H. Freeman.

Bogart, L. M., & Delahanty, D. L. (2004). Psychosocial models. In T. J. Boll, R. G. Frank, A. Baum, & J. L. Wallander (Eds.), *Handbook of clinical health psychology: Vol. 3. Models and perspectives in health psychology* (pp. 201–248). Washington, DC: American Psychological Association.

Bonadonna, R. (2003). Meditation's impact on chronic illness. *Holistic Nursing Practice, 17*(6), 309–319.

Bonham, V. L., Sellers, S. L., & Neighbors, H. W. (2004). John Henryism and self-reported physical health among high-socioeconomic status African American men. *American Journal of Public Health, 94*(5), 737–738.

Bonhoeffer, H. J. (2007). Adverse events following immunization: Perception and evidence. *Current Opinions Infectious Disease, 20*(3), 237–246.

Bondi, N. (1997, March 19). Stressed out? Holding it in may be deadly. *The Detroit News,* p. A1.

Bonita, R., Beaglehole, R., & Kjellstrom, T. (2006). Basic epidemiology (2nd edition). Geneva, Switzerland: World Health Organization.

Booth, R. J., Cohen, S., Cunningham, A., Dossey, L., Dreher, H., Kiecolt-Glaser, J. K., et al. (2001). The state of the science: The best evidence for the involvement of thoughts and feelings in physical health. *Advances in Mind-Body Medicine, 17,* 2–59.

Bor, R., & Elford, J. (1994). *The family and HIV.* London: Cassell.

Bor, R. (1997). AIDS. In A. Baum, S. Newman, J. Weinman, R. West, & C. McManus (Eds.), *Cambridge handbook of psychology, health and medicine* (pp. 343–347). Cambridge: Cambridge University Press.

Bosma, H., Marmot, M. G., Hemingway, H., Nicholson, A. C., Brunner, E., & Stanfeld, S. A. (1997). Low job control and risk of coronary heart disease in Whitehall II (prospective cohort) study. *British Medical Journal, 314,* 285.

Bosma, H., Stansfeld, S. A., & Marmot, M. G. (1998). Job control, personal characteristics, and heart disease. *Journal of Occupational Health Psychology, 3,* 402–409.

Bowen, A. M., & Trotter, R. (1995). HIV risk in intravenous drug users and crack cocaine smokers: Predicting stage of change for condom use. *Journal of Consulting and Clinical Psychology, 63,* 238–248.

Bower, J. E., Kemeny, M. E., Taylor, S. E., & Fahey, J. L. (2003). Finding positive meaning and its association with natural killer cell cytotoxicity among participants in a bereavement-related disclosure intervention. *Annals of Behavioral Medicine, 25*(2), 146–155.

Boyce, W. T., Alkon, A., Tschann, J. M., Cesney, M. A., & Alpert, B. S. (1995). Dimensions of psychobiologic reactivity: Cardiovascular responses to laboratory stressors in preschool children. *Annals of Behavioral Medicine, 17,* 315–323.

Boyles, S., Ness, R. B., Grisson, J. A., Markovic, N., Bromberger, J., & Cifelli, D. (2000). Life event stress and the association with spontaneous abortion in gravid women at an urban emergency department. *Health Psychology, 19,* 510–514.

Braciszewski, J. M. (2010). Family environment and psychological distress: A longitudinal study of at-risk youth. WorldCat Dissertations and Theses.

Brady, S. S., & Matthews, K. A. (2006). Chronic stress influences ambulatory blood pressure in adolescents. *Annals of Behavioral Medicine, 31*(1), 80–88.

Brantley, P. J. Bodenlos, J. S., Cowles, M., Whitehead, D., Ancona, M., & Jones, G. N. (2007). Development and validation of the weekly stress inventory. *Journal of Psychopathology and Behavioral Assessment, 29*(1), 54–59.

Bray, G. A. (1969). Effect of caloric restriction on energy expenditure in obese patients. *The Lancet, 2,* 397–398.

Breibart, W., & Payne, D. (2001). Psychiatric aspects of pain management in patients with advanced cancer. In H. Chochinov & W. Breibart (Eds.), *Handbook of psychiatry in palliative medicine.* New York: Oxford University Press, 131–199.

Brems, C., & Johnson, M. E. (1989). Problem-solving appraisal and coping style: The influence of sex-role orientation and gender. *Journal of Psychology, 123,* 187–194.

Brennan, A. F., Walfish, S., & AuBuchon, P. (1986). Alcohol use and abuse in college students: A review of individual and personality correlates. *International Journal of the Addictions, 21,* 449–474.

Breslow, L., & Breslow, N. (1993). Health practices and disability: Some evidence from Alameda County. *Preventive Medicine, 22,* 86–95.

Broadbent, E., Petrie, K. J., Alley, P. G., & Booth, R. J. (2003). Psychological stress impairs early wound repair following surgery. *Psychosomatic Medicine, 65*(5), 865–869.

Broadstock, M., Borland, R., & Gason, R. (2006). Effects of suntan on judgments of healthiness and attractiveness by adolescents. *Journal of Applied Social Psychology, 22*(2), 157–172.

Brody, J. (1998c, November 30). Diet is not a panacea, but it cuts risk of cancer. *The New York Times.* http://www.nytimes.com.

Brody J. E. (1999, March 16). When illness is real, but symptoms are unseen. *The New York Times.* Retrieved December 14, 2010 from http://www.nytimes.com/.

Brody, H. (2000b). *The placebo response.* New York: HarperCollins. Brook, J., Cohen, P., Whiteman, M., & Gordon, A. S. (1992). Psychosocial risk factors in the transition from moderate to heavy use or abuse of drugs. In M. D. Glantz & R. W. Pickens (Eds.), *Vulnerability to drug abuse* (pp. 359–388). Washington, DC: American Psychological Association.

Brook, J. S., Brook, D. W., Arencibia-Mireles, O., Richter, L., & Whiteman, M. (2001). Risk factors for adolescent marijuana use across cultures and across time. *Journal of Genetic Psychology, 162*(3), 357.

Brookings, J. B., DeRoo, H., & Grimone, J. (2008). Predicting driving anger from trait aggression and self-control. *Psychological Reports, 103*(2), 622–624.

Brondolo, E., Rieppi, R., Kelly, K. P., & Gerin, W. (2003). Perceived racism and blood pressure: A review of the literature and conceptual and methodological critique. *Annals of Behavioral Medicine, 25*(1), 55–65.

Bronfort, G., Haas, M., Evans, R., Kawchuk, G., & Deagenais, S. (2008). Evidence-informed management of chronic low-back pain with spinal manipulation and mobilization. *Spine, 8*(1), 213–225.

Bronzaft, A. L., & McCarthy, D. P. (1975). The effect of elevated train noise on reading ability. *Environment and Behavior, 7,* 517–527.

Brown, J. D. (1991). Staying fit and staying well: Physical fitness as a moderator of life stress. *Journal of Personality and Social Psychology, 60,* 555–561.

Brown, J. D., & Siegel, J. M. (1988). Exercise as a buffer of life stress: A prospective study of adolescent health. *Health Psychology, 7,* 341–353.

Brown, S. L., Schiraldi, G. R., & Wrobleski, P. P. (2009). Association of eating behaviors and obesity with psychosocial and familial influences. *American Journal of Health Education, 40*(2), 80–89.

Brownell, K. D. (2003). *Food fight: The inside story of the food industry, America's obesity crisis and what we can do about it.* New York: McGraw-Hill.

Brownell, K. D., & Wadden, T. A. (1991). The heterogeneity of obesity: Fitting treatments to individuals. *Behavior Therapy, 22,* 153–177.

Browning, L., Ryan, C. S., Greenberg, M. S., & Rolniak, S. (2006). Effects of cognitive adaptation on the expectation-burnout relationship among nurses. *Journal of Behavioral Medicine, 29,* 139–150.

Brownlee, C. (2006). Eat smart. Foods may affect the brain as well as the body. *Science News, 169,* 136–137.

Brownlee, S. (1995, October 2). The route of phantom pain. *U.S. News & World Report, 119,* 76.

Brubaker, R. G., & Wickersham, D. (1990). Encouraging the practice of testicular self-examination: A field application of the theory of reasoned action. *Health Psychology, 9,* 154–163.

Bruch, H. (1982). Anorexia nervosa: Therapy and theory. *American Journal of Psychiatry, 139,* 1531–1538.

Bullock, M. L., Kiresuk, T. J., & Pheley, A. M. (1999). Auricular acupuncture in the treatment of cocaine abuse. A study of efficacy and dosing. *Journal of Substance Abuse Treatment, 16,* 31–38.

Bullock, M. L., Culliton, P. D., & Olander, R. T. (1989). Controlled trial of acupuncture for severe recidivist alcoholism. *Lancet, 1989,* 1435–1438.

Bullock, M. L., Umen, A. J., Culliton, P. D., & Olander, R. T. (1987). Acupuncture treatment of alcoholic recidivism: A pilot study. *Alcoholism: Clinical and Experimental Research, 11,* 292–295.

Burack, J. H., Barrett, D. C., Stall, R. D., Chesney, M. A., Ekstrand, M. L., & Coates, T. J. (1993). Depressive symptoms and CD4 lymphocyte decline among HIV-infected men. *Journal of the American Medical Association, 270,* 2568–2573.

Bureau of Labor Statistics. (2006). Regional variations in work-place homicide rates. U.S. Department of Labor. http://www.bls.gov/opub/cwc/sh20031119ar01p1.htm.

Bush, C., Ditto, B., & Feuerstein, M. (1985). A controlled evaluation of paraspinal EMG biofeedback in the treatment of chronic low back pain. *Health Psychology 4,* 307–321.

Butler, E. A., Egloff, B., Wilhelm, F. H., Smith, N. C., Erickson, E. A., & Gross, J. J. (2003). The social consequences of expressive suppression. *Emotion, 3*(1), 48–67.

Bynum, R. (2004, Nov. 1). *Associated Press.*

Byrnes, D. M., Antoni, M. H., Goodkin, K., Efantis-Potter, J., et al. (1998). Stressful events, pessimism, natural killer cell cytotoxicity, and cytotoxic/suppressor T cells in HIV+ Black women at risk for cervical cancer. *Psychosomatic Medicine, 60*(6), 714–722.

Caetano, R. (1987). Acculturation and drinking patterns among US Hispanics. *British Journal of Addictions, 82,* 789–799.

Calam, R., Waller, G., Slade, P. D., & Newton, T. (1990). Eating disorders and perceived relationships with parents. *International Journal of Eating Disorders, 9,* 479–485.

Calandra, C., Musso, F., & Musso, R. (2003). The role of leptin in the etiopathogenesis of anorexia nevosa and bulimia. *Eating and Weight Disorders, 8*(2), 130–137.

Calhoun, J. B. (1970). Space and the strategy of life. *Ekistics, 29,* 425–437.

Camp, D. E., Klesges, R. C., & Relyea, G. (1993). The relationship between body weight concerns and adolescent smoking. *Health Psychology, 12,* 24–32.

Calle, E. E., Thun, M. J., Petrelli, J. M., Rodriguez, C., & Heath, C. W. (1999). Body-mass index and mortality in a prospective cohort of U.S. adults. *New England Journal of Medicine, 341*(15), 1097–1105.

Campaign for Tobacco-Free Kids. (2006). Federal tax burdens on U.S. households caused by tobacco use. http://www. tobaccofreekids.org.

Cannon, W. (1932). *The wisdom of the body.* New York: Norton. Canoy, D., Luben, R., Welch, A., Bingham, S., et al. (2004). Abdominal obesity and respiratory function in men and women in the EPIC-Norfolk Study, United Kingdom. *American Journal of Epidemiology, 159*(12), 1140–1149.

Cantor, D. W., Boyce, T. E., & Repetti, R. L. (2004). Ensuring healthy working lives. In R. H. Rozensky, N. G. Johnson, C. D. Goodheart, & W. R. Hammond (Eds.), *Psychology builds a healthy world.* Washington, DC: American Psychological Association.

Caplan, R. D., & Jones, K. W. (1975). Effects of work load, role ambiguity, and Type A personality on anxiety, depression, and heart rate. *Journal of Applied Psychology, 60,* 713–719.

Carels, R. A., Darby, L., Cacciapaglia, H., Douglass, O. M., et al. (2005). Applying a stepped-care approach to the treatment of obesity. *Journal of Psychosomatic Research, 59*(6), 375–383.

Carnell, S. & Wardle, J. (2009). Appetitive traits in children: New evidence for associations with weight and a common, obesity-associated genetic variant. *Appetite, 53*(2), 260.

Carnethon, M. R., Gidding, S. S., Nehgme, R., Sidney, S., et al. (2003). Cardiorespiratory fitness in young adulthood and the development of cardiovascular disease risk factors. *Journal of the American Medical Association, 290*(23), 3092–3100.

Carpenter, K. M., Hasin, D. S., Allison, D. B., & Faith, M. S. (2000). Relationships between obesity and DSM-IV major depressive disorder, suicide ideation, and suicide attempts: Results from a general population study. *American Journal of Public Health, 90,* 251–257.

Cartwright, F. F. (1972). *Disease and history.* New York: Crowell.

Cartwright, M., Wardle, J., Steggles, N., Simon, A. E., Croker, H., & Jarvis, M. J. (2003). Stress and dietary practices in adolescents. *Health Psychology, 22*(4), 362–369.

Carvajal, S. C., Garner, R. L., & Evans, R. I. (1998). Dispositional optimism as a protective factor in resisting HIV exposure in sexually active inner-city minority adolescents. *Journal of Applied Social Psychology, 28,* 2196–2211.

Carver, C. S., & Connor-Smith, J. (2010). Personality and coping. *Annual Review of Psychology, 61,* 679–704.

Carver, C. S., & Glass, D. C. (1978). Coronary-prone behavior pattern and interpersonal aggression. *Journal of Personality & Social Psychology, 36,* 361–366.

Carver, C. S. & Scheier, M. F. (2002). Optimism. In Snyder, C. R. & S. J. Lopez (Eds.), *Handbook of positive psychology* (pp. 231–243). New York: Oxford University Press.

Carver, C. S., Scheier, M. F., & Weintraub, J. K. (1989). Assessing coping strategies: A theoretically based approach. *Journal of Personality and Social Psychology, 56,* 267–283.

Carver, C. S., Smith, R. G., Antoni, M. H., Petronis, V. M., et al. (2005). Optimistic personality and psychosocial well-being during treatment predict psychosocial well-being among long-term survivors of breast cancer. *Health Psychology, 24*(5), 508–515.

Carver, C. S., Smith, R. G., Antoni, M. H., Petronis, V. M., Weiss, S., & Derhagopian, R. P. (2005). Optimistic personality and psychosocial well-being during treatment predict psychosocial well-being among long term survivors of breast cancer. *Health Psychology, 24,* 508–516.

Cash, T. F., & Henry, P. E. (1995). Women's body images: The results of a national survey in the U.S.A. *Sex Roles, 33,* 19–28.

Caspersen, C. J., Bloemberg, B. P., Saris, W. H., Merritt, R. K., & Kromhout, D. (1991). The prevalence of selected physical activities and their relation with coronary heart disease risk factors in elderly men: The Zutphen Study, 1985. *American Journal of Epidemiology, 133,* 1078–1092.

Caspi, A., Harrington, H., Moffitt, T. E., Milne, B. J., & Poulton, R. (2006). Socially isolated children 20 years later. *Archives of Pediatric Adolescent Medicine, 160,* 805–811.

Caspi, A., Sugden, K., Moffitt, T. E., Taylor, A., Craig, I. W. (2003). Influence of life stress on depression: Moderation by a polymorphism in the 5-HTT gene. *Science, 301,* 386–389.

Castro, C. M., Wilson, C., Wang, F., & Schillinger, D. (2007). Babel babble: Physicians' use of unclarified medical jargon with patients. *American Journal of Health Behavior, 31,* S85–S95.

Castro, F. B., Stein, J. A., & Bentler, P. M. (2009). Ethnic pride, traditional family values, and acculturation in early cigarette and alcohol use among Latino adolescents. *Journal of Primary Prevention, 30*(3–4), 265–292.

Catalano, R. A., Rook, K., & Dooley, D. (1986). Labor markets and help-seeking: A test of the employment security hypothesis. *Journal of Health and Social Behavior, 27,* 277–287.

Catania, J. A., Binson, D., Dolcini, M. M., Moskowitz, J. T., & van der Straten, A. (2001). Frontiers in the behavioral epidemiology of HIV/STDs. In A. Baum, T. A. Revenson, & J. E. Singer (Eds.), *Handbook of health psychology* (pp. 777–799). Mahwah, NJ: Erlbaum.

Cella, D., Hughs, C., Peterman, A., Chang, C., et al. (2002). A brief assessment of concerns associated with genetic testing for cancer: The multidimensional impact of cancer risk assessment (MICRA) questionnaire. *Health Psychology, 21*(6), 564–572.

Centers for Disease Control and Prevention. *HIV/AIDS Surveillance Report: HIV infection and AIDs in the United States, 2004.* http://www.cdc.gov/hiv/topics/surveillance/resources/reports/index.htm.

Centers for Disease Control and Prevention. (2005). *National diabetes fact sheet, United States, 2005.* Atlanta, GA: U.S. Department of Health and Human Services.

Centers for Disease Control and Prevention. (2006). *Update: Trends in AIDS Incidence-United States.* Centers for Disease Control and Prevention, MMWR, 46(37), 861–867.

Centers for Disease Control and Prevention. (2008). Cigarette Smoking Among Adults—United States, 2007. *Morbidity and Mortality Weekly Report, 57*(45), 1221–1226.

Centers for Disease Control and Prevention. (2009). Diabetes: Successes and opportunities for population-based prevention and control. *Centers for Disease Control and Prevention.* Atlanta, GA: National Center for Disease Prevention and Health Promotion.

Centers for Disease Control and Prevention. (2010). *Healthy Youth!* Retrieved February 24, 2010 from http://www.cdc.gov/HealthyYouth/index.htm.

Centers for Disease Control and Prevention (2010). National Center for Health Statistics, National Health and Nutrition Examination Surveys. http://www.cdc.gov/nchs/products/pubs/pubd/hestats/obest/obse99.htm.

Centers for Disease Control and Prevention. (2010). Diabetes public health resource. Centers for Disease Control and Prevention. Retrieved October 29, 2010 from http://www.cdc.gov/diabetes/consumer/beactive.htm.

Centers for Disease Control and Prevention. (2010). *HIV/AIDS surveillance report: Cases of HIV Infection and AIDS in the United States and Dependent Areas, 2007*. Retrieved April 13, 2010 from http://www.cdc.gov/hiv/topics/surveillance/basic. htm#hivest.

Centers for Disease Control and Prevention. (2010). Obesity and overweight. *Health, United States, 2009, table 67*. Retrieved April 8, 2010 from http://www.cdc.gov/nchs/fastats/ overwt.htm.

Centre for Evidence-Based Medicine (CEBM). The five steps of evidence--based practice. Retrieved January 29, 2010 from www.cebm.net.

Cha, F. S., Doswell, W. M., Kim, K. H., Charron-Prochownik, D., & Patrick, T. E. (2007). Evaluating the Theory of Planned Behavior to explain intention to engage in premarital sex amongst Korean college students: A questionnaire survey. *International Journal of Nursing Studies, 4*, 1147–1157.

Chamberlin, J. (2001, June). NIAAA to release findings of student drinking study. *Monitor on Psychology* (special issue on substance abuse), *32*, 13.

Champion, V. L. (1994). Strategies to increase mammography utilization. *Medical Care, 32*, 118–129.

Champion, V., Skinner, C. S., Hui, S., Monahan, P., Julian, B., & Daggy. (2007). The effect of telephone versus print tailoring for mammography adherence. *Patient Education and Counseling, 65*, 416–423.

Chandrashekara, S., Jayashree, K., Veeranna, H. B., Vadiraj, H. S., Ramesh, M. N., & Shobhaa, A. (2007). Effects of anxiety on TNF-a levels during psychological stress. *Journal of Psychosomatic Research, 63*, 65–69.

Chaplin, W., Gerin, W., Holland, J., Alter, R., Wheeler, R., Duong, D., & Pickering, T. G. (2003). Effects of 9/11/2001 terrorist attacks on blood pressure in four regions of the US. *American Journal of Hypertension, 16*(5), A45.

Chassin, L., Presson, C. C., Sherman, S. J., et al. (2003). Historical changes in cigarette smoking and smoking-related beliefs after 2 decades in a midwestern community. *Health Psychology, 22*(4), 347–353.

Chen, E., Fisher, E. B., Bacharier, L. B., & Strunk, R. C. (2003). Socioeconomic status, stress, and immune markers in adolescents with asthma. *Psychosomatic Medicine, 65*, 984–992.

Chen, X., Beydoun, M. A., & Wang, Y. (2008). Is sleep duration associated with childhood obesity? A systematic review and meta-analysis. *Obesity, 16*, 265–274.

Cheng, M. (2010). Experts: Up to a third of breast cancer cases could be avoided with diet, exercise. Associated Press. Retrieved April 8, 2010 from http://apdigitalnews.com.

Chermack, S. T., & Giancola, P. R. (1997). The relation between alcohol and aggression: An integrated biopsychosocial conceptualization. *Clinical Psychology Review, 17*, 621–649.

Chiaramonte, G. R., & Friend, R. (2006). Medical students' and residents' gender bias in the diagnosis, treatment, and interpretation of coronary heart disease symptoms. *Health Psychology, 25*(3), 255–266.

Chobanian, A. V., Bakris, A. V., Black, H. R., Cushman, W. C., Green, L. A., et al. (2003). The seventh report of the Joint National Committee on prevention, detection, evaluation, and treatment of high blood pressure. *Journal of the American Medical Association, 289*(19), 2560–2572.

Choi, W. S., Harris, K. J., Okuyemi, K., & Ahluwalia, J. S. (2003). Predictors of smoking initiation among college-bound high school students. *Annals of Behavioral Medicine, 26*(1), 69–74.

Christeff, N., Lortholary, O., Casassus, P., Thobie, N., Veyssier, P., Torri, O., et al. (1996). Relationship between sex steroid hormone levels and CD4 lymphocytes in HIV infected men. *Experimental and Clinical Endocrinology and Diabetes, 104*, 130–136.

Christoffel, K. K., & Ariza, A. (1998). The epidemiology of overweight in children: Relevance for clinical care. *Pediatrics, 101*, 103–105.

Chuah, B. L. P. (2006). The influence of coping and emotional intelligence on psychological adjustment to cancer: A longitudinal study of patients calling a cancer helpline. Melbourne, Australia: University of Melbourne.

Ciechanowski, P. S., Katon, W. J., Russon, J. E., & Walker, E. A. (2001). The patient–provider relationship: Attachment theory and adherence to treatment in diabetes. *American Journal of Psychiatry, 158*, 29–35.

Clapp, J., Holmes, M., Reed, M., Shillington, A., Freisthler, B., & Lange, J. (2007). Measuring college students' alcohol consumption in natural drinking environments. *Evaluation Review, 31*(5), 469–489.

Clark, A., Seidler, A., & Miller, M. (2001). Inverse association between sense of humor and coronary heart disease. *International Journal of Cardiology, 80*(1), 87–88.

Clark, K. (1999). Why it pays to quit. *U.S. News & World Report*, November 1, 74.

Clark, N. M., Mitchell, H. E., & Rand, C. S. (2009). Effectiveness of educational and behavioral asthma interventions. *Pediatrics, 123*(3), S185–S192.

Clarke, P. J., O'Malley, P. M., & Johnston, L. D. (2009). Differential trends in weight-related health behaviors among American young adults by gender, race/ethnicity, and socioeconomic status: 1984-2006. *American Journal of Public Health, 99*(10), 1893–1901.

Cleland, J. A., Palmer, J. A., & Venzke, J. W. (2005). Ethnic differences in pain perception. *Physical Therapy Reviews, 10*, 113–122.

Clement, K., Boutin, P., & Froguel, P. (2002). Genetics of obesity. *American Journal of Pharmacogenomics, 2*(3), 177–187.

Coates, T. J., Stall, R. D., & Hoff, C. C. (1990). Changes in sexual behavior among gay and bisexual men since the beginning of the AIDS epidemic. In L. Temoshok & A. Baum (Eds.), *Psychosocial perspectives on AIDS: Etiology, prevention, and treatment* (pp. 103–137). Hillsdale, NJ: Erlbaum.

Cochran, S. D., & Mays, V. M. (1990). Sex, lies, and HIV. *New England Journal of Medicine, 322*, 774–775.

Cochran, S. D., Sullivan, J. G., & Mays, V. M. (2003). Prevalence of mental disorders, psychological distress, and mental health services use among lesbian, gay, and bisexual adults in the United States. *Journal of Consulting and Clinical Psychology, 71*(1), 53–61.

Cohen, F., Kemeny, M. E., Zegans, L. S., Johnson, P. Kearney, K. A., & Stites, D. P. (2007). Immune function declines with unemployment and recovers after stressor termination. *Psychosomatic Medicine, 69*, 225-234.

Cohen, J. (2006, July 28). The overlooked epidemic. *Science, 313*, 468–469.

Cohen, L., Marshall, G. D., Cheng, L., Agarwal, S. K., Wei, Q. (2000). DNA repair capacity in healthy medical students during and after exam stress. *Journal of Behavioral Medicine, 23*, 531–544.

Cohen, S. (2004). Social relationships and health. *American Psychologist, 59*, 676–684.

Cohen, S., Alper, C. M., Doyle, W. J., Treanor, J. J., & Turner, R. B. (2006). Positive emotional style predicts resistance to illness after experimental exposure to rhinovirus or influenza A virus. *Psychosomatic Medicine, 68*, 809–815.

Cohen, S., Doyle, W. J., Turner, R., Alper, C. M., & Skoner, D. P. (2003). Sociability and susceptibility to the common cold. *Journal of the American Medical Association, 277*, 1940–1944.

Cohen, S., Glass, D. C., & Singer, J. E. (1973). Apartment noise, auditory discrimination, and reading ability in children. *Journal of Experimental Social Psychology, 9*, 407–422.

Cohen, S., & Herbert, T. B. (1996). Health psychology: Psychological factors and physical disease from the perspective of human psychoneuroimmunology. *Annual Review of Psychology, 47*, 113–132.

Cohen, S., Kamarck, T., & Mermelstein, R. (1983). A global measure of perceived stress. *Journal of Health, Society, and Behavior, 24*(4), 385–396.

Cohen, S., & McKay, G. (1984). Social support, stress and the buffering hypothesis: A theoretical analysis. In A. Baum, S. E. Taylor, & J. E. Singer (Eds.), *Handbook of psychology and health* (pp. 253–268). Hillsdale, NJ: Erlbaum.

Cohen, S., & Rodriguez, M. S. (1995). Pathways linking affective disturbances and physical disorders. *Health Psychology, 14*, 374–380.

Cohen, S., Sherrod, D. R., & Clark, M. S. (1986). Social skills and the stress--protective role of social support. *Journal of Personality and Social Psychology, 50*, 963–973.

Cohen, S., & Wills, T. A. (1985). Stress, social support, and the buffering hypothesis. *Psychological Bulletin, 93,* 310–357.

Cohen, S., Sherrod, D. R., & Clark, M. S. (1986). Social skills and the stress--protective role of social support. *Journal of Personality and Social Psychology, 50,* 963–973.

Cole, S. W., Kemeny, M. E., Fahey, J. L., Zack, J. A., & Naliboff, B. D. (2003). Psychological risk factors for HIV pathogenesis: Mediation by the autonomic nervous system. *Biological Psychiatry, 54,* 1444–1456.

Cole, S. W., Kemeny, M. E., Taylor, S. E., Visscher, B. R., & Fahey, J. L. (1996). Accelerated course of human immunodeficiency virus infection in gay men who conceal their homosexual identity. *Psychosomatic Medicine, 58,* 219–231.

Cohen, S., Miller, G. E., & Rabin, B. S. (2001). Psychological stress and antibody response to immunization: A critical review of the human literature. *Psychosomatic Medicine, 63*(1), 7–18.

Colditz, G. A., Willett, W. C., Hunter, D. J., Stampfer, M. J., Manson, J. E., Hennekens, C. H., et al. (1993). Family history, age, and risk of breast cancer. Prospective data from the Nurses' Health Study. *Journal of the American Medical Association, 270,* 338–343.

Colligan, R. C., & Offord, K. P. (1988). The risky use of the MMPI hostility scale in assessing risk for coronary heart disease. *Psychosomatics, 29,* 188–196.

Collins, N. L., Dunkel-Schetter, C., Lobel, M., & Scrimshaw, S. C. (1993). Social support in pregnancy: Psychosocial correlates of birth outcomes and postpartum depression. *Journal of Personality and Social Psychology, 65,* 1243–1258.

Collins, R. L., Orlando, M., & Klein, D. J. (2005). Isolating the nexus of substance use, violence and sexual risk for HIV infection among young adults in the United States. *AIDS and Behavior, 9,* 73–87.

Compas, B. E., Haaga, D. A., Keefe, F. J., Leitenberg, H., & Williams, D. A. (1998). Sampling of empirically supported psychological treatments from health psychology: Smoking, chronic pain, cancer, and bulimia nervosa. *Journal of Consulting and Clinical Psychology, 66,* 89–112.

Congressional Budget Office (CBO). Patient protection and the affordable care act. Retrieved February 26, 2010 from http:// www.cbo.gov.

Conn, V. S., Hafdahl, A. R., LeMaster, J. W., Ruppar, T. M., Cochran, J. E., & Nielsen, P. J. (2008). Meta-analysis of health behavior change interventions in Type 1 diabetes. *American Journal of Health Behavior, 32,* 315–392.

Conner, M., Norman, P., & Bell, R. (2002). The theory of planned behavior and healthy eating. *Health Psychology, 21*(2), 194–201.

Conner, M., & Sparks, P. (1996). The theory of planned behaviour and health behaviours. In M. Conner & P. Normal (Eds.), *Predicting health behavior: Research and practice with social cognition models* (pp. 121–162). Buckingham, UK: Open University Press, 121–162.

Connor-Smith, J. K., & Flachsbart, C. (2007). Relations between personality and coping: A meta-analysis. *Journal of Personality and Social Psychology, 93,* 1080–1107.

Consedine, N. S., Magain, C., & Chin, S. (2004). Hostility and anxiety differentially predict cardiovascular disease in men and women. *Sex Roles, 50,* 63–77.

Cook, E. H., Stein, M. A., Krasowski, M. D., Cox, N. J., Olkon, D. M., Kieffer, J. E., & Levanthal, B. L. (1995). Association of attention-deficit disorder and the dopamine transporter gene. *American Journal of Human Genetics, 56,* 993–998.

Cook, S., Weitzman, M., Auinger, P., Nguyen, M., & Dietz, W. H. (2003). Prevalence of a metabolic syndrome phenotype in adolescents: Findings from the third National Health and Nutrition Examination Survey. *Archives of Pediatrics & Adolescent Medicine, 157*(8), 821–827.

Cooper, M. L. (2006). Does drinking promote risky sexual behavior? A complex answer to a simple question. *Current Directions in Psychological Science, 15,* 19–23.

Cooper, M. L., Pierce, R. S., & Tidwell, M. O. (1995). Parental drinking problems and adolescent offspring substance use: Moderating effects of demographic and familial factors. *Psychology of Addictive Behaviors, 9,* 36–52.

Cooper, R. S. (2003). Gene-environment interactions and the etiology of common complex disease. *Annals of Internal Medicine, 139*(5), 437–440.

Cooper, R. S., Rotimi, C. N., & Ward, R. (1999). The puzzle of hypertension in African-Americans. *Scientific American, 280*(2), 56–63.

Corelli, R. L., & Hudmon, K. S. (2002). Medications for smoking cessation. *The Western Journal of Medicine, 176*(2), 131–135.

Cornelis, M. C., El-Sohemy, A., Kabagambe, E. K., & Campos, H. (2006). Coffee, CYP1A2 genotype, and risk of myocardial infarction. *Journal of the American Medical Association, 295*(1), 1135–1141.

Cousins, N. (1976). Anatomy of an illness: As perceived by the patient. *New England Journal of Medicine, 295,* 1458–1463.

Cousins, N. (1979). *Anatomy of an illness as perceived by the patient: Reflections on healing and regeneration* (p. 695). New York: Norton.

Coyne, J. C., Stefanek, M., & Palmer, S. C. (2007). Psychotherapy and survival in cancer: The conflict between hope and evidence. *Psychological Bulletin, 133,* 367–394.

Cramer, J. A. (2004). A systematic review of adherence with medications for diabetes. *Diabetes Care, 27,* 1218–1224.

Crandall, C. S., Preisler, J. J., & Ausprung, J. (1992). Measuring life event stress in the lives of college students: The undergraduate stress questionnaire (USQ). *Journal of Behavioural Medicine, 13,* 627–662.

Crawford, A. M. (2002). Familial predictors of treatment outcome in childhood anxiety disorders. *Journal of the American Academy of Child & Adolescent Psychiatry, 40*(1), 1182–1189.

Crews, F., He, J., & Hodge, C. (2007). Adolescent cortical development: A critical period of vulnerability for addiction. *Pharmacology, Biochemistry and Behavior, 86,* 189–199.

Cruess, D. G., Antoni, M. H., McGregor, B. A., Kilbourn, K. M., Boyers, A. E., Alferi, S. M., and others. (2000). Cognitive-behavioral stress management reduces serum cortisol by enhancing benefit finding among women being treated for early stage breast cancer. *Psychosomatic Medicine, 62*(3), 304–308.

Cruikshank, M. (2003). *Learning to Be Old: Gender, Culture, and Aging.* New York: Roman & Littlefield.

Csernansky, J. G., Dong., H., Fagan, A. M., Wang, L., Xiong, C. Holtzman, D. M., & Morris, J. C. (2006). Plasma cortisol and progression of dementia in subjects with Alzheimer-type dementia, *American Journal of Psychiatry, 163*(12), 2164–2169.

CTUMS (Canadian Tobacco Use Monitoring Survey). (2004). Health Canada. http://www.hc-sc.gc.ca/hl-vs/tobac-tabac/research-recherche/stat/ctums-esutc/2004/index_e.html

Culbert, K. M., Slane, J. D., & Klump, K. L. (2008). Genetics of eating disorders. In S. Wonderlich, J. Mitchell, M. de Zwann, & H. Steiger (Eds.), Eating Disorders Review: Part 3. Oxford: Radcliffe Publishing Ltd.

Culliton, P. D., Boucher, T. A., & Bullock, M. L. (1999). Complementary/alternative therapies in the treatment of alcohol and other addictions. In J. W. Spencer & J. J. Jacobs (Eds.), *Complementary/alternative medicine: An evidence-based approach.* St Louis: Mosby.

Cummings, D. E., Foster-Schubert, K. E., & Overduin, J. (2005). Ghrelin and energy balance: Focus on current controversies. *Current Drug Targets, 6*(2), 153–169.

Cunningham, A. J., Edmonds, C. V., Jenkins, G. P., Pollack, H., Lockwood, G. A., & Warr, D. (1998). A randomized controlled trial of the effects of group psychological therapy on survival in women with metastatic breast cancer. *Psycho-oncology, 7*(6), 508–517.

Cvengros, J. A., Christensen, A. J., & Lawton, W. J. (2004). The role of perceived control and preference for control in adherence to a chronic medical regimen. *Annals of Behavioral Medicine, 27*(3), 155–161.

Cyna, A. M., McAuliffe, G. L, & Andrew, M. I. (2004). Hypnosis for pain relief in labour and childbirth: A systematic review. *British Journal of Anaesthesia, 93*(4), 505–511.

Daffner, K. R., Scinto, L. F., Weintraub, S., Guinessey, J., & Mesulam, M. M. (1994). The impact of aging on curiosity as measured by exploratory eye movements. *Archives of Neurology, 51,* 368–376.

Daley, S. (1998). Dead zones: The burden of shame. *The New York Times.* http://www.nytimes.com.

Daley, A. (2008). Exercise and depression: A review of reviews. *Journal of Clinical Psychology in Medical Settings, 15*(2), 140–147.

Dallongeville, J. Y., Ducimetiere, P., Arveiler, D. Ferrieres, J., et al. (2003). Fish consumption is associated with lower heart rates. *Circulation, 108*(7), 820–825.

D'Amico, E. J., & Fromme, K. (1997). Health risk behaviors of adolescent and young adult siblings. *Health Psychology, 16*(5), 426–432.

Daniels, K. (2006). Rethinking job characteristics in work stress research. *Human Relations, 59*(3), 267–290.

Dansinger, M. L., Gleason, J. A., Griffith, J. L., Selker, H. P., & Schaefer, E. J. (2005). Comparison of the Atkins, Ornish, Weight Watchers, and Zone diets for weight loss and heart disease risk reduction. *Journal of the American Medical Association, 293*(1), 43–53.

Darbes, L, Crepaz, N., Lyles, C., Kennedy, G., & Rutherford, G. (2008). The efficacy of behavioral interventions in reducing HIV risk behaviors and incident sexually transmitted diseases in heterosexual African Americans. *AIDS (London, England), 22*(10), 1177–1194.

d'Arminio Monforte, A., Lepri, A., & Rezza, G. (2000). Insights into the reasons for discontinuation of the first highly active antiretroviral therapy. (HAART) regimen in a cohort of antiretroviral naïve patients. AIDS, 14:499–507.

Daruna, J. H. (2004). *Introduction to psychoneuroimmunology.* Burlington, MA: Elsevier Academic Press.

Davidson, K. W., Goldstein, M., Kaplan, R. M., Kaufmann, P. G., Knatterud, G. L., & Orleans, C. T. (2003). Evidence based behavioral medicine: What is it and how do we achieve it? *Annals of Behavioral Medicine, 26,* 161–171.

Davidson, K. W., Kupfer, D. J., Biggeer, T., Califf, R. M., Carney, R. M., Coyne, J. C., and others (2006). Assessment and treatment of depression in patients with cardiovascular disease: National heart, lung, and blood institute working group report. *Psychosomatic Medicine, 68,* 645–650.

Davidson, R. J., Kabat-Zinn, J., Schumacher, J., Rosenkranz, M., Muller, D., and others (2003). Alterations in brain and immune function produced by mindfulness meditation. *Psychosomatic Medicine, 65*(4), 564–570.

Davies, G. M., Willner, P., James, D. L., & Morgan, M. J. (2004). Influence of nicotine gum on acute cravings for cigarettes. *Journal of Psychopharmacology, 18*(1), 83–87.

Davis, K. C., Norris, J., George, W. H., Martell, J., & Heiman, J. R. (2006). Men's likelihood of sexual aggression: The influence of alcohol, sexual arousal, and violent pornography. *Aggressive Behavior, 32,* 581–589.

Dawson, D. A., Grant, B. F., Stinson, F. S., Chou, P. S., Huang, B., & Ruan, W. J. Recovery from DSM-IV alcohol dependence: United States, 2001–2002. *Addiction, 100,* 281–292.

De Andres, J., & Van Buyten, J. P. (2006). Neural modulation by stimulation. *Pain Practice, 6,* 39–45.

DeAngelis, T. (1995). Primary care collaborations growing. *American Psychological Association Monitor, 26,* 22.

Deffenbacher, J. L., & Stark, R. S. (1992). Relaxation and cognitive-relaxation treatments of general anger. *Journal of Counseling Psychology, 39,* 158–167.

Deichert, N., Fekete, E., Boarts, J., Druley, J., & Delahanty, D. (2008). Emotional support and affect: Associations with health behaviors and active coping efforts in men living with HIV. *AIDS and Behavior 12*(1), 139–145.

De Jonge, P. & Ormel. J. (2007). Depression and anxiety after myocardial infarction. *British Journal of Psychiatry, 190,* 272–273.

Dekaris, D., Sabioncello, A., Mazuran, R., Rabatic, S., Svoboda-Beusan, I., Racunica, N. L., & Tomasic, J. (1993). Multiple changes of immunologic parameters in prisoners of war. *Journal of the American Medical Association, 270*(5), 595–599.

De La Cancela, V., Alpert, J., Wolf, T., & Dachs, S. L. (2004). Psychological approaches to community health: Community health psychology. In R. H. Rozensky, N. G. Johnson, C. D. Goodheart, & W. R. Hammond (Eds.), *Psychology builds a healthy world.* Washington, DC: American Psychological Association.

DeLongis, A., Folkman, S., & Lazarus, R. S. (1988). Hassles, health, and mood: A prospective study with repeated daily measurements. *Journal of Personality and Social Psychology, 54,* 486–495.

Dembner, Al. (2005, July 25). A prayer for health: Scientists attempt to measure what religions accept on faith. *The Boston Globe.* Retrieved April 29, 2010 from http://www.boston.com/news/globe/health_science/articles/2005/07/25/a_prayer_for_health/.

De Michele, M., Panico, S., Iannuzzi, A., Celentano, E., et al. (2002). Association of obesity and central fat distribution with carotid artery wall thickening in middle-aged women. *Stroke, 33*(12), 2923–2928.

Dempsey, M. (2002). Negative coping as mediator in the relation between violence and outcomes: Inner-city African American youth. *American Journal of Orthopsychiatry, 72*(1), 102–109.

Denissenko, M. F., Pao, A., Tang, M., & Pfeifer, G. P. (1996). Preferential formation of benzoapyrene adducts at lung cancer mutational hotspots in P53. *Science, 274,* 430–432.

Department for Professional Employees (DPE) (2009). *Fact Sheet 2009, Professional Women: Vital Statistics.* Retrieved February 11, 2010, from http://www.dpeaflcio.org/programs/factsheets/fs_2009_Professional_Women.htm.

Department of Health and Human Services. (2006). National cholesterol education program. Washington, DC. http://www.nhlbi.nih.gov/about/ncep/index.htm.

Department of Health and Human Services. Centers for Disease Control and Prevention. Retrieved October 28, 2010 from http://www.cdc.gov/nccdphp/dnpa/bmi/index.htm.

De Ridder, D. T. D., Bertha, J., & de Wit, F. (2006). *Self-regulation in health behavior.* Hoboken, NJ: John Wiley.

DeRosa, C. J., & Marks, G. (1998). Preventive counseling of HIV- positive men and self-disclosure of serostatus to sex partners: New opportunities for prevention. *Health Psychology, 17,* 224–231.

Deshpande, S., Basil, M. D., & Basil, D. Z. (2009). Factors influencing healthy eating habits among college students: An application of the health belief model. *Health Marketing Quarterly, 26*(2), 145–164.

DeSimone, J. (2007). Fraternity membership and binge drinking. *Journal of Health Economics, 96,* 950–967.

Devi, S. (2008). U.S. health care still failing ethnic minorities. *The Lancet, 371*(9628), 1903–1904.

Devins, G. M., Hunsley, J., Mandin, H., Taub, K. J., & Paul, L. C. (1997). The marital context of end-stage renal disease: Illness intrusiveness and perceived changes in family environment. *Annals of Behavioral Medicine, 19,* 325–332.

Dew, M. A., Hoch, C. C., Busse, D. J., Monk, T. H., Begley, A. E., Houck, P. R., Hall, M., Kupfer, D. J., & Reynolds, C. F. (2003). Healthy older adults' sleep predicts all-cause mortality at 4 to 19 years of follow-up. *Psychosomatic Medicine, 65,* 63–73.

Dewaraja, R. & Kawamura, N. (2006). Trauma intensity and posttraumatic stress: Implications of the tsunami experience in Sri Lanka for the management of future disasters. *International Congress Series, 1287,* 69–73.

Dhabhar, F. S., & McEwen, B. S. (2001). Bidirectional effects of stress and glucocorticoid hormones on immune function: Possible explanations for paradoxical observations. In R. Ader, D. L. Felten, & N. Cohen (Eds.). *Psychoneuroimmunology,* 3rd edition. San Diego: Academic Press.

Diano, S., Farr, S. A., Benoit, S. C., McNay, E. C., et al. (2006). Ghrelin controls hippocampal spine synapse density and memory performance. *Nature Neuroscience, 9*(3), 381–388.

DiClemente, R. J. (1991). Predictors of HIV-preventive sexual behavior in a high-risk adolescent population: The influence of perceived peer norms and sexual communication on incarcerated adolescents' consistent use of condoms. *Journal of Adolescent Health, 12,* 385–390.

Diehr, P., Bild, D. E., Harris, T. B., Duxbury, A., Siscovick, D., & Rossi, M. (1998). Body mass index and mortality in nonsmoking older adults: The Cardiovascular Health Study. *American Journal of Public Health, 88,* 623–629.

Diez Roux, A. (2001). Investigating area and neighborhood effects on health. *American Journal of Public Health, 91*(11), 1783–1789.

Diez-Ruiz, A., Tilz, G. P., Gutierrez-Gea, F., Gil-Extremerak, B., Murr, C., Wachter, H., & Fuchs, D. (1995). Neopterin and soluble tumor necrosis factor receptor type 1 in alcohol-induced cirrhosis. *Heptalogy, 21,* 976–978.

DiMatteo, M. R. (1993). Expectations in the physician-patient relationship: Implications for patient adherence to medical treatment recommendations. In P. D. Blanck (Ed.), *Interpersonal expectations: Theory, research, and applications* (pp. 296–315). New York: Cambridge University Press.

Referências

DiMatteo, M. R. (2004). Variations in patients' adherence to medical recommendations: A quantitative review of 50 years of research. *Medical Care, 42,* 200–209.

Dimsdale, J. E., Alper, B. S., & Schneiderman, N. (1986). Exercise as a modulator of cardiovascular reactivity. In K. A. Matthews, S. M. Weiss, T. Detre, T. M. Dembroski, B. Falkner, S. B. Manuck, & R. B. Williams, Jr. (Eds.), Handbook of stress, reactivity, and cardiovascular disease. New York: Wiley.

Disbrow, E. A., Owings, J. T., & Bennett, H. L. (1993). Respond. *The Western Journal of Medicine, 159*(5), 735.

Disis, M. L. (2005). *Immunotherapy of cancer.* New York: Humana Press.

Dittman, M. (2002). On the disease trail. *Monitor on Psychology, 33*(8). Washington, DC: American Psychological Association Online. http://www.apa.org/monitor/sep02/disease.html.

Doheny, K. (2009, September 29). Social isolation adversely affects breast cancer. *HealthDay.* Retrieved April 12, 2010 from http://www.mentalhelp.net/poc/view_doc.php?type=news&id=122467&cn=117.

Dohrenwend, B. P., Turner, J. B., Turse, N. A., Adams, B. G., Koenen, K. C., & Marshall, R. (2006). The psychological risks of Vietnam for U.S. veterans: A revisit with new data and methods. *Science, 255,* 946–956.

Dolan, B., & Ford, K. (1991). Binge eating and dietary restraint: A cross-cultural analysis. *International Journal of Eating Disorders, 10,* 345–353.

Domino, E. F. (1996). Estimating exposure to environmental tobacco smoke. *Journal of the American Medical Association, 276,* 603.

Doro, P., Benko, R., Matuz, M., & Soos, G. (2006). Seasonality in the incidence of type 2 diabetes: A population-based study. *Diabetes Care, 29*(1), 173–184.

Dorr, N., Brosschot, J. F., Sollers, J. J., & Thayer, J. F. (2007). "Damned if you do, damned if you don't". The differential effect of expression and inhibition of anger on cardiovascular recovery in Black and White males. *International Journal of Psychophysiology, 66,* 125–134.

Dossey, L. (1993). *Healing words: The power of prayer and the practice of medicine.* San Francisco: HarperCollins.

Douglas, K. A. Colins, J. L., Warren, C., Kann, L., Gold, R., Clayton, S., Ross, J. G., & Kolbe, L. J. (1997). Results from the 1995 National College Health Risk Behavior Survey. *Journal of American College Health, 46,* 55–66.

Dowd, J. B., Simanek, A. M., & Aiello, A. E. (2009). Socio-economic status, cortisol and allostatic load: A review of the literature. *International Journal of Epidemiology, 38*(5), 1297–1309.

Dreer, L. E., Ronan, G. F., Ronan, D. W., Dush, D. M., & Elliott, T. R. (2004). Binge drinking and college students: An investigation of social problem-solving abilities. *Journal of College Student Development, 45*(3), 303–315.

Droomers, M., Schrijvers, C. T., & Mackenbach, J. P. (2002). Why do lower educated people continue smoking? Explanations from the longitudinal GLOBE study. *Health Psychology, 21*(3), 263–272.

Drory, Y., Kravetz, S., Florian, V., & Weingartnen, M. (1991). Coronary care—sexual activity after first acute myocardial infarction in middle-aged men: Demographic, psychological, and medical predictors. *Cardiology, 90*(3), 207–211.

DSM-IV-TR (2000). *Diagnostic and Statistical Manual of Mental Disorders.* American Psychiatric Association.

Dunbar-Jacob, J., & Schlenk, E. A. (2001). Treatment adherence in chronic disease. *Journal of Clinical Epidemiology, 54,* S57–S60.

Duncan, G. E. (2001). Can sedentary adults accurately recall the intensity of their physical activity? *Preventive Medicine, 33*(1), 18–26.

Dunn, A. L., Reigle, T. G., Youngstedt, S. D., Armstrong, R. B., & Dishman, J. (1996). Brain norepinephrine and metabolites after treadmill training and wheel running in rats. *Medicine and Science in Sports and Exercise, 28,* 204–209.

Durazo-Arvizu, R. A., McGee, D. L., Cooper, R. S., Liao, Y., & Luke, A. (1998). Mortality and optimal body mass index in a sample of the U.S. population. *American Journal of Epidemiology, 147,* 739–749.

Eaton, D. K., Kann, L., Kinchen, S., Shanklin, S., Ross, J., & Hawkins, J. (2008). Youth risk behavior surveillance—United States, 2007. *Morbidity and Mortality Weekly Report, 57*(SS–4), 1–130.

Eccleston, C. (1995). The attentional control of pain: Methodological and theoretical concerns. *Pain, 63,* 3–10.

Edelman, S., Lemon, J., Bell, D. R., & Kidman, A. D. (1999). Effects of group CBT on the survival time of patients with metastatic breast cancer. *Psycho-oncology, 8*(6), 474–481.

Edgar, L., Rossberger, Z., & Nowlis, D. (1992). Coping with cancer during the first year after diagnosis: Assessment and intervention. *Cancer, Diagnosis, Treatment, Research, 69,* 817–828.

Edwards, L. M. & Romero, A. J. (2008). Coping with discrimination among Mexican descent adolescents. *Hispanic Journal of Behavioral Sciences, 30,* 24–39.

Egbert, L. D., Battit, C. E., Welch, C. E., & Bartlett, M. K. (1964). Reduction of postoperative pain by encouragement and instruction of patients. A study of doctor-patient rapport. *New England Journal of Medicine, 75,* 1008–1023.

Eisenberg, D. M. (1997). Advising patients who use alternative medical therapies. *Annals of Internal Medicine, 127,* 61–69.

Eisenberg, D. M., Davis, R. B., Ettner, S. L., Appel, S., Wilkey, S., Van Rompay, M., & Kessler, R. C. (1998). Trends in alternative medicine use in the United States, 1990–1997: Results of a follow-up national survey. *Journal of the American Medical Association, 280,* 1569–1575.

Eisenberg, D. M., Delbanco, T. L., Berkey, C. S., Kaptchuk, T. J., et al. (1993). Cognitive behavioral techniques for hypertension: Are they effective? *Annals of Internal Medicine, 118*(12), 964–972.

Eitel, P., Hatchett, L., Friend, R., & Griffin, K.W. (1995). Burden of self-care in seriously ill patients: Impact on adjustment. *Health Psychology, 14,* 457–463.

Elbedour, S., Onwuegbuzie, A. J., Ghannam, J., Whitcome, J. A., & Abu Hein, F. (2007). Post-traumatic stress disorder, depression, and anxiety among Gaza Strip adolescents in the wake of the second Uprising (Intifada). *Child Abuse and Neglect, 31*(7), 719–729.

Elfhag, K., & Rossner, S. (2005). Who succeeds in maintaining weight loss? A conceptual review of factors associated with weight loss maintenance and weight regain. *Obesity Review, 6*(1), 67–85.

Elton, D., Stanley, G. V., & Burrows, G. D. (1983). *Psychological control of pain.* Sydney, Australia: Grune & Stratton.

Emmons, C. A., Joseph, J. G., Kessler, R. C., Wortman, C. B., Montgomery, S. B., & Ostrow, D. G. (1986). Psychosocial predictors of reported behavior change in homosexual men at risk for AIDS. *Health Education Quarterly, 13,* 331–345.

Emmons, R. A., & McCullough, M. E. (2003). Personality processes and individual differences—counting blessings versus burdens: An experimental investigation of gratitude and subjective well--being in daily life. *Journal of Personality & Social Psychology, 84*(2), 377–389.

Eng, P. M., Fitzmaurice, G., Kubzansky, L. D., Rimm, E. B., & Kawachi, I. (2003). Anger expression and risk of stroke and coronary heart disease among male health professionals. *Psychosomatic Medicine, 65*(1), 100–110.

Enhancing recovery in coronary heart disease (ENRICHD) patients. Retrieved March 31, 2010 from http://clinicaltrials.gov/ct2/show/NCT00000557.

Epel, E. S., Blackburn, E. H., Lin, J., Dhabhar, F. S., Adler, N. E., Morrow, J. D., & Cawtho, R. M. (2004). Accelerated telomere shortening in response to life stress. *Proceedings of the National Academy of Sciences, 101*(49), 17312–1715.

Epping-Jordan, J. E., Compas, B. E., Osowiecki, D. M., Oppedisano, G., Gerhardt, C., Primo, K., et al. (1999). Psychological adjustment in breast cancer: Processes of emotional distress. *Health Psychology, 18,* 315–326.

Epstein, L. H., & Raynor, H. A. (2001). Dietary variety, energy regulation, and obesity. *Psychological Bulletin, 127*(3), 325–341.

Eriksen, W. (2004). Do people who were passive smokers during childhood have increased risk of long-term work disability? A 15-month prospective study of nurses' aides. *European Journal of Public Health, 14*(3), 296–300.

Ernst, E. (2008). Chiropractic: A critical evaluation. *Journal of Pain Symptom Management, 35*(5), 544–562.

Ernst, E., and Canter, P. H. (2006). A systematic review of systematic reviews of spinal manipulation. *Journal of the Royal Society of Medicine, 99*(4), 192-196.

Ernst, K. K., Pittler, E. E., Wider, B., & Boddy, K. (2007). Acupuncture: Its evidence-base is changing. *American Journal of Chinese Medicine, 35*(1), 21–25.

Evans, G. W., Hygge, S., & Bullinger, M. (1995). Chronic noise and psychological stress. *Psychological Science, 6,* 333–338.

Evans, R. I. (2003). Some theoretical models and constructs generic to substance abuse prevention programs for adolescents: Possible relevance and limitations for problem gambling. *Journal of Gambling Studies, 19*(3), 287–302.

Everett, M. D., Kinser, A. M., & Ramsey, M. W. (2007). Training for old age: Production functions for the aerobic exercise inputs. *Medicine and Science in Sports and Exercise, 39,* 2226–2233.

Everson, S. A., Goldberg, D. E., Kaplan, G. A., & Cohen, R. D. (1996). Hopelessness and risk of mortality and incidence of myocardial infarction and cancer. *Psychosomatic Medicine, 58,* 113–121.

Fabes, R. A., & Eisenberg, N. (1997). Regulatory control and adults' stress-related responses to daily life events. *Journal of Personality and Social Psychology, 73*(5), 1107–1117.

Fabes, R. A., Eisenberg, N., Karbon, M., Troyer, D. & Switzer, J. (1994). The relations of children's emotion regulation to their vicarious emotional responses and comforting behaviors. *Child Development, 65,* 1678–1693.

Fairburn, C. G. (2005). Evidence-based treatment of anorexia nervosa. *International Journal of Eating Disorders, 37*(Suppl.), S26–S30.

Fairburn, C. G., & Wilson, G. T. (1993). Binge eating: Definition and classification. In C. G. Fairburn & G. T. Wilson (Eds.), *Binge eating: Nature, assessment, and treatment* (pp. 3–14). New York: Guilford.

Fairhurst, M., Weich, K., Dunckley, P., & Tracey, I. (2007). Anticipatory brainstem activity predicts neural processing of pain in humans. *Pain, 128,* 101–110.

Farrell, P. A., Gates, W. K., Maksud, M. G., & Morgan, W. P. (1982). Increases in plasma beta-endorphin/beta-lipotropin immunoreactivity after treadmill running in humans. *Journal of Applied Physiology, 52,* 1245–1249.

Farrington, J. (1999, January). What it means when you hurt. *Current Health, 5,* 166–168.

Farzadegan, H., Hoover, D. R., Astemborski, J., Lyles, C. M., Margolick, J. B., Markham, R. B., et al. (1998). Sex differences in HIV-1 viral load and progression to AIDS. *The Lancet, 352,* 1510–1514.

Fasce, N. (2008). Depression and social support among men and women living with HIV. *Journal of Applied Biobehavioral Research, 12*(3), 221–236.

Fasoli, D. R. (2010). The culture of nursing engagement: A historical perspective. *Nursing Administration Quarterly, 34*(1), 18–29.

Faucett, J., Gordon, N., & Levine, J. (1994). Differences in postoperative pain severity among four ethnic groups. *Journal of Pain and Symptom Management, 9,* 383–389.

Fauci, A. S. (2006, July 28). Twenty-five years of HIV/AIDS. *Science, 313,* 409.

Fava, M., Copeland, P. M., Schweiger, U., & Herzog, D. B. (1989). Neurochemical abnormalities of anorexia nervosa and bulimia nervosa. *American Journal of Psychiatry, 146,* 963–971.

Fawzy, F. I., Fawzy, N. W., Hyun, C. S., Elashoff, R., Guthrie, D., Fahley, J. L., & Morton, D. L. (1993). Malignant melanoma: Effects of an early structures psychiatric intervention, coping, and affective state on recurrence and survival 6 years later. *Archives of General Psychiatry, 50,* 681–689.

Feifer, C., & Tansman, M. (1999). Promoting psychology in diabetes primary care. *Professional Psychology: Research and Practice, 30,* 14–21.

Feingold, A., & Mazzella, R. (1996). Gender differences in body image are increasing. *Psychological Science, 9,* 190–195.

Feldman, P. J. & Steptoe, A. (2004). How neighborhoods and physical functioning are related: The roles of neighborhood socioeconomic status, perceived neighborhood strain, and individual health risk factors. *Annals of Behavioral Medicine, 27*(2), 91–99.

Ferguson, J., Bauld, L., Chesterman, J., & Judge, K. (2005). The English smoking treatment services: One-year outcomes. *Addiction, 100*(Supplement 2), 59–69.

Ferran, L. (2010, February 9). Michelle Obama: "Let's Move" initiative battles childhood obesity. http://abcnews.go.com/GMA/Health/michelle-obama-chldhood-obesity;initiative/ story?id=9781473

Ferrieres, J. (2004). The French paradox: Lessons for other countries. *Heart, 90*(1), 107–111.

Ferroli, C. (1996, January). Anger could be a fatal fault. *The Saturday Evening Post, 268.*

Fellowes, D., Barnes, K., & Wilkinson, S. (2004). Aromatherapy and massage for symptom relief in patients with cancer. *Cochrane Database of Systematic Reviews (Online), 2004*(2): CD002287.

Feuerstein, M., & Beattie, P. (1995). Biobehavioral factors affecting pain and disability in low back pain: Mechanisms and assessment. *Physical Therapy, 75,* 267–280.

Fiatarone, M. A., O'Neill, E. F., Doyle, N., Clements, K. M., Roberts, S. B., Kehayias, J. J., Lipsitz, L. A., & Evans, W. J. (1993). The Boston FICSIT study: The effects of resistance training and nutritional supplementation on physical frailty in the oldest old. *Journal of the American Geriatrics Society, 41,* 333–337.

Fiksenbaum, L., Greenglass, E., & Eaton, J. (2006). Perceived social support, hassles, and coping among the elderly. *The Journal of Applied Gerontology, 25*(1), 17–30.

Fillingim, R. B. (2000). Sex, gender, and pain: Women and men really are different. *Current Review of Pain, 4,* 24–30.

Fiore, M. C. (2000). A clinical practice guideline for treating tobacco use and dependence. *Journal of the American Medical Association, 283*(24), 3244–3254.

Fiore, M. C., Smith, S. S., Jorenby, D. E., & Baker, T. B. (1994). The effectiveness of the nicotine patch for smoking cessation: A meta-analysis. *Journal of the American Medical Association, 271,* 1940–1947.

Fishbein, H. D. (1982). The identified patient and stage of family development. *Journal of Marital and Family Therapy, 8,* 57–61.

Fitzgerald, S. T., Haythornthwaite, J. A., Suchday, S., & Ewart, C. K. (2003). Anger in young black and white workers: Effects of job control, dissatisfaction, and support. *Journal of Behavioral Medicine, 26,* 283–296.

Flack, J. M., Sica, D. A., Bakris, G., Brown, A. L., Ferdinand, K. C., Grimm, R. H., & others. (2010, November). Management of high blood pressure in blacks: An update of the International Society on Hypertension in Blacks Consensus Statement. *Hypertension, 56,* 780–800.

Flegel, K. M., Graubard, B. I., Williamson, D. F., & Gail, M. H. (2005). Excess deaths associated with underweight, overweight, and obesity. *Journal of the American Medical Association, 293,* 1861–1867.

Fleishman, J. A., & Fogel, B. (1994). Coping and depressive symptoms among people with AIDS. *Health Psychology, 13,* 156–169.

Fleshner, F. (2005). Physical activity and stress resistance: Sympathetic nervous system adaptations prevent stress-induced immunosuppression. *Exercise and Sport Sciences Reviews, 33*(3), 120–126.

Flett, G. L., Hewitt, P. L., Blankstein, K. R., & Mosher, S. W. (1995). Perfectionism, life events, and depressive symptoms: A test of dathesis-stress model. *Current Psychology: Developmental, Learning, Personality, Socal, 14,* 112–137.

Flor, H., & Birbaumer, N. (1993). Comparison of the efficacy of electromyographic biofeedback, cognitive-behavioral therapy, and conservative medical interventions in the treatment of chronic musculoskeletal pain. *Journal of Consulting and Clinical Psychology, 61,* 653–658.

Florian, V., Mikulincer, M., & Taubman, O. (1995). Does hardiness contribute to mental health during a stressful real-life situation? The roles of appraisal and coping. *Journal of Personality and Social Psychology, 68,* 687–695.

Folkman, S. & Moskovitz, J. T. (2004). Coping: Pitfalls and promise. *Annual Review of Psychology, 55,* 745–774.

Fogel, J., Albert, S. M., Schnabel, F., Ditkoff, B. A., & Neugut, A. I. (2002). Internet use and social support in women with breast cancer. *Health Psychology, 21*(4), 398–404.

Folsom, V., Krahn, D. D., Naim, K., & Gold, L. (1993). The impact of sexual and physical abuse on eating disordered and psychiatric symptoms: A comparison of eating disordered and psychiatric inpatients. *International Journal of Eating Disorders, 13,* 249–257.

Fondacaro, M. R., & Heller, K. (1983). Social support factors and drinking among college student males. *Journal of Youth and Adolescence, 12,* 285–299.

Ford, E. S., Loucks, E. B., Berkman, L. F. (2006). Social integration and concentrations of C-reactve proten among US adults. *Annals of epidemiology, 16*(2), 78–84.

Fordyce, W. E. (1976). *Behavioral methods in chronic pain and illness.* St. Louis: Mosby.

Forman, T. A. (2002). The social psychological costs of racial segmentation in the workplace: A study of African Americans' well-being. *Journal of Health and Social Behavior, 44*(3), 332–352.

Fosse, N. E., & Haas, S. A. (2009). Validity and stability of self-reported health among adolescents in a longitudinal, nationally representative survey. *Pediatrics, 123*(3), 496–501.

Foulkes, A. S., Wohl, D. A., Frank, I., Puleo, E., Restine, S., Wolfe, M. L., Dube, M. P., Tebas, P., & Reilly, M. P. (2006). Associations among race/ethnicity, apoC-III genotypes, and lipids in HIV-1-infected individuals on antiretroviral therapy. Public Library of Science (PLoS) Medicine, 3(3); e52.

Foxhall, K. (2001, June). Preventing relapse. *Monitor on Psychology* (special issue on substance abuse), *32,* 46–47.

Frankenhaeuser, M. (1975). Sympathetic-adreno-medullary activity behavior and the psychosocial environment. In P. H. Venables & M. J. Christie (Eds.), *Research in psychophysiology* (pp. 71–94). New York: Wiley.

Frankenhaeuser, M. (1991). The psychophysiology of workload, stress, and health: Comparison between the sexes. *Annals of Behavioral Medicine, 13,* 197–204.

Fraser, G. E. (1991). Epidemiologic studies of Adventists. *Scope, 27,* 50–55.

Fraser-Smith, N., & Lesperance, F. (2005). Reflections on depression as a cardiac risk factor. *Psychosomatic Medicine, 67,* Supplement 1, S19–S25.

Frasure-Smith, N., & Prince, R. (1989). Long-term follow-up of the Ischemic Heart Disease Life Stress Monitoring Program. *Psychosomatic Medicine, 51,* 485–513.

Frederickson, B. L. (2001). The role of positive emotions in positive psychology: The broaden-and-build theory of positive emotions. *American Psychologist, 56,* 218–226.

Fredrickson, B. L., Tugade, M. M., Waugh, C. E., & Larkin, G. R. (2003). What good are positive emotions in crises? A prospective study of resilience and emotions following the terrorist attacks on the United States on September 11, 2001. *Journal of Personality and Social Psychology, 84,* 365–376.

Freking, K. (2006, August 30). Rise in obesity weighs on health care experts. *The Detroit News.* http://www.detroitnews.com.

Frenn, M., & Malin, S. (2003). Obesity risk factor: Access to low-fat foods increases health eating among adolescents. *Drug Week, October 24,* 273.

Frerichs, R. R. (2000). *John Snow: A portrait.* UCLA Department of Epidemiology. http://www.ph.ucla.edu/epi/snow.html.

Friedman, M. A., & Brownell, K. D. (1995). Psychological correlates of obesity: Moving to the next research generation. *Psychological Bulletin, 117,* 3–20.

Friedman, M., & Rosenman, R. H. (1959). Association of specific overt pattern with blood and cardiovascular findings. *Journal of the American Medical Association, 169,* 1286–1296.

Friedman, M., Camoin, L., Faltin, Z., Rosenblum, C. I., Kallouta, V., Eshdat, Y., & Strosberg, A. D. (2003). Serum leptin activity in obese and lean patients. *Regulatory Peptides, 11*(1), 77–82.

Fries, J. F. (2001). *Living well: Taking care of your health in the middle and later years.* New York: Perseus Publishing.

Frisina, P. G., Borod, J. C., & Lepore, S. J. (2004). A meta-analysis of the effects of written emotional disclosure on the health outcomes of clinical populations. *Journal of Nervous and Mental Disease, 192,* 629–634.

Fryar, C. D., Hirsch, R., Eberhardt, M. S., Yoon, S. S., & Wright, J. D. (2010). Hypertension, high serum total cholesterol, and diabetes: Racial and ethnic prevalence differences in U.S. adults, 1999–2006. NCHS data brief, no. 36. Hyattsville, MD: National Center for Health Statistics.

Fugh-Berman, A. (1997). *Alternative medicine: What works.* Baltimore: Lippincott Williams & Wilkins.

Fugh-Berman, A. (2000). Herb-drug interactions. *Lancet, 355,* 134–138.

Furukawa, T. (1994). Weight changes and eating attitudes of Japanese adolescents under acculturative stresses: A prospective study. *International Journal of Eating Disorders, 15,* 71–79.

Galdas, P. M., Cheater, F., & Marshall, P. (2005). Men and health help-seeking behavior: Literature review. *Journal of Advanced Nursing, 49,* 616–623.

Gajilan, A. C. (2008). Iraq vets and post-traumatic stress: No easy answers. *The Utah Veteran.* Retrieved October 19, 2010 from http://www.utvet.com/IraqVet&PTSD.htm.

Galea, S., Nandi, A., & Vlahov, D. (2005). The epidemiology of post-traumatic stress disorder after disasters. *Epidemiologic Reviews, 27*(1), 78–91.

Gallo, L. C., Bogart, L. M., Vranceanu, A. M., & Walt, L. C. (2004). Job characteristics, occupational status, and ambulatory cardiovascular activity in women. *Annals of Behavioral Medicine, 28*(1), 62–73.

Gallucci, W. T., Baum, A., & Laue, L. (1993). *Sex differences in sensitivity of the hypothalamic-pituitary-adrenal axis.* Health Psychology, 12, 420–425.

Galvan, F., Davis, E., Banks, D., & Bing, E. (2008, May). HIV stigma and social support among African Americans. *AIDS Patient Care and Standards, 22*(5), 423–436.

Gan, T. J., Gordon, D. B., Bolge, S. C., & Allen, J. G. (2007). Patient-controlled analgesia: Patient and nurse satisfaction with intravenous delivery systems and expected satisfaction with transdermal delivery systems. *Current Medical Research and Opinion, 23,* 2507–2516.

Garbarino, J. (1991). The context of child abuse and neglect assessment. In J. C. Westman (Ed.), *Who speaks for the children? The handbook of individual and class child advocacy* (pp. 183–203). Sarasota, FL: Professional Resource Exchange.

Garcia, J., Simon, M. A., Duran, M., Canceller, J., & Aneiros, F. J. (2006). Differential efficacy of a cognitive-behavioral intervention versus pharmacological treatment in the management of fibromyalgic syndrome. *Psychology, Health and Medicine, 11,* 498–506.

Gardea, M. A., Gatchel, R. J., & Robinson, R. C. (2004). Complementary health care. In T. J. Boll, R. G. Frank, A. Baum, & J. L. Wallander (Eds.). *Handbook of clinical health psychology, volume 3: Models and perspectives in health psychology* (pp. 341–375). Washington, DC: American Psychological Association.

Garfinkel, P. E., & Garner, D. M. (1984). Bulimia in anorexia nervosa. In R. C. Hawkins, II, W. J. Remouw, & P. F. Clement (Eds.), *The binge-purge syndrome: Diagnosis, treatment and research* (pp. 442–446). New York: Springer.

Garmezy, N. (1993). Children in poverty: Resilience despite risk. *Interpersonal and Biological Processes* (Special Issue: *Children and Violence*), *56,* 127–136.

Gatchel, R. J. (1997). Biofeedback. In A. Baum, S. Newman, J. Weinman, R. West, & C. McManus (Eds.), *Cambridge handbook of psychology, health and medicine* (pp. 197–199). Cambridge: Cambridge University Press.

Gatchel, R. J., & Maddrey, A. M. (2004). The biopsychosocial perspective of pain. In J. M. Raczynski & L. C. Leviton. *Handbook of Clinical Health Psychology, Volume 2. Disorders of Behavior and Health* (pp. 357–378). Washington, DC: American Psychological Association.

Gentile, K., Raghavan, C., Rajah, V., & Gates, K. (2007). It doesn't have to happen here: Eating disorders in an ethnically diverse sample of economically disadvantaged, urban college students. *Eating Disorders, 15*(5), 405–425.

Gerrard, M., Gibbons, F. X., Benthin, A. C., & Hessling, R. M. (1996). A longitudinal study of the reciprocal nature of risk behaviors and cognitions in adolescents: What you do shapes what you think, and vice versa. *Health Psychology, 15,* 344–354.

Gerrard, M. F., Dougherty, D. M. Barratt, E. S., Oderinde, V., et al. (2002). Increased impulsivity in cocaine dependent subjects independent of antisocial personality disorder and aggression. *Drug and Alcohol Dependence, 68*(1), 105–112.

Ghoname, E. S., Craig, W. F., White, P. F., Ahmed, H. E., et al. (1998). The effect of stimulus frequency on the analgesic response to percutaneous electrical nerve stimulation in patients with chronic low back pain. *Anesthesia and Analgesia, 88*(4), 841–846.

Gibbons, F. X., Gerrard, M., Blanton, H., & Russell, D. W. (1998). Reasoned action and social reaction: Willingness and intention as independent predictors of health risk. *Journal of Personality and Social Psychology, 74,* 1164–1180.

Gibbs, W. W. (1996). Gaining on fat. *Scientific American, 275,* 88–95.

Giedzinska, A. S., Meyerowitz, B. E., Ganz, P. A., & Rowland, J. H. (2004). Health-related quality of life in a multiethnic sample of breast cancer survivors. *Annals of Behavioral Medicine, 28*(1), 39–51.

Gil, K. M., Carson, J. W., Porter, L. S., Scipio, C., et al. (2004). Daily mood and stress predict pain, health care use, and work activity in African American adults with Sickle-Cell disease. *Health Psychology, 23*(3), 267–274.

Gilbert, C., & Moss, D. (2003). Biofeedback and biological monitoring. In D. Moss, A. McGrady, T. Davies, & I. Wickramasekera (eds). *Handbook of mind-body medicine for primary care* (pp. 109–122), Thousand Oaks, CA: Sage.

Gill, J. M., Saligan, K., Woods, S., & Page, G. (2009). PTSD is associated with an excess of inflammatory immune activities. *Perspectives in Psychiatric Care, 45*(4), 262–277.

Gillies, C. L., Abrams, K. R., Lambert, P. C., Cooper, N. J., Sutton, A. J., & Hsu, R. T. (2007). Pharmacological and lifestyle interventions to prevent or delay Type 2 diabetes in people with impaired glucose tolerance: Systematic review and meta-analysis. *British Medical Journal, 334*, 299–302.

Gladwell, M. (2006). Homelessness and the power-law paradox. *The New Yorker, February 13*, 96–105.

Glanz, K., Geller, A. C., Shigaki, D., et al. (2002). A randomized trial of skin cancer prevention in aquatic settings: The PoolCool program. *Health Psychology, 21*(6), 579–587.

Glanz, K., Patterson, R. E., Kristal, A. R., & DiClemente, C. C. (1994). Stages of change in adopting healthy diets: Fat, fiber, and correlates of nutrient intake. *Health Education Quarterly, 21*, 499–519.

Glaser, R., Kiecolt-Glaser, J. K., Bonneau, R. H., Malarkey, W., Kennedy, S., & Hughes, J. (1992). Stress-induced modulation of the immune response to recombinant Hepatitis B vaccine. *Psychosomatic Medicine, 54*(1), 22–29.

Glass, D. C., & Singer, J. E. (1972). *Urban stress: Experiments on noise and social stressors.* New York: Academic Press.

Glassman, A. H. (2007). Depression and cardiovascular comorbidity. *Dialogues in Clinical Neuroscience, 9*(1), 9–17.

Glauert, H. P., Beaty, M. M., Clark, T. D., Greenwell, W. S., & Chow, C. K. (1990). The effect of dietary selenium on the induction of altered hepatic foci and hepatic tumors by the perosisome proliferator ciprofibrate. *Nutrition and Cancer, 14*, 261–272.

Global Information Inc. (2010). *The global market for pain management drugs and devices.* Retrieved April 23, 2010 from http://www.the--infoshop.com/report/bc96391-pain- management.html.

Global Issues (2010). Obesity. Retrieved March 4, 2010 from http://www.globalissues.org/article/558/obesity.

Global Tobacco Control. (2006). http://www.globalink.org/.

Gluck, M. E., Geliebter, A., Hung, J., & Yahav, E. (2004). Cortisol, hunger, and desire to binge eat following a cold stress test in obese women with binge eating disorder. *Psychosomatic Medicine, 66*, 876–881.

Godin, G., Valois, P., & Lepage, L. (1993). The pattern of influence of perceived behavioral control upon exercising behavior: An application of Ajzen's theory of planned behavior. *Journal of Behavioral Medicine, 16*, 81–102.

Goebel, M., Viol, G. W., & Orebaugh, C. (1993). An incremental model to isolate specific effects of behavioral treatments in essential hypertension. *Biofeedback and self-regulation, 18*(4), 255–280.

Goffaux, P., Redmond, W. J., Rainville, P., & Marchand, S. (2007). Descending analgesia: When the spine echoes what the brain expects. *Pain, 130*, 137–143.

Goldberg, J., Halpern-Felsher, B. L., & Milstein, S. G. (2002). Beyond invulnerability: The importance of benefits in adolescents' decision to drink alcohol. *Health Psychology, 21*(5), 477–484.

Goldfield, G. S., & Epstein, L. H. (2002). Can fruits and vegetables and activities substitute for snack foods? *Health Psychology, 21*(3), 299–303.

Goldring, A. B., Taylor, S. E., Kemeny, M. E. et al. (2002). Impact of health beliefs, quality of life, and the physician-patient relationship on the treatment intentions of inflammatory bowel disease patients. *Health Psychology, 21*(3), 219–228.

Goldston, K., & Baillie, A. J. (2008). Depression and coronary heart disease: A review of the epidemiological evidence, explanatory mechanisms and management approaches. *Clinical Psychology Review, 28*, 289–307.

Gonder-Frederick, L. A., Cox, D. J., Bobbitt, S. A., & Pennebaker, J. W. (1989). Mood changes associated with blood glucose fluctuations in insulin-dependent diabetes mellitus. *Health Psychology, 8*, 45–59.

Goodwin, R., & Friedman, H. (2006). Health status and the five- factor personality traits in a nationally representative sample. *Health Psychology, 11*(5), 643–654.

Gortmaker, S. L., Must, A., Perrin, J. M., & Sobol, A. M. (1993). Social and economic consequences of overweight in adolescence and young adulthood. *New England Journal of Medicine, 329*, 1008–1012.

Gottholmseder, G., Nowotny, K., Pruckner, G. J., & Theurl, E. (2009). Stress perception and commuting. *Health Economics, 2009, 18*(5), 559–576.

Grabe, S., Ward, L. M., & Hyde, J. S. (2008). The role of the media in body image concerns among women: A meta-analysis of experimental and correlational studies. *Psychological Bulletin, 134*, 460–476.

Grace, S. L., Abbey, S. E., Pinto, R., Snek, Z. M., Irvine, J., & Stewart, D. E. (2005). Longitudinal course of depressive symptomatology after a cardiac event: Effects of gender and cardiac rehabilitation. *Psychosomatic Medicine, 67*, 52–58.

Grant, L. D., & Haverkamp, B. E. (1995). A cognitive-behavioral approach to chronic pain management. *Journal of Counseling & Development, 74*, 25–32.

Grant, S., Contoreggi, C., & London, E. D. (2000). Drug abusers show impaired performance in a laboratory test of decision-making. *Neuropsychologia, 38*, 1180–1187.

Gray, J. J., Ford, K., & Kelly, L. M. (1987). The prevalence of bulimia in a black college population. *International Journal of Eating Disorders, 6*, 733–740.

Grayling, A. C. (2009). Sleep, the elixir of health? *New Scientist, 201*, 44.

Green, C. A., Perrin, N. A., & Polen, M. R. (2004). Gender differences in the relationships between multiple measures of alcohol consumption and physical and mental health. *Alcoholism, Clinical and Experimental Research, 28*(5), 754–764.

Green, L. W., & Kreuter, M. W. (1990). Health promotion as a public health strategy for the 1990s. *Annual Review of Public Health, 11*, 319–334.

Greendale, G. A., Barrett-Connor, E., Edelstein, S., Ingles, S., & Halle, R. (1995). Lifetime leisure exercise and osteoporosis: The Rancho Bernardo study. *American Journal of Epidemiology, 141*, 951–959.

Greenfield, S., Kaplan, S. H., Ware, J. E., Yano, E. M., & Frank, H. J. (1988). Patients' participation in medical care: Effects on blood sugar control and quality of life in diabetes. *Journal of General Internal Medicine, 3*, 448–457.

Greenglass, E. R., & Noguchi, K. (1996). *Longevity, gender and health: A psychocultural perspective.* Paper presented at the meeting of the International Society of Health Psychology, Montreal, CA.

Greiger-Zanlungo, P. (2001). HIV and women: An update. *Female Patient, 26*, 12–16.

Griffith, J. (1983). Relationship between acculturation and psychological impairment in adult Mexican Americans. *Hispanic Journal of Behavioral Sciences, 5*, 431–459.

Gross, J. J. (1998). The emerging field of emotion regulation: An integrative review. *Review of General Psychology, 2*, 271–299.

Grunberg, N. E., Brown, K. J., & Klein, L. C. (1997). Tobacco smoking. In A. Baum, S. Newman, J. Weinman, R. West, & C. McManus (Eds.), *Cambridge handbook of psychology, health and medicine* (pp. 606–611). Cambridge: Cambridge University Press.

Grunberg, N. E., & Straub, R. O. (1992). The role of gender and taste class in the effects of stress on eating. *Health Psychology, 11*, 97–100.

Grunberg, N. E., Faraday, M. M., & Rahman, M. A. (2001). The psychobiology of nicotine self-administration. In A. Baum, T. A. Revenson, & J. E. Singer (Eds.), *Handbook of health psychology* (pp. 249–261). Mahwah, NJ: Erlbaum.

Grzywacz, J. G., Almeida, D. M., Neupert, S. D., & Ettner, S. L. (2004). Socioeconomic stauts and health: A micro-level analysis of exposure and vulnerability to daily stressors. *Journal of Health and Social Behaivor, 45*, 1–16.

Gump, B. B., & Matthews, K. A. (2000). Are vacations good for your health? The 9-year mortality experence after the multiple risk factor intervention trial. *Pscyhosomatic Medicine, 62*, 608–612.

Gus, I., Harzheim, E., Zaslavsky, C., Medina, C., & Gus, M. (2004). Prevalence, awareness, and control of systemic arterial hypertension in the state of Rio Grande do Sul. *Arquivos Brasileiros de Cardiologia, 83*(5), 429–433.

Referências

Haas, V. K., Kohn, M. R., Clarke, S. D., Allen, J. R., Madden, S., Muller, J. J., & Gaski, K. J. (2009). Body composition changes in female adolescents with anorexia nervosa. *American Journal of Clinical Nutrition*, 89(4), 1005–1010.

Hackman, R. M. (1998, September). Flavonoids and the French Paradox: Unhealthy-living French have low rate of heart attacks. *USA Today*, 127, 58.

Halaas, J. L., Gajiwala, K. S., Maffei, M., Cohen, S. L., Chait, B. T., Rabinowitz, D., Lallone, R. L., Burley, S. K., & Friedman, J. M. (1995). Weight-reducing effects of the plasma protein encoded by the obese gene. *Science*, 269, 543–545.

Hale, C. J., Hannum, J. W., & Espelage, D. L. (2005). Social support and physical health: The importance of social support. *Journal of American College Health*, 53, 276–284.

Haley, W. E., Roth, D. L., Howard, G., & Stafford, M. M. (2010). Caregiving strain and estimated risk for stroke and coronary heart disease among spouse caregivers: Differential effects by race and sex. *Stroke*, 41, 331–336.

Hammarstrom, A. (1994). Health consequences of youth unemployment—review from a gender perspective. *Social Science and Medicine*, 38, 699–709.

Hammer, G. P. (1997). *Hepatitis B vaccine acceptance among nursing home workers*. Unpublished doctoral dissertation, Department of Health Policy and Management, Johns Hopkins University, Baltimore.

Hammond, D., McDonald, P. W., Fong, G. T., Brown, K. S., & Cameron, R. (2004). The impact of cigarette warning labels and smoke-free bylaws on smoking cessation: Evidence from former smokers. *Canadian Journal of Public Health*, 95(3), 201–204.

Hamza, M. A., White, P. F., Craig, W. F., Ghoname E. S., et al. (2000). Percutaneous Electrical Nerve Stimulation: A novel analgesic for diabetic neuropathic pain. *Diabetes Care*, 23(3), 365–370.

Haney, D. Q. (2001, April 30). Hope for AIDS cure fades. *The Seattle Times*. Retrieved December 14, 2010, from http://community.seattletimes.nwsource.com/archive/?date=20010430&slug=aids30.

Hardin, K. N. (2004). Chronic pain management. In P. M. Camic & S. J. Knight (Eds.) *Clinical Handbook of Health Psychology: A Practical Guide to Effective Interventions* (pp. 75–99). Ashland, OH: Hogrefe and Huber Publishers.

Hardy, J. D., & Smith, T. W. (1988). Cynical hostility and vulnerability to disease: Social support, life stress, and physiological response to conflict. *Health Psychology*, 7, 447–459.

Harrs, K. F., Matthews, K. A., Sutton-Tyrrell, K., & Kuller, L. H. (2003). Associations between psychological traits and endothelial function in postmenopausal women. *Psychosomatic Medicine*, 65(3), 402–409.

Harrison, M. O., Koenig, H. G., Hays, J. C., Eme-Akwari, A. G., & Pargament, K. I. (2001). The epidemiology of religious coping: A review of recent literature. *International Review of Psychiatry*, 13(2), 86–93.

Hartung, B. D. (1987). Acculturation and family variables in substance abuse: An investigation with Mexican Americanhigh school males. *Dissertation Abstracts International*, 48, 264.

Hassed, C. (2001). Humour in medicine: How humour keeps you well. *Australian Family Physician*, 30(1), 25–28.

Harvard Medical School (2010). Options for mild or moderate depression Exercise, psychotherapy, and relaxation techniques are good first choices. *The Harvard Mental Health Letter. Vol. 26*(10), p. 5.

Haskell, W. L., Luskin, F. M., & Marvasti, F. F. (1999). Complementary/alternative therapies in general medicine: Cardiovascular disease. In J. W. Spencer & J. J. Jacobs (Eds.), *Complementary/alternative medicine: An evidence–based approach* (pp. 90–106). St. Louis: Mosby.

Hatziandreu, E. I., Koplan, J. P., Weinstein, M. C., Caspersen, C. J., & Warner, K. E. (1988). A cost-effectiveness analysis of exercise as a health promotion activity. *American Journal of Public Health*, 78, 1417–1421.

Hawkins, J. D., Catalano, R. F., & Miller, J. Y. (1992). Risk and protective factors for alcohol and other drug problems in adolescence and early adulthood: Implications for substance abuse prevention. *Psychological Bulletin*, 112, 64–105.

Hawkley, L. C., & Cioppo, J. T. (2007). Aging and loneliness: Downhill quickly? *Current Directions in Psychological Science*, 16, 187–191.

Hayashi, T., Iwanaga, S., Kawai, K., Ishii, H., Shoji, S., & Murakami, K. (2003). Laughter lowered the increase in postprandial blood glucose. *Diabetes Care*, 26(5), 1651–1652.

Hayden-Wade, H. A., Stein, R. I., Ghaderi, A., Saelens, B. E., Zabinski, M. F., & Wilfley, D. E. (2005). Prevalence, characteristics, and correlates of teasing experiences among overweight children vs. non-overweight peers. *Obesity Research*, 13, 1381–1392.

Hazuda, H. P., Mitchell, B. D., Haffner, S. M., & Stern, M. P. (1991). Obesity in Mexican-American subgroups: Findings from the San Antonio Heart Study. *The American Journal of Clinical Nutrition*, 53, 1529S–1534S.

Heath, A. C., & Madden, P. A. (1995). Genetic influences on smoking behavior. In J. R. Turner & L. R. Cardon (Eds.), *Behavior genetic approaches in behavioral medicine* (pp. 45–66). New York: Plenum Press.

Heatherton, T. F., Mahamedi, F., Striepe, M., & Field, A. E. (1997). A 10-year longitudinal study of body weight, dieting, and eating disorder symptoms. *Journal of Abnormal Psychology*, 106, 117–125.

Heatherton, T. F., Nichols, P., Mahamedi, F., & Keel, P. (1995). Body weight, dieting, and eating disorder symptoms among college students, 1982 to 1992. *American Journal of Psychiatry*, 152, 1623–1629.

HealthGrades. *Patient safety in American hospitals*. Retrieved on December 14, 2010 from http://www.healthgrades.com.

Heckman, T. G., Barcikowski, R., Ogles, B., Suhr, J., Carlson, B., et al. (2006). A telephone-delivered coping improvement group intervention for middle-aged and older adults living with HIV/AIDS. *Annals of Behavioral Medicine*, 32(1), 27–38.

Heckman, T. G., Miller, J., Kochman, A., Kalichman, S. C., et al. (2002). Thoughts of suicide among HIV-infected rural persons enrolled in a telephone-delivered mental health intervention. *Annals of Behavioral Medicine*, 24(2), 141–148.

Heim, C., Ehlert, U., Hellhammer, D. H. (2000). The potential role of hypocortisolism in the pathophysiology of stress-related bodily disorders. *Psychoneuroendocrinology*, 25(1), 1–24.

Helgeson, V. S., Snyder, P., & Seltman, H. (2004). Psychological and physical adjustment to breast cancer over 4 years: Identifying distinct trajectories of change. *Health Psychology*, 23(1), 3–15.

Heller, K., King, C. M., Arroyo, A. M., & Polk, D. E. (1997). Community-based interventions. In A. Baum, S. Newman, J. Weinman, R. West, & C. McManus (Eds.), *Cambridge handbook of psychology, health, and medicine* (pp. 203–206). Cambridge: Cambridge University Press.

Helms, J. E. (1995). An update of Helms' white and people of color racial identity models. In J. G. Ponterotto, & M. J. Casas (Eds.), *Handbook of multicultural counseling* (pp. 181–198). Thousand Oaks, CA: Sage.

Helmstetter, F. J., & Bellgowan, P. S. (1994). Hypoalgesia in response to sensitization during acute noise stress. *Behavioral Neuroscience*, 108, 177–185.

Hemila, H., Chalker, E., & Douglas, B. (2010). Vitamin C for preventing and treating the common cold. Cochrane Database Systematic Review. Retrieved April 29, 2010 from http://mrw.interscience.wiley.com/cochrane/clsysrev/articles/CD000980/frame.html.

Henderson, L. A., Gandevia, S. C., & Macefield, V. G. (2008). Gender differences in brain activity evoked by muscle and cutaneous pain: A retrospective study of single-trial fMRI data. *NeuroImage*, 39, 1867–1876.

Henningfield, J. E., Cohen, C., & Pickworth, W. B. (1993). Psychopharmacology of nicotine. In C. T. Orleans & J. D. Slade (Eds.), *Nicotine addiction: Principles and management* (pp. 24–45). New York: Oxford University Press.

Herek, G. M., Copitanio, J. P., & Widaman, K. F. (2003). Stigma, social risk, and health policy: Public attitudes toward HIV surveillance policies and the social construction of illness. *Health Psychology*, 22(5), 533–539.

Henry J. Kaiser Foundation. (2000). *Uninsured in America: A chart book*. http://www.kff.org/content/archive/1407/.

Henry J. Kaiser Foundation (2004). *The uninsured: A primer*. http://www.kff.org/uninsured/7451.cfm.

Heron, M. P., Hoyert, D. L., Murphy, S. L., Xu, J. Q., Kochanek, K. D., & Tejada-Vera, B. (2009). *Deaths: Final Data for 2006*. National vital statistics reports, 57(14). Hyattsville, MD: National Center for Health Statistics.

Hesse-Biber, S. N., Howling, S. A., Leavy, P., & Lovejoy, M. (2004). Racial identity and the development of body image issues among African American adolescent girls. *The Qualitative Report*, 9(1), 49–79.

Hewison, J. & Dowswell, T. (1994). *Child health care and the working mother.* London: Chapman & Hall.

Hicks, C. L., von Baeyer, C. L., Spafford, P., van Korlaar, I., & Goodenough, B. (2001). Faces Pain Scale-Revised: Toward a Common Metric in Pediatric Pain Measurement. *Pain, 93,* 173–183. With the instructions and translations as found on the website: http://ww.usask.ca/childpain.fpsr.

Higgs, S. (2002). Memory for recent eating and its influence on subsequent food intake. *Appetite, 39*(2), 139–166.

Hill, J. O. Wyatt, H. R., Reed, G. W., & Peters, J. C. (2003, February 7). Obesity and the environment: Where do we go from here? *Science, 299*(5608), 853–855.

Hilbert, G. A. (1994). Cardiac patients and spouses: Family functioning and emotions. *Clinical Nursing Research, 3,* 243–252.

Hind, K., & Burrows, M. (2007). Weight-bearing exercise and bone mineral accrual in children and adolescents: A review of controlled trials. *Bone, 40*(1), 14–27.

Hinds, G. M. F., & McCluskey, D. R. (1993). A retrospective study of the chronic fatigue syndrome. *Proceedings of the Royal College of Physicians, 23,* 10–12.

Hirsch, J. (2003). Obesity: Matter over Mind? *Cerebrum: The Dana Forum on Brain Science, 5*(1), p. 16.

Hochschild, A. R. (1997). *The time bind: When work becomes home, and home becomes work.* New York: Metropolitan Books.

Hodges, B. (2004) Medical Student Bodies and the Pedagogy of Self-Reflection, Self-Assessment, and Self-Regulation. *Journal of Curriculum Theorizing, 20*(2), 41.

Hodgson, S., Omar, R. Z., Jensen, T. K., Thompson, S. G., Boobis, A. R., Davies, D. S., & Elliott, P. (2006). Meta-analysis of studies of alcohol and breast cancer with consideration of the methodological issues. *Cancer Causes and Control, 17*(6), 759–770.

Hoebel, B. G., & Teitelbaum, P. (1966). Effects of forcefeeding and starvation on food intake and body weight in a rat with ventromedial hypothalamic lesions. *Journal of Comparative and Physiological Psychology, 61,* 189–193.

Hoey, L. M., Ieropoli, S. C., White, V. M., & Jefford, M. (2008). Systematic review of peer-support programs for people with cancer. *Patient Education and Counseling, 70,* 315–337.

Hoffman, B. M., Papas, R. K., Chatkoff, D. K., & Kerns, R. D. (2007). Meta-analysis of psychological interventions for chronic low back pain. *Health Psychology, 26,* 1–9.

Hogan, B. E., & Linden, W. (2004). Anger response styles and blood pressure: At least don't ruminate about it! *Annals of Behavioral Medicine, 27*(1), 38–49.

Hoge, C. W., Terhakopian, A., Castro, C. A., Messer, S. C., & Engel, C. C. (2007). Association of posttraumatic stress disorder with somatic symptoms, health care visits, and absenteeism among Iraq War veterans. *American Journal of Psychiatry, 164,* 150–153.

Holahan, C. J., Holahan, C. K., Moos, R. H., & Brennan, P. L. (1997). Psychosocial adjustment in patients reporting cardiac illness. *Psychology and Health, 12,* 345–359.

Holden, C. (1996). Bright spots in a bleak Russian landscape. *Science, 283,* 1621.

Holt-Lunstad, J., Uchino, B. N., Smith, T. W., Olson-Cerny, C., & Nealey-Moore, J. B. (2003). Social relationships and ambulatory blood pressure: Structural and qualitative predictors of cardiovascular function during everyday social interactions. *Health Psychology, 22*(4), 388–397.

House, J. S., Lepkowski, K. D., Williams, R., Mero, R. P., Lantz, P. M., Robert, S. A., & Chen, J. (2000). Excess mortality among urban residents: How much, for whom, and why? *American Journal of Public Health* (http://www.apha.org/journal/).

Hoyt, M. A., Nemeroff, C. J., & Huebner, D. M. (2006). The effects of HIV-related thought suppression on risk behavior: Cognitive escape in men who have sex with men. *Health Psychology, 25*(4), 455–461.

HRSA Care Action. (2005). Health Resources and Services Administration. U.S. Department of Health and Human Services. http://www.hrsa.gov/.

Hudson, J. I., Hiripi, E., Pope, H. G., & Kessler, R. C. (2007). The prevalence and correlates of eating disorders in the National Comorbidity Survey replication. *Biological Psychiatry, 61,* 348–358.

Huebner, D. M., & Davis, M. C. (2007). Perceived antigay discrimination and physical health outcomes. *Health Psychology, 26,* 627–634.

Hughes, M. E., & Waite, L. J. (2002). Health in household context: Living arrangements and health in late middle age. *Journal of Health and Social Behavior, 43,* 1–21.

Hughes, T. A., Ross, H. F., Musa, S., Bhattacherjee, S., Nathan, R. N., Mindham, R. H. S., & Spokes, E. G. S. (2000). A 10-year study of the incidence of and factors predicting dementia in Parkinson's disease. *Neurology, 54*(8), 1596–1602.

Hughes, B., & Wareham, J. (2010). Knowledge arbitrage in global pharma: a synthetic view of absorptive capacity and open innovation. *R & D Management Special Issue: The future of Open Innovation, 40*(3), 324-343.

Hui, K. S., Liu, J., Makris, N., Gollub, R. L., Chen, A. J. W., Moore, C. I., et al. (2000). Acupuncture modulates the limbic system and subcortical gray structures of the human brain: Evidence from fMRI studies in normal subjects. *Human Brain Mapping, 9,* 13–25.

Huisman, M., Kunst, A. E., Bopp, M., Borgan, J-K., Borrell, C., Costa, G. and others (2005). Educational inequalities in cause-specific mortality in middle-aged and older men and women in eight western European populations. *Lancet, 365,* 493–500.

Hull, J. G. (1987). Self-awareness model. In H. T. Blane & K. E. Leonard (Eds.), *Psychological theories of drinking and alcoholism* (pp. 272–304). New York: Guilford.

Hummer, R. A., Rogers, R., Nam, C. B., & Ellison, C. G. (1999). Religious involvement and U. S. adult mortality. *Demography, 36,* 273–285.

Humphrey, L. (1987). Comparison of bulimic-anorexic and nondistressed families using structural analysis of social behavior. *Journal of the American Academy of Child and Adolescent Psychiatry, 26,* 248–255.

Hunt, M. E. (1997). A comparison of family of origin factors between children of alcoholics and children of non-alcoholics in a longitudinal panel. *American Journal of Drug and Alcohol Abuse, 23,* 597–613.

Hustad, J. T. P., Carey, K. B., Carey, M. P., & Maisto, S. A. (2009). Self-regulation, alcohol consumption, and consequences in college heavy drinkers: A simultaneous latent growth analysis, *70*(3), 373–382.

Huston, P. (1997). Cardiovascular disease burden shifts. *Lancet, 350,* 121.

Hutchison, K. E., McGeary, J., Smolen, A., Bryan, A., & Swift, R. (2002). The DRD4 VNTR Polymorphism moderates craving after alcohol consumption. *Health Psychology, 21*(2), 139–146.

Hyman, R. B., Baker, S., Ephraim, R., Moadel, A., & Philip, J. (1994). Health belief model variables as predictors of screening mammography utilization. *Journal of Behavior Medicine, 17,* 391–406.

Iarmarcovai, G., Bonassi, S., Botta, A., Baan, R. A., & Orsiere, T. (2008). Genetic polymorphisms and micronucleus formation: A review of the literature. *Mutation Research, 658*(3), 215–233.

Ickovics, J. R., Grigorenko, E., Beren, S. E., Druley, J. A., Morrill, A. C., & Rodin, J. (1998). Long-term effects of HIV counseling and testing for women: Behavioral and psychological consequences are limited at 18 months posttest. *Health Psychology, 17,* 395–402.

Ickovics, J. R., Hamburger, M. E., Vlahov, D., Schoenbaum, E. E., Schuman, P., Boland, R. J., & Moore, J. (2001). Mortality, CD4 cell count decline, and depressive symptoms among HIV-seropositive women. *Journal of the American Medical Association, 25,* 1466–1474.

IOM. (2004). First Annual Crossing the Quality Chasm Summit. *Institute of Medicine,* http://www.iom.edu/CMS/3809/9868/22344.aspx.

IOM. (2006). Preventing Medication Errors: Quality Chasm Series. *Institute of Medicine.* http://www.iom.edu/CMS/3809/22526/35939.aspx.

Ingham, R., Woodcock, A., & Stenner, S. (1991). Getting to know you: Young people's knowledge of their partners at first intercourse. *Journal of Community and Applied Social Psychology* (special issue: Social dimensions of AIDS), *1,* 117–132.

Ingledew, D. K., Hardy, L., & Cooper, C. L. (1997). Do resources bolster coping and does coping buffer stress? An organizational study with longitudinal aspect and control for negative affectivity. *Journal of Occupational Health Psychology, 2,* 118–133.

Ironson, G., Field, T., Scafidi, F., et al. (1996). Massage therapy is associated with enhancement of the immune system's cytotoxic capacity. *International Journal of Neuroscience, 84*(1–4), 205–217.

Referências

Ironson, G., & Hayward, H. (2008, June). Do positive psychosocial factors predict disease progression in HIV-1? A review of the evidence. *Psychosomatic Medicine, 70*(5), 546–554.

Ironson, G., O'Cleirigh, C., Fletcher, M., Laurenceau, J. P., Balbin, E., Klimas, N., and others. (2005). Psychosocial factors predict CD4 and viral load change in men and women with human immunodeficiency virus in the era of highly active antiretroviral treatment. *Psychosomatic Medicine, 67,* 1013–1021.

Ironson, G., Schneiderman, H., Kumar, M., & Antoni, M. H. (1994). Psychosocial stress, endocrine and immune response in HIV-1 disease. *Homeostasis in Health & Disease, 35,* 137–148.

Irwin, M. R. (2008). Human psychoneuroimmunology: 20 years of discovery. *Brain, Behavior, and Immunity, 22,* 129–139.

Ishikawa-Takata, K., Ohta, T., & Tanaka, H. (2003). How much exercise is required to reduce blood pressure in essential hypertensives: A dose-response study. *American Journal of Hypertension, 16*(8), 629–633.

Iyengar, S. S., & Lepper, M. R. (2000). Personality processes and individual differences—When choice is demotivating: Can one desire too much of a good thing? *Journal of Personality & Social Psychology, 79*(6), 995–1005.

Jablon, S., Hrubec, Z., & Boice, J. D. (1991). Cancer in populations living near nuclear facilities. A survey of mortality nationwide and incidence in two states. *Journal of the American Medical Association, 265,* 1403–1408.

Jacobs, A. L., Kurtz, R. M., & Strube, M. J. (1995). Hypnotic analgesia, expectancy effects, and choice of design: A reexamination. *International Journal of Clinical and Experimental Hypnosis, 43,* 55–69.

Jacobs, B. L. (1994). Serotonin, motor activity, and depression- related disorders. *American Scientist, 82,* 456–463.

Jacobson, A. M. (1996). The psychological care of patients with insulin-dependent diabetes mellitus. *New England Journal of Medicine, 334,* 1249–1253.

Jacobson, E. (1938). *Progressive relaxation.* Chicago: University of Chicago Press.

Jain, A. (2003). Treating nicotine addiction. *British Medical Journal, 327*(7428), 1394–1395.

Jalil, F., Moore, S. E., Butt, N. S., Ashraf, R. N., Zaman, S., Prentice, A. M., & Hanson, L. A. (2008). Early-life risk factors for adult chronic disease: Follow-up of a cohort born during 1964–1978 in an urban slum of Lahore, Pakistan. *Journal of Health, Population, and Nutrition, 26*(1), 12–21.

Janis, I. L., & Feshbach, S. (1953). Effects of fear-arousing communications. *Journal of Abnormal and Social Psychology, 48,* 78–92.

James, S. A., Hartnett, S. A., & Kalsbeek, W. D. (1983). John Henryism and blood pressure differences among black men. *Journal of Behavioral Medicine, 6*(3), 259–278.

James, S. A., Van Hoewyk, J., & Belli, R. F. (2006). Life-course socioeconomic position and hypertension in African American men: The Pitt County Study. *American Journal of Public Health, 96*(5), 812–817.

Janicki, D. L., Kamarck, T. W., Shiffman, S., Sutton-Tyrrell, K., & Gwaltney, C. J. (2005). Frequency of spousal interaction and 3-year progression of carotid artery intima medial thickness: The Pittsburgh healthy heart project. *Psychosomatic Medicine, 67,* 889–896.

Janis, I. L. (1958). *Psychological stress.* New York: Wiley.

Janz, N. K., Schottenfeld, D., Doerr, K. M., Selig, S. M., et al. (1997). A two-step intervention to increase mammography among women aged 65 and older. *American Journal of Public Health, 87*(10), 1683–1686.

Jargowsky, P. A. (1997). Metropolitan restructuring and urban policy. *Stanford Law and Policy Review, 8,* 47–56.

Jarvis, S. (1994). *Drug prevention with youth.* Tulsa, OK: National Resource Center for Youth Services.

Jeffery, R. W., Kelly, K. M., Rothman, A. J., Sherwood, N. E., & Boutelle, K. N. (2004). The weight loss experience: A descriptive analysis. *Annals of Behavioral Medicine, 27*(2), 100–106.

Jemmott, J. B., Jemmott, L. S., & Fong, G. T. (1992). Reductions in HIV risk-associated sexual behaviors among black male adolescents: Effects of an AIDS prevention intervention. *American Journal of Public Health, 82,* 372–377.

Jenks, R. A., & Higgs, S. (2007). Associations between dieting and smoking-related behaviors in young women. *Drug and Alcohol Dependence, 88,* 291–299.

Jessor, R. (1987). Problem-behavior theory, psychosocial development, and adolescent problem drinking. *British Journal of Addiction,* Special Issue: Psychology and addiction, *82,* 331–342.

Johnsen, L., Spring, B., Pingitore, R., Sommerfeld, B. K., & MacKirnan, D. (2002). Smoking as subculture? Influence on Hispanic and non-Hispanic White women's attitudes toward smoking and obesity. *Health Psychology, 21*(3), 279–287.

Johnson, K. W., Anderson, N. B., Bastida, E., Kramer, B. J., Williams, D., & Wong, M. (1995). Panel III: Macrosocial and environmental influences on minority health. *Health Psychology, 14,* 601–612.

Johnson, M., & Vogele, C. (1993). Benefits of psychological preparation for surgery: A meta-analysis. *Annals of Behavioral Medicine, 15,* 245–256.

Johnson, N. G. (2004). Future directions for psychology and health. In R. H. Rozensky, N. G. Johnson, C. D. Goodheart, & W. R. Hammond (Eds.), *Psychology builds a healthy world.* Washington, D.C.: American Psychological Association.

Johnson, R. A., & Meadows, R. L. (2002). Older Latinos, pets, and health. *Western Journal of Nursing Research, 24*(6), 609–620.

Johnson, V. C., Walker, L. G., Heys, S. D., et al. (1996). Can relaxation training and hypnotherapy modify the immune response to stress, and is hypnotizability relevant? *Contemporary Hypnosis, 13*(2), 100–108.

Johnston, D. W., Johnston, M., Pollard, B., Kinmouth, A. L., & Mant, D. (2004). Motivation is not enough: Prediction of risk behavior following diagnosis of coronary heart disease from the theory of planned behavior. *Health Psychology, 23*(5), 533–538.

Jones, J. M. (2009, November 20). In U.S. more would like to lose weight than are trying to. *Gallup News Service.* Retrieved March 8, 2010 from http://www.gallup.com/poll/124448/In-U.S.-More-Lose-Weight--Than-Trying-To.aspx.

Jones, R. T. (1992). What have we learned from nicotine, cocaine, and marijuana about addiction? In C. P. O'Brien & J. H. Jaffe (Eds.), *Addictive states* (pp. 109–122). New York: Raven Press.

Jordan, N. N., Hoge, C. W., Tobler, S. K., Wells, J., Dydek, G. J., Egerton, W. E. (2004). Mental health impact of 9/11 Pentagon attack: Validation of a rapid assessment tool. *American Journal of Preventive Medicine, 26*(4), 284–293.

Jorenby, D. E., Hays, J. T., Rigotti, N. A., Azoulay, S., Watsky, E. J., Williams, K. E. and others (2006). Efficacy of varenicline, an alpha4beta2 nicotinic acetylcholine receptor partial agonist, vs. placebo or sustained-release buproprion for smoking cessation: A randomized controlled trial. *Journal of the American Medical Association, 296*(1), 56–63.

Jorgensen, R. S., Johnson, B. T., Kolodziej, M. E., & Schreer, G. E. (1996). Elevated blood pressure and personality: A meta-analytic review. *Psychological Bulletin, 120,* 293–320.

Jorgensen, R. S., & Kolodziej, M. E. (2007). Suppressed anger, evaluative threat, and cardiovascular reactivity: A tripartite profile approach. *International Journal of Psychophysiology, 66,* 102–108.

Julien, R. M. (2008). *A primer of drug action* (11th ed.). New York: Worth.

Kabakian-Khasholian, T., Campbell, O., Shediac-Rizkaliah, M., & Ghorayeb, F. (2000). Women's experiences of maternity care: Satisfaction or passivity? *Social Science and Medicine, 51,* 103–113.

Kabat-Zinn, J. (1982). An outpatient program in behavioral medicine for chronic pain patients based on the practice of mindfulness meditation: Theoretical considerations and preliminary results. *General Hospital Psychiatry, 4,* 33–47.

Kaestner, R., Pearson, J. A., Keene, D., & Geronimus, A. T. (2009). Stress, allostatic load, and health of Mexican immigrants. *Social Science Quarterly, 90*(5), 1089-1011.

Kaiser Foundation (2010). Assessing the effectiveness of public education campaigns. Retrieved February 26, 2010 from http://www.kff.org/entmedia/entmedia042706pkg.cfm.

KaiserNetwork.org (2007, February 9). Kaiser daily HIV/AIDS report. Retrieved April 13, 2010 from http://www.kaisernetwork.org/daily_reports/rep_hiv_recent_rep.cfm?dr_cat=1&show=yes&dr_DateTime=02-09-07.

Kalichman, S. C. (2008). Co-occurrence of treatment nonadherence and continued HIV transmission risk behaviors: Implications for positive prevention interventions. *Psychosomatic Medicine, 70*(5), 593.

Kalichman, S. C., Kelly, J. A., Hunter, T. L., Murphy, D. A., & Tyler, R. (1993). Culturally tailored HIV-AIDS risk-reduction messages targeted to African-American urban women: Impact on risk sensitization and risk reduction. *Journal of Consulting and Clinical Psychology, 61*, 291–295.

Kalichman, S. C., Nachimson, D., Cherry, C., & Williams, E. (1998). AIDS treatment advances and behavioral prevention setbacks: Preliminary assessment of reduced perceived threat of HIV-AIDS. *Health Psychology, 17*, 546–550.

Kalichman, S. C., Weinhardt, L., DiFonzo, K., Austin, J., & Luke, W. (2002). Sensation seeking and alcohol use as markers of sexual transmission risk behavior in HIV-positive men. *Annals of Behavioral Medicine, 24*(3), 229–235.

Kamarck, T. W., & Lichtenstein, E. (1998). Program adherence and coping strategies as predictors of success in a smoking treatment program. *Health Psychology, 7*, 557–574.

Kaminski, P. L., & McNamara, K. (1996). A treatment for college women at risk for bulimia: A controlled evaluation. *Journal of Counseling and Development, 74*, 288–374.

Kanai, A. (2009). "Karoshi (Work to Death)" in Japan. *Journal of Business Ethics, 84*(2), 209–216.

Kandel, D. B., & Davies, M. (1996). High school students who use crack and other drugs. *Archives of General Psychiatry, 53*, 71–80.

Kaplan, H. B., & Johnson, R. J. (1992). Relationships between circumstances surrounding initial illicit drug use and escalation of drug use: Moderating effects of gender and early adolescent experiences. In M. D. Glantz & R. W. Pickens (Eds.), *Vulnerability to drug abuse* (pp. 299–358). Washington, DC: American Psychological Association.

Kanner, A. D., Coyne, J. C., Schaefer, C., & Lazarus, R. S. (1981). Comparison of two modes of stress measurement: Daily hassles and uplifts versus major life events. *Journal of Behavioral Medicine, 4*, 1–39.

Kaplan, R. M., & Kronick, R. G. (2006). Marital status and longevity in the United States population. *Journal of Epidemiology and Community Health, 60*, 760–765.

Karasek, R. A., Russell, R. S., & Theorell, T. (1982). Physiology of stress and regeneration in job related cardiovascular illness. *Journal of Human Stress, 8*(1), 29–42.

Kark, J. D., Shemi, G., Friedlander, Y., Martin, O., Manor, O., & Blondheim, S. H. (1996). Does religious observance promote health? Mortality in secular vs. religious kibbutzim in Israel. *American Journal of Public Health, 86*, 341–346.

Karlamangla, A. S., Singer, B. H., & Seeman, T. E. (2006). Reduction in allostatic load in older adults is associated with lower all-cause mortality risk: MacArthur studies of successful aging. *Psychosomatic Medicine, 68*, 662–668.

Karlamangla, A. S., Singer, B. H., Williams, D. R., Schwartz, J. E., Matthews, K. A., Kiefe, C. I., & Seeman, T. E. (2005). Impact of socioeconomic status on longitudinal accumulation of cardiovascular risk in young adults: The CARDIA Study (USA). *Social Science & Medicine, 60*(5), 9990–1015.

Karlin, W. A., Brondolo, E., & Schwartz, J. (2003). Workplace social support and ambulatory cardiovascular activity in New York City traffic agents. *Psychosomatic Medicine, 65*, 167–176.

Kasl, S. V. (1997). Unemployment and health. In A. Baum, S. Newman, J. Weinman, R. West, & C. McManus (Eds.), *Cambridge handbook of psychology, health and medicine* (pp. 186–189). Cambridge, UK: Cambridge University Press.

Katon, W., & Sullivan, M. D. (1990). Depression and chronic medical illness. *Journal of Clinical Psychiatry, 51*, 12–14.

Katz, B. R. (2006). Birthing fathers: The transformation of men in American rites of birth. *Gender & Society, 20*(1), 142–144.

Katz, E. C., Fromme, K., & D'Amico, E. J. (2000). Effects of outcome expectancies and personality on young adults' illicit drug use, heavy drinking, and risky sexual behavior. *Cognitive Therapy and Research, 24*(1), 1–22.

Katzmarzyk, P. T., Mahaney, M. C., Blangero, J., Quek, J. J., & Malina, R. M. (1999). Potential effects of ethnicity in genetic and environmental sources of variability in the stature, mass, and body index of children. *Human Biology, 71*, 977–987.

Kawaharada, M., Yoshioka, E., Saijo, Y., Fukui, T., Ueno, T., & Kishi, R. (2009). The effects of a stress inoculation training program for civil servants in Japan: A pilot study of a non-randomized controlled trial. *Industrial Health, 47*(2), 173–182.

Kawachi, I., Colditz, G. A., Stampfer, M. J., Willett, W. C., Manson, J. E., Rosner, B., et al. (1994). Smoking cessation and time course of decreased risks of coronary heart disease in middle-aged women. *Archives of Internal Medicine, 154*, 169–175.

Keenan, N. L., Strogatz, D. S., James, S. A., Ammerman, A. S., & Rice, B. L. (1992). Distribution and correlates of waist-to-hip ratio in black adults: The Pitt county study. *American Journal of Epidemiology, 135*(6), 678–684.

Keesey, R. E., & Corbett, S. W. (1983). Metabolic defense of the body weight set-point. In A. J. Stunkard & E. Stellar (Eds.), *Eating and its disorders* (pp. 327–331). New York: Raven Press.

Keesling, B., & Friedman, H. S. (1987). Psychosocial factors in sunbathing and sunscreen use. *Health Psychology, 6*, 477–493.

Kelly, J. A., & Kalichman, S. C. (1998). Reinforcement value of unsafe sex as a predictor of condom use and continued HIV/AIDS risk behavior among gay and bisexual men. *Health Psychology, 17*, 328–325.

Kelly, J. A., & Kalichman, S. C. (2002). Behavioral research in HIV/AIDS primary and secondary prevention: Recent advances and future directions. *Journal of Consulting and Clinical Psychology, 70*, 626–639.

Keltner, D., Ellsworth, P. C., & Edwards, K. (1993). Beyond simple pessimism: Effects of sadness and anger on social perception. *Journal of Personality and Social Psychology, 64*, 740–752.

Kemeny, M. (2003). The psychobiology of stress. *Current Directions in Psychological Science, 12*, 124–129.

Kemeny, M., Weiner, H., Taylor, S. E., & Schneider, S. (1994). Repeated bereavement, depressed mood, and immune parameters in HIV seropositive and seronegative gay men. *Health Psychology, 13*, 14–24.

Kempen, G. I., Jelicic, M., & Ormel, J. (1997). Personality, chronic medical morbidity, and health-related quality of life among older persons. *Health Psychology, 16*, 539–546.

Kendzor, D., Businelle, M. S., Mazas, C. A., Cofta-Woerpel, L. M., Reitzel, L. R., Vidrine, J. I., Costello, T. J., Cinciripini, P. M., Ahluwalia, J. S., & Wetter, D. W. (2009). Pathways between socioeconomic status and modifiable risk factors among African American smokers. *Journal of Behavioral Medicine, 32*(6), 545–557.

Kershaw, E. E., & Flier, J. S. (2004). Adipose tissue as an endocrine organ. *Journal of Clinical Endocrinology and Metabolism, 89*(6), 2548–2556.

Keys, A., Brozek, J., Henschel, A., Mickelsen, O., & Taylor, H. L. (1950). *The biology of human starvation.* Minneapolis: University of Minnesota Press.

Khan, L. K., Sobush, K., Keener, Goodman, D., Lowry, K., Kakietek, J., & Zaro, S. (2009). Recommended community strategies and measurements to prevent obesity in the United States. *Morbidity and Mortality Weekly Report, 58*(RR07), 1–26.

Kharbanda, R., & MacAllister, R. J. (2005). The atherosclerosis time-line and the role of the endothelium. *Current Medicinal Chemistry—Immunology, Endocrine, and Metabolic Agents, 5*, 47–52.

Kibby, M., Pavawalla, S., Fancher, J., Naillon, A., & Hynd, G. (2009). The relationship between cerebral hemisphere volume and receptive language functioning in dyslexia and attention-deficit hyperactivity disorder (ADHD). *Journal of Child Neurology, 24*(4), 438–448.

Kiecolt-Glaser, J. K. (1985). Psychosocial enhancement of immunocompetence in a geriatric population. *Health Psychology, 4*(1), 25–41.

Kiecolt-Glaser, J. K., Fisher, L., Ogrocki, P., Stout, J. C., Speicher, C. E., & Glasser, R. (1987). Marital quality, marital disruption, and immune function. *Psychosomatic Medicine, 49*, 13–34.

Kiecolt-Glaser, J. K., Garner, W., Speicher, C. E., Penn, G. M., Holliday, J. E., & Glaser, R. (1984). Psychosocial modifiers of immunocompetence in medical students. *Psychosomatic Medicine, 46*, 7–14.

Kiecolt-Glaser, J. K., & Glaser R. (1995). Psychoneuroimmunology and health consequences: Data and shared mechanisms. *Psychosomatic Medicine, 57*, 269–274.

Kiecolt-Glaser, J. K., Glaser, R., Gravenstein, S., Malarkey, W. B., & Sheridan, J. (1996). Chronic stress alters the immune response to influenza virus vaccine in older adults. *Proceedings of the National Academy of Science, 93,* 3043–3047.

Kiecolt-Glaser, J. K., Glaser, R., Strain, E., Stout, J., Tarr, K., Holliday, J., & Speicher, C. (1986). Modulation of cellular immunity in medical students. *Journal of Behavioral Medicine, 9,* 5–21.

Kiecolt-Glaser, J. K., Glaser, R., & Williger, D. (1985). Psychosocial enhancement of immunocompetence in a geriatric population. *Health Psychology, 4,* 25–41.

Kiecolt-Glaser, J. K., Loving, T. J., Stowell, J. R., Malarkey, W. B., Lemesow, S., Dickinson, S. L., & Glaser, R. (2005). Hostile marital interactions, proinflammatory cytokine production, and wound healing. *Archives of General Psychiatry, 62,* 1377–1384.

Kiecolt-Glaser, J. K. & Newton, T. L. (2001). Marriage and health: His and hers. *Psychological Bulletin, 127,* 472–503.

Kiecolt-Glaser, J. K., Newton, T., Cacioppo, J. T., MacCallum, R. C., Glaser, R., & Malarkey, W. B. (1997). Marital conflict and endocrine function: Are men really more physiologically affected than women? *Journal of Consulting and Clinical Psychology, 64,* 324–332.

Kiecolt-Glaser, J. K., Page, G. G., Marucha, P. T., MacCallum, R. C., & Glaser, R. (1998). Psychological influences on surgical recovery: Perspectives from psychoneuroimmunology. *American Psychologist, 53,* 1209–1218.

Kiecolt-Glaser, J. K., Preacher, K. J., MacCallum, R. C., Atkinson, C., Malarkey, W. B., & Glaser, R. (2003). Chronic stress and age-related increases in the proinflammatory cytokine IL-6. *Proceedings of the National Academy of Sciences of the United States of America, 100*(15), 9090–9095.

Kien, C. L. (1990). Current controversies in nutrition. *Current Problems in Pediatrics, 20,* 349–408.

Kim, D., Kawachi, I., Vander Hoorn, S., & Ezzati, M. (2008). Is inequality at the heart of it? Cross-country associations of income inequality with cardiovascular diseases and risk factors. *Social Science & Medicine, 66,* 1719–1732.

Kim, D. K., Lim, S. W., & Kim, H. (2003). Serotonin transporter gene polymorphisms in depression. *European Neuropsychopharmacology, 13*(4), S239.

Kim, E. L., Larimer, M. E., Walker, D. D., & Marlatt, G. A. (1997). Relationship of alcohol use to other health behaviors among college students. *Psychology of Addictive Behaviors, 11,* 166–173.

King, D. A., Peragallo-Dittko, V., Polonsky, W. H., Prochaska, J. O., & Vinicor, F. (1998). Strategies for improving self-care. *Patient Care, 32,* 91–111.

King, K. R. (2005). Why is discrimination stressful? The mediating role of cognitive appraisal. *Cultural Diversity & Ethnic Minority Psychology, 11*(3), 202–212.

Kinloch-de Loes, S., Hirschel, B. J., Hoen, B., Cooper, D. A., Tindal, B., Carr, A., et al. (1995). A controlled trial of zidovudine in primary human immunodeficiency virus infection. *New England Journal of Medicine, 333,* 408–413.

Kirsch, I., Deacon, B. J., Huedo-Medina, T. B., Scoboria, A., Moore, T. J., & Johnson, B. T. (2008). Initial severity and antidepressant benefits: A meta-analysis of data submitted to the Food and Drug Administration. *Philosophy, Ethics, and Humanities in Medicine. 5*(2), e45. Retrieved April 29, 2010 from http://www.ncbi.nlm.nih.gov/pubmed/18303940.

Kivimaki, M., Head, J., Ferried, J. E., Brunner, E., Marmot, M. G., Vahtera, J., & Shipley, M. J. (2006). Why is evidence on job strain and coronary heart disease mixed? An illustration of measurement challenges in the Whitehall II study. *Psychosomatic Medicine, 68,* 398–401.

Kiviruusu, O., Huurre, T., & Aro, H. (2007). Psychosocial resources and depression among chronically ill young adults: Are males more vulnerable? *Social Science & Medicine, 65*(2), 173–186.

Klag, M. J., Ford, D. E., Mead, L. A., He, J., Whelton, P. K., Liang, K. Y., & Levine, D. M. (1993). Serum cholesterol in young men and subsequent cardiovascular disease. *New England Journal of Medicine, 328,* 313–318

Klag, S., & Bradley, G. (2004). The role of hardiness in stress and illness: An exploration of the effect of negative affectivity and gender. *British Journal of Health Psychology, 9*(2), 137–161.

Klein, D. A., Mayer, L. E., Schebendach, J. E., & Walsh, B. T. (2007). Physical activity and cortisol in anorexia nervosa. *Psychoneuroimmunology, 32*(5), 539–547.

Klein, S., & Alexander, D.A. (2007). Trauma and stress-related disorders. *Psychiatry, 5*(7), 225–227.

Klump, K. L., Suisman, J. L., Burt, S. A., McGue, M., & Iacono, W. G. (2009). Genetic and environmental influences on disordered eating: An adoption study. *Journal of Abnormal Psychology, 118*(4), 797–805.

Kluver, H., & Bucy, P.C. (1939). Preliminary analysis of functions of the temporal lobes in monkeys. *Archives of Neurological Psychiatry, 42,* 979–1000.

Kobasa, S. C., Maddi, S. R., & Kahn, S. (1982). Hardiness and health: A prospective study. *Journal of Personality and Social Psychology, 42*(1), 168–277.

Kobasa, S. C., Maddi, S. R., Puccetti, M. C., & Zola, M. A. (1985). Effectiveness of hardiness, exercise and social support as resources against illness. *Journal of Psychosomatic Research, 29,* 525–533.

Koenig, H. G., & Larson, D. B. (1998). Use of hospital services, religious attendance, and religious affiliation. *Southern Medical Journal, 91,* 925–932.

Kohn, P. M., Lafreniere, K., & Gurevich, M. (1990). The inventory of college students' recent life experiences: A decontaminated hassles scale for a special population. *Journal of Behavioral Medicine, 13,* 619–630.

Komaroff, A. L., & Buchwald, D. (1991). Symptoms and signs of chronic fatigue syndrome. *Reviews of Infectious Diseases, 13*(supplement 1), S8–11.

Koopmans, G. T., & Lamers, L. M. (2007). Gender and health care utilization: The role of mental distress and help-seeking propensity. *Social Science & Medicine, 64,* 1216–1230.

Kop, W. J., Gottdiener, J. S., & Krantz, D. S. (2001). Stress and silent ischemia. In A. Baum, T. A. Revenson, & J. E. Singer (Eds.), *Handbook of health psychology* (pp. 669–682). Mahwah, NJ: Erlbaum.

Kop, W. J., & Krantz, D. S. (1997). Type A behaviour, hostility and coronary artery disease. In A. Baum, S. Newman, J. Weinman, R. West, & C. McManus (Eds.), *Cambridge handbook of psychology, health and medicine* (pp. 183–186). Cambridge, UK: Cambridge University Press.

Kozlowski, L. T., Appel, C. P., Fredcker, R. C., & Khouw, W. (1982). Nicotine, a prescribable drug available without prescription. *The Lancet, 6,* 334.

Krantz, D. S., & McCeney, K. T. (2002). Effects of psychological and social factors on organic disease: A critical assessment of research on coronary heart disease. *Annual Review of Psychology, 53,* 341–369.

Kraus, W. E., Houmard, J. A., Duscha, B. D., Knetzger, K. J., Wharton, M. B., McCartney, J. S., et al. (2002) Effects of the amount and intensity of exercise on plasma lipoproteins. *New England Journal of Medicine, 347,* 1483–1492.

Krieger, N., Sidney, S., & Coakley, E. (1998). Racial discrimination and skin color in the CARDIA study: Implications for public health research. *American Journal of Public Health, 88,* 1308–1313.

Kronenberg, F., Pereira, M. A., Schmitz, M. K., Arnett, D. K., Evenson, K. R., Crapo, R. O., et al. (2000). Influence of leisure time physical activity and television watching on atherosclerosis risk factors in the NHLBI Family Heart Study. *Atherosclerosis, 153,* 433–443.

Kronmal, R. A., Cain, K. C., Ye, Z., & Omenn, G. (1993). Total serum cholesterol levels and mortality risk as a function of age: A report based on the Framingham data. *Archives of Internal Medicine, 153,* 1065–1073.

Krueger, P. M., & Chang, V. W. (2008). Being poor and coping with stress: Health behaviors and the risk of death. *American Journal of Public Health, 98*(5), 889–896.

Kuba, S. A., & Harris, D. J. (2001). Eating disturbances in women of color: an exploratory study of contextual factors in the development of disordered eating in Mexican American women. *Health Care for Women International, 22*(3), 281–298.

Kubzansky, L. D., Cole, S. R., Kawachi, L., Vokonas, P. S., & Sparrow, D. (2006. Shared and unique contributions of anger, anxiety, and depression to coronary heart disease: A prospective study in the Normative Aging Study. *Annals of Behavioral Medicine, 31,* 21–29.

Kuper, H., Adami, H., Theorell, T., Weiderpass, E. (2006). Psychosocial determinants of coronary heart disease in middle-aged women:

A prospectve study in Sweden. *American Journal of Epidemiology, 164*(4), 349–357.

Kushner, R. F., & Foster, G. D. (2000). Obesity and quality of life. *Nutrition, 16*(10), 947–952.

Kusseling, F. S., Shapiro, M. F., Greenberg, J. M., & Wenger, N. S. (1996). Understanding why heterosexual adults do not practice safer sex: A comparison of two samples. *AIDS Education and Prevention, 8*(3), 247–257.

Laaksonen, M., Talala, K., Martelin, T., Rahkonen, O., Roos, E., Helakorpi, S., and others (2008). Health behaviours as explanations for educational level differences in cardiovascular and all-cause mortality: A follow-up of 60,000 men and women over 23 years. *European Journal of Public Health, 18*, 38–43.

LaBrie, J. W., Hummer, J. F., & Pedersen, E. R. (2007). Reasons for drinking in the college student context: The differential role and risk of the social motivator. *Journal of Studies on Alcohol, 68*(3), 393–398.

LaCroix, A. Z., & Haynes, S. (1987). Gender differences in the health effects of workplace roles. In R. C. Barnett & L. Biener (Eds.), *Gender and stress* (pp. 96–121). New York: Free Press.

Lachman, M. E., & Weaver, S. L. (1998). The sense of control as a moderator of social class differences in health and well-being. *Journal of Personality and Social Psychology, 74*, 763–773.

Lachman, M. E., Ziff, M. A., & Spiro, A. (1994). Maintaining a sense of control in later life. In R. P. Abeles & H. C. Gift (Eds.), *Aging and quality of life*. New York: Springer.

Lakka, T. A., & Salonen, J. T. (1992). Physical activity and serum lipids: A cross-sectional population study in Eastern Finnish men. *American Journal of Epidemiology, 136*, 806–818.

Lammers, C., Ireland, M., Resnick, M., & Blum, R. (2000). Influences on adolescents' decision to postpone onset of sexual intercourse: A survival analysis of virginity among youths aged 13 to 18 years. *Journal of Adolescent Health, 26*, 42–48.

Landro, L. (2001, February 2). Health groups push 'information therapy' to help treat patients. *The Wall Street Journal*, BI.

Langer, E. J., & Rodin, J. (1976). The effects of choice and enhanced personal responsibility for the aged: A field experiment in an institutional setting. *Journal of Personality and Social Psychology, 34*, 191–198.

Langer, E. J., Janis, I. L., & Wolfer, J. A. (1975). Reduction of psychological stress in surgical patients. *Journal of Experimental Social Psychology, 11*, 155–165.

Lando, H. A. (1986). Long-term modification of chronic smoking behavior: A paradigmatic approach. *Bulletin of the Society of Psychologists in Addictive Behaviors, 5*, 5–17.

Langner, T., & Michael, S. (1960). *Life stress and mental health*. New York: Free Press.

Lape, R., Colquhoun, D., & Sivilotti, L. G. (2008, August 7). On the nature of partial agonism in the nicotinic receptor superfamily. *Nature, 454*, 722–727.

LaPerriere, A. R., Antoni, M. H., Schneiderman, N., Ironson, G., Klimas, N., Caralis, P., & Fletcher, M. A. (1990). Exercise intervention attenuates emotional distress and natural killer cell decrements following notification of positive serologic status for HIV-1. *Biofeedback and Self Regulation, 15*, 229–242.

LaRocca, T. J., Seals, D. R., & Pierce, G. L. (2010). Leukocyte telomere length is preserved with aging in endurance-trained adults and related to maximal aerobic capacity. *Mechanisms of Ageing and Development, 131*(2), 165.

Larkin, M. (2007, August 30). The limits of willpower. *The New York Times*. Retrieved March 5, 2010 from http://health.nytimes.com/ref/health/healthguide/esn-obesity-qa.html.

Larun, L., Nordheim, L. V., Ekeland, E., Hagen, K. B., & Heian, F. (2006). Exercise in prevention and treatment of anxiety and depression among children and young people. *Cochrane Database of Systematic Reviews*, Cochrane AN: CD004691.

Latkin, C. A., & Knowlton, A. R. (2005). Micro-social structural approaches to HIV prevention: A social ecological perspective. *AIDS Care, 17*(Supplement 1), 102–113.

Latner, J. D., & Stunkard, A. J. (2003). Getting worse: The stigmatization of obese children. *Obesity Research, 11*(3), 452–456.

Lau, M. A. & Segal, Z. V. (2003). Depression in context: Strategies for guided action. *Journal of Cognitive Psychotherapy, 17*(1), 94–97.

Launer, L. J., & Kalmijn, S. (1998). Anti-oxidants and cognitive function: A review of clinical and epidemiologic studies. *Journal of Neural Transmission, 53*, 1–8.

Lauver, D. R., Henriques, J. B., Settersten, L., et al. (2003). Psychosocial variables, external barriers, and stage of mammography adoption. *Health Psychology, 22*(6), 649–653.

Law, A., Logan, H., & Baron, R. S. (1994). Desire for control, felt control, and stress inoculation training through dental treatment. *Journal of Personality and Social Psychology, 67*, 926–936.

Lawler, K. A., Younger, J. W., Piferi, R. L., Billington, E., Jobe, R., Edmondson, K., et al. (2003). A change of heart: Cardiovascular correlates of forgiveness in response to interpersonal threat. *Journal of Behavioral Medicine, 26*(5), 373–393.

Lawlor, D. A., Ebrahim, S., & Smith, G. D. (2002). Trends in sex differences in mortality from heart disease. *British Medical Journal, 324*(7331), 237.

Lawlis, G. F., Selby, D., Hinnant, D., & McCoy, C. E. (1985). Reduction of postoperative pain parameters by presurgical relaxation instructions for spinal pain patients. *Spine, 10*, 649–651.

Lawton, R., Conner, M., & Parker, D. (2007). Beyond cognition: Predicting health risk behaviors from instrumental and affective beliefs. *Health Psychology, 26*, 259–267.

Lazarus, R. S. (1984). On the primacy of cognition. *American Psychologist, 39*, 124–129.

Lazarus, R. S., & Folkman, S. (1984). *Stress, Appraisal, and Coping*. New York: Springer.

Leary, M. R., & Kowalski, R. M. (1990). Impression management: A literature review and two-component model. *Psychological Bulletin, 107*(1), 34.

Leary, M. R., Tchividjiam, L. R., & Kraxberger, B. E. (1994). Self-presentation can be hazardous to your health: Impression management and health risk. *Health Psychology, 13*(6), 461–470.

Leclere, F. B., Rogers, R. G., & Peters, K. (1998). Neighborhood social context and racial differences in women's heart disease mortality. *Journal of Health and Social Behavior, 39*, 91–107.

Lee, C. (1993). Attitudes, knowledge, and stages of change: A survey of exercise patterns in older Australian women. *Health Psychology, 12*, 476–480.

Lee, C. D., Folsom, A. R., & Blair, S. N. (2003). Physical activity and stroke risk: A meta-analysis. *Stroke, 34*(1), 2475–2481.

Lee, I. M., Manson, J. E., Hennekens, C. H., & Paffenbarger, R. S. (1993). Body weight and mortality. A 27-year follow-up of middle-aged men. *Journal of the American Medical Association, 270*(23), 2823–2828.

Leeuw, M., Goossens, M. E. J. B., Linton, S. J., Crombez, G., Boersma, K., & Vlaeyen, J. W. S. (2007). The fear-avoidance model of musculoskeletal pain: Current state of scientific evidence. *Journal of Behavioral Medicine, 30*, 77–94.

Leibel, R. L., Rosenbaum, M., & Hirsch, J. (1995). Changes in energy expenditure resulting from altered body weight. *New England Journal of Medicine, 332*, 621–629.

Leigh, B. C. (1989). In search of the seven dwarves: Issues of measurement and meaning in alcohol expectancy research. *Psychological Bulletin, 105*, 361–373.

Lefcourt, H. M. (2002). Humor. In Snyder, C. R. & Lopez, S. J. (Eds.) *Handbook of positive psychology*. New York: Oxford University Press, 619–631.

Lehrer, P. M., Carr, R., Sargunaraj, D., & Woolfolk, R. L. (1994). Stress management techniques: Are they all equivalent, or do they have specific effects? *Biofeedback and Self Regulation, 19*, 353–401.

Lemos, K., Suls, J., Jenson, M., Lounsbury, P., & Gordon, E. E. (2003). How do female and male cardiac patients and their spouses share responsibilities after discharge from the hospital? *Annals of Behavioral Medicine, 25*(1), 8–15.

Leon, A., & Bronas, U. (2009). Dyslipidemian and risk of coronary heart disease: Role of lifestyle approaches for its management. *American Journal of Lifestyle Medicine, 3*(4), 257–273.

Leone, T., Pliner, P., & Herman, C. P. (2007). Influence of clear versus ambiguous normative information on food intake. *Appetite, 49*(1), 58–65.

Lepore, S. J., Revenson, T. A., Weinberger, S. L., Weston, P., Frisina, P. G., Robertson, R., et al. (2006). Effects of social stressors on cardiovascular reactivity in Black and White women. *Annals of Behavioral Medicine, 31*(2), 120–127.

Leproult, R., Copinschi, G., Buxton, O., & Van Cauter, E. (1997). Sleep loss results in an elevation of cortisol levels the next evening. *Sleep, 20,* 865–870.

Lerman, C., Caporaso, N. E., Audrain, J., Main, D., Bowman, E. D., Lockshin, B., Boyd, N. R., & Shields, P. G. (1999). Evidence suggesting the role of specific genetic factors in cigarette smoking. *Health Psychology, 18*(1), 14–20.

Leserman, J., Petitto, J. M., Golden, R. N., Gaynes, B. N., Gu, H., Perkins, D. O., et al. (2000). Impact of stressful life events, depression, social support, coping, and cortisol on progression to AIDS. *American Journal of Psychiatry, 157,* 1221–1228.

Leshner, A. I. (2001). What does it mean that addiction is a brain disease? *Monitor on Psychology* (special issue on substance abuse) *32,* 19.

Lester, T., & Petrie, T. A. (1998). Physical, psychological, and societal correlates of bulimic symptomatology among African American college women. *Journal of Counseling Psychology, 3,* 315–321.

Lestideau, O. T., & Lavallee, L. F. (2007). Structured writing about current stressors: The benefits of developing plans. *Psychology and Health, 22,* 659–676.

Leukemia and Lymphoma Society (2010). Leukemia facts and statistics. Retrieved April 8, 2010 from http://www.leukemia-lymphoma.org/all_page?item_id=9346.

Leutwyler, K. (1995, April). The price of prevention. *Scientific American, 272,* 124–129.

Levin, J. S., & Vanderpool, H. Y. (1987). Is frequent religious attendance really conducive to better health? *Social Science and Medicine, 24,* 589–600.

Levine, F. M., & DeSimone, L. L. (1991). The effect of experimenter gender on pain report in male and female subjects. *Pain, 44,* 69–72.

Levine, J. D., Gordon, N. C., & Fields, H. L. (1978). The mechanism of placebo analgesia. *Lancet, 8091,* 654–657.

Lewith, G. T., White, P. J., & Pariente, J. (2005, September). Investigating acupuncture using brain imaging techniques: The current state of play. *Evidence-based complementary and alternative medicine: eCAM, 2*(3), 315–319. Retrieved April 29, 2010 from http://ecam.oxfordjournals.org/cgi/content/abstract/2/3/315.

Li, T. K., Hewitt, B. G., & Grant, B. F. (2007). The alcohol dependence syndrome, 30 years later: A commentary. *Addiction, 102,* 1522–1530.

Li, Y., Baer, D., Friedman, G. D., Udaltsova, N., Shim, V., & Klatsky, A. L. (2009). Wine, liquor, beer and risk of breast cancer in a large population. *European Journal of Cancer, 45*(5), 843–850.

Lichtenstein, B. (2005). Domestic violence, sexual ownership, and HIV risk in women in the American deep south. *Social Science and Medicine, 60,* 701–715.

Lichtenstein, E., & Glasgow, R. E. (1997). A pragmatic framework for smoking cessation: Implications for clinical and public health programs. *Psychology of Addictive Behaviors, 11,* 142–151.

Lichtman, S. W., Pisarska, K., Berman, E. R., & Prestone, M. (1992). Discrepancy between self-reported and actual caloric intake and exercise in obese subjects. *New England Journal of Medicine, 327,* 1893–1898.

Lieberman, M. A. (1982). The effects of social supports on responses to stress. In L. Goldberger & L. Breznitz (Eds.), *Handbook of stress.* New York: Free Press.

Lierman, L. M., Kasprzyk, D., & Benoliel, J. Q. (1991). Understanding adherence to breast self-examination in older women. *Western Journal of Nursing Research, 13,* 46–66.

Lijing, Y. L., Liu, K., Matthews, K. A., Daviglus, M. L., et al. (2003). Psychosocial factors and risk of hypertension: The Coronary Artery Risk Development in Young Adults (CARDIA) Study. *Journal of the American Medical Association, 290*(16), 2138–2148.

Lindor, N. M., Lindor, C. J., & Greene, M. H. (2006). Hereditary neoplastic syndromes. In D. Schottenfeld & J. F. Fraumeni Jr. (Eds.), *Cancer epidemiology and prevention* (pp. 562–576). New York: Oxford University Press.

Lindsted, K. D., & Singh, P. N. (1997). Body mass and 26-year risk of mortality among women who never smoked: Findings from the Adventist Mortality Study. *American Journal of Epidemiology, 146,* 1–11.

Lipton, J. A., & Marbach, J. J. (1984). Ethnicity and the pain experience. *Social Science and Medicine, 19,* 1279–1298.

Livermore, M. M., & Powers, R. S. (2006). Unfulfilled plans and financial stress: Unwed mothers and unemployment. *Journal of Human Behavior in the Social Environment, 13,* 1–7.

Ljungberg, J. K., & Neely, G. (2007). Stress, subjective experience and cognitive performance during exposure to noise and vibration. *Journal of Environmental Psychology, 27,* 44–54.

Ljungberg, J. K., & Neely, G. (2007). Cognitive after-effects of vibration and noise exposure and the role of subjective noise sensitivity. *Journal of Occupational Health, 49,* 111–116.

Long, B. C., & van Stavel, R. (1995). Effects of exercise training on anxiety: A meta-analysis. *Journal of Applied Sport Psychology, 7,* 167–189.

Loucks, E. B., Berkman, L. F., Gruenewald, T. L., Seeman, T. E. (2006). Relation of social integration to inflammatory marker concentrations in men and women 70 to 79 years. *The American Journal of Cardiology, 97*(7), 1010–1017.

Louis, W., Davies, S., & Smith, J. (2007). Pizza and pop and the student identity: The role of referent group norms in healthy and unhealthy eating. *Journal of Social Psychology, 147*(1), 57–74.

Lovallo, W. R., & Pishkin, V. (1980). A psychophysiological comparison of type A and B men exposed to failure and uncontrollable noise. *Psychophysiology, 17,* 29–36.

Lowe, M. R. (2003, October 11). Self-regulation of energy intake in the prevention and treatment of obesity: Is it feasible? *Obesity Research,* 44S–59S.

Lox, C. L., McAuley, E., & Tucker, R. S. (1996). Physical training effects on acute exercise-induced feeling states in HIV-1 positive individuals. *Journal of Health Psychology, 1,* 235–240.

Lozito, M. (2004). Chronic pain: The new workers' comp. *The Case Manager, 15,* 61–63.

Lucire, Y. (2003). *Constructing RSI: Belief and Desire.* University of New South Wales Press.

Luebbe, A., & Bell, D. J. (2009). Mountain dew or mountain don't? A pilot investigation of caffeine use parameters and relations to depression and anxiety symptoms in 5th and 10th grade students. *Journal of School Health, 79*(8), 380–387.

Luecken, L. J., & Compas, B. E. (2002). Stress, coping, and immune function in breast cancer. *Annals of Behavioral Medicine, 24,* 336–344.

Lundberg, U., & Frankenhaeuser, M. (1999). Stress and workload of men and women in high-ranking positions. *Journal of Occupational Health Psychology, 4,* 142–151.

Lundberg, U., Mardberg, B., & Frankenhaeuser, M. (1994). The total workload of male and female white collar workers as related to age, occupational level, and number of children. *Scandinavian Journal of Psychology, 35,* 315–327.

Lundman, B., Alex, L., Jonsen, E., Norberg, A., Nygren, B., Fischer, R., & Strandberg, G. (2010). Inner-strength: A theoretical analysis of salutogenic concepts. *International Journal of Nursing Studies, 47*(2), 251–260.

Lyness, S. A. (1993). Predictors of differences between type A and B individuals in heart rate and blood pressure reactivity. *Psychological Bulletin, 114,* 266–295.

Lustman, P. J., & Clouse, R. E. (2005). Depression in diabetic patients: The relationship between mood and glycemic control. *Journal of Diabetes and Its Complications, 19,* 113–122.

Lyons, D. M., & Parker, K. J. (2007). Stress inculation-induced indications of resilience in monkeys. *Journal of Traumatic Stress, 20*(4), 423–433.

Lytle, C. D. (1993). *An overview of acupuncture.* Rockville, MD: United States Public Health Service, Center for Devices and Radiological Health, Food and Drug Administration.

Lyubomirsky, S., Caldwell, N. D., & Nolen-Hoeksema, S. (1998). Effects of ruminative and distracting responses to depressed mood on retrieval of autobiographical memories. *Journal of Personality and Social Psychology, 75,* 166–177.

Lyvers, M. (1998). Drug addiction as a physical disease: The role of physical dependence and other chronic drug-induced neurophysiological changes in compulsive drug self-administration. *Experimental and Clinical Psychopharmacology, 6,* 107–125.

Maas, J. B. PowerSleep: Preparing your mind and body for peak performance. Retrieved October 21, 2010 from http://www.powersleep.org/Self%20Test%208.html.

Macera, C. A., Armstead, C. A., & Anderson, N. B. (2001). Sociocultural influences on health. In A. Baum, T. A. Revenson, & J. E. Singer (Eds.) *Handbook of health psychology* (pp. 427–440). Mahwah, NJ: Erlbaum.

MacKellar, D. A., Valleroy, L. A., Secura, G. M., Behel, S., Bingham, T., Celentano, D. D., et al. (2007). Perceptions of lifetime risk and actual risk for acquiring HIV among young men who have sex with men. *AIDS and Behavior, 11,* 263–270.

Mackenbach, J. P., Stirbu, I., Roskam, A. R., Schaap, M. M., Menvielle, G., Leinsalu, M., and Kunst, A. E. (2008). Socioeconomic inequalities in health in 22 European countries. *New England Journal of Medicine, 358,* 2468–2481.

Maddi, S. R. (2005). On hardiness and other pathways to resilience, *American Psychologist, 60,* 261–262.

Maddi, S. R., & Kobasa, S. C. (1991). The development of hardiness. In A. Monat & R. Lazarus (Eds.), *Stress and coping: An anthology* (pp. 245–257). New York: Columbia University Press.

Maes, H. M., Neale, M. C., & Eaves, L. J. (1997). Genetic and environmental factors in relative body weight and human adiposity. *Behavioral Genetics* (special issue: The genetics of obesity), *27,* 325–351.

Magni, G., Silvestro, A., Tamiello, M., Zanesco, L., & Carl, B. (1988). An integrated approach to the assessment of family adjustment to acute lymphocytic leukemia in children. *Acta Psychiatrica Scandinavica, 78,* 639–642.

Mahler, H. I. M., Kulik, J. A., Gibbons, F. X., Gerrard, J., & Harrell, J. (2003). Effects of appearance-based interventions on sun protection intentions and self-reported behaviors. *Health Psychology, 22,* 99–209.

Maier, K. J., Waldstein, S. R., & Synowski, S. J. (2003). Relation of cognitive appraisal to cardiovascular reactivity, affect, and task engagement. *Annals of Behavioral Medicine, 26*(1), 32–41.

Maier, S. F. (2003). Bi-directional immune-brain communication: Implications for understanding stress, pain, and cognition. *Brain, Behavior, and Immunity, 17*(2), 69–85.

Manger, T. A., & Motta, R. W. (2005). The impact of an exercise program on posttraumatic stress disorder, anxiety, and depression. *International Journal of Emergency Mental Health, 7*(1), 49–57.

Mann, T. (2001). Effects of future writing and optimism on health behaviors in HIV-infected women. *Annals of Behavioral Medicine, 23,* 26–33.

Mann, K. (2004). Pharmacotherapy of alcohol dependence: A review of the clinical data. *CNS Drugs, 18,* 485–504.

Mann, T., Nolen-Hoeksema, S., Huang, K., & Burgard, D. (1997). Are two interventions worse than none? Joint primary and secondary prevention of eating disorders in college females. *Health Psychology, 16,* 215–225.

Mann, T., Sherman, D., & Updegraff, J. (2004). Dispositional motivations and message framing: A test of the congruency hypothesis in college students. *Health Psychology, 23*(3), 330–334.

Mann, T., Tomiyama, A. J., Westling, E., Lew, A-M., Samuels, B., & Chatman, J. (2007). Medicare's search for effective obesity treatments: Diets are not the answer. *American Psychologist, 62,* 220–233.

Mann, T., & Ward, A. (2007). Attention, Self-control, and health behaviors. *Current Directions in Psychological Science, 16*(5), 280-283.

Manne, S. L., & Andrykowski, M. A. (2006). Are psychological interventions effective and accepted by cancer patients? Using empirically supported therapy guidelines to decide. *Annals of Behavioral Medicine, 32,* 98–103.

Manne, S., Markowitz, A., Winawer, S., Meropol, N. J., et al. (2002). Correlates of colorectal cancer screening compliance and stage of adoption among siblings of individuals with early onset colorectal cancer. *Health Psychology, 21*(1), 3–15.

Manyande, A., Berg, S., Gettins, D., Stanford, S. C., Mazhero, S., Marks, D. F., & Salmon, P. (1995). Preoperative rehearsal of active coping imagery influences subjective and hormonal responses to abdominal surgery. *Psychosomatic Medicine, 57,* 177–182.

Marcinowicz, L., Chlabicz, S., & Grebowski, R. (2009). Patient satisfaction with healthcare by family doctors: Primary dimensions and an attempt at typology. *BMC Health Services Research, 9,* 63–67.

Marco, C.A. (2004). Coping. In A.J. Christensen, R. Martin, & J.M. Smyth (Eds.). *Encyclopedia of health psychology* (66-70). New York: Kluwer.

Margolin, A. (2003). Acupuncture treatment for opiate addiction: A systematic review. *Current Psychiatry Reports, 5,* 333–339.

Markovitz, J. H., Matthews, K. A., Kannel, W. B., Cobb, J. L., & D'Agostino, R. B. (1993). Psychological predictors of hypertension in the Framingham Study. Is there tension in hypertension? *Journal of the American Medical Association, 270,* 2439–2443.

Markovitz, J. H., Matthews, K. A., Whooley, M., Lewis, C. E., & Greenlund, K. J. (2004). Increases in job strain are associated with incident hypertension in the CARDIA Study. *Annals of Behavioral Medicine, 28*(1), 4–9.

Martin, A. R., Nieto, J. M., Ruiz, J. P., & Jimenez, L. E. (2008). Overweight and obesity: The role of education, employment, and income in Spanish adults. *Appetite, 51*(2), 266–272.

Martin, P. D., & Brantley, P. J. (2004). Stress, coping, and social support in health and behavior. In J. M. Raczynsky & L. C. Leviton (Eds.), *Handbook of clinical health psychology* (Vol. 2, pp. 233–267). Washington, DC: American Psychological Association.

Martin, P. R., Forsyth, M., & Reece, J. E. (2007). Cognitive-behavioral therapy versus temporal pulse amplitude biofeedback training for recurrent headache. *Behavior Therapy, 38,* 350–363.

Martin, R. A. (1988). Humor and mastery of living: Using humor to cope with the daily stresses of growing up. *Journal of Children in Contemporary Society, 20*(1–2), 135–154.

Martire, L. M. (2005). Clinical research—The "relative" efficacy of involving family in psychosocial interventions for chronic illness: Are there added benefits to patients and family members? *Families Systems & Health, 23*(3), 312–327.

Maru, S., van der Schouw, Y. T., Gimbrere, C. H., Grobbeee, D. E., & Peeters, P. H. (2004). Body mass index and short-term weight change in relation to mortality in Dutch women after age 50. *The American Journal of Clinical Nutrition, 80*(1), 231–236.

Maruta, T., Colligan, R. C., Malinchoc, M., & Offord, K. P. (2000). Optimists vs. pessimists: Survival rate among medical patients over a 30-year period. *Mayo Clinic Proceedings, 75,* 140–143.

Marvan, M. L., & Cortes-Iniestra, C. (2001). Women's beliefs about the prevalence of premenstrual syndrome and biases in recall of premenstrual changes. *Health Psychology, 20,* 276–280.

Marx, J. (2003). Cellular warriors at the battle of the bulge. *Science, 299*(5608), 846–849.

Maslach, C. (2003). Job burnout: New directions in research and intervention. *Current Directions, 12,* 189–192.

Mason, J. W. (1975). A historical view of the stress field. *Journal of Human Stress, 1,* 22–36.

Massey, C. V., Hupp, C. H., Kreisberg, M., Alpert, M. A., & Hoff, C. (2000). Estrogen replacement therapy is underutilized among postmenopausal women at high risk for coronary heart disease. *American Journal of the Medical Sciences, 320,* 124–127.

Masten, A. S. (2001). Ordinary magic: Resilience processes in development. *American Psychologist, 56,* 218–226.

Maticka-Tyndale, E., & Barnett, J. P. (2010). Peer-led interventions to reduce HIV risk of youth: A review. *Evaluation and Program Planning, 33*(2), 98–112.

Matthews, K. A., Owens, J. F., Allen, M. T., & Stoney, C. M. (1992). Do cardiovascular responses to laboratory stress relate to ambulatory blood pressure levels? Yes, in some of the people, some of the time. *Psychosomatic Medicine, 54,* 686–697.

Matthews, K. A., Raikkonen, K., Sutton-Tyrrell, K., & Kuller, L. H. (2004). Optimistic attitudes protect against progression of carotid atherosclerosis in healthy middle-aged women. *Psychosomatic Medicine, 66*(5), 640–644.

Matthews, K. A., Siegel, J. M., Kuller, L. H., Thompson, M., & Varat, M. (1983). Determinants of decisions to seek medical treatment by patients with acute myocardial infarction symptoms. *Journal of Personality and Social Psychology, 44,* 1144–1156.

Matthews, K. A., Schott, L. L., Bromberger, J. T., Cyranowski, J., Everson-Rose, S. & Sowers, M. F. (2007). Associations between depressive symptoms and inflammatory/hemostatic markers in women during the menopausal transition. *Psychosomatic Medicine, 69,* 124-130.

Mayer, J. D., Salovey, P., Caruson, D. R., & Sitarenios, G. (2001). Emotional intelligence as a standard intelligence. *Emotion, 1*(3), 232–242.

Mayo Clinic (2006). Alcohol: Even a drink a day can adversely affect women's health. Retrieved March 15, 2010 from http://www.mayoclinic.org/news2006-mchi/3271.html.

Mays, V. M., Cochran, S. D., & Barnes, N. W. (2007). Race, race- based discrimination, and health outcomes among African Americans. *Annual Review of Psychology, 58,* 201–225.

Mays, V. M., So, B. T., Cochran, S. D., Detels, R., Benjamin, R., Allen, E., et al. (2001). HIV disease in ethnic minorities: Implications of racial/ethnic differences in disease susceptibility and drug dosage response for HIV infection and treatment. In A. Baum, T. A. Revenson, & J. E. Singer (Eds.), *Handbook of health psychology* (pp. 801–816). Mahwah, NJ: Erlbaum.

McAlonan, G. M., Cheung, V., Cheung, C., Chua, S. E., Murphy, D. G., Suckling, J., Tai, K. S., Yip, L. K., Leung, P., & Ho, T. P. (2007). Mapping brain structure in attention-deficit hyperactivity disorder: A voxel-based MRI study of regional grey and white matter volume. *Psychiatry Research, 154*(2), 171–180.

McAuley, E., Jerome, D. X., Marquez, S., Elavsky, S., & Blissmer, B. (2003). Exercise self-efficacy in older adults: Social, affective, and behavioral influences. *Annals of Behavioral Medicine, 25*(1), 1–7.

McCabe, M. P., & Ricciardelli, L. A. (2003). Sociocultural influences on body image and body changes among adolescent boys and girls. *Journal of Social Psychology, 143*(1), 5–26.

McCaffery, J. M., Frasure-Smith, N., Dube, M. P., and others (2006). Common genetic vulnerability to depressive symptoms and coronary artery disease: A review and development of candidate genes related to inflammation and serotonin. *Psychosomatic Medicine, 68*(2), 187–200.

McCain, N., Gray, D., Elswick, R., Robins, J., Tuck, Il, Walter, J., et al. (2008). A randomized clinical trial of alternative stress management interventions in persons with HIV infection. *Journal of Consulting and Clinical Psychology, 76*(3), 431–441.

McCann, I. L., & Holmes, D. S. (1984). Influence of aerobic exercise on depression. *Journal of Personality and Social Psychology, 46,* 1142–1147.

McCarthy, J. (2001, May). Superfoods or superfrauds? *Shape, 20,* 104–106.

McCullough, M. E., Hoyt, W. T., Larson, D. B., Koenig, H. G., & Thoresen, C. (2000). Religious involvement and mortality: A meta-analytic review. *Health Psychology, 19,* 211–222.

McGee, D. L. (2005). Body mass index and mortality: A meta-analysis based on person-level data from twenty-six observational studies. *Annals of Epidemiology, 15,* 87–97.

McGrady, A., & Horner, J. (1999). Role of mood in outcome of biofeedback assisted relaxation therapy in insulin dependent diabetes mellitus. *Applied Psychophysiology and Biofeedback, 24,* 79–88.

McEwen, A., West, R., & McRobbie, H. (2008). Motives for smoking and their correlates in clients attending Stop Smoking treatment services. *Nicotine and Tobacco Research, 10,* 843–850.

McEwen, B. S. (1994). Stress and the nervous system. *Seminars in Neuroscience, 6*(4), 195–196.

McEwen, B. S. (1998). Stress, adaptation and disease: Allostasis and allostatic load. *Annals of the New York Academy of Sciences, 840,* 33–44.

McEwen, B. S. (2005). Stressed or stressed out: What is the difference? *Journal of Psychiatry and Neuroscience, 30,* 315–318.

McEwen, B. S. (2011). Neurobiology of stress and adaptation: Implications for health psychology, behavioral medicine, and beyond. In *Psychology and the Real World: Essays Illustrating Fundamental Contributions to Society.* New York: Worth, 24–30.

McGrady, A. (1994). Effects of group relaxation training and thermal biofeedback on blood pressure and related physiological and psychological variables in essential hypertension. *Biofeedback and Self-Regulation, 19,* 51–66.

McGrath, J. (2003). Pediatric cardiovascular reactivity: Evidence for stable individual differences and differentiation of higher-and lower-risk children. *Dissertation Abstracts International, 63*(10-B), 4913.

McKegney, F. P., & O'Dowd, M. A. (1992). Suicidality and HIV status. *American Journal of Psychiatry, 149*(3), 396–398.

McLaren, L., Hardy, R., & Kuh, D. (2003). Women's body satisfaction at midlife and lifetime body size: A prospective study. *Health Psychology, 22*(4), 370–377.

McMaster, S. K., Paul-Clark, M. J., Walters, M., Fleet, M., Anandarajah, J., Sriskandan, S., & Mitchell, J. A. (2008). Cigarette smoke inhibits macrophage sensing of Gram-negative bacteria and lipopolysaccharide: Relative roles of nicotine and oxidant stress. *British Journal of Pharmacology, 153*(3), 536–543.

McMillen, D. L., Smith, S. M., & Wells-Parker, E. (1989). The effects of alcohol, expectancy, and sensation seeking on driving risk taking. *Addictive Behaviors, 14,* 477–483.

McNeil, D. G. (2009, September 25). For first time, AIDS vaccine shows some success. *The New York Times,* A1.

McRae, K., Ochsner, K., Mauss, I., Gabrieli, J. D., & Gross, J. (2008). Gender differences in emotional regulation: An fMRI study of cognitive reappraisal. *Group Processes and Intergroup Relations, 11*(2), 143–162.

McTiernan, A., Kooperberg, C., White, E., Wilcox, S., et al. (2003). Recreational physical activity and the risk of breast cancer in postmenopausal women. *Journal of the American Medical Association, 290*(10), 1331–1336.

Meara, E., Kotagal, U. R., Atherton, H. D., & Lieu, T. A. (2004). Impact of early newborn discharge legislation and early follow-up visits on infant outcomes in a state Medicaid population. *Pediatrics, 113*(6), 1619–1627.

Mechanic, D., & Angel, R. J. (1987). Some factors associated with the report and evaluation of back pain. *Journal of Health and Social Behavior, 28,* 131–139.

Medical Professionalism Project (2010). Medical professionalism in the new millennium: A physician charter. Retrieved April 18, 2010 from http://www.annals.org/content/136/3/243.full.

Mehilli, J., Kastrati, A., Dirschinger, J., Pache, J., Seyfarth, M., Blasini, R., et al. (2002). Sex-based analysis of outcomes in patients with acute myocardial infarction treated predominantly with percutaneous coronary intervention. *Journal of the American Medical Association, 287*(2), 210–215.

Meichenbaum, D. (1985). *Stress inoculation training.* New York: Pergamon.

Melchart, D., Linde, K., Worku, F., Sarkady, L., Holzmann, M., Jurcic, K., & Wagner, H. (1995). Results of five randomized studies on the immunomodulatory activity of preparations of Echinacea. *Journal of Alternative and Complementary Medicine, 1,* 145–160.

Melzack, R. (1993). Pain: Past, present, and future. *Canadian Journal of Experimental Psychology, 47,* 615–629.

Melzack, R., & Torgerson, W. S. (1971). On the language of pain. *Anesthesiology, 34,* 50–59.

Melzack, R., & Wall, P. D. (1965). Pain mechanisms: A new theory. *Science, 150,* 971–979.

Melzack, R., & Wall, P. D. (1988). *The challenge of pain.* New York: Basic Books.

Michael, E. S., & Burns, J. W. (2004). Catastrophizing and pain sensitivity among chronic pain patients: Moderating effects of sensory and affect focus. *Annals of Behavioral Medicine, 27*(3), 185–194.

Merritt, M. M., Bennett, G. G., Williams, R. A., Sollers, J. J., & Thayer, J. F. (2004). Low educational attainment, John Henryism, and cardiovascular reactivity to and recovery from personally relevant stress. *Psychosomatic Medicine, 66*(1), 49–55.

Merritt, M. M., Bennett, G. G., Williams, R. B., Edwards, C. L., & Sollers, J. J. (2006). Perceived racism and cardiovascular reactivity and recovery to personally relevant stress. *Health Psychology, 25*(3), 364–369.

Metzler, C. W., Noell, J., Biglan, A., & Ary, D. (1994). The social context for risky sexual behavior among adolescents. *Journal of Behavioral Medicine, 17*(4), 419–438.

Meyer, J. M., & Stunkard, A. J. (1994). Twin studies of human obesity. In C. Bouchard (Ed.), *The genetics of obesity* (pp. 63–78). Boca Raton, FL: CRC Press.

Michie, S., Marteau, T. M., & Kidd, J. (1992). Predicting antenatal class attendance: Attitudes of self and others. *Psychology and Health, 7,* 225–234.

Milberger, S., Biederman, J., Faraone, S. V., Chen, L., & Jones, J. (1996). Is maternal smoking during pregnancy a risk factor for attention deficit hyperactivity disorder in children? *American Journal of Psychiatry, 153,* 1138–1142.

Milby, J. B., Schumacher, J. E., & Tucker, J. A. (2004). Substance use disorders. In T. J. Boll, J. M. Raczynski, & L. C. Leviton (eds.) *Handbook of clinical health psychology, vol. 2* (pp. 43–47). Washington: American Psychological Association.

Miles, L. (2008). The new WCRF/AICR report—*Food, Nutrition, Physical Activity and the Prevention of Cancer: A Global Perspective.* Nutrition Bulletin, 33: 26–32.

Miller, D. A., McCluskey-Fawcett, K., & Irving, L. M. (1993). The relationship between childhood sexual abuse and subsequent onset of bulimia nervosa. *Child Abuse & Neglect, 17,* 305–314.

Miller, G. E., & Cohen, S. (2001). Psychological interventions and the immune system: A meta-analytic review and critique. *Health Psychology, 20,* 47–63.

Miller, G. E., Cohen, S., & Ritchey, A. K. (2002). Chronic psychological stress and the regulation of pro-inflammatory cytokines: A glucocorticoid-resistance model. *Health Psychology, 21*(6), 531–541.

Miller, G. E., & Wrosch, C. (2007). You've gotta know when to fold 'em. *Psychological Science, 18,* 773–777.

Miller, K., & Miller, P. M. (2001). *Journey of hope: The story of Irish immigration to America.* New York: Chronicle Books.

Miller, L. J., Holicky, E. L., Ulrich, C. D., & Wieben, E. D. (1995). Abnormal processing of the human cholecystokinin receptor gene in association with gallstones and obesity. *Gastroenterology, 109,* 1375–1380.

Miller, M., & Fry, W. F. (2009). The effect of mirthful laughter on the human cardiovascular system. *Medical Hypotheses, 73*(5), 636–639.

Milkie, M. A., & Peltola, P. (1999). Playing all the roles: Gender and the work-family balancing act. *Journal of Marriage and the Family, 61,* 476–490.

Miller, M. F., Barabasz, A. F., & Barabasz, M. (1991). Effects of active alert and relaxation hypnotic inductions on cold pressor pain. *Journal of Abnormal Psychology, 100,* 223–226.

Miller, N. E. (1969). Psychosomatic effects of specific types of training. *Annals of the New York Academy of Sciences, 159*(3), 1025–1040.

Miller, S. M., & Mangan, C. E. (1983). Interacting effects of information and copingstyle in adapting to gynecologic stress: Should the doctor tell all? *Journal of Personality and Social Psychology, 45,* 223–236.

Miller, T. Q., Smith, T. W., Turner, C. W., Guijarro, M. L., & Hallet, A. J. (1996). A meta-analytic review of research on hostility and physical health. *Psychological Bulletin, 119,* 322–348.

Milling, L. (2008). Is high hypnotic suggestibility necessary for successful hypnotic pain intervention? *Current Pain and Headache Reports, 12*(2), 98–102.

Mills, P. J., Davidson, K. W., & Farag, N. H. (2004). Work stress and hypertension: A call from research into intervention. *Annals of Behavioral Medicine, 28*(1), 1–3.

Minuchin, S., Rosman, B. L., & Baker, L. (1978). *Psychosomatic families: Anorexia nervosa in context.* Cambridge, MA: Harvard University Press.

Mintz, L. B., Kashubeck, S., & Tracy, L. S. (1995). Relations among parental alcoholism, eating disorders, and substance abuse in nonclinical college women: Additional evidence against the uniformity myth. *Journal of Counseling Psychology, 42,* 65–70.

Miranda, J. A., Perez-Stable, E. J., Munoz, R., Hargreaves, W., & Henke, C. J. (1991). Somatization, psychiatric disorder, and stress in utilization of ambulatory medical services. *Health Psychology, 10,* 46–51.

Mirescu, C., & Gould, E. (2006). Stress and adult neurogenesis. *Hippocampus, 16,* 233–238.

MMWR (2004, September). Alcohol-attributable deaths and years of potential life lost—United States, 2001. *Morbidity and Mortality Weekly Reports, 53*(37), 866–870.

Mo, P., & Coulson, N. (2008). Exploring the communication of social support within virtual communities: A content analysis of messages posted to an online HIV/AIDS support group. *Cyberpsychology and Behavior: The Impact of the Internet, Multimedia and Virtual Reality on Behavior and Society, 11*(3), 371–374.

Moerman, D. E. (2002). *Meaning, medicine, and the 'placebo effect.'* Cambridge: Cambridge Studies in Medical Anthropology.

Mommersteeg, P. M. C., Keijsers, G. P. J., Heijnen, C. J., Verbraak, M. J. P. M, & van Doornen, L. J. P. (2006). Cortisol deviations in people with burnout before and after psychotherapy: A pilot study. *Health Psychology, 25,* 243–248.

Montgomery, G. H. (2004). Presurgery distress and specific response expectancies predict postsurgery outcomes in surgery patients confronting breast cancer. *Health Psychology, 23*(4), 381–387.

Monti, P. M., Rohsenow, D. J., Rubonis, A. V., & Niaura, R. S. (1993). Cue exposure with coping skills treatment for male alcoholics: A preliminary investigation. *Journal of Consulting and Clinical Psychology, 61,* 1011–1019.

Montpetit, M. A., & Bergeman, C. S. (2007). Dimensions of control: Mediational analyses of the stress-health relationship. *Personality and Individual Differences, 43,* 2237–2248.

Moore, J. S. (1993). *Chiropractic in America.* Baltimore: Johns Hopkins University Press.

Morbidity and Mortality Weekly Report (MMWR) (2008, July 18). State-specific prevalence of obesity among adults: United States, 2007. U.S. Department of Health and Human Services, *57*(28), 765–768.

Morbidity and Mortality Weekly Report (MMWR) (2009, October 2). Quickstats: Prevalence of Obesity Among Adults Aged :::20 by Race/Ethnicity and Sex. National Health and Nutrition Examination Survey, United States, 2003-2006. U.S. Department of Health and Human Services, *58*(38), 1075.

Morgan, C. A., Wang, S., Rasmusson, A., Hazlett, G., Anderson, G., Charney, D. S. (2001). Relationship among plasma cortisol, catecholamines, neuropeptide Y, and human performance during exposure to uncontrollable stress. *Psychosomatic Medicine, 63*(3), 412–422.

Morley, S. (1997). Pain management. In A. Baum, S. Newman, J. Weinman, R. West, & C. McManus (Eds.), *Cambridge handbook of psychology, health and medicine* (pp. 234–237). Cambridge: Cambridge University Press.

Morojele, N. K., & Stephenson, G. M. (1994). Addictive behaviours: Predictors of abstinence intentions and expectations in the theory of planned behavior. In D. R. Rutter & L. Quine (Eds.), *Social psychology and health: European perspectives* (pp. 47–70). Aldershot, England: Avebury.

Morrill, A. C., Ickovics, J. R., Golubchikov, V. V., Beren, S. E., & Rodin, J. (1996). Safer sex: Social and psychological predictors of behavioral maintenance and change among heterosexual women. *Journal of Consulting & Clinical Psychology, 64,* 819–828.

Morris, D. L., Kritchevsky, S. B., & Davis, C. E. (1994). Serum carotenoids and coronary heart disease. The Lipid Research Clinics Coronary Primary Prevention Trial and Follow-up Study. *Journal of the American Medical Association, 272,* 1439–1441.

Morrison, C. D. (2008). Leptin resistance and the response to positive energy balance. *Physiology and Behavior, 94,* 660–663.

Morrow, G. R., Asbury, R., Hammon, S., & Dobkin, P. (1992). Comparing the effectiveness of behavioral treatment for chemotherapy-induced nausea and vomiting when administered by oncologists, oncology nurses, and clinical psychologists. *Health Psychology, 11,* 250–256.

Morton, G. J., Cummings, D. E., Baskin, D. G., Barsh G. S., & Schwartz, M. W. (2006, September 21). Central nervous system control of food intake and body weight. *Nature, 443,* 289–295.

Moss, D. & Gunkelman, J. (2002). Task force report on methodology and empirically supported treatments. *Applied Psychophysiology and Biofeedback, 27*(4), 271–272.

Moss-Morris, R., & Petrie, K. J. (1997). Cognitive distortions of somatic experiences: Revision and validation of a measure. *Journal of Psychosomatic Research, 43,* 293–306.

Motivala, S. J., & Irwin, M.R. (2007). Sleep and Immunity: Cytokine pathways linking sleep and health outcomes. *Current Directions in Psychological Science, 16*(1), 21–25.

Motl, R. W., Konopack, J. F., McAuley, E., Elavsky, S., Jerome, G. J., & Marquez, D. X. (2005). Depressive symptoms among older adults: Long-term reduction after a physical activity intervention. *Journal of Behavioral Medicine, 28,* 385–394.

Moya-Albiol, L., Salvador, A., Costa, R., et al. (2001). Psychophysiological responses to the Stroop task after a maximal cycle ergometry in elite sportsmen and physically active subjects. *International Journal of Psychophysiology, 40*(1), 47–60.

Munafo, M. R., & Johnstone, E. C. (2008). Genes and cigarette smoking. *Addiction, 103,* 893-904.

Muellersdorf, M., & Soederback, I. (2000). The actual state of the effects, treatment and incidence of disabling pain in a gender perspective—A Swedish study. *Disability and Rehabilitation, 22,* 840–854.

Muraven, M., Tice, D. M., & Baumeister, R. F. (1998). Self-control as a limited resource: Regulatory depletion patterns. *Journal of Personality and Social Psychology, 74,* 774–789.

Murphy, M. H., Nevill, A. M., Murtagh, E. M., & Holder, R. L. (2007). The effect of walking on fitness, fatness, and resting blood pressure: A meta-analysis of randomized, controlled trials. *Preventive Medicine, 44,* 377–385.

Murray, R. P., Connett, J. E., Tyas, S. L., Bond, R., et al. (2002). Alcohol volume, drinking pattern, and cardiovascular disease morbidity and mortality: Is there a U-shaped function? *American Journal of Epidemiology, 155*(3), 242–248.

Musick, D. W., Cheever, T. R., Quinlivan, S., & Nora, L. M. (2003). Spirituality in medicine: A comparison of medical students' attitudes and clinical performance. *Academic Psychiatry, 27,* 67–73.

Myers, L. B. (2010). The importance of the repressive coping style: Findings from 30 years of research. *Anxiety, Stress, and Coping, 23*(1), 3–17.

Myrin, B. & Lagerstrom, M. (2006). Health behaviour and sense of coherence among pupils aged 14–15. *Scandinavian Journal of Caring Sciences, 20*(3), 339–346.

Naar-King, S., Rongkavilit, C., Wang, B., Wright, K., Chuenyam, T., Lam, P., et al. (2008). Transtheoretical model and risky sexual behavior in HIV positive youth in Thailand. *AIDS Care, 20*(2), 205–211.

Nahin, R. L., Barnes, P. M., Stussman, B. J., & Bloom, B. (2010).Costs of complementary and alternative medicine (CAM) and frequency of visits to CAM practitioners: United States, 2007. *National Health Statistics Reports; no. 18.* Hyattsville, MD: National Center for Health Statistics.

Nakamura, M., Tanaka, M., Kinukawa, N., Abe, S., Itoh, K., Imai, K., Masuda, T., & Nakao, H. (2000). Association between basal serum and leptin levels and changes in abdominal fat distribution during weight loss. *Journal of Atherosclerosis and Thrombosis, 6,* 28–32.

Nakao, M., Nomura, S., Shimosawa, T., Yoshiuchi, K., Kumano, H., Kuboki, T., Suematsu, H., & Fujita, T. (1997). Clinical effects of blood pressure biofeedback treatment on hypertension by auto-shaping. *Psychosomatic Medicine, 59,* 331–338.

Naparstek, B. (1994). *Staying well with guided imagery.* New York: Warner Books.

Nathan, P. E., & O'Brien, J. S. (1971). An experimental analysis of the behavior of alcoholics and nonalcoholics during prolonged experimental drinking: A necessary precursor of behavior therapy? *Behavior Therapy, 2,* 455–476.

National Cancer Institute (NCI). (2010). Breast cancer prevention. U.S. National Institutes of Health. Downloaded from www.cancer.gov on January 29, 2010.

National Cancer Institute (NCI). (2010a). Skin Cancer. Retrieved April 8, 2010 from http://www.cancer.gov/cancertopics/types/skin.

National Cancer Institute (NCI). (2010b). Quitting smoking: Why to quit and how to get help. Retrieved April 8, 2010 from http://www.cancer.gov/cancertopics/factsheet/Tobacco/cessation.

National Cancer Institute (NCI). (2010c). Psychological stress and cancer: Questions and answers. Retrieved April 8, 2010 from http://www.cancer.gov/cancertopics/factsheet/Risk/stress.

National Cancer Institute (NCI). (2010d). Obesity and cancer: Questions and answers. Retrieved April 8, 2010 from http://www.cancer.gov/cancertopics/factsheet/Risk/obesity.

National Cancer Institute (NCI). (2010e). Fluoridated water: Questions and answers. Retrieved April 8, 2010 from http://www.cancer.gov/cancertopics/factsheet/Risk/fluoridated-water.

National Cancer Institute Fast Stats (2010f): An interactive tool for access to SEER cancer statistics. Surveillance Research Program. Retrieved April 8, 2010 from http://seer.cancer.gov/faststats.

National Center for Complementary and Alternative Medicine. (2008). *What is CAM?* Retrieved April 29, 2010 from http://nccam.nih.gov/health/whatiscam/overview.htm.

National Center for Complementary and Alternative Medicine. (2010). Meditation. Retrieved April 29, 2010 from http://nccam.nih.gov/health/meditation/.

National Center for Environmental Health (2006). Asthma. Centers for Disease Control and Prevention. www.cdc.gov/asthma/basics.htm#facts.

National Center for Health Statistics. (1998). *Health, United States.* Hyattsville, MD: United States Government Printing Office; *HIV/AIDS surveillance report, 9,* by Centers for Disease Control and Prevention (CDC), 1998, http://www.cdc.gov/hiv.

National Center for Health Statistics. (1999). *Health, United States, 1997.* Washington, DC: U.S. Government Printing Office.

National Center for Health Statistics (2005). *Health, United States.* Washington, DC: U.S. Government Printing Office, Table 36, pp. 194-195; World Health Organization (2000). *The world health report, 2000.* Geneva: World Health Organization, Annex Table 3, pp. 164–169.

National Center for Health Statistics. (2006). *Healthy People 2000 Review: National Health Promotion and Disease Prevention Objectives.* Hyattsville, MD: Department of Health and Human Services.

National Center for Health Statistics. (2009). *Summary health statistics for U.S. adults: National Health Interview Survey, 2008.* U.S. Department of Health and Human Services, Hyattsville, MD.

National Center for Health Statistics. (2010). Health, United States, 2009: With Special Feature on Medical Technology. Hyattsville, MD.

National Drug Intelligence Center. (2001). Other dangerous drugs. http://www.usdoj.gov/ndic/pubs07/717/odd.htm.

National Institute for Occupational Safety and Health (NIOSH). Occupational cancer. Retrieved April 8, 2010 from http://www.cdc.gov/niosh/topics/cancer/.

National Institutes of Health. (1998). Technology Assessment Statement: *Acupuncture.* Washington, DC: Author.

National Institutes of Health. (2006). Nontraditional health care. National Institutes of Health. U.S. Department of Health and Human Services. http://health.nih.gov/search_results.asp.

National Institutes of Health (NIH) (2010). *Alcohol-related traffic deaths: Fact sheet.* Retrieved March 12, 2010 from http://www.nih.gov/about/researchresultsforthepublic/AlcoholRelatedTrafficDeaths.pdf.

Nauert, R. (2008, April 25). Smoking ups risk of depression. *PsychCentral.* Retrieved March 16, 2010 from http:// psychcentral.com/news/2008/04/25/smoking-ups-risk-of-depression/2190.html.

Navis-Nacher, E. L., Colangelo, L., Beam, C., and Greenland, P. (2001). Risk factors for coronary heart disease in men 18 to 39 years of age. *Annals of Internal Medicine, 134*(6), 433-439.

Nelson, M. E., Fiatarone, M. A., Morganti, C. M., Trice, I., Greenberg, R. A., & Evans, W. J. (1994). Effects of high-intensity strength training on multiple risk factors for osteoporotic fractures. A randomized controlled trial. *Journal of the American Medical Association, 272,* 1909–1914.

Nestoriuc, Y. & Martin, A. (2007). Efficacy of biofeedback for migraine: A meta-analysis. *Pain, 128,* 111–127.

Nevid, J. S., Rathus, S. A., & Rubenstein, H. R. (1998). *Health in the new millennium.* New York: Worth.

Newberg, A. B., & Iversen, J. (2005). The neural basis of the complex mental task of meditation: Neurotransmitter and neurochemical considerations. *Medical Hypotheses, 61*(2), 282–291.

Newton, T. L., & Contrada, R. J. (1992). Repressive coping and verbal autonomic response dissociation: The influence of social context. *Journal of Personality and Social Psychology, 62,* 159–167.

Ng, M. K. C. (2007). New perspectives on Mars and Venus: Unraveling the role of androgens in gender differences in cardiovascular biology and disease. *Heart, Lung, and Circulation, 16,* 185–192.

NHANES III (2002). *Third national health and nutrition examination survey.* U.S. Department of Health and Human Services. http://www.cdc.gov/nchs/products/elec_prods/subject/nhanes3.htm.

NIAAA (2006). College students and drinking. National Institute on Alcohol Abuse and Alcoholism. http://pubs.niaaa.nih.gov/publications/aa29.htm.

NIAAA (2010). National Institute on Alcohol Abuse and Alcoholism. Key Facts and stats. Retrieved September 24, 2010 from http://www.niaaa.nih.gov/AboutNIAAA/NIAAA.SponsoredPrograms/UnderageandCollege.htm.

Niederhoffer, K. G., & Pennebaker, J. W. (2002). Sharing one's story: On the benefits of writing or talking about emotional expression. In

Snyder, C. R. & S. J. Lopez (Eds.), *Handbook of positive psychology* (pp. 573–583). New York: Oxford University Press.

NIH Consensus Development Program (2010, April 26–28). Preventing Alzheimer's disease and cognitive decline. Retrieved April 29, 2010 from http://consensus.nih.gov/2010/docs/alz/alz_stmt.pdf.

NINDS (2010). Neurological complications of AIDS Fact Sheet. *National Institute of Neurological Disorders and Stroke.* Bethesda, MD: National Institutes of Health. Retrieved April 13, 2010 from http://www.ninds.nih.gov/disorders/aids/detail_aids.htm.

Nivision, M. E., & Endresen, I. M. (1993). An analysis of relationships among environmental noise, annoyance and sensitivity to noise, and the consequences for health and sleep. *Journal of Behavior Medicine, 16,* 257–276.

Nolen-Hoeksema, S., Parker, L. E., & Larson, J. (1994). Ruminative coping with depressed mood following loss. *Journal of Personality and Social Psychology, 67,* 92–104.

Nordstrom, C. K., Dwyer, K. M., Merz, C. N., & Dwyer, S. A. (2003). Leisure time physical activity and early atherosclerosis: The Los Angeles Atherosclerosis Study. *American Journal of Medicine, 115*(1), 19–25.

Norris, J., Nurius, P. S., & Dimeff, L. A. (1996). Through her eyes: Factors affecting women's perception of and resistance to acquaintance sexual aggression threat. *Psychology of Women Quarterly, 20,* 123–145.

Norvell, N., & Belles, D. (1993). Psychological and physical benefits of circuit weight training in law enforcement personnel. *Journal of Consulting and Clinical Psychology, 61,* 520–527.

Novotney, A. (2010a). Integrated care is nothing new for these psychologists. *Monitor on Psychology, 41*(1), 41–45.

Novotney, A. (2010b). A prescription for empathy. *Monitor on Psychology, 41*(1), 47–49.

Nowak, R. (1994). Nicotine research. Key study unveiled—11 years late. *Science, 264,* 196–197.

Nurses Health Study (NHS). Retrieved April 8, 2010 from http://www.channing.harvard.edu/nhs/

Nutrition Action Newsletter, 2001. *The best and worst breakfasts.* http://www.cspinet.org/nah/index.htm.

Nutrition Action Health Letter (2006, January/February). Supplementing their income: How celebrities turn trust into cash. http://www.cspinet.org/nah/01_06/sup.pdf#search=%22andrew%20weil%22.

Nyamathi, A., Stein, J. A., & Brecht, M. (1995). Psychosocial predictors of AIDS risk behavior and drug use behavior in homeless and drug addicted women of color. *Health Psychology, 14,* 265–273.

O'Brien, S. J., & Vertinsky, P. A. (1991). Unfit survivors: Exercise as a resource for aging women. *The Gerontologist, 31,* 347–357.

Ockene, J. K., Emmons, K. M., Mermelstein, R. J., Perkins, K. A., Bonollo, D. S., Voorhees, C. C., & Hollis, J. F. (2000). Relapse and maintenance issues for smoking cessation. *Health Psychology, 19,* 17–31.

O'Connor, D. B., & Shimizu, M. (2002). Sense of personal control, stress and coping style: A cross-cultural study. *Stress and Health: Journal of the International Society for the Investigation of Stress, 18,* 173–183.

ODC (2009). *World Drug Report.* Vienna: United Nations Office on Drugs and Crime.

Odendaal, J. S. (2000). Animal-assisted therapy—magic or medicine? *Journal of Psychosomatic Research, 49*(4), 275–280.

O'Keefe, J., Poston, W., Haddock, C., Moe, R., & Harris, W. (2004). Psychosocial stress and cardiovascular disease: How to heal a broken heart. *Comprehensive Therapy, 30*(1), 37–43.

Olds, J., & Milner, P. (1954). Positive reinforcement produced by electrical stimulation of the septal area and other regions of rat brain. *Journal of Comparative and Physiological Psychology, 47,* 419–427.

O'Leary, V. E., & Ickovics, J. R. (1995). Resilience and thriving in response to challenge: An opportunity for a paradigm shift in women's health. *Women's Health, 1*(2), 121–142.

Ondeck, D. M. (2003). Impact of culture on pain. *Home Health Care Management and Practice, 15,* 255–257.

Ong, A. D., Bergeman, C. S., Biscponti, T. L., & Wallace, K. A. (2006). Psychological resilience, positive emotions and successful adaptation to stress in later life. *Journal of Personality and Social Psychology, 91,* 730–749.

Ong, A. D., Fuller-Rowell, T., & Burrow, A. L. (2009). Racial discrimination and the stress process. *Journal of Personality and Social Psychology, 96*(6), 1259–1271.

Onge, J. M. S., & Krueger, P. M. (2008). Education and race/ethnic differences in physical activity profiles in the U.S. presented at the American Sociological Association annual meeting. Boston, Mass., July 31, 2008.

Onishi, N. (2001, February 21). In Africa, Rubensesque rules: Women use animal feed, steroids for beauty ideal. *Anchorage Daily News,* A-1–A-5.

Onishi, N. (2008, June 13). Japan, seeking trim waists, measures millions. *The New York Times* (www.nytimes.com).

Orbell, S., & Hagger, M. (2006). "When no means non": Can reactance augment the theory of planned behavior? *Health Psychology, 25,* 586–594.

Orlando, M., Burnam, M. A., Beckman, R., Morton, S. C., London, A. S., Bing, E. G., & Fleishman, J. A. (2002). Reestimating the prevalence of psychiatric disorders in a nationally representative sample of persons receiving care for HIV: Results from the HIV Cost and Services Utilization Study. *International Journal of Methods in PsychiatricResearch, 11*(2), 75–82.

Ory, M. G., & Cox, D. M. (1994). Forging ahead: Linking health and behavior to improve quality of life in older people. *Social Indicators Research, 33,* 89–120.

Ospina, M. B., Bond, T. K., Karkhaneh, H., and others (2007). Meditation practices for health: State of the research. Evidence Report/Technology Assessment no. 155. Rockville, MD: Agency for Healthcare Research and Quality; 2007. AHRQ publication no. 07–E010.

Ostelo, R. W. J. G., van Tulder, M. W., Vlaeyen, J. W. S., Linton, S. J., Morley, S. J., & Assendelft, W. J. J. (2007). Behavioural treatment for chronic low-back pain. *Cochrane Database of Systematic Reviews,* Cochrane AN: CD002014.

Ostir, G. V., Markides, K. S., Black, S. A., & Goodwin, J. S. (2000). Emotional well-being predicts subsequent functional independence and survival. *Journal of the American Geriatrics Society, 48,* 473–478.

Owen, N., & Vita, P. (1997). Physical activity and health. In A. Baum, S. Newman, J. Weinman, R. West, & C. McManus (Eds.), *Cambridge handbook of psychology, health and medicine* (pp. 154–157). Cambridge: Cambridge University Press.

Ozer, E. J. (2005). The impact of violence on urban adolescents: Longitudinal effects of perceived school connection and family support. *Journal of Adolescent Research, 20,* 167–192.

Paffenbarger R. S., Jr., Hyde, R. T., Wing, A. L., & Hsieh, C. C. (1986). Physical activity, all-cause mortality, and longevity of college alumni. *The New England Journal of Medicine, 314,* 605–613.

Pagoto, S., McChargue, D., & Fuqua, R. W. (2003). Effects of a multi-component intervention on motivation and sun protection behaviors among Midwestern beachgoers. *Health Psychology, 22*(4), 429–433.

Pall, M. L. (2000). Elevated, sustained peroxynitrite levels as the cause of chronic fatigue syndrome. *Medical Hypotheses, 54,* 115–125.

Parker, R. (2000). Health literacy: A challenge for American patients and their health care providers. *Health Promotion International, 15,* 277–283.

Paran, E., Amir, M., & Yaniv, N. (1996). Evaluating the response of mild hypertensives to biofeedback-assisted relaxation using a mental stress test. *Journal of Behavior Therapy and Experimental Psychiatry, 27,* 157–167.

Parkinson's Disease Foundation (2010). What is Parkinson's disease? Retrieved October 18, 2010 from http://www.pdf.org/.

Parrott, A. C. (1999). Does cigarette smoking cause stress? *American Psychologist, 54,* 817–820.

Parsons, J. T., Huszti, H. C., Crudder, S. O., et al. (2000). Maintenance of safer sexual behaviours: Evaluation of a theory-based intervention for HIV seropositive men with haemophilia and their female partners. *Haemophilia, 6*(3), 181–190.

Pate, J. E., Pumariega, A. J., Hester, C., & Garner, D. M. (1992). Cross-cultural patterns in eating disorders: A review. *Journal of the American Academy of Child and Adolescent Psychiatry, 31,* 802–809.

Patterson, D. R., Jensen, M. P., & Montgomery, G. H. (2010). Hypnosis for pain control. In S. J. Lynn, J. W. Rhue, & I. Kirsch (Eds.) Handbook of Clinical Hypnosis (2nd Ed). Washington, DC: American Psychological Association.

Patterson, T. L., Shaw, W. S., Semple, S. J., & Cherner, M. (1996). Relationship of psychosocial factors to HIV disease progression. *Annals of Behavioral Medicine, 18*, 30–39.

Patterson, T. L., Shaw, W. S., & Semple, S. J. (2003). Reducing the sexual risk behaviors of HIV+ individuals: Outcome of a randomized controlled trial. *Annals of Behavioral Medicine, 25*(2), 137–145.

Paul, K., Boutain, D., Manhart, L., & Hitti, J. (2008). Racial disparity in bacterial vaginosis: The role of socioeconomic status, psychosocial stress, and neighborhood characteristics, and possible implications for preterm birth. *Social Science and Medicine, 67*(5), 824–833.

Pauly, M. V., & Pagan, J. A. (2007). Spillovers and vulnerability: The case of community uninsurance. *Health Affairs, 26*, 1304–1314.

Pawlyck, A.C., Ferber, M., Shah, A., Pack, A. & Naidoo, N. (2007). Proteomic analysis of the effects and interactions of sleep deprivation and aging in mouse cerebral cortex. *Journal of Neurochemistry, 103*(6), 2301–2313.

Pearsall, P. (2004). *The Beethoven factor: The new psychology of hardiness, happiness, healing, and hope.* New York: Hampton Roads Publishing.

Peat, G. M., Moores, L., Goldingay, S., & Hunter, M. (2001). Pain management program follow-ups. A national survey of current practice in the United Kingdom. *Journal of Pain and Symptom Management, 21*, 218–226.

Pechmann, C., & Shih, C. F. (1999). Smoking scenes in movies and antismoking advertisements before movies: Effects on youth. *Journal of Marketing, 63*, 1–13.

Peeke, P. (2010, January 25). Just what is an average woman's size anymore? *WebMD Everyday Fitness.* Retrieved March 5, 2010 from http://blogs.webmd.com/pamela-peeke-md/2010/01/just-what-is-average-womans-size.html.

Peeters, A., Barendregt, J.J., Willekens, F., Mackenbach, J.P., Mamun, A.A. & Bonneux, L. (2003). Obesity in adulthood and its consequences for life expectancy: A life-table analysis. *Annals of Internal Medicine, 138*, 24–32.

Pender, N. J., Walker, S. N., Sechrist, K. R., & Frank-Stromborg, M. (1990). Predicting health-promoting lifestyles in the workplace. *Nursing Research, 39*, 326–332.

Penedo, F. J., Dahn, J. R., Molton, I., et al. (2004). Cognitive-behavioral stress management improves stress-management skills and quality of life in men recovering from treatment of prostate carcinoma. *Cancer, 100*(1), 192–200.

Penedo, F. J., Gonzalez, J. S., Davis, C., Dahn, J. et al. (2003). Coping and psychological distress among symptomatic HIV+ men who have sex with men. *Annals of Behavioral Medicine, 25*(3), 203–213.

Penley, J. A., Tomaka, J., & Wiebe, J. S. (2002). The association of coping to physical and psychological health outcomes: A meta-analytic review. *Journal of Behavioral Medicine, 25*(6), 551–603.

Pennebaker, J. W. (1982). *The psychology of physical symptoms.* New York: Springer-Verlag.

Pennebaker, J. W. (1988). Confiding relationships and health. In S. Fisher & J. Reason (Eds.). *Handbook of life stress, cognition, and health* (pp. 669–682). London: John Wiley & Sons.

Pennebaker, J. W. (1992). Inhibition as the linchpin of health. In H. S. Friedman (Ed.), *Hostility, coping, & health* (pp. 127–139). Washington, DC: American Psychological Association.

Pennebaker, J. W. (1995). Emotion, disclosure, and health: An overview. In J. W. Pennebaker (Ed.). *Emotion, disclosure, and health* (pp. 3–10). Washington, DC: American Psychological Association.

Pennebaker, J. W., & Francis, M. E. (1996). Cognitive, emotional, and language processes in disclosure. *Cognition & Emotion, 10*, 601–626.

Pennebaker, J. W., Hughes, C. F., & O'Heeron, R. C. (1987). The psychophysiology of confession: linking inhibitory and psychosomatic processes. *Journal of Personality and Social Psychology, 52*, 781–793.

Penninx, B. W., van Tilburg, T., Boeke, A. J., Deeg, D. J., Kriegsman, D. M., & van Eijk, J. T. (1998). Effects of social support and personal coping resources on depressive symptoms: Different for various chronic diseases? *Health Psychology, 17*, 551–558.

Peralta-Ramirez, M. I., Jimenez-Alonzo, J., Godoy-Garcia, J. F., & Perez-Garcia, M. (2004). The effects of daily stress and stressful life events on the clinical symptomology of patients with lupus erythematosus. *Psychosomatic Medicine, 66*, 788–794.

Perkins, K. A., Dubbert, P. M., Martin, J. E., Faulstich, M. E., & Harris, J. K. (1986). Cardiovascular reactivity to psychological stress in aerobically trained versus untrained mild hypertensives and normotensives. *Health Psychology, 5*, 407–421.

Perkins, H. W. (2005). Social norms and the prevention of alcohol misuse in collegiate contexts. *Journal of Studies on Alcohol, Supplement 14*, 164–172.

Perkins, W. H., Haines, M. P., & Rice, R. (2005). Misperceiving the college drinking norm and related problems: A nationwide study of exposure to prevention information, perceived norms, and student alcohol misuse. *Journal of Studies on Alcohol, 66*(4), 470–478.

Perlick, D., & Silverstein, B. (1994). Faces of female discontent: Depression, disordered eating, and changing gender roles. In P. Fallon & M. A. Katzman (Eds.), *Feminist perspectives on eating disorders* (pp. 77–93). New York: Guilford.

Perls, T. T., & Fretts, R. C. (1998). Why women live longer than men. *Scientific American, 2*, 100–103.

Perna, F. M., Antoni, M. H., Baum, A., et al. (2003). Cognitive behavioral stress management effects on injury and illness among competitive athletes: A randomized clinical trial. *Annals of Behavioral Medicine, 25*(1), 66–73.

Perri, M. G. (1998). The maintenance of treatment effects in the long-term management of obesity. *Clinical Psychology: Science and Practice, 5*, 526–543.

Perri, M. G., Limacher, M. C., Durning, P. E., Janicke, D. M., Lutes, L. D., Bobroff, L. B., Dale, M. S., Daniels, J. J., Radcliff, T. A., & Martin, A. D. (2008). Extended-care programs for weight management in rural communities. *Archives of Internal Medicine, 168*(21), 2347–2354.

Perry-Jenkins, M., Repetti, R. L., & Crouter, A. C. (2000). Relationship Processes: Work and family in the 1990s. *Journal of Marriage and the Family, 62*(4), 981–997.

Persson, R., Hansen, A-M, Ohlsson, K., Balogh, I., Nordander, C., & Orbaek, P. (2009). Physiological and psychological reactions to work in men and women with identical job tasks. *European Journal of Applied Physiology, 105*(4), 595–606.

Pert, C. B. (2003). *Molecules of emotion: The science behind mind-body medicine.* New York: Simon & Schuster.

Pert, C. B., Dreher, H. E., & Ruff, M. R. (1998). The psychosomatic network: Foundations of mind–body medicine. *Alternative Therapies in Health and Medicine, 4*, 30–41.

Perz, C. A., DiClemente, C. C., & Carbonari, J. P. (1996). Doing the right thing at the right time? The interaction of stages and processes of change in successful smoking cessation. *Health Psychology, 15*, 462–468.

Peterson, A. V., Kealey, K. A., Mann, S. L., Marek, P. M., & Sarason, I. G. (2000). Hutchinson Smoking Prevention Project: Long-term randomized trial in school-based tobacco use prevention—results on smoking. *Journal of the National Cancer Institute, 92*, 1979–1991.

Peterson, C. & Steen, T. A. (2002). Optimistic explanatory style. In Snyder, C. R. & S. J. Lopez (Eds.), *Handbook of positive psychology* (pp. 244–256). New York: Oxford University Press.

Peterson, C., & Stunkard, A. J. (1989). Personal control and health promotion. *Social Science and Medicine, 28*, 819–828.

Peterson, L., Crowson, J., Saldana, L., & Holdridge, S. (1999). Of needles and skinned knees: Children's coping with medical procedures and minor injuries for self and other. *Health Psychology, 18*, 197–200

Peto, R., Lopez, A. D., Boreham, J., Thun, M., Heath, C., & Doll, R. (1996). Mortality from smoking worldwide. *British Medical Bulletin, 52*, 12–21.

Petrie, K. J., Booth, R. J., & Davison, K. P. (1995). Repression, disclosure, and immune function: Recent findings and methodological issues. In J. W. Pennebaker (Ed.), *Emotion, disclosure, and health* (pp. 223–237). Washington, DC: American Psychological Association.

Pets and Aging (2001). Science supports the human-animal bond. Atlanta: PAWSitive Interaction. www.pawsitiveinteraction.org

Phillips, W. T., Kiernan, M., & King, A. C. (2001). The effects of physical activity on physical and psychological health. In A. Baum, T. A.

Revenson, & J. E. Singer (Eds.), *Handbook of health psychology* (pp. 627–657). Mahwah, NJ: Erlbaum.

Pierce, J. P., & Gilpin, E. A. (2004). How did the master settlement agreement change tobacco industry expenditures for cigarette advertising and promotions? *Health Promotion Practice, 5*(3), 84–90.

Pike, K. M., & Rodin, J. (1991). Mothers, daughters, and disordered eating. *Journal of Abnormal Psychology, 100*, 1–7.

Pilisuk, M., Boylan, R., & Acredolo, C. (1987). Social support, life stress, and subsequent medical care utilization. *Health Psychology, 6*, 273–288.

Pingitore, R., Dugoni, B. L., Tindale, R. S., & Spring, B. (1994). Bias against overweight job applicants in a simulated employment interview. *Journal of Applied Psychology, 79*, 909–917.

Piper, M. E., Smith, S. S., Schlam, T. R., Fiore, M. C., Jorenby, D. E., Fraser, D., & Baker, T. B. (2009). A randomized placebo-controlled clinical trial of 5 smoking cessation pharmacotherapies. *Archives of General Psychiatry, 66*(11), 1253–1262.

Piscitelli, S. C., Burstein, A. H., Chaitt, D., Alfaro, R. M., & Falloon, J. (2000). Indinavir concentrations and St. John's wort. *Lancet, 355*, 547–548.

Pi-Sunyer, X. (2003). A clinical view of the obesity problem. *Science, 299*(5608), 859–860.

Pistrang, N., & Barker, C. (1995). The partner relationship in psychological response to breast cancer. *Social Science and Medicine, 40*, 689–697.

Player, M. S., King, D. E., Mainous, A. G., & Geesey, M. E. (2007). Psychosocial factors and progression from prehypertension to hypertension or coronary heart disease. *Annals of Family Medicine, 5*, 403–411.

Plomin, R., DeFries, J. C., McClearn, G. E., & McGuffin, P. (2001). *Behavioral genetics* (4th ed.). New York: Worth.

Plomin, R., Fries, J. C., McClearn, G. E., Rutter, M., & Rose, S. (1997). Behavioral genetics. *Nature, 388*(6638), 138–139.

Plomin, R., McClearn, G. E., McGuffin, P., & DeFries, J. C. (2000). *Behavioral genetics* (4th ed.). New York: Worth.

Pluhar, E. I., Frongillo, E. A., Stycos, J. M., & Dempster-McClain, D. (2003). Changes over time in college students' family planning knowledge, preference, and behavior and implications for contraceptive education and prevention of sexually transmitted infections. *College Students Journal, 37*(3), 420–434.

Pollard, T. M., & Schwartz, J. E. (2003). Are changes in blood pressure and total cholesterol related to changes in mood? An 18-month study of men and women. *Health Psychology, 22*(1), 47–3.

Pollay, R. W. (2000). Targeting youth and concerned smokers: Evidence from Canadian tobacco industry documents. *Tobacco Control, 9*(2), 136–147.

Polina, E. R., Contini, V., Hutz, M. H., & Bau, C. H. (2009). The serotonin 2A receptor gene in alcohol dependence and tobacco smoking. *Drug and Alcohol Dependence, 101*(1), 128.

Pollock, S. E. (1986). Human responses to chronic illness: Physiologic and psychosocial adaptation. *Nursing Research, 35*, 90–95.

Pomeranz, J. L., & Brownell, K. D. (2008). Legal and public health considerations affecting the success, reach, and impact of menu-labeling laws. *American Journal of Public Health, 98*(9), 1578–1583.

Ponniah, K., & Hollon, S. D. (2009). Empirically supported psychological treatments for acute stress disorder and posttraumatic stress disorder: A review. *Depression and Anxiety, 26*(12), 1086–1090.

Pool, G. J., Schwegler, A. F., Theodore, B. R., & Fuchs, P. N. (2007). Role of gender norms and group identification on hypothetical and experimental pain tolerance. *Pain, 129*, 122–129.

Potter, J. D. (1997). Hazards and benefits of alcohol. *New England Journal of Medicine, 337*, 1763–1764.

Prescott, E., Osler, M., Hein, H. O., Borch-Johnsen, K., Schnohr, P., & Vestbo, J. (1998). Life expectancy in Danish women and men related to smoking habits: Smoking may affect women more. *Journal of Epidemiology and Community Health, 52*(2), 131–132.

Primack, A., & Spencer, J. (1996). *The collection and evaluation of clinical research data relevant to alternative medicine and cancer.* Bethesda, MD: Office of Alternative Medicine, National Institutes of Health.

Prochaska, J. L., DiClemente, C. C., & Norcross, J. C. (1992). In search of how people change: Applications to addictive behaviors. *The American Psychologist, 47*(9), 1102–1114.

Prochaska, J. O., Redding, C. A., Harlow, L. L., Rossi, J. S., & Velicer, W. F. (1994). The transtheoretical model of change and HIV prevention: A review. *Health Education Quarterly, 21*, 471–486.

Prochaska, J. O., Velicer, W. F., Fava, J., & Laforge, R. (1995). Toward disease-state management for smoking. Stage-matched expert systems for a total managed care population of smokers. (Manuscript submitted for publication.)

Prochaska, J. O. (1996a). A stage paradigm for integrating clinical and public health approaches to smoking cessation. *Addictive Behaviors, 21*, 721–732.

Prochaska, J. O. (1996b). Revolution in health promotion: Smoking cessation as a case study. In R. J. Resnick & R. H. Rozensky (Eds.), Health psychology through the life span: Practice and research opportunities (pp. 361–37). Washington, DC: American Psychological Association.

Prochaska, J. J., Velicer, W. F., Prochaska, J. O., Dlucchi, K., & Hall, S. M. (2006). Comparing intervention outcomes in smokers treated for single versus multiple behavioral risks. *Health Psychology, 25*, 380–388.

Project Inform (2005). Pregnancy and HIV disease: Issues that positive women may face when they're pregnant. Retrieved October 23, 2010 from http://www.projectinform.org/info/pregnancy/04.shtml

Psychoneuroimmunology Research Society (PNIRS) (2010). Mission Statement. Retrieved February 8, 2010 from https://www.pnirs.org.

Ptacek, J. T., & Eberhardt, T. L. (1996). Breaking bad news. A review of the literature. *Journal of the American Medical Association, 276*, 496–502.

Ptacek, J. T., Smith, R. E., & Zanas, J. (1992). Gender, appraisal, and coping: A longitudinal analysis. *Journal of Personality, 60*, 747–770.

Puhl, R., & Brownell, K. D. (2001). Bias, discrimination, and obesity. *Obesity Research, 9*(12), 788–805.

Pumariega, A. J. (1986). Acculturation and eating attitudes in adolescent girls: A comparative and correlational study. *Journal of the American Academy of Child Psychiatry, 25*, 276–279.

Puska, P. (1999). The North Karelia project: From community intervention to national activity in lowering cholesterol levels and CHD risk. *European Heart Journal Supplements, 1*, S1–S4.

Quackwatch. (2006). Implausibility of EDTA chelation therapy. http://www.quackwatch.org/.

Quartana, P. J., Laubmeier, K. K., & Zakowski, S. G. (2006). Psychological adjustment following diagnosis and treatment of cancer: An examination of the moderating role of positive and negative emotional expressivity. *Journal of Behavioral Medicine, 29*, 487–498.

Quick, J. C., & Quick, J. D. (1984). *Organizational stress and preventive management.* New York: McGraw-Hill.

Quick, J. C., & Quick, J. D. (2004). *Organizational stress and preventive management.* New York: McGraw-Hill.

Quigley, L. A., & Marlatt, G. A. (1996). Drinking among young adults: Prevalence, patterns and consequences. *Alcohol Health and Research World, 20*, 185–191.

Quigley, K. S., Barrett, L. F., & Weinstein, S. (2002). Cardiovascular patterns associated with threat and challenge appraisals: A within-subjects analysis. *Psychophysiology, 39*(3), 292–302.

Rabasca, L. (1999, November). Imagery, massage and relaxation recognized as ways to manage pain. *American Psychological Association Monitor, 30*, 9.

Rabin, B. S. (1999). *Stress, immune function, and health: The connection.* New York: John Wiley.

Rahe, R. H., Mahan, J. L., & Arthur, R. J. (1970). Prediction of near-future health changes from subjects' preceding life changes. *Journal of Psychosomatic Research, 14*, 401–406.

Rahim-Williams, F. B., Riley, J. L, Herrera, D., Campbell, C. M., Hastie, B. A., & Fillingim, R. B. (2007). Ethnic identity predicts experimental pain sensitivity in African Americans and Hispanics. *Pain, 129*, 177–184.

Raikkonen, K., Matthews, K. A., & Salomon, K. (2003). Hostility predicts metabolic syndrome risk factors in children and adolescents. *Health Psychology, 22*(3), 279–286.

Raloff, J. (1996). Vanishing flesh: Muscle loss in the elderly finally gets some respect. *Science News, 150*, 90–91.

Raloff, J. (2006). Breakfast trends. *Science News, 169*(15), 238. Ramachandran, V. S., & Rogers-Ramachandran, D. (2000). Phantom limbs and neural plasticity. *Archives of Neurology, 57*, 317–320.

Ramons, K. D., Schafer, S., & Tracz, S. M. (2003). Learning in practice: Validation of the Fresno test of competence in evidence-based medicine. *British Medical Journal, 326,* 319–321.

Ramsay, S., Ebrahim, S., Whincup, P., Papacosta, O., Morris, R., Lennon, L., and others (2008). Social engagement and the risk of cardiovascular disease mortality: Results of a prospective population-based study of older men. *Annals of Epidemiology, 18,* 476–483.

Ranadive, U. (1997). Phantom limbs and rewired brains. *Technology Review, 100,* 17–18.

Rand, C. S., & Kuldau, J. M. (1990). The epidemiology of obesity and self-defined weight problem in the general population: Gender, race, age, and social class. *International Journal of Eating Disorders, 9,* 329–343.

Rau, R. (2006). The association between blood pressure and work stress: The importance of measuring isolated systolic hypertension. *Work & Stress, 20*(1), 84–97.

Ray, C. (1997). Chronic fatigue syndrome. In A. Baum, S. Newman, J. Weinman, R. West, & C. McManus (Eds.), *Cambridge handbook of psychology, health and medicine* (pp. 408–409). Cambridge: Cambridge University Press.

Reed, G. M., Kemeny, M. E., Taylor, S. E., et al. (1999). Negative HIV-expectancies and AIDS-related bereavement as predictors of symptom onset in asymptomatic HIV-positive gay men. *Health Psychology, 18*(4), 354–363.

Reeves, J. L., Graff-Radford, S. B., & Shipman, D. (2004). The effects of transcutaneous electrical nerve stimulation on experimental pain and sympathetic nervous system response. *Pain Medicine, 5,* 150–161.

Regoeczi, W. C. (2003). When context matters: A multilevel analysis of household and neighbourhood crowding on aggression and withdrawal. *Journal of Environmental Psychology, 23,* 457–470.

Reid, C. M., Gooberman-Hill, R., & Hanks, G.,W. (2008). Opioid analgesics for cancer pain: Symptom control for the living or comfort for the dying? A qualitative study to investigate the factors influencing the decision to accept morphine for pain caused by cancer. *Annals of Oncology, 19,* 44.

Reiff, M., Zakut, H., & Weingarten, M. A. (1999). Illness and treatment perceptions of Ethiopian immigrants and their doctors in Israel. *American Journal of Public Health, 89,* 1814–1818.

Rejeski, W. J., Focht, B. C., Messier, S. P., Morgan, T., Pahor, M., & Penninx, B. (2002). Obese, older adults with knee osteoarthritis: Weight loss, exercise, and quality of life. *Health Psychology, 21*(5), 419–426.

Relman, A. S. (1998, December 14). A trip to stonesville. *The New Republic Online.* http://www.tnr.com/archive/1298/121498/relman121498.html.

Renner, M. J., & Mackin, R. S. (1998). A life stress instrument for classroom use. *Teaching of Psychology, 25,* 47.

Repetti, R. L. (1993). Short-term effects of occupational stressors on daily mood and health complaints. *Health Psychology, 12,* 125–131.

Repetti, R. L., Taylor, S. E., & Seeman, T. E. (2002). Risky families: Family social environments and the mental and physical health of offspring. *Psychological Bulletin, 128*(2), 330–338.

Repetto, P. B., Caldwell, C. H., & Zimmerman, M. A. (2005). A longitudinal study of the relationship between depressive symptoms and cigarette use among African American adolescents. *Health Psychology, 24,* 209–219.

Resnick, M. D., Bearman, P. S., Blum, R. W. et al. (1997). Protecting adolescents from harm. Findings from the National Longitudinal Study on Adolescent Health. *Journal of the American Medical Association, 278*(10), 823–832.

Rexrode, K. M., Carey, V. J., Hennekens, C. H., Walters, E. E., Colditz, G. A., Stampfer, M. J., Willett, W. C., & Manson, J. E. (1998). Abdominal adiposity and coronary heart disease in women. *Journal of the American Medical Association, 280,* 1843–1848.

Rich. L. E. (2004, January). Bringing more effective tools to the weight-loss table. *Monitor on Psychology,* 52–55.

Reynolds, P., & Kaplan, G. A. (1990). Social connections and risk for cancer: Prospective evidence from the Alameda County Study. *Behavioral Medicine, 16,* 101–110.

Ringstrom, G., Abrahamsson, H., Strid, H., & Simren, M. (2007). Why do subjects with irritable bowel syndrome seek health care for their symptoms? *Scandinavian Journal of Gastroenterology, 42,* 1194–1203

Robert Wood Johnson Foundation. (2001). *Substance Abuse: The Nation's Number One Health Problem.* http://www.rwif.org.

Roberts, C. K. (2007). Inactivity and fat cell hyperplasia: Fat chance? *Journal of Applied Physiology, 102*(4), 1308–1309.

Roberts, C. K., Vaziri, N. D., & Barnard, R. J. (2002). Effect of diet and exercise intervention on blood pressure, insulin, oxidative stress, and nitric oxide availability. *Circulation, 106*(20), 2530–2532.

Robinson, T. E., & Berridge, K. C. (2000). The psychology and neurobiology of addiction: An incentive-sensitization view. *Addiction, 95,* S91–S117.

Robinson, T. E., & Berridge, K. C. (2003). Addiction. *Annual Review of Psychology, 54,* 25–53.

Robles, T. F., Glaser, R., Kiecolt-Glaser, J. K. (2005). Out of balance: A new look at chronic stress, depression, and immunity. *Current Directions in Psychological Science, 14*(2), 111–115.

Rock, V. J., Malarcher, A., Kahende, J. W., Asman, K., Husten, C., & Caraballo, R. (2007). Cigarette smoking among adults—United States, 2006. *Morbidity and Mortality Weekly Reports, 56,* 1157–1161.

Rockhill, B., Willett, W. C., Hunter, D. J., Manson, J. E., Hankinson, S. E., & Colditz, G. A. (1999). A prospective study of recreational physical activity and breast cancer risk. *Archives of Internal Medicine, 159,* 2290–2296.

Rodin, J. (1986). Aging and health: Effects of the sense of control. *Science, 233,* 1271–1276.

Rodriguez, D., Romer, D., & Audrain-McGovern, J. (2007). Beliefs about the risks of smoking mediate the relationship between exposure to smoking and smoking. *Psychosomatic Medicine, 69,* 106–113.

Rodriguez, D., Romer, D., & Audrain-McGovern, J. (2007). Beliefs about the risks of smoking mediate the relationship between exposure to smoking and smoking. *Psychosomatic Medicine, 67,* 200–210.

Roehling, M. V., & Winters, D. (2000). Job security rights: The effects of specific policies and practices on the evaluation of employers. *Employee Responsibilities and Rights Journal, 12,* 25–38.

Roelofs, J., Boissevain, M. D., Peters, M. L., de Jong, J.R., & Vlaeyen, J. W. S. (2002). Psychological treatments for chronic low back pain: Past, present, and beyond. *Pain Reviews, 9,* 29–40.

Roethlisberger, F. J., & Dickson, W. J. (1939). *Management and the worker.* Cambridge, MA: Harvard University Press.

Rolls, B. J., Morris, E. L., & Roe, L. S. (2002). Portion size of food affects energy intake in normal-weight and overweight men and women. *American Journal of Clinical Nutrition, 76*(6), 1207–1213.

Rogers, C. J., Colbert, L. H., Greiner, J. W., Perkins, S. N., & Hursting, S. D. (2008). Physical activity and cancer prevention: Pathways and targets for intervention. *Sports Medicine, 38,* 271–296.

Root, M. P. (1990). Disordered eating in women of color [Special issue: Gender and ethnicity: Perspectives on dual status]. *Sex Roles, 227,* 525–536.

Rosal, M. C., Olendzki, B., Reed, G. W., Gumieniak, O., Scavron, J., & Ockene, L. (2005). Diabetes self-management among low-income Spanish-speaking patients: A pilot study. *Annals of Behavioral Medicine, 29,* 225–235.

Rosario, M., Salzinger, S., Feldman, R. S., & Ng-Mak, D. S. (2008). The roles of social support and coping. *American Journal of Community Psychology, 41,* 43–62.

Rosario, M., Shinn, M., Morch, H., & Huckabee, C. (1988). Gender differences in coping and social supports: Testing socialization and role constraint theories. *Journal of Community Psychology* (Special Issue: *Women in the Community*), *16,* 55–69.

Rosen, C. S. (2000). Is the sequencing of change processes by stage consistent across health problems? A meta-analysis. *Health Psychology, 19,* 593–604.

Rosenberg, E. L., Ekman, P., & Blumenthal, J. A. (1998). Facial expression and the affective component of cynical hostility in male coronary heart disease patients. *Health Psychology, 17,* 376–380.

Rosenbloom, A. L., Joe, J. R., Young, R. S., & Winter, W. E. (1999). Emerging epidemic of type 2 diabetes in youth. *Diabetes Care, 22,* 345–354.

Rosenfeldt, F., Miller, F., Nagley, P., Hadj, A., et al. (2004). The cardiovascular system: Response of the senescent heart to stress. *Annals of the New York Academy of Sciences, 1019,* 78–84.

Rosengren, A., Wilhelmsen, L., & Orth-Gomer, K. (2004). Coronary disease in relation to social support and social class in Swedish men: A 15-year follow-up in the study of men born in 1933. *European Heart Journal, 25*(1), 56–63.

Rosmalen, J. G. M., Neeleman, J., Gans, R. O. B., & de Jonge, P. (2006). The association between neuroticism and self-reported common symptoms in a population cohort. *Journal of Psychosomatic Research, 62*(3), 305–311.

Ross, C. E., & Mirowsky, J. (2002). Family relationships, social support and subjective life expectancy. *Journal of Health and Social Behavior, 43*(4), 469–489.

Roter, D. L., & Hall, J. A. (2004). Physician gender and patient-centered communication: A critical review of empirical research. *Annual Review of Public Health, 25*, 497–519.

Rothenbacher, D., Hoffmeister, A., Brenner, H., & Koenig, W. (2003). Physical activity, coronary heart disease, and inflammatory response. *Archives of Internal Medicine, 163*(10), 1200–1205.

Rotter, J. B. (1966). Generalized expectancies for internal versus external control of reinforcement. *Psychological Monographs, 80*(1), 1–28.

Rozanski, A., Blumenthal, J. A., & Kaplan, J. (1999). Clinical cardiology: New frontiers—impact of psychological factors on the pathogenesis of cardiovascular disease and implications for therapy. *Circulation, 99*(16), 2192–2217.

Rozin, P., Kabnick, K., Pete, E., Fischler, C., & Shields, C. (2003). The ecology of eating: Smaller portion sizes in France than in the United States help explain the French paradox. *Psychological Science, 14*(5), 450–454.

Ruberman, W., Weinblatt, E., Goldberg, J. D., & Chaudhary, B. S. (1984). Psychosocial influences on mortality after myocardial infarction. *New England Journal of Medicine, 311*, 552–559.

Ruble, D. (1972). Premenstrual symptoms: A reinterpretation. *Science, 197*, 291–292.

Russell, R. G. (1979). Bulimia nervosa: An ominous variant of anorexia nervosa. *Psychological Medicine, 9*, 429–448.

Rutledge, T. & Linden, W. (2003). Defensiveness and 3-year blood pressure levels among young adults: The mediating effect of stress reactivity. *Annals of Behavioral Medicine, 25*(1), 34–40.

Rutten, G. (2005). Diabetes patient education: Time for a new era. *Diabetic Medicine, 22*, 671–673.

Rutter, M. (1979). Protective factors in children's responses to stress and disadvantage. In W. M. Kent & J. E. Rolf (Eds.), *Primary prevention of psychopathology*, vol. 3 (pp. 49–74). Hanover, NH: University Press of New England.

Rutters, F., Nieuwenhuizen, A. G., Lemmens, S .G., Born, J. M., & Westertep-Plantenga, M. S. (2009). Acute stress-related changes in eating in the absence of hunger. *Obesity, 17*(1), 72–77.

Rutz, D. (1998, September 22). Study tracks causes, treatment of perplexing chronic fatigue syndrome. http://www.cnn.com/health.

Ryff, C. D., Singer, B. H., Wing, E., & Love, G. D. (2001). Elective affinities and uninvited agonies: Mapping emotion with significant others onto health. In C. D. Ryff & B. H. Singer (Eds.), *Emotion, social relationships, and health* (pp. 133–175). New York: Oxford University Press.

Saab, P. G., McCalla, J. R., Coons, H. L., Christensen, A. J., et al. (2004). The future of health psychology: Technological and medical advances—implications for health psychology. *Health Psychology, 23*(3), 142–146.

Saad, L. (2006, February 13). Nearly one in five teens is overweight. *Gallup News Service*. Retrieved March 8, 2010 from http://www.gallup.com/poll/21409/Nearly-One-Five-Teens-Overweight.aspx.

Saelens, B. E., Sallis, J. F., & Frank, L. D. (2003). Environmental correlates of walking and cycling: Findings from the transportation, urban design, and planning literatures. *Annals of Behavioral Medicine, 25*(2), 80–91.

Saez, E., Tontonoz, P., Nelson, M. C., Alvarez, J. G., Baird, S. M., Thomazy, V. A., & Evans, R. M. (1998). Activators of the nuclear receptor PPARg enhance polyp formation. *Nature Medicine, 4*, 1058–1061.

Safer, M. A., Tharps, Q. J., Jackson, T. C., & Leventhal, H. (1979). Determinants of three stages of delay in seeking care at a medical clinic. *Medical Care, 17*, 11–29.

Sakurai, T., Amemiya, A., Ishii, M., Masuzaki, I., Chemelli, R. M., Tanaka, H., Williams, S. C., Richardson, J. A., Kozlowski, G. P., Wilson, S., Arch, J. R. S., Buckingham, R. E., Hynes, A. C., Carr, S. A., Annan, R. S., McNulty, D E., Liu, W-S., Terrett, J. A., Elshourbagy, N. A., Bergsma, D. J., & Yanagisawa, M. (1998). Orexins and orexin receptors: A family of hypothalamic neuropeptides and G protein-coupled receptors that regulate feeding behavior. *Cell, 92*, 573–585.

Salovey, P. (2011). Framing health messages. In M. A. Gernsbacher, R.W. Pew, L. M. Hough, & J. R. Pomerantz (Eds.) *Psychology and the Real World*. New York: Worth Publishers, 214–223.

Salzmann, P., Kerlikowske, K., & Phillips, K. (1997). Cost-effectiveness of extending screening mammography guidelines to include women 40 to 49 years of age. *Annals of Internal Medicine, 127*, 955–965.

SAMHSA (2009). *Substance Abuse and Mental Health Services Administration. Results from the 2008 National Survey on Drug Use and Health: National Findings.* (Office of Applied Studies, NSDUH Series H-36, HHS Publication No. SMA 09-4434). Rockville, MD.

Sanchez-Vaznaugh, E., Kawachi, I., Subramanian, S.V., Sanchez, B.N., & Acevedo-Garcia, D. (2009). Do socioeconomic gradients in BMI vary by race/ethnicity, gender and birthplace? *American Journal of Epidemiology, 169*(9), 1102–1112.

Sander, R. (2009) Musica therapy to reduce sleep problems, *Nursing Older People, 21*(7), 13.

Sanders, L. (2009). Sleepless. *The New York Times Magazine*, May 10, 17–18.

Sanders, S. H., Brena, S. F., Spier, C. J., Beltrutti, D., McConnell, H., & Quintero, O. (1992). Chronic low back patients around the world: Cross-cultural similarities and differences. *The Clinical Journal of Pain, 8*, 317–323.

Sapolsky, R. (1990). Glucocorticoids, hippocampal damage and the glutamatergic synapse. *Progress in Brain Research, 86*, 13–20.

Sapolsky, R. M. (1998). *The trouble with testosterone and other essays on the biology of the human predicament*. New York: Simon & Schuster.

Sapolsky, R.M. (2004). Why zebras don't get ulcers (3rd edition). New York: Holt.

Sapolsky R.M. (2004a). Organismal stress and telomeric aging: An unexpected connection. *Proceedings of the National Academy of Sciences, 101*(50), 17323–17324.

Sastry, J. & Ross, C. E. (1998). Asian ethnicity and the sense of personal control. *Social Psychological Quarterly, 61*(2), 101–120.

Satterlund, M. J., McCaul, K. D., & Sandgren, A. K. (2003). Information gathering over time by breast cancer patients. *Journal of Medical Internet Research, 5*(3), 15–26.

Sayette, M. A., & Hufford, M. R. (1997). Effects of smoking urge on generation of smoking-related information. *Journal of Applied Social Psychology, 27*, 1295–1405.

Scarscelli, D. (2006). Drug addiction between deviance and normality: A study of spontaneous and assisted remission. *Contemporary Drug Problems, 33*, 237–274.

Schachter, S. (1978). Pharmacological and psychological determinants of smoking. *Annals of Internal Medicine, 88*, 104–114.

Schachter, S., Silverstein, B., Kozlowski, L. T., Perlick, D., Herman, C. P., & Liebling, B. (1977). Studies of the interaction of psychological and pharmacological determinants of smoking. *Journal of Experimental Psychology General, 106* 3–12.

Schaubroeck, J., Ganster, D. C., & Kemmerer, B. E. (1994). Job complexity, "type A" behavior, and cardiovascular disorder: A prospective study. *Academy of Management Journal, 37*, 426–438.

Scheier, L. M., & Botvin, G. J. (1997). Expectancies as mediators of the effects of social influences and alcohol knowledge on adolescent alcohol use: A prospective analysis. *Psychology of Addictive Behaviors, 11*, 48–64.

Scheier, M. F., & Bridges, M. W. (1995). Person variables and health: Personality predispositions and acute psychological states as shared determinants for disease. *Psychosomatic Medicine, 57*, 255–268.

Schell, F. J., Allolio, B., & Schonecke, O. W. (1994). Physiological and psychological effects of Hatha-Yoga exercise in healthy women. *International Journal of Psychosomatics, 41*, 46–52.

Schernhammer, E. (2005). Taking their own lives—The high rate of physician suicide. *The New England Journal of Medicine, 352*, 2473-2476.

Referências

Scherwitz, L., Perkins, L., Chesney, M., & Hughes, G. (1991). Cook-Medley Hostility Scale and subsets: Relationship to demographic and psychosocial characteristics in young adults in the CARDIA study. *Psychosomatic Medicine, 53,* 36–49.

Schifter, D. E., & Ajzen, I. (1985). Intention, perceived control, and weight loss: An application of the theory of planned behavior. *Journal of Personality and Social Psychology, 49,* 843–851.

Schlebusch, L. (2004). The Development of a Stress Symptom Checklist. *South African Journal of Psychology, 34*(3), 327–349.

Schleifer, S. J., Keller, S. E., Camerino, M., Thorton, J. C., & Stein, M. (1983). Suppression of lymphocyte stimulation following bereavement. *Journal of the American Medical Association, 250,* 374–377.

Schmaltz, H. N., Southern, D., Ghali, W. A., Jelinski, S. F., Parsons, G. A., King, K., and others (2007). Living alone, patient sex and mortality after acute myocardial infarction. *Journal of General Internal Medicine, 22,* 572–578.

Schmidt, J. E., & Andrykowski, M. A. (2004). The role of social and dispositional variables associated with emotional processing in adjustment to breast cancer: An internet-based study. *Health Psychology, 23*(3), 259–266.

Schmidt, U., & Grover, M. (2007). Computer-based intervention for bulimia nervosa and binge eating. In J. Latner & G. T. Wilson (Eds.), *Self-help for obesity and binge eating.* New York: Guilford Press.

Schmidt, L. A., Santess, D. L., Schulkin, J., & Segalowitz, S. J. (2007). Shyness is a necessary but not sufficient condition for high salivary cortisol in typically developing 10-year-old children. *Personality and Individual Differences, 43*(6), 1541–1551.

Schneiderman, N. E., Gellman, M., Peckerman, A., et al. (2000). Cardiovascular reactivity as an indicator of risk for future hypertension. In McCabe, P. M., N. E. Schneiderman, T. Field, & A. R. Wellens (Eds.), *Stress, coping, and cardiovascular disease* (pp. 181–202). Mahwah, NJ: Lawrence Erlbaum.

Schnittker, J. (2007). Working more and feeling better: Women's health, employment, and family life. *American Sociological Review, 72,* 221–238.

Schnoll, R. A., James, C., Malstrom, M., Rothman, R. L., et al. (2003). Longitudinal predictors of continued tobacco use among patients diagnosed with cancer. *Annals of Behavioral Medicine, 25*(3), 214–221.

Schoenborn, C. A., & Adams, P. F. (2010). Health behaviors of adults: United States, 2005–2007. National Center for Health Statistics. *Vital Health Stat 10*(245).

Schoenborn, C. A., Adams, P. F., Barnes, P. M., Vickerie, J. L., & Schiller, J. S. (2004). Health behaviors of adults: United States, 1999–2001. *Vital and health statistics. Series 10, Data from the National Health Survey, 219,* 1–79. Hillsdale, NJ: Erlbaum.

Schonwald, A. (2008). ADHD and food additives revisited. *AAP Grand Rounds. American Academy of Pediatrics, 19,* 17.

Schousboe, K., Visscher, P. M., Erbads, B., Kyvik, K. O., Hopper, J. L., Henriksen, J. E., and others (2004). Twin study of genetic and environmental influences on adult body size, shape, and composition. *International Journal of Obesity, 28,* 39–48.

Schroecksnadel, K., Sarcletti, M., Winkler, C., Mumelter, B., Weiss, G., Fuchs, D., and others (2008). Quality of life and immune activation in patients with HIV-infection. *Brain, Behavior, and Immunity. 22*(6), 881–889.

Schuckit, M. A., & Smith, T. L. (1996). An 8-year follow-up of 450 sons of alcoholic and control subjects. *Archives of General Psychiatry, 53*(3), 202–210.

Schulenberg, J., Bachman, J. G., O'Malley, P. M., & Johnston, L. D. (1994). High school educational success and subsequent substance abuse. *Journal of Health and Social Behavior, 35*(1), 45–62.

Schulman, K. A., Berlin, J., Harless, W., Kerner, J. F., Sistrunk, S. H., Garish, B. J., and others. (1999). The effect of race and sex on physicians' recommendations for cardiac catheterization. *The New England Journal of Medicine, 340*(8), 618–625.

Schwartz, B. (2004). *The paradox of choice.* New York: Harper Collins Publishers.

Schwartz, M. (2003, October 21). Don't blame stress on long work hours. *Benefits Canada, 33*(3), 31.

Schwartz, M. B., & Puhl, R. (2003). Childhood obesity: A societal problem to solve. *Obesity Reviews, 4*(1), 57–71.

Schwartz, M. B., & Brownell, K. D. (1995). Matching individuals to weight loss treatments: A survey of obesity experts. *Journal of Consulting and Clinical Psychology, 63,* 149–153.

Schwartz, M. D., Chambliss, H. O., Brownell, K. D., Blair, S. N., & Billington, C. (2003). Weight bias among health professionals specializing in obesity. *Obesity Research, 11*(9), 1033–1039.

Science Daily (2007, September 5). 'Skinny gene' exists. UT Southwestern Medical Center. Retrieved March 5, 2010 from http://www.sciencedaily.com/releases/2007/09/ 070904122434.htm.

Scott, L. D. (2001). Living in a complex social world: The influence of cultural value orientation, perceived control, and racism-related stress on coping among African-American adolescents. *Dissertation Abstracts International, 61*(12–A), 4950.

Scott, S. (1999, September 3). Wellness programs benefit bottom line, studies show. *Houston Business Journal.* www.bizjournals.com/houston/.

Scott-Sheldon, L. A. J., Kalichman, S. C., Carey, M. P., & Fielder, R. L. (2008). Stress management interventions for HIV positive adults: A meta-analysis of randomized controlled trials, 1989 to 2006. *Health Psychology, 27,* 129–139.

Scully, J. A., Tosi, H., & Banning, K. (2000). Life events checklists: Revisiting the Social Readjustment Rating Scale after 30 years. *Educational and Psychological Measurement, 60,* 864–876.

Searle, A., & Bennett, P. (2001). Psychological factors and inflammatory bowel disease: A review of a decade of literature. *Psychology, Health and Medicine, 6,* 121–135.

Sears, S. F., Urizar, G. G., & Evans, G. D. (2000). Examining a stress-coping model of burnout and depression in extension agents. *Journal of Occupational Health Psychology, 5,* 56–62.

Sedlacek, K., & Taub, E. (1996). Biofeedback treatment of Raynaud's disease. *Professional Psychology: Research and Practice, 27,* 548–553.

Seeman, M., & Lewis, S. (1995). Powerlessness, health and mortality: A longitudinal study of older men and mature women. *Social Science and Medicine, 41,* 517–525.

SEER (2010). SEER area socioeconomic variations and cancer. Retrieved April 8, 2010 from http://seer.cancer.gov/publications/ses/summary.pdf.

Seeman, T. E., Gruenewald, T., Sidney, S., Liu, K., Schwartz, J., McEwen, B., & Karlamangla, A. S. (2009). Modeling multi- system biological risk in young adults: Coronary Artery Risk Development in Young Adults Study (CARDIA). *American Journal of Human Biology.* 2009 Dec 28. [Epub ahead of print]. PMID: 20039257.

Segerstrom, S. C. (2006). Optimism and resources: Effects on each other and on health over 10 years. *Journal of Research in Personality, 41,* 772–786.

Segerstrom, S. C. (2007). Stress, energy, and immunity: An ecological view. *Current Direction in Psychological Science, 16,* 326–330.

Segerstrom, S. C., & Miller, G. E. (2004). Psychological stress and the human immune system: A meta-analytic study of 30 years of inquiry. *Psychological Bulletin, 130*(4), 601–629.

Segerstrom, S. C., & Miller, G. E. (2004). Psychological stress and the immune system: A meta-analytic study of 30 years of inquiry. *Psychological Bulletin, 130*(4), 601–630.

Segerstrom, S. C., Taylor, S. E., Kemeny, M. E., & Fahey, J. (1998). Optimism is associated with mood, coping and immune change in response to stress. *Journal of Personality and Social Psychology, 74*(6), 1646–1655.

Segerstrom, S. C., Taylor, S. E., Kemeny, M. E., Reed, G. M., & Visscher, B. R. (1996). Causal attributions predict rate of immune decline in HIV-seropositive gay men. *Health Psychology, 15,* 485–493.

Seid, R. (1994). Too "close to the bone": The historical context for women's obsession with slenderness. In P. Fallon & M. A. Katzman (Eds.), *Feminist perspectives on eating disorders* (pp. 3–16). New York: Guilford.

Self, C. A., & Rogers, R. W. (1990). Coping with threats to health: Effects of persuasive appeals on depressed, normal, and antisocial personalities. *Journal of Behavioral Medicine, 13,* 343–358.

Seligman, M. E. P. (1975). *Helplessness: On depression, development, and death.* New York: W. H. Freeman.

Seligman, M. E. P., & Csikszentmihalyi, M. (2000). Positive psychology: An introduction. *American Psychologist, 55,* 5–14.

Seligman, M. E. P., & Maier, S. F. (1967). Failure to escape traumatic shock. *Journal of Experimental Psychology, 74,* 1–9.

Seligman, M. E. P., Reivich, K., Jaycox, L., & Gillham, J. (1995). *The optimistic child.* Boston, MA: Houghton Mifflin.

Seligman, M. E. P. (2002). Positive psychology, positive prevention, and positive therapy. In C. R. Snyder & S. J. Lopez (Eds.) *Handbook of positive psychology* (pp. 3–9). New York: Oxford University Press.

Selwyn, P. A. (1986). AIDS: What is now known. *Hospital Practice, 21,* 125–130.

Selye, H. (1974). *The stress of life.* New York: McGraw-Hill.

Senchak, M., Leonard, K. E., & Greene, B. W. (1998). Alcohol use among college students as a function of their typical social drinking context. *Psychology of Addictive Behaviors, 12,* 62–70.

Sepa, A., Wahlberg, J., Vaarala, O., Frodi, A., & Ludvigsson, J. (2005). Psychological stress may induce diabetes-related autoimmunity in infancy. *Diabetes Care, 28,* 290–298.

Severeijns, R., Vlaejen, J. W. S., Hout, M. M. A., & Picavet, H. J. (2004). Pain catastrophizing is associated with health indices in musculoskeletal pain: A cross-sectional study in the Dutch community. *Health Psychology, 23*(1), 49–56.

Shapiro, D., Tursky, B., Gershon, E., & Stern, M. (1969). Effects of feedback and reinforcement on the control of human systolic blood pressure. *Science, 163,* 588–590.

Sharpe, M., Hawton, K., Simkin, S., Surawy, C., Hackmann, A., Klimes, I., Peto, T., Warrell, D., & Seagroatt, V. (1996). Cognitive behaviour therapy for the chronic fatigue syndrome: A randomized clinical trial. *British Medical Journal, 312,* 22–26.

Sharpley, C. F., Tanti, A., Stone, J. M., & Lothian, P. J. (2004). *Counseling Psychology Quarterly, 17*(1), 45–52.

Sheikh, A. I., & Marotta, S. A. (2008). Best practices for counseling in cardiac rehabilitation settings. *Journal of Counseling and Development, 86*(1), 111–119.

Shekelle, R. B., Gale, M., Ostfield, A. M., & Paul, O. (1983). Hostility, risk of coronary heart disease and mortality. *Psychosomatic Medicine, 45,* 109–114.

Shen, B. J., Avivi, Y. E., Todaro, J. F., Spiro, A., Laurenceau, J. P., Ward, K. D., and others (2008). Anxiety characteristics independently and prospectively predict myocardial infarction in men: The unique contribution of anxiety among psychologic factors. *Journal of the American College of Cardiology, 51,* 113–119.

Sher, K. J., Bartholow, B. D., & Nanda, S. (2001). Short- and long-term effects of fraternity and sorority membership on heavy drinking: A social norms perspective. *Psychology of Addictive Behaviors, 15,* 42–51.

Sherman, R. A., Sherman, C. J., & Parker, L. (1984). Chronic phantom and stump pain among American veterans: Results of a survey. *Pain, 18,* 83–95.

Sherwin, E. D., Elliott, T. R., Rybarczyk, B. D., & Frank, R. G. (1992). Negotiating the reality of caregiving: Hope, burnout and nursing. *Journal of Social & Clinical Psychology, 11,* 129–139.

Shiffman, S. (2006). Reflections on smoking relapse research. *Drug and Alcohol Review, 25*(1), 15–20.

Shilts, R. (1987). *And the band played on: Politics, people, and the AIDS epidemic.* New York: St. Martin's.

Shirom, A., Toker, S., Berliner, S., & Shapira, I. (2008). The Job Demand-Control-Support model and micro-inflammatory responses among healthy male and female employees: A longitudinal study. *Work and Stress, 22*(2), 138–152.

Shoff, S. M., Newcomb, P. A., Trentham-Dietz, A., Remington, P. L., Mittendorf, R., Greenberg, E. R., et al. (2000). Early-life physical activity and postmenopausal breast cancer: Effect of body size and weight change. *Cancer Epidemiology 9,* 591–595.

Shope, J. T., Elliott, M. R., Raghunathan, T. E., & Waller, P. F. (2001). Long-term follow-up of a high school misuse prevention program's effect on students' subsequent driving. *Alcoholism: Clinical and Experimental Research, 25*(3), 403–410.

Showalter, E. (1999). *Histories: Hysterical epidemics and modern culture.* New York: Columbia University Press.

Shumaker, S. A., & Hill, D. R. (1991). Gender differences in social support and physical health. *Health Psychology: Special Issue: Gender and Health, 10,* 102–111.

Siegel, J. M., Angulo, F. J., Detels, R., Wesch, J., & Mullen, A. (1999). AIDS diagnosis and depression in the Multicenter AIDS Cohort Study: The ameliorating impact of pet ownership. *AIDS Care, 11,* 157–170.

Siegel, K., Gluhoski, V. L., & Karus, D. (1997). Coping and mood in HIV-positive women. *Psychological Reports, 81*(2), 435–442.

Siegel, K., & Krauss, B. J. (1991). Living with HIV infection: Adaptive tasks of seropositive gay men. *Journal of Health and Social Behavior, 32,* 17–32.

Sigerist, H. E. (1971). *The great doctors; A biographical history of medicine.* Freeport, NY: Books for Libraries Press.

Siegler, I. C., Costa, P. T., Brummett, B. H., et al. (2003). Patterns of change in hostility from college to midlife in the UNC alumni heart study predict high-risk status. *Psychosomatic Medicine, 65*(5), 738–745.

Siegler, I. C., Peterson, B. L., Barefoot, J. C., & Williams, R. B. (1992). Hostility during late adolescence predicts coronary risk factors at mid-life. *American Journal of Epidemiology, 136,* 146–154.

Silagy, C., Lancaster, T., Stead, L., Mant, D., & Fowler, G. (2005). Nicotine replacement therapy for smoking cessation. *Cochrane Library.* Retrieved March 18, 2010 from http://www2.cochrane.org/reviews/en/ab000146.html.

Silverman, M. M., Eichler, A., & Williams, G. D. (1987). Self-reported stress: Findings from the 1985 National Health Interview Survey. *Public Health Reports, 102,* 47–53.

Silverstein, P. (1992). Smoking and wound healing. *American Journal of Medicine, 93,* 1A–22S.

Simoni, J. M., Pantalone, D. W., Plummer, M. D., & Huang, B. (2007). A randomized controlled trial of a peer support intervention targeting antiretroviral medication adherence and depressive symptomatology in HIV-positive men and women. *Health Psychology, 26*(4), 488–495.

Simpson, N., Lenton, S., & Randall, R. (1995). Parental refusal to have children immunized: Extent and reasons. *British Medical Journal, 310,* 227–230.

Singer, E. M. (1988). Delay behavior among women with breast symptoms. In T. Field, & P. M. McCabe (Eds.), *Stress and coping across development* (pp. 163–188). Hillsdale, NJ: Erlbaum.

Singer, J. E., Lundberg, U., & Frankenhaeuser, M. (1978). Stress on the train: A study of urban commuting. In A. Baum, J. E. Singer, & S. Valins (Eds.), *Advances in environmental psychology.* Hillsdale, NJ: Erlbaum.

Sjostrom, L. V. (1992). Morbidity of severely obese subjects. *American Journal of Clinical Nutrition, 55,* 508–515.

Skevington, S. M. (1995). *Psychology of pain.* Chichester, England: Wiley.

Sleep Foundation (2010). How sleep works. Retrieved March 1, 2010 from www.http://www.sleepfoundation.org/primary-links/how-sleep-works.

Sleet, D. A., Liller, K. D., White, D. D., et al. (2004). Injuries, injury prevention and public health. *American Journal of Health Behavior, 28*(1), S6.

Sloan, R. P., Bagiella, E., & Powell, T. (1999). Religion, spirituality, and medicine. *Lancet, 353,* 664–667.

Smedley, B. D., Stith, A. Y., & Nelson, A. R. (2003). *Unequal Treatment: Confronting Racial and Ethnic Disparities in Health Care.* Washington, DC: National Academy Press.

Smith, C., Cowan, C., Heffler, S., & Catlin, A. (2006). National health spending in 2004: Recent slowdown led by prescription drug spending. *Health Affairs, 25*(1), 186–196.

Smith, J. C. (2005). *Relaxation, meditation, and mindfulness: A mental health practitioner's guide to new and traditional approaches.* New York: Springer.

Smith, L. K., Jadavji, N. M., Colwell, K. L., Perehudoff, S. K., Metz, G. A. (2008). Stress accelerates neural degeneration and exaggerates motor symptoms in a rat model of Parkinson's disease. *European Journal of Neuroscience, 27*(8), 2133–2146.

Smith, T. J. (1998). Health service studies in the terminally ill patient. *Cancer Treatment and Research, 97,* 81–97.

Smith, T. W., & Gallo, L. C. (2001). Personality traits as risk factors for physical illness. In A. Baum, T. A. Revenson, & J. E. Singer (Eds.), *Handbook of health psychology* (pp. 139–173). Mahwah, NJ: Erlbaum.

Smyth, J. M., & Pennebaker, J. W. (2001). What are the health effects of disclosure? In A. Baum, T. A. Revenson, & J. E. Singer (Eds.), *Handbook of health psychology* (pp. 339–348). Mahwah, NJ: Erlbaum.

Snodgrass, S. E. (1998). Thriving: Broadening the paradigm beyond illness to health—personal experience with breast cancer. www.looksmart.com.

Snyder, J. L., & Bowers, T. G. (2008). The efficacy of acamprosate and naltrexone in the treatment of alcohol dependence: A relative benefits analysis of randomized controlled trials. *American Journal of Drug and Alcohol Abuse, 34,* 449–461.

Soldz, S. & Cui, X. (2002). Pathways through adolescent smoking: A 7-year longitudinal grouping analysis. *Health Psychology, 21*(5), 495–594.

Sorensen, G. (1985). Sex differences in the relationship between work and health: The Minnesota Heart Survey. *Journal of Health & Social Behavior, 26,* 379–394.

Solomon, G. F. (1991). Psychosocial factors, exercise, and immunity: Athletes, elderly persons, and AIDS patients. *International Journal of Sports Medicine, 12*(Suppl. 1), S50–S52.

Solomon, G. F., & Moss, R. H. (1964). Emotions, immunity, and disease: A speculative theoretical integration. *Archives of General Psychiatry, 11,* 657–674.

Solomon, G. F., Segerstrom, S. C., Grohr, P., Kemeny, M., & Fahey, J. (1997). Shaking up immunity: Psychological and immunologic changes after a natural disaster. *Psychosomatic Medicine, 59,* 114–127.

Sorkin, D., Rook, K. S., & Lu, J. L. (2002). Loneliness, lack of emotional support, lack of companionship, and the likelihood of having a heart condition in an elderly sample. *Annals of Behavioral Medicine, 24*(4), 290–298.

Spalding, K. L. (2008). Dynamics of fat cell turnover in humans. *Nature, 453,* 783–787.

Spanos, N. P., & Coe, W. C. (1992). A social-psychological approach to hypnosis. In E. Fromm & M. R. Nash (Eds.), *Contemporary hypnosis research.* New York: Guilford.

Spasojevic, J., & Alloy, L. B. (2001). Rumination as a common mechanism relating depressive risk factors to depression. *Emotion, 1,* 25–37.

Spiegel, D. (1996). Psychological stress and disease course for women with breast cancer: one answer, many questions. *Journal of the National Cancer Institute, 88*(1), 629–631.

Spiegel, D., Bloom, J. R., Kraemer, H. C., & Gottheil, E. (1989). Effect of psychosocial treatment on survival of patients with metastatic breast cancer. *The Lancet, 2,* 888–891.

Stacy, A. W., Bentler, P. M., & Flay, B. R. (1994). Attitudes and health behavior in diverse populations: Drunk driving, alcohol use, binge eating, marijuana use, and cigarette use. *Health Psychology, 13,* 73–85.

Stamler, J., Stamler, R., Neaton, J. D., Wentworth, D., Daviglus, M. L., Garside, D., et al. (1999). Low-risk factor profile and long-term cardiovascular and noncardiovascular mortality and life expectancy: Findings for 5 large cohorts of young adult and middle-aged men and women. *Journal of the American Medical Association, 282,* 2012–2018.

Stanovich, K. E., & West, R. F. (1998). Individual differences in rational thought. *Journal of Experimental Psychology: General, 127*(1), 161–188.

Stansfield, S. A., Marmot, M. G., & Baum, A. S. (2004). Stress and the heart: psychosocial pathways to coronary heart disease. *Contemporary Psychology, 49*(4), 429–431.

Stanton, A. L., Danoff-Burg, S., Cameron, C. L., Bishop, M., et al. (2000). Emotionally expressive coping predicts psychological and physical adjustment to breast cancer. *Journal of Consulting and Clinical Psychology, 68*(5), 875–882.

Starr, J. M., Shields, P. G., Harris, S. E., Pattie, A., Pearce, M. S., Relton, C. L., & Deary, I. J. (2008). Oxidative stress, telomere length and biomarkers of physical aging in a cohort aged 79 years from the 1932 Scottish Mental Survey. *Mechanisms of Ageing and Development, 129*(12), 745–751.

Stathopoulou, G., Powers, M. B., Berry, A. C., Smiths, J. A. J., & Otto, M. W. (2006). Exercise interventions for mental health: A quantitative and qualitative review. *Clinical Psychology: Science and Practice, 13,* 179–193.

Statistical Abstract of the United States, 2008 by the U.S. Census Bureau, 2008. Washington, DC: U.S. Government Printing Office.

Stead, L. F., Perera, R., Bullen, C., Mant, D., & Lancaster, T. (2008). Nicotine replacement therapy for smoking cessation. *Cochrane Database of Systematic Reviews,* Cochrane AN: CD000146.

Stein, J., & Nyamathi, A. (1999). Gender differences in behavioural and psychosocial predictors of HIV testing and return for test results in a high-risk population. *AIDS Care* Special Issue: AIDS Impact: 4th International Conference on the Biopsychosocial Aspects of HIV Infection, *12,* 343–356.

Steinberg, L. (2007). Risk taking in adolescence: New perspectives from brain and behavioral science. *Current Directions in Psychological Science, 16*(2), 55–59.

Steinberg, L., & Morris, A. S. (2001). Adolescent development. *Annual Review of Psychology, 52,* 83–110.

Steinhausen, H. C. (2002). The outcome of anorexia nervosa in the 20th century. *American Journal of Psychiatry, 159,* 1284–1293.

Stephens, M. B. (2009). Cardiac rehabilitation. *American Family Physician, 80*(9), 955–959.

Steptoe, A. (1997). Stress and disease. In A. Baum, S. Newman, J. Weinman, R. West, & C. McManus (Eds.), *Cambridge handbook of psychology, health and medicine* (pp. 174–177). Cambridge: Cambridge University Press.

Steptoe, A. & Ayers, S. (2004). Stress, health and illness. In S. Sutton, A. Baum, & M. Johnston (Eds.). *The Sage handbook of health psychology, 169–196.*

Steptoe, A., Fieldman, G., & Evans, O. (1993). An experimental study of the effects of control over work pace on cardiovascular responsivity. *Journal of Psychophysiology, 7,* 290–300.

Steptoe, A., Hamer, M., & Chida, Y. (2007). The effects of acute psychological stress on circulating inflammatory factors in humans: A review and meta-analysis. *Brain, Behavior, and Immunity, 21,* 901–912.

Steptoe, A., O'Donnell, K., & Badrick, E. (2008). Neuroendocrine and inflammatory markers associated with positive affect in healthy men and women: The Whitehall II study. *American Journal of Epidemiology, 167*(1), 96–102.

Steptoe, A., Perkins-Porras, L., McKay, C., Rink, E., Hilton, S., & Cappuccio, F. P. (2003). Psychological factors associated with fruit and vegetable intake and with biomarkers in adults from a low-income neighborhood. *Health Psychology, 22*(2), 148–155.

Steptoe, A., Siegrist, J., Kirschbaum, C., & Marmot, M. (2004). Effort-reward imbalance, overcommitment, and measures of cortisol and blood pressure over the working day. *Psychosomatic Medicine, 66,* 323–329.

Steptoe, A., Wardle, J., Pollard, T. M., & Canaan, L. (1996). Stress, social support and health-related behavior: A study of smoking, alcohol consumption and physical exercise. *Journal of Psychosomatic Research, 41,* 171–180.

Stern, M., Norman, S., & Komm, C. (1993). Medical students' differential use of coping strategies as a function of stressor type, year of training, and gender. *Behavioral Medicine, 18,* 173–180.

Sternbach, R. A. (1986). Pain and "hassles" in the United States: Findings of the Nuprin Pain Report. *Pain, 27,* 69–80.

Sternberg, E. (2000). *The balance within: The science connecting health and emotions.* New York: W. H. Freeman & Company.

Sternberg, E. M. (2001). *The balance within: The science connecting health and emotions.* New York: W. H. Freeman.

Stewart, D. E., Abbey, S. E., Shnek, Z. M., Irvine, J., & Grace, S. L. (2004). Gender differences in health information needs and decisional preferences in patients recovering from an acute ischemic coronary event. *Psychosomatic Medicine, 66,* 42–48.

Stewart, L. K., Flynn, M. G., Campbell, W. W., Craig, B. A., Robinson, J .P., & Timmerman, K. L. (2007). The influence of exercise training on inflammatory cytokines and C-reactive protein. *Medicine and Science in Sports and Exercise, 39,* 1714–1719.

Stice, E., Myers, M. G., & Brown, S. A. (1998). Relations of delinquency to adolescent substance use and problem use: A prospective study. *Psychology of Addictive Behaviors, 12,* 136–146.

Stice, E., Spangler, D., & Agras, W.S. (2001). Exposure to media-portrayed thin-ideal images adversely affects vulnerable girls: A longitudinal experiment. *Journal of Social and Clinical Psychology, 20,* 270–288.

Stickgold, R. (2009). The simplest way to reboot your brain. *Harvard Business Review, 87*(10), 36.

Stone, A. A., Mezzacappa, E. S., Donatone, B. A., & Gonder, M. (1999). Psychosocial stress and social support are associated with prostate-

-specific antigen levels in men: Results from a community screening program. *Health Psychology, 18*(5), 482–486.

Stone, G. C., Cohen, F., & Adler, N. (1979). *Health psychology—A handbook.* San Francisco: Jossey-Bass.

Stone, R. (2005). In the wake: Looking for keys to posttraumatic stress. *Science, 310,* 1605.

Straub, R. H., & Kalden, J. R. (2009). Stress of different types increases the proinflammatory load in rheumatoid arthritis. *Arthritis Research and Therapy, 11*(3), 114–115.

Strawbridge, W. J., Wallhagen, M. I., & Shema, S. J. (2000). New NHLBI clinical guidelines for obesity and overweight: Will they promote health? *American Journal of Public Health, 90,* 340–343.

Strecher, V. J., & Rosenstock, I. M. (1997). The health belief model. In A. Baum, S. Newman, J. Weinman, R. West, & C. McManus (Eds.), *Cambridge handbook of psychology, health and medicine* (pp. 113–117). Cambridge: Cambridge University Press.

Striegel-Moore, R. M., & Bulik, C. M. (2007). Risk factors for eating disorders. *American Psychologist, 62,* 181–198.

Striegel-Moore, R. H., Cachelin, F. M., Dohm, F. A., Pike, K. M., et al. (2001). Comparison of binge eating disorder and bulimia nervosa in a community sample, *The International Journal of Eating Disorders, 29*(2), 157–165.

Striegel-Moore, R. H., Silberstein, L. R., & Rodin, J. (1993). The social self in bulimia nervosa: Public self-consciousness, social anxiety, and perceived fraudulence. *Journal of Abnormal Psychology, 102,* 297–303.

Strogatz, D. S., Croft, J. B., James, S. A., Keenan, N. L., Browning, S. R., Garrett, J. M., & Curtis, A. B. (1997). Social support, stress, and blood pressure in black adults. *Epidemiology, 8*(5), 482–487.

Stuart, R. B. (1974). Teaching facts about drugs: Pushing or preventing. *Journal of Educational Psychology, 66,* 189–201.

Stuckey, S. J., Jacobs, A., & Goldfarb, J. (1986). EMG biofeedback training, relaxation training, and placebo for the relief of chronic back pain. *Perceptual and Motor Skills, 63,* 1023–1036.

Stygall, J., Newman, S. P., Fitzgerald, G., Steed, L., et al. (2003). Cognitive change 5 years after coronary artery bypass surgery. *Health Psychology, 22*(6), 579–586.

Sullivan, M., Paice, J. A., & Beneditti, F. (2004). Placebos and treatment of pain. *Pain Medicine, 5*(3), 325–328.

Suls, J., & Bunde, J. (2005). Anger, anxiety, and depression as risk factors for cardiovascular disease: The problems and implications of overlapping affective dispositions. *Psychological Bulletin, 131,* 260–300.

Suls, J. & Green, P. (2003). Pluralistic ignorance and college student perceptions of gender-specific alcohol norms. *Health Psychology, 22*(5), 479–485.

Suhr, J., Demireva, P., & Heffner, K. (2008). The reaction of salivary cortisol to patterns of performance on a word list learning task in healthy older adults. *Psychoneuroimmunology, 33*(9), 1293–1296.

Surtees, P. G., Wainwright, N. W. J., Luben, R., Khas, K., & Dy, N. E. (2006). Mastery, sense of coherence, and mortality: Evidence of independent associations from the EPIC-Norfolk prospective cohort study. *Health Psychology, 25,* 102–110.

Sussman, S., Sun, P., & Dent, C. W. (2006). A meta-analysis of teen cigarette smoking cessation. *Health Psychology, 25,* 549–557.

Sutton, S. (1997). The theory of planned behavior. In A. Baum, S. Newsman, J. Weinman, R. West, & C. McManus (Eds.), *Cambridge handbook of psychology, health, and medicine* (p. 178). Cambridge, UK: Cambridge University Press.

Sutton, S. R. (1996). Can "stages of change" provide guidance in the treatment of addictions? A critical examination of Prochaska and DiClemente's model. In G. Edwards & C. Dare (Eds.), *Psychotherapy, psychological treatments, and the addictions* (pp. 189–205). Cambridge: Cambridge University Press.

Swan, G. E., & Carmelli, D. (1996). Curiosity and mortality in aging adults: A 5-year follow-up of the Western Collaborative Group Study. *Psychology and Aging, 11,* 449–453.

Swarr, A., & Richards, M. (1996). Longitudinal effects of adolescent girls' pubertal development, perceptions of pubertal timing, and parental relations on eating problems. *Developmental Psychology, 32,* 636–646.

Swendeman, D., Rotheram-Borus, M., Comulada, S., Weiss, R., & Ramos, M. E. (2006). Predictors of HIV-related stigma among young people living with HIV. *Health Psychology, 25*(4), 501–509.

Szapary, P. O., Bloedon, L. T., & Foster, B. D. (2003). Physical activity and its effects on lipids. *Current Cardiology Reports, 5,* 488–492.

Szasz, T. S., & Hollender, M. H. (1956). A contribution to the philosophy of medicine. *Archives of Internal Medicine, 97,* 585–592.

Taheri, S. (2004). Does the lack of sleep make you fat? *University of Bristol Research News.* Retrieved March 1, 2010 from www.bristol.ac.uk.

Talbot, F., Nouwen, A., Gingras, J., Belanger, A., & Audet, J. (1999). Relations of diabetes intrusiveness and personal control to symptoms of depression among adults with diabetes. *Health Psychology, 18,* 537–542.

Tamres, L., Janicki, D., & Helgeson, V. S. (2002). Sex differences in coping behavior: A meta-analytic review. *Personality and Social Psychology Review, 6,* 2–30.

Tan, D., Barger, J. S., & Shields, P. G. (2006). Alcohol drinking and breast cancer. *Breast Cancer Online, 9*(4), 1–11.

Tarter, R. E., Vanyukov, M., Kirisci, L., Reynolds, M., & Clark, D. B. (2006). Predictors of marijuana use in adolescents before and after illicit drug use: Examination of the gateway hypothesis. *American Journal of Psychiatry, 163*(12), 2134–2140.

Taylor, E. (1997). Shiftwork and health: In A. Baum, S. Newman, J. Weinman, R. West, & C. McManus (Eds.), *Cambridge handbook of psychology, health and medicine* (pp. 318–319). Cambridge, UK: Cambridge University Press.

Taylor, R. D., Roberts, D., & Jacobson, L. (1997). Stressful life events, psychological well-being, and parenting in African American mothers. *Journal of Family Psychology, 11,* 436–446.

Taylor, S. E., & Brown, J. D. (1988). Illusion and well-being: A social-psychological perspective on mental health. *Psychological Bulletin, 103*(2), 193–210.

Taylor, S. E., Cousino, L., Lewis, B. P., Grunewald, T. L., Gurung, R. A., & Updegraff, J. A. (2000). Biobehavioral responses to stress in females: Tend-and-befriend, not fight-or-flight. *Psychological Review, 107*(3), 411–429.

Taylor, S. E., Gonzaga, G., Klein, L. C., Hu, P., Greendale, G. A., & Seeman, S. E. (2006). Relation of oxytocin to psychological stress responses and hypothalamic-pituitary-adrenocortical axis activity in older women. *Psychosomatic Medicine, 68,* 238–245.

Taylor, S. E., Lerner, J. S., Sherman, D. K., Sage, R. M., & McDowell, N. K. (2003). Are self-enhancing cognitions associated with healthy or unhealthy biological profiles. *Journal of Personality and Social Psychology, 85*(4), 605–615.

Taylor, S. E., Repetti, R. L., & Seeman, T. (1997). Health psychology: What is an unhealthy environment and how does it get under the skin? *Annual Review of Psychology, 48,* 411–447.

Taylor, S. E., & Stanton, A. (2007). Coping resources, coping processes, and mental health. *Annual Review of Clinical Psychology, 3,* 129–153.

Teachman, B. A., Gapinski, K. D., Brownell, K. D., Rawlins, M., & Jeyaram, S. (2003). Demonstrations of implicit anti-fat bias: The impact of providing causal information and evoking empathy. *Health Psychology, 22*(1), 68–78.

Templeton, S. (2004, January 11). Up in smoke: Our hopes for health. Finland beat heart disease by changing the nation's diet. *The Sunday Herald.* Retrieved October 21, 2010 from http://business.highbeam.com/61222/article-1P2-10000665/up-in-smoke-our-hopes-health-obesity-finland-beat-heart.

Thayer, R. E., Newman, J. R., & McClain, T. M. (1994). Self-regulation of mood: Strategies for changing a bad mood, raising energy, and reducing tension. *Journal of Personality and Social Psychology, 67,* 910–925.

Thebaut, A. C., Kipnis, V., Chang, S-C., Subar, A., Thompson, F. E., and others. (2007, March 21). Dietary fat and postmenopausal invasive breast cancer in the National Institutes of Health-AARPDiet and Health Study Cohort. *Journal of the National Cancer Institute, 99,* 451–462.

Theorell, T., Blomkvist, V., Jonsson, H., Schulman, S., Berntorp, E., & Stigendal, L. (1995). Social support and the development of immune function in human immunodeficiency virus infection. *Psychosomatic Medicine, 57,* 32–36.

Thom, D. H., Hall, M. A., & Pawlson, L. G. (2004). Measuring patients' trust in physicians when assessing quality of care. *Health Affairs, 23*(4), 124–132.

Thomas, P. A., Brackbill, R., & Thalji, L. (2008). Respiratory and other health effects reported in children exposed to the World Trade Center disaster of 11 September 2001. *Environmental Health Perspectives, 116*(10), 1383–1390.

Thompson, R. (2000). *The brain: A neuroscience primer* (3rd ed.). New York: Worth.

Thompson, S. M., Dahlquist, L. M., Koenning, G. M., & Bartholomew, L. K. (1995). Brief report: Adherence-facilitating behaviors of a multidisciplinary pediatric rheumatology staff. *Journal of Pediatric Psychology, 20,* 291–297.

Thune, I., & Furberg, A. S. (2001). Physical activity and cancer risk: Dose-response and cancer, all sites and site-specific. *Medicine and Science in Sports and Exercise, 33,* S530–S550.

Tierney, J. (2009, September 22). To explain longevity gap, look past health system. *New York Times,* D1, D6.

Todaro, J. F., Shen, B. J., Niaura, R., Spiro, A., & Ward, K. D. (2003). Effect of negative emotions on frequency of coronary heart disease (The Normative Aging Study). *American Journal of Cardiology, 92*(8), 901–906.

Tomaka, J., Blascovich, J., Kelsey, R. M., & Leitten, C. L. (1993). Subjective, physiological, and behavioral effects of threat and challenge appraisal. *Journal of Personality & Social Psychology, 65*(2), 248–260.

Tomich, P. L. (2004). Is finding something good in the bad always good? Benefit finding among women with breast cancer. *Health Psychology, 23*(1), 16–23.

Torpy, J. M., Cassio, L., & Glass, R. M. (2005). Smoking and pregnancy. *Journal of the American Medical Association, 293*(1), 1286–1287.

Tovian, S. M. (2004). Health services and health care economics: The health psychology marketplace. *Health Psychology, 23*(2), 138–141.

Tovian, S. M. (2010). The benefits of collaboration. *Monitor on Psychology, 41*(1), 42–43.

Treisman, G. J., Angelino, A. F., & Hutton, H. E. (2001). Psychiatric issues in the management of patients with HIV infection. *Journal of the American Medical Association, 286,* 2857–2864.

Trief, P. M., Ploutz-Snyder, R., Britton, K. D., & Weinstock, R. S. (2004). The relationship between marital quality and adherence to the diabetes care regimen. *Annals of Behavioral Medicine, 27*(3), 148–154.

Trivedi, M. H., Gree, T. L., Granneman, B. D., Chambliss, H. O., & Jordan, A. N. (2006). Exercise as an augmentation strategy for treatment of major depression. *Journal of Psychiatric Practice, 12*(4), 205–213.

Troisi, A., Di Lorenzo, G., Alcini, S., Croce, R., Nanni, C., Di Pasquale, C., and others (2006). Body dissatisfaction in women with eating disorders: Relationship to early separation anxiety and insecure attachment. *Psychosomatic Medicine, 68,* 449–453.

Tromp, D. M., Brouha, X. D. R., Hordijk, G. J., Winnubst, J. A. M., Gebhardt, W. A., van der Doef, M. P., & De Leeuw, J. R. J. (2005). Medical care-seeking and health-risk behavior in patients with head and neck cancer: The role of health value, control beliefs and psychological distress. *Health Education Research, 20*(6), 665–675.

Tucker, M. E. (2002). Lifestyle intervention is clear choice for diabetes prevention. *Internal Medicine News, 35*(15), 4.

Tucker, J. S., Orlando, M., Burnam, M. A., Shelbourne, C. D., et al. (2004). Psychosocial mediators of antiretroviral nonadherence in HIV-positive adults with substance use and mental health problems. *Health Psychology, 23*(4), 363–370.

Turk, D. C. & Okifuji, A. (2002). Chronic pain. In A. J. Christensen & M. H. Antoni (Eds). *Chronic Physical Disorders: Behavioral Medicine's Perspective* (pp. 165–190). Malden, MA: Blackwell Publishing.

Turk, D. C., Zaki, H. S., & Rudy, T. E. (1993). Effects of intraoral appliance and biofeedback/stress management alone and in combination in treating pain and depression in patients with temporomandibular disorders. *The Journal of Prosthetic Dentistry, 70,* 158–164.

Turner, B. J., Fleishman, J. A., Wenger, N., London, A. S., et al. (2001). Effects of drug abuse and mental disorders on use and type of antiretroviral therapy in HIV-infected persons. *Journal of General Internal Medicine, 16*(9), 625–633.

Turner, H. A., Catania, J. A., & Gagnon, J. (1994). The prevalence of informal caregiving to persons with AIDS in the United States: Caregiver characteristics and their implications. *Social Science and Medicine, 38,* 1543–1552.

Turner, R. J., & Avison, W. R. (1992). Innovations in the measurement of life stress: Crisis theory and the significance of event resolution. *Journal of Health and Social Behavior, 33,* 36–50.

Turner, R.J., & Avison, W.R. (2003). Status variations in stress exposure: Implications for the interpretation of research on race, socioeconomic status, and gender. *Journal of Health and Social Behavior, 44,* 488–505.

Turner, R. J., & Wheaton, B. (1995). Checklist measurement of stressful life events. In S. Cohen, R. Kessler, & L. Underwood (Eds.), *Measuring stress: A guide for health and social scientists.* New York: Oxford University Press, 29–58.

Tyler, P., & Cushway, D. (1992). Stress, coping and mental well-being in hospital nurses. *Stress Medicine, 8,* 91–98.

Ulrich, C. (2002). High stress and low income: The environment of poverty. *Human Ecology, 30*(4), 16–18.

UNAIDS. (2007). *AIDS epidemic update, 2007.* Geneva: Joint United Nations Programme on HIV/AIDS.

UNAIDS. (2008). *Toward universal access: Sealing up priority HIV/AIDS interventions in the health sector: A progress report 2008.* Geneva: World Health Organization.

Unger, J. B., Hamilton, J. E., & Sussman, S. (2004). A family member's job loss as a risk factor for smoking among adolescents. *Health Psychology, 23*(3), 308–313.

U.S. Census Bureau (USCB). (2000). *Statistical abstract of the United States, 2000.* Washington, DC: U.S. Department of Commerce.

U.S. Census Bureau (USCB). (2004). *Statistical abstract of the United States, 2004.* Washington, DC: U.S. Department of Commerce.

U.S. Census Bureau (USCB). (2009a). *Statistical Abstract of the United States: 2008 (127th edition).* Washington, DC: U.S. Government Printing Office.

U.S. Census Bureau (USCB). (2009b). *Statistical Abstract of the United States: 2010* (129th edition). Washington, DC: U.S. Government Printing Office.

U.S. Department of Health and Human Services (USDHHS). (1995). *Healthy People 2000 Review, 1994.* Washington, DC: U.S. Government Printing Office.

U.S. Department of Health & Human Services (USDHHS). (2001). NIH policy and guidelines on the inclusion of women and minorities as subjects in clinical research (amended).(http://grants.nih.gov/grants/funding/women_min/guidelines_amended_10_2001.htm.

U.S. Department of Health and Human Services (USDHHS). (2007). *Healthy People 2010 midcourse review.* Retrieved January 10, 2010, from http://www.healthpeople.gov/Data/midcourse/.

Van Laarhoven, A. I., M., Kraaimaat, F. W., Wilder-Smith, O. H., & Evers, A. (2010). Role of attentional focus on bodily sensations in sensitivity to itch and pain. *Acta Derma Venereological, 90*(1), 46–51.

van Ryn, M., & Fu, S. S. (2003). Paved with good intentions: Do public health and human service providers contribute to racial/ethnic disparities in health? *American Journal of Public Health, 93*(2), 248–255.

Vaccarino, V., Johnson, B. D., Sheps, D. S., Reis, S. E., Kelsey, S. F., and others (2007). Depression, inflammation, and incident cardiovascular disease in women with suspected coronary ischemia: The National Heart, Lung, and Blood Institute-sponsored WISE Study. *Journal of the American College of Cardiology, 50*(21), 2044–2050.

Varmus, H. (2006). The new era in cancer research. *Science, 312*(5777), 1162–1165.

Varni, J. W., Setoguchi, Y., Rappaport, L. R., & Talbot, D. (1992). Psychological adjustment and perceived social support in children with congenital/acquired limb deficiencies. *Journal of Behavioral Medicine, 15*(1), 31–44.

Velicer, W. F., & Prochaska, J. O. (2008). Stages and non-stage theories of behavior and behavior change: A comment on Schwarzer. *Applied Psychology: An International review, 57,* 75–83.

Vena, J. E., Graham, S., Zielezny, M., Swanson, M. K., Barnes, R. E., & Nolan, J. (1985). Lifetime occupational exercise and colon cancer. *American Journal of Epidemiology, 122,* 357–365.

Verstraeten, K., Vasey, M. W., Raes, F., & Bijttebier, P. (2009). Temperament and risk for depressive symptoms in adolescence: Mediation by rumination and moderation by effortful control. *Journal of Abnormal Child Psychology, 37*(3), 349–361.

Vickberg, S. M. (2003). The concerns about recurrence scale (CARS): A systematic measure of women's fears about the possibility of breast cancer recurrence. *Annals of Behavioral Medicine, 25*(1), 16–24.

Vinokur, A. D., Schul, Y., Vuori, J., & Price, R. H. (2000). Two years after a job loss: Long-term impact of the JOBS program on reemployment and mental health. *Journal of Occupational Health Psychology, 5,* 32–47.

Vittinghoff, E., Shlipak, M. G., Varosy, P. D., Furberg, C. D., Ireland, C. C., Khan, S. S., Blumentahl, R., Barrett-Connor, E., Hulley, S. (2003). Risk factors and secondary prevention in women with heart disease: The Heart and Estrogen/Progestin Replacement Study. *Annals of Internal Medicine, 13,* 81–89.

Vowles, K. E., Zvolensky, M. J., Gross, R. T., & Sperry, J. A. (2004). Pain-related anxiety in the prediction of chronic low-back pain distress. *Journal of Behavioral Medicine, 27,* 77–89.

Wadden, T. A., Butryn, M. L., & Wilson, C. (2007). Lifestyle modification for the management of obesity. *Gastroenterology, 132*(6), 2226–2238.

Wagner, D. R., & Heyward, V. H. (2000). Measures of body composition in blacks and whites: A comparative review. *American Journal of Clinical Nutrition, 71,* 1392–1402.

Wager, N., Fieldman, G., & Hussey, T. (2003). The effect on ambulatory blood pressure of working under favourably and unfavourably perceived supervisors. *Occupational and Environmental Medicine, 60*(7), 468–474.

Wager, T. D., Rilling, J. K., Smith, E. E., Sololik, A., Casey, K. L., Davidson, R. J., and others (2004). Placebo-induced changes in fMRI in the anticipation and experience of pain. *Science, 303,* 1162–1167.

Walburn, J., Vedhara, K., Hankins, M., Rixon, L., & Weinman, J. (2009). Psychological stress and wound healing in humans: A systematic review and meta-analysis. *Journal of Psychosomatic Research, 67*(3), 253–271.

Wall, T. L., Garcia-Andrade, C., Thomasson, H. R., Carr, L. G., & Ehlers, C. L. (1997). Alcohol dehydrogenase polymorphisms in Native Americans: Identification of the ADH2*3 allele. *Alcohol and Alcoholism, 32,* 129–132.

Wallace, A. (2009, October 19). An epidemic of fear: How panicked parents skipping shots endangers us all. *Wired.* Retrieved April 29, 2010 from http://www.wired.com/magazine/2009/10/ff_waronscience/all/1.

Wallace, J. M., Brown, T. N., Bachman, J. G., & LaVeist, T. A. (2003). The influence of race and religion on abstinence from alcohol, cigarettes and marijuana among adolescents. *Journal of Studies on Alcohol, 64*(6), 843–848.

Waller, G. (2006). Understanding prehospital delay behavior in acute myocardial infarction in women. *Critical Pathways in Cardiology, 5*(4), 228–234.

Wallston, K. A., Wallston, B. S., Smith, S., & Dobbins, C. (1997). Perceived control and health. *Current Psychological Research and Reviews* (Special Issue: Health psychology), *6,* 5–25.

Walters, E .E., & Kendler, K. S. (1995). Anorexia nervosa and anorexic-like syndromes in a population-based female sample. *American Journal of Psychiatry, 152,* 64–71.

Wang, H. X., Mittleman, M. A., Leineweber, C., & Orth-Gomer, K. (2007). Depressive symptoms, social isolation, and progression of coronary artery atherosclerosis: The Stockholm Female Coronary Angiography Study. *Psychotherapy and Psychosomatics 75,* 96–102.

Wannamethee, G., Shaper, A. G., & MacFarlane, P. W. (1993). Heart rate, physical activity, and mortality from cancer and other noncardiovascular diseases. *American Journal of Epidemiology, 137,* 735–748.

Wansink, B., & Park, S. B. (2001). At the movies: How external cues and perceived taste impact consumption volume. *Food Quality and Preference, 12*(1), 69–75.

Wagner, J., Lacey, K., Abbott, G., de Groot, M., & Chyun, D. (2006). Knowledge of heart disease risk in a multicultural community sample of people with diabetes. *Annals of Behavioral Medicine, 31*(3), 224–230.

Wang, J. L., Lesage, A., Schmitz, N., & Drapeau, A. (2008). The relationship between work stress and mental disorders in men and women: Findings from a population-based study. *Journal of Epidemiology and Community Health, 62,* 42–47.

Wang, X., Trivedi, R., Treiber, F., & Snieder, H. (2005). Genetic and environmental influences on anger expression, John Henryism, and stress life events: The Georgia cardiovascular twin study. *Psychosomatic Medicine, 67,* 16–23.

Wanzer, M. B., Sparks, S., & Frymier, A.B. (2009). Humorous communication within the lives of older adults: the relationships among humor, coping efficacy, age, and life satisfaction. *Health Communication, 24*(2), 128–136.

Wardle, J. (1997). Dieting. In A. Baum, S. Newman, J. Weinman, R. West, & C. McManus (Eds.), *Cambridge handbook of psychology, health and medicine* (pp. 436–437). Cambridge: Cambridge University Press.

Wardle, J., Robb, K. A., Johnson, F., Griffith, J., et al. (2004). Socioeconomic variation in attitudes to eating and weight in female adolescents. *Health Psychology, 23*(3), 275–282.

Warwick-Evans, L. A., Masters, I. J., & Redstone, S. B. (1991). A double-blind placebo controlled evaluation of acupressure in the treatment of motion sickness. *Aviation, Space, and Environmental Medicine, 62,* 776–778.

Waterhouse, J. (1993). Circadian rhythms. *British Medical Journal, 306,* 448–451.

Watkins, L. R., Hutchinson, M. R., Ledeboer, A., Wieseler-Frank, J., Milligan, E. D., & Maier, S. F. (2007). Glia as the "bad guys": Implications for improving clinical pain control and the clinical utility of opioids. *Brain, Behavior and Immunity, 21,* 131–146.

Waye, K. P., Bengtsson, J., Rylander, R., Hucklebridge, F., Evans, R., & Clow, A. (2002). Low-frequency noise enhances cortisol among noise sensitive subjects during work performance. *Life Sciences, 70,* 745–758.

Wechsler, H., & Nelson, T. F. (2008). What we have learned from the Harvard School of Public Health College Alcohol Study: Focusng attention on college student alcohol consumption and the environmental conditions that promote it. *Journal of Studies on Alcohol and Drugs, 69*(4), 481–490.

Weems, C. F., Watts, S. E., Marsee, M. A., Taylor, L. K., Costa, N. M., and Cannon, M. F. (2007). The psychological impact of Hurricane Katrina: Contextual differences in the psychological symptoms, social support, and discrimination. *Behavioral Research and Therapy, 45,* 2295–2306.

Wehunt, J. (2009, July). The 'food desert.' *Chicago Magazine.* Retrieved March 8, 2010 from http://www.chicagomag.com/Chicago-Magazine/July-2009/The-Food-Desert/.

Weidner, G., & Cain, V.S. (2003). The gender gap in heart disease: Lessons from Eastern Europe. *American Journal of Public Health, 93*(5), 768–770.

Weinstein, N. D., & Sandman, P. M. (1992). A model of the precaution adoption process: Evidence from home radon testing. *Health Psychology, 11,* 170–180.

Weisse, C. S., Sorum, P. C., Sanders, K. N., & Syat, B. L. (2001). Do gender and race affect decisions about pain management? *Journal of General Internal Medicine, 16,* 211–217.

Weiss, J. M., Glazer, H., Pohorecky, L. A., et al. (1975). Effects of chronic exposure to stressors on avoidance-escape behavior and on brain norepinephrine. *Psychosomatic Medicine, 37*(6), 522–534.

Weinberg, R. S., & Gould, D. (1995). *Foundations of sport and exercise psychology.* Champaign, IL: Human Kinetics. Weil, A. (1998). *Eight weeks to optimum health.* New York: Random House.

Weinberger, D. A., Schwartz, G. E., & Davidson, R. J. (1979). Low-anxious, high-anxious, and repressive coping styles: Psychometric patterns and behavioral and physiological responses to stress. *Journal of Abnormal Psychology, 88,* 369–380.

Weingart, S. N., Pagovich, O., Sands, D. Z., Li, J. M., Aronson, M. D., Davis, R. B., and others (2006). Patient-reported service quality on a medicine unit. *International Journal for Quality in Health Care, 18,* 95–101.

Weisli, P., Schmid, C., Kerwer, O., Nigg-Koch, C., Klaghofer, R., & Seifert, B. (2005). Acute psychological stress affects glucose concentrations in patients with Type I diabetes following food intake but not in the fasting state. *Diabetes Care, 28,* 1910–1915.

Weitz, R. (2007). *The sociology of health, illness, and health care: A critical approach* (4th ed.). Belmont, CA: Wadsworth.

Werner, E. (1997). Endangered childhood in modern times: Protective factors. *Vierteljahresschrift für Heilpädagogik und ihre Nachbargebiete, 66,* 192–203.

Wesley, J. (2003). *Primitive physic: An easy and natural method of curing most diseases.* New York: Wipf & Stock.

Westmaas, J. L., Wild, T. C., & Ferrence, R. (2002). Effects of gender in social control of smoking cessation. *Health Psychology, 21*(4), 368–396.

Wetter, D. W., Fiore, M. C., Baker, T. B., & Young, T. B. (1995). Tobacco withdrawal and nicotine replacement influence objective measures of sleep. *Journal of Consulting and Clinical Psychology, 63,* 658–667.

Wheelwright, J. (2001, March). Don't eat again until you read this. *Discover, 22,* 36–42.

WHI (2010). Women's health initiative update. Department of Health and Human Services. http://www.nhlbi.nih.gov/whi/update.htm.

Whitaker, L. C. (1989). Myths and heroes: Visions of the future. *Journal of College Student Psychotherapy, 4,* 13–33.

White, E., Jacobs, E. J., & Daling, J. R. (1996). Physical activity in relation to colon cancer in middle-aged men and women. *American Journal of Epidemiology, 144,* 42–50.

White, H. R., Labouvie, E. W., & Papadaratsakis, V. (2005). Changes in Substance Use During the Transition to Adulthood: A Comparison of College Students and Their Noncollege Age Peers. *Journal of Drug Issues, 35*(2), 281–305.

Whitfield, K. D., Kiddoe, J., Gamaldo, A., Andel, R., & Edwards, C. L. (2009). Concordance rates for cognitive impairment among older African American twins. *Alzheimer's & Dementia: The Journal of the Alzheimer's Association, 5*(3), 276–279.

Whitfield, K. E., Yao, X., Boomer, K. B., Vogler, G. P., Hayward, M. D., & Vandenbergh, D. J. (2009). Analysis of candidate genes and hypertension in African American adults. *Ethnicity and Disease, 19*(1), 18–22.

Wilcox, S., & Storandt, M. (1996). Relations among age, exercise, and psychological variables in a community sample of women. *Health Psychology, 15,* 110–113.

Wilcox, V. L., Kasl, S. V., & Berkman, L. F. (1994). Social support and physical disability in older people after hospitalization: A prospective study. *Health Psychology, 13,* 170–179.

Williams, D. A. (1996). Acute pain management. In R. Gatchel & D.C. Turk (Eds.), *Psychological approaches to pain management: A practitioner's handbook* (pp. 55–77). New York: Guilford.

Williams, D. R. (2003). The health of men: Structured inequalities and opportunities. *American Journal of Public Health, 93*(5), 724–731.

Williams, D. S. (2000). Racism and mental health: The African American experience. *Ethnicity & Health, 5*(3–4), 243–268.

Williams, J. E., Paton, C. C., Siegler, I. C., Eigenbrot, M. L., Nieto, F. J., & Tyroler, H. A. (2000). Clinical investigation and reports: Anger proneness predicts coronary heart disease risk: Prospective analysis from the Atherosclerosis Risk in Communities (ARIC) Study. *Circulation, 101,* 2034–2039.

Williams, L. J., Jacka, F. N., Pasco, J. A., Dodd, S., & Berk, M. (2006). Depression and pain: An overview. *Acta Neuropsychiatrica, 18,* 79–87.

Williams, P. G., Wiebe, D. J., & Smith, T. W. (1992). Coping processes as mediators of the relationship between hardiness and health. *Journal of Behavioral Medicine, 15,* 237–255.

Williams, R. B. (1989). *The trusting heart: Great news about type A behavior.* New York: Times Books.

Williams, R. B. (1996). Hostility and the heart. In D. Goleman & J. Gurin (Eds.), *Mind-body medicine* (pp. 65–83). New York: Consumer Reports Books.

Williams, R. B. (2001). Hostility (and other psychosocial risk factors): Effects on health and the potential for successful behavioral approaches to prevention and treatment. In A. Baum, T. A. Revenson, & J. E. Singer (Eds.), *Handbook of health psychology* (pp. 661–668). Mahwah, NJ: Erlbaum.

Williamson, D. F., Serdula, M. K., Anda, R. F., Levy, A., & Byers, W. (1992). Weight loss attempts in adults: Goals, duration, and rate of weight loss. *American Journal of Public Health, 82,* 1251–1257.

Willis, W. D. (1995). Neurobiology, cold, pain and the brain. *Nature, 373,* 19–20.

Wilson, G. T., Grilo, C. M., & Vitousek, K. M. (2007). Psychological treatment of eating disorders. *American Psychologist, 62*(3), 199–216.

Windle, M., & Windle, R. C. (2001). Depressive symptoms and cigarette smoking among middle adolescents: Prospective associations and intrapersonal and interpersonal influences. *Journal of Consulting and Clinical Psychology, 69,* 215–226.

Winerman, L. (2006). Brain, heal thyself. *Monitor on psychology, 37*(1), 56–57.

Winett, R. A. (1995). A framework for health promotion and disease prevention programs. *American Psychology, 50*(5), 341–350.

Wing, R. R., & Jeffery, R. W. (1999). Benefits of recruiting participants with friends and increasing social support for weight loss and maintenance. *Journal of Consulting and Clinical Psychology, 67*(1), 132–138.

Winkleby, M. A., Kraemer, H. C., Ahn, D. K., & Varady, A. N. (1998). Ethnic and socioeconomic differences in cardiovascular disease risk factors: Findings for women from the third national health and nutrition examination survey, 1988–1994. *Journal of the American Medical Association, 280,* 356–362.

Winter, L., Lawton, M., Langston, C., Ruckdeschel, K., & Sando, R. (2007). Symptoms, affects, and self-rated health. *Journal of Aging and Health, 19*(3), 453–569.

Winterling, J., Glimelius, B., & Nordin, K. (2008). The importance of expectations on the recovery period after cancer treatment. *Psycho-Oncology, 17,* 190–198.

Wipfli, B. M., Rethorst, C. D., & Landers, D. M. (2008). The anxiolytic effects of exercise: A meta-analysis of randomized trials and dose-response analysis. *Journal of Sport and Exercise Psychology, 30*(4), 392–410.

Wolf, R. (2010, September 17). Number of uninsured Americans rises to 50.7 million. USA Today. Retrieved December 14, 2010 from http://www.usatoday.com/money/industries/insurance/2010-09--17-uninsured17_ST_N.htm.

Wolin, S. (1993). *The resilient self: How survivors of troubled families rise above adversity.* New York: Villard Books.

Wonderlich, S., Klein, M. H., & Council, J. R. (1996). Relationship of social perceptions and self-concept in bulimia nervosa. *Journal of Consulting and Clinical Psychology, 64,* 1231–1237.

Wonderlich, S. A., Joiner, Jr., T. E., Keel, P. K., Williamson, D. A., & Crosby, R. D. (2007). Eating disorder diagnoses: Empirical approaches to classification. *American Psychologist, 62,* 167–180.

Woodrow, K. M., Friedman, G. D., Siegelaub, A. B., & Collen, M. F. (1972). Pain tolerance: Differences according to age, sex and race. *Psychosomatic Medicine, 34,* 548–556.

Worden, J., & Flynn, B. (1999). Multimedia-TV: Shock to stop? *British Medical Journal, 318,* 64.

Workman, E. A., & La Via, M. F. (1987). Immunological effects of psychological stressors: A review of the literature. *International Journal of Psychosomatics, 34,* 35–40.

World Health Assembly (2008). WHO director-general warns that asthma is on the rise "everywhere." Retrieved February 2, 2010 from http://www.who.int/respiratory/asthma/WHA_2008/en/index.html.

World Health Organization (WHO). (2000). *Bronchial asthma.*

World Health Organization Fact Sheet Number 206. Geneva: Author.

World Health Organization (WHO). (2000). *The world health report, 2000.* Geneva: Author.

World Health Organization (WHO). (2000). *The world health report. Health systems: Improving performance.* Geneva: World Health Organization.

World Health Organization (WHO). (2003). *World Health Report.* Geneva: Author.

World Health Organization (WHO). (2004). *The world health report 2004.* Geneva: Author.

World Health Organization (WHO). (2008). *WHO report on the global tobacco epidemic, 2008.* Geneva: Author (www.who.int).

World Health Organization (WHO). (2009). *World Health Statistics, 2009.* Geneva: World Health Organization.

World Health Organization (WHO). (2010). *The global burden of chronic disease.* Retrieved February 2, 2010 from http://www.who.int/nutrition/topics/2_background/en/index.html.

Wrosch, C., Schulz, R., Miller, G. E., Lupien, S., & Dunne, E. (2007). Physical health problems, depressive mood, and cortisol secretion in old age: Buffer effects of health engagement control strategies. *Health Psychology, 26,* 341–349.

Wuethrich, B. (2001, March). Features—GETTING STUPID—Surprising new neurological research reveals that teenagers who drink too much may permanently damage their brains and seriously compromise their ability to learn. *Discover, 56,* 56–64.

Wulfert, E., & Wan, C. K. (1993). Condom use: A self-efficacy model. *Health Psychology, 12,* 346–353.

Wulfert, E., Wan, C. K., & Backus, C. A. (1996). Gay men's safer sex behavior: An integration of three models. *Journal of Behavioral Medicine, 19,* 345–366.

Wulsin, L. R., & Singal, B. M. (2003). Do depressive symptoms increase the risk for the onset of coronary disease? A systematic quantitative review. *Psychosomatic Medicine, 65,* 201–210.

Wynder, E. L., Fujita, Y., & Harris, R. E. (1991). Comparative epidemiology of cancer between the United States and Japan. *Cancer, 67,* 746–763.

Xu, J., Kochanek, K. D., & Tejada-Vera, B. (2009). *Deaths: Preliminary Data for 2007. National Vital Statistics Reports, 58(1),* Hyattsville,MD, National Center for Health Statistics.

Xu, J. Q., Kochanek, K. D., Murphy, S. L., & Tejada-Vera, B. (2007). National vital statistics reports web release *58*(19). Hyattsville, Maryland: National Center for Health Statistics. Released May, 2010.

Yang, S. (2010). Racial disparities in training, pay-raise attainment, and income. *Research in Social Stratification and Mobility, 25*(4), 323–335.

Yankelovich Partners (1998). Are faith and health linked? *Advocate HealthCare.* http://www.advocatehealth.com/system/about/community/faith/ministry/linked.html.

Yeh, M-C., Viladrich, A., Bruning, N., & Roye, C. (2009). Determinants of Latina obesity in the United States. *Journal of Transcultural Nursing, 20*(1), 105-115.

Yehuda, R. (1999). *Risk factors for posttraumatic stress disorder* (pp. 23–59). Washington, DC: American Psychiatric Association.

Yehuda, R. (2000). Biology of posttraumatic stress disorder. *Journal of Clinical Psychiatry, 61*(7), 14–21.

Yeo, M., Berzins, S., & Addington, D. (2007). Development of an early psychosis public education program using the precede/proceed model. *Health Education Research, 22*(5), 639–647.

Yokoyama, M., Sun, X., Oku, S., Taga, N., et al. (2004). Pain Medicine—Comparison of percutaneous electrical nerve stimulation with transcutaneous electrical nerve stimulation for long-term pain relief in patients with chronic low-back pain. *Anesthesia and Analgesia, 98*(6), 1552–1556.

Yong, H. H., Borland, R., Hyland, A., & Siahpsh, M. (2008). How does a failed quit attempt among regular smokers affect their cigarette consumption? Findings from the International Tobacco Control Four-Country Survey (ITC-4). *Nicotine and Tobacco Research, 10,* 897–905.

Yudkin, P., Hey, K., Roberts, S., Welch, S., Murphy, M., & Walton, R. (2003). Abstinence from smoking eight years after participation in randomized controlled trial of nicotine patch. *British Medical Journal, 327*(7405), 28–29.

Zakhari, S. (2006). Overview: How is alcohol metabolized by the body? *Alcohol Research and Health, 29,* 245–255.

Zanstra, Y. J., Schellekens, J. M. H., Schaap, C., & Kooistra, L. (2006). Vagal and sympathetic activity burnouts during a mentally demanding workday. *Psychosomatic Medicine, 68,* 583–590.

Zepf, B. (2005). Lifestyle changes most effective in preventing diabetes. *American Family Physician, 65*(11), 2338–2448.

Zisook, S., Shuchter, S. R., Irwin, M., Darko, D. F., Sledge, P., & Resovsky, K. (1994). Bereavement, depression, and immune function. *Psychiatry Research, 52,* 1–10.

Zhang, W., Lopez-Garcia, E., Li, T. Y., Hu, F. B., & van Dam, R. M. (2009). Coffee consumption and risk of cardiovascular diseases and all--cause mortality among men with type 2 diabetes. *Diabetes Care, 32,* 1043–1045.

Zhang, X. (2003). Acupuncture: Review and Analysis of Reports on controlled clinical trials. Geneva: World Health Organization. Retrieved April 29, 2010 from http://apps.who.int/medicinedocs/en/d/Js4926e/.

Zhang, S., Hunter, D. J., Forman, M. R., Rosner, B. A., Speizer, F. E., Colditz, G. A., Manson, J. E., Hankinson, S. E., & Willett, W. C. (1999). Dietary carotenoids and vitamins A, C, and E and risk of breast cancer. *Journal of the National Cancer Institute, 91,* 547–556.

Zhang, Y., Proenca, R., Maffei, M., & Barone, M. (1994). Positional cloning of the mouse obese gene and its human analogue. *Nature, 372,* 425–432.

Zijlstra, G. A., Rixt, H., Jolanda, C. M., van Rossum, E., van Eijk, J. T., & Yardley, L. (2007). Interventions to reduce fear of falling in community-living older people: A systematic review. *Journal of American Geriatrics Society, 55,* 603–615.

Zuger, A. (1998, March 24). At the hospital, a new doctor is in. *The New York Times,* p. B19.

Índice onomástico

A

Abbey, A., 227, 332-333
Abi-Saleh, B., 256-257
Ablashi, D. V., 350-352
Abood, D.A., 207-208
Abraido-Lanza, A. F., 129
Abrams, D. B., 232-233
Ackerman, B. P., 117-118
Acs, G., 111, 113
Adams, K. F., 191-192
Adams, P. F., 224-225, 236-237
Adams, P., 401-402
Addington, D., 163
Adelson, R., 162-163
Ader, R., 81-82
Adler, N., 5-7, 81-82, 103-104
Agid, Y., 86
Agras, W. S., 208-210
Ahmed, H. E., 410
Aiello, A. E., 85
Ajzen, I., 148-149
Al'Absi, M., 248
Alba, R. D., 115
Albarracin, J., 326-328
Aldercreutz, H., 292
Alexander, C. N., 415-416
Alexander, D. A., 90-91
Alexander, F., 11
Allen, J. R., 316
Allen, K., 130-131
Allen, N. E., 226
Alloy, L. B., 120-121, 127
Ames, B., 292
Amick, B. C., 102, 104
Amigo, I., 138-139
Amundsen, D. W., 5-7
Andersen, B., 284
Anderson, B. L., 349-350
Anderson, E. A., 263-264
Anderson, L. P., 115
Anderson, M., 314-315
Anderson, R. A., 392
Andrews, J. A., 223-224
Andrykowski, M. A., 303-304, 307
Angel, J., 17
Angel, R. J., 381, 383
Angel, R., 17
Anton, R. F., 233-234
Antoni, M. H., 138-139, 321-322, 328-329, 331-332
Aratani, L., 403
Ardell, D. B., 235
Arehart-Treichel, J., 53
Ariza, A., 279-280
Armitage, C. J., 151
Arnetz, B. B., 85
Aro, H., 127
Aron, A., 119
Aronoff, J., 123
Arthur, C. M., 110-111, 124-125, 263-264
Arving, C., 441-442
Asakage, T., 225-226
Asbury, R., 308-309
Ashe, A., 313-315

Astin, J. A., 395, 417
Audrain-McGovern, J., 163
Ausprung, J., 92-94
Avants, S. K., 411
Avison, W. R., 94-95
Ayanian, J. Z., 261-262
Ayers, S., 89-90
Azar, B., 67-68, 239-240, 242

B

Bachman, J. G., 223-224
Badrick, E., 120-121
Bagley, S. P., 17
Bagozzi, R. P., 149
Bahra, A., 394
Baillie, A. J., 269-270
Baker, C. W., 181-182
Baker, R., 198-199
Ball, D., 20-21, 228-230
Banasiak, S. J., 209-210
Bandura, A., 94-95, 121, 171
Banks, M. R., 130-131
Banks, W. A., 130-131
Banning, K., 92-94
Barefoot, J. C., 267-268
Barker, C., 306-307
Barnes, N. W., 97
Barnett, J. P., 327-328
Barrett, D., 412-413
Bartholow, B. D., 162-163
Barton, D., 239-240
Basil, D. Z., 147-148
Basil, M. D., 147-148
Bates, M. E., 230-231
Bates, M. S., 385-386
Baum, A., 94-95, 334-335, 432-433
Baumann, L. J., 342-343
Beaglehole, R., 43
Beattie, P., 373-374
Bechara, A., 228-229
Beck, K. H., 166-167
Beckman, H. B., 356
Belar, C. D., 137-138
Belar, C. E., 441-442
Bell, D. J., 26-27
Bell, D., 92
Belles, D., 131-132
Bellgowan, P. S., 379-380
Belli, R. F., 114
Bendapudi, N. M., 353-354
Benedetti, F., 406-407
Benet, C., 90-91
Benishek, L. A., 116-117
Bennett, H. L., 366-367
Bennett, M. P., 129-130
Bennett, P., 96
Benson, H., 81, 134, 406-407, 413-414
Bentler, P. M., 3-4
Benyamini, Y., 345
Ben-Zur, H., 112-113
Berens, M. J., 417
Berge, K. G., 424
Bergeman, C. S., 101
Berkey, C. S., 414-415

Berkman, L. F., 126-127, 171-172, 431-432
Berman, B. M., 403
Bernheim, H. M., 411-412
Berridge, K. C., 220, 222-223
Berry, J. W., 103-104, 135
Bertha, J., 123
Berzins, S., 163
Beydoun, M. A., 159
Biener, L., 194-195, 206, 208
Billings, A. G., 111, 113
Birbaumer, N., 136-137
Birch, S., 410
Black, G., 238-239
Blalock, S. J., 151
Blascovich, J., 78-79
Blocker, A., 371-373
Bloedon, L. T., 156-157
Bloom, B., 60
Bloor, L. E., 110-111
Bogart, L. M., 149, 151
Bolt, M., 121
Bonadonna, R., 413-414
Bondi, N., 269-270
Bonham, V. L., 115-116
Bonhoeffer, H. J., 400-401
Bonita, R., 43
Booth, R. J., 431-432
Bor, R., 330, 335
Borod, J. C., 126-127
Bosma, H., 102, 104, 270-271
Botvin, G. J., 232-233
Boutain, D., 114
Bowen, A. M., 151
Bowen, D. J., 438
Bower, J. E., 126-127, 304-305, 321-322
Bowers, T. G., 233-234
Boyce, T. E., 168-169
Boyce, W. T., 84
Boyles, S., 92-94
Braciewski, J. M., 160-161
Brackbill, R., 94-95
Bradley, G., 116-117
Brady, S. S., 263-264
Braid, J., 411-412
Brantley, P. J., 92-94, 126-127, 352
Bray, G. A., 186
Breibart, W., 395
Brems, C., 112-113
Brennan, A. F., 231-232
Breslow, L., 145-147
Breslow, N., 145-147
Bridges, M. W., 118-119, 343-344
Broadbent, E., 83-84
Broadstock, M., 296-297
Brody, J. E., 350-352
Brody, J., 291, 293-294
Bronas, U., 184
Brondolo, E., 263-264
Bronfort, G., 418-419
Bronzaft, A. L., 98
Brook, J. S., 229-230
Brook, J., 230-231
Brookings, J. B., 123
Brown, J. D., 131-132, 171

Brown, S. L., 193-194
Brownell, K. D., 182-183, 189-190, 196, 199-201
Browning, L., 101
Brownlee, C., 183
Brownlee, S., 382
Brubaker, R. G., 149
Bruch, H., 204-205
Buchwald, D., 350-351
Bucy, P. C., 53
Bulik, CM., 204-205
Bullock, M. L., 410-411
Bunde, J., 269-270
Burack, J. H., 321-322
Burns, J. W., 391-392
Burrow, A. L., 115
Burrows, M., 155-156
Bush, C., 136-137
Butler, E. A., 125-126
Bynum, R., 372-373
Byrnes, D. M., 321-322

C

Cacioppo, J. T., 349-350
Caetano, R., 103-104
Cain, V. S., 260
Calam, R., 203-204
Calandra, C., 203-204
Calhoun, J. B., 98
Calle, E. E., 191-192
Camp, D. E., 240
Canadas, E., 190
Cannon, W., 77-78
Canoy, D., 190
Canter, P. H., 418-419
Cantor, D. W., 167-169
Caplan, R. D., 99-100
Carels, R. A., 199-201
Carey, K. B., 20-21
Carey, M. P., 20-21
Carmelli, D., 173-174
Carnethon, M. R., 275
Carpenter, K. M., 189-190
Carson, R., 400-401
Cartwright, F. F., 7
Cartwright, M., 194-195
Carvajal, S. C., 330
Carver, C. S., 112-113, 119-121, 169, 266-267, 303-304
Cash, T. F., 206, 208
Caspersen, C. J., 155-156
Caspi, A., 271-272
Castro, C. M., 356
Castro, F. B., 3-4
Catalano, R. A., 103-104
Catania, J. A., 328-329
Cella, D., 300
Cha, F. S., 149
Chalmers, T. C., 414-415
Chamberlin, J., 243-244
Champion, V. L., 147-148
Champion, V., 151
Chandler, S. B., 207-208
Chang, V. W., 84
Chaplin, W., 95-96

Charcot, J.-M., 411-412
Chassin, L., 164, 242-244, 246
Chen, E., 111, 113
Chen, X., 159
Cheng, M., 293-294
Chermack, S. T., 227
Chiaramonte, G. R., 18, 261-262
Chida, Y., 83-84
Chobanian, A. V., 262-263
Choi, W. S., 240
Christeff, N., 331-332
Christoffel, K. K., 279-280
Chuah, B. L. P., 303-304
Ciechanowski, P. S., 358-359
Cioppo, J. T., 271-272
Clapp, J., 235
Clark, A., 129-130
Clark, K., 102, 104
Clark, M. S., 128
Clark, N. M., 60
Clarke, P. J., 195
Cleland, J. A., 384-385
Clement, K., 193-194
Coates, T. J., 325-326, 331-332
Cochran, S. D., 97, 330, 334-335
Coe, W. C., 412-413
Cohen, F., 103-104
Cohen, F., 5-7
Cohen, J., 316, 325-326
Cohen, L., 84
Cohen, M. V., 256-257
Cohen, R. A., 60
Cohen, S., 82-84, 92-94, 98, 105, 127-128, 172-173, 297-298, 344
Colditz, G. A., 295-296
Cole, S. W., 321-322
Colligan, R. C., 267-268
Collins, N. L., 126-127
Collins, R. L., 329
Columbus, C., 236-237
Compas, B. E., 136, 298-299, 307
Conner, M., 148-149
Connor-Smith, J. K., 110-111
Connor-Smith, J., 120-121
Consedine, N. S., 267-268
Contrada, R. J., 125-126
Conzen, S., 307
Cook, E. H., 229-230
Cook, S., 191-192
Cooper, M. L., 228, 230-231
Cooper, R. S., 31, 40-41
Corbett, S. W., 186
Corelli, R. L., 245-246
Cornelis, M. C., 145-146
Cortes-Iniestra, C., 345
Coulson, N., 322
Cousins, N., 129-130, 398-399
Cox, D. M., 173-174
Coyne, J. C., 96, 307
Cramer, J. A., 283-284
Crandall, C. S., 92-94
Crawford, A. M., 95-96
Creagan, E., 129-131
Crews, F., 226
Crowson, J., 363-364
Cruess, D. G., 307
Cruikshank, M., 18
Csikszentmihalyi, M., 120-121

Cui, X., 239-240
Culbert, K. M., 203-204
Culliton, P. D., 409-410
Cummings, D. E., 188-189
Cunningham, A. J., 306-307
Cushway, D., 101
Cvengros, J. A., 353-354
Cyna, A. M., 412-413

D

D'Amico, E. J., 160-161
D'Arminio Monforte, A., 324
Daffner, K. R., 173-174
Daley, A., 156-157
Daley, S., 312
Dallongeville, J. Y., 275-276
Daniels, M., 102, 104
Dansinger, M. L., 197-198
Darbes, L., 327-328
Daruna, J. H., 172-173
Davidson, K. W., 172-173, 269-270, 415-416
Davies, G. M., 245
Davies, M., 240
Davies, S., 181-182
Davis, K. C., 228
Davis, M. C., 97
Dawson, D. A., 234
De Andres, J., 388-389
De Jonge, P., 276-277
De La Cancela, V., 160-161
De Michele, M., 264-265
De Ridder, D. T. D., 123
de Wit, F., 123
DeAngelis, T., 179-180
Deardorff, W. W., 137-138, 441-442
Deary, I. J., 267-268
Deffenbacher, J. L., 277-278
Deichert, N., 322
Dekaris, D., 85
Delahanty, D. L., 149, 151
Delbanco, T. L., 414-415
DeLongis, A., 95-96
Dembner, A., 416-417
Demireva, P., 81
Dempsey, M., 114
Dempster-McClain, D., 333-334
Denissenko, M. F., 237-238
DeRoo, H., 123
DeRosa, C. J., 331
Descartes, R., 9-10
Deshpande, S., 147-148
DeSimone, J., 232-233
DeSimone, L. L., 383-384
Devi, S., 17
Devins, G. M., 281-282
Dew, M. A., 159
Dewaraja, R., 95-96
Dhabhar, F. S., 298-299
Diano, S., 188-189
Dickson, W. J., 32-33
DiClemente, R. J., 151
Diehr, P., 192-193
Diez Roux, A., 114
Diez-Ruiz, A., 293-294
DiMatteo, M. R., 353-354
Dimsdale, J. E., 131-132
Disis, M. L., 300-301

Dittman, M., 340-341
Dobkin, P., 308-309
Doheny, K., 307
Dohrenwend, B. P., 91
Dolan, B., 202-203
Domino, E. F., 238-239
Doro, P., 283-284
Dorr, N., 269-270
Dossey, L., 416-417
Douglas, K. A., 332-333
Dowd, J. B., 85
Dowswell, T., 101
Dreer, L. E., 162-163
Droomers, M., 240
Drory, Y., 116-117
Duffy, S., 239-240
Dugas, G., 313-314
Dunbar-Jacob, J., 353
Duncan, G. E., 133-134
Dunn, A. L., 132-133
Durazo-Arvizu, R. A., 191-192

E

Eaton, D. K., 225-226, 232-233
Eaton, J., 96
Eberhardt, T. L., 356
Eccleston, C., 392
Edelman, S., 306-307
Edgar, L., 306-307
Edwards, L. M., 97
Egbert, L. D., 367
Eisenberg, D. M., 414-415, 418-419, 426-427
Eisenberg, N., 124
Eitel, P., 353
Elbedour, S., 95-96
Elfhag, K., 198-199
Elford, J., 335
Elgharib, N., 256-257
Ellison, C. G., 416-417
Elton, D., 383-384
Emmons, C. A., 330
Emmons, R. A., 129-130
Endresen, I. M., 98
Eng, P. M., 269-270
Epel, E. S., 87-88
Epping-Jordan, J. E., 303-304
Epstein, A. M., 261-262
Epstein, H. A., 187
Epstein, L. H., 198-199
Eriksen, W., 239-240
Ernst, E., 418-419
Ernst, K. K., 409-411
Esdaile, J., 411-412
Espelage, D. L., 105
Evans, G. W., 97
Evans, R. I., 243-244
Everett, M. D., 157
Everson, S. A., 119

F

Fabes, R. A., 123-124
Fairburn, C. G., 202, 208-209
Fairhurst, M., 378-379
Farrell, P. A., 133-134
Farrington, J., 389-390

Farzadegan, H., 316
Fasce, N., 322
Fasoli, D. R., 101
Faucett, J., 385-386
Fauci, A. S., 314-315, 324-325
Fava, M., 203-204
Fawzy, F. I., 305-307
Feifer, C., 281-282
Feingold, A., 204-205
Feldman, P. J., 114
Fellowes, D., 402-403
Ferentz, K. S., 403
Ferguson, J., 246
Ferran, L., 179-180
Ferrieres, J., 265-266
Ferroli, C., 268-269
Feshbach, S., 165-166
Feuerstein, M., 373-374
Fiatarone, M. A., 157
Fiksenbaum, L., 96
Fillingim, R. B., 383-384
Fiore, M. C., 245
Fishbein, H. D., 149
Fitzgerald, S. T., 102, 104-105
Fixx, J., 26-28
Flachsbart, C., 110-111
Flegel, K. M., 191-192
Fleishman, J. A., 334-335
Fleming, I., 94-95
Fleshner, F., 131-132
Flett, G. L., 94-95
Flexner, A., 417-419
Flier, J. S., 187-188
Flor, H., 136-137
Florian, V., 116-117
Flynn, B., 242
Flynn, C., 2-3
Fogel, B., 334-335
Fogel, J., 305-306
Folkman, S., 87-88, 95-96, 109-110
Folsom, V., 190
Fondacaro, M. R., 231-232
Ford, E. S., 431-432
Ford, K., 202-203
Fordyce, W. E., 373-374
Forman, T. A., 115
Fosse, N. E., 343-344
Foster, B. D., 156-157
Foster, G. D., 197
Foulkes, A. S., 320-321
Fowkes, F. G. R., 267-268
Fox, T., 302-303
Foxhall, K., 234
Francis, M. E., 125-126
Frankel, A., 166-167
Frankel, R. M., 356
Frankenhaeuser, M., 100-101, 103-104
Fraser, G. E., 293-294
Fraser-Smith, N., 269-270
Frasure-Smith, N., 277-278
Frederickson, B. L., 119
Fredrickson, B. L., 117-118
Freeman, G., 60
Freking, K., 194-196
Frenn, M., 195
Frerichs, R. R., 36
Fretts, R. C., 260

Índice onomástico

Freud, S., 11-12, 350-351
Friedman, H. S., 296-297
Friedman, H., 352
Friedman, M. A., 189-190
Friedman, M., 8-9, 192-193, 266
Friend, R., 18, 261-262
Fries, J. F., 155-156
Frisina, P. G., 126-127
Fritsch, G., 54-55
Fromme, K., 160-161
Frongillo, E. A., 333-334
Fry, W. F., 129-130
Fryar, C. D., 40-41
Frymier, A. B., 129-130
Fu, S. S., 357
Fugh-Berman, A., 8, 409-410, 417-418, 424
Fujimoto, S., 370-372, 376
Fuller-Rowell, T., 115
Furberg, A. S., 156-157
Furukawa, T., 207-208

G

Gajilan, A. C., 108
Galdas, P. M., 347
Galea, S., 90-91
Galen, C., 8-9, 417
Gallo, L. C., 267-268, 271-272
Gallucci, W. T., 110-111
Galvan, F., 322
Gan, T. J., 388
Garbarino, J., 90-91
Garcia, J., 395
Gardea, M. A., 408-410, 412-413, 418-419, 421-422
Garfinkel, P. E., 202-203
Garmezy, N., 117-118
Garner, D. M., 202-203
Gatchel, R. J., 136, 371-373, 381, 383
Gentile, K., 207-208
Geronimus, A. T., 85
Gerrard, M. F., 222-223
Gerrard, M., 150-151
Ghoname, E. S., 410
Giancola, P. R., 227
Gibbons, F. X., 149
Gibbs, W. W., 186, 188-189
Giedzinska, A. S., 304-305
Gil, K. M., 384-385
Gilbert, C., 136-137
Gill, J. M., 91
Gillies, C. L., 280-281
Gilpin, E. A., 244-245
Gladwell, M., 103-104
Glanz, K., 151, 164
Glaser, R., 84, 432-433
Glasgow, R. E., 247
Glass, D. C., 98, 124-125, 266-267
Glassman, A. H., 269-270, 273
Glauert, H. P., 185
Gluck, M. E., 203-204
Godin, G., 149
Goebel, M., 136-137
Goffaux, P., 378-379
Goldberg, J., 152
Goldberger, J., 27-29
Goldfield, G. S., 198-199

Goldring, A. B., 149
Goldsmith, K., 108-110, 120-121
Goldston, K., 269-270
Gonder-Frederick, L. A., 281-282
Goodenough, B., 374-375
Goodwin, R., 352
Gortmaker, S. L., 195
Gotlib, I. H., 90-91
Gottholmseder, G., 97
Gould, D., 202-203
Gould, E., 81, 87-88
Grabe, S., 206, 208
Grace, S. L., 269-270
Graham, S., 419-420
Grant, B. F., 20-21
Grant, L. D., 390-391
Grant, S., 228-229
Gray, J. J., 207-208
Grayling, A. C., 158
Green, C. A., 145-146
Green, L. W., 163
Green, P., 223-224
Greenberg, M. S., 101
Greendale, G. A., 155-156
Greene, B. W., 21-22, 231-232
Greenfield, S., 284
Greenglass, E. R., 103-104, 111, 113
Greenglass, E., 96
Greiger-Zanlungo, P., 316
Griffith, J., 103-104
Grilo, C. M., 207-209
Grimone, J., 123
Gross, J. J., 123
Grover, M., 209-210
Grunberg, N. E., 193-194, 236-237, 239-240
Grzywacz, J. G., 99, 347-348
Gull, W., 202-203
Gump, B. B., 130-131
Gunkelman, J., 136
Gus, I., 264-265

H

Haas, S. A., 343-344
Haas, V. K., 81
Hackman, R. M., 265-266
Hagger, M., 149
Halaas, J. L., 188-189
Hale, C. J., 105
Haley, W. E., 432-433
Hall, J. A., 353-354, 357
Hamer, M., 83-84
Hammarstrom, A., 103-104
Hammer, G. P., 151
Hammon, S., 308-309
Hammond, D., 247
Hamza, M. A., 410
Haney, D. Q., 319-320
Hannum, J. W., 105
Hardin, K. N., 393
Hardy, J. D., 128
Harris, D. J., 207-208
Harris, K. F., 272-273
Harrison, M. O., 304-305
Hartnoll, S. M., 403
Hartung, B. D., 103-104
Haskell, W. L., 423-424

Hassed, C., 129-130, 278-279
Hatziandreu, E. I., 440-441
Haverkamp, B. E., 390-391
Hawkins, J. D., 230-231
Hawkley, L. C., 271-272
Hay, P., 209-210
Hayashi, T., 278-279
Hayden-Wade, H. A., 189-190
Haynes, S., 100-101
Hayward, H., 321-322
Hazuda, H. P., 195
Head, H., 372-373
Heath, A. C., 241
Heath, C. W., 191
Heatherton, T. F., 209-210
Heaton, A., 194-195, 206, 208
Heckman, T. G., 327-328, 334-335
Heffner, K., 81
Heim, C., 81
Helgeson, V. S., 92, 302-303
Heller, K., 165, 231-232
Helms, J. E., 207-208
Helmstetter, F. J., 379-380
Hemila, H., 423-424
Henderson, L. A., 381, 383
Henningfield, J. E., 244-245
Henry, P. E., 206, 208
Herbert, T. B., 83-84, 105
Herek, G. M., 312-313, 330
Herman, C. P., 181-182
Heron, M. P., 18
Hesse-Biber, S. N., 194-195
Hewison, J., 101
Hewitt, B. G., 20-21
Heyward, V. H., 193-194
Hicks, C. L., 374-375
Higgs, S., 198-199, 249
Hilbert, G. A., 268-269
Hill, D. R., 129
Hill, J. O., 186
Hill, T., 17
Hind, K., 155-156
Hinds, G. M. F., 350-352
Hippocrates, 7-10, 417
Hirsch, J., 187-188
Hitti, J., 114
Hitzig, E., 54-55
Hochschild, A. R., 100-101
Hodges, B., 342-343
Hodgson, S., 43
Hoebel, B. G., 187-188
Hoey, L. M., 306-307
Hoffman, B. M., 394
Hogan, B. E., 268-269, 272-273
Hoge, C. W., 91
Holahan, C. J., 126-127
Holden, C., 97
Holdridge, S., 363-364
Hollender, M. H., 358
Hollon, S. D., 138-139
Holmes, D. S., 34, 132-133
Holmes, T., 92-94
Holroyd, D. A., 394
Holt-Lunstad, J., 271-272
Horner, J., 423-424
House, J. S., 115
Hoyert, D. L., 16-17
Hoyt, D., 435-436
Hoyt, M. A., 333-334

Hoyt, R., 435-436
Hudmon, K. S., 245-246
Hudson, J. I., 202-203
Huebner, D. M., 97
Hufford, M. R., 230-231
Hughes, B., 360
Hughes, C. F., 125-126
Hughes, M. E., 100-101
Hughes, T. A., 26-27
Hui, K. S., 408-409
Huisman, M., 261-262, 270-271
Hull, J. G., 231-232
Hummer, J. F., 21-22
Hummer, R. A., 416-417
Humphrey, L., 204-205
Hunt, J. R., 438
Hunt, M. E., 230-231
Hustad, J. T. P., 20-21
Huston, P., 267-268
Hutchison, K. E., 229-230
Huurre, T., 127
Hyde, J. S., 206, 208
Hyman, R. B., 148-149

I

Iacono, R., 86
Iarmarcovai, G., 38-39
Ickovics, J. R., 170, 314-315, 322, 329
Ingham, R., 150-151
Ingledew, D. K., 122
Ironson, G., 172-173, 320-322
Irwin, M. R., 67-68, 82-83, 159
Ishikawa-Takata, K., 275
Iskandar, S. B., 256-257
Iversen, J., 415-416
Iyengar, S. S., 124-125

J

Jablon, S., 297-298
Jacobs, A. L., 412-413
Jacobs, B. L., 132-133
Jacobson, A. M., 280-281
Jacobson, E., 133-134
Jain, A., 410
James, S. A., 114-115
Janicki, D. L., 127
Janicki, D., 92
Janis, I. L., 165-166, 364-365
Janz, N. K., 148-149
Jargowsky, P. A., 261-262
Jarvis, S., 221-222
Jeffery, R. W., 197-198
Jemmott, J. B., 329-330
Jenkins, W., 350-351
Jenks, R. A., 249
Jessor, R., 235
Johnsen, L., 242-243
Johnson, E., 314-315
Johnson, K. W., 111, 113
Johnson, M. E., 112-113
Johnson, M., 305-306, 365-366
Johnson, N. G., 169
Johnson, R. A., 130-131
Johnson, R. J., 230-231
Johnson, V. C., 172-173

Johnston, D. W., 274
Johnston, L. D., 195
Johnstone, E. C., 241
Jones, J. M., 197, 206, 208
Jones, K. W., 99-100
Jones, R. T., 221-222
Jordan, N. N., 94-95
Jorenby, D. E., 246
Jorgensen, R. S., 266, 268-269
Julien, R. M., 223-226, 378-379, 388

K

Kabakian-Khasholian, T., 358
Kabat-Zinn, J., 413-414
Kaestner, R., 85
Kalden, J. R., 83-84
Kalichman, S. C., 326-328, 331, 333-334
Kalmijn, S., 238-239
Kamarck, T. W., 90-91
Kamarck, T., 92-94
Kaminski, P. L., 208-209
Kanai, A., 99-100
Kandel, D. B., 240
Kanner, A. D., 95-96
Kaplan, G. A., 306-307
Kaplan, H. B., 230-231
Kaplan, R. M., 127, 438
Kaptchuk, T. J., 414-415
Karasek, R. A., 171
Kark, J. D., 416-417
Karlamangla, A. S., 85, 270-271
Karlin, W. A., 271-272
Kasl, S. V., 103-104
Katz, B. R., 282-283, 393
Katz, E. C., 152
Katzmarzyk, P. T., 193-194
Kawachi, I., 271-272
Kawaharada, M., 138-139
Kawamura, N., 95-96
Keenan, N. L., 114
Keene, D., 85
Keesey, R. E., 186
Keesling, B., 296-297
Kellogg, J. H., 419-420
Kelly, J. A., 326-327, 333-334
Keltner, D., 120-121
Kemeny, M., 79, 87-88, 322
Kempen, G. I., 173-174
Kendler, K. S., 203-204
Kendzor, D., 114
Kershaw, E. E., 187-188
Kevorkian, J., 350-352
Keys, A., 186
Khan, L. K., 199-201
Kharbanda, R., 255-256
Kibby, M., 53
Kiecolt-Glaser, J. K., 82-84, 86, 105, 172-173, 415-416, 432-433
Kien, C. L., 423-424
Kile, D. A., 26-30
Kim, D. K., 220
Kim, D., 270-271
Kim, E. L., 235
King, D. A., 282-283
King, E., 300-301

King, K. R., 122
Kinloch-de Loes, S., 324
Kinser, A. M., 157
Kirsch, I., 405-406
Kirschbaum, C., 99-100
Kirschenbaum, D., 198-199
Kivimaki, M., 99-100
Kiviruusu, O., 127
Kjellstrom, T., 43
Klag, M. J., 184
Klag, S., 116-117
Klein, S., 90-91
Klump, K. L., 203-204
Kluver, H., 53
Knowlton, A. R., 327-328
Kobasa, S. C., 115-117
Kochanek, K. D., 37-38, 162-163
Koenig, H. G., 417
Kohn, P. M., 96
Kolodziej, M. E., 268-269
Komaroff, A. L., 350-351
Koopmans, G. T., 347-348
Kop, W. J., 270-273
Kowalski, R. M., 305-306
Kozlowski, L. T., 221-222
Krantz, D. S., 271-273
Kraus, W. E., 275-276
Krauss, B. J., 334-335
Kreuter, M. W., 163
Krieger, N., 263-264
Kronenberg, F., 156-157
Kronick, R. G., 127
Kronmal, R. A., 184
Krueger, P. M., 84, 261-262
Kuba, S. A., 207-208
Kubzansky, L. D., 269-270
Kuhl, J., 414-415
Kuldau, J. M., 207-208
Kung, H. C., 16-17
Kupelnick, B., 414-415
Kuper, H., 431-432
Kushner, R. F., 197
Kusseling, F. S., 333-334

L

La Via, M. F., 82-83
Laaksonen, M., 270-271
Labouvie, E. W., 21-22, 230-231
LaBrie, J. W., 21-22
Lachman, M. E., 173-175
LaCroix, A. Z., 100-101
Lagerstrom, M., 171
Lakka, T. A., 156-157
Lamers, L. M., 347-348
Lammers, C., 228
Landers, D. M., 156-157
Lando, H. A., 244-245
Landro, L., 360
Langer, E. J., 124-125, 366-367
Langer, R. D., 438
Langner, T., 129-130
Lao, L., 403
Lape, R., 216-218
LaPerriere, A. R., 334-335
Larkin, M., 189-190
LaRocca, T. J., 156-157
Larsen, S., 267-268

Larson, D. B., 417
Larun, L., 156-157
Lasagna, L., 7
Latkin, C. A., 327-328
Latner, J. D., 196
Lau, M. A., 137-138
Launer, L. J., 238-239
Lauver, D. R., 151
Lavallee, L. F., 126-127
Law, A., 365-366
Lawler, K. A., 273
Lawlis, G. F., 414-415
Lawlor, D. A., 261
Lawton, R., 148-149
Lazarus, R. S., 87-88, 95-96, 109-110
Lazarus, R., 362-363
Leary, M. R., 305-306
Leclere, F. B., 261-262
Lee, A. J., 267-268
Lee, C. D., 275
Lee, C., 157
Lee, I. M., 192-193
Leeuw, M., 383-384
Leeuwenhoek, A. van, 9-10
Lefcourt, H. M., 129-130
Lehrer, P. M., 136-137
Leibel, R. L., 186
Leigh, B. C., 232-233
Lemos, K., 276-277
Leon, A., 184
Leonard, K. E., 21-22, 231-232
Leone, T., 181-182
Lepore, S. J., 126-127, 263-264
Lepper, M. R., 124-125
Lepri, A., 324
Leproult, R., 84
Lerman, C., 241, 245
Leserman, J., 322
Leshner, A. I., 220
Lesperance, F., 269-270
Lester, T., 203-204
Lestideau, O. T., 126-127
Leutwyler, K., 221-222
Levey, G., 35-36
Levin, J. S., 416-417
Levine, F. M., 383-384
Levine, J. D., 379-380
Lewis, S., 174-175
Lewith, G. T., 408-409
Li, T. K., 20-21
Li, Y., 39, 41-42
Lichtenstein, B., 329
Lichtenstein, E., 90-91, 247
Lichtman, S. W., 197-198
Lieberman, M. A., 129
Lierman, L. M., 149
Lijing, Y. L., 267
Linden, W., 264-265, 268-269, 272-273
Lindor, N. M., 291
Lindsted, K. D., 191-192
Lipton, J. A., 386-387
Livermore, M. M., 100-101
Ljungberg, J. K., 98
Long, B. C., 130-131
Loucks, E. B., 431-432
Louis, W., 181-182
Lovallo, W. R., 266

Lowe, M. R., 199-201
Lox, C. L., 335
Lozito, M., 371-372
Lucas, K., 350-351
Lucire, Y., 386-387
Luebbe, A. M., 26-27
Luecken, L. J., 298-299, 307
Lundberg, U., 99-101
Lundman, B., 117-118
Lust, B., 419-420
Lustman, P. J., 282-283
Lyness, S. A., 266
Lyons, D. M., 171
Lytle, C. D., 407-408
Lyubomirsky, S., 127
Lyvers, M., 220-223

M

Maas, J. B., 159
MacAllister, R. J., 255-256
Macera, C. A., 261-262
MacKellar, D. A., 326-327
Mackenbach, J. P., 17
MacKensie, M., 372-373
Mackin, R. S., 93
Madden, P. A., 241
Maddi, S. R., 115-118
Maddrey, A. M., 371-373, 381, 383
Maes, H. M., 193-194
Magni, G., 126-127
Mahler, H. I. M., 165-166
Maier, K. J., 123
Maier, S. F., 67-68, 121
Maisto, S. A., 20-21
Makhalemele, M., 312
Malin, S., 195
Mangan, C. F., 365-366
Manger, T. A., 132-133
Manhart, L., 114
Mann, K., 233-234
Mann, T., 123, 165-166, 197, 209-210, 321-322
Manne, S. L., 307
Manne, S., 147-148, 151
Manyande, A., 367
Marbach, J. J., 386-387
Marcinowicz, L., 355-356
Marco, C. A., 111, 113
Margolin, A., 410
Markovitz, J. H., 263-264
Marks, G., 331
Marlatt, G. A., 162-163
Marmot, M., 99-100
Marotta, S. A., 362-363
Martin, A. R., 195
Martin, A., 136
Martin, P. D., 126-127, 352
Martin, P. R., 395
Martin, R. A., 129-130
Martire, L. M., 441-442
Maru, S., 192-193
Maruta, T., 118-119
Marvan, M. L., 345
Marx, J., 189-190
Maslach, C., 100-101
Mason, J. W., 87-88
Massey, C. V., 274

Índice onomástico

Masten, A. S., 118-119
Matarazzo, J., 12-13
Maticka-Tyndale, E., 327-328
Matthews, K. A., 123, 263-264, 267-268, 273, 349-350, 438
Matthews, K. A., 130-131
Matthews, K., 81-82, 103-104
Mayer, J. D., 303-304
Mays, V. M., 97, 330
Mazzella, R., 204-205
McAlonan, G. M., 53
McAuley, E., 156-157
McAuslan, P., 227, 332-333
McCabe, M. P., 178-179
McCaffery, J. M., 269-270
McCain, N., 331-332
McCann, I. L., 34, 132-133
McCarthy, D. P., 98
McCarthy, J., 420-421
McCeney, K. T., 271-272
McCluskey, D. R., 350-352
McCullough, M. E., 129-130, 416-417
McEwen, A., 242
McEwen, B. S., 84, 87-88, 170, 298-299
McGee, D. L., 191
McGrady, A., 136-137, 423-424
McGrath, J., 90-91
McIver, B., 254-256
McKay, G., 127
McKegney, F. P., 334-335
McLaren, L., 202-203
McMaster, S. K., 84
McMillen, D. L., 232-233
McNamara, K., 208-209
McNeil, D. G., 324-325
McRae, K., 123
McTiernan, A., 293-294
Meadows, R. L., 130-131
Meara, E., 347
Mechanic, D., 381, 383
Mehilli, J., 261-262
Meichenbaum, D., 137-138
Melchart, D., 421-422
Melzack, R., 374-375, 380, 382
Mercer, W. B., 168-169
Mermelstein, R., 92-94
Merritt, M. M., 115-116, 124-125, 263-264
Merzenich, M., 382
Metzler, C. W., 160-161
Meyer, J. M., 192-193
Michael, E. S., 391-392
Michael, S., 129-130
Michie, S., 149
Milberger, S., 238-239
Milby, J. B., 230-231
Miles, L., 156-157
Milkie, M. A., 100-101
Miller, D. A., 203-204
Miller, G. E., 82-86, 96, 172-173, 298-299
Miller, K., 2
Miller, L. J., 187-188
Miller, M. F., 412-413
Miller, M., 129-130
Miller, N. E., 12, 135
Miller, P. M., 2

Miller, S. M., 365-366
Miller, T. Q., 272-273
Milling, L., 412-413
Mills, P. J., 270-271
Milner, P., 53-54, 220-221
Mintz, L. B., 203-204
Minuchin, S., 284
Miranda, J. A., 350-351
Mirescu, C., 81, 87-88
Mirowsky, J., 431-432
Mitchell, H. E., 60
Mo, P., 322
Moerman, D. E., 342-343, 348-349
Mommersteeg, P. M. C., 101
Montgomery, G. H., 302-303
Monti, P. M., 234
Montpetit, M. A., 101
Moore, D., 354-355
Moore, J. S., 417
Moos, R. H., 111, 113
Morgan, C. A., 80
Morley, S., 394
Morojele, N. K., 149
Morrill, A. C., 330
Morris, A. S., 235
Morris, D. L., 264-265
Morrison, C. D., 193-194
Morrow, G. R., 308-309
Morton, G. J., 188-189
Morton, R., 202
Morton, W., 10-11
Moskovitz, J. T., 109-110
Moss, D., 136-137
Moss, R. H., 81-82
Moss-Morris, R., 108-109
Motivala, S. J., 159
Motl, R. W., 156-157
Motta, R. W., 132-133
Moya-Albiol, L., 131-132
Muellersdorf, M., 381, 383
Munafo, M. R., 241
Muraven, M., 123
Murphy, M. H., 131-132
Murphy, S. L., 16-17, 37-38
Murray, R. P., 222-223
Musick, D. W., 415-416
Myers, L. B., 125-126
Mylander, M., 401-402
Myrin, B., 171

N

Naar-King, S., 325-326
Nahin, R. L., 402-403
Nakamura, M., 188-190
Nakao, M., 136-137
Nam, C. B., 416-417
Namouchi, H., 371-372
Naparstek, B., 308
Nathan, P. E., 231-232
Nauert, R., 242
Neely, G., 98
Nelson, A. R., 17
Nelson, B., 432-433
Nelson, M. E., 157
Nelson, T. F., 228
Nestoriuc, Y., 136
Nevid, J. S., 261-262

Newberg, A. B., 415-416
Newman, M., 35-36
Newton, T. L., 105, 125-126
Ng, M. K. C., 260
Niederhoffer, K. G., 126-127
Nivision, M. E., 98
Noguchi, K., 103-104, 111, 113
Nolen-Hoeksema, S., 120-121
Nordstrom, C. K., 275
Norris, J., 228
Norvell, N., 131-132
Notsi, M., 314-315
Novotney, A., 22-23, 441-443
Nowak, R., 240
Nowotny, K., 97
Nyamathi, A., 111, 113, 330

O

O'Brien, J. S., 231-232
O'Brien, S. J., 157
O'Connor, D. B., 101
O'Donnell, K., 120-121
O'Dowd, M. A., 334-335
O'Heeron, R. C., 125-126
O'Keefe, J., 431-432
O'Leary, V. E., 170
O'Malley, P. M., 195
Odendaal, J. S., 130-131
Offord, K. P., 267-268
Okifuji, A., 372-373, 380, 394
Olds, J., 53-54, 220-221
Ondeck, D. M., 385-386
Ong, A. D., 115, 118-119
Onge, J. M. S., 261-262
Onishi, N., 178-179, 205-206
Orbell, S., 149
Orlando, M., 334-335
Ormel, J., 276-277
Ory, M. G., 173-174
Ospina, M. B., 414-415
Ostelo, R. W. J. G., 395
Ostir, G. V., 119
Owen, N., 130-131
Ozer, E. J., 99

P

Paffenbarger, R. S., Jr., 156-157
Pagan, J. A., 161-162
Pagoto, S., 164
Pall, M. L., 350-352
Palmer, D. D., 417-418
Papadaratsakis, V., 21-22
Paran, E., 136-137
Park, S. B., 182-183
Parker, D., 148-149
Parker, K. J., 171
Parker, R., 357
Parrott, A. C., 231-232
Parsons, J. T., 152
Pasteur, L., 9-11
Pate, J. E., 203-204
Patterson, D. R., 412-413
Patterson, T. L., 331, 334-335
Paul, K., 114
Pauling, L., 422
Pauly, M. V., 161-162

Pawlyck, A. C., 159
Paxton, S. J., 209-210
Payne, D., 395
Peacock, J., 382
Pearsall, P., 170
Pearson, J. A., 85
Peat, G. M., 394
Pechmann, C., 242-243
Pedersen, E. R., 21-22
Peeke, P., 194-195
Peeters, A., 191-192
Peltola, P., 100-101
Pender, N. J., 122
Penedo, F. J., 138-139, 334-335
Penfield, W., 54-55
Penley, J. A., 110-111
Pennebaker, J. W., 125-127, 172-173, 268-269, 306-307, 387
Penninx, B. W., 281-282
Penzien, D. B., 394
Peralta-Ramirez, M. I., 96
Perkins, H. W., 223-224
Perkins, K. A., 131-132
Perlick, D., 205-206
Perls, T. T., 260
Perna, F. M., 138-139
Perri, M. G., 197-198
Perry-Jenkins, M., 166-167
Persson, R., 111, 113
Pert, C. B., 81-82, 366-367, 378-379
Perz, C. A., 151
Peterson, A. V., 236
Peterson, C., 118-119, 173-174
Peterson, L., 363-364
Peto, R., 236-237
Petrelli, J. M., 191
Petrie, K. J., 108-109, 125-126
Petrie, T. A., 203-204
Phillips, W. T., 157
Pierce, G. L., 156-157
Pierce, J. P., 244-245
Pierce, R. S., 230-231
Pike, K. M., 204-205
Pilisuk, M., 128
Pingitore, R., 196
Piper, M. E., 246
Piscitelli, S. C., 424
Pishkin, V., 266
Pistrang, N., 306-307
Pi-Sunyer, X., 192-193
Player, M. S., 267-268
Pliner, P., 181-182
Plomin, R., 20-21, 35-36, 192-193, 229-230
Pluhar, E. I., 333-334
Polina, E. R., 233-234
Pollard, T. M., 269-270
Pollay, R. W., 152
Pollock, S. E., 116-117
Pomeranz, J. L., 182-183
Ponniah, K., 138-139
Pool, G. J., 383-384
Posluzny, D. M., 334-335
Potter, J. D., 229-230
Powers, R. S., 100-101
Preisler, J. J., 92-94
Preissnitz, V., 418-420

Prescott, E., 38-39
Primack, A., 415-416
Prince, R., 277-278
Prochaska, J. O., 150-151, 247-248
Pruckner, G. J., 97
Ptacek, J. T., 112-113, 356
Puhl, R., 196, 199-200
Pumariega, A. J., 103-104
Puska, P., 165

Q

Quartana, P. J., 303-304
Quick, J. C., 99-100, 166-168
Quick, J. D., 99-100
Quigley, K. S., 123
Quigley, L. A., 162-163

R

Rabasca, L., 395
Rabin, B. S., 83-84
Rahe, R. H., 92-94
Rahim-Williams, F. B., 385-386
Raikkonen, K., 268-269
Raloff, J., 156-157, 182-183
Ramachandran, V. S., 382
Ramsay, S., 271-272
Ramsey, M. W., 157
Ranadive, U., 382
Rand, C. S., 60, 207-208
Rau, R., 432-433
Ray, C., 350-351
Raynor, L. H., 187
Reed, G. M., 171-172
Reeves, J. L., 389-390
Regoeczi, W. C., 97
Reid, C. M., 388
Reiff, M., 358
Rejeski, W. J., 197
Relman, A. S., 421-422
Remery, J., 360
Remery, K., 360
Renner, M. J., 93
Repetti, R. L., 99-100, 159-160, 168-169
Repetto, P. B., 239-240
Resnick, M. D., 159-160
Rethorst, C. D., 156-157
Rexrode, K. M., 191
Reynolds, P., 306-307
Rezza, G., 324
Ricciardelli, L. A., 178-179
Rich, L. E., 197
Richards, M., 204-205
Ringstrom, G., 342-343
Roberts, C. K., 187-188, 275-276
Roberts, D. C., 349-350
Robinson, T. E., 220, 222-223
Robles, T. F., 432-433
Rockhill, B., 293-294
Rodin, J., 121, 124-125, 173-175, 204-206
Rodriguez, C., 191
Rodriguez, D., 163, 239-240
Rodriguez, M. S., 344
Roehling, M. V., 197
Roelofs, J., 136-137

Roentgen, W., 10-11
Roethlisberger, F. J., 32-33
Rogers, B., 156-157
Rogers, C. J., 156-157
Rogers, R. G., 416-417
Rogers, R. W., 165-166
Rogers-Ramachandran, D., 382
Rolls, B. J., 182-183
Rolniak, S., 101
Romer, D., 163
Romero, A. J., 97
Root, M. P., 207-208
Rosal, M. C., 281-282
Rosario, M., 99, 112-113
Rosen, C. S., 151
Rosenberg, E. L., 267
Rosenbloom, A. L., 279-280
Rosenfeldt, F., 256-257
Rosengren, A., 127
Rosenman, R. H., 266
Rosenstock, I. M., 146-148
Rosmalen, J. G. M., 342-343
Ross, C. E., 124-125, 431-432
Rossner, S., 198-199
Roter, D. L., 353-354, 357
Rothenbacher, D., 275
Rotimi, C. N., 31, 40-41
Rotter, J. B., 124-125
Rozanski, A., 83-84, 86
Rozin, P., 182-183
Ruberman, W., 271-272
Ruble, D., 345
Russell, R. G., 202-203
Rutledge, T., 264-265
Rutten, G., 280-281
Rutter, M., 103-104
Rutters, F., 194-195
Rutz, D., 350-352
Ryan, C. S., 101
Ryff, C. D., 119

S

Saab, P. G., 360
Saad, L., 197
Saelens, B. E., 196
Saez, E., 187-188
Safer, M. A., 349-350
Sakurai, T., 187-188
Saldana, L., 363-364
Salonen, J. T., 156-157
Salovey, P., 165-167
Salzmann, P., 440-441
Sanchez-Vaznaugh, E., 194-195
Sander, R., 84
Sanders, S. H., 348-349
Sandman, P. M., 151
Sapolsky, R. M., 77-78, 80-81, 260
Sastry, J., 124-125
Satterlund, M. J., 305-306
Sayette, M. A., 230-231
Scarscelli, D., 232-233
Schachter, S., 241, 430
Schaefer, C., 96
Schaubroeck, J., 271-272
Scheier, L. M., 232-233
Scheier, M. F., 118-119, 343-344
Schell, F. J., 414-415
Schernhammer, E., 101

Scherwitz, L., 267-268
Schifter, D. E., 149
Schiraldi, G. R., 193-194
Schlebusch, L., 92-94
Schleifer, S. J., 105
Schlenk, E. A., 353
Schmaltz, H. N., 271-272
Schmidt, J. E., 303-304
Schmidt, L. A., 81
Schmidt, U., 209-210
Schneiderman, N. E., 123
Schneiderman, N., 331-332
Schnittker, J., 100-101
Schnoll, R. A., 291
Schoenborn, C. A., 144-145, 224-225, 236-237, 242-243
Schonwald, A., 423-424
Schousboe, K., 192-193
Schroeksnadel, K., 322
Schroll, M., 267-268
Schuckit, M. A., 160-161
Schulenberg, J., 160-161
Schulman, K. A., 18-19
Schwartz, B., 86, 102, 104, 124-125
Schwartz, J. E., 269-270
Schwartz, M. B., 199-201
Schwartz, M. D., 197
Schwartz, M., 100-101
Scott, L. D., 122
Scott, S., 168-169
Scott-Sheldon, L. A. J., 331-332
Scully, J. A., 92-94
Seals, D. R., 156-157
Searle, A., 96
Sears, S. F., 100-101
Sedlacek, K., 136
Seeman, M., 174-175
Seeman, T. E., 85, 171, 275
Segerstrom, S. C., 78-79, 82-84, 119-121, 298-299, 303-304, 321-322
Seid, R., 204-206, 208
Self, C. A., 165-166
Seligman, M. E. P., 118-121, 169
Selwyn, P. A., 334-335
Selye, H., 76-79, 86-88, 431-432
Senchak, M., 21-22, 231-232
Sepa, A., 279-280
Setlow, V. P., 316
Severeijns, R., 391-392
Shapiro, D., 135
Sharpe, M., 350-352
Sharpley, C. F., 92-94
Sheikh, A. I., 362-363
Shekelle, R. B., 267
Shen, B. J., 269-270
Sher, K. J., 232-233
Sherman, R. A., 382
Sherrod, D. R., 128
Sherwin, E. D., 101
Shiffman, S., 247-248
Shih, C. F., 242-243
Shilts, R., 313-314
Shimizu, M., 101
Shirom, A., 91
Shoff, S. M., 293-294
Shope, J. T., 236
Showalter, E., 350-352
Shumaker, S. A., 129, 438

Siegel, J. M., 131-132, 322
Siegel, K., 334-335
Siegler, I. C., 128, 267-268
Siegrist, J., 99-100
Sigerist, H. E., 8-9
Silagy, C., 247
Sill, A. T., 417-418
Silverman, M. M., 103-104
Silverstein, B., 205-206
Silverstein, P., 84
Simanek, A. M., 85
Simoni, J. M., 334-335
Simpson, N., 400-401
Singal, B. M., 269-270
Singer, B. H., 85
Singer, J. E., 98, 124-125
Singh, B. K., 403
Singh, B., 403
Singh, P. N., 191-192
Sirota, G., 238-239
Sjostrom, L. V., 190
Skevington, S. M., 381, 383-384
Sleet, D. A., 162-163
Sloan, R. P., 124-125, 416-417
Smedley, B. D., 17
Smith, C., 168-169
Smith, J. C., 134
Smith, J., 181-182
Smith, L. K., 86
Smith, T. J., 295-296
Smith, T. L., 160-161
Smith, T. W., 128, 267-268
Smyth, J. M., 306-307
Snodgrass, S. E., 144-147, 169, 171-172
Snow, J., 36-39
Snyder, J. L., 233-234
Soederback, I., 381, 383
Soldz, S., 239-240
Solomon, G. F., 81-82, 85, 335
Sorensen, G., 99-100
Sorkin, D., 271-272
Spafford, P., 374-375
Spalding, K. L., 187-188
Spanos, N. P., 412-413
Sparks, P., 149
Sparks, S., 129-130
Spasojevic, J., 120-121, 127
Spencer, J., 415-416
Spiegel, D., 127, 305-306
Stacy, A. W., 149
Stamler, J., 262-263
Stanovich, K. E., 28-29
Stansfield, S. A., 431-433
Stanton, A. L., 305-306
Stanton, A., 108-109
Stark, R. S., 277-278
Starr, J. M., 87-88
Stathopoulou, G., 131-133
Stead, L. F., 247
Steen, T. A., 118-119
Stein, J. A., 3-4
Stein, J., 111, 113
Steinberg, L., 235, 345-346
Steinhausen, H. C., 208-209
Stephens, M. B., 275
Stephenson, G. M., 149
Steptoe, A., 83-84, 89-90, 99-101, 114, 120-121, 136, 195

Índice onomástico

Stern, M., 112-113
Sternbach, R. A., 387
Sternberg, E. M., 67-68, 81
Stewart, L. K., 156-157
Stice, E., 206, 208, 230-231
Stickgold, R., 159
Stith, A. Y., 17
Stone, A. A., 128
Stone, G. C., 5-7
Stone, R., 91
Storandt, M., 158
Straub, J., 288-289, 307
Straub, R. H., 83-84
Straub, R. O., 193-194
Strawbridge, W. J., 191-192
Strecher, V. J., 146-148
Striegel-Moore, R. H., 202-205
Striegel-Moore, R. M., 204-205
Strogatz, D. S., 114
Stuart, R. B., 164
Stuckey, S. J., 414-415
Stunkard, A. J., 173-174, 192-193, 196
Stycos, J. M., 333-334
Stygall, J., 276-277
Suhr, J., 81
Sullivan, J. G., 334-335
Sullivan, M., 379-380
Suls, J., 223-224, 269-270
Sussman, S., 247
Sutton, S. R., 151
Sutton, S., 148-149
Swan, G. E., 173-174
Swarr, A., 204-205
Swendeman, D., 334-335
Syme, L. S., 126-127
Szapary, P. O., 156-157
Szasz, T. S., 358

T

Taheri, S., 159
Talbot, F., 281-282
Tamres, L., 92
Tan, D., 293-294
Tansman, M., 281-282
Tarter, R. E., 221-222
Taub, E., 136
Taylor, E., 102, 104
Taylor, R. D., 111, 113
Taylor, S. E., 91-92, 108-109, 171-172, 270-271
Teachman, B. A., 196
Teitelbaum, P., 187-188
Tejada-Vera, B., 37-38, 162-163
Templeton, S., 165
Tesauro, J., 430-431
Thalji, L., 94-95
Thayer, R. E., 131-132
Thebaut, A. C., 292
Theorell, T., 322
Theurl, E., 97
Thom, D. H., 353-354
Thomas, P. A., 94-95
Thompson, R. J., 90-91

Thompson, R., 54-55, 80, 187-188, 221-222, 233-234
Thompson, S. M., 354-355
Thun, M. J., 191
Thune, I., 156-157
Tidwell, M. O., 230-231
Tierney, J., 3-4
Todaro, J. F., 269-270
Tomaka, J., 123
Tomich, P. L., 304-305
Torgerson, W. S., 374-375
Torpy, J. M., 238-239
Tosi, H., 92-94
Tovian, S. M., 22-23
Treisman, G. J., 334-335
Trief, P. M., 284, 353-354
Trivedi, M. H., 156-157
Troisi, A., 203-204
Tromp, D. M., 120-121
Trotter, R., 151
Tucker, J. S., 353-354
Tucker, M. E., 280-281
Turk, D. C., 372-373, 380, 384-385, 394
Turner, B. J., 353-354
Turner, H. A., 335
Turner, R. J., 94-95
Tyler, P., 101

U

Ulrich, C., 99
Unger, J. B., 239-240

V

Vaccarino, V., 273
Van Buyten, J. P., 388-389
Van Hoewyk, J., 114
van Korlaar, I., 374-375
Van Laarhoven, A. I. M., 341-342
van Ryn, M., 357
van Stavel, R., 130-131
Vanderpool, H. Y., 416-417
Varmus, H., 300-301
Varni, J. W., 127
Velicer, W. F., 151
Vena, J. E., 293-294
Verstraeten, K., 123
Vertinsky, P. A., 157
Vesalius, A., 8-9
Vickberg, S. M., 302-303
Vinokur, A. D., 102, 104
Vita, P., 130-131
Vitousek, K. M., 207-209
Vittinghoff, E., 18
Vogele, C., 305-306, 365-366
von Baeyer, C. L., 374-375
von der Lieth, L., 267-268
Vowles, K. E., 372-373, 376-377

W

Wadden, T. A., 197-200

Wager, N., 128
Wager, T. D., 380
Wagner, D. R., 193-194
Wagner, J., 280-281
Waite, L. J., 100-101
Wakimoto, P., 292
Walburn, J., 83-84
Wall, P. D., 380
Wall, T. L., 225-226
Wallace, A., 401-402
Wallace, J. M., 225-226
Waller, G., 349-350
Wallston, K. A., 121
Walters, E. E., 203-204
Wan, C. K., 330
Wang, H. X., 271-272
Wang, J. L., 97
Wang, X., 115-116
Wang, Y., 159
Wannamethee, G., 156-157
Wansink, B., 182-183
Wanzer, M. B., 129-130
Ward, A., 123
Ward, L. M., 206, 208
Ward, R., 31, 40-41
Wardle, J., 180-181, 195, 203-204, 208-209
Wareham, J., 360
Warwick-Evans, L. A., 409-410
Waterhouse, J., 102, 104
Watkins, L. R., 379-380
Waye, K. P., 98
Wearing, C., 53
Weaver, S. L., 174-175
Wechsler, H., 228
Weems, C. F., 95-96
Wehunt, J., 196
Weidner, G., 260
Weil, A., 398, 398-399
Weinberg, R. S., 202-203
Weinberger, D. A., 125-126
Weingart, S. N., 361, 362-363
Weinstein, N. D., 151
Weisli, P., 279-280
Weiss, J. M., 171
Weisse, C. S., 383-384
Weitz, R., 361-362
Werner, E., 117-118
Wesley, J., 8
Wessely, S., 350-352
West, R. F., 28-29
Westmaas, J. L., 222-223
Wetter, D. W., 245
Wheaton, B., 94-95
Wheelwright, J., 422
Whitaker, L. C., 202-203
White, E., 293-294
White, H. R., 21-22
Whiteman, M. C., 267-268
Whitfield, K. D., 35-36, 40-41
Whitlock, E., 132-133
Wickersham, D., 149
Wilcox, S., 158
Wilcox, V. L., 129
Willemsen, C., 417
Williams, D. A., 382

Williams, D. R., 18, 122
Williams, D. S., 114-115
Williams, J. E., 268-269
Williams, L. J., 384-385
Williams, P. G., 117-118
Williams, R. B., 267-269, 271-273
Williamson, D. F., 206, 208
Wills, T. A., 127
Wilson, G. T., 202, 207-209, 232-233
Windle, M., 242
Windle, R. C., 242
Winerman, L., 159
Winett, R. A., 153-154
Wing, R. R., 197-198
Winkleby, M. A., 261-262
Winter, L., 343-344, 347
Winterling, J., 303-304
Winters, D., 197
Wipfli, B. M., 156-157
Wolf, R., 438
Wolin, S., 117-118
Wonderlich, S. A., 202
Wonderlich, S., 203-204
Woodrow, K. M., 383-384
Worden, J., 242
Workman, E. A., 82-83
Worthington, E. L., 135
Wrobleski, P. P., 193-194
Wrosch, C., 96, 111, 113, 121
Wulfert, E., 330
Wulsin, L. R., 269-270
Wynder, E. L., 292

X

Xu, J. J., 16-17
Xu, J. Q., 37-38
Xu, J., 162-163

Y

Yang, S., 115
Yeh, M-C., 187
Yehuda, R., 91
Yeo, M., 163
Yokoyama, M., 410
Yong, H. H., 248
Yudkin, P., 245

Z

Zakhari, S., 20-21, 229-231
Zanstra, Y. J., 101
Zawacki, T., 227, 332-333
Zeidner, M., 112-113
Zepf, B., 280-281
Zhang, S., 293-294
Zhang, W., 26-27
Zhang, X., 411-412
Zhang, Y., 188-189
Zijlstra, G. A., 158
Zisook, S., 105
Zuger, A., 356

Índice remissivo

Obs.: números de páginas seguidos por b referem-se a material em boxes; quando seguidos por f, referem-se a figuras; os seguidos por t referem-se a tabelas.

A

AA (Alcoólicos Anônimos), 235
Abordagem de estágios, da cessação do tabagismo, 247-248, 248f
Abstinência de substâncias, 217-221, 228-229
Abuso de drogas. *Ver* Abuso de substâncias
  definição de, 214-215
Abuso de substâncias, 214-251
  abstinência e, 217-219
  acupuntura para, 410-411
  de álcool. *Ver* Uso e abuso de álcool
  de tabaco. *Ver* Uso de tabaco
  dependência e, 216-218
  mecanismos da adicção e, 216f, 215-219
  substâncias psicoativas e, 218-220
  teoria da hipersensibilidade à adicção e, 218-219
  vício e. *Ver* Adicção
Acidente de Three Mile Island, 94-95
Ácido araquidônico, 388-389
Ácido desoxirribonucleico (DNA), 70
  telômeros e, 87-88
Ácidos graxos com ômega-3, 183
Ácidos graxos com ômega-6, 183
ACTH. *Ver* Hormônio adrenocorticotrópico (ACTH)
Aculturação, estresse e, 103b-104b
Acupuntura, 407-412
  eficácia da, 408-410
  mecanismo de ação da, 408-409
  para abuso de substâncias, 410-411
  para controle da dor, 409-410
  segurança da, 411-412
ADA (American Diabetes Association), 280-281
Adaptação cultural, 327-328
Adesão, *Ver*. Adesão do paciente
Adesão terapêutica do paciente, 352-355
  fatores preditores da, 353-355
  prevalência de falta de adesão e, 353
Adesivos de nicotina transdérmicos, 244-245
Adicção
  definição de, 216-218
  manejo da dor e. *Ver* Opioides
  modelos biomédicos de, 220-221
  modelos de aprendizagem social da, 222-224
  modelos de recompensa da, 220-223
  teoria da hipersensibilidade da, 218-219
Adipócitos, 187-188
Adolescentes
  comportamento de fumar entre, 237-238, 238f, 243-244
  uso de álcool entre, 225-226
Adrenalina, 56-57
  estresse e, 77-79, 80f, 110-111
  no HIV/na aids, 314-317
Afro-americanos
  câncer entre, 289-291
  doenças cardiovasculares entre, 40b-41b, 40f, 261-265
  enfrentando o câncer e, 304-305

enfrentando o estresse e, 114-116
hipertensão entre, 40b-41b, 40f
obesidade entre, 194-195, 195f
prevenção do HIV para, 329
reatividade cardiovascular entre, 124-125
resposta de estresse ao racismo e, 122
síndrome metabólica entre, 265-266
tabagismo entre, 236-237
uso de álcool entre, 225-226
Agentes trombolíticos, para doença cardiovascular e, 258-259
Agonistas, 216-218, 217f
  parciais, 216-218, 217f
Agonistas parciais, 216-218, 217f
Aids. *Ver* Síndrome da imunodeficiência adquirida (aids); HIV/aids
AINEs (anti-inflamatórios não esteroides), 388-389
Alcohol Misuse Prevention Study (AMPS), 236
Álcool desidrogenase, 223-224
Alcoólicos Anônimos (AA), 235
Aldeído desidrogenase, 225-226
Aldosterona, 56-57
Alergias alimentares, 422
Alho, prevenção do câncer e, 294t
Alimentação. *Ver* Dieta; Nutrição
Allium, 293-294
Alostase, saúde neuroendócrina e, 170-171
Alucinógenos, 218-219
Alvéolos, 58-59
AMA (American Medical Association), 426
Ambiente
  de pobreza, 99
  fontes de estresse no, 97-99
  interações de genes com, 70-71
  obesigênico, 199-201
Ambiente obesigênico, 199-201
Ambiguidade de papéis, estresse e, 102, 104
American Cancer Society, 244-245
American Diabetes Association (ADA), 280-281
American Medical Association (AMA), 426
Amígdala, 53
Amígdalas, 63f, 63-64
Amilase, salivar, 61
Amnésia, anterógrada, 53
Amnésia anterógrada, 53
AMPS (Alcohol Misuse Prevention Study), 236
Anabolismo, 170
Analgesia, 378-379
  controlada pelo paciente, 388
  induzida pelo estresse, 378-380
  produzida por estimulação, 389-390
Analgesia controlada pelo paciente, 388
Analgesia induzida pelo estresse, 378-380
Analgesia induzida por estresse, 378-380
Analgesia produzida por estimulação, 389-390
Analgesia produzida por estimulação, 389-390
Analgésicos
  não opioides, 388-389
  opioides, 388
Analgésicos não opioides, 388-389
Análise fatorial, 116-117

Andrógenos, 56-57. *Ver também* Testosterona
  circuitos de retroalimentação e, 69
Aneurismas, 257-258
Anfetamina, abstinência de, 218-219
Angina de peito, 256-257
Angiografia coronariana, 258-259
Angioplastia, 331-332
Angioplastia coronariana, 258-259
Animais de estimação, enfrentando o estresse e, 129-131
Anorexia nervosa, 245. *Ver também* Transtornos da alimentação
Ansiedade, hipertensão e, 262-264
Antabuse (dissulfiram), para dependência de álcool, 233-234
Antagonistas, 216-218, 217f
Antagonistas de opioide
  dor e, 379-380
  transtornos da alimentação e, 203-204
Anticoagulantes, para doenças cardiovasculares, 258-259
Anti-inflamatórios não esteroides (AINEs), 388-389
Antioxidantes, 292
Apego inseguro, no relacionamento entre paciente e profissional, 359
Apego seguro, no relacionamento entre paciente e profissional, 359
Apetite, 187-190
  regulação a curto prazo do, 187-189
  regulação a longo prazo do, 188-190
Apoio. *Ver* Apoio social
Apoio emocional, 129
Apoio social
  diabetes e, 284
  doença cardiovascular e, 271-272
  enfrentando o câncer e, 306-307
  enfrentando o estresse e, 126-130, 127f
  hipótese da proteção de, 127
  hipótese do efeito direto do, 128, 128f
  ineficaz, 129-130
  instrumental, 129
  recebedores de, 128-129
Apoio social instrumental, 129
Área somatossensorial, 377-378
Arritmias, 257-258
Artéria pulmonar, 59, 61
Artérias, 57-58
  coronária, 254-255. *Ver também* Doenças cardiovasculares, doença arterial coronariana
  pulmonar, 59, 61
Artérias coronárias, 254-255. *Ver também* Doenças cardiovasculares; Doença arterial coronariana
Arteríolas, 57-58
Arteriosclerose, 256-257, 257f
Artrite, 623-624, 626
Ásio-americanos
  câncer entre, 289-291
  doenças cardiovasculares entre, 261-262
  tabagismo entre, 236-237

uso de álcool entre, 225-226
Asma, 60b
Ataque terrorista de 11 de setembro, 94-96
Atendimento cooperativo, 22-23, 340-341, 442-443, 442t
Atendimento misto (cooperativo), 22-23, 340-341, 442-443, 442t
Aterectomia, 258-259
Aterogênese, 256f, 255-257
Aterosclerose, 256f, 255-257, 257f
Atividade física, doença cardiovascular e, 275
Atribuição aleatória, 30
Átrios, do coração, 58f, 57-59
Aurícula direita, 58f, 57-59
Autismo, 53
Autoafirmações, 135
Autoaperfeiçoamento, prosperidade fisiológica e, 171-172
Autoapresentação, enfrentando o câncer e, 305-306
Autoculpa, 391-392
Autoeficácia, 121
    prosperidade psicológica e, 173-175
Autofala, 135
Automanejo, do diabetes, 280-283
Automonitoramento, para perda de peso, 198-199
Autorregulação, 20-21
    fisiológica, 413-415
Avaliação, cognitiva, estresse e, 87-90, 89f
Avaliação cognitiva, estresse e, 87-90, 89f
Avaliação primária, 89f, 88-90
Avaliação secundária, 89f, 89-90
Avanço profissional, inadequado, estresse e, 103-104
AVE, 257-258
AVE, 257-258, 258f
Aversões, condicionadas, 81
    para álcool, 233-234
Aversões condicionadas, 81
    para álcool, 233-234
Ayurveda, 8, 402-403
AZT (zidovudina), para HIV/aids, 323-324

B

Baixo peso natal, 14-15
Barbitúricos, 219
Barreira hematencefálica, 215-216, 216f
Barreira placentária, 215-218
Bebida. *Ver entradas para* álcool
Bebida controlada, 234-235
Benzodiazepínicos, 219
Betabloqueadores, para doenças cardiovasculares, 258-259
Betacaroteno, 184-185, 292-294
Betaendorfinas, para controle da dor, 388
Bile, 62
Biofeedback, 12, 135-137
    eficácia do, 136-137
    para consciência da glicose no sangue, 281-283
Biofeedback termal, 136
Biópsia, para câncer, 300-301
Bloqueadores dos canais de cálcio, para doenças cardiovasculares, 258-259
Bodywork, 417
Broaden-and-build theory, 119

Bronquíolos, 58-59
Bulimia nervosa, 202. *Ver também* Transtornos da alimentação
Bupropiona (Zyban), para cessação do tabagismo, 245-246

C

Cálcio, prevenção do câncer e, 293-294
Calorias, 182-183
Campanhas antitabagismo, 242-244
Câncer, 288-311
    consumo de álcool e, 39, 41-42
    definição de, 288-289
    diagnóstico de, 298-300, 299f, 300t
    dieta e, 184-185, 292-294
    enfrentando. *Ver* Enfrentando o câncer
    fatores de risco para. *Ver* Fatores de risco para câncer
    genética e, 294-296
    obesidade e, 191-192
    suscetibilidade ao, 289-291, 290f
    tabagismo e, 238-239
    tipos de, 289-290
    tratamento do, 300-302, 426
Câncer de mama
    consumo de álcool e, 39, 41-42
    dieta e, 292
    genética e, 294-296
Câncer de pele
    genética e, 295-296
    radiação ultravioleta e, 296-297
Cânceres ocupacionais, 297-298
Capilares, 57-58
Capsaicina, 420-421
Caráter invasivo da doença, no diabetes, 281-282
Carcinoma da célula basal, genética e, 295-296
Carcinomas, 289-290
Carga alostática (alostase), 84-85
Caribenho-americanos, reatividade cardiovascular e, 124-125
Carotenoides, 292-294
Catabolismo, 170
Catástrofes
    estresse e, 94-96
    transtorno de estresse pós-traumático (TEPT) e, 90-91
Catastrofização, 390-392
Catecolaminas, estresse e, 110-111, 113
CCK (colecistocinina), apetite e, 187-188
Célula(s) adiposa(s), 187-188
Células B, 65-66
Células de transmissão, dor e, 380
Células ilhotas do pâncreas, 278-279
Células *natural killer* (NK), 64-66
Células sanguíneas vermelhas, 56-57
Células T, 65-67
    HIV/aids e, 318-319
Células T citotóxicas, 65-67
Células T *helper*, 65-67
Células T supressoras, 65-67
Cerebelo, 53
Cérebro, 52f, 52-55
    álcool e, 226
    apetite e, 187-188
    circuitos de retroalimentação e, 69
    comunicação entre o sistema imune e o, 66-68, 68f

    córtex cerebral do, 54f, 53-55
    estresse e, 78-81
    estruturas inferiores do, 52-53
    sistema de recompensa do, 220-221, 221f
    sistema límbico do, 53-54
    substâncias e, 216f, 215-218, 217f
Chantix (vareniclina), para cessação do tabagismo, 245-246
Chapel Hill Pediatrics, 646
Chicago Heart Association Detection Project, 262-263
Chiclete de nicotina, 245
Ciclagem de peso, 192-193
Ciclo de estresse negativo, 138f
Ciclo menstrual, 68-69
Cientistas cristãos, 17
Cigarros. *Ver* Uso de tabaco
Cílios, dos pulmões, 59, 61
    tabagismo e, 237-238
Circuitos de retroalimentação, hormônios gonadotróficos e, 69
Cirrose, álcool e, 227
Cirurgia
    para câncer, 300-301
    para doença cardiovascular, 258-260
    para o manejo da dor, 388-389
Cirurgia curativa, para câncer, 300-301
Cirurgia de extensão, para câncer, 300-301
Cirurgia de restauração, para câncer, 300-301
Cirurgia diagnóstica, para o câncer, 300-301
Cirurgia preventiva, para câncer, 300-301
Cirurgia reconstrutiva, para câncer, 300-301
Citocinas, 67-68
Citocinas proinflamatórias, 67-68, 86
    dor e, 379-380
Clamídia, 318t
Coeficiente de correlação, 30-31
Cognição, social
    dependência de álcool e, 231-233
    intervenções para HIV/aids e, 326-327
    resiliência e, 117-118
Cognição social, resiliência e, 117-118
Colecistocinina (CCK), apetite e, 187-188
Cólera, em Londres (1848), 36-37
Colesterol sérico, 155-157
    álcool e, 226
    doença arterial coronariana e, 183-184
    doença cardiovascular e, 264-266
    reduzindo o, 275-276
College Undergraduate Stress Scale, 92-94, 93t
Colo, 61f, 62
Combinação de terapias, para cessação do tabagismo, 246
Comida caseira, 193-194
Comorbidade, 344, 344f
Competitividade. *Ver* Personalidade tipo A
Complexo aids-demência, 319-321
Comportamento de demora, 348-351, 350f
Comportamento de demora, 349-350, 350f
Comportamento de demora, 349-350, 350f
Comportamentos de alto risco, 146-147
    autoeficácia percebida e, 330
    benefícios percebidos de, 152-153
Comportamentos de saúde, 144-153, 146f
    benefícios percebidos de comportamentos de alto risco e, 152-153
    definição de, 144-145
    doença cardiovascular e, 272-273
    modelo de crença de saúde de, 146-149, 147f

modelo transteórico de, 150-152, 151f
teoria do comportamento planejado e, 149f, 148-151
Comportamentos que comprometem a saúde, 12-13
Comportamentos que promovem a saúde, 12-13
Compressão da morbidade, 435-437
Comprometimento cognitivo, induzido pelo álcool, 228
Comunicação, entre paciente e profissional
  adesão terapêutica e, 354-355
  melhorando, 359-360
  problemas de comunicação do paciente e, 357-358
  problemas de comunicação do profissional e, 355-357
Comunidades, promovendo a vida saudável e, 159-163
Condicionamento, da resposta imunológica, 81-82, 81f
Conhecimento, enfrentando o câncer e, 304-306
Consciência da glicose no sangue, no diabetes, 281-283
Contexto. *Ver também* Perspectiva biopsicossocial
  biológica, 13-15
  dependência de álcool e, 231-233
  psicológica, 14-16
  social, 15-19, 17f, 16t
Contexto biológico, 13-15. *Ver também* Perspectiva biopsicossocial; *fatores biológicos específicos*
Contexto psicológico, 14-16. *Ver também* Perspectiva biopsicossocial
Contexto social, 15-19, 17f, 16t. *Ver também* Perspectiva biopsicossocial
Contrairritação, para manejo da dor, 388-389
Controle
  cognitivo, hospitalização e, 365-367
  comportamental. *Ver* Controle comportamental
  enfrentando o câncer e, 304-306
  falta de, 101-102, 104
  informacional, hospitalização e, 363-366
  percebido. *Ver* Controle percebido
  perda do, hospitalização e, 361-362
  pessoal. *Ver* Controle pessoal
  psicológico, 111, 113
  regulatório, 122-125, 124f
Controle cognitivo, hospitalização e, 365-367
Controle comportamental
  hospitalização e, 366-367
  percebido, 149
Controle comportamental percebido, 149, 274
Controle de lesões, psicologia da saúde comunitária e, 162-163
Controle de peso. *Ver também* Dieta
  no diabetes, 283-284
Controle informacional, hospitalização e, 363-366
Controle pessoal, 121-122
  escolha e, 124-125
Controle pessoal, prosperidade psicológica e, 173-175
Controle psicológico, 111, 113
Controle regulatório, 122-125, 124f
Controles com *feedback*, 55-56

Coorte de nascimento, 15-16
Coorte(s), 33-35
Coração, 58f, 57-59; *Ver também* Doenças cardiovasculares
  saudável, 254-255
Corantes, 420-421
Corpo lúteo, 68
Correlação, 30-32
  causa e efeito e, 32
Correlação negativa, 30
Correlação perfeita, 31
Correlação positiva, 30
Córtex adrenal, estresse e, 79, 80f
Córtex cerebral, 54f, 53-55
Córtex de associação, 54-55
Córtex motor, 54-55
Córtex sensorial, 54-55
Corticosteroides, estresse e, 79, 80f, 83-84
Cortisol, 56-57
  estresse e, 79-81, 86, 111, 113
Cotinina
Crescimento pós-traumático, 117-118
CRH. *Ver* Hormônio liberador de corticotropina (CRH)
Crianças, hospitalização e procedimentos médicos e, 362-364, 364t
Cromossomo X, 70
Cromossomo Y, 70
Cromossomos, 69-70
Cromossomos sexuais, 70
CRP. *Ver* Proteína C-reativa (CRP)
Cuidado administrado, 355-356
Cuidado integrado, 22-23, 340-341, 442-443, 442t
Cuidadores, impacto do HIV/da aids sobre, 300-336
Cultura. *Ver também* Etnicidade; *entradas socioculturais; grupos étnicos específicos*
  definição de, 18
  escolha e controle pessoal e, 124-125
  obesidade e, 194-195
  procurando tratamento e, 347-349
  transtornos da alimentação e, 205-206, 208
Cura espiritual, 415-417, 417f
Curiosidade, prosperidade psicológica e, 172-174

D

DDT, 400-401
Definições operacionais, 30
Delirium tremens, 228-229
Demora na avaliação, 349-350, 350f
Demora na marcação de consultas, 349-350, 350f
Demora no tratamento, 349-350, 350f
Densidade populacional, lotação contrastada com, 99
Dependência, de substâncias, 216-218
Dependência de álcool
  definição de, 228-229
  fatores sociais e cognitivos e, 231-233
  genes e, 228-230
  interações entre gene e ambiente e, 230-231
  redução da tensão e, 231-232
  temperamento e personalidade e, 230-231
  tratamento e prevenção da, 232-236
Depressão
  doenças cardiovasculares e, 269-270

estresse e, 90-91
exercícios e, 132-133
tabagismo e, 242
Desafios à psicologia da saúde, 693-704
Desamparo aprendido, 121
Desertos alimentares, 196
Desinibição comportamental, álcool e, 227
Despersonalização, hospitalização e, 361-363
Dessensibilização sistemática, enfrentando o câncer e, 308-309
Determinação do peso, 185, 189-190. *Ver também* Obesidade; Sobrepeso
  base biológica da, 187-190
  hipótese do *set-point* da, 185-187
  taxa metabólica basal e consumo calórico e, 185
Diabetes gestacional, 279-280
Diabetes melito, 279f, 278-284
  aumentando a adesão a regimes de tratamento para, 283-284
  aumentando o apoio social e, 284
  causas de, 279-281
  melhorando a comunicação e, 284
  obesidade e, 191-192
  peso e manejo do estresse e, 282-284
  prevalência de, 278-279, 279f
  promovendo adaptação a, 280-283
  psicologia da saúde e, 280-284
  tipos de, 278-280, 280t
  tratamento do, 280-281
  tratando transtornos psicológicos relacionados com, 282-283
Diabetes tipo I, 278-280, 280t
Diabetes tipo II, 280t, 278-280
Diafragma (músculo), 58-59
Diagramas de dispersão, 31
Diálogo interno, 391-392
Diástole, 57-58
Dieta, 179-185
  câncer e, 291-294
  doenças e, 182-185
  saudável, 181f, 180-183, 182t
Dieta ioiô, 192-193, 197-198
Diferenças de coorte, 33-35
Digestão, 61-62
Discriminação do peso, 196-197
Dislexia, 53
Disposição comportamental, 149-151
Dissulfiram (Antabuse), para dependência de álcool, 233-234
Distração cognitiva, para manejo da dor, 391-392
DNA. *Ver* Ácido desoxirribonucleico (DNA)
Doença. *Ver* Doença(s); *doenças específicas*
Doença arterial coronariana, 255-256
  dieta e, 183-184
Doença de Hodgkin, 289-290
Doença de Parkinson, 86
Doença(s). *Ver também doenças específicas*
  adicção como, 220-221
  de adaptação, 87-88
  dieta e, 182-185
  estresse e. *Ver* Relação entre estresse e doença
  modelo biomédico da, 10-11
  natureza multifatorial da, 12
  obesidade e, 191f, 191-193
  reconhecimento/interpretação de sintomas e, 341-345
  teoria anatômica da, 9-10

Índice remissivo

teoria celular da, 9-11
teoria dos germes da, 10-11
teoria humoral da, 7, 8
Doenças cardiovasculares, 255-279. *Ver também* Hipertensão
   álcool e, 226
   causas de, 255-257, 256f-257f
   diagnóstico de, 257-259
   fatores de risco para, 260f, 259-266
   obesidade e, 191-192
   prevenção de recaídas de, 276-279
   redução de riscos para, 274-276
   tipo de personalidade e, 266-274
   tratamento de, 258-260
Doenças pulmonares obstrutivas crônicas, 307
Doenças sexualmente transmissíveis (DSTs), 312-313, 318t. *Ver também* HIV/aids
   HIV/aids e, 317
Doing the Right Thing: A Research Plan for Healthy Living, 435-436
Dor, 370-397
   aguda, 372-373
   aprendizagem social e, 386-387
   bioquímica da, 377-380, 379f
   clínica, 371-372
   componentes da, 371-372
   crônica, 372-373
   definição de, 371-372
   do membro fantasma, 382b
   epidemiologia da, 371-372
   fatores socioculturais e, 384-387
   gênero e, 381, 383-384
   hiperalgesia e, 372-373
   idade e, 381, 383
   mensurando, 373-375
   personalidade e, 383-385
   recorrente, 372-373
   referida, 377-378
   significado da, 371-373
   teoria da comporta, 380f, 380-381
   tipos de, 372-373
   tratamento da. *Ver* Manejo da dor
   vias da dor e, 376-378
Dor aguda, 372-373
Dor clínica, 370-371
Dor do membro fantasma, 382b
Dor recorrente, 372-373
Dor referida, 377-378
Dores crônicas, 372-373
Drug-Free Schools and Communities Act of 1986, 236
Dualismo cartesiano, 9-11
Dualismo mente-corpo, 9-11

E

ECG (eletrocardiograma), 257-258
Ecocardiograma, 258-259
Educação
   para psicólogos da saúde, 23-24
   saúde. *Ver* Educação para a saúde
Educação para a saúde
   comunitária, 163-165
   para HIV/aids, 327-329
   para manejo da dor, 390-391
Educação para a saúde na comunidade, 163-165
Efeito grego, 232-233

Efeito placebo, 136, 245, 405-406, 407f
   dor e, 379-380
Efeitos cruzados, estresse no trabalho e, 166-167
Efeitos da expectativa, 32-33
Efeitos de expectativas do observador, 50-51
Efetores, 420-421
Eixo hipotálamo-hipófise-adrenal (HAA)
   estresse e, 79-81, 80f
   na acupuntura, 408-409
Eixo simpato-adreno-medular (SAM), estresse e, 80f, 79-81
EKG (eletrocardiograma), 257-258
Eletrocardiograma (ECG ou EKG), 257-258
Eletrocardiograma de esforço, 257-258
Eletromiografia (EMG), 373-374
Eletromiografia, 373-374
Eletromiografia, *feedback*, 135-136
E-mail, relacionamento entre paciente e profissional e, 360-361
Emoção(ões)
   enfrentando o câncer e, 303-304
   negativa(s), HIV/aids e, 320-322
Emoção(ões) negativa(s), HIV/aids e, 320-322
Emotividade negativa, 20-21
   dependência de álcool e, 230-231
Encefalinas, dor e, 377-379
Endocárdio, 254-255
Endorfinas, 220
   dor e, 378-379
   transtornos da alimentação e, 203-204
Enfrentamento focalizado nas emoções, 109-111, 112b
Enfrentamento focalizado no problema, 109-111, 112b
Enfrentamento repressivo, 125-126
Enfrentando o câncer, 302-309
   apoio social e intervenções sistêmicas para 306-307
   conhecimento e controle e, 304-306
   dessensibilização sistemática para, 308-309
   emoções e, 303-304
   etnicidade e, 304-305
   revelação emocional e, 305-307
   terapias cognitivo-comportamentais para, 307-309
   visualização guiada para, 308-309
Enfrentando o estresse, 108-131
   animais de estimação e, 129-131
   apoio social e, 126-130, 127f
   controle pessoal e escolha e, 121-127
   da hospitalização e de procedimentos médicos, em crianças, 362-364, 364t
   definição de, 108-109
   diferenças de gênero em estilos de, 110-111, 113, 112b-113b
   enfrentamento focalizado nas emoções, 109-111, 112b
   enfrentamento focalizado no problema, 109-111, 112b
   estilo explanatório e, 116-121
   etnicidade e, 114-116
   gratidão e, 129-130
   hardiness e, 115-119, 117f
   humor e, 129-130
   modelo de três estados e, 362-363
   perspectiva biopsicossocial em, 138-139, 139f
   status socioeconômico e, 111, 113-114
   tabagismo e, 241

Enfrentando o HIV/a aids, 333-336
Enquetes, 30
Ensaio mental, para manejo da dor, 392
Envelhecimento, tabagismo disfarçado como, 238-239
Envolvimento social, prosperidade fisiológica e, 171-173
Enzimas, do sistema digestório, 61
Epicárdio, 254-255
Epidemia
   de cólera, 36-37
   definição de, 8-9
   global (pandemia), 314-315
Epidemiologia
   começo da era moderna da, 36-37
   da, 371-372
   do diabetes melito, 278-279, 279f
   do HIV/da aids, 314-317
   do uso de tabaco, 237f, 236-238, 238f
   molecular, 38-39
Epidemiologia molecular, 38-39
Epinefrina. *Ver* Adrenalina
Equinácea, 420-421
Eritrócitos, 56-57
Erva-de-são-joão, 424
Escalas de avaliação da dor, 374-375, 374f
Escolha
   controle pessoal e, 124-125
   paradoxo da, 102, 104
Escuta, ativa, relacionamento entre paciente e profissional e, 359
Escuta ativa, relacionamento entre paciente e profissional e, 359
Esgotamento, 100-101
Esôfago, 61, 61f
Espermatozoides, 69
Estabelecimento de objetivos, para o manejo da dor, 390-391
Estágio de exaustão, da síndrome de adaptação geral, 87f, 86-88
Estágio de resistência da síndrome de adaptação geral, 86-87, 87f
Estágios, para psicólogos da saúde, 23-24
Estereótipos prejudiciais do paciente, 357
Estilo explanatório
   adaptação à hospitalização e, 362-363
   enfrentando o estresse e, 118-121
Estilos de vida prejudiciais à saúde, prevenção de, 434-435
Estimulação elétrica, para manejo da dor, 388-390
Estimulação nervosa elétrica percutânea (PENS), 410
Estimulação nervosa elétrica transcutânea (TENS), 388-390
Estimulantes, 218-219
Estômago, 61f, 62
Estratégias comunitárias, para controle de peso, 199-201
Estratégias de enfrentamento evitativo, 112-114
Estresse, 75-141
   alimentação e, 193-195
   avaliação cognitiva e, 87-90, 89f
   avaliação do, 434-436
   catástrofes e, 94-96
   definição de, 76-77
   doenças e, 81-92, 81f, 83f, 431-433, 433f
   duração do, 84-85
   enfrentando. *Ver* Enfrentando o estresse

eventos importantes na vida e, 92-95, 93t
fontes ambientais de, 97-99
fontes biopsicossociais de, 92-105
hipertensão e, 263-264
HIV/aids e, 320-322
manejo do. *Ver* Manejo do estresse
modelo da diátese ao estresse, 89-91
perspectiva biopsicossocial sobre, 77-78
problemas cotidianos e, 95-97, 96t
síndrome de adaptação geral e, 87f, 86-88
Estresse em imigrantes, 103b-104b
Estressores, 76-78
  definição de, 76-77
Estressores de *background*, 97
Estrógenos, 56-57, 67-68
  álcool e, 226
  doenças cardiovasculares e, 260
Estruturação de mensagens, 165-167
  apelos estruturados na forma de perdas e, 165-167
  mensagens adaptadas e, 165-166
Estudo CARDIA (Coronary Artery Risk Development in Young Adults), 267, 270-271, 275
Estudo Coronary Artery Risk Development in Young Adults (CARDIA), 267, 270-271, 275
Estudos de adoção, 36
Estudos de caso, 28-30
Estudos de caso-controle, 38-41
Estudos de gêmeos, 35-36
Estudos descritivos, 29t, 28-32
  correlação e, 30-32
  estudos de caso, 28-30
  inquéritos, 30
  observacionais, 30
Estudos duplos-cegos, 32-33
Estudos epidemiológicos, 29t, 37-47, 38f
  estudos prospectivos em, 39-42
  estudos retrospectivos em, 38-41
  experimentais, 39, 41-42
  experimentos clínicos, 42
  inferindo causalidade e, 43-47, 44f-45f
  metanálise e, 42-43
  objetivos em, 37-39
Estudos evolutivos, 33-36
Estudos experimentais, 29t, 32-33, 34f
  em epidemiologia, 39, 41-42
Estudos longitudinais, 33-36
Estudos observacionais, 30
Estudos psicofísicos, 373-374
Estudos retrospectivos, 38-41
Estudos simples-cegos, 32-33
Estudos transversais, 33-35
Etiologia, 12-13, 37-38
Etnicidade. *Ver também grupos étnicos específicos*
  campanhas antitabagismo e, 242-243
  câncer e, 289-291, 300t
  diabetes melito e, 205-206, 208, 207b
  doença cardiovascular e, 261-263
  enfrentando o câncer e, 304-305
  enfrentando o estresse e, 114-116
  reatividade cardiovascular e, 124-125
  uso de álcool e, 225-226
Euro-americanos
  câncer entre, 290-291
  doenças cardiovasculares entre, 261-262
  enfrentando o câncer e, 304-305

obesidade, 194-195, 195f
síndrome metabólica entre, 265-266
uso de álcool entre, 225-226
Eustress, 78-79
Exercícios
  colesterol sérico e, 275-276
  efeitos fisiológicos de, 131-132
  efeitos psicológicos de, 131-134
  em idosos, 156-158
  falta de, câncer e, 293-294
  falta de, doença cardiovascular e, 261-262
  falta de, razões para, 157-158
  para manejo do estresse, 130-134
  para prevenção do diabetes, 283-284
  para proteção à saúde, 155-158
Expectativas, dependência de álcool e, 232-233
Expectativas em relação ao álcool, 232-233
Experimentos clínicos, 42
Experimentos clínicos randômicos, 42
Experimentos de campo na comunidade, 42
Exposição ao sol, câncer e, 296-297
Expressão de raiva, 268-269
Extinção, do comportamento de beber, 234
Extratos, padronizados, 421-422
Extratos padronizados, 421-422

F

Fagócitos, 63-64
Fagocitose, 63-64
Faixa de peso, 186
Faixas de gordura, 255-257
Famílias
  impacto do HIV/da aids sobre, 335-336
  saúde, promoção, 159-161
  transtornos da alimentação e, 203-205
Family and Medical Leave Act of 1993, 167-168
Family Heart Study, 156-157
Faringe, 58-59
Farmacopeia, 419-420
Farmacoterapia
  para cessação do tabagismo, 244-245
  para dependência de álcool, 233-234
  para doenças cardiovasculares, 258-259
  para HIV/aids, 323-324
  para manejo da dor, 387-389
Fase lútea do ciclo menstrual, 68
Fase menstrual do ciclo menstrual, 69
Fase ovulatória do ciclo menstrual, 68
Fase proliferativa do ciclo menstrual, 68
Fase secretora do ciclo menstrual, 68
Fator de necrose tumoral (TNF), 67-68
Fatores ambientais
  na doença, 12
  obesidade e, 193-194
Fatores comportamentais, na doença, 12
Fatores de predisposição, estresse e doença e, 89-90
Fatores de risco, 37
  para câncer. *Ver* Fatores de risco para câncer
  para doença cardiovascular, 260-266
Fatores de risco para câncer, 291-299
  álcool, 288-294
  alimentares, 291-294
  carcinogênicos ocupacionais, 297-298
  estresse, 297-299
  falta de atividade física, 293-294
  genéticos, 294-296

poluição, 297-298
radiação, 296-298
sobrepeso e obesidade, 294-295
substâncias químicas tóxicas, 295-297
uso de tabaco, 291
Fatores de vulnerabilidade, para o tabagismo, 240
Fatores do hospedeiro, em doenças, 12
Fatores precipitantes, estresse e doença e, 89-91
Fatores psicológicos. *Ver também* Perspectiva biospsicossocial
  na doença, 12
Fatores psicossociais
  comportamentos prejudiciais à saúde e, 431-432
  dor e, 381, 383-387
  obesidade e, 193-196
  prosperidade fisiológica e, 171-173
  tabagismo e, 241-242
Fatores sociais. *Ver* Perspectiva biopsicossocial; Fatores socioculturais
Fatores sociais e cognitivos, dependência de álcool e, 231-233
Fatores socioculturais. *Ver também* Perspectiva biopsicossocial; Cultura; Etnicidade; *grupos étnicos específicos*
  dor e, 384-387
  no estresse, 103b-104b
Feedback
  cortisol e estresse e, 79-81
  eletromiográfico, 135-136
Feedback com eletromiografia (EMG), 135-136
Fenótipo, 70
Fertilização, 69
Fezes, 62
Fibras nervosas lentas, 376-377, 378f
Fibras nervosas rápidas, 376-378, 378f
Fibromialgia, 414-415
Fígado, 62
  álcool e, 227
  obesidade e, 191-192
  fisiologia do. *Ver* Fisiologia do estresse
  fontes relacionadas com o trabalho do, 99-104
  fontes sociais de, 105
  modelo transacional do, 87-90, 89f
  resposta de zelar e agrupar para, 91-92
  telômeros e, 87-88
  transtorno de estresse pós-traumático e, 90-91
Fisiologia do estresse, 76-86
  cérebro e, 78-79
  doença e, 81-86, 81f, 83f
  sistema endócrino e, 79-81, 80f
  sistema nervoso e, 78-79
Fisioterapia, para manejo da dor, 389-390
Flavonoides, 265-266
  prevenção do câncer e, 294t
Fluoxetina (Prozac), para dependência de álcool, 233-234
Folículo(s), 68
Fontes biopsicossociais de estresse, 92-105
  ambiguidade/conflito de papéis, 102, 104
  avanço profissional inadequado, 103-104
  catástrofes, 94-96
  esgotamento, 100-101
  eventos importantes na vida, 92-95, 93t
  falta de controle, 101-102, 104
  lotação, 98-99

paradoxo da escolha, 102, 104
perda do emprego, 102-104
problemas cotidianos, 95-97, 96t
ruído, 97-98
sobrecarga de trabalho, 99-101
social, 105
sociocultural, 103b-104b
trabalho em turnos de revezamento, 102, 104
Formação reticular, 52,
  estresse e, 78-79
Framingham Heart Study, 180-181, 184, 260f, 259-266
  fatores de risco controláveis e, 262-266
  fatores de risco incontroláveis e, 260-263
FSH (hormônio estimulante de folículo), 68-69
Fumaça de cigarro de segunda mão, 238-240
Fumaça de tabaco ambiental, 238-240
Fumantes com afeto negativo, 241-242
Fumar rapidamente, 246

G

Gamabutirolactona (GBL), 423-424
Gânglios, 50-51
GBL (gamabutirolactona), 423-424
Gene adiposo (WDTC1), 187-188
Gene *DRD2*, 229-230
Gene *DRD4*, 229-230
Gene(s), 70-71. *Ver também* Genética
  interação com o ambiente, 70-71
  interação entre gene e gene e, 70-71
  saciedade, 187-188
Gênero
  aumentando a compreensão dos efeitos do, 435-438, 437f-438f
  doenças cardiovasculares e, 260-262, 261f
  dor e, 381, 383-384
  estratégias de enfrentamento e, 110-111, 113, 112b-113b, 113f
  estresse e, 104b
  HIV/aids e, 314-316, 316f
  obesidade e, 195f, 195
  procurando tratamento e, 347-348
Genética
  câncer e, 294-296
  de transtornos da alimentação, 263-264
  doença cardiovascular e, 260
  hipertensão e, 263-264
  obesidade e, 192-194
Genoma, 318-319
Genótipo, 70
Geração espontânea, 9-11
GH (hormônio do crescimento), estresse e, 84
Glândula hipófise, 55-56, 56f
Glândula mestra, 55-56, 56f
Glândula tireoide, 56f, 56-57
Glândulas adrenais, 56f, 56-57
Glândulas paratireoides, 56-57
Glicocorticoide(s), 56-57. *Ver também* Cortisol
  estresse e, 110-111, 113
Glóbulos brancos do sangue, 57-58
Glucagon, 56-57
Glutamato, dor e, 377-378
Gonorreia, 318t
Gordura trans/ácidos graxos trans, 182-183
Gordura(s), tipos de, 182-183
Gorduras hidrogenadas, 183
Gorduras parcialmente hidrogenadas, 183

Gratidão, enfrentando o estresse e, 129-130
Grau de doutorado, para psicólogos da saúde, 23-24
Gravidez
  abuso de substâncias durante, 215-218
  diabetes gestacional e, 279-280
  uso de álcool durante, 227
  uso de tabaco durante, 238-239
Great American Smokeout, 244-245
Grelina
  apetite e, 187-189
  sono e, 159
Grupo de controle, 30
Grupos de autoajuda, para dependência de álcool, 235
Grupos de comparação, em semiexperimentos, 32-33
Grupos étnicos. *Ver também entradas* sociocultural
  definição de, 17
  diversidade entre, 17-18
Grupos experimentais, 30

H

HAA. *Ver* Eixo hipotálamo-hipófise-adrenal
HAART (highly active antiretroviral therapy), 323-324
HABITS (Health and Behavior in Teenagers Study), 194-195
Hardiness, 115-119, 117f
  estudos sobre, 116-118
  resiliência e, 117-119
Hassles and Uplifts Scale, 95-96, 96t
HDL (lipoproteínas de alta densidade), 183-184, 264-265
Health and Behavior in Teenagers Study (HABITS), 194-195
Healthy People 2000, 156-157, 237f
Healthy People 2010, 3-4, 4t, 435-436
Helicobacter pylori, úlceras e, 78-79
Hemofilia, 317
Hemoglobina, 56-58
Hepatite, álcool e, 227
Herbologia, 419-420
Herdabilidade, 35-36
  dependência de álcool, 229-230
Hereditariedade. *Ver* Genética
Heroína, 219-220
Herpes, genital, 318t
Herpes genital, 318t
Highly active antiretroviral therapy (HAART), 323-324
Higiene do sono, 158-160
Hiperalgesia, 372-373
Hipercortisolismo, 80-81
Hiperglicemia, 279-280
Hiperinsulinemia, obesidade e, 191-192
Hiperplasia das células adiposas, 187-188
Hipertensão
  álcool e, 226
  controlando, 274-275
  doença cardiovascular e, 262-265
  em afro-americanos, 40b-41b, 40f
  estresse e, 90-91
  obesidade e, 191
Hipertensão essencial, 262-263
Hipertensão primária, 262-263

Hipnose, 411-413
  eficácia da, 412-413
  para dor, 411-413
Hipocampo, 53
  álcool e, 226
Hipocondria, 350-352
Hipocortisolismo, 81
Hipoglicemia, 279-280
Hipotálamo, 53-54
  apetite e, 187-188
  circuitos de retroalimentação e, 69
  estresse e, 78-81
Hipotálamo lateral, apetite e, 187
Hipotálamo ventromedial, apetite e, 187-188
Hipótese da escassez, 99-100
Hipótese da proteção, 127
Hipótese da redução da tensão, dependência de álcool e, 231-232
Hipótese da restrição de papéis, no enfrentamento do estresse, 112b
Hipótese da socialização, de estilos de enfrentamento, 112b
Hipótese da vulnerabilidade psicossocial, 270-272
Hipótese das substâncias de entrada, da adicção, 221-222
Hipótese do alívio da abstinência, da adicção, 220-221
Hipótese do aperfeiçoamento, 99-100
Hipótese do efeito direto, 82-83
  do apoio social, 128, 128f
Hipótese do efeito indireto, 82-84
Hipótese do *set-point*, 185-187
Hipoxia fetal, tabagismo e, 238-239
Hispano-americanos
  câncer entre, 289-291
  doença cardiovascular entre, 261-262
  obesidade entre, 194-195, 195f
  síndrome metabólica entre, 265-266
  tabagismo entre, 236-237
  uso de álcool entre, 225-226
Histamina, 63-64
Histeria, 351b
HIV/aids, 312-338
  aconselhamento para HIV e, 328-330
  base para intervenções psicossociais para, 325-327
  complexo aids-demência, 319-321
  disseminação de, 313-315, 315t
  doenças sexualmente transmissíveis (DSTs) e, 317, 318t
  enfrentando, 333-336
  epidemiologia de, 314-317
  estudo epidemiológico de, 40-41
  fatores fisiológicos na progressão da aids e, 320-321
  fatores psicossociais na progressão da aids e, 320-323
  histórico de, 313-315
  intervenções médicas para, 323-326
  intervenções no âmbito da comunidade para, 331-333
  manejo cognitivo-comportamental do estresse para, 331-332, 332f
  obstáculos psicossociais a intervenções para, 331-334
  prevenção de, 154t, 153-155
  programas educacionais para, 327-329
  progressão do HIV e, 318-321

revelação do *status* HIV-positivo e, 330-331
transmissão do HIV e, 317
triagem de massa para, 328-329
vacina contra, 325f, 324-326
HL. *Ver* Hormônio luteinizante (LH)
Homeostase, 79
Homossexualidade, HIV/aids e, 226-227
Hormônio adrenocorticotrópico (ACTH), 55-56
   estresse e 79, 80f
Hormônio do crescimento (GH), estresse e, 84
Hormônio estimulador de folículo (FSH), 68-69
Hormônio estimulante de melanócitos, 421-422
Hormônio liberador de corticotropina (CRH), 55-56
   estresse e, 79, 80f
Hormônio liberador de gonadotropina, 67-68
Hormônio luteinizante (LH), 68-69
Hormônios, 56-57. *Ver também hormônios específicos*
   adrenal, 55-57, 79, 80f
   álcool e, 226
   apetite e, 187-190
   da tireoide, 56-57
   depressão e, 132-133
   determinação do peso e, 187-190
   doença cardiovascular e, 260
   estresse e, 77-78, 79-81, 80f, 84, 86, 91-92, 94-95, 110-111, 113
   feedback e, 69, 79-81
   gonadotróficos, 56-57, 68-69. *Ver também* Andrógenos; Estrógenos; Testosterona
   sono e, 159
   tímicos, 63
   transtornos da alimentação e, 203-204
Hormônios gonadotróficos (gonadocorticoides), 56-57, 68. *Ver também* Andrógenos; Estrógenos; Testosterona
   circuitos de retroalimentação e, 69
Hospitalização, 361f, 361-367
   adaptação à, 362-364
   perda de controle e despersonalização e, 361-363
   preparando para, 363-367
   sistema de saúde e, 361-362
Hostilidade. *Ver também* Personalidade tipo A
   controlando, 277-279
Human Capital Initiative, 442-443
Humor, enfrentando o estresse e, 129-130

I

Idade
   doenças cardiovasculares e, 260
   dor e, 381, 383
   exercícios e, 156-158,
   obesidade e saúde e, 191-193
   procurando tratamento e, 346f, 345-347
Idade Média, 8-9
Identidade etnocultural, desenvolvimento de, 207b
IG (índice glicêmico), 180-181, 182t
Imagem corporal, transtornos da alimentação e, 205f, 204-208
IMC (índice de massa corporal), 189-190

Implantação, 69
Impostos, sobre produtos de tabaco, 242-244
Imunidade mediada por células, 65-66
Imunizações. *Ver* Vacinação
Imunocompetência, estresse e câncer relacionado com, 297-299
Imunossupressão, 82-84, 92
Imunoterapia, para câncer, 300-301
Inaladores de nicotina orais, 245
Incidência
   definição de, 37
   prevalência contrastada com, 37-38, 38f
Índice de massa corporal (IMC), 189-190
Índice glicêmico (IG), 180-181, 182t
Indol, prevenção do câncer e, 294t
Infarto do miocárdio, 256-258
Infarto do miocárdio, 256-258
Infecções
   oportunistas, 312-313
   sexualmente transmissíveis. *Ver* HIV/aids; Doenças sexualmente transmissíveis (DSTs)
Infecções oportunistas, 312-313
Inflamação
   estresse e doença e, 85f, 85-86
   sistêmica, aterogênese e, 255-256
Influência dos amigos, tabagismo e, 239-240
Inibição psicológica, 321-322
Inibidores de protease, para HIV/aids, 324
Inibidores de transcriptase reversa, para HIV/aids, 323-324
Insulina, 56-57. *Ver também* Diabetes melito
Inteligência emocional, enfrentando o câncer e, 303-304
Inteligência emocional, enfrentando o câncer e, 303-304
Intenção comportamental, 148-149
Interações entre gene e ambiente, dependência de álcool e, 230-231
Interações sociais, estresse e, 105
Interferon, 65-66
Interleucina-6, doença cardiovascular e, 275
Internet, relacionamento entre paciente e profissional e, 360-361
Intervenções do âmbito da comunidade, para HIV/aids, 331-333
Intervenções psicossociais, reforma do atendimento de saúde e, 440-442, 406t
Intervenções sistêmicas, enfrentando o câncer e, 306-307
Intestino delgado, 61f, 62
Intestino grosso, 61f, 62
Intifada na Faixa de Gaza, 95-96
Intolerância à glicose, 279-280
Invencibilidade percebida, como obstáculo a intervenções para HIV/aids, 333-334
Inventário COPE, 112b
Isoflavonas, prevenção do câncer e, 294t
Isquemia, 257-258

J

Japão
   carga de trabalho no, 99-100
   lotação no, 99
JH (john henryismo), 115-116
John henryismo (JH), 115-116
Journal of the American Medical Association, 426

Juramento de Hipócrates, 7

K

Karoshi, 99-100

L

Laparoscopia, para câncer, 300-301
Latinos/latinas. *Ver* Hispano-americanos
LDL (lipoproteínas de baixa densidade), 183, 264-265
Leptina
   apetite e, 188-190
   determinação do peso e, 187
   sono e, 159
   transtornos da alimentação e, 203-204
LER (lesão por esforço repetitivo), 386-387
Lesão por esforço repetitivo (LER), 386-387
Leucemias, 289-290
Leucócitos, 57-58
Licopeno, prevenção do câncer e, 293-294, 294t
Limiar de dor, 385-386
Linfa, 63
Linfocinas, 66-67
Linfócitos, 65
   células B, 65-66
   células T, 65-67, 318-319
   HIV/aids e, 318-319
   resposta inflamatória e, 63-65
Linfoma não Hodgkin, 289-290
Linfomas, 289-290
Lipoproteínas, 183
Lipoproteínas de baixa densidade (LDL), 183, 264-265
Lipoproteínas de alta densidade (HDL), 183-184, 264-265
Lobos frontais, 53-54, 54f
Lobos occipitais, 53-54, 54f
Lobos parietais, 53-54, 54f
Lobos temporais, 53-54, 54f
Local de trabalho
   proibição de fumar em, 243-244
   saudável, promovendo, 166-169
Longevidade, 154-155
Lotação, estresse e, 98-99

M

Macrobiótica, 422-424
Macrófagos, 63-64
Manejo cognitivo-comportamental do estresse, 137-139
   para HIV/aids, 331-332, 332f
Manejo da dor, 387-395
   acupuntura para, 409-410
   cirúrgica, 388-389
   eficácia do, 394f, 394-395
   estimulação elétrica para, 388-390
   farmacológica, 387-389
   fisioterapia para, 389-390
   terapia cognitivo-comportamental para, 389-394
Manejo do estresse, 130-139
   após episódios cardiovasculares, 276-278
   biofeedback para, 135-137
   definição de, 130-131

Índice remissivo

exercícios para, 130-134
no diabetes, 283-284
perspectiva biopsicossocial sobre, 138-139, 139f
terapias cognitivas para, 136-139, 138f
terapias de relaxamento para, 133-135
Manipulação da coluna, 418-419
Manipulação da coluna, 418-419
Manipulação terapêutica, 618-621
Mantras, 413-414
Maturing out, 162-163
Mecanismo central de controle, dor e, 381
Medicamentos eméticos, para terapia de aversão ao álcool, 234
Medicina
  alimentar, 422-424
  alternativa. *Ver* Medicina complementar e alternativa
  baseada em evidências, 44-45, 398-399, 439-440
  comportamental, 12
  de ervas, 419-422
  grega e romana, 5-7, 6f, 7-8
  holística, 398-399, 401-402
  integrativa, 402-403
  medieval, 8-9
  não ocidental, 6f, 8
  natural, 400-402
  naturopática. *Ver* Medicina naturopática
  nutricional, 421-422
  pré-histórica, 5-7, 6f
  psicossomática, 11-12
  Renascença, 8-10
Medicina alimentar, 422-424
  eficácia da, 423-424
  segurança da, 423-424
Medicina alternativa. *Ver* Medicina complementar e alternativa
Medicina baseada em evidências, 44-45, 398-399, 439-440
Medicina complementar e alternativa, 398-429
  acupuntura, 407-412
  avaliação de, 403-408
  definição de, 398-403
  domínios da, 399-400, 400t
  espiritualidade e oração, 415-417, 417f
  futuro da, 425-427
  hipnose, 411-413
  medicina holística e, 401-402
  medicina natural e, 400-402
  medicina naturopática, 418-425
  meditação, 412-416, 414f
  prevalência da, 402-403, 403t
  promoção do bem-estar e, 401-403
  quiropraxia, 417-419
  relaxamento, 412-416, 415f
Medicina comportamental, 12
Medicina de ervas, 419-422
Medicina grega, 5-8, 6f
Medicina holística, 398-399, 401-402
Medicina integrativa, 402-403
Medicina medieval, 8-9
Medicina não ocidental, 6f, 8
Medicina natural, 400-402
Medicina naturopática, 418-425
  eficácia da, 424-425
  medicina alimentar e, 422-424
  medicina de ervas e, 419-422
  terapia com suplementos alimentares e, 421-422

visitas clínicas e, 424
Medicina nutricional, 421-422
Medicina oriental tradicional, 8, 402-403
Medicina pré-histórica, 5-7, 6f
Medicina psicossomática, 11-12
Medicina renascentista, 8-10
Medicina romana, 5-8, 7t
Medida basal, em testes clínicos, 42
Medidas comportamentais, da dor, 373-374
Medidas de autoavaliação, 30
  da dor, 374f-375f, 381, 383
Meditação, 134, 412-416, 414f
  mecanismo de ação da, 414-416
Meditação alerta, 413-414
Meditação transcendental, 413-414, 414f
Medula, 52
Medula adrenal, estresse e 79, 80f
Melanoma, 296-297
Mensagens estruturadas na forma de ganhos, 165
Mensagens estruturadas na forma de perdas, 165-167
Meridianos, na acupuntura, 408-409
Metanálise, 29t, 42-43
Mineralocorticoides, 56-57
Minorias. *Ver* Etnicidade; *entradas Socioculturais; grupos específicos*
Miocárdio, 254-255
Miopia do álcool, 227
MMPI (Inventário Multifásico da Personalidade de Minnesota), 383-384
Modelagem, para aumentar o controle cognitivo, 365-366
Modelagem de papéis, tabagismo e, 239-240
Modelo bifásico, da imunossupressão global, 298-299
Modelo biomédico
  da adicção, 220-221
  da doença, 10-11
Modelo da administração do afeto, do tabagismo, 241-242
Modelo da autodepreciação, dependência de álcool e, 231-232
Modelo da diátese ao estresse, 89-91
  diabetes e, 279-281
Modelo da imunossupressão global, 297-299
Modelo de autoconsciêncа, dependência de álcool e, 231-232
Modelo de crença de saúde, 146-149, 147f
  intervenções para HIV/aids baseadas no, 326-327
Modelo de doença do conflito nuclear, 11
Modelo de estágios da mudança, 150-152, 151f
Modelo de estudo prospectivo, 259-260
Modelo de resistência a glicocorticoide, 86, 92
Modelo de São Francisco, 331-333
Modelo de titulação da nicotina, 241
Modelo de três estágios de enfrentamento do estresse, 362-363
Modelo do *melting pot*, 103b
Modelo do risco comum, da adicção, 221-222
Modelo dos receptores de opioide, da adicção, 220-221
Modelo transacional do estresse, 87-90, 89f
Modelo transteórico, 150-152, 151f
Modelos de aprendizagem social
  da adicção, 222-224
  da dor, 386-387
Modelos de estágios, intervenções para HIV/aids baseadas em, 326-327

Modelos de recompensa, da adicção, 221f, 220-223
Morbidade, 154-155
  compressão da, 435-437
  definição da, 37
Morfina, 219
  para manejo da dor, 388
Mortalidade
  apoio social e, 126-127, 127f
  definição de, 37
  doença cardiovascular e, 259-260, 260f
  espiritualidade e, 416-417, 417f
  infantil, nos Estados Unidos, 15-16, 17f
  obesidade e, 191-192
  principais causas de morte nos Estados Unidos, 15-16, 16t, 37-38, 38f
Mortalidade infantil, nos Estados Unidos, 15-16, 17f
Morte. *Ver* Mortalidade
Motivações emocionais, 95-96
Movimento higiênico, 419-420
Murmúrio cardíaco, 59, 61

N

Naloxona, dor e, 379-380
Naltrexona, para dependência de álcool, 233-234
Narcóticos. *Ver entradas* Opioides
National Center for Complementary and Alternative Medicine (NCCAM), 425
National Institute for Nursing Research (NINR), 442-443
Nativos norte-americanos
  câncer entre, 290-291
  obesidade entre, 194-195, 195f
  práticas tradicionais de saúde de, 17
  tabagismo entre, 236-237
Náusea, antecipatória, 308-309
Náusea antecipatória, 308-309
(NCCAM) National Center for Complementary and Alternative Medicine, 425
Nervo vago, 67-68
Neurogênese
  álcool e, 226
  estresse e, 87-88
  sono e, 159
neurogênese e, 87-88
Neurônios, 49-50, 50f
  dor e, 380
Neuropeptídeo Y (NPY), apetite e, 189-190
Neuroticismo, 342-343, 350-352
Neurotransmissores
  depressão e, 132-133
  dor e, 377-380
  substâncias e, 216-218, 217f
Nicotina. *Ver também* Uso de tabaco
  abstinência de, 218-219
NINR (National Institute for Nursing Research), 442-443
Nitroglicerina, para doença cardiovascular, 258-259
Nitrosaminas, 185
Nível de álcool no sangue, 224-225
Nível de álcool no sangue, 224-225
Nível educacional, tabagismo e, 236-237, 237f
NK (células *natural killer*), 64-66

No Child Left Behind Act of 2002, 236
Nociceptores, 376
Noradrenalina, 56-57
   depressão e, 132-133
   estresse e, 79, 80f, 110-111
Norepinefrina. *Ver* Noradrenalina
Norma subjetiva, 148-149
Normas, subjetivas, 148-149
North Karelia Project, 165
NPY (neuropeptídeo Y), apetite e, 189-190
Núcleo arqueado (ARC), 188-190
Nutrição, 178
   determinação do peso e, 185-190. *Ver também* Obesidade; Sobrepeso
   dieta e. *Ver* Dieta
   gorduras na, 182-183
   taxa metabólica basal e, 185
   transtornos da alimentação e. *Ver* Transtornos da alimentação

O

Obesidade, 189-201
   câncer e, 294-295
   definição de, 178-179
   dietas e, 197-198
   discriminação do peso e, 196-197
   doença cardiovascular e, 264-265
   escopo do problema, 178-180
   estratégias comunitárias para controle da, 199-201
   medidas de, 189-190, 190t
   modelo biopsicossocial da, 192-196
   mórbida, 190
   padrão feminino, 190
   padrão masculino (abdominal), 190, 264-265
   padrões de, 190
   riscos à saúde associados com, 191f, 191-193
   terapia cognitivo-comportamental para, 197-201, 200f
Obesidade abdominal, 190
   doenças cardiovasculares e, 264-265
Obesidade mórbida, 190
Opioide(s), 219-220
   para manejo da dor, 388
Oração, 415-417, 417f
Orexina, apetite e, 187-188
Organizações de manutenção da saúde, 22-23, 361-362
Orientação sexual, HIV/aids e, 226-227
Osteopatia, 417
Osteoporose, prevenção da, 155-156
Otimismo
   aprendido, 120-121
   enfrentando o estresse e, 119-121, 120f
Otimismo aprendido, 120-121
Ovários, 67-68
Ovidutos, 69
Ovócitos, 67-68
Óvulos, 68
Óvulos, humanos, 68
Oxitocina, estresse abdome, 91-92

P

Padrão de obesidade feminino, 190
Padrão masculino de obesidade, 190
   doença cardiovascular e, 264-265

PAG. *Ver* Substância cinzenta periaquedutal (PAG)
Pain Behavior Scale, 373-374
Pâncreas, 56f, 56-57
   células ilhotas do, 278-279
Pandemia, 314-315
Pap-Ion Magnetic Indutor (PAP-IMI), 417
Paradoxo da escolha, 102, 104
Paradoxo francês, 265-266
Parceiros, impacto do HIV/da aids sobre, 335-336
Parceiros sexuais, impacto do HIV/aids sobre, 335-336
Patógenos, 10-11
Pelagra, 27-29
PENS (estimulação nervosa elétrica percutânea), 410
Pensamento crítico, 27-28
Pepsina, 61
Peptídeos, dor e, 378-379
Perda do emprego, estresse e, 102-104
Período de incubação, 154-155
Peristalse, 61
Personalidade
   dependência de álcool e, 230-231
   dor e, 383-385
   tipo A. *Ver* Personalidade tipo A
   tipo B, 266
Personalidade de busca de sensações, como obstáculo a intervenções para HIV/aids, 333-334
Personalidade tipo A, 266-274
   competitividade, hostilidade e pressa e, 266-269, 267f-268f
   comportamento em relação à saúde e, 272-273
   modelo biopsicossocial e, 273f, 273-274
   modelo da reatividade psicofisiológica e, 272-273
   raiva e depressão e, 268-270
   vulnerabilidade psicossocial e, 270-272
Personalidade tipo B, 266
Personalidades propensas à dor, 383-385
Perspectiva biopsicossocial, 14f, 13-22, 430-431
   aplicando, 19-22, 21f
   contexto biológico e, 13-15
   contexto psicológico e, 14-16
   contexto social e, 15-19, 17f, 16t
   estilo explanatório e, 343-344, 344f
   na obesidade, 192-196
   nas doenças cardiovasculares, 273f, 273-274
   no enfrentamento e manejo do estresse, 138-139, 139f
   no estresse, 77-78. *Ver também* Fontes biopsicossociais de estresse
   nos transtornos da alimentação, 202-206, 208
   teoria sistêmica do comportamento e, 19-20, 20f
Perspectiva de gênero, 18-19
Perspectiva de mente e corpo. *Ver* Perspectiva biopsicossocial
Perspectiva do curso da vida, 14-15
Perspectiva evolutiva, 14-15
Peso corporal, sono e, 158-159
Peso corporal. *Ver* Obesidade; Sobrepeso; *entradas para* Peso
Pesquisa, 26-47
   estudos descritivos para, 29t, 28-32
   estudos epidemiológicos para, 29t, 37-47, 38f
   estudos experimentais para, 29t, 32-33, 34f

   metanálise para, 29t
   pensamento "não científico" e, 27-29
   pensamento crítico e base de evidências em, 26-29
   sobre medicina alternativa, 403-408
Pessimismo, enfrentando o estresse e, 118-119
Placas ateromatosas, 255-256, 256f
Pneumocystis carinii, pneumonia, 319-320
Pobreza
   ambiente de, 99
   estresse e, 103b
Políticas de assistência à saúde, 426-427
Portadores, 70
Potencialização de substâncias, 219
Pré-diabetes, 278-279
Pré-hipertensão, 262-263
Pressa. *Ver* Personalidade tipo A
Pressão arterial. *Ver também* Hipertensão
   ataque terrorista de 11 de setembro e, 94-96
   estresse e, 90-91
Prevalência
   definição de, 37-38
   incidência contrastada com, 37-38, 38f
Prevenção, 153-169, 173f. *Ver também condições específicas*
   educação em saúde comunitária e, 163-165
   estruturação de mensagens e, 165-167
   exercícios para, 155-158
   primária, 153, 154t
   promovendo famílias e comunidades saudáveis e, 159-163
   promovendo locais de trabalho saudáveis e, 166-169
   secundária, 153, 154t
   sono saudável e, 158-160, 159t
   terciária, 153, 154t
   vida saudável e, 154-156, 155f
Prevenção primária, 153, 154t
Prevenção secundária, 153, 154t
Prevenção terciária, 153, 154t
Primavera Silenciosa (Carson), 400-401
Privação do sono, 158-159, 162-163
Problemas cotidianos, 95-97, 96t
Procedimentos assépticos, 10-11
Processo gradual, para perda de peso, 200f, 199-201
Profissionais, relacionamento com pacientes. *Ver* Relacionamento entre paciente e profissional
Profissionais da saúde, relacionamento com pacientes. *Ver* Relacionamento entre paciente e profissional
Profissional(is), em psicologia da saúde, 20-24
Programa Pool Cool, 164
Programas de "inoculação", para prevenção do tabagismo, 243-244
Programas de bem-estar, local de trabalho, 167-169, 168f
Programas de bem-estar no local de trabalho, 167-169, 168f
Programas de cessação do tabagismo, 244-249
   comparação de, 246-248, 247f-248f
   modelo de adicção e, 244-246
   recaída e, 248-249
   terapia cognitivo-comportamental para, 246
Programas de imunização comportamental, 434-435
Programas de modificação comportamental, para perda de peso, 197-199

Programas de prevenção de recaída, para dependência de álcool, 234
Programas de substituição da nicotina, 244-245
proinflamatórias, 86, 379-380
Projeto COMBINE, 233-234
Projeto Genoma Humano, 70
Promoção da saúde, maximizando com abordagens baseadas em evidências, 439-440
Promoção do bem-estar, 401-403
Prosperidade
 fisiológica, fatores psicossociais e, 171-173
 psicológica, 172-175
Prosperidade física, 170
Prostaglandina, 388-389
Proteína C-reativa (CRP)
 doença cardiovascular e, 256-257, 275
 otimismo e, 120-121
Próteses, para câncer, 300-301
Prozac (fluoxetina), para dependência de álcool, 233-234
Psicanálise, 11
Psicologia da saúde
 carreiras em 20-24
 comunitária, 159-163
 definição de, 3
 desafios futuros enfrentados pela, 435-444
 emergência da, 12-13, 13t
 lições mais importantes da, 430-436
 papel na saúde mundial, 4-5
Psicologia da saúde, 12-13
Psicologia da saúde na comunidade, 159-161
 controle de lesões e, 162-163
Psicologia positiva, 21-22, 169-175
 alostase e saúde neuroendócrina e, 170-171
 definição de, 169
 prosperidade fisiológica e, 171-173
 prosperidade psicológica e, 172-175
Psicólogos da saúde
 cenários para trabalho dos, 25f, 22-23
 formação para, 22-24
 papéis dos, 21-23
Psicólogos da saúde clínicos, 21-23
Psiconeuroimunologia, 67-68, 432-433
 câncer e, 297-299
 enfrentando o câncer e, 308
Psychosomatic Medicine, 11
Publicidade, tabagismo e, 239-240
Pulmões, 58-59, 61
PYY, apetite e, 187-188

Q

Quantum Xrroid Consciousness Interface (QXCI), 417
Questionário de Dor McGill (MPQ), 374-375
Quimioterapia,
 náusea antecipatória e, 308-309
 para câncer, 300-302
Quiropraxia, 417-419
 eficácia da, 417-419
 exames na, 417-418

R

Raça. *Ver também* Cultura; Etnicidade; *grupos étnicos específicos*
 doença cardiovascular e, 261-263

Racismo, estresse e, 122
Radiação, câncer e, 296-298
Radiação ultravioleta, câncer e, 296-297
Radicais livres, 185
Radioterapia, para câncer, 301-302
Raiva. *Ver também* Personalidade tipo A
 controlando a, 277-279
 hipertensão e, 262-263
Reação de alarme da síndrome de adaptação geral, 86-87, 87f
Reatividade, 90-91
Reatividade cardiovascular, 123-125, 124f, 263-265
Reatividade psicofisiológica, doença cardiovascular e, 272-273
Reavaliação cognitiva, 89f, 89-90
Recaída, cessação do tabagismo e, 248-249
Receptores, dor, 376-377
Reconhecimento/interpretação de sintomas, 341-345
 estilo explanatório e estresse e, 343-344, 344f
 experiência prévia e, 344-345
 foco atencional, neuroticismo e saúde autoavaliada e, 341-343
 representação da doença e, 342-344
Reducionismo, 11
Reestruturação cognitiva, 137-138
Reflexo espinal, 376-377
Regime, 197-198
 ioiô, 192-193, 197-198
Relação estresse-doença, 81-92, 81f, 83f, 431-433, 433f
 duração do estresse e, 84-85
 estresse e inflamação e, 85f, 85-86
 hipótese do efeito direto da, 82-83
 hipótese do efeito indireto da, 82-84
 modelo da diátese ao estresse, 89-92
 modelo da imunossupressão da, 82-84, 92
 modelo da resistência a glicocorticoides da, 86, 92
 modelo transacional da, 87-90, 89f, 92
 síndrome de adaptação geral, 87f, 86-88, 92
 teoria de zelar e agrupar da, 91-92
 vias do estresse à doença e, 83-84
Relacionamento entre paciente e profissional, 354-361
 adesão do paciente e, 354-355
 comunicação e, 347, 355-360
 internet e, 360-361
 modelos de, 358-359
Relações de causa e efeito, 27-28
 correlação e, 32
 inferência em estudos epidemiológicos, 43-47, 44f-45f
Relaxamento, 412-416, 415f
 prosperidade fisiológica e, 172-173
Relaxamento muscular progressivo, 133-134
Religião, 327-417, 417f
Representação da doença, 342-344
Repressores, 341-342
Resiliência, 117-119
Resistência à insulina, 279-280
Respiração profunda, 134
Responsabilidade, por promover e manter a própria saúde, 432-435
Resposta "de doença", 66-68, 68f
Resposta da fase aguda, 66-68, 68f
Resposta da fase aguda, 66-68, 68f
Resposta de estresse, 76-77

Resposta de lutar ou fugir, 77-78, 86-87
Resposta de relaxamento, 134
Resposta imunológica primária, 65-66
Resposta imunológica secundária, 65-66
Resposta inflamatória, 63-65, 64f-65f
Respostas imunológicas específicas, 65-67, 67f
Respostas imunológicas não específicas, 63-66, 64f-65f
Retraimento social, 166-167
Retraimento social, 166-167
Retrovírus, 318-319
Revelação emocional, 124-127, 172-173
 enfrentando o câncer e, 305-307
Revisões bibliográficas, 42
Risco relativo, 44
Ritmos biológicos, trabalho em turnos de revezamento, 102, 104
Ruído, estresse e, 97-98
Ruminação, 120-121

S

Saciedade, 187-188, 246
SAM (eixo simpato-adreno-medular), estresse e, 79-81, 80f
Sangue, 56-58
Sarcoma de Kaposi, 313-314, 319-320
 estudo epidemiológico do, 40-41
Sarcomas, 289-290
Saúde, 191-232
 como multifatorial, 12
 autoavaliada, 343-344
 definição de, 3-4
 visões antigas sobre, 5-8
 visões medievais e renascentistas sobre, 8-10
 visões pós-renascentistas sobre, 9-10
 visões modernas sobre, 10-13
 visões do século XIX sobre, 9-11
Saúde autoavaliada, 327-344
Saúde autoavaliada, 343-344
Saúde neuroendócrina, alostase e, 170-171
Sebo, 63-64
Selênio, prevenção do câncer e, 293-294, 294t
Semiexperimentos, 32-33
Sensibilidades alimentares, 421-422
Sensibilizadores, 341-342
Serotonina
 depressão e, 132-133
 dor e, 378-379
Sexismo, relacionamento entre paciente e profissional e, 357
Simulação, 352
Sinais anti-inflamatórios, glicocorticoides, 86
Sinapses, 49-50
 substâncias e, 216-218, 217f
Síndrome alcoólica fetal, 227-228
Síndrome da deficiência de recompensas, 53-54
Síndrome da imunodeficiência adquirida (aids). *Ver também* HIV/aids
 definição de, 312-313
Síndrome de abstinência do álcool, 228-229
Síndrome de adaptação geral, 87f, 86-88
Síndrome de adaptação geral, 87f, 86-88
Síndrome de dependência do álcool, 20-21
Síndrome de eosinofilia-mialgia, 424
Síndrome de fadiga crônica, 351b-352b, 352
Síndrome de fadiga crônica, 351b-352b, 352
Síndrome de Korsakoff, 226

Síndrome de morte súbita infantil, tabagismo e, 238-239
Síndrome do intestino irritável, 341-343
Síndrome do túnel do carpo, 349-350
Síndrome metabólica, 191-192
  doença cardiovascular e, 265-266
Sistema adrenomedular, estresse e, 79, 80f
Sistema cardiovascular, 56-59
  circulação, 57-58
  coração, 58f, 57-59, 254-255
  sangue, 56-58
Sistema circulatório, 57-58
Sistema de referência leigo, 348-349
Sistema de saúde. *Ver também* Farmacoterapia; Organizações de manutenção da saúde; Hospitalização; Relacionamento entre paciente e profissional; Cirurgia; Tratamento
  acesso ao atendimento preventivo e, 438-439, 439f
  atendimento administrado por organizações privadas e, 355-356
  política do, 426-427
  prevenção e, 160-162
  reforma do, 440-444
  uso excessivo de serviços, 350-352
Sistema endócrino, 54-57, 56f. *Ver também* Hormônios
  álcool e, 226
  estresse e, 79-81, 80f
  glândula hipófise, 55-56, 56f
  glândula tireoide, 56f, 56-57
  glândulas adrenais, 56f, 56-57
  pâncreas, 56f, 56-57
Sistema imune, 62-68. *Ver também* Psiconeuroimunologia
  álcool e, 226
  condicionamento da resposta imunológica e, 81-82, 81f
  estrutura do, 63f, 63-64
  funcionamento dos órgãos sensoriais difusos e, 67-68
  otimismo e, 119-121, 120f
  resposta da fase aguda e, 66-68, 68f
  respostas imunológicas específicas e, 65-67, 67f
  respostas imunológicas não específicas e, 63-66, 76f
Sistema límbico, 53-54
  estresse e, 78-79
Sistema linfático, 63, 63f
Sistema nervoso, 49-55
  autônomo, 50-51, 52f
  central, 50-55, 52f
  funcionamento imunológico e. *Ver* Psiconeuroimunologia
  neurônios da, 49-50, 50f
  parassimpático, 50-51, 51f
  periférico, 49-50
  simpático, 50-51, 51f
Sistema nervoso autônomo (SNA), 50-51, 52f
  estresse e, 78-79
Sistema nervoso central (SNC), 50-55, 52f. *Ver também* Cérebro
  estresse e, 78-79
Sistema nervoso parassimpático (SNP), 50-51, 51f
  estresse e, 78-79
Sistema nervoso periférico (SNP), 49-50

estresse e, 78-79
Sistema nervoso simpático (SNS), 50-51, 51f
  estresse e, 78-79
Sistema reprodutivo, 68-71
  feminino, 68-69
  fertilização e, 69
  hereditariedade e, 69-71
  masculino, 69
Sistema reprodutivo feminino, 68-69
Sistema reprodutivo masculino, 69
Sistema respiratório, 58-59, 61
Sístole, 57-58
SNA. *Ver* Sistema nervoso autônomo (SNA)
SNC. *Ver* Cérebro; Sistema nervoso central (SNC)
SNP. *Ver* Sistema nervoso parassimpático (SNP); Sistema nervoso periférico (SNP)
SNS. *Ver* Sistema nervoso simpático (SNS)
Sobrecarga de papéis, 99-101
Sobrecarga de trabalho, 99-100
Sobrepeso, 191. *Ver* Obesidade
  câncer e, 294-295
  escopo do problema, 201f, 178-180
Social Readjustment Rating Scale (SRRS), 92-94, 96
Sono, saudável, 158-160, 178t
SRRS (Social Readjustment Rating Scale), 92-94, 96
Status socioeconômico, 17
  aumentando o entendimento dos efeitos do, 435-437
  doença cardiovascular e, 261-262, 270-271
  enfrentando o estresse e, 110-116
  obesidade e, 194-196
  procurando tratamento e, 347-348
  tabagismo e, 236-237
Subcontrole comportamental, dependência de álcool e, 230-231
Substância cinzenta periaquedutal (PAG), dor e, 378-379, 379f
Substância gelatinosa, 376-377
Substância P, 377-378
Substâncias psicoativas, 218-220
  definição de, 218-219
Substâncias psicodélicas, 218-219
Substâncias químicas, tóxicas, câncer e, 295-298
Substâncias químicas tóxicas, câncer e, 295-298
Sucos gástricos, 61-62
Supergeneralização, 391-392

T

Tabagismo. *Ver* Uso de tabaco
Tálamo, 52-53
  estresse e, 78-79
Tamanho de efeito, 43
"Tamanho-família", 182-183
Taxa metabólica basal, 185
  hipótese do *set-point* e, 186
TCC. *Ver* Terapia cognitivo-comportamental (TCC)
TDAH (transtorno de déficit de atenção/hiperatividade), 53, 342-344
Técnicas de autorregulação fisiológica, 413-415
Técnicas de pesquisa em genética comportamental, 35-36
Telemedicina, 360-361
Telômeros, 87-88

Temperamento, dependência de álcool e, 230-231
Tempo de vida, saudável, aumentando, 435-437
Tempo de vida saudável, aumentando, 435-437
TENS (estimulação nervosa elétrica transcutânea), 388-390
Tensão pré-menstrual (TPM), 345
Tensão pré-menstrual (TPM), 345
Teoria anatômica da doença, 9-10
Teoria bicultural, 103b-104b
Teoria celular da doença, 9-11
Teoria cognitivo-social, HIV/aids intervenções baseadas em, 326-327
Teoria da comporta, da dor, 380f, 380-381
Teoria da hipersensibilidade, da adicção, 218-219
Teoria da resposta de zelar e agrupar, 91-92
Teoria da vigilância imunológica, 297-298
Teoria de incentivo e sensibilização, da adicção, 222-223
Teoria do bem-estar, programas de prevenção à dependência de álcool e, 235
Teoria do comportamento planejado, 149f, 148-151
Teoria do comportamento-problema, programas de prevenção à dependência de álcool e, 235
Teoria do controle social, da adicção, 223-224
Teoria do grupo de amigos, da adicção, 223-224
Teoria dos alimentos crus, 422
Teoria dos germes da doença, 10-11
Teoria dos sistemas, perspectiva biopsicossocial e, 19-20, 20f
Teoria humoral, 7-8
TEPT (transtorno de estresse pós-traumático), 90-91
Terapia antirretroviral, 323-324
Terapia cognitiva, 136-138
Terapia cognitivo-comportamental (TCC)
  enfrentamento do câncer e, 307-309
  para cessação do tabagismo, 246
  para dependência de álcool, 233-234
  para manejo da dor, 389-394
  para perda de peso, 198-200
  para transtornos da alimentação, 208-210
Terapia com megadose, 189-190
Terapia com suplementos alimentares, 421-422
Terapia de aversão
  para cessação do tabagismo, 246
  para dependência de álcool, 233-234
Terapia familiar, para transtornos da alimentação, 207-208
Terapia integrativa para o câncer, 426
Terapia racional-emotiva, 391-392
  para promover adaptação ao diabetes, 281-282
Terapias alternativas, para o câncer, 301-302
Terapias de mente e corpo. *Ver* Hipnose; Meditação; Relaxamento; Cura espiritual
Teratogênicos, 216-218
  álcool como, 227
Terminais nervosos livres, 376
Teste de esforço, 257-258
Teste de esforço frio, 383-384
Testículos, 67-68
Testosterona, 67-68
  álcool e, 226
  circuitos de retroalimentação e, 69

doença cardiovascular e, 260
Timo, 63, 63f
Timosina, 63
Tiroxina, 56-57
TNF (fator de necrose tumoral), 67-68
Tolerância
 à dor, 385-386
 a substância, 218-219
Tolerância à dor, 385-386
Tônicos, 420-421
Tônus vagal, enfrentando o estresse e, 124, 124f
Trabalho
 doença cardiovascular e, 270-272
 estresse relacionado com, 99-104
Trabalho em turnos, estresse e, 102, 104
Traços multifatoriais, 70
Traços poligênicos, 70
Tranquilizantes, 219
Transbordamento de emoções negativas, 166-167
Transplante de ponte de artéria coronária, 258-259
Transportador de dopamina, tabagismo e, 241
Transtorno da alimentação e, 205-206, 208, 207b
 aumentando o entendimento dos efeitos de, 435-438, 437f
 dor e, 386-387
 HIV/aids e, 316, 317f
 obesidade e, 194-195
 osteoporose e, 155-156
 síndrome metabólica e, 265-266
 tabagismo entre, 237-239
Transtorno de compulsão alimentar, 202. Ver também Transtornos da alimentação
Transtorno de déficit de atenção/hiperatividade (TDAH), 53, 342-344
Transtorno de estresse pós-traumático (TEPT), 90-91
Transtornos conversivos, 11
Transtornos da alimentação, 201-211
 história e demografia dos, 202-203
 identidade etnocultural e, 207b
 imagem corporal e a mídia e, 206-208
 perspectiva biopsicossocial nos, 202-206, 208
 tratamento dos, 207-211
Transtornos psicológicos, relacionados com diabetes, 282-283
Traqueia, 58-59
Tratamento, 345-367
 adesão do paciente ao, 352-355
 alternativo. Ver Medicina complementar e alternativa
 cirúrgico. Ver Cirurgia
 comportamento de demora e, 348-351, 350f
 da dor. Ver Manejo da dor
 farmacoterapia para. Ver Farmacoterapia
 no hospital. Ver Hospitalização
 para câncer, 300-302, 426
 procurando, 346f, 345-348
 relacionamento entre paciente e profissional e. Ver Relacionamento entre paciente e profissional
 uso excessivo de serviços, 350-352
Trato digestório, 59, 61f, 61-62
 álcool e, 227

Trato gastrintestinal, 59, 61f, 61-62
 álcool e, 227
Tratos sensoriais, 376-377
Treinamento de inoculação do estresse, 137-139
Treinamento em assertividade, relacionamento entre paciente e profissional e, 359-360
Treinamento em habilidades sociais, para tratamento da dependência de álcool, 234
Treinamento em habilidades sociais, para tratamento da dependência de álcool, 234
Treinamento Lamaze, 367, 393
Treinamento para recusar álcool, 234
Trepanação, 5-7, 6f
Tríade da segurança, no local de trabalho, 167-168
Triagem, para infecção por HIV, 328-329
Tricomoníase, 318t
Triglicerídeos, 183-184, 264-265
Trompas de Falópio, 69
Tronco encefálico, 52
Tsunami no Sri Lanka, 95-96
Túbulos seminíferos, 69
Tumor(es), 288-289
 benigno(s), 288-289
 maligno(s). Ver Câncer
Tumores benignos, 288-289
Tumores malignos. Ver Câncer

U

Úlceras, causa de, 78-79
Unidades de mudança de vida, 92-94
Unidades de mudança de vida, 92-94
Up-regulation, 82-83
Uso de tabaco, 236-249
 abstinência de nicotina e, 218-219
 câncer e, 291
 cessação, estágios do, 151, 151f
 doença cardiovascular e, 265-266
 efeitos físicos do, 237-240
 estágio de iniciação do, 239-240
 estágio de manutenção do, 240-242
 prevalência do, 236-238, 237f-238f
 prevenção do, 242-244
 programas de cessação para, 244-249
 razões para, 239-242
Uso e abuso de álcool, 227-236
 abstinência do, 296-297
 benefícios percebidos de, 152-153
 câncer e, 39, 41-42, 293-294
 como comportamento de risco, 162-163
 consequências psicossociais do, 227-229
 definição de, 228-229
 dependência e. Ver Dependência de álcool
 efeitos físicos do, 225-227
 fatores que contribuem para dependência de álcool e, 228-233
 grupos de autoajuda para, 235
 modelo biopsicossocial do, 19-22, 21f
 perfil de usuários e, 225f, 224-226
 programas de prevenção de recaídas para, 234-235
 programas de prevenção para, 235-236

 terapia de aversão para, 233-234
 tratamento farmacológico da, 233-234
Útero, 69

V

Vacinas, 65-66
 contra HIV, 325f, 324-326
 controvérsia sobre, 400-402
Vareniclina (Chantix), para cessação do tabagismo, 245-246
Variáveis
 dependentes, 30
 do sujeito, 32-33
 independentes, 30
Variáveis dependentes, 30
Variáveis independentes, 30
Variável do sujeito, 32-33
Vasodilatadores, para doença cardiovascular, 258-259
Veias, 57-58
Ventrículo direito, 59, 61
 risco, relativo, 44
Ventrículos, do coração, 57-58, 58f
Vias neurais descendentes, dor e, 378-379
Vício. Ver Adicção
Viés otimista, como obstáculo a intervenções para HIV/aids, 333-334
 intervenções, 333-334
Vilosidades, do intestino delgado, 62
Vinho tinto, colesterol sérico e, 265-266
Violência, álcool e, 228-229
Vírus da imunodeficiência humana (HIV). Ver também HIV/aids
 definição de, 312-313
Visualização guiada, 134-135
 enfrentando o câncer e, 308-309
 para aumentar o controle cognitivo, 366-367
 para o manejo da dor, 392-393
Visualização guiada, 134-137
Vitalismo, 402-403
Vitamina A, prevenção do câncer e, 292-294
Vitamina D, prevenção do câncer e, 293-294
Vitamina(s), terapia de megadose, 421-422
Vitimização, 391-392
VO_2 max, 133-134

W

WDTC1 (gene adiposo), 187-188
Weight Watchers, 197-198
WHI (Women's Health Initiative), 19, 437-438
Women's Health Initiative (WHI), 19, 437-438

Y

YouthNoise, 439

Z

Zidovudina (AZT), para HIV/aids, 323-324
Zigoto, 69
Zyban (bupropiona), para cessação do tabagismo, 245-246

IMPRESSÃO:
Pallotti

Santa Maria - RS - Fone/Fax: (55) 3220.4500
www.pallotti.com.br